碑傳集三編

第三册

卷二十二至卷三十六

汪兆鏞 編

王興康 張靖偉 整理

上海人民出版社

夏家瑜

江蘇鎮江府知府夏君傳

戴均元

先生氏夏，名家瑜，字伯采，號潤堂，江西新建人，贈中憲大夫澹齋公長子也。年十二，母王恭人棄世。祖母賈宜人親挈之，篝燈課讀，與父訓師資相表裏。稍長，以文名，試輒前第，然竟不能青其衿。澹齋公勖之曰：「人生幾何，苟可爲世用，何必以科名進？黄次公何如人也？」命援例通籍，以縣丞分發廣東，歷試保昌、龍門、陽江、增城，皆能其官。澹齋公嘗至增城任，察先生治狀，喜曰：「爾能如是居官，吾復何患！吾歸矣。」歸年餘而訃至。先生哀毁奔喪，極誠盡禮。服闋，補香山縣縣丞，擒洋盗何勝友等三十餘人，制府楊公奇其才，奏授新安知縣。縣有遺囚六人逸獄，未越宿而獲。議者謂法當死，先生愀然曰：「逃犯罪加等，以警逃者耳。今即日歸獄，遽致之死，何忍也？」宥之，活六人，民頌其仁。遷湖北黄州府通判，擢湖南寶慶府知府。邵陽縣有土豪石姓者，恃富骫法，人忤之，輒割其足筋，五日斃三命。先生廉得實，勾之。案未定，以他事鐫級去。豪瞷先生貧，願奉億金，求毁牘。先生曰：「惡稔者無赦。吾豈以貧故鬻獄？」力却之。數年後事發，則先生已左遷江蘇蘇州府同知。前後官寶慶、邵陽者，咸得罪。先生以故牘存，獨免議。

在江蘇六年，歷知江寧、常州、鎮江府事，事無不舉。知江寧時，值丙午鄉科，江左解額甲南省，矮屋不能容，創議拓太平門姚家巷地，增建號舍，先生躬任其事。知常州時，常、鎮兩府俱苦旱，自無錫高橋以往，河斷流者三十餘里。先生星夜督役疏河，河既浚，則以白鬚髮回署，嘆曰：「商販通矣，如飢民何？計惟有請振耳。」舊例請振必緩漕，緩漕利民，獨不利州縣官，以故守鎮江者密關先生，毋即以旱飢聞。先生親詣鎮江爭之曰：「民飢若此，尚忍爲屬吏計漕潤耶？」乃同聲請振，民賴以濟。及調署鎮江，父老焚香迎道左，皆曰：「賢府君活我。」且述往年安集流民事，咸欷歔泣下。當先生之同知蘇州也，山東飢民渡江者趾相錯，則首捐金爲官民倡，煮粥分男女廠振之，病者延醫治之，道殣者請上官委員詣驗，即棺殮之。致仕彭編修某端人也，居常杜門却掃，顧好義，嘗置義冢數處，趨謁先生，願捐貲助。因議官民各立一廠，施棺殮殣，近官廠者給官棺，近民廠者給民棺，備船水運瘞之。彭所置義冢半載間施棺二萬有奇，他所全活無算。會大兵剿福建臺匪林爽文，道鎮江者坌集，陸需夫，水需舟，先生皆增價募之，故事濟而民不擾。

先生由邑佐擢郡守，更四郡，閱十二任，所至皆有去後思。性孝友，事繼母蔣恭人如所生。乾隆戊申，賈宜人歿於任。宜人，澹齋公叔母也，年二十而寡，無子，以澹齋公爲嗣。先生失恃，宜人實教養之。至是奉宜人匱由蘇回籍，白衣冠送者相望於道。既歸，葬如禮，力贖公産爲祭田。念仲弟以薄官卒浙江，素無餘貲，諸猶子孤，力爲撫恤，延師督課，體弟志也。平居恤鰥寡，周困乏，一如在官時。

以乙卯歲四月六日終於里，年五十有五。配方，先歿。子五：修惠；修憲，華亭縣丞；修嘗，辛酉舉人；修忠，甲子舉人；修恕，壬戌進士，由編修擢御史，授廣東惠潮嘉道，調督糧道。孫十八人，曾孫八人，咸能以學世其家。嘉慶乙亥，公論請於朝，得俞旨祀鄉賢祠；以修恕官，累贈中憲大夫。修恕爲余典禮闈所得士，余故知先生詳。其行事有足以垂遠者，爲之傳而繫以論。

論曰：先生其古之所謂良二千石歟！服官三十餘年，汨然不營私殖，慎刑獄，甦災困，仕恕廉明，惜天不假以年，顧其子若孫賢達聞顯於時者，接踵而起。昔劉文穆過商文毅家，見其子孫林立，嘆曰：「吉未嘗見公筆下妄殺一人，宜天之報公厚也。」先生不且活數萬人哉！

嚴守田

江南候補府同知仁和嚴君墓志銘〔一〕

姚鼐

君諱守田，字穀園，杭州仁和嚴氏。祖諱士奇，贈奉政大夫。考諱立功，爲虞城主簿，封奉政大夫。君少游濟南，寄籍運學爲諸生，遂中乾隆辛卯科山東鄉試舉人。乾隆四十六年，挑發廣東知縣。初任陽江縣，未至境，有迎吏來，與君語。少習，見君囊橐貧甚，誘君以利，君問：「何以取利？」吏曰：「邑有賣漿者毆人死，而多引富室，繫數十人矣。君至咸脅以罪，千金立致也。」君曰：「諾。」至縣日，即坐堂上，出所冤繫囚，盡縱之去，獨留一囚訊之，囚即服罪，賣漿者也。迎吏捧牘在側，捽下痛杖黜之。是時方傾市來觀上新令，見君治此吏，讙呼動地，君名聲一日大起。調仁化，與巡撫孫公士毅爭獄，君辭厲，孫公變色，既而卒從君議，更以重君，遂調之番禺，凡獄事多委君。

以母憂去官。服闋，再赴廣東，補順德知縣。治海盜有績，屢辨難獄。又調南海。番禺、南

〔一〕本篇載《惜抱軒文集》卷十三，題作「奉政大夫江南候補府同知軍功加二級仁和嚴君墓志銘」。

海皆大府治所，君兩蒞之，人見其意思如暇，然而政無不盡。是時孫公擢爲總督，率兵出關，討安南之亂。公故奇君才，檄之從軍，及市球江之捷，叙功入奏，賜孔雀翎、五品頂帶。君才益見端緒矣。既而與孫公偕返，孫公内召，嘉勇公福康安代其任。福公亦重君才，君議論其前必盡，福公常聽其説，於事多便，乃保題君引見，命記名知府，而發江南以同知用。在江南三年，屢委署，未及真授，而遭父憂歸。其署淮安知府時，值旗丁以各縣助之費少爲詞，數百人大噪淮上漕使之門。君往召衆前，使訴其意。君徐曰：「助費在州縣，今爲爾白漕使，飭下道，道下州縣，取費至，則汝候久矣，不亦病乎？」衆曰：「然。」君曰：「是誠非吾職。然吾當爲公濟汝以私財，汝等張帆疾行可矣。」於是命之次第發，而稍資給之，竟無事，江淮人咸稱頌君有定亂才。

君既歸數年，竟不復仕，於嘉慶四年四月十日卒於里，年五十有二。君文章無不能，而奏牘尤善。通曉兵事，便騎射。爲舉人時，偕人游塞上，與侍衛武人共讌飲、角射，君最後發，三矢中的如一，武人大愕沮屈，君從容就坐，題詩便面而去。其在孫公軍中，誠欲盡其謀，以共立功於域外，不幸值阮氏之變，軍潰功不就。然古人始敗而卒建大功，如孟明之類，史册多有。其後孫公猶被眷遇，卒收庸蜀桑榆之效，而君竟不復試於軍旅矣，世孰由知其才之異也！君在江南時，嘗一來訪余，與言果明決異士。其後余至杭州，又遇君，而君無意用世，亦旋歿矣。娶莊宜人。君在江南時，宜人卒。生炳及兩女。側室范氏，生焕，亦兩女；胡氏，生燾；吴氏，生煦。某年月日，葬君於杭州天馬山祖塋之側，莊宜人祔。銘曰：

既多文，又秉武。臨溟海，江淮滸。鋤黠猾，柔强禦。意趠遠，爲國撫。萬里駕，中乖阻。鬱餘能，紀可睹。勒堅石，慰終古。

鄭敦允

鄭敦允傳〔一〕

章梫

鄭敦允，湖南長沙人。嘉慶十九年進士〔二〕，改翰林院庶吉士，散館授刑部主事。究心法家言，博聞强記，屢決疑獄，皆中窾要。歷升員外郎、郎中，兩次京察一等。道光八年，擢湖北襄陽府知府。十年，調署武昌府，旋兼護督糧道。十一年，仍回襄陽府任。前後任襄陽四年，政聲最著。

〔一〕 本篇載《一山文存》卷五。

〔二〕 嘉慶十九年進士：「九」，底本及《一山文存》皆作「八」。按《清史稿》《國朝耆獻類徵初編》，鄭敦允爲嘉慶十九年甲戌科進士，據改。

其初至也，首崇學校，集七縣人士發策問利病。郡舊有鹿門、乳泉兩書院，時僅存其一，乃重加修葺，捐經費以資膏火；飭各縣歲舉秀者一二人送郡，辟官舍隙地以居之，暇親爲講授。七邑人士蒸蒸知嚮學。襄俗樸直少訟，外來游民或潛匿教唆，各縣舊有衙役棍徒，又多相交結，皆爲民患。敦允密訪嚴緝，廉得其狀，盡法以懲之。又長於聽訟，判決明敏，凡年久未結之案，一經提訊，獄成無翻控。又善捕盗。襄郡界豫省，匪徒乘間出没，莠民勾引以爲害。敦允實行保甲連坐之法，并請帑生息充捕費，邏者四出，獲盗百餘名，分别懲治不少貸。又以宜城〔二〕、南漳之間，港汊紛歧，錯壤安陸，盗依以爲藪。敦允履勘，度地勢，禁民勿夜渡，請飭兩郡官兵分巡，盗遂無所容。有巨盗梅杈者，驍詭多徒黨，捕少莫能近，以衆往輒遠颺。敦允偵知其處，夜率壯士往擒之，其黨追者數百人。敦允曰：「此罪魁，欲奪犯者，當即殺而予以屍。」衆不敢逼，以杈歸。訴者麇至，皆曰：「久不敢以言，言輒火其居也。」敦允曰：「苦吾民矣！」論如律。

樊城鎮濱漢江，水如建瓴下，日齧岸址，壞民居十四五。敦允倡捐建石堤，長四百餘丈，親督役，閲二年始成。次年上游穀城山水陡發，沿漢漫溢，惟樊城有石堤捍禦，得無患。襄郡岸高水下，遇旱則無從下溉，敦允制筒車吸水上灌，繪圖頒其式於屬縣行之，農民咸稱便。穀城自陳

〔二〕 又以宜城：「宜」，底本及《一山文存》皆誤作「宣」。按，清代襄陽府下轄宜城縣，此係形近而誤，據改。

家坃至温平四五十里之間，大小灘凡三十餘，水勢陡峻，土人以巨石截流，設竹籠以取魚，名曰「置方」，致灘水益急，舟行觸石即糜。敦允下嚴檄毁之，商船往來亦稱便。棗陽縣瘠〔一〕，土著恒借貸於客民，更番計利，田産牲畜均爲客民有。敦允知其故，密令縣令治債案當先計本息，取息浮多，則免還其本。於是市儈儆畏，而貧民頓蘇。

方樊城石堤之未成也，敦允調署武昌府，遂加造複底大紅船，旁施漏梘，以濟武漢江面待渡者，值夏甚漲〔二〕，全活無算。會有人議輟石堤工，固請回襄陽，及水落時修治之。襄陽人聞敦允將復任，走迎三百里，日夜牽挽而至。議沿流增砌子岸護堤根，剋期蕆事。是年夏，下游各郡霪雨爲灾，以襄陽稍豐，就食者烏集。敦允急籌賑撫，爲蘧廬數千，以處老疾婦稚，木柵環之，壯者令赴工自食，所全活尤多。十二年，卒於襄陽任。明年，石堤成。先是築堤之時，敦允常親來督役，郡人建亭其上，臨漢水峴山〔三〕，名曰「望峴亭」。其卒也，襄人相與哭於亭者數日。又建祠堤上，名曰「鄭公祠」，春秋致祭弗衰。十三年，大學士單懋謙以翰林院編修在籍臚陳政績，合詞呈

〔一〕棗陽縣瘠：「縣」下，《一山文存》有「貧」字。

〔二〕值夏甚漲：「甚」，《一山文存》作「盛」。

〔三〕臨漢水峴山：「峴山」原作「觀山」，下文「望峴山」原作「望觀山」，據《國朝耆獻類徵初編》卷二百四十八《鄭敦允傳》改。按，峴山在今襄陽市襄州區，清屬襄陽縣，東臨漢水，爲襄陽南面要塞。

督臣，疏請入祀名宦祠，奉旨俞允。宣統二年，湖南巡撫岑春蓂奏請宣付國史館立傳，從之。

楊榮緒

楊榮緒傳[一]

《番禺縣續志》

楊榮緒[二]，字黼香。捕屬人，性樸訥[三]，少擅文名[四]，學魏晉之文，沈博古雅，博覽經史。尤精《説文》之學，專心篆籀，至不能爲真書。年十六，受知於學使白鎔，補縣學生。元和陳鍾麟主講粤秀書院，賞其文，與順德盧同伯、南海桂文燿、同邑陳澧，有「四俊」之目。道光十五年恩科中舉人[五]，學海堂推爲學長，授徒十年。講經必講注疏，從學者常過百人。道光庚戌一甲二名許其光[六]、咸豐

[一] 本篇載民國《番禺縣續志》卷二十。

[二] 楊榮緒：此下，《番禺縣續志》有「初名榮」三字。

[三] 性樸訥：《番禺縣續志》作「性樸謹簡訥」。

[四] 少擅文名：「文名」，《番禺縣續志》作「文字」。

[五] 道光十五年恩科中舉人：「中舉人」，《番禺縣續志》作「舉於鄉」。

[六] 道光庚戌一甲二名許其光：「庚戌」，《番禺縣續志》作「三十年」。

己未一甲三名李文田〔一〕、同治辛未一甲一名梁耀樞〔二〕，皆出其門，一時傳爲盛事。咸豐三年中進士，改翰林院庶吉士，散館授編修，充國史館協修、武英殿總纂。己未、辛酉〔三〕，充順天鄉試同考官。考取御史，大考二等第九名，記名遇缺題奏。十年，補河南道御史〔四〕。户部尚書導駕幸熱河〔五〕，意叵測，抗疏請回鑾〔六〕。又奏劾參贊國瑞骫法營私，撤之回京，風裁大著。轉掌四川道、刑科禮科給事中〔七〕。

同治二年，補授湖州府知府〔八〕。時長髮賊久據湖州〔九〕，官軍甫經克復，殘破之餘，瘡痍滿目。躬督紳董辦理善後事宜〔一〇〕，招集流亡，設廠留養，還定安集至數千人。湖城血戰三年，屍骸遍地，

〔一〕咸豐己未一甲三名李文田：「己未」，《番禺縣續志》作「九年」。
〔二〕同治辛未一甲一名梁耀樞：「辛未」，《番禺縣續志》作「十年」。
〔三〕己未辛酉：《番禺縣續志》作「九年、十一年」。
〔四〕補河南道御史：「御史」上，《番禺縣續志》有「監察」二字。
〔五〕户部尚書導駕幸熱河：「户部尚書」，《番禺縣續志》作「時户部尚書肅順」。
〔六〕抗疏請回鑾：《番禺縣續志》作「榮緒與同官抗疏力請回鑾」。
〔七〕轉掌四川道、刑科禮科給事中：《番禺縣續志》作「十一年，轉掌四川道，題掌河南道，幫辦五城團防事，歷署京畿廣西道，擢刑科、禮科掌印給事中」。
〔八〕補授湖州府知府：「授」下，《番禺縣續志》有「浙江」二字。
〔九〕時長髮賊久據湖州：「賊」，《番禺縣續志》作「匪」。
〔一〇〕躬督紳董辦理善後事宜：「躬」上，《番禺縣續志》有「榮緒」二字。

興復廣仁堂，掩埋全骸數千具〔一〕、零骨數萬觔。各屬糧産荒廢，糧册無存，澈底清釐。一面招墾，試辦開徵，十年内銀漕比舊有增〔二〕。湖民生計，首重蠶桑，桑株久未培壅〔三〕，乃課民樹藝，貧者給以桑秧〔四〕，荒土變爲沃壤。湖郡地居下游，匯天目諸山之水，向設三十六漊分泄水勢，遭亂多淤〔五〕，設法疏濬，并定歲修章程，碧浪湖、北塘河、城河亦開濬深通。俗多溺女，亂後愈甚〔六〕，興復郡城育嬰堂，復創立南潯、長興、荻岡各嬰堂，添接留嬰公所〔七〕，存活不下萬數。重葺學校〔八〕，建考棚，舉賓興，增書院生童膏火〔九〕。建積穀倉，以及修橋梁，編保甲，善政不勝枚舉〔一〇〕。尤盡心於鞫

〔一〕掩埋全骸數千具：「掩埋」上，《番禺縣續志》有「於峴山等處」五字。

〔二〕十年内銀漕比舊有增：「十」，《番禺縣續志》作「數」。

〔三〕桑株久未培壅：《番禺縣續志》作「經亂，桑株盡伐」。

〔四〕貧者給以桑秧：「秧」，《番禺縣續志》作「苗」，下有「未幾菀然成林」六字。

〔五〕遭亂多淤：「遭亂」，《番禺縣續志》作「亂後」。

〔六〕亂後愈甚：《番禺縣續志》無此四字。

〔七〕添接留嬰公所：「接」下，《番禺縣續志》有「嬰」字。

〔八〕重葺學校：「學校」，《番禺縣續志》作「府學及烏程文廟、歸安文廟」。

〔九〕增書院重童膏火：「增書院」，《番禺縣續志》作「又重建定安書院，增設各書院」。

〔一〇〕善政不勝枚舉：此下《番禺縣續志》有「凡所興建，皆委士紳爲之，不假手吏胥。初莅任時，歸安閔漕，縣令奔府署，榮緒親往勸諭。糧户見知府至，皆拈香跪迎，事竟帖然」四十九字。

獄，堅坐詳問無倦容〔一〕。放告之期，坐大堂來告者，直入無阻。視其訟詞有虛謬者，則指示之曰：「汝倩人爲此耶？如此使汝訟不得休，徒爲吏役利耳！汝持歸再思〔二〕，果如此，明日再來。」往往不復至〔三〕。其受理者，即日批發〔四〕，恒數百言，剖析曲直，情理兼盡，觀者咸服。由是訟事漸稀〔五〕，刑具敝而不試〔六〕，隸役無事，坐府門賣果以自活〔七〕。生平廉儉〔八〕，爲郡守如布衣〔九〕。布政使蔣益澧欲拜爲師〔一〇〕，敬謝之〔一一〕。遇屬吏謙厚，所上公牘有疵謬，教之使改，莫不咸服〔一二〕。

〔一〕堅坐詳問無倦容：「問」下，《番禺縣續志》有「吏役立侍相更代而迄」九字。

〔二〕汝持歸再思：「再」，《番禺縣續志》作「細」。

〔三〕往往不復至：「往往」上，《番禺縣續志》有「訟者」二字。

〔四〕即日批發：「日」下，《番禺縣續志》有「手自」二字。

〔五〕由是訟事漸稀：《番禺縣續志》「漸」作「愈」，「稀」下有「兼旬無一至者」六字。

〔六〕刑具敝而不試：「敝而不試」，《番禺縣續志》作「朽敝」。

〔七〕隸役無事坐府門賣果以自活：《番禺縣續志》作「隸役坐府門賣瓜果自活」。

〔八〕生平廉儉：「生平」，《番禺縣續志》作「素性」。

〔九〕爲郡守如布衣：此下《番禺縣續志》有「時府署經兵燹重修，其地減於舊址，客座無供張，每出門，僕人皆步從，道旁觀者曰：『未見太守僕而無騎者也。』每年終輒無以卒歲。上官知其匱乏，稍稍助之」六十字。

〔一〇〕布政使蔣益澧欲拜爲師：「拜」下，《番禺縣續志》有「之」字。

〔一一〕敬謝之：「敬」，《番禺縣續志》作「婉」。

〔一二〕莫不咸服：「咸」，《番禺縣續志》作「感」，下有「客有自江蘇呼船來訪者曰：『往見湖州府耶！好官也！』循聲聞於鄰境如此」二十八字。

十年大計卓異，入都引見，奉旨回任候升。有讒於上官者，乃去志益急〔一〕。故事大計之年，不得告病，乃捐道員〔二〕，卸事病卒〔三〕，年六十有六。士民悲泣，湖濱農人入城哭奠，船户、輿夫皆哭，謂：「往時恒伺候府門以待役，使君始免之也〔四〕。」郡人立德政碑於峴山之麓。疆吏奏請祀名宦祠，報可〔五〕。著有《讀律提綱》〔六〕，闡發律意之精微，以治經之法爲之，謂律意即經意也。平日所讀書多評識〔七〕。詩文多不存稿，惟《學海堂集》選刻數十首而已〔八〕。

〔一〕乃去志益急：「乃」，《番禺縣續志》作「榮緒」。

〔二〕乃捐道員：「捐」下，《番禺縣續志》有「升」字。

〔三〕卸事病卒：「卸事」，《番禺縣續志》作「解任」。

〔四〕使君始免之也：「使」下，《番禺縣續志》有「府」字，「使」屬上讀。

〔五〕疆吏奏請祀名宦祠報可：《番禺縣續志》作「光緒二年奉旨入祀名宦祠」。

〔六〕著有讀律提綱：《番禺縣續志》作「著有《十三經音義考》《左傳博引》等書，在湖州時著《讀律提綱》」。

〔七〕平日所讀書多評識：「多」，《番禺縣續志》作「皆有」。

〔八〕惟學海堂集選刻數十首而已：此下《番禺縣續志》有「子近光，咸豐五年舉人，內閣中書，前卒；近仁，十一年舉人，候選教諭，爲菊坡監院數十年，謹訥有家風」三十九字。文末小字注「據國史館《循吏傳》稿、李《志》、《東塾集》卷六《楊君碑銘》、《讀律提綱》序跋」。

王五福

廣東瓊州府知府王君墓碑銘[一]

陳澧

君諱五福，字嚮庭，内務府正白旗人。祖廣傳，廣儲司郎中，兼正紅旗滿洲參領。父鍾祥，廣東東莞縣知縣。君甫成童，而祖、父相繼卒。効力内務府，補造辦處筆帖式，升六品庫掌，京察一等，記名以員外郎升用。儆鑄内務府銅炮稱旨，奉命赴盛京鑄炮。有索賄者，君不與。炮成，燃炮者不如法，炮裂。君坐辦理不善，降七品筆帖式。捐納改縣丞，分發廣東，署雷州府經歷、番禺縣縣丞。

咸豐三年，代理曲江縣。時土寇甘先、練四虎、陳金剛、何禄等圍攻省城。又破清遠縣，犯韶州府，衆十餘萬環攻府城，據城北帽子峰，俯瞰北門，槍炮雨集。提督、總兵、兵備道、知府分守東、南、西諸門，莫敢當北門者，命君守之。賊遣諜者約城中人爲内應，君察知之，捕斬數十

[一] 本篇載《東塾集》卷六，又收入《碑傳集補》卷二十四，均題作「護理廣東肇羅道署肇慶府事瓊州府知府王君墓碑銘」。

人。賊計沮，乃穿地道實火藥至北門下。君聞地下有聲，鑿濠橫截之。濠未成而火藥發，城崩。君率兵出城拒戰，而下令以油桶貯土纍爲短牆，賊不得入。初守城時，買油燃火照夜，或欲析油桶爲薪，君不許，至是竟得其用。是時諸門兵亦至，賊退，君遂擊帽子峰賊。賊走渡水，溺死者千人；其得渡者，奔白土。君收兵入城，而下游賊至，勢復振。湖南兵來援，與賊戰，君請出助戰，上官不許，湖南兵遂敗。賊乘勝復至城外，君不白上官，率兵出，擊退之。初，賊將至韶州，衆議守城。君曰：「城中兵少，死守無益；賊衆烏合，迎擊可破也。」上官不從。至是，君屢出戰，果大捷。時省城賊退，鹽運使沈棣輝率兵至，賊散走。凡戰守十閱月，韶州城得全。君撫循彫弊，士民從賊者誅之，脅從者宥之，韶州遂安。

七年，調署陽山縣。以守韶州功，奉旨升知縣，加同知銜，賞戴藍翎，補東莞縣，調署番禺縣。總督輿夫與縣役鬥，至縣堂，君皆杖之。或謂觸總督怒，君曰：「我去官如敝屣耳。」先是，英吉利入省城，逾年，夷兵退而夷酋與官雜處。君以事忤酋，酋邀君至夷館，將挫辱之。群酋列坐堂上，君至不起。君罵曰：「夷狄無禮。爾能殺我耶？我不懼也！」脱冠擲之。酋留君於館，縣民皆憤，聚衆將奪君，酋乃悔謝。

同治元年，升廉州府知府。粤中自用兵後，官事繁多，士人設公局理之，其後遂擅決訟獄。君至廉州，士人皆畏其威，不敢專。有富人橫於鄉，君杖殺之，一郡大服。二年，調補瓊州府。

五年，調署潮州府。未幾，調署高州府。六年，調署肇慶府，兼護理肇羅道。大吏奏君卓異，其考語曰：「剛正不阿，循聲卓著。」奉旨保舉循吏，以君爲第一。

七年十一月病卒，年六十二。妻劉氏，誥封恭人，同治八年十二月卒。子蘊璘，奉君及恭人之柩歸葬，請銘。銘曰：

其性也剛，其氣也强。爲世所忌，而名益揚。非由科目，文史能讀。非出行間，搏戰無前。良政孔多，胡可殫述。大書豐碑，循吏第一。

林鈞

浙江候補知府林公家傳〔一〕

張文虎

公諱鈞，字陶然，號怡如。先世籍福建同安，曾祖諱彦貞，始遷居松江西門，葬於横山。祖諱潤玉，少與戚吴設質庫奉賢東門，遂家焉。後吴逋公款監追，乃竭資産代償，家以中落。父諱

〔一〕本篇載《舒藝室雜著》乙編下。

國賓，諸生，常客外。母患風疾，公尚幼，侍奉惟謹，每晨必視母膳而後入塾。弱冠一應有司試，以貧故，棄儒治生。養親能先意承志，家漸隆，讓祖遺屋與兄瑜，自構居隙地。奉邑善堂，向附三神廟，將廢，公過之，見額惟「善」字存，歸告於父，父曰：「孺子勉之，天下惟善爲不朽耳！」公遂奮志倡建同善堂於邑廟東，規制詳備。是時胥吏積弊，鄉有人命案，四隅見炊烟者，無不横擾，民患苦之。公建議畫定經費，由善堂給，弊遂絶。相傳邑爲言子所至地，倡立專祠，又增葺節孝祠，置田恤嫠。邑城中高而窪，遇水潦四門皆不可行，乃倡甃石街，道路便焉。它類此者多。或稱之，則曰：「吾父所教耳！」父母歿，皆極哀毁，喪葬盡禮。其居鄉如此。

道光之季，以縣丞需次浙江，補山陰，攝上虞令。大吏嘉其能，舉卓異，調署寧海。咸豐元年，署嘉善。二年，再署上虞，題補黄巖，調烏程。五年，調山陰，保升同知，擢知府，仍留視邑事。公所至，以除莠安良、興賢愛士爲本。理積案恒至夜分，平情讞鞫，慎敲扑，寛株連，獨嚴於盜賊，不惜重資緝捕。故民皆懷德畏威，於其去也，輒相與嘆息。其在烏程也，有長興某謀占其弟遺産，親屬挾弟未字女訴府，府委訊公，呼女略問數語，命肩輿送之歸，斥某曰：「爾讀書明理，不念手足情，致閨女露面涉訟邪！亟還弟産，嫁如己女，否則執法重懲不爾貸！」某數强辨，卒不可易。有弟兄争産者，令當堂講家人禮，久之皆感泣去。粤寇逼境，上游命勸捐助餉，時當收漕，民悍弗應，且滋事。知府欲威之以兵，力請緩，諭以大義，卒樂從。增設義塾、養濟院，蠲廉課士，拒絶苞苴，懸聯於所治曰：「一秉至公，兩造毋庸請托；分文不取，四鄉莫聽招摇〔二〕。」士民以爲信。其在山陰也，有張孝子者，以小販竭力養母。母病癱，常扶持之，垂二十年。己不娶，而爲弟娶婦，以延宗祧。公首訪得之，爲建坊，營屋助饔飧焉。林烈女者，李某童養媳也，有蕭山生寓於家，豔女色，重金啖嫗，嫗逼女，不從，閉置絶餐。某夜歸，復逼女，仍執不屈，乃絞殺之，負尸將棄城外，方登，巡卒至，倉猝倒植城下，反索女於母家，遂涉訟。或見女屍以報，乃繫某於獄，六年未竟。公理獄，究得實，雪女寃，論如法，爲建祠及坊，曰：「林烈女，絶之於李也。」其爲縣令如此。

十年，署寧波府。時省垣初復，賊逼嘉、湖，餉需支絀，公以恩義激勸，數月得百餘萬，大吏奏保道員。廣匪肆虐，郡中將謀不軌，密請於提道，率兵搜緝，得無事。十一年冬，賊陷紹屬各城，四路環撲，援絶餉缺，激厲軍民，登陴死守。如是兼旬，而奸夷有通賊者，城陷，公自墜不死，復自縊者三，從小閣跳而下，又自刭，皆遇救免。適舊部踵至，知提道在定海，遂招集民團往助之。同治元年四月，從攻寧波，自辰至未，一鼓克之，擒獲賊數百，主者欲殲之〔三〕，公請鞫，釋脅

〔二〕四鄉莫聽招摇：「摇」，《舒藝室雜著》作「謡」。

〔三〕主者欲殲之：「主」下，《舒藝室雜著》有「兵」字。

從者三百餘人。寧紳陸某，充賊僞官肆惡，城復，猶厠紳列招要，乃以饟事邀至署午餐，餐畢略詰問，縛而誅之，衆以爲快。方獻馘，夷人驟馬至致救，公曰：「陸某中國罪人，殺之何預爾事？設爾西人有犯法當殺者，而我阻之，可乎？」夷語塞而去。又籌餉增募壯勇，八月，督帶廣濟軍，身先士卒，攻克紹屬各城。旋以前失守處分被議，委赴上虞辦饟，月得二十萬，遂克紹城，而公已積勞成疾矣。二年，總辦山、會米饟，力疾從事，紹紳聞公來，皆踊躍恐後，三月而集事。當大事能任重如此。

大吏皆知公得民心也，咨請開復。藩司蔣公益澧頗重公，進攻嘉興，函招不能往。是時公久病，然神識不衰，終日危坐，猶自檢公牘，遺命薄斂，勿濫訃。卒年五十八。配顧恭人，先公十年卒。簉室何孺人。子二，孫九。公天性孝友，既官浙，痛父已殁，乃迎養兄瑜於署，事大小必以咨，公餘貲悉歸之。自奉廉約而樂成人之美，友陳寶善自金陵逃出，解衣推食，俾習幕，助饟府經歷，爲游揚當事間，旋得知縣，洊擢知府。凡族姓姻故稱貸者，必量助之，嘗曰：「吾自筮仕歷二十年，家中不增一屋，不置一畝，庶可對部民耳。」及其卒也，幾無以斂。烏乎！余與公仲子懌煒交，述公生平，多可紀者，撮其要爲家傳，足以見公爲人矣。

碑傳集三編卷二十三　守令二

王仁堪

江蘇蘇州府知府王仁堪傳[一]

國史館傳稿

王仁堪，福建閩縣人。祖慶雲，工部尚書，自有傳。仁堪同治十三年由舉人考取内閣中書。光緒三年，一甲一名進士，授翰林院修撰。五年十二月，充武英殿協修官。時中國與俄羅斯更定條約，俄人索我伊犁，要求無厭。出使大臣崇厚專擅畫諾，未奉旨遽回京。仁堪偕翰林院修撰曹鴻勛、編修黄國瑾等二十四人疏劾之，略云：

臣等伏念崇厚所定條約，墮俄人之狡謀，背朝廷之明訓，萬難議允。薄海同聲，預議諸臣定能見及。顧今日之事，不難於内持正論，而難於外折敵謀。臣等以爲欲折敵謀，必自

[一] 本篇又載《王蘇州遺集》卷首。

正使臣之罪始。咸豐間，耆英擅由天津折回，我文宗顯皇帝赫然震怒，將耆英鎖解來京，立賜自盡。今崇厚冒昧定盟，倉卒歸國，貽憂君父。卸責同僚，核其罪狀，浮於耆英百倍。若繩以大清律例，實非議處所能蔽辜。而談洋務者，動曰《萬國公法》，臣等即請以《公法》言之。查「公約准廢」一條，謂「臣執全權，君必准議而行」，又云「若有違訓越權，君不必准」等語。崇厚舉屢次廷寄，置若罔聞，傾心附敵，擅增多款，是爲違訓；論伊犁而闌及松花江，是爲越權。誠數其違訓、越權之罪，明正典刑，内足以申國法，外足以折敵謀，在此舉也。若畏首畏尾，因俄使虚詞恫喝，輒思委婉停留，是已成不得不從之勢，雖發言盈廷，仍與不會議等，甚可耻也。昔法國與日耳曼約在西班牙京都分讓國土，紳士概不允准，其約遂廢。臣等忝塵朝籍，衆論僉同，即與外國紳士不允之例相合。應請將臣等公疏，飭下大學士等一并會議。將崇厚立肆市朝，以彰宸斷而更前約。并飭下總理各國事務衙門、王大臣，即據《萬國公法》所載各條，與俄人反覆辨論，無畏事，無失辭，必能收轉圜之效，而無開釁之虞矣。

六年，提督山西學政，到任首諭諸生以三事：曰遠罪以自重，曰讀書以自奮，曰改過以自克。又條列最要之政六：曰減社錢以建義學，曰籌經費以修書院，曰去棚費以汰積弊，曰免差徭以尊學校，曰重歲貢以勸來學，曰戒鴉片以作士氣。皆手定程式，移書巡撫以次酌行。而於鴉片之禁，尤所鋭意，定諸生互結之法，立一年革除之限，有違禁吸食者，校官籍其名以聞；或匿不舉，則嚴檄責之。又專疏請改歲貢輪選班次，其略曰：

恭查《欽定學政全書》，康熙二十六年議准直省歲貢咨部補授訓導。是訓導一缺，本爲歲貢正班。自軍興以來，保舉既寬，捐例尤廣。吏部選法，不能不多分班次，以期周遍。而歲貢輪選正班，遂至有名無實，甚非所以恤寒清、揚幽滯也。夫學僮受事，巴蜀化其僻陋；校官復徭，武威趨於儒雅。自來激揚之用，端賴顯拔之權。應請飭下吏部，酌增歲貢輪選班次。其有選到之員，查係病故者，遺缺仍以下名歲貢坐選，不得以過班論。揔使一年一省之中，歲貢選得教職者，實有數員，庶一命得邀稽古之榮，四海咸識崇儒之意。

故事：文武生員三年歲考，臨場不到者，即行斥革。山西承大旱之後，諸生流離病殁，多有未經報學，依例除名者。仁堪奏請破格開復，略謂：「該故生等，本無恒産，慘值奇荒。溝壑填委於生前，衣頂追褫於身後。無洛中之鄭俠，爲繪流亡；致地下之方干，重遭擯棄。心既有所不忍，法尤有所未安。」詔如所請。

八年，丁父憂，回籍。十年，服闋，充鑲紅旗官學管學官。十一年，充貴州鄉試副考官，差旋，充國史館協修官。十二年九月，充本衙門撰文。十二月，保留管學官一次。十三年，命在上書房行走，旋充會典館纂修官。十四年，京察一等。六月，充江南鄉試副考官。十一月，充武英殿纂修官。十二月，復保留管學官一次。是月，太和門灾，上有遇灾修省之諭，仁堪偕翰林院修撰曹鴻勛等疏云：

本月十六日，太和門灾。十七日，恭讀上諭，仰見皇太后、皇上寅畏天威、遇灾修省之至意。臣等竊維應天以實不以文，太和門爲正朝之門，明歲慶典駢蕃，臨朝受賀，適當其地。伏念天人感應之理，著於聖經，備於諸史，明示警戒，斷非無因。非有實政應天，必不能弭此灾異。溯自琉球滅，越南失，緬甸亡；倭謀朝鮮，以伺我東；英擾衛藏，以窺我西；法擴商務，覬覦滇粤；俄增戰艦，現造鐵路，自彼德堡直達琿春，逼我東三省。羽翼盡翦，將及腹心。外患浸深，財力窮盡。天下臣民深望朝廷此時毖後懲前，勵精圖治。乃仰窺朝政，若以爲已治已安，臣下希風，相率粉飾治具，紀綱廢弛，中外愉嬉，泄泄悠悠，成爲錮習。自去冬，河決不塞，蕩析流亡，不啻億萬；今年江淮苦旱，每縣飢民率數十萬；夏秋之間，京師地震，大風拔木，近畿山傾水溢，摧壓漂没，斃人無算；盛京大水，被灾者十三廳州縣，南中紳民繪圖募振，慘不忍聞；今又值太和門之灾，官民奔走，悚動震駭。臣等備員禁近，目擊涕零，中夜旁皇，不能自默。謹舉時政數端首宜修革者，爲皇太后、皇上披瀝陳之。

一請罷土木。本年二月初一日，奉諭旨擬修頤和園，以備慈輿臨幸，大慶祝嘏之所。此誠我皇上不匱之孝思也。臣等謂，孝以養志爲大。皇太后愛民之心，率土普天，同深欽仰，故庀材鳩工之費，指明不動正款。夫出之筦庫，則有正款、雜款之分。至朝廷責之外省督撫，督撫取之各項釐徵，竭蹶以應，雖非動用地丁之正供，終是侵消小民之膏血。在計臣，可執「未動正款」之説以告朝廷；在朝廷，何能執「不動正款」之説以謝天下？曩在咸豐間，髮亂之始，各省開捐，動盈數百萬。近者，海軍報效班次視昔日爲倍優，捐數視昔日爲倍減。雖參革廢員，起以特旨；雖永不叙用，予以開復。不惜蕩棄一切名器，以爲鼓勵。乃兩載以來，湊集捐款，不過數十萬金，則生計之窮，物力之艱，已可概見。若不及時停止，竭澤而漁，豈堪設想？臣等以爲，頤和園雖極壯麗，在皇太后所處不過一室之間，所覽不過一山一水之勝。若因此而民生愈蹙，皇太后雖日居勝地，未必不戚然不歡也；若罷此而民力稍紓，皇太后雖高拱法宫，未必不欣然色喜也。况值非常之灾，罷不急之務，非惟聖慈所必許，抑亦臣民所同諒。伏願聖明將此項工程停止，并請自今以往，垂念政治，力節游觀，庶恭儉爲心，而孝思亦大矣。

一請求直言。夫今日言官，非盡無封事也。或一官之守，或一事之微，未嘗不間蒙嘉納。至用人行政之大，朝廷得失之原，能深求其故者，在言事中本不數覯，乃偶有指陳，輒蒙諭旨切責，或斥其干進退之大權，或罪其蹈攻訐之惡習。公義未伸，先坐循私之咎，千古箝制言路，莫此爲甚。夫上以實求，未必下不以名應。未有上以名求，而下能以實應者。

蓋言者一人，觀望朝廷聽言之風旨，不一其人。於數疏之中，擇其一疏；於數條之中，擇其一條。大抵只取易從，聊塞衆望。則雖堯旌在前，舜鐸在後，决不能破忌諱之私，伸敢言之氣。夫從古有拒諫之朝，斷無禁止建言之詔，而言路通塞，較然異轍。納言之誠僞，不可欺也。昔宋臣司馬光謂梁高祖拒賀琛之諫，詰主名，問條目，困以難對之狀，責以必窮之詞，切直之言，誰敢復進？卒至大謀顛錯而不知，其言可爲深痛。竊維求言之道，與其過嚴，不若過寬。伏望特下明詔，開誠布公，求直言敢諫之士，勤攻政闕，博采民瘼。苟可采擇，立見施行，如此數年，然後士氣振、下情通，内治可成，而外患可攘也。

一請停鐵路。天津到通鐵路，傳聞即日興辦，近畿一帶，民情洶懼。夫外國設鐵路以通遠方，中國設鐵路以迫禁近。外國鐵路利外貨之運貲，中國鐵路恃南漕之貼脚。其名則同，其實迥異。曩日，偶有夷患，主和議者，輒謂距海太近，戰無把握。今乃引近於數十里之内，臣等百思不得其説。若謂有警之日，去一鐵轍，火輪便不能行，萬一近津一段，彼奪隘而去其轍，將奈之何？至運貨起見，津門至京，兩日程耳。鐵路則兩時至通，由通至京，仍須半日。南來貨物争先一日，將何爲耶？夫舟車失業之民，或可别謀生理。沿途墳墓，無故蕩遷，有主者，子孫銜没齒之悲；無主者，魂魄抱暴骸之痛。畿畺咫尺，聚數百萬呼籲之靈，天心仁愛，漠不一聞，臣等知其必不然也。若謂鐵路已鑄，難於中止，擬請改設德州、濟寧以通南北河運，蓋運河南北不連洋人馬頭，我可獨專其利。海上有事，我可藉之以通南漕，且即由河身墊路，無傷挖墳墓之慘。此容或可試辦者。夫治痿痹之疾，必求通其壅滯。今乃自扼咽喉以爲得計，其利害之機，不辨而可決矣。

以上三者，第就臣等愚見所及，冀荷允行。至禁旅之偷惰，火政之廢弛，亦宜嚴加整飭。是日卯正之時，貞度門之火，實已就熄。乃激筒太少，兵丁未齊，以致又復延燒。至午正以後，各營激筒雖到，不獨各處備火鐵甕滴水無存，而窳敗之器可以施放者，亦屬寥寥。大小臣工，萬分焦灼。事無統攝，呼應不靈。調神機營半日之久，始陸續零星而至。其漫無紀律情形，盈廷萬目，實所共睹。設有緩急，深可寒心。幸賴民間水會到齊，努力撲救，已邀聖明洞鑒。夫偷惰廢弛之由，積非一日，原不能專責現任各官。然紀綱蕩廢，視爲故然，彌爲可慮。應如何查照向章實力整頓之處，并請裁酌施行。

十五年正月，大婚禮成。奉懿旨，加五品銜，并以恭辦大婚事宜，奏保以應升之缺，儘先升用。五月，充廣東鄉試副考官。十二月，充會典館繪圖處幫總纂。十六年十月，充總纂官。十一月，吏部覆帶引見，奉旨記名以道府用。尋授江蘇鎮江府知府。

明年三月到官，不五日而有丹陽教堂之案。中國自道光間，弛西人傳教之禁。積數十年，教堂布滿郡縣。且有兼育嬰者，蹤迹詭秘。丹陽教堂之毁，當數日前，西人遷什物器具於舟，若將他往。邑人疑而覘之，主者弗納；遂繞堂後，入其桑園，沙土浮鬆，蹋見孩尸無算，駭而呼，觀者如堵；遍索堂內，無一活嬰，怒而火之。仁堪聞報，馳驗，果得孩尸七十有奇，又一匣藏頭骨三具。乃訊取教士、教民及鄰右供詞，上之總督劉坤一，請專疏入告，略曰：「既名爲天主堂，即不應有死孩骨；既曰兼育嬰局，更不應無活嬰兒。且教堂兼辦育嬰，雖各省間有此案，而遍查歷年所換條約，傳教條下并無准外國人在中國育嬰之約。該教士等既於約外兼辦育嬰，復不遵光緒十五年兩廣總督奏行章程，使地方官得司稽察，禍由自召，我豈無辭？尸迹俱存，民嵒可畏。請於結案之時，曲貸愚民之罪，以安衆心；別給撫恤之資，以謝彼族。庶不致積憤日甚，爲禍愈深，實於民、教兩有裨益。」當事韙其言，未發，會緝獲邵庚、張四洪、陸達海等，擬罪軍徒有差。猶謂事前先有謠言揭帖，張懸丹陽城市，定期燒堂，實爲此案首犯。主名未得，末由懲奸，并坐知縣查文清以撤任留緝。仁堪力爭之曰：「未獲首犯之語，自我先開其端，則此後彼族之要求，更慮難於結案。且鄉愚何知？將以爲國法所存，專以教堂爲重。民惑莫解，則造言匪黨更慮易於煽亂。是曲宥該縣者弛法至微，而預杜流弊者保全甚大。」又言懲奸之法，宜分別游民、居民。以爲：「謠言揭帖，上自武昌，下迄申浦，此種無稽之語，斷不能無翼而飛。且設立教堂，俱歷年所，斷無各處居民不約而同咸與爲難之理。是游民者，傳謠言者也。造言與教堂爲難，預設激憤之地，陰遂搶掠之謀。此等匪徒，宜置重典。居民者，聽謠言者也。因聽致疑，因疑致憤，雖曰不安本分，究屬情有可原。」於是行保甲於郡治及所屬縣，皆主斯議。嚴拿外至奸匪，而於本地頑愚，則曲加諭勸，使無受惑。

太平洲者，分隸鎮江之丹徒、丹陽，揚州之江都，常州之武進，通州之泰興，當四郡五縣之交，尤萑苻藪也。創行鄉團，設局員領其事，手定規條，親董督之。

丹陽之案既結，西人屢移書督撫保護教堂，又因禀請奏定保護律例，曰：

丹陽教堂訛言未靖，忝膺郡寄，鎮戢未能，慚疚無地。伏念民、教所以不安，中、外所以猜閒，與夫偶有構釁，上自朝廷、下及官吏之所以棘手，其弊皆由於律法未定之故。查和約「保護教堂條」下，只言從嚴懲辦，并無若何懲辦明文。故每出一役，使臣任意要挾，動且索增條款，上下騷動，靡所折衷。頃聞駐法使臣，有另請教皇專設教堂領事之議，而法國之保護如故。將來政出多門，更難措理。宜及此時奏請諭旨，明諭駐法使臣會同教皇與各國公議，與其添設管理教案之人，不若明定保護教堂之律。將焚毁教堂作何賠償，殺傷教士作何論抵，以及尋常口角鬥毆等項，定明律法，彼此永遵。夫法以禁於未然，律以防其不備。地方有司所最宜保護者，莫如本官衙署。然而毁署戕官之案，間亦有之。似萬一不備之事，不必諱言；而各國公法之條，必先議定。約其利益，厥有數端。未事之先，彼此公議之時，似無中國獨自受虧之理。即使議賠議抵，立法或有所偏，而所言賠、抵之法，必在本條之中，斷不致增索他款，牽動全局。且就法定案，更不致有兵船恫喝之説。此其爲利一。各教堂并堂内器具估價若干，上海本有保險之數，而不准中國官吏稽察者，由未定例故也。若明定賠律，一切先照保險之例存案，縱使賠償，亦不致漫無查考。此其爲利二。教案只和約之一端，保護教堂又只教案之一端。若明定律法，偶有聚衆焚毁之事，上之朝廷，朝廷曰「按律懲辦」；下之有司，有司曰「照例懲辦」。尺一具存，數言可決。自不致羽書旁午，皇然莫知所措。縱使出入之際，各有争執，要先有可憑之例〔二〕，以爲争執，視漫無挾持者，其難易奚啻倍蓰。比者，大河口商務一案，洋人終就撫者，律定故也。此其爲利三。而其利之最大者，莫若除上下之疑，息奸民之口。夫故殺人者，放火故燒官民房屋者，律中本有明條，焉有施之洋人，轉可輕縱之理？今以律法未定之故，而愚民無知，但使事關洋務，議抵議償，便復譁然，以爲朝廷畏懾外夷，官長袒庇彼族，而狡焉思逞之輩，得遂緣之以激動善良。積疑既深，鬨然一決，其患有非一二三有司所能調護者。若能先定律法以明示天下，方其滋事之時，已自識其所犯之罪，將來執法定案，受法者不能曰冤，亂法者不能曰憤。人心定，訛言自息。其有裨於大局者，實非淺鮮。

〔二〕要先有可憑之例：「有」，《王蘇州遺集》無。

時長江上下，會匪扇動。洋人梅生交通匪首李洪，爲購軍火。事覺，郡民驚擾。仁堪既親出巡防，申旦不寐，民獲安枕。又以英領事坐梅生罪，止監禁九月，輕縱巨奸，違中國律，復上書總理各國事務大臣論之，詞極剴切。尋有洋人忻愛珩持簿籍來謁，稱欲捐建中外義學，并列沿途地方官銜名捐款。仁堪察其詐，密偵得狀，并詰無游歷護照，商之關道，送其酋核辦。遂禀請兩江總督，移文各國總領事，令具章程。自後凡無業洋人，既無護照，即屬流氓，倘私至各處爲非滋事，經地方官查出後，亦照中國百姓科罪，庶足清釐游匪，善全邦交。郡城之西，毗連通商馬頭，誘拐子女之案竊發無時。捕治得實，立置之法。又廉有狡黠之尤、恃虎而冠者爲之助，結黨朋比，滋擾市廛。飭丹徒縣設悔過所，以禁錮之。衆皆改行，商賈以安。駐防官兵不相能，密達當事，拘其無賴懲之，兵民咸服。

郡有善堂五：曰育嬰，曰恤嫠，曰普仁，曰救生，曰留養。積久弊生，爲更定規制，諸廢畢興，窮民多所全濟。仁堪嘗以民爲邦本，親民之官，當知民之利病。乃減從巡行，險阻窮僻，靡不周覽。謂岡隴阡陌，水來無源，易遭旱苦，慨然以設渠塘備荒自任。顧念官款無可請，又不欲勸捐以擾民，乃馳書遠道，乞諸親舊，而自輸俸錢以興事。富商感愧，争自投納，得錢三萬餘緡。

十八年春，率邑人謹愿習勞者，度地高下，開塘二千三百有奇，溝渠閘壩以百計。積數十日，因勞得疾，猶强起視事不輟。入夏，果大旱，飛蝗蔽天，力疾督捕於野。病幾殆，猶據床作捕蝗議，日召丹徒知縣王芝蘭於榻前相誥誡。馳書鄰屬，告以兜圍之法。以灾狀詳請大府入告，得旨，截漕爲賑。又激勸紳商捐貲相助。於是出查户口，分大小極貧、次貧，焚香告天，自誓不欺，以儆其下。放賑之日，密察司事，無敢侵蝕疏濫者，全活至二十餘萬衆，歡聲若雷。民有無貲養牛，將售諸屠肆者，假與官錢，使求芻牧，以備春耕，名曰牛賑。仁堪又念古有工振之政，乃擇丁壯大治水道，以擴充是年春未竟之舉。時已隆冬，蒙冒霜雪，周歷勘視〔一〕，日數十里，手足皸裂，不以爲疲。四鄉父老，忘爲長官，至婦孺亦争赴事。最所開河，若分隸丹徒、丹陽之太平港，丹徒之沙腰河，丹陽之練湖、越瀆、蕭河、香草、簡瀆之屬，凡二十有五，其餘支溝别渠，亦二百三十有奇，皆引大江及運河水，使深入以溉民田。其過峽，則築堨以禦之。其有畜泄兼資者，建水門以時啓閉。又鑿塘四千六百，以畜高原之水，自東之西，百有餘里，水利畢舉。地有積高不宜禾豆者，爲購桑榆松柏之屬，給民種植。又苦難遍買，荒山十餘頃，雇工布種，俾民足材木之用。金壇、溧陽同被旱，而灾區狹於徒、陽，亦量發倉穀賑之。取溧陽絲捐款修其縣城，以工代賑。金壇薛埠，舊有閘引水灌田，可數萬畝，歲久湮廢。集錢二千緡，使復之。慮不足，假以其縣官錢，并手書告縣，他日當自償之。

〔一〕周歷勘視：「歷」，《王蘇州遺書》作「履」。

十九年春，續舉徒、陽春賑，一如前法。賑餘得銀四萬兩，發商生息，爲積穀貲，以備不虞。收還丹徒民所借牛賑錢，師古社倉遺意，創立社錢，按區分儲生息，爲民間歲修溝洫、廣立義塾之用。使城董掌收，區董司發，互相箝制，以遏弊源。郡治西北郭有瀦水之區，曰荷花蕩。因其地立船塢，使行舟得避風，忘涉江之險。皆郡中未有之利也。

先是，郡西鄉百餘年來，士匙讀書，民多頑蠢。仁堪捐廉設塾，延師教督之，顔曰「榛思文社」，後遂多入泮者。其他各區，分立義塾，教忠教孝，懇懇不倦。城西十里有中泠泉，舊在江中，沙漲泉移。仁堪搜剔得之，建亭其上。試士金壇，閔士子雨立，建屋庇之。郡城無學舍，諸生散處。乃出私錢，益以賑餘之息，於府廨前卜地構屋數十椽，曰「南濡學舍」，爲治經講學之所。工未竣，七月，調蘇州府，諄屬代者終其事。郡有寶晋書院，肄業膏火，取給洲田，積久疲玩，款絀且廢。仁堪釐剔弊蠹，整頓租息，盡復舊課，士林頌之。其寓教於養多此類。

受代之日，士民遮道乞留。明日，有鄉民五人泣於府署外。丹徒令王芝蘭過詢之曰：「若有冤欲訴耶？」曰：「否。聞賢父母去郡，故痛心耳。」芝蘭紿之曰：「此暫去，不兩月復至矣。」五人者收涕歡笑去。

仁堪到蘇，即病泄瀉，猶力疾入讞局，清積案，未兩月結七百餘起。十月，舉冬防，子夜出巡，中寒卒。秏至鎮，士廢業，商罷市，野輟耕，無不欷戲流涕者。王芝蘭上書總督劉坤一，謂：

「仁堪天性樂易，一以至誠接人，不以崖岸自高，而遇事持正，不可干以私。鎮江數年以來，教案沸騰，哥匪四起，蝗旱頻仍，小民窮無聊賴，時勢盤錯，棼如亂絲，而卒安然無恙者，仁堪力爲多。既受代莅蘇後，猶以善後之政，若公田，若社錢，若學校，時時函告芝蘭，以相教勉。歿之後二日，猶得其手書，言：『金壇薛埠鬧一役，期於必成，以畢吾志。』」其拳拳民生，至死不忘，概可想見。鎮江在籍紳士韓弼元等二十五人亦狀仁堪政績，呈請督臣奏乞宣付史館。

二十年三月，劉坤一偕江蘇巡撫奎俊據實上聞。其略曰：「已故調補蘇州府前任鎮江府知府王仁堪早列清華，出典劇郡。其守鎮江也，以豈弟之心，行仁義之政，無急功，無近名。其治獄平法，似于定國；發奸擿伏，似趙廣漢；講求水利，似召信臣。至振恤灾黎，則富弼之青州也；振興文教，則文翁之巴蜀也。以實心行實政，視民事如家事，於民生休戚，風俗盛衰，靡不夙夜勤求，一以扶植善類、培養元氣爲己任，卓然有古循吏風。卒之心力殫竭，甫移調任，即奪天年。臣等遽失良佐，同爲太息。茲據該紳士韓弼元等臚陳該故員政績，遺愛在民，均屬信而有徵，并非空言譽美，合無仰懇天恩，准將該員服官政績，宣付國史館立傳，以彰循吏而順輿情。」奉上諭：「劉坤一奏『已故知府政績卓著，請宣付史館』一摺，據稱『已故蘇州府知府王仁堪前在鎮江府任内，折獄懲奸，講求水利，賑恤灾黎，振興文教，以實心行實政，卓然有古循吏風。據紳士韓弼元等臚陳該故員政績事實，合詞籲請』等語，王仁堪於地方一切要務，實心經理，遺愛在民，加恩着准其宣付史館立傳，以表循良而昭激勸。欽此。」仁堪卒年四十有六，未竟其用，時論惜之。

李念兹

浙江湖州府知府李君墓表〔一〕

孫葆田

宣統元年春二月戊辰，前浙江湖州府知府李君卒於里第，春秋七十有三。越明年三月，將葬，其門人賈恩紱既銘其幽，劉大理若曾又爲外碑之文，叙君行誼世系詳矣。其孤寶森等復以書謂葆田曰：「先君道義交惟年丈爲最篤，今穆卜兆宅，日月有時，敢乞有道之文表其阡，俾先君一生堅苦托以不朽。」葆田曰：「嗚呼，吾故人也！」方戊申冬，君以就養來山東，優游歷下，與吾輩朝夕過從。忽一日驚聞兩宫升遐，悲慟號泣，逾時莫釋。會君刻期歸里，余因抱疾不克臨歧送別，豈意其溘然先逝耶！

〔一〕本篇載《校經室文集》卷五。

君諱念兹，字慕皋，鹽山人。幼有異稟，六歲能屬文。隨父贈朝議公就館鄉塾，讀書至「閔予小子」章，感而出涕，父喜謂有忠孝之質。十一歲，補博士弟子員，旋食廩餼。弱冠後，連丁父母憂，家益貧困，因授徒自給。嘗假館滄州，居停袁心梅以《汪龍莊全集》相贈，君守而行之，終身得其益。同治六年，舉於鄉。十三年，貢禮部。光緒二年，殿試朝考以主事用，籤分刑部，年四十矣。

京曹故清苦，君在都十年，衣冠儉樸，嘗徒步入公署，退食之暇，時與賢士大夫講學論文，娓娓忘倦。英隽少年多從之游，今協揆榮公、大理卿劉公皆其受業門人也。戊子，補四川司主事，充奉天司主稿，絶苞苴，拒勢要，一矯部中積習。其後竟因承審庫兵案，幾爲忌者中傷。庫兵者，户部銀庫賤役也，皆都中大猾爲之，適犯事送刑部，君承審其案，思痛懲之。其黨上下營謀，乃造爲蜚語以誣君，長官遽移案他司。君察知其行賄狀，乃持牒與長官力争，曰：「司官受誣不白，則奸人得計，所關非細。」長官巽詞以謝，後亦審知其實，雖悔而無如何也。旋題員外郎，升郎中，保送御史。

甲午冬，授浙江道監察御史。君居諫垣四年，章數十上，皆關國計民生。尤惡吏治貪污，屢彈官邪，紀綱爲肅。廣西巡撫某以事落職，與藩臬兩司及臨桂守素有隙，乃倒填月日，揭參三人，部議至革職。三人皆賢吏也。君獨奏請飭查，三人皆奉旨復職，善類得以保全。此皆人之難能者。

戊戌秋，簡授四川雅州府知府。明年，赴蜀。六月，調署綏定府事，勤求治理，在任甫十月，里不容奸，人懷自勵。達縣令某貪酷狡詐，頗爲大府所喜，君實揭其罪，顧不得直，君自詣行省與大府相詰讓，大府稍厭苦之。君知直道難行，已鋭意引退，適會建德周公馥爲布政使，素知君之爲人，乃飭赴雅州本任。是歲庚子秋九月，受篆任事。先是六月間，雅屬名山愚民聞京師變起，相率焚燬教民室廬。次年和議成，外人責保護不力各員，君竟列名其内，賴全權大臣李文忠據實駁辨，卒得革職留任處分。又議賠款甚巨，并斬梟八人，而主名不定，教民乘勢騷擾，名山人人自危，集衆至數千人，假名勤王。本道亟請大兵圍剿，君獨抗議主撫，自請單騎往諭解之，上下皆力阻，君弗聽，携僮僕二人馳至其地，紳耆亦來跪阻，悉謝之，徑前呼其衆曰：「吾太守也，來活若。聽者歸農，否則大兵四集，赤若族，悔無及矣。」衆皆感泣羅拜，悉繳旗幟軍械，一夕散去。是役微君則川南糜爛無完土矣。君因飛函告各軍，請勿入境。而當時文武方思藉定亂以邀功，乃謀株連追捕仇教之民。民懼蔓抄，又轉而附盜。君亟令縣屬編保甲，整團練，先後擒獲真盜，初犯者宥，編爲令。由是積匪授首，脅從洗心。名山人爲君建立生祠，又勒石紀其事，蜀人所謂「名山捕盜碑」也。君在雅州三年，清訟息民，平反冤獄，每一批詞張於門壁，鄉民皆爭先快睹。蓋君在刑部數年，律例精熟，事理通達，故其見諸政事者若此。

癸卯春，有調署眉州之檄，君以屢遭讒慍，遂乞假修墓歸，宦囊蕭然。歸後家居一年，乙巳春赴都銷假，奉命出守湖州，年已七十矣，而精勤耐勞過於少年。下車伊始，適值太湖鹽梟滋事，君督率文武竭力防禦，屬境以安。湖州土産多絲，其機户率多貧民，而居奇者曰緺莊，皆富商大賈，往往與鼇局因緣爲奸。君擬平定章程，盡除積弊，以利小民，未果行。會歲暮，君一夕獨坐，忽忽不樂曰：「吾年逾致仕，志不得行。一官無補，殊負初心。」即手自具稿申大府乞病歸。大府固君同鄉，又鄉舉同年，既允其請，而君自是浩然歸矣。

君與余會試同年，向者同官刑部，每相見必各言所志。余由部曹改外職，實君教之。及余以迂拙不合於時，返初服，君每稱其知進退之義，故於濟南相見時，又以余粗解文字，嘗自叙守雅州事，屬余爲文以紀其實，尤繾綣焉。君生平好善如不及，見人一善，則津津樂道之。賈孝廉初未知名，君見其文，曰：「此著述才也。」賈君謂君「剛方忤世，官不得遂，獨觥觥大節，無愧東漢名節士之概」。嗚呼！吾於君亦云。宣統庚戌春二月表。

碑傳集三編卷二十四　守令三

嚴良勳

福建補用道泉州府知府嚴君墓志銘[一]

陳三立

君嚴氏，諱良勳，字子猷，江蘇吴縣人也。幼敦敏嗜學，遘亂播遷，資産蕩盡，廢讀改業賈。尋選入上海廣方言館[二]，習天文算術、海國語文，累試冠其曹。復應學政試，爲諸生。既卒業，用首選移京師同文館，并請加中書職銜。假歸，遂充廣方言館都講。輯《四裔編年表》，譯《埏紘外乘》，凡數十卷。總督劉忠誠公保以六部主事選用。

光緒紀元[三]，吴公贊誠任船政大臣，調君赴閩自助，有勞，擢郎中。又隨吴公渡臺灣，籌海

[一] 本篇載《散原精舍文集》卷九，題作「誥授榮禄大夫福建泉州知府嚴君墓志銘」。

[二] 尋選入上海廣方言館：「上海」，《散原精舍文集》無。

[三] 光緒紀元：「元」，《散原精舍文集》作「年」。

防機宜，章奏一出君手。吴公以君淹通中外、學有根柢，薦於朝〔一〕，特旨以知府用〔二〕。丙戌〔三〕，授福寧知府。福寧瀕海，俗樸野，君首務課士變其習，久之，高才類掇科第去，民亦嚮師儒、貴禮誼，政化大行。枝縣福安有民教交鬨獄，大吏恐，提重兵彈治之，民愈憤〔四〕，迭燬教堂四。君單騎往諭，捕首要，平亭忠允，事立解。上聞，獎鹽運使銜。中東戰役畢，德意志兵艦輒穿海測水道。君度其有所覬覦也，陳策大府，急自闢商埠三都島〔五〕，絶其謀，德艦不復至，後果乘不備據我膠州灣云。壬寅〔六〕，調署汀州，於是君官福寧十有七年矣。戒裝，耄弱依依遮祖道，争言：「仁侯臨我久，比翁嫗之狎子姓。今棄我奈何？」多泣下者。爲汀州歲餘，調補泉州，又歲餘，調權福州，其治一如福寧，而緝盗弭械鬥名績尤著。及晉秩道員，遽引疾歸〔七〕，遭國變，不復出。

〔一〕吴公以君淹通中外學有根柢薦於朝：《散原精舍文集》作「吴公薦君淹通中外、學有根柢於朝」。

〔二〕特旨以知府用：「特旨」，《散原精舍文集》作「遂」。

〔三〕丙戌：《散原精舍文集》作「未幾」。

〔四〕民愈憤：「愈」，《散原精舍文集》作「逾」。

〔五〕急自闢商埠三都島：「急」，《散原精舍文集》作「亟」。

〔六〕壬寅：《散原精舍文集》無此二字。

〔七〕及晉秩道員遽引疾歸：《散原精舍文集》作「及引疾歸」。

當君就學時，科舉猶未廢，群士一靡於帖括，獨同文館、廣方言館號授藝能、達時變，矯孤陋空疏之弊。兩館生徒或進用，頗有翹所長自見，然試之以政，往往惛瞀蹙蹟，不副其職。君故起家兩館，出守海隅，乃控馭拊循，一切辦治。在官垂三十年，愷悌旁流，譽聞藹吉〔一〕，士民慕思之，久而不衰，推爲循吏。議者以爲士固貴自立，兩館得士如君出乎其類〔二〕，非偶然也。君爲治簡静，戒煩擾，不矜赫赫之名。温厚接僚屬〔三〕，於上官鯁直捐顧忌，不合必固争，以故抑阻不獲超擢竟其施亦坐此〔四〕。居家孝謹，母病嘗刲股肉和藥進。儉素甘粗糲，購置典籍外，無所嗜。每誡諸子曰：「忠信篤敬，違者乃非人，汝曹勉之而已。」

卒於甲寅正月十九日〔五〕，享年六十有九〔六〕。曾祖諱明峙，妣氏吴，妣氏席，妣氏徐〔七〕；祖諱

〔一〕譽聞藹吉：「聞」，《散原精舍文集》作「問」。
〔二〕兩館得士如君出乎其類：《散原精舍文集》作「得士如君，於其間出乎其類」。
〔三〕温厚接僚屬：「温」，《散原精舍文集》作「恩」。
〔四〕以故抑阻不獲超擢竟其施亦坐此：「以故」，《散原精舍文集》無。
〔五〕卒於甲寅正月十九日：「正月十九日」，《散原精舍文集》作「二月十三日」。
〔六〕享年六十有九：「六十有九」，《散原精舍文集》作「幾十有幾」。
〔七〕妣氏席妣氏徐：《散原精舍文集》無此六字。

徵錸〔二〕，妣氏金；考諱國櫳，妣氏汪；均如君官，贈榮禄大夫、贈夫人〔三〕。配吴夫人，生子家熾，有幹才，繩君治術，見稱於世，歷官至廣東巡警道。繼配葉夫人，生子家灼，出爲仲弟後，分省補用直隸州。繼配鄭夫人，無出。側室陳恭人，生子家煒、家煇。家煒，湖南補用通判，辛亥之變遇難，卒；家煇，通判職銜。孫五人〔三〕。曾孫一人〔四〕。己未年□月□日〔五〕，將葬君洞庭天井灣祖塋之側〔六〕，家熾授狀督銘，銘曰：

漢宣共治，良二千石。增秩賜金，靳遷厥職。優游一麾，歷歲十七。道久化光，苻蹝古昔。摩撫列城，宛宛户闥。種柳成圍，愛棠孰匹。奮起疇人，政經縝密。爰蘇瘽羸，爰揃蟊賊。聲隆驚濤〔七〕，猶戀魂魄。邈矣霸遂，載詩貽則。

〔一〕祖諱徵錸：「錸」，《散原精舍文集》作「球」。
〔二〕均如君官贈榮禄大夫贈夫人：《散原精舍文集》作「皆贈如君官」。
〔三〕孫五人：「五」，《散原精舍文集》作「四」。
〔四〕曾孫一人：《散原精舍文集》無此四字。
〔五〕己未年□月□日：《散原精舍文集》作「戊午某月日」。
〔六〕將葬君洞庭天井灣祖塋之側：「洞庭天井灣」，《散原精舍文集》作「某里某原」。
〔七〕聲隆驚濤：「驚」，《散原精舍文集》作「鯨」。

高鳳岐

梧州府知府長樂高公墓志銘[一]

林紓

媿室先生既没之三月，其母弟外務部左丞而謙、生員鳳謙奉事狀徵銘於余。余受而愴然曰：「嗚呼！吾六十之年，本托銘於公，今吾乃轉以銘公耶？」顧知公生平最，非得吾銘，世亦莫從而求詳焉。

公諱鳳岐，字嘯桐，媿室則其號也。曾祖文祺，知府銜候選州同，妣吴氏。祖彬，順昌縣學教諭，妣楊氏。父紹曾，同知銜，妣楊氏、程氏。三代均以公兄弟貴，贈光禄大夫，妣皆一品夫人。公先世貫衛輝，唐時有縣尉，尉閩之長樂，卒官，遂僑寓爲長樂人。州同公好善，信於鄉里，鄉人稱曰「高爺爺」而不名。乃再世而貧，同知公忠信孝友，曾以身代季弟下獄。程夫人尤知書明大體，内政肅然。公兄弟均程夫人出，至友愛，日依戀膝下。公神采讜毅，匡兩弟必以正，有過未嘗假借。年十二，讀《史記·平原君傳》，至毛遂斥十九人語，公大書其上，曰：「胡不更忍

[一]　本篇載《畏廬文集》，又收入《碑傳集補》卷二十六，均題作「誥授資政大夫鹽運使銜梧州府知府長樂高公墓志銘」。

一時？」識者咸知公後且以度勝矣。既長，服膺宋儒尤篤，律躬愈嚴整。間爲古文，似劉更生、曾南豐。吾鄉林歐齋先生甚才之，而桐城吴摯甫先生亦稱：「近世文章，能遏抑光氣者，長樂高君其近之矣。」顧乃不時作，以公方屬意經濟之學。

壬午，領鄉薦，三上春官不售，則去佐林太守啓於杭州。太守有循聲，公參佐其政，政日以舉。庚子，太守卒，公就侯官方侯於秀水，兼主浙江大學堂講席。時西林岑公開府嶺南，譔詞具聘幣，以使者禮公之廬，公遂去浙而粵。桂林寇警方大猖，岑公督師西討，公奔走兵間半年。事平，以浙江知縣保知府，加鹽運使銜，遂權梧州。大亂初弭，伏莽者猶間出遮略行旅，公遣騎追逐而翦撲之。每得盗宜死，必婉語以致死之由，哀其不教而戮，盗咸首服。公退語家人，謂：「官吏失職，民飢而行剽，得死固矣。然吾終疑其枉，悲其愚也。」州之舉人某，武斷鄉曲，臨質抗辨不屈。公語曰：「幸與君同忝賢書，今吾踞堂皇對簿君，君辱亦吾耻矣。」因開陳以義利至再，某感服，訟遂息。公治梧，作早晏息〔二〕，爲狀甚劬。或諫公節勞，公曰：「縣所不決，始登之郡，吾仍濡而不時理，彼旅郡而待質者殆矣。」居梧八月，清義倉，立工廠，興蠶學，辦農林，整學規，治官事如理家政，謂：「食禄忠事，終不敢以私負國。」既謝病去梧，梧民罄户送之。時岑公亦入

〔二〕 作早晏息：「作早」，《碑傳集補》作「早作」。

長郵傳部，將以尚書右丞處公，公不可。岑公既去位，公屏居海上，既用侍郎于公薦入考御史，廷試第一，例得記名，忌者構而沮抑之，公夷然出都。旋聞孝欽顯皇后及我德宗景皇帝相繼升遐，公適患作，伏枕大痛，病益增劇。遂於己酉二月十三日卒於滬寓，年五十有二歲。臨終謂弟鳳謙曰：「氣機轉，中國有望。」意屬憲政也。

嗚呼！公生平誠篤，孝悌廉謹，高於儕輩。言端而行果，志願所在，恒欲以忠自效。戊戌入都，適德人犯即墨聖廟，怒者譁起。公獨謂必清内治，始足以遏外侮。合同志詣臺，上書皇帝，請下詔罪己，因陳内治、外交、籌餉、練兵四事。都御史大驚，斥去勿進。聞者韙之。

公素貧，凡筆墨及禄俸所得，悉以分贍親族。没之日，蕭然無餘資。配劉淑人，孝謹慈惠，聞於戚鄰間。子常，游學比利時。女君珈，通贍能文章，適騎都尉黄大鈞；次君玉、君玖。今將以十二月二日歸葬於福州鳳凰池先塋之次。嗚呼，公逝，知我者畢矣！余自聞喪，至今傫然，如喪其手足，捧事狀至於不能竟讀；叙公美行，亦莫悉其所止。今第就其大者爲之。銘曰：

赤苴有言，吏曰民牧。善牧爲字，民始見腹。蒼梧洹洹，民罷而慗。守來守來，僵者胥穀。逋孽既蕩，魁渠以覆。奸狙莫遂，判不留牘。弗病嚴細，載鳩載淑。舍郡而臺，惟公之忠。格於强詖，騫義違同。歸就松篁，洋洋江東。鼎湖再痛，遂及沈瘵。蘊智居仁，一試立逝。善氣所凝，且昌其世。因迹推賢，請視斯製。

鮑心增

清故青州府知府鮑君墓志銘〔一〕

馮煦

辛亥歲除，玄黄易色。三事大夫，含垢忍尤，奔奏梟獍之下，幾不知人間羞耻事。少少自重者，栖遲海曲，藉它族以自全，而安石圍碁，信陵醇酒，聲塵所扇，世且高之。至有荒江老屋，匿迹逃名，湛冥十年，卒完大節，若我同歲生青州知府丹徒鮑君者，愈邈乎不可幾矣。

君諱心增，字川如，一字潤漪。辛亥後不署名，曰蜕隱山農。高祖皋，以詩鳴雍、乾間。曾祖之鏞，祖邃，本生祖迴。考上傳，學行修飭，行善於鄉，予嘗上私謚爲貞惠先生者也。君孝友根性始，力學貞固，依宋五子爲歸。以丙戌進士，官吏部考功司兼稽勳司〔二〕，確然自守，不爲曲阿。將黜一蠹吏，爲異己者所持，君憤不到考功，輦下已傳其風節矣。

光緒中葉，朝政日非，親貴漸起用事，號爲老成，率持禄養交，迂固悖物情。包藏禍心者，伺

〔一〕本篇載《蜕齋詩稿》卷末。

〔二〕官吏部考功司兼稽勳司：「考功司」下，《蜕齋詩稿》有「主事」二字。

隙抵瑕，以蘄肆其無藝之欲。君洞燭危幾，數申讜論，辛丑則有十事之奏，丁未則有十二事之奏，皆言人所不能言、不敢言。然或尼之不果上，或上之不果行，此自當世之沮君，君拳拳愛君之誠，初無憾也。

庚子七月，聯軍北犯，君直樞垣，奏職如平時。既望，事益亟，同列星散，君獨留。或風君去，君曰：「去此跬步，無死所矣。」二十一日，聞兩宮西狩，君急馳數十里，即之頤和園，遂扈而西。是時從者，滿章京二人，漢章京惟君一人耳。滿章京只譯國書，其傳達諭旨、批發章奏，皆責之漢章京。行在經緯百端，文檄日數十至，君入承旨、出草詔，手胼筆胝，百吏且不給，而君一身任之。嘗竟日不一飽，意氣激發，困不知勞。王文勤嘉之，將奏君領班，君謂：「君蒙難，而臣受賞，非義所安。」堅不受。逮駐西安，同列逡巡來，君復退就舊列，無幾微不自得者，時尤服其不伐云。

庚戌，守青州，興利鋤弊，懃懃恤民。不一歲〔二〕，而武昌事起，巡撫樹異幟，君憤甚，抵印歸。歸而鍵外户，微省視先壟，不越一步；微吾輩三數同志，不納一人。饘粥不繼，則教童冠十許人，日以忠孝大節相激厲。每歲時伏臘，具衣冠北向九頓首，終其身不移。竟鬱鬱致疾以卒，庚

〔二〕 不一歲：「不」，《蜕齋詩稿》作「甫」。

申八月十七日也，距其生咸豐二年壬子三月二十四日，年六十有九。以其年十二月朔，葬城西三十里架鼓山之麓〔一〕。娶談氏，莊儉有禮，德與君齊。子一，長棟，拔貢生〔二〕。

余與君再舉齊年，又同里閈。戊申，君宅父憂，復客余皖撫幕中。辛亥而後，每道京口，必過促坐深語〔三〕，有不敢告人者。今君不幸没，同志益孤。長棟屢請銘君幽，輒悲愴不能措一辭，而長棟請益堅，乃忍慟而爲之銘〔四〕。銘曰：

世教凌遲，出人入禽。有夷其口，而蹠其心。嶽嶽鮑君，疾風勁草。無出與處，一衷於道。當官執義，萬牛不回。封章數上，的破霆摧。六龍既西，孑身赴難。簪筆倉皇，亦謀亦斷。大盜竊柄，洞燭幾先。朝辞夕替，卒售其奸。管寧藜床，袁閎土室。以君方之，是二是一。往者過君，密語連綿。何圖一别，遽隔人天。君攀龍髯，我猶媮息。泚翰銘君，慚憤無極。

〔一〕葬城西三十里架鼓山之麓：「架鼓山」，原作「架敖山」，據《蜕齋詩稿》改。
〔二〕拔貢生：「拔」上，《蜕齋詩稿》有「選」字。
〔三〕必過促坐深語：「過」下，《蜕齋詩稿》有「君」字。
〔四〕乃忍慟而爲之銘：「慟」，《蜕齋詩稿》作「痛」。

丹徒鮑府君墓表[一]

陳榮昌

有清軍機章京之制，滿漢分班，用清文者，滿班任之；其明發諭旨、廷寄交片、抄摺繕檔各事，皆歸漢班。漢班凡二十餘人，事乃舉。光緒二十六年，拳匪肇釁，八國聯軍入，兩宮倉猝西狩，樞臣不及從。其時策單騎、冒風雨，追及乘輿，隨扈抵太原者，漢章京惟丹徒鮑君一人而已。道路蒙塵，軍書旁午，無一臂之助。每至尖宿處，下馬即橐筆詣行在草檄，往往晝不遑食、夜不遑寐，惟上馬後，得停手合目作休息狀。嗚呼！勤勞王事如君者，蓋自古所希矣。

君諱心增，字川如，號潤漪，晚更號蛻農。曾祖諱之鏞，祖諱邃，皆太學生。本生祖諱迴，道光辛卯舉人。父諱上傳，郡庠生。皆以君貴，贈通議大夫。三世行誼，多見邑乘。君自幼嗜學，遭赭寇流離，家益貧，嘗癰發於脛，負薪歸，血流至足，仍誦讀不輟。年十七，從馮星白先生游，學益進。逾年入郡庠。光緒壬午舉於鄉，丙戌登進士第，分吏部考功司主事。既管股，建議黜一蠹吏，曹長庇之，遂棄烏布不屑爲。戊戌，入直樞垣，益考求經世之學，并喜讀儒先性理之書。甲午中東之役，師久無功，君具疏請堂官代奏，願隨營效力，當事者不之許。又偕同志王中午、

〔一〕　本篇載《蛻齋詩稿》卷末，題作「鮑君蛻農墓表」。

洪貞一，因長官及御史臺上書，數陳利害〔二〕，章皆留中。時京官多乞假出都者，君不謂然，寄書告父母，設有不測，請以屠羊説爲法，父母許焉。後雖不至此，竟若爲庚子之讖。

二十三年，補文選司主事，逾年補軍機章京。二十六年拳匪之亂，君慮其燎原，爲徙薪曲突之謀，迄不用，親藩反以藉匪仇洋爲得計，異己者輒斥爲媚外，中以危法。君具疏力詆親藩之謬，請軍機大臣仁和王文勤公代奏。文勤惜其骨鯁而徒賈禍也，陽許而陰尼之，君以是獲全。時聯軍日逼，七月十五日，有西巡之旨。君出至海淀，候鑾輿不到，復回供職〔三〕。十八日，又聞有堅守不去之説，君心危之，呈請代奏，言西巡便，堂官謂上意已決，言亦無益。十九日，襆被入直，不復作出城計，而漢章京無一人至矣。警報迭來，諭旨亦數下，君隻手爲之，腕欲脱。二十日，炮彈直落庭中，隸役咸驚散。君以爲去此即非死所，治官書如故。自覺堅定，有如古人。夜半聞洋兵入城。二十一日，聞御駕已由西直門出狩，即投筆起，馳至頤和園追及之。時軍機從行者，滿章京有文徵、來秀二人，漢章京惟君一人耳。行數日，王文勤公亦至，睹其賢勞，欲奏署

〔二〕數陳利害：「數」，《蜕齋詩稿》作「敷」。
〔三〕復回供職：「回」下，《蜕齋詩稿》有「京」字。

領班章京，辭曰：「君父播遷，而臣下受賞，將使屠羊説笑人。」文勤嘆服，不忍奪其志。〔一〕語上聞，得旨嘉獎。及兩宫駐蹕太原，復幸西安，同班章京先後至，君退居下列，無纖芥自伐色。厥後乘輿北還，罪己之詔，亦出君手，議者比之陸宣公，不知君沈痛之語，已多爲長官删易也〔二〕。二十七年，轉考功司員外郎，叙扈從功，君力辭不獲，始受郎中例升之階，及三品封典。二十八年，補驗封司郎中，充方略館纂修。三十二年，幫掌文選司印。未幾，樞垣更章，改軍機章京郎中，旋授福建泉州府。樞員外簡，向少瘠區。是時袁世凱自畿輔内擢爲樞臣，君曾奏其威權太盛、練兵乖方，又壽州孫文正公欲用君參議資政院，皆彼所忌，故擠之使處巖徼。以父憂未赴。

宣統二年，服闋，授山東濟南遺缺知府。既至，奏知青州府事，府轄州縣十一，君於屬吏以手札獎誘，如父師待子弟；然於民事躬與之接，使書吏、僕役不得壅蔽。於學校，注重誦經〔三〕，以爲禮義浸灌於心，然後知名教綱常之大，庶足培人才救世變，雖部視學員訾爲迂執，君亦不顧。郡城有教堂兩所，分立蒙學於各邑，生徒數倍官學，又收養貧民子女，爲之昏嫁，多方煽誘，

〔一〕「漢章京惟君一人耳」至「不忍奪其志」：底本原作「班章京，辭曰：『君父播遷，而臣下受賞，將使屠羊説笑人。』文勤嘆服，漢章京惟君一人耳。行數日，王文勤公亦至，睹其賢勞，欲奏署領，不忍奪其志」，當係錯簡，據《蜕齋詩稿》改。

〔二〕「罪己之詔」至「已多爲長官删易也」：此三十字，《蜕齋詩稿》在上文「得旨嘉獎」下。

〔三〕注重誦經：「誦」，《蜕齋詩稿》作「讀」。

愚民争趨之。君深以人心外向爲憂，於是益務勸工藝、振農林，添設師範附屬小學，督各邑廣興鄉學，又倡辦保嬰自乳之法，蓋陰與彼族争民也。大修葺文廟〔二〕，正其典禮，羅致搢紳廉隅之士，訪求利病。甫一年，民情悦服，而國步改矣。

君初聞武昌亂耗，即竟夕不眠，念青郡爲齊東咽喉，鐵道衝要，城故多圮，亟修築以備不虞。首令私屬糧吏勿内鈔幣，鄉民不便，幾大鬨，君親出彈壓，設策解其結，乃大和息。城北駐防男女萬人，至是滿漢均岌岌自危，君面謁統制，痛陳利害，要以静鎮。九月二十四日，忽聞省垣以權宜保全疆土，要劫朝廷〔三〕，建立名號，君謂：「吾豈受叛人命令者？」即日移疾乞休。既受代未行，而東省反正，撫帥易人。屢勸復仕。君以「秉國鈞者假立憲之虚名，文悖逆之實事，安能淟涊依違哉」，力辭不就。未幾，共和詔下，益不勝悲憤。壬子二月，防兵變，劫焚民舍，素知君廉，遇門不入。然勢已不可久留，乃謁孔林、登泰岱而歸。歸則徑居父母墓側，將以是終。繼而求學者衆，乃返舊宅，閉門教授，非春秋拜掃，不出外閾一步。歲時必望闕叩頭。隆裕太后升遐，持服如禮。有自北來者，必敬詢皇室近狀。恒謂在野遺臣，雖困厄，視君父所處，安危懸殊。

〔二〕大修葺文廟：「葺」，《蜕齋詩稿》無。
〔三〕要劫朝廷：「劫」，《蜕齋詩稿》作「結」。

有同志遠道來訪，延入後堂，促膝相語，輒涕泗交零。其苦心孤志，有難與外人道者。庚申八月十七日卒，春秋六十有九。

君性孝友，自通籍官京朝，不能迎養，留妻子侍親，常孑身在外，食力硯田，似布衣時，俸入悉寄供菽水。前後兩遭大故，皆先期請急歸，得侍疾嘗藥，親視含斂，僉謂君之深愛，默感鬼神云。國變後杜門却埽，謝絶人事。獨完節堂、繼撫塾，爲父一生心力所萃，父歿，叔弟繼任其事，玉山灘産尤孤寡所係命，爲污吏奸商所侵，叔弟以争灘勞瘁死。君哀之，抵書京外邑紳，爲將伯助，卒返所侵地。

君葬城西架鼓山枝，近父母〔一〕，從其志也。生平著作，多喪於庚子之亂，厥後有疏稿若干首〔二〕，今存於家。配談淑人，賢而安貧，能代君養。子長棟，宣統己酉拔貢，刻苦有父風。君之殁，遺命不許赴告。長棟以書來乞表墓。予與君交，自同官京師始，後又同官於山東。山東之變，予先去，僑於滬上，君歸過滬相見，恐予羈旅留滯，困頓狂馳而蹉跌，苦口出深言以相規警。予屏息竦聽，噤不敢發聲，汗且浹背。君語畢，予謝曰：「不敢負君言，行當歸矣。」及予歸隱於

〔一〕近父母：「母」下，《蜕齋詩稿》有「墓」字。
〔二〕厥後有疏稿若干首：「疏稿」下，《蜕齋詩稿》有「詩文」二字。

明夷河，以書報君，君亦時以書來慰勉。予得書，輒示子姪曰：「人生不可無畏友。如鮑君者，真吾畏友也。雖隔萬里，吾猶憚之。」今失此畏友，將如之何？惟常時念君之言，期他日相見於地下而已。予此文多挂漏，不足以表君，長棟其裒君遺作，悉梓之，使天下後世，知風頹波靡之日，未嘗無人也。壬戌春二月。

蜕隱山農墓表〔一〕

許汝棻

蜕隱山農者，實吾亡友鮑公川如也。公諱心增，江蘇丹徒人，以進士官軍機郎中，出爲知府，名字章章有年矣。今不曰鮑府君，而曰蜕隱山農者，從公志也。辛亥之變，公時實爲青州知府，撫臣附逆，公抗志不屈，浩歎抵印歸，於是擯棄名字不復用，更自署曰蜕隱山農，示與世絶。吾悲其志，故亦從而稱之曰蜕隱山農云。公既歸，蟄居斗室，課徒自給，不與人世接者十年而後卒，卒時年六十九，蓋未竟其壽也。公卒之二年，昆明陳氏、棗陽王氏爲之銘表，其言亦既備矣。然吾以爲公以卑官處下位，其所執治不出簿書之間，胼手胝足，求益於國，誠未及九牛之一毛，而

〔一〕本篇載《新安鮑氏承鳳派支譜》，題作「蜕農公墓表」，題下小字注「原作蜕隱山農墓表」。

公獨能視其遠、察其大，宗社之重計，未嘗無所思，未嘗不有言，遑遑然視其利害若切膚之痛苦，如謀一家一身之得失，而旦夕未可或弛其責者，雖其言之行不行已可知，而公之自視則何如矣！

方公之官京師也，去中興稍遠，阿諛在位，綱紀法度頹廢因循。上之人習於敷衍粉飾苟且爲能，在下位者，爵禄是歸，揣摩承順，便辟巧捷，浸以成風，人規其私，罔知有國。故亂雖未形，而人材之敗壞，實基於此。公蹴然以憂，慨然而嘆曰：「吾力不能正，敢效之乎？救之之術，請自我勿爲其爲始。」故公終身當官而行，不知其他，雖老久困不達無悔，猶初志也。

甲午之役，師久無功，公悲憤欷歔，往往中夜獨起自詫嘆。一日方作書，忽投筆自語曰：「國家近三百年，豈遂一朝敗壞於此曹手乎？」則立具疏願充軍鋒。當事者迂之，寢不報。未幾事日非，將謀割地輸款以和，公又屢疏力争。

拳匪之起，舉國病狂，莫敢正言之者，公獨爲吴侍御鴻甲草疏，力陳匪築壇鑄刀諸妖妄不可信狀。既得捕治之旨，而當事者不力，公又爲他友草疏奏劾，請詔重臣董督，宜以時掩取，毋名捕。匪以仇洋爲號召，公言外釁不可啓，使館不宜攻，與當軸諫諍至苦切。其後事益急，公方病暑，力疾具疏，言親藩不宜握兵柄，語至危悚。蓋其時端、莊諸王實董拳事，上持國命，下劫群臣，異議者率下中旨處危法，日有所殺戮。諸王不去，匪不可得而治也，公之意深矣！舊制，郎官有所言，例附長官以聞。仁和王文勤公得公疏，慮其遭不測，陰抑置之不爲通。使公疏果達，天聽以回，宗社之慶，不則公久伏尸都市矣。顧公豈不知其危哉？特心有所冀，遂不復計及之耳。

夫舉廷所不敢言者，公獨忘身以言之，乃言之或不達，或達而不省，卒至九廟震驚，六飛播蕩，公之痛心爲何如！且吾聞之，堤之穴者水所蝕，木之腐者蟲所生。大抵國家多故，盜賊者之所資也。故自庚子而後，國事日非，操、莽者流乘機竊柄，凡百君子好爵是縻。公獨疏言「威福不可下移，兵柄不可假人」，其所以防遏之者甚至。賊臣忌之切，公故不得久官京師。

戊申之冬，大憝暫斥，公以爲新莽之禍，實成於再用，於是更因奏對力阻其機，略謂：「進退人才，不可不慎。已試而斥者，何可再授之柄？有如故樞臣某，戊戌往事，足用爲懲。今既已斥矣，儻更授以緩急之任，其反覆難恃，必貽宗社憂。」戊申之斥大憝，猶用戊戌爲罪，公故以所罪罪之。嗚呼！公之言進於庚戌，而辛亥九月，大憝竟復召用，其所爲一如公言。公時在青州，已不及於言，且自是而天下事公亦遂無可更言之者。

今夫天下之爲物，得之固不易，失之亦至難。蓋其體大、其務賾，譬之繫然未知其爲千萬縷也，當其一縷之未牢，誠不可以倖得；而其失也，又必衆繫之俱絕。使果察其微而彌其著，則禍患亦何必遂至？嗚呼！辛亥之變，特繫之著於地耳，其浸淫醞釀，亦既三二十年。向使果能行公之行，察公之言，則人材之敗壞未極，甲午之戰可無甚負，庚子之妖妄不作，操、莽之覬覦自絕，所謂察於微而遂彌其著者，非耶？即不然，十售而一讎，事亦或尚可爲，而乃志及之，身不得而行之，坐視萬縷之繫日絶，而莫可爲之挽。嗚呼！空山老屋，十年踽踽，皆公欲哭不可、欲泣又近婦人之日也，誠謂公而生死易其情乎？然則九原之下，有餘痛可知矣。夫公之心，其古宗臣之類歟[二]！吾故特表而出之，以著公之志云。公少，好學家貧，常負苦力讀。長益究經世之説，於儒先諸書，具有根柢，故行事多迴異。其庚子西扈，忠勤尤足多，皆不著，著其關於宗社存亡之大者。

黄曾源

二品銜候補道山東濟南府知府前禮科給事中翰林院編修黄公行狀[三]

吴郁生

公諱曾源，字石孫，號立午，晚號槐瘦。其先鐵嶺人，國初有諱希宣者，以軍功官至副都統，駐防福州，其後徙居閩縣洋嶼鄉。十餘傳至公祖諱恩貴，始以道光丁酉舉於鄉，官新寧縣知縣，

[二]　其古宗臣之類歟：「其」下，《新安鮑氏承鳳派支譜》有「諸」字。

[三]　本篇又有單行本，題作「誥授資政大夫欽加二品銜在任候補道山東濟南府知府翰林院編修黄公諱曾源行狀」；又載《青鶴》第五卷第五期（一九三七年），題與單行本略同，惟「誥」作「清」。

有治績。考諱運昌，福建雲霄同知。公生自將家，慷慨負大志。弱齡得黄漳浦先生集讀之，喟然慕其爲人。光緒戊子舉於鄉，庚寅成進士，入翰林，辦理清秘堂事務、撰文處行走、國史館協修、會典館纂修、方略館纂修、功臣館纂修。京察一等，擢監察御史，署禮科給事中，歷掌山東、江南、四川、河南道，督理街道御史。

公以孤童不數年洊升清要，感激恩遇，思以文章氣節自樹立。座師若翁文恭、李文正、潘文勤、王文敏、李文誠、孫文慤、黄漱蘭侍郎、汪柳門侍郎，皆一時清望，交相引譽。甲午，中日戰事起，朝廷議棄臺灣求成。公盱衡時勢，疏請權計利害，審慎邦交，略謂：「以臺灣資敵，則其勢益張，不特爲中國悠遠之患，亦環海列國大局所關。與其棄臺灣於日本，不如權以臺灣爲各國租借地。」又曰：「新進者勿貪功而輕嘗試，老成者勿畏事而廢綢繆，主外交者勿瞻循而忘後患，主内政者勿鋪張而昧終圖。」時以爲名言。

庚子拳匪變作，當軸者復附和之，稍有異議，禍且不測。君執言侃侃，不爲威怵，所全甚衆。及兩宫西幸，獨留京與諸王公大臣奔走擘畫，傳遞消息，而籲請回鑾一疏，尤關宗社大計。車駕還京，兩宫即日召見，温諭垂詢，至爲墮泪。事寧，臣工競言變法，公獨謂「宜詳求治理，變法以實不以名」，條陳四事，謂：「法不變則弱，弱必亡；變而不得其道，必亂，亂亦亡。變法者，存亡之機，震動恪恭之事，非歡抃鼓舞之事也。」疏上，聳動朝列，而禍俱驗於數十年之後。其他尊主權、清治本、懲貪邪、抑奔競、整頓上書房諸疏，尤言人所不敢言，與事後成敗、國之存亡相印合。居諫垣五年，章數十上，所彈劾皆一時貪墨及飾智固寵之輩，直聲凛然，與中江王病山、瀘州高城南同時有「三諫」之目。卒以憨直忤權貴，外簡安徽徽州府知府。未幾，變法之詔下，廢科舉，設議院，國論遂嚚然不可復靖。常深矉大息，隱憂禍至之無日。嗣調補山東青州府知府，調濟南府知府，以河防勞績保道員。時國事日非，孑然孤立，而回顧同列，皆新進少年，競相齮齕。公憤時不可爲，稱疾引去。及武昌變作，山左易幟，已先期隱居島上矣。旋遷青州，再徙膠澳，獨居深念，二十年如一日。以丙子十月廿四日卒，春秋七十有九。

公剛腸嫉惡，好直言，坦白無城府，推誠接物，初持一心，未嘗有所變易。東海徐蔭軒相國，公座師也，嘗以論拳匪事面折失歡。及相國死難，公獨於圍城中走哭其屍，人尤難之。至性敦篤，根於天稟。少丁家難，撫育諸弟，資以成立。嘗謂生平百無一能，惟立志堅定，習知窮悴，往往失諸意中者，得諸意外。雲霄公傾家急難，負官私帑累鉅萬，及公身無擔石儲，資館穀餬口，索逋者日鬨於門，攻苦於學，不懈益奮，卒以發名成業。官京師十年，青鞋布襪，悃愊如學究，持躬廉介，餽遺不入於門。晚遭世變，谿刻自處，流離顛沛，有凛然三軍不可奪之志。古所謂特立君子，其近是歟！

配史氏、王氏，前卒。繼配支氏。丈夫子四人：孝先，王夫人出；孝紓、孝平、孝綽，俱支夫人出。女子子四人：長適泰州支懋年，四適福山王世楨，并早殁；餘待字。孫七人：爲憲、爲爵、爲佶、爲龍、爲倬、爲伋、爲俊。著有奏議及詩文集若干卷，藏於家。

予故與公同官京朝，世變後復同避地青島。廿餘年來，親知凋盡，恃有公望衡過從，稍慰藉於風雨之會。公復久病，溘先朝露，傫然踦迹，不知置身何世，悼公益自念也。爰次其行誼著於篇，庶修邑乘者有所采焉。謹狀。

濟南府知府黃公墓志銘〔二〕

張學華

歲丙子冬十月癸亥，前濟南府知府黃公曾源以疾卒於青島。耆舊凋賈，海内嗟嘆。朱少保益藩請於朝，賜「潛志效忠」扁額。唯公謇諤匪躬、清介絶俗，得天褒而論定。公子孝先、孝紓等以吴侍郎郁生所爲狀來請銘。

按狀，公諱曾源，字石孫，晚號槐瘿。本貫奉天鐵嶺，國初有諱希宣者，以軍功官副都統，駐防福州，後徙居閩縣洋嶼鄉，世爲福州駐防漢軍正黃旗人。祖諱恩貴，道光丁酉舉人，廣東新寧

〔二〕本篇載《闇齋文稿》，與本書所收多有異文，兹不出校，將《闇齋文稿》本全文附後。

知縣。父諱運昌，福建雲霄同知。公少俊異，讀《黄忠端公集》，慨然景慕，以節義自勵。弱冠補諸生，而雲霄公遽歿，負公私帑累鉅萬，益刻苦力學。光緒戊子舉於鄉，庚寅成進士，改翰林院庶吉士，散館授編修，充國史館協修，方略館、功臣館、會典館纂修，協辦院事。

公以詞臣清秘，獨講求時務，洞知中外大勢。甲午中日媾和，將棄臺灣，公力陳利害，不可以臺灣資日本，呈掌院代奏，時論重之。轉山東道監察御史，歷掌江南、四川、河南道督理街道，署禮科給事中。在臺五年，益慷慨言事。庚子拳匪倡亂，當軸者陰爲嗾使，大臣多附和者。公執言侃侃，不爲勢怵。及聯軍入都，兩宫西狩，人情惶擾，復有籲請回鑾一疏，請嚴懲禍首，早定大計。車駕回京，廷臣争言變法。公謂：「法不變則弱，弱必亡。變法不得其道則亂，亂且速亡。變法者，存亡所繫，宜詳求治理，以實不以名。」聞者悚然。其論立憲自治，謂：「章程雖極完密，庶民不信，則阻力易生，而乘間抵隙，重爲行政之累，是禦侮之效難知，鬩墻之釁已構。」迨後禍變迭起，皆如所言。至若尊主權、清治本、懲貪邪、抑奔競、整頓上書房，封章屢上，皆言人所不敢言。與中江王乃徵、瀘州高枏稱「三諫」，直聲震一時。尋授安徽徽州府知府。徽俗好訟，甫到官，教民方某倚教生事，勢張甚。公持正不撓，主教者亦爲折服，民教遂安。懲治奸蠹，蠲不便於民者數十事，風氣因之一變。調山東青州，時方厲行新政，公持以鎮静，事舉而民不擾，州人感戴。再調濟南，以治行舉卓異、河防叙勞保道員。公顧獨居深念，怫鬱不自憀，時時有遂初之志。

武昌變起，海疆騷動，東帥謀獨立，公義不苟從，亟引疾去。初居島上，旋徙青州，復還島居。禍亂侵尋，歲無寧日，公蒿目横流，忠憤鬱積，寖以衰耗，晚年患風疾，遂至不起，春秋七十有九。

公性鯁直，意有不可，無所依違，待人必以誠摯。淡泊逾於寒素，而廉隅自矢，清操介節，有張清恪、于清端之風。獨其遭逢晚季，不獲以特達之知，爲一時表率。至於桑海既更，歷九死而不變，潛縱孤往，誠所謂艱苦卓絶者矣。

配史氏、王氏，繼配支氏。子四人：孝先，王出；孝紓、孝平、孝綽，皆支出。女四人：適支，適王，餘未字。孫七人：爲憲、爲爵、爲佶、爲龍、爲倬、爲伋、爲俊。所著奏議及詩文集若干卷，藏於家。公歿後，孝先等即於其年十二月六日奉厝於青島京山之陽萬國公墓，俟他日歸葬焉。

余與公同舉鄉會試，先後同官諫垣，既復同典東郡。余守濟南，擢濟東道，公繼余任，接席連輿，無一日不相見，深談恒至夜分，同官之樂詫爲未有。比余遷江西，始與公别，甫數月而國變。余屏迹海濱，往時朋舊音訊闕絶，公屢遷徙，猶時時通問，以歲寒相勗厲。世難未已，常思一見，終不可得。公既久病，余亦早衰。今公歿而余存，憂患餘生，傫然待盡，愴懷今昔，流涕而爲之銘。銘曰：

奮迹將門，樹望台閣。威鳳九霄，神羊一角。妖氛召亂，乘輿播遷。屢陳讜論，燭照幾先。

汲黯淮陽，龔遂渤海。卧閣私憂，登車危涕。高春景迫，大陸流横。萬變譎詭，孤抱堅貞。東陵鋤瓜，西山餐蕨。人識故侯，帝褒清節。唯余於公，如雲逐龍。鵲華一别，夢斷驚烽。浩劫自天，悲歌何地。想像平生，凄凉隔世。足音空谷，心事寒灰。鑱詞埋石，莫知我哀。

濟南府知府黄公墓志銘

歲丙子冬十月癸亥，前濟南府知府石孫黄公以疾卒於青島海濱。抗節逾二十年，少保定園朱公聞於朝，賜「潛志效忠」扁額。唯公謇諤匪躬、貞介絶俗，得天褒而論定。公子孝先等以書來請銘，余不得辭。

公諱曾源，字石孫，晚號槐瘿。本貫奉天鐵嶺，國初有諱希宣者，以軍功官副都統，駐防福州，後徙居閩縣洋嶼鄉，世爲福州駐防漢軍正黄旗人。祖諱恩貴，道光丁酉舉人，廣東新寧知縣。父諱運昌，福建雲霄同知。公少慕節義，讀《黄石齋先生集》，以古人自期許。弱冠補諸生，官私逋負，益刻苦力學。光緒戊子舉於鄉，庚寅成進士，改翰林院庶吉士，散館授編修，充國史館協修，方略館、功臣館、會典館纂修，協辦院事，撰文處行走。京察一等，轉山東道監察御史，歷掌江南、四川、河南道督理街道，署禮科給事中。

通籍後究心時務，洞知中外大勢，官翰林已慷慨言事。甲午中東之役，日人索我臺灣，公謂以臺灣資敵則其勢益張，匪唯中國之患，亦環球大局所關，請聯絡邦交，熟權利害，不可輕於棄地。議雖不行，時論重之。庚子拳匪倡亂，大臣多附和者。公執言侃侃，不爲威怵。及聯軍迫京師，兩宫西狩，人情惶擾，請懲辦禍首，早定大計。車駕回京，廷議争言變法。復疏請詳求治理，謂：「法不變則弱，弱必亡。變而不得其道則亂，亂且速亡。」其言絶痛。時方狃於更新，紛呶不已，以爲禦侮之效難知，鬩墻之釁已構。」迨禍變迭起，皆如所言，乃嘆其識慮之遠，而當軸莫之省也。封章數十上，若尊主權、清治本、懲貪邪、抑奔競、整頓上書房，皆切中時病，爲權貴所憚。與中江王乃徵、瀘州高枬稱「三諫」，直聲震一時。出爲安徽徽州府知府。徽地瘠而俗囂，民教交閧，訟經年不解。公平亭曲直，無不悦服，群情貼然。在官三年，懲治奸蠹，解除苛嬈，風氣爲之一變。調青州，其爲治如徽州，政舉而民不擾。再調濟南，大計舉卓異、河防叙勞保道員。顧省會首郡，上不得專制，下不得親民，不獲竟其施。值籌備立憲，枝梧萬端，益與公夙心刺謬，時時有遂初之志。

武昌變起，海疆騷動，東帥謀獨立，公義不苟從，亟引疾去。閩亂不能歸，寓青州十四年，公舊治也，州人愛戴不衰，旋徙膠島。蒿目横流，忠憤鬱積，晚歲得風疾，遂至不起，春秋七十有九。

公性伉直，恥事媕婀，疾惡嚴而宅心獨厚，清操卓絶，被服如寒畯。少丁家難，晚值國屯，顛沛流離，硜硜之守，不逾尺寸。嘗自言立志堅定，可質古人，數十年如一日也。竄身海島，聲銷影沈，故國之思彌摯，曰潛曰忠，庶幾無愧矣。生平篤於内行，撫育諸弟，資以成立。教子不鶩時趨，繼起多才。領袖後進，人倫之望，當代所稱。

配史氏、王氏，繼配支氏。子四人：孝先、孝紓、孝平、孝綽。女四人：長適支懋年，次適王世楨，餘待字。孫七人：爲憲、爲爵、爲佶、爲龍、爲倬、爲伋、爲俊。所著奏議及詩文集若干卷，藏於家。某年月日孝先等權厝公於青島京山之陽萬國公墓，待他日歸葬焉。

余與公鄉會同年，同出典郡。余守濟南，擢濟東道，公繼余任，晨夕相過，深談恒至夜分，同官詫爲未有，遭時多故，輒與私憂，竊嘆懼禍至之無日。洎余改官江右，瀕行時，以各保歲寒相勗，不謂遂成語讖也。滄桑後，遷徙靡寧，猶以時通問，嘗思一見，終不可得。世難未已，而公竟長逝矣。余以衰病之身，傫然待盡，愴懷今昔，流涕而爲之銘。銘曰：

奮迹將門，樹望台閣。威鳳九霄，神羊一角。妖氛召亂，乘輿播遷。屢陳讜論，燭照幾先。汲黯淮陽，龔遂渤海。卧閣私憂，登車危涕。高春景迫，大陸流横。萬變譎詭，孤抱堅貞。東陵鋤瓜，西山餐蕨。人識故侯，帝褒清節。唯余於公，如雲逐龍。鵲華一别，夢斷鶯烽。浩劫自天，悲歌何地。想像平生，凄凉隔世。足音空谷，心事寒灰。鑱詞埋石，莫知我哀。

碑傳集三編卷二十五　守令四

李發枝

深州知州李公墓志銘[一]

厲鶚

當世宗皇帝朝，高安朱文端公在相位，所薦引者，吾浙得二人，一爲少宰沈端恪公，一爲知深州事李公。二公皆深於理學，能以經術飾吏治。顧沈公躋通顯，而李公不竟其用，調儒官以卒，人皆惜之。卒於乾隆元年十二月二十二曰，子之綱等將擇某年月日，葬於某之原，伐石請銘。

按狀，公諱發枝，字鹿友，别字培園，山陰人也。曾祖允德，祖尚成，父鳴皋。弱冠，補學官弟子，即慨然有志於道，謂學以躬行爲要，必先之以變化氣質。又謂：「窮理乃儒者分内事，朱

〔一〕本篇載《樊榭山房文集》卷七，題作「奉直大夫深州知州李公暨元配趙宜人合葬墓志銘」。

子門人張元德於子史百家、山經地志之書，無不研究，歷官皆有異迹。」故公於書無不讀，尤精用世之學。中康熙丙子鄉試，丁丑成進士，除知上海縣事。

上海於東南爲劇邑，俗素黠而悍，好博簺，競拳捷，爲諸偷窟穴。公始至，廉得主名，置其魁於法，餘悉勸諭使去，期以三月一至縣堂[一]，呈自新狀。自是民無敢犯[二]。巡撫睢陽湯公之斥五通淫祠也，上海城南有祠未毀，民訴婦爲神所憑幾殆。公詣祠，命負婦至，則指衣紅像，公立命夷祠斧像投於火，祟遂絶，婦因得痊。或騁而譁於途曰：「海寇至矣！」民相率奔避，戍將禁之不止。公聞之，視事如故，間遣役出城諭民，民見公弗爲動，遂稍稍還。密覘之，則訛言因估舶鱗集也。白榷使令事竣速去，無滋擾，民乃安。巡撫商丘宋公聞之曰：「李令非獨治縣有譜，其定變亦將才也。」將以治行第一薦。某制府好賕[三]，弗善公，摭他事劾去之。士庶遮留，弗絶於道。

閑居二十年，復以薦起，知深州。地稍僻[四]，公一以安静爲治。舊有公使錢千緡，公爲革

[一] 期以三月一至縣堂：「堂」，《樊榭山房文集》無。

[二] 自是民無敢犯：此下，《樊榭山房文集》有「有以衣杵擊人額致死者，左證已具，驗其傷痕僅一綫，因將不服，公曰：『是易辨也。』折几足圜者墨其上，擊白版，痕亦如之，獄遂定」四十九字。

[三] 某制府好賕：「某」上，《樊榭山房文集》有「會」字。

[四] 地稍僻：《樊榭山房文集》作「州地稍僻」。

除，曰：「奈何以吾民膏血飾厨傳耶！」先是，直隸州縣賣官米，買補從田分配。公以其病民，力言於上官，上官又弗善[二]，左遷臨海教諭。三年，謝病歸。年八十乃卒。

公孝友醇謹，教人率以身先，讀書日有程課，臨海人士至今傳爲「李公家法」云[三]。配宜人趙氏，處士麒女，賢明識大義，事堂上兩世皆盡禮，卒於乾隆五年五月二十五日，年八十有五。子四：之屏，太學生；之翰、之綱，仁和縣學生；之紀，杭州府學生。女一，適周天任，己丑進士。孫七人，孫女三人，曾孫□人。銘曰：

李公之學能定性，經子百世相緯經。不爲空言發於政，先教後罰兼五聽。焚妖毁廟邪不勝，抑配病民以去諍。起而復蹶悲蹭蹬，始信珞琭有三命。晚罷儒官樂幽屏，盡其天年與德稱，劖銘繭室從子姓。

[二] 上官又弗善：「善」下，《樊榭山房文集》有「公」字。
[三] 臨海人士至今傳爲李公家法云：「爲」，《樊榭山房文集》無。

張汝霖

澳門海防同知張君墓志銘〔一〕

姚鼐

君諱汝霖，字芸墅，宣城張氏。大父諱宿，父諱中聖，皆爲縣學生，皆贈中憲大夫。君自縣學生，雍正十三年爲拔貢生。以人才保舉〔二〕，乾隆元年引見，命爲知縣，分發廣東，任河源、香山、陽春知縣。其至香山者再，而攝署之縣又三四焉。

君初任香山〔三〕，遭母汪太恭人喪，憂居，新任令未至，奸民賴姓乘隙爲亂。君即起，捕倡亂者置之法，而杖校其和從者。逮新令至，而邑已寧。其後至香山，免荒埔報升之税，修城南羅婆陂，成灌溉之利，而禁豪家爲堤堰之厲民者。海南徐聞縣民惰窳，布種後不知糞耨槹車之事，而婚姻尤無禮式。君攝其令，乃教之如内民。時廣東有開鑛采銅者七縣，地力盡而役未止。君攝英德縣，知其病，請於巡撫奏停焉。澳門者，香山南境，斗入海，西洋夷民居之，以與中國爲市。

〔一〕本篇載《惜抱軒文集》卷十三，題作「廣州府澳門海防同知贈中憲大夫翰林院侍講加一級張君墓志銘」。
〔二〕以人才保舉：「以」上，《惜抱軒文集》有「旋」字。
〔三〕君初任香山：「任」，《惜抱軒文集》作「在」。

時設同知官甫二年，上吏以君賢，俾攝其職。君尤能得夷情而柔調之[一]，故卒授君爲澳門同知。值事，吏議降一級，上官惜君去，奏請留粤，而部議不許，君遂返宣城，不復出矣。

君博學多聞，尤工駢體文及詩。嘗爲《澳門記略》，輯《宛雅》若干卷，《詩約》若干卷。自爲詩文三十卷[二]，政牘五十卷。乾隆三十八年七月八日[三]，卒於家，年六十一。配袁恭人，生君長子燾，乾隆癸未科進士，爲翰林院侍讀，得贈君如其官。一女適附監生梅學。側室梁安人生二子：廣西布政使司經歷倓[四]、太學生烔；二女：一適諸生劉辛，一未嫁死。孫男十一，孫女七。乾隆某年月日，葬君於寧國縣花塢山村之原。桐城姚鼐與燾爲進士同年，又與烔相知，於君葬後，爲君補爲墓銘。銘曰：

懿維君，吏海澨。安内民，外夷馴。爲國勤，著有勛。未上聞，乘歸輪。聚典墳，闓厥文。子繼振，蔚以彬。瘞泯泯，昭億春，吾銘云。

[一] 君尤能得夷情而柔調之：「夷」下，《惜抱軒文集》有「民」字。
[二] 自爲詩文三十卷：「文」下，《惜抱軒文集》有「集」字。
[三] 乾隆三十八年七月八日：「三十八」，《惜抱軒文集》作「三十四」。
[四] 廣西布政使司經歷倓：「司」，《惜抱軒文集》無。

又[一]

《廣東通志》

張汝霖，江南宣城人。乾隆十一年，知香山縣。廉介公慎，有經世才。邑民阮亞珠被采膽者誘至湖洲山[二]，割其腹，氣未絶。其母趨視，詢凶賊姓氏[三]，亞珠以龍眼都高姓告，母聞之官。時方大索采生奸徒，上官嚴檄責捕高姓。汝霖曰：「安有殺人而肯告以姓耶？」密訪五日，得其主名，一訊而伏，蓋奸徒欲嫁禍於高者。人稱神明。縣南羅婆陂，久爲强豪改築，遏水自利。爲勘實，修復故道，藉灌溉者數百頃。其他善政不可枚舉。

擢澳門海防同知。番僧以天主教立廟誘衆，汝霖密請大吏入告，燬其廟；私入教者，治如律。方燬廟令下，夷人憋然不服，有兵頭者，尤桀驁，議以武抗。汝霖捧檄單騎赴諭之，夷人感悟。其膽識濟變類如此。尋鐫級去，猶條陳善後十事，大府嘉其議[四]，勒諸石，士民謳思不忘。

〔一〕本篇載道光《廣東通志》卷二五七。
〔二〕阮亞珠被采膽者誘至湖洲山：「亞」，《廣東通志》作「阿」。
〔三〕詢凶賊姓氏：「氏」，《廣東通志》作「名」。
〔四〕大府嘉其議：「大府」，《廣東通志》作「憲府」。

李文藻

李南澗墓志銘〔一〕

錢大昕

己卯之秋，余奉命主山東鄉試，得益都李子南澗，天下才也。填榜日，按察沈公廷芳在座，起揖賀余得人。越三日，南澗投刺請見，與語竟日，所見益奇於所聞。南澗與人交有終始，雖交滿天下，獨喜就余。在京都，日相過從；其歸里也，每越月逾時，手書必至。得古書碑刻，或訪一奇士，必以告。及出宰劇縣，在七千里之外，奔走瘴癘，簿書填委，而書問未嘗輟，覼縷千百言，從不假手幕客。余嘗夢游南澗官齋，覺而書至，意甚異之，殆所謂同氣相求者。去歲，南澗自粤西貽余書，言生癰於尻甚劇，自後久不得音問。又數歲，感惡夢。今冬其弟文濤使來告曰：「吾兄以去年八月四日病癰終於官舍，遺命不作行狀，以自編年譜乞先生銘其墓。」嗚呼！南澗果死矣，世豈復有此才哉！

南澗諱文藻，字素伯，一字茝畹，晚又號南澗。先世自棗强遷益都之春牛街。祖元盛，父

〔一〕 本篇載《潛研堂文集》卷四三。

遠，皆以南澗貴，贈如其官。南澗天姿俊朗，年十三，從父游曹家亭子，作一記，仿《赤壁賦》，已有思致。十五學爲詩。二十一補縣學生。好博覽今古，不爲世俗之學，所至必交其賢豪長者。既以第二人舉鄉薦，明年會試中式，又明年成進士。廷對策博贍爲進士最，以補試例不與進呈之列，然讀卷官交口嘆賞無異詞。久之，謁選得廣東恩平縣知縣。到任後，奉檄署新安縣，又奏調潮陽縣知縣。以海疆三年俸滿保薦，擢廣西桂林府同知，未及一年而殁。

其居官以清白强幹稱。嶺南俗多竊牛，牛皮色相似，雖獲盗，多不承，有司無如之何。南澗始至，令有牛之家，各於牛角印烙私記，凡赴墟賣牛者，牙儈以印烙登簿，以印付買主；如告失牛，先以印呈官，官遣役持印驗墟簿，無得隱者。大府善其法，下所部行之。陽江民劉維邦以母病，延道士作法，借鄰人刀十柄縛梯上以驅祟。吏索不遂〔二〕，取刀送縣，誣以不軌。南澗奉檄往勘，廉得其實，白於上官，釋之。未幾，陽江令以它事被劾，銜南澗甚，遣親信僕潛至恩平，欲探陰事中傷之。居兩月，無所得，乃已。潮陽民好械鬥，往往殺傷多人。南澗至，則懸鉦於堂上，有將鬥者，令地保馳入城，擊鉦以告，立往拘治，衆則散矣。自是械鬥稍息。縣故有東山書院，

〔二〕吏索不遂：「索」下，《潛研堂文集》有「錢」字。

延進士鄭安道爲師，購經史子集數十種以教學者。潮陽與海陽、揭陽稱「三陽」〔二〕，仕其地者多致富。南澗去官之日，囊橐蕭然。還至番禺，命工摹光孝寺貫休畫羅漢四軸以歸，曰：「此吾廣南宧橐也。」

性好聚書，每入肆見異書，輒典衣取債致之。又從友朋借鈔，藏弆數萬卷，皆手自讎校，無晚近俚俗之本。於金石刻搜羅尤富，所過學宫寺觀，巖洞崖壁，必停驂周覽。有僕劉福者，善椎拓，携紙墨以從，有所得則盡搨之。嘗乘舟出迎總督，小憩南海神廟〔三〕，命僕拓碑，秉燭竟夜。比曉，問總督舟，已過矣。其詩古文皆自攄所見，不傍人門户，視近代模擬膚淺以爲大家，蔑如也。然口不道前輩之短，以爲非盛德事。過嶺後，治公事日不暇給，而詩益工，郵亭僧院，信筆留題，雖輿隸皆知爲才子也。生平樂道人之善，鄉先正詩文可傳者，必撰次表章之。元和惠定宇、婺源江慎修，皆素未相識，訪其遺書刊行之。德州梁鴻翥，窮老而篤學，月必誦九經一過，鄉里咸目爲癡。南澗一見奇之，爲之延譽，遂知名於世。其在嶺表，士子以文就質無虚日，獨稱欽州馮敏昌、順德胡亦常、張錦芳，作《嶺南三子歌》。其獎借後進，誠有味

〔二〕揭陽稱三陽：「陽」下，《潛研堂文集》有「俗」字。

〔三〕小憩南海神廟：「神」，《潛研堂文集》無。

乎其言之也〔二〕。余嘗戲論南澗有三反：長身多髯，赳赳如千夫長，而胸有萬卷書，一也；生長於北海，官於南海，二也；湛思著書，欲以文學顯，而世稱其政事，三也。嗟乎！以南澗居家之孝友，當官之廉幹，與友之誠信，固已加人一等，乃其所篤嗜者文章也。文人之病，恒在驕與吝，而南澗獨否。使其得志，必能使古之文士有以永其傳，今之文士不致失其所，而竟不遂，此吾所以爲斯世惜也。悲夫！悲夫！

南澗娶邢氏，先卒。繼室周氏，生子三人：章郵、章棉、章姚，俱幼。女子三人。銘曰：

偉哉李生，文中之雄兮。四部七略，羅心胸兮。名登甲科，官至五品，不爲不庸兮。胡爲不與石渠蘭臺之選，以昌其文，乃以能吏終兮。昔裴幾原自占死期不過戊戌歲；任彦昇常恐不過五十，四十九而云逝〔三〕。嗟哉李生！年壽適與同兮。恒幹不可留，修名永無窮兮。廣固之里，辛木翳如，千秋萬歲，過者下馬，曰才子之幽宮兮。

謹按：《貢舉年表》，錢大昕主山東鄉試，爲乾隆二十四年己卯，南澗獲舉。明年會試中式，爲二十五年庚辰，與畢沅、王文治同榜。又明年成進士，蓋補應殿試爲二十六年辛巳

〔二〕誠有味乎其言之也：「其」，《潛研堂文集》無。

〔三〕四十九而云逝：「四」上，《潛研堂文集》有「果」字。

恩科王杰榜。錢撰《胡亦常墓志》，亦常以《詩經》舉於鄉，出益都李南澗之門。以阮《通志·選舉表》推之，南澗於乾隆三十六年辛卯充廣東鄉試同考官也。

周　鎬

周犢山傳〔一〕

錢振鍠

犢山隸無錫，南濱太湖。乾隆朝，有文人周先生鎬，字懷西，以山名其書。祖、父皆爲海船長年，風雨晦霾，辨島嶼如指掌，遇他船失事，必急救之。先生少貧甚，獨與其祖啖飯，其姊妹從母啜粥，竟以文學崛起。乾隆己亥，舉於鄉。乙亥，大挑以知縣試用浙江，歷嵊、景寧、平陽、瑞安、鄞、餘姚諸縣，官至福建漳州知府而卒。

先生爲官，自云：「示民以善惡兩途，無他長也。」每去一縣，百姓傾城相送，或留畫象焉。景寧，浙江最下邑，在濱海亂石間。嘉慶三年，免新糧，清舊欠，先生催徵，日至某處。村翁團集

〔一〕本篇載《名山六集》卷三。

密語，察之，則謀所以飯先生，膳竹鼠、石鱗，恨無自得一尊酒。竹鼠長一尺，石鱗形似蝦蟆，捷能緣樹，其土物也。先生急摇手曰：「催糧，我之職；輸糧，爾之善。一飯，雖人情，恐成例〔二〕案。」卒却之。本民田賦清，而先世積欠猶在，民告竭力。先生曰：「父老毋憂，乃者吾教讀，積田十畝，當售之，以補爾曹闕。我歸謝妻子：『舌在猶堪耕也。』」他善政不勝記。

其論治道曰：「自天子以至庶人，莫不有職，職明而天下自治。」又曰：「因其手足，教之勤儉；因其身家性命，教愛惜；因其是非好惡，示以賞罰。如是而已。」又曰：「具宰相之職，乃可爲州縣；不通州縣之務，不可爲宰相。」又曰：「愛民者安，得士者榮。古謂『帝與師處，王與友處』，邑宰何獨不然？」

先生以時藝名於時，文氣如强弩射三十里。七試禮部，最後得有司評語「當養氣十年而後問世」，乃不復應考。我朝取士文字，南墨發皇，北墨選懦。先生文氣動〔三〕，於北不利，固然。獨所謂「養氣」者，不可不辨。養氣，莫善於孟子，其爲氣也，至大至剛、以直。彼衡文者所謂「養氣」，何氣也？本朝時文靡靡之音，古文陰柔之説，乃中葉以後，所以養亡國之禍，而彼方自以爲

〔二〕恐成例：「例」下，《名山六集》有「案」字。

〔三〕先生文氣動：「動」，《名山六集》作「勁」。

「養氣」，真大謬也！先生古文真刻有天趣，其記家庭事，與留別百姓詩，讀之爲泪下。然後知文章挺挺，合乎陽德之剛，非至情人不能爲也。

先生有八子、六孫，然聞諸錫人，則四十年前，有曾孫二人，其一縣試老不售，其一讀三官經，他無聞者。先生愛民如彼，而天道未顯，將毋有所待歟！

鄭長昕

記鄭少萊司馬軼事[一]

王頌蔚

光緒初年，蘇州修郡志，以頌蔚預纂校事。頌蔚祖籍東洞庭山，得山人采訪，知鄭蕁村先生諱璇，宰蜀三臺有異政，爲列入《吴縣人物志》第十卷。先生傳後，附載子長昕道光壬午舉人、江西永新知縣。志名志官，而未及事實。子附父傳，亦通例也。迄庚辰與季雅鄭君言紹爲禮闈同年，且締姻好，始知鄭公諱長昕者，乃季雅同年先德，實爲蕁村先生之文孫。當日采訪失實，誤

[一] 本篇載《寫禮廎文集》補遺。

孫爲子，而秉筆者亦第弗深考，疏矣。頌蔚因是得讀公家傳。

公字雅三，號少萊，以孝廉由實録館議叙，出宰江右。始授永新，後調德化，又權篆七邑，擢九江郡丞。歷宦二十餘年，所至多循績。於永新建書院，大庾平夫役政，豐城築杜家門首堤，均載各邑志。尤以聽訟名。傳記所録，弗克殫述，而事有尤著者，則不可以不志。

公之任德化也，先一月，盜劫西門外譚福泰錢肆，得鉅贓，并拒傷鄰人蔡某。舊令尹適因事被譴，將瓜代，置不問，而公猶未履任。同城九江郡守劉君熾昌，引爲己事，勒捕嚴緝，旬日獲六盜，日夕研訊，俱承服，以待公至即定讞。劉勇於任事而性操切，方自喜其嚴明而神速也，及公覆訊，犯供殊參差。初福泰呈失贓寶銀十八錠、洋九百圓，劉以贓過鉅，勒事主改減，故續呈報洋不及銀，而盜供得贓，乃適如所改數。公以是爲疑。未數日，鄰人蔡某因傷死，公往驗，胸左一傷，青腫墳起，閱前供盜稱是鐵槍所戳〔一〕。公以鐵槍乃利器，應破損，不應青腫，命取死者當日所服絮衣驗之，衣亦完善，愈知歷供非信讞。據情白守，守恚，以公爲迂拘，益敦促具牘。公益堅持不肯發，惟密遣購訪另緝而已。案係道光二十八年九月事。臘月，鎮江移牒至。鎮江因案獲盜，盜供先於九江犯案，劫錢肆，銀洋數與肆主原報

〔一〕閱前供盜稱是鐵槍所戳：「是」，《寫禮廎文集》作「係」。

符，又供以堅木桿搠路人踣於地，歷歷若繪。公懷牒見守，守大慙。後復訊盜，俱伏叩曰：「非得見青天，我等皆斷頭鬼矣！」然六人固非良民，因劉督捕急，役拘平日有過犯者以塞責。役逼拷教供，劉復以刑求，遂誣服。公惟不徇上官意，卒與平反。此豈世俗巧宦所肯爲者？

又三年，任九江同知。屬邑彭澤有疑獄，兩造俱控省。省發府訊，累年不能決。時太守陳君知公老吏也〔一〕，以屬公。案爲彭澤富人羅某，以佃欠索償急，佃母挺身出，語侵羅，羅嗾僕衆繫縛之，尋絶吭死，乘夜棄屍於野塘。越數日，子來尋母，羅紿以早歸。子於塘中得屍，疑爲失足，及見縊痕，乃以羅威逼斃母控於官。羅亦控佃以子縊母，藉尸圖詐，互控久不決。而羅以財勝，每得直。公莅縣集訊時，案懸已久，鄰里屢被逮，雖有知者莫敢言。證佐俱無，惟任狡展而已。公置案不問，而日出覽山水勝。係客官，人無識者。徐偵知佃母至羅家，羅適作佛事，所延爲某寺僧，遂微服屢至寺游〔二〕，與僧談日益狎。問及羅事〔三〕，僧言是日見老嫗來，抵觸羅，羅盛怒，繫嫗頸及手足，縛置檻外，而未知其後之死也。復訊羅不承縛嫗事，傳僧證之，無可遁；再

〔一〕時太守陳君知公老吏也：「陳君」下，《寫禮廎文集》有「景曾」二字。
〔二〕遂微服屢至寺游：「微服」下，《寫禮廎文集》有「易裝」二字。
〔三〕問及羅事：「問」，《寫禮廎文集》作「間」。

鞫衆僕，乃悉吐實。羅抵法，佃得釋。公之判獄明允類如斯。

竊念蕁村先生以申雪奇冤，感及物類，志傳已詳，乃治譜家傳，及公而又克繩武，且精密詳慎，有足爲聽訟法者，方將貽示官箴，而志乘安可闕如？頌蔚昔忝纂校，於公世系既誤，又以未輯專傳爲憾。直廬偶暇，謹志崖略，以貽季雅同年，冀異日陳諸大府，爲郡志正訛補軼，以贖昔年舛漏之愆，幸孰甚焉。

史善長

江西餘干縣知縣史君傳〔一〕

陳澧

君諱善長，字春林，浙江山陰人。父諱德恢，爲粤海關吏，遂居廣東。君生十月而孤，家貧，母王氏苦節以鞠之。長而有異才，倜儻不羈。始教授學童，繼復爲吏。吏滿爲洋商，不得意，捐納爲知縣，選江西餘干縣。先是，鄱陽湖濱袁氏、朱氏二村聚衆鬥，朱氏多死者，告於官。殺人

〔一〕　本篇載《東塾集》卷五。

者袁梓材捕之不獲。君到官，上官命發兵捕之。君曰：「無庸。」即易短衣，携一童子，乘小舟抵袁氏村。天暑，村人袒坐湖神廟，君就之坐，云舊識梓材，問其事，村人爲具言。君登舟，使童子呼曰：「縣官來！」皆大驚。君曰：「上官命我率兵捕梓材，我獨身來，恐擾民也。」皆叩首謝，且曰：「每年此日有大風，請舍於廟。」君曰：「無庸。」是夜大風作，村人出求君舟，得之十里外草中，皆泣拜曰：「以梓材故，幾喪好官。願往挾之歸，往返一月程，請具甘結。」君曰：「官與民信耳，何結爲？」即去，白上官，上官哂之。未盡一月，梓材至，由是君名大起。君益以慈惠爲治，民大悦，爲作生祠。會有妖賊朱毛俚者，傳聞在餘干，奉旨捕之不獲。君坐革職，發烏魯木齊。縣民詣巡撫乞留君，巡撫慰遣久之乃散去。其後總督閲兵至，民復訴君治狀。總督陛見，奏其事，嘉慶二十四年以遇萬壽恩釋回。

君性豪邁，好施與，雖謫戍，意氣如昔，烏魯木齊將吏皆樂與游。謫宦貧病死者，君皆周恤之。餘干外委與君同謫，君挈以行，衣食之；至戍，屢贈金，外委飲博輒盡，及釋回，君爲償博負；同行至江西，復贈金使歸壽其母。廣東肇慶人劉甲在戍娶妻生子，遇赦，貧不能歸，將鬻妻子，君挈之同歸。君之始謫也，母年七十餘，君在戍三年，恒思母悲泣。及歸，孝養五年，母卒，廬於墓。君善爲詩，江西知縣惲子居稱之曰「七十二同官詩人第一」。在烏魯木齊，有稱弟子從學詩者。所著《春林詩鈔》八卷，《雜文》一卷，《輪臺雜紀》二卷，《東還紀略》一卷。道光十年十一月卒，年六十三。子七：致祥，江西樂安縣知縣；致遠、致華；澄，翰林院編修；端、鴻，廩生；溶，附生。

何曰愈

四川岳池縣知縣何公神道碑銘〔一〕

陳澧

四川岳池縣知縣、誥封光禄大夫、江蘇巡撫香山何公卒於里第。長子璟，官兩江總督，聞訃歸，葬公於城東大嶺頭之原，屬澧爲公銘神道之碑。

按狀，公諱曰愈，字德持，號雲畡。祖諱夢齡，縣學武生。考諱文明，乾隆己亥恩科舉人，河南淯川縣知縣。皆贈光禄大夫，妣皆一品夫人。公少好學能文，應順天鄉試不中，捐納州吏目。嘉慶二十一年，分發四川，署墊江縣典史、蓬州吏目。道光五年，補會理州吏目。苗人殺漢民，知州以公事出，命公代驗。土官使人以數百金獻於公，乞無驗，而以自戕報。公揮其金去之。

〔一〕　本篇載《東塾集》卷五，又收入《碑傳集補》卷二四，均題作「誥封光禄大夫四川岳池縣知縣何公神道碑銘」。

土官率數百人衷甲來迎，公不懼，驗得殺傷報官，并言土官獻金事。上官杖土官而黜之，由是公名大著。任滿，兼獲鄰境巨盜，送部引見，捐升知縣。

返四川，大吏命主西藏糧臺。故事，糧臺官見達賴喇嘛膜拜，達賴坐受。公長揖不拜，達賴笑握公手，延之坐，曰：「君有根器人也。」咸豐元年，補岳池縣知縣。縣人有曾爲兵備道者，素驕横，初見公有請托事，公正色拒之，遂畏憚不敢逞，一縣大治。時湖北長髮賊擾亂，公曰：「寇氛雖遠，不可無備。」繕城郭，庀器械。公去官後，賊至，圍縣城，後任官得君所製槍炮火藥，城守遂堅。三年，李太夫人卒於里第，公以寇盗塞路，不能歸。會寧遠猓夷焚掠冕寧、鹽源、西昌諸縣，大吏奏以公參總兵占泰軍事。西昌縣令以民變告，公單騎往視之，萬衆譁於堂〔一〕。問之，則曰：「被夷焚掠，乞剿之。」公與縣令謀，給之飲食，爲棚以棲之，遂告之曰：「爾平日欺夷如鹿豕，夷憤極成此巨患也。」乃請於總兵，得兵五百人，復募三百人，入夷巢，斬數十級，餘皆遁。師還，夷尾其後，復以炮擊之，皆潰。是役也，以數百人破夷衆數千。越嶲之夷凡十七支，聞之皆懼，乞投誠。請漢民復業，無食者貸以粟，無屋者贈以材木。公告民曰：「彼夷尚有良心者也，今後宜相安。」民皆悦。因爲立法十二章，使歃血而盟，夷患遂息。事甫定，復有滇寇韓登鸞入

〔一〕萬衆譁於堂：「於」下，《東塾集》有「縣」字。

會理，聲言與回民夙仇，將報之。諸回亦焚民居。知府及總兵命公往，至則人心惶然，言奸細伏城内。公下令毋閉城門，三日後大索，容奸細者斬。越三日，士民上謁，言賊黨盡遁矣。公爲榜文，遣人諭登鸞。登鸞曰：「我非反也，報仇即歸。」公以兵逼賊營，又發告示，爲釋仇怨。賊稍退，其未退者尚五千餘人。公揚言使民兵及回人夾攻，而自率官軍衝擊之，賊懼盡退。公復爲手諭以誠回人。回人曰：「道光十六年水灾，我等田廬皆没，何公策馬渡水賑我，又爲我疏河道，除水患，至今不忘。公今有諭，請各録一通，永遵守之。」事既定，有攘公功者，不自表暴。還成都，僦居灌縣，蒔花種竹，泊如也。

同治元年，以長子官廬鳳道，遂去官就養，既而歸廣州。十一年某月某日，微疾而終，壽八十。所著書有《玉帳狐腋》四卷，《存誠齋文集》十四卷，《餘甘軒詩集》十二卷，《退庵詩話》十二卷。子五人：長子今官閩浙總督；次某，某官；次某，某官。孫七人：某，某官。曾孫三人。

公在廣州時，嘗見訪，氣體雄偉，老而不衰。見示文集，議論風發，文如其人。澧敬仰之。總督之歸也，小冠青布衫，徒步來訪，其高致如此，尤心折焉。索爲文，其敢以老拙辭？乃爲銘曰：

粤有欖山，何實巨族。厥氣磅礴，特鍾光禄。卓哉循吏，錚錚有聲。平能理民，亂能將兵。以諭則服，以戰則捷。仇者以解，悍者以讋。有功不伐，有官可休。有子顯貴，作督八州。一品告身，八秩壽考。偉然鬚眉，上庠國老。著作行世，有文有詩。復有兵法，登壇者師。纍葉蕃昌，善門餘慶。蔚然世家，光於志乘。佳城鬱鬱，豐碑峩峩。刻此銘詩，以誦以歌。

冒芬

廣東升用同知知縣冒君墓碑銘〔二〕

陳澧

君諱芬，字伯蘭。江南如皋人也。先世隱居不仕。父諱鈺，官湖北朱河主簿。君幼有奇志，讀書不屑治章句。父命入京，以□□議叙巡檢。嘉慶二十一年，分發廣東，署馴雉里、鹿步、五斗口、金利、黄鼎、北寨諸巡檢，番禺縣典史，補松柏司巡檢，調補五斗口，升廣州府經歷，調補海豐縣丞，升開平縣知縣，署高要縣，代理曲江縣，署乳源縣以卒。

君始爲巡檢，總督李公鴻賓命與同知某捕盜於廣西，巡撫贈金，同知受之，君不受。李公告廣東巡撫朱公桂楨曰：「冒巡檢，君子也。」朱公素惡李公，遂惡君。會鄉試，入闈爲監臨官，調君供事，陰瞰君所爲。一日，君獨坐治事，同事者晝寢。朱公猝至，問諸人安在，君對曰：「赴某

〔二〕 本篇載《東塾集》卷六，又收入《碑傳集補》卷三一，均題作「誥贈通奉大夫廣東升用同知知縣冒君墓碑銘」。

所視某事。」後朱公知之，嘆曰：「勤於公事而不傾同官，真君子也！」總督盧公坤討連州猺，求賢吏以治軍事。朱公命君往，事平，奉旨賞藍翎。其在五斗口，有大盜久不獲，君甫至，擒之，群盜斂迹。西江水發，君捐千金，施粥、施藥、施棺，及於鄰縣，乞上官發二萬金賑之，全活甚衆。其在開平縣，每日黎明坐堂皇，受民辭，日旰不食；夜治文書輒達旦。曰：「吾非好勞，必如是，心始安也。」尤善聽訟，與兩造問答如家人語，故皆得其情，凡牽連者去之。嘗曰：「兩漢之治，循吏多也。循吏之政，不擾民也。不擾民，當自慎政始。」入京引見。縣有兩族鬥，署事官不能禁。君回任，詰其事，兩族皆以老病者爲首。君揮去，出片紙書爲首姓名，皆驚服，縛以獻。他族復鬥，君馳至諭曰：「吾爲民父母，民皆吾子也。奈何同室而鬥乎！」皆泣下，輯睦如初。爲君建生祠，君改爲書院。其在乳源縣，逆賊洪秀全陷湖南江華、藍山、臨武諸縣，韶州土寇與相結，衆數千人，陷仁化、樂昌，遂攻乳源。或謂賊勢盛，宜固守，勿與戰。君曰：「城小無濠，不可守也。當以奇兵破之。」乃募兵三百，使勇士胡佳、張延壽將之；都司車定海屯湯盤水，胡佳渡水而伏。賊至，車定海與戰，張延壽發巨炮斃賊酋，胡佳擊其後，賊大潰去。餘寇黄滿復聚衆於曲江，君與千總張鷹揚率兵往擒之。歸過羅坑山，山賊出奪之，鷹揚遁，君麾兵與賊戰，幕友宋培清鬥死。賊抽刃刺君，君創甚，舁歸而卒，年□十□，咸豐某年某月某日也。事聞，奉旨以四品例議恤，賜祭葬，祀昭忠祠，贈雲騎尉世職，恩騎尉世襲罔替。縣民請建祠，奉旨允行。

君之將歿也，告諸子曰：「刺我者，左目下有黑子，汝等記之，爲我復仇。」後十餘年，君之子澄署番禺縣，乳源人來言：「邱標者，縣役也，嘗犯法，君杖之，遂入羅坑爲賊，嗾其黨邱河刺君。標已死，其黨數人在，而河猶爲縣役。」會乳源縣缺，君之子沅以知縣候補，上官委署乳源縣事。沅始至，佯不知，一旦傳呼衆役來，見河左目下有黑子，訊之而服。乃剖其心以祭君，盡捕其黨戮之，發邱標墓戮尸。觀者萬人，皆呼噪謂君有靈，有孝子能殺賊復仇也。

君五子：溶，江西德化縣升用同知；澄，廣東補用同知直隸州；保泰，署廣東瞰白場大使，加五品銜；沅，廣東候補通判，加提舉銜；廷章，廣東升用知縣，加五品銜。某年某月，以君之柩歸葬於某某之原。銘曰：

粤有賢吏，實勤且清。始屈丞尉，擢宰四城。訟者得情，鬥者息争。定謀破賊，用兵尤精。如何不吊，悲哉結纓。昭忠延賞，帝錫其榮。家尸户祝，民薦其馨。孝子殺仇，告君之靈。天道以明，人心以平。來者雪涕，誦此刻銘。

馬福安

安徽六安州知州馬君傳〔一〕

陳璞

馬福安，字聖敬，又字止齋，順德縣人。少聰穎，讀書數行下。嘗夜讀《文選》班孟堅《兩都賦》，鼓再下，背誦不遺一字。然好先儒語録，立志與古賢豪相頡頏，不屑以記誦自域。嘉慶二十四年，舉於鄉。道光九年，成進士，改翰林院庶吉士，散館授四川犍爲縣知縣。

既上事，即議裁陋規，將次第行之。《面城樓集·馬君家傳》。丁内艱歸。癸巳，潦荒，先後捐八百金賑其鄉。服闋，擇發福建，署順昌縣。《廣州府志》。順昌當閩南北衝，故多盜，長汀兵餉過境被搶。先是縣有劉三妹者，大猾也，與胥吏勾通，前政歷緝之不能獲。《家傳》。福安獲劉三妹使偵獲十一人，《府志》。果巨魁，解諸省。大吏才之，題沙縣知縣，委署詔安縣。忌者惎諸盜翻供詞，坐失入罪落職。詔安民誤以爲虧空也，置十櫃通衢投之錢，一日得錢五千貫。君不取，强之，乃舉以益育嬰堂、孤老院、書院諸經費。當是時，民皆不平，福安獨泊然置度外。至省寓候

〔一〕本篇載《尺岡草堂遺文》卷四《擬廣東循吏傳》，無標題。

部議，延建邵兵備道徐繼畬聞之，憤然曰：「馬令所獲十一人，有經某親審無異詞者[二]。」乃謁督撫白其事。總督鍾祥令當堂訊得實，乃奏請開復。

巡撫吴文溶初至，知其爲吏廉，欲委善地爲調劑計，而福安請漳浦。巡撫曰：「漳浦罷敝，不可重累君。」謝曰：「公爲地擇人，不爲人擇地。且漳浦民陷水火久，某不敢避難坐視。」遂署漳浦。《家傳》。漳浦俗尚械鬥，邱、梁兩大姓鬥輒不解，《府志》。命案積數一百，蓋歷十餘年矣。至，執巨盗四人斃杖下。《家傳》。挈役數人，親赴諭以利害，兩造遂散。受傷死者，當時斷結，不擾事外一人。《府志》。爲捐廉設鄉約，命兩姓公舉族正分治之。由是東、西、北三路聞風凶暴之俗頓革。《家傳》。其後奉檄往漳州，道出詔安，沿途香燭迎送。巡撫疏薦，擢知六安州。丁外艱。《府志》。服闋引見，奉旨仍發安徽。到省邸，病卒，年五十八。《家傳》。

福安學有根柢，兩廣總督阮元創學海堂，以經史詩賦課士，舉學長八人，福安與焉。《府志》。性孝友，愛其庶弟過於所生。父母有不豫色，即長跪以請。在鄉黨恂恂然，而事上官則伉直不少屈。居嘗儉約，十年不易一衣，及卒，幾無以殮。著有《鑑語經世編》十六卷，《明代名臣傳贊》十二卷，《止齋文鈔》二卷，《貞冬詩》存一卷，藏於家。《家傳》。

[二] 有經某親審無異詞者：「審」，《尺岡草堂遺文》作「訊」。

胡湘

署廣東南海縣知縣胡君墓表[一]

陳澧

廣東知州銜候補知縣、署南海縣事湘潭胡君，諱湘，字子瀟，一字筠帆。咸豐四年三月卒，後二年五月，宜人柳氏卒。子錫燕、同壽奉柩歸，合葬長沙大賢鄉琅琳冲之原。服闋，錫燕不仕，同壽官廣東候補知州。錫燕記君事實，寄同壽使奉以來，請表君之墓。君署南海時，延澧教二子。公事暇，至書室談論，故知其事爲審。當是時，總督葉名琛負其才，傲睨僚屬，自巡撫以下，皆遜且畏，莫敢與言。君獨侃侃言，言聽計從。

英詰利夷酋以文書抵總督，所要求事不可行，總督示巡撫司道曰：「何以答之？」衆莫能對。總督命君草文書拒之，事竟寢，衆皆服。先是夷船每年載銀錢至粵，皆鑄人面形，至是改鳥形，粵人疑之不用。君曰：「夷船以毒藥、奇器易中國銀，不載銀來久矣，此中國所以虛耗也。今來銀無慮百萬，此中國之利也。」傳集商賈，煎新舊銀較之相等，遂用之。自是新銀踵至，至今

[一] 本篇載《東塾集》卷六，又收入《碑傳集補》卷二四，均題作「廣東知州銜候補知縣署南海縣事胡君墓表」。

得其利。

南海爲廣東首縣，政事繁劇，君才復傑出，上官事皆屬君，同官有事，亦皆求君，君口講指畫，應之裕如。同時州縣官百餘人，論吏才者，以君爲第一。君始以從九品試用署恩平典史，調署南海典史。道光二十一年，英咭利寇廣州，君以守城功升知縣。丁母憂。服闋，署揭陽縣事。揭陽民好鬥，官以嚴酷爲能，君獨以仁厚治之。上官委審廣州府積案，平反寃獄無算。委赴陸豐治兩墟鬥事，君使兩墟合爲一，鬥遂息。委赴平遠治爭田事，君以田歸書院，鬥亦息。署興寧縣事。旋調署新會縣事，擒斬海盜無算。隨總督徐廣縉赴廣西，率兵治鬱林土寇，斬獲無算。復隨赴湖南，未幾返廣東，署南海縣事。獲鄰境巨盜，奉旨加知州銜。

卒年四十九。君高、曾、祖、考四世皆以科第仕宦。君少時家貧，外舅柳君廷淮官直隸，君往依之。不得應試，以捐納入仕。然公事暇猶讀書賦詩，有《補讀齋詩文集》四卷。君卒後，英咭利復有要求事，總督遣官諭之，不得其人，遂啓釁，文書往還駁詰不能止〔二〕，遂攻陷省城。論者曰：「胡君不死，當不致此禍也。」嗚呼，惜哉！

〔二〕　文書往還駁詰不能止：「還」，《東塾集》《碑傳集補》作「返」。

夏子齡

夏百初先生傳〔一〕

繆荃孫

夏百初先生，諱子齡，號祝三，江蘇江陰人。七世祖維新，明舉人，鼎革闔門殉難，惟一幼子以義僕翼之免。祖祖甸。父翼謀，道光乙酉舉人。先生幼慧，出應童子試，爲學使姚文僖公所識拔，取古學入邑庠。道光甲午舉人，丙申會試第一，改主事，簽分禮部〔二〕，在儀制司學習。遇事勇決，尤以氣節自負。一日散衙，户部片查庫丁非賤役，應否准其捐考。時庫丁張甚，侵庫帑，當道皆可賄通。先生知事遲則有變，立作駁議，五鼓至朝房呈堂上官，以庫丁實賤役，應不准捐考。而堂上官果有成見，游移不決。或議調停，准捐不准考，先生曰：「國家名器不可濫，既准捐，即可考。且若輩一入仕途，賄賂鑽營，何求不得？既阻寒士進身之階，又啓仕途苞苴之弊。」力争不可。議遂定，即時至署片覆。及退食，緩頰者絡繹至，已無及矣。

〔一〕　本篇載《藝風堂文集》卷一，又收入《碑傳集補》卷二四。

〔二〕　改主事簽分禮部：《碑傳集補》作「授禮部主事」。

在禮曹六年，以親老改外，選直隸深澤縣。告改近〔一〕，選河南汲縣。涖汲，汲治。文宗御極，巡撫潘忠毅公特疏明保，吏部調取引見，事畢回任。復遭母憂〔二〕。服闋，坐選深澤。未一年，調饒陽。饒陽爲畿南大邑，土斥鹵，民强悍，素稱盜藪。時髮捻兵事方亟，畿輔比年蝗旱〔三〕，盜劫蜂擾。先生目擊賊氛所至，郡邑防剿無資，以致糜爛半天下，慨然謂「守土者不可無兵、不可不知戰」，發憤治兵家言，子弟僕隸皆令習技擊，故治饒捕盜捕蝗，皆以兵法部勒之。擇胥役壯健者，教練技勇，製造槍炮，百人分十隊，每夜以一隊輪守倉庫。課演拳械，優者賞，漸增練至二百人〔四〕。咸豐九年，英吉利犯天津，京師戒嚴。冀州王洛悦，河間劉四、賈瀡等，各纛聚千餘人起事。先生勸諭村鎮團練鄉丁，各境分四正四隅，各置練董正副二人，號令聽之。官復親率城勇，分日赴鄉，點驗合操，聲勢連絡。劉四等攔入饒境，集鄉團千人。自率城勇爲之先，擊賊於小堤集西北，賊馬步二千餘人燃炮相拒。乃張兩翼，卧旗伏地而進，賊炮如雨越隊過。揣知槍可及賊，旗舉槍發，賊陣亂，我軍大呼衝擊，斬百餘人，擒五十餘人，劉四受創遁，餘衆大潰。

〔一〕告改近：「改近」，《藝風堂文集》《碑傳集補》作「近改」。

〔二〕復遭母憂：「復」，《碑傳集補》無。

〔三〕畿輔比年蝗旱：「蝗旱」，《藝風堂文集》《碑傳集補》作「旱蝗」。

〔四〕漸增練至二百人：「漸增練」，《碑傳集補》作「增」。

是日，王洛悦分股擾冀州，聞風亦驚潰。劉四逃至青縣，被擒伏法。畿南平，道府以下優叙數十人，先生亦加運同銜。以其暇濬老澗河，泄滹沱水患，造橋五十丈，民呼曰「夏公橋」。

旋擢宛平，再擢易州直隸州。易爲西陵重地，以泰寧鎮總兵官兼内務府大臣總其成，而祭祀牛羊芻豆及守陵員役俸餉，例由州牧於布政使庫領銀供給，自守陵各衙門及本署官吏，莫不以爲利藪。先生睹及積弊滋多〔二〕，不得行其志力，求去任。調署保定府清軍同知。未逾月，長白衍秀公始涖泰寧鎮，堅請於大吏，飭回任，密與議定章程，奏請禁革豆草不得折價，積弊一清。七年正月，西捻張總愚犯畿輔，勤王兵雲集。陳國瑞以二等侍衛統軍剿賊，夜至易城外，以令箭呼開城，拒而不納；曉乃縋城下，語以陵寢密邇，請嚴軍令，勿擾民。陳即日馳去。時守陵大臣已以易州被圍入告，詔發神機營兵七千赴援，匪徒乘機縱掠。先生率練勇巡防，遇掠者立斬以徇，不問所從來，合境安堵。是夏捻匪肅清，叙功以知府在任候補，賞戴花翎，加三品銜。米利堅人山家立潛至易，私購城内許氏屋爲耶穌教堂。先生廉知之，乃責許氏退價，山家立堅不可，乃執條約與辨，以其未持游歷執照，買屋未知照地方官，且易州近陵寢，有關風水，不第易州境内不得立教堂，所屬淶水、廣昌及東陵附近之遵化等處，皆不得立。山家立辭窮，卒收價撤契以

〔二〕　先生睹及積弊滋多：「及」，《碑傳集補》無。

去。事上，制府曾文正公國藩深重之，總署文文忠公祥尤以爲賢。州署東偏隙地，舊有亭池，於其北築臺望西山，雜蒔花木，名之曰憩園，遂以自號。暇則集賓僚觴咏其中〔二〕，人咸以政簡刑清之樂爲不可及。會曾文正公疏薦循良〔三〕，稱先生「通達政體，歷官所至，皆有循聲」，詔特嘉之。以年逾六旬，宦情愈淡，乃請開缺，以知府候補。

去任數月卒，年六十有五。易州士民籲請崇祀名宦祠。越數年，饒陽亦以崇祀申請。先後奏蒙俞旨報可。子三人：長詒鈺，直隸永年縣知縣；次詒綬，候補通判〔三〕；次詒鎬，候補吏目。女一人，適宜興咸豐己未進士通政使司通政司周公家楣〔四〕。荃孫鄉里後進，又娶先生之孫女爲繼室，耳熟懿行，爰類次之以爲傳。

論曰：吾邑首枕大江，山清而削，水漱而激，其人亦磊落英多，可以有爲於世。然剛果負氣，往往不獲乎上，豈地使之然耶？以先生之才之望，早遇有大力者拂拭而振拔之，其措施豈止於此？晚遇曾文正識之於庸衆之中，登之簡牘；迨以老病乞退，又慰留再三。是時文正所保賢

〔二〕 暇則集賓僚觴咏其中：「咏」下，《碑傳集補》有「於」字。
〔三〕 會曾文正公疏薦循良：「會」，《碑傳集補》無。
〔三〕 候補通判：「補」，《藝風堂文集》作「選」。
〔四〕 適宜興咸豐己未進士通政使司通政司周公家楣：「通政司」，《藝風堂文集》《碑傳集補》作「通政使」。

員，如任道鎔、李文敏等，後皆仕至督撫，然先生則以老病死矣，命也夫！

婁詩漢

安平縣知縣循良婁君墓表[一]

孫葆田

光緒四年夏，畿輔大水，滹沱河溢。入秋，瀕河州縣被灾尤重。於時署安平縣知縣山陰婁君甫受事，即以邑境四分成灾上聞，由大府入告，得旨緩當年租賦，并振以銀米。君躬行僻鄉，按視户口，賦食與衣，罔有不給，所至民迎拜如家人父子。先是，滹沱河自同治六年北徙，縣境淪水者百二十餘村。君日櫂輕舟，度地高下，教民疏導，措置水車，隔流下楗，水以漸涸，可宅可耕。比返署，晝夜判治文牒，未明而起，至漏三下不休，竟以積勞致疾。到官未四月，於是年冬十二月二十九日卒於任所。士民聞喪，争相奔哭致賻。匶發之日，鄉民數百人自懷糗糒，願爲舁夫，老幼扶携哭送數十里不絶。邑人勒碑，以志遺愛。

[一] 本篇載《校經室文集》卷四。

越三年辛巳，直隸總督李文忠公據深州知州朱靖旬禀請奏恤，部議加贈知府銜。三十年甲辰，今直隸總督宫保袁公以「已故知縣政績卓著，遺愛在民」，籲懇宣付史館立傳，奉旨俞允。

君諱詩漢，字卓堂。祖父諱青，官河南彰衛道。父諱煜，官直隸石景山同知、護永定河道。君雖世家子，自幼無華靡之好。年甫冠，即以從九品分發河南，尋改發陝西，補褒城縣巡檢。咸豐初，丁内外艱。服除，改官直隸。六年，以縣丞署涿州州判。同治三年，代理静海縣主簿。四年，署景州運河州判。先後以海運及防捻功保升知縣，并加知州銜補缺後，以府同知用。十年，代理永年縣事，在官僅百日，清理滯獄數百。光緒二年，代理成安縣，爲治一如永年。

君卒年五十有九。配沈夫人，側室郭宜人。子六，曰杰、謙書、緝書、紱書、瑞書、綬書。杰以籌振叙勞保至三品銜分省補用知府。謙書，直隸候補知縣。緝書，候選中書科中書，與余善，以其伯兄所爲府君行述示葆田曰：「先君治行雖經張靖達、俞曲園諸公賜撰志銘家傳，而墓表闕然未備。伏念先君生平篤嗜性理之學，由慎獨存誠而推及於倫常治道，雖志存康濟，而不能與時俯仰。所至勤求民隱，其得民心在此，其宦途偃蹇亦由於此。」余謂君起末僚，洊陟守令，且以循績宣付史館，揚名於後世，苟當代巨公之表彰，亦不可爲不遇；特以格於新例，身歿未及三十年，未得祀入名宦祠。而國家定制：凡子孫見爲九卿者，其祖、父俱不得請入名宦、鄉賢。雖曰以防請屬，今又拘以年限，是使爲名宦鄉賢子孫者，必皆不克肖其先人而後可，則何以見爲善必獲報哉？君之由直督奏請立傳也，所援乃安徽泗州與河南光州兩案。所謂光州知州，實余亡弟叔謙，其遺愛在民，固人人所共知。當時奏牘既出，余乃得聞其事，因念我先人歷官湖北穀城、天門、漢陽、鍾祥、蘄州，皆有政迹在志乘，或立碑記，或建有生祠，而歿已三十年，竟未列入名宦，豈年代稍遠，民或忘其澤與？抑以子孫之不善稱揚，而人遂有善弗知與？夫安民必資循吏，而傳與不傳，是在爲大吏者之加意訪察。如婁君者，得當世表揚，洵足風勵群僚矣。余因表君之墓，還顧身世，蓋亦不能無感云。

楊春池

海寧州知州秋苑楊君墓志銘〔一〕

秦緗業

君諱春池，字夢連，號曰秋苑，無錫楊氏。曾祖熾，贈奉政大夫。祖德墳，廣東佛山同知。父鉞，諸生，贈中憲大夫。母氏顧，爲蒹塘先生女，封恭人，詔旌節孝。君少孤，一秉母訓，委己

〔一〕　本篇載《虹橋老屋遺稿》文三，題前有「原任」二字。

於學。屢應童子試不售，入貲爲布政使理問，需次浙江有年，檄赴蘇。適金陵賊下竄，逼無錫，君挈家渡江避亂，凡族之叔伯兄弟，率依以行，貲告罄弗顧。既而縣城果陷，楊族多免於難，胥君力也。浙杭亦一再陷賊。會今相國合肥李公來撫蘇，軍滬上，規復蘇常，檄君榷常昭釐稅，商民感之，完納有加，軍餉以濟。敘功，得知州。旋回浙，仍辦鎮海、塘西、湖州等處捐局，丁母憂歸。

服闋，補海寧知州，則光緒二年也，其明年春莅寧。君性仁恕，爲治不尚威嚴，與民如父兄之於子弟，苟有過，不加扑責，而反覆開導之，人亦丕變。逾數月，獄訟間少，君顧而樂之曰：「是足與吾民相安矣。」其他善政，如興積穀、勸課士、改石塘，固不可以枚舉也。杭嘉湖漕甲一省，州縣類以催科爲能。君不令而民之輸粟恐後，籽粒圓絜，爲是歲浙漕之冠。當事嘉之，保奏加四品銜，君初不自言也。越己卯夏旱，君雖步禱得雨，并引湖水以灌之，稻已大傷，補救無幾，而額徵如故，民遂未能踴躍如前歲矣。於時大吏方按勘荒田，疑官有侵冒，徵求益急。君曰：「田有荒熟，歲亦有豐歉，吾不敢以熟作荒，亦奚能轉歉爲豐耶？」既自蠲數千金償正賦，猶不足，檄催日數至。君於是喟然曰：「民力竭矣，吾力亦竭矣，謹當延首以待白簡耳！」卒去官。州之薦紳耆老，以君爲民受過，連章請留〔一〕，君婉謝之，送者自州至省不絕，迄今已二三年。余

〔一〕連章請留：「連」上，《虹橋老屋遺稿》有「欲」字。

偶遇州人士，論及先後長吏，必推君爲首，且深以未得還我使君爲恨，有臺然流涕者，是可以知君已。

方今浙西州縣，類困於南米。南米者，以供駐防八旗兵糧，例不納粟，而糶米以折錢，率以兩石價當一石，由首府以上諸將軍，分毫不敢逋欠，官乃重困。其愿者甘毀家以幸無罪[一]，黠者則吸膏搜髓，力徵經營而取盈焉。吏治之壞，至此極矣。大亂初平，元氣未復，知本者自當以撫字爲先[二]，催科爲後。如君者，所謂安静之吏，悃愊無華，日計不足，月計有餘。果能得君輩置之數十州縣中，必有政簡刑清之效，浙事庶有豸乎？乃不惟不能薦寵之，而復摧折之，於是君遂不得復任，且以府經歷降補矣。實則君先假旋，劾之者并未識其面也。噫！舉措若此，固不獨一省吏治之所關，亦有人心世道之憂也已。

君近病喘及蹇，亦無復用世志，竟以光緒八年七月十六日卒於里第，春秋五十有九。娶顧恭人，妾仲氏、陸氏。丈夫子十：斗柄、維楨、梓，及其季桐，皆早殤；植、模，諸生，模出後從父；栻，廩生；楫，優貢生，候選訓導；楷、相，亦皆諸生。女子三。今於是年冬十二月某日，植

[一] 其愿者甘毀家以幸無罪：「毀」下，《虹橋老屋遺稿》有「其」字。

[二] 知本者自當以撫字爲先：「知」下，《虹橋老屋遺稿》有「治」字。

等將葬君於某鄉某原。君諸子皆有文行，而模、楷喜爲古文辭。以交君久、知君深者莫余若，爰手君狀及楷所爲治寧遺迹，來請銘。銘曰：

漢重循吏〔一〕，與民休息。入爲三公，以彰有德。今也不然，政尚綜覈。吏以能名，是謂民賊。愷悌楊君，太和胸臆。蒲鞭在懸，刓用掊克。宜揚於廷，以風凡百。詎咈上游〔二〕，不褒而劾。日月不居，遽就冥宅〔三〕。州人相弔，爲君痛惜。青山之陽，窆此幽域〔四〕。後有史臣，請視兹刻。

凌頲德

凌怡堂家傳〔五〕

孫葆田

君諱頲德，字怡堂。其先固始人，明初遷居西華。入國朝，有諱謙者，由武舉起家，官至雲

〔一〕漢重循吏：「吏」，《虹橋老屋遺稿》作「良」。
〔二〕詎咈上游：「游」，《虹橋老屋遺稿》作「心」。
〔三〕遽就冥宅：「宅」，《虹橋老屋遺稿》作「冢」。
〔四〕窆此幽域：「域」，《虹橋老屋遺稿》作「宅」。
〔五〕本篇載《校經室文集》卷四，又收入《碑傳集補》卷二五。

霄鎮參將，爲君五世祖。父諱松林，中道光二十年鄉試第一名舉人。咸豐三年，成進士。官至直隸補用知府，加道銜，誥授中憲大夫，以循吏稱，歿後崇祀名宦，雄縣民爲建專祠祀焉。

君以諸生隨父任名邑，迭著勞績。父命援例入仕。時功令無父子迴避例，故得以縣令需次畿輔。初補靈壽令。靈壽爲先儒陸清獻公舊治，君始至，喜曰：「吾得所師矣。」凡所措施，寬嚴交濟，民愛之如慈父母。以母憂去，邑人於松陽書院懸「道媲先賢」扁額，以志遺愛。君以不得視母含殮，悲哀甚，致得疾。服闋，擬不復仕，父督之出。逾年，補盧龍令，清積案，除暴安良，一如治靈壽。文文忠公嘗因公過盧龍，聞君政績，極稱之。旋丁父憂歸。

服闋再出。游方伯智開語人曰：「吾聞凌君盧龍至今民思之〔一〕，非惠政入人者深，何以至此？」又知君素究心水利，乃委君辦大清蘆僧河工。四年而工定，委署臨榆，改調雄縣。雄爲中憲公故治〔二〕，慈惠在民，君亦因辦治河工，與其耆老習，恐狎而生玩也，下車即示諭紳民，毋得以私事相干。是時大清河决侯留村口，君以水鄉民瘠苦，倡捐督修，并請緩赴河間本任，力任其勞，閱數月工竣始行。邑人爲立石堤上，曰「凌公堤」。過客咸有歌詩，而竇竹坡侍郎一章爲尤

〔一〕 吾聞凌君盧龍至今民思之：「凌君」，《碑傳集補》無。

〔二〕 雄爲中憲公故治：「公」，《校經室文集》《碑傳集補》作「君」。

著云，其詞以爲河雖徙，堤未移，則君名常在也。君既莅任河間，以緝獲重盗功議叙，適有使者察河渠，議以縣境及大城爲鄰邑壑，君力争之，幾獲譴。未幾，調肅寧。肅寧之民旦夕望君至，而河間民亦禱於神，願君復來，乃終以他事開缺。

逾年，補武邑，先署大名，又署肅寧。癸未秋，始莅武邑。未三年，遽以疾卒，光緒十一年某月日也。有子三人：長甲棟，增貢生；次甲堃，優廩生；次甲焜，丁酉拔貢生，與葆田善，嘗哀集兩世遺書及友朋詩文，曰《循孝贈言》，用沈叔眉侍郎所題「循吏孝子」語也。其細行，則湖南黄曙軒先生所叙君傳備矣，葆田爲掇其大略如右。

論曰：予嘗過雄縣，見所謂凌公堤者，聞邑人猶稱君兩世治行弗衰。《記》曰：「君子也者，百姓歸之名，謂之君子之子。」如君父子，信可謂民之父母矣。黄先生謂君「奉陸清獻爲師，亦良吏，亦孝子，其儀型百世」，宜哉！陸清獻治靈壽七年，君先人治雄縣亦七年，而君所至皆未久，然治迹幾比陸清獻，信不愧家教云。

碑傳集三編卷二十六　守令五

劉枝彦

涿州知州劉君傳〔一〕

繆荃孫

君諱枝彦，字竹坡。武進人。始祖諱錫朋，明正德間避寧王宸濠之亂，自豐城徙武進，遂家焉。祖茹藻，廣西都康州吏目。父本清，雲南蒙自縣典史。皆累贈中議大夫。君沈毅有遠識，兒時附學鄉塾，群兒覷師出，嬉戲爲樂，而君獨端坐如故，吟誦無少間，咸以偉器目之。年十七，橐筆北上，留實録館效力，議叙從九品。旋揀，發熱河差遣，署大名城州判，補葛沽巡檢。葛沽去大沽三十里，當海衝。值英法夷蓄異志，要求百端，時見飛艎翔集海際。上命僧忠親王駐防大沽口。自咸豐八年至十年，夷人勢愈猖獗。或有勸君去者，不應。問之，則曰：「吾官斯土，

〔一〕　本篇載《藝風堂文集》卷一。

知守吾土而已，去將何之？」

同治三年，保升知縣。八年，補文安縣，未逾月，以憂去。十一年，服闋，補東安縣。下車後，數月間，清積訟數百。或一車一騎，巡行田野，問民疾苦。改廟田爲義學經費，創義學六所，曰興仁，曰崇德，曰正誼，曰廣業，曰宏文，曰彰化。舊學五，并是爲十一。

光緒三年，調署薊州，時惠陵工未竟。五年三月，辦奉安差。州境爲鑾輿駐蹕之所，先事籌畫，儲偫無缺。吏部主事吴可讀殉節於薊之馬伸橋，付其子書曰：「州主劉頌聲載道，恨我不及見之，爾諸凡求指示。」君聞信至其處，爲經紀其後事，遺摺代申吏部，即於馬伸橋畔建立專祠，以所賻餘款置守墓之田四十畝，并恤其家屬。

六年，調補寶坻。寶坻居九河之下，衆水所歸，迤北泃河，東北薊運河，西北鮑邱河，西南窩頭古渠河，其南袖鍼、青龍灣等河，又毗接武清之筐兒港河，皆邑河之尤著者也。河之兩岸，均恃堤防，民田反居其下流。河去歸海之處百餘里，年久未修，淤墊過甚，勢成倒漾。每於五六月間，陰雨連綿，山水盛至，則掃蕩冲决，民受滅頂之凶，由來久矣。君至，即懇請疏濬青龍灣，并添築袖鍼河游香淘堤工，以殺水勢，計袤延百餘里。秋，鄰境有偏灾，而寶坻以河堤故得無恙。七年，調署大興。八年，還寶坻任。九年六月，大雨兼旬，諸河同時暴漲，堤岸盡没於水，通邑九百餘村，汪洋一片，儼成巨浸，爲數十年所未有。立請大府發帑急撫，自乘舟筏周歷各村，擇其尤貧苦老弱者，先爲撫恤，躬自按查，不遺不濫。

十年，調武清。十二年，升涿州。涿州距京師咫尺，爲二十三行省通衢，承平日久，雉堞圮毁。君以爲地處衝要，貢使絡繹，冠蓋、商販所必由之路，宵小易於潛匿，謀之紳庶，集貲修補。自此扃鑰維謹，數月之内，樓櫓一新。前後在涿州任五年，吏畏民懷，百廢俱舉。十五年四月，自昌平讞案歸，司閽者以牘進，舉筆欲下，忽風疾舉發，口不能言，手足偏重不舉。六月，雨十餘日不止，城北拒馬河挾山水暴至，聲如牛吼，平地陡深數丈，田禾廬舍蕩無一存。君雖患病，强自起立，集紳耆商籌辦之法，仍扶病出城，體驗水勢。有以節勞言者，則怒曰：「小民如此，豈吾惜力時哉！」因此病勢益甚。七月卸任，猶以書院膏火無多，交卸之前夕，命出二千緡交典庫生息，士子尤感之。潘文勤公祖蔭、高京兆萬鵬嘗以「政平訟理、悃愊無華」入告，上諭傳旨嘉獎。文勤語屬吏曰：「州縣官如劉牧，可師可法。」又一日，偕查公光泰等進見，文勤嘆曰：「諸君皆屏翰才也，雖知之深，而未克竟其用，命也夫。」

光緒十七年五月卒，壽六十有一。配唐恭人，先君二年逝。子三：長景勳，江西縣丞；次景熙，北河候補縣丞；次景焯。孫三：蓟源、兆星、兆熊。

論曰：縣令親民之官，自昔以爲難。至今日而言，縣令尤難之難者。蓋每省候缺者多至數百人，閒居數年，揭債鉅萬，始得一署縣事，中人以下，未有不爲利所摇奪者，亦勢迫之也。君爲京畿州縣先後二十餘年，大灾大役，適際其艱，猶能毅然獨行己志，不撓於物。嗚呼，古之人與！

鄒鍾俊

贈尚書安徽太和縣知縣鄒公神道碑〔一〕

繆荃孫

宣統二年十月，荃孫由學部調京師。外務部鄒尚書以其尊人贈光禄大夫、安徽太和縣知縣雋之鄒公事略見視，商立隧道之文。荃孫忝附戚末，其何敢辭。

按事略，公姓鄒氏，諱鍾俊，字雋之，號師梅，一號補拙。江蘇吴縣人。始祖實，唐曲江令，家晉陵。二十六世祖浩，以諫立后，兩遭貶謫，追贈寶文閣學士，謚曰忠，世稱道鄉先生。十七世祖宏達，由常遷蘇之樂橋，遂定居蘇州。曾祖兆棠，贈奉政大夫，母贈宜人。祖炳初，本生祖炳蔚。父祖堂，安徽建平、梅渚巡檢。均贈奉政大夫，累贈光禄大夫。母均贈宜人，累贈一品夫人。

梅渚公有治行，生二子，公爲長，孝友敦敏，出於自然，博覽群書，尤好經世之學。隨侍梅渚官所，偶擬公牘，下筆精確。道光之末，灾祲頻仍，風俗凋瘵，梅渚公廣儲先哲精理名言，命公編輯，究儒先之格言，明感應之至理，體察身心，切於日用；其有意所欲言而諸書未載者，并令自抒所見，

〔一〕本篇載《藝風堂文漫存·辛壬稿》卷二，題作「贈尚書光禄大夫安徽太和縣知縣鄒公神道碑」。

撰擬審定。期年書成，命曰《人生必讀書》。公自謂學道愛人，本於庭訓，是書之力爲多。嗚乎！可謂教必有方、德培其本矣。屢試不售，覯閔凶，遂屏帖括，究心吏事。家鄉遭亂，扶持出險。

同治乙丑，皖撫喬勤恪公檄致幕府〔一〕，升銜花翎，奏補太平縣〔二〕，辛未履任。公自筮仕，譽望益晋〔三〕，以勤結上，以誠待下，所至民説，所去民思。補太平，調太和，權懷寧、阜陽、渦陽、蕪湖各縣，六安直州，兩榷和州釐税，兢兢業業，數十年如一日。而垂老告歸，清貧如舊，脂膏不潤，人爲公惜。然而後嗣昌熾，侍奉聿隆，尚書獲科第、踐要樞，公猶及見之。受一品封，孫曾林立，天之報施理不爽也。

近世州縣幹材，均盡心於折獄平盜，以顯其能，公獨勤求民隱〔四〕，培植元氣，立不敗之基〔五〕。其見固有異於常人，而收效尤遠。其興禮教也，在太平舉鄉飲酒禮〔六〕，并著《鄉飲簡明圖説》〔七〕，

〔一〕皖撫喬勤恪公檄致幕府：此下，《辛壬稿》有「佐定漕折，綜核軍需，是公出山之始。旋保知縣」十八字。
〔二〕奏署太平縣：「署」，《辛壬稿》作「補」。
〔三〕譽望益晋：「益」，《辛壬稿》作「孟」。
〔四〕公獨勤求民隱：「求」，《辛壬稿》作「恤」。
〔五〕立不敗之基：「敗」，《辛壬稿》作「拔」。
〔六〕在太平舉鄉飲酒禮：「舉」下，《辛壬稿》有「行」字。
〔七〕并著鄉飲簡明圖説：「圖」，《辛壬稿》無。

定闔邑祠規，創仙源書院，廣購書籍，啓迪秀士。在懷寧考定文廟樂器，在六安舉賓興禮。在阜陽，重建節孝祠，吕郎氏殉節，爲文祭之。在太和，刻先聖賢儒事迹，重建細陽書院。皆關繫人心風俗，以化其桀驁之氣，納之於禮樂之途，故其感人尤深。其興水利也，在懷寧，修廣泰圩，堤防鞏固，波濤不驚，秔稻萬頃，乃有秋〔一〕。在阜陽，治西湖，淤者濬之，塞者通之，購浙桑植湖壖，以興蠶織之利。在蕪湖，力保江圩。在渦陽，值鄭工河决，溢及渦南，乃開茨河，以工代振，民因稍蘇，水利亦廣。其治獄也，在太平，王霖雨劫案〔二〕，務獲真盜胡登渡〔三〕；謝江發命案，證明始末。兩案誣累，悉以寬釋。鹽勇緝私，鳴槍驚越嶺者落水，死五人，拘勇究訊。大府檄下，詰以袒庇，公執辨不撓，事得解，而以公牘鎖鹽繳價〔四〕，以杜後患。在渦陽，王周氏命案，詰驗得實，愼以清株累〔五〕，嚴以懲姑息，小民獲甦，上官亦信之。其平盜也，在太和，立平徐思銳之亂，解釋漢回械鬥。在蕪湖，與郭軍門協和守兩梁山〔六〕，軍民不擾。

〔一〕乃有秋：「乃」下，《辛壬稿》有「亦」字。
〔二〕王霖雨劫案：「雨」下，《辛壬稿》有「家」字。
〔三〕務獲真盜胡登渡：「胡登渡」下，《辛壬稿》有「等」字。
〔四〕而以公牘鎖鹽繳價：「鎖」，《辛壬稿》作「領」。
〔五〕愼以清株累：「清」字原脱，據《辛壬稿》補。
〔六〕與郭軍門協和守兩梁山：「郭軍門」下，《辛壬稿》有「寶昌」二字。

然治獄獲盜，他人恃爲見長者，公亦未後於人，而存心不繫於此。嘗謂：「經正民興，衣食足乃知禮義。」故所至以興養立教爲首務，雖職輕任淺，或窘不得施，或設施未竟即去，而公先勞無倦，曾無一日自逸〔一〕。皖北風氣剛勁，治尚武健，公發奸摘伏，人不敢欺，而矜恤民命，無辜者立釋之，即以此忤上官意，勿顧也。皖南風氣柔弱，治尚平和，公一意拊循，休養生息，俾民自利其利，致力於數十年之前〔二〕，收效於數十年之後。民豈無心〔三〕，至今思公不置。蓋公以《人生必讀書》爲之根本〔四〕，上以企道鄉先生之傳，豈不偉哉！公餘之暇，并愛游覽阜陽西湖，修宋晏文清、歐陽文忠、蘇文忠、吕正獻四賢祠。宋太平令孫覺創修衆樂亭，明令劉元凱重建，公爲修之，即以祀孫、劉二公。亭面山臨水，太平勝地，時往憑眺，與父老共話桑麻。鄉民采新茶、煮山泉以進〔五〕，輒爲之引一甌焉。以實任太平、太和均兩任，自號既且軒主人〔六〕，以示不忘兩邑之

〔一〕曾無一日自逸：「無」，《辛壬稿》作「未敢」。

〔二〕致力於數十年之前：「力」，《辛壬稿》作「功」。

〔三〕民豈無心：「民」，原作「公」，據《辛壬稿》改。

〔四〕蓋公以人生必讀書爲根本：「必」字原脱，據《辛壬稿》補。

〔五〕煮山泉以進：「煮」，《辛壬稿》作「烹」。

〔六〕自號既且軒主人：「既」字原脱，據《辛壬稿》補。

意〔二〕。兩邑人感之亦勝於他人。

壬辰，公乞歸鄉里，就養京師〔三〕，以元配金夫人不禄，南歸。丙申十月二十二日卒於家，年六十有七。安徽士紳呈請宣付史館，奉旨俞允。并祀栗主於衆樂亭，與孫、劉同龕。公而有知，想魂魄猶應戀此也。配江陰金氏。子五：嘉來，丙戌進士，禮部主事，遞遷至外務部尚書、會辦大臣；嘉立，補用知縣，署廣東海山淡水場大使；嘉玉，附貢生；嘉永，國學生；嘉義，江西安義、樂平知縣，湖北候補知府。孫十二。曾孫四。丙申十二月二十日〔三〕，葬於長洲縣二都十六圖圖山村之高墊山，與金夫人合祔，禮也。荃孫昔年耳熟穀行，曾接謦欬，敢掇大略，勒於貞石，銘曰：

聖經治平先修身，擇言制行醇乎醇〔四〕，精思醰粹通鬼神。聖賢富庶歸諸教〔五〕，制治本根在學校，栽之培之無速效。公也終身守厥言，皖南皖北治行敦，求忠必於孝子門。圖山之陽藏體魄，子孫隆隆沐遺澤，後有吊者視貞石。

〔二〕以示不忘兩邑之意：「忘」字原脱，據《辛壬稿》補。

〔三〕就養京師：「師」，《辛壬稿》作「邸」。

〔三〕丙申十二月二十日：「二十日」，《辛壬稿》作「二十二日」。

〔四〕擇言制行醇乎醇：「醇乎」二字原作「□□」，據《辛壬稿》補。

〔五〕聖賢富庶歸諸教：「賢」，《辛壬稿》作「言」。

朱光第

皇清誥授奉直大夫晉贈光禄大夫河南鄧州知州朱君墓表〔一〕

陳三立

君朱氏，諱光第，字杏簪，世爲浙江歸安人。少孤貧，學通大誼，兼習刑法家言。游江南，遂爲蕭令幕客。爲人沈毅耿介，所治牘窮藴探微，旦夕劬瘁，尤服膺汪氏《佐治藥言》，迹踐而精合。咸豐之季，捻寇充斥，蕭以刓敝小縣當其衝，城守完且屢有禽斬，寇不敢犯，多君之計策也。由是名日益聞，前後府主凡六七，咸倚君爲重，惜留不聽去。即所更蕭令當之官，上官必詢曰：「刑幕已延朱某耶？是當大有益治道，不徒文無害稱平也。」最後圖禄仕養母，乃以候補知州官河南〔二〕，於是客蕭二十餘年矣。至則委按事讞局，備常員。故事，讞局轄首府，類治刑部、都察院所下獄。讞吏每利訟家〔三〕，自調解曲直，不立决，以故訟滋繁。君則務窮治坐（哭）〔誣〕者，奸猾憚伏，澆風寖息矣。尋補授鄧州，承灾祲之後，比户流

〔一〕本篇載《散原精舍文集》卷十二，題作「誥贈光禄大夫河南鄧州知州朱君墓表」。
〔二〕乃以候補知州官河南：「官」，《散原精舍文集》作「留」。
〔三〕讞吏每利訟家：「利」，底本原空一格，據《散原精舍文集》補。

亡，呴咻安集，益嚴治盜。居三年，州以大治。會有王樹汶臨出死鳴冤之獄。樹汶者，爲鎮平盜魁胡體安廝養，紿假己名誣服〔一〕。然樹汶鄧人，有父在。君廉得根據，足取證。開歸分巡道某，向守南陽，鞫是獄，聞而憂懼，亟馳書脅寢其事〔二〕，君愁然曰：「繫民命紀綱絶重〔三〕，寧可徇爲之耶？」卒質上其父〔四〕。巡撫護前，復庇分巡道，嗛君，因劾罷。及獄大白，或説君宜據某私書自明，且得吐憤懣、張聲施，益自效於時也，君笑謝之。蹈履窮約，以此自終。享年五十五，光緒八年十月初八日卒於開封僑舍〔五〕。

卒後二十年，鄧人思君治蹟〔六〕，具牒上請祀名宦，以君子祖謀方在近臣〔七〕，格嫌例不果。曾祖淇，增生，妣胡氏；祖轂，附生，妣孫氏；父若烺，妣倪氏。配孫氏。皆以祖謀貴，封贈如其階。子祖謀，禮部右侍郎，節概文學顯聞當世；孝威，分省補用道；祖謙，江蘇候補巡檢；祖

〔一〕紿假己名誣服：「誣服」，《散原精舍文集》作「就捕」。

〔二〕亟馳書脅寢其事：「馳」，《散原精舍文集》作「抵」。

〔三〕繫民命紀綱絶重：「紀綱」，《散原精舍文集》作「綱紀」。

〔四〕卒質上其父：「卒」字底本原作空缺，據《散原精舍文集》補。

〔五〕光緒八年十月初八日卒於開封僑舍：「八年十月初八日」，《散原精舍文集》作「某年月」。

〔六〕鄧人思君治蹟：「蹟」，《散原精舍文集》作「績」。

〔七〕以君子祖謀方在近臣：「在」，《散原精舍文集》作「列」。

譽，國史館謄録。女二，適薛家騏、程堦。孫方飴、方穌、方饎、方餘、方飭[二]。於光緒二十三年十二月[三]，歸葬君埭溪鎮南之闢山[三]。祖謀以久闕表墓之文，屬三立爲略著君子之澤、長者之風，俾驗潛德而昌後道，尤在繼志不辱，有所考焉。

嚴崇德

歸善縣知縣嚴君家傳[四]

汪兆鏞

君諱崇德，字峻耘，姓嚴氏。江蘇宜黴人。爲諸生，久躓場屋，年五十中光緒十四年舉人。考官順德李公文田、閩縣王公仁堪，所録士多知名，君其一也，官南匯縣學訓導，訓士嚴，士亦信服君。邑中公事，群議持短長，令不能制，每倚君一言而辦。近代學官多頹廢不稱職，君獨振厲

[二] 孫方飴方穌方饎方餘方飭：《散原精舍文集》作「孫幾人」。
[三] 於光緒二十三年十二月：「二十三年十二月」，《散原精舍文集》作「某年月」。
[三] 歸葬君埭溪鎮南之闢山：「闢」，《散原精舍文集》作「官」。
[四] 本篇載《微尚齋雜文》卷五，題作「歸善縣知縣嚴君傳」。

有爲。

提學茂名楊公頤疏薦以知縣用，謁選得廣東遂溪縣知縣。縣多盜，何幗莼、伍美瓊輩〔一〕，誘脅嘯聚，至不可梳爬，邑聚騷然。君設方略，廣購偵捕，卒以次就縛，置諸法。尤鋭於聽斷，訟者至，立提鞫，反覆譬曉，往往自日中至夜分，雖汗浹衣帶，事未竟不自休。嘗曰：「民間一興訟，舉室不安。願竭吾力，無留滯以累之也。」爲治徹民隱，絶苞苴，胥役技無所施，多舍去就農。役某以索賕不得，銜君甚。一日行縣，輿經山蹊間，下臨深澗。役詐失足，掀輿墮，圖危君。適澗側老樹横拒，幾殆幸免。役急走，乃自墮澗死。遂溪號難治，君視事五年，始至，飛謗交集，臺符詰責，君不少摇奪；既而民困克蘇，衆聲大和。奉新許文敏公振褘巡撫廣東，告布政使曰：「嚴崇德治行稱最，當遷擢以風在位。」調補歸善縣知縣，未至，檄署順德。解任日，虧官帑頗鉅。士民集資千緡贈行，君堅却不可，乃悉舉以購穀，立社倉，手定條教，規畫詳至，曰：「邑無水利，農田常苦旱，留此以貽吾民，儻緩急有所恃。」

抵順德，治事如遂溪〔二〕。自諸蕃入中國，邪教惑衆，奸民豪猾，闇賂島酋，相爲卵翼，以與長

〔一〕伍美瓊輩：「輩」，《微尚齋雜文》作「等」。

〔二〕治事如遂溪：「事」下，《微尚齋雜文》有「一」字。

吏抗；小民受侮，怫鬱而不得伸。順德尤劇。有梁某，自號教士，賃居民舍，因占作教堂，探刺訟事，陰嗾爲左右袒。君聞，突領丁役往，詰曰：「建教堂應立券，汝券何在？教士宜有憑照，否則論如律。」梁錯愕無以應。即收梁痛治，一邑稱快。會君抱疴，聞鄉民械鬥，時盛暑災歊，君急馳勸喻，事解而勞暍，病益劇，卒官，時光緒丁酉七月也。卒之日，神明湛然，與賓友談論如平時。春秋六十有五。

工書，少喜畫松、菊，自爲吏，遂屏棄不近縑素。家無餘財，惟蓄書數千卷，丹黃點勘極精審云。子玉彝。孫某。

汪兆鏞曰：吾友陳樹鏞著《漢官答問》〔一〕，言漢縣令得奏事，誅鋤豪强，亦得自專〔二〕，其制善矣。今設監司，多所掣肘，有不便無由自陳。不肖者益希旨取容，一切欺罔，閭閻疾苦懵然無所動於中。小民愁嘆，人情涣解〔三〕，天下大勢不可收拾〔四〕。吾客嚴君幕中久，知之深。觀其所施治，又何愧古之良吏哉！嗟乎！爲政在人，是在大吏不驅百十虎狼於郡邑以殘噬孑黎而已。故

〔一〕吾友陳樹鏞著漢官答問：「樹鏞」，《微尚齋雜文》作「慶笙」。
〔二〕亦得自專：「專」，原作「尊」，據《微尚齋雜文》及《漢官答問》改。
〔三〕人情涣解：「情」，《微尚齋雜文》作「心」。
〔四〕天下大勢不可收拾：「勢」下，《微尚齋雜文》有「將」字。

言政治，必自慎選牧令始。

楊同福

安徽靈璧縣知縣楊君墓志銘[一]

繆荃孫

國朝碩德高門，其子弟往往品行敦篤，文采彪炳。出而服官，應機酬變，異乎俗吏所爲。如常熟楊君者，可以證言之不虚矣。

君諱同福，字思贊，又號師載，江蘇常熟人。曾祖景仁，嘉慶戊午舉人，刑部安徽司員外郎，總辦秋審處。祖希鈺，國學生。父沂孫，道光癸卯舉人，安徽鳳陽府知府，候選道，篆、隸、行、楷各體皆擅長，海内推爲鄧完白先生後一人。君幼而岐嶷，祖訓甚嚴，課經之暇，旁及子史，時以先儒正心修身之學爲訓，一言一動，繩之不少貸。年十三，讀十三經畢，爲文才氣縱横，不爲繩墨所囿。咸豐庚申，補博士弟子員。是秋，邑淪於寇，避難崇川。

〔一〕 本篇載《藝風堂文續集》卷一。

同治甲子，順天鄉試，挑送謄録國史館，議叙鹽大使。西捻張總愚竄直東，畿輔戒嚴，朝廷命李文忠公爲欽差大臣，專辦剿匪事宜。君謁李公於開州，命入前敵吴武壯公長慶營。時賊由樂陵南竄，武壯委君分帶馬隊，向臨邑一帶築土城以範賊。賊窘迫，乘夜回竄，勢甚慓悍，兵單弱，咸失色。君曰：「賊已敗竄，雖多奚懼？乘天未明，彼不知我虚實，速迎剿之。」乃出隊，援兵適至，并力夾擊，賊狂奔，我軍奮勇追殺，立殲悍酋張宗先一股。未幾，總愚走死，西捻蕩平。英果敏公翰開府皖中，邀君入幕，以直東肅清案内保奏，奉旨以知縣分省補用，加同知銜。

四月，引見，指省安徽，因挈眷赴皖，委幫辦阜陽縣事。阜邑民風强悍，命盜案日數起，君與正任彭君和衷共理，年餘，盜風漸息。旋補貴池。邑濱江，散勇出没無常。君下車伊始，手訂保甲章程，規畫盡善，雪夜往捕會匪，獲十餘人，分别首從，按律懲辦。又縣重賞緝巨魁，得名册，於溽暑中悉心研鞫，設匭於堂下，令繳旗布，一日而滿，閭閻得以安堵。降將李世忠，參革後驕悍猶昔，潛至池邑屬境聚賭，匪類叢集，勢將滋事。君親往禽之，佯爲不知誰何者，將加嚴責，李乃自陳，則隆以禮貌，而莊語規勸之，李悔愧引過。時居民震其凶焰，謡言四起。事聞省中，有夜半入告中丞者，張大其詞，遂委張軍門來池詰問，而君措置妥洽，行將解省矣。上游壯其膽識，益加契重。在任六年，獄訟日簡，聲望日起，調補靈璧。未及赴任，丁父憂，星奔旋里，經營喪葬。服闋，遂不復出。

生平酷好金石文字，搜羅揚本不下千餘通，觀覽臨摹，寒暑不輟，原本家學，加之功力。吴窓齋中丞以篆法名於時，亦相推服。里居十八年，優游樂道，不與外事，而於邑中善舉，則精心擘畫，不辭勞瘁。光緒二十五年五月得疾，六月二十三日卒，年五十有八。元配丁淑人，未久即没。繼配趙淑人，亦陽湖世家也，在家事父母以孝聞，出閣事重闈以賢聞，佐治以勤敏聞，教子以整肅聞。至友女嫁於名門，女僕痛於身後，在淑人猶常事也。後君七年卒，今與君柩合葬於本邑某鄉之原。子覲堯，附貢生，會典館謄録，議叙通判。女三：長適陽湖舉人汪道怡；次未字卒；次適同里趙士築。孫男四：定輔，兩江師範學堂畢業生；定瀛、定墉、定鋐，俱幼。覲堯持狀乞銘，荃孫不敢辭，因作銘曰：

虞山巀嶪，尚湖汪洋。山川靈秀，鍾毓於楊。少事祖庭，洽聞殫見。淬鋒十年，鬱爲胥練。出贅天水，玉潤冰清。名師益友，吟社飛聲。戎馬西來，憑陵畿甸。君時治軍，沈機决戰。彈冠筮仕，莅駕江皋。君時治事，意氣彌高。鳴琴容與，古縣秋浦。除暴安良，四民得所。君去十年，民猶憶之。法所不及，天亦殛之。息我江壖，劬書好古。福我里氓，護持善舉。宛宛同穴，鬱鬱佳城。卜後嗣之克昌，驗貽謀之永亨。

阮本焱

江蘇候補通判署理阜寧縣知縣阮君墓志銘〔一〕

李詳

國家自東南亂起，儻蕩不羈之士投袂而出，以名節徇高者，取富貴，光曜史乘，天地之精英至是一泄。及中興之後，朝野思致太平，則又規方幅、制律令，自内外大僚，至於一命之吏，皆約束之，使不得逞，謂有成憲可迹，稍自立異則斥去。於是儻蕩不羈之士無以自見，則往往屈於下僚，或應州縣之辟，如重陽之錮於沍陰，不能爲巨霆飛雹之震，其滋液澡漉，溢而爲霖雨，所濟僅如湯田之一溉，或且干天之怒，懲爲乖龍之罰焉，遂窮於此〔二〕。如吾友阮君，即其人也。

君諱本焱，字晋朋，浙江餘姚人。父諱桂馨，官江蘇，生君於南清河。年四歲，試以書，略能倍諷。十歲，爲文詞率可觀。咸豐辛酉，捻匪寇清淮，紹興故里亦爲賊藪，乃避兵趨泰州。父母相繼卒，君奉生母許以居，時年十七。讀書知大略，好爲俶儻奇偉之事，師吴君客塵，習金穀，盡

〔一〕本篇載《求牧芻言》卷首，題前有「清故」二字。

〔二〕遂窮於此：此上，《求牧芻言》有「儻蕩不羈之士不幸」八字。

傳其學。年二十二，即就清河縣幕，專席論事，所奉主人皆降禮致敬。桂林張君振鐀官江蘇州縣二十餘年，晚知君，引爲左右手。張攝州縣以十數，於興化、鹽城、豐縣名迹尤顯，君資之也。張去官，君始以通判牒分淮北差委。

初至，受知於漕督湘陰楊公昌濬，適阜寧縣缺出，楊公命淮揚道某委君代理。未幾，大學士左文襄公來勘雲梯關入海之路，舟師舳艫相接，旌旗蔽空，望之若神。君櫂小舟往迓，自陳阜寧縣阮某願見侯相白事。鈴卒叱使退，君攀舷獨上，大呼知縣見侯相白事者再。文襄亟命召入，因陳濬雲梯下游之策，束淮使東下，以復神禹故迹。文襄壯其膽識，詢民疾苦，君言「易爲耳，人云此縣僄悍者妄也」。文襄曰：「毋爲大言，汝好做去。」文襄即令隨行文案飭司留署，有「潔己奉公，深悉民隱」之褒，而忌者側目矣。

君以幕吏就官，如蕭山汪焕曾，深悉官民壅塞，至是盡革其弊，具君《求牧芻言》中。阜寧有老灾圖地，極膏腴，冒灾名抗不啓徵六十餘年，黠董蠹吏相爲首尾。每知縣到任，群斂鉅金，以陋規進，其贏倍徵。知縣皆樂不問。君謂：「國家與民皆無利，徒爲奸蠹囊槖，非徵不可。」請大吏，帶兵往勘。黠董嗾奸民數千人迎拒，矛及肩輿之屏，星槍子著君衣成數孔。某弁請暫退，君大呼前隊開槍擊賊，衆懼散，擒十數人重笞之，而貸其一死，卒開徵如君指。此役屬有天幸，人皆爲咋舌。君曰：「民何敢戕官？嚇我耳。一示弱，永不能徵矣。」君在任修縣志，阜寧立縣以來所未有也。後以鹽城知縣某揭君庇捕役，君抗辨，忤署臬司某，劾罷官。因僑於興化，可以不出，顧君胸中奇畫所欲行者，仍思借一二賢主人泄之，以罄其藴，遂又出佐劉君楚薌於鹽城〔二〕，就蒯君禮卿於正陽，率以數月罷去。

君之奇氣旁薄鬱結，見於談論，其指揮叱咤，聞者悚息。壬寅冬，有薦於江督張文襄者，君謁文襄畢，云：「姑歸舍，且俟後命。」會有尼之者，議遂寢。君再經此，索然意盡，惘惘若有所失，懵不知良否。未數歲，君遂以此死矣。古今多懷才不遇，論者或云不知忍以有待，又云用之不盡其才，抑有謂生不當其時者，人才有此三厄，其與幾何？然終以不當其時爲正。脱君弱冠時值咸豐初元，必有以致通顯，即不幸亦必著名字於節義間，而今已矣。

君居興化，好引後進寒素之士，往往覘其遇合榮悴，以爲憂憙。老成隱德，如謝君庭蘭、鄭君國瑗，君樂致之，文字之飲，幾無虚月，一言之賞，拊掌相慶。余亦忝附其後，爲君所禮。謝、鄭兩君子久棄人間，余之不振，無以慰君泉下，追思曩昔游從之樂，雖忽忽若前日事，則已不堪回首。至於今，使徵中散之狀，非余莫屬，此可爲流涕也。

〔二〕 遂又出佐劉君楚薌於鹽城：「薌」，原作「卿」，據《求牧芻言》改。按，劉崇照，字楚薌，浙江鎮海人，光緒十六年進士，曾任鹽城縣知縣。

君生於道光戊申，卒於光緒丙午，享年五十有九。君工爲格詩，刻有《誰園詩鈔》。其《求牧芻言》，則公牘文移居夥，具有驅邁之氣，皆君意概所涉，君之可傳固不以此。君娶孫宜人，有賢行，昔助君以有家者。子五人，性存、性傳、性言皆附學生。性存任浙江官立法政學堂教員、浙江諮議局議員；性傳充宣統己酉科優貢生，朝考一等，以知縣用，分發江西；性言任江寧商業學堂教員；性宜任浙江高等巡警學堂教員。翩翩争自樹立，舉足慰君。性存兄弟痛君賫志以殁，未申於後，余謂性存兄弟〔一〕：「光顯乃考，申即在此矣，何多求爲？」性存默然。君女四人，適何、余、江、錢，皆士族。孫男四人，孫女七人。君遺命葬興化百花洲南，與宗子相墓相值。子相名臣，明按察副使，官閩積奇功，殁於官，亦才之夭閼者。嗚乎！君之志可知矣。銘曰：

壯節仕兮宰一隅，控修轡兮蹶半塗。鬼神甚兮誚非夫，鬱奇意兮瘞幽都。謗談息兮覈論殊，蒸菌芝兮孕明珠。宰樹蔚兮森丘虚，禽迴翔兮獸踟躕。故人憑吊兮咨嗟吁，惘此士兮今則無，謌以辞兮鼓嚨胡〔二〕。

〔一〕余謂性存兄弟：「性存」下，《求牧芻言》有「若」字，「若兄弟」屬下讀。

〔二〕謌以辞兮鼓嚨胡：「辞」下，《求牧芻言》有「之」字。

方家澍

桐鄉縣知縣侯官方公墓志銘[一]

林紓

浙江桐鄉有循吏曰方公，諱家澍，字雨亭，閩之侯官人。光緒壬辰進士，廷試第一，入翰林，尋改官兵部，以選得桐鄉縣知縣。桐鄉再躪於赭寇，逾五十年，元氣粗復，民仍敦樸，無復開敏。公至，集桐士於桐溪書院，試以論策；更建白社書院於屠鎮，凡去縣遠不能至者，皆令就白社學。未期年，士乃稍稍獵略古籍，通曉時事。公日延接其秀異者禮之。又恒微服出行郊、郭間，問民疾苦。時方患盜，則出資募丁壯徼巡城中，盜警以息。

明年，調秀水，送者空城邑。既到官，榜於縣門曰：「凡負枉欲愬之長官者，自署狀至，勿緣吏役。」日再莅堂皇，受而聽之，遂清舊牘數百。鄰邑父兄争越境來愬，公慰遣之，咸涕泣以去。秀民多業蠶，蠶失飼而疫，公立蠶學分館於邑中，驗蠶病，絲業復昌。邑之北門有淫祠一區，莠民造詭説，謂神能福禍人，捐金錢者踵屬於道。公率數騎至而平之，徹其香火，即其地立塘灣學

[一] 本篇載《畏廬文集》，題作「誥授奉政大夫桐鄉縣知縣侯官方公墓志銘」。

舍課士。又創立蒙學，苦無資，則牒上大府，請重稅鴉片以資學。議者大譁，公勿爲動，卒行之。又明年，得檄歸桐鄉。北方新用兵，西鄰責歲幣急，則取之民間，吏因緣爲奸利。公臚其弊，上之大府，大府稱可，頒之七十二州，令一一如方侯言。秋薦飢，盜發近邑，而所謂青幫、紅幫者，爲患尤烈。公大出資更募丁壯，即江上刺取賊蹤。已得賊渠，公揚言將縛赴會城聽鞫，已乃即所劫掠地殲三渠，杙其頭，曰：「是賊渠，曾剽取吾民者，既以法盡之，協從敢仍渠所爲者，得無赦。」邏偵既密，盜舟過桐江輒獲；雖遠，必招取主者歸其贓。公聽斷神，老病荏弱者，咸令坐聽勿跽，處外人有禮。吏讞定，教民亦無敢挾外人持短長，一邑稱平。

公少負才望，既通籍，始講經濟之學。甲午，上書皇帝，言遼瀋根本之地，不宜委敵。不報。既改官，遂參依將軍軍於塞外，爲將軍籌建鐵路，以西法練健兒備邊，均以財絀格不行。行者第闢圈禁之地，縱民耕耨而已。光緒某年某月某日卒於官，年四十六歲。

公與余壬午同年，出長白侍郎寶公門。余好骾言，遇事輒譙責公。公夷然未嘗有忤，語人曰：「張弼余部郎謂我：『友畏廬者，當忍其峭峻。』」故遇事益下余。庚子，余客杭州，貧甚，公謂高媿室曰：「畏廬困，當以五百金餉畏廬。」媿室曰：「畏廬方責君嚴，餉之且謂公重污之矣。」公没，媿室舉以語余。嗚呼，余一嚮處公包容中，乃不之覺。五百金何足言？所難者累折而不吾絶耳！

公弟家湜、家泌屢以銘徵余，把筆輒悲不能書。今媿室又亡矣，吾將銘媿室，不能不先銘公。公大父某，父有詩，均以公貴，贈資政大夫。子三：長和，留學美洲，以襄助學務，叙勞得知府；次某；又次某。女三：長適某某，次適某某，次幼未字。公於光緒某年某月某日已前葬於某山，余今爲補其銘曰：

不鈎微而止其奸，不取寵而安其官。振飢而熨寒，豪莫敢趨而讙，胥莫敢面而謾。焦心苦思，外罷内殫。永息於兹，松杉千盤。隱德滋遠，嗣續是觀。

薩承鈺

山東武城縣知縣薩公墓志銘〔一〕

林紓

公諱承鈺，字又恒，姓薩氏。薩之先世爲色目人，元南臺侍御史天錫以詩名於元世，今所行《雁門集》者是也。天錫弟天與生仲禮，元統癸丑進士，福建行中書省檢校，遂家於閩。十三傳

〔一〕　本篇載《畏廬續集》，題作「清通議大夫知府銜山東武城縣知縣薩公墓志銘」。

至同知公春光，生國學公克忠。國學二子，公次仲。生而穎異，吐發如成人。國學公早世，同知公以爲「兒慧倍常童，吾家將資以昌」，彌寶惜之。

弱冠補博士弟子員，光緒乙亥領鄉薦，尋考充覺羅學漢教習。俸滿以知縣用，過天津，謁合肥李文忠公。文忠進與語，偉公能，命留津充水師學堂教習。文忠遴才儁子弟必中程者，始聽入堂。公原本忠愛，輔以正學，於是學者所造益邃。居二年，丁母李太夫人憂歸。

丙戌，服闋，分發山東。錢塘張勤果公方爲東撫，幕下多文武士。勤果以勛舊建節，讀書明吏事，奇公强濟，謂可剸決繁劇，遂屬以河務。公在事懋勉，勤果公稱之曰能。時邊防議起，幕府將營築即墨炮臺。公遍歷南北洋口岸諸炮臺，圖其阨塞襟要可備敵者，成圖數百幀，爲説十餘萬言。勤果拊公背曰：「若才足與籌邊矣！」立檄辦理海防營務處。將任屬重要，而勤果公薨，知者惜焉。

壬辰，權鄒平縣。民苦河患，公至，以爲枝水暢，幹水當不苦溢，乃疏小清河以枝其流，水平。公日出問民疾苦，榜其應蠲應振者於縣門，吏不得藉以爲奸利，鄒民大悦。遂歷邱縣，權嶧縣。邳、銅民苦饑，闌入嶧境，將因群盜起事。公單騎往諭解之，飢民亦稍得賙贍以去。公策盜蹤未絶，縣終弗靖，迹得其魁渠戮之，境内肅然。旋權平度州。州多教民，觸法抵禁，教案至百數十起，前牧不能治。公判決直枉，開陳禍福，民教咸服。然拳匪逋孽，尚潛伏州南之金頂山，藉仇教名，將煽亂州中，公追撲平之。

大府才君所爲，奏補武城縣知縣。時方詔天下行新政，公曰：「匪實不足謀新，吾唯崇實，庶無負吾國與民也。」於是興學堂，設巡警，勸工藝，講種植，事求其是，不爲粉飾，三月而規模大備。逾年以後，連最上第。既以足疾告歸，空縣送之，有泣下者。

公生平邃於學，而尤喜名賢政書，嘗譔《聽鞫要言》數十則，授公子嘉曦曰：「縣官臨囚威張者恒不得情。得情有道，此秘吾所以授汝者。他日任民事聽斷，當不至於失入。」又曰：「吾宰武城，以儉自律，縣庫不靡一錢，故能朝受代而就道。汝識之。」

戊申九月十二日，以疾卒於里第，年六十歲。公三代皆得三品封典。子四：長嘉曦，花翎同知銜河南候補知縣；次嘉榘，陸軍軍實司主事，奏保員外郎，爲公配梁淑人出。又次嘉徵，又次嘉燮，篷岱氏出。女二。孫六：兆榜、兆炳、兆琛、兆升、兆瑗、兆麐。孫女四。公於是年十二月初九日葬於北關外馬鞍牛眠山。庚戌，嘉榘至京師，泣而語余曰：「先君子交先生二十年，生平志事，先生知之至詳，必以銘詞耀此玄宅。」嘉榘彬雅能文章，余悦故人有子，且公德績習於人口，行應銘法，因爲之銘曰：

翩健斯奮，才士若鵠。出身孤露，能以義淑。弗假階緣，森此頭角。俟彼魯邦，民莫不穀。武城靖宓，弦歌所莅。醇民伏化，吏莫舞智。公屏鉤距，敷以新治。三歲連最，群侈茂異。進爲民祥，退毓家瑞。老暮伏息，歸此羨隧。瘞銘公宮，松檜幽閟。德蔭彌遠，子姓永遂。

林濟

陽山縣知縣長樂林君墓志銘〔一〕

林紓

吾友長樂林君作舟既葬之十四年，仲子秉奇始至京師乞銘。余追感前事，計未死之年不爲之銘，則後此知吾友者將無人矣。

君諱濟，字作舟，閩之長樂人。祖本道公，父鳳振公，均以長厚稱於其鄉。君少有幹略，習兵事，顧無知之者。家赤貧，出爲人傭書，宿廣廳中，夜苦蚊蚋，則納首几中，去葛衣幕几若小幔焉。同治甲戌，始就陳拱參戎幕於三都，稍知名。於是歷佐鎮帥幕府，訖於萬鎮軍起順，始出戎幕，選得陽山縣知縣，天下之窮處也。民朋吏囂，無改古之蠻俗。悍吏魚肉其鄉里，或罄家莫饜其欲。君至，清積牘百餘起，行縣所至，大書揭其輿前，曰：「父老無苦。吏胥資斧，官自給之，

〔一〕本篇載《畏廬續集》，題作「清奉直大夫陽山縣知縣長樂林君墓志銘」。

敢婪索者有刑。」日坐堂皇聽訟，下狀者鳴梆而入，閽者不復爲梗。至輒集取兩造，剖判既竟，日未移晷也。有黄懷韜者，以争産故死一人，於是舉宗十七人均下獄。君喟曰：「以一人坐及舉宗，是前令之不長於讞也。」鞫之，蓋誤傷而致命者。君爲平其産，訟遂釋。陽山春潦而夏旱，久不雨，君步禱於社，行赤日中數里。積十日雨集，而君中暍，遂不起。時爲光緒庚子七月二十九日，距生咸豐壬子年九月十七日，享年四十九歲。

光緒之季年，緑營日就窳敝，老卒伌儴如病夫。君日恒太息，謂緑營不久熸矣，今乃果然。君沈審有意略，通曉戎事，既不得之兵間，始思以末職自效。甫到官，即欲以千金聘余。余謝曰：「陽山小邑，力不足以贍我，用此自累，無庸也。」君頗弗懌，尚時時以書見趣。顧君殁後，短官中錢至三千餘緡，罄産始償，余私慶幸不以千金累君也。

君殁之明年，陽山父老爲立生祠於杜步學中，春秋薦少牢焉。子二：秉正、秉奇。孫四：從湘、從津、從波、從洛。女一。秉奇自法政學堂畢業，爲政事堂科員，廉素有規檢，時來省余，執禮甚恭。嗚呼！作舟已矣，而余見其壯子，頗念君之盛德貽後，君之門業方未有艾也。因追爲之銘曰：

吏而推擇之兵間，乃不死兵而死官。官事屑，君不受以節。民蒙烈，而君踣於燠暍。述君美效紀日月，永永萬年置此穴。

趙潤生傳[一]

章梫

趙潤生，廣西全州人。光緒二十年進士，以知縣分湖南補用。二十一年，檄委按事新化。時新化有富紳造私刑，立遷善所，冤殺平民，爲言官所發，下巡撫按治。使吏相屬於道，率瞻隱無敢取決。潤生至，微服鈎訪，廉得實迹，立拘之。富紳大恐，以重金乞爲轉圜，不納。械至省，一鞫而服。巡撫陳寶箴重其人。

二十二年，委署益陽縣知縣，密檄察辦幕友經商事。潤生莅任後，傳典商至署，調簿詳覈無疑隙，蹤究蜚語亦無左證，卒爲昭雪。益陽故多銻礦，土人溺於風水之說，省員勘礦至，鄉民洶涌會前集二千人圍礦局[二]，將要而殺之。潤生力陳利害，反覆曉諭，衆悚悟乃解。立懲黨中惑民者二人，礦事以集。

[一] 本篇載《一山文存》卷五。
[二] 鄉民洶涌會前集二千人圍礦局：「前」，《一山文存》作「首」。

二十三年，補授湘陰縣知縣。時設電報，立木竿，民疑懼，輒斧而仆之。大吏欲捕斬一二人以示儆，潤生憫其愚，躬詣鄉里沿途解説，以釋群疑，自是湘陰無截竿之事。元塘墟者，湘陰四都之郚會也。二十六年，拳匪倣擾京師，南中同震，湘陰奸民於此設壇張幕，祀所謂馬山神者，謂其教能避刀火，愚者禮之。浹旬之間，傳集數百人。潤生曰：「此妖民也。」乃逮治其渠，餘匪各鳥獸散。

二十七年，調署常寧縣事。常寧教堂林立，教徒恃符擾民，民恚怒若水火。當事者輒左右袒，大釁幾成。潤生稔其情勢，遇事必準曲直以裁決，因是民教胥安。適會匪劉五聚衆數千，據猪婁窿爲巢窟，寇患將起。潤生聞警，躬率役會營往剿，以夜入突擒之，并毁其巢。

二十八年，擢南洲廳通判。廳故洞庭湖西淤地，土沃饒，業産無主籍。客民之來居者，以河爲界，分南北黨，攫利相仇殺。堤工多北豪包修，名曰總首，按畝科錢，而故緩其工；及湖水大至，土岸傾圮，又重斂之，南人因之傾産者無算。潤生詗其弊，於一切公所悉罷土豪而用正紳，强暴爲之斂迹，黨怨以解。其官荒均發照承佃。時方新設廳治，承發無定則，淤地多寡與照數每有出入，民訟紛起。潤生爲之定數法，曰：「地多照少者，補照；地少照多［者］，待淤。」民無争焉。廳屬麻河口新港市一帶，故淮鹽引地也。咸豐中，逆亂道梗，乃借銷川鹽，以濟民食，幾四十年。比以軍餉不敷，兩淮奏增引額，限湘省加銷三萬引，大吏乃允淮商所請，絶川鹽，收回引地。川商聞之惶懼，知不可拒，擾食户以逞。潤生念習例已久，未易旦夕更也，乃爲調停之說：請令川商配銷淮引，明定期限，潛移暗長，逐漸配多。久之川私净去，淮引暢行，商人無失業之虞，居民無禁食之擾。待至限滿，久假不歸之引地，自不勞而收回。策上，大吏嘉納其言，卒如法行。廳之三仙湖舊設卡徵税，有請添立分卡者，搜括繁瑣，商旅交病，潤生禀聞罷之。南洲廟祀未備，自潤生視事，始集議籌款，建至聖先師孔子廟暨關帝廟，紳商各欣然諾。而土豪孟、段二姓，夙以不法爲潤生所抑銜之，以斂費控於上官。大吏審其妄，檄拘之，浮議息。廟成，復籌常款二萬餘金，立中學校，遴穎異之士四十人，研中西普通學。又議立師範學堂及農工局，未就而病，三十一年七月卒於官。

潤生宦湘十年，凡四易任，所至案無留牘，必嚴查保甲以清良莠。每決一訟，必兩造均服，始具稿而手定之。焦脣敝舌，不以爲苦。行縣減傔從、罷徭役，自給夫馬。遇儒者肫誨若子弟，豪强巨猾必嚴懲不少貸，瀕湖匪黨聞而斂迹。歷任巡撫多其能，先後奏保，迭蒙恩旨嘉獎，并大計卓異。公暇，以其子炳麟官編修，嗣爲御史，各有當盡職守，先後著《翰林説》及《御史法戒録》以訓之，略謂：「翰林者，朝廷儲養相才之地，當究中外古今强弱利病之所在，一朝柄用，胸有把握，處之裕如。倘不學無術，遇事忙然無據，未有不倒行逆施者。」又謂：「御史陳奏，當持大體。專務彈劾者隘，摭拾浮議者粗。」因集古諫官之賢者三十人、不肖者五十人，彙爲一編，俾知懲勸。

宣統二年，湖南巡撫楊文鼎上其事於朝，疏稱：「趙潤生廉公有威，而養民以惠。官湘一紀，所至有聲。歷宰劇邑，均有建樹。至其絶苞苴，尚儉約，與前湘潭縣知縣李尚卿同，民間有『兩青天』之目。而其在常寧之輯和民教，殆非李所能及。請宣付史館立傳。」允之。

子炳麟、炳靈。炳麟現官候補四品京堂。

高翰閣

直隸補用知府前通州石壩州判高君墓表〔一〕

孫葆田

濰有賢人君子曰高君西林，生而孝友端肅，立身行事以濂洛諸君子爲歸。於經史詞章之學，靡弗研究。其仕嘗爲州判矣，然一邑之人咸望之如山斗，故不稱其官職而稱其德行，曰大人先生。年七十有五以卒，學者相與擬私謚曰孝勤。蓋自韓理堂先生後，以學行見重於鄉邦，而

〔一〕 本篇載《校經室文集》卷四。

無愧儒林宿望，惟君爲尤繫人思焉。

君諱翰閣，一字墨林，以同治元年壬戌恩科舉於鄉。十年辛未會試後，廷選一等，奉旨以知縣用，籤分河北。時年甫强仕，或勸赴河工。君以母夫人春秋高，陳情乞養。既歸，且讀且耕，侍奉甘旨者又十二年。光緒八年，母喪既除，始奉檄到省。嘗讞獄定州，散振保陽，皆殫竭心力，克稱其職。尤究心水利，嘗承修千里堤工河防，今任丘、雄縣居民猶賴其利〔二〕。又嘗建議近堤諸村落人民與居堤内者，均請免工徭。左文襄公奉命視河，將從其議，會有言不便者，議遂中止。

在工需次五年，始循資借補通州石壩州判。石壩爲北運河要津，漕糧輸京師者，州判有催提巡防之責。君任事勤勞，濟以廉正，在官六年，以在任候補同知洊保補用知府，并加三品銜。會督倉政者粤人某侍郎縱子納賄，容任私人，同官莫能糾其失。君慨然曰：「地近輦轂，而上下相蒙至此，是尚可仕耶！」遂請開缺歸直隸候補，又請假回籍修墓。其後粤人卒以贓敗，而君亦自是遂不復出矣。

葆田自寓居濰，與其賢士大夫游日久，獨於君僅一再遇。君優游林下者十餘年，所居在城

〔二〕 雄縣居民猶賴其利：「猶」下，《校經室文集》有「歲」字。

西，去縣署不二里，雖公事未嘗入公門。每晨起，必先至先人墓所叩謁，徘徊良久而後歸，至老不怠。高氏自遷濰始祖至君十二世矣，其先塋有五，君筮仕前歲有修葺，及告歸後，手植楸松近千餘株。甲辰春，復自營生壙，集宋賢語以爲志曰「幸全大節，不辱其先」。及將卒之前二日，詔二子曰：「吾家世讀儒書。窮達，命也。汝輩不可曲學阿世，以辱乃父。」又曰：「吾殁之後，汝輩勿預外事，勿近要人。」烏虖！君可謂夙夜匪懈者矣。

君卒於光緒三十年六月庚午。曾祖諱永清，縣學生，貤贈文林郎。祖諱甸，太學生，候選州吏目。父諱允升，附貢生，候選訓導。皆以君貴，累贈通議大夫，妣皆贈淑人。娶張氏。子二：崧生，歲貢生；檖生，壬寅補行庚子、辛丑并科舉人，從葆田游，述君行略，乞余爲表其墓，曰：「先人亟愛先生文，以爲有德者之言，不苟毁譽。」葆田嘗聞諸濰人云：光緒二年，邑洊饑，紳民設平糶局，糧自外至，負戴者貸以錢。或議用市井無俚，君力排衆議，謂宜專任窮民。民賴以全活者甚衆。其遇事有識皆此類。所著有《帶經堂文集》《北游瑣記》若干卷。

嗟乎！以君之學與守，使得竟其所施，必有以逾於尋常萬萬者。然吾聞出處去就爲士君子之大節，孔孟論人，尤詳於進退之道，故士君子進將有爲，退必自修，乃可以爲法於後世。如君之内行不虧，又能出處不苟，其足爲鄉人矜式者，求之晚近士大夫，亦何可多得哉！

葉桂年

四川南充縣知縣葉君墓表〔一〕

陳衍

歲甲寅冬十有二月，前四川南充縣知縣子義葉君卒於眉山寓廬，春秋六十有九。遺愛在蜀，遂葬眉之三蘇橋，循漢朱邑葬桐鄉故事也。井研士民復列叙官績，陳政府，得宣付史館立傳，并入祀邑之名宦祠。嗚呼，足以風矣！

君諱桂年，原諱慶從，浙江仁和人。父諱樹東，卒官四川保寧府知府，累贈榮禄大夫，自有表。母楊氏、孫氏，累贈一品夫人。公三歲而孤，時蜀方有藍李之亂，楊太夫人摧之避彭縣小漁洞，肄業鄉塾。九歲，太夫人又棄世，隨伯兄桐君公居簡州任所，從五兄叔達公學。酷嗜眉山蘇氏文，枕藉焉。學成，試於鄉，不售。六兄誠齋公方宰雲陽，謂之曰：「學優則仕。古今名宦，豈必科目中人哉？」援例以知縣分蜀，歷器於總督丁文誠、鹿文端二公，奉檄四出，以廉能稱。光緒丁亥補井研，己亥權新津，庚子調綦江，辛丑之調補江津任，壬寅復調補南充。任事久暫不

〔一〕本篇載《石遺室文三集》，題作「故四川南充縣葉公墓表」。文中「君」，《石遺室文三集》皆作「公」。

同，而利民、善政教則同也。

井研俗健訟，公擿發奸伏，日決數十事，而於骨肉之争，理之尤肅。期年獄鋭減。軍興後，會黨日熾，君愀然曰：「此亂源也。」下令嚴捕，創團巡互稽法，以清本源，豪猾斂迹。由是捐俸醵金，置文廟、祭田、樂器，拓書院、義學，以興人文；勸民重農桑，省浮費；修復城西石堤，增設城廂水池，以備灾患；築南下嘉州、北抵永興鎮官道，以便商旅；育嬰、恤嫠、貧糧諸善舉，罔不備。蓋宰井研十年最久也〔一〕。邑田苦旱，吁嗟雩祀，僅得霢霂，則喟然曰：「此令之不職，無以回天怒也。」延邑中孝子華仕應等代祈，雨大沛，父老讙傳其事。

新津當南道衝，地勢遼迥，號盗藪，前令率諱盗莫誰何。君以爲非用重典不可，則詗知某巨憝巢穴〔二〕，猝搒捕之，并數通盗者置之法。乃編保甲，整團練，以善其後。又不時隱行，以知民隱。除戳記規費，修通濟堰水利。一年間，興革釐然〔三〕。

綦江鄰黔鄙，黔饑，輸粟濟之。或以非職諫，君曰：「黔蜀皆國家赤子，天灾代有，忍坐視乎！」邑田賦多浮徵，官吏分贏，君榜示完納一準市價。僚友咎不爲子孫計，公曰：「吾正爲子

〔一〕 蓋宰井研十年最久也：「研」，《石遺室文三集》作「邑」。
〔二〕 則詗知某巨憝巢穴：「則」，《石遺室文三集》無。
〔三〕 興革釐然：「釐」，《石遺室文三集》作「犂」。

孫計也。」

江津尤當繁衝，鄰境拳匪滋蔓，飭團丁微服巡徼，闌其入界。有鄉氓被惑，獲之，一牧豎也，薄責遣之，用俚語告誡，反覆累千言。民感悟，無習拳者。

南充丁糧、徵銀徵錢，輾轉浮收，甚於綦江。君條陳六大弊，請裁革。適岑公春煊督川，如所請，且獎其剛斷。拳燄方熄，四鄉團防未撤，有團首拔貢生某，藉端爲行旅患，君詳褫懲之，民大悦。川北亢旱，南充爲甚，公憂勤籌賑，或至饋不食、寢不寐，衝凍冒暍歷四境，卒遘疾。適因供張忤郡守意，開缺，遂以微罪養疴於眉，蓋三蘇所夙仰也。

平日公退，喜爲文字飲，以誘後進。去官，更肆游名勝，與眉人士相唱和，有《方山堂詩集》。爲人作擘窠書，署款「方山堂主人」。猶子爾愷，官雲南提學使〔一〕，歲致旅費，無使空乏。辛江津時，觀察使吴濬公事赴渝溺死，君出千金，募撈其尸，殮而歸之。其子欲償所費，公以其家不中貲，堅不受。去南充，民諗其貧〔二〕，醵貲爲置薄產於眉。元配、繼配皆吕氏，封夫人。庶室倪氏。子長爾新，官陝，倪氏出。次爾衡，繼配出，幼侍左右，飫聞訓誨，留學日本，歸隸郎曹，出爲甘肅

〔一〕官雲南提學使：「雲南提學使」，《石遺室文三集》作「編修」。

〔二〕民諗其貧：「諗」，《石遺室文三集》作「稔」。

提法使，乞調蜀就養，調四川高等審判長，移福建。以表墓屬余，表其犖犖大者。

錢國選

四品銜江蘇補用直隸州知州錢君墓表

馮煦

君諱國選，字乙庚，一字挹婁，巢縣錢氏。幼穎異，以粤捻亂，不得顓一於學。父匯宗，治鹺南清河。君從張縵青、錢楞仙兩先生游，學日進。年二十二，補博士弟子員，旋食廩餼。乙酉，舉選拔貢生，客授東臺，垂二十年，門弟子掇巍科登顯仕者趾相錯，而君終躓於秋賦。就職直隸州判，之河南，以治河擢知縣，以轉漕擢直隸知州，復以振灾進四品銜，歷充蘇、揚各差，署青浦、溧陽兩縣事。辛亥後，隱於蘇。有欲污君者，峻却之。庚申，歸舒鄉。十月二十九日，感疾遽卒，距其生道光庚戌十月十四日，年七十有一。

君樸厚廉勤，究心經世之學，朝章國故，靡不精研。初仕蘇，充保甲總巡，無間寒燠，扞掫竟夕，民以乂安。管榷五庫，鏟弊鋤奸，不半歲溢收三萬緡餘，爲前後所未有。振溧陽灾，觸暑歷墟落，不一假手，全濟者衆。督十二圩緝私小輪，群梟斂迹。其宰兩邑也，崇節儉，務安静，不矜赫赫之功，而民隱蒙其惠。溧陽土客雜居不相能，三塔蕩争草一案，至互電大府請兵。君不爲動，僅懲首禍者，罰以鍰，事遂竟，尤爲人所稱。自奉約，而篤於故舊，擲鉅金不少吝，友有歿於逆旅者，喪葬皆君主之。復治門弟子之喪，并恤其嫠。君之旅蘇也，歲必一歸里視先壟，與諸弟聯床情話，輒經旬不忍别。蓋其天性肫篤，表裏洞然，處家涖官，數十年如一日也。

娶韓氏，封恭人。子一，詒湜。孫四：曾愈、曾慰、曾恕、曾德。某年日，卜葬於某鄉之原，詒湜介劉笠僧以狀來乞爲文表於墓。余丙戌在輦下，識君蒯禮卿前輩許。君神識高朗，一剗世俗脂韋之習，時共游讌，諧際甚歡。己未，復過余淞曲，不虞不一歲而君反其真也。爰次其行義爲之表，以復笠僧，并詔世之傳循吏者有考焉。

冼寶幹

沅陵縣知縣冼君墓志銘

陳樾

君諱寶幹，號雪畊，世爲佛山望族。大父沂，嘉慶己卯舉人，學行有聲於世。父鳳詔，以軍功先叙訓導，同治甲子領鄉薦，揀選知縣，砥德礪材，不樂仕進。君年十六，鳳詔公卒，境益窘，學益力。年二十五，補博士弟子員。同治癸酉，舉於鄉。光緒癸未，成進士，授湖南沅陵縣知縣，迭署祁陽、永興、平江知縣，所至有惠政。在平江較久，士民泐德政碑焉。至壬寅，君五十四矣，母太夫人何氏已躋耄耋，迺自沅陵告終養歸。

己酉，太夫人疾終於里第，享壽九十一。時當清之末葉，四方多故，大府求才甚亟，日催就道。君方致力於宗譜、族譜、義倉、學校諸舉，日昃不遑。辛亥以後隱傷國變，杜門不出，時與二三隱君子相對欷歔太息，而危行言孫，絶口不及時事。里人有延譽聘襄省政者，婉却之。惟著述不倦，成《説文部首音義》一卷，《讀禮四種·服制釋義》一卷；《易學體例圖説》，其精詣之作也，書成尚待詮次。纂修《佛山志》，尤瘁心力，歷數稔始克蒇事，書甫付梓，而君之疾作，遂不起。今志局諸子以君生平事迹屬番禺沈君漢棠記之，附於志末，敘述至詳。兹志所紀，得其概略云爾。

君元配梁氏，生子男二，迺璁、迺玲；女子一，適順德梁景陶。繼配麥氏，生女子一，適順德何如象。其卒以乙丑三月十三日亥時，春秋七十有七。以丁卯三月十一日申時，葬於南海石灣大帽岡癸丁子午之原，銘曰：

人所由靈，天地之性。秉此真恒，施諸百行。儒林循吏，一身兼并。於戲君子，足爲人鏡。譬彼淵泉，孰知其竟。烈烈馨德，千秋流慶。

碑傳集三編卷二十七　校官　佐貳雜職

高蘿簪

含山縣學訓導高先生墓志銘[一]

李兆洛

今之世殆無所謂師儒者矣。謂之師者，授句讀，效佔畢也。謂之儒者，司載籍，守黌舍也。而世亦遂莫克自盡其職，甚者以相呰譏焉。嗚呼，師儒遂無所用於天下耶！

吾師蘿簪高先生，幼而勤敏，篤志嗜學，家世儒素，未弱冠，已能授徒以給仰事。年二十二，始補邑弟子員。從游者日益衆，爲教以敦勖志行爲本，爲文章一軌於法，而隨材善誘，使之鼓舞不倦。每根究理奧，指示利病，神色亹亹，聽者心悚意浹，油然遂然日進而不自知。故出門下者，雖愚鈍無不各有所就。其工制舉業，取科第，及爲弟子師，有聞於鄉里者，僂指可數。

〔一〕本篇載《養一齋文集》卷十二，題作「蘿簪高先生墓志銘」。

年四十七，始中乾隆戊申科江南鄉試〔一〕。庚戌科登中正榜，旋奉停止之命。凡七應禮部試不遇〔二〕，以大挑二等，嘉慶七年選授含山縣學訓導。含山介廬和之間，頗僻陋，十數年來無舉於鄉者。先生至，則招徠生徒〔三〕，發篋陳策，課之督之，擇其材者，獎勵輔掖。束脩以上，來者不拒。向學蒸蒸，日變月化。甲子鄉試，含山中式者四人。自是以後，科無虛額，應召試、入中書與館選者，接踵而起。安徽莠民，舊有天地會之目，以煽惑愚民，有司已入告而誅夷之矣，卒不能絶根株。邑士有以告者，先生立移令察究，而自爲條教以授諸生，使遍曉之，破其惑。嘉慶二十年，教匪方榮昇滋事，總督百齡嚴治之，株連相坐及禍者數百家，而含山晏然無一人。

嗟乎！觀先生之所設施，則師儒之所以成就人材、裨輔治化者，果何如也？先生以貧故，常爲四方游，里居教授之日少；及得司鐸，又值僻小邑，故其著見者僅如此。性方嚴，不苟言笑，義利之辨，斷斷一介，而引掖後進，怡愉見色。貧而好施，見義必爲，達於從政，肆應裕如。淮揚道曹訥庵恒初爲桃源縣丞，延先生入幕，言論傾契，因爲兄弟交。曹君歷官十餘，著績宣防，先生佐之也。在含山時，或以公事謁上游，有所開陳，必中事理。上游屢欲以知縣薦，力辭不受。

〔一〕始中乾隆戊申科江南鄉試：「中」下，《養一齋文集》有「式」字。
〔二〕凡七應禮部試不遇：「試」，《養一齋文集》無。
〔三〕則招徠生徒：「徠」，《養一齋文集》作「來」。

游必擇交，不妄許可。里居與周山晝情、黄端孩向榮、謝蔭棠榕、趙乳塘澧諸先生及先大夫友善，皆落落難合者。乾隆甲辰、乙巳，先大夫延先生課兆洛兄弟，獲侍者二年。以後雖蹤迹稍闊[二]，而廿餘年來，歲時音問，未嘗間也。志先生之墓，其敢以不文辭？

按狀，曾祖靖安，常州府學生。祖碩昌。考士宏，敕贈修職郎，含山縣學訓導。妣卞氏，贈太孺人。配楊孺人，先卒。繼秦孺人。子三，女一，婿某。[三]孫六人。先生生乾隆七年十二月八日，以道光四年十月二十二日卒於含山學署，年八十有三。六年二月二十日，葬大寧鄉白茅塘之原。銘曰：

師學爲君，儒惟人需。鑄人陶化，古今不誣。大被寰宇，政敏蒲盧。小效鄉國，響捷鼓桴。用有廣狹，道無二趨。嗚呼先生，於遇爲屯，於道爲亨。鏗鏗一經，馳聲漢廷。彼伊何人，曾不是聞。幽宫千祀，德馨不已。以慕以思，學士之砥。

[二] 以後雖蹤迹稍闊：「雖」，《養一齋文集》無。

[三] 「含山縣學訓導」至「婿某」：《養一齋文集》作「含山縣儒學訓導，本姓金，以從甥嗣高氏。配楊氏，繼室秦氏，俱封孺人。子承鈞、承錫，國子監生；承鈺，縣學生」。

黄丕基

訓導黄先生傳[一]

彭泰來

黄丕基，字瞻弼，號肯堂。新會人。父彦士，四子，丕基次三，側出也。七歲，其母灌園，取瓜蔬雜作糜自食，以飯食丕基。丕基曰：「母何食，兒乃啖此？」泣不食。稍長，以貧廢讀，從仲兄服賈[二]，手操業，口常吟誦所讀書。兄嘆曰：「此非吾弟所居也。」使還讀。及父卒，家益落。母以遺命爲迎婦歸守喪，丕基終三年不入内。

爲諸生十五年，舉嘉慶二十三年鄉試，年四十一矣。以兩母俱老，不欲赴會試。母與兄弟慰喻之，零涕就道。二十四年，下第。鄉試兩座主及鄉友留之過夏，不可，遂遄返。明年，仲兄與嫡母相繼卒。又明年，所生又卒。人始嘆其孝感。

道光六年，謁選得二等。十二年，以教諭銜補樂昌訓導。丕基天姿孝友，砥行廉介，其學嚴於

〔一〕 本篇載《昨夢齋文集》卷二。
〔二〕 從仲兄服賈：「服」，《昨夢齋文集》作「習」。

義利之辨，不爲心性空談。先是，新會令李再可重其爲人，聘主紫水書院，有某紳自言此某所特薦，丕基正色曰：「吾素惡私謁者。」甫一年辭去。外海陳某訟海田，饋金數百，求列名，拒不納。樂昌故瘠土，士少文。新進卷金破例却之，來見者，不問贄有無，人人授以文矩。學宮前街地向賃與市販，歲入十餘千。丕基以宮牆地宜清肅，先撤其近訓導齋者而難於同官，適試期，乃遍召諸生童諭以故，盡撤之。其俗有慶吊多請學官至其家以爲榮，或假輿蓋昏娶，酬以金，丕基以爲非師儒體，且名器不可假人，悉謝絕。有二武生發教諭子奸私事[二]，反爲所誣。二生富，教諭典史皆嗛之，具牒申黜。丕基不肯連署，事得白。邑有書院，邑紳主之。主者死，衆請兼攝，辭曰：「教士無所嫌，然農有畔、官有守，不可越也。」始至官，諸生鄉試者僅三四人，後科乃數倍。

十四年，覃恩，請貤贈父母。明年，敕命至，即引疾歸。學者從之游，晨夕講授，先倫常日用，而後及章句。仲與季折閲，遺債破己産償之。撫季孤子成家室。姊妹貧者，有無與共。每憶幼年事，終身自奉不酒肉，誨其子曰：「人貴勤約，乃不至靦㥏求人。」其出處志操類如此[三]。六十生辰，門下士醵數十金爲壽，却之不得。時金竹先生胡方入祀鄉賢，其孫榮改屋

[二] 有二武生發教諭子奸私事：「有」，《昨夢齋文集》無。
[三] 其出處志操類如此：「類」，《昨夢齋文集》作「略」。

爲鄉賢祠於家，乃受金，改題其函曰「黄同人堂」，畢以助之。初計偕與同侶宴舟中，有樂妓姍姍來，丕基擊案大呼，觸進饌者，羹翻污友衣，一座絶倒。嘗讀《易》至「頻復厲」，喟然曰：「此吾人事也。」所輯《周易詳注》十一卷，《文廟考略》一卷，《白沙年譜》一卷。卒年六十有五。

彭泰來曰：此阮君榕齡文，余録其大略，而稍以他所聞合次之。孟子曰：「仕非爲貧也，而有時乎爲貧。」肯堂先生生長寒素，五十餘始一官，不滿一考而遽去，何哉？孝子之苦心，廉士之達節。其仕也，特欲推一命於親，幸得之，而不逮寸禄之養，則仕之志畢矣。爲貧云乎哉？而奚不去哉？講學家語録等身，余每讀而思卧。先生不著書，乃恨并世而不及識其人，其殆古之狷者歟！榕齡字竹潭〔二〕，布衣嗜古，與先生同縣，好游〔三〕，嘗數千里至曲阜謁夫子林、廟，書其典章文物而歸，不見一人，亦奇士。

〔二〕　榕齡字竹潭：「字」上，《昨夢齋文集》有「别」字。

〔三〕　好游：《昨夢齋文集》作「游好」。

六合縣學訓導劉公静巖墓志銘[一]

葉昌熾

公諱某，字静巖。先世自吾郡遷寶應。曾祖岐齡。祖友尚。父廷器，國學生，以公長子嶽雲官，貤贈中憲大夫。妣雷，繼妣胡，皆贈恭人。公胡恭人出。篤於天性，六歲喪父，聞孺子啼者，皆爲流涕。道光丙午，胡恭人病且革，公刲臂肉以進，至誠感神，母病瘉。竭誠色養，又二十三年而始歿。歿之後，歲時諱日，思其居處，思其笑語，未嘗不泣下也。胡恭人之守節年逾三十矣，公曰：「吾母有陶嬰、梁寡之高行，而不得邀旌閭之典，何以爲人子？」援案申請，卒旌賢婦如例。

劉氏世有潛德，自端臨先生父子以經學教授，子弟彬彬向學，公纂述言行，爲《劉氏先德録》二卷。平居孺染家學，生長食息，不離訓典之内，顧屢不得志於有司，以廩貢生就職訓導。嘗一官邳州學正，再署六合訓導。

[一] 本篇載《奇觚廎文集》卷下。

其初至六合也，胡恭人已前歿，公捧檄哀號，悲不自勝，自以禄不逮養。與人言孝〔一〕，與弟言悌。六合某生不養其親，公召而詰之，已而曰：「汝有母不事，吾欲事又無母。」言已嗷然長慟。某大感動，叩頭趨出，歸爲母子如初。邑民苦重徵，圍令廨，令匿公所，而以飛章上變，謂民且叛。公既以利害説其民使解散，又力爲令言民非叛狀。比大吏檄兵來，統領爲吴壯武公長慶。吴公雖武人，雅重文士，惟公言是聽，以故獄得不竟，終其事不戮一人云。故諸生某，以尋親未與歲試，已褫籍矣。公曰：「是無以教孝也，長逝者之賫恨，庸有窮乎？」爲牘請於學使者還其衿。

矜恤孤寡〔二〕，存亡繼絶。胡恭人家不祀忽諸，又無可承祧者，公訪得疏族某，奉其匕鬯。族子某貧不能娶，公爲授室。宗黨貧者，往往待公舉火。寶應地當孔道，驛馬交午，主者没其餼牧馬於運河西草藪中〔三〕，蹊人之田。公白諸當事，勒碑嚴禁，自是馬不得過河西牧。蓋公矜立名節，猛志疾邪，然清而不刻，當官接物，多所矜庶〔四〕，其天性然也。公雖三爲校官，經國之志末由

〔一〕與人言孝：「人」下，《奇觚廎文集》有「子」字。

〔二〕矜恤孤寡：《奇觚廎文集》作「居鄉矜孤恤寡」。

〔三〕主者没其餼牧馬於運河西草藪中：「牧」字原無，據《奇觚廎文集》補。

〔四〕多所矜庶：「庶」，《奇觚廎文集》作「恕」。

自見。嶽雲官農曹時，時貽書敦勉之。農部君與亡友王頌蔚、繆祐孫同鄉同官，負三君八俊之望，皆公教也。

公舊有嗽上氣疾，光緒甲午疾作捐館，距生於道光某年某月某日，享年若干歲。子四人，長即嶽雲，光緒丙戌進士，户部主事；次熙雲、際雲；季毓雲，縣學生。

昌熾束髮受《魯論》，稍長習《春秋公羊傳》，即服膺寶應劉氏之學。洎官京師，與農部君以古學相切劘，益熟聞公之行誼。農部君貽書京師曰：「先人葬有日矣，願爲銘石之文。」〔一〕昌熾聞諸孔文舉曰：「公者，仁德之正號，不必三事大夫。」敢援申公、毛公之例，書其墓石曰「劉公」，復繫之銘曰：

畔官祭酒母高行，孝于惟孝施有政。泮林之桑鴞食葚，翻然不煩觵撻儆。江左傳業比孔鄭，家世迺以經術盛。巍然一老天不憖，人之云亡邦亦病。甓湖湯湯水如鏡，若堂若坊松櫝映。蓋棺庶幾可論定，漢校官碑共無竟。

〔一〕 願爲銘石之文：「石」，《奇觚廎文集》作「土」。

章耒

章耜之廣文家傳〔一〕

葉昌熾

昌熾未弱冠，即納交於同郡潘瘦羊、朱怡雲兩先生，暨青浦熊明經純叔。三君皆儒林老宿，不以昌熾爲不肖，小冠末座，側聞緒論。今墓草宿矣，而昌熾亦穨然既耄，每嘆世道横流，異説蜂起，模喆積喪，後進安仰。竊欲仿《襄陽耆舊》《於越先賢》之例，輯録言行，以存先民之榘矱。雲間章吏部毉盦，以其尊甫耜之先生《行述》踵門請爲傳，且曰：「此先大夫之志也。」昌熾與先生無一日之雅，進而叩其説，則曰：「先大夫聞之於潘、朱諸君子。語曰：『不知其人，視其友。』子其無辭。」

按狀，先生諱汝梅，以生而有文在手曰「耒」，遂更名耒，字韻之，晚年別署曰耜之，又號次柯。先世著籍婁縣。曾祖諱廷煦，候補國子監典簿。祖焕，父倬，皆邑諸生，劬躬羴後，潛德未曜，兩世皆入祀孝弟祠。祖妣雷，妣姜，皆以節孝旌。姜孺人生二子，長曰錦，後十六年先生始誕，誕周晬而兄殤。

〔一〕 本篇載《奇觚廎文集》卷下。

先生生有至性[一]，兩執親喪，哀毁柴瘠。秉承庭訓，早通經史之學，旁及天文、算術、輿地、兵謀，下至醫卜、壬遁家言，廣爲甄綜。年二十，補郡學弟子，越八年始食餼。同治癸酉，以拔萃貢成均，廷試報罷，就職教諭。初歸部銓，繼援例分發試用，先後學使者按試，輒裒然列高等。五薦省闈未售，怡然壹不以介意，益發憤力學。自見平湖賈徵君敦艮，始斐然有志於撰述。古文義法，先民是程，識者謂得桐城方氏正軌。自婁東聞先生維堉司鐸雲間，以湯文正志學會相勖，遂潛孾義理之學。自肄業上海龍門書院，從興化劉融齋先生質疑問難，期年而學益昌，實事求是，不務標牓，尤廓除漢宋門户之見。歸而築漢學齋，爲窮經之所。嘗謂：「説經必先通古訓，《説文解字》，六書之鈐鍵也。」於宋之後經師，服膺朱先生大韶；於理學，服膺張先生端文：皆其鄉先哲也。以湘中唐確慎公《學案小識》爲太簡，欲仿梨洲、謝山《學案》之例，爲《國朝學案》[二]，以續二家之書。以張先生遺書久佚，欲輯其緒言爲《端文學略》。又以平生問學得力於劉先生爲多，作《興化學略》。

家貧，以授徒自給，恂徇愷弟，得師之道。嘗曰：「今之教者，呻其佔畢，施之也悖，而求之

[一] 先生生有至性：下「生」字，《奇觚廎文集》作「幼」。
[二] 爲國朝學案：「案」，《奇觚廎文集》作「略」。

也佛，誠有如（云）《學記》所云者。」故其誘掖後進，各視其材力之所能逮，束脩以上，未嘗無誨，孤寒之士歸之如水赴壑。尤留心掌故之學，講帷所至，徵文考獻。館張澤鎮，輯《張澤詩文鈔》若干卷。當事修郡邑志，必以請。凡纂《婁縣志》若干卷、《華亭縣志》若干卷。又嘗分纂《松江府志》〔一〕，刊正訛脱，條例精密，紹熙以後推善志焉。

館穀有餘，悉以振貸孤窮。尤篤於本支之誼。章氏舊有祠以收族，先生設協善局以擴充之，族之孤嫠月有給、歲有養，略如高平范氏之制。撫其從子士貴、士伊、從孫以裁，皆成立。淞泖本水鄉，兵燹以後，津梁廢壞，行旅宵濟，臨危槍碭，先生先後建清芬橋、王洞濱橋。又嘗偕同志建寶善堂於漕涇鎮，設保嬰局於干巷。先是，應太守博潤公之聘，纂修郡志，寓郡城育嬰堂之延芳榭。堂中殤嬰月數十，鈎稽田籍，鉥離不合，於是作《保嬰八議》，冀有所釐正。而後來者迂其説不果行，先生愀然曰：「吾爲呱呱者請命耳，言之用不用，非所計也。」蓋先生操行峻潔，家居禮法極嚴，而不忮不求，誦之終身，故人皆畏而愛之。位不副德，屈於儒官，所施僅見於一鄉。

捐館之日，鄉士大夫奔走會吊，相向哭失聲，時光緒十二年丙戌九月十一日，距生於道光十二年壬辰，年五十有五。以子貴，贈中憲大夫、吏部主事。兩娶皆張氏。子四：士鴻、士昌、士

〔一〕　又嘗分纂松江府志：「府」，《奇觚廎文集》作「郡」。

桂，皆殤；士荃次居弟三，以先生殁之後五年登進士第，觀政吏部，改外務部，砥節立名，能世其家學。積善之家，必昌其後，天道於是乎有徵矣。

論曰：雲間自明中葉陸文裕、董文敏，皆以文章爲職志。徐長谷、何柘湖、張王屋、孫漢陽壇墠相繼，五峰三泖間，彬彬盛矣。陳、夏諸公，復以孤忠勁節，搘拄於桑海之交，故其邦人士類能敦行多識，强立不反，以振起其鄉賢之遺緒。比年以來，流風未賣，沈學子、姚春木猶能以古文名其家。若夫發明聖學，尊聞行知，傳端文先生不傳之業，微先生其誰與歸？《詩》曰「高山仰止，景行行止」，昌熾雖不獲撰杖屨，仰止鄭鄉，有餘慕焉。

王練

内閣中書銜前即墨縣學訓導王先生墓表〔一〕

孫葆田

先生諱練，字澄江，一字達夫，莒州王氏。先世由江南遷莒，祖父以上皆隱居。先生少失

〔一〕 本篇載《校經室文集》卷四。

怙，賴從叔父維周訓迪[一]，嗜學不倦。年三十，始以府試第一補沂州府學生。逾歲，食廩餼。同治九年庚午，舉於鄉，年五十餘矣。是歲并補行同治六年鄉試，號爲并科，王氏一姓得舉者二十有八人，而先生與兄子者賓與焉。故同舉諸君皆以年丈事先生。既再應禮部試不第，遂以教官終其身。

先生性孝友，母張孺人嘗遘危疾，焚香虔禱，立愈。兄弟同居無閒言。生平慷慨喜施與，赴人之難，如恐不及。當咸豐、同治間，捻匪擾山東，先生以諸生倡議，築圩堡，衛鄉里。巡撫丁文誠公剿匪過莒[二]，先生發私財助餉糈。文誠以「急公好義」旌之。

先是，嘗以監修莒州城，叙勞得教職；其後復因從軍湖北，保加中書銜。甲戌秋，奉委署即墨縣學訓導。在任八年，振興儒術，獎勵寒畯。士有微長，譽之不容口，所成就者甚衆。光緒三年，著生學署，人以爲祥。又主勞山書院講席[三]。

先生居鄉有盛德，及爲訓導，時值歲饑，鄉里流徙至者，咸有資助。復捐緡煮粥，以食飢民。遇邑中建試院、辦積穀、籌振款，無役不與。又嘗捐巨金爲衆倡，人皆踴躍樂從。士民有爭訟

[一] 賴從叔父維周訓迪：「維周」下，《校經室文集》有「封翁」二字。
[二] 巡撫丁文誠公剿匪過莒：「巡撫」下，《校經室文集》有「使者」二字。
[三] 又主勞山書院講席：《校經室文集》作「謝事後又主勞山書院講席者八年」。

者，先生居間輒釋。勞山道士某與居民争田控案十餘年矣，先生至，一言而訟罷。邑人士感之，爲懸額學署，曰「以賢得民」；又就勞山上清宫爲位以祝其長生。

葆田與先生爲鄉舉同年，先生長子者貴〔一〕，又與余季弟同爲癸酉拔貢生。及余連遭大故，季弟以哀毁卒。先生聞知獨心傷，嘗遇余萊州城中，執手欷歔，寬慰千言，情誼甚厚〔二〕。烏虖！其於葆田如此，則其平日仁心爲質可知矣。先生家故饒於財，以好爲義〔三〕，耗其世業大半。晚歲廉俸所入，輒隨手盡，資用嘗窘乏，怡如也。人有負債不能償者，取簿籍句之，曰：「吾子孫賢，積財何爲？否則徒滋訟耳。」〔四〕

先生仲子有雋才，少年夭折〔五〕，故不能無怫鬱。而葆田自與先生别於萊州，不見者十六七年〔六〕。第聞其子孫繼起，克紹家聲，因以嘆爲善之必獲報而已。及是，先生之孫乃昌，以庚子辛丑恩正并科舉人，應會試至汴，謁余大梁書院，以先生門人張紹价所爲傳屬余爲表墓之文，距先

〔一〕先生長子者貴：「先」上，《校經室文集》有「而」字。

〔二〕情誼甚厚：《校經室文集》作「并致賻焉，予愧謝不敢當，先生則情誼愈篤」。

〔三〕以好爲義：「義」下，《校經室文集》有「舉」字。

〔四〕否則徒滋訟耳：「訟」下，《校經室文集》有「端」字。

〔五〕少年夭折：「少」上，《校經室文集》有「以」字。

〔六〕不見者十六七年：「不見」，《校經室文集》作「不相見」。

生卒又十有二年矣。先生卒於光緒十八年三月二十八日，春秋七十有四。所著《壽菊齋詩文集》，藏於家。紹价謂先生鄉舉時，報録者誤書「王烈」，先生因自號「師烈」，此蓋先生之寓言。「夫君子達而在上，則澤被萬物；窮而在下，則一方蒙其德。」張君既以此語著於傳，觀於先生豈虛哉！余故稍次傳語，益以所知，并述余兩世交親，以見生死離合之際，其可感者如此。而先生則洵可謂死而不朽矣。光緒甲辰春三月。

甘運源

甘道淵傳[一]

鐵保

道淵姓甘，名運源，號嘯巖，又號十三山外史，道淵其字也。漢軍巨族。其祖諱文焜[二]，康熙間建節滇南，死吴逆難，謚忠果[三]。數傳至道淵，家中落。道淵與其弟運瀚，奮志下帷，思以

〔一〕本篇載《梅庵文鈔》卷二。
〔二〕其祖諱文焜：「焜」，《梅庵文鈔》作「琨」。
〔三〕謚忠果：「忠果」，《梅庵文鈔》作「忠憫」。

科第繼前業，屢試不中，遂侈然自放，隱於詩酒。「二甘」之名，噪一時焉。

道淵性拘謹而疏慢，睥睨一切，與人無可否，援之而止，不論王公大夫與僕役下走，與之飲即飲，與之博即博。人視道淵爲棄物，道淵視衆人爲芻狗也。性耽詩，能書畫，旁及篆隸八分。詩學宋人，遠追漢魏，得其神而不效其體。時李眉山、陳石閭二先生方領袖詞林，陶鑄後進，見道淵詩，許爲文壇健將，朝夕觀摩，學益進。余嘗與道淵、益亭上元作元宵聯句一百韻，漏下得四十韻，道淵携歸，以六十韻卒之，典重博雅，傳誦一時。畫學宋人，楚楚有致。篆隸八分，俱有古法。尤善刻小印，純乎漢篆，不屑作前明文三橋伎倆，得者寶之。口吃，喜議論，每一啓口，座客鬨然。猶憶冬夜與道淵論史事，余謂：「古人作事，有幸有不幸。張子房博浪一擊，似匹夫市井所爲，使不能助漢成帝業，又隨赤松子游以避禍，亦不過於《俠客傳》内增一荆軻、聶政耳，又何能功名烜赫如此其盛也？」道淵舉狄梁公受武后封，屈身牝朝〔一〕，雖一語挽九廟之失，其功甚偉，儻其時五王之兵不競，敬業之檄空傳，梁公能以隻手復唐祚乎？兩論默合，相視狂笑。道淵愈吃愈笑，愈笑愈吃，汗泪俱下，戟髯怒飛，座客俱爲傾倒。其性情風致類如此。晚年無子，遇益窮，不得已而考職，赴廣東象岡司巡檢任，年七十有七卒於官。余采其詩，并其弟運瀚詩，入

〔一〕屈身牝朝：「牝」，《梅庵文鈔》作「女」。

《熙朝雅頌集》以傳。〔一〕

又〔二〕

《八旗文經·作者考乙》

甘運源道淵，爲劉海峰弟子，與汪松蒼巖、顧邦英洛耆、王麟書，及弟運瀚子灝，五人之詩合刻爲《海沱集》。

又〔三〕

彭泰來《跋甘嘯巖先生遺詩》

先君老友甘嘯巖先生，諱運源，字道淵。籍漢軍。乾隆末，爲英德象岡巡檢，卒官。先君哭以詩，後注「聞其遺稿爲陳某所攘」。泰來方數歲，未及見先生，亦不知陳某何許人也。先君言

〔一〕《梅庵文鈔》於篇末附論：「論曰：道淵其東方曼倩流亞歟！澄之不清，激之不濁，與世和光而矯矯不污，卒之以名士作下吏，執手版拜上官，憒憒以老，天豈亦以游戲待道淵耶？噫！奇矣！」

〔二〕本則見《八旗文經》卷五十八《作者考乙》「朱孝純」條下。

〔三〕本篇載《昨夢齋文集》卷四。

往歲齎奏使入京，先生附書與其弟。弟見使，問有金乎，曰無，弟怒，不發緘毁之而入。及卒署中，無他親，一妾一幼子扶喪歸，音問遂絶云。嗚呼！蓋可想不可言也。

先生八分行草書及篆刻，皆高古有漢晋人氣韻；偶作畫，亦落落疏野，筆墨去人遠甚。泰來所見與先君書畫簡札數十幅，一畫扇上題小詩，不署名，詩意絶感慨。所謂孤舟釣翁，以先君學舍名小舟居也。牋素上小印二十二，又爲先君刻二印，數十年來散佚殆盡，存者詩八紙，通十二首而已。其贈先君《放歌行》二首，已附刻先集内，餘悉録於别册，或世有見驥一毛而知駿者。先生家有傲弟，遺稿人即不攘，亦必以爲不祥之物，而拉雜摧燒之。古之人已與其不傳者死則燒之可也；古之傷心人，别有懷抱，則録之者似也。

謹按：彭輅《詩義堂集》自注：嘯巖嘗客禮邸，與千叟宴，又號千一叟，在都有海沱五子詩社，有題《嘯巖空巖宴坐圖》七古一首。順德黎簡《五百四峰堂集》亦有題圖詩，附記於此。

蔣知廉

蔣君墓碣〔一〕

姚鼐

君諱知廉，字用耻，翰林院編修鉛山蔣心餘先生士銓之長子也。編修以才稱天下矣，君少繼有才名，能文，工作書。乾隆四十二年，爲選拔貢生，從編修京師。編修大病，割臂和藥一進而愈。君鄉試屢不録，以謄録勞，授州同知。發山東，署臨清州同知，吏事甚辦。辨獲盜之不實者，執之力，卒獲真盜，果如君言。值水澇，君行視救溺者，中溼，未幾卒，年四十，乾隆五十六年也。

當余在揚州時，編修君赴都，過揚州相見。君以拔貢將入試，與其弟偕從。時丹徒王侍讀有家僮善歌吹笛，而編修工爲曲，嘗成曲，俾以笛歌。吾曹相從飲酒聽歌極樂，以君年少，不呼使與也。第見編修有子英秀侍側，共言其可慶而已。後未十年，聞編修歸里旋殁，又數年而君亡。余頃居江寧，君之子立中來求爲文紀君，其年已逾君始遇余之年矣。人世之速，而才者之

〔一〕本篇載《惜抱軒文集》卷十一。

不可留如此。悲夫！

君才既足稱，歿後，其幼子立萬之生母賈氏卒縊以從，今從君葬，是亦可紀。而余又感思生平故舊，乃書其略，俾立中碣君墓上焉。嘉慶三年十月。

傅誠

江安傅君墓表〔一〕

吳汝綸

往余從曾文正公客金陵，聞江安傅君好聚書，書多舊本精槧，遂與往還，得異書輒從君借校。是時江表新脱寇亂，書多散亡，人持書入市，量衡石求售，價輕賤如雞毛，比行者掉頭不顧。君職事冗，俸入薄〔二〕，獨節縮他用，有贏賸盡斥以買書，不少吝〔三〕，以故藏書至富，入則窟處書中，出則所至以車若船載書自隨。於是金陵朋游中擁書多者，自莫徵君子偲外，衆輒推傅氏。

〔一〕本篇載《桐城吳先生文集》卷三。
〔二〕俸入薄：「薄」下，《桐城吳先生文集》有「少」字。
〔三〕不少吝：「吝」，《桐城吳先生文集》作「遴」。

其後，余宦游畿甸，而君遠涉關隴，從左文襄公軍，不相見者數年。及再見君天津，則君已老頹，書故在。方僦居斗室，室無内主，聚從子若諸孫五六學僮，蓬頭敝蹝，嘯歌諷咏其中，人書雜揉。時余至，則相從考問章句，余故心異之，以謂天津闤市中無有也。未幾，則聞君嚮所聚五六學僮者，連歲收科弟以去。又久之，則皆以文學有名公卿間。蓋今貴州學使、翰林院編修曰增淯者，君冢孫；戊戌庶常曰增湘者，君第三孫也。而君第二孫增濬、從子世鈞，亦皆舉孝廉有聲。傅氏駸駸鼎貴矣。回憶僦屋天津時，蓬頭敝蹝若翁傍，豈知其後各騰達如此！

或曰：「君所聚書留貽子若孫，固宜有是。」或曰：「君之留貽鬱且厚，不專在書。」蓋傳所稱藏書家多矣，或及身而失者有焉；或一傳再傳，書益散亂，子孫持書入市，價十百不能一二者有焉；凌雜缺脱，半在半不在者有焉；或不幸遇火患，盡於一炬，或兵燹毁棄，又往往有焉。以余所聞見，聊城楊氏、濰徐氏、定州王氏、樂亭史氏，家多宋元舊刻，子孫有秩於朝，或取甲乙科弟，亦云盛矣。其尤著者，武强賀氏，能盡讀家所藏書，以述作自表見於世，號爲文章家。其在蜀，則江安傅氏，其流亞云。夫藏書一也，或書放絶不守；或仍世有名位，而功不在書；或盡發先世之藏，晞慕成名於後世。其子孫之自爲，得且失不同如此，則謂其祖父留貽闊狹懸絶，顧專在所聚書，未必然也。

君爲人孝慈端慤，無文飾，好抍救人。與人語，惟恐傷之。見人有過，不面折，積誠感之，使自悔。或詈侮欺，不校也。常懸小刃胸臆前，象「忍」字，用自警省。少好讀書擊劍。其友王祉蕃孝廉，曾文正公試蜀時所得士也。文正視師江南，馳書召王君，且曰：「鄉邑有賢士夫，可與俱來。」王君則以君東。既至，與莫子偲徵君、涂朗軒制軍、黎蒓齋觀察、今蜀中周玉山方伯交善。已而左文襄公聞君賢，撰書辭備禮招君西。居久之，辭去，復東，從合肥李相公於天津。自同治以來，曾、左、李三公狎主兵事，進退天下士。君於任事勇，不顧望避就；於名若利獨逡逡退讓，若有羞畏然，故三師交辟更召，争先得，而數十年不進一階，官終北河通判。古人有言「位不稱德者有後」，君殆其人已。斯君之所以留貽子若孫〔二〕，而子孫所由鼎貴也歟？

周公爲津海關道時，請公自助，一夕卒，年六十四。君諱誠，字勵生。祖鳳齡，父登奎，以君貴，贈如其官。子世榕，有父風，二子在翰林，不尊己居榮，方以知縣待闕保定，用吏能顯；世鋆，殤；世銓、世鐸，候選州判。女二人，皆適士族。孫八人，曾孫五人。余客保定，與知縣君游，增濬、增湘又從余問學。君之卒也，歸葬於長寧之巖峰寺。既葬之十有三年，知縣君徵文刻石，遂書君之留貽以有後者，具著其本末，俾後有考焉。

〔二〕斯君之所以留貽子若孫：「斯」下，《桐城吴先生文集》有「乃」字。

碑傳集三編卷二十八 武臣

吴六奇

贈少師兼太子太師鎮守饒平等處地方掛印總兵官左都督順恪吴公傳〔一〕

温訓

公諱六奇，字鑑伯，別字葛如，潮之海陽縣豐政都人也。乾隆三年設豐順縣，今爲豐順人。父廷符，以公貴，贈如其官。母夫人胡氏。兄弟二人，公爲長。生有雄略，慷慨尚氣，明孫、吴兵法，閭中豪俊多附之。家故饒財，以博中落，去爲郵卒，歷山川阨塞，皆心識之。落魄於浙海寧，查孝廉伊璜見而奇之，資之歸。

當明末海内大亂，潮郡盗往往嘯聚。公與弟標招集鄉兵，保障一方，殲山寇鍾林秀、葉澳

〔一〕 本篇載《登雲山房文稿》卷三，題前有「皇清」二字。

婆、張文斌、林參寰、彭士炳、劉良機，威震嶺東。順治戊子，王師由閩入粵，公率先效順，朝廷授以副總兵官，給劄數十，聽便宜署置官屬。時土寇江龍據大埔，鄭儼據湯坑，及澄海寇黄海如、九軍劉公顯等皆鴟張，公先後討平之。郝尚久據潮叛，屬縣應之，王師圍城，公率兵助之。潮平，最功公爲多。居無何，湯坑盜藍霖煽九軍餘孽，大爲潮患，公統勁旅搗其穴，破馬頭山寨，盡平其黨。世祖嘉公忠勤懋著，屢建大勛，特授掛印總兵官，開閫饒平，有「援剿無分疆界」之命，隸官兵一千，其鄉兵不在此數。公之威望益彰矣。未幾，鄭寇陷揭陽、澄海、普寧，公率官鄉兵，會兩藩諸鎮以討之，凡八月，克復三城，寇乃大衄，餘黨據黄岡者，悉誘而執之。乃大治海艦，募水師，會剿厦門。厦門克，奉詔往諭，南澳僞將杜輝、吴升乞降，徙其衆於揭陽，時康熙三年也。繼而有木窖賊處大埔、和平之間，蠢動不常，公興師平之，海疆告靖。

公以鄉兵效順，隨靖南王軍討逆誅寇，多在閩粵間，亦嘗率師復連陽、平苗疆、定金陵之亂、討寰沙之賊，所向有功，任將鄒瑞、李青、吴漢、王金等，咸盡其能。公以所部從王師征伐，芻茭、糗糧、器械皆自具，一不以煩朝廷。修封疆，嚴守禦，城饒平、大埔、黄岡大城所、西林營、豐政都，又以其餘興學校，建饒平、大埔學官及郡學明倫堂，費不貲，皆自捐。天子以公爲嶺海屏蔽，寵賚有加，初錫太子太保，屢晉少保兼太子太保、少傅兼太子太傅。

康熙乙巳五月三日薨，壽五十九。奏聞，上哀悼，贈少師兼太子太師，賜謚順恪，遣官祭葬，御製祭文碑文以褒嘉之，特旨以次子啓豐襲職領鎮事。前後兩賜蟒玉、盔甲、貂冠、弓矢、棗騮馬；他雜物，使者親賫軍前頒之，海内以爲榮。祀潮州海陽豐順鄉賢、饒平大埔名宦。

公性仁孝謙謹，喜施與，禮下賢士，孳孳不倦，有古名將風。子十三：長啓晉，順治丁酉舉人，早卒；次子啓豐，嗣職，調貴州安籠鎮總兵；啓鎮，以廕官至黄岡副總兵；啓爵，年十八，入侍爲頭等侍衛，賜上御袍帽，歷任太原、瓊州、天津總兵左都督，世襲拜他喇布勒哈番，特進榮禄大夫，卒，諭祭葬，祀瓊州名宦；啓相，官虎門副總兵。

贊曰：公以布衣結豪傑，練鄉兵，捍衛桑梓，以竢真主，及乎附日月之光，領方鎮之任，誅鋤叛亂，屢奏膚功，承帝寵眷，屏蔽海疆，厥功茂矣。而自矢忠勤，高而不亢，論者以比東莞伯何真，亮哉！父子二世，五握重鎮，俱以功名終，何其盛也！今世傳奇小説志公軼事，人人能道之，余故不録。六世孫世驥〔二〕，余同年相善，以公《忠孝堂文集》及墓志見示，故擇其大者著於傳云。

〔二〕　六世孫世驥：「六」上，《登雲山房文稿》有「公」字。

李長樂

直隸提督李公墓志銘[一]

劉孚京

公諱長樂，字漢春，安徽盱眙人。曾祖某，祖某，父某，皆贈振威將軍。妣某氏，贈一品夫人。公官至直隸提督，以光緒十有五年十一月十七日薨於位。公之諸昆某某，并篤謹愷悌，以公文武忠孝，克大其門，其功烈有史氏之傳，其葬也不可無以識諸幽，乃以狀屬公之友毛慶蕃，慶蕃不敢辭，乃謹序而銘之曰：

公少卓犖有大志，好讀書。故提督陳公金綬名能知人，率師過盱眙，止公舍，時公未冠，陳公撫而奇之，知其非常人也。遭亂應募，隸江南水師。今大學士直隸總督李公之統軍赴上海也，淮軍始立，而郭武壯公松林别募得四千人，勒爲八營以從，號松字營，公改隸焉。殺賊復城，積功至都司，賜花翎，遂統松字前營爲軍鋒。大軍進江陰，與無錫援賊戰楊舍，公所夷賊壘百餘，逐奔八十里，擢參將，賜侃勇巴圖魯號；復江陰，加副將銜。從戰無錫、金匱，克之。北復宜

[一] 本篇載《南豐劉先生文集》卷三。據正文，本墓志銘爲劉孚京代毛慶蕃作。

興，西收溧陽，攻金壇，旋軍東援常熟、江陰、無錫境，西圍常州，先登克之，擢副將，尚勇巴圖魯號。南復長興、湖州，賜二品封典。粤賊餘黨據漳州，竄廈門，從武壯浮海赴之，復漳州及雲霄、漳浦、詔安，加提督銜。北旋〔一〕，武壯假歸，從楊忠勤公鼎勛詣曾文正公大軍於徐州，文正檄公兼統忠樸三營，而李公代文正任捻事。武壯亦再出，改前所統松字營別爲軍，曰武毅，與忠勤所統軍并爲游徼之師，擊東捻，而公以忠樸營爲武毅前軍，邀擊賴文光於壽光之杞城鎮〔二〕，逐奔及膠州之鄭家寨、小南溝，又北追之青州，東蹙之壽光南北洋河、巨瀰河間，禽殺無算。遂南渡六塘河，至於揚州，文光被禽於揚州，東捻平，詔賜黄馬褂。

復從武壯援畿輔，擊西捻張總愚，戰安平，馬軍不利，公以步軍大敗之，追之饒陽、深州，從旁襲破其團陳，又敗之晋州、饒陽境，南追賊要敗之濬、滑，大創賊。大伾賊復北至東昌，渡運而東，益北犯。從武壯先賊至天津，逆敗賊楊柳青。賊復南，於是有鑿河築垣之議，賊由是困。屢敗之陵臨邑間，賊益困，然皆死黨難敵。公夜襲之商河李家坊，禽總愚子；與諸將夾擊於濱州李子鎮，公深入破其團陳數十，疾追，復敗諸商河之于家坪沙河〔三〕，總愚創焉。詔以提督總兵存

〔一〕北旋：「北」上，《南豐劉先生文集》有「軍」字。

〔二〕邀擊賴文光於壽光之杞城鎮：「壽光」，原作「壽張」，據《南豐劉先生文集》改。

〔三〕復敗諸商河之于家坪沙河：「坪」，《南豐先生文集》作「圩」。

記。轉戰德平、商河、平原、高唐，從武壯與諸帥大合圍，蹙賊茌平，殲其醜類，總愚自沈徒駭以死，西捻亦平，天下大定，賜博奇巴圖魯號。

公沈鷙驍果，料敵審勢，知勇飆發；臨戰開闔，進退如神；轉戰南北，多著奇功。慶蕃數經山東、直隸境，其父老往往爲言群盜方恣時，大軍捕之，知窮謀殫，日夜馳擊，飢疲顛頓，無復人理，僅乃勝之，其艱難古所未有也，大抵皆公異時立功處所云。武壯所統軍，曾文正公奏稱淮軍最勁之兵也。然武壯江南人，不習平原廣野之戰，而賊騎善馳突，日常踔數百里，南北無定嚮，武壯謂公曰：「吾戰北方善眩，望見將軍旗幟在前，不自知猛氣之奮迅也。」兵事一聽公指揮。武壯所立功皆與公共之，公終不自伐，武壯亦不掩公。武壯任大將，而公以裨將與并名，軍中稱「郭李」云。公自少爲陳公所知，終身不忘，事武壯尤盡禮。武壯歿，遇其子弟備恩厚，人尤以此重之。武壯官湖北提督，屯軍襄陽，嘗假歸，公代統其軍，署湖北提督者再。同治十一年，遂代武壯爲湖北提督。光緒五年，調湖南，會俄人渝盟，并海戒嚴。詔問李公淮軍扼津沽，宜擇威望宿將統之，李公以武壯方官直隸提督，未有所舉也。武壯尋薨，詔乃命公代以防海屯蘆台，扼大沽北塘門户，凡十年。

公本以良家子從軍，在軍中未嘗忘學，駐軍襄陽，徽儒生李君漢章幕府〔二〕，從受六經諸

〔二〕徽儒生李君漢章幕府：「徽」上，《南豐劉先生文集》有「延儀」二字。

史，問有宋諸子學術，旁及《史記》《漢書》，杜甫、韓愈之文章，略皆上口，能言其趣別。久之慨然有求道之志，欲師事李君，李君不敢當，乃躬造李君之父平山先生之廬，請爲弟子，而與泰州陳君士毅、黄君葆年數輩爲友。人或疑公勳望崇重，何爲自下若是，公謝曰：「吾所謂『小人學道則易使也』。」廉讓自持，未嘗先人。始至直隸，鮑忠壯公、宋公慶皆在，公與并列，禮下之已甚。忠壯威名冠諸將，於諸將無所許可，至是大懽。軍府所莅，材官親校，皆取諸緑營制兵，不以私所親及從征故部曲，軍民懷其威惠。士大夫無識與不識，皆稱公，以爲學道君子。

李公既以公薨上聞，天子悼惜，詔原籍及立功郡縣立祠，謚曰勤勇，所以褒恤之甚厚。而妾某，當公病，嘗刲股肉以進，不愈，妾某仰藥先卒，亦旌如例。公配某氏，繼配某氏，妾某氏、某氏。子一，早夭，以兄某之孫承兼爲後，詔俟及歲時引見，將官之。

公知人好士，決人器識小大、材質良楛，不逾銖寸。賢人君子，通材碩學，遇者無所失。與慶蕃同受學於平山，商榷道術、縱論古今尤懽。他無所嗜，獨頗愛馬，居蘆台，塞外良馬畢至，日從數騎馳六十里以爲常。其言乘馬心氣相應之妙，通於道術，甚可聽也。嘗從容置酒，屬義寧陳君三立賦詩，曰：「杜甫諸馬詩，不能狀乘馬之妙，君其勉之。」陳君許諾，未應而公薨，悲夫！銘曰：

五緯凝精，二儀翕曜。嶽輝上騰，川靈下徼。物極則反，道嶮必夷。鑒茲惟皇，降靈以治。在昔之屯，寇亂斯極。孰克匡之，爾侯爾伯。桓桓將軍，天挺異人。亦起良家，作我虎臣。亂之既鋤，皇極既扶。雍容帷幄，言尋我初。昭昭者文，冥冥者道。匪友孰迪，非師孰詔？頹旌折轅，步趨便便。昔惟申甫，今也淵騫。豈公實明，或則牖之。公勇伊何，道命是持。山壑藏舟，或挾而趨。如何百里，躓此中衢。嗟嗟後死，孰克荷負？如何不恫，念我良友。勒辭告哀，以慰爾昆。誰其知公，俟諸貞元。

何應念

廣東游擊將軍何公墓志銘〔一〕

張曾敭

曾敭前莞閩鹾，獲交何君成浩。及至浙，何君以書來，奉其先榮禄公行狀，求銘薶幽之石

〔一〕 何敬堂夫婦墓於廣州市第四次文物普查時發現，位於白雲山御書閣，參見《廣州市文物普查匯編·白雲山卷》（廣州出版社，二〇〇八年，第一五八頁），書載墓志銘原石照片，志蓋題作「清誥授振威將軍晉贈榮禄大夫廣東補用游擊何公墓志銘」，志文題作「皇清誥授振威將軍晉贈榮禄大夫廣東後補游擊何公墓志銘」。

焉。曾𢿱受而讀之，曰：「是中銘法，其可辭？」

公諱應念，字敬堂，廣東順德人。少岐嶷，讀書明大義。以父遠貿雷白之水東墟，定省良不便，年十四，遂隨侍學賈，代父勞。居無何，父卒，與兄恪守先業，誠信孚遠近，家漸饒富。是時海内承平久矣，民物豐樂，上下娱嬉。粤寇稍稍萌芽，人不知兵，匪勢遂張，劫掠無虚日。而水東綰轂高凉衝要，鎡貨流貤〔一〕，寇尤涎甚。公聯保甲助守望，集金錢，召丁壯，授甲練兵，部署井井；募大艦助戰守，阻走避之議，人心賴以大定。先後創張十五，走李快，蹂陳金釭逆党劉超。鼓勵士氣，摧其機牙，親冒矢石，使不得逞。用是三存水東，并屏蔽高州，晏然無他虞。方陳金釭之踞信宜也，大帥某挈數營困赤溪、恩平、陽江間，道梗芻糧竭，公資以兵食，遂偕克信宜，以功獎叙游擊，賞戴藍翎。東安席公寶田統湘軍援黔，以公名知兵，招致之，屬回粤購火器。尋率所部洋槍隊，克復天柱縣江口屯及清江廳城，蕩平北岸苗寨無算。論功以游擊留廣東，儘先即補，賞换花翎。寖寖嚮用，顧以積勞久，疾作，遂歸。仍旅水東，理故業，布衣幅巾，與父老相過從，見者不知爲故將軍也。

公生平好義舉。咸豐初，歲屢不登，寇大起，公購米回鄉，分賑貧乏，寇黨遂孤。同治初，

〔一〕鎡貨流貤：「貤」，墓志作「貽」。

高、雷兩郡大祲，賑貸亦如之，事載《電白縣志》。光緒十六年，山東、直隸先後被水災，倡捐鉅款寄賑，并購丸藥以療厲疫。其他築基圩、治道路、修建祠廟橋梁，老而貧者，給月錢棉衣，且具棺槥。晚年倡建葛堡書院，嘉惠寒畯，待後進儒士，特加優禮。鄉中何、霍、冼、祝四姓比鄰居好，以小嫌械鬥，構訟無已時。公集資建良教鄉約，息争導和，鄉里化焉。性嫉惡甚嚴，友過必告，而皆出於至誠，故無怨之者。喜與士君子游，陳荔秋、楊蓉浦兩侍郎，莫逸雲觀察，皆諸生時與締莫逆。公有至性，以少孤不及奉養，言及輒泣下；朔望必祭，祭之前日，必沐浴更衣，數十年如一日。與兄析居，互相推讓，卒均産乃已。兄没時，公年五十有五矣，惟日夜哭泣，思慕不置云。

公生於嘉慶丁丑三月二十八日，卒於光緒辛卯正月初二日，年七十有五。葬白雲御書閣之原。配冼夫人，繼室區夫人。子成浩，戊子科舉人，官福建汀漳龍道，有政聲。孫英。銘曰：

三元敵愾，水東奮奇。於粤鄉兵，異轍同驅。譎師弦高，輸貲卜式。孰與武俠，摧陷氛孽。以懋遷植其身，以智勇安鄉鄰。高掌遠蹠以佐戡定之軍，功成不居而以德義薰導其鄉之人。維出與處，其濟世利物也均。不競厥施，庶以芘其子孫。白雲之麓，風氣冲谧。斯藏斯堅，精靈靡歇。

鄭紹忠

鄭紹忠傳〔一〕

《番禺縣續志·宦績傳》

鄭紹忠，字心泉，原名金，三水縣人。生有異表，口可容拳。既貴，人以「大口金」呼之〔二〕。家貧，咸豐初，中原大亂，嶺表俶擾，金亡命草澤中，隨高州賊陳金釭竄踞信宜縣城。同治二年，陸路提督崑壽督兵進剿，金遂斬金釭獻城來歸。崑壽許自領一營〔三〕，名曰「安勇」。「安勇」之名自此始。攻克廣西岑溪，兩廣總督毛鴻賓上其功，上諭〔四〕：「率衆投誠之鄭金，於官軍進攻信宜時，擒誅首逆，復隨同克復岑溪縣城〔五〕，實屬深明大義。准其更名紹忠，賞給都司銜。」紹忠由是感激，每戰奮不顧身，爲士卒先。

三年，解南雄之圍，以都司留廣東補用，并賞戴花翎。嗣偕副將方耀，進剿福建永定縣逆匪丁

〔一〕本篇載民國《番禺縣續志》卷十四。

〔二〕人以大口金呼之：「人」下，《番禺縣續志》有「猶」字。

〔三〕崑壽許自領一營：「領」下，《番禺縣續志》有「其衆爲」三字。

〔四〕上諭：「上」上，《番禺縣續志》有「奉」字。

〔五〕復隨同克復岑溪縣城：「隨」，《番禺縣續志》無。

太洋，克之。四年，移軍大埔，逆酋汪海洋率大隊來犯，勢極兇悍。紹忠率衆奮擊，賊敗遁。又解鎮平縣圍，擢副將，署羅定協副將，仍帶安勇，隨同閩軍剿賊。汪逆襲踞嘉應州城，其黨夥皆狡悍耐戰。閩浙總督左文襄公宗棠檄紹忠扼守長沙墟，賊衆由七樹徑來攻，分三路猛撲，紹忠擊却之，追剿斃賊萬餘，擒逆黨賴阿英等〔二〕，汪逆餘孽一律蕩平，詔加總兵銜。五年，剿辦肇慶客匪，并連破恩平縣屬榔底大田等匪寨，命補缺後以總兵用，并賞給敢勇巴圖魯名號。六年，移剿五坑客匪，攻破賊巢，地方肅清，詔給三代從一品封典，賞换額騰伊巴圖魯名號。調署肇慶協副將，仍令統帶安勇，進剿赤溪曹冲等處悍匪，斬馘無算，新寧客匪亦皆就撫，詔以總兵交軍機處存記。七年，署南韶連鎮總兵，以高明鶴山及田頭各客匪漸次殲除，八年，詔以提督記名簡放。十一月，丁生母憂。時陽山及連平土匪糾黨豎旗，勢張甚，各屬伏莽尤多，所在響應。九年，總督文莊公瑞麟、巡撫李福泰會奏派紹忠督辦北江一帶積匪清鄉事宜。十二年，補授潮州鎮總兵，旋丁父憂，以地方吃緊，由總督奏明，請改署任。

光緒二年，搜剿欽州靈山積匪事竣，賞給頭品頂戴。四年，土匪歐就起攻陷佛岡廳城，紹忠率所部摧鋒直前，陣斃數百人，擒匪首立斬之，賞玉搬指、小刀、荷包、火鐮。五年，以攻克瓊州府屬儋州、臨高等處客匪，賞穿黄馬褂，并交部優叙。紹忠性沈毅，治軍嚴整，與士卒同甘苦，故

〔二〕擒逆黨賴阿英等：「擒」下，《番禺縣續志》有「獲」字。

人樂爲之用。馳驅三十餘年[一]，所至民安，萑苻屏迹。時方耀治潮有聲，紹忠與之齊名，號「方鄭」。而紹忠遷除頻煩，仍統安勇如故，雖之官，或出師，常分數營駐劄省防。六年，總督張靖達公樹聲以廣州省會華洋交錯，安内禦外，尤爲扼要，奏請以紹忠領軍常駐省城，各屬有警，亦可居中策應，於是紮大營小北門外。時紹忠年六十餘，每橫槊馳馬，校閲軍伍[二]，望之神采凛然。廣州將軍長善奏稱紹忠謀勇兼優，堪膺將帥之選。十年，署陸路提督。十一年，以嫡母八十有四，特荷殊賜。十二年，丁嫡母憂，詔仍留署提督。十五年九月，補授高州鎮總兵。十一月，升授湖南提督。十七年，調補廣東水師提督。時巡閲虎門，大營仍駐省城，軍民相安，秋毫無擾。旋賞加尚書銜，頒賜「壽」字、大緞帽纓。紹忠於兵事外，尤究心地方利病。北江湍溜迅悍，直注省垣，賴清遠石角圍、三水竈岡圍以爲屏蔽。紹忠駐兵鄉間時，先後修築兩圍，打樁畚土，皆躬督部卒爲之，工堅而費不煩，省城得免潦水之患[三]，輿論多之。

二十二年三月卒，總督譚文勤公鍾麟奏請賜恤[四]，奉上諭：「廣東水師提督鄭紹忠，忠勇性

〔一〕馳驅三十餘年：「三」，《番禺縣續志》作「二」。

〔二〕校閲軍伍：「伍」，《番禺縣續志》作「佐」。

〔三〕省城得免潦水之患：「得」，《番禺縣續志》作「獲」。

〔四〕總督譚文勤公鍾麟奏請賜恤：「文勤公」三字，《番禺縣續志》無。

成，聲威久著。於同治年間統帶安勇轉戰廣西、福建等省，疊復城池，髮逆由閩竄粵，該提督與各軍并力痛剿，全股蕩平，厥功尤偉。嗣補授廣東潮州鎮總兵，擢任湖南提督，調廣東水師提督〔一〕，均能安良除暴，綏靖地方。遽因傷發，歿於防次，殊堪軫惜。加恩着照提督軍營立功後積勞病故例，從優議叙。生平戰績，宣付國史館立傳〔二〕。」尋賜祭葬。子潤輝，賞給員外郎〔三〕。

方照軒

書方照軒軍門逸事

宋澤元

潮州爲粵東雄鎮，負山濱海，享海鹽自然之利，故民多豪於貲，任俠尚氣，浸淫成俗，而講禮讓型仁之禮闕焉。於是衆暴寡，强凌弱，結會械鬥，抗賦攫財，擄人殺人直兒戲視之，嗚鏑探丸，

〔一〕調廣東水師提督：「調」下，《番禺縣續志》有「補」字。

〔二〕宣付國史館立傳：《番禺縣續志》無「國」字，「傳」下有「粵人咸嘆其哀榮，而恭讀『安良除暴，綏靖地方』之諭，尤仰徵聖明洞見萬里也」三十字。

〔三〕賞給員外郎：此下《番禺縣續志》有鄭紹忠子鄭潤材傳略，末小字注「據國史館《鄭紹忠列傳》稿、丁仁長撰《鄭潤材事略》、采訪册。」

道路爲梗，馴至拒捕戕官，幾幾乎形同化外矣。

同治庚午，方君照軒鎮潮州，銜命查辦匪鄉。予游潮久，與君爲道義交，頗爲君危。蓋以郡人而治郡事，不避嫌怨易〔一〕，不避瞻顧難，况潮民之愍不畏法，痼疾已深，迴既倒之狂瀾，詎可孟浪圖哉？君乃不動聲色，明目達聰，訪莠民頭目姓氏，置夾袋中。延攬各鄉紳耆，以權術牢籠駕馭之，使悉爲我用。嘗辦附城某巨鄉抗不完糧交匪。鄉有紳若耆四人來郡晋謁，陽爲乞恩，而陰圖拒命。君反復譬喻不聽，乃一笑優容而羈縻之。適鎮署神誕演戲，君張筵召客，留四紳耆觀劇飲酒。日亭午，君佯醉入内室寢，而廳事并歌酬酢如故也。迨暮衙鼓初嚴，忽報鎮軍由某巨鄉馘首匪二十四人回轅。蓋君密飭所部，暗布鄉之四隅，自率輕騎，乘其無備，突入掩捕，電捲飆馳，瞬息間往還已三十餘里。於是四紳耆聞而股栗，長跽乞命，乃并械繫而懲之如律。由是先聲奪人，各頑鄉皆懾於聲威，破竹而下。予聞而鼓掌曰：「狄武襄元夜奪崑崙，不得專美於前矣！」

潮陽有沙壠鄉，山海環之，號爲天險，土豪鄭錫桐擁重貲，多聚亡命爲不法，人呼之曰「沙壠王」。其子新，佻譎險惡過於父，有「太子新」之目。每畫策躒鄉黨，挾有司短長；鄰境子女膏腴恣漁奪，毋敢較；設大坎，不當意輒坑之；威劫十三鄉，皆受約束，奉僞號以是雄。其曹聞君至，將

〔一〕不避嫌怨易：「不避」下，底本原衍一「避」字。

爲負嵎計。君知沙壠地險，一交無已時，非躬親喻以禍福，不足堅其信而制死命，乃單騎抵其村。兩卒侍承符手刀，前馳呼曰：「鎮君來，錫桐謁道左。」而密斂甲備非常。君從容曰：「錫桐汝好男子，知獄急，不見我求活，而欲拒我。試思跳梁之衆，孰與控馭之師？方隅之財，孰與全省之力？身陷虀粉，丘里爲墟，悔何及？若能縛汝子出獻，獄可了，汝終不失一世名。」錫桐懼，願出聽驅策。隨馬蹤所至匝月，縱之歸者再，蓋黨未盡，不欲遽殲之也。錫桐歸，信君待以不死，備盡馳，羽翼多解散去。復召之出，至則飛素縶之，羈於軍。翌日，親督兵弁入沙壠覆其宗，瀦其宫，平其窨坎，搜其藏甲，而斬錫桐及其子新暨兩惡黨於北郊，遐邇被害來觀者萬計，莫不額手頌神君焉。

夏辛酉

雲南提督夏壯武公傳[一]

《山東通志·補遺》

夏辛酉，字庚堂，山東鄆城縣人[二]。先世業農，以孝義著稱。辛酉生而穎異，性沈毅，舉止

[一] 本篇載宣統《山東通志·補遺》。

[二] 山東鄆城縣人：「山東」，《山東通志》作「曹州府」。

嚴正。咸豐間，洪楊亂起，齊魯數被蹂躪。辛酉尚未冠，睹兵禍，憤甚，潛出從戎，隸忠親王僧格林沁麾下，以驍勇聞。嘗使風雨昏黑中偵敵數十里外，還報不逾晷刻，陳賊形勢及可取狀。如其言，進擊賊，大破之。王特出牛酺黍飯餉之，曰：「此壯士食也，宜食壯士。吾與若共啖之！」其在軍專趨人之急，不顧己私。嘗一日脱二將領於危，争欲官之，固辭曰：「吾以義出，非爲官也。」仁愛士卒，所部倍定額，皆養以己財。遇傷亡，躬爲療治，贍其家，以故戰輒得其死力。比僧邸陣殁曹州，辛酉乘聞歸省，刀矛匹馬外無他物。父曰：「若好武，今既以勇名矣，西賊尚未滅，此正汝宣力之秋也。」時大學士左宗棠奉命西征，駐軍直隸連鎮，辛酉往歸之。甫至軍，即任偏裨，居前鋒。以同治七年赴敵，迄光緒辛亥，先後二十年，大小數百戰，平陝西，復甘肅，出嘉峪關，定新疆，克名城堅壘以百數十計，迭受重傷。洊擢至頭品頂戴，以提督記名，賜黄馬褂、孔雀翎，振勇巴圖魯勇號，换霍伽春巴圖魯勇號，三代正一品封典。

光緒三年，母卒，間歲辛酉始聞耗，連牘乞歸。時方進攻新疆南路，巡撫劉錦棠百計慰留。既不得請，益悲憤誓死滅賊，每戰身先士卒，所向披靡。阿克蘇之役，躍馬入賊陣，生擒貂裘賊酋胖色提要路打什，連克烏什城。喀什噶爾之戰，槍中安集延王子巴什麻木爾，陣斬逆酋白彦虎之弟白彦龍。賊每見所張黑旂，輒驚譟竄避。當時朝旨稱西征軍於冰天凜冽、彌望戈壁之中，一月内連復四城，蓋辛酉之功爲多。及擢提督，宗棠謂之曰：「子勇略冠世，壯歲官一品，宜讀書知古今事，任艱鉅以報國。徒勇者，祇將材耳！」自是折節讀書，無間晝夜，逾歲盡通諸經。復潛心乙部書，詳考古今治亂、山川疆域阨塞，尤精於兵家言。善將騎，飈馳電發，能以寡勝衆。宗棠每次捷疏必數稱西征馬隊，即辛酉所將者也。當逼剿逆酋安集延時，以精兵數百，破賊衆萬餘，一日夜窮追二百八十里，逸酋俘虜殆盡，全局肅清，實基於此。所獲駝馬輜重，充溢山谷。諸軍隔宿乃至，辛酉悉以付之，并出所得旗幟、金銀、僞印分給諸將，俾復命。捷聞，在事咸被超擢。朝命下，錦棠强辛酉南向坐，親執爵爲壽，招諸將曰：「諸君今日之榮，皆夏君之賜也。」

西域既定，復籲懇歸養，牘數十上，不得行。以出關十七八年，母喪未終制，老父在堂，泣涕瀝陳，堅請不已，至光緒十三年始邀准。瀕行，新疆居民焚香遮送數千里相望。辛酉在兵間久，一以撫民爲主。劉錦棠密保將材，疏中謂其「樸訥忠誠，智廉勇毅，所至之處，不獨秋毫無擾，且愛民如子，民亦愛之如父母」云。

家居歲餘，山東巡撫張曜欲畀以軍事重寄，辛酉以寇亂既夷，不欲虚糜餉糈，力辭。而於吏治、河務、海防諸要政，當事有所諮詢，必悉心建白。十七年，丁父憂，時從張曜巡閲海防，聞訃馳歸，哀毁骨立，閉門讀禮，謝絶塵事。二十年，中東役起，大學士李鴻章、兩江總督劉坤一、直隸提督宋慶同時檄赴前敵，甫就道，而東撫李秉衡邀辛酉回辦省防。辛酉念東事急，且素未識秉衡，不可。將抵德州，州牧以秉衡命先期要諸途，具白撫部已飛章奏留，以去就與北洋争。辛西顧念鄉里，復感秉衡意，乃東折馳赴烟臺。時東路軍且潰，勢益迫，秉衡擬赴西縣，乃以嵩武東字五營付辛酉守登州。登爲海疆要隘，北與旅順、大連對岸，三面受敵。劉公島、威海衛既危，文登、榮成復陷，日人以艦隊爲犄角，更番攻登州，晝夜襲擊。辛酉激勵孤軍，身先士卒，冒槍彈堅據海岸沙城，面敵指揮，巨彈掠馬過不少却，誓死守，卒創敵完登州。既而繼祖母劉在籍歿，例應丁承重憂，秉衡奏請奪情。軍務稍定，則堅請終制，秉衡復奏稱辛酉「樸誠廉正，謀勇兼優，當敵軍迭攻登州，勢已岌岌不可終日，猶能持以鎮静，嚴督所部晝夜守禦，以巨砲中敵艦，危城賴以保全。其治軍恩威并用，與士卒同甘苦，且膽識過人，臨變不亂，兵民無不信服。其去留於東省安危大有關繫」，奉硃批仍留登防。

二十一年八月，簡放廣西右江鎮，秉衡奏稱辛酉「膽識過人，治軍嚴整，登萊數郡倚若長城，請緩赴新任」，旋委總轄山東東中、東正、嵩武、福字精健炮隊、登榮水師、馬步各軍。二十三年冬，德人襲執總兵章高元於青島，遂據之，上諭辛酉率所部兼程赴平度防禦。次年春，調補山東登州鎮，其年秋移軍青州。二十五年，特派辦理日照教案，是年秋還軍登州。二十六年夏，聯軍入京師，辛酉率師入衛，數與敵戰張家灣、河西務、黄村、黑寺、于家圍之間，以餉匱援絶，還防山東西北界。二十七年，軍青州，移濟南。明年，駐德州。二十九年冬，日俄戰釁開，朝廷命辛酉衛畿輔，旋授雲南提督，仍留直隸。三十一年春，自保定移軍滄州，兼統淮軍。

三十二年，山東土匪勢熾，屢挫陸防兵，泰山迤西、黄河南北，皆被擄。北洋遣軍至，再失利，寇焰益張，延直豫、蔓徐淮。於是魯人官京曹者皆憤，聯銜訴臺省，乞辛酉還。朝廷俞其請，命辛酉持節歸鄉里，節制鎮道，總司各路剿防事。辛酉時就醫津沽，聞命力疾行。甫至鉅野，族人某時以被脅，欲爲匪作游説，急執而斬之，諸軍大驚服。復密偵弁兵通匪者置於法，易其鎮將。未三月，擒斬渠魁陳土地、陳二母牛、孔廣清等於軍前。事平，得旨優叙，仍留東督辦清鄉。辛酉以爲匪患之生，其防剿之責在兵〔二〕，而教養責在吏，若第以保甲成法相敷衍，則兵去盜歸墮前功。乃嚴定考成，督飭印委，查户口，收槍械，手訂科條，申約束；暇則集鄉紳里老話農事，問疾苦，旌别善惡，使各歸諭其鄉之子弟，知所勸戒；咨東撫於曹屬酌設工廠，令貧民入廠習工作，以資謀食。駐東半載餘，雖舊傷時作，而事無鉅細，靡不躬親。

三十年秋，奉命籌辦長江五省防務，湖廣總督張之洞堅欲遣提督張某往，大學士鹿傳霖曰：「吾庚子歲赴陝西，途遇辛酉軍之戰後失道者，雖午熱渴甚，不敢摘食路傍瓜。因令其護送赴行在，沿途謹肅無譁者。及到遣還，人犒以二金，抵死不受。此雖一節，豈他將所及邪！」與之洞争甚力，議始定。是年九月，辛酉入都，與中樞籌商防江事，兩宫以辛酉宿將，特賞紫禁城

〔二〕 其防剿之責在兵：「之」，《山東通志》無。

内騎馬、三海乘船，内廷賜筵觀劇，迭被上方食品、御書、文綺、珍玩之錫。十一月，出都，過濟南，移交清鄉善後事於東撫，感寒觸舊疾增劇，仍率師南行，家人泣請少留，不許。三十三年正月，歿於鉅野軍次，年六十有八。彌留之際，猶傳諭諸將整頓開拔，無一語及私。事聞，朝廷震悼，特旨照提督軍營立功積勞病故例給恤，遣官致祭，御賜祭文碑文，賞銀治喪，飭沿途暨原籍地方妥爲照料，敕原籍及立功各省建立專祠，國史館立傳，予謚壯武。

子繼泉、繼葵。孫東生、運生。

李安堂

登州鎮總兵李公墓志銘

黄曾源

自湘軍克復金陵，曾文正慮其屢勝而驕，請以剿捻之役專任淮軍，於是淮軍遂與李文忠相終始。顧其練兵選將，多本曾、胡成法，所謂尚樸誠、戒油滑，見而知之，則有李公其人也。公諱安堂，字碩愚。安徽巢縣人。曾祖諱帝傑，祖諱振先，考諱國舉，皆以公貴，贈建威將軍。曾祖妣湯氏，祖妣儲氏，妣儲氏、田氏，皆封夫人。

公少孤，有志功名，遂入常勝軍爲隊長，以克復蘇常功爲最，由六品軍功擢花翎都司，積功洊升副將，賞勇號。洎李文忠總督直隸，令周武壯以盛字營建築津沽新城炮臺，以固門户，公以管帶董其役。事竣，以總兵銜借補提標中軍參將，仍帶盛字前營，以熱河剿辦教匪，保總兵。中東之役，晋提督，旋補正定鎮總兵，調通永鎮總兵，兼統淮練馬步雷防宏勝等營。庚子，防守北塘，至李文忠檄令撤防，始斂兵而退，識者稱焉。

光緒三十年，調山東登州鎮總兵。舊制總兵駐登州，以保護膠濟鐵路，充先鋒隊右翼之長，故於青州設行營。余以守土之責，與公往還，知公雅好讀書，勇於爲善。贍族置義莊，興學捐巨款，與伯兄友愛，至老彌篤，鄉里稱之。而又待人以誠，馭下嚴而有恩，終公任，文武輯睦，地方安謐。公之名譽日高，而忌者亦日盛。萊陽曲士文抗捐聚衆，僉以公得士民心，宜專任，大吏顧以新軍爲重，僅允撥隊加入，既而知不能解散，則又轉而屬公。公方以親兵十八人崎嶇上道，而守城兵開炮擊匪，匪散而欲以爲公罪者，則不咎匪而咎兵，於是主軍事者代公位，而公以約束不嚴去官矣。公之治軍，夙見信於僚友士庶，而竟代人受過也，悲夫！大吏既劾公，復舉公生平戰功以告，公既投閒，又奏派山東全省營務處，謂大吏不知公，抑豈不知也耶？公既去官不一年而國變，似義非義之辭，亦不入於公耳，然則尚樸誠、戒油滑，雖不得志於時，究亦無歉於心。余於公益嘆曾、胡之所以造就人才者深也。

公罷官後，以郡人之愛公也，公亦惓惓於郡人，遂營新居於郡城，將於青州終老焉。癸丑年十二月十五日申時，以疫□猝卒，距生於道光二十六年五月十四日午時，年已六十有八矣。公配郭夫人，持家勤儉，訓子有方，卒於光緒二十一年，葬原籍。繼配何夫人，柔順恭勤，治家有法，嘗割股以療公疾，時方卧病，聞變驚痛，遂至不起。生於同治八年二月二十六日子時，殁於甲寅年正月初十日子時。是年三月二十二日，公葬於青州城東楊家莊北，以夫人祔焉。公子家敏，花翎四品頂戴，直隸候補知縣；家龢，蔭生。孫永樞，蔭生，家敏出。曾孫恩鴻，永樞出。

銘曰：

亞夫屯細柳，諸葛葬閬中。郡城之東，適當其衝。君子有求全之毁，斯民存直道之公，人其奈何乎公！

鄭潤材

記名提督北海鎮總兵鄭潤材事略

丁仁長

鄭潤材，字惠林，三水人。父紹忠，小名金，生有異表，口可納拳，既貴，人猶以「大口金」呼之。紹忠本農家子，紅巾之亂落賊手，寖以材武見委，任爲大將。紹忠遂乘間刺殺賊首陳金釭，挈其頭來歸。由是以殺賊自效，累功至南韶鎮總兵、陸路水師提督。紹忠官南韶久，聲威於北江尤著，萑苻屏迹。時水師提督方耀治潮有聲，紹忠與之齊名，號「方鄭」。潤材少隨父出入戎馬，當髮逆新平，餘黨四竄爲患，客匪因之蜂起，潤材奉檄馳擊無虚日。始自南雄，歷惠、潮、嘉，復折而入肇慶，渡海至儋州、臨高，先後克復長樂、平遠、鎮平、和平等城，又攻克廣西之岑溪、福建之武平、永定、韶安，并蕩平各客匪巢穴，每戰皆最。而紹忠每抑子以厲所部，故潤材雖屢爲軍鋒，而序功獨後，十餘年間，由六品軍功叠保至以游擊用。先是紹忠建所部爲安勇，軍律嚴整，粤人安之。紹忠之官及帶勇剿匪，常留數營駐劄省防，潤材自其父時已官副將，曾代領其衆，歷任督撫如文莊公瑞麟、劉忠誠公坤一、張文襄公之洞等，皆以省垣要地，倚鄭氏父子爲重。潤材本借補南韶連鎮游擊，中間纔一抵任；及署順德協副將，皆不數月即回省。其後兩署廣州城守副將，并統帶防營如故，兼理番禺清鄉事宜。

光緒二十二年，紹忠卒，潤材乃接統全軍。時部將與紹忠同起者尚多，皆奉約束惟謹，莫敢以老故自居者。未幾，廣西會匪大熾，迭陷名城，粤督檄潤材星馳往剿。潤材方按辦惠潮積匪未竟，奉電立馳赴梧州，偕副將江志，由藤縣進搗容縣、北流，直抵鬱林州，會西軍討平之。用廣西巡撫保奏，得旨以提督交軍機處記名。潤材之治軍，方略應變不及其父，而嚴毅過之，馭士卒有恩而法必行。卒嘗僇者，輒賞美酒饌，呼其同伍飲食之，召其妻拿面加收恤，而行法不貸。其下鄉圍捕，有須比户查檢者，使二軍吏守門，卒搜者先解衣搜索而後入，出亦如之，不得匿民間寸縷。他營勇以清鄉爲利，或縱卒爲暴。安勇獨否，鄉人聞安勇至，輒欣躍聚觀，爲粥煨藷芋以餉軍。二十六年，大學士李鴻章以重臣帥粤，耳潤材名，善遇之。值京師拳匪之變，沿海戒嚴，欲令廣召募以濟其師，潤材謝曰：「得以所部馳驅足矣，增兵非敢聞也。」鴻章多其有讓。

潤材將家子，而貌温雅，喜與士大夫游，士大夫亦樂近之。獨不能阿意事上官取憐。拙於言詞，口復吃，造次不能自達，以此多忤上官。其以北海鎮兼統欽廉邊軍也，某帥以要人監其軍。某帥者暴人，初無惡於潤材，嘗署潤材左江鎮總兵，飭辦土匪；既而入飛語，疏潤材，陽還潤材北海本任，而陰伺察之。要人怙勢，事事欲陵潤材出其上。潤材與要人不相中，要人構潤材，某帥切責潤材，奪其軍，且下其弟潤潮於獄，幾不測。潤材素剛不能屈，既憤失軍，復念弟以己故罹重誅，益負弟，搤腕叱咤，手鎗自擊以殞，時三十年二月也。

潤材沈勇廉樸，有國士風，仍父子執兵符，無幾微自功色，孜孜惟戢軍安民是務，數十年帥初不變。遭值暴帥，不以良死，自逢掖之士，至菜傭竈嫗，皆敬而傷之。潤材不善治生，嘗負官中鎗價數千金，既卒，家益落，無以償，粤人爲之請於總督張人駿。人駿撫粤時才潤材，重哀其無辜横死，特捐其負，且嘆曰：「鄭將死，粤無將材矣！」方欲爲請恤，以去粤不果。潤材死後，安勇稍稍散去，其存者以統馭乏人，不能成軍。然四鄉之德安勇者，争迎募爲團勇。會城警察方盛，而老商巨賈、列肆衝衢者，家各物色數輩，使衣安勇衣護其門。

碑傳集三編卷二十九 忠節一

張國樑

江南提督張忠武公家傳〔一〕

何曰愈

公名國樑，字殿臣，廣東高要縣人。祖以上皆力農，父某早世。家貧，公負販養母。性勇敢，孔武有力。道光甲辰，英吉利犯順，廣州及附近郡縣均戒嚴，募勇防守。公投營充健兒，屢立戰功。事定，善後者處置乖方，盡撤諸勇，無所獎勵，軍餉亦多蒂欠。諸勇以戮力數年，入生出死，功既不録，賞亦不及，頗有怨言，而公獨退歸農。

庚戌，廣西盜洪秀泉、楊秀清、馮雲山等反，煽惑諸勇，以爲羽翼，附之者衆。公爲衆所脅，

〔一〕 本篇載《存誠齋文集》卷十三，題作「欽差幫辦兩江軍務振威將軍江南提督巴圖魯勇號張忠武公國樑家傳」。

不得已而往。旋聞有招撫之令，是時向軍門榮駐師桂林，遂拔身來歸，偕者五人。或疑其僞〔二〕，已斬者四矣。及公，桂林朱侍御伯韓謂其誠篤〔三〕，力主赦之。向帥亦偉其狀貌，使留營效力，給經制外委銜。每出師，輒請居前敵，大呼陷陣，所向克捷。每勝輒進一階，稍稍遷至都守。而洪秀泉等裹衆至十餘萬，進攻長沙，不克，遂進陷武昌，破安慶，蹂揚州，踞金陵。所至無堅城，而諸路奸民復起而附之，衆至二十餘萬。遂北犯豫、晋、兖、冀，勢張甚，天下震動，京師各直省皆戒嚴。徐帥廣縉拿問，詔向帥充欽差大臣，督師進討。是時賊氛正盛，向帥重公膽勇，倚爲左右手，每出師，未嘗不在行間。大小百戰，斬馘無算。顯廟亦耳熟公名，不數年，由偏裨擢至提督，優詔褒嘉，賞戴花翎。賊畏公如虎，見公旗幟，即萬衆辟易。向帥卒，遂有幫辦大江南北軍務之命，賞穿黄馬褂，并賜雙眼花翎，蓋異數也。公感上恩遇，遂以滅賊爲己任。大帥和公春，亦自以爲不及，軍務皆由公指揮。公益自淬厲，奮不顧身，天下咸仰聲威，朝廷亦倚爲長城。於是統大軍及親軍三千，兩次克復鎮江，及丹陽、金壇、揚州、溧水、句容、六合、高淳等數十城；又奪馬嶺、雨花臺、大勝關、銅陵關、九洑洲諸要隘，賊險阻盡失。公遂進圍金陵，而金陵乃明太祖建都

〔二〕或疑其譌：「譌」，《存誠齋文集》作「僞」。
〔三〕桂林朱侍御伯韓謂其誠篤：「朱侍御伯韓」，《存誠齋文集》作「朱伯韓侍御」。

之所，堅峻甲於天下。鍾山龍蟠，石城虎踞，大江環其三面，東阻上新河。賊復築天保城於鍾山，濬内外濠，城中死黨十餘萬，據險固守，糗糧山積。公以二萬孤軍，攻其一隅，且無一旅之助，故前後圖攻[一]，屢次未下。聞某月日夜，公左挽藤牌，右握短刀，四鼓，駕雲梯，冒矢石登城，隨者二百餘人，惜無繼至之師。城上賊知官軍登城，風馳雲驟而來，公寡不敵衆，率親軍下，身亦重創。於是築距堙，斷賊糧道。賊窘甚，數出撲我壘，輒擊走之。

是時黠賊僞忠王李秀成亦在城中，謀解城圍，約外賊爲援[二]，欲腹背襲我軍。公諜知之，分兵設伏，復兩敗之，斬級數千，賊尸枕藉。内賊終不能出，外賊亦不能入。城中尚十餘萬，至以草藥爲糧，羅掘殆盡，衆心驚惶。李秀成與僞千王等謀曰：「蘇杭爲天下財賦之區，若約外黨攻之，張某必親援，則金陵之圍解矣。」衆然其言。遂令其悍黨攻杭州，破外城。杭州求援急，公乃分兵遣總兵張玉良往。玉良假公旗幟，賊以爲公來，遂棄杭走。及偵知援兵非公也，遂徑趨鎮江，蓋以守鎮江者和帥，公之主將也。主將困，料公必親援，則事濟矣。既而公聞和帥被圍，果撤金陵之師，間關數百里，親援鎮江。金陵賊見公兵退，遂率衆尾其後，公前後受敵，幸賊畏公

[一] 故前後圖攻：「圖」，《存誠齋文集》作「圍」。
[二] 約外賊爲援：「約」上，《存誠齋文集》有「因」字。

未敢逼。而公因勞得疾，及抵鎮城，賊大至，公欲扶病出戰，左右力諫，願出退賊，允之。及左右與賊戰，我帥少却，公憤然曰：「固知非我不能也！」遂領親軍，開壁而出，我軍復奮勇力戰。賊見公出，正欲奔北，忽大帥某隊中有逆奴持洋槍從後擊公，鉛子透内，公傷重墜馬，萬衆屬目，公親軍皆不戰而譁。少頃，公即斃。於是我軍皆潰，賊返旆逐我師。賊恨公深，喜其死，群攢刺之，身被數十創〔二〕，體無完膚。

某帥見公爲己左右所斃，恐獲重譴，諱言公死，故初奏謂公無下落。旋思公之死三軍目睹，慮難終秘，獲罪且不測，遂自戕，或云退至滸關，投繯自盡。鎮郡復失，蘇、杭相繼淪陷。不數月，浙江郡縣亦皆失守，巋然獨存者惟温州一郡耳。江蘇郡邑亦半没於賊。或謂賊擾三江兩湖者十餘年，蘇、杭爲天下名區，而公未死，蘇、杭安如覆盂，無狗吠之警；及公陣歿未數月，而蘇、杭即没於賊，則公之生死實關蘇、杭之安危。即金陵之克復，緣公築長圍斷其糧道，賊勢始蹙，克復之功，公亦與有力焉。

初公之被害也，無不浩嘆搤掔。及歲餘，朝廷亦稍知公盡節事，始賜謚忠武，世襲一等輕車都尉。今上即位，嘉公功，賜祭一壇，恩命有加。余是時在蜀，公事迹皆出自傳聞。嗣就養皖

〔二〕身補數十創：「創」，《存誠齋文集》作「槍」。

江，詢之皖人，能稍道其功績及死節事，然不甚詳。後覽王子壽比部《漆室吟》，有《挽張軍門》及《咄嗟復咄嗟行》二詩，讀小叙，言公被害事，謂賊憚公不得逞，故重賄某帥奴圖之云。余在蜀時，遇公帳下材官某於緜州旅邸，言公修幹挺挺，目若曙星，紀律雖嚴，而接下謙和，平時未見其有怒容。臨陣能於馬上接飛矢，每戰手提大刀，立馬陣上，先揮左右軍出，勝則麾親軍分兩翼衝入，輒大勝；如左右軍少却，或將潰下，即率親軍身先陷陣，縱横盪決，萬衆披靡[一]，常以此取勝。蓋深得李衛公遺法，善於用奇，故賊憚之，見黑旗輒避。其所練親軍，初不過三千，嗣四圍金陵，數且倍之，所向克敵。又云賞罰公明，微功必録，至其弟及親屬之在軍者，即有功保亦不及。或以爲言，不應。大帥知之，始得列名薦章。然左右以功保至提鎮者十餘人，副參游者百十人，而其弟位不過都司。性尤廉潔，每破賊所得金帛，盡散給軍士，錙銖無所取。尤有難者，營中無虚糧，軍籍皆按名責實，軍糗無虚糜，且戒翼長隊長毋得扣剋。故統兵十餘年，身後無餘財，斯則近世所未有也。被害時，年未四十，天下惜之。嗚呼！天不永年[二]，使賊未盡滅，中興之功，未克身及其成[三]，悲夫！

[一] 萬衆披靡：「萬」上，《存誠齋文集》有「則」字。
[二] 天不永年：「永」下，《存誠齋文集》有「公」字。
[三] 未克身及其成：「克」，《存誠齋文集》作「得」。

謹按：繆纂馮桂芬、顧雲、程畹、蔣敦復、謝應芝所爲張忠武公傳狀行略，凡五篇，皆言丹陽兵潰，公策馬渡河而没。《清史稿》國樑傳亦沿之，惟稱和春用翼長王浚策，兵餉三分留一，士卒皆怨，國樑力諫不聽。是與和春不協可知。又言江寧克復，李秀成就擒，言賊中咸重國樑，禮葬於丹陽尹公橋塔下，乃得遺骸焉，尤可證實非自沈於河、忠骸無獲。何撰家傳，據王子壽比部《漆室吟》，謂爲和春之逆奴陷害，説當可信，録之備後賢采擇，俾成信史也。

王東槐

湖北鹽法武昌道王文直公神道碑銘[一]

繆荃孫

公諱東槐，字蔭之，山東滕縣人。曾祖恕，祖國淑，父增韻。三世以公貴，贈如其官。母黄氏，封恭人。道光戊戌進士，改庶吉士，授檢討，補御史，轉給事中，晋内閣侍讀學士，簡湖南衡

[一] 本篇載《藝風堂文集》卷一，題下有小字注「代」，據正文，當指代萬青藜撰。

州府知府，升福建興泉永道，調湖北鹽法武昌道。殉粤逆難，賜恤如例。後以山東巡撫丁寶楨請，追謚文直。

公生於孤寒，讀書尚氣節，以澄清天下爲志，而行卒能踐其所言。在御史時，請停捐輸以清吏治，禁礦廠以杜利端，籌倉儲以培元氣，雖有行有不行，而力籌全局，不爲無益之言，爲得古諫臣之誼也。在興泉永時，英吉利通商，數違約，檄領事蘇理文遵舊章，無少讓。在武昌時，粤逆由岳州來犯，公輯内應，練防兵，籌餉糈，適聞母黄太恭人訃，以兵急不忍去。城陷，謂其弟曰：「母死未葬，抱恨九原。吾曾任監司，誓以身殉，弟可乘間逃出，爲我訴靈前：魂魄終歸事親也。」弟不忍，叱去之，遂與繼室蕭恭人均自縊，年僅五十有一。惜公者每言未竟其才，然言人之所不能言，行人之所不能行，生盡其職，死得其所，造物於公亦云厚矣，又何憾焉？

公卒後二十八年，嗣子宜昜爲刊墓碑，而同年生德化萬青藜銘之曰：

桃山瀨水，根柢鬱盤，琅邪之王。潛德瀰綸，實孕我公，嶽嶽觥觥。媚學綺齡，瓜心火掌，名德日彰。名德維何？善容則徐，絃詩則匡。當春而華，鉱艷搌馨，中禁翺翔。讀三館書，上三禮賦，賜珍上方。帝曰汝嘉，實司彈奏，驄馬行行。岱山左右，探丸竊鈇，閭里譸張。帝乃震怒，怒兹疆吏，褫其冠裳。緤絏雪之，府庫發之，庶政綱綱。庶政綱綱，孰啓其倪？維公封章。海内知者，頫首咋舌，曰孤鳳皇。文宗御宇，詔求直諫，固兹苞桑。公泣雨下，焚香萬言，炳炳烺烺。曰停捐輸，曰禁礦廠，曰備積倉。帝爲動容，手疏姓名，置之座旁。厥惟衡州，地大物窳，在衡之陽。亦有興泉，商舶星流，在海之疆。弊法惟鹺，綰兹鍵籥，在鄂武昌。公既涖止，梳幽櫛滯，罔不庚庚。非惟言之，又能行之，既安既康。盛世銷兵，嶺嶠幺麿，用敢陸梁。一星燎原，扈扈虎虎，燔燎湖湘。公躍然起，則攻其心，則斧其吭。陳雲墨矣，江濤赤矣，猰貐飛揚。嚴關宵虹，膏鋒飫鍔，血浴玄黄。公乃怡然，雲車風馬，上叩九閶。願爲大厲，砰磓搏擊，殄滅凶狂。褒忠曠典，賜蔭賜謚，春蒸秋嘗。越祀廿八，金甌息烽，玉弩韜芒。大書穹碑，褒功厲節，乾坤雷硠。後有式者，青琳翠琬，百世馨香。

輝翰泰

昭武都尉江寧駐防佐領兼步軍統領卓佳公墓志銘〔一〕

張文虎

咸豐三年春，粵逆洪秀全由楚入吳。二月丙戌，陷江寧，駐防佐領輝翰泰公以其屬百餘人

〔一〕本篇載《舒藝室雜著》乙下，題下小字注「代作」。

忠信洽於平時〔二〕，而大節著於臨事哉！烏乎盛矣！

戰死，闔族殉節。烏乎！忠義之氣，能使人同生死、蹈白刃，糜軀折馘，若烏就陰而水赴壑，豈非忠信洽於平時〔二〕，而大節著於臨事哉！烏乎盛矣！

公少好兵家言，讀史至古忠臣義士，每嘆息泣下，尤慕宋岳忠武之爲人。其御下以仁，善善而略其惡。貧不能婚葬者，資之。其致命遂志，得士心而樂爲之死，蓋有以也。先是，道光二十二年，英吉利犯江寧，城閉，獨開通濟門。公勒兵嚴防，稽出入，間諜無敢近。晝夜不輟，凡兩月餘。上游益倚重公。當粤賊之東竄也，大帥悉兵駐九江，城中無備，公憂之，以語家人，家人曰：「脱不幸，惟闔室以殉耳！」公喜。及九江兵潰，大帥退回江寧，賊隨以至，急攻城。儀鳳門陷，公死力抵禦，賊披靡。公追之出城，而城西兵薄，賊争援而上，勢不可遏。忽二騎馳至曰：「主闔門殉節矣！某等來助主殺賊！」視之，乃親卒關方、吴三藍也。公壯之。是時所部卒僅存三百餘人，公曰：「俱死無爲也。」揮之去。去三之二，餘皆從公。遂追賊至漢西門，賊益衆，公創甚，復奮刀殺賊目數人，力盡自絶，從兵大哭，皆死之。而公族二百餘人，或溺、或焚，或自殺，或赴敵死，無一免者。公時年六十。

公姓卓佳氏，諱輝翰泰，字子辛。世籍滿洲，從龍入關，駐防江寧，代有功，七傳至公。公生

〔二〕　豈非忠信洽於平時：「忠」，《舒藝室雜著》作「恩」。

三年而母卒，育於世母黄。稍長，事父及繼母、世母，色養盡孝；及其殁也，每祭薦必哭失聲。以恩義率三弟，有過則設祭先人，泣而自責，弟皆感化。由行伍補驍騎校，歷遷佐領兼步軍統領。其居官嘗曰：「惟儉可以助廉，惟恕可以成德。」其訓子嘗曰：「士子喜聞諛言，學問必不進。搢紳喜聞諛言，晚節必不終。」此公所以自勵以勵人也。

公考諱福格。妣郝，繼妣傅。配張，生子延齡，七歲而張卒，不復娶。當賊至時，延齡先以會試赴禮部，不與其難。而延齡妻胡、子文愷、女三人，及公已嫁女洪氏婦，并老嫗趙母子，皆先公殉節。公殁後十年，而延齡爲舒城縣知縣。明年，大兵圍剿，賊窮蹙無所逃命，江寧垂復。延齡故與某友善，以書與狀來曰：「今而後可告我父於地下矣！將負骨營葬，豫乞銘於子。」某不敢辭，謹銘之曰：

卓佳之先，代有藎臣。式是吳邦，威惠克信。公遘其艱，寇來薄闉。奮旅一揮，群寇聿奔〔一〕。孰蹈我瑕，豺狼滔天。城亡與亡，室家既淪。裂眥闞評，胡恤我身。桓桓百人，并命一辰。生爲國殤，死爲厲神。殄滅仇讎，後十一年。江水湯湯，有山嶙嶙。風馬雲車，往來兹墳。

〔一〕群寇聿奔：「群寇」，《舒藝室雜著》作「群醜」。

錫齡

烏爾呼濟公錫齡死事記〔一〕

王頌蔚

北戒諸山，從蔥嶺東來，越隴蜀，揭恒華，而没於勃碣。度海再起，爥坤體震，横絶東裔，實惟不咸之山。吾朝龍興，禋秩於是，亭秀毓偉〔二〕，魁碩輩作，箸籌幄奇，多建殊績。蓋豐邑白水不啻也。國初各行省設駐防二十，奇侅材武，布滿區縣。二百年來，有大師旅，牙璋起徵，應時龕定，而捍衛社稷，授命死綏。若壯果公拉布敦、義烈公班第之倫，殆難更僕。若夫遺榮入道，辭職家居，遇變登陴，銜鬚受刃，則尤生人之至艱焉。烏虖！吾於烏爾呼濟公見之矣。

咸豐癸丑春，粵賊數十萬蔽江下，壓建業。城中守兵僅數千，倉卒招募市井白徒，皆不習行陳。公聞變，以死誓，白諸將軍，與共城守。露立睥睨兩晝夜，矢膽俱盡。公冠帶北望叩頭，杖

〔一〕本篇載《寫禮廎遺著》，又收入《碑傳集補》卷三十一。

〔二〕亭秀毓偉：「偉」，《寫禮廎遺著》作「瑋」。

劍以待，刃賊數人，大罵不屈死。同殉者，公之室恭人卓佳氏，子婦洪氏、邵氏，孫昌熾，與適何氏、王氏二女，僕邵根林、僕婦宋氏，暨同族二百餘人，無一屈辱者。事聞，贈佐領，賜祭葬，事迹付國史館列傳，從祀昭忠祠，給雲騎尉世職。

公引疾閒居十餘年，無扞城其民之責，兵至引辟，事理之常，即出而任戰守，時窮力刓，寧不可免其身？乃竟效死勿去，盡室熸焉，何其烈耶！當公之歿，公子炳元官太學，故得免於難。嗣是炳元出佐軍符，同知襄陽府事，家口稍稍保聚。越二十餘年，而公孫承廕輩復先後中甲乙科，枝裔慶昌，槐衮相襲，長世遐紀，殆未有艾。滅景更耀，枯栲重榮，庸非忠義之報乎？公家世滿洲，山澤之氣，甄孕既厚，故武義赫張，膏刃靡悔，而天錫符策，覃乎後昆，亦以此也。公性烝孝，侍母夫人病，累月不解帶。鄉里義舉，知無不爲，或典衣繼之，在公爲細行，故略焉。

公諱錫齡，字靖之，左司參領。曾祖善孚，筆帖式。祖特圖山，佐領。父尚阿納，前鋒。國初有諱孝純者，爲公始祖，以協領駐防江寧，故世家江寧云。

瑞元

贈太常卿楝鄂端節公墓志銘[一]

鄂恒

楝鄂維之孝廉延楨出其父殉難事[二]，請墓志銘於余。余風塵奔走，蕪筆墨久，何能文？然弗敢却其請。夫臣死國難，忠者所爲；其家人先其死死之，忠臣家之尤烈者。孝廉奔喪於三千里外，來往兵燹中，九死一生，得全家骸骨還，成窀穸禮，非孝者能乎？余忠義後人也，聞忠孝事則心喜，敢不志而銘之？

公諱瑞元，楝鄂正黄旗滿洲人[三]，字春山，號容堂。曾祖諱富起臣，以始祖平吴逆陣亡，世襲騎都尉。祖諱誠泰，官泰寧鎮總兵。公爲鐵保冶亭先生子。鐵冶亭先生晚號梅翁，故公晚號少梅云。梅翁先生文名遍天下，桑梓當日有才子三，先生其一焉。書法高妙，窺清臣室，得之者如獲寶，如賈人市太傅詩，人莫不知；至於教子之嚴，諄諄以承家報國爲要，而知者罕也。

[一] 本篇載《求是山房文集》，題作「贈太常卿瑞端節公墓志銘」。

[二] 楝鄂維之孝廉延楨出其父殉難事：「楝鄂維之孝廉延楨」，《求是山房文集》作「延維之孝廉楨」。

[三] 楝鄂正黄旗滿洲人：「楝鄂」上，《求是山房文集》有「氏」字。

公天性孝弟，氣象端凝。早歲有老成風，好詩書，重名節。以恩蔭爲比部主事，無留獄。因公被議，入貲爲副郎。道光元年，舉於鄉。八年昇賓旭都統之甘，九年湯敦甫尚書、鍾仰山侍郎之閩，十年楊介坪、鍾仰山兩侍郎之豫、之楚、之黔與滇，十一年特芳山、戴金溪兩侍郎之直隸訊案，皆以公從，多平反。是年膺上考，升郎中。十二年，從禧仲蕃尚書、瑚濬如將軍理粵東軍，積功錫花翎，知嘉興府。十六年，升福建督糧道。十七年，升山西按察使。二十年，升福建布政使。皆有政聲〔一〕。有送扁額者，却不受〔二〕。二十年，賞副都統銜，爲烏什辦事大臣。

二十四年，因山西臬司任内失察之件，議左遷，旋賞三等侍衛，辦哈密大臣事。我高宗豐功偉烈，開新疆南北二萬餘里，設將軍以下官，簡有操守者令之往，經數十年，疆土如泰山之安。厥後邊臣或非其人，此道光九年張逆之變所由起也。公歷各任〔三〕，絲毫無取，以練兵爲事，勇者拔之，弱者汰之，携歸者敦煌太守碑刻而已。六月，晉二等侍衛，調駐藏大臣。喇嘛有饋者，堅却之。唐古忒近孱弱，其鄰廓爾喀屢生事〔四〕。籌鑄大銅炮爲之豫防，奈無款，以喇嘛月供商價

〔一〕皆有政聲：《求是山房文集》作「到處皆有聲」。

〔二〕却不受：「却」，《求是山房文集》作「亦謝」。

〔三〕公歷各任：「各」下，《求是山房文集》有「數」字。

〔四〕其鄰廓爾喀屢生事：《求是山房文集》作「其鄰國廓爾喀屢生圖意」。

積三千金，貸唐古忒，得無虞[一]。旋有參贊科布多之命，以頭等侍衛任。西藏地有名乍了者，其地大小喇嘛互相仇殺，歷有年所。公過其地，衆乞代陳，慷慨允。旨交，總督將軍按之得白，兩造息兵，永絶後患，公之力也。四月，抵科布多。地界俄羅斯，國人强悍，善搶掠，然無一人敢窺邊。戊申冬，召還。

三十年，宣宗上賓，命赴藏聽經，焚香跪道者，指不勝屈，如回紇之於令公也[二]。咸豐元年二月，回京，後改湖北按察使。五月抵楚，權布政使。刑名錢穀，一切講求，胥吏咸束手退。當是時，粤西賊勢張甚，出永安，掃陽朔，逼桂林，如入無人之境。至長沙，不得意北走，廹岳州。岳州爲楚北保障，山城陡險，下臨八百里之洞庭，所謂「一夫當關，萬夫莫開」者。提臣先賊逸，無不城立陷，屠蒲圻，遂圍武昌。公先下車時[三]，出廉俸治兵，弓箭、刀矛、槍炮以及城垣、斥堠，無不完善。事急，公約文武員詣萬壽宫前，北向叩首，誓死守。衆感泣曰：「如公言！」傾舉家衣服釵釧入質庫，爲戲下兵勇口腹計。夜宿城上，食日僅一，且未嘗飽[四]。目不交睫者二十餘日。

〔一〕得無虞：「無」，《求是山房文集》作「不」。
〔二〕如回紇之於令公也：「於」，《求是山房文集》作「與」。
〔三〕公先下車時：「先」，《求是山房文集》無。
〔四〕且未嘗飽：「嘗」，《求是山房文集》作「曾」。

賊不得入，恨之甚，穴文昌門，用地雷破，磚瓦飛入空，移時落。時二年十二月四日也。賊從缺處蜂擁入。公聞警，立下城，戰於火星門，手殺數賊。力竭不能敵，飛騎返，跪庶母查氏前，欲語而止者數。查氏曰：「吾知之矣！」令仰視梁上，有白練四，懸已久，色如雪，目爲之寒。公第五女與兩妾劉氏、梁氏，伏地與公别。女昂首曰：「弟延本年十四，手弱不能死，父即裁之。」趣公出門，即扃。幼子倉皇無所措，公欲刃，僕四人執公膊，不得行。公急甚，曰：「使吾子死於賊，汝等忍乎！」衆脱手，乃掩面背殺之。毁門入，四人已殉國難矣。公大慟，聲激烈震庭户，遂自刎，壯血如泉湧，卒年五十九歲。僕四、僕婦一，皆同時殉，梁壽、楊楷、張玉、金官、楊氏也。賊入署，搜金無所得。公雙目炯炯未閉，光射賊，作恨狀，賊畏之走。百姓感公德，匿尸於土室。

事聞，上震悼，以殉難慘烈，贈太常寺卿，與布政使梁星源，加一等賜恤。諭曰：「該員攖城固守，臨難捐軀，大節懔然，垂型不朽。准於該地方建立專祠，以慰忠魂。其殉難家屬，均附祀。子孫百日服滿後，帶領引見。」并有「每一念及，悲憫泪零」之語。旋舉易名之典，賜謚端節。御製碑祭文，遣禮部官致祭，賞全葬銀，賞騎都尉世職〔二〕，入國史館《忠義傳》，祀昭忠祠。子延楨

〔二〕賞騎都尉世職：「職」，《求是山房文集》作「襲」。

即日赴楚〔一〕，於土室中百姓示所在，得全家諸骨還。三年四月初八日，葬於阜成門外之八里莊冶亭先生墓側。正室覺羅氏，爲大學士長麟公女，誥封夫人，生延榦，咸豐四年卒〔二〕。側室金氏，生延楨、延楷、延本。延楨，以員外郎用，分刑部〔三〕；延楷，以主事用，分兵部。

今以公殉難之烈，與國恩之重，詳志於篇，爲忠臣勸，以應孝子請。至於嘉言懿行在人耳目間者，概從略云。銘曰：

馬氏中丞，一門殉節。惟我瑞公，卓然同列。闔閣效忠，先時自絶。手刃幼兒，横縱碧血。一死酬君，心堅如鐵〔四〕。僕亦從難〔五〕，古人或缺。誰使燎原，致教棟折。帝憫忠貞，涕爲數雪。錫謚增階，綸言痛切。建廟尊崇，樹碑岌嶪。厚地高天，陽日陰月。於萬斯年，永垂芳烈。

謹按：《清史稿》湖北巡撫常大淳傳，按察使瑞元同殉焉，未爲立傳也。

〔一〕子延楨即日赴楚：「子」上，《求是山房文集》有「時」字。
〔二〕咸豐四年卒：《求是山房文集》作「咸豐四年七月二十七日卒，是年六十二歲」。
〔三〕分刑部：「刑」，《求是山房文集》作「工」；「部」下有「延榦，以員外郎用，分刑部」十字。
〔四〕心堅如鐵：「如」，《求是山房文集》作「逾」。
〔五〕僕亦從難：「從難」，《求是山房文集》作「難從」。

孫效曾

代理南豐縣知縣孫君墓志銘〔一〕

吴嘉賓

士君子居其位則死其職，此古今之通義也。况事勢所迫，有不得不死者乎！惟夫平居無貪生畏死之心，遇變則死，謂之遂志，非徇名也。然非與之同事久得其深，亦奚由知之，而奚由明之哉？

余與孫君小魯同事南豐，屢被寇陷，久官斯土者未嘗死，而君竟死。先是郡城陷，嘉賓自鄱陽歸，與官軍同攻圍寇之據吾郡者。歸未逾月，而吾邑復有寇。當事者不知寇衆寡，遣嘉賓率所部數十人與一百長同赴援。至之明日，賊羼至，城中婦人童子皆登陴守。甫日昃而官遁，嘉賓出戰不克，城遂陷。賊恨邑民之助守也，凡未及出城者皆屠之，焚民居數百家，一宿而去。嘉賓復以餘卒入城，不知縣官所在，請於郡，而得君。嘉賓得與君從事相識自此始。

咸豐六年八月，君始至，乘竹兜，携一僕。城中死尸塞衢巷，又無居民，嘉賓請君駐城外。

〔一〕　本篇載《求自得之室文鈔》卷十一，題作「代理南豐縣知縣孫君小魯墓志銘」。

君曰：「烏有官不入城者乎？」遂擇日居縣署，同居者一親戚而已，公事皆自治之。嘉賓與君，赤手空拳，一無所藉，乃先瘞城中屍骸，出倉穀，振所遺孤嫠，傷未殊死者，爲延醫給藥餌。君與衆人皆碾陳倉穀爲食。又減市價三分之一，糶錢以贍日需。君吏役不滿十人，嘉賓餘卒不滿百人，朝夕相依倚。君每日食用外，不存一錢。城中屢有虛驚，君屹不爲動。南豐與宜黄接壤，自撫郡兵撤，宜黄寇數來擾郡城，南豐亦時時告警。迨郡城官軍潰，南豐始不能獨立矣，然君與嘉賓猶堅守兩旬。土匪蜂起，乃同赴廣昌。會張都司騰霄軍募數百人，至邑界，以土匪抗拒退。嘉賓赴省請兵，君羈留廣昌，遂相失。

七年六月，王璞山觀察率楚軍至廣昌，與賊戰，屢大捷，殺賊數萬。君募勇乘勝復南豐城，觀察上君與張都司之功於大吏，將議峻擢。會觀察病卒，軍驟退，賊仍急攻南豐，君所部鬥數捷。七月二十七日，天大雨，賊冒之來攻，槍炮不能施，君力戰被害，鄉兵死者二千餘人。始君與友人言：「設衆募不敵，吾當死。」至是有勸君出城者，君曰：「士民多爲吾死，吾生何以對士民乎？」

君卒逾年，而撫建兩郡及屬城皆克復，嘉賓亦歸里，乃得君復城死事本末。君以微員代理邑事，爲日甚淺，乃力圖克復，以至於殞軀，豈不知避患耶？亦有所耻而不肯爲耳。使人人守土如君，安得糜爛至此哉？至於君之勤且潔，當求之古人，又不徒以一死事爲可思也。

痛哉！

君姓孫氏，諱效曾，字小魯，居太平府當塗縣東鄉柘墩村。自高祖以下，世爲仕宦。没逾年，而君尊人俊三先生來迎君之喪，遺孤子甫六歲。異日吾邑專祀君，固當泐石以紀其實。兹君喪歸有日矣，嘉賓謹狀所以與君同事本末，及知君之深者，使先以銘其壙曰：

秩不必尊，官不必久〔二〕。廉耻爲先，全生爲後。返於性初，何異丘首？是吾名父，是吾死友。

陳景雍

陳景雍傳〔三〕

王闓運

陳景雍，字希唐，商丘人也。自明時爲河南大族，景雍六世祖維崧遷宜興，以文名聞天下。

〔二〕 官不必久：「官」，《求自得之室文鈔》作「任」。

〔三〕 本篇載《湘綺樓文集》卷五。

維崧孫淮，歸商丘，官至江西巡撫。淮孫薰，江西候補縣丞。薰生景雍。少有異才，游江南東西、大河南北，遍交同時知名士。爲文章，下筆立成。居貧，好飲酒，不問當世事，凡酣飲廿餘年。己酉，充選拔貢生，又舉於鄉。壬子，成進士，即用湖北知縣。

壬子歲者，今皇帝即位二年也。秋九月，廣西寇方圍攻長沙，景雍於是時出京赴官。至漢口，寇已破岳州，水陸并下。武昌城門不開，漢口大駴[一]，輒驚以爲寇至，寇實未至。景雍知漢口蓄積饒富，商民懼死，可急劫以守。漢陽同知張曜孫者，以文學有重名於世，景雍往與之謀。半夜往，門者不內。告有公事，請一見，門者怒罵曰：「今死且不暇，何公事也！」景雍待明又往，同知已踰後墻逃，門前洶洶失官。奸民三十餘人，紅巾帕頭大呼，舉火炬焚掠，商民爭走登舟。景雍遂走，將渡江入省城。省城守兵從城上炮擊民舟[二]，危中景雍舟。望城中號哭奔走，四面喧擾，江兩岸火滿騰沸，城內外莫知有官號令[三]。乃順流走還南昌，侍其父居。

頃之，寇棄湖北，據江寧。天子新命湖北督撫以下官促急赴任，諸州縣非實缺及初選員，皆遂不到省。景雍在南昌，已借委守永和門，聞湖北乏官，即辭去。到省未十日，奉委署通山知

[一] 漢口大駴：「駴」，《湘綺樓文集》作「駭」。
[二] 省城守兵從城上炮擊民舟：「省城」二字原脱，據《湘綺樓文集》補。
[三] 城內外莫知有官號令：「內」下，《湘綺樓文集》有「城」字。

縣。縣瘠苦僻陋，又殘破，流離滿途。官以家來，貧無肉食，或乃無米，景雍質衣爲糧。母宋夫人率其婦出簪珥易銀錢〔一〕，親縫寒衣，解省城給守兵。景雍撫境内，慰勞民士，猶日夕籌濟大軍米豆。孳孳勤勤，欲全策而胥固之，終冀望官軍滅寇戡亂。知督、撫不和，數數諷議。列縣群傳其迂，誠不知時變，可爲古之愚也。景雍既以書生爲吏，不廢詩酒。縣人士入見，留與對飲，日夜酒客常滿。亦因問民間疾苦，及豪猾奸宄所在，輒捕至，飲以酒而斬之，縣中大治。

四年春，寇復從江南上趣漢、黄，郡縣殘破以數十計。武昌屬十縣，縣境皆寇，環通山，土寇響應蜂起。景雍既定死守，獨念老母。屬縣南鄙蠢動，謀應外寇。即出城駐太陽山，遣人迎母從間道出，已獨率數十民壯馳驅窮鄉。寇瞰城中無官，襲據之。當是時，鄉愚民及無賴者争欲降寇，官至即佯附合，官去盡賊耳目也。景雍顧己從人皆倉皇怖懼，鄰縣官或死或逃走，皆不相聞。至省城路已絶，則定計遣表弟吴超赴義寧募百人，遣其僕赴南昌借軍械火器。至即向縣城，步步皆寇騎，絡繹充斥。城中寇方屯聚斂糧，聞知縣在外，有兵未測其衆寡，遣縣中差誘致縣官，要以厚賞。告景雍言：「賊數百，有内應，城可立復。」景雍業已發，聞言，益深入。至藕塘，民盡閉户。有大宅外扃，兵士將入造飯，請景雍椎破其門，入庭，見堂上陳列數十席，酒肉豐

〔一〕 母宋夫人率其婦出簪珥易銀錢：「珥」，《湘綺樓文集》作「飾」。

滿，肴羹猶熱。搜厨下一老媪出，見官驚曰：「官今安往？今賊伏四面，官孤軍深入，三尺童子知其危也。此鄉民爲賊設食，頃見官兵至，皆走報賊，變不遠矣！徒死無益，官宜亟去！」景雍笑謝曰：「勞苦老姥！吾以書生受命治此，死固吾分。且湖北糜爛，再遇寇荼毒，群吏匍匐氣盡，有死者，猶足增固民志。今即窮無可爲，顧俯首奔走，慚對吾吏士，勢不可〔二〕。姥强自飲食，好勸鄉里忍須臾，待大軍，慎毋爲賊愚，徒取魚肉。吾行决矣！」遂取酒，酌數十杯，而命諸吏卒飽食。出門，又於馬上爲絶命辭以自壯。其辭曰：「我世貞絜，傳烈眇躬。效能一官，逢此百凶。治惠未孚，運往忽諸。生死在予，敢舍而渝？永負君親，遑恤一己。宜葬兩崖，以佑六里。」兩崖者，通山名山也。縣鄉分六里，故景雍云然。其後果葬兩崖側，縣民禱祠之云。於是遂遇伏，數千人遮景雍，兵多傷死。景雍手發炮擊賊，因馳入陣，賊矛攢景雍。有勇僕曰寅兒，奮力格矛，殺數賊〔三〕，同被重創死。賊欲持景雍頭去，頭著地，數人共持之，重不可動。三日，賊去，民乃斂之。

王闓運曰：天道反覆，兵刃横肆，非直以厄賢者，至於鍥薄貪忍昏庸之衆，假手以翦其命。

〔二〕勢不可：「不可」，《湘綺樓文集》作「不能也」。
〔三〕殺數賊：「賊」，《湘綺樓文集》作「人」。

獨至文人名士，平日感慨論世〔二〕，發之過激，其才不可抑，則倪露於世。乃以微禄驅内，巧入其機，而身死無悔，若余友陳景雍、李仁元其人也。陳君與余友，乃先李君。鄱陽陷時，陳方在官，余歸長沙，南北信絶。獨念君，心怦怦懼其死，初未聞其難也。又久之，去其死八月，始聞之。念其生平，酒後仰天長歌相聞，若彷彿餘太息之聲，豈不哀哉！君少負才，爲詩一日百篇，思汪汪如泉涌火然，坐人皆驚。其困厄甚矣！及壯，乃遇世變，故其名猶無掛朝籍。一年之間，卒奪其命，豈不異乎！通山，小縣也，而君從父鱗，族弟福增，中表吴超，從者濟濟，以與同死，蓋亦天也。吴超，常州人，字滇生。少游關外，年甫壯，足迹歷二萬里。與人語，聲洪如鐘。及見難，不負友，信亦奇士。君既戰死，有僕受傷伏草間，聞過賊嘖嘖稱好官。及縣士民棺斂其屍，有泣下者。若是貞義之入人也！君好爲詩，觀其絶命辭，從容甚矣！李仁元曰：「伏波欲以馬革裹屍，余不復望。死則已矣，豈復當念裹屍云者？」兩君之於死，何其定而閑也！且其官同知縣，同能文，死同無子，後先不一年，而使故友零涕追念，不可已已。悲夫！悲夫！武岡鄧繹既爲傳傳君，余以君誼至厚，且嘗傳李君，故輒次之如此。

謹按：繆纂無李仁元、陳景雍，閔纂有李無陳，兹補録之。

〔二〕平日感慨論世：「平日」，《湘綺樓文集》作「平昔」。

鄒漢勳

鄒漢勳傳〔一〕

王闓運

夫自古今學者，藴富閟蓄，曷嘗不願自效於當世？天下至廣，人材雖或有不用，其出者，其效固可睹也。仲尼弟子七十有二人〔二〕，獨稱仲由爲治賦，然其位乃止家臣，功不數見，卒死兵亂。周處鄉曲無賴，感激一言，斬蛟射白額虎〔三〕，切厲爲學，適遘羌禍。或曰：世棘兵變，孤在巖穴，所以脱免也。是以商鞅寵亡，韓非辱刑，茍况完於窮，屈原溺其忠。鄒衍當戰國時，無求高榮，著書言迂怪荒誕之文，上下萬年，成一家之言。二子者，有夸世之行，自矜其才，若莊周、列禦寇之徒，未有文柔不容、剛武不摧者也。天下多事，魋悍剽利之士猶幸多免，若新化鄒漢勳者，又何以稱焉？

鄒漢勳者，字叔績，博學名湖南，以附生中辛亥鄉試舉人。越二年，寇大起，郡人江忠源奉詔禦賊，屯南昌。漢勳故與善，往見之，即留同守城。有功，奏用知縣。賊復下犯江漢，督撫守

〔一〕本篇載《湘綺樓文集》卷五。

〔二〕仲尼弟子七十有二人：「二」，《湘綺樓文集》作「七」。

〔三〕斬蛟射白額虎：「額」，《湘綺樓文集》無。

田家鎮，至者十餘壁。漢勳從忠源至即敗，忠源馳走，漢勳强騎墮馬，臂折幾死。又從守廬州有功，遷同知直隸州。廬州援絶圍急，軍多逃亡。或怵勸同走，漢勳不應。俄報城陷，從卒不待漢勳言，急負而趨。漢勳欲奮下，手固不開，即從背上齕卒腕，卒痛釋手，則躍地取刀，轉叱卒曰：「吾今死此！若敢强我，斫死矣！」乃持刀前行，亂斫賊〔二〕。賊刺之死。

初，漢勳之爲諸生也，過邵陽。邵陽令固驕庸，以事收之入獄。事頗亟，自院司以下皆不能道地。會太守至郡，念所以出之。時五月俗重五日節，太守開宴，僚吏耆老人士畢至。太守虛上坐，遣人持紅紙書名稱頓首，詣邵陽獄敬迎鄒先生。獄中無鄒先生，唯有囚。太守即迎囚，囚即鄒先生。於是獄吏大驚，出漢勳。是歲恩詔舉鄉科，漢勳出獄，往應科，居長沙城南蔡公墓祠。蔡公者，明長沙推官，以守城死於寇者也。漢勳試畢，還所居，夜夢蔡公冠服召見，索所爲文覽之，謂不工，又曰：「吾姑薦爾。」已而漢勳舉名最後。由今觀之，漢勳不舉，即或不從軍得官矣，或不死矣。其以微名巧軀之耶？若甚敬重之，以成其名耶？豈所謂文柔而不見容者耶？

漢勳著書三十年，言數十萬。所考治《易》《詩》經訓、史家地理、音韻小學、金石書畫〔三〕，靡

〔二〕亂斫賊：「賊」，《湘綺樓文集》作「寇」。下同。

〔三〕金石書畫：「書」，《湘綺樓文集》作「字」。

所不究。其志未嘗滿，方鄉於學耳。天之與人也，弗全其身，必全其名。貪夫殉身，聖亦保之；烈士殉名，隱亦好之。漢勳兩守城，遷兩階，位不爲高，雖死難名，不如江忠源。忠源好學不如漢勳，沈隱不如漢勳，漢勳乃卒與同死〔二〕，其著書竟不成。然則身死而名微，譬淺而命薄，天若予而若奪者，視漢勳竟何等也！士固有附驥尾以自顯，然誠在自立。賓其所長，何辟何鄉，而曰成忠壯、合聖賢，則死者蹈白刃相望矣。

謹按：《清史稿》鄒漢勳附《儒林·鄭珍傳》。

凌　堃

凌教諭墓志銘〔三〕

戴望

故金華縣學教諭凌君，當咸豐十一年某月日罵賊死，子姓覓其骸不得，則藏遺冠而樹諸

〔二〕漢勳乃卒與同死：「漢勳」二字原脱，據《湘綺樓文集》補。
〔三〕本篇載《謫麐堂遺集》文二。

石〔一〕。越七年，望籀其辭。

君凌氏，諱堃，字仲訥，浙江湖州府烏程縣人，世居縣之晟舍。當明季忠清公義渠爲兵部侍郎，死思宗難，凌以是始著。君曾祖某，祖某。父鳴喈，嘉慶四年進士〔二〕，官兵部車駕司主事，上疏言馬政，以越職去。君幼有異質，能伏氣行水中。十歲，隨兵部公京師。遭母喪，君昆弟三人，失後母愛，日事榜箠，無人色。伯以杖死，君見而大慟〔三〕，懼終及死，則伏哭殯宫前，絶粒七晝夜，日禱西山神祈速死。嘗七餌毒，兩咽銅，再縊脰，一溺一顛，不死。越紫荆隊十五里，厓石如劍，深澗鄰急潦沸，石如輪、如盤、如拳、如卵，卒不死。有憐之者曰：「盍行乎？孝子事親，小杖則受，大杖則走。」君憮然曰：「敬諾。」於是走之晋。道乞食，遇相者奇之，授以術，令張肆太原市中，得錢以給。乃隱姓名，自號鐵簫子。遍習壬遁、軌革、陰陽諸家言，爲人揲蓍相宅多奇驗，遠近爭趨之，以爲神。臨汾張生自言善易筋經術，年百歲矣，色如嬰兒，力能曳九牛。君從之學，盡其技。嘗遇盜數十人於野行劫，君馳馬揮鞭縱擊之，盜披靡遁，禽其魁。與語有過人

〔一〕則藏遺冠而樹諸石：「遺」下，《謫麐堂遺集》有「衣」字。
〔二〕嘉慶四年進士：「嘉慶」上，《謫麐堂遺集》有「中」字。
〔三〕君見而大慟：「慟」，《謫麐堂遺集》作「痛」。

者，釋之〔一〕，贈以文馬、百金。自是恒、沂、朔、代間〔二〕，行伍商販，里豪劇盜，下逮婦人稚子，莫不嘖嘖傳鐵簫子者。

無何，兵部公故人官於晋，迹之以來，勸之爲時文。應順天鄉試，得中式，時道光十一年也。始歸謁兵部公，請罪，掖之起，遂爲父子如初。阮文達公，兵部公座主也，君就請業，文達命治經，始辨别禮宫室服食制度，撰《尚書述》《周易翼學》《春秋理辯》，數十萬言。於《書》不廢梅賾古文；於《易》兼綜孟、京、虞、鄭諸家；於《春秋》條貫左氏，賅以《周禮》。深懲鄉壁虚造之言，而尤惡新説，謂其以禮殺人，如酷吏舞法，致人骨肉遭變，不得盡其情。聞者咸駭其言。好經世之略，著《德輿子》，論時政甚具。嘗客代，以錢百千得不耕之地數頃，晝溝洫，引虖沱委折溉之，成甽田，畝稻十五六，餔分十之二，歲作疏防。又分其六七以利佃，徑畛緣之，葵韭瓜蔬，渠澄之久，魚蝦育焉。嘆曰：「推是以富天下，管仲不足爲矣！」

晚年選授金華教諭，於署中作圃，行區田法，畝收數倍。咸豐十年，聞湖州警，棄官歸。明年，寇至晟舍，家人勸君行，君嘆曰：「天下皆若輩也，行將奚之？」因舉酒自酹，招所善潘生與

〔一〕釋之：「釋」上，《謫麐堂遺集》有「遽」字。
〔二〕自是恒忻朔代間：「忻」，原作「沂」，據《謫麐堂遺集》改。

俱。賊入，見君危坐，睸眙不敢前，報其魁至，脅君降，君大駡，手格殺數賊，爲賊攢刃死，潘生從焉，年六十有七。君配安孺人，先卒。子鏞、鎬，皆夭。妾子益之，河南縣丞。

君於望，始成僮即折節與交，後以女女焉。而望言《春秋》主公羊，數與君乖迕。家貧遭亂離，不能行道妻子，每獨居深念，未嘗不盡然傷之[一]。乃爲銘曰：

于嗟乎！君畸於人，而侔於天邪！其行任，而書則儒，不囿於方隅。盤谿之淵，有光熊熊，藏魄於中原。石不能言，吾銘代宣，告君奕世子孫。

[一] 未嘗不盡然傷之：「然」，《謫麐堂遺集》作「焉」。

碑傳集三編卷三十　忠節二

楊用霖

建威將軍提督銜補用副將閩縣楊公墓志銘[一]

林紓

公諱用霖，字雨臣，姓楊氏，福建閩縣人。祖諱桂英，父諱孝昭，均以公殉難故，贈一品如其官。公幼尚節概，重然諾，善酒而不及亂，酣則縱論天下事，咸有經緯。年十八，充藝新軍艦學生[三]，從許公壽山習駕駛鎗炮之學，日益精進，補振威軍艦炮官，旋遷藝新二副官，洊升至鎮遠鐵艦大副官。公治事之暇，必讀書，書積其卧内，恒加丹黄。英人琅威理方教練華艦，偉公有文武才，謂「進而不止，則亞洲之訥爾遜也」。戊子，署右翼中營游擊。辛卯，升參將，加副將銜。

[一] 本篇載《畏盧三集》，題作《清建威將軍提督銜補用副將閩縣楊公墓志銘》。
[三] 充藝新軍艦學生：「艦」下，《畏盧三集》有「爲」字。

公撫愛所部如家人，疾病必自臨存，以故士咸爲用。

甲午，中日失和。秋八月，遇敵於大東溝，公謂所部曰：「戰不必捷，然此海即余死所。能死者往，餒則聽之。」衆皆泣曰：「將軍誓死，吾輩寧以生爲？請舉軍爲將軍死！」既接，主者不習兵，聚艦爲方陣，敵分行夾擊，二舷之炮不能趣敵。定遠中炮火發，公轉舵遮其前，受敵炮。然鎮遠炮巨，且命中，敵少却，定遠遂得撲熄其火。時艦中積尸交前，公挺立指揮不爲動。敵鑑既遁，主將偉公能，奬補用副將[二]，賞捷勇巴圖魯勇號。鎮遠歸時，水涸，艦觸礁而漏，敵尾至。管帶林公自裁，公代領其衆，趣修漏罅，力當來軍。已而南北岸炮臺陷於敵手，敵炮據高臨下，舉軍莫支。提督丁公汝昌、右翼總兵劉公步蟾，均仰藥死。公尚欲以炮仰攻炮臺，顧諸艦爲魚雷陷没者半矣。公喟然誦文信國臨命詩，出手鎗啣而仰發之，腦漿自鼻竅下垂如玉筯，端坐不仆，見者神之。

事聞，朝廷震悼，賞銀八百兩治喪，贈提督銜，蔭一子騎都尉[三]，兼一雲騎尉，襲次完時，給予恩騎尉罔替。時年四十有二。娶鄭夫人，前卒。續娶黄夫人。子夢騏，將弁學校畢業生，補

[二] 奬補用副將：《畏廬三集》作「得奬補用副將軍」。

[三] 蔭一子騎都尉：「子」下，《畏廬三集》有「孫」字。

陸軍少校。孫熙燾，海軍學校學生。

公以光緒某年某月葬於閩之柏宿山，公子夢麒來請補銘〔一〕。嗚呼！余年三十已耳公名，聞公殉難，曾以詩挽之。前海軍總長劉公請余葺甲申、甲午海軍殉難諸臣傳，而各家子弟乃不具草以至，史乃不就〔二〕。不圖七十之年，乃爲公補此銘也。銘曰：

王符有言，兵不中御。巾幗滿朝，首挑虜怒。禍反在内，衛外胡據？公當虜衝，神態軒翥。積屍梗步，無變風度。鄰艦既熸〔三〕，飛彈集雨。公立屍地，轉舵横踞〔四〕。狀若當熊，掌揞弗露。軍港既裂，衆咸爲魚。魁帥仰藥，倒鉞傾鈇。公決死志，耻伏蘧蒢。信國死宋，踵者其余。機彈貫腦，死不銜鬚。既睔而視，眡若未殊。嗚呼楊公，萬夫之禦。我昔偉公，公乃高舉。繼欲傳公，索狀莫署。公宜特將，顧乃偏副〔五〕。沈勇大慮，孰步公武。歛其虎氣，窆此净土。雲礽繩繩，來薦櫻黍。

〔一〕公子夢麒來請補銘：「麒」，《畏廬三集》作「騏」。
〔二〕史乃不就：「不」，《畏廬三集》作「弗」。
〔三〕鄰艦既熸：「熸」，《畏廬三集》作「煙」。
〔四〕轉舵横踞：「踞」，《畏廬三集》作「據」。
〔五〕顧乃偏副：「副」，《畏廬三集》作「福」。

鄧世昌傳〔二〕

《番禺縣續志》

鄧世昌，字正卿，河南龍導尾鄉人。性沈毅，留意經世之學。同治七年，閩浙總督左文襄公宗棠創設船政局，仿西法，築船塢於福州之馬尾地方。沈文肅公葆楨爲船政大臣，於船政局内設立學堂。世昌考取入堂肄業，於英國語言文字，及天文、地輿、測算、駕駛、繪圖各門皆精擘，考列優等。

十三年，沈葆楨獎以五品軍功，派充「琛航」艦大副。光緒元年，調帶「海東雲」艦，巡緝福建沿海等處，洊保守備，加都司銜。大學士直隸總督李文忠公鴻章，經營海軍，留意人才，聞世昌熟悉管駕事宜，爲水師中不易得之才，調赴北洋差委。八年，朝鮮國内亂，署直隸總督張靖達公樹聲奏調浙江提督吴長慶率師東渡，命世昌以兵艦運送之。世昌鼓輪疾駛，徑赴仁川口，較日

〔二〕本篇載民國《番禺縣續志》卷二十三。本書所收較《番禺縣續志》多有删略改動，兹不出校，將《番禺縣續志》本附録於後。

本兵輪先到一日。比日艦載兵而來，我軍已自仁川整隊徑入朝鮮國都城辦理竣事。日兵後至，爭門不得入而罷。奉旨：「鄧世昌著免補都司，以游擊補用，并賞給勃勇巴圖魯勇號。」

當是時，創立海軍，增置快艦，向英德兩國定造快艦四艘，派世昌前赴驗收，接帶回華，檄辦四快艦營務處事宜，并保免補參將，以副將仍留原省補用，加總兵銜，兼管帶「致遠」一艦。此艦爲英國所造，容二千三百墩，二千六百疋馬力，每一點鐘行海程十八英里，雙輪暗機，艦上置有活炮臺，火藥艙、彈子藏處皆以厚鐵板護之。通艦鋼甲厚五寸有餘，裝有口徑英度八寸、身重英權十二墩之炮三尊，口徑六寸、身重四墩炮二尊，格林炮十七尊，爲巡海上等之艦。

臺灣後山生番時出滋擾，官軍往剿失利，福建提督孫開華統軍查辦，李鴻章電檄世昌隨同北洋提督丁汝昌前往臺灣助剿。世昌遂駕「致遠」快艦，駛至臺灣埤南一帶。惟時陸軍苦戰累月，雖迭有擒斬，終以山深箐密，難以深入。及世昌快艦駛至，乃得水陸并進，痛加剿洗，拆毁碉寨，將呂家望大莊等番社老巢攻克，由是生番悉平。奉旨著以總兵記名簡放，并加提督銜。

十五年，李鴻章奏北洋海軍新設中軍中營副將，請以鄧世昌借補，仍兼帶「致遠」快艦，報可。二十年，北洋大閱海軍，英、法、美、日等國水師提督皆來觀操。會辦海軍大臣李鴻章以世昌訓練得力奏，奉諭旨賞换噶爾薩巴圖魯勇號，覃恩賞給三代一品封典。

世昌受恩愈重，圖報愈殷，嘗曰：「人誰不死？但願死得其所耳。」衽席波濤，不避艱險。會朝鮮亂黨復起，其國都戒嚴。李鴻章馳奏，有旨遣師速援朝鮮。於是先遣直隸陸路提督葉志超、太原鎮總兵聶士成率陸軍四千乘輪赴東；續派海軍提督丁汝昌統兵輪前往，爲陸軍聲援。而日本藉保護商人爲辭，亦遣兵往朝鮮，陸續麕至，乘我兵艦未集，無端先行開炮。我兵艦還炮，擊壞日艦不少。日兵進犯牙山，陸軍聶士成禦之，奮勇衝擊，斃敵極多，軍無後繼，軍火又不相接應，日人迭次增兵來撲，力不能支，遂退保平壤，葉志超畏怯奔潰。八月十八日辰刻，各兵艦起椗升旗，列成人字形，鎮遠、定遠兩鐵甲大艦，爲人字之首；靖遠、來遠、懷遠、經遠、致遠、濟遠、超勇、揚威、廣甲、廣丙及水雷艦六號，張人字之兩翼。丁汝昌庸懦，恇怯無戰志，於戰略復多牽掣。日艦發炮中「定遠」之鐵橋，丁汝昌墮於艙面，遂匿不復出。我軍見瞭樓帥旗爲敵炮所摧，各艦皆鳴炮施擊。日艦不及我艦之巨，鐵甲亦不及我之厚，而其行軍速率則遠過我軍，初作一字排，向我軍猛撲，轉瞬易爲太極陣，裹人字陣於其中。鏖戰既久，日艦攻入人字陣脚，致遠、經遠、濟遠三艦皆被隔於陣外。兩軍炮聲不絶，海波爲沸，烟燄障天，眯目幾不相見。我軍所用皆實心大彈，利於擊鐵甲，可以攻堅而不能及遠；日艦則皆用機器快炮，施放較速。我軍發一炮，日艦已數十響矣。我艦洋將以大炮不利，欲改用機器炮，而藥彈倉猝不可得，不得已仍用大炮，每發一炮，需時四分有餘，烟氣又重，不及日炮之敏捷，故各艦多爲所擊壞。

世昌管駕「致遠」一艦，禦敵最力。兩陣甫合，他船在後，世昌獨向前猛駛，衝鋒直進，開放船首船尾英廠十二墩之大炮，并施放機器格林炮，先後共百餘出，擊中日艦甚多。乃諸船或已爲敵轟傷，或畏避自相撞沉，皆不能勇往協助。日艦以「致遠」獨進無復後繼，遂以四艦環攻之。世昌勇氣彌厲，不自挫餒，而艦身迭受炮傷，活炮臺半已損壞，鍋爐氣筒亦均傷損，繼又爲日艦所撞，同入波心。世昌乃開足機器，向日艦飛駛而去，誓與俱亡。行將及矣，而艦艙入水已深，遂沈於海。自大副、二副及水手、炮手二百五十餘人同殉焉。方世昌墮水，義僕劉相忠同墮，以浮水木梃讓與世昌，拒弗納。復經他艦救出，世昌謂：「事已至此，義不獨生！」奮身仍投海而殁，年四十。英法各國水師觀戰者，咸歎世昌之忠勇爲不可及。

事聞，詔下北洋，問世昌殉難狀，李鴻章據實具奏。奉上諭：「提督銜記名總兵鄧世昌首先衝陣攻敵，被溺後，遇救出水，義不獨生，奮擲自沈，忠勇性成，死事尤烈，著照提督例從優議恤，并加恩予謚，追贈太子少保銜。」尋由部議賜祭一壇，并賜葬銀、御祭碑文，賞給騎都尉世職，予謚壯節，入祀京師昭忠祠。子四：斌、浩輝、浩祥、浩乾。

番禺縣續志・鄧世昌傳

鄧世昌，字正卿，河南龍導尾鄉人。性沈毅，留意經世之學。同治七年，閩浙總督左文襄公宗棠創設船政局，仿西法，築船隖於福州之馬尾地方。沈文肅公葆楨爲船政大臣，於船政局内設立學堂，世昌考取入堂肄業。凡習航海學者，皆須學英語，然後輪船中能通問答，又必能通英國之字母，然後能司記載。於是先學英國語言文字。海程萬里，波濤起伏，莫辨方向，西人航海皆以天度爲準，能測天度，則能知海程之遠近，於是繼學天文。海中礁石、沙綫及各海口停泊兵輪之處，水深幾何，潮汐漲落，均宜究心，於是又學地輿。凡測天度、測海程，以及機器之運用，非明演算法不能習其事，於是又習算學。凡水力之剛柔，風力之輕重，火力之多寡，行船之速率，皆有一定，於是又習駕駛。西人航海，於紀程之外，尤重繪圖，每至一地，即繪一圖，以備參考，於是又學繪圖。

世昌自入堂，學習各門，考校屢列優等。十三年，沈葆楨獎以五品軍功，派充「琛航」艦大副。光緒元年，調帶「海東雲」兵艦，巡緝福建沿海等處，洊保守備，加都司銜。大學士直隸總督李文忠公鴻章，經營海軍，留意人才，聞世昌熟悉管駕事宜，爲水師中不易得之才，調赴北洋差委。八年，朝鮮國内亂，署直隸總督張靖達公樹聲奏調浙江提督吴長慶率師東渡，命世昌以兵艦運送之。世昌鼓輪疾駛，迅速異常，徑赴仁川口，較日本兵船先到一日。比日艦載兵而來，我軍已自仁川整隊徑入朝鮮國都城辦理竣事。日兵後至，爭門不得入而罷。奉旨鄧世昌著免補都司，以游擊補用，并賞給勃勇巴圖魯勇號。

當是時，創立海軍，增置快船，向英德兩國定造快船四艘，告成後，派世昌前赴英德兩廠驗收，接帶回華，檄辦四快船營務處事宜，并免補參將，以副將補用，加總兵銜，兼管帶「致遠」一艦。此艦爲英國所造，容二千三百墩，二千六百疋馬力，每一點鐘行海程十八英里，雙輪暗機，艦上置有活炮臺，火藥艙、彈子藏處皆以厚鐵板護之。通艦鋼甲厚五寸有餘，裝有口徑英度八寸、身重英權十二墩之炮三尊，口徑六寸，身重四墩炮二尊，格林炮十七尊，爲巡海上等之艦。世昌由是與此艦相終始。

臺灣後山生番時出滋擾，官軍往剿失利，凶燄益熾。福建提督孫開華統軍查辦，李鴻章電檄世昌隨同北洋提督丁汝昌前往臺灣助剿。世昌遂駕「致遠」艦赴臺灣埤南一帶。惟時陸軍苦戰累月，雖迭有擒斬，終以山深箐密，難以深入。及世昌駕艦駛至，於附海之處發炮轟攻，乃得水陸并進，痛加剿洗，拆毁碉寨，將吕家望大莊等番社老巢攻克，由是生番悉平。奉旨著以總兵記名簡放，并加提督銜。

十五年，李鴻章奏北洋海軍新設中軍中營副將，請以鄧世昌借補，仍兼帶「致遠」艦，報可。二十年，北洋大閱海軍，英、法、美、日等國水師提督皆來觀操。會辦海軍大臣李鴻章以世昌訓練得力奏，奉諭旨賞换噶爾薩巴圖魯勇號，覃恩賞給三代一品封典。

世昌受恩愈重，圖報愈殷，嘗曰：「人誰不死？但願死得其所耳。」衽席波濤，不避艱險。會朝鮮亂黨復起，其國都戒嚴，李鴻章馳奏，有旨遣師速援朝鮮。於是先遣直隸陸路提督葉志超、太原鎮總兵聶士成率陸軍四千乘輪赴東，續派海軍提督丁汝昌統兵輪前往，爲陸軍聲援。而日本藉保護商人爲辭，亦遣兵往朝鮮，陸續麕至，乘我兵艦未集，先行開炮。我兵艦還炮，擊壞日艦不少。日兵進犯牙山，陸軍聶士成禦之，奮勇衝擊，斃敵極多。而軍無後繼，軍火又不相接應，日人迭次增兵來撲，力不能支，遂退保平壤，葉志超畏怯奔潰。於是海軍將士咸憤怒，思與日人決一死戰。八月十八日辰刻，各兵艦起椗升旗，列成人字形，鎮遠、定遠兩鐵甲巨艦爲人字之首，靖遠、來遠、懷遠、經遠、致遠、濟遠、超勇、揚威、廣甲、廣丙及水雷艦六號，張人字之兩翼，軍容整甚。統帥丁汝昌庸懦恇怯，無戰志，於諸軍進止復多所牽掣。鋒始交，日艦發炮，中定遠之鐵橋，丁汝昌墮於艙面，遂匿不復出。我軍見瞭樓帥旗爲敵炮所摧，各艦皆鳴炮施擊。日艦不及我艦之巨，鐵甲亦不及我之厚，而其行軍速率則遠過我軍，初作一字排，向我軍猛撲，轉瞬易爲太極陣，裹人字陣於其中。鏖戰既久，日艦攻入人字陣脚，致遠、濟遠、經遠三艦皆被隔於陣外。兩軍炮聲不絶，海波爲沸，烟燄障天，眯目幾不相見。我軍所用皆係實心大彈，利於擊鐵甲，可以攻堅而不能及遠；日艦則皆用機器快炮，施放較速。我軍發一炮，日炮已數十響矣。我艦洋將以大炮不利，欲改用機器炮，而藥彈倉猝不可得，不得已仍用大炮，每發一出，需時鐘四分有餘，烟氣又重，不及日炮之敏捷，故各艦多爲所擊壞。

當是時，世昌獨鼓「致遠」一艦，衝鋒直進，爲諸艦先。開放艦首、艦尾英廠十二墩之大炮，并施放機器格林炮，先後共百餘出，擊中日艦甚多。乃諸艦或已爲敵轟傷，或畏避自相撞沈，皆不能勇往協助。日艦初駭世昌之鋭，欲退，已見其無後繼，遂以四艦環攻之。世昌勇氣彌厲，不自挫餒，而艦身迭受炮傷，活炮臺半已損壞，鍋鑪汽筒亦均傷損，繼又爲日艦所撞，同入波心。世昌乃開足機器，向日艦飛駛而去，誓與俱亡。行將及矣，而艦艙入水已深，遂沈於海。自大副、二副及水手、炮手二百五十餘人同殉焉。方世昌墮水，義僕劉相忠同墮，以浮水木梃讓與世昌，使援以濟，拒弗納。復經他艦救出，世昌顧視全艦蕩没，慷慨言曰：「事已至此，義不獨生！」奮身仍投海而歿，年四十。英法各國水師觀戰者，咸嘖嘖稱嘆，謂世昌忠勇爲不可及云。

事聞，詔下北洋，問世昌殉難狀，李鴻章據實具奏。奉上諭：「提督銜記名總兵鄧世昌首先衝陣攻敵，被溺後，遇救出水，義不獨生，奮擲自沈，忠勇性成，死事尤烈，著照提督例從優議恤，并加恩予謚，追贈太子少保銜。」尋由部議賜祭一壇，并賜葬銀、御祭碑文，賞給騎都尉世職，予謚壯節，入祀京師昭忠祠。子四：斌、浩輝、浩祥、浩乾。據《國史館傳稿》《鄧壯節公事》。

王懿榮

國子監祭酒王文敏公神道碑銘〔一〕

孫葆田

烏呼！庚子京師之變，可謂主憂臣辱、主辱臣死時矣。而當此之際，能皎然不欺其志，以身殉國，爲斯世振綱常，且以一門忠烈，荷褒寵於當時，中外之人莫不稱頌，尤未有如欽命團練大臣國子監祭酒王公者也。

公諱懿榮，字正孺，一字廉生，福山人。祖兆琛，嘉慶丁丑翰林，仕至山西巡撫。父祖源，咸豐己酉拔貢，由兵部主事改官知府，選四川龍安府，調署成都府知府，特擢成緜龍茂兵備道，署四川按察司使。公自幼性情篤摯，讀書輒過目不忘。年未冠，隨父官京師，觀政户部，聲譽大起。諸公貴人争欲出我門下，而顧一不屑貶就。同治元年，應順天鄉試，試卷已擬魁選〔二〕，既而以微疵見抑。至十二年，始中副榜第一。座主吴縣潘文勤公，尤重惜之。光緒五年己卯，舉順

〔一〕本篇載《校經室文集》卷四。又收入《碑傳集補》卷三十三，題作《皇清誥授榮禄大夫追贈侍郎銜賜謚文敏前團練大臣國子監祭酒王公神道碑銘》。

〔二〕試卷已擬魁選：「魁選」，《碑傳集補》作「北元」。

天鄉試。明年庚辰成進士，入詞林。當是時，公年三十有六矣。又明年辛巳，入蜀省侍兵備。公既還都，散館授編修，因益講求經世之學。公爲學不分漢宋門户，尤篤嗜金石文字，得同鄉劉燕庭方伯所收藏頗富。與濰縣陳壽卿學士商訂古文，書疏往還不絶。而常熟翁公與潘文勤公，咸推公爲博學多識。公於書無所不窺，而於古今奇字尤善悟，視近代通儒所得獨多，蓋天性也。丙戌，丁父憂，服闋入都供職。癸巳恩科，典試河南〔一〕，歸囊僅餘千金，以奉高堂，曰：「此稽古之所獲也。」性詼諧，與常人語，輒戲笑怒駡，獨談至忠孝事，則掀髯抵掌，聽者忘倦，以是人多喜就公。

嘗言：「爲翰林必當供奉内廷。」及甲午大考翰詹，蒙恩特取一等，旋召入南書房行走。未幾，復奉命署國子監祭酒，而適會中東戰事急，公上疏請回籍辦理團練，以爲聲援。奉旨馳往，并頒發餉項五千金，前此所未有也。公因馳至登州，周歷各州縣，不避勞瘁。是時，公母謝太夫人適避難金陵〔二〕，和議既成，謝太夫人亦返里，公因請假省親〔三〕，仍繳還餉項，又辭東撫李公餽贐千金，而以私財散遣所調哨弁各員，曰：「吾愧未能爲國家禦敵，敢虛糜度支哉！」

〔一〕典試河南：「典試河南」下，《碑傳集補》有「號稱得士」四字。
〔二〕公母謝太夫人適避難金陵：「難」下，《碑傳集補》有「至」字。
〔三〕公因請假省親：「公」，《碑傳集補》無。

先是，公長子崇燕歿於京師，遺孤福坤甫五歲〔一〕，隨母張氏，亦於是時歸省，謝太夫人因留養里第。張氏，今豫撫豐潤張公女也，孝恭肫誠，事重慈尤能曲得歡心。公既回京覆命，獨荷聖眷優隆。是歲，補授國子監祭酒。丙申春，丁謝太夫人憂，匍匐奔喪成禮。嘗語次子崇烈曰：「吾不能孝養父母，今事親事畢，吾當致身於國矣。」

公爲人坦白，平日不問家人生産，至購買書畫古器，則典衣質物，亦所不計，故官日崇而貧日甚。服除，再補國子監祭酒，諸生得其指授者，皆相勉爲實學。議者謂自治公麟、盛公昱而後，得公而三，皆不愧爲太學師也。公直内廷既久，或奉旨鑒别宋元書畫，或呈進異本經史子集，或有時奉敕書於私第，則益加敬慎。前後三爲祭酒，以會典館編校叙勞，加二品銜。

至庚子夏，遂與李侍郎端遇同拜團練大臣之命。公於召見時，面陳拳匪無法紀情狀，朝廷始知義和拳爲亂民不可用，而泰西各國已聯軍深入内地〔二〕，國事不可爲矣。初公所居第有井，穴深而口狹，公命匠斲口使大，别爲横石於上。七月二十日，公猶呼宣武門出至團練局，而是日敵兵已入齊化門〔三〕，甘軍潰散，京師亂，練勇倉猝不能成軍。公薄暮入城，次日早敵兵已攻東安

〔一〕遺孤福坤甫五歲：「五」，底本原作「□」，《校經室文集》同，今據《碑傳集補》補。
〔二〕而泰西各國已聯軍深入内地：「泰西」，《碑傳集補》作「西洋」。
〔三〕而是日敵兵已入齊化門：「敵兵」，《碑傳集補》作「洋兵」。下文「敵兵」，《碑傳集補》皆作「洋兵」。

門。公徘徊庭院，日晡時，傳聞兩宮鑾輿已西狩，公慨然曰：「吾可以死矣！」吞金錢二及仰藥皆不絶，乃書絶命字於几，投井而死。而公繼配謝夫人與長媳節孝張氏婦，亦同時先公殉焉。時七月二十二日也。越數日，張侍郎英麟始率人出井中屍，面目如生，乃爲置薄材成殮。當是時，敵兵猶充斥太學，諸生乃相率服短衣，泣拜於第。敵兵問，知爲忠烈之門，亦相戒勿犯。烏虖！得此於外夷，蓋尤難矣。

公有幼子崇煥，甫九歲，及張氏所出孤孫甫十歲，皆先時爲僮僕携往他所，故得免於難。亂定，豐潤張公使人微至京師，探得其實。事聞行在，詔追贈侍郎銜，賜謚文敏，准建專祠，謝氏、張氏皆附祀。又賞給嗣孫福坤主事，而公次子崇烈爲公弟後者，以直隸候補道先奉公命由天津歸里，至是閒關赴喪，扶三櫬歸葬。

葆田與公爲知交，聞公殉國，偕同人設位而祭〔二〕，其詞有曰：「以公身爲天下師，又兼練兵大臣，固萬無倖生之理，而某等所尤心折者，公乃忠烈節義萃於一門。」其後恭讀諭旨，乃與私撰文字正同。先是，公嘗與人書，謂身後易名之典，當得文忠、文節。及隨扈大臣在西安倉卒進擬，乃獨括公生平以爲好古不怠，而公危身奉上與艱危莫奪之忱反隱。而事後追論，尚有謂公

〔二〕偕同人設位而祭：《碑傳集補》作「與同人設位爲祭」。

可勿死者，人心陷蔽至此，此昌黎韓子所爲致嘆於「三綱淪而九法斁，禮樂崩而夷狄横」也。

公所著文字皆未就，獨奏稿尚存。卒時年五十餘〔一〕。先娶黄夫人，生子二：崇燕，辛卯舉人；次即崇烈，癸巳舉人〔二〕。女一，適今南汝光道吴葑〔三〕。繼配謝夫人，生子崇焕，今年十五矣。公既葬六年，崇烈見葆田於河南，泣曰：「先公墓碑未立，願得有道者爲之詞。」乃爲銘曰：

兩儀既奠，君臣分定。事三如一，道無徑庭。君辱臣死，大義攸存。地維以立，天柱以尊。胡古胡今，所重忠烈。爲嵇紹衣，爲杲卿舌。偉哉王公，乃天下師。奉命團練，艱危不辭。鑾輿出幸，迫於强敵。世危時窮，臣生何適？在北宋時〔四〕，有李侍郎。一死報國，克服氐羌。公今繼之，義感婦女。曰謝曰張，節烈同許。天子曰嗟，予有良臣。建祠附祀，用式兆民。名節無虧，炳若日星。千秋萬歲，請視此銘。

〔一〕卒時年五十餘：「五十餘」，《碑傳集補》作「五十有六」。

〔二〕癸巳舉人：「癸巳」，《碑傳集補》作「甲午」。

〔三〕適今南汝光道吴葑：「今」，《碑傳集補》無。

〔四〕在北宋時：「時」，《校經室文集》《碑傳集補》皆作「世」。

壽富

贈光禄寺卿翰林院庶吉士宗室壽富公行狀[一]

林紓

曾祖興隆，未仕。祖常禄，前翰林院侍讀學士。父寶廷，前禮部侍郎。

公諱壽富，字伯茀，號菊客，鑲藍旗第五族宗室。父侍郎公，以直言敢諫聞於德宗景皇帝，朝疏草流布海内。罷官後，自托詩酒，近畿名山，石刻皆滿，均傳誦人口。公夙有父風，靖默莫見喜愠。然每及忠孝事，則凛然動色，蓋成童時已然，見者識爲偉器。侍郎清貧，至不能具修膳，遣公就傅於外，則自授以七經。稍長，乃受業於豐潤張公佩綸及南皮張文襄公之門。治經不局漢、宋，惟是之程。論天下大勢，以力泯滿漢畛域爲先。立知耻會，勉勵八旗子弟敦學。議者頗有異同，公慨然無所恤。戊子，中宗室舉人。戊戌，成進士，廷試二甲，入翰林。同榜三百餘人，靡不參候[二]，争欲一面風采。同年江南某君，夙以才望自許，在長沙徐公座間，見公位已

[一] 本篇載《畏廬三集》，又收入《碑傳集補》卷三十三。

[二] 靡不參候：「靡」，《畏廬三集》《碑傳集補》作「匪」。

上而愠；既聞名，則款懷自貶，深相納契。時大臣爭列疏薦公。景皇帝召見養心殿，公奏對誠切，皇帝爲公動容。尋充大學堂，分教習，派赴日本考校章程。既歸，黨禁事起。公杜門京師，蒔菊檢書自娱，因自號「菊客」。

越庚子，義和團訌畿輔，首挑外兵，津沽敵軍咆勃經月，砲臺次第淪陷，兵氛垂及闕下。景皇帝奉孝欽顯皇后西幸，敵兵犯闕，而公亦以身殉難矣。方拳匪之初發難也，公晝然悲憂。一日，慨然曰：「毋庸問矣！此局至阽危，顧身爲高廟子孫，一死尚足自斷。」時外城垂陷，有叩以急策者，公曰：「先護皇帝出險，再行作計。」或請避兵，不答。又請以弟壽薰挈婦幼出居墓廬，公曰：「皮之不存，毛將安傅？」又曰：「大宗如此，遑言小宗？」壽薰者，公同母弟，生平以節概自命，所見乃與公同，語人曰：「圖全果太無爲。」七月二十三日，外兵陷國門，入城中，喧傳豎白徽者得逭死。公知皇帝已出，即趣壽薰合藥，立泚筆作書與華太史曰：「大事已去，侍國破家亡，萬無生理。老前輩如能奔赴行在所，敢乞力爲表明：侍已死於此地，雖講西學，未嘗降敵。家人有不欲死者，尚乞照拂；苟死亦聽。外有先大夫奏疏、年譜及生平著作，并以奉瀆，亦乞量力保全。敢百拜以請。」其下系絶命詞三首，有云：「今日海枯看白石，二年重謗不傷心。」書後，兄弟遂同進藥，未殊，女弟雋如奪藥先飲，其八歲之妹淑如，後始自引決。侍婢隆兒感主人義，亦盡其餘瀝。忽言外兵窮索，已逼東院，公懼不即死，爲敵曳辱，引繯，繯絶而墜。壽薰神宇堅定，爲更結四繯。公及二妹與婢咸殊，壽薰一一舁置別榻，更結巨繯於門，從容而逝。時爲七月二十三日巳刻。公年三十有六，壽薰三十有二，雋如與壽薰同庚，亦三十二，淑如八歲，隆兒二十一也。小屋同時列屍五，敵騎充斥，不可得棺。鄰人傅蘭泰假百金購柳棺五具，瘞之後圃。公子橘涂裁九歲，壽薰二子僅扶床立。娣姒均崔氏，學士漢軍聯元女也。學士重儒術，惡新學，頗病公所爲。及内召，與公論國勢，則傾襟推挹以合之。都下事急，召對諸臣，學士痛哭，力陳公使必不可戕，某王叱去之。夜中遣騎收聯公，未及結襪，遲明斬於東市。公聞耗大悲，自咎以言論陷聯公於厄，於是死志已决。聯公家屬時適避公私第，知公兄弟忠概不可挽，則力持兩夫人不聽殉，存鞠三孤，識者疑其有天幸焉〔一〕。

公生平崇尚氣節，重新學，文章則持重不苟作。所遺稿曰《讀經劄記》，曰《菊客文集》，曰《廷試策》，曰《東游筆記》，曰《畿輔農務表》，曰《知耻學會章程》，曰《天元演草》。

公殉節時，紓方客杭州，聞耗爲位哭之孤山林社中。方大令家澍、高太守鳳岐各馳金賻其家。亂定，紓來京師，則行哭造公之門。東屋扃鑰，即公兄弟死節處，沈闇如墨。紓再拜奠之門次。進謁崔夫人，知壽薰家叛奴方謀吞噬遺産，紓告之京兆陳公，爲杖叛奴，産卒得完。尋崑相

〔一〕識者疑其有天幸焉：「識者」下，《畏廬三集》《碑傳集補》有「咸」字。

國以宗老請旌宗室之死事者，朝廷贈公光禄寺卿。今年宗人府以文書諭橘涂，命具公兄弟死事年月，宣付史館。紓爲侍郎門下士，與公摯交，謹就聞見所及爲狀，伏乞編入忠義之傳，以光泉壤，以慰忠魂。無任啣佩之至。閩縣林紓謹狀。

《翁文恭公日記》

遺事

寶竹坡之長子壽富號菊客，余戊子所取士。竹坡殁，壽富寢處苫塊，并鹽酪不入口，今二年矣。薩廉謂爲矯情，余敬之愛之。《翁文恭公日記》。○《近代人物志》引。

碑傳集三編卷三十一　忠節三

良　弼

禁衛軍協統良弼祠碑[一]

柯劭忞

宣統三年冬十二月，有人狙炸禁衛軍協統良公於私第[二]，傷左股。召醫視之，醫言可療。越三日，主使賊公者聞公漸愈，則大駴，必欲致公於死。未幾，醫以酒一甖進曰：「飲此可補氣血。」公飲之而卒。

公諱良弼，字賚臣，宗室厢黄旗人。日本士官學校學生，卒業歸，洊擢禁衛軍協統，駸駸大用矣。是時八旗貴胄，獨公一人嫻習兵事，朝廷方儲爲將帥之選，故奸人尤忌之。公卒未匝月，

[一] 本篇收入《碑傳集補》卷三十，題作「良公祠碑」。

[二] 有人狙炸禁衛軍協統良公於私第：「有」下，《碑傳集補》有「何」字。

主使賊公者，遂假共和政體以濟其篡奪之謀，天下卒大亂。嗚乎，其可痛也已！

公素貧，夫人趙氏先卒，有三女，無以自存，賴無錫廉泉經紀其家，且表公之墓，加封樹焉。越十有一年，廉君又募貲建公祠於翊教寺之東。工竣，屬劭忞撰文記之。劭忞謂公烈丈夫也，宜效《楚詞·九歌》〔二〕，作迎送神詩〔三〕，以抒公之忠壯，俾工祝歌以侑公，且刻於麗牲之石〔三〕。其詞曰：

駕雲車兮建飈旂〔四〕，佩長刀兮光陸離。容暨暨兮氣棱棱，血淋漓兮霑茵馮〔五〕。欃槍彗兮天狗噬，人既亡兮國殄瘁。彼羿奡兮終敗毁，象設儼然兮公不死。陳酒醴兮奠几筵，公來格兮享明禋。

〔二〕宜效楚詞九歌：「效」，《碑傳集補》作「放」。
〔三〕作迎送神詩：「迎」下，《碑傳集補》有「享」字。
〔三〕且刻於麗牲之石：「石」下，《碑傳集補》有「云」字。
〔四〕駕雲車兮建飈旂：《碑傳集補》作「乘回風兮載龍旂」。
〔五〕血淋漓兮霑茵馮：「漓」，《碑傳集補》作「漉」。

端方

端忠敏公死事狀

羅振玉

宣統辛亥冬，端忠敏公既殉難蜀中，當時議者，猶或疑公性通脱，其倉皇遇變，殆未必夙具死志。余雖能知公，然無以爲公解也。及歲甲寅返國，見沈尚書曾植於上海，語及此事，尚書憮然曰：「以余所聞，公之死志蓋夙辦也。方公之駐軍資州也，蜀有客將曰余大鴻者，公舊部也，領所部五百人，出會垣，赴公所，知變將作，亟謁公曰：『今人心旦夕不可恃，公所居非善地，若進至成都，或退保宜昌，難可紓也。大鴻所部雖僅五百人，然尚可衛公出此險矣。』公未及答，大鴻又曰：『禍迫矣，幸速决！』公乃從容謝大鴻曰：『老夫知有朝命耳，師所駐必奏報。今若移軍者，非請旨不可。君行矣，吾謝若厚意矣。』大鴻喻公旨，乃太息流涕拜公而别，不逾日而難發。大鴻之爲此謀也，蓋逆知省垣嫉蜀帥趙至深，方謀迎公，且以公名獨立，其勸公保宜昌也，亦此旨。公則已窺其隱，故遽謝之。大鴻知公志不可奪而去，去至海上，爲余言，猶涕隕也。然則公非死志夙辦而何？」余聞而瞿然曰：「此固當揭之以昭示天下後世者。」又四年，乃載筆記之，以存信史，且以示致疑於公者，俾息其喙焉。

趙國賢

趙總兵傳

吴慶坻

君諱國賢，河南固始人。少壯從軍關隴，以驍勇善戰名，積功累擢至總兵，記名提督，授廣東潮州鎮總兵，留充武衛軍第六鎮統制，訓練士卒，宿衛宫禁，朝論倚之。宣統二年，之潮州任，會緑營兵弁大加裁汰，存者不足資捍禦。巡防營隸潮州知府部下，總兵勢益孤。三年九月，革黨起，群情洶洶，知府陳兆棠開城迎降。君引大義責兆棠，不聽；號召所部，無應者。憤甚，投繯死。事聞，優詔褒恤，予謚，追贈太子少保銜，賞騎都尉兼一雲騎尉，世襲罔替；給恤銀千兩，照提督陣亡例賜恤；子玉堂，以主事用。尋予謚忠壯。

謹按：吴慶坻撰《辛亥殉難記》，《清史稿·忠義傳第十》多采録之，獨未及趙國賢，何也？

謝寶勝

南陽鎮總兵謝公傳

羅振玉

公諱寶勝，字子蘭，安徽鳳陽人。少失怙恃，鞠於仲父。長而材武，既入武庠爲諸生，遂從軍烏里雅蘇臺。同治時，隨宋忠勤公慶、馬忠武公玉崑征關隴，克復肅州，輯懷城、烏魯木齊、昌吉呼圖壁、瑪納斯，公皆在行陣，勇冠曹輩，積功至偏裨。光緒庚辰，西疆肅清，以撤勇，所部譁變，非公罪也。忠武以咎公，公不置辨，乃賣劍解甲，黄冠羽衣，隱於甘肅博可達山。己丑，忠武督兵近畿，念公忠勇，悔前事，檄之出山，公不可；乃奏公補守備，公重違朝命。强起赴詔。甲午，日本之役，復隨忠武出關，領衛兵，轉戰遼瀋。公憤諸宿將觀望畏葸，每戰輒陷陣。及和議成，公求謝兵事，不許。庚子，拳匪起京師，榮文忠公禄募武衛護軍，以公爲前路後營統領，命鎮撫地方。公治軍公嚴，兵民協和，會河南苦盜，大吏調公充精鋭左營分統。辛丑，兩宫回鑾，公任護衛，輦塵不驚，詔授游擊，令駐軍嵩洛汝陝間，捕盜衛民。公巡緝嚴密，匪不得逞，前後撫臣林公紹年、吴公重熹咸上公之績於朝，請大其用。宣統元年，乃升授河北鎮總兵。公念結髮從戎，屢從征役，皆不得展尺寸，今受朝廷知遇，再出十餘年，超擢至總鎮，矢以死報國，慨然以廓清群盜自任。是時汴匪凡數十股，皆曰刀匪，其大者徒黨至萬人，白晝剽劫，擄人勒贖，居人日夜惴惴，行旅爲之不通。公歷翦渠魁，曰王世昌，曰李六治，曰朱八仙，曰張西庚，曰郝小五，曰温振聲，皆積歲逋誅懸捕不可得者，而洛陽張黑子，嵩縣王天從，及汝州董萬川，南陽王八老虎者，尤剽悍。公復親捕張黑子於殷司溝，又獲董萬川，伺王天從出劫，邀諸途，天從跳而免者再，遂匿迹不敢出。於是居人相慶，行旅晏然。然是時河北盜雖弭，而王八老虎陸梁於南陽，南陽總兵郭殿林老茶不能制。二年冬，乃移公南陽，調郭鎮河北，河北之民爭擁公馬首泣拜曰：「民苦盜久矣。公來幸更生，公去，盜或復熾，奈何？」公以朝命不可違，爲駐馬崇朝，慰謝父老而去。公去而天從果復逞。公既至南陽，急捕王八老虎，擒而火其居，於是南陽之盜亦平。公念中州之盜日肅清，爲民害者僅天從，誓絶其根株。三年秋，親剿之於嵩縣，方大創之，而武昌之變作，汴鄂接壤，省垣一日數驚，大吏乃促公回南陽。時人心思亂，監司中且有謀迎革黨至省垣者，撫臣拒之，遂微服徑去。公聞而憤曰：「國家養士數百年，今乃至此！欲與革軍一死戰以雪此耻。」又值停戰之命下，軍心日渙，餉械復不完，公所部雖尚可恃，而親衛纔百餘人，不能任戰守，且士紳陰通革黨，汲汲謀内應。明年元旦，公在南陽，方衣冠望闕朝拜，而亂黨已縱火導革軍入城肆焚掠。公憤甚，欲以短刀自殺，而諸將堅請一戰以死，公許之。既而念戰而死亦無濟，且徒苦吾民，乃姑移軍裕州之東關，與州牧朱正本議戰守，以爲後圖。是夕遽聞遜位之詔下，公至是乃萬念俱絶，出平生所蓄，以勞軍士，集將佐勖以忠義，甲夜朝服坐行帳中，以手銃自擊飲彈而卒。將吏欽公大節，爲公舉喪，靡不慟哭失聲，士女巷哭如喪其親。嗚呼！晚近官吏以威惠得人心，蓋未有如公者也。公平日馭軍至嚴，每出捕盜，身先士卒，往往深夜間出數十百里，軍士不敢問所向，但瞻公馬首而已，亦屢瀕於危，而志愈壯。其捕王八老虎也，公親率衛士入其穴，親軍已死七八人。營官某止公，公不可，亟以身翼蔽，乃營官中流彈死。而公卒前，遂告成功。公所部從公捕盜有死者，公親自吊祭，厚撫其家；傷者躬爲裹創傅藥，愛護如子弟，故士卒咸奮勵爲公致死，無敢退縮者。嗚呼，公之所爲，雖古名將，何以加焉！而惜乎朝廷僅以捕盜責公，而終不獲大展其志也。公卒且數年，汴人思公不衰，既爲公立碑頌，復臚列功績與遺愛在民者，上之當事，請於國史立傳。嗚呼，觀於汴人之於公，知今日之人心，固尚未盡死也！

論曰：辛亥之冬，公聞前敵諸將電請禪位，憤然曰：吾職在捕盜，意天下之害國賊民者莫盜若，今乃知國家之蟊賊，罪有浮於盜賊倍蓰千萬者，安得請上方劍，盡誅此世臣、悍將、惰卒也！嗚呼！辛亥之事，公之爲此言，豈過當哉？乃當時報紙載中州諸將電請遜政，亦妄列公名，殆謂天下後世爲可誣耶！念數年前權奸横行赫赫當世者，今亦冢中枯骨耳。而公大節懔懔，如日星河嶽，亙萬古而常昭，孰得孰失，三尺童子亦能知之。顧世之踵權奸而遵覆轍者，且相續不絶也。哀哉！

鍾麟同

鍾忠壯公傳〔一〕

《山東通志·補遺》

鍾麟同，字建堂，山東濟寧州人〔二〕。幼好學，家貧落魄，有大志。光緒初，歲屢不登，不能常舉火，其母以縫紉佐其讀書不稍輟。既而貧益甚，無侘傺失志之色。年未弱冠，聞大學士李鴻章創辦武備學堂於威海，於是棄故業從之游。既考入，期滿當課最。時同學者爲王振畿、范鍾嶽，皆相愛也，然與王交尤篤。

二十六年，粵督張之洞電檄赴鄂，委筦武建二旂第二營。逾二年，兼統右旂第一營。又逾一年，鄂督端方委密查湖北全省軍務〔三〕。是年六月，粵寇起，粵督岑春煊奏調赴粵剿匪。既至，剿撫兼施，寇遂平。駐軍龍州，旋奉檄赴越南文淵、諒山、河内察核對訊事，受知於督辦鄭孝胥，委率軍官考日本軍政〔四〕。三十一年歸國。是年以粵西肅清，保以知府補用。十一月，復委游歷

〔一〕本篇載宣統《山東通志·補遺續增》。
〔二〕山東濟寧州人：「山東」，《山東通志》無。
〔三〕鄂督端方委密查湖北全省軍務：「鄂」，《山東通志》作「粵」，誤。
〔四〕委率軍官考日本軍政：「考」下，《山東通志》有「察」字。

越南。三十二年，岑督委統廣東新軍第二標。既而以疾辭，赴天津就醫，直督袁世凱委帶陸軍第四鎮炮隊。三十四年，直督楊士驤會同校閱大臣廕昌保以道員補用，并賞戴花翎。宣統紀元，皇上以雲南爲邊防重地，命李經羲爲總督。經羲故器麟同材，奏調差遣，與王振畿、范鍾嶽、靳雲鵬、孔慶瑭等先後至滇。是時，天下陸軍權最重，而革命家時時以口説鼓動之。蔡鍔方以三十七協統持革命尤力，麟同與王振畿皆知其蓄謀，數爲滇督言之，卒不悟。值辛亥八月，湖北肇亂，天下響應，蔡鍔乃與其黨徒期會於九月初舉兵，誅諸將之不附己者。部署既定，或由內靳關入。先攻軍械局。麟同見事急，乃疾據五華山，扼咽喉要地。是時陸軍俱變，軍械局已爲革軍攻破，相持一夜，子彈已空。麟同知勢不可支，遂同參議靳雲鵬下山，餘兵星散，從者僅護弁數人而已，沿街百姓注視之。麟同自陳到滇數年，從未擾害百姓，事至此，天也，乃大呼力竭，以手槍自轟擊，未絕。義弁馮文繡、張耀奎肩輿舁之，總辦某令衛生隊，舁赴醫院。行至南門內，七十四標及炮隊截留之，斷其首，懸之國門。越日，或合身首縫紝之，以薄材葬於西門外。又十餘日，蔡鍔訊得之，易棺停於老君廟。事聞，詔優恤，予謚忠壯。

麟同服官二十年，家無儋石。充兵官算學教習，成就人材甚衆。授命後，王振畿、范鍾嶽亦相繼以義死云。

王振畿

雲南陸軍協統王振畿傳〔一〕

《山東通志·補遺》

王振畿，字化東，山東滕縣人〔二〕。幼學爲文，郡試，謁僧邸祠，愛楹聯有「滿腔熱血灑向疆場」語，反復誦之。既而貧益甚，以乙未年隨孔慶塘入武備學堂，歲滿考試第一。光緒三十四年冬，天子命徐世昌爲東三省總督，檄往練兵。越二年，徐入總樞密，以錫良代之，遂辭去，自歸北洋。未幾而李經羲總督雲南，李以武備爲天下重要，亟需才，且風氣初開，舍振畿無以過也。乃以爲陸軍步三十七協統領，甚見倚重。滇之諸宿將皆失職怏怏，口説以激怒軍士，諸軍心銜之而未發也。辛亥春，蔡鍔以東洋留學生由粤至滇。蔡鍔者，湖南諸生，至則乘隙鼓動諸軍士，又時時露於色詞。振畿知其叵測，唯滇督深信之未之察。會統制缺出，李首以振畿名上，及命下，乃以鍾麟同爲之，遂侘傺失志，以病乞去。李益歉然，固挽留之，然重違其意，遂以總辦兼正參

〔一〕本篇載宣統《山東通志·補遺》。

〔二〕山東滕縣人：「山東」，《山東通志》作「兖州府」。

議留總督署，曰：「煩爾爲我卧而治也。」日省視之，撫慰不去口。於是以三十七協統領授蔡。先是，振畿時以間請曰：「蔡鍔，禍樞也，難馴。留之必爲滇患。請除之。」滇督故愛其才，且罪過未彰，恐負殺士名，遂不用其謀，而蔡之計畫遂成，果以九月初八日，滇兵鼓而起。滇督既聞難，是時鍾麟同方駐兵於五華山，遂扳振畿出視，未至外門，門者曰：「事急矣，勿輕出。」乃請滇督暫避，以隻身往調兵。當是時，五華山已兵變瓦解，鍾已陣殁，振畿固欲往邀擊之。馬弁李樹彬從，出督署數武，革兵蠭午已至，將舁之崇墉而殺之。既登，竊自計惟墜城可死〔二〕，然不能得，轂身下内墉，傷左股，遂擁至皇華館，見蔡。蔡知振畿欲殺之也久矣，然意不恨也。裹其創，對榻相與語，説以共起事，竟夕無一言。旦日具食，振畿南嚮坐，蔡鍔西嚮坐，楊參謀坐其下，蔡曰：「督師遁矣，滇無主，煩公爲生民計，公爲帥，我倅焉，一方不足平也。」振畿嘿然，目耽耽注蔡額，袖抽鞾中波羅寧鎗擊之不中，中楊參謀首立碎，再發，蔡循去。於是李根源以衆入，促發鎗如蝟下，振畿身被七創，立死。既死，蔡乃哭而棺斂之，招其家人至，具金帛賻賵設位以吊，歸其喪於家。卒年四十有一。

〔二〕竊自計惟墜城可死：「竊」上，《山東通志》有「心」字。

張曾疇

湖北補用知府無錫張君墓表[一]

章鈺

壬戌秋九月，無錫許孝廉同莘手舅氏張太守殉難事狀，乞表其墓。按狀，君諱曾疇，早失母，父字之曰望屺，無錫人。生而好學，尤工書。由諸生入湖廣總督張文襄幕府，勤於所職，廉介不苟。文襄倚重之，歷保知府，捐升道員，加花翎二品頂戴。歲辛亥八月十九日，武昌變起，總督瑞澂棄省會不守，匿兵艦中。時君主辦漢口火車貨捐局，瑞澂索供應，局存款爲罄。局當車站衝，炮火横及，員司星散。君念守空局無益，展轉達上海。居兩月，復返漢口，料簡局中未了事，爲民軍所偵。復圖東返，附輪抵黄石港，邏者復脅之還，易舟而西，乘不備投江死，時十月初六日也。遺骸爲黄州某鎮鄉民所瘞。乙卯十二月，歸葬邑之開原鄉。

同莘狀君生平甚詳，其要者如此。予嘗見録辛亥殉國難者數家，而君未與其列，未知意云何也。同莘誠懇篤至，有聞於時，痛舅氏之死事，而汲汲圖所以章顯之者，名節所在，誼無假惜。

[一] 本篇載《四當齋集》卷八。

是則君於地坼天崩之日，以一死完大節，無可議也。予嘗怪文襄竭國家之力，創練新軍，所求執干戈以衛社稷者，身歿未幾，適得其反。且嘗以君文章氣節風厲天下〔一〕，門生故吏類負時望，巨變猝起，則光沉影寂，鮮有能自見者。君與新起民軍，半皆鄂中舊故，委蛇其間，或可苟免，而乃不勝其請〔二〕，出於懷沙沈石之所爲，是誠不欺其志，有烈丈夫之風矣。最録大要，備録忠義者之蒐輯，且以愧夫世之受辱而不死者。

楊調元

楊和甫先生遺墨跋〔三〕

羅振玉

此辛亥殉國黔南楊先生手迹也。先生諱調元，字和甫，以庶常出宰關中，所莅有治績。去年宰渭南，九月省城發難，邑中有應之者。時公子通旅江蘇，聞變作，慮先生必不辱，而道阻無音耗，

〔一〕且嘗以君文章氣節風厲天下：「以」，《四當齋集》無。
〔二〕而且不勝其請：「請」，《四當齋集》作「詢」。
〔三〕本篇載《繇桐館集聯彙刻·題跋》。

乃亟履艱危，冒萬死以赴之。比幸達治所，則已非故常。邑之耆老爲言先生死事狀，且言邑人感公義，已禮葬公矣。公子既慟不獲奉遺骸歸，求遺著則亦散失，僅得手迹二册、詩詞稿一束於劫灰中，乃謹藏之衣帶，哭墓招魂而返。是編者，即公子履艱危、冒萬死，僅得之於劫灰中者也。

先生博聞强記，九經諸子至老能暗誦；平生所治吏牘，歷久纖細不忘。尤工篆書，直接二李之傳，蓋能由冰以溯斯，由斯以溯籀，試觀於編中所書可知也。所集《二李篆譜》，會二李石刻中文字以成之，辭旨爾雅深厚，如史游《急就》、周興嗣《千文》，亦非老於文者不能爲也。

嗚呼！去歲神州之變，禍發於一朝，而害鍾於平日，其果由於政治之昏濁，國論之旁午，其因則在名教之式微，學術之陵替，卒至譙、馮柄國，鐘簴遽移。彼少年無識者，方且詆爲秉禮以致弱，文勝以趣亡。使其言而果信歟，何以死闕下者未聞一人，而文獻之彫零至於斯極也？逮先生之致命，遂一結三千年名教綱常之局。嗚呼，其可慟寧止於一姓之廢興而已哉！

振玉浮海逾年，閉門思痛，間嘗訪求國變死事諸賢，於先生外，得謝總兵等十餘人，欲爲記傳表章之，以樹百代之儀刑，延彝倫於一綫。顧求諸家志狀不可得，則皆有所顧忌，逡巡而不敢出也。吾聞古之竊人國者，將并其仁義而竊之；今則竊國而舍仁義，尚暴力以劫斯世。凡先聖先王所立人道之大防，舉世緘口不敢道一字，是將率天下馴至於禽獸，人倫之禍，殆無已時。吾不能不爲我神明之種裔懼且悲矣！

顧臧

陸軍部協參領顧君事略

商衍瀛

君諱臧，字君用，先世爲吴興望族。曾祖某，以武職宦粤東，遂家焉，始隸籍番禺。父某，生丈夫子五，君其季也。幼而内行敦篤，家貧力學，番禺梁文忠公鼎芬，君中表昆弟也，講學廣雅書院，君從之游。及文忠掌教兩湖書院，君亦與偕，所學嘗兼人。年二十五，丁内艱。既闋，文忠勸君納粟爲門户計，娶婦以謀嗣續。君慨然曰：「時方向亂，丈夫當執干戈爲國僇力，安用家爲？」乃投筆留學日本士官學校。卒業後，入日本陸軍聯隊，充見習士官，補陸軍少尉。既歸國，授陸軍部協參領。鄂督張文襄公之洞、粤督陶勤肅公模先後延攬。君以留學之費出於鄂，而粤則桑梓也，義均不可以辭，乃在鄂充文武各學堂教員，數歲而後至粤，則勤肅已薨於位。適川督西林岑公訪人才於文襄，文襄以君應，乃入蜀任軍警督練，并創設武備學堂。未幾，錫公良督川，同列有譖君者，文襄乃亟電君返鄂渚，復薦君於東三省總督趙公。趙公頗負時譽，以東三省地廣政繁，求才足幹濟者爲己助，諮於文襄，故文襄以君往。趙公令總辦巡警局、主講武堂及督練公所，事無不舉，趙公亦雅相引重。於時袁世凱爲北洋大臣，其子克定陰爲收攬人才，聞君能，求趙公爲介，欲見君。君逆知袁爲人必不克終臣節，謝不允。趙不能强，乃置酒延君與克定隱爲作合。君佯不知，既就坐，乃舉酒，歷數袁不臣狀。趙與克定均大駭。酒散，則君徑留書别趙公，襆被去。梁文忠公在鄂聞而壯之，亟邀君返，且謂曰：「君既以身許國，遂可忘嗣續乎？」乃勸君娶於胡。

兩江端忠敏公方督兩江，欽君風節，延君佐理。時蘇紳因同治初山陽丁廣文顯曾創導淮入海、涸洪澤爲田之説，以干曾文正公國藩，文正不許；至是，乃欲借以興大役便私圖，力請於江督，邀以必許，且請先設導淮測量局。忠敏以委君，君既履勘淮流，知其必不可，乃上萬言書以駁之，大意謂：「水利者，能蓄能泄之謂也，洪澤所以儲水備旱。使墾爲田，異日既失容水之地，潦年必平陸泛濫，旱歲則涓滴不存，所謂興利除害者安在？」因謝局事，而監陸軍小學。未幾，學堂總辦以侵蝕公款，懼君伉直發其隱，擠君去。忠敏復令管鎮江象山炮臺。在職五年，嚴約束，正軍紀，部下無敢爲非者，軍民交便。君至是宜可稍展素蓄矣。乃辛亥七月，君偵革命軍將發難，即終日嚴守炮臺，夜不交睫。逮八月二十日，果聞鄂變急，將寡嫂、猶子送申江姊家，矢以死報國。紉紅綾爲帶，繫袒衣中，書「大清帝國鎮江象山總炮臺官番禺顧臧之尸」。以京口爲江寧門户，兵力單薄，電江督乞援軍。張安圃制軍人駿遣陳某密率兵赴援。陳至君家，詢鎮江安否，時君方守臺，家人不知爲援師也，漫應之曰「安」。陳據以電江督。適無錫亦請援，陳乃移軍赴無錫，而君之力乃益孤矣。然猶以大義諭守兵矢死不渝。八月二十四日，有匪類自稱革命軍，勸君同舉事，且謂將推君爲都督。其以密函請者日數十，君一一焚拒之。告商會、學會等，有敢附和革命者，即開炮擊之，人心稍安定。及九月十六日，革黨知君不可以利動，乃隱結巡防營及夙受君知遇之門人，日晡乘君不備，卸君衞士兵器，遂羈君，舁至鎮江道署。所謂軍政府者，環跪請君任軍事。君裂眦大駡，以死拒。門人不忍加害，乃禁閉一室中，日餽酒饌，君悉拒不納，水漿不入口者五日。門人知君終不屈，乃請主商會者送君歸寓舍。君以大事猶可爲，姑忍死，斥衣物製裝走上海，有所謀。及遜位詔下，猶至奉天以大義責主帥，不爲動。然尚連年奔走青島、京津間，而卒不得一當。及甲子冬，猝遭宫廷之變，時君方在奉天，亟奔赴行在。至是，君之死志乃益決。再越歲，竟以悲憤死矣。

君平生律己嚴，一介不取，而好施濟。當管象山炮臺時，月俸三百金，以十之二贍其寡嫂及遺孤，所餘以分士卒及學生之貧者。俸入之日，隨手輒盡。君之去鎮江也，商會餽萬金，嚴拒之。廣東會館董事梁某醵同鄉金三千贈之，亦峻謝。翌年，鎮江炮臺士卒聞君旅食且絶，復醵千金，不敢徑致君，乃請於君之姊以進，亦揮之去。方至滬江，寓一摟，不眠不語，家人初尚以肉進，君曰：「我不能死事，姑有待耳。負咎之身，尚須肉食哉？」久乃饔飧且絶，家人以請，君曰：「買一錢鹽，和湯飲之可矣。」適其舅在京，濟以二百金，始得具饘粥。友人有以貧告者，尚分金以濟之。後卒不能自存，乃依婦翁胡君於天津，竟死於婦家。方君既懷必死之志，乃日夕縱酒，嚴冬衣不完、出不車，或有所餽，非其人，寧忍飢謝之。如是年餘，遂致疾。既劇，夫人胡氏禱於神，願以身代，隱刲股肉以療之，君謝不入口。胡淑人有賢德，明大義，初君曾病甚，刲股肉飲之而愈；已而母病，復刲股得痊。至是凡三割矣，而卒不能拯君於死，其命也夫！君死之日，赫然瞑卧，無以治斂具，胡淑人號呼於諸同志，乃醵金以襄大事。無子，立兄之子祖杰爲嗣。嗚呼！君固不愧烈丈夫，若淑人者，亦可風厲薄俗矣。君生於同治辛未九月，卒於宣統丙寅五月，得年五十有六。

君既殯，君之友商衍瀛懼君大節不彰於世，乃述君遺行，俾當世立言君子采擇焉。

程彬

程巡檢傳[一]

程頌萬

宣統三年八月，武昌首難，自總督以下文武吏無大小皆逃。其能死事者，則惟江夏鮎魚司

[一] 本篇載《鹿川文集》卷四。

巡檢程彬一人而已。明順逆於二百七十年之終，無位卑苟活怙衆不察之心，有臨變倉卒奉職不渝之節。天擇小吏，孤挺成仁，實光其末而肩其鉅。烏乎，文武之道，《春秋》之義，所賴以存中國者僅矣哉！

彬字筱竹，江西樂平人。以諸生考職湖北候補巡檢，充游民習藝所所長。其年六月，署鮎魚司巡檢。時變告紛紜，海宇岌岌，彬在贛館稠衆中，慨然曰：「國必有難，誰與死事者？」八月十九夜，新軍變，馬隊、炮隊各營襲入中和門，城内外火起。彬從容留誡家人，正衣冠，策馬從二弓兵，至望山門外，遇叛軍，問騎者爲誰，彬叱謂曰：「我鮎魚司官也！若輩臂纏白，豈反耶？」語未已，中數槍，墜馬死。弓兵逸歸，家人奔視，尸尚温，面如生，潛收殮之。年四十餘。明年二月，其子濟雲葬之忠孝門外洪山之陽。

清末吏途雜進，依阿淟涊以至大位，不知凡幾。親懿貨國，内外承流，至瑞澂督鄂，驕蹇專酷，摘細故摧辱官吏，賄僅免焉。充其無君之心，以至無吏，卒乃無兵，鋤梃覆國。若彬官乃世所不屑計者，亦幸而不至監司、牧令，得容於死；亦不幸而不至監司、牧令，以伸其死也。悲夫！

彬與余同出梁忠壯公靈洗之後，又同譜樂平，官鄂時曾見之，不意其能立大節如此。比歲訪諸居民，得其死狀，爲之傳，待諸職史事者。

何師程

何雪門傳〔一〕

錢振鍠

雪門諱師程，鐵嶺諸生，漢軍鑲紅旂人，以武職積功至江南督標中軍副將。宣統三年辛亥八月，武昌兵變。十月十二日，江寧陷，自戕卒。

錢振鍠曰：余昔嘗校童子試於江陰，公是時以游擊駐縣，相見，甚相得也。公雄壯白晳，好諧能詩，嘗爲余誦剿平渦陽土匪紀事詩〔二〕，余忘之矣。公以余愛菊，爲余言：「昔者某嘗營菊，菊必多種而後求良。」問余種菊得地幾何，余曰：「先人之敝廬，林木高深，實無地也。」公曰：「如此則安得有菊？盍營地乎？」且言菊種子法：凡菊擇其老榦而有心者，花後勿翦，灌曝無怠，歲盡乃揉其心，吹以口氣，有若半胡麻粒者，其子也。種法：篩土下子，噴水濕之，勿雨，雨則土餅，弗萌矣。子既花，與母絶異。一母數子，子又各絶異。余試之，皆信。又言接艾法，則

〔一〕本篇載《名山三集》卷五。

〔二〕嘗爲余誦剿平渦陽土匪紀事詩：「詩」，《名山三集》作「七律」。

余未逮也。又言：「某於花，愛菊與蓮，皆嘗藝焉。他花弗愛也。」嗚呼！余與公昔者蹤迹至近，相見靡不言，繼以戲謔，初未知公雄勇死國，糜軀不悔如此也。凡忠臣孝子，一話一言，罔非金玉，而余獨記其談菊不忘，豈非與余有同嗜者也？余嘗診公母疾，又識公弟少言與公之三子，今皆不考其存殁。嗚呼，悲哉！

王國維

海寧王忠慤公傳〔一〕

羅振玉

公諱國維，字静安，亦字伯隅，號觀堂，亦曰永觀，浙江海寧州人。先世籍開封，當北宋時，其遠祖曰珪，曰光祖，曰禀，曰荀，四世均以武功顯，而三世死國難，事迹具《宋史》。高宗時〔二〕，子孫扈蹕南渡，遂家海寧。其後嗣隆替載於家牒，此不備書。曾祖某，祖某，并潛德不耀。考迺

〔一〕 本篇載《丁戊稿》。

〔二〕 高宗時：「時」，《丁戊稿》作「中興」。

譽，值洪楊之亂，棄儒而賈。

公生而岐嶷，讀書通敏異常兒。年未冠，文名噪鄉里〔一〕。尋入州學，以不喜帖括之學，再應鄉舉不中程，乃肆力於詩古文。於時中日戰役後〔二〕，和議告成，國威稍替，海内士夫争抵掌言天下事，謀變法自强。光緒丙申，錢唐汪穰卿舍人康年創設《時務報》於上海，以文章鼓吹天下，人心爲之振動，異日亂階遂兆於此。然在首事者，初未知禍之烈且至是也。公時方冠，思有以自試，且爲菽水謀，乃襆被至滬江。顧無所遇，適同學某孝廉爲舍人司書記，以事返鄉里，遣公爲之代。明年，予與吴縣蔣伯斧學博黼結農學社於上海〔三〕，移譯東西各國農學書報〔四〕。以乏譯才，遂以戊戌夏立東文學社造就之，聘日本藤田博士豐八爲教授，公來受學。時予尚未知公，乃於其同舍生扇頭讀公咏史絶句，知爲偉器〔五〕，遂拔之儔類之中，爲贍其家，俾力學無内顧憂。歲庚子，既畢業，予適主武昌農學校，延公任譯授。明年秋，公東渡，留學日本物理學校。期年，以脚

〔一〕文名噪鄉里：「噪」下，《丁戊稿》有「於」字。

〔二〕於時中日戰役後：「時」下，《丁戊稿》有「值」字。

〔三〕予與吴縣蔣伯斧學博黼結農學社於上海：「博」，《丁戊稿》作「部」。「農學」，《丁戊稿》作「學農」。

〔四〕移譯東西各國農學書報：「書」，《丁戊稿》無。

〔五〕知爲偉器：《丁戊稿》作「大驚異」。

氣歸〔一〕，主予家。病愈，乃薦公於南通師範學校，主講哲學、心理、倫理諸學〔二〕。甲辰秋，予主江蘇師範學校，公乃移講席於蘇州，凡三年。丙午春，予奉學部奏調。明年，薦公學行於蒙古榮文恪公慶〔三〕，命在學部總務司行走，歷充圖書館編譯、名詞館協修。及辛亥冬國變作〔四〕，予挂冠神武，避地東渡。公携家相從，寓日本京都。是時予交公十四年矣。

初，公治古文辭，自以所學根柢未深，讀江子屏《國朝漢學師承記》，欲於此求修學塗徑。予謂江氏説多偏駁，國朝學術實導源於顧亭林處士，厥後作者輩出，而造詣最精者爲戴氏震、程氏易疇、錢氏大昕、汪氏中、段氏玉裁及高郵二王，因以家書贈之。公雖加流覽，然方治東西洋學術，未遑專力於此〔五〕。課餘復從藤田博士治歐文及西洋哲學、文學、美術，尤喜韓圖、叔本華、尼采諸家之説，發揮其旨趣爲《静安文集》。在吴刻所爲詩詞，在都門攻治戲曲，著書甚多，并爲藝林所推重。至是，予乃勸公專研國學，而先於小學訓詁植其基，并與論學術得失，謂：「尼山之學在

〔一〕以脚氣歸：「以」，《丁戊稿》無。
〔二〕倫理諸學：「倫理」，《丁戊稿》作「論理」。
〔三〕薦公學行於蒙古榮文屬公慶：「薦」，《丁戊稿》作「稱」。
〔四〕及辛亥冬國變作：《丁戊稿》作「及辛亥國變」。
〔五〕未遑專力於此：「於此」，《丁戊稿》無。

信古，今人則信今而疑古。國朝學者疑《古文尚書》，疑《尚書》孔注，疑《家語》，所疑固未嘗不當〔一〕。及大名崔氏著《考信録》，則多疑所不必疑。至今晚近〔二〕，變本加厲，至謂諸經皆出僞造。至歐西之學，其立論多似周秦諸子。若尼采諸學説，賤仁義，薄謙遜，非節制，欲創新文化以代舊文化，則流弊滋多。方今世論益歧，三千年之教澤不絶如綫，非矯枉不能反經。士生今日，萬事無可爲，欲拯此横流，舍反經信古末由也。公年方壯，予亦未至衰暮，守先待後，期與子共勉之〔三〕。」公聞而戄然〔四〕，自懟以前所學未醇，乃取行篋《静安文集》百餘册，悉摧燒之。欲北面稱弟子，予以東原之於茂堂者謝之。其遷善徙義之勇如此。

公居海東，既盡棄所學，乃寢饋於往歲予所贈諸家之書。復盡出大雲書庫藏書五十萬卷〔五〕，古器物銘識拓本數千通〔六〕，古彝器及他古器物千餘品，恣公搜討〔七〕。復與海内外學者移

〔一〕所疑固未嘗不當：「未嘗不」三字，《丁戊稿》無。
〔二〕至今晚近：「今」，《丁戊稿》作「於」。
〔三〕期與子共勉之：《丁戊稿》作「其共勉之矣」。
〔四〕公聞戄然：「戄」，《丁戊稿》作「愯」。
〔五〕復盡出大雲書庫藏書五十萬卷：「復」，《丁戊稿》作「予又」。「五十」，《丁戊稿》作「三十」。
〔六〕古器物銘識拓本數千通：「古器物」下，《丁戊稿》衍一「物」字。
〔七〕恣公搜討：「討」，原作「付」，據《丁戊稿》改。

書論學，國内則沈乙庵尚書、柯蓼園學士，歐洲則沙畹及伯希和博士，海東則内藤湖南、狩野子温、藤田劍峰諸博士及東西兩京大學諸教授。每著一書，必就予商體例、衡得失。如是者數年，所造乃益深且醇〔一〕。

公先予三年返國，予割藏書十之一贈之〔二〕，送之神户，執公手曰：「以君進德之勇，異日以亭林相期矣。」公既返國，爲歐人某主持學報，并遍觀烏程蔣氏藏書，爲編書目，并取平生著述〔三〕，擷其精粹，爲《觀堂集林》二十卷；三十五以前所作，棄之如土苴，即所爲詩詞，亦删薙不存一字。蓋公居東後，爲學之旨，與前此夐殊也〔四〕。

壬戌冬，蒙古升吉相國奏請選海内耆宿〔五〕，供奉南書房以益聖學，首以公薦〔六〕。得旨俞允。明年夏，公入都就職，奉旨賞食五品俸，賜紫禁城騎馬，命檢昭陽殿書籍。公以韋布驟爲近臣，

〔一〕所造乃益深且醇：《丁戊稿》作「所造益深醇」。
〔二〕予割藏書十之一贈之：「十之一」，《丁戊稿》作「副本」。
〔三〕并取平生著述：「著述」，《丁戊稿》作「造述」。
〔四〕與前此夐殊也：「夐」，《丁戊稿》作「迥」。
〔五〕蒙古升吉相國奏請選海内耆宿：「吉」下，《丁戊稿》有「甫」字。「宿」，《丁戊稿》作「碩」。
〔六〕首以公薦：《丁戊稿》作「且首舉公」。

感恩遇，再上封事〔一〕，得旨褒許。甲子秋，予繼入南齋，奉命與公檢定内府所藏古彝器。乃十月〔二〕，值宫門之變。公援主辱臣死之義，欲自沉神武門御河者再，皆不果。及車駕幸日使館，明年春，幸天津，奉命就清華學校研究院掌教〔三〕，以國學授諸生。然津京間戰禍頻仍，公日憂行朝，頻至天津，欲有所陳請〔四〕，語呐輒不達〔五〕。今年夏，南勢北漸，危且益甚，公欲言不可，欲默不忍，乃卒以五月三日，自沉頤和園之昆明湖以死。家人於衣帶中得遺墨，自明死志，曰「五十之年，只欠一死。經此世變，義無再辱」云云，并屬予代呈封章。疏入，天子覽奏隕涕，初五日〔六〕，詔曰：「南書房行走、五品銜王國維，學問博通，躬行廉謹，由諸生經朕特加拔擢，供職南齋。因值播遷，留京講學，尚不時來津召對〔七〕，依戀出於至誠。遽覽遺章，竟自沉淵而逝。孤忠耿耿，深惻朕懷。著加恩予謚忠愨，派貝子溥伒即日前往奠醊，賞給陀羅經被，并賞銀二千圓治

〔一〕再上封事：「再」，《丁戊稿》無。
〔二〕乃十月：「乃」，《丁戊稿》作「至」。
〔三〕奉命就清華學校研究院掌教：「奉命」上，《丁戊稿》有「公」字。
〔四〕欲有所陳請：「欲」，《丁戊稿》無。
〔五〕語呐輒不達：「輒」下，《丁戊稿》有「苦」字。
〔六〕初五日：《丁戊稿》無。
〔七〕尚不時來津召對：「津」，原作「京」，據《丁戊稿》改。

喪，由留京辦事處發給，以示朕憫惜貞臣之至意。」其哀榮爲二百餘年所未有。海內外人士，知與不知，莫不悼惜。公至是可謂不負所學矣。予既入都哭公，并經紀其身後。遺著盈尺，將以一歲之力爲之任編訂〔一〕。此雖在公爲羽毛，公之不朽固在彼不在此，然固後死者之責矣。

公生於光緒丁丑十月二十九日，卒於丁卯五月三日，得年五十有一。娶莫氏，繼室潘氏。子潛明〔二〕、高明、貞明、紀明、慈明、登明。孫慶端。潛明，予子婿也，先公一年卒。秋七月十七日，其嗣子將遵遺命卜葬於清華園側〔三〕。海內外人士以予交公久、知公深，多就予訪公學行，乃揮涕爲之傳，俟異日史官采焉。

論曰：公平生與人交，簡默不露圭角，自待顧甚高。方爲汪舍人司書記，第日記門客及書翰往來而已，故抑鬱不自聊。及與予交〔四〕，爲謀甘旨俾成學，遂無憂生之嗟，在他人必感知矣，而公顧落落，若曰〔五〕：「此惠我耳，非知我也。」及陳善納誨以守先待後相勉，一旦乃欲北面，意

〔一〕將以一歲之力爲之任編訂：「任」，《丁戊稿》無。
〔二〕子潛明：《丁戊稿》作「子六人，長潛明」。
〔三〕其嗣子將遵遺命卜葬於清華園側：「嗣子將」，《丁戊稿》作「家人」。
〔四〕及與予交：「與」「交」二字，《丁戊稿》無。
〔五〕若曰：「若」上，《丁戊稿》有「意」字。

殆曰：「此真知我矣〔一〕。」其所以報之者，乃在植節立行，不負所學，斯不負故人賢者之所爲，固與世俗之感惠徇知者異矣。又公之一生，予知公雖久，而素庵相國知之尤深。相國素嚴正〔二〕，少許可，嘗主予家，一見公，遽相推許，後遂加薦剡。公感知遇，執贄門下。及相國聞公死耗，泣然曰〔三〕：「士夫不可不讀書，然要在守先聖經訓耳，非詞章記誦之謂也。嘗見世之號博雅者，每貴文賤行，臨難巧辭以自免。今静安學博而守約，執德不回，此予所以重之也。」嗚呼，相國真知人哉！

王忠慤公別傳〔四〕

羅振玉

公既安窀穸，予乃董理公之遺著，求公疏稿於其家，則公已手自焚燬〔五〕。幸予篋中藏公《論

〔一〕此真知我矣：「知」字原缺，據《丁戊稿》補。

〔二〕相國素嚴正：「素」，《丁戊稿》作「性」。

〔三〕泣然曰：「泣」，《丁戊稿》作「泫」。

〔四〕本篇載《丁戊稿》。

〔五〕則公已手自焚毀：「手自」，《丁戊稿》無。

政學疏草》，蓋削稿後就予商榷者，今録其大要於此。其言曰：

臣竊觀自三代至於近世，道出於一而已。泰西通商以後，學西政之書輸入中國〔一〕，於是修身齊家治國平天下之道乃出於二。光緒中葉，新説漸勝。逮辛亥之變，而中國之政治學術，幾全爲新説所統一矣。然國之老成，民之多數，尚篤守舊説。新舊之争，更數十年而未有已，國是淆亂，無所適從。臣愚以爲新舊不足論，論事之是非而已。是非之標準安在？曰：在利害。利害之標準安在？曰：在大小〔二〕。新舊之利害雖未可遽决，然其大概可得言焉。原西説之所以風靡一世者，以其國家之富强也。然自歐戰以後，歐洲諸强國情見勢絀，道德墮落，本業衰微，貨幣低降，物價騰涌，工資之争鬥日烈，危險之思想日多。甚者如俄羅斯赤地數萬里，餓死千萬人，生民以來未有此酷。而中國此十二年中，紀綱掃地，争奪相仍，財政窮蹙，國幾不國者，其源亦半出於此。臣嘗求其故，蓋有二焉：

西人以權利爲天賦，以富强爲國是，以競争爲當然，以進取爲能事。是故挾其奇技淫巧，以肆其豪强兼并，更無知止知足之心，寖成不奪不饜之勢。國與國相争〔三〕，上與下相

〔一〕學西政之書輸入中國：「學」上，《丁戊稿》有「西」字。

〔二〕在大小：「在」下，《丁戊稿》有「其」字。

〔三〕國與國相争：上「國」字上，《丁戊稿》有「於是」二字。

争，貧與富相争，凡昔之所以致富强者，今適爲其自斃之具。此皆由貪之一字誤之。此西説之害根於心術者一也。

中國立説首貴用中，孔子稱「過猶不及」，孟子惡「舉一廢百」。西人之説大率過而失其中，執一而忘其餘者也。試以最淺顯者言之。國以民爲本，中外一也。先王知民之不能自治也，故立君以治之。君不能獨治也〔一〕，故設官以佐之。而又慮君與官吏之病民也，故立法以防制之。以此治民，是亦可矣。西人以是爲不足，於是有立憲焉，有共和焉。然試問立憲、共和之國，其政治果出於多數國民之公意乎？抑出於少數黨人之意乎？民之不能自治，無中外，一也。所異者，以黨魁代君主，且多一賄賂奔走之弊而已。孔子言「患不均」，《大學》言「平天下」，古之爲政，未有不以均平爲務者，然其道不外重農抑末、禁止兼并而已。井田之法，口分之制，皆屢試而不能行，或行而不能久。西人則以是爲不足，於是有社會主義焉，有共産主義焉。然此均産之事，將國人共均之乎〔二〕？抑委托少數人使均之乎？均産以後，將合全國之人而管理之乎？抑委托少數人使代理乎〔三〕？由前之説，則萬萬無此

〔一〕君不能獨治也：「能」，《丁戊稿》無。
〔二〕將國人共均之乎：「將」下，《丁戊稿》有「使」字。
〔三〕抑委托少數人使代理乎：「代理」下，《丁戊稿》有「之」字。

理；由後之説，則不均之事俄頃即見矣。俄人行之，伏尸千萬，赤地萬里，而卒不能不承認私産之制度，則曩之洶洶奚爲也〔二〕？臣不敢謂西人之智大率類此，然此其章章者矣。臣觀西人處事，皆欲以科學之法馭之。夫科學之所能馭者，空間也，時間也，物質也，人類與動植物之軀體也。然其結構愈複雜，則科學之律令愈不確實。至於人心之靈及人類所構成之社會國家，〔三〕則有民族之特性。數千年之歷史與其周圍之一切境遇，萬不能以科學之法治之。而西人往往見其一而忘其他，故其道方而不能圓，往而不知反。此西説之弊根於方法者二也。

至西洋近百年中，自然科學與歷史科學之進步，誠爲深邃精密，然不過少數學問家用以研究物理，考證事實，琢磨心思，消遣歲月，斯可矣。而自然科學之應用，又不勝其弊。西人兼并之烈與工資之争，皆由科學爲之羽翼。其無流弊如史地諸學者，亦猶富人之華服，大家之古玩，可以飾觀瞻，而不足以養口體。是以歐戰以後，彼土有識之士，乃轉而崇拜東方之學術，非徒研究之，又信奉之。數年以來，歐洲諸大學議設東方學講座者以數十

〔二〕則曩之洶洶奚爲也：「洶洶」下，《丁戊稿》有「又」字。

〔三〕「然其結構愈複雜」至「至於人心之靈及」：原脱，據《丁戊稿》補。

計，德人之奉孔子、老子學説者，至各成一團體。蓋與民休息之術，莫尚於黄老；而長治久安之道，莫備於周孔。在我國爲經驗之良方，在彼土尤爲對證之新藥。是西人固已憬然於彼政學之流弊，而思所變計矣。方今異學争鳴，本實先撥。我皇上雖在高拱淵默之時，宜嚴朱紫緇澠之辨云云。

其論古今中外政學得失，辨析至精，後有聖哲不能易其言也。嗚呼！公今往矣，世之學識如公者幾人哉？爰記其説，爲公别傳，俾當世君子知公學術之本原，固不僅在訓詁考證已也。

朱江

内閣中書朱君墓志銘〔二〕

陳毅

君諱江，字岷源，朱氏明裔也。國初隸旗籍，駐廣州，世爲兵，至君好儒術。父某病蹶痿經歲，晝夜左右侍無懈，居喪而毁，人稱其孝。以光緒癸卯舉人，官内閣中書。宣統三年，國難作，

〔二〕 本篇載《郇廬遺文》。

總理袁世凱不軌，宗室侍郎寶熙集謀去世凱，君與焉，不果。明年恭親王自青島圖匡復，劉副大臣廷琛，主用前署江督張公勳兵。余建議王宜西度隴，依前陝督多羅特公升允，乘賊不暇，南收川、藏，建旗倡義勤王，西起回，東起蒙，并塞取關，拊京師之背，傳檄天下，賊世凱不足誅也。于侍郎式枚壯余策，王不能用。其年秋，君至自隴，與國君雄偕，會於劉副大臣坐。國君質慤寡言論，君則慷慨敷説，舉席爲動容。余既心折其人，又以其未余謀而同，行則先之也，異焉。乃益嘆王不能西，西且後時也。

初，王出居於大連，二君踵及，請書西征。既得書折歸，君適有長子之喪，茹悲而行，道娘子關，歷山、陝抵蘭州。多羅特公前解兵，則躡之西寧，西寧寺僧富多金，公欲資以起師，策北用蒙而外聯俄，計夙定未發也。君既見，貌殊寂，居數日，匆能忍，則痛陳國亡君存，民未散，有可爲。國君助之，聲淚俱下。公察其誠，乃召前密語，畀書答王。於是二君改道越涼州向胡中，循祁連、賀蘭而東，浮舟黄河，迤邐入居庸，而王已移島矣。是役也，更夏秋二序，犯熇暑，排颲颲，間關萬餘里，往往出空虛無人之地，竟日不得食，食且雜之牛溲馬矢。間境即夷，則關譏嚴，頻蹈險，而君氣志彌奮。夢中慣嚙齒〔二〕，齒盡齵。國君蹴君覺，則相向哭，不知其身在賊中也。既報

〔二〕 夢中慣嚙齒：「慣」，《郇廬遺文》作「憒」。

命辭去，期再窺隴，苦無資。時賊諜王天縱，偵知王所爲，窮搜吾徒。國君匿京師。君携妻鍾氏及幼子就友趙州，同行某泄其言，被虜不屈，遂以五年八月及於難，年四十七。自是國君遁入島，與余益相習。國君字孟賢，國氏，雄其名，外務部小京官，亦漢軍忠義士也。一日國君出君狀授余，屬預爲銘。既銘之後三年，君兄某始以喪歸廣州，葬某山。烏虖，烈已！銘曰：

惟心則赤，惟血則碧。以身殉道，道則直。官無尊卑，惟人重厥職。河山蕩蕩，臣民翼翼。崛哉朱君，獨光吾宗國。

按：朱殉國後二十年，副都御史温肅奏請褒恤，賜謚忠愍。

張成和

記内監張成和事

温肅

張成和者，萬壽山壽皇殿管理之内監也。殿爲藏庋列朝御容之所，自乘輿津狩，民政府欲開放其地爲古物陳列所。時成和力争不獲，乃訴諸理，得直，仍奉御容於原處，歲時護視惟謹。辛未春，忽有召成和詣理者，謂事待質。成和知其謀，曰：「予夙夜不越殿門一步，安有犯法事?是特欲予離去此地耳。然我一去,御容必不保。」遂陳御容,叩首號泣,跪辭曰:「老奴心力盡矣!」即割一耳擲牆上,暈絶,乃擁之而去。嗟嗟!事有異世而相感者,壽皇殿旁即明壽皇亭址,爲司禮監王忠愍承恩自經殉思宗地,其烈爽固在,信非偶爾相值者歟!

王瑞之

輯五王先生墓志銘[一]

戴震

自漢已來，取士之法不一，然未有不惟六藝之文首重者，而士氣振否，則宜循其本。《漢書·儒林傳》贊曰：「一經説至百餘萬言，大師衆至千餘人，蓋利禄之路然也。」斯言殆今古同譏。獨宋之儒者，執經講學，相師友之衆同於漢，其躬行道義，幾幾七十子之所講求矣。明初，用經義選士，能是者，視昔之期在通經又何如？誠欲造乎賢人聖人立言之心，雖經師大儒，未易以語此。若其流弊，苟焉皮傅，剿説雷同，學不一二年，目不睹全經，掇拾魏科高第，不必素所蓄積也。故不見師友之盛如古昔，豈非徒趨利禄，加以得之固易哉？原上之貴士，士

[一] 本篇載《戴東原集》卷十二。

之貴學，豈如是而已哉？間有遠尋漢經師授受，近接宋儒者之緒，其人世莫之知也，孤學而無友，泯焉而不彰。嘻！可慨惜也夫！

汾陽有儒者曰輯五王先生，以經義補弟子員。一日讀《大學》之篇，憬然曰：「曩所學殊非也。古之學者，其若斯矣。」自是求得宋真氏《大學衍義》、明邱氏《衍義補》讀之，即躬行於家。教弟子亦以是，不令急科名。視力所能，惠於其鄉。鄉人無賢不肖，咸目先生善人也，然而莫知其有學。

先生諱瑞之。曾大父時來；大父明樑；父家欅〔一〕，裕於財，有好施名。先生性寬厚，尤惇師友誼，雖或以侮慢加之，不與校，意益篤，聞者以爲難。其居父喪時，有誘結家僮盜去千金者，先生廉知其人，置不問也。娶李氏，以賢稱，曉大義。子二：廷槐、廷梧。女子子二。先生生於康熙三十七年四月二日，殁於乾隆十一年九月十四日。以貲爲州同知，未仕。

廷槐拔貢生，好宋儒書。余東西行，至汾晋間，多以其賢爲余言。既而見之，一動一言，必有矩法，蓋能以儒者躬行世其家如此。其先君子既葬，於殁之明年，廷槐復再拜請余銘。銘曰：

〔一〕 父家欅：「欅」，《戴東原集》作「擧」。

維昔之學，孰爲儒宗？師友相隨，名滿道崇。維今之學，不勤以速。誰抱其樸，允矣爲鵠。於家於鄉，令聞不忘。流厥孫子，引而彌光[一]。

楊履基

優貢生候選儒學訓導楊君墓志銘[二]

錢大昕

國家立學校，崇儒術，選京朝官提督學政，三年一更代。將受代，例擇通省人士文行兼優者三四人或二三人，升之成均，以示勸也。夫鄉試三載一舉，大省解額或多至百餘人，然徒録其文，未及其行。惟學使薦舉優行，擇之精，故得之尤難；幸而得之，又或名與實不相應。以余所見，名實允副者，其惟吾友楊君鐵齋乎！蓋自平湖陸清獻公講學東南，恪守考亭，不爲它説所摇動，論者推爲本朝儒宗第一。君私淑清獻，尊而信之，又嘗從陸聚緱編修游，與上下其議論，故

[一] 引而彌光：「引」上，《戴東原集》有「俾」字。

[二] 本篇載《潛研堂文集》卷四十六。

博涉群書，得其要領。編修之歿，君爲文祭之，謂：「朱子後大儒，無如南吴北許兩公。魯齋默守寒泉遺論，草廬作諸經纂言，則別有心得。有魯齋以干城朱子，然後異説不得逞；有草廬以推廣朱子之學，然後儒家不局於專門訓詁之陋。」蓋以清獻方魯齋，而以草廬擬編修也。而君生平學行宗仰所在，斷可識矣。

君生而穎敏，五歲授以漢魏六朝詩，即能背誦。族兄進士錫恒豪於飲〔一〕，一日宗人小集〔二〕，指謂君曰：「弟試誦詩一首，吾當飲一杯。」君應聲誦數十篇〔三〕，無一字誤，進士連引釂，遂至沈醉，舉坐驚異。及長，補金山縣學生員〔四〕，文日益有名。十應鄉舉，同考薦卷者四，終不遇。學使晋寧李公因培舉君優行，明年，聖駕南巡，召試詩賦，入二等，有内府文綺之賜，聲名隱然動江左，而不得一官，命也。君之舉優行也，與吾邑曹中允仁虎同薦，李公有「春華秋實」之目。中允旋登進士，列侍從，君獨蹭蹬場屋。以升貢太學，當得儒學訓導，未及官而遽殁，然公論具在，固不以顯晦分優絀也。

〔一〕族兄進士錫恒豪於飲：「族」上，《潛研堂文集》有「時」字。
〔二〕一日宗人小集：「集」，《潛研堂文集》作「飲」。
〔三〕君應聲誦數十篇：「君」下，《潛研堂文集》有「即」字。
〔四〕補金山縣學生員：「學」，《潛研堂文集》無。

君事親孝，居喪，自大小斂至祥禫，壹遵《家禮》儀節。嘗與友人論《喪禮》，謂：「《記》云：『居喪未葬，讀《喪禮》。既葬，讀《祭禮》。』此爲平日未讀禮者言也。《儀禮》十七篇，素所誦習，何待苫凷中始呫畢哉？張子言『居喪，它書不可觀』者，謂非聖之書也。讀聖賢書，未必越於禮外。聖賢之學，寧以居喪而遂忘之？」其議論通達如此。教授生徒，各隨才器誘掖之，所成就者尤衆。性耽著述，丹黄不去手，於《四書》《詩》《書》《易》《小學》皆有劄記，於《春秋》有《四傳存疑》，於三禮有《臆説》，又有《觀理編》《律吕指掌圖》《鐵齋偶筆》、詩文雜著，合若干卷。

君初名開基，字履德，其後更名履基，而仍其字，鐵齋其自號也。曾祖國訓，贈奉政大夫。祖黼，一名貫甫，江西臨江府同知。父升，歲貢生，候選儒學教諭。先世居平湖，後徙婁縣之張堰。雍正初，析婁之南境爲金山縣，今爲金山人。夫人陸氏，都察院左僉都御史某之孫，平湖縣學生某之女，早卒。君壯失偶，終身不更娶。子運昌，縣學生。女嫁婁縣學生馮孝錫。孫男一人，女一人。君春秋六十有三，乾隆四十年閏月十九日終於家，以其年某月日葬於某鄉某原。銘曰：

鑿之深而成淵也，綆之修而及泉也。玉粲之璱兮，上燭天也。終韞於櫝，璞自完也。讀父之書，有子賢也。謂客莫嘲，後有子雲也。

宋華國

彭澤縣教諭宋君墓志銘[一]

惲敬

江西東南并嶺嶠，州縣以十數，縫掖之士萬人，其著於世者，於瑞金曰羅君有高，於新城曰魯君士驥，於雩都曰宋君華國。三人皆以贛鄧自軒先生元昌爲本師，其學宗子朱子，其言守前明薛文清公、本朝陸清獻公，如積矩然。後羅君遇家難，遁而攻浮屠氏之書；魯君奔走令長，非其好，棄去；獨宋君儒官[二]，始終行其意，故其爲文，羅君奥衍，而多俶詭之詞。魯君端雅，自惜邊幅；宋君則冲夷如不欲爲文。

敬初至江西，三人皆已殁世。得其文讀之，常推見其爲人。瑞金陳生蓮青，受業於宋君。宋君之子惟駒與陳生交，謀宋君窀穸之事，因陳生以銘來請。

按狀，君名華國，字雨宜，自號立厓居士。先世由廬陵遷雩都之賴村。曾祖敬禧，縣學生。

[一] 本篇載《大雲山房文稿初集》卷四。

[二] 獨宋君儒官：「君」下，《大雲山房文稿初集》有「官」字。

祖日景，早世。父啓攸，恩貢生。母譚氏。君年二十，爲縣學附生，明年爲廩膳生。年三十，充拔貢生。五十，選石城縣教諭。旋丁太孺人艱。服闋，署吉水縣訓導，補彭澤縣教諭，引疾乞長假。卒於嘉慶八年十一月戊申，年六十有九。配劉氏。子二：長惟駒，舉人；次惟駟〔二〕，縣學廩膳生。

君壯歲而孤，家貧，授經以養母，太孺人忘其貧。官石城，迎太孺人養署舍，朝夕無倦容。及太孺人卒，適大雨，山水驟至，壞署舍，君號於神，太孺人柩卒無損。伯兄昌國艱於子，爲三置妾，竟舉子。季弟光國早世，君聞其名則掩耳而走，終身皆然。官石城、吉水，教士以禮，毋怠於其業，毋訐訟，以爲常。

敬嘗考江西道學之傳，子朱子之後，一傳爲劉子澄、黄直卿。子澄臨江人，直卿久官於江西，皆不愧其師説。再傳爲向浯、饒魯，已離其宗。三傳則多爲詭僞之士所托，有絶可感詫者〔三〕。自軒先生奮於百世之下，追而從之。君與羅君、魯君同事自軒先生，乃各有其所就。蓋志氣之强弱，性情之緩急，天時人事之推禪，皆於學有消長進退異同之故，其始甚微，而其積甚

〔二〕 次惟駟：「駟」，《大雲山房文稿初集》作「駰」。

〔三〕 有絶可感詫者：「感」，《大雲山房文稿初集》作「嘆」。

巨，大賢以下皆然，不可不察也。敬於羅君、魯君，止讀其文；於君兼得考其行事，以爲喜幸，爰不辭而爲之銘。銘曰：

以問學爲入，以文行爲出。其於道也，至則如晝之日，不至則如夜之月。然聖人之教，不越路、不由徑者，車行地無異轍，人行地無異迹也。不循其轍，不蹈其迹，是爲無行地之説。噫！如君者，其知之，其能知之。

周學汝

周孝廉墓表〔一〕

戴望

孝廉周君既殁之七年，厥弟侍御君共望客江寧，示諸狀，命曰：「子知先兄深，其爲文鑱諸墓石。」望唯唯不敢辭。

按狀，君諱學汝，字禮傳，初名學濂，後更今名。先世有思喬者，自長興桐橋遷居烏程，遂爲

〔一〕　本篇載《謫麐堂遺集》文卷二。

烏程人。曾祖某，祖某，父某。君幼而好學〔一〕，不甚措意時文。爲諸生，獲見鄉先生楊君，教之治許鄭學。嘗言讀他書輒惛然欲卧，及治箋疏益繁碎，心益開朗有條理。座中客有爲漢宋之説者，必信漢儒，至面發頳，齦齦不少休。以道光丙午舉於鄉〔二〕，再赴禮部試不中第，因鋭意著書。謂《説文》九千餘字，無闕奪，於古今文字無所不賅。自六書之指荒，始有以經所有、《説文》所無爲疑者。撰《説文經字考》，舉經某字當《説文》某字，皆於聲求之；亦有聲絶相遠，形似致誤者，别據漢隸正之。世所傳虞世南《北堂書鈔》中，多徵引古籍，可寶貴，顧刊本多妄改，君據嚴可均所校影宋本，博稽群言，鈎心考覈二十餘年，始成定本。其校記書尚夥〔三〕，不悉數。

浙中變起，趙忠節公徵君議防守事〔四〕。君故與忠節善，應之出。忠節酒後嘗妄殺人，其屬不敢與辨，輒推君出與之諍論，每有所縱釋。李副將楚材，率師自皖中來援，李故降寇，所部慓捷善戰，其視浙軍，蔑如也，每至防所，於諸鄉老無所不狎侮，或騎其項背爲戲，獨見君不敢犯，

〔一〕君幼而好學：「學」，《讁麐堂遺集》作「書」。
〔二〕以道光丙午舉於鄉：「丙午」下，《讁麐堂遺集》有「科」字。
〔三〕其校記書尚夥：「其」下，《讁麐堂遺集》有「他」字。
〔四〕趙忠節公徵君議防守事：「徵」，《讁麐堂遺集》作「徼」，疑爲「徵」或「檄」之誤。

曰：「彼儒衣冠者可畏，君輩不及也。」李後與忠節有違言，突圍去，賊婁攻不得志，則以漸蹂其四鄉。四鄉之民及旁縣皆來居郡，至辛酉之冬，編審户口至二十萬逾常時。君與忠節議，令居民願出者勿禁，則耗食者寡，庶得專顧兵糧。或持謂爲不可，忠節不能決。侍御君奉母如滬瀆，勸君行，君嘆曰：「《記》有云：謀人之軍，師敗則死之。子以母出，吾留此，義也。子無慮我矣。」及城陷，閤户自經死，妻及子婦皆從，年五十有三。

君於學服膺段大令、王尚書父子、錢少詹事諸先生。時有安著書詆諆漢學者，君曰：「其父殺人，子必行劫。是言信然耶？當乾隆中，姚郎中鼐嘗欲師事東原，堅不敢當。姚取所校《方言》《水經注》各録副去。後東原死，姚遂加以巧詆，纍纍筆諸書，語曰：民生於三，事之如一。生欲以爲師，死而詆之，非法也，則亦無怪乎其徒之至此矣。」

望於君爲通家子，嘗就君論音均，得聞顧、江以下分部疏密同異。君謬謂望可與道古，嘗以身後之文見托，雖微侍御君命，其敢忘宿諾？乃揭其大者如右，以報君。同治八年七月壬申，戴望表。

戴望

戴子高墓表〔一〕

施補華

同治十二年二月，國子監典籍銜候選訓導戴君卒於金陵〔二〕。其年七月，海寧人唐仁壽以其柩歸湖州〔三〕。十月，歸安丁寶書〔四〕、烏程施補華，卜葬君於仁皇山之東麓〔五〕，去其先塋一里而近。既葬，補華表其墓曰：

君諱望，字子高。先世德清名族，至君之曾祖諱某，始遷郡中。君祖銅士先生，諱銘金，以詩詞名嘉、道間。有三子，皆俊才，而伯、叔早殞，仲氏諱福謙，字琴莊，中道光丁酉舉人，君之

〔一〕本篇載《澤雅堂文集》；又載《謫麐堂遺集》卷首，題作「戴君墓表」。

〔二〕國子監典籍銜候選訓導戴君卒於金陵：「國子監典籍銜候選訓導」，《謫麐堂遺集》作「亡友」。「金陵」，《澤雅堂文集》作「江寧書局」，《謫麐堂遺集》作「江寧」。

〔三〕海寧人唐仁壽以其柩歸湖州：「唐仁壽」，《澤雅堂文集》作「唐某」。《謫麐堂遺集》作「海寧唐仁壽攜君柩還湖州」。

〔四〕歸安丁寶書：「丁寶書」，《澤雅堂文集》作「丁兆慶」。

〔五〕卜葬君於仁皇山之東麓：《謫麐堂遺集》無「卜」「於」二字，「皇」作「王」。

考也。

君生四歲，其考復歿於京師。當是時，君之曾祖年八十餘〔一〕，祖五十餘，皆在；母及諸母皆寡。三世煢煢，抱一孺子而泣。而君生有奇慧〔二〕，六七歲時〔三〕，讀書日數十行，人謂戴氏垂絶而續矣。而曾祖與祖，殂謝相繼。〔四〕家貧歲飢，益無依賴。於是君挾册悲誦〔五〕，寡母節衣縮食，資君以學，時時空無，相對啜泣〔六〕。然君雖孤貧荏弱，端緒則見。烏程程君可大樸學至行〔七〕，君奉爲師〔八〕，而友丁君及予〔九〕。晨夕淬厲，不懈益勤。十數年中，〔一〇〕君之學凡三變，始爲詞章之

〔一〕君之曾祖年八十餘：「之」「年」，《澤雅堂文集》《讀學堂遺集》無。

〔二〕而君生有奇慧：「生有奇慧」，《澤雅堂文集》無。

〔三〕六七歲時：《澤雅堂文集》作「始六七歲」。

〔四〕「人謂」至「殂謝相繼」：《澤雅堂文集》作「兩祖遞教之。未幾，相繼卒」。《讀學堂遺集》「續矣」下有「夫」字，「而」作「何」，「殂謝相繼」作「相繼奄忽」。

〔五〕於是君挾册悲誦：「册」，《讀學堂遺集》作「策」。

〔六〕相對啜泣：「對」，《讀學堂遺集》作「向」。

〔七〕烏程程君可大樸學至行：「烏程」，《澤雅堂文集》作「同郡」。

〔八〕君奉爲師：「奉爲」，《讀學堂遺集》作「以爲」。

〔九〕而友丁君及予：「丁君及予」，《澤雅堂文集》作「姚諶、俞剛、陸心源、丁兆慶及余」。

〔一〇〕不懈益勤十數年中：《讀學堂遺集》作「十數年不懈」。

學〔一〕，已爲性理之學〔二〕，最後至蘇州謁陳徵士奐〔三〕，而請業焉〔四〕，遂專力於考據訓詁，學未大成而庚申之亂作。亂之初作也，〔五〕君奉寡母避之城南東林山〔六〕，久而飢困〔七〕，無所得食。其至戚方官閩中〔八〕，寡母命君往依之〔九〕，明年遂至閩中〔一〇〕。今上之元年〔一一〕，君自閩中歸，思迎其母〔一二〕，而湖州已覆。君聞，仰天長號，僵仆數四。〔一三〕已而出入豺虎之叢，以尋其母，〔一四〕暮行晝

〔一〕始爲詞章之學：「詞章之學」，《澤雅堂文集》作「詩古文詞」。《謫麐堂遺集》作「始好爲辭章」。

〔二〕已爲性理之學：《澤雅堂文集》作「已而研求性理」。《謫麐堂遺集》作「繼讀博野顏氏元之書，則求顏氏學」。

〔三〕最後至蘇州謁陳徵士奐：「徵士」，《澤雅堂文集》《謫麐堂遺集》作「先生」。

〔四〕而請業焉：《澤雅堂文集》無此四字。

〔五〕「遂專力」至「亂之初作也」：《謫麐堂遺集》作「通知聲音訓詁、經師家法。復從宋先生翔鳳授《公羊春秋》，遂覃精覃思，嫥志治經。君之學幾有成矣，而庚申之亂作」。

〔六〕君奉寡母避之城南東林山：《謫麐堂遺集》「君」下有「乃」字，「避」下無「之」字。

〔七〕久而飢困：《謫麐堂遺集》作「久之大困」。

〔八〕其至戚方官閩中：《謫麐堂遺集》「其」作「有」，無「方」字。

〔九〕寡母命君往依之：「往」，《澤雅堂文集》無。《謫麐堂遺集》作「母數命君往，」。

〔一〇〕明年遂至閩中：《謫麐堂遺集》作「不獲已，以辛酉入閩」。

〔一一〕今上之元年：「元年」，《謫麐堂遺集》作「初元」。

〔一二〕思迎其母：「思」，《謫麐堂遺集》作「將」。

〔一三〕「而湖州」至「僵仆數四」：《謫麐堂遺集》作「聞湖州已陷，則仰天長號，僵仆絶氣」。

〔一四〕已而出入豺虎之叢以尋其母：《澤雅堂文集》作「改裝入賊中，徬徨求其母」，《謫麐堂遺集》作「復忍死出入豺虎之叢，遍求母之所在」。

伏，神咨鬼諏，淹旬滯月〔一〕，卒無所遇〔二〕。遇予賊中，執手慟哭而去。〔三〕三年，官軍復湖州，君歸省其祖、父之墓〔四〕，復與予遇，由是佐幕蘇州，校書金陵。〔五〕至痛在心，未壯而艾，時時寄書述其病苦〔六〕。然君於顛頓狼狽、呻吟哭泣之時，獨不廢學，學能進而益上，由考據訓詁之精，以通古人微言大義，斐然有述作之志，爲《戴氏論語注》若干卷，輯習齋《顔氏學記》若干卷，校正《管子》若干卷。又爲《尚書述》，未成，〔七〕而病以亟矣〔八〕。蓋君自至金陵數病〔九〕，病稍間即著

〔一〕淹旬滯月：《澤雅堂文集》無此四字。

〔二〕卒無所遇：「卒」，《謫麐堂遺集》作「訖」。

〔三〕遇予賊中執手慟哭而去：《澤雅堂文集》無此十字。「遇予賊中」，《謫麐堂遺集》作「嘗遇予山中」。

〔四〕君歸省其祖父之墓：《澤雅堂文集》作「歸省先塋，招魂葬母」。「歸」，《謫麐堂遺集》作「來」。

〔五〕復與予遇由是佐幕蘇州校書金陵：《澤雅堂文集》作「旋充江寧書局分校」，《謫麐堂遺集》作「復與想見。已而旅食蘇州，旋至江寧，寓屋火猝發，墻圮，幸不死。曾文正公聞其名，憫之，始延之校所刻書」。

〔六〕時時寄書述其病苦：「寄書」，《澤雅堂文集》作「書來」。

〔七〕「至痛在心」至「未成」：《謫麐堂遺集》作「君至痛在心，未壯而艾，每寄書來述所患苦。然處顛頓狼狽、呻吟哭泣之中，終不廢學，學日益進，大江南北耆儒魁碩交相稱許。時兵事大定，文治聿修，自公卿以至將帥，咸慕儒術，皆將稱道程朱、比蹤孔孟，而君所講習，又與世違異，伏處鬱鬱，冀有能纂述，成《戴氏論語注》二十卷，《證文》四卷，輯《顔氏學記》十卷，《管子校正》二十四卷；又爲《古文尚書述》，屬稿未半」。

〔八〕而病以亟矣：「以」，《澤雅堂文集》無。

〔九〕蓋君自至金陵數病：「金陵」，《澤雅堂文集》《謫麐堂遺集》作「江寧」。

書〔二〕，復作乃止，如是六七年，至於不可爲以卒。無子〔三〕，以族子後之。

嗚呼噫嘻〔三〕！君自始生以至既卒，三十七年之中，無一日不可哀傷惻怛者，造物者之於君，可謂酷矣！豈所謂命也耶？而學術以成就如此卓卓〔四〕，又似不偶然者〔五〕，豈於此有所予，必於彼有所奪耶？然前世學人，福澤壽考時有兼得之者，又豈君適丁是艱耶？〔六〕三世煢煢，望於君者何如？而君則既歿矣。君之學術，山陰趙之謙録入《續漢學師承記》，所著詩文亦爲刊刻，今不詳叙，叙其區區僅有之者〔七〕，致窮於天如此，與天下學人共惜之。

吴桐雲云：「末路往復慨嘆，聲凄以悲，神理極似六一，子高傳矣。」

〔一〕病稍間即著書：「著書」，《謫麐堂遺集》作「改所著書」。

〔二〕無子：此上《澤雅堂文集》有「娶凌氏」三字。

〔三〕嗚呼噫嘻：《謫麐堂遺集》作「嗚乎」。

〔四〕而學術以成就如此卓卓：「以」，《澤雅堂文集》無。《謫麐堂遺集》作「而學術成就又有是」。

〔五〕又似不偶然者：《謫麐堂遺集》無此六字。

〔六〕「然前世學人」至「丁是艱耶」：《謫麐堂遺集》作「在昔學人，困厄顛沛，亦未有得之至此極者，何獨於君適際是艱耶」。

〔七〕「君之學術」至「僅有之者」：《謫麐堂遺集》作「君學術及他行事不備書，書其苦心憂志」

唐仁壽

唐端甫墓志銘[一]

張裕釗

今年夏，友人唐端甫以疾卒於金陵書局，裕釗既往哭。越三月，孤子嘉登將以其喪歸葬於某所，於是爲之銘以歸之，曰：

端甫姓唐氏，諱仁壽，浙江海寧州人。考諱鳳林，國子監生。家故高貲富商。及端甫生而穎異絶人，年十四歲[二]，補學官弟子，有神童之譽。是時嘉興錢警石先生以宿學官海寧州學訓導，喜獎掖後進。晚年得端甫，及濮陽彝齋春泉，則大異之。兩人皆從錢先生游。端甫既負異禀，又其家故饒於財，大購書，累數萬卷，往往多秘笈珍本。乃益發憤鑽研，尤究心於六書音訓之學，讎校經史文字，疏訛舛漏，毛髮差失，皆辨之。由是名譽益聞。其後屢應鄉舉不得志。

[一] 本篇載《濂亭文集》卷六，又收入《碑傳集補》卷五十一。

[二] 年十四歲：「歲」，《濂亭文集》《碑傳集補》無。

及咸豐八年，粵賊躪擾浙中，端甫奔走流離，田宅財物，掃地剗絶，所購書亦蕩盡。端甫又善病，既經喪亂，志意蕭然，與少年時敻絶矣。然端甫故處之恬如，好讀書如其故，所詣日以邃。性静正，不以喜怒隨人，與人相對，或移晷無一語。獨善食酒，引滿連數十不亂〔二〕。酒後輒面赭，乃頗振厲談噱，亦時爲感慨不平之鳴。其介特故内函，罕有知者。篤於古誼，今之人有不能及也。與君同處金陵書局德清戴子高望者，死而無子，死後無一不賴端甫力者。端甫及戴君，皆曾文正公所招致也。端甫來金陵，以同治四年，越八年而文正公薨，其明年戴君死，又四年而端甫卒，實光緒二年六月十四日。自同治三年大軍克金陵，曾文正公及今合肥相國李公，相繼總督兩江，始開書局於冶城山，校梓群籍，延人士司其事。文正公尤好士，又益以懿文碩學，爲衆流所歸。於是江寧汪士鐸，儀徵劉毓崧，獨山莫友芝，南匯張文虎，海寧李善蘭及端甫，德清戴望，寶應劉恭冕、成蓉鏡，四面而至。而文正公幕府辟召，皆一時英俊，并以學術風采相尚；暇則從文正公游覽燕集，邕容賦詠，以爲常。十餘年之間，文正公既薨逝，劉毓崧、莫友芝、戴望諸人，皆先後凋喪；汪士鐸已篤老，自引杜門不復出；張文虎亦謝去；其他或散走四方。及是而端甫又以死，金陵文采風流盡矣！

〔二〕引滿連數十不亂：「連」，《濂亭文集》作「傳」。

國家自聖祖天縱睿智，右文稽古，列聖相繼，益紹明制作，廣厲學官。鴻生鉅儒，應期并出，度越百代，而吴越爲尤最。際會者，或被殊恩，蒙渥賚，遺聞盛事，爲藝林傳説。及乾隆中葉以還，薄海熾豐，天子命建三閣於杭、鎮、揚諸郡，頒《四庫書》庋其中。而江浙所至，家尚藏書，刊布珍册，流衍海内，絃誦相聞。其封圻大吏，若阮文達、畢尚書等，尤憙招延文儒之士，一時號稱極盛。逮咸豐初兵起，區寓糜沸，東南尤被其毒。諸人士死亡轉徙，典籍焚燬，蕩焉無遺，學者亦益廢壞。物盛而衰，乃至於此！其後雖以曾文正公削平寇亂，興起儒學，然薨逝曾不數年，而人物蕩然。豈人文與時興廢，固天實主之，而不可强者邪？余既以悲端甫之故，因并有感於今昔之事，於是遂備論之。抑以明端甫所以至是，固時與命則然，其聚散存亡之數，亦非獨一人之可爲悼慟也。

端甫娶莊氏，早卒。子一，即嘉登。女一，未嫁。端甫之卒，年四十八矣。其生平所爲書，皆未就，獨有詩若干卷，藏於家。銘曰：

嗚呼端甫！子墓吾銘，吾獨子悕。子而有知，其唯吾詞。

唐端甫别傳[一]

張文虎

浙江有好學博文之君子，曰唐仁壽端甫，别自號鏡香，世居海寧州。年十四，補諸生，人以爲功名未可量。顧不喜事制舉業，讀書好古，究極名理。濮陽芳者[二]，才氣空一世，與君言，大折服之，訂性命交。是時嘉興錢警石先生爲州學官，博覽載籍，實事求是，君從之游，益聚書，求購宋元以來善本，參校同異，日不足繼以夜。錢先生深契之。同里管廷芳，仁和羅以智，宿儒也，皆引爲忘年友。君嗜酒敦交，讀書暇，集二三雅故，飲酒論古，或頹然醉卧，不知客之告去也。用是以爲樂。

咸豐十年，粵賊竄浙江，君挈家航海，遭大風，舟幾覆，避居浦江，稍以醫術得酒食。同治三年，扶母柩歸，宅已瓦礫，依婦家莊以居。無何，婦又殁，負影孑立。是時錢先生亦展轉避寇，由浙東以至皖江，常念君不得消息，以語其次君今京卿應溥。同治四年，應溥奉錢先生喪回浙，物色君，乃偕至金陵，言之今相國合肥李公，佐烏程周侍御學濬校刊《史記》集解、索隱、正義合注

[一] 本篇載《舒藝室雜著》甲編卷下。
[二] 濮陽芳者：「芳」，《舒藝室雜著》作「滂」。

本。時文虎亦預書局，始與君相識，懽如故交。六年春，曾文正公自河南還金陵，知《史記》工未竟，命文虎同校，益與君相親，乃重訂校例，或如舊本，或删或改，分卷互視，遇所疑難，反覆參訂。既而合肥公議以金陵、蘇、杭、武昌四局合刊二十四史，君分校《晋書》《南齊書》，又覆校《續漢書志》，遂以《史記》札記屬之文虎。後又與文虎同校《史記集解》單本。蓋相處九年。同治十二年，文虎以衰老辭歸，君悵然不樂。别之後，書問往復，歲率六七次，遂以文虎所爲《舒藝室隨筆》授之梓氏。

君爲人淵默好深沈之思，於古今人皆不肯輕相附和，亦未嘗偏執私見以示異，博觀約取，務適於道。詩文不多作，作必有所見。尤篤於行誼，家故小康，族戚朋友來告者，皆能得其意。所師應時良者，詩人也，老無子且窮甚，君與濮陽芳爲營生壙，又集其詩若干卷，將壽之世。其避難歸也，家雖破，猶有所存，悉讓其弟。同局德清戴望病篤，以後事屬君，君經紀其喪，護之還浙。烏乎！然則好學博文，又烏足以盡君哉！

君於醫有神解，治沈疴往往奏效。幼患痰喘，當四時之交，寒煖更變時，則屢發，發即不得坐卧，輒自處方服之而愈，愈即縱飲無所忌。其後服某官秘方白丸子，病發漸稀。光緒二年春，君書來言：「邇者宿疾似已，而精神反不如曩，納穀尤少。」又言：「夏秋間將回浙嫁女，道松江視公。」文虎疑白丸子之弊，復書誡之，而止其繞道之勞。六月，得劉君壽曾書，則君死矣。烏乎！君以宿慧席祖父資，得縱力學問，而盤根錯節，卒困頓以死，豈天者固不可測，而人之窮達壽夭，果不可以常理論耶？君卒年四十八。三女皆適士族。一子嘉登，隨侍書局自課之。君歿後，涇洪汝奎觀察留嘉登行館讀書〔二〕。所作散佚〔三〕，嘉登將集之以存其概，觀察曰：「是必能繼父之志。」烏乎，端甫其不死矣！

方宗誠

桐城方先生墓志銘〔三〕

孫葆田

先生諱宗誠，字存之。先世由婺源遷桐城，爲魯䜣方氏，與雍正、乾隆朝名臣望溪宗伯苞、恪敏公觀承別爲一宗。及先生與族兄儀衛先生，承其世德，益振厥緒，扶樹道教，爲儒林宗仰，天下學者翕然同聲，名蓋與宗伯相埒。始先生從里人許玉峰游，得聞大道，既乃師事儀衛先生，

〔二〕涇洪汝奎觀察留嘉登行館讀書：「讀書」，《舒藝室雜著》作「從師讀」。

〔三〕所作散佚：「所」上，《舒藝室雜著》有「君」字。

〔三〕本篇載《校經室文集》卷五，又載《柏堂遺書》卷首。

又得六安吴竹如侍郎與曾文正講習扶持之〔一〕，而正學以明。其仕嘗爲縣令矣，然當時識與不識，咸稱曰方先生。光緒十三年冬，安徽學使侍郎貴恒公以先生正學純行奏於朝，得旨賞給五品卿銜。時先生已被疾，聞命感激涕零〔二〕。明年春二月癸卯，遽以疾卒於懷寧寓邸〔三〕，春秋七十有一。逾旬部牒至，而先生不及見矣。其孤守彝等〔四〕，守遺命，不爲行述。既逾小祥，乃偕先生門人陳澹然爲《事略》四卷，刊行於世。又屬葆田爲志銘之文〔五〕，曰：「銘將納諸墓，欲得學行仕止如先人者爲之詞，庶幾信而有徵。」嗚呼！葆田於先生無能窺其萬一，顧嘗辱先生折行輩與交。今先生既没，敢弗撮舉懿行，以備異世采擇。

先生少時家貧，事父贈朝議公有至性。贈公卒，家有五喪未葬，先生徒步求葬地，義不應科舉。遭粤寇之亂，避賊山中，營柏堂以居，不廢講誦。友人罹賊難者，皆爲營葬，或撫其遺孤。嘗著《俟命録》，以究天時、人事致亂之由，與士大夫行己、立身、弭變之方。時吴侍郎官山東布

〔一〕又得六安吴竹如侍郎與曾文正講習扶持之：「文正」下，《校經室文集》《柏堂遺書》有「公」字。

〔二〕聞命感激涕零：「感激涕零」，《柏堂遺書》作「感悚」。

〔三〕遽以疾卒於懷寧寓邸：「遽以疾」，《柏堂遺書》作「遂」。

〔四〕其孤守彝等：「守彝」下，《柏堂遺書》有「獻彝」二字。

〔五〕又屬葆田爲志銘之文：「銘」，《柏堂遺書》作「幽」。

政使，得先生書，因致書先生，請至使署，與講習討論。大學士文端公倭仁時爲師傅，嘗摘其語以進經筵。曾文正公之規復安慶也，見先生所論攻守方略，以書幣聘先生，先生謝不往。旋游大梁，客巡撫使嚴公幕，爲嚴公草薦舉賢才疏，皆一時正人，爲當世傳誦。同治改元，安慶克復，先生感曾文正公知己誼，遂應其聘。其後文正公由兩江總督移節直隸，遂以人才奏調，疏稱「方某熟於宋五子書，素講愛民之術」。先生作書辭謝，今方伯貴筑黄公力勸其行。

先生既入官，存心利濟。任棗强十年〔二〕，創立敬義書院，祀漢儒董仲舒〔三〕；又嘗釐正祀典，創建義倉，皆他人視爲迂闊，先生獨力行不怠。值歲饑，上書大府，請蠲本邑百姓及鄰邑錢糧，所全活億萬人。光緒八年，引疾歸里，當事延主講席，皆不就。

生平著述無虚日，於近世和合漢宋及專主漢學之説，皆嘗辨其誤。所著經説，曰《讀易筆記》二卷，《書傳補義》三卷，《詩傳補義》三卷，《禮記集説補義》一卷，《春秋正誼》四卷，《春秋集義》十二卷，《孝經章義》一卷，《讀學庸筆記》二卷，《讀論孟筆記》五卷，《柏堂讀書筆記》十三卷，《志學録》八卷、《續録》三卷，《周子通書講義》一卷；文集曰《柏堂前編》十四卷，《次編》十

〔二〕任棗强十年：此下《柏堂遺書》有「以禮義教，視民如子，飭倫紀，正風俗，舉孝子悌弟、節婦孝女」二十三字。

〔三〕祀漢儒董仲舒：「祀」，《柏堂遺書》作「祠」。

三卷,《續編》二十二卷,《後編》二十二卷,《外編》十二卷;所編校之書曰《陸象山集節要》五卷、《年譜》一卷,《春秋經世録》十卷,《文廟從祀賢儒言行録》三十卷,《桐城文録》《兩江忠義録》各數十卷;〔一〕在官治迹,則有《宦游隨筆》《棗强縣志補正》諸書:皆刊行於世〔二〕。其他撰著尚十數種〔三〕。其學術之正大〔四〕,近代所未有也。先生爲學大旨在内外交修、體用兼備,所爲謀議有關於理亂興衰之故者甚衆〔五〕。及其行誼治績,先生門人陳澹然所爲《事實考略》備矣。

先生貌和而氣温,見人一善必稱之。嘗尚論先儒,陳良先稱於孟子〔六〕,與楚人屈原,開忠義之先,皆宜從祀孔子廟庭;又謂國朝大儒如張楊園,亦宜從祀;厥後浙江巡撫楊公以楊園從祀入奏,得旨允行,其議自先生發也。曾文正公嘗自指其胸以示客曰:「朋輩中此中最好者莫如

〔一〕「所著經説」至「各數十卷」:《柏堂遺書》作「所著諸經説,都三十三卷;《柏堂集》九十二卷;《俟命録》《志學録》《讀書筆記》《通書講義》,合二十五卷」。
〔二〕皆刊行於世:《柏堂遺書》無此五字。
〔三〕其他撰著尚十數種:《柏堂遺書》作「其他撰著及生平校勘編訂者尚數十種」。
〔四〕其學術之正大:「其」,《柏堂遺書》無。
〔五〕所爲謀議有關於理亂興衰之故者甚衆:「理亂」,《柏堂遺書》作「治忽」。
〔六〕陳良先稱於孟子:「先」,《校經室文集》作「見」。「稱」,《柏堂遺書》作「推」。

方君。」吴侍郎稱先生爲「好賢若渴，取善不遺」。葆田以甲申春始見先生於懷寧，先生命季子獻彝從予游〔二〕，予深愧不敏。嗚呼，先生殁，而正學遂不可復聞矣！

初，先生四世祖孟曖性超邁，嗜讀書。有子曰澤，得宗老閑阿之傳，〔三〕姚郎中鼐實從學，集文所稱「待廬先生」也。及曾孫東樹〔三〕，學宗宋儒〔四〕，晚而自號儀衛。澤弟源，實爲先生曾祖。〔五〕考諱松，行誼載《安徽通志》，贈朝議大夫。妣金恭人，生子二，先生其長也。元配甘氏，繼娶蘇氏，均封宜人。四子：培濬，有文行，早卒；次守彝〔六〕，太常寺博士；培凝，殤；獻彝，府學生。一女，適同里孫仲平。孫五人。以某年某月日葬先生於某鄉某原〔七〕。銘曰：

黄舒之間，奇傑所產。儒釋代興，嘗載前簡。爰及先生，爲世儒宗。載道以言，荷之以躬。

〔二〕先生命季子獻彝從予游：「先生」下，《柏堂遺書》有「許爲同志，復」五字。

〔三〕「初先生」至「阿之傳」：《柏堂遺書》作「初，先生高祖孟晙好儒術，以朱子學教其家。長子澤」。

〔三〕及曾孫東樹：「及」，《柏堂遺書》作「澤」。

〔四〕學宗宋儒：「宗」，《柏堂遺書》作「守」。

〔五〕澤弟源實爲先生曾祖：《柏堂遺書》作「而季子源，實爲先生曾祖，與兄澤篤友愛，詩文載徐璈、戴鈞衡所選《桐舊》《桐鄉》諸集」。

〔六〕次守彝：「次」，《柏堂遺書》無。

〔七〕以某年某月日葬先生於某鄉某原：《柏堂遺書》作「以光緒十六年十一月初八日葬先生於懷寧縣大豐鄉龍山之原」。

在咸同世，干戈俶擾。湘鄉武功，方召克紹。迺有先生，三聘始應。以道治民，何任弗勝。政成而退，出處自如。卒荷天褒，矜式鄉閭。最厥生平，實惟正學。明體達用，是爲先覺。我銘其幽，伊公匪私。嗚呼先生，一世之師〔二〕。

〔二〕一世之師：「一世」，《柏堂遺書》作「學者」。

碑傳集三編卷三十三　儒林二

陳　澧

陳澧傳[一]

《番禺縣續志》

陳澧，字蘭甫，先世江南上元人。祖善，客粵久，遂占籍番禺。性好施與，衆稱爲「陳菩薩」。父大經，事親孝，雖困乏，而奉養豐腆，不使父母知其貧。喜讀《資治通鑑》，老病猶卧讀之。澧九歲能爲文。年十七，督學常熟翁文端公心存，考取縣學生員。明年科試第一。同時諸名士皆出其下，命入粵秀書院肄業，院長陳鍾麟賞譽之，與桂文燿、楊榮緒爲友。復問詩學於張維屏，問經學於侯康。道光十一年舉優行，十二年恩科中舉人。六應會試不第，大挑二等，選授河源縣學訓導。到任兩月，告歸。揀選知縣到班，不願出仕，請京官銜，得國子監學録。

〔一〕　本篇載民國《番禺縣續志》卷二十一。

同治四年，詔沿海各省繪地圖，兩廣總督瑞麟、廣東巡撫郭嵩燾屬任其事，成廣東圖以進。爲學海堂學長數十年，至老爲菊坡精舍山長，以經史及漢魏六朝唐宋詩文教士。與諸生講論文藝，勉以篤行立品。嘗書顧亭林教人「行己有恥，博學於文」二語爲楹帖，懸之講堂。弟子環而聽者恒數十人，十餘年如一日。士人出其門者，率知束身修行，成就甚衆。少好爲詩，及長棄去，泛濫群籍，凡天文、地理、樂律、算術、古文、駢體文、填詞、篆隸真行書，無不研究。中年讀朱子書，讀諸經注疏、子史，日有課程。尤好讀《孟子》，以爲孟子所謂性善者，人性皆有善，荀、揚輩皆未知也。讀鄭氏諸經注，以爲鄭學有宗主，復有不同，中正無弊，勝於許氏《異義》、何氏《墨守》之學。魏晋以後，天下大亂，聖人之道不絶，惟鄭學是賴。讀《後漢書》，以爲學漢儒之學，尤當學漢儒之行。讀朱子書，以爲國朝考據之學源出朱子，不可反詆朱子，因采取《語類》《文集》之説足以參證者，以明朱子之學，而除門户之見。

晚年乃尋求微言大義，及經學源流正變得失所在。其言治經之法，則遵鄭氏《六藝論》，以《孝經》爲道之根源、六藝之總會，學易不信虞翻之説，學禮必求禮意；其次考周末諸子流派，則抉其疵而取其醇；其次又表章漢晋以後諸醇儒。嘗曰：「吾之書，但論學術。非無意於天下事也，以爲政治由於人才，人才由於學術。吾之意，專明學術，幸而傳於世，庶幾讀書明理之人多，其出而從政，必有濟於天下。此其效在數十年之後。故於《論語》之四科，《學記》之大成小成，

《孟子》之取狂狷、惡鄉愿，言之尤詳，則意之所在也。」成《東塾讀書記》十五卷。

謂樂爲六藝之一，欲知樂，必先通聲律。《周禮》言「六律、六同，皆文之以五聲」；《禮記》言「五聲、六律、十二管，還相爲宫」，此言聲律之權輿也。自漢至於趙宋，古樂衰而未絶。惟今之俗樂，有七聲而無十二律，有七調而無十二宫，有工尺字譜而不知宫商角徵羽，深懼古樂由此而絶，乃考古今聲律爲一書。自《周禮》三大祭之樂爲千古疑義，爰考唐時三大祭各用四調，而《周禮》乃可通，以此知古樂十二宫本有轉調。據《隋書》及《舊五代史》，而知梁武帝萬寶常皆有八十四調。且宋人以工尺配律吕，今人以工尺代宫商，此今人失宋人之法，律吕由是而亡。有以今人之法駁宋人者，於此尤不可不辨。若夫古今樂聲高下，謂有《隋志》所載歷代律尺，皆以晋前尺爲比，而晋前尺則有王復齋之《鐘鼎款識》傳刻尚存，因依尺以製管，隋以前樂律皆可考見。又謂《宋史》載王朴律準尺，亦以晋前尺爲比，又可以晋前尺求王朴樂。由是以王朴樂求唐宋遼金元明樂高下異同，史籍具在，可以排比鈎稽而盡得之。至於晋泰始之笛，可仿而造；唐開元之譜，可按而歌。古器古音，千載未泯，蓋以今曉古，以古正今，庶幾古樂不墜於地，其中參差變易，紛如亂絲，細若秋毫，故多爲圖表，使覽者易明，成《聲律通考》十卷。

謂孫叔然、陸法言之學，存於《廣韻》，宜明其法，而不惑於沙門之説，成《切韻考》六卷、《外篇》三卷。謂地理之學，當自水道始。知漢水道，則可考漢郡縣，以及於歷代郡縣，成《漢書地理志水道圖説》七卷。謂漢儒言義理，無異於宋儒。宋儒輕蔑漢儒〔一〕，非也；近儒尊漢儒，而不講義理，亦非也，成《漢儒通義》七卷。他著有《説文聲表》十七卷，《水經注提綱》四十卷，《水經注西南諸水考》三卷，《三統術詳説》三卷，《弧三角平視法》一卷，《琴律譜》一卷，《公孫龍子注》一卷，《文集》六卷，《申范》一卷，《朱子語類日鈔》一卷，《摹印述》一卷，《憶江南館詞》一卷。

《水道》《聲律》二書，大學士湘鄉曾文正公服其精博，象州鄭獻甫亦嘆爲有用之書。所考《水經注》諸水，江寧汪士鐸自惜未見。邵陽魏源著《海國圖志》初成，中有可議者，澧嘗著論辨之源，至粵見而大悦，遂定交焉，并改正其書。寶應劉寶楠著《論語正義》，未成而卒，命其子恭冕成之，并言當就正於澧。張維屏長澧三十歲，引爲忘年交，贈詩推崇備至。咸豐初，有奏請開鴻博者，翁文端公時爲侍郎，將具疏特薦，部議格不行，事遂寢。其爲海内引重如此。

光緒七年，總督張樹聲、巡撫裕寬，以耆年碩德奏請褒異，奉旨賞五品卿銜，以爲積學敦品者勸。年七十有三卒，門人請於大吏，祀其栗主於菊坡精舍中，蓋誨人不倦，宜爲士人所尸祝云〔二〕。

〔一〕　宋儒輕蔑漢儒：「宋儒」二字原脱，據《番禺縣續志》補。

〔二〕　宜爲士人所尸祝云：此句下，《番禺縣續志》有「子四：宗誼，性孝，謹讀《論語》，日記有云：『聖賢之學，在安貧。士不安貧，足以亂天下。』南海譚瑩嘆爲名言。其卒也，瑩深惜之，曰：『廣東無福。』著有《考正德清胡氏禹貢圖》一卷。宗侃，光緒五年優貢生。宗詢，廩生。宗穎，光緒十四年優貢生，陽山縣學訓導，工篆書，善填詞，著有《達神恉齋詞》一卷。孫：慶龢，光緒十七年副榜貢生，直隸候補道員；慶佑，光緒二十年副榜貢生，雲南候補知府。從孫慶修，光緒十一年舉人，治經有家法」。

朱次琦

朱九江先生傳〔一〕

簡朝亮

先生諱次琦，字子襄，一字稚圭，南海九江鄉人也。幼四歲，母問何所願，曰：「願人盡愛兒。」及長，好學，祈嚮古人，以明體達用爲歸。道光二十七年丁未，成進士。當是時，先生之試與貢士焉，聞者蘄之一甲。及廷試，方日昳，主者趣卷，試者乞緩，或揖之。先生以屈節非士也，非所以爲出身地也，卷未完，呈之而出。邑先達在官者聞之，惜其才，闇追之，使完卷，先生不服闇，不顧也。以進士即用知縣，籤分山西，迺赴晉，不挈家而行。在需次凡七年，晉多士，喜從之游，先生却其摯，與之言學。

咸豐二年夏，先生奉詔使蒙古。初蒙古有幕南地，授晉邊氓，輸租而耕，歲久，衆數萬人，遂不輸租。蒙古忿之，約期與鬥，邊氓先期乘夜邀擊，殺其隸札薩克者七百餘人。蒙古疊控於朝，且言將用兵幕南。詔責行省迅治，撫軍兆那蘇圖議剿邊氓，彼乃颺聲拒之。先生差旋，適聞變，夜見臬司潘公，此先生鄉試舉主潘忠毅公鐸也，以兵事問之，信然。先生曰：「此激亂也。今南

〔一〕本篇載《讀書堂集》卷六。

方盜寇有魚爛之憂，又使北方軍興，以重兵釁，以生盜心，中原自此多故矣。不如遣一能吏，親諭邊氓，俾獻罪魁，執以説於蒙古，此一介使事耳。」潘公以白兆公，兆公遂寤，顧念晋員無足任者，潘公薦先生，曰：「言者其人也。」兆公以先生奏聞，請代平章其事，於是馳至幕南，訊其耆老，縛其魁十三人從行〔二〕。五月乙卯，衣裘絶大幕，抵其盟部。蒙古大會諸王，咸以抵罪者少，未肯解釁。先生具宣天子德意，且言死者雖多，迺自相蹈藉而死，援刑律檢骨瀀折之，又因其俗，言「兵刃尋仇〔三〕，不如喇嘛禮魂」，諸王微動。諸王中瀀福善者，嘗居京邸，知詩，久慕先生，於是因瀀王以諭諸王，殺十三人而釁解。先生之行也，挾五臺黄喇嘛德徹以行，卒用蕆事。諸王説先生，贐裘二百襲，謝弗受。使還，兆公將以知府花翎奏請，先生聞之，以議發自己，且薦自舉主潘公，有衒售之嫌，請潘公爲固辭於兆公，迺已。會及班，夏六月壬辰，署孝義縣，未赴，旋署襄陵縣。

七月戊辰，先生孑身赴襄陵，以儒爲治而績成。繫囚趙三不棱，劇盜也，介薛護令去官，越獄奔逃。護令須先生至，以相屬。先生謝病，三日不至，盜遂不戒。先生陰出重貲，購知其所適，亟假郡役，前半夕疾馳百二十里，至曲沃郭南酒家樓，格其麾刃，遂執之。比邑人迎新令，則

〔二〕縛其魁十三人從行：「其」，《讀書堂集》作「罪」。

〔三〕兵刃尋仇：「兵」，《讀書堂集》作「血」。

繫原盗入矣。河東歲患狼，俗愚，謂爲神物，不敢擊。席氏女將出閨，爲所噬，訟者兩造噬其一。先生憂之，募獵户擒狼，獲者與錢萬。猶無獲，迺親檄西山神祠，民患狼而祀之者也，約十日驅狼盡，否則毀神瀦其地。邑人皆恐，時方秋肅，天迺大霧旬日，人得迹狼所至，攢火鎗擊之，無脱者，得狼百有七，患遂絶。先生下車，修鄧伯道祠，崇風教也，親教士養中堂，頒讀書日程，教而色笑，士皆醉義忘歸。邑有唐風而民褊，兄弟因異財訟者不絶。先生以骨肉之間，非佗也，吃虧而已，且訟決益怨，諭之歸，旋復訟。先生憂之，已而悟曰：「言兄弟者必溯妻帑，常棣之義也。」迺訊訟者，訊兄，兄曰：「吾友也。」訊弟，弟曰：「吾恭也。」先生曰：「若兄弟所言，胡爲乎訟哉？必生自婦人也，當先懲之。」先生讞獄不輕及婦人，至是呼役於庭，速婦人至。既退，役不即行。越日訟者具悔狀乞罷，請爲兄弟如初，邑遂無異財訟。關氏錯居河東解州，世襲翰林博士某，數以訟脅族人財，越境來訴。先生榜門揭期，弊獄壯繆侯廟，許百姓聚觀。及期旦日，闖廟闠，觀者數千人竢。日中，先生入廟，博士及其族人皆從。先生升堂，抗聲祝神，以侯之義烈動之，而數其敗官忝世之罪，觀者群相指駡，博士愧欲死，搏顙自詈，邑遂無親屬訟。平陽西三十里曰平山，亦所稱壺口也，平水出焉，襄陵與臨汾受平水，分灌其田。豪右龍斷爲奸，非有買水券弗予之水。無地者擅水之利，而有地者反無水，於是争水而鬭者歲百千人，大獄數起。先生至，廉獄事，多所活貸，迺均水利，以絶其争，定「以地隨糧，以水隨地」之制。會臨汾周令履畝，兩邑田若稅相值也，定平水爲四十分，縣各取其半，遂頒水則，筦茲陡門，水二十分，釃八支渠，所分灌視壤廣狹爲差，凡得水田十萬畝有奇。先生且言於兆公曰：「襄陵水利，民捐民修，乞奏請毋照東南水田升科。」兆公命先生爲奏藁，奏上，詔曰可。邑人銘碑紀之。先生置鼓堂上，約民有事則自擊鼓，不限旦暮，聞鼓即理問，告無成期，狀無成式；先生即地選僕，習其方言，民或不知書，口訴可也。時出行縣，減從者，惟具筆札衣糧以隨，不煩供億，有遮訴者，索木倚坐道，遽與判牘。杜門莊士，風聽造廬，諮民疾苦，耳目無窮。此先生宰政之要之尤者，其從出之原，由其學也。

三年二月癸未，先生去襄陵，在任百九十日，及代而去，舉邑皇皇，如失慈母，乞留畫像，遽祀之鄧伯道祠，旋建祠而祀之。溯咸豐二年冬，南方盜東下，破武昌、安慶，據金陵，北至揚州。先生在襄陵，驚曰：「吾懼其如明之流賊也！」乃爲晋聯關隴三難五易、十可守、八可征之策，其略曰：「雍冀爲天地積高之府，踞建瓴之勢，我力能合從，則腹背無虞，顧瞻關隴，唇齒依之矣。晋中富實，内而馬牧、金鐵、硝磺、芻粟之産，外而蒙古察哈爾之兵，踴躍徵需，可饒軍實。長安稱陸海，豪户不減晋中。河西武力，關外防秋，皆緩急之資也。一旦有警，犄角奇正而赴之，折衝千里，此常山蛇勢也，於以援中原屏蔽京師，豈不爲桓文之烈哉！」先生以平陽太守何維墀撫軍哈芬所信也，陳策干之再三，不用。及代，瀕行，先生告襄陵人曰：「賊將至矣，賊之勢必渡河，而晋無備，必入晋；既入，聞襄陵富，必窺襄陵。今爲之策，燔汾河之舟，毁城外之室，賊至既不得渡，又無所掠，此城必可完也。」邑人以賊遠，且燔毁，始難之，以先生來則既惠，去則必哲，終從之。乃籌金，合以水利捐餘，凡所燔毁，估其價，賊退復之，信鈐邑印而行。代還，迺自奏記哈撫軍，如所以告何太守者，尤加切焉。哈撫軍素不知書，視先生策若無睹也，納策韡中，遽退，幕賓教之言，乃出，誚先生曰：「子之策，謂之先事豫防也可，謂之未事張皇也可〔二〕。」卒不用。先生遂引疾。亡何，揚州賊由鳳〔三〕、亳趣豫，跨河撲懷慶。八月，折而西入晉，徑陷垣曲、絳縣、曲沃，進屠平陽，又殘洪洞、潞城、黎城以出，喋血千里，蹂躪及畿輔，天子遂以輦轂爲憂。何太守闔門遇難，哈撫軍聞難先逃，革職遣戍，而襄陵守先生遺策，其城特完。先生在晉，豫歸貲不他動，曰：「吾强項令也，不有歸貲，可若何？」及引疾，歸次贛州，猶典裘度嶺，乃至其家。

先生鄉居，勤鄉堤如舊日，率宗人新祖祠，行捐産贍族例章。遠方從學者日至。先生講學禮山下，有古大夫歸教州里之風，於是講學終二十餘年。每聞先生曰：

嗚呼！孔子没而微言絶，七十子終而大義乖，豈不然哉！天下學術之變久矣，今日之變，則變之變者也。秦人滅學，幸猶未墜。漢之學，鄭康成集之；宋之學，朱子集之。朱子

〔二〕謂之未事張皇也可：「也」下，《讀書堂集》有「亦」字。

〔三〕揚州賊由鳳：「由」，原作「中」，據《讀書堂集》改。

又即漢學而稽之者也，會同六經，權衡四書，使孔子之道大著於天下。宋末以來，殺身成仁之士，遠軼前古，皆朱子力也，朱子百世之師也。事師無犯無隱焉者也，然而攻之者互起。有明姚江之學，以致良知爲宗，即攻朱子之格物〔二〕；乾隆中葉至於今日，天下之學多尊漢而退宋，以考據爲宗，則攻朱子爲空疏。一朱子也，而攻之者乃相矛盾乎！學術之變，古未有其變也。嗚呼！古之言異學者，畔之於道外，而孔子之道隱；今之言漢學、宋學者，咻之於道中，而孔子之道歧。何天下之不幸也！彼考據者，不宋學而漢學矣，而獵瑣文，蠹大義，叢脞無用，漢學之長有如是哉？孔子曰：「德之不修，學之不講，是吾憂也。」吾今爲二三子告，蘄至於古之實學而已矣。學孔子之學，無漢學、無宋學也；修身讀書，此其實也。二三子其志於斯乎！修身之實四，曰惇行孝弟、崇尚名節、變化氣質、檢攝威儀。今之學者，其聞古之孝弟，則曰吾心固如此也，其事則不能矣；及其有失也，則曰事如此，吾心不如此也。然則汝心則是，汝事則非，孰使汝心不能達於是耶〔三〕？抑汝心未誠耳。誠以行之，如古之孝弟也，家人且化焉。鄭濂舉治家之道，曰「不聽婦言」，夫有言而不聽，豈若化

〔二〕即攻朱子之格物：「即」，《讀書堂集》作「則」。

〔三〕孰使汝心不能達於是耶：「是」，《讀書堂集》作「事」。

之而無言乎？且骨肉之間，學者動以理争也，夫烏知争財者罪，争氣者罪，争理者亦罪。《禮》曰：「門外之治，義斷恩；門内之治，恩揜義。」蓋不可以理争也。有變，則以仁術全之可也。《孝經》曰：「立身行道，揚名於後世，以顯父母。」立身也者，名節之謂也。今天下之士，其風好利而鮮名節，二百年於兹矣。學者不自立，非君子人也。昔者伊尹辨義，武侯謹慎，辭受取與、出處去就之間，昭昭大節，至今照人，如日月之在天也。張子曰：「形而後有氣質之性，善反之，則天地之性存焉。」《鴻範》曰：「沈潛剛克，高明柔克。」變化之道也。能自克而勝氣質，則剛柔濟事，是攸好德也，攸好德則宜在五福；不能自克而氣質勝，則剛柔害事，是弱也，弱則宜在六極。此學者之元龜也。今之學者輒曰不羈，威儀鮮自力。《詩》曰：「不吊不祥，威儀不類。」言亡國徵也，以言學者，亦亡身徵也。故鬼幽鬼躁，管輅猶覘之矣。雖然，修身者不讀書不可也。讀書之實五，曰經學、史學、掌故之學、性理之學、辭章之學。夫經明其理，史證其事，以經通經，則經解正，以史通經，則經術行。掌故者，古今之成法也，本經史之用以參成法，則用法而得法外意矣。性理非空言也，《易》曰：「翰音登於天，何可長也。」性理者，所以明吾學之大，皆吾分也，用之無所驕，不用無所歉。古來才大而器小，或矜伐自用，若管仲、姚崇、李德裕、張居正者猶譏焉。吾以爲性理之書，義如懿戒，足以自箴矣。歐陽氏曰：「文章止於潤身，政事可以及物。」夫信以文章非及物者乎？君子之學，以告當世，以傳來者，《書》以明之，《詩》以歌之，非文章不達也，皆及物者也。孔子曰：「言之無文，行而不遠。」南宋而後，古文之道法衰〔一〕，天下必當有興者，二三子其志於斯乎？嗚呼！有明季年，流賊乘之，今吾衰矣，金陵之盜，憂方大也。孟子曰：「下無學，賊民興。」可不懼哉！

此先生講學之大旨也。《史記·孔子世家》特稱《論語》之言曰：「子以四教，文、行、忠、信。」明其垂萬世法也。文者六經也，《書》與《春秋》，經之史，史之經也。百王史法，其流也。正史紀傳，《書》也。通鑑編年，《春秋》也。九通掌故，淵源於經〔二〕。濂洛關閩，性理精微，由經而發，非宗經無以爲辭章，皆讀書事也。行主忠信，皆修身事也。子以四教，斯學者一人而備四教，及其教成，則以其尤長者名之，曰德行，曰言語，曰政事，曰文學，所謂四科也，斯其爲孔門之人才。先生於讀書以修身者，勉備乎一己，其教學者，必一人皆備焉，而世之教者〔三〕，喜四科而忘四教，先分四科，偏以一科教一人，終身欲其學焉，而得其性之所近也，夫烏知教先偏者豈其性歟？知經而不知史則迂，知史而不知經則麤。胥吏之才，斯知掌故而不知經史；語録之野，斯不知辭章；文人無足觀，斯不知讀書以修身之實。先生察之，所以本邱文莊說，而不取經義治事分齋也，其他可推矣。

〔一〕古文之道法衰：「法」，《讀書堂集》作「濅」。
〔二〕淵源於經：「淵」，《讀書堂集》作「溯」。
〔三〕而世之教者：「之」下，《讀書堂集》有「爲」字。

先生曰：

紀文達，漢學之前茅也；阮文達，漢學之後勁也。百年以來，聰明魁異之士，多錮於斯矣！嗚呼！此天下所以罕人才也！《四庫全書提要》，非紀文達裁定歟？以功令尊朱子而不敢干，每陰排之。小學非六書而已也，紀文達必從《漢志》，非也。朱子《小學》，小學之道也。《大戴禮》曰：「古者年八歲而出就小學，學小藝焉，履小節焉；束髮就大學，學大藝焉，履大節焉。」是故小學養大學。《皇清經解》，非阮文達命輯歟？宋學言去欲，經解以爲非，曰「所欲與之聚之」，孟子義也，彼漢學者東視不見西牆矣。人欲有公而有私也，《樂記》所謂滅天理而窮人欲者也。《漢書》黥布反，高祖隃謂布曰：「何苦而反？」布曰：「欲爲帝耳。」然則布之欲也，其宜去乎？抑不去乎？

先生曰：

注疏者，學十三經之始也。古今名家聲音訓詁，去其違而終之經義焉可也。《漢書·藝文志》曰：『古之學者耕且養，三年而通一藝，存其大體，玩經文而已。是故用日少而畜德多，三十而五經立也。』吾聞經師之法，日誦三百言，不及三年，雖在中人，五經皆遍。昔者東方朔年二十二，上書自言十六學《詩》《書》，誦二十二萬言；十九學孫吳兵法，亦誦二十二萬言。凡已誦四十四萬言。由今考之，朔六年之中，日誦二百言有奇，中人無不能也。

少苟失學，何患於無年乎？五經兼習，乾隆間乃行之，其初惟專經例，然士能兼經，所謂異能之士也，美矣。士不能兼經，斯有以虛應之者，是求多而反失也。漢制專經，天下豈不多經術士哉？《易》善補過，諸大象皆有君子以之文，蓋求於人事者重，程子《易傳》、朱子《本義》可明也，而程子言假象，朱子言先天河圖，其創獲者宜辯焉。《書》僞古文，閻氏別於先，漢學因而考之，《書》古文篇，非無可據也，而《康誥》注言周公稱王，《洛誥》注言周公復辟，其害義者宜辯焉。《詩》從子夏序，毛傳、鄭箋可參也，而《無衣》序言美晋武公，其誤傳者宜辯焉。《春秋》三傳必正其違經之失，《左氏傳》杜注、《公羊傳》何注，此與《穀梁傳》范注，有自謂未詳以見傳非者不同，亦未可廢也，而杜注縱亂臣賊子以自掩，何注敢黜周王魯，其惑世者宜辯焉。禮以今用之爲宜，古禮之云，鄭注可徵也，而《禮運》注言大同、小康，其不知錯簡者宜辯焉。

先生曰：

《資治通鑑》，史學之大用也，雖百世可爲王者師矣。畢氏之續未逮也，然續者獨推焉。《通鑑》書戰者詳，兵謀之蓄也。紀事本末其尋之也易，不亦宜備乎？《二十四史》讀之者其要可知也。《史記》《前漢書》《後漢書》《三國志》四史，史之冠也。《明史》，史之近也。《史記・六國表序》所謂「以其近己而俗變相類」也。《明史》屬稿有布衣萬季野焉，史局諸臣，鴻博選也，越六十年而書成，故史義之精，獨逾群史。

此先生講學惓惓，恒懼無學而興賊民之禍也。

先生年十三，同里曾廣文勉士，喜先生幼敏，以先生謁阮文達，此在粤制府時也，乃命先生作黄木灣觀海詩，文達驚曰：「老夫當讓此子出一頭地，過予彩旗門觀海作矣。」及文達爲相國，詒書盧制府，言選高才生肄業學海堂，於是選者十人，先生爲舉首，先生以疾辭不赴。粤大吏歷年聘先生爲學海堂學長，辭不就，仍虚位待之。凡二十餘年，終不就。先生講學至《皇清經解》，每以箠擊案曰：「何偏之甚也！顧亭林之學，不分於漢、宋也，今采其説，尊宋者芟焉，書以國朝爲目，當時之儒非皆漢學也，若方靈皋者流，乃一言之不録也。」

同治元年，先生疊奉特旨召用，以疾未赴。郭中丞與先生同年也，詒書將就見之，先生復書固辭。再詒書，又復之，卒不得見。有曷族人介某明經求見，先生以他出辭，而謂明經曰：「子而忘經義乎？古之大夫非有君命不私覿。《禮》曰：『爲人臣者無外交，不敢貳君也。』」光緒二年，有聞使英者以告，即先生前所不見之郭中丞也，先生閔然悲之於後。先生既没，門人啓其篋衍，乃手書曰〔一〕：「派員往英之事，何辱國至此！舉朝可謂無人。李相身係安危，先自屈辱，損中國之威，長夷虜之氣，天下何望矣！回憶咸豐之事，喋血郊園，盟於城下，乘輿出遜，晏駕不

〔一〕 乃手書曰：「乃」下，《讀書堂集》有「得」字。

還，《公羊》所謂百世之仇，『無時焉而可與通』也。今重有此大辱之事，此志義之士，所以言念國恥，當食而嘆，中夜憤悱，誓心長往，終己不顧者也。」

先生事親，一器一役，喜躬親之。時以叔子偕伯仲及季將事如嬉兒之爭承，親不以壯佼視也。與伯兄同舉於鄉，問學相師友，父母喪，居先廟東廂，哀毀，喪食三年。繼母喪，居鄉寺，執禮如母。以會試故，五越月而聞繼母喪，慟哭咯血，動於其天也。

光緒七年六月，張制軍裕撫軍以先生奏聞曰：「講明正學，身體力行，比閭族黨，薰德善良。」七月，詔賜五品卿銜。十二月十九日丁丑，先生卒，年七十五。及斂，面如生。門人醵金以賻。門人嘗問曰：「先生日著述者何？」先生曰：「吾著述有七，曰《國朝名臣言行録》；曰《國朝逸民傳》，嘗仕者亦書，如逸民柳下惠也；曰《性學源流》；曰《五史實徵録》，此録宋遼金元明也；曰《晋乘》。」其書名未定，有論國朝儒宗者，倣黄梨州《明儒學案》；有紀蒙古者，先生曰：「稿未脱〔二〕，定稿以傳，猶須暇日爾。」卒年八月，謝絶一切，家人問故，曰：「吾有事於書也。」十月疾作，知難終事，遂自燔其稿，蓋逾一月而卒，門人蒐其詩文，都爲十卷，稱曰《朱九江先生集》。傳例見《漢書·鄭康成傳》《唐書·韓昌黎傳》，皆列傳。

〔二〕稿未脱：「稿」下，《讀書堂集》有「有」字。

成孺

成先生行狀〔一〕

馮煦

曾祖惪洤，本生曾祖邦殿。

祖林椿，本生祖紱。

父載勳。

江蘇揚州府寶應縣成孺六十八狀。

光緒九年十二月初九日，寶應成先生卒。先生江淮大儒，百行純備，而孝尤絶人。煦既志諸墓矣，會國史館有《儒林》之徵，學行如先生，不可以無傳也，爰疏其著述之大旨歸之，其爲志所未具者别爲之狀，俟史官采焉。

先生學凡三變，二十攻詞章，三十攻考證，四十攻義理，爲之必要其成，行之必蘄其安，著書凡數十卷。

〔一〕本篇載《蒿盦類稿》卷二十四，又收入《碑傳集補》卷三十八。

夫易有太極，道之大原，濂溪明之於前，考亭尊之於後。後儒不根，轉相疑謬。先生悠然有會，折周、朱同異之故而得其衷，爲《太極衍義》一卷。百工一藝，莫不有師，矧在儒者？二千許年，派别緒分，主於一善，爲《我師録》一卷。百世之師，鄒魯而後，厥惟紫陽〔一〕，爲《紫陽學則》二卷。登高者卑，行遠者邇，尼山權輿，實始下學，爲《必自録》二卷。下學維何？倫常日用，聖凡不易，是曰庸德，爲《庸德録》二卷。生安學利，知行不强齊，盡人所能，惟困與勉，爲《心巢困勉記》一卷。四德首元，五常首仁，仁有體用，道由而生，爲《論語論仁釋》一卷。天命之性，在明明德，徹上徹下，此其歸極，爲《明明德解義》一卷。道不自私，傳之其人，博文約禮，湖湘齗齗，爲《長沙校經堂學程》一卷。趙宋代嬗，多有體無用之儒，爲世訾謷，先生病之，取《魯論》論政者，條舉件繫，斷以後儒之説，與當時之宜，爲《東山政教録》三卷。深識我朝學術升降，與其次第傳受之緒，爲《大清儒學案目録》一卷、《學案備忘録》一卷、《國朝師儒論略》一卷。承學之士，各尊所聞，爲《語録》若干卷。此先生義理之學也。

疇人失官，世難其業，先生於曆通《三統》，下逮《時憲》諸術，於算申中抑西，不阿世好，爲《尚書曆譜》二卷、《春秋日南至譜》一卷、《太初曆譜》一卷、《五經算術補注》二卷、《步算釋例》

〔一〕厥惟紫陽：「惟」，《碑傳集補》作「爲」。

六卷。古之方輿，《禹貢》始詳；《漢志》所援，尤爲精確。先生本孟堅之説以釋之，復旁取百家，證通疏滯，爲《禹貢班義述》三卷。等韻之學，倡自崑山，江、戴、段、王，遞相祖述。先生通諸家之郵，而益之邃密，爲《詩聲類表》一卷、《切韻表》五卷。單辭片義，確有心得；大鳴小鳴，隨其叩〔一〕，爲《經史駢枝》若干卷。此先生考證之學也。

《左氏》有言：「言之不文，行之不遠。」先生蚤宗昌黎，晚法廬陵，沛乎焕乎，足以載道，爲《文録》若干卷。陶寫性真，莫善於詩，先生得淵明之超，得子美之深，爲《詩録》若干卷。詩可以興，百代懲勸，以今視昔，其則不遠，爲《可興集》六卷。維桑與梓，必恭敬止，爲寶應儒林、文苑《事略》各一卷。有美弗知不明，知而弗傳不仁，爲《成氏先德傳》一卷。此先生詞章之學也。

之三者，魁儒碩師，窮畢世之力，得一已難，而先生一人兼之。嗚呼成矣！抑先生嘗謂煦曰：「學有三宗：義理，孔子所謂識大也；考證，孔子所謂識小也；詞章，則發明斯二者者也。皆道之所在也。然亦不可無本末輕重之差，故孟子曰：『知者無不知也，當務之爲急。』觀於此言，可以知旨歸之所在矣。」先生樂善不倦，其所與切磋者，義理則朱司馬百順、裴廉訪蔭森、陳觀察彝，考證則高文學均儒、陳孝廉輅、劉明經毓崧、茆文學泮林、祁文學寅亮、劉孝廉恭冕，詞

〔一〕隨其叩：「其」下，《蒿盦類稿》有「所」字。

章則孔太僕繼鏶、喬孝廉守敬，并一世之望。教授數十年，門弟子著録者衆，若張荔生、潘詠、孔廣牧、姚江，其尤著者也。

煦事先生久，知先生深於國初諸儒，各得其近似，而集其大成。博綜經術，行己有耻，似顧亭林；通天地人，歸於經世，似黄梨洲；操履嚴密，一介不苟，似張楊園；廓乎有容，無所黨伐，似湯潛庵；湛冥物外，獨全其天，似李二曲。今顧、黄氏既爲儒林之冠，而張氏、湯氏、李氏皆配食孔廟。先生規之，是一是二。然先生隱居學道，深自韜晦，不汲汲求人知，人亦鮮知之者。讀先生書，當知煦非阿其所好也。

劉壽曾

劉恭甫墓表[一]

孫詒讓

群經義疏之學，莫盛於六朝皇、熊、沈、劉之倫，著録繁夥。至唐孔冲遠修訂《五經正義》，

〔一〕本篇載《籀廎述林》卷九。

賈、元、徐、楊諸家賡續有作，遂遍諸經，百川洄注，潴爲淵海，信經學之極軌也。南宋以後，説經者好逞臆説以奪舊詁，義疏之學，曠然中絶者逾五百年。及聖清御宇，經術大昌，於是鴻達之儒復理茲學，諸經新疏更迭而出。或更張舊釋，補闕匡違，若邵氏、郝氏之《爾雅》，焦氏之《孟子》，胡氏之《儀禮》，陳氏之《毛詩》，劉氏之《論語》，陳氏之《公羊》是也。或甄撰佚詁，宣究微學，若孫氏之《尚書》是也。或最括古義，疏注兼修，若惠氏之《周易》，江氏之《尚書》是也。諸家之書，例精而義博，往往出皇、孔、賈、元諸舊疏之上。蓋貞觀修書，多沿南學，牽於時制，别擇未精。《易》則宗輔嗣而祧鄭、虞，《左氏》則尊征南而擯賈、服，《尚書》則崇信枚、姚，使伏、孔今古文之學并亡。厥咎郅鉅，加以義尚墨守，例不破注，遇有舛互，曲爲彌縫。冲遠《五經》，各尊其注，兩不相謀，遂成違伐。若斯之類，尤未允愜[二]。而近儒新疏，則抉微擿佚，必以漢詁爲宗，且義證宏通，注有回穴，輒爲理董，斯皆非六朝、唐人所能及。叔明疏陋，邵武誣僞，尤不足論。然則言經學者，莫盛於義疏，爲義疏者，尤莫善於乾嘉諸儒，後有作者，莫能尚已。

嘉慶之季，爲義疏之學者，又有劉先生孟瞻，治《春秋左氏傳》，謂鄭、賈、服三君古義，久爲

〔二〕尤未允愜：「允」，《籀廎述林》作「先」。雪克點校本據稿本改作「久」（《籀廎述林》，中華書局，二〇一〇年，第二九六頁）。

杜氏所晦蝕，孔疏不能辨也。乃鈎稽三君佚注，精校詳釋，依孫氏《尚書疏》例，爲《左氏疏證》，凡杜、孔所排擊者糾正之，乾没者表著之。草創四十年，長編褎然，《疏證》則僅寫定一卷，而先生遽卒。其子伯山先生繼其業，亦未究而卒。伯山先生長子恭甫知縣，紹明家學，志尚閎遠，念三世之學，未有成書，創立程限，鋭志孯纂。屬稿至襄公四年，而恭甫又卒。千秋大業，虧於一簣，斯尤學人所爲紊欷而不釋者已。

恭甫名壽曾，世爲揚州儀徵人。曾祖錫瑜，國子監生。祖文淇，優貢生，候選訓導，即孟瞻先生。父毓崧，優貢生，薦舉八旂官學教習，即伯山先生。配李宜人。子一，師蒼。恭甫少穎特，工文章，長承庭誥，遂通許、鄭之學。資材開敏，行誼純篤，事繼母黄以孝聞。姑適田，嫠而貧，殁爲經紀其喪，又謀所以恤其孤，皆人所難能者。湘鄉曾文正公開府江寧，重其學行，延入書局，所校刊書史多精善。同治甲子、光緒丙子，兩充江南鄉試副榜貢生，既不得第，乃以佐戎幕保舉知縣，加同知銜，非其志也。體素充實，既精《左疏》[二]，而兼治局書校讎文字之役，精力耗損，猶不自已。光緒辛巳秋[三]，由江寧返揚州，遘微疾，竟卒，年止四十有五，謂非經生之戹運與！

[二] 既精左疏：「既」下，《籀廎述林》有「額」字。
[三] 光緒辛巳秋：「辛巳」，雪克點校本據稿本改作「壬午」（第二九六頁）。

同治中，詒讓侍親江寧，始得識恭甫。於時大江南北，方聞之士總萃於是。寶應劉君叔俛方繼成其父楚楨先生《論語正義》，甘泉梅君延祖治《穀梁》，亦爲《義疏》，而恭甫治《左氏》爲尤精。詒讓佝瞀不學，幸獲從諸子之後[一]，亦復希光企景，儗重疏《周官》，以拾賈氏之遺闕，間有疑滯，輒相與商榷，必得當乃已。曾不數年，踪迹四散，詒讓亦南歸[二]。叔俛主講鄂中，其書甫刻成而卒；梅君書僅成長編數卷，亦卒。二君之亡，恭甫輒馳書相告，愴師友之彫謝，怵大業之難成，若有不能釋然者。其卒之前兩月，猶詒書詢「笠轂」疑義，詒讓爲據《考工》輪轂度數，考定其說以復之。恭甫得之則大喜，報書謂編《左疏》已至襄公，而以早成《周官疏》爲勉。方嘆恭甫勤敏，其書旦暮且有定本，自顧庸窳，六官疏未及半，深恐不能速成以副良友之望，而孰知恭甫之遽止於斯乎！

恭甫所著書，自《左疏》外，有《傳雅堂集》若干卷，又著《昏禮重別駁議》[三]，則因伯山先生之緒論而申證之者。其在書局分校《南》《北史》，則有《校義集平》之作；在江寧從李大理聯琇游，則有《臨川答問》之作。論文好包氏《文譜》，又爲之類釋。書率精博可傳。其它分纂地志尤

[一] 幸獲從諸子之後：「諸子」，《籀廎述林》作「諸君子」。
[二] 詒讓亦南歸：「亦」，《籀廎述林》作「既」。
[三] 又著昏禮重別駁議：「別」下，《籀廎述林》有「論」字。按，劉著又名《昏禮重別論對駁議》。

夥，以非其學業之大者，故不復論，獨論其《左疏》，以見三世經業垂成而不克者爲可惜也。

劉貴曾

先府君行略[一]

劉師培

府君姓劉氏，諱貴曾，字良甫，號少崖，別號抱甕居士。先世自溧水遷揚州，爲儀徵人[二]。曾祖錫瑜，國學生。祖父文淇[三]，優貢生，候選訓導。父毓崧，優貢生，薦舉八旗官學教習[四]。自訓導公以下學行，均載國史《儒林傳》。教習公生四子，長壽曾，副貢生，同知銜候選知縣。府君其仲也。

府君幼承庭誥，開敏穎達，山陽丁先生晏亟稱之。年十二，粵匪再陷揚州，爲賊所掠，隨從江南北[五]，牧馬斯薪，歷十有二旬，卒以奇策脱，從間道涉江，且挾一兒跳免。清河吴先生昆田

[一] 本篇載《左盦集》卷六。
[二] 爲儀徵人：「爲」上，《左盦集》有「世」字。
[三] 祖父文淇：「父」，《左盦集》無。
[四] 薦舉八旗官學教習：「舉」，《左盦集》作「選」。
[五] 隨從江南北：「從」，《左盦集》作「徙」。

以李安溪脱困相擬。同知公述其事，爲著《餘生紀略》。時舉家避亂，一再遷徙，從南清河達東臺，重以饑饉。府君自傷屯邅，悴厲奮發，晝劬糞掃，夕篝燈勤讀，兼訓諸弟，佐父兄爲文事。同治丙寅，以經解詞賦受知督學和州鮑公源深，入縣學，旋補增廣生員，從教習公居江寧，肄業鍾山、惜陰兩書院，間幕游南昌、六安。

歲丁卯，教習公捐館舍，食指日繁，處益困，同知公客兩江書局，府君請謝家事，而自携家返揚州。歲壬午，同知公即世，衆務挫積，府君侵晨而興，以釐家政，米鹽筐篋淩雜之事，力司其劬；出爲桑梓籌利弊，躬親賓祭慶吊，日昃始返；返則函牘累寸，賓朋弟子列席而俟；夕裁書牘，兼事讎校，漏三下乃休，歷十五年如一日。嘗訓不孝曰：「古語有言：『流水不腐，户樞不蠹。』養身之要是在勤矣。」凡一再中光緒丙子、己丑省試副貢生候選直隸州州判，棄不就，謂：「仕已濟物，惕然束身令甲〔二〕，不若鄉居易措施也。」由是殫精公務，遇地方利害，陳言守令，侃侃無所詘，或就搢紳先生謀，悉中窾要。故團練、濬河諸役官必諮詢而行。又領郡城嫠婦賑恤事，待賑者千百人，府君按户給發，不假手僕從。孑行衢巷，祁寒酷暑不稍間，雖疾弗休。戊子季冬官靳賑款，府君慨然曰：「此貧婦卒歲之資所從出也，吾司其事，奚忍睹其乏？」乃貸資富室，趣

〔二〕惕然束身令甲：「惕」，《左盦集》無。

官出款以償。若紳議撙節此款，輒正色以争。時育嬰、施藥、施粥諸局漸次施設，官延府君董其事，府君以多疾辭，乃舉所知自代，然經營規畫一出於府君。鄉人感其誠，下逮典商市賈，以情上達，亦重倚府君。歲甲午，典商以官税驟增，議益民息，府君持不可，乃止，然徵商逾額，亦白官抒其困，惟不以私干，非義之財，尤纖芥不苟取，故家無餘財，僅置薄田百畝，又御佃以寬，歲凶則殺其税，每值歲暮，醵金市米券，察貧户無食者，躬造其室，量口爲施，間佐以白銀，雖自隱姓名，不令受者知。然府君之卒，貧婦多相哭失聲，傭夫、乞徒亦或墮泪，其厚德及人有如此。

府君事親以孝，尤篤兄弟之倫。同知公遺二女一子，子名師蒼，方九齡，府君躬自督教，愛逾己子，食必同席，出必與偕，鄉里播爲美談。與人交，規過勸善，委婉周摯，就謀者必忠告，以事相屬，雖至艱鉅，必要其成。師友戚族，窶貧無依，則自舉債相佽助。暇與雅儒耆德相過從，結社會文，久而克敬，蓋諄謹誠慤，天性然也。

平生於學靡不通，尤邃於曆，問業於竇應成先生蓉鏡，盡通三統四分之術。先是，訓導公《春秋左氏傳》[一]，作《舊注疏證》，成僅一卷，同知公賡之，府君爲之[二]，遂通兩漢古文家法。謂

[一] 訓導公春秋左氏傳：「公」下，《左盦集》有「治」字。
[二] 府君爲之：「之」，《左盦集》作「助」。

劉歆爲《左氏》先師，以三統説傳，因采其術於經傳二百五十七年中，推其日躔、月離、分至、啓閉及歲星所在，撰《左傳曆譜》，歸安楊先生峴爲作序，惟昭公二年以下屬革未竣。其撰著大旨，以爲晋灼注《漢書》，謂歆用周正説《左傳》，不知《春秋》用周正，因以夏正三統説之[一]，觀襄公十四年廿三年二月日食，歆均云前年十二月，與經差二月，其明徵也。又服氏作《解誼》，用太極上元三統曆，後秦姜岌譏爲以漢曆説《春秋》，不知三統曆術本僖五年至朔同日爲準，故《漢志》於文元年，襄廿七年、廿八年、三十一年，昭十八年、廿年、三十二年，并云辛亥若干[二]，歲時歲差之理未明。歆據春秋日躔言漢曆[三]，於漢曆雖稍疏，於《春秋》則至密。服用太極上元，不爲無譏，非《三統曆》不可説《春秋》也。復謂嘉定錢氏作《三統術》[四]，彼以「三統」亦名「春秋曆」，然世經既言「春秋曆」，復兩言三統上元，則「春秋曆」非「三統」，惟所步冬至日辰，恒與「三統」同耳。更推其術治《尚書》，以成先生《尚書曆譜》，曆草未具，成《尚書曆草補演》一卷。其旁訂金石文字也，於虢盤正月丁亥，以三統術推之，定爲三日；於漢劉平國碑永壽四年八月甲戌朔，以四分

[一] 因以夏正三統説之：「因」，《左盦集》作「歆」。
[二] 并云辛亥若干：「云」下，《左盦集》有「距」字。
[三] 歆據春秋日躔言漢曆：「言」，《左盦集》作「定」。
[四] 復謂嘉定錢氏作《三統術》：「術」下，《左盦集》有「衍」字，無「彼」字。

術推之，知延熹四年八月朔確爲甲戌。瑞安孫先生詒讓嘆爲精審逾錢氏云。推曆之餘，精熟唐人義疏。先是，訓導公作《左傳舊疏考正》，以冲遠疏經剿襲舊疏，致詞義弗屬。教習公承之，作《周易》《尚書》舊疏考證，惟《禮記》孔疏未遑從事。府君思竟其志，謂《曲禮》五官致貢，疏既以后以下之官爲五官，又以司徒五官當之，則前後各爲一説，今乃削前説姓氏改爲己説，更以己説駁之；又《曲禮》婦人之摯節《檀弓》絲屨組纓，及遇諸市朝句，疏均前後異詞；且唐疏例不破注，而《曲禮》大饗不問卜，疏義及鄭注生曰父，節以鄭説與他説并存，是均六朝舊疏爲孔乾没者也。因條列其説，成《禮記舊疏考正》一卷。又以鍾氏《詩品》前儒鮮加詮釋，乃廣徵善本互相勘校，惟作注未成。同知公之殁也，方纂《江都縣續志》，府君踵成之，得以刊布。又佐纂《揚州府續志》，校刊《儀徵縣志》，以存鄉邦文獻。初嗜沈博絶麗之文，壯歲以後，以考經訂史爲宗。詩法六朝，間事倚聲〔一〕。著《抱甕居士文集》二卷、《外集》二卷，詩、詞各一卷。其有隨時記録者，則别爲筆記二卷。惟學耻爲名，恒語人曰：「平生治學汩於俗冗〔二〕，能校理先著行世，於志已足。」然年逾五十，偶得異書，猶點勘不稍輟〔三〕，精力亦自是少憊矣。

〔一〕間事倚聲：「倚」，原作「以」，據《左盦集》改。
〔二〕平生治學汩於俗冗：「汩」，原作「泊」，據《左盦集》改。
〔三〕猶點勘不稍輟：「點」字原脱，據《左盦集》補。

府君早歲强實，長罹多故，遂患濕疾，恒數日不納穀食。歲甲午，疾劇復瘉，及戊戌正月，舊疾復作，二月中旬疾勢已解，而病去體羸，日益頓委，至三月三日寅時就枕而逝。嗚呼，痛哉！距生道光乙巳年二月六日[一]，年僅五十有四。配李宜人，生子一，即不孝師培；女一，適江都附生梅兆祫。謹卜於十二月十日奉柩葬於城西郝家寶塔之原，附先塋之次[二]。不孝生晚，於府君學行不獲萬一[三]，然不敢以無實之詞誣我先人，惟當代碩儒哀而賜之傳銘[四]，則世世子孫感而不朽[五]。謹狀。

劉恭冕

族兄叔俛事略

劉嶽雲

族兄叔俛，名恭冕，楚楨先生次子也。先生生子三，獨兄鋭志問學，不墜其緒。坐恒挾書，

〔一〕距生道光乙巳年二月六日：「生」下，《左盦集》有「於」字。
〔二〕附先塋之次：「塋」，底本原作「堂」，據《左盦集》改。
〔三〕於府君學行不獲萬一：「獲」下，《左盦集》有「窺見」二字。
〔四〕惟當代碩儒哀而賜之傳銘：「惟」上，《左盦集》有「伏」字。
〔五〕則世世子孫感而不朽：「則」，底本原作「刻」，屬上讀，據《左盦集》改。「而」，《左盦集》作「且」。

有得輒識上方。少時篹述已及尺，驚其長老，後以爲不足存，往往燬去。楚楨先生吏文安、三河，兄皆從，過庭時，陳質經義，不與聞政事，先生尤愛之。

先生捐館後，兄從朱先生蘭於安徽學院，朱先生雅推重。時方刻李冰漁先生集，閲卷之暇，以校讎相屬，間有更正，朱先生輒嘆服。金陵克復，曾文正首闢書局，朱先生以兄薦。文正素知兄名，相見益訢合，校勘諸史，爲世所重。湖北經心書院落成，李制軍少荃禮兄主講，娉課經訓。湖北人士争與於學，今之讀書有人望者，多弟子籍。《沔陽州志》《黄州府志》《漢陽府志》《黄岡縣志》，咸出兄手。沔陽舊志甚疏漏，考文徵獻，惟兄是畀，視他志尤勤。省志凡例，彭中丞芍亭以屬兄，并請總纂志書，兄撝謙不居。其後數更張兄之凡例，并所編沿革表兩卷未獲用，識者惜焉。朱先生逌然督學湖南，創立校經堂，乞兄移講席，兄以居鄂久，不忍去，湘中士大夫多以未受業爲憾。

先是，楚楨先生治《論語正義》，未成而卒。兄憬念先業，蚤夜釐定，爬羅諸家異説，一義未明，馳書四方，必求其是。凡十餘年，迄刊書成，自著《廣經室雜著》《札記》數卷。蓋平生精力，皆在《正義》矣。所學於訓詁文字辨覈極精確，尤喜尋繹微言大義，無主漢奴宋之習。常欲爲《禮記正義》，自以年邁，時時晸嶽雲曰：「弟年力富强，又開敏軼同輩，盍治之？」嶽雲竟以假館四方，屬草不多，未能成一家言，重辜兄望。兄未病時，猶諄諄相屬，此可悲矣！

兄誘掖後進，惟恐不及。凡與游者，虚往實歸，莫不懽洽。與人交，一以誠，未嘗脂韋圜轉，雖間爲宵人所賣，處之泊然，緊古之經師德與學稱者也。

兄附監生，中己卯舉人。年六十歲，以風疾殁於家，時維光緒癸未六月。娶王氏，生子四：裒孫，早卒；春孫，附生；騏孫，廩貢生；志孫，方讀書。女二，一適華氏。孫女四人。葬於邑北鄉殷黄臺祖塋之側。兄之葬也，銘幽之文闕如。嶽雲追維平日期望之殷，與金陵、武昌相聚之樂，而太息兄之殁，遺書蕩然，不獲慰其志，是用摭其行事學術，俟君子采焉。

强汝詢

强先生傳〔二〕

錢振鍠

先生諱汝詢，字蕘叔，溧陽人。父溱，字東㟁，號沛厓，嘉慶庚午順天舉人，選寧國教諭，以德化士民。縣令某失民心，民不納税，大府雅知沛厓，諭爲令助，沛厓卒令諸生傳語鄉父老，納税如常。轉甘肅安定知縣，到官四月卒。貧無以遺子孫，惟藏書二萬五千卷而已。先生咸豐九

〔二〕　本篇載《名山六集》卷三。

年己未恩科順天舉人，桂寇之亂，避地江左之興化〔二〕，杜門督子弟誦讀。同治三年甲子〔三〕，江蘇巡撫李鴻章克復蘇州，或薦先生才，鴻章委先生總牙釐事，先生辭。既入山西按察使陳湜幕府，捻匪北竄，先生爲晋防議甚詳，時不能用。未幾賊入，山西幾危。既選江西榆縣教諭，不赴。自是先生一意著書，無用世意。光緒二十年甲午，卒於家，年七十一。

先生於學無不通，而一以程朱爲歸，著有《大學衍義續》七十卷，《春秋測義》三十卷，《求益齋文集》八卷、《詩集》六卷、《讀書記》五卷、《隨筆》二卷，《漢州郡縣吏考》一卷，《金壇見聞紀》二卷。先生以真氏《大學衍義》闕治國、平天下，丘濬補之，而不免稱道後世功利苟且之政，又意在推尊明制，體未善，乃改爲之。其書深究三代聖王愛民立教之意，與夫後世失道致亂之由，於漢唐開國稍近古制而未純，一變可以至道者，三致意焉。蓋先生實欲樂利斯民，復睹三代之盛，不徒以著書爲長。有王者起，必來取法，先生當之矣。其説《春秋》，大略謂孔子删節魯史，筆削其事，非筆削其文。又曰：「《春秋》有義而無例，有筆削而無褒貶。左氏曰：『君舉必書，記事之法也』；公羊氏曰：『常事不書，筆削之法也』。」大率本於朱子「直書其事而善惡自見」一語。

〔二〕避地江左之興化：「左」，《名山六集》作「北」。
〔三〕同治三年甲子：「三」，《名山六集》作「元」。

故又曰：「善惡之變有盡，而據事直書之法無窮。」蓋説《春秋》者，莫善於本朝方苞，而先生與苞説相近，苞説得十四五，先生得十七八矣。嘗曰：

論者謂漢儒説經，謹守家法，非後人所及，其實不然。所謂家法者，漢時試士之功令，凡博士各自名家，學於學官者，博士各以其學名之，謂之家法。故士之射策，必以家法對，非是則擯不得與。孟喜得《易》家候陰陽灾變書，詐言受之師田生，梁丘賀證其不然，宣帝遂不用。趙賓以小數言《易》，謂受之喜，喜爲名之，及賓死，喜遂不肯認。焦延壽《易》亦自謂喜傳，而喜弟子翟牧、白生不肯。此皆欲冒名家法而見擯者也。蓋家法爲利禄所關，故冒之者多，而擯之者亦力，甚則《逸禮》《古文尚書》，以博士先未有家法，遂遭排抑而不得立學。夫以秦火所未能滅者，竟爲諸儒所擯，以至於亡，此家法之極弊也。且既名家法，則説經不必盡同，故漢之學者，多非一師；一家之學，又判爲數家。夏侯勝之從子建，受《尚書》於勝，其後左右采獲，自名其學。勝斥建破碎，建亦譏勝疏略，則師弟且自矛盾矣。鄭康成、荀爽、虞翻皆號傳費氏《易》，而其説判若冰炭。康成親受業於馬融，而説經多與之異，安在其恪守師法哉？蓋朝廷之試士，必限以家法；儒者之説經，不能盡拘成説。唐宋明之試士，經説各有專主，亦猶漢之有家法也。士之應科舉者，固莫敢違，若其著書立説，豈能無異同哉？世之軒漢輊宋者，稱漢儒則曰「篤守師説，具有家法」，詆宋儒則曰「黨於其師，門户之見」。事同而褒貶異，固甚不平，而於漢儒之異同，殆未之知也。夫六經廣矣大矣，非一令所能罄〔二〕。漢之兼立諸家，蓋未爲失，要當主於明道，不徒以誦説爲賢。若夫妄逞私臆，不根道理，詆毁先儒，蠹經術，賊人心，此則在上者所當禁也。

先生弟汝誠、汝諤，皆有氣節。方避兵興化時，家二百指，噉粥不給，先生憂之，其弟曰：「餓死，命也。不得摧眉干請，使俗子驕人。」先生壯之。

論曰：以先生之學，不成進士，文采不豔於時，獨抱大令學〔三〕，規諸晚近，難矣。當是時，曾文正公握天下權，其所用多時俊傑〔三〕，即文學之士，得其一獎詡，便有天下之名。先生於曾門獨無蹤迹，故未見厥施。我朝風氣，大率拾宋儒之所棄以攻宋儒。曲學小生，以詆道學爲能事。先生所糾正，皆本朝通經學、攻六書巨子，與一時風氣之異。古文絶無宗派，又謂姚氏言文章别是一事，雖朱子不得與，其説非是。又謂文章以理爲本，不當爲無理之言，與曾公父師姚氏至謂古文不宜説理者不同，即游曾門，恐不見取。嗚呼，才大難用，豈不信乎！要之，先生自是南宋朱門人物，非本朝三百年所有，則必然矣。

〔二〕非一令所能罄：「令」，《名山六集》作「人」。
〔三〕獨抱大令學：「大令學」，《名山六集》作「大人之學」。
〔三〕其所用多時俊傑：「多」下，《名山六集》有「一」字。

高延第

清故翰林院待詔太學生高先生行狀

邱崧生

曾祖濂，晋贈中議大夫。

祖守仁，晋贈中議大夫。

考士魁，皇清進士四川蓬州府知府道銜，誥授中憲大夫。

先生諱延第，字子上，號槐西居士，江蘇山陽人。先世家蘇州閶門。明嘉靖中，諱龍公者始徙居山陽。考蓬州公生二子，長延恩，次即先生。蓬州公廉静愛人，治蜀素有名。先生幼時有成人器，隨侍赴蜀。夜遇竊發，舟人惶恐，先生不爲動，時甫十齡也。入塾讀書，即求實用，不屑屑於帖括章句，凡治亂源流，學術正僞，究心搜討，無稍模棱。在蜀二十年，未嘗一干公事，獨與成都謝青山善。青山孝友士，貧而狷介，先生厚契之。蜀水程險，阻不得歸，應郡縣試援例赴京兆試，往返萬里，所過山川興亡古迹，必流連憑吊而後去。都中貴人某，將有主試之命，聞先生名，風某招之至。先生曰：「讀書人自有其分，以布衣干謁顯者，是越分也。」遂辭不往。

先生夙具經世志，每謂伯兄曰：「二親君奉養惟謹，異日天下有事，惟有周覽輿圖，馳驅疆域，生死非所計耳。」伯兄病殁，先生以侍親不欲出，又病當世士大夫好標榜務名譽，不務正學實政，類私而非公，奉蓬州公引退歸里，遂無意功名。迨蓬州公棄養，益深閎不出，鋭意著書。家藏數萬卷，丹黄甲乙，辨訛訂僞。其學以明體達用爲主，得古今之要領。絀宋儒之拘虚，而不遺其純誠。去漢學之附會，而必歸於精實。詞章浮華與夫經術襲取而不能篤性情、敦氣節者，皆擯斥之。當道有知先生者，每訪以治民之術，遇可言者盡言之，非其人不與見也。同時以性命學術相友善者，高先生伯平，吴先生稼軒，魯先生仲實，之數先生者，品學各有獨詣，而莫不歸重於先生。吴勤敏公移節四川，聘入幕，不就。黎文肅公督漕時，聘纂府志，參畫條例。先生與郡守孫公雲錦書，反復辨論。孫公以書呈文肅，一見嘆服。孫公延主講席，先生曰：「今世多亟功利，學校不興久矣。居主講之名，而不能輔世立教，何爲也？」力辭乃止。侍郎黄公體芳督學淮郡畢，欲一見先生不可得，以其名上之朝，賜翰林院待詔。

光緒十二年十一月嬰末疾卒，年六十四。娶丁孺人，繼娶丁孺人，前室女弟，先先生卒。側室張孺人。子四人：長鴻寶，丁孺人出，早卒；次承裕、承旂、承武，張出。女三人，長適安東王崇哲。著有《淮安府志》《山陽縣志》《盱眙縣志》《老子證義》《廣韻重文補注》，《涌翠山房詩文集》八卷，《論文要旨》《五朝近體詩選》。《山陽耆舊詩選》《孫吴司馬法補注》二書皆未成。

先生天懷灑落，擺棄一切，生平無疾言遽色，待人一以誠，而風采嚴峻不可犯。論及時事，憂憤作色。讀書數十年，閉門却（數）〔掃〕。時人比之李元禮、黃叔度一流。尤篤於道誼，吴、魯先生歿後，先生每憶及輒慟，慟極輒涕，其中有所不得已也。有問學者，〔曰〕：「讀書之法，在考事與積理，可見諸施行，不則讀盡萬卷無益。」又曰：「爲學，貴識見不卑，胸次不俗，性情不僞。爲治，貴扼要以御繁，核實以觀效，破格以用人。」蓋先生持身涉世，孤行特立，得力於漢儒經術者爲多，區區山林壇坫尚不足以位置也。

崧生游先生門晚，每月必數謁，謁必教以修身爲學之道。崧生學植淺薄，不足以窺先生，特以與先生善者多殂謝，懼久而事實湮没不彰也，敬志之以待能者。

汪宗沂

汪宗沂傳〔一〕

章梫

汪宗沂，安徽歙縣人。光緒三年進士。生有異稟，四歲能讀《毛詩》《爾雅》。年十八，即著

〔一〕本篇載《一山文存》卷五。

考據之學於揚州劉毓崧。及成進士，簽掣山西，即用知縣。同治十年，曾國藩督兩江，延臨川李聯琇主書院講席，宗沂往肄業，盡得其傳；復受義理之學於桐城方宗誠，受《禮樂一貫録》，爲曾國藩所賞。咸豐時，粵匪之亂，流離顛沛，未嘗一日廢學。

未幾，以病歸，遂專心著述。凡諸子百家、醫學兵事，靡不綜貫，而生平致力，惟在治經，《禮》《樂》最先，《易》爲最後。孔壁中《古文禮》五十七篇，其十七篇與高堂生所傳同，十七篇外，則爲《逸禮》。元儒吴澄雖纂《逸經傳》，國朝諸錦輯《饗禮補亡》，皆搜集單文賸句，於《禮》意未盡闡繹。宗沂於《逸禮》遺文，疏證精確，無支離附會之詞，有《逸禮大義論》六卷。復因《樂經》久佚，律學榛蕪，爲《管樂元音譜》《五音聲韻譜》各二卷，《律譜》《聲譜》《尺譜》《旋宫四十九調譜》各一卷。謂《詩》非歌不協，非咏不宣，非循古韻、考古字，無由便學人誦習，因審校音讀，拾遺訂墜，爲《詩經讀本》三卷、《詩説》一卷。《孝經》自宋儒邢昺撰《義疏》，用唐玄宗注，於是漢人之説日就湮散。宗沂取周秦漢魏下迨國朝，凡經生舊説，抉擇稍審，復以經證經，引申曲暢，其發明禮意之處，尤足徵《孝經》大義與《禮》相通，有《孝經十八章輯傳》一卷。梅頤以僞古文雜入今文《尚書》二十九篇，改竄篇目，非復西漢之舊。乃上徵古籍所引，以考異同，冀復今文舊觀，兼輯古文佚語，爲今古文定本，有《尚書合訂》六卷。《易》自漢以下，注者無慮數百家，師説紛歧，各持己見。宗沂取漢唐宋明及近儒注《易》之書，輯爲經注，抉擇甚精，不分門户，其有義藴未詳者，間參己意，爲《周易學統》九卷。

宗沂自山西歸，足迹不涉公庭，惟倡辦團練，勸種農桑，皆爲地方興利防患計，事成歸官長〔二〕，不自以爲功。同時儕輩，多致通顯，屢以書徵聘，皆不就。惟一游李鴻章幕，未久亦辭去。歷主省城敬敷、蕪湖中江、本郡紫陽、建德、祁門、婺源、黟縣各書院講席，例課外以禮樂兵農教士，學求實濟，不以空言講學爲名，一時從游之士，所成就者甚衆。光緒二十一年，安徽學政李端遇奏保學行，奉特旨賞五品卿銜。

宣統元年，翰林院侍講李輕畬等進呈其書，請列入國史館《儒林傳》，奉旨交南書房閱看，尋諭：「汪宗沂潛研古訓，篤守師承，著宣付史館立傳。」

汪仲伊先生傳〔三〕

劉師培

汪先生宗沂，字仲伊，亦號弢廬處士。運鏕子。世居徽州府歙縣之西溪，爲歙縣人。以道

〔二〕事成歸官長：「歸」下，《一山文存》有「美」字。

〔三〕本篇載《左盦集》卷六，又收入《碑傳集補》卷四十一。

光十七年十一月十四日生。早補縣學生員，同治三年以優行貢太學。光緒三年舉於鄉[一]，六年成進士，籤分山西即用知縣，告病在籍。二十一年，由安徽學政李端遇保舉學行，特旨賞加五品卿銜。以三十二年十月十四日卒，年七十。

先生負禀穎異，生三歲能誦四子書。四歲，母許太宜人授以《爾雅》《毛詩》，均寓目成誦。長益嗜學。汪故巨族，世席豐厚，族衆數百人建不疏園以藏書，即婺源江氏、休寧戴氏讀書所也。先生居園數年，手披口誦，以夜繼晝。嗣從同邑程先生焜游。學甫成，而粤亂起，轉徙浙江、江西，飢寒困頓，誦讀不輟。益好經世之學，討治兵農禮樂諸大端，作《禮樂一貫録》。

東南亂定，以所作謁湘鄉曾文正公，時文正公督兩江，延任忠義爲編纂。因師臨川李大理聯琇，受漢學於先大父[二]，受宋學於桐城方先生宗誠，於九流百家之學，莫不旁推交通，以宣究得失。然所學仍在經，治經大旨，在博徵群籍以存已佚之經，集合衆説之長以釋未佚之經。

其治《周易》也，謂《説卦》三篇，今佚其二，古籍引《易》，其有不載今本者，均爲《説卦》逸文，輯《十翼佚文》一卷。又謂王注掃除象數，虞注取説道家[三]，象多臆造，其失也均。因於《集解》所

[一] 光緒三年舉於鄉：「三」，《左盦集》《碑傳集補》作「二」。
[二] 受漢學於先大父：此句及下句兩「受」字，底本原皆作「授」，據《左盦集》改。
[三] 虞注取説道家：「取説」，《左盦集》《碑傳集補》作「説取」。

載漢説外，上溯韓嬰、孟喜〔一〕、周生、蔡景君説〔二〕，旁及《史記》《淮南子》，賈、董、楊、劉之書，兼及唐宋以降諸家《易》注，以己意擇決，輯爲經注，成《周易學統》若干卷，以《十翼逸文》綴其末。

其説《尚書》也，謂梅賾既造僞古文，與今文并合，於今文二十九篇若《甘誓》《金縢》《酒誥》《湯誓》《微子》《無逸》之屬，均有竄易，非復伏生所傳之舊，而馬、鄭所注古文亦非孔壁真簡。乃考定今文，證以漢人所引，以去梅賾所竄易，别《甘誓》《太誓》於逸篇，曰《今文存真》；别輯古文諸逸語，合以《甘誓》《太誓》，定爲二十四篇，曰《今古文輯逸》，括爲《尚書合訂》上下卷。

於《禮》《樂》二經，則鈎棘數十年，謂《逸禮》三十九篇均爲《周禮》，西漢末立博士，其説遂亡。乃綜集經傳諸子注疏言及《逸禮》者，繫以後論，吉禮六，凶禮五，軍禮三，賓禮四，嘉禮一，通言五禮者一，凡廿篇〔三〕，名曰《逸禮大義論》。又謂聲韻之精，必協律吕。樂有宫、商、角、徵、羽五音，字有陰、陽、上、去、入五聲，與喉、舌、脣、齒、牙出音相應。字區五聲，古代已然。《樂經》蓋以五音分部，以統陰、陽、上、去、入五聲，故王應麟《小學紺珠》以五聲分屬五音，等韻家辨别五音法，同於習讀五聲字譜。因以樂音定五音，以五音括五方元音，法旋宫三調之變，并守温

〔一〕孟喜：「喜」，原作「起」，據《左盦集》改。
〔二〕蔡景君説：「君」下，《碑傳集補》有「諸」字。
〔三〕凡廿篇：「廿」，《左盦集》同，《碑傳集補》作「十九」。

字母爲廿一法；琴徽之音，定韻部爲十三法；五音之有五降，定音讀爲廿五。又析五音爲七音，益以變宫變徵，以括廿一字母，而以陰、陽、上、去、入五聲經緯之。成《管樂元音譜》《聲譜》《漢魏三調樂府詩譜》《金元十五調南北曲譜》若干卷，括爲《五聲音韻論》一篇。别著《律譜》《尺譜》及《旋宫四十九調譜》，以明樂律。更推其學以説《詩》，謂古詩之音均可譜，非考古字、循古音，末由便學徒諷習，因審辨音讀，以詩韻協律，成《詩經讀本》若干卷〔一〕。

其説《論語》《孝經》也，謂《齊論》有《問玉》《知道》二篇，匡衡傳《齊論》本於后倉，倉作《曲臺記》，而《小戴》之中，若《聘義》記子貢問玉，《鄉飲酒義》言觀鄉知王道，均述孔子語，則《冠義》以下七篇或均《齊論》逸文。又漢人引書有僅稱傳曰、記曰、孔子曰者，魏晉之間有與《魯論》比附并引者〔二〕，疑亦《齊論》佚語，因輯爲《逸論語》一篇。謂《孝經》傳自曾子〔三〕，周、秦、兩漢之儒咸述其文，故有逸傳，無逸經。今文之本，舍文字形聲而外，亦與古文多同。若隋代以前之孔本，實由王肅僞爲，後世所傳，則經、傳均出依托。且作僞非一本，鄭本亦經真注僞。因仿治《周易》例，萃古今衆説，定爲《十八章輯傳》，末仿趙岐注《孟子》例，作爲章指。又以宋儒司

〔一〕成詩經讀本若干卷：「成」下，《左盦集》《碑傳集補》有「詩説」二字。
〔二〕魏晉之間有與魯論比附并引者：「有」，《碑傳集補》作「又」。
〔三〕謂孝經傳自曾子：「孝」字原脱，據《左盦集》補。

馬光疑《孟子》説近誣經，條辨其説，作《孟子析疑〔一〕》一卷。此先生治經之大略也。

先生幼以孝聞，長侍親病，因研醫術，以張仲景之書舊於王叔和也〔二〕，輯《傷寒雜病論合編》。又以葬親之故，治形家言，病《葬經》《龍經》無善本，作《葬經校注》《龍經校注》若干卷。壯喜論兵，以今之《六韜》既非真帙，武侯陣圖、李靖兵法亦淪佚失傳〔三〕，因掇剌群籍所引者，輯爲《太公兵法逸文》一卷、《武侯八陣兵法輯略》一卷、《衛公兵法》三卷、《附録》一卷，弁曰《三家兵法》。以曾、胡、左行軍方略具見三公奏疏文集中，輯爲《三湘兵法》。又以古崇舞劍，法久失傳，因上徵劍制，并及舞容，輯爲《弢廬劍譜》。晚喜道家言，以《老子》雖崇養生，然於用兵治國之經，不違於致用，匪屏仁義禮勿言，作《道德經實注》上下卷。又《黄庭經》爲《老子》外書〔四〕，説醫多符《素問》，《周易參同契》爲漢人詮述丹法之書，今所傳非故本。又改「五相類」爲「三相類」，與《神仙傳》所云作「五行相類」不符，作《黄庭經注》《周易參同契五相類經文考》若干卷。其他輯佚之書有《何氏姓苑輯本》，纂録之書有《王顧二子粹言》，校訂之書有《西漢急就章寫校

〔一〕作孟子析疑一卷：「析」，《左盦集》《碑傳集補》作「釋」。
〔二〕以張仲景之書舊於王叔和也：「舊」，《左盦集》《碑傳集補》作「汩」。
〔三〕李靖兵法亦淪佚失傳：「傳」，《碑傳集補》作「考」。
〔四〕又黄庭經爲老子外書：「又」下，《左盦集》《碑傳集補》有「以」字。

本》《弢廬隸譜》，而詞曲歌詩之屬，則有《後縈緹傳奇》《弢廬詩略》諸編；若《弢廬文稿》，則先生殁後諸弟子所輯者也。

先生雖治經稽古，然志存濟世，恒欲推經術施之用，以所學禮樂兵農之實補濟世變。會試出常熟翁尚書同龢之門，尚書謂人曰：「汪某不凡才也。」及合肥李文忠公督直隸，延聘入幕，條陳兵農諸政，并及北土蠶桑之法。以所抱莫克盡展，居五年遂辭歸。曾主講安慶敬敷、蕪湖中江、本郡紫陽各書院，略仿胡安定分齋制，勖諸生以務實，士多興起。庚子之夏，衢州變作，徽民蠢迪思逞，先生不避艱險，募鄉兵得百人，日居僧寺訓練，儼成一軍。又購浙西桑秧數百株[一]，移植徽歙，迄今邑人收其利。篤信己學，迄老不衰，謂「舉吾術以措之，太平易致也」。年届七十，論及世變，聲屈坐人。暇以作隸舞劍自遣。以里居鮮可語，因薄游江淮，由揚州至江寧，主淮揚海道合肥蒯光典家，因以病殁。元配王孺人，繼配王宜人、李宜人，均先殁。子五，長福熙，次律本，次行本，次真、均，以學行世其家。次孫八[二]，曾孫一。

劉師培曰：先生覃研《禮經》，洞悉樂呂，克秉鄉先生江、戴之傳。若推學於用，則上法顏、

[一] 又購浙西桑秧數百株：「秧」，底本誤作「殃」，據《左盦集》改。

[二] 次孫八：「次」，《左盦集》無。《碑傳集補》作「次□。孫八」。今標點依底本原書點斷，以真、均爲第四、第五子之名，「次」當爲衍文。按《碑傳集補》，則以第四子名汪真均，或名汪真，「均」字屬下爲句；第五子名失考。

李，近與涇縣包氏符。先世父稱之曰「綜貫六藝，自成一子」，蓋記實也。先生既受經先大父，與先世父、先府君交誼尤稔，恒以事至揚州。師培方垂髫，嗜蓄古泉，因舉莽布諸品相畀。繼謁先生於蕪湖，因備讀所著書，克聞吕律大誼。今徽人宦京師者，將舉先生遺書上之朝，以傳文相屬，因述先生治學之大綱著於篇。

丁立誠

丁修甫中書傳〔一〕

繆荃孫

光緒三年，荃孫應禮部試，於同年歸安錢笣仙振常座上識君，眉宇清曠，問學淹雅，遂相往還。迨戊戌到杭州，始登八千卷樓，欽家教之整齊，睹圖書之美富，然後知君之至行，不僅目爲學人也。今年八月，忽奉君訃，感懷悽愴。隨值亂事，航海南歸。君之子上左等以狀求爲傳，其何敢辭？

〔一〕本篇載《藝風堂文漫存·辛壬稿》卷二。

按狀，君名立誠，字修甫，號慕清，又號辛老。先世自山陰遷杭州，遂爲錢塘著姓。曾祖國典，布政使理問銜。妣初，續娶陳氏。祖英，道銜候選同知。妣姚氏，封恭人。父申，候選主事，以恭搜《四庫全書》奉歸文瀾閣〔一〕，經巡撫入奏，賞四品頂戴，學者稱竹舟先生。妣凌氏，封恭人。昆弟二，君爲長。天性過人，丱角即善承色笑。咸豐戊午，侍母養疴錢塘門外小槐簃，時年九歲。得疾，每飯必吐。母暇授唐人詩，爲陶寫性情計，讀數百篇，遂能韻語，隨口吟哦，曾咏《西湖風花雪月四景》，爲業師姚小荷思壽所賞〔二〕。

庚申二月，粵逆陷杭州，避松江，又避青浦方家窑，又避南匯下沙場。十月，泛海至甬。辛酉正月，至餘姚，土寇平〔三〕，復返杭。誦讀如故〔四〕，雖至粵匪薄城，而仍不輟。十一月，杭州再陷，全家四竄，君僞爲跛者獲免。途遇徐媪，乞食以活。越三月〔五〕，遇叔父松生先生於田家園之金龍四大王廟，挈之出險〔六〕。次日抵江干，又遇賊，仍僞爲跛狀。賊用力曳之，君忍痛縮足，始

〔一〕以恭搜四庫全書奉歸文瀾閣：「瀾」，底本誤作「淵」，據《辛壬稿》改。
〔二〕爲業師姚小荷思壽所賞：「爲」上，《辛壬稿》有「首」字。
〔三〕土寇平：「平」，《辛壬稿》作「起」。
〔四〕誦讀如故：「故」，《辛壬稿》作「恒」。
〔五〕越三月：「月」下，《辛壬稿》作「日」。
〔六〕挈之出險：「挈」，底本誤作「絜」，據《辛壬稿》改。

縱之行。渡江，由西興達蕭山。君既以智免，而念父散失，憂怨成疾〔一〕。壬戌春，始行團叙〔二〕，遂渡曹娥江，經慈溪至奉浦嶴〔三〕，盗艇塞途，所歷甚險。及抵上海，已五月六日矣。又渡江至通州，繼至如皋，寓冒氏屋，延俞先生少蘅光組授讀。先生以「介壽杯」三字命對，君以「宜春帖」應之，又以「落花生花落始生」命對，復以「開盒笑盒開如笑」應之，少蘅嘉其敏捷。同治甲子，杭城復，始回城習舉子業〔四〕，即有聲譽，魏稼孫鯤尹嘉之，以女字焉。同治丁卯，補錢塘縣學生員，肄業詁經、東城、紫陽、崇文各書院，院長薛慰農時雨、高伯平均儒、章采南鋆、俞曲園樾、馬春暘傳煦諸先生均賞之。

光緒乙亥恩科，以第二人中式。是冬，父命由山東陸道入都，訓之以先德經營燕魯，鴻雪猶存，俾知先世創業之艱，君亦藉以慰壯游之志，隨地訪求，悉紀以詩。次年二月抵京，入試不遇，留京就學，日與袁爽秋昶、錢笣仙諸老剖析疑義，暇則入廠肆訪求《四庫》著録之書，爲補鈔文瀾閣《全書》計。丁丑，復不遇，君喟然曰：「不售，命也，曷南歸爲養親計，有餘力則爲詩以自遣

〔一〕憂怨成疾：《辛壬稿》作「憂愁成病」。
〔二〕始行團叙：「叙」，《辛壬稿》作「聚」。
〔三〕經慈溪至奉浦嶴：「嶴」，底本原作「墨」，據《辛壬稿》改。
〔四〕始回城習舉子業：「城」，《辛壬稿》作「杭」。

耶！」庚辰，遂無意北上。竹舟先生訓之曰：「事親以顯揚爲重。先伯祖諤卿太史，十一次赴春闈而始售。當時海道未通，行旅之苦，費用之艱，十倍今日，卒成進士、入翰苑，爲宗族光。汝上承餘蔭，幸博一第，遽甘自棄，何以對祖宗，更何以對汝叔難中提携之勞乎！」君謹受教，誓以終身不忘。自庚辰至丙戌，三次公車均報罷。丁亥之冬，竹舟先生中風遽逝，君痛不欲生。松生先生責以大義，强起治喪，附身附棺罔弗如禮。謹遵遺命，助豫振千兩，中丞衛公奏請建樂善好施坊。

辛卯，堂弟和甫立中捷於鄉，君欣然挈之入都。乙未闈後，就職中書，嗣知松生先生病，決計南歸，由是不復作北上志矣[一]。前後公車九上，君慨然曰：「得失有命，何敢强求？而不敢稍懈者，違親訓也[二]。」既而又深悔之曰：「吾推子平術，無進士分。丁丑以後，薄舉業而不爲，亦以不專心致志與數相争，遂因循而自誤也。」嗣是而後，惟助松生先生經理普濟[三]、育嬰、清節各堂事，衆以事相質，由代剖決[四]，有疑則參酌妥善而出之。又遵前規，横一笏於几，日紀其事，夜

[一] 由是不復作北上志矣：「北上」，《辛壬稿》作「出山」。

[二] 違親訓也：「違」，《辛壬稿》作「遵」。

[三] 惟助松生先生經理普濟：「助」，《辛壬稿》作「佐」。

[四] 由代剖決：「由」下，《辛壬稿》有「君」字。

則研求商榷，次第舉行，二十餘年如一日。時變用繁，日慮不給，每出私財以相輔助，視己産蔑如也。逮松生先生歿後，當軸者欲令接管，力請舉賢者自代[一]。及樊介軒恭煦、高白叔雲麟任事，君詳陳利弊，隱爲維持籌塾，逾數十萬[二]，終始不言，爲人所難。善舉之中，尤重水利，東河之建築堤壩，南湖之開濬邊港，北湖之修葺塘路，西湖之清理淤沙，君悉心籌畫，以謀久遠。又自節烈之後[三]，於節孝尤注意。兩浙采訪節孝局，缺劫前舊録姓氏，君得於京師冷攤，藉以補全，此中若有神助。松生先生校勘《武林掌故叢編》《杭郡先輩遺書》《善本書室書志》，君以餘力襄校助理。友人以影鈔經籍，請無不應，并爲延人校補成帙畀之，沾丐學者至爲廣大。如汪氏之《振綺堂叢書》、盛氏之《常州先哲遺書》，咸取材焉。以視沾沾自守、閉不示人，其氣量之廣狹爲何如也！

君素精律吕，杭學修復禮樂，延嘉興錢蔚也炳奎、平湖戈雲莊爲鵬兩先生訂正，君爲之辨清濁、考高下，兩先生亦服其精通。去年增設武舞，又復考訂舞譜，身爲教導，春秋襄祭，靡不躬

[一] 力請舉賢者自代：「力」上，《辛壬稿》有「君」字。
[二] 逾數十萬：「逾數」，《辛壬稿》作「數逾」。
[三] 又自節烈之後：「自」下，《辛壬稿》有「以」字。

親。彌留之際[一]，適值丁祭之時，殷殷詢祭時情狀，蓋神明專注者在也[二]。至於敬宗睦族之事，婚嫁殮葬之費，亦無不應[三]。胞弟道甫、堂弟掞甫，宦游兩粵，君於瀕行告以「治民之道，慈愛爲本」，并云：「兩廣爲烟瘴之地，兩弟孱弱，尤宜加意攝衛。」及先後歸道山，回憶前言，俱徵先識，而友愛之情亦於此可見矣。自遭家難，君摒擋所藏，悉還公債，而不留絲毫以備一己之需，固杭人所共諒。至以書籍全歸江南圖書館，價雖少貶，而書無散逸，易一地耳，書固可按目而稽，在江南猶在丁氏也。君籌之熟、計之決，識者尤知其苦心矣。

素豪於飲，因咯血疏杯勺。年來生計日窘，胸懷憤懣，又復豪飲以澆塊磊。而三伏赴甌，感受風濕，病根潛伏，猶自支持。夏、秋之間，患利下，因寢室外垣傾圮，驚慴遂劇，卒於八月四日，得年六十二歲。

原聘金氏，大理寺卿應麟女，殉粵逆之難。娶魏氏，[四]福建浦南場大使錫曾女。子六：上左，杭郡附貢生；仁友，郡庠生；三在，附貢生，江蘇縣丞；孔有、六太、以布。女一，未字卒。

[一] 彌留之際：此上，《辛壬稿》有「至於」二字。
[二] 蓋神明專注者在也：「明」下，《辛壬稿》有「所」字。
[三] 亦無不應：「亦」，《辛壬稿》作「求」。
[四] 大理寺卿應麟女殉粵逆之難娶魏氏：此十五字底本原脱，據《辛壬稿》補。

孫男六，孫女五。十一月九日，卜葬於西溪梅花泉之原。

君家有藏書，目録之學如瓶瀉水，而尤注意於詩，嘗隨松生先生遍游名勝，搜討掌故，以詩紀之。吴筠軒兆麟、王琳齋景彝諸尊長結鐵花吟社，許邁孫增、李幼梅輔燿諸先生創清尊雅集，君與焉[一]。壬辰春闈後，君昆仲與朱道生本、顧養吾浩游西山，更唱迭和，得百餘首，曰《西山紀游詩》。在京，則潘伯循兵部遹、馮夢華太史煦相贈答。在永嘉，則與朱眉山壽保、鄭嘯雲一夔相唱酬。所爲詩不下數萬首，今存者《小槐簃詩集》《夢痕詞》《潭水詞》各一卷，《武林雜事詩》一卷，《東河新櫂歌》二卷，《江干雜咏》二卷，《武林市肆吟》一卷，《王風》一卷，《永嘉三百咏》一卷，《永嘉金石咏》一卷[二]，别爲外集。荃孫與君卅年至好，惜筆力孱弱，無以傳君，而言必從實，舉必從重，不背古人家法，如是而已。

論曰：錢塘丁氏以孝友名海内，而同輩之中，君爲之長，植身行己，以作表率，諸弟亦無不振振莘莘，以德行著。吾友陳伯嚴吏部曾言曰：「舉世欲破三綱，吾欲加『兄爲弟綱』以益之，以爲治家之法。」觀於君，知伯嚴之語爲不虚。范書之獨行，浦江之義門，於今再見矣。

[一] 君與焉：「君」下，《辛壬稿》有「均」字。

[二] 永嘉金石咏一卷：「石」下，《辛壬稿》有「百」字。

碑傳集三編卷三十四　儒林三

王　棻

王子莊先生傳〔一〕

王舟瑶

先生諱棻，字子莊，別字耔軒，黄巖人。先世自縣南之逍奥遷東鄉柔橋，稱柔橋王氏。父維祺，字道齡，别字梅庵，縣諸生，有學行。嘗著《家訓》六篇，大旨主於樹氣節、慎交游、存寬厚，而尤以立志有耻爲首務。先生少受義方，又從同里林明經有壬、姜明經文衡、李孝廉飛英學，治《説文》、經史，爲詩古文辭。弱冠後，即斐然有纂述志，著《倪希子》五篇、《冰雪文》二卷、《曲禮異義》四卷、《九峰山志》五卷、《柔橋王氏譜》十卷。同治初，泰興吴侍郎存義督學兩浙，重其學行，取爲優貢生。六年，太和張大理澐卿、南皮張編修之洞典浙試，舉於鄉。

〔一〕　本篇載《默盦集》卷八，又刊於《亞洲學術雜志》第四期，收入《碑傳集補》卷三十八。

先生恬於仕進，再上春官，遂不復赴，一意著述，以發明學術〔二〕、表章儒先、啓迪後進爲職志。時劉郡守璥、孫縣令憙，皆有意振厲文教，心敬先生，多所諮詢。孫創建九峰精舍，以通經學古課多士，購藏經籍數萬卷，以資博覽。又修縣志，刻宋《杜清獻集》、車氏《脚氣集》、明方氏《遜志齋集》、國朝金氏《求古録禮説》，其所規畫俱出於先生。先生論學不立門户，以爲古今學術大别有四，曰性理，曰經濟，曰訓詁，曰詞章，而其歸有三：性理者，志於立德者也；經濟者，志於立功者也；訓詁詞章者，志於立言者也。四者皆有用，但當辨其真僞，不當互相是非。其説經，以經證經，不偏主於漢、宋，與婺源江慎修、同郡金誠齋相伯仲。爲文章不事雕琢，而持論名通，援證詳確，則又近於仁和杭堇浦、鄞縣全謝山。於鄉邦文獻最所究心，遇遺文軼事，手自甄録。晚年成《台學統》百卷，裒録吾台先哲，自晉、唐迄於近代，凡三百三十七人，分爲六派，而歸重於氣節、躬行。自爲之叙曰：

自孔門以四科取士，後世儒術遂分爲四。夫惟聖人兼材，無所不通，其餘則皆學焉而得其性之所近。或乃得一察焉以自好，則徧矣。蓋德行之粹根於性理，政事之懋蔚爲經濟，言語之美炳於文章，文學之精垂於訓詁，而其業皆具於六經。是故性理者，六經之道

〔二〕以發明學術：「明」，《碑傳集補》作「揚」。

也；經濟者，六經之治也；詞章者，六經之文也；訓詁者，六經之學也。韓子曰：「士不通經，果不足用。」豈不信哉！然其大本則在氣節，大要則在躬行。此二者該貫乎四科，并包乎六藝，而非此則不足以爲學者也。後世不樹其本，不務其要，往往文章冠世，經訓名家，而氣節、躬行皆無足取。是以性理、經濟之儒，猶或貌爲君子，而訓詁、辭章之士則竟泰然安於小人。此時學之極弊也。吾台處萬山之中，岸東海而爲郡。三代之時，人文未啓。東漢洎吴，間有表見。至晋而任次龍先生出，遂爲當代偉人。然自東晋以及五季，六百餘年，英華消歇，豈天運有厚薄，而地氣有盛衰與？亦由吾邦之士無志於學，以至斯耳。宋興百年，始得一二有志之士，竺學厲行，以爲之倡。而南渡之後，台爲輔郡，一時來游來歌者既多命世之英，而無待而興者亦有豪傑之士，是由山陬海澨稱小鄒魯矣。由元迄明，遺芬未沬，史籍炳然。國朝更化，一道同風，而吾台之士獨若有愧於古。乾嘉以來，稍稍振起；中興之後，科名亦漸隆矣。意者其將追宋明之盛軌，與當世奇傑之士，并駕而争驅與〔二〕！吾竊觀近世之儒，其淵源所漸，曾未及乎游、夏，乃欲菲薄淵、騫，輕詆予、賜，譏訕由、求，其可乎否耶？予少也馳騖時學，汎濫無歸。今老矣，將有志於其本，乃取吾台之士，自晋以來與

〔二〕并駕而争驅與：「與」，《亞洲學術雜志》無。

於斯學之統者，區爲六派，萃爲一編，朝夕省覽，用以自鏡。若謂其分裂道術，判斷古人，則僭妄之罪，誠無所逃焉耳。

先生掌教九峰精舍，前後十餘年，又歷主清獻、文達，及郡城之正學，太平之宗文，栝之蓮城，甌之中山、東山、肄經，江西之經訓諸書院講席，弟子遍於鄰郡及江右，多所成就。先生平生深於經，於小學治之尤力。然與後進言，即斤斤以宗法程朱爲事。嘗曰：「漢學者小學，宋學者大學。文藝爲末，器識爲先。」其《咏懷》詩有云：「左交許鄭右程朱，要使海濱變鄒魯。」可以窺其志矣。性醇篤，事母至孝。言行不苟，尤嚴於取與。著書劬學，至老彌篤，數十年如一日。

光緒丁酉，學使徐侍郎致祥以先生學行聞於朝，賞加内閣中書銜。越二年卒，年七十有二。所著有《經説偶存》六卷、《六書古訓》六十四卷、《史記補正》三卷、《漢書補正》三卷、《重訂歷代帝王年表》十五卷、《明年表》一卷、《大統平議》一卷、《大禮平議》四卷、《明大禮駁議》二卷、《中外和戰議》十六卷、《謝氏赤城新志校注》二十三卷、《黄巖縣志》四十卷、《校議》二卷、《青田縣志》十八卷、《永嘉縣志》三十六卷、《仙居縣志》二十卷、《太平續志》十八卷、《杭州府志》二百十二卷、《杜清獻公年譜》一卷、《台獻疑年録》一卷、《辨章》一卷、《柔橋文集》四十六卷、《詩集》八卷、《杜清獻集校注》一卷。其所編輯，有《黄巖集》三十二卷、《續録》二卷、《仙居集》二十四卷、《方城遺獻續編》六卷。

王舟瑶曰：先生主講九峰精舍時，余嘗以經説相質證，深爲先生所稱許。至晚歲過從益密，時時相與論學。其説經也，證諸經不合，求諸心不安，雖伏、鄭大儒，不肯曲從。而尤以近世漢學家之排斥程、朱爲非，可謂卓然獨立，不隨世儒爲是非矣。顧其論六書也，據《漢志》六者皆造字之本，以爲轉注之説至曾文正而始定，假借之説諸家皆未明。乃研精覃思，悟「令長」爲「令長」之誤，今從反及，長從倒亡，所謂「本無其字」也。丁者及前人也，反丁則今人矣；亡者不長也，倒亡則不亡矣，所謂托事也。今從丁聲，長從亡聲，所謂依聲也。自謂發千七百年未發之矇，然余未敢苟同。其論修志也，謂方志與國史異，不當儗史。嘗著論糾章氏《文史通義》之失，而余纂修《台州志》則仍間用實齋之例。至於論治，先生力持祖制不可變更之説，謂漢、唐、宋、明俱以變更祖制而致亂亡。余則以爲道者所以治天下之本，歷萬古而不變；法者所以治天下之具，當隨時而變更。故嘗相聚論，一事一義，往往窮日夕、累千百言而未有已。先生記聞既博，口若懸河，稱引古今，上下數千年，如數家珍，而又間雜以詼諧，聽者皆爲解頤。私心頗以爲先生局量稍褊，自信稍過，而又泥古尟通，未達現世情狀、中外事變，然其制行之嚴、居心之厚、爲學之勤，則固心所折服，以爲未易求之今人中也。今先生没已十年，學術日變，人心日浮，鄉之少年後進，殊乏究心於本原之學者，台學淵源益尟紹述。是以於先生輒低回慨慕，日往來於懷而不能去夫。

黄以周

黄先生傳〔一〕

章炳麟

黄先生名以周，字元同，浙江定海人也。父式三，號儆居，治經爲浙東通儒〔二〕。先生少承父業，以傳經明道自任，言著書當質鬼神、俟後聖。年十九，爲《十翼後録》，非其至也。同治九年〔三〕，中式浙江鄉試。明年會試，選謄録，期滿當得知縣，不就。又十年，大挑以教職用，先後署遂昌、海鹽、於潛訓導，選補分水訓導。

先生性傾至，事親至孝，非禮不動。爲學不拘漢宋門户〔四〕，《詩》《書》《春秋》皆條貫大義，説《易》綜舉詞變象占，不偏主鄭、王。尤邃三禮，自孫炎《類禮》以來，學者區别科條舊矣。清世得大體者，有惠士奇《禮説》、金榜《禮箋》、金鶚《求古録》、陳立《白虎通義疏證》，然弗能條件分

〔一〕本篇載《太炎文録初編》文録卷二。

〔二〕治經爲浙東通儒：「治」上，《太炎文録初編》有「先生」二字。

〔三〕同治九年：「同治」上，《太炎文録初編》有「清」字。

〔四〕爲學不拘漢宋門户：「拘」下，《太炎文録初編》有「牽」字。

别，《禮説》尤散雜無部曲。凌廷堪《禮經釋例》比考周密，又局於士禮一端。先生爲《禮書通故》百卷，列五十目，囊括大典，揉此衆甫，本支敕備〔一〕，無尨不班，蓋與杜氏《通典》比隆，其校覈異義過之，諸先儒不决之義〔二〕，盡明之矣。嘗又輯《軍禮司馬法》二卷，而論田制取北朝均田爲準。校定周尺，謂當今八寸一分，不如是，車不足容三人。均田制，蓋先生所欲施行。要其根極，以治禮爲主。嘗曰：「挽漢、宋之末流者，其爲禮學耶〔三〕？文章非禮則淫哇，政事非禮則雜霸，義理非禮則虚無。禮學廢，故國亂而民蕩。〔四〕」

初宋世四明之學，雜采朱、陸。及近世萬斯同、全祖望，學始端重〔五〕，至先生益醇，躬法吕、朱，亦不委蛇也。尤不憙陸、王，以執一端爲賊道。平生不爲流俗文辭。諸華士皆謂先生不文，先生亦自退然。其説經陳事，象物閎肅，超出錢大昕、阮元諸儒上遠甚。時寧波知府宗源瀚有循吏聲，獨嚴事先生，就辨志精舍屬主焉。嘗欲效鄒魯習禮，性解營造，畫古宫室爲圖，命匠將

〔一〕本支敕備：「敕」，底本原作「致」，據《太炎文録初編》改。
〔二〕諸先儒不决之義：「决」，底本原作「洩」，據《太炎文録初編》改。
〔三〕其爲禮學耶：「爲」，《太炎文録初編》作「惟」。
〔四〕故國亂而民蕩：「國」字原脱，據《太炎文録初編》補。
〔五〕學始端重：「重」，《太炎文録初編》作「實」。

栽矣，源瀚行視，良久曰：「至矣！所謂發育萬物、駿極於天者也。顧皇代衣冃，懼不可以行周禮！」先生乃罷。久之，提督江蘇學政黄體芳就南菁書院，延先生講，主書院十五年，江南諸高材皆出其門。中間嘗并建他師，憙發策干進者多歸之，而事樸學者專宗先生。弟子慈溪馮一梅、林頤山，丹徒陳慶年，元和曹元弼，爲得其傳。通州王兆芳尤親〔一〕，早死。

先生之作，莫大乎《禮書通故》，其餘有《子思子輯解》《經訓比義》《古文世本》《黄帝内經集注》及《儆季雜著》五種，皆卓然可傳世。晚選處州教授，以特薦授内閣中書。年七十二，光緒二十五年十月卒〔二〕。子家岱、家鶱，世其學。

贊曰：余少時從本師德清俞君游，亦數謁先生。先師任自然，而先生嚴重經術，亦各從其性也。清世大人稱程朱者，多曲學結主知，士民弗屬，則專重漢師、抑雒閩。其賢者誠弘毅，知質文之變，而末流依游聲技〔三〕，愈小苛違道益遠，夷爲食客而不知耻。先生博文約禮，恭行君子〔四〕，獨泊然如不與世俗成虧者。林頤山頌之曰：「履賢體聖，懷抱精純，紹聞衣言，董振漢學。」烏乎至矣！

〔一〕通州王兆芳尤親：「州」，《太炎文録初編》無。「王」字底本原缺損，據《太炎文録初編》補。
〔二〕光緒二十五年十月卒：「光緒」上，《太炎文録初編》有「清」字。
〔三〕而末流依游聲技：「依」，《太炎文録初編》作「以」。
〔四〕恭行君子：「恭」，《太炎文録初編》作「躳」。

孫詒讓

孫詒讓傳〔一〕

章梫

孫詒讓，浙江瑞安人。同治六年舉人，報捐刑部主事，簽分未久，引疾歸，窮經著書，垂四十年。光緒二十九年，開經濟特科，吏部尚書張百熙、工部左侍郎唐景崇、兩湖總督張之洞交章薦之，病未與試。嗣禮部設禮學館，聘爲總纂，亦不就。詒讓僻處浙之海濱，後進之請業者，甄植衆多。嘗與黄紹箕創立學計館及方言學堂，以教邑人子弟。又以温、處二郡距省窵遠，文化蔽塞，非設一總會學務之處，不足以廣教育，呈請巡撫設温、處兩府學務處，衆遂舉爲總理。改温州校士館爲師範學堂，開設博物理化講習所，以備小學格致教習之用。三年之間，兩府中小學堂增至三百餘所，所籌經費均與地方官紳切實規畫而得。其苦心勸學蓋如此。三十三年，學部奏充二等諮議官、浙江提學使，復聘爲學務公所議紳，又舉爲教育會會長。

詒讓之學，淹貫古今中外，以通經爲體，以識時務爲用。著有《周禮正義》八十六卷，《周禮

〔一〕本篇載《一山文存》卷五，又刊於《亞洲學術雜志》第二期。

政要》二卷，《墨子閒詁》十五卷，《尚書駢枝》《周書斠補》《禮記斠補》《古籀拾遺》《九族古義述》《六厤甄微》《名原》《契文舉例》《廣韻姓氏刊誤》《札迻》《籀廎述林》各若干卷。其平生精力，萃於《周禮》，次《墨子》。

《周禮正義》自序云：

粵昔周公纘文武之志，光輔成王，宅中作雒，爰述官政，以垂成憲，有周一代之典，炳然大備。然非徒周一代之典也，蓋自黄帝、顓頊以來，紀於民事以命官，更歷八代，斟酌損益，因襲積累，以集於文武，其經世大法，咸粹於是。故雖古籍淪佚，百不存一，而其政典沿革，猶約略可考。如《虞書》羲和四子爲六官之權輿，《甘誓》六卿爲夏法，《曲禮》六大五官，鄭君以爲殷制，咸與此經相符合[一]，是職名之本於古也。至其閎章縟典，并苞遠古，則如五禮六樂三兆三易之屬，肇耑於五帝而放二王[二]，以逮職方州服，兼綜四朝，大史歲年，通賅三統[三]。若斯之類，不可殫舉。蓋鴻荒以降，文明日啓，其爲治靡不始於麤觕，而漸進於精詳。此經上承百王，集其善而革其弊，蓋尤其精詳之至者，故其治躋於純太平之域。作者之聖，述

[一] 咸與此經相符合：「經」下，《周禮正義序》有「多」字。見《周禮正義》，光緒三十一年（一九〇五）鉛印本，下同。

[二] 肇耑於五帝而放二王：《周禮正義序》作「咸肇耑於五帝而放於二王」。

[三] 通賅三統：「賅」，《周禮正義序》作「晐」。

者之明，蟠際天地，經緯萬端，究其條緒，咸有原本，是豈皆周公所肊定而手創之哉？

其閎意眇恉，通關常變，榷其大較，要不越政教二科。政則自典法刑禮諸大端外，凡王后世子燕游羞服之細，嬪御閹閽之昵，咸隸於治官，宮府一體，天子不以自私也。而若國危、國遷、立君等非常大故，無不曲爲之制、豫爲之防。三詢之朝，自卿大夫以逮萬民，咸造在王庭，與決大議。又有匡人、撢人、大小行人獻五物之書於王，以周知天下之故〔一〕。大司寇、大僕肺石，建路鼓以達窮遽。誦訓夾王車〔二〕，道圖志，以詔觀事辨物。所以宣上德而通下情者，無所不至。君民上下之間，若會四枝百脉而達於囟，無或雝閡而不卽也〔三〕。其爲教，則國有大學、小學。自王世子、公卿大夫士之子，洎夫邦國所貢，鄉遂所進，賢能之士咸造焉。旁及宿衛士庶子、六軍之士，亦皆輩作輩學，以德行道藝相切劘。鄉遂則有鄉學六，州學三十，黨學百有五十，遂之屬別如鄉。蓋郊甸之内，距王城不過二百里，其爲學已三百七十有奇〔四〕，而郊

〔一〕「又有匡人」至「天下之故」：《周禮正義序》作「又有匡人、撢人、大小行人、掌教之屬，巡行邦國，通上下之志。而小行人獻五物之書，王以周知天下之故」。

〔二〕通訓夾王車：「通訓」下，《周禮正義序》有「土訓」二字。

〔三〕無或雝閡而不卽也：「不」，《周禮正義序》作「弗」。

〔四〕其爲學已三百七十有奇：「學」下，《周禮正義序》有「䇂較」二字。

里及甸公邑之學尚不與此數。推之鄙縣疆之公邑采邑，遠極於畿外邦國，其學蓋十百倍蓰於是。九州之内[一]，意當有學數萬。信乎教典之詳，殆莫能尚矣。其政教之備如是，故以四海之大，無不受職之民，無不造學之士，不學而無職者，則有罷民之刑，賢秀挾其才能，愚賤貢其忱悃，咸得以自通於上，以致純太平之治，豈偶然哉！

此經在西周盛時，蓋百官府咸分秉其官法，以爲司存，而大宰執其總會，司會、天府、大史藏其副貳。成康既殁，昭夷失德，陵遲以極於幽厲之亂，平王東遷[二]，而周公之大經良法，蕩滅殆盡。然其典册散在官府者，世或猶遵守勿替，雖更七雄去籍之後，而齊威王將司馬穰苴尚推明《司馬法》，爲兵家職志，魏文侯樂人竇公猶抱《大司樂》一經於兵火喪亂之餘。他如朝事之議，大行之贊，述於大小戴記，《職方》之篇列於《周書》者，咸其枝流之未盡澌滅者也。其全書經秦火而幾亡，漢興，景武之間，五篇之經復出於河間，而旋入於秘府，西京禮家大師多未之見。至劉歆、杜子春始通其章句，著之竹帛，三鄭、賈、馬諸儒，賡續詮釋，其學大興。而儒者以其古文晚出，猶疑信參半。今文經師何休、臨碩之倫，相與擯斥

[一] 九州之内：此上，《周禮正義序》有「無慮大數」四字。
[二] 平王東遷：「王」，《周禮正義序》作「之」。

之。唐趙匡、陸淳，以逮宋元諸儒，訾議之者尤衆〔一〕。或謂戰國瀆亂不經之書，或謂莽、歆所增傅。其論大都逞肊不經，學者率知其謬，而其抵巇索痏，至今未已者，則以巧辭衺説附托者之爲經累也。蓋秦漢以後，聖哲之緒，曠絶不續，此經雖存，莫能通之於治。劉歆、蘇綽托之以左王氏、宇文氏之篡，而卒以踣其祚；李林甫托之以修《六典》而唐亂；王安石托之以行新法而宋亦亂。彼以其詭譎之心、刻覈之政，偷效於旦夕，校利於黍秒〔二〕，而謬托於古經以自文，上以誣其君，下以杜天下之口，不探其本而飾其末，其僥倖一試，不旋踵而潰敗不可振，不其宜哉！而懲之者，遂以爲此經詬病，即一二閎攬之士，亦疑古之政教不可施於今，是皆膠柱鍥舟之見也。

夫古今者，積世積年而成之者也。日月與行星相攝相繞，天地之運猶是也。圓顱而方趾，横目而直榦，人之性猶是也。所異者，其治之迹與禮俗之習已耳。故畫井而居，乘車而戰，裂壤而封建，計夫而授田，今之世必不能行也〔三〕，而古人行之。祭則坐尸孫而拜獻之以

〔一〕訾議之者尤衆：「訾」，《周禮正義序》作「呰」。
〔二〕校利於黍秒：「秒」，《周禮正義序》作「杪」。
〔三〕今之世也必不能行：「世」，《周禮正義序》作「勢」。

爲王父尸[一]，婚則以姪娣媵而從姑姊，坐則席地，行則立乘，今之情必不能安也，而古人安之。凡此皆迹也習也，沿襲之久而無害，則相與遵循之；久而有所不安，則相與變革之，無勿可也。且古人之迹與習，亦有至今不變者。日月與地行同度則相掩蝕，地氣之烝蕩則爲風雨[二]，人之所稔知也，而薄蝕則拜跪而救之，湛旱則號呼而祈之，古人以爲文，至今無改也。柷敔拊搏，無當於鏗鏘之均[三]，血腥全烝，無當於飲食之道，而今之大祀猶沿而不廢。然則古人之迹與習，不必皆協於事理之實，而於人無所厭惡，則亦相與守其故常，千百歲而無變，彼夫政教之閎意眇恉，固將貫百王而無敝，而豈有古今之異哉？

今泰西之强國，其爲治非嘗稽覈於周公、成王之典法也，而其所爲政教者，務博議而廣學，以及通道路、嚴追胥，化土物礦之屬，咸與此經冥符而遥契。蓋政教修明，則以致富强，若操左契，固寰宇之通理，放之四海而皆準，此又古政教必可行於今者之明效大驗也。

詒讓自勝衣就傅，先太僕君即授以此經，而以鄭注簡奧，賈疏疏略，未能盡通也。既長，略窺漢儒治經家法，乃以《爾雅》《説文》正其詁訓，以禮經、大小戴記證其制度，研撢累

[一] 祭則坐尸孫而拜獻之以爲王父尸："坐尸孫"，《周禮正義序》作"坐孫"。
[二] 地氣之烝蕩則爲風雨："烝"，底本原作"蒸"，據《一山文存》《亞洲學術雜志》《周禮正義序》改。
[三] 無當於鏗鏘之均："鏘"，《周禮正義序》作"鎗"。

載，於經注微義，略有所寤。竊思我朝經術昌明，諸經咸有新疏，斯經不宜獨闕。遂博采漢唐宋以來，迄於乾嘉諸經儒舊詁，參互證繹，以發鄭注之淵奧，裨賈疏之遺闕。草創於同治之季年，始爲長編數十巨册，綴輯未竟，而舉主南皮張尚書議集刊國朝經疏，來徵此書，乃㯶栝鰓理，寫成一帙以就正。然疏誤甚衆〔一〕，又多最録近儒異義，辯論滋繁，私心未愜也。繼復更張義例，剟繁補闕，廿年以來，稿草屢易，最後迻録爲此本。其於古義古制，疏通證明，校之舊疏爲略詳矣。至於周公致太平之迹，宋元諸儒所論多閎侈，而駢拇枝指〔二〕，未盡揭其精要。顧惟秉資疏闇，素乏經世之用，豈能有所發明，而亦非箋詁所能鈎稽而揚搉也。故略引其耑，而不敢馳騁其説，覬學者深思而自得之。

中年早衰，傫然孤露，意思零落，得一遺十。復以海疆多故，世變日亟，睠懷時局，撫卷增喟。私念今之大患，在於政教未修，而上下之情睽閼不能相通，故民窳而失職，則治生之計陿隘，而譎觚干紀者衆。士不知學，則無以應事偶變，效忠厲節，而世常有乏才之憾。夫舍政教而議富强〔三〕，是猶泛絶潢斷港而蕲至於海也。然則處今日而論治，宜莫若求其道於

〔一〕然疏誤甚衆：「誤」，《周禮正義序》作「啎」。

〔二〕而駢拇枝指：「拇」，底本及《一山文存》《亞洲學術雜志》皆作「母」，據《周禮正義序》改。

〔三〕夫舍政教而議富强：「政」字原脱，據《一山文存》補。

此經。而承學之士，顧徒奉周經漢注爲考證之淵棷，幾何而不以爲已陳之芻狗乎？既寫定，輒略剌舉其可剴今而振敝一二犖犖大者，用示猋揭，俾知爲治之迹，古今不相襲，而政教則固百世以俟聖人而不惑者。世之君子，有能通天人之故，明治亂之原者，倘取此經而宣究其說，由古義古制以通政教之閎意眇恉，理董而講貫之，別爲專書，發揮旁通，以俟後聖，而或以不佞此書爲擁篲先導，則私心所企望，而旦暮遇之者與。

《墨子閒詁》自敘云：

《漢志》墨子書七十一篇，今存者五十三篇。《魯問篇》墨子之語魏越云：「國家昏亂，則語之尚賢、尚同；國家貧，則語之節用、節葬；國家熹音湛湎，則語之非樂、非命；國家淫僻無禮，則語之尊天、事鬼；國家務奪侵凌，則語之兼愛、非攻。」今書雖殘缺，然自《尚賢》至《非命》三十篇，所論略備，足以盡其恉要矣。《經說》上下篇，與莊周書所述惠施之論及公孫龍書相出入，似原出墨子，而諸鉅子以其說綴益之。《備城門》以下十餘篇，則又禽滑釐所受兵家之遺法，於墨子學爲別傳。惟《修身》《親士》諸篇，誼正而文靡，較之他篇殊不類，《當染篇》又頗涉晚周之事，非墨子所得聞，疑皆後人以儒言緣飾之，非其本書也。

墨子之生，蓋稍後於七十子，不得見孔子，然亦甚老壽，故前得與魯陽文子、公輸般相問答，而晚得見田齊太公和，又逮聞齊康公興樂及楚吳起之亂。身丁戰國之初，感悕於獷暴淫侈之政，故其言淳復深切〔二〕，務陳古以剴今。亦喜稱道《詩》《書》，及孔子所不修百國春秋。惟於禮則右夏左周，欲變文而反之質，樂則竟屏絶之，此其與儒家四術六藝必不合者耳。至其接世務爲和同，而自處絶艱苦，持之太過，或流於偏激，而非儒尤爲乖盭。然周季道術分裂，諸子舛馳，荀卿爲齊魯大師，而其書《非十二子》篇於游、夏、孟子諸大賢，皆深相排笮。洙泗齗齗，儒家已然，墨儒異方，跬步千里，其相非寧足異乎？綜覽厥書，釋其紕駁，甄其純實，可取者蓋十六七。其用心篤厚，勇於振世救敝，殆非韓、吕諸子之倫比也。莊周《天下》篇之論墨氏曰：「不侈於後世，不靡於萬物，不暉於度數，以繩墨自矯，而備世之急。」又曰：「墨子真天下之好也，將求之不得也，雖枯槁不舍也。才士也夫！」斯殆持平之論與！

墨子既不合於儒術，孟、荀、董無心、孔子魚之倫，咸排詰之。漢晋以降，其學幾絶，而書僅存，然治之者殊尠，故捝誤尤不可校，而古字古言，轉多沿襲未改，非精究形聲通假之原，無由通其讀也。舊有孟勝、樂臺注，今久不傳。近代鎮洋畢尚書沅始爲之注，藤縣蘇孝廉時學復刊其誤〔三〕，創通涂徑，多所諟正。余昔事讎覽，旁摭衆家，擇善而從，於畢本外又

〔二〕故其言淳復深切：「淳」，《墨子閒詁序》作「諄」。見《墨子閒詁》宣統二年（一九一〇）刻本，下同。

〔三〕藤縣蘇孝廉時學復刊其誤：「藤」，底本及《一山文存》《亞洲學術雜志》皆誤作「滕」，據《墨子閒詁序》改。

獲見明吴寛寫本、顧廣圻校《道藏》本，用相勘覈，别爲寫定。復以高郵王氏父子、臨海洪氏及德清俞氏、戴氏所校〔二〕，參綜考讀。竊謂《非儒》以前諸篇，誼恉詳焯，畢王諸家校訓略備，然亦不無遺失。《經》《説》、兵法諸篇，文尤奥衍凌雜，檢覽舊校，疑滯殊衆，研覈有年，用思略盡，謹依經誼字例，爲之詮釋。至於訂補《經説》上下篇旁行句讀，正兵法諸篇之譌文錯簡，尤私心所竊自喜，以爲不謬者，輒就畢本更爲增定，用遺來學。昔許叔重注淮南王書，題曰《鴻烈閒詁》，閒者發其疑牾，詁者正其訓釋。今於字義多遵許學，故遂用題署，亦以兩漢經儒本説經家法，箋釋諸子，固後學所睎慕而不能逮者也。

今《周禮正義》《周禮政要》《墨子閒詁》皆行於世，蓋詒讓爲太僕寺卿衣言之子，幼承家學，衣言官江寧布政使久，時兩江總督曾國藩幕中多方聞闳達之士，衣言出國藩門下，故詒讓得習與諸老生揚榷討論，以成其所學；且當日巨亂初平，故家秘藏流散城市，往往爲所收獲，聞見益廣，研覈特爲精審。衣言故治永嘉學，刊其鄉先正鄭、薛、陳、葉諸遺集，多詒讓所校定。詒讓治漢學，而於宋代諸儒未嘗輕詆，蹈尊漢卑宋之習。

〔二〕「復以高郵」至「戴氏所校」：《墨子閒詁序》作「復以王觀察念孫、尚書引之父子，洪州倅頤煊，及年丈俞編修樾、亡友戴茂才望年校」。

三十四年卒，翰林院侍讀吴士鑑奏請宣付國史館，列入《儒林傳》，從之。

孫詒讓傳〔一〕

章炳麟

孫詒讓，字仲容。浙江瑞安人也。父衣言，太僕卿〔二〕，性骨骾，治永嘉之學，而詒讓好六藝古文。父諷之曰：「孺子徒自苦。經師如戴聖、馬融，不阻群盗爲奸劫，則賊善人。寧治史志，足以經世致遠。」詒讓曰：「以人廢言不可，且先漢諸黎獻，風義皭然，經訓之以徒舉一二人僻衺者，史官如沈約、許敬宗，可盡師耶？」父乃授《周官經》，其後爲《正義》自此始。

年二十，中式丁卯科鄉試，援例得主事，從父官於江寧〔三〕。是時德清戴望、海寧唐仁壽、儀徵劉壽曾皆治樸學，詒讓與游，學益進。以爲典莫備於六官，故疏《周禮》；行莫賢於墨翟〔四〕，故次《墨子間詁》；文莫正於宗彝，故作《古籀拾遺》。其他有《名原》《古籀餘論》《契文舉例》《九

〔一〕本篇載《太炎文録初編》文録卷二，又收入《碑傳集補》卷四十一。
〔二〕太僕卿：「太」上，《太炎文録初編》《碑傳集補》有「清」字。
〔三〕從父官於江寧：「官」，《太炎文録初編》作「宧」。
〔四〕行莫賢於墨翟：「莫」下原衍一「奂」字，據《太炎文録初編》刪。

旗古義述》《周書斠補》《尚書駢枝》《大戴禮記斠補》《六曆甄微》《廣韻姓氏刊誤》《經迻》《札迻》《述林》。又述方志爲《永嘉郡記》。

初賈公彦《周禮疏》多隱略，世儒各往往傳以今文師説，而拘牽後鄭義者，皆仇王肅，又糅雜齊、魯問學。詒讓一切依古文彈正，郊社禘祫則從鄭，廟制昏期則從王，益宣究子春、少贛、仲師之學，發正鄭、賈凡百餘事。古今言《周禮》者，莫能先也。《墨子》書多古字古言，《經》上、下尤難讀；《備城門》以下諸篇，非審曲勿能治。始南海鄒伯奇比次重差、旁要諸術，轉相發明，文義猶詘詰不馴〔一〕。詒讓集衆説，下以己意，神恉迴明可諷誦〔二〕。自墨學廢二千歲，儒術孤行，至是較著。詒讓行亦大類墨氏，家居任卹，所至興學，與長吏楷柱，雖衆怨弗恤也。

自段玉裁明《説文》，其後小學益密，然説解猶有難理者。又經典相承諸文字，少半缺略，材者欲以金石款識補苴，程瑶田、阮元、錢坫往往考奇字、徵闕文，不審形聲，無以下筆。龔自珍治金文，益繆體滋多於是矣〔三〕。詒讓初辨彝器情僞，擯北宋人所假名者，即部居形聲不可知，輒置之；即可知，審其刻畫，不跌豪氂，然後傅以六書。所定文字，皆隱括就繩墨，古文由是大明。

〔一〕文義猶詘詰不馴：「詘詰」，《太炎文録初編》《碑傳集補》作「詰詘」。

〔二〕神恉迴明可諷誦：「明」下，《太炎文録初編》《碑傳集補》有「文」字。

〔三〕益繆體滋多於是矣：「益」，《太炎文録初編》《碑傳集補》作「蓋」。

其《名原》未顯於世。《札迻》者，方物王念孫《讀書雜志》，每下一義，妥聑寧極，淖入湊理。書少於《諸子平議》，校讎之勤，倍《諸子平議》。詒讓學術，蓋龍有金榜、錢大昕、段玉裁、王念孫四家，其明大義、鈎深窮高過之。晚年嘗主温州師範學校，充浙江教育會長。清廷徵主禮學館，不起。年六十一，清光緒三十四年五月，病中風卒。

贊曰：叔世士大夫，狃於外學，財得魄莫，視樸學若土梗。詒讓治六藝〔二〕，其精嫥足以摩掇姬漢，三百年絶等雙矣！遭時不淑，用晦而明，若日將莫，則五色柳穀愈章。而學不能傳弟子，勉爲鄉里起横舍，顧以裂餘見稱於世，悲夫！

金錫齡

金錫齡傳〔三〕

《番禺縣續志》

金錫齡，字伯年，號芑堂，捕屬人。父菁華，李志有傳。錫齡肄業學海堂，爲嘉興錢儀吉所

〔二〕 詒讓治六藝：此下，《太炎文録初編》《碑傳集補》有「旁理墨氏」四字。

〔三〕 本篇載民國《番禺縣續志》卷二十。

賞譽。凡閱書，靡不手加丹黄。與南海朱次琦，同邑侯康、侯度、陳澧相切磋。年二十五，補縣學生。道光十五年，恩科鄉試中舉人。會試不售，南歸，以母老，遂不復赴公車。讀書實事求是，爲鄉賢林伯桐高弟，性情學問，一本師承。凡制度文章、名物解詁、天文地理、六書九數，無不究心，尤好尋求微言大義。其宗旨：專窮經義，多法漢儒；踐履躬行，仍歸宋學。窮年矻矻，論著甚富。嘗謂《論語》論學，只是文、行、忠、信四者：開卷首揭「學」字；其次則言弟子入孝出弟、謹信、愛衆、親仁，而終之曰「行有餘力，則以學文」，是所學在文；又次則言賢賢易色、事親、事君、交友，而終之曰「雖曰未學，吾必謂之學」，是所學在行；又次則言君子不重不威，學則不固，即繼之曰「主忠信」，而後及尚友、改過，是學以忠、信爲主。聖人之教在是，弟子之學亦在是。推之各章，及諸經言學，莫不相合。又曰：「禮本性生，非由外鑠，故聖人因人情而爲之節文，非以苦人之具。人之所以孤立於争奪凌犯之場得保其生者，恃禮而已，無此禮則無此身。故聖人教人不空言理，都説禮。」可謂能抉經之心。於先儒學術，是非疑似，别白尤審。如謂謝上蔡語録，以禪證儒，分别判然，與陽儒陰釋者不同。謂王學，不待層累曲折，而冀一旦之獲，則欲速者便之；不必讀書稽古，而侈談静悟之妙，則空疏者便之：尤能箴砭姚江末流之弊。蓋淵源既正，所養亦純，故持論具有本末。晚年著書曰《理學庸言》，發明朱學，有朱子所已言而申之益明，有朱子所欲言而引之彌切者，無不融會漢宋，折衷一是。

同治初元，詔舉孝廉方正，闔邑舉錫齡以應，力辭之。截取知縣到班，不願出仕。請京官職銜，得國子監監丞。爲學海堂學長、禺山書院掌教數十年，英俊之士多出其門。南皮張文襄公之洞督粤，極推重之，有「三老金錫齡張其翻劉昌齡，捧手接容光」之句。光緒十四年，學政汪鳴鑾以耆儒積學奏保，奉旨：「金錫齡砥行通經，品端學贍，堪以矜式士林，賞加光禄寺署正銜。」

年八十二卒。著有《周易雅訓》《毛詩釋例》《禮記陳氏集説刊正》《左傳補疏》《穀梁釋義》《理學庸言》《劬書室集》。子七：俶基、保基、仁基、佑基、俊基、佐基、偉基。俶基與保基、佑基、俊基、佐基同案進庠，又與佐基同中同治十二年舉人，一時傳爲佳話。

佐基，號鏡如，大挑一等，分發廣西，補授北流縣知縣，履任三年，士民愛戴。光緒二十三年五月間，容縣、博白、陸川等處賊匪蜂起，所在裹脅，數逾萬人，竄攻縣城。佐基矢誓堅守，一面飛章乞派援兵，并盡散家財以犒士卒，多方堵禦。相持兩晝夜。賊以火油焚燒南門子城，佐基率同幕友林事賢暨在城文武僚屬團紳，登陴守禦，竭力救護。賊復以竹梯麻繩蟻附而上，佐基指揮兵練放鎗迎擊，斃賊多名。賊仍猛撲，兵練火藥不繼，援兵未到，力竭城陷。佐基督隊巷戰，衆寡不敵，被執，苦辱百端，罵賊不絶口，賊駱水怒而戕之。廣西巡撫黄槐森以死事慘烈奏聞，部議加贈知府銜，照四品官陣亡例，給雲騎尉世職，襲次完時給予恩騎尉世襲罔替。奉旨依議。士紳復於廣州城東感舊園闢祠祀之。

廖廷相

廖廷相傳[一]

《番禺縣續志·寓賢傳》

廖廷相，字子亮，一字澤群，南海人。同治九年舉人，光緒二年進士，改翰林院庶吉士，授編修。同治間[二]，陳澧以經師大儒爲學者宗，廷相往見論音韻，大嗟賞之，招至家，飲食教誨，數年學益進。湖南謝編修維藩負時名[三]，典廣東鄉試，得廷相卷，喜甚，置前列。江蘇劉中允熙載有碩望[四]，督學時廷相爲所取士。赴會試，陳澧付以書，令修謁，云：「嶺南學術振起，必屬此生。」

[一] 本篇載民國《番禺縣續志》卷二十六。
[二] 同治間：「同治」，《番禺縣續志》作「咸同」。
[三] 湖南謝編修維藩負時名：「負時名」，《番禺縣續志》無此三字。
[四] 江蘇劉中允熙載有碩望：「碩望」，《番禺縣續志》作「時望」。

張文襄之洞在翰林〔一〕，聞名相思，語人曰：「廣東來一顔子，公等見之否？」旋入翰林，繆編修荃孫心折其學。順天府尹梁肇煌修府志，廷相與焉。書成，讀者以爲得史法。

生平受學於陳澧，最親且久，篤守師法，於澧所言「漢宋學術無偏重，不當立門户」之説，持之最堅。凡經史百家，博觀約取，務得其要。尤精三禮，嘗謂學禮當識禮意〔二〕，禮家書浩博，禮文繁重，學者苦之。乃編纂《三禮表》，以類相從，可依文以求其意，爲學禮之階梯。治《説文》，謂當通古文大小篆。又謂諸儒闡發古音，部首各異，段玉裁分十七部最爲適中。嘗取諸經及古書之有韻者，依聲牽貫之，以證明段説。江永、戴震二家言古音，不無牽混，則著書辨證之。地理以圖爲切要。光緒間，詔修會典，行取各省輿圖，大吏延爲總纂，確考精繪以進，瞭如指掌〔三〕。謂算術雖古不及今，然源不可忘，當追溯前古，以遞通後出之新法。所説具有本末。陳澧著《三統術詳説》，中有闕略，爲仿本書體例，補爲完帙〔四〕。

歷主金山、羊城、應元、廣雅各書院講席，爲學海堂、菊坡精舍學長。凡學者問難，輒曉以數要言，

〔一〕張文襄之洞在翰林：「張文襄之洞」，《番禺縣續志》作「大學士張文襄公」。

〔二〕學禮當識禮意：「學」字原脱，據《番禺縣續志》補。

〔三〕瞭如指掌：此上，《番禺縣續志》有「山川沿革」四字。

〔四〕補爲完帙：「爲」，《番禺縣續志》作「成」。

不事繁稱，即相悦以解。論者稱爲盡得其師陳澧之傳。宗旨純正，成就甚衆，不惑於近時詖邪之説。性沈默，不苟言笑，操履端潔，人不敢干以私。而遇當言者，則抗辨無所避。自奉省約，而任恤不稍吝。在京時，嘗獨力歸房師故編修黄湘之喪〔一〕，并其家屬於蜀，人稱爲難能。

所著書有《三禮表》十卷，《群經今古文家法考》一卷〔二〕，《粤東水道分合表》二卷，《順天人物志》六卷，《廣雅答問》六卷，讀史劄記、金石考、文集各若干卷。最後著《安攘録》，則以時艱日亟，外侮紛至，采輯自古至明中外交涉事，見於經史及群書者，分門編録；萃歷代之機變權謀，考其得失，庶幾得所依據。因時變通，爲禦侮自固之助，削稿未就。此尤惓惓用世、發憤著書之深意也。

年五十有五〔三〕，卒。門人請於官，祀於廣雅書院之嶺學祠。宣統元年，兩廣總督張人駿以學行爲士林追慕〔四〕，奏請將其生平事迹宣付史館立傳，報可。

〔一〕嘗獨力歸房師故編修黄湘之喪：「房師」二字，《番禺縣續志》無。

〔二〕群經今古文家法考一卷：「今古」，原作「古今」，據《番禺縣續志》乙改。

〔三〕年五十有五：此上，《番禺縣續志》有「晚年卜居豪賢街」七字。

〔四〕兩廣總督張人駿以學行爲士林追慕：「張人駿」，原作「張仁駿」，據《番禺縣續志》改。「以」下，《番禺縣續志》有「其」字。

陳樹鏞

陳君樹鏞傳〔一〕

陶邵學

君諱樹鏞，字慶生，新會陳氏。嘗爲縣學生，游於番禺陳先生澧之門。時先生主講菊坡精舍、爲學海堂學長已十餘年，其弟子多高材生，君一旦晚出，盡軼其曹。居苦刻厲，專意獨行。其於學，自六經聖人之道，至於百家群史，無不究，而皆會於禮。其於行，自承親立身之大，至於辭受取予，無所苟，而務絶於俗。意有所窒，鏤心求通；及其既明，則又欲推之於人人。與人言必達其誠，然尤嫉惡，不義者咸畏之。

嘗憫習俗之壞，士大夫無能行禮者，日與其徒淬厲講明之。其居父憂，友數人執禮以視事，自既葬訖祥禫，居處服食變除悉如禮。人咸異之，叩其門不應，或迫之，數語後輒對客號哭不自休，由是見目爲狂。其篤志守己類如此。方君居廬，疾間作，嚴寒風雨，廬中如露栖，昏瞀殆無生理，予憂之，因語以：「古者居憂有疾宜變禮，曷居他室以俟少瘳乎？」君泣不言。出而君友

〔一〕　本篇載《頤巢類稿》，題作「陳君家傳」。

馬君貞榆詰予曰：「古禮既亡，吾輩有行之者，幸也。子何爲尼之？且慶生體素强，無虞也。」予服甚義不敢言，然君疾由是益痼。初，君父既葬，俄而其傍地崩弛將及墓，謀所以遷之者，偕人日夕走窮山中，數年無所得。君亦頹苶不支，疾卒發，一月而死，年三十耳。

君既習其師説，益起而張之，以爲學者將以造大而行遠也，一經之師，則有奴主；一隅之辨，則有是非；一時之治，則有操舍。彌綸萬物，紀綱庶類，惟禮爲之宗。嘗綜三代以來體國經野之法，與乎宫室、器服、食飲之節，凡孔、賈、杜、馬，下及國朝諸儒，先討其説之紛互者，搜精融液，而事爲之釋。又推之後世之史，秦漢八代五朝之志，自兵衛農食，旁逮刑律職官，判其文之散隱者，旁列曲證，而物别其條。其業絶繁重，未克成就〔一〕。考禮之文若干篇，《文獻通考正誤》若干篇，《漢官答問》三十五篇。最後讀朱子書，慨然會於性命之旨，稍欲離棄衆好，以自適於約，而精力瘁矣。嗚呼！以君之材，得竟其志，其有立於世何如也？今若是焉，命矣夫！

君配沈氏。子復，尚幼。君殁之某年，而其父葬乃克舉，以君祔，終其事者，故人葉兆棉也。

〔一〕未克成就：「成就」，《頤巢類稿》作「就成」，「成」字屬下爲句。

論曰：禮之失久，不肖者絀於情，賢者闕於物，時異制變，而人道至文之節泯然散矣。若夫三年之喪、衰斬之服，百代以來，未之有改，而流俗偷薄，并乃失之。群棄獨守，而君乃見異矣。夫先王之禮，非作而致之也，飾其儀典，修其文貌，所以漸民之耳目於至仁，而養厥彝性；及其亡也，簡棄枝葉，而本亦顛焉。故夫禮之委曲而繁重者，非得已也。然則君之所體行，與其所論著，固治世之君子所宜亟講者，而豈一家之私也哉！予既深惜之，故論其大旨以著於篇。

簡朝亮

清徵士簡竹居先生事略

任元熙

先生諱朝亮，字季紀，號竹居，順德簡岸鄉人。生於南海忠義鄉旅次，有紫胞之瑞。幼奇嶷，額有伏犀骨，目光炯炯。年十五，遍誦七經。弱冠進邑庠，有乞鬻文者却之。年二十四，游學九江朱先生之門。讀書以修身，經學、史學、掌故之學、性理之學、辭章之學，由體達用，不爲時之言漢學、宋學者惑焉。先生終身從事於斯，著有《朱九江先生講學記》。

年二十八，以一等第一補廩生，然不任保。逾年丁父艱，居喪如禮，棄館不教授，丁母艱亦如之。經云「喪事不敢不勉」，先生勉之矣。應制科，槖筆入，不挾一字，不買謄録，故五試惟草卷，字訛脱，閲者讀不能句。年三十九，絶意科舉，專力讀書。是年歲考如例，邑學曾蘇首舉先生優行，先生不知也。提學使樊恭煦選一等第一，先生報病不覆試。樊轉嘉其學行，奏曰「究心經術，志潔行端，篤實沈潛澹於榮利，爲庠序中不可多得之士」，特旨以訓導選用，先生以疾未赴。及戊申二月，禮部尚書溥良以賓師禮奏聘禮學館顧問官。時先生旅居陽山將軍山中，亦以疾，書辭之，而附陳禮説二千餘言，皆救時之論也。

先生堅苦卓行，講學務明大義，由省會六榕寺，洎歸簡岸，旅陽山，凡以詔及門者，悉本修身讀書之旨。乙巳，以中夏學術變，謝遣學子，默居山中，日事著述。庚戌，聞議者將廢經，先生曰：「《易》云：乾坤毁則無以見易。易不可見，則乾坤或幾乎息矣。」先是，先生以修祖墓歸自陽山，旅居忠義鄉，杜門著述不輟。辛亥國變，先生盍簪以竹，緇撮，以喪禮自處。乙卯，袁氏自北方以書帛來問，久不得其門，又疑其尚在北江也。丙辰，清史館館長趙爾巽致書聘爲纂修，先生不之應，曰：「此豈萬季野時乎！」先生志在天下，見於《三言兵事書》；憂思鄉里，見於《再言提事書》。其群經著述，皆因前人注所未安者，詳爲補正而發明之。著有《尚書集注述疏》三十五卷，《論語集注補正述疏》十卷，《孝經集注述疏》一卷，《禮記子思子言鄭注補正》四卷，附録他篇補正二百零六條。惟以畢氏沅《續資治通鑑》無論，因仿司馬温公爲之，志在詳述朱子格致啓君之事，以正治本。惜天不假年，惟絶筆於「論汪伯彦知洪州」而已。自餘手編如《朱九江先生集》、周祝齡《所托山房詩集》《廣東簡氏大同譜》、簡于時《荔香堂詩集》《讀書堂明詩》、故友陳慶笙文集，皆已刊行。昔人謂横渠勤學，其心不閑，先生蓋若斯也。先生之學，不分漢宋，而兼采其長，訓詁義理皆資以明經，惟求其學之叶於經爾；其不叶者，則據經以補正其義。故於鄭君、朱子皆有補正焉，以經通經，以子史證經，以經衡子史，博稽儒先，折衷至當。自謂：「酌言百家，會漢宋之學，采爲經術，以禆時務。」又謂：「古人制度，其粗迹有不宜於今者。古之經述，其精意無不宜於今者。經術有天下莫强之用，天下以不明經術而大亂生也，而他求者乃謂以經爲國教而誤天下乎！」此先生所以務明經術，斷斷乎冀宣其義而達於用也。

先生精力絶人，講學聲如洪鐘，竟日忘倦。述草恒徹宵不寐。耄年目光如童時，屬纊前二月，尚能以丹紙作蠅頭小楷也。卒年八十有三。先生道德文章具詳於《讀書堂集》，兹略述梗概云爾。

于鬯

于香草墓志銘〔一〕

繆荃孫

自唐貞觀尊崇南學，而兩漢之家法以乖。國朝乾嘉名流，始治專門，力追兩漢，至咸、同時少衰，迄今澌滅殆盡矣。南匯于君香草，猶能鈎沈拾爐，而卓然成大家，真豪傑之士哉！

君名鬯，字醴尊，自號香草。祖祐吉，廪貢生，候選教諭。父爾昌，邑增生。母馮太孺人，以節孝著。本生父爾者。君幼慧，專力治經，不屑屑爲俗學。十六補諸生，登光緒丁酉拔貢，得直隸州州判。以本生母年高，絶仕進。黄菊屏先生爲署書室曰「娱親著書」，紀實也。舉經濟特科，亦不赴。馮太孺人苦節三十年，奉旨建坊，君節嗇衣食〔二〕，得金五百，建坊墓道，而心始大慰。本生母卒，哀毁致病，綿延數年，遂以不起。宣統庚戌七月十二日卒，年五十有七。元配張氏。續室黄，再續朱。子五，今存大同、昱。三孫。葬本邑天字圩。

〔一〕 本篇載《藝風堂文漫存·辛壬稿》卷二。

〔二〕 君節嗇衣食：「節」字原脱，據《辛壬稿》補。

君墨守漢學，以形聲故訓展轉通假之例，遍讀周秦漢魏古書，刊正奪誤，稽合同異，成《校書記》六十卷[一]、《續校》二十三卷，《戰國策注》三十三卷。近時與俞氏《平議》、孫氏《札迻》卓然爲三大師，非他人小小補苴能語矣[二]。荃孫久儀其人，又讀其書，因君友人之請，而願爲之銘。銘曰：

天下滔滔，群言廢經。君從漢故，徑入孔庭。醰醰樸學，衛鄭仲許。四達八窗，通知今古。著書一尺，入木未半。世有通人，當無河漢。君友君子，能傳君書。恒榦雖掩，遺憾庶無。

法偉堂

法徵君墓志銘[三]

孫葆田

光緒三十三年冬十月二十三日，膠州法徵君卒於金泉精舍之西齋，春秋六十有五。士大夫無論新舊知交，咸赴吊，相嘆息曰：「山東失一耆儒矣！」

[一] 成校書記六十卷：「記」，《辛壬稿》無。
[二] 非他人小小補苴能語矣：「能」下，《辛壬稿》有「共」字。
[三] 本篇載《校經室文集》卷六。

君諱偉堂，字容叔，一字小山。先世本世襲濟南衛指揮使，明成化間，有諱典者，官膠州學正，遂家焉。數傳至君八世祖若真、七世祖檼，父子并有聲於時，行誼載入府州志。又再傳有名見國史《儒林傳》曰坤宏者，於君爲五世祖。自曾祖以下名不顯〔一〕，世業亦漸衰。君晚出，乃獨大振厥緒。其於學無所不通，尤精於音韻金石之書。幼孤，育於叔父，爲叔父後。本生父諱斅先，州學生。前母黄氏，母趙氏，旌表節孝。嗣父諱諟先，母張氏。君幼爲大母及張孺人所鍾愛，稍長從高先生漢方學，高先生愛其才，以女妻之。既乃從匡少宰鶴泉先生肄業濟南，名重一時，以同治九年充優貢生。光緒五年，舉於鄉。十五年，成進士，以知縣用，改就教職。學使裕文慎公薦其學行，奉旨賞加國子監學正銜。先是盛伯希祭酒典試山東，倡建青州海岱書院，延君主講席，君先已主講旌賢書院，自是居青州十有餘年，所成就人才甚盛。其後選授武定府教授，以疾辭未赴。建德周公聞其賢，以君應經濟特科之選，君亦力辭未赴。故人皆稱曰徵君。

君爲人渾厚無圭角，與之交者無不服其識量。鄉舉時，與濰縣宋庶常書升齊名。宋君主講省會濼源書院，兼尚志書院，後改爲校士館，君實承其後，即所謂金泉精舍也。校士館旋改師範傳習所，君尤盡心教育。今直隸總督泗州楊公，巡撫山東，初議建國文學堂，後改爲優級師範學

〔一〕自曾祖以下名不顯：「祖」字原脱，據《校經室文集》補。

堂，其規模區畫皆君所手定。楊公又議續修通志，延君與吴侍郎與宋君及葆田等共成其事，乃甫設局而君遽以疾卒，此又吾黨所共深痛惜者也。

君所欲撰述皆未就，其校勘有《説文解字》《經典釋文》《唐一切經音義》《列子》等書。始余嘗目君爲翟晴江一流人，考君所得，實遠出翟氏上。其韻學則雖顧、江、戴、王未能或之先也，惜編次未竟。其遺稿曰《聽訓館韻書》，僅有散稿數巨册存於笥。又有《山左碑目》，則君前入通志局所手輯。君無子，以本生兄孫紹朔爲承重。家故貧，平生所集書數千卷，身後亦皆散失。

以卒之明年三月，葬於城南先塋，銘幽之文未具，其甥高振崇屬余爲補志，銘曰：

學既成，名亦彰，有儒一生此其藏，百千年後勿毀傷。

碑傳集三編卷三十五　儒林四

楊裕芬

員外郎銜學部主事楊君家傳

王舟瑶

君諱裕芬，字惇甫，廣東南海人。考諱某。本生考諱某，附貢生，以孝聞，縣志有傳。君幼端重，嫻經訓。年十八，以説經文字，見賞於番禺陳東塾先生，遂從受業，爲學海堂高材生。弱冠補學官弟子。光緒戊子，舉鄉試第一，十四藝咸進呈御覽。甲午，成進士，以主事用，分户部，最後調學部，加員外郎銜。

君之學以漢儒爲根柢，宋儒爲依歸，篤守東塾家法，而推及於經正無邪，以維人心風俗。爲南皮張文襄所重，聘主兩湖書院經學講席，又歷主粤之明達、鳳山、端溪各書院，對諸生必指示學問徑涂，先儒立身讀書之法，娓娓不倦，在兩湖最久。戊戌後，學制既改，京師大學洎鄂粤諸學堂争聘君，函電交馳，君皆婉謝。最後肇羅道易君順鼎强聘爲實業學堂監督，就事僅兩月亦遂辭去，嘆曰：「學術紛歧，群言淆亂，雖昌黎復生，未必能障百川而挽狂瀾，吾病未能也。」其時舉行新政，功利之徒，藉是躐進，君嘆曰：「遷官取財，必借新政，是新政者，奸人之利，而良民之蠹也。民心一失，異説乘之，是大可憂。」其言絶痛。文襄管學部，奏調入部，審定圖書，凡遇宗旨怪僻持論偏詖者，多所駁斥。鄉人官察院者，爲湛甘泉請從祀孔廟，廷議下各部具説帖。時人以甘泉嘗爲分宜序《鈐山堂集》難之，君特搜尋證佐，定爲僞托，雖部議不行，時論重之。

辛亥八月告歸，乃甫抵里，而國變劇，粵人争先斷髮，其不斷者，群相脅迫。君曰：「吾當留此以見先皇帝於地下也。」不得已，作道士裝。其時邪説猖狂，動詘朝廷，苛刻無狀。君歷舉本朝仁政，及官度支日所睹直省凋敝情狀證其非，聞者爲動容。癸丑冬，德宗皇后奉安崇陵，君糾集遺臣於北郊素衣冠望祭，自爲祭文跪讀，聲淚俱下，遂大號哭，與祭者皆號哭失聲。每談及時事，輒氣促上逆。兩耳漸重聽，既而殤其長孫，其媳及妾相繼逝。君愴念家國，默覘時勢，知袁氏必將自爲帝制，時切隱憂，遂於甲寅六月以疾卒，年五十有八。有遺集若干卷。子三人：長履瑞，縣學生員，能傳君學；次履璋、履璁。

王舟瑶曰：余於近儒最心折於東塾陳氏，蓋深通漢宋兩家之學，取其長而不護其短。觀其所著《讀書記》，皆平心静氣，實事求是，既泯門户之見，亦非强作調人。以視毛大可、方植之輩，其氣息迴乎異矣。而集中《長白山圖説》一篇，謂大清發祥之地在漢玄菟郡境，非塞外地，蓋預防不軌之徒，必有假種族之説以倡亂者，可謂深識遠慮。故粤中風氣浮動，學説奇衺，爲亂民肇始之區，獨東塾弟子，際舉國波靡之日，特立不懼。以余所知，若君與梁文忠公鼎芬，皆忠懷耿耿，大節卓然，非能篤守師説，而不爲風氣所轉移者哉？君論新政之弊，謂「人心一失，異説乘之，是大可憂」，當日或笑其迂，至今思之，其言果驗，可悲也夫！

學部主事楊君墓志銘〔二〕

張學華

同歲生楊君裕芬殁後六年，子履瑞裒君遺著上於朝，得旨留覽，賞「經明行修」扁額，一時傳爲曠典。君平生學術一出於正，晚抱孤忠，鬱鬱以殁。黄巖王君舟瑶既爲之傳，履瑞葬君於廣州城北蛱蝶嶺祖塋，復具狀請銘，余不得辭。

君諱裕芬，字惇甫，廣東南海人。父守和。本生父守恕，附貢生，以孝友聞。君幼而端重，游陳東塾先生門，爲學海堂專課生，補縣學生。光緒戊子，舉鄉試第一。甲午，成進士，以主事

〔一〕 本篇載《闇齋文稿》。

用，分户部，調學部，加員外郎銜。君通籍後，在官日淺，講學授徒，一如寒素。其爲學服膺東塾，不立漢宋門户，淹貫群經，於三禮尤精熟，嘗欲本經正無邪之旨，以維人心風俗。南皮張文襄公雅重君，聘主兩湖書院經學講席。先是文襄督粤時，仿阮文達學海堂遺意，創立廣雅書院，分科課士，兩湖規制如廣雅。君教諸生，以先儒立身讀書之法，務抑囂競，納於正軌，成就甚衆。其後舉行新政，改學堂，廢科舉，派東西洋留學生，文襄負重望，著《勸學篇》，調停新舊。君獨謂新政更張，梯媒險躁之士，動摇國本，是大可憂。當時或疑其言之過，十數年來，思君前言，如燭照而數計，乃嘆其所見遠也。君在鄂五年，以母老辭歸，迭主講鳳山、明達、端溪各書院。學制改後，京師大學及行省各學堂争聘君，皆婉謝。肇羅道易君順鼎聘爲實業學堂監督，甫兩月辭去。嘗嘆曰：「今日學風，雖昌黎復生，障川挽瀾，亦苦無着手處，余病未能也。」

丁未，入都供職，會文襄管學部，奏調入部審定圖書，凡宗旨乖謬、議論偏詖者，必爲駁正。然不諧於俗，浮沈郎署，終恨力微無大挽救，去志遂決。辛亥八月假歸，甫抵里而變起，黨人洶洶以剪髮相迫脅，君曰：「吾留此以見先皇帝於地下。」屹然不爲動。間作道士裝，語及時事，稠人廣坐，譙呵無所避，衆目爲狂，不顧也。時主粤局者多君門人，欲禮聘君，亟嚴詞拒絶。癸丑，崇陵奉安，君於北郊素衣冠望祭，痛哭失聲。有言大清苛虐病民者，君根據掌故，歷舉先朝仁政駁斥其非，聞者不敢復言。晚歲假寓華林寺報恩堂，以報國自誓，横流波靡，耿耿之懷，無可告語，自是精力漸凋耗矣。

甲寅六月，疾終，春秋五十有八。配梁夫人，前卒。子三人：履瑞，梁出；履璋、履璁，簉室李出。女三人。所著《遜志堂經説文集》《補三國疆域志今釋》若干卷，履瑞進呈御覽，稿藏於家。余與君同舉鄉試，稔君學行，癸丑相見於香港，欷歔世變，君高談大睨，意氣猶昔，曾未逾歲，賫恨遽歿，今二十年矣。世難未已，朋輩益寥落，余衰病恨不得死〔二〕，因履瑞之請，乃爲叙次其略而系以銘，銘曰：

毓毓雷塘，肇開嶺學。宗鄭述朱，書傳東塾。君守師法，孽習禮經。講授横舍，對揚大廷。世變遷流，邪説競作。群陰沈沈，一士諤諤。履霜憂漸，厝火燭先。不幸言中，禍至滔天。始自用夷，終乃召寇。彝斁綱淪，率人而獸。避俗若浼，遯世佯狂。晞髮哭謝，埋血哀萇。有子抱書，達於宸扆。天鑒孤忠，衮褒錫美。嗟余後死，感舊歔欷。九原不瞑，視此銘詞。

〔二〕余衰病恨不得死：「死」下，《闇齋文稿》有「傷時感逝」四字。

王舟瑶

二品銜廣東候補道員王君家傳[一]

汪兆鏞

君姓王氏，諱舟瑶，字玫伯，一字星垣，號默盦。浙江黄巖縣人。系出琅琊。宋天聖二年宋郊榜進士、工部屯田郎中諱㚆[二]，自臨海遷黄巖之西橋，稱西橋王氏，君其二十世孫也。祖諱華，考諱士春，潛德弗燿，以君貴，皆贈資政大夫。祖妣程、妣周，皆封夫人。

君性篤摯，事親孝。家貧，奔走四方，然一歲未嘗不歸省，依戀若嬰倪。親殁，歲時薦祀，恒泫然淒感不自勝。爲文叙述遺行，紆曲隱惻，言有餘恫。待群從雝穆無間言。少讀書九峰山中，從王先生棻游，盡得其學而益光大之。與黄文學方慶、喻編修長霖友，後獲交章檢討梫，講道核藝，相見以誠，數十年如一日。

光緒辛巳，補縣學生，旋食廩餼。肄業杭州詁經精舍，爲俞先生樾所稱賞。戊子，以優行充

[一] 本篇載《微尚齋雜文》卷五，又載《王舟瑶自訂年譜》附録。

[二] 工部屯田郎中諱㚆：「㚆」，《王舟瑶自訂年譜》附録作「玨」。

貢。己丑，中舉人。會試屢不第，而名譽日起。其爲學初治辭章訓故，寢饋於《説文》《蒼》《雅》，群經義疏，穿穴洽熟，得其大義微言。既而讀宋儒書，益有所得。自牓座右曰：「治經宗高密，行己師新安。」素不喜空談坐悟，而於陸氏義利之辨深所服膺，謂非體察於此，則學問經濟適足以便其私。又謂儒術有體有用，遂擴而治經世之學，以宋五子爲體，《通鑑》、《九通》爲用。時局日變，復怵然於「天子失官，學在四夷」之義，兼采西學之無害者爲用中之一端。但言必先明誼理、崇氣節，而後可讀中外有用之書；如徒襲西學虚名，施之無叙，終無補於治理。蓋於古今道藝之升降遷流洞見本原，如匯百川而瀦淵海，當世通儒罕其儔匹焉。

歷主九峰、清獻、東湖、文達諸書院，兼纂修《台州府志》。瞿文慎公、沈侍郎源深、侍郎文治公、長沙張文達公，號知人，皆愛重君。會開經濟特科，瞿公特疏薦之，文治公又以君學行上聞，賞内閣中書銜。學制新定，京外諸行省推爲都講。禮部開禮學館，聘爲顧問官。爲廣東師範學堂監督最久，由揀選知縣累擢道員，加二品銜，監督如故。名位洊躋通顯矣，而仍治學事。論學堂之弊，一曰躐等，二曰務虚，三曰放任，四曰猖狂。論女學之弊，曰：「近日女學萌芽，大都從事智育，於德育未之措意，恐智識雖擴，禮教漸替，不可謂非人心風俗之憂。」尤慨乎其言之。凡君教術所被於譊譊秕僻者，皆能潛折牙枿於無形之中，苦心焦慮，匪世所知。

宣統辛亥九月，民軍入廣州，堅留君，不可。浩然歸里，闢草堂，顏曰「後彫」，屏絶世紛，專力搜輯文獻。夙慕鄉先哲杜清獻公文章節行，益推闡台學淵源，抉隱攟微，以振厥緒，詳見所纂《台州文徵》叙例中，意恉至爲深遠。壬戌，皇帝大婚，表貢方物，御賜「福」字。甲子九月，國民軍入宫，車駕蒙塵。君久病，聞變唏嘘流涕，疾遂增劇。口占詩云：「惟有忠心耿不滅，未能親見中興年。」惓惓君國之思，臨絶彌切。斯之謂貞志不休者歟！

君著書滿家，有《鄭注禹貢引地理志釋》一卷，《周官孟子異義疏證》一卷，《吕覽月令異文釋》一卷，《穀梁逸禮考證》一卷，《讀經劄記》四卷，《讀説文劄記》四卷，《經師家法述》一卷，《群經大義述》一卷，《中國學術史》一卷，光緒《台州府志稿》一百三十卷，《默盦居士自定年譜》一卷，《勸學淺語》一卷，《默盦日記鈔》十卷，《默盦文集》十卷、《續集》三卷、《詩集》六卷，《西橋王氏家譜》十二卷、《家集》十卷，《台州文徵》一百八十卷，《台詩四録》二十九卷、《外録》三十八卷。

初娶潘夫人，前卒，繼娶周夫人，皆以淑行聞。君生於咸豐戊午十一月初四日，春秋六十有八。以乙丑二月卒於里第。逾年丙寅正月十一日，葬於縣南永寧山之原〔二〕，潘夫人祔焉。子一，敬禮，京師譯學館畢業，獎給舉人，内閣中書，英國伯明罕大學商學士，克承君志，不仕而隱

〔二〕 葬於縣南永寧山之原：「山」，《微尚齋雜文》無。

於商。女四，俱潘出，長殤，次適周，次適張，次適董，皆士族。孫五：育伊、育備，殤；育份、育僖、育佶。女孫二。

汪兆鏞曰：君與余同歲鄉舉，自君監鹺樂昌，始識君。洎余入制府幕，君居師範學堂，同在廣州，良覿益多。時方興學，異議蜂起。余以爲朝廷罷科舉、設學堂，期於育成通材，以濟世變，而學部定章草創，是在奉行者會通其恉而彌縫其闕，乃可推行無弊。時論多迂余，君獨心韙之，時時愀然相與慨息。今君長逝矣，顧語其孤，謂平居知己者無幾人，必欲得余一言。烏虖！余不文，奚足爲君重？然八表同昏之日，空山病榻，不忘辟地海濱之一介貧交，其意不深可傷哉！用最所知而爲之傳，於君之學未敢言能窺見崖略也。九原芒沕，悲夫悲夫[一]！

廣東候補道王君墓志銘[二]

章梫

皇帝遜位十四年，歲次乙丑春二月五日，吾友黄巖王君卒，年六十有八。其明年丙寅正月

[一] 悲夫：此下《微尚齋雜文》有小字注「乙丑十二月」。

[二] 本篇載《王舟瑶自訂年譜》附録，又收入《碑傳集補》卷五十三，題前均有「誥授資政大夫」六字。

十一日，葬於縣南永寧山魯秦古廟之原，孤敬禮具狀，并述君顧言，來乞銘。嗚呼，余忍銘耶？忍不銘耶？

君諱舟瑶，字星垣，又字玫伯，號默盦。先世自宋屯田君諱珏，由臨海遷黄巖之西橋，二十八傳而至君。祖諱華，父諱士春，皆以君貴，贈資政大夫，妣皆封夫人。君幼穎悟，而家貧甚，九歲始就傅，肄業清獻書院、九峰精舍，爲詞章考據之學，且深悟宋儒性理之説，題其座曰：「治經宗高密，行己法新安。」光緒乙酉，善化瞿文慎公以侍講學士督浙學，修阮文達故事，重開詁經精舍，召全省高才生二十人肄業其中，君與焉，最爲院長德清俞曲園先生所愛賞。戊子，遂以優行貢於朝。己丑，舉浙江鄉試，出順德李文誠公之門。累試禮部，薦不得第。沈侍郎源深督學福建，聞其名，聘校文字。侍郎篤信程朱之學，思以閩學迪閩士，君左右而張大之，爲集宋儒之説，成《勸學語》。侍郎卒，君遂歸，主九峰精舍講席。攸縣龍侍郎湛霖督學江蘇，又聘校文字，會台州修府志，趙太守亮熙促之返里，定續修義例，纂修府志，兼主講清獻書院、東湖書院，尋又主文達書院。文侍郎治督浙學，奏君學行，賞給内閣中書銜。

庚子，外國聯軍入京，兩宫西狩，君與文侍郎及諸同志論時局，俱切中要竅[一]，識者韙之。

[一] 俱切中要竅：「竅」，《碑傳集補》作「窾」。

辛丑，朝議各行省建設學堂，台州府學堂、師範學堂、黄巖縣學堂章程，皆君所手定。旋爲上海南洋公學特班生教習。壬寅，長沙張文達公爲管學大臣，聘君師範館、仕學館經史學教習，經學講義風行於海内。初，戊戌開經濟特科，瞿文慎公薦君；癸卯，沈侍郎家本、岑制軍春煊復交章論薦。及制軍督兩廣，遂調君治學務，以知縣分廣東，監督師範速成科、師範學堂，尋擢道員，仍監督如故。禮部開禮學館，奏聘爲顧問官，皆咨商焉。

辛亥八月，武昌變作。九月，民軍入廣州，留君任教育司長，不可；請仍爲師範校長，又辭謝。即歸，作道士裝，葺屋爲後彫草堂，瞿文慎公題曰「王逸民廬」。壹意纂輯鄉邦文獻，間出游天台、雁蕩、泰岱、勞山，謁孔子廟陵，蓋其故國之思、故君之念，未嘗一日忘也。丁巳復辟，君聞之，慨曰：「張忠武故忠篤，惟諸將詐諼可慮。」乃移書開陳大義。及事敗，余以危及君親不能死爲恨，君則謂大義既振，後必有納兹軌者，宜勉後圖，殉身無益。壬戌，皇帝大婚，君大喜，與其縣楊給諫晨、江大令若幹等，貢賀表方物，蒙賞福壽字，賦詩紀恩焉。甲子九月，國民軍入宫，皇帝出奔，時君已久病，聞變益加劇，謂其子曰：「自問讀書知大義，今乃躬睹危難而莫能效微力，尚復何言？」因馳書於余，絶憤痛，而君竟卒。嗚呼，傷已！

余交君始光緒丙戌，其時士習制藝外，能説經治考據詞章兼習時務者，號爲通才名士，而君與其縣黄㱿成明經方慶治《禮經》，會漢宋諸説，持其平，以冀達於治體，不屑屑於浮譽。蓋君居九峰久，有王子莊先生棻、王子裳太守詠霓、張子遠大令濬、喻志韶編修長霖暨穀成諸君爲之師友，其學大進，以宋五子爲體，《通鑑》、《九通》爲用，終身莫或逾也。然其後子莊先生以老壽終，穀成亦早卒，子裳、子遠奔走四方，又皆相繼下世，惟志韶與君存耳。然君服官至監司，而專務學堂，循章督課，其平昔所講求，由身而家國，淑之以禮義，養之以天和，終之以敬慎，無所事於王霸雜用，義利并行者，乃一不得達，豈不悲哉！

君内行完潔，事親尤孝。親歿，每臨祭，必涕泣恭厥事，至老不倦。與諸弟子姪，怡怡朝夕，雖極困厄而夷坦自若。恥求人知，待人則以誠，未嘗稍立崖岸，有負之者亦不問也。君嘗閔台學衰息，獨治先哲杜清獻書，毅然欲有以振之，一郡翕然奉爲大師。所著書有《鄭注禹貢引地理志釋》一卷，《周官孟子異義疏證》一卷，《戴記吕覽月令異文釋》一卷，《穀梁逸禮考證》一卷，《讀經劄記》四卷，《讀説文劄記》四卷，《經師家法述》一卷，《群經大義述》二卷，《中國學術史》二卷，光緒《台州府志稿》一百三十卷，《默盦居士自定年譜》一卷，《勸學淺語》一卷，《默盦日記鈔》十卷，《默盦文集》十卷、《續集》三卷，《默盦詩集》六卷，《西橋王氏家譜》十二卷、《家集》十卷，《台州文徵》一百八十卷，《台詩四録》二十九卷，《台詩外録》三十八卷，藏於家。

君初娶潘夫人，繼娶周夫人，皆有賢行。子一人敬禮，舉人，内閣中書，英國伯明罕大學商學士，能養志不求仕進。女四人：長殤；次適同縣周卓立；次適泗陽張星烺；次適臨海董瀚。孫五人。銘曰：

本朝台學遜宋明，鉅儒大臣久無聲。君起孤寒抉道精，抗節南湖鄉先生。乃遭地坼與天傾，赤心松柏歲寒貞。五子十通治行成，著書滿家道終盲。道服消揺玄鶴迎，亦儒亦仙朝玉京〔二〕。深寧梅磵與同盟，萬代千秋詒修名。

陳玉樹

惕庵府君行述〔三〕

陳鐘凡

先叔父諱玉樹，字惕庵，後更名玉澍。以清咸豐癸丑年生於江蘇之鹽城，距始祖九一公由蘇遷鹽以來，十五世矣。陳氏自黄道公遭明世國變，抗節高蹈後，世有隱德。先大父以善

〔二〕 亦儒亦仙朝玉京：「玉」，《碑傳集補》作「至」。

〔三〕 本篇又刊於《國學叢刊》第一卷第二期，題作「先叔父惕庵府君行述」。

治《毛詩》名，著《詩説》二卷，長沙王祭酒先謙志其墓，稱其精思絶詣，與高郵王念孫父子相翕應。

叔父弱年授章句，兀坐一室，據案凝思，日以爲常，十年遂畢讀五經、二十四史，通其大誼。以先大父嘗病嚴氏《經義叢鈔》所載王述曾《毛詩異字考》疏脱譾陋，所舉不逮百之一二，擬作《續考》以補其闕而未就，賫志以殁。叔父上承先業，潛心蒐討，知三家字與毛異，毛與毛亦有異也。《關雎》曰「君子好逑」，《兔罝》曰「公侯好仇」，仇即逑也。一卷之中，其字不同。《君子偕老》曰「玼兮玼兮」，曰「瑳兮瑳兮」，瑳即玼也。一篇之中，其字不同。《行葦》之三章曰「四鍭既鈞，舍矢既均」，鈞即均也。一章之中，其字不同。《凱風》曰「睍睆黄鳥」，睍睆即睍睍也。一句之中，其字不同。況全《詩》三百篇，其訓同文異者何可勝數。其中有今古之分、正假之别，或雜以訛俗，亦所不免。乃區别異同，考訂雅俗，成《毛詩異文箋》十卷。

光緒丙戌，更肄業南菁書院，游定海黄教諭以周門，飫聞緒論。以治群經不可不先通《爾雅》，釋《爾雅》不可不創通誼例，研治二載，知不明經文在上之例，則不識蟣汽、萑蓷、鮍鱒、鷊鶨之爲誤倒也；不明經文在下之例，不識幬謂之帳、閍謂之門之爲誤倒也；不明文同訓異之例，不識諲之訓敬當作禋，琛之訓寶當作探也；不明文異訓同之例，不識宜之訓事當作官，禧之訓告當作祰也。爰就犍爲文學、孫、李、樊、郭之注，陸氏之音，邢氏之疏，及邵氏《正誼》、郝氏《誼疏》、嚴氏《匡名》、翟氏《補郭》、臧氏《漢注》、錢氏《古誼》《釋地四篇注》、王氏《述聞》、俞氏《平議》之説，各有所適遵，亦并有所匡正，成《爾雅釋例》五卷。又以《爾雅》《論語》《詩》《書》《禮》《樂》、《春秋》公穀二傳，皆傳自卜子，無卜子則無漢儒之經學，而世儒未有譜其年者，爰起周敬王十三年，即魯襄公之三年，終周安王二年，即魏文侯二十五年，成《卜子年譜》兩卷。

此并叔父早年述造也。後此爲文，更寖漬於歷史輿地、政治掌故，與夫百家之説，緯以經誼，故能馳辨博喻，援證古今，奇偶錯陳，爛然溢目。當是時，海宇可稱粗安，而其詩文憂殷語迫，恒有兔爰苕華之慨，論者怪其無喪而戚。及甲午軍興，國勢陵遲，端憂蚤計，發爲文章，語益壯烈，成《後樂堂文鈔》九卷、《詩鈔》一卷、《讀鈔》九卷〔二〕，大恉以明天道、正人紀、致郅治爲宗。無關當時之務、六經之恉者，一切不爲，律以亭林顧氏之學，有同符焉。而其躬行辨志，砥礪廉隅，則黄黎洲、全謝山後，鮮等倫也。

平居耽學樂道，不慕榮利，當世公卿如淮揚海道桂林謝元福、合肥蒯光典、江西巡撫武昌柯逢時，争先禮聘，皆堅辭不就。唯丙申春，應本邑知縣鎮海劉崇照之請，纂修邑志，成《鹽城縣志》十卷。己亥主講尚志書院，壬寅主講縣學堂，黽勉教誨，赤心正人，氣象巖巖如泰山，而中懷

〔二〕 讀鈔九卷：「讀」，《國學叢刊》作「續」。

慈祥惻怛，學者罔不敬而憚之。甲辰秋，應兩江總督周玉山聘，充三江師範教務長，莅事十七日，諸生淩蔑教條，怫然竟去，著《教育芻言》三卷。乙巳，佐廣東布政使山陰程儀洛幕，數月謝歸。更以兩廣總督西林岑春煊之招，再赴粵東一年。時鑑於世變日棘，國人之言民權者，號召徒衆，期於旦暮急進，不惜以國家爲孤注，而官吏又怵於禍變，務爲深閉固拒，上下激盪，寖成相持之局，則引爲深憂，著《民權釋惑》二卷，思有以達民隱、證官邪，取新舊兩者之説并折之。其他指陳時弊，關係學術治道之文，凡數百首，具見於所著《後樂堂文鈔》三集中。

叔父天性肫摯，孝於兩親，友於昆弟，睦於室家，信於友朋，仁於衆庶，雖處困躓，遇鄉里公益，必奮勇直前，若修石䃮、天妃兩閘，請罷臺捐，重申米禁，劃定民樵地界，創辦學堂諸役，皆身任艱鉅，焦神苦思，歷百折不少挫，卒抵於成，以儒生而類墨翟之行焉。

叔父由優貢生中式光緒戊子科舉人，大挑教諭不赴，以揀選知縣，卒於丙午秋八月四日，享年五十有四。所著《毛詩異文箋》《卜子年譜》《爾雅釋例》《鹽城縣志》、《後樂堂文鈔》正續集、《詩鈔》《民權釋惑》《教育芻言》，并以聚珍版印行。餘《後樂堂文鈔》三集六卷、《米禁問答》一卷、《汴游筆記》一卷、《粵游筆記》一卷，稾并家藏。孺人張氏，先叔父三年卒。子宗浩，庶叔母胥氏出。鐘凡幼侍函丈，略聞經恉，迄今學無所成，爲文又不足揚丕休於百一，拭泪述此，冀備後之史氏采擇焉。

劉師培

儀徵劉先生行述[一]

陳鐘凡

劉先生諱師培，字申叔，江蘇儀徵人。曾祖文淇，祖毓崧，伯父壽曾，均以治《左氏春秋》[二]，名於清道、咸、同、光之世，列傳國史。父貴曾[三]，亦以經術發名東南。先生少承先業，服膺漢學，以《春秋》三傳同主詮經，《左傳》爲書，説尤賅備。審其義例，或經無傳著，或經略傳詳；以傳勘經，知筆削所昭，類存微恉。漢儒説《左氏》，據本傳以明經義，凡經字相同，即爲同恉。又引月冠事，明經有繫月不繫月之分，創獲實多，亦較二傳爲密。爰闡厥科條，著之凡例，成《春秋左氏傳例略》一卷。

又據《漢志》《禮古經》五十六卷，卷與篇同，謂於今文十七篇外，增多三十九篇。故合五十六篇言，則曰古經，亦曰古文禮；即三十九篇言，則曰逸禮。至五十六篇所自出，劉歆移書太常

〔一〕本篇又載《劉申叔先生遺書》卷首，題作「劉先生行述」；又有單行本；又收入《碑傳集補》卷末。

〔二〕均以治左氏春秋：「氏」，單行本、《碑傳集補》作「傳」。

〔三〕父貴曾：「貴曾」，單行本作「顯曾」。

博士云魯恭王得古文於壞壁之中，《逸禮》有三十九篇，《書》十六篇。天漢之後，孔安國獻之，藏於秘府，伏而未發。據是，則秘府所藏，即係孔壁所得。《志》云出於魯淹中及孔氏，孔氏即安國也。是則古經篇目，當據班書；《逸禮》源流，當宗歆説。西漢之時，其古文舊簡，蓋惟藏於秘府，民間亦私有傳授，然其説不昌，是以絶無師説。東漢古經之行於民間者，別本滋多，然《逸禮》三十九篇，當世經師均不作注，計其散亡，蓋在東晋以前，而遺文佚句，時見鄭氏及諸家稱引。宋王應麟、元吴澄并事考輯，所采未備，爰舉《逸禮》篇名之確可徵信者，成《逸禮考》一卷。又以《禮經》十七篇目次〔二〕，大小戴及劉向《別録》所次不同。鄭注據小戴本，其篇次則從《別録》；《既夕》《有司徹》二篇篇名，仍從小戴。魏晋以下，推崇鄭本，三家舊誼遂以湮没。考鄭氏目録，於經文十七篇分屬吉、凶、嘉、賓四禮，前此禮家并無此説。鄭義雖合古文，然不得目爲此經舊誼。爰廣徵兩漢經師之説，爲《禮經舊説考略》如干卷〔三〕。

〔二〕又以禮經十七篇目次：「七」，《劉申叔先生遺書》、單行本、《碑傳集補》作「九」。
〔三〕爲禮經舊説考略如干卷：「如干」，《劉申叔先生遺書》作「四」。

又以《周禮》先師說六鄉之吏〔一〕，即冢宰六官〔二〕，亦即六軍之將。賈公彦引賈逵說〔三〕，以爲六鄉之吏，則冢宰以下是。《説文》「鄉」字注云：「封圻之內六鄉六卿治之。」勘以《五經異義》所引古《周禮》之說，符契適合。自馬、鄭始以鄉吏別六官，則王國之卿十有二人，并數三孤則爲十五，迥異舊說〔四〕。近孫詒讓爲《正義》，一是折衷馬、鄭，摘發實鮮〔五〕。先生爰申古義〔六〕，正其違失，著《周禮古注集疏》二十卷〔七〕。

又以《古文尚書》，安國所得，既獻漢廷，因藏秘府。仁和龔自珍顧云：「秦燒天下圖書，漢因秦宮室，不應獨藏《尚書》。假使宮中有《尚書》，不應安國獻孔壁書，始知曾多十六篇。」不知漢收圖籍，非謂《詩》《書》。若實有《書》，安國無緣再獻。史公云獻，則是未有其《書》。是知中秘古文，藏自武帝，既爲孔壁之書，即匪嬴秦之籍。觀劉歆言安國獻古文，又言藏於秘

〔一〕又以周禮先師說六鄉之吏：「說」，《劉申叔先生遺書》無。
〔二〕即冢宰六官：「即」，《劉申叔先生遺書》作「則」。
〔三〕賈公彦引賈逵說：此上，《劉申叔先生遺書》、單行本、《碑傳集補》有「知者」二字。
〔四〕迥異舊說：「舊」，《劉申叔先生遺書》、單行本、《碑傳集補》作「古」。
〔五〕摘發實鮮：「摘」，《劉申叔先生遺書》、單行本、《碑傳集補》作「疹」。
〔六〕先生爰引古義：「義」，單行本、《碑傳集補》作「說」。《劉申叔先生遺書》作「先生爰申賈、服、杜子春古說」。
〔七〕著周禮古注集疏二十卷：「二十」，單行本作「如干」。

府，伏而未發，成帝乃陳發秘籍，校理秘文。所云秘藏，即謂中文之屬；所云校理，蓋即劉向所司。是則劉向所觀，安國所獻，既無殊本，應即一書。龔氏所疑，不析自解。著《駁太誓答問》一卷。

又以《漢志・書類》著録《周書》七十一篇，自注云：「孔子所删百篇之餘。」近儒每援之以説群經。爰參校異同，詳加編次，成《周官補正》六卷〔一〕。若五官、三監、五服、濮路、月令、明堂諸考，則别著爲篇，成《周官略説》一卷。

先生説經之書，略具於此。其他間有撰述，未遑寫定，或孤文隻義，靡得而詳焉。清代經師治古文者，自高郵王氏父子以降，迄於定海黄氏、德清俞氏、瑞定孫氏，各揭厥幟〔二〕，匡微補缺，闡發宏多。若夫廣徵古説，足諍馬、鄭之違，且鈐今師之口〔三〕，則諸家未之或逮。故述造視前師爲消，而精當寖寖過之。信乎研精覃思，持之有故者矣。又歷檢群籍，至於内典、道藏，無不究宣。嘗取老、莊、荀、董之書，讎正訛脱，獨創新解，按文次列，成《老子斠補》二卷、

〔一〕成周官補正六卷：「官」，《劉申叔先生遺書》《碑傳集補》作「書」。下同。
〔二〕各揭厥幟：「幟」，《劉申叔先生遺書》、單行本、《碑傳集補》作「識」。
〔三〕且鈐今師之口：「鈐」，《劉申叔先生遺書》、單行本、《碑傳集補》作「鉗」。

《莊子校義》一卷〔二〕、《荀子斠補》若干卷〔三〕、《吕氏春秋斠補》一卷〔三〕、《楚辭考異》八卷、《賈子新書斠補》一卷〔四〕、《春秋繁露斠補》三卷，計所發正，凡數百事，均王、洪〔五〕、俞、孫之所未詮。蓋先生每論定一説，必旁推交通，百思莫能或易，乃著簡畢，其精審有如此。雅性勤劬，博覽載籍，過目成誦，久而不渝，神志亦緣是日隆〔六〕，年未四十，疾疢纏縈，狄滌醫門，歲無間日。以己未年十一月二十日卒於北京〔七〕，距生於光緒甲申年五月二日，享年三十有六〔八〕。生平精力，敝於著述。世變紛綸，匪所能悉，而以貧病故〔九〕，時時爲僉壬牽引〔一〇〕，非深知先生者，孰能諒之？

〔二〕 莊子校義一卷：「校義」，《劉申叔先生遺書》作「斠補」。

〔三〕 荀子斠補若干卷：「若干」，《劉申叔先生遺書》作「四」。

〔三〕 吕氏春秋斠補一卷：《劉申叔先生遺書》作「《墨子拾補》二卷」。

〔四〕 賈子新書斠補一卷：「一」，《劉申叔先生遺書》作「三」。

〔五〕 洪：《劉申叔先生遺書》、單行本同，《碑傳集補》作「黄」。據上文文意，當以《碑傳集補》爲是。

〔六〕 神志亦緣是日隆：「隆」，底本原誤作「隆」，據《劉申叔先生遺書》、單行本、《碑傳集補》改。

〔七〕 以己未年十一月二十日卒於北京：「己未年」，《劉申叔先生遺書》、單行本、《碑傳集補》作「民國八年」。

〔八〕 距生於光緒甲申年五月二日享年三十有六：單行本無此十八字。「距」上，《劉申叔先生遺書》《碑傳集補》有「上字」；「光緒」上，《劉申叔先生遺書》《碑傳集補》有「清」字。

〔九〕 而以貧病故：此下，《劉申叔先生遺書》《碑傳集補》有「不能亡情爵秩」六字，單行本「亡」作「忘」。

〔一〇〕 時時爲僉壬牽引：此下，《劉申叔先生遺書》、單行本、《碑傳集補》有「致不退不遂，入於坎陷」九字。

先生於學，無所不窺，而論文則考型六代，撢源兩京。嘗謂漢、魏之際，文學未嘗別自成科；宋立四學〔一〕，文學乃與儒、玄分館。故《南史》恒以文史、文義并詞，而《文章志》諸書亦以當時稱盛。凡所持論，見《文説》《廣文言説》《文筆詩筆詞筆考》。又哀次所爲辭賦詩文如干首，成《左庵文集》五卷。

先生教澤遍中國，主講安徽公學〔二〕、兩江優級師範、四川國學院，執經問業者幾千人。後主講北京大學〔三〕、女子高等師範，弟子從游者益進。聞先生之喪，莫不哀慟，太息流涕而不能自已也。以某年月日，歸葬於儀徵先壟之原。妻何氏，無子。

鐘凡賦性顓蒙〔四〕，未足知先生之深〔五〕，於其他行事不備書，書其學術之著者，與天下學人共悼之。

〔一〕宋立四學：「宋」下，《劉申叔先生遺書》、單行本有「文」字。

〔二〕主講安徽公學：此上，《劉申叔先生遺書》、單行本、《碑傳集補》有「清季」二字。

〔三〕後主講北京大學：「後」，《劉申叔先生遺書》、單行本、《碑傳集補》作「民國以來」。

〔四〕鐘凡賦性顓蒙：「鐘」，單行本無。「賦」，《劉申叔先生遺書》無。

〔五〕未足知先生之深：「足」，《劉申叔先生遺書》作「能」。

宋芸子先生傳

蕭月高

宋育仁，字芸子，一字芸巖。四川富順人也。髫齔穎秀，讀書能貫通大義，尤邃於經史。張文襄督蜀學，頗嘆異焉。提調錢徐山見而驚曰：「揚雄、宋玉再生蜀矣！」揚者謂綿州楊叔嶠。洎湘潭王闓運來主尊經，尤見推重。因博通六藝，泛覽詞林，所爲文軼庾徐、騶揚馬。獻《光緒三大禮賦》，馮煦以爲「典麗裔皇，直逼漢京」。詩則藴藉芊綿，華實并茂，驂靳湘潭，未或遜之。與名山李芝英伯揭〔一〕、井研廖登庭季平，并稱高弟。

丙戌舉進士。甲午任英法義比使館參贊官。時中日釁起，海軍盡喪，先生密謀購英艦以襲長崎。迨和約既成，而議遂寢。乙未歸，上理財四事。庚子拳亂，先生又匍匐扈從，因陳學務、財政二議，皆格不用。翌年，美使精琦來華，商代理中國財政事，先生面斥七十餘條，識者難之。

〔一〕　與名山李芝英伯揭：「李芝英」疑誤，當作「吴之英」。吴之英（一八五七—一九一八），字伯揭，四川名山縣人，與宋育仁、廖平同受業於尊經書院，著有《壽櫟廬叢書》。

戊申、己酉之際，以入楊士（襄）［驤］幕，先後帶職五部，名重一時。方期引經術以圖治，興新法以利民，會辛亥國變，未展其謀。乃隱茅山，欲與（懇）［墾］利，而王闓運入都長國史館職，作書招之。至則端衣說周公反政事，坐妄言繫步軍舍中。其命雖危，而起居必信，其志未嘗稍屈。

久之免歸鄉里，益精罼經術。及袁逆謀亟，欲其勸進，佯狂走免。因發孔子三陳九卦之微，次《易經》豫之九篇曰：「元乎元乎，明夷之極，陽九之盡，則百世之期至。荀卿有言：日月之光，日以荒矣。聖人拱手，時幾將矣。世無箕子，吾不得而讓焉。」改號曰「道復」。自是主講國學院，開門授徒，業孔子之六藝，推史迹之百王，觀於三統，鑑於四裔，切近事，極人變，爲經術政治述論數萬言。而尤深於禮，故言《周禮》臣建侯均田爲經，興學起徒爲緯，經緯互用，臣成政教，教莫隆於禮，禮莫大於五，祀莫先於宗廟，故引《孝經》以致之，作《後弘道篇》，明宣聖君子之義，設教傳學之旨，習鄉飲鄉射以啓禮樂之萌，主通經致用，爲濟天下立倫教之本。徵美繁博，轉機持縷，發揮旁通，文理物察。自先漢諸黎獻，蔇晚近諸師，臣經訓説治術者，未之聞也。

晚歲述《四川通志》，存蜀舊風，上祀玄囂、昌意建國以來，至秦罷侯置守，下至於兹，論其世次，考其建置疆域、因革治亂之迹，爰及禮俗野文、學術盛衰。悼中國改郡縣自蜀始，水煩土敝，咎在吏治，故刺譏官政，咏嘆巴風。其所爲詩，《感舊》諸篇，尤關故實，一言三嘆，又非徒矜才藻而已。辛未，通志稿成，力瘁而卒，時年七十有四。私謚文康。所著有《問琹閣叢書》，尼經説政論，詩文詞都數十種。有子琦，能世其學焉。

序曰：蜀自秦漢以旋，人文蔚起，重熙類洽，多士如雲。若漢之賦，唐之詩，潛學立言、經濟天下者，代有巨擘，非夫井絡之精、岷巫之靈，曷克臻此？若宋先生者，又晚近之魁傑也。其學術文章名甲一時，而先憂後樂之懷，世有未或知者。癸亥春，家君曾一見之，言其身材短小，貌特清癯，高簪危髻，若有道者焉。或有叩以詞章者，輒曰：「人間何世？吾恐被王夷甫之誚也。」卒時，當清禪後二十年，歲在辛未。是歲關中大蝗，河南北決，江淮皆溢；燕冀南粵有紅軍者陷江西，日酋本莊繁寇遼，藏兵犯甘孜，至於瞻巴；成都雨甚，浹旬乃止，斗米直九萬錢。天夫天夫，吾未知夫夫天矣！

碑傳集三編卷三十六　文苑一

杭世駿

杭世駿傳〔一〕

杭世駿，字大宗，浙江仁和人。家貧力學，假書於人，窮晝夜讀之，父母禁止，輒篝鐙帳中默誦。與同里名輩結讀書社〔二〕，五日一相聚，互爲主客問難，以多聞見者勝。世駿尤强識〔三〕，同輩推服。雍正二年舉人。乾隆二年〔四〕，召試博學鴻辭，授翰林院編修，校勘武英殿《十三經》《二十四史》，纂修《三禮義疏》。

〔一〕本篇載《清史列傳》卷七十一。
〔二〕與同里名輩結讀書社：「輩」，《清史列傳》作「人」。
〔三〕世駿尤强識：「識」，《清史列傳》作「記」。
〔四〕乾隆二年：「二」，《清史列傳》作「元」。

世駿性伉爽，能面責人過，同官皆嚴憚之。有先達以經説相質，一覽便稱某事見某書，某説見某集，拾唾何爲？學子有欲受教者，問其所業，以一經對，則以經詰之；復以一史對，又以史詰之，皆窮，乃曰：「某於西晋末十六國事，差能詳耳。」復問：「汝知是時有慕容垂乎？垂長若干尺？得年幾何？」其人慚沮去。值亢旱，高宗思得直言及通達治體者，特設陽城馬周科，試翰林等官，世駿預焉。日未中，條上四事，數千言，語過戇直。又言滿洲人官督撫者過多。上怒，抵其卷於地者再，復取視之。時世駿試畢，方趨同官寓邸，忽傳言罪且不測，同官恐，促世駿急歸。世駿笑曰：「即罪當伏法，有都市在，必不污君一片地也，何恐爲？」尋放還。其論直省藩庫，宜有餘款存留，以備不虞，亦篤論。然已削稿，語多不傳。

罷歸後，杜門奉母，益并力肆志，發揮才藻。與同里厲鶚、周京、符曾、陳撰、趙昱、趙信、汪沆、吴穎芳、丁敬等，皆爲密友近賓，言懷叙懽，各有構屬。平日通禮學，有請復漢儒盧植從祀議。又議師當制服，可以立師道，勵澆季；朋友不當制服，防不肖者貢媚權勢，賢者結怨流俗。時論甚以爲洽。尤深於詩，嘗曰：「吾遇杜、韓，當北面；若蘇，則兄事之。」刻《嶺南集》，詩風格遒上，最爲當時所稱。後高宗巡幸塞外，天雨新霽，馬上吟「迎風葦露清於染，過雨山痕澹入詩」二句，顧謂從臣曰：「此杭世駿詩也，惜其没福耳！」嘗作《方鏡詩》二十四首，一時輦下傳誦，和者幾及千家。

晚主講揚州、粵東書院，以實學課士子。嘗有商人獲罪鹺使，非世駿莫能解，夜半走世駿所乞救，并置重金案上，世駿擲出之。後迎駕西湖，賜復原官。三十八年卒，年七十六。

所著《續禮記集説》一百卷，《石經考異》二卷，《史記考證》《三國志補注》《補晉書傳贊》《北齊書疏證》《續方言》《經史質疑》《續經籍考》《兩浙經籍志》《詞科掌録》《詞科餘話》《兩漢書蒙拾》《文選課虚》《道古堂集》《鴻詞所業》《榕城詩話》《亢宗録》。晚年欲補《金史》，特構補史亭，成書百餘卷。有御史祝德麟疑世駿不得志〔一〕，或有誹訕，訐奏之。上以書并無違礙，聽其流傳。《先正事略》

又〔二〕

先生名世駿，字大宗，堇浦其別字也〔三〕，仁和人。少負異才，於學無所不貫。所藏書擁榻積

〔一〕有御史祝德麟疑世駿不得志：「志」，《清史列傳》作「意」。

〔二〕本篇載《國朝先正事略》卷四十一。

〔三〕堇浦其別字也：「浦」，《國朝先正事略》作「甫」。

几案〔一〕，不下數萬卷，枕籍其中，目睇手纂，幾忘晨夕。與同里厲鶚、陳兆崙、汪大坤、梁啓心、張熷、龔鑑、嚴璲諸名輩，結讀書社。舉雍正甲辰鄉試，受聘爲福建同考官。乾隆元年，召試鴻詞，授編修，校勘武英殿《十三經》《二十四史》，纂修《三禮義疏》。先生博聞記，口如懸河。改御史，條上四事，下吏議，尋放還，然高廟仍納其言。數十年來，天下督撫漢人參半，是四事已行其一也。罷歸後，杜門奉母，自號秦亭老民。偕里中耆舊及方外友，結南屏詩社。性通脱，不事修飾。主粵秀、安定兩書院最久，好獎借後進。自言「吾經學不如吴東壁，史學不如全謝山，詩學不如厲樊榭」。而齊次風侍郎特嗜先生作，嘗集蘇詩及先生詩爲一卷，題曰《蘇杭集句》。嘗賦《方鏡詩》二十四首，傳誦輦下，和者自王公卿相至方外閨秀，幾及數千家。

《湖海詩傳》

又〔二〕

堇甫先生試博學鴻詞〔三〕，列一等第五，入翰林，未久即以言事罷歸。沈文慤公送之，有句

〔一〕所藏書擁榻積几案：「案」，《國朝先正事略》無。

〔二〕本則載《湖海詩傳》卷五，本書所收有删改。

〔三〕堇甫先生試博學鴻詞：「甫」，《湖海詩傳》作「浦」。

云：「鄰翁既雨談牆築，新婦初婚議竈炊。」蓋深惜之也。既歸，益肆力於詩古文辭，海涵地負，日光玉潔，實足以雄長藝林。兩浙文人，自黄梨洲先生後，全謝山庶常及先生而已。

又[一]

《四庫全書總目提要》

《三國志補注》，杭世駿撰。是書補裴松之《三國志注》之遺。松之注捃采繁富[二]，考訂精詳。世駿復掇拾殘賸，欲以博洽勝之，故細大不捐，瑕瑜互見。

又[三]

《聽松廬詩話》

乾隆壬申，堇浦先生來粤，主講粤秀書院。甲戌乃北歸。在講院時，取杜詩温誦，蓋得力於杜陵，《嶺南集》遂爲全集之冠。平生博聞强記，口如懸河。方靈皋侍郎以學問負重名，先生獨

[一] 本則載《四庫全書總目提要》卷五十四。
[二] 松之注捃采繁富：「采」，《四庫全書總目提要》作「摭」。
[三] 本則載《國朝詩人徵略》卷二十四，本書所收有删改。

侃侃與辨，靈皋亦遜避之。袁簡齋挽先生詩有云：「横衝一世談天口，生就千秋數典才。」蓋紀實也。

翁方綱

翁方綱傳〔一〕

國史館儒林傳稿

翁方綱，字正三，順天大興人。乾隆十七年進士，改翰林院庶吉士，散館授編修。二十四年，充江西鄉試副考官。二十七年，充湖北鄉試副考官。二十九年，督學廣東，凡三任。四十四年，充江南鄉試副考官。四十六年，擢國子監司業，尋遷洗馬。四十八年，充順天鄉試副考官。四十九年，遷少詹府少詹事〔二〕。五十一年，督學江西。五十五年，擢内閣學士。五十六年，督學山東。嘉慶元年，賜千叟宴及御製詩珍物。四年，左遷鴻臚寺卿。十二年，重宴鹿鳴〔三〕，賜三品

〔一〕本篇載《清史列傳》卷六十八。

〔二〕遷少詹府少詹事：「少詹府」，《清史列傳》作「詹事府」。

〔三〕重宴鹿鳴：《清史列傳》作「重預鹿鳴宴」。

銜。十九年，重預恩榮宴，賜二品銜。二十三年卒，年八十六。

方綱弱冠入翰林，散館日，上至方綱跪所，取卷閱之，諭曰：「牙拉賽音。」漢語「甚好」也。既而屢司文柄，英才碩彥，識拔無遺。與同里朱珪、獻縣紀昀，俱以宏獎風流爲己任。竇應劉台拱、海州凌廷堪、曲阜孔廣森、南城王聘珍、欽州馮敏昌、東鄉吴嵩梁等，皆從之游。

生平精研經術，嘗謂：「考訂之學，以衷於義理爲主。其嗜博、嗜異、嗜瑣、〔一〕矜己者，皆非也。」又曰：「考訂之學，蓋出於不得已，事有歧出而後考訂之，説有互難而後考訂之，義有隱僻而後考訂之。《論語》曰多聞，曰闕疑，曰慎言，三者備而考訂之道盡於是矣。」時秀水錢載斥休寧戴震爲「破碎大道」，以此相詆。方綱與歙縣程晋芳言，謂：「詁訓名物，豈可目爲破碎？考訂詁訓，然後能講義理也。錢、戴之争，究以戴説爲正。然戴謂聖人之道必由典制名物得之，此却不盡然。」其論最爲持平。

方綱讀群經，有《書》《禮》《論語》《孟子》附記。官鴻臚卿時，青浦王昶見其方考《禹貢》《顧命》兩篇諸儒同異，相與辨論，斷斷竟日。晚居馬蘭峪，猶温肄三禮、三傳，其精勤如此。嘗與歸安丁杰及王聘珍校正朱彝尊《經義考》凡千八十八條，爲《經義考補正》十二卷。又著《禮

〔一〕嗜異嗜瑣：《清史列傳》作「嗜瑣嗜異」。

經目次》《春秋分年系傳表》《十三經注疏姓氏》《通志堂經解目録》各一卷。於金石之學尤精審，嘗取《熹平石經》一十二段殘字，勒於南昌學宫。所著《兩漢金石記》二十二卷，王昶謂其「剖析毫芒，參以《説文》正義，幾欲駕洪文惠而上之」。他著有《粤東金石略》十二卷，《蘇米齋蘭亭考》八卷，《小石帆亭著録》六卷、《米海岳元遺山年譜》二卷，《蘇詩補注》八卷，《石洲詩話》八卷。所爲詩多至六千餘篇，自諸經注疏以及史傳之考訂、金石文字之爬梳者，皆貫澈洋溢於其中，蓋以學爲詩者。有《復初齋詩集》七十卷、《文集》三十五卷。

又〔二〕

張維屏

雍正十一年癸丑八月十六日，先生生。

乾隆九年甲子，先生年十二。是年六月，補順天府學生，簪花日大雨，無雨衣，以油紙覆衫上。

十二年丁卯，先生年十五。是年鄉試中式舉人。

〔二〕 本篇載《國朝詩人徵略初編》卷三十四。

十七年壬申，先生年二十。是年會試中式進士，會榜在九月，殿試改庶吉士。先生自編《復初齋詩集》，於是年始。

十九年甲戌，先生年二十二。是年散館，授編修。

二十四年己卯，先生年二十七。是年秋，奉命典試江西。

二十七年壬午，先生年三十。是年奉命典試湖北。

二十九年甲申，先生年三十二。是年秋，奉命視學廣東。

三十六年辛卯，先生年三十九。自甲申秋至辛卯秋，視學役竣，凡三任、八年。

三十七年壬辰，先生年四十。是年春二月，還都。

三十八年癸巳，先生年四十一。是年冬，得宋槧蘇詩施顧注本，因以「寶蘇」名室。

四十一年丙申，先生年四十四。是年冬，奉命充文淵閣校理官。

四十二年丁酉，先生年四十五。是年除夕前一日，賜柑橘橙，有恭紀詩。

四十三年戊戌，先生年四十六。是年七月十八日，賜荔枝，有恭紀詩。

四十四年己亥，先生年四十七。是年秋，奉命典試江南。

四十五年庚子，先生年四十八。是年秋，扈蹕灤陽。

四十六年辛丑，先生年四十九。是年，擢國子監司業。閏五月，擢司經局洗馬。

四十七年壬寅，先生年五十。是年，貤贈曾祖父母，行焚黄禮，敬述有詩，自注云：「四品以下，向無貤贈曾祖之例。兹出特恩，蓋異數也。」

四十八年癸卯，先生年五十一。是年正月，《蘇詩補注》刻成。八月，奉命充順天鄉試副考官。

四十九年甲辰，先生年五十二。是年閏三月，遷少詹事。秋，扈蹕灤陽。

五十一年丙午，先生年五十四。是年秋，奉命視學江西。

五十二年丁未，先生年五十五。是年嗣君宜泉太史樹培中式進士，選庶吉士。

五十四年己酉，先生年五十七。是年冬，視江西學役竣，還都。

五十五年庚戌，先生年五十八。是年春，扈蹕山東，擢内閣學士，奉敕充曲阜釋奠分獻官。冬十月，上御乾清門，先生以學士承旨，嗣君宜泉太史以檢討侍班，有敬述詩。

五十六年辛亥，先生年五十九。是年春，隨駕往盤山。冬奉命視學山東。

五十八年癸丑，先生年六十一。是年五月，登泰山，有《登岱》詩。

五十九年甲寅，先生年六十二。是年春，扈從天津。先生藏書三萬卷，是冬有《自題三萬卷齋》詩。

嘉慶元年丙辰，先生年六十四。是年春正月四日，賜千叟宴，先生有恭依御製詩韻詩二首，自注云：「筵上蒙賜御製詩一卷，錦綺十卷，綵箋二卷，玉嵌如意一柄，紅琥珀朝珠一串，湖筆五，硃墨二，周提梁卣硯一，金合一，齋戒牌一，荷包二對，杭緯二匣，金字壽杖一。

四年己未，先生年六十七。是年春，授鴻臚寺卿。

六年辛酉，先生年六十九。是年寓馬蘭峪，温肄三傳、三禮，久不作詩。冬，爲季子樹崐締婚李氏。

九年甲子，先生年七十二。是年《留題馬蘭峪寓齋》詩，有「三載枝棲荷主恩，暮春悵別緒誰論」之句。又有蒙恩家居，以退圃自名其齋詩。夏，重赴泮林，宜泉太史隨侍，有敬拜宫牆詩。

十二年丁卯，先生年七十五。是年秋，奉旨賜三品銜，重預鹿鳴宴，有紀恩述懷詩。

十五年庚午，先生年七十八。是年宜泉太史下世，先生有《哭培兒》詩〔二〕。

十九年甲戌，先生年八十二。是年四月，賜加二品銜，重預恩榮筵宴，有恭紀詩。

二十三年戊寅，先生年八十六。是年□月□日先生卒。維屏自注：屏欲撰先生年譜，而未得其詳。凡

〔二〕　先生有哭培兒詩：按，翁樹培，字宜泉，翁方綱次子。《復初齋詩集》（道光二十五年刻本）卷六十四《石畫軒草七辛未正月至壬申五月》載《哭培兒三首》，又《翁氏家事略記》（民國五年石印本）載：「（嘉慶）十六年辛未，九月八日，次男樹培卒。」是翁樹培去世及翁方綱作詩均爲嘉慶十六年辛未事，此處張維屏誤記。

家傳、墓志，屏未獲見。兹就詩集中舉其大略。

又〔一〕

《湖海詩傳》

覃谿書法初學顔平原，繼學歐陽率更，隸法《史晨》《韓勑》諸碑，生平雙鈎摹勒舊帖數十本，北方求書碑版者畢歸之〔二〕。

又〔三〕

《聽松廬文鈔》

覃谿先生精心汲古，宏覽多聞，於金石、譜録、書畫、碑版之學，尤能剖析毫芒，如肉貫弗。生平論詩，謂漁洋拈「神韻」二字固爲超妙，但其弊恐流爲空調，故特拈「肌理」二字，蓋欲以實救虚也。《復初齋集》中詩，幾於言言徵實，使閲者如入寶山，心摇目眩。蓋必有先生之學，

〔一〕本篇載《湖海詩傳》卷十五，又載《國朝詩人徵略初編》卷三十四。

〔二〕北方求書碑版者畢歸之：「北」上，《湖海詩傳》有「是以」二字。

〔三〕本則載《國朝詩人徵略初編》卷三十四。

然後有先生之詩。世有空疏枵腹之人〔一〕，於先生之學曾未窺及涯涘，而輕詆先生之詩，是則妄矣。

又〔二〕

《先正事略》

覃谿先生所爲詩，自諸經注疏，以及史傳之考訂，金石文字之爬梳，皆貫徹洋溢於其中。雖瓣香在少陵、東坡，初不以一家執也，蓋真能以學爲詩者。好宏獎後進，一篇之美，稱道不去口。晚歲罷官家居，巋然爲海内魯靈光。

本朝耆舊重賦鹿鳴者多矣，若重宴瓊林，則惟乾隆辛未黄侍郎叔琳、庚辰史文靖公〔三〕貽直、庚戌嵇文恭公璜，繼之者先生。自先生以後，惟咸豐壬子潘文恭公世恩而已。

〔一〕世有空疏枵腹之人：「枵」，《國朝詩人徵略初編》作「白」。

〔二〕本則載《國朝先正事略》卷四十二。

〔三〕文靖公：底本原作「文端公」，誤。據《國朝先正事略》改。

朱筠

翰林院編修朱公墓志銘〔一〕

朱珪

珪自去年八月十四日，聞予兄竹君之病狀〔二〕，十六日忽得凶耗，哭失聲。既而得姪錫卣等所爲行述，且曰：「明春將葬，叔其爲銘〔三〕。」嗚呼已矣！珪悔不從兄學古文〔四〕，而何以銘吾兄耶！

公諱筠，字竹君，一字美叔，號笥河。順天大興人。先世德三公居浙蕭山之黄閣河，當明洪武、永樂間〔五〕，德三公之曾祖福三公，自元時初居越寨〔六〕，以上無徵矣〔七〕。由德三公而下，皆葬

〔一〕本篇載《知足齋文集》卷三，題作「翰林院編修誥授中議大夫前日講起居注官翰林院侍讀學士加二級先叔兄朱公墓志銘」。

〔二〕聞予兄竹君之病狀：「狀」下，《知足齋文集》有「於汀」二字。

〔三〕叔其爲銘：「叔」，《知足齋文集》作「季父」。

〔四〕珪悔不從兄學古文：「珪悔」，《知足齋文集》作「悔珪」。

〔五〕當明洪武永樂間：「洪武永樂間」，《知足齋文集》作「洪武時」。

〔六〕自元時初居越寨：「自元時初」，《知足齋文集》作「元初」。

〔七〕以上無徵矣：「以」，《知足齋文集》作「自」。

西山。世業農，八世至高祖尚絅公[一]，明末官游擊，亦不詳其地。曾祖諱必名，祖諱登俊，起家湖廣長陽、四川珙縣知縣，卒官中書科中書舍人[二]。先考諱文炳[三]，年十七入大興籍[四]，爲諸生，官陝西盩厔縣知縣，累封至中憲大夫、福建糧驛分巡道[五]。曾、祖[六]、考三世皆誥贈通奉大夫、山西布政使司布政使。曾祖妣白氏，祖妣何氏、馮氏，妣徐氏，皆贈夫人[七]。先妣生予兄弟四人[八]，長兄堂[九]，原任陝西大荔縣縣丞[一〇]；仲兄垣，辛未科進士，歷官山東濟陽、長清二縣知
[一] 八世至高祖尚絅公：「高祖」下，《知足齋文集》有「諱」字。
[二] 卒官中書科中書舍人：「卒官」，《知足齋文集》作「終於」。
[三] 先考諱文炳：「先」，《知足齋文集》無。
[四] 年十七入大興籍：「入大興籍」，《知足齋文集》作「入籍大興」。
[五] 福建糧驛分巡道：「巡」下，《知足齋文集》有「福州福寧」四字。
[六] 曾祖：《知足齋文集》作「曾祖、祖」。
[七] 皆贈夫人：「皆」下，《知足齋文集》有「誥」字。此下，《知足齋文集》有「外王父諱覺民公，康熙甲午舉人，以珪請，貤贈中議大夫、翰林院侍講學士加二級，外王母史氏貤贈淑人」四十一字。
[八] 先妣生予兄弟四人：「予」，《知足齋文集》作「珪」。
[九] 長兄堂：「長」，《知足齋文集》作「伯」。
[一〇] 原任陝西大荔縣縣丞：此下，《知足齋文集》有「以珪請，貤封中憲大夫、日講起居注官、文淵閣直閣事、翰林院侍講學士加一級」三十一字。

縣[一]；其次公，行五；珪其季也。女兄弟六人。

公生而神慧，長珪二歲，皆生於盩厔。九歲至京師，十三通五經，學爲文，十五文成斐然，先大夫喜，賜之硯。其年癸亥七月，先妣見背，公與珪同卧起，夜讀古書，手鈔默誦，雞鳴不休。明年，珪遂病，而公愈强力。乙丑孟冬，服除，應郡試，府丞石首鄭公其儲擢珪第一，公稍次。偕謁鄭公，笑曰：「是皆美才，弟可先兄耶？」告之學使少司農臨桂吕公熾。十二月院試，吕公擢公第一，試「鵬翼摶風歌」，大奇之，遍告諸公。明年正月，京尹常州蔣公炳邀其同鄉劉文定公綸、程文恭公景伊、錢文敏公維城、今侍郎莊公存與及其弟培因，設筵召予兄弟面試[二]。劉公授題「崑田雙玉歌」，詩成，諸公驚喜。明日，皆先來就訪。明年，珪竊科名，而公學日以富。庚午鄉試，編修嘉興鄭虎文薦公卷[三]，不售，名益振。諸城劉文正公延之家，修《盛京志》。乾隆十八年癸酉，舉於鄉，同考官編修建昌饒公學曙，座師協辦大學士吏部尚書興縣孫文定公嘉淦[四]、禮部

[一] 長清二縣知縣：此下，《知足齋文集》有「以公請，貤贈奉直大夫、翰林院編修加三級」十七字。
[二] 設筵召予兄弟面試：「予」，《知足齋文集》作「珪」。
[三] 編修嘉興鄭虎文薦公卷：「嘉興鄭虎文」，《知足齋文集》作「秀水鄭公虎文」
[四] 座師協辦大學士吏部尚書興縣孫文定公嘉淦：「座師」，《知足齋文集》作「主考」。

侍郎滿洲嵩公壽。明年甲戌，會試中式〔一〕，同考官贊善溧陽史公奕簪，座師大學士海寧陳文勤公世倌〔二〕、禮部侍郎滿洲介公福、内閣學士錢公維城〔三〕。殿試賜莊培因榜進士出身，改庶吉士。丁丑，散館，授編修，充方略館纂修官。辛巳，充會試同考官。

甲申，丁先大夫憂，珪自閩奔喪歸，與兄聚首者二年。公自爲諸生即授弟子，至是從游者數十人。丙戌歲杪服闋，公欲不出，而爲名山大川游，已告假矣〔四〕。明年正月服除〔五〕，珪詣宫門召見。上諭家事〔六〕，始知公名〔七〕，曰：「編修無定額，汝兄已可補官〔八〕，不比汝需缺也。」珪未即對，上曰：「非耶？」珪謹唯曰是。出則告之翰林院，取公假呈以歸，曰：「兄實無疾，倘上再詰，不敢欺也。强爲弟起。」公不答，既而听然曰：「汝敗我雅興矣！」是冬，授贊善。明年五月，御試

〔一〕會試中試：《知足齋文集》作「中會試」。
〔二〕座師大學士海寧陳文勤公世倌：「座師」，《知足齋文集》作「總裁」。
〔三〕内閣學士錢公維城：《知足齋文集》作「内閣學士武進錢文敏公維城」。
〔四〕已告假矣：「告」，《知足齋文集》作「乞」。
〔五〕明年正月服除：下句「珪」，《知足齋文集》在本句「月」下。
〔六〕上諭家事：「諭」，《知足齋文集》作「詢」。
〔七〕始知公名：「公」，《知足齋文集》作「兄」。
〔八〕汝兄已可補官：「可」，《知足齋文集》無。

二等，擢翰林院侍讀學士，旋充日講起居注官，戊子科順天鄉試同考官。三十四年，欽派協辦内閣學士批本事，充己丑科會試同考官。庚寅，奉命爲福建鄉試正考官、辛卯會試同考官〔一〕。至是上知公深，歲持文柄，多得名下士〔二〕。公益卓然以韓、歐陽、蘇自任，振起古學，奬借寒畯，有一善者，譽之如不及，天下之士翕然稱之曰竹君先生〔三〕。是秋奉命視學安徽。安徽故有樸學，公躬拜奠婺源故士江永、汪紱之主，祠之鄉賢以勸士〔四〕，曰：「讀書不可不識字。」爲刻舊本許氏《説文解字》，揭以四端，曰部分、字體、音聲、訓詁。又曰：「稽古莫如金石文字〔五〕，可證經史之訛。」所在披剔榛蘚，聚至千種。時上方詔求遺書，公奏言：「翰林院庫貯明《永樂大典》中多逸書〔六〕，宜就加采録。」上覽奏異之，亟下軍機大臣議行〔七〕，御製七言八韻詩紀其事。乃命纂輯《四庫全書》，得之《大典》中者五百餘部，皆世所不傳，次第刊布海内，實公發之也。公又言請仿漢

〔一〕辛卯會試同考官：「辛卯」上，《知足齋文集》有「充」字。
〔二〕多得名下士：《知足齋文集》作「所得士多著名」。
〔三〕天下之士翕然稱之曰竹君先生：「之士」二字，《知足齋文集》無。
〔四〕祠之鄉賢以勸士：「勸」下，《知足齋文集》有「乃教」二字。
〔五〕稽古莫如金石文字：「字」，《知足齋文集》無。
〔六〕中多逸書：「多」，《知足齋文集》無。
〔七〕亟下軍機大臣議行：「亟」，《知足齋文集》無。

唐故事，擇儒臣校正十三經文字，勒石太學，奉硃批「候朕緩緩酌辦」。癸巳春，仲兄卒。其秋，以某生欠考事，部議降級，得旨：「朱筠學問尚優，加恩授編修，在《四庫全書》處行走。」比歸，總辦《日下舊聞》纂修事。是時金壇于文襄公敏中掌院，爲總裁。于公直軍機，凡館書稿本，披覈辨析，苦往復之煩，欲公就見面質，而公執翰林故事，總裁、纂修相見於館所，無往見禮，訖不肯往。愛公者强拉公至西園相見，持論侃侃不稍下〔一〕。金壇問爲上言「朱筠辦書頗遲」，上曰〔二〕：「命蔣賜棨趣之。」蔣公以舊侍郎直武英殿〔三〕，真特恩也。

乙未，珪自山西歸，復入翰林，從容爲公言，宜稍和同者，公曰：「子亦作是言耶〔四〕！」珪心愧之。先是，珪與公同官翰林，共車馬者七年，至是比鄰居，宅後可通往來，而伯兄居老屋對門，珪自名所居曰鄂不草廬。公既久次，望益重，則大言翰林以立品讀書爲職，終歲足不至達官門，

〔一〕持論侃侃不稍下：「持」上，《知足齋文集》有「公」字。
〔二〕上曰：《知足齋文集》作「上不之罪，曰」。
〔三〕蔣公以舊侍郎直武英殿：此十字，《知足齋文集》無。
〔四〕子亦作是言耶：「作」，《知足齋文集》作「爲」。

惟門生好友[一]，釃酒必應，輒盡醉乃罷。聚書至數萬卷，種花滿徑，來請益者不拒。考古著録，窮日夜不倦。古文以鄭、孔經義，遷、固史書爲質，覼縷鉅細，事辨時地，真氣勃出，成一家言。賦則陽張陰闔，馬揚以下不道也。前後遇大典禮告成，祝釐宣上功德，鴻篇奥册，裒然推首。詩初學昌谷、昌黎，五言力逼漢魏，既而導匯百家，變化創闢，神明獨得。制義自荆川、震川而下，貫串數千篇，與古文爲一。書法則一本六書，自然勁嫵。蓋公之學與年進，海涵嶽矗，不足喻其所蘊也。

己亥八月，特旨以公督學福建，時珪方典閩試。閩人士聞公來，無不忭舞。珪與公相遇於石門舟次。公至閩，一以經學六書爲倡，口講指畫，示以鄉方。閩清某生爲攝令某鍛鍊殺人，公發其覆，大吏雪之。扶持士氣，行義若渴，重倫節，勸懲有加焉。暇則搜奇巖洞，遍著手迹。明年秋，上以珪代公，異數也。公題試院之寢曰韡雅[二]。十一月十八日，珪至，與公對床者半月。公日則出至他館，應酬諸生[三]，手不停筆；夜歸談盡三鼓，復作詩文竟夜。珪曰：

[一] 惟門生好友：「生」，《知足齋文集》作「人」。
[二] 公題試院之寢曰韡雅：「試」，《知足齋文集》作「使」。
[三] 應酬諸生：「應酬」，《知足齋文集》作「酬接」。

「宜稍惜精力〔一〕。」公不厭也。十二月三日，送公於芋原舟次，公泪下，珪曰：「兄今與伯兄聚，比三年，珪即還耳。」嗚呼，孰知其爲永訣耶！明年二月復命，上温霽誨諭，人以爲必嚮用也。

公素强固，性喜山水，於黃山再登其巓〔二〕，觀雲海於閩之武夷，岁崱、玉華諸名勝，皆躋探峻幽，從者埶焉。六月二十一日夜，忽遘痰疾，翼日漸瘳。二十六日，疾復作，夜四鼓遂卒。公生於雍正七年六月六日丑時，卒於乾隆四十六年六月二十七日丑時〔三〕，年五十有三。是月蕭山始祖墓有古松高五六丈，大風折其末丈餘，非偶然也。四方之士知者，痛惜如失所杖。

公孝友直諒，恬澹達觀，不愧所學。在安徽時，奏以本官貤贈庶祖妣李氏爲淑人〔四〕，得旨准行。貤贈之廣自此始。李太淑人，撫視珪者也。公書來曰：「我爲弟成此志〔五〕。」所著古文數百篇，古今體詩數千首〔六〕，他文稱是，皆可必傳於後。

〔一〕宜稍惜精力：「稍」，《知足齋文集》作「少」。
〔二〕於黃山再登其巓：「山」下，《知足齋文集》有「則」字。
〔三〕卒於乾隆四十六年六月二十七日丑時：此十六字，《知足齋文集》無。
〔四〕奏以本官貤贈庶祖妣李氏爲淑人：「本」，《知足齋文集》作「其」。
〔五〕我爲弟成此志：「弟」，《知足齋文集》作「子」。
〔六〕古今體詩數千首：「體」，《知足齋文集》無。

娶王氏，敕封安人，例封淑人〔一〕。生子二：長錫卣，次錫庚，均府學生。女子五：長適陽湖龔怡，次適舉人通州魏紹源，三適大興徐焯，四適大興學生翁樹端，五待字。〔二〕孫二，女孫一，俱錫卣生。乾隆四十七年某月某日〔三〕，葬於西山二老莊祖塋之北。銘曰：

導源三江，降神盩厔。日下騰騰，名符其實。家無長物，擁經抱書。大言炎炎，獨出古初。群雅輻湊，問奇載酒。忘其飢渴，不啻其口。恬於榮利，耻於繫援。開徑交柯，落花無言。雲海黄嶽，天舟武夷。謫仙游戲，騎麟不羈。颶風何來，撼我宰木。連枝中披，得不抱哭。公名在世，公神何往。嗚呼後死，吾歸曷放。西山之麓，先塋之右。志此幽珉，千秋不朽。

〔一〕例封淑人：《知足齋文集》作「晋淑人，故分巡道銜加四級寶坻諱詢公女」。

〔二〕「生子二」至「五待字」：《知足齋文集》作「子二：長錫卣，府學生，取候選州同知天津徐君大李女；次錫庚，府學生，娶丙戌進士掌廣西道監察御史錢塘施君學濂女。女子五：長適候選布政司經歷陽湖龔怡，次適甲午舉人通州魏紹源，三適國子監生大興徐焯，四適府學生大興翁樹端，五待字」。

〔三〕乾隆四十七年某月某日：「某月某日」，《知足齋文集》作「某月日」。

又〔一〕

《先正事略》

先生諱筠，字東美，一字竹君，號笥河〔二〕，文正公珪兄也。年十五〔三〕，與文正同補諸生，負文名〔四〕。

先生初爲劉文正公統勳所知〔五〕，以爲疏儁奇士。及在安徽，會高宗下詔求遺書，先生奏言：「翰林院貯有《永樂大典》，内多古書，世未見者。請開局使校閲。」且言搜輯之法甚

〔一〕本篇載《國朝先正事略》卷三十五。

〔二〕號笥河：此下，《國朝先正事略》有「大興人」三字。

〔三〕年十五：《國朝先正事略》作「年十三，通七經。十五」。

〔四〕負文名：此下本書較《國朝先正事略》有大段刪節，《國朝先正事略》録文如下：順天尹蔣公炳招劉文定綸、程文恭景伊、錢文敏維城、莊侍郎存與、莊學士培因及先生兄弟飲，試以「昆田雙玉歌」，諸公激賞。乾隆十九年成進士，選庶吉士，授編修。二十六年分校會試。丁父憂，哀毁骨立。先生素無宦情，服闋，遍游天下名山，已乞假矣，上召見文正，詢家事，曰：「翰林無定額，汝兄當補官，不比汝需缺也。」文正以告掌院，索假呈歸，曰：「兄實無疾，恐上再詰問，不敢欺。其强爲弟起。」先生不答，既而喟然曰：「弟敗我清興矣！」是年授贊善。明年大考，擢侍讀學士，充日講官，知起居注。戊子，分校順天鄉試。己丑，分校會試。庚寅，典福建鄉試。辛卯，分校會試。是年秋，提督安徽學政。安徽故多樸學，先生重刻許氏《説文》以詔學者，謂爲學必先識字。躬拜奠婺源江永、汪紱之主，祀之鄉賢以勸士。

〔五〕先生初爲劉文正公統勳所知：「公」，《國朝先正事略》無。

備〔二〕。時劉文正軍機處〔三〕，頗不喜，謂非爲政之要，欲議寢之。而金壇于文襄敏中獨善先生奏，與文正固争〔三〕，卒用先生説上之。《四庫全書》館自是開矣。館開凡十有三年而書成，共存書三千四百六十種，計七萬五千八百五十有四卷，其得自《永樂大典》者凡五百餘部，皆世所不傳本也〔四〕。未幾，坐事左遷編修，入《四庫》館，纂修《日下舊聞》。文正薨〔五〕，金壇總裁館事，尤重先生。會以館書稿本往復辨析，欲先生往就見，而先生執翰林故事，總裁、纂修相見於館所，無往見禮。又時以持館中事與意忤，金壇大憾，一日見上，語及先生，上遽稱許「朱筠學問文章殊過人」，金壇默不得發，第言朱筠辦書頗遲。上曰：「可令蔣賜棨趣之。」時蔣方以舊侍郎直武英殿也。尋督學福建〔六〕。逾年，上使文正代之。歸數月遂卒，年五十有三。

〔二〕　且言搜輯之法甚備：「法」，《國朝先正事略》作「道」。

〔三〕　時劉文正軍機處：「正」下，《國朝先正事略》有「在」字。

〔三〕　與文正固争：「争」下，《國朝先正事略》有「執」字。

〔四〕　皆世所不傳本也：此下，《國朝先正事略》有「先生又請仿照漢熹平、唐開成故事，擇儒臣校正十三經文字，勒石太學，高宗手敕曰『候朕緩緩酌辦』」三十九字。

〔五〕　文正薨：「文」上，《國朝先正事略》有「時」字。

〔六〕　尋督學福建：此下，《國朝先正事略》有「至閩，以經學六書訓士，口講指畫，無倦容。某生爲攝令某坐以殺人，鍛煉成獄，先生雪其冤，士林頌之」三十九字。

天性孝友，博聞宏覽，書無所不通。説經宗漢儒，諸史百家，皆考證其是非同異。古文法班、馬，而參以韓、蘇；詩出入唐宋，不名一家。先生以翰林官以讀書立品爲職〔二〕，不宜修小禮，曲意委順於達官貴勢。顧篤好交游，一言之善，稱道不容口；即有過，輒掩覆之〔三〕，後進多因以得名。陸君錫熊、程君晋芳、任君大椿，皆其所取士，而黄君景仁、洪君亮吉輩，則北面稱弟子。戴君震、汪君中，兀傲不群，好雌黄人物，在先生幕中，獨無間言。孫君星衍以未見先生爲恨，屬洪君爲介紹，願遥執弟子禮，先生許之。其督皖學也，延名宿十二人司校閲，聯鑣出國門，賓從稱盛。室中自晨至夕，未嘗無客。與客飲酒，連舉數十觥不亂，談笑窮日夜，酒酣論天下事，自比李元禮、范孟博，激揚清濁，别邪正，聞者悚然。生平提倡風雅，振拔單寒後進，天下士歸之如市。

所居室曰椒花吟舫，亂草不除，雜花滿徑。聚書至數萬卷，金石文字千種。嘗對客屬文，其文才氣奇縱，所欲言無不盡。尤愛山水，使車所至，嘗再登黄山、武夷。峭壁不通樵徑，必攀蘿造其巔，題名鍥石而後返。所著有《笥河文集》。

〔二〕 先生以翰林官以讀書立品爲職：《國朝先正事略》作「先生既久次，望益重，則大言翰林官以讀書立品爲職」。

〔三〕 輒掩覆之：「掩覆」，《國朝先正事略》作「覆掩」。

子錫庚，字少白，乾隆戊申舉人，候選直隸州知州，讀書好古，精《左氏春秋》，能世其學。

又[一]

《春融堂集》

上命開《四庫全書》館，凡十餘年而書成，於是人文炳曜，遠邁唐宋，而其始實自君發之。君昆仲早登高第，并著才名，而君爲白眉，兼綜經史，精求古義。輶軒所至，必拔諸生之雋異者，授業門下，家居問字者滿堂滿室。君豐頤秀目，伉伉鏗鏗，常以李元禮、范孟博自況。公卿中，惟劉文正公愛其學業，稱爲小友。其他貴人招之弗往。其後于文襄公選用翰詹、科道及中書部郎諸臣，先後至數百人，君雖列名其間，固未嘗有所討論也。年僅五十，病暑而卒。平日文稿，皆以草書書之，且塗乙十有七八，子弟未能辨别，故取其明晰者，刻成四卷，餘皆藏於家。

[一] 按，《春融堂集》卷六十載《翰林院編修朱君墓表》，本書所收較之差異較大，或另有所本。

林明倫

衢州府知府穆庵林公行狀〔一〕

朱筠

君諱明倫，字穆庵。其先出漳浦林氏，後遷廣東之始興，爲始興人。曾祖其位，祖先瑋，〔二〕貤封翰林院庶吉士。父高品，封庶吉士。君家始興十一世，世有隱德，不仕。君生而早慧，其祖教之故勤〔三〕，嘗手授歐陽文忠公《瀧岡阡表》令讀，讀至「爲善無不報，而遲速有時」，君祖父輒泫然久之，曰：「小子勉力，歐公之言，不我欺也！」時君尚少〔四〕，已能會長者意旨，識其語，不敢忘。自是益刻苦讀書。年二十餘，爲文章有名。

乾隆十二年，舉於鄉。明年，成進士，選爲翰林院庶吉士〔五〕。既官京師，去鄉遠，且貧，不能

〔一〕本篇載《笥河文集》卷九，題作「衢州府知府穆庵林君行狀」。
〔二〕曾祖其位祖先瑋：「曾祖」「祖」，《笥河文集》作「曾祖父」「祖父」。
〔三〕其祖教之故勤：「祖」，《笥河文集》作「祖父」。
〔四〕時君尚少：「少」，《笥河文集》作「小」。
〔五〕選爲翰林院庶吉士：「選」，《笥河文集》作「改」。

迎其家人與俱，獨與同年數公者居教習館中。君方年富才鋭，晨夕與館中諸公談，諸公固已心折之。已而君久客思鄉里，雖宦游，意不能無抑索，中心忽忽無以自主，憤然曰：「人不學問，不足以勝血氣，徒爲文章談論自豪，乃助之熾耳！」於是自秦漢八家之文[一]，一變而求所以用力於内者，思因文以至乎道。初出入於陸鵝湖、王姚江諸家言，茫乎若無所得，乃稍稍取宋五子之書，日夜沈潛反覆觀之。既畢業，作而曰：「學當如是矣！」君居館中凡四年，其用功深，氣質日純以粹，所爲文章日以進於古，而君之學遂以有立。一時諸公多名流，咸翕然共推以爲儒者。

十七年，散館，授編修。明年，用薦得旨記名以御史用。其秋，命爲山東鄉試正考官，所得士多知名者。十九年，授浙江衢州府知府。君之來衢也，俗尤好禨鬼，歲春秋，民相率往九華山，求福於所謂地藏之神者，籯金槖糧，男女奔走道上。君諭之曰：「爾民爲不善，爾祖父之鬼不祐爾矣；若善，何求於神？」衢人大感悟。又其俗婚嫁婿家先張酒食於中途，待婦家送來者飲噉，愚民小忤意[二]，輒使酒罵坐客，甚者碎其器物擲路邊，兩姓往往終身不和。喪事則薄其死者棺身之所附，而親交來吊問，必遍貽布帛[三]，呼僧唱經，撞鐘伐鼓，相争尚爲無益之費。以故

[一] 於是自秦漢八家之文：「秦漢八家」，《笥河文集》作「漢唐宋元」。
[二] 愚民小忤意：「民」下，《笥河文集》有「或」字。
[三] 必遍貽布帛：「貽」，《笥河文集》作「遺」。

民有婚喪，每一召會，費錢幾十萬，中人之家至破産不恤也〔一〕。君爲一切厲禁去之，民初未信。久之，君於民事事無所不盡心，郡間有雨雹偏灾，君身親周視，具書册上報，請賑貸，毫毛無所隱；歲旱，君走禱於仙霞嶺，爲文以告於嶺之神，詞意懇激，天立大雨，歲以豐熟。三年，衢人相謂曰：「公之愛我，其以誠。」乃服從其化。君故以詞臣出知府事，嘗言：「欲吾治行一郡中，而爲齊民之倡者，莫先於士。」甫下車，問城南故有正誼書院，久荒圮，君立出俸銀，爲治講堂學舍，而延郡人費先生爲之師。生徒聞風争來集。君治事之暇，必月一至書院，與諸生講學相礱錯，毅然以教化必可行。諸生益喜，君益抗顔告之曰：「諸生其務讀書明理，求至於聖賢〔二〕，毋爲區區文章之末而已。」居無何，上官終謂君迂闊，二十一年，以不勝職劾之，例當入京引見。罷郡之日，衢之士民相與徬徨睸眙而不忍其去。去後至今，衢之人必曰「林太守賢」。

嗟乎！君之治衢，無赫赫能吏聲稱於人人，非俗吏之所及也。初，君治衢，衢治，使人奉船迎其祖父與父。時君祖父年已八十餘，乃率其子暨孫、曾孫，視君於衢，衣冠古樸，容貌甚偉。衢之文武在位及士民，聞太守祖父來，雜遝争迎之，咸來上壽，退而嘆曰：「非是翁，不有我賢太

〔一〕中人之家至破産不恤也：「人」，《笥河文集》作「貧」。「不」下，《笥河文集》有「自」字。
〔二〕求至於聖賢：「求」上，《笥河文集》有「以」字。

守！」老人亦喜，顧謂其子曰：「長孫能賢於官，以不忘我教矣，吾儕其歸乎！」君跪而請留，爲之居一年而歸。比歸，而君適罷官。罷官未久，而君祖父之赴至，君號慟曰：「非孫之能，我祖父之福！」因毁甚，自是鬱鬱不得志。

君初罷時，出舍於衢之逆旅，有鳥似鵲而小，數爲惡聲，啾啾然鳴於舍側。君間過後軒，鳥從厨中攫片肉颺去。問之土人，曰：「死雀也。」君時方病，意惡爲文以自解〔二〕，云：「此鳥不復作惡聲矣。」遂治裝去。二十二年，復來京師，病甚，且卒，夜半呼其僕曰：「此去沙井幾日程？」對曰：「三十日。」君頷之，無所言，遂卒。沙井者，君之歸途，由江西入廣處也。

君性情介然自守，聞人大言縱論，則掩耳避走，若浼己。或詣之者，意有所不合，輒端坐與莊語以厭苦之，其人徐徐自罷去，不復至。以故仕中外與之游者不過數人，蓋古狷者之流。嘗與其鄉人教諭關君書，言：「今之縣學，古之鄉學也。足下勿以爲官卑，其努力明正學，以救吾鄉比來浮詭靡曼之習。三數年後，人才可興。足下亦當自求之，使人有所則效。」又與人書，自言：「僕於程朱之書，久然後得之。雖有他書，不欲觀；雖觀，亦易了也。」其處己之高〔三〕，而責

〔二〕 意惡爲文以自解：「惡」下，《笥河文集》有「之」字。
〔三〕 其處己之高：「其」下，《笥河文集》有「持論」二字。

人之重如此。爲文章，以文從字順喜往復爲主，其得意時時自合於古人。所著詩集一卷，文集二卷，《學庸通解》二卷，《讀書邇言》一卷。

君娶張氏，例封恭人。子二：洛、淳[一]。淳爲君之仲弟明冏後。女子一。君生於雍正元年癸卯七月十一日，卒於乾隆二十二年丁丑十月十五日，年三十有五。其明年，君弟明佐來京師，迎其喪以歸。

謹具任官事迹如右，庶他日有所依據。謹狀。

又

穆庵廉静寡欲，反復於宋五子之訓，有得於心。

《梅崖文集》

又

惲子居數稱穆庵文，余未得見，當留心覓之。

《松軒隨筆》

[一] 淳：《笥河文集》作「淳」。

碑傳集三編

第四册

卷三十七至人名索引

汪兆鏞 編

王興康 張靖偉 整理

上海人民出版社

碑傳集三編卷三十七　文苑二

倪　璠

倪璠傳〔二〕

國史館傳稿

倪璠，字魯玉，浙江錢塘人。康熙四十四年舉人，官内閣中書。璠見聞博洽，長於史學，嘗著有《神州古史考》一百五十卷，以無力付梓，惟將浙江一省刊行。又著有《方輿通志文》一卷、《補遼金元三史藝文志》。性喜爲駢體文，以吴兆宜《庾開府箋注》合衆手而成，頗傷漏略，乃詳考諸史，作《年譜》一篇，冠於集首。又旁采博蒐，重爲注釋，爲《庾子山集注》十六卷。其《哀江南賦》一篇，引據時事，尤稱典核。書既出，吴《注》遂不復行。

〔二〕　本篇載《清史列傳》卷七十一。

王琦

王琦傳[一]

國史館傳稿

王琦，字琢厓，浙江錢塘人。與齊召南、杭世駿友善。早鰥，杜門著述，有林處士風。著《李太白詩集注》三十六卷、《李長吉歌詩彙解》五卷。又精熟釋典，趙殿成注《王右丞集》，右丞本通佛理，舊注多未及詳，特屬琦助爲之，以補所未備。

[一] 本篇載《清史列傳》卷七十一，附於《倪璠傳》後，與本書所載略有差異，作：「王琦，字琢崖，亦錢塘人。與齊召南、杭世駿友善。早鰥，杜門著述，有林處士風。精熟釋典，殿成注《王右丞集》時，以右丞本通佛理，顧起經舊注多未及詳，特屬琦助爲之，以補所未備。」

馮應榴

馮應榴傳〔一〕

馮應榴，字詒曾，浙江桐鄉人。乾隆二十六年進士，官内閣中書，遷宗人府主事。三十五年，充湖北鄉試副考官。三十六年，充順天鄉試同考官，洊升吏部郎中。五十一年，充順天鄉試同考官，尋轉御史，遷户科給事中。五十四年，充山東鄉試正考官。歷官至鴻臚寺卿。父浩，字養吾。由編修官御史。嘗爲《玉谿生詩評注》八卷、《樊南文集詳注》八卷，極精贍。又有《孟亭詩文集》。

應榴夙承家學，肆力於詩，以蘇詩注本疏舛尚多，因爲《合注》五十卷、《附録》五卷。所采自正史外，凡叢書脞説，靡不搜討，於古典之譌者正之〔二〕，唱酬之失考者補之，輿圖之名同實異者覈之。即友朋商搉之言，亦必標取姓氏。其虚懷集益如此。錢大昕謂王注長於徵引故實，施注

〔一〕本篇載《清史列傳》卷七十一。

〔二〕於古典之譌者正之：「譌」上，《清史列傳》有「沿」字。

長於臧否人倫，查注詳於考證地理，惟應榴實兼三家之長。又著有《學語稿》。

秦恩復

秦恩復傳[一]

國史館傳稿

秦恩復，字近光，江蘇江都人。乾隆五十二年進士，改翰林院庶吉士，散館授編修。讀書好古，所居五笥仙館，蓄書萬卷，丹鉛不去手。尤精校勘，延顧千里於家，共相商榷，手校刊陶弘景《鬼谷子注》、盧重元《列子注》及《隸韻》諸書，時號「秦板」。阮元撫浙時，聘主詁經精舍。性喜填詞，每拈一調，參考諸體，必求盡善，無一曼聲懈字。著有《享帚詞》三卷。與人謙抑，口不談學問，以是世無知者。卒年八十四。他著有《石研齋集》。

[一] 本篇又載《清史列傳》卷七十二。

黄丕烈傳〔一〕

黄丕烈，字蕘圃，江蘇吴縣人。乾隆五十三年舉人，官主事。丕烈博學贍聞，寢食於古。好蓄書，尤好宋槧本書，嘗構專室藏所得宋本，名之曰「百宋一廛」，自稱「佞宋主人」。顧廣圻爲之賦，謂其「馳香嚴與芳茮，思計日而取儁。範屋室於衛荆，姑掩皕而一慭」。香嚴者，同郡周錫瓚書屋名；芳茮者，歸安嚴元照堂名，皆藏有宋槧本。其後丕烈復收得宋本數十種，自喜以爲符掩皕之頌。皕，二百也。尤精校勘之學，所校《周禮鄭氏注》《夏小正》《國語》《國策》，皆有功來學。好刻古籍，每刻一書，行款、點畫一仍舊本，即有訛踳，不敢擅改，别爲札記，綴於卷末。錢大昕、段玉裁甚稱之，謂可以矯近世輕改古書之弊。嘗著《汪本隸釋刊誤》一卷，謂洪文惠密於考史而疏於證經，婁彦發長於體勢而短於音訓，大昕以爲知言。他所著有《盲史精華》《百宋一廛賦注》《百宋一廛書録》《蕘言》等書。

〔一〕本篇載《清史列傳》卷七十二。

鮑廷博

鮑廷博傳[一]

國史館傳稿

鮑廷博，字以文，安徽歙縣人，諸生。幼而聰敏，事大父及父以孝聞。父嗜讀書，乃力購前人書以爲歡。既久，所得益多而精，遂裒然爲大藏書家。性復强記，每一過目，即能記其某卷某頁某譌字。有持書來問者，凡某書美惡所在，意指所存，見於某代某家目録，經幾家收藏幾次，鈔刻真僞若何，校誤若何，無不矢口而出，按之歷歷不爽。乾隆三十八年，四庫館開，廷博命長子士恭進家藏善本六百餘種，大半宋元舊板、寫本，又手自校讎，爲天下獻書之冠，蒙御賜《古今圖書集成》。高宗南巡，迎鑾獻頌，復蒙賜大緞二疋，又叠賜《伊犂得勝圖》《金川圖》。廷博念一介儒生，無以圖報，遂以所藏善本付之梨棗。

嘉慶初，御制《内府知不足齋詩》，有「齋名沿鮑氏，闕史御題詩。集書若不足，千文以序推」之句。注云：「鮑氏藏書最爲精夥，内《唐闕史》一書，曾經奎藻題咏，嗣後其家刊刻《知不足齋叢書》，以《唐闕史》冠册，用周興嗣《千文》以次排編，每集八册，今已十八九集，可爲好事之家

[一] 本篇載《清史列傳》卷七十二。

矣。」至八年，上復問浙撫方受疇鮑氏續刊何經，受疇以第二十六集進。上諭：「鮑廷博於乾隆年間恭進書籍，其藏書之知不足齋，仰蒙高宗純皇帝寵以詩章，朕於幾暇亦曾加題咏。兹復進所刻《知不足齊叢書》第二十六集。鮑廷博年逾八旬，好古積學，老而不倦。着加恩賞給舉人，俾其世衍書香，廣刊秘籍。」時年八十六矣。逾年卒。

廷博勤學耽吟，不求仕進，嘗作《夕陽詩》甚工，袁枚、阮元呼之爲「鮑夕陽」。性寬厚，篤友誼，朋友之貧而好學者，每以全部叢書贈。生平蓄積爲刊書所罄，或遇未見之書，必典衣購之。著有《花韻軒小稿》二卷、《咏物詩》一卷。

郭尚先

郭尚先傳〔一〕

國史館傳稿

郭尚先，字蘭石，福建莆田人。嘉慶十四年進士，改翰林院庶吉士，散館授編修。十八年，

〔一〕本篇載《清史列傳》卷七十三。

充鄉試正考官。二十一年，充雲南鄉試正考官。二十四年，廣東鄉試副考官。道光八年，奉命提督四川學政。十二年，充山東鄉試正考官。歷充國史館、文穎館、《治河方略》《大清一統志》《明鑑》纂修官，文淵閣校理。累官贊善、洗馬、侍讀、侍講學士，擢光禄寺卿，轉大理寺。卒年四十八。

尚先博學善屬文，與林則徐交莫逆，在翰林時，與研究輿地〔二〕、象緯及經世有用之學，尤熟於鄭樵《通志》。館大學士盧蔭溥家，甚推重之。工書法，爲仁宗所賞識〔三〕，四方求書者無虚日，高麗、日本争相購致。然非其人不輕許，有以厚資爲其父乞銘者，拒不與；既又浼權要來，仍不與。丁艱歸，值莆田大饑，勸富民出粟平糶，人咸曰「郭太史活我」。督學四川，裁陋規，正文體，士論翕服。總督鄂山稱其洞達治體，有大臣才識。自蜀還，召見，宣宗褒其操守廉潔，辦事精細；及卒，諭尚書白鎔曰：「郭尚先學問人品俱好。」性狷介不苟取，典試粤東，榜後有同鄉持鉅金爲贄來謁者，峻拒之。所著有《進奉文》一卷、《經筵講義》一卷、《增默庵文集》八卷、《詩集》二卷，《芳堅館書帖題跋》二卷、《使蜀日記》二卷。

〔二〕與研究輿地：「與」上，《清史列傳》有「相」字。
〔三〕爲仁宗所賞識：「爲」上，《清史列傳》有「嘗」字。

路德傳[一]

路德，字閏生，陝西盩厔人。嘉慶十四年進士，改翰林院庶吉士，散館授户部主事。十八年，考補軍機章京，以目疾請假歸里。德廉静寡欲，家貧，母兄老，藉講學爲祛病。静攝三年，目復明，以母老不復仕。歷主關中、宏道、象峰、對峰各書院，教人專以自反身心、講求實用爲主，尤以不外求、不嗜利爲治心立身之本。生平研經觥道，不事偏倚。嘗著《墨子論》，謂：「孟子兼距楊墨，然距墨易，距楊難。墨子之道，愛人濟物之道也；楊子之道，自私自利之道也。自私自利，人情類然，末俗尤甚，是即楊子之徒也。墨子之道：《非儒》，其意則不背於儒；《兼愛》，與摩頂放踵，猶是己溺己飢、殺身成仁之心。特儒者得乎中，墨子過乎中，故不能無失。然此皆楊子所不肯爲。從墨子之道，則富拯貧，貴庇賤，强扶弱，智誨愚，民康物阜，勤素成風，禁攻寢兵，獄訟衰息，不害爲治世。從楊子之道，將使富者生，貧者死，賤者悲，貴者喜，强者、智者務爲自

〔一〕本篇載《清史列傳》卷六十七。

全，弱者、愚者舉不得免，臣不忠其事，子不竭其力，兄弟不同其心，雖人人服儒服、誦儒書，而生理固已滅矣。」著有《樫華館詩文集》《雜録》十餘卷，弟子朝邑閻敬銘爲刊行。敬銘師事德最久，稱其懷抱峻潔，遺棄榮利，言學言理，切近踏實，無門户標榜氣習。平江李元度亦謂德行誼爲文名所掩，其詩古文又爲時藝試律所掩。然德弟子著録千數百人，所選時藝，一時風行，俗師奉爲圭臬，并取其五經節講之本以教學者，不復知讀其全，頗爲世所詬病云。咸豐元年卒，年六十八。

孫桓，咸豐十年進士，改翰林院庶吉士。同治元年，藍逆竄踞盩厔，桓時家居，被執不屈死。

黄安濤

黄安濤傳〔一〕

國史館傳稿

黄安濤，字凝輿，浙江嘉善人。嘉慶十四年進士，改翰林院庶吉士，散館授編修。二十一年，充貴州鄉試正考官。尋出爲廣東高州府知府，調潮州，以告歸。安濤殫見洽聞，文辭傑出。

〔一〕 本篇載《清史列傳》卷七十三。

服官多惠政，斷獄依經義，不規規於成法。初莅高州，俗好訟，多積獄。安濤檄屬州縣書兩造辭揭進衢，約以期自至，逾期則削其牘不復聽。未一年，平獄以千計。潮人好私鬥，死則市人代抵，名曰「宰白鴨」，前守多不窮治。安濤曰：「此長亂之道也，我不可以襲之。」獄上，有覺其非真殺者，輒語曰：「若但弗承，毋他慮，獲犯則釋若。」然往往緝得之，終任未嘗殺一代抵者。所至好扶植士類。歸後，主上海講席，以詩酒自娱。有嫉之者，遂不復出，日與吴中名士聯詩鬥酒。詩勁直幽峭。著有《詩娱室詩》二十四卷、《息耕草堂詩》十八卷、《真有益文編》十卷、《慰托集》十六卷。

孔繼涑

孔信夫墓志銘[一]

姚鼐

信夫諱繼涑，孔子之六十九世孫，而曲阜衍聖公諱傳鐸之季子也。幼而才儁，衍聖公爲聘

[一] 本篇載《惜抱軒文集》卷十三。

華亭張尚書照女，女殤，而君遂習於張氏。尚書以書名天下，君得其筆法，書蓋埒之。又善於鑑別，收集古今名家書，鐫刻論辨，世所傳《玉虹樓帖》也。其於詩文爲之皆工善。

乾隆三十三年，余主山東鄉試，得君及君兄户部之子廣森。時廣森才十七歲，而君年四十餘，名著海内久矣。其後廣森得第爲檢討，以經學稱，三十五歲而殞。君之少也，值上釋奠闕里，嘗充講書官。及爲舉人，累會試不第，納貲爲中書舍人，未就職。又值上東巡，於中水行宫召使作書，及進，上稱善。然竟不獲仕，終於曲阜。

初衍聖公夫人某氏〔一〕，生冢子繼濩；繼夫人徐氏，生户部及君。冢子之後，襲爵三世，君與户部皆及之。其遇曲阜公事，以祖父體自任也，其氣皆剛直，人或與之或否。其後户部不樂家居，客游杭州以歿，檢討哀痛遽殞，不數年而君又繼之。嗟乎！君與檢討之生，世第一家也，又以文學才藝名著天下，余一旦遇之，二三十年間，見其死亡至盡。雖其文采風流不可磨滅，而志意抑鬱，乃更有甚於常人者，其可悲爲何如也！

君於交游有始終之誼，鄉里值歲饑，出千金賑之者三焉。乾隆五十六年，余在鍾山書院，君

〔一〕初衍聖公夫人某氏：「某」，《惜抱軒文集》作墨丁。按，「某」當作「李」。李氏名玉，爲孔傳鐸第二任夫人，孔繼濩之母，其父爲壽光李迴，康熙三年進士，官至刑部右侍郎。

夏來江寧視余，再宿而別，君遂以是年十二月戊辰卒，年六十五。無子，以户部少子廣廉嗣。將死，貽書乞余銘其墓。銘曰：

猗子聖人之世也。廓其知也，蔚其藝也，名上聞於朝，而下載於四裔也。完則毁而剛則折也，有疾而不可乂也。銘托余哀，以待後君子之達其志也。

謹按：孔繼涑，錢纂未載。《清史稿·藝術二·吴熙載傳》，包世臣叙次清一代書人，「佳品上」有孔繼涑行書，録此備考。

舒位

舒立人傳[一]

光緒《順天府志》

舒位，字立人，號鐵雲，大興人。乾隆五十三年舉人。祖大成，康熙壬辰進士，官檢討，有《試墨齋詩集》。《畿輔詩傳》五十一。位幼承家學，工詩古文。《先正事略》。年十歲，即下筆成章。隨

[一] 本篇載光緒《順天府志》卷一百二。

父翼官粵西永福令〔二〕，讀書署後鐵雲山房，因以自號。《冷廬雜識》三。安南入貢，隨父迎使者，賦《銅柱》詩相贈答。

弱冠登賢書。陳文述《舒鐵雲傳》。屢試禮部不第，客黔西道王朝梧所。會苗匪蠢動，威勤侯勒保檄朝梧從征，位爲治文書。勒保大加賞異，數召至軍中與計事。勒保移督四川，邀之同行，以母老辭。《先正事略》。既歸，貧無以養，乃乞米吴、楚間。出行携二大篋，一儲書籍，一儲絲竹，此外行李蕭然也。《冷廬雜識》三。當勒保征苗時，檄調土兵，貴州土司龍躍病，命其妹龍氏帥兵馳抵軍門。龍氏年十八，長身白皙，結束上馬，出入矢石間，所戰必捷，秦良玉不是過也。事平後，勒保爲龍氏執柯，將以歸位，位婉辭之。陳文述撰《詩集序》。

位風神散朗〔三〕，如魏晋間人。《紅豆樹館詩話》。國子祭酒法式善以位與嘉興王曇、常熟孫（源）[原]湘爲《三君咏》。《舒鐵雲傳》。在真州聞母喪，戴星而奔，不納勺飲者彌月，以哀毁卒。《冷廬雜識》三。

位性情篤摯，好學不倦，於經史古文無不讀，尤喜觀仙佛怪誕、九流稗官之書，一發之於詩。爲詩專主才力，每作必出新意。《舒鐵雲傳》。嘗論：「人無根柢學問，必不能爲詩；無真性情，即

〔二〕隨父翼官粵西永福令：此上，《順天府志》有「十四」二字。

〔三〕位風神散朗：「風」，《順天府志》作「丰」。

能爲詩，亦必不工。所作合《騷》掩《雅》，矜奇灑落，雖極意馳騁，而無泛駕之虞。蓋博涉群籍，性情根柢載之以出，非枵腹從事、拘牽格律者比也。誕之夕，母沈孺人夢一僧執桂花自峨嵋山來，覺而生，故又小字「樨禪」云。《紅豆樹館詩話》。

王曇

王仲瞿事略〔一〕

李元度

王曇，字仲瞿，一名良士，浙江秀水人。乾隆五十九年舉人。好游俠，通兵家言，善弓矢，上馬如飛，慷慨悲歌，不可一世。著有《烟霞萬古樓集》，竇東皋評所撰《西楚霸王廟碑》曰：「二千年來無此手筆矣。」吴侍郎省欽，仲瞿座師也，館和珅家。時和方怙勢，仲瞿三上書於侍郎，請劾和珅，書具存集中。張南山嘗曰：「漢有建安七子，唐初有四家，余欲選黄仲則詩〔二〕、王仲瞿

〔一〕本篇載《國朝先正事略》卷四十三。

〔二〕余欲選黄仲則詩：「黄」，《國朝先正事略》作「王」，誤。

文合刻之，題曰『乾隆二仲』。」

汪士鋐

汪退谷先生傳〔一〕

吴修《昭代名人尺牘小傳》

汪士鋐，字文升，號退谷，又字秋泉〔二〕，江蘇長洲人〔三〕。康熙三十六年丁丑會元〔四〕，入翰林，官至中允。書名與姜西溟并稱「姜汪」〔五〕。著有《長安宫殿考》《全秦藝文志》《三秦紀聞》《玉堂掌故》《瘞鶴銘考》《華嶽志》《元和郡縣志補闕》《近光集》〔六〕《四六金桴》《賦體麗則》《秋泉居士集》。

〔一〕本篇載《昭代名人尺牘小傳》卷十六。
〔二〕又字秋泉：「字」，《昭代名人尺牘小傳》作「號」。
〔三〕江蘇長洲人：「江蘇」，《昭代名人尺牘小傳》無。
〔四〕康熙三十六年丁丑會元：「三十六年」，《昭代名人尺牘小傳》無。
〔五〕書名與姜西溟并稱姜汪：《昭代名人尺牘小傳》作「書法爲國朝第一，與姜西溟稱姜汪」。
〔六〕近光集：此下，《昭代名人尺牘小傳》有「餘集」二字。

孫原湘

翰林院庶吉士孫君墓志銘〔一〕

李兆洛

君諱原湘，字子瀟，又字長真〔二〕，孫氏，宋忠烈天祐裔也〔三〕。高祖世柱，候選州同〔四〕，自休寧雲溪遷家常熟，後縣析爲昭文，遂爲昭文人。曾祖岐福，祖永埏，考錦。本生考鎬，誥授朝議大夫，山西潞安府知府。曾祖、祖皆贈如其官，妣皆贈封恭人。

君生而穎異，方三四歲，即知讀詩，口咏指畫，若能通曉，蓋天賦也。成童後，嘗從朝議君於官。朝議自奉天治中，擢潞安府，所歷若山海關〔五〕，醫巫閭〔六〕，瀋陽繡嶺、木葉嶺諸勝，及黄河、

〔一〕本篇載《養一齋文集》卷十二；又載《天真閣集》卷末，題前有「清故」二字。
〔二〕又字長真：此下，《天真閣集》有「晚又自號心青」六字。
〔三〕宋忠烈天祐裔也：「忠烈」下，《天真閣集》有「公」字。「祐」，原作「祜」，據《養一齋文集》《天真閣集》改。
〔四〕候選州同：「同」下，《養一齋文集》《天真閣集》有「知」字。
〔五〕所歷若山海關：「所」上，《養一齋文集》《天真閣集》有「君」字。
〔六〕醫巫閭：「巫」，《天真閣集》作「無」。

太行、王屋，名山大川，風物奇險，皆以歌咏發之。年才弱冠，而名滿都下矣〔二〕。中乾隆乙卯恩科江南鄉試，嘉慶乙丑進士，改翰林院庶吉士，充武英殿協修官。假歸，得怔忡疾，遂不出。歷主毓文、紫琅、婁東、游文諸講席，教誨不怠〔三〕，多所成就，士論翕然歸之〔三〕。凡邑中有水旱振恤之事，君必先爲經畫〔四〕，故全活者甚衆。

初，李廷敬味莊備兵蘇松〔五〕，主一時詩文壇坫。吾友若李鹿籽〔六〕、丁道久、陸祁生諸君，皆往來吴淞烟水之間，歲無虚日。一日歸，會聚之頃〔七〕，爲余言昭文孫子瀟者，今之詩人也，輒誦其詩數章，翛閑澹遠，有古人之風。余雖不善爲詩，而知好之，頗以不獲見君爲恨。及嘉慶十年，與君同舉於禮部，相聚都下，因以潛觀君之容貌，舉止脱然，不以世俗爲類〔八〕，而藴藉之氣溢於眉宇間〔九〕，蓋信乎深於詩教者也。然君學足以治行，教足以澤遠，才足以幹事，乃甫登第而旋退，僅

〔二〕而名滿都下矣：《天真閣集》作「而一時名宿斂手推矣」。

〔三〕教誨不怠：「怠」，《天真閣集》作「倦」。

〔三〕士論翕然歸之：「歸之」二字，《天真閣集》無。

〔四〕君必先爲經畫：此下，《天真閣集》有「盡善而後行」五字。

〔五〕李廷敬味莊備兵蘇松：「李廷敬味莊」，《天真閣集》作「李味莊廷敬」。

〔六〕吾友若李鹿籽：「吾友」下，《天真閣集》有「劉芙初」三字。

〔七〕一日歸會聚之頃：《天真閣集》作「歸聚會之頃」。

〔八〕不以世俗爲類：「以」，《養一齋文集》《天真閣集》作「與」。

〔九〕而藴藉之氣溢於眉宇間：「宇」，《天真閣集》無。

以詩稱也，可不惜哉！可不惜哉！

其論詩之旨以爲：「一人有一人之性情，無性情不可言詩，無風韻不可言詩〔一〕，若徒以格律體裁規模唐宋者，則失己之本來面目，而真性情亡矣。有真情性，然後涵泳於經史百家，以爲立言根柢，自然獨闢町畦，足爲一代正聲。自古大家名家，何嘗不以學力勝？要之必從性情中來也。」此言出，而專主性情以爲詩可無學而能者，足關其喙矣。

以道光九年二月二日卒，年七十。君所爲詩，已刻者三十卷；續集及古文駢體三十二卷，未刻〔二〕。考錦〔三〕，贈文林郎。妣陳氏，封太孺人。配席氏，封孺人。子三人：文杓，縣學生；文樾，國子監生〔四〕；文楷。女二，國子監生吳來復、縣學生邵淵懿，其婿也。孫五人〔五〕。文杓等將以某年月日葬君於某鄉原〔六〕，先期請銘，［銘］曰：

〔一〕無風韻不可言詩：「不可言詩」，《天真閣集》作「亦無詩」。

〔二〕「君所爲詩」至「未刻」：《天真閣集》作「君所爲詩詞、古文、駢體文及外集共六十卷，名《天真閣》，已刻行於世」。

〔三〕考錦：「錦」，《養一齋文集》《天真閣集》無。

〔四〕國子監生：「監」，《養一齋文集》《天真閣集》無。

〔五〕孫五人：此下《天真閣集》有「曾孫二人」四字。

〔六〕文杓等將以某年月日葬君於鄉某原：《天真閣集》作「文杓等將以道光十一年十一月十七日葬君於常熟鎮江門外豐三場四十五圖下承字號新阡」。

嗚呼〔一〕！古之學者爲己，今之學者爲人。爲人者襮諸外，爲己者淑諸身。君之不汲汲於仕進，而以昌其詩也。意在斯乎，則此歸然東野〔二〕，閬仙之侣，方有經過下馬、捫碑酹酒於兹者矣。

謹按：《清史稿》孫原湘附《法式善傳》，僅寥寥數語。繆纂有趙允懷撰行狀，稱李兆洛爲志墓，并録備考。

瑛寶　慶蘭

瑛夢禪慶似村合傳〔三〕

鐵保

夢禪，名瑛寶，滿洲人，大學士永文勤公長子。其先以開國功世其官，莅登顯秩，簪裾赫奕。至文勤公，以吏部尚書拜文華殿大學士。子三人〔四〕，夢禪居長，翩翩佳公子也。夢禪少讀書博

〔一〕嗚呼：《天真閣集》無此二字。
〔二〕則此歸然東野：「歸然」下，《養一齋文集》《天真閣集》有「者」字。
〔三〕本篇載《梅庵文鈔》卷二。
〔四〕子三人：此三字原脱，據《梅庵文鈔》補。

涉典籍，屢試不售，以筆帖式外用知縣。莅任後，頗著循聲。上官欲與上考〔二〕，夢禪喟然嘆曰〔三〕：「功名吾家固有，五斗米不足爲也。」遂解組歸，年才三十。時文勤公正秉政，同懷弟伊靜亭亦由樞秘授山東巡撫，烜赫一時，而夢禪獨以韋布自安，老屋數間，冬一裘，夏一葛，不喜肥甘，疏食飲水。性喜畫，尤善運指，興酣時，解衣磅礴，潑墨如雲，每作奇想，不落古人窠臼，近時高且園、傅凱亭外，無與比者。然性孤介，不多與人畫，以故得者甚罕。素與劉文清公墉爲文字交，劉書夢畫，每每合作，得者以爲至寶，雖連城不易也。與余論交時，年已五十餘，白髮飄騷，老而益壯，而如渥丹，紅白可愛。蓋其得於天者厚，游情物外，不以榮落貧富動其心，不以功名奔走勞其形，俯仰之間，自得天趣，故不必乞靈於金石、托命於丹鉛，泊然自保其天年也。年七十餘，以布衣終。

慶似村，名蘭尹，望山先生之公子也。家世簪纓，三代俱登宰輔。以似村之才之學，稍有志於功名，取顯秩如拾芥，而似村棄之如敝屣，視之如浮雲。獨構老屋數楹，棲身僻巷，以避車馬。作小書室，環種以竹。性喜詩，每風清月白，抱膝孤吟，覺詩韻書香與竹聲相應答，令人作秋水伊人之想。總角時，隨望山公兩江總督任，以詩見許於袁簡齋，數十年詩筒往來無虚日。所作詩以風

〔二〕上官欲與上考：《梅庵文鈔》作「上游器重，欲上考」。
〔三〕夢禪喟然嘆曰：「嘆」，《梅庵文鈔》無。

韻勝，近白香山、陸放翁，雖風骨不及，楚楚有致。此外不交一人，亦無人問似村者，而似村亦皜皜以布衣老矣。余與似村交最久，每過訪，一鬅頭婢應門，引入室，見主人不衫不屣，案頭詩一本，牕間竹數竿，別無長物。烹新茗一甌，味極佳，不留飲，亦不答拜，曰：「我無車馬童僕也。」其交游之落落如此。年五十餘，以布衣終。余充《八旗通志》總裁，列入《儒林傳》，并選其詩入《熙朝雅頌集》。

論曰：士生貧賤，目不睹金紫，耳不聞鼎鐘，進身無門，自安澹泊，不失爲佳士。若生於閥閱，襲祖父之榮，處功名之地，即以富貴終其身，亦可謂克家子。乃竟絶繁華、棄軒冕，以布衣疏食終其身，此非有定識定力不足以語此，然則夢禪、似村之爲人，豈不卓卓然古君子哉！

洪飴孫

東湖縣知縣洪君墓志銘〔一〕

李兆洛

君諱飴孫，字孟慈，又字祐甫，北江先生之元子也。先生以氣節震天下，君能繼其志；先生

〔一〕 本篇載《養一齋文集》卷十二。

以贍學博聞迪後進，君能嗣其業；先生以詩古文辭發揮道德，導播情性，君能承其規。幼即沈毅[二]，嗜學不厭；聞見既洽，心力尤鋭。每旬月不見，過其齋，搜其案，纂述者已盈寸矣。撰《世本輯補》十卷，《三國職官表》三卷，《史目表》二卷，《毗陵藝文志》四卷，《青埵山人詩》十卷，皆成書；《漢書藝文志考》《隋書經籍志考》《諸史考略》《世本識餘》各數十卷，皆未成。嘗聞其緒言，胸中所願爲而未及措手者，尚倍於此。

中嘉慶戊午江南鄉試舉人，四試禮部不售。乙丑、己巳、甲戌，皆以薦卷挑取國史館謄録。既默默不得志，而北江先生捐館後，家益貧，乃以謄録期滿，議叙謁選，得湖北東湖知縣。在任有惠政。抵任八閲月，遽卒，年四十四，嘉慶二十一年七月十六日也。

君體氣壯盛，工飲啖，耐勞苦。值其發憤，窮日夜無倦容。徒步日可百里。擇交至嚴，不能爲唯阿。處衆中，凝然莫窺其涯，志合者傾倒如不及。

君卒之歲，余方自安徽罷歸，過魏贇卿，值其不在，坐待之。見案上訃狀，訝其字，以爲偶同也。卒閲之而信，失聲一詫，涕泪直墮。嗚呼，好學者，理固短命乎！抑亦數有不可知者乎！

君娶於汪，子轂曾，孫承敏、承定。轂曾愿而能立，斐然嚮學，蓋克守其業者。以道光五年

[二] 幼即沈毅：「毅」，《養一齋文集》作「敏」。

十二月二十四日，葬君於德澤鄉前橋祖塋昭穴。先世具北江先生年譜，故不著。銘曰：嗟乎祐甫，疇子刻也。金之玉之，沙礫之匿也。又亟毁之，扤之力也。其身可埋，光不蝕也。道固有否，吾黨則盡也。視此四尺，終古無泐也。

馮敏昌

馮魚山先生傳〔一〕

謝蘭生

公諱敏昌，字伯求，姓馮氏，欽州人。祖憲萬公，增廣生，始居天馬山之南雅村。父天巖公，歲貢生，候選訓導〔二〕，以覃恩封贈兩世如公官。天巖公八子，公最長〔三〕。髫齡隨父文筆峰〔四〕，賦詩，驚座上客。年十二，補弟子員。乙酉拔貢，庚寅舉鄉試第三人，主司陸耳山先生，故鄉榜第

〔一〕本篇載《小羅浮草堂詩集》卷首。
〔二〕候選訓導：「選」，《小羅浮草堂詩集》作「補」。
〔三〕公最長：「最」，《小羅浮草堂詩集》無。
〔四〕髫齡隨父文筆峰：《小羅浮草堂詩集》作「幼隨父登文筆峰」。

三，欲以衣鉢傳也。戊戌成進士，入翰林，散館授編修，充甲辰會試同考官，得胡應魁等六人。乙巳大考，改官主事，方候銓，乃縱游豫陜燕楚間。癸丑冬，户部浙江司行走〔一〕。甲寅，遷刑部河南司主事。臘月〔二〕，丁外艱歸里〔三〕。辛酉，丁内艱〔四〕，廬於墓〔五〕。丙寅〔六〕，主粤秀講席〔七〕，爲諸生説經〔八〕，晨夜輒先誦數過，毋倦容。忽病煩熱〔九〕，浹旬而逝，得年六十。公自釋褐後，居官才七八年〔一〇〕，遠游者九年〔一一〕，退居十二年〔一二〕。所藴未獲究施，而内行誠篤〔一三〕，績學醇茂於遠

〔一〕户部浙江司行走：「户」上，《小羅浮草堂詩集》有「入」字。
〔二〕臘月：《小羅浮草堂詩集》作「乙卯」。
〔三〕丁外艱歸里：「歸里」，《小羅浮草堂詩集》作「踉蹌歸」。
〔四〕丁内艱：此下，《小羅浮草堂詩集》有「素食六年」四字。
〔五〕廬於墓：此下，《小羅浮草堂詩集》有「山水暴漲，漂溺幾殆」八字。
〔六〕丙寅：《小羅浮草堂詩集》作「乙丑」。
〔七〕主粤秀講席：「主」上，《小羅浮草堂詩集》有「再」字。
〔八〕爲諸生説經：「爲」上，《小羅浮草堂詩集》有「硜硜」二字。
〔九〕忽病煩熱：此上，《小羅浮草堂詩集》有「丙寅」二字。
〔一〇〕居官才七八年：「七八」，《小羅浮草堂詩集》作「四五」。
〔一一〕遠游者九年：「九」，《小羅浮草堂詩集》作「七」。
〔一二〕退居十二年：「十二」，《小羅浮草堂詩集》作「凡十一」。
〔一三〕而内行誠篤：「行」下，《小羅浮草堂詩集》有「之」字。

邇〔一〕。嘉慶某年〔二〕，奉旨祀鄉賢祠〔三〕。嗚乎，公不朽矣！

公論學云〔四〕：「聖門之學，大抵就事上見心。由、求、赤之兵農禮樂，要是日之講求〔五〕；即仲弓之見賓承祭，顔子之克己復禮，亦於出門使民、視聽言動上見，非另有求心之學〔六〕。」又云：「順理承章〔七〕，至公無我，可以處處推廣，世世通行，而又推知權達變〔八〕，無歉於己，而有濟於人，此之謂仁耳。」

公官刑部時，虛鞫疑獄。遇秋審決囚，矜愴形於色，歸猶寢食不寧累日。天巖公嘗一至京，故倜儻有游興，日供具出游，至西山窮探焉〔九〕。長子士載，昏於鄭州仇氏，逾歲殞。是歲天岩公

〔一〕　績學醇茂於遠邇：《小羅浮草堂詩集》作「實學之醇茂，衆所心折」。

〔二〕　嘉慶某年：《小羅浮草堂詩集》作「己巳」。

〔三〕　奉旨祀鄉賢祠：「奉旨」下，《小羅浮草堂詩集》有「以公入」三字。

〔四〕　公論學云：「學」下，《小羅浮草堂詩集》有「有」字。

〔五〕　禮樂要是日之講求：「之」，《小羅浮草堂詩集》作「日」。

〔六〕　「即仲弓之」至「求心之學」：《小羅浮草堂詩集》作「即仲弓之見賓承祭，亦於出門使民上見；顔子之克己復禮，亦於視聽言動上見。若夫春風沂水，疏水曲肱，簞瓢陋巷，此自是胸次灑落，歸於自得，非日日以此爲事」。

〔七〕　順理承章：「承」，《小羅浮草堂詩集》作「成」。

〔八〕　而又推知權達變：「推」，《小羅浮草堂詩集》無。

〔九〕　至西山窮探焉：此下，《小羅浮草堂詩集》有「誕日集都下諸彦，徵聯侑酒，爲老人歡。其善養親志如此」二十二字。

凶訃至。比歸，四弟又卒。三喪在庭〔一〕，而昏憒中準酌古禮，條理井井。母太宜人之將殁也，公自端州馳歸〔二〕，猶能侍湯藥十日〔三〕，人謂誠孝所感。

初隨翁覃溪先生學〔四〕，聞三弟訃，不得歸，痛哭常徹心〔五〕。四弟殁，教育諸侄如己子。庶出七、八兩弟，當析箸卜宅屯廪村，絲粟皆爲經紀焉。在都日，聞錢籜石先生訃，痛哭啜粥數十日，後復哭於墓〔六〕。房考韋葯齋先生病劇〔七〕，公往護視〔八〕，葯齋曰：「甚哉子視予猶父也！」臨訣，以所寶大滌子畫畀焉。葯房先生卒〔九〕，懸其所畫松爲位，哭至咯血〔一〇〕。有卒於京者，爲歸柩於里〔一一〕，

〔一〕三喪在庭：此下，《小羅浮草堂詩集》有「備極顛沛」四字。

〔二〕公自端州馳歸：「端州」，《小羅浮草堂詩集》作「粤秀」。

〔三〕猶能侍湯藥十日：「能」，《小羅浮草堂詩集》作「得」。

〔四〕初隨翁覃溪先生學：「翁」，《小羅浮草堂詩集》無。

〔五〕痛哭常徹心：「哭」，《小羅浮草堂詩集》無。

〔六〕後復哭於墓：此下，《小羅浮草堂詩集》有「并哭其子慈伯之柩」八字。

〔七〕房考韋葯齋先生病劇：「葯齋」，《小羅浮草堂詩集》作「葯軒」。

〔八〕公往護視：「護」，《小羅浮草堂詩集》作「獲」。

〔九〕葯房先生卒：「葯房先生」，《小羅浮草堂詩集》作「張葯房太史」。

〔一〇〕哭至咯血：此下，《小羅浮草堂詩集》有「京之廉州會館，創始公手，鄉人得所芘」十五字。

〔一一〕爲歸柩於里：「爲」，《小羅浮草堂詩集》作「謀」。

前後凡十餘槻。每急人之急，慨然以不得廣厦萬間爲憾〔一〕。此皆實踐所學，而著於倫紀者也。

其論詩云：「詩者心聲也。天地之中聲，流於人心而發於詩〔二〕，正如元氣之鼓萬物而不自知，萬象咸該，滴水不漏，此所謂大家。若節節而爲之，豈有詩哉？」又謂：「手腕須和，筆頭須重。寧拙毋巧，寧蒼毋秀，寧樸毋華，寧用禿筆，毋用尖筆〔三〕。」故公詩由昌黎、山谷，上追李、杜，又穿穴諸家，而自闢面目。所師尊者，笥河、蘀石、覃溪三先生〔四〕。所交戴東原、周林汲、李南澗、黄仲則、彭秋潭、洪稚存、王秋塍諸君子〔五〕，上下議論，而所詣益進。且公足迹半天下，嘗謁闕里，觀車服禮器，登泰山至日觀峰視日出〔六〕。游廬阜，觀瀑布三千丈。泊之大梁上中嶽神廟〔七〕。又抵

〔一〕慨然以不得廣厦萬間爲憾：此下，《小羅浮草堂詩集》有「傾囊倒篋無少惜」七字。

〔二〕天地之中聲流於人心而發於詩：《小羅浮草堂詩集》作「聲高下抗墜單緩焦殺，各有一偏，而惟天地之中聲，流於人心而發於詩，其爲聲也至矣。蓋有中聲，必有元氣。詩者，氣所爲，非一切區區氣格空調之謂也」。

〔三〕毋用尖筆：此下，《小羅浮草堂詩集》有「若徒事師心，則爲野戰；專工摹古，則爲家奴」十七字。

〔四〕笥河蘀石覃溪三先生：《小羅浮草堂詩集》作「笥河、覃溪、蘀石、炳也四先生」。

〔五〕「所交載東原」至「諸君子」：《小羅浮草堂詩集》作「所交盡名下士，尤樂與戴東原、周林汲、李南澗、黄仲則、孫淵如、洪稚存、王鐵夫、潘蘭垞、武虛谷諸君子」。

〔六〕登泰山至日觀峰視日出：「日觀峰視日出」，《小羅浮草堂詩集》作「聖人小天下處」。

〔七〕泊之大梁上中嶽神廟：「廟」，《小羅浮草堂詩集》作「祠」。

華嶽，攀鐵縴幢峽〔一〕，大鐫「蒼龍嶺」三字其上，復書一聯於嶽帝廟門。在河陽時，畢秋帆中丞囑修《孟縣志》，親歷芒碭、王屋、太行諸山，條其疆域，訪韓子祠墓，而確得其處。公以北嶽云孟縣不千里，騎駿馬直造曲陽飛石之巔，窮雁門長城而後返。最後雨宿南嶽廟，待霽而升祝融諸峰，觀雲海，賦七古一首勒石壁。其餘神皋奧區，靡不遐矚。曠攬變態，吐納奇狀，一注於詩，是故開闔動盪〔二〕，而巋然爲大宗也。

書法專宗二王，得力於大令〔三〕。時文則馳驟諸名家，晚乃專師王、唐、瞿、鄧。間詔子士履、士鑣曰：「汝等不可浮慕聲華，須及時專研一經，使融會貫通，作文庶有根柢。」又曰：「敬以持己，静以養氣。義所當爲，則毅然爲之，否則卓然不可奪。」皆至論也。掌端溪、粵秀、粵華三書院，爲學約十六條，皆切中文士膏肓。所著有《孟縣志》《韓詩選》《小羅浮草堂詩集》〔四〕。

〔一〕攀鐵縴幢峽：「縴」下，《小羅浮草堂詩集》有「躋」字。
〔二〕是故開闔動盪：此下，《小羅浮草堂詩集》有「不名一體」四字。
〔三〕得力於大令：「得」上，《小羅浮草堂詩集》有「尤」字。此下，《小羅浮草堂詩集》有「畫亦高品，偶一弄筆，不常作」十一字。
〔四〕所著有孟縣志韓詩選小羅浮草堂詩集：《小羅浮草堂詩集》作「所著有《孟縣志》《華山小志》《河陽金石録》《小羅浮草堂文集》《篤志堂文鈔》《篤志堂試帖》。又訂有《漢魏六朝五言古詩選》《唐人五七言律詩選》《唐人五言古詩選》《韓詩選》《蘇詩選》《師友淵源集》《古文合選》《文章心印》《河陽課藝》《端溪課藝》。子士履、士鑣又裒全詩付梓以行」。

論曰：公崛起天南陲，爲人倫模楷，擬之日南姜公、瓊臺邱公，雖功業禄位不逮，而所造深邃與代興無愧焉〔二〕。予嘗就公問業，有叩輒鳴，而猶嗛嗛若不足。大致在專心希古，而不移其方。聞公每月朔望必肅衣冠，嚮闕稽首，而拜於祖及其師〔三〕，終身如一日，亦難矣哉〔三〕！

黎簡

明經二樵黎君行狀〔四〕

黄丹書

君諱簡，字簡民，一字禾裁，號二樵，世居順德之弼教邨。曾祖秉忠，國子監生。祖超然，國子監生。考晴山，處士。妣葉氏，生妣雷氏。晴山公客游粤西，僦居南寧，娶雷孺人而生君。

〔二〕 而所造深邃與代興無愧焉：「與」下，《小羅浮草堂詩集》有「之」字。

〔三〕 而拜於祖及其師：「而」上，《小羅浮草堂詩集》有「轉」字。

〔三〕 亦難矣哉：《小羅浮草堂詩集》作「公真古人哉」，末署「嘉慶歲次辛未七月中浣，後學謝蘭生撰」。

〔四〕 本篇稿本藏廣東省立中山圖書館，收入《清代稿鈔本》三編第一〇一册。

君少慧悟，十齡能詩屬文〔一〕。稍長，博綜群書，常操紙筆獨游蠻洞間〔二〕，遇勝處輒留題。晴山公亦耽吟咏，每回東省，必携君侍行。遍覽桂林山水，舟中命君稱詩於前，相顧以爲樂。

歲辛卯，君奉雷孺人歸里，不復西行，栖小屋中，益肆力於詩古文辭，人鮮知之者。顧貧甚，丙申，授徒於廣州之西郭。時張葯房以詩名里中，得君以爲勁敵，一時詩人皆喜與之游。番禺吕石驫兀岸自異，少所許可，見君詩輒嘆服。予來郡城，過葯房版門書屋，葯房指壁上詩，謂予曰：「此吾邑異才，君識之乎？」因携詣君，遂與定交。山左李公文藻，以名宿來令潮陽，耳君名，即命駕訪君，許其詩必傳，勸出應試，而君於功名澹如也。丁酉，來邑城，留予齋者累月，予爲繕寫《西征集》，并檢舊所作詞，屬予鈔撮成帙。戊戌，西川李雨村先生視學吾粤，以古學試士，得君《擬韓昌黎石鼎聯句》詩，驚爲奇絶，取置第一，補弟子員，自是君詩名益振。己酉，選拔之期，關晋軒督學以君名貢太學，將赴廷試，適丁外艱。服闋後，得氣虚疾，而君益澹然於仕進矣。

君足迹不逾嶺，海内名士想望風采，咸以不獲一見爲恨；鉅公來粤者，皆折節下君。北平翁覃溪學士常夢與君游處，以書索南雄太守邱公學敏，録其集寄都中爲點定〔三〕。學士送太守

〔一〕十齡能詩屬文：「能」下，稿本有「賦」字。
〔二〕常操紙筆獨游蠻洞間：「洞」，稿本作「垌」。
〔三〕録其集寄都中爲點定：「中」下，稿本有「手」字。

詩，有云「寄與二樵圓夙夢，蘇門學士待君來」，蓋深望君之出也。君才思最敏，所爲詩援筆立就，而語皆深警，寫物言情，時發前人所未發。兼工書畫印章、篆隸真草，得漢晋人之髓，山水直造元四家堂奥。每至郡城，以金幣求書畫者坌集，然君頗自矜重，意不合或揮斥不顧，以是人稍目爲狂，而得君片紙者，無不珍爲奇寶。君晚益好學，所得潤筆資，奉親外，悉以蓄書。筆墨之餘，手一卷不置。

邇年氣病時作，苦於應酬，藥錢恒不給。原新寧令萬公應馨，病留羊城，亦貧甚，偶得金一鋌，即以贈君，君却之不可，相對而泣。其爲名輩輸心如此。今年十月，予自都下回，訪君於郡中，君已卧病彌月，云尚能飯。予悵悵别去，逾月而訃至。遺命囑予述其事狀，而囑蘇君其詹銘其墓，以予二人交最密，知君爲尤悉也。

君生於乾隆丁卯五月二十三日，卒於嘉慶己未十一月七日。昆弟三人，伯兄世揚早卒；仲兄世浩，葉孺人出。原配梁孺人，繼室龐孺人。子二人，長以仲兄子爲嗣，名汝彪；次名佛蓮，幼，龐出。女二，梁出，皆適士族。君所撰已刻者，《五百四峰堂詩鈔》廿五卷；未刻者，《五百四峰文鈔》《藥烟閣詞鈔》《芙蓉亭樂府》《注莊韻學》等書。

嗚呼！以君文才，縱横馳騁，若明代臨清謝榛、山陰徐渭、南海鄺露，非其倫歟！竊意君雖未仕，他時國史傳文苑宜及焉。故書其生平大概以爲狀，俾後之君子有所考。

陳鍾麟傳〔一〕

《番禺縣續志·寓賢傳》

陳鍾麟，字厚甫，江蘇元和人。嘉慶四年進士〔二〕。道光初，掌教粵秀書院，每説《四書》新義示諸生，謂《論語》子張問善人之道章，是言善人之道，當踐迹乃能入聖人之室，如不踐迹，亦不能入室，言質美未可恃也。又云：「興滅國，謂諸侯；繼絶世，謂大夫；舉逸民，謂士。」尤精確。楊榮緒、陳澧及南海桂文燿、順德盧同伯肄業院中，并賞譽之，嘗謂門生曰：「廣州省城無米〔三〕，一旦有事，當奈何？」回籍寓杭州〔四〕，陳澧往謁，聞廣東有夷寇，鍾麟曰：「此事今人不能辨，今人但能辨有舊案之事，此事無舊案也。當知諸史即舊案，爲官不可不讀史。」此深識遠慮，所謂

〔一〕本篇載民國《番禺縣續志》卷二十六。
〔二〕嘉慶四年進士：此下，《番禺縣續志》有「官至浙江杭嘉湖道」八字。
〔三〕廣州省城無米：「州」，《番禺縣續志》作「東」。
〔四〕回籍寓杭州：「回籍」，《番禺縣續志》作「歸」。

「瞻言百里」者矣。工書，所書楹帖箋幅，嶺南士夫家多寶之〔二〕。

錢儀吉

錢給事傳〔三〕

《嘉興縣志》

錢儀吉，字藹人，一字衎石，浙江嘉興人。文端公陳群曾孫。父福胙，官侍讀，隨至京邸。十二歲，效《選》體作《山賦》千言，前輩張問陶擊節稱賞。登嘉慶辛酉鄉榜，戊辰成進士。庶常散館，授户部主事，升刑科給事中。性耿介，遇事無徇庇，人憚其丰采。稽察户部捐納房，會堂

〔二〕 嶺南士夫家多寶之：「寶」下，《番禺縣續志》有「貴」字。

〔三〕 本篇載光緒《嘉興縣志》卷二十一，與本書所載差異較大，本書或另有所本。茲將光緒《嘉興縣志》傳文録入如下：錢儀吉，字藹人；福胙子。隨父京邸，十二歲，效《選》體作《川賦》千言，前輩張問陶擊節稱賞。成嘉慶十三年進士，庶常散館，授户部主事，升刑科給事中。遇事無徇庇，人憚其丰采。逮改官御史，科吏拊掌曰：「錢公去此，吾屬無患矣！」性耿介，稽察户部捐納房，會堂吏郭坦舞文補監照，事覺，懼置諸法，請托百至，峻拒之。後因公鐫級，絶意仕進，并焚入臺時彈章諫草，謂人臣以對事入告，不宜流播人間。主講粤東學海堂、河南大梁書院，定季課章程。治經講求故訓，讀史尤詳地理，皋比數十寒暑。有仙蝶齋藏書所，自謂：「吾之長技，但可鍼灸文字耳。」從弟泰吉，親得師承，故乾嘉後，論文章家數，咸推嘉興「二錢」云。許志。

吏郭坦舞文補監照，事覺，懼置諸法，請托百至，峻拒之。改官御史，科吏拊掌曰：「錢公去此，吾屬無患矣！」迄庚寅，因公鐫級，絶意仕進，并焚入臺時彈章諫草，謂「人臣以對事入告，不宜流播人間」。至粤東，定學海堂季課章程，主講河南大梁書院。治經講求故訓，著《經典證文》《説文雅厭》。流覽乙部，以章武偏安，暨大業末造，典禮闕如，撰三國、晋、南北朝《會要》。讀史尤詳地理，甄録魏吴都城金墉城圖之類，無慮數十百篇。仿焦氏竑《徵獻録》，裒集國朝文集千餘家，節録名人事狀，輯先正事略。病徐乾學《通志堂經解》采摭未備，搜羅宋元以來説經家，彙爲《經苑》一編，皋比數十寒暑。有仙蝀齋藏書，自謂：「吾之長技，但可鍼灸文字耳。」從弟泰吉，親得師承，故乾嘉後，論文章家數，咸推嘉興「二錢」云。所著文曰《颺山樓集》《衎石齋記事稿》；詩曰《敝帚》《閩游》《澄觀》《定廬》《刻楮》《旅逸》各集。

《番禺縣續志·寓賢傳》

錢儀吉傳〔二〕

錢儀吉，字衎石，浙江嘉興人。講求古訓，著述甚富。嘉慶十三年進士，官工科給事中，遇

〔二〕本篇載民國《番禺縣續志》卷二十六。

事敢言，人憚其風采。緣事鐫職。客游廣州，寓於城北獅子橋。總督盧敏肅公坤屬修鹽法志，并以阮文達公元築學海堂課士，士多學古通經，屬儀吉與學長林伯桐、吴蘭修、曾釗商訂專經課士法。嘗校閲堂中課業，評邑人侯度治禮、李能定《讀春秋見隱篇》、許玉彬《文選擿華》、金錫齡《詩經注疏考證》、南海潘繼李《治經日記》、鶴山吴文起《大戴禮記廣箋》、吴傳《春秋公羊經傳劄記》、嘉應張其翻治《漢書》，所論均極精當。光緒十四年，總督張文襄公之洞於學海堂阮太傅祠右楹設位祀之。

《番禺縣續志·寓賢傳》

謝蘭生

謝蘭生傳〔一〕

謝蘭生，字佩士，號澧浦，又號里甫，別號理道人，南海人。乾隆五十年恩科副貢生，五十七年舉人，嘉慶七年進士，選翰林院庶吉士，以父年老未赴。散館，父殁，遂絶意進取。爲粤秀、越

〔一〕　本篇載民國《番禺縣續志》卷二十六。

華、端溪、羊城等書院掌教。治古文，得韓、蘇家法，詩宗大蘇，出入杜、韓。書法顔平原，參以褚河南、李北海。畫尤高，探吴仲圭、董香光之妙。論粤畫者，謂在黎二樵上。主羊城書院時，每課期坐講堂，爲諸弟子講解，皆環立而聽之。漢軍徐榮、南海譚瑩、番禺陳澧皆其高第弟子。羊城肄業生得與粤秀等三大書院諸生送學使録遺，自蘭生建議始也。布政使南城曾燠最推重之，有詩云：「燕寢凝香一樽酒，眼中復得謝與崔。」崔謂舉人崔弼。道光初，阮文達公元修《廣東通志》，延爲總纂；又修《南海縣志》，條例皆其手定。武進惲敬、湯貽汾，東鄉吴嵩粱南來，見其畫，皆嘆服。湯有「張如芝黄培芳謝蘭生吕翔嶺南豪」之句。生平意趣高邁，晚歲好道家言。嘗論濂溪主静，伊川静坐，朱子明心，均不外主敬工夫，怡然有得。年七十二餘卒於羊城書院〔二〕，遺命子孫告親友來奠醊者，惠素食四簋，多則不受，挽辭書紙絹者受之。時俗以挽辭四字翦綵繒貼於外洋呢絨爲幛者，於書院大門外焚之。著《常惺惺齋文集》四卷、《詩集》四卷，《北游紀略》二卷，《書畫題跋》二卷，《游羅浮日記》一卷。

〔二〕年七十二餘卒於羊城書院：《番禺縣續志》無「二」字，「卒」作「殁」。

碑傳集三編卷三十八　文苑三

錢熙經

候選訓導錢君殯志〔二〕

張文虎

余初識錢君於南蕩張氏。越七年，君從弟錫之輯《守山閣叢書》，若《指海》，招余佐其事。君多藏秘帙，時假校録，過從考論。越九年，而《守山閣叢書》成。後二年，錫之邀余同至京師。明年，錫之殁。余南歸，君握余手曰：「錫之已矣，《指海》稿未竟，盍贊成之乎？」余曰然。又六年，《指海》竣事，而君又殁，可悲也！

君狀貌偉岸，大耳廣顙，爲人寬厚無城府，好善樂施，人咸謂長者，法宜得長壽，乃其卒也，年僅五十有四。豈相人之術不足信耶？抑天之報施善人，果不必以壽考耶？君性灑落，不問家

〔二〕　本篇載《舒藝室雜著》乙編卷下。

人事，好與客歡笑，圍棊賭墅，勝敗皆欣然。然自錫之之殁，君常鬱鬱。或言及之，輒累吁增嘆，隱然爲門户憂。蓋其所見者遠，非他人所知也。少困於童子試，及爲學官弟子，遂絶意進取。久之用例注籍儒學訓導，亦未嘗赴選人。家居簡出，以書史自娱。其訓子弟，以讀書爲善，敦本睦族，無墜世澤。烏乎，可謂篤實君子矣！

君諱熙經，字心傳，别自號漱六。先世自奉賢遷婁之南鄉，今屬金山縣地。祖溥義，父樹立，皆有隱德。君生於嘉慶元年四月，卒於道光二十九年十有一月。娶張氏，繼室雷氏。子培名、培繼、培炳。培繼嗣季弟熙文爲後。孫銘庚。培名等請文其殯室，余惟識君三十有三年，不爲不久，敎學相長，開誠無隱，交不爲不深，是弗能辭也。乃爲之銘曰：

宜厚其福，緐其齒，而止於此，將以俟其子。

梁廷枏

梁廷枏傳

國史館文苑傳稿

梁廷枏，字章冉，廣東順德人，副貢生，官澄海縣訓導。其先人好聚圖籍，廷枏髫齡而孤，性穎悟，成童時，即盡讀父書，下筆有奇氣。稍長，益肆力於學，爲總督阮元所器重。嘗讀書訶林，見兩鐵塔題銜，覈與吴任臣《十國春秋》，多不合，乃據正史、《通鑑》、輿地諸書，旁及説部、金石，著《南漢書》十八卷、《考異》十八卷、《叢録》二卷、《金石文字》四卷，網羅散佚，鈎稽同異。論者謂足與馬令、陸游《南唐書》并傳。道光中葉，夷氛不靖，大吏聘修《海防彙覽》。廷枏乃采集海外舊聞，并得米利堅國人新編合省志略，著《粤道貢國説》六卷、《耶穌教難入中國説》一卷、《蘭崙偶説》四卷、《合省國説》四卷。蘭崙者，英吉利倫敦也。其《合省國説自序》云：「予觀於米利堅之合衆爲國，行之久而不變，然後知古者『可畏非民』之未爲虚語也。彼自立國以來，凡一國之賞罰禁令，咸於民定其議，而後擇人以守之。未有統領，先有國法。法也者，民心之公也。統領限年而易，殆如中國之命吏，雖有善者，終未嘗以人變法，既不能據而不退，又不能舉以自代。其舉其退，一公之民。持鄉舉里選之意，擇無可争奪、無可擁戴之人，置之不能作威、不能久據之地，而群聽命焉。蓋取所謂『視聽自民』之茫無可據者，至是乃彰明較著而行之，實事求是而證之。爲統領者，既知黨非我樹，私非我濟，則亦惟有力守其法，於瞬息四年中，殫精竭神，求足以生去後之思，而無使覆當前之餗斯已耳，又安有貪侈凶暴，以必不可固之位、必不可再之時，而徒貽其民以口實哉？」是論出，時人頗韙之。

林則徐自兩湖移節來粤，耳其名，下車拜訪，詢以籌防、戰守事宜，廷枏爲規畫形勢，繪海防圖以進。後祁墳、徐廣縉督粵，并聘入幕中，襄辦團練。咸豐元年以薦賞内閣中書加侍讀銜。十一年卒，年六十六。他著有《南越五主傳》三卷、《夷氛記聞》五卷、《論語古解》十卷、《書餘》一卷、《東坡事類》二十二卷、《金石稱例》四卷、《續》一卷，《碑文摘奇》一卷、《蘭亭考》二卷、《藤花亭書畫跋》四卷、《鏡譜》八卷，《藤花亭文集》十四卷、《詩集》四卷，《東行日記》一卷、《澄海訓士録》四卷。兼通音律，嘉應李黼平亟稱之。總督鄧廷楨與論南北曲，嘆以爲粵人所未有。又有《曲話》五卷、《江南春詞補傳》一卷。

陳在謙

陳教諭傳〔一〕

彭泰來

陳在謙，字六吉，號雪漁，廣東新興人〔二〕。年二十二，中嘉慶九年鄉試。自爲諸生，好治詩

〔一〕本篇載《昨夢齋文集》卷二。

〔二〕廣東新興人：「廣東」，《昨夢齋文集》作「肇慶」。

古文。爲舉人二十年，不足贍俯仰，嘗自言：「吾每至米盡則詩益多，何也？」有族兄爲浙江定海令，招之往，道出高要，過其友彭泰來，語竟夜去，道光三年十月也。

在謙爲人簡易清直，通不掩介。遇流俗無忤色，氣類所契亦無溢情，人莫得而親疏。至定海，白華山人厲志詩有高韻，善畫，家赤貧，人無知者。在謙一見則大喜，數千里郵書告彭泰來，并道山海形勢大略。小白華山者，梵語「普陀」也。居四年，赴禮部試，前後六上禮部不第，謁選得二等，復至浙，游永嘉而歸，分巡道仁和許乃濟延修府志。尋補清遠教諭，以古學訓士。學有朱叔子祠，叔子嘗舍地建學，栗主書「地主叔子」。在謙謂叔子大節當祀，「地主」非名也，以舍地祀學，流弊將不可極[二]，爲文正之。邑人以爲訾，委監越華書院，山長陳某素傲誕，怪監院不以提學禮上謁，然繆敬在謙，見必呼先生。既而嘉興錢儀吉游粤[三]，與在謙友善。錢去，爲文送之，有勢交利合之慨。山長以爲訕，罷歸清遠。道光十八年卒官。

在謙自少往來南北，又嘗客山左，游迹所及，多見於詩。定海古舟山，殘明魯王監國於是，承平二百年，義士頑民，骨殷血碧，歷歷未遠。出蛟門，渡重洋，登普陀頂，望倭奴、琉球諸國，呼

[二] 流弊將不可極：「流」，《昨夢齋文集》作「疏」。

[三] 既而嘉興錢儀吉游粤：「興」，《昨夢齋文集》作「禾」。

吸在履舄下。踞大石，聽鐵僧談蒙古游女射雁〔一〕。海宇無事，天地忘其險，耳目神志，曠然莫知所終窮。故其中年之詩，浩衍闊肆，體大而思深。而永嘉山水區，又謝客、孟山人之遺躅也。既歸，乃益肆力於古文。閩中鄭開禧以爲功深於詩，其論文之要曰不失真，論人之要曰本色。在官月以俸錢寄給寡妹與亡弟之子，其他任恤之事非一。及病劇，床頭惟詩文草數册，猶時時自删訂。所著《夢香居集》十五卷、《七十二峰堂文勺》四卷，所選《嶺南文鈔》十八卷、《續鈔》三卷。

初，在謙監越華，當録科每試日，有奸民以番夷妖書散給科舉士，無慮數千萬，其書悉剽竊堯舜孔孟語，以證其邪説。彭泰來以他事至廣州，得之市上，書數百言簡端，以寓憂憤。在謙方夕食，見之，廢箸嘆曰：「此吾責也！」取以入。明日五鼓赴試院，諸教官畢集，或訊知懷中物，交口相戒毋生事。在謙不答，徑白學使，即日下守令，執其人荷校於衢，燬書版，而簡端之言無所問。後七年，夷寇大入，躪沿海四省，定海最先陷。

彭泰來曰：自余識君，始終無二十年，積君手簡盈一篋，兩人文字未有不相質確也。今歲甲辰夏大水，梁生嶽萃者，君中表家子弟，慮余轉溝壑，自新興來視，坐甫定，即曰：「嶽萃登舟

〔一〕聽鐵僧談蒙古游女射雁：「聽」上，《昨夢齋文集》有「坐」字。

之夕，夢雪漁先生謂曰：『告春洲爲吾作傳矣。』思耶？寤耶？冥冥中果待巨卿耶？」梁生言如此。嗚呼！君之可傳者不俟傳，而余又不足以傳君；即傳君，復能夢中定余文耶？梁生年甚少，未知舊事，十年前君固嘗有是言也。君畫學元人，晚益變化，病中爲余作《梅花人月圖》，遂絶筆，識者謂君平生第一云〔一〕。

吴蘭修

吴蘭修傳〔二〕

《番禺縣續志·官師志》

吴蘭修，字石華，嘉應州人。嘉慶十三年舉人。嘗客大同，有《風雪入關圖》，題咏皆一時名流。道光元年，署番禺縣學訓導，士林悦服。與林伯桐、張維屏、張杓、黄子高、曾釗、黄培芳、熊景星、徐榮、吴應逵、温訓、謝念功、馬福安、胡調德、鄧純結希古堂文社，課治古文。四年，總督

〔一〕識者謂君平生第一云：「君」，《咋夢齋文集》作「其」。

〔二〕本篇載民國《番禺縣續志》卷十四，本書有修改删節，與原文差異較大，兹不出校，將《番禺縣續志》本附録於後。

阮文達公元建學海堂，與順德趙均董其役。堂成，舉爲學長，兼粤秀書院監院。五年，阮公刊《學海堂集》，命之編校監刻。督學翁文端公心存浚治藥洲，得仙掌石米元章詩刻，蘭修與其事。尋補信宜縣學教諭，留省辦理惠濟倉事宜。

生平枕經葄史，其文有二種，有學六朝者、學八家者。論事之作，通達治體，切中事情。治史精於考覈，爲《南漢紀》，博綜諸家尋其條貫，義必深嚴，事求詳實。又爲附録、考異注其下，以期囊括無遺。别爲《地理志》，以補諸家之遺舛；爲《金石志》，以搜當時之軼聞，皆詳而有體，核而不華，荀、袁兩《漢》之儔矣。兼擅算術，曾序李侍郎潢《輯古算經考注》，立言無多，要能直揭王氏之精恉，非深於古法者不能道。又撰有《方程論》，皆有功於數學。家富藏書，藏書之堂名「守經」，海康陳昌齊爲文記之。尤善倚聲，嶺外之白石翁玉田生也。著《南漢紀》五卷，《南漢地理志》一卷，《南漢金石志》二卷，《端溪硯史》三卷。又著《宋史地理志補正》《荔村吟草》《桐華閣詞》。

番禺縣續志·吴蘭修傳

吴蘭修，字石華，嘉應州人。嘉慶十三年舉人。嘗客大同，有《風雪入關圖》，題咏皆一時名流。道光元年，署番禺縣學訓導，士林悅服。與林伯桐、張維屏、黃子高、張杓、曾釗、黃培芳、熊景星、徐榮、吴應逵、温訓、謝念功、胡調德、馬福安、鄧純結希古堂文社，課治古文。四年，總督阮文達公元建學海堂，與順德趙均董其役。堂成，舉爲學長，兼粵秀書院監院。五年，阮文達刊《學海堂集》，命之編校監刻。六年，督學翁文端公心存浚治藥洲，得仙掌石米黻詩刻，蘭修與其事。十二年，鄉試正考官程恩澤闈後，與蘭修等游白雲山，名士會者數十人，繪《蒲澗賞秋圖》。尋補信宜縣學教諭，留省辦理惠濟義倉事宜。總督盧敏肅公坤增設學海堂，專課生，屬嘉興錢儀吉與蘭修及曾釗等商訂課業章程。

蘭修生平枕經史，工詩文，其文學六朝者得其韻，學八家者得其法。集中論事之作，通達治體，切中事情。治史精於考覈，所爲《南漢紀》，博綜群書，詳而有法，武進李兆洛稱爲荀、袁兩漢之儔。兼精算術，嘗序李侍郎潢《輯古算經考注》，立言無多，要能直揭王氏之精恉，非深於古法者不能道。又撰有《方程論》，皆有功於數學。尤善倚聲，嶺外之白石翁玉田生也。所著《南漢紀》《南漢地理志》《南漢金石志》《端溪硯史》《荔村吟草》《桐華閣詞》，多已刊行。據李志《職官表》、《嘉應州志》、《學海堂志》、《學海堂初集》、江藩《南漢紀跋》、李兆洛《養一齋文集》、曾釗《希古堂考課序》、《嶺南群雅》、《嶺南文鈔》小傳、《楚庭耆舊遺詩初集》、《續疇人傳》、《茶村詩話》、翁心存九曜石刻拓本、阮元撰《春海程公墓志》、錢衎石《記事續稿》、《尺岡草堂遺文》卷四《擬廣東文苑傳》、《粵東詞鈔》、葉昌熾《藏書紀事詩注》、《奏辦省城惠濟義倉檔冊》、采訪冊。

陳曇

署澄海縣訓導陳君墓志銘〔一〕

彭泰來

余未成童，即聞番禺陳君仲卿以詩名。後十年，至廣州，君見訪寓次，長余六歲，盡出其詩相示。别去又三年，有新會巨商濫祀鄉賢，君與同縣舉人劉君華東，合廣州士人百餘〔二〕，訟於制府蔣公。奏之〔三〕，欽使即訊。久未決，衆情危懼。君對簿抗論不屈，卒撤其主罷祀，舉者巡撫以下皆獲譴，而劉君竟除名，君亦罹薄罰。蓋其事首發自劉君，而君實成之，嘉慶二十年也。

君諱曇，字仲卿，先世福建同安人。曾祖夢熊，贈奉直大夫。祖甯國，贈朝議大夫。考貽

〔一〕本篇載《昨夢齋文集》卷三。
〔二〕合廣州人士百餘：「人」，《昨夢齋文集》無。
〔三〕訟於制府蔣公奏之：《昨夢齋文集》作「訟於制府，制府蔣公奏之」。

宰〔一〕，朝議大夫，候選同知，始籍番禺。妣潘氏，封恭人。生母陸氏，例贈孺人。君生有異禀，與明舍人鄺露同物相似，人謂海雪後身。稍長，通眉鋭頰，下筆英絶。寧化伊先生秉綬嘆爲才子，君遂請受業。先生守惠州，博羅亂，請兵，忤上官意〔二〕，論戍軍臺，居請室，命君手書詩册，將携往塞外。君其時尚未冠也，以不世才，負俊氣，處都會華膴之區，一時勝流傾風托契，老宿先達皆折行輩與交。布政使南城曾先生燠開閤禮士，士之才者胥奉壇坫，君受知最深，四方文人來嶺海間，無不知陳仲卿者。

性伉直，篤風義，與人語，百否一可，一言之善則好若己出。壯歲常邑邑有遠游志，未果，會經大獄，名益噪。當道有嗛之者，遂如京師以廪生就貢，應順天試，不遇。轉客山右，凡數年，往還途中，登泰岱及嵩少，過揚州。素服要絰，哭伊先生栗主於三賢祠。謁曾先生於南昌，持其畫象歸。先生薨，刻象於石，銜虞仲翔祠壁。虞祠，先生昔所建，而君爲考證其地者也。歸後息影却掃，往時聲氣侣門外無一迹。叩户入其室，積書縱横，僅留坐處。旦夕吟諷，雖乏絶不問。忌者猶往往指目君，君若不知。遇所愜意，文酒談燕，或及當世事，感激豪宕，精神逼人如故也。

〔一〕考貽宰：「宰」，《昨夢齋文集》作「幸」。

〔二〕忤上官意：「上」，《昨夢齋文集》作「大」。

晚出爲澄海訓導，僅歲餘，咸豐元年五月十二日卒於家，得年六十有八。葬某原[一]。娶張孺人，生一女，適趙氏，并先卒。以兄子建勳爲嗣。君一諸生，清議動當宁，使神羊在廷，則五鹿折角，豈足言哉！治平之世，無所需才，干將莫邪以善藏爲福，非耶！

平生於學無所不窺。於文喜六朝，其自爲文，駢散皆有古法；至於哀樂無端，眄睞無旁，奇懷內紆，萬感并入，則壹發之於詩。著《海騷》十卷、《感遇堂詩集》八卷、《文集》四卷、《外集》四卷，《鄺齋雜記》八卷、《續記》□卷、《文學碎金》□卷、《姓名詳録》□卷[二]、《師友集》二十卷。

余於君始終四十年，蹤迹疏闊，性習言論亦不盡同，而君每見益親。嘗貽書歷論明季以來吾粵詩家天姿學力所至，自以其集付商訂，且爲序，未及作，而君下世。建勳書來，稱君遺命曰：「吾墓志屬彭春洲。」嗚呼！銘曰：

楚之靈均，孰擷其芬[三]？漢之林宗[四]，孰擬其倫？華衣若英，被於青春。太學三萬，敻哉斯人。天下有道，危言危行。長歌傷心，獨處繕性。茫茫千秋，鬱鬱九原。世無中郎，銘太邱孫。

[一] 葬某原：「原」，《昨夢齋文集》無。
[二] 姓名詳録□卷：「姓」上，《昨夢齋文集》有「南北史」三字。
[三] 孰擷其芬：「擷」，《昨夢齋文集》作「襭」。
[四] 漢之林宗：「林」，《昨夢齋文集》作「君」。

彭泰來

彭春洲先生墓表[一]

陳旦

道光元年，旦隨温陶舟師在郡，聞道府議舉彭春洲先生賢良方正以應詔[二]，委縣造廬致意，師曰：「是安足以縻春洲？」而果如所言。旦心識之，後與石佳田往謁[三]，一見如舊識。自是每過必設酒佐談。持論必援證經史[四]，振厲廉節；語及近士則少可，而多否人，或病其激。嗚呼，先生之論，今不可再聞矣！憶日所否，皆其有所不爲者也，又奚病？

先生諱泰來，字子大，號春洲。嘉慶癸酉拔貢。父輅，學者稱東郊先生，撥貢，任英德教諭，府志有傳。母李孺人，生母朱孺人。先生與弟修來皆生於學署[五]。生二十月，能即事誦古經，

〔一〕本篇載《詩義堂後集》卷首。
〔二〕聞道府議舉彭春洲先生賢良方正以應詔：「賢良」，《詩義堂後集》作「孝廉」。
〔三〕後與石佳田往謁：「石佳田」上，《詩義堂後集》有「友」字。
〔四〕持論必援證經史：「必」，《詩義堂後集》無。
〔五〕先生與弟修來皆生於學署：「修來」下，《詩義堂後集》有「昭來」二字。

語無不切。年十五，出試，恩太守保取以冠軍，隨附學。十七，居父憂。服闋，曾太守燠禮爲坐賓。方伯門號多士，先生年最少，腹富才奇，諸老宿謂無與比者。選拔入都，罷歸，復丁兩母艱[一]，遂絶意進取。林居數十年，足迹不至城府。李學使棠階高其品，屏騶從徒步就見[二]，索文卷去。逾月，得肅函問挽回風俗之道，并勸出教人。先生乃比切時敝，直明己志，爲書數千言復之。學使表其廬請下教，高要令使歲時存問，自惠學使士奇禮下胡金竹後，此再見，道光二十二年也。先是，祁制府墳延見先生，意甚殷，不往。分巡道某由廣莅肇，經其鄉[三]，倣李公故事，求見不納。其守如此。

先生於書無不覽，義無不折，兼工隸草八分，精篆刻，而因時以興慨，即慨以動物，則詩與文尤獨到。嘗自言：「我作詩心無古人，作文常有古人在心。」著《詩義堂後集》六卷、《昨夢齋文集》四卷、《高要金石略》四卷、《讀史讎筆》六卷，輯《端人集》四卷。

初，癸酉提學爲程公國仁，先生與吴川林殿撰召棠同受知。程公决林必大魁，而許先生「異日爲粤東文行第一人」。至今識者謂程公若在，當不祇以粤論。先生生平心慕趙邠卿，自刻私

[一] 復丁兩母艱：「復」，《詩義堂後集》作「後」。
[二] 屏騶從徒步就見：「徒」字原脱，據《詩義堂後集》補。
[三] 經其鄉：「經」上，《詩義堂後集》有「舟」字。

印曰「趙齋」。咸豐改元間[一]，朝廷有大處分，爲詩志率土同慶，又刻「四朝窮士」印，蓋生於乾隆五十五年八月二十七日也。

同治五年，年七十有七，卒於二月四日甲午。丁酉葬老圍祖塋。配孺人梁氏，妾鄧氏。子男道孫、復孫、顧孫，殤者六。梁孺人、道孫俱前殁。女五，一在室。孫堯年、引年、有年。女孫一，已嫁。先一年，先生率其季子携酒過旦共酌，酒半曰：「陶舟、佳田皆後我而生，皆先我而死，皆我銘之。我壙石一片，累子亦不遠矣。」卒後，其子重述前命，表其大者勒諸石。嗚呼！先生傳人也，乘化考終，自無可憾，而垂老益孤之旦死則何以堪[二]！

彭春洲先生傳

吴德元

彭先生泰來，字子大，號春洲。高要龍頭鄉人。父輅，以拔貢任英德教諭。乾隆五十三年，先生生於學署。有夙慧，晬歲餘，家人抱至署齋，索英石，誘以誦詩，應曰：「求之不得。」又學署

[一] 咸豐改元間：「間」，《詩義堂後集》作「聞」，屬下爲句。

[二] 而垂老益孤之旦死則何以堪：「旦」，《詩義堂後集》作「後」。

被水退時，隨誦曰：「土反其宅，水歸其壑。」聞者奇之。年十四，學爲詩文，不喜時藝，而思想出流輩。嘗有「笙歌門外春如海，坐對梅花讀異書」之句。十五歲應童試，恩太守保取冠其曹，語諸學官曰：「今年試十三屬，祇得彭泰來一人。」嘉慶十八年，以拔貢入太學，時提學爲河南程公國仁，先生與吴川林殿撰召棠同受知。程公決林必大魁，而許先生異日爲粤東文行第一人。道光元年，程公來藩廣東，欲以孝廉方正相舉，飭縣令造廬申意，辭之。同里蘇賡堂先生入都，招之飲，索詩爲别，口占有云：「君行莫爲燕昭説，一士黄金買不來。」自是絶意進取，林居至老。時惟偕陽春譚康侯，新興陳雪漁先生，同邑桃溪何星槎，沙浦陳扶初硯洲、羅玉符諸名宿，往還論古學，或命儔觴詠於柯山、桂嶺、頂湖、石室之間而已。

二十一年，制府山西祁公墳延見至殷，不往。翌年，河南李公索階提學來粤，高其品，徒步走訪之，索文卷去，表其廬，且下教高要令，使歲時存問。後復專書詢以時文取士、挽回風氣之道，答略云：「文以風俗爲盛衰，而風俗不以文爲升降。風俗之本，别有所在。」隱諷執政以表率挽回之意，引證經史，闡發名理，纚纚數千言，蓋早知時文之去道遠也。又勸出而教人，則云：「今學者所求，非己所能；其所能，又當世所棄。與其兩失，何如兩全？」是以先生之道益陷於窮。

先生書無不覽，理無不澈，品學文藝，實今世所罕。所著書皆道味之腴，而文行一致者也。

又雅好金石，考古精到。精篆刻，彙有《天問閣印譜》。工草隸書法，名公卿來粤，必求得其墨迹以爲榮。先生少承遺書萬卷，兼有薄産，而命運奇蹇。遇喪葬昏嫁，鬻田外無他挹注。中歲已食貧，屢空，老而益甚。嘗有病不能致藥，家人啜粥，動越旬月。然遇饋金求爲文者，非先生之意，必却之，蓋廉潔狷介，不逾其素云。

同治五年，七十有七歲卒。著作删存者，有《詩義堂後集》六卷，《昨夢齋文集》四卷，《天問閣外集》一卷，《高要金石略》四卷，《讀史雔筆》若干卷。又輯《端人集》十卷、《南雪草堂詩鈔》三卷行世。

孫葆田

孫佩南先生傳略[一]

毛承霖

孫先生葆田，字佩南，山東登州府榮成縣人[二]，寄居濰縣。父福海，道光癸卯舉人，湖北知縣。先生少嗜學，篤好《左》《國》、韓、柳、歐、蘇之文。既隨父之官，受古文義法於廉卿張先生，遂得進窺歸、方堂奥。時單伯平學博講學於濟南，先生歸復從之游，因文見道，蔚爲儒者焉。同治庚午，舉於鄉。甲戌，成進士，觀政刑曹。光緒初元，以憂歸。家貧，積累乃以改外請。八年，選授安徽宿松縣知縣，以經術爲治行，翕然稱循良。十一年乙酉科，分校江南鄉試，調署

[一] 本篇載光緒《山東通志》附傳。
[二] 山東登州府榮成縣人：「山東」，《山東通志》無。

合肥縣知縣。合肥多勛臣子弟，率倚勢爲不謹，以撓有司之法，號難治。先生一以公明處之，皆不敢干以私。會有縣民某逋巨室租，巨室嗾豪奴威索毆縣民致斃。先生聞其事，立往驗治。當是時，巨室方以利啗死者家，希罷訟，而又狃於有司之莫敢誰何也，殊不以屑意。民亦習知令之畏巨室也，道路藉藉慮死者不獲直。及先生至，依法驗得毆傷狀，民則大喜過望。奴前致辨，先生復痛予笞。衆益踊躍歡呼，無不額手頌神君者。於是先生具其獄徑白大府。同列者多爲先生危，而皖撫陳公獨韙之。未幾，巨室將摭他事中先生，遂引疾歸。

於時直道猶伸，先生既以文行著稱，又以强項名天下，去官後，疆吏禮聘日至其門，先生輒婉辭謝之。後乃應山東巡撫張勤果公之招，主尚志堂講席，日訓諸生以敦本務實。辛卯鄉試，得舉多人，咸以爲教澤所致也。十六年，勤果公奏請續修《山東通志》，延先生爲總纂。未逾年而勤果公薨於位，繼其任者不復以局事爲急。時先生弟六階官於河南，先生乃往視之。大吏聞之〔一〕，留主大梁書院，旋聘爲大學堂監督。未幾，六階君歿於光州任，先生護其喪歸。又數年，猶子昌燕亦相繼不禄，復挈細弱以其喪歸濰。一門孤嫠，皆賴以存活。用此累益重，家亦益貧，而先生處困境，於辭受取與之節，益介然無所枉橈。由是山東學者識與不識，翕然推服之。海

〔一〕　大吏聞之：「之」，《山東通志》作「知」。

城李公之撫東也，尤重其學行，奏請於朝，獎以五品卿銜。

至丁未冬，東撫楊文敬公復請主志局，乃携幼孫來，與法容叔徵君商訂略例，訪求通才相助。既而法徵君歸道山，先生獨爲其難，顧以采訪稽覈，閲三寒暑，僅成書百餘卷。

宣統二年歲暮，先生將歸濰度歲，承霖適奉存古學堂監督之檄，先生亦膺教務長之聘，遂就與商定規則。乃别不十日，遽於辛亥正月朔日以疾卒於濰，年七十有二。赴至會垣，官紳士庶罔不以名德殂謝相嘆息，不僅承霖兩代契交、數年晨夕，爲之欷歔不置也。

先生偉軀幹，修眉廣顙，舉止嚴重。雖盛暑，長服不去身。居平不爲戲謔，然與朋輩談往道故，娓娓千言不倦。其以請業來者，循循善誘，必使心悦意解而後已。天未曙即起，秉燭讀《儀禮》、四子書以爲常。樂友朋而不喜聲氣之交。在都日，惟與吾師宗室盛伯羲祭酒暨福山王文敏公、黄縣王松溪太史過從，以道義相砥礪。暇則蕭然一室，與先哲像設相晤對而已。工古文辭，而不受諛墓之金。其人有可稱，則欣然執筆從其請；非其人即絶不爲。性慷慨好施，篤於内行，脩脯所入，爲亡弟理宿逋，爲群從贍寡弱，又復分濟貧寒，不少靳惜。尤好刻古籍以餉後學，如《孫明復集》、杜氏《春秋會義》、黄氏《讀禮記日鈔》、趙氏《孟子注》等書，皆節衣縮食之所留遺也。

先生無子，以弟之子兼祧，而以從孫壽麐爲之後。生平著作已刊者，《孟志編略》；其《校經室文集》六卷，刊於吴興劉氏者，乃殁後同人搜諸其家，爲之編輯；其他文字雜録散佚不知凡幾也。

今《山東通志》稿本初就，先生已前卒，因撮舉崖略，俾後之景仰耆德者知此書爲先生之所經始也。歲在著雍敦牂夏六月，歷城毛承霖譔。

陳璞

陳璞傳〔一〕

《番禺縣續志》

陳璞，字子瑜，號古樵，赤岡人，因自號「尺岡歸樵」，晚號息翁。父文灝。始居郡城，家貧。璞八歲出就外傅，性聰敏，讀書過目成誦，香山黄培芳一見奇之，使列門下，學益進，補府學生員，與南海鄒伯奇、同邑李光廷、陳澧，漢軍陳良玉，以文章道義相勖。咸豐元年，恩科中第五名〔二〕，考官萬

〔一〕本篇載民國《番禺縣續志》卷二十。

〔二〕恩科中第五名：「名」下，《番禺縣續志》有「舉人」二字。

青藜極稱賞之。會試下第歸，值長髮賊起〔一〕，紳士設局郡城，倡辦團練，璞贊畫功多，大吏奏保，奉旨以知縣選用〔二〕。

八年，授江西安福縣知縣。時賊氛四起〔三〕，南安已陷，傳言賊抵安福，〔四〕或勸勿赴任，璞曰：「出仕則身已許國〔五〕，其可圖避禍難乎！」下車適兵燹之後，田野荒蕪，民多逋賦，前令募勇赴鄉催繳〔六〕。璞曰：「若此，則奸徒藉以舞弊，騷擾害民矣。」立罷之。日事拊循，勸課農桑。每行縣，一二老吏相隨〔七〕，遇有控訴，輒就田塍樹下反覆研訊，鄉氓聚觀，判牘一下，相誦悅服。所至增輸糧稅〔八〕，不煩追呼。在署，每遇放告，親坐堂皇，收受呈詞，〔九〕凡細故争執，推誠譬曉，多

〔一〕值長髮賊起：「長髮賊」，《番禺縣續志》作「髮匪」。

〔二〕奉旨以知縣選用：「奉旨」二字，《番禺縣續志》無。

〔三〕時賊氛四起：「四起」，《番禺縣續志》作「益熾」。

〔四〕南安已陷傳言賊抵安福：《番禺縣續志》作「傳言南安已陷，安福境内蹂躪」。

〔五〕出仕則身已許國：「出」，《番禺縣續志》無。

〔六〕前令募勇赴鄉催繳：《番禺縣續志》作「前令募勇多名赴鄉催徵」。

〔七〕一二老吏相隨：「一二」上，《番禺縣續志》有「以」字。

〔八〕所至增輸糧稅：「增」，《番禺縣續志》作「争」。

〔九〕親坐堂皇收受呈詞：《番禺縣續志》作「親收呈詞」。

有覺悟自願息訟而退者，未嘗輕施箠楚〔一〕。或諷以節勞，嘆曰：「余不才〔二〕，不能使民無訟。人跪堂下，我坐堂上，猶敢以爲勞乎！昔并州繫囚於獄〔三〕，已露宿庭下〔四〕，余雖不及之，庶幾盡吾心耳。」勘驗屍傷，躬自按視，雖血穢狼藉，不稍避。吏役不能爲奸，則曰：「數十年無此苛刻官。」百姓悦之，則曰：「數十年無此好官也。」〔五〕

丁父憂歸，服闋不出，爲學海堂學長數十年，弘獎後進，多所成就；分纂府縣志，叙次有法。巡撫郭嵩燾耳其名，招致之，亟避去；再三禮聘，參議軍事。奏保，得旨以同知用。蔣果敏公益澧撫尤敬禮之〔六〕。時土匪猖獗，設安良局於省城，當道敦迫駐局辦事，璞一介不苟，雖親故無稍祖護，因是遂爲世所忌〔七〕，誣罔被劾。璞謝事閉門却掃，〔八〕於村南廢圃築堂，環以竹木，署曰「息

〔一〕未嘗輕施箠楚：「箠」，《番禺縣續志》作「捶」。
〔二〕余不才：《番禺縣續志》作「吾才」。
〔三〕昔并州繫囚於獄：「昔」下，《番禺縣續志》有「辛」字。
〔四〕已露宿庭下：「下」，《番禺縣續志》作「外」。
〔五〕「勘驗屍傷」至「無此好官也」：此四十六字，《番禺縣續志》在上文「未嘗輕施箠楚」下。
〔六〕蔣果敏公益澧撫尤敬禮之：「撫」下，《番禺縣續志》有「粤」字。
〔七〕因是遂爲世所忌：「遂」，《番禺縣續志》無。
〔八〕誣罔被劾璞謝事閉門却掃：《番禺縣續志》作「又素爲廣州某太守引重，言者劾太守并及璞，遂謝事閉門却掃」。

園」，暇則與二三故舊登臨觴詠以爲樂。

生平議論飈發，所爲駢體文，皆雅潔，一軌於古，名流碑狀多出其手。尤工詩書畫，有「三絶」之目。書得米、董神髓；畫蒼渾秀潤，法大癡、北苑，亦間效清湘。殊自矜重，不輕涉筆。陳良玉題其畫云：「戴公文節去後風流盡，畫品於今獨數君。」論者韙之。年六十八卒，四壁蕭然。有《尺岡草堂遺詩》八卷，《遺文》四卷，已梓行；《繆篆分韻補正》一卷，未刊。

陳良玉

即補直隸州知州陳君墓志銘〔一〕

陳璞

君諱良玉，字朗山，一字鐵禪，廣州駐防漢軍。曾祖紀猷，祖時雄，俱贈武翼都尉。父寶，贈奉政大夫。君少嗜學，無所不窺，尤熟史部，於古今成敗得失，瞭若指掌；其遺文逸事，亦記誦不遺。善詩，工倚聲。道光丁酉，舉於鄉，名益起。顧家素貧，爲養親計，或負米百里外。新寧

〔一〕本篇載《尺岡草堂遺文》卷三。

令李公延福耳君名，迎之課子，相得甚歡。縣有富人訟不得直，知令重君，托人以千金求與令言，君張目斥之去。署中人咸目君爲迂夫子。令知之，愈重君。

咸豐九年，金陵賊竄陷南安，分擾惠州之河源、龍川。廣西按察使東莞張敬修適在籍，制府檄往防剿，素稔君，特延襄戎幕。事平，得請以知縣用，而君已選通州學正，乃就教職。通州學向兼理海運，每次循例得保舉。君初得加同知銜，再以知縣升用後儘先補直隸州知州。旋丁母憂歸。服闋，將赴部，瀕行，足疾大作，乃止，不復有仕進意矣。

君性灑脱，常與朋儕觴詠，豪情勝概，酣嬉淋漓，談諧間作，一無所避，握躪者望之而去。爲學海堂學長，及同文館主講，遇後輩才雋，奬借不去口。有告急者，傾囊與之弗吝，或質衣貸之。生平頗切用世，乃迄不得遇，徒以詩詞擅名，非君志也。

光緒七年九月十三日卒，年六十八。著有《梅窩詩鈔》二卷，《詞鈔》一卷。配室韓宜人，子吉蘭。以八年某月某日葬君於東門外某某之原。君與余交數十年，病彌留執余手以志墓爲托，余敢不諾君也？乃銘曰：

輪囷之材，不貢廊廟。偃蹇空山，風嘷雨嘯。鬱作奇葩，清馥妍妙。沈沈幽宫，白日不照。一卷長留，孰發其耀？後世子雲，豈無同調？酹君九泉，斗酒宜釂。

葉衍蘭傳〔一〕

《番禺縣續志》

葉衍蘭，字蘭臺〔二〕，又字南雪。先世浙江餘姚人，曾祖謙亨游粵久，遂家焉。從祖仁厚，與順德張藥房、黎二樵唱和，著有《巢南詩鈔》。父英華，工詞，善花卉，有《花影吹笙詞》二卷。衍蘭少穎異，弱冠爲縣學生。道光間，廣州多詩社，衍蘭以咏鴛鴦得名，人以崔珏比之。尤喜填詞〔三〕，體格綿麗。工小篆、行楷，摹古人書，往往亂真，間作丹青，亦嫣然深秀。精鑒賞，收藏書畫皆入妙品。性嗜潔，所居熏爐棐几，净無點塵。

中咸豐二年舉人。六年，成進士，改翰林院庶吉士。散館，授主事，籤分户部，考取軍機章京，儤直樞垣二十餘年，潔己奉職，杜絶苞苴，退直惟與輦下名流吟嘯爲樂。以忤某邸歸里〔四〕，

〔一〕本篇載民國《番禺縣續志》卷二十。

〔二〕字蘭臺：「臺」，底本原誤作「雪」，據《番禺縣續志》改。

〔三〕尤喜填詞：「喜」，《番禺縣續志》作「善」。

〔四〕以忤某邸歸里：「歸里」，《番禺縣續志》作「遂告歸」。

書畫數簏外[一]，無長物也。主講越華書院，提倡風雅。嘗得黎二樵批點李昌谷詩一册，精書付梓。年已古稀，蠅頭細書，精整不懈。病黄，賦黄詩七律四章[二]，爲世傳誦。有《秋夢盦詞》二卷、續一卷。仁和譚獻以所作詞，合之沈世良、汪瑔，彙刻爲《嶺南三家詞鈔》。年七十五卒。

子佩瑲[三]，能文章，通算術，光緒十四年舉人，三品銜江西候補知府。

《番禺縣續志》

徐灝

徐灝傳[四]

徐灝，字子遠，自號靈洲山人。原籍浙江錢塘，先世游幕留粤，遂占籍番禺。父繼鋁，府學廩生，爲督學姚文僖公文田所賞識，生平聲精三禮之學，陳澧銘其墓，以爲「優於文而不遇於時，

[一] 書畫數簏外：「書」上，《番禺縣續志》有「行裝」二字。
[二] 賦黄詩七律四章：「章」下，《番禺縣續志》有「工雅無匹」四字。
[三] 子佩瑲：此上，《番禺縣續志》有「弟衍桂，自有傳；衍壽，國子監生。衍蘭」十四字。
[四] 本篇載民國《番禺縣續志》卷二十一。

豐於德而不永其年」，宜造物者獨報之以賢子也。

灝生有異禀，十歲而孤，哀毁過成人。事母孝，戚鄙交譽之。讀書讀律皆有深識。年十八，佐南海縣幕，敏斷過於老吏，由是迭佐名郡大邑，皆有能名。咸豐七年，避兵横沙，按察使周起濱以隆禮聘之入幕决獄，以明恕聞。總督勞崇光由桂移節，入境首訪之，延爲上客。時兩粤軍事倥偬，克復各郡縣皆用灝策爲多。軍費浩繁，朝議捐百貨釐金以濟軍用，副都御史晏端書實銜使命，議創立米穀捐。灝力争之曰：「廣東民食仰給他境，而民户繁庶甲東南，苟捐及米穀，商賈不前，生民憔悴，是朽鄰粟而餒粤民也。爲東南根本計，爲粤民生命計，爲國家元氣計，皆不可。」卒如灝議，奏請立案，穀米永不抽捐。論者以爲利國福民，其功不在平賊下。自勞崇光後，如黄贊湯、晏端書、劉長佑、毛鴻賓、瑞麟，先後受疆寄，凡節府大政莫不資以擘畫。

同治四年，廣西巡撫張凱嵩駐軍南寧，遣使邀灝，至即喜曰：「君至，賊不足平也！」由是改官同知加知府銜，任討賊專職。張凱嵩嘗約某提督會師，而恐謀泄，乃遣灝往。携一僕，如行賈然，摩賊壘與邏者，笑談而過，賊不知也。及賊潰，晏然歸大營，張凱嵩親迓之曰：「真膽略有如此！」賊定，隨節至桂林，提調軍需善後局兼營務處。凡軍興以前解勘重囚，有積壓二三十年、爲部吏牽制劫持不能辦者，灝清理奏結凡三百餘起。迭署柳州府通判、陸川縣知縣，旋署慶遠府知府，皆有政聲。郡縣經兵燹後，民物凋敝，浮蕩日多，灝以經術緣飾吏治，規復書院，慎選教職，士習翕然而化。桂省苗民頑梗，嘗有奪掠殺人習以爲常者，灝遍設義塾，收其子弟，擇良士訓之，遂革其俗。治事從不假手胥吏，而革除陋規，懲治猾役，尤有發奸摘伏之才。巡撫歷涂宗瀛、倪文蔚、楊重雅，皆深器重之，委以撫署總文案。旋由知府洊擢道員。光緒五年卒，年七十。

灝久居幕府，以風節自勵，當官則罄所入以治官事。卒之日，家無餘財，巡撫撥官帑助之，始得治喪。所有惟藏書數千卷而已。灝少好爲詩古文辭，弱冠後精揅經訓諸史百氏，博涉多通。以小學爲治經根柢，尤深致力，先著《説文部首考》《象形文釋》，晚就《説文》段注加以箋釋，成《説文注箋》二十九卷。又撰《通介堂經説》三十七卷，張維屏《藝談録》稱其「博采通人，亦自下己意，『五經紛綸井大春』，『説經鏗鏗楊子行』，蓋兼而有之」。又以魏晉六朝所傳清商三調及唐人燕樂，皆俗樂耳，燕樂所用律吕可以考見古法，宫商角羽四均各有清濁，故譜分高下，獨律吕之分陰陽也，從來沈存中、蔡季通、姜堯章、張叔夏諸人皆未悟及此，凌氏廷堪《燕樂考源》亦多所剌謬，撰《樂律考》二卷發明之。其尤爲難能者，仲吕復生黄鐘之法，自漢以來經師通儒窮神竭慮所不能得者，灝則以餘分之中數求而得之。又辨十六字譜之勾字，寔蕤賓清濁均上尺二字，譜字上作ク作𠆢，寫者誤合爲勾，此又諸家之書載之而不能識者，洵絶學矣。其論方乘術，謂三乘方以上有數無形，同時鄒伯奇、趙齊嬰皆疑之，布算製器，多方求之，而其形卒不可得，灝於是作書，反覆詳辨之，鄒、趙皆深爲折服。其跋《周髀算經》，謂地圓、黄極二義，西人矜爲創獲者，《周髀》已早言之；後世里差及地平經緯差，《周髀》皆有其法；今測日躔軌迹、測南北直綫，至若四分術、割圜八綫以及歲差之理，太陽高卑兩差之實測，皆出於《周髀》，從來談象數家皆無能出其範圍云。其論地球、月體及諸曜隨天左行、海潮隨月諸説，皆引中國學説證之。其時西方科學甫入中土，雖有一二譯述皆疑似，而灝之所言有爲今日科學家所未及者。其爲學覃思博辨，戛戛獨造多類此。其餘有《通介堂文集》二卷，又嘗自選所爲詩，題曰《靈洲山人詩録》六卷，南海譚瑩序之，以爲「具萬夫之禀，通四部之全」，「儒林、文苑各分一席」。廣西清理積獄，巡撫蘇鳳文憫僚吏之不讀律，而名法家之難其人，乃屬灝修《名法指掌圖》四卷。又有《九數比例》《算學提綱》若干卷，《蠶桑譜》二卷，《洞淵餘録》二卷，《攓雲閣詞》二卷。凡生平著述盈百卷，多刊入《學壽堂叢書》中〔二〕。

〔二〕 多刊入學壽堂叢書中：此下，《番禺縣續志》有「子九：紹植、紹樞、紹榆，皆以刑名佐幕；紹樾，四川巡警道；紹楨，中光緒二十年舉人，江蘇蘇松鎮總兵，署江北提督陸軍第九鎮統制；紹枚、紹樸，早卒；紹櫶，江蘇特用道；紹桓，光緒二十九年舉人，廣西直隸州知州」。

汪　琭

汪先生行狀[一]

朱啓連

本貫浙江省紹興府山陰縣城清風里。

曾祖倫秩，乾隆十二年丁卯科舉人，廣東長寧縣知縣，封文林郎。妣馮氏、張氏、董氏，皆封孺人。

祖炌，貤封文林郎。妣錢氏，貤封孺人。

父鼎，覃恩誥封奉政大夫。妣盧氏，覃恩誥封宜人。

先生諱琭，字玉泉，號芙生，晚號越人。所居名「穀庵」，學者稱穀庵先生。姓汪氏，唐越國公華之裔。元末，自新安遷山陰。明正德中，有諱應軫者，風節政事具《明史》本傳，著《青湖文集》十四卷，録入《四庫》，其十一世祖也。曾祖倫秩，字攸五，文章得陳句山之傳。祖炌，字明之，著《史億》二卷。父鼎，字禹九，著《雨韭庵筆記》四卷。明之公、禹九公皆不仕。禹九公生二

[一] 本篇載《棣垞集》卷三，題作「誥授奉政大夫貤封文林郎山陰汪先生行狀」。又載《山陰汪氏譜》「汪琭」條下。

子，長夭〔一〕，先生居次。幼聰惠，七歲能爲詩，長有文名，隨侍客游於粵。粵中詩文之會，輒冠其曹，遠近耆秀皆願納交。久之禹九公老矣，貧不能歸，謀所以養。客有爲夷酋説者，以重金延主文牘，先生笑曰：「吾能作黔婁，不知有中行説也。」

咸豐三年，游曲江，主五公五福，始爲幕客。四年閏月，賊陳開、何六黨數萬人圍縣城，文武爲城守計，先生贊畫功多。賊營城北帽子峰〔二〕，與城絶水，掠民船濟而南〔三〕，晝夜聚攻。先生曰：「是可火。」據上風以火箭射焚其舟盡，會夜數十里水光皆赤，船賊殲焉。由是賊不得逼，城賴以固。凡十月，圍始解，先生追危其事，繪爲《秋城夜角圖》，一時名流題咏殆遍。其年禹九公殁。

七年，客陽山，繼客東莞、番禺二縣，廉、瓊、潮、高、肇慶五府，皆主五公。十六年而五公卒。公爲嶺南循吏，所至有聲，既得先生，治狀尤著。方先生壯年，有志天下事，撫部耆公耆英奉旨自粵率師援閩，聘與偕行。母盧宜人意不欲，乃止。盧宜人殁，服闋，年四十矣，會病瘧瘥，自度精力頓衰，無復用世之意。

〔一〕長夭：此二字，《棣垞集》《山陰汪氏譜》無。
〔二〕賊營城北帽子峰：「北」，《棣垞集》作「南」。
〔三〕掠民船濟而南：「南」，《棣垞集》作「北」。

同治八年，再客潮州。十年六月，大水，城幾没，決蔡家圍，漂人畜田舍。先生勸當事者振撫，立散振之法，文告多出其手。時主冒公澄爲鹽運同。十一年，主藩使俊公俊達，自是常居番禺。

國家庫藏出入有經，錢糧銀五百兩以上，非奏聞不得用。異時粤中水旱，官吏持例不敢議振。潮州水時，大府閲牘意感，遽發藩庫銀二千兩。吏以其未奏也，不敢報部，顧銀已出庫逾年，不知所爲。及是請之，先生曰：「田房徵税契銀，其額外之羡餘，本爲地方公用。由税羡開報無害也。」如其言籍入部置不問。後州縣灾歉，皆得請帑於司，自先生始。

光緒元年，主督部劉公坤一。繼劉公者，裕公裕寬、張靖達公樹聲、曾忠襄公國荃，皆倚重先生。廣州通蕃最久，民與夷習，互市爲天下重。夷之習中國者，恒因貪衰之民，恢詭其所爲，以機阱相陷伏，外挾恫疑，内隱私利，事發於此而意寓於彼，文書往復，剛柔萬端，而總督實專其政，片文殘意，一委先生。凡四公六任，居幕府者十年，威不下褻，辭不失舊，牙桁潛折，民氣不讙不撓，其效在冥冥之中。顧亭林所謂匹夫匹婦與有其責者，先生亦嘗自言於此盡布衣報國之忠，乃精力愈耗不可支矣。

曾公知先生特深，其總粤也，越南之事始棘，公故宿將，沈幾慮應而示無倪，旬月戰備畢辦，獨先生與其謀，吏民無知者。公嘗嘆息恨相見晚，且曰：「惜吾兄未識君。」兩司以事銜謁，公欲見先生，辭曰：「事取進止於公。某一介士耳，公不以爲不肖，使參計畫，而周旋於幕外，雖無物論，不宜。」公言左繼皋居駱文忠幕時嘗如此，先生曰：「左侯經緯非常，非其人則不可，某以不可學侯之可也。」公嘆曰：「斯可爲師表矣！」臨别三誦此言。當曾公時，先生鬚髮驟白，後不復任爲客，凡以此。世或疑曾公於越南事無備，請以先生徵之。晚歲積衰，感聞見之不稱，病肝，藥不能瘳，自以學問治之。十七年正月，感春温，七日證耳，緜惙二十餘日，二月初三日卒，春秋六十有四。

嗚呼！求吏事於文人，效孤忠於韋布，可以養化原、厲名節，慮遠而持變，投之有效，古今上下殆不多有也。性警敏，事至立斷，倉卒肆應，循其意行，皆必無失。博極群籍〔二〕，辨治忽之機析於毫芒，洞然百變之後，其利害如睹也。其所言未嘗不可行者。其蘊蓄不抒多矣，略於《無聞子》一編見之。無聞子者，先生四十自號，以名其書，語皆實獲，可采古今事爲之傳，或又目爲老氏之流者也〔三〕。於文學無所不通，尤長於詩。初擬温、李，晚儕范、陸，幽遠深曠，造乎自然，後世必有疑爲南宋、金、元間人者，其高者乃中晚唐音矣。精漢隸書，藏碑數十百本，晚年臨摹不

〔二〕博極群籍：「籍」，《山陰汪氏譜》作「書」。
〔三〕或又目爲老氏之流者也：「目」，《隸垞集》《山陰汪氏譜》作「曰」。

倦。論隸法：北宋浸失其傳，至明而極，國初始復漢舊，亦如駢體文復六朝、唐之舊焉。第卓然成立者無幾人，桂未谷差得其正；錢梅溪雖近俗，所得漢意深矣，博涉而未專精，則師《石經》之體，猶足以自覆其拙，專而不博亦無譏焉；鄧石如以篆入隸，又奉洪景盧所棄之《白石神君碑》以爲師，而名於一時，所不解也。手書屏幛，縉紳家往往有之。嘗欲精書刻石，衰病未果，獨元次山《冰泉銘》，金運同武祥補刻梧州者，是先生書，非就石以書，不免失真，然足見其概也。著《隨山館猥稿》十卷、《叢稿》四卷、《詞》一卷，《無聞子》一卷，《松烟小録》四卷，《旅談》四卷，皆六十歲自定，門弟子姚文駿、陶爾錕輩刻以爲壽。殁後，子兆銓取未刻詩編爲《續稿》二卷，凡爲詩十二卷；其他諸作各增附焉，《松烟小録》增爲六卷，《旅談》增爲五卷；并刻《尺牘》二卷。《林胡駱曾四公奏議》八卷，乃先生選示及門者，已前刻，皆行於世。

先生足迹不逾五嶺，文字交遍天下，象州鄭獻甫、成都朱鑑成最相友善。祥符周星詒讀先生詩，自福建郵贈以畫；嘉興張鳴珂録先生文入所選《駢體正宗續編》，皆未識面者。弱冠時，番禺張維屏數欲致之門下。南海譚瑩，漢軍陳良玉，番禺陳澧、沈世良，咸豐、同治間皆稱粤之名宿，其重先生，不啻人之重之。先生嘗嘆：「使吾不奔走衣食，佐人幕事，所造故當勝。」又言：「幕客治事，當如身居此官，善則歸於主者，不當居其名也。」今著作可傳如此，惜乎功烈無以自見。抑良才隱世，江湖賤貧，有道君子固處之適然者乎？捐納監生，同知銜，封奉政大夫，以子貤封文林郎。配張氏，賢厚能貧。子一，兆銓。女二：長夭，次即啓連婦也。孫男一，嶔。

先生少長粵，中更兵亂，父母隨葬於粵，自以終無歸期，始令兆銓援例入籍應試，以番禺縣附學生員中光緒十一年乙酉科廣東舉人，官海陽縣儒學教諭。兆銓及從子兆鏞、故人子陶邵學，皆傳先生之學，掇科第，有名於時。著籍弟子數人，凡所甄陶，學行咸足自立。啓連年十九，即從學，先生妻以女，館於家，雖駑弱無所肖似，略知先生志行，不敢無一言以諗天下之蓄道德能文章者。兆銓將以某年月葬先生於某原，謹狀行義如右，銘幽之惠，感且不朽云。光緒十有七年辛卯十月，子婿朱啓連頓首謹狀。

吴汝綸

吴先生行狀〔一〕

賀濤

先生諱汝綸，字摯甫，姓吴氏，安徽桐城人。曾祖諱太和，候選府經歷。祖諱廷森。父元

〔一〕 本篇載《賀先生文集》卷三。

甲，以諸生舉孝廉方正，武昌張廉卿先生嘗表其墓〔一〕，所謂吴徵君者也。母氏馬，其卒也，張先生又有馬太淑人祔葬之志。自先生貴，封贈兩世如其官。

先生幼喜讀書，少長，以文章見知於曾文正公，遂從受學〔二〕。同治甲子，舉於鄉。乙丑，成進士，文端公倭仁見其廷試策而奇之，拔置一甲。先是，今湖廣總督南皮張公以第三人及第，其策不用當時體，先生所爲策其體亦異，某公曰「此有所效而爲之者」，抑置三甲，以中書用。曾公督兩江，奏調先生至金陵；移督直隸，又調先生北來，補深州直隸州知州。以父憂歸，又丁母憂。服除，署天津府知府，補冀州。

先生之言曰：「不可於上守吾法，不可於法利吾民，不可於民行吾志與學。」故其爲政可博美名〔三〕、取上考，而實無裨於民且擾之者，一不厝意；逆民之情，實則利之，則毅然而行，雖觸上官之怒，不顧也。初治深，布政使錢敏肅公令復廢倉積穀，州縣趨爲之，先生爲言其弊，以爲擾民，獨置不復。州舊有義學二百四十餘區，其學田豪民攘有之，前知州多注意於此，屢變其法而弊不除。先生曰：「上務其名，民私其利，不責實之過也。」乃廢義學，没入其田千四百餘畝，歸

〔一〕武昌張廉卿先生嘗表其墓：「表」，《賀先生文集》作「銘」。

〔二〕遂從受學：「從」下，《賀先生文集》有「曾公」二字。

〔三〕故其爲政可博美名：「名」，底本原作「政」，據《賀先生文集》改。

之書院，又爲書院追償二十年負責五千金[一]，厚給師生，廣置書籍，而書院以興。道光初，議均減徭役，知州張杰以爲宜用攤丁法，均之地畝[二]，乃三分所轄村而更取之。同治十二年，謁東陵，吏以故事白，先生曰：「均徭於畝，張杰之議善矣。村户改變不常，而班分，而更取，仍以故籍爲率，猶之不均也。」於是統境内田畝，依徵糧册而一均之，而均徭之法遂簡易而無弊，垂爲永式焉。其在冀，開冀衡六十里之渠，泄積水於滏，變沮洳斥鹵之田爲膏腴者且十萬畝。時財用匱竭，官錢不易得，先生既上言大府以請，苟可出力以助吾謀，無不通以書，情感勢劫，與相違復，牘牒書問，日數十發，卒得白金十萬兩，而功以成。功之未成，先生與人書曰：「百計哀求，情同無賴[三]。」既成，則又曰：「吾於事無一能[四]，至於籌款，可謂有作金之術矣。」其於書院，如在深州時，故二州人士皆知務實學。先生在冀久，成材尤多。兩書院遂爲畿輔冠。冀之役法，合若干村爲一官村，官村歲出錢若干，官取之官村，官村村取之，村户取之，官不問也，已有不均之患；村之豐嗇，户之貧富，今昔不同，而官與官村之遞相科斂者不改其舊，而民之苦樂遂至夐

[一] 又爲書院追償二十年負責五千金：「負責」，《賀先生文集》作「逋負」。
[二] 均之地畝：「地」，《賀先生文集》作「田」。
[三] 情同無賴：「同」，底本原作「無」，據《賀先生文集》改。
[四] 吾於事無一能：「事」下，《賀先生文集》有「百」字。

絶。先生一以深州均繇之法均之，民以爲便。在深代游公智開，在冀代李公秉衡，皆世所稱廉能吏也，而今之稱道先生所爲者不容口，於二公之治顧忽焉〔一〕，以先生所施皆實政也。

先生既受學曾公，曾公國士目之，與聞大謀，輒爲草奏。李文忠公代曾公總督直隸，尤倚重焉。與外國互市通好之始，中國人不知外事，輒召侮受欺〔二〕，李公出而外交之道始明。其後交際事繁，有疑難必取決於李公，故外交之政，皆所建立，而仿效西法，歲有興改，其造端發難，惟先生是咨，而以章奏屬之。張靖達公、劉壯肅公，亦皆虚懷接納，訪以救時所急。中國建築鐵路，劉公發其端，先生實勸之，其疏先生所屬稿也。先生數與諸公議天下事，既行其言矣，顧不樂仕進，在冀八年，引疾乞退。李公繫時安危，故先生竭誠贊畫，知無不言。數爲李公辯謗，遭口語，而未嘗有所求。嘗一入幕府，已而辭不往。李公以先生天下才，説從計聽，其居官所請無不允，屢欲薦之，而先生辭，不强。故先生入仕二十年，未嘗遷官增秩，而品服如初。及乞退，李公問其故，先生曰：「無仕宦才。」李公曰〔三〕：「才則有餘，性剛不能與俗諧耳。」先生笑不言，遂聽其去官，而留主蓮池書院，其倚辦於先生者如前。李公失勢，先生爲盡力有加於初。故祭李

〔一〕於二公之治顧忽焉：「焉」下，《賀先生文集》有「若忘」二字。
〔二〕輒召侮受欺：「輒」上，《賀先生文集》有「動」字。
〔三〕李公曰：「公」下，《賀先生文集》有「笑」字。

公文有曰：「不佞在門，或仕或止，迹疏意親，謂公知己。」嗚乎，賢者之相與，固不易測度哉！

先生之學，何所不究[一]，而以能濟時變爲歸宿。於古人書，率以文衡之，以謂文者，精神志趣寄焉，不得其精神志趣，則辭之輕重緩急離合失其宜，而不能得其要領，或悖其旨而旁趨。又嘗言：「古人著書，未有無所爲而漫言道理者。」故治群經子史，必因文以求其意，於古今衆説，無所不采，亦無所不掃。文法司馬子長，旁逮諸家以極其變。其論事之文，無高論膚説，不爲苟快意之詞，必使言之可行、行之可久。海外諸國，近百年日出其所得新理[二]，施之政事，遂致富强，挾其術東來，相逼日甚。中國相沿之政俗，不足以當之，非講求其術，殆無以自立。三十年前，先生固嘗以新學倡天下矣，近更旁搜廣取，窮險闡幽，大暢厥旨，而文益博奥醇懿。侯官嚴幼陵先生，博學能古文，精通外國語言文字，所譯西書，自譯書以來，蓋未有能及之者，而必就質於先生。先生每爲審正，輒嘆而服曰[三]：「非所及也！」其教人既以古學進之，又必語以當世之務，奪其舊習。故自外交事起，士大夫毀所不見，以無所挾之驕，不自量之憤，爲進退失據之説，謂之正論，散布於朝野上下間，使當事者有所牽率，不敢恣所爲，民氣亦因之不靖，禍亂屢生。而從先生游者，

[一] 何所不究：《賀先生文集》作「無所不罙究」。
[二] 近百年日出其所得新理：「年」下，《賀先生文集》有「中」字。
[三] 輒嘆而服曰：「嘆」，《賀先生文集》作「退」。

則類能通知世變，不爲時論所摇[一]，而以息囂厖、啓愚昧爲己任；於古學亦能破除庸陋，以所獨得發爲文章。先生於學者引掖獎薦，既出於至誠，故學者多樂從，而愛慕之意久而彌篤。在保定十餘年，深、冀之人歲時往謁者，不絶於途。嘗有急需，二州人醵金以進，先生不能却也。

光緒二十六年外釁開，諸國兵并至，京師不守，先生避地至深。李公受命與諸國議和，以書招先生，先生遂至京師。和議成，天子憂世變之靡届也[二]，大新庶政，與天下更始，而以作育人才爲先，詔天下用西國法立學，建大學於京師以統攝之，而命吏部尚書長沙張公爲管學大臣。於是張公聘先生爲大學總教習，先生辭，固請不可；直隸搢紳魏鍾瀚等千二百人上書先生，請就張公之聘，猶未應也。張公欲遂其事，遽聞於朝，天子許之，命以五品京堂充大學總教習。先生既受命，思報張公之知遇，而慮學校初立，其法未能盡善也，日本用西法久，學制尤明備，自請赴日本考求之。既至，自長崎、神户、大阪與東西京所有之學校，無不往也；自文學大臣以及教師學徒[三]，與凡以教育名家者，無不晤語也；自大學下至村町之學，其學地、學舍、與於學事之人、學所應具之器物，無不博稽而詳察也；教授之法、論學之旨，則必深求其所以然之故，求而

[一] 不爲時論所摇：「摇」，《賀先生文集》作「淆」。
[二] 天子憂世變之靡届也：「靡」下，《賀先生文集》有「有」字。
[三] 自文學大臣以及教師學徒：上「學」字，《賀先生文集》作「部」。

不得，思之至困，日行數十里，日接數十人，而文部聽講，尤必日至不少間。舉所聞見之涉乎學制者，編以爲《東游叢録》，既備既精。在日本凡百日而歸，便道桐城[一]，至數日，又如安慶，擬立桐城小學堂[二]，議定乃還。還數日而病，病數日而卒，二十九年正月十二日也，春秋六十有四。

先生聲播中外，歐美名流皆喜與過從，推爲東方一人。日本人尤信慕，學者或航海西來，執弟子禮受業；其居中國者，無不造門請見，贈珍物，通殷勤，而乞詩文以夸示其國。乃先生東渡[三]，傾一國人，無貴賤男女，皆以得一見爲幸，更進迭來，或伺候言動以登報紙，有譏其國人趨謁不時，使不得休息，爲不愛客者。其國君亦延見致敬愛。而有識之徒，則争出所有自效，曰：「吾國維新之初，號稱多才，無先生比者。」見所纂録，則又以爲「吾國人自爲論次，不能如此精審。」先生之始至，其士大夫及中國人居游是邦者，結會相迎，謂之歡迎會；及其卒也，又相與吊祭[四]，爲追悼會云。

先生友於兄弟，伯兄病，屏去僕從[五]，躬執煩辱；季弟病羸，服食藥餌，必具必精，苟有可以

〔一〕便道桐城：「道」下，《賀先生文集》有「還」字。

〔二〕擬立桐城小學堂：「擬」，《賀先生文集》作「謀」。

〔三〕乃先生東渡：「乃」，《賀先生文集》作「及」。

〔四〕及其卒也又相與吊祭：「也」，《賀先生文集》作「則」。

〔五〕屏去僕從：「從」，《賀先生文集》作「役」。

娱其意，竭財力爲之，得間則守視不去，積十餘年不怠。叔弟官山東，亦多病，先生時在保定，歲走千里往省之，爲經紀其公私所應爲者。兄弟殁，孤寡皆依焉。

配汪氏，封淑人。女四人，長適直隸候補知縣薛翼運，次適舉人汪應張[一]，次適翰林院編修湖南學政柯劭忞，次適直隸候補知縣王光鸞。側室歐氏。子闓生，年少有軼才，游學日本，學且成矣，聞先生病乃歸。女一。

所著書有《書説》二卷，《易説》二卷，《寫定尚書》一卷，詩文集五卷，《深州風土記》二十卷[二]，日記十二卷，《東游叢録》四卷。所讀書皆章乙句絶，其文辭之美[三]，以丹黄識別之，而評騭其醇疵高下，其考證校勘，亦雜識其中。書數萬卷，皆有手迹。

先生雖不樂久宦，未嘗以忘世爲高。李公事業，嘗以所學濟之，又將佐張公以新教法，雖未獲竟其志，聲光所被，已足增重國家，激勵士氣，而所采録，法明義闡，尤可據以措施，厥功偉矣！其吏治於法不必[四]，而紀二州政績必詳且盡者，二州人皆以先生私我，輒欲私報之，故備書

[一] 次適舉人汪應張：「人」字原脱，據《賀先生文集》補。
[二] 深州風土記二十卷：「卷」，底本原作「記」，據《賀先生文集》改。
[三] 其文辭之美：「美」下，《賀先生文集》有「者」字。
[四] 其吏治於法不必：「必」下，《賀先生文集》有「書」字。

焉，以慰我二州人之私也。

門人賀濤謹狀〔一〕。

陳喬森

四品銜户部主事陳君墓志銘〔二〕

楊守敬

君諱喬森，字頤山，又字木公，廣東遂溪椹川人〔三〕。父諱某，由行伍擢外委，故君少而好馳馬試劍〔四〕。年二十餘始折節讀書，穎敏有宿慧，目光如電。殷學使壽彭按試日，題擬潘安仁《秋興賦》，如雙鵠并飛，學使驚異之。值七夕招飲，即夕試擬柳子厚《乞巧文》〔五〕，洋洋數千言，援筆

〔一〕門人賀濤謹狀：「狀」，《賀先生文集》作「撰」。

〔二〕本篇載《晦明軒稿》，題前有「清故」二字。

〔三〕廣東遂溪椹川人：《晦明軒稿》作「廣東遂溪縣椹川鄉人也」。

〔四〕故君少而好馳馬試劍：「故」上，《晦明軒稿》有「以」字。

〔五〕即夕試擬柳子厚乞巧文：「夕」，《晦明軒稿》作「席」。

立就，酒未闌也。稿出，一日遍傳於市。旋以咸豐辛酉由拔貢連舉於鄉〔一〕。壬戌之冬，與守敬相遇於樊城，傾蓋遂成莫逆。

君入都，則遍交當代賢豪，一時才名冠輦下。若南皮張宫保、奉新許中丞、桐廬袁太常〔二〕、順德李侍郎〔三〕，皆以國士期之。而昕夕過從，則文昌潘户部孺初、歸善鄧鴻臚鐵香及守敬三人耳。既而潘先生首貲助之，爲户部主事，非其好也。南游謁曾文正公於金陵，目爲奇男子。與彭剛直公鍼芥尤合，挽留弗得，乃資以游廬山〔四〕。今集中《游匡廬詩》五首，論者謂自歐、蘇以後無此奇作也〔五〕。

會李中丞福泰撫粤，羅致幕中，一語不合，拂衣而去。當斯時，君足迹所至，莫不倒屣相迎。但稍事委隨，開府節鉞，皆意中事，終不肯一毫假借，所謂龍性難馴者歟！集中詩「與爲諸侯客，何如天子恩」，可以知其概矣。

〔一〕旋以咸豐辛酉由拔貢連舉於鄉：「由」，《晦明軒稿》無。
〔二〕桐廬袁太常：此下，《晦明軒稿》有「番禺梁觀察」五字。
〔三〕順德李侍郎：此五字，《晦明軒稿》在前文「南皮張宫保」下。
〔四〕乃資以游廬山：「山」下，《晦明軒稿》有「而歸」二字。
〔五〕蘇以後無此奇作也：「以」「也」，《晦明軒稿》無此二字。

旋丁外艱。服闋後，復入都，又屢不得志於有司，意興索然，常寄牢騷於杯酒間。自是以來，鐵香錚錚於言官，潘先生沈滯於農部，余與君則南北奔走，聚散不常，兩人髮亦種種矣。庚辰，余東渡日本，聞潘先生已解組歸瓊州〔一〕，君亦移家雷郡郭外，灌園種樹，自號「東皋老農」，不復有出山之想。暨法越構兵，南皮宮保總制兩粵，彭剛直公以欽差督師，皆君故人，交章奏請，以君與潘先生同辦雷瓊團防，奉旨獎四品銜〔二〕。未幾，鐵香奉命定法越疆界，事竣，亦請假還惠州。

及余自海東歸，聞鐵香以暴病卒〔三〕。又一年，潘先生復歸道山。屈指天涯知己、白首故人，唯吾與君在耳！去年，有海康梁成久者來鄂，知君杖履逍遥，康健如昔，爲之神往，何意今年六月又以君喪來赴。吁！守敬生長僻鄉，幸因君得見潘先生及鄧鐵香，嘗謂潘先生今之何點也，鐵香今之趙清獻也，君則今之陳元龍也。守敬於此三人，皆無能爲役，而皆引爲知交，故自睽别以來，落月屋梁，未嘗不往來於夢魂中。今無一存者，可勝痛哉！潘先生潦倒終身，君亦自廢不起。鐵香駸駸嚮用矣，亦未竟其施。守敬則一事無成，鬚髮如絲，雖有等身著述〔四〕，而半未脱

〔一〕聞潘先生已解組歸瓊州：「聞」上，《晦明軒稿》有「則」字。

〔二〕奉旨獎四品銜：「奉」，《晦明軒稿》作「蒙」。

〔三〕聞鐵香以暴病卒：《晦明軒稿》作「旋聞鐵香以卒病殁」。

〔四〕雖有等身著述：「著」，《晦明軒稿》作「撰」。

稿，駒影已迫，尚未知不致終淹否〔一〕。所爲既悲逝者，亦行自念也。君主雷陽講席近三十年，中間或爲省會博學館總教習、學海堂學長，著録弟子數千人。君故雄於詩，其少作爲潘先生所手鈔者已有數巨册，今又三十年，頗聞其不甚愛惜。晚年隨意作畫，每畫必題一詩，是在及門諸子蒐輯之責矣。然迹君生平，不爲祖士稚、劉越石一輩人，而使之以詩文傳，吾知非君之志矣。

君以光緒乙巳五月七日以足疾卒於家，年七十有三〔二〕。臨卒〔三〕，詔其家人以墓志屬守敬。其門人鄭君賢相不遠八千里來此，其風義亦非君不能得之，守敬何可以不文辭？銘曰：

海南畸人，燕趙壯士。不衫不履，跌宕自喜。弱冠弄翰，軼今邁往。躍馬三邊，山河一掌。誰謂騏驥，虞坂不騁？賷志以殁，九閽何省？托迹東皋〔四〕，縱情詩酒。試剖臣心，熱血一斗〔五〕。白日西匿，滄海横流。哀哉陳君，不如田疇〔六〕。

〔一〕尚未知不致終淹否：「知」下，《晦明軒稿》有「命竟何如」。

〔二〕年七十有三：「年」上，《晦明軒稿》有「享」字。

〔三〕臨卒：「卒」下，《晦明軒稿》有「時」字。

〔四〕托迹東皋：「皋」，《晦明軒稿》作「陵」。

〔五〕熱血一斗：「一」，《晦明軒稿》作「數」。

〔六〕不如田疇：此下，《晦明軒稿》有「光緒三十有一年，歲次乙巳七月立。妻吴氏，子二：長聰彝，廩貢生；次聰睿，睿先卒。妾樊氏，女一，適鄭，先卒。妾林氏，子三：聰懿，聰龢，聰惠，俱幼。孫：文淵，文華」。

程頌藩

程伯翰先生行狀〔一〕

程頌萬

嗚乎！先伯兄之卒也，其同年友歐陽中鵠等十八人爲之誄，稱其「鬬争夢覺，眕別人禽，静光獨炯，幽意彌深」。陳三立誄，謂其「神識照天地」；閻鎮衡哀詞〔二〕，以爲「同時輩流中，有志於正學，而能確然知古賢之分際者〔三〕，君一人而已」。當時如閻文介公敬銘、游護總督智開，皆略年輩進之爲友。梁文忠公鼎芬則兄事之，國變後，題其遺稿，爲詩至慟〔四〕。馬其昶與友人書，稱君與陳三立爲「今世之才賢人」〔五〕，然初無一日交也。其獲信於諸老賢士大夫如是，而卒無所施〔六〕，將道與世之存亡，而天於人之予奪，有不欲其先振者，夫亦重可悲耶！

〔一〕本篇載《鹿川文集》卷四、《程伯翰先生遺集》卷末，均題作「先兄伯翰先生行狀」。

〔二〕閻鎮衡哀詞：「衡」，《鹿川文集》《程伯翰先生遺集》作「珩」。

〔三〕而能確然知古賢之分際者：「知」，《鹿川文集》《程伯翰先生遺集》作「見」。

〔四〕爲詩至慟：《鹿川文集》作「要樊增祥和集中詩至慟」。

〔五〕稱君與陳三立爲今世之才賢人：「今世之才賢人」，《鹿川文集》作「東南獨立君子」。

〔六〕而卒無所施：「卒」下，《鹿川文集》有「嘿」字。

君少無師，師先教授府君，行習期與道合。初於文藝用力至深，中歲潛心大業，乃謂文章於道已末，顓頊專壹，屹然以明道化俗爲己任，以謂孔孟而後，道莫尊於程朱，取其書蚤夜誦之，有未洽，輒思之達旦。既而得安溪李文貞公書，探賾抉奧，反復研索，洞豁群疑，故嘗言：「吾學之得力，自讀文貞公書始也。」於是爲雜説以辨士，釋用以明惑，釋誨以區言，其要在知困以得師，求禮以已亂，其言不撓於外物，而誼則必謹於中行，可謂本末交修、獨立不懼者矣。嘗辨雙流劉氏之書，謂爲空語精微，實爲衺説，同里某之并適兼祀，成於荒經，此末學取便碎義，以逃難而入於不可知之域者。又謂今日不患無人才，而患在塗飾苟且，以蹈常習，故爲上流，使志士扼腕。偃然而趨時者，得倡爲異説，以鼓其囂然不静之氣，害固未知所底也。論養氣則謂世之所謂自尊而不自賤者，皆自其所賤者視之，以引而愈上，苟有用我，吾之驕氣，乘時滋長，求箴吾驕，已不可得，吾箴吾驕，旋箴旋起，而妨吾之學者，復迭起而循生，吾之驕終不可除矣。天下惟驕似直，惟直可宰萬事，而不僅勝驕，愈驕而治驕〔一〕，而古之所謂直者，層累曲折，非一旦而成，以受病既深之人，置諸百端益病之地，吾之直終不可得。即發憤自艾，而疇昔之驕氣，常坌集於咽喉，其自外而襲之直氣，可得入中而爲主哉？又謂古人未可與權，是何地位，如諸葛

〔一〕愈驕而治驕：「而」，《程伯翰先生遺集》作「以」。

暗與道合〔一〕，無所謂權，皆謹慎也。謹慎之根，祗在於澹泊寧静〔二〕，天下未有不澹泊寧静而可由豪傑入於聖賢者。今則一有假借，自謂行權，始於自寬，成於自是，百種披倡，卒致敗壞而不可收拾，而天下從此謂君子不足倚矣〔三〕。又論文之氣象，不可僞爲，其平易近人，言之親切有味者，必其反身修德，而血氣已平者也，故其文亦包涵無盡，而爲天地生氣之所孕育，倫類之所輻輳焉。少讀周子《易通》，其文辭經之別子也，其氣象則有宋諸儒，盡歸涵蓋，而元明本朝之所以立國者，胥是道也。凡所論撰，孤懷閎識，文辭淵懿，根於禮者爲多，蓋其自守也誠，而信道也篤，其於進趨，則專以勇。烏乎，獨使之不克竟其志以死也，豈非命歟！

君諱頌藩，字伯翰，號葉庵。先世東晋時諱元譚者，爲新安太守，子姓蕃於歙。十二傳，有梁忠壯公靈洗，威悼公文季。又十二傳，別徙於饒州樂平，六世而有宋剛愍公振。剛愍七世孫諱天麒，爲元進士，官岳州總管，遂家平江。再遷長沙一都之蛟湖，其地錯於寧鄉，族姓分隸二縣，故君世占籍爲寧鄉人。曾祖諱昭配，國子監生。祖諱惠吉，道光乙未恩科舉人，同知銜候選知縣。俱贈榮禄大夫。曾祖妣陳、祖妣熊，俱封一品夫人。考諱榮壽，同治壬戌并補行己未恩

〔一〕如諸葛暗與道合：「如」上，《程伯翰先生遺集》有「才」字。
〔二〕祗在於澹泊寧静：「祗」，《程伯翰先生遺集》作「秖」。
〔三〕天下從此謂君子不足倚矣：「下」下，《程伯翰先生遺集》有「將」字。

科舉人，二品頂戴，鹽運使銜，分巡貴州貴西兵備道，大定府知府，加三級，誥授榮禄大夫。母彭氏，封一品夫人。君爲長子，襁褓即能伺親意旨，五歲能倣率更書，塾師授句讀未終，君已能背誦。年十七，試古學冠軍，附縣庠，食廩餼。同治癸酉科拔貢〔二〕，明年朝考一等第一名，授七品小京官，籤分户部江西司。時貴西公方以知府入覲，挈君南還，命留侍王母。六年，考肄小學、金石，與王德基、皮錫瑞、歐陽中鵠文行相切劘。己卯，赴部，俸滿，升主事，充本司主稿。軍興以來，會計歲增繁劇，君鈎覈明敏，條貫精密，吏不能欺。歸則治經，尤勤三禮，於音韻、訓詁悉爲通貫，旁逮輿地沿革、列朝掌故之書，所遺數萬卷，朱墨爛然。尤長書法，溯源篆分，下逮率更父子、魯公、北海、東坡，鎔冶自爲一體，楮墨流播，識與不識争寶之。

光緒乙酉冬，以母憂歸，爲廬習禮，不著詞賦。戊子，服闋入都。秋七月十九日，遘疾卒，距生於咸豐二年壬子二月二十八日，年三十有七。初授文林郎，覃恩加二級，誥授奉直大夫。葬嶽麓大院莊。所爲文，藏於家不十之五，殁後，頌萬鈔自友朋，初編爲内外集二卷、詩集二卷，今編訂爲《程伯翰先生遺集》十卷刊行〔三〕。妻俞氏，善化候選員外郎俞錫爵女，封宜人。子士鼇，縣學生。

〔二〕　同治癸酉科拔貢：「同治」上，《鹿川文集》《程伯翰先生遺集》有「選」字。

〔三〕　「初編爲」至「刊行」：《鹿川文集》作「輯爲内集二卷、外集一卷、日記一卷、家書一卷、詩集二卷，總爲《程户部集》刊行。」

君於諸弟友愛肫至。頌萬髫齔受詩法於君，迨南北分張，數貽書數千里相質問，遂又得君讀經治古文之法，其獎勵督切，倍於諸昆。自君之死，志學摧落，商榷無門，悵然其身之窮已。吾家世爲湘學老師，至先教授君而益精深，至於君而博大淵微，造道不近時名，卒乃顔夭，爲世所惜。儻際今猶在，其視教學淪喪，人紀崩潰，痛當如何耶？頌萬垂老羈孤，不能起先兄之學，懼斯文將喪，孔德弗彰，用次其言行大者爲之狀，俾後之人有所考焉〔二〕。歲在乙丑長至日，從弟頌萬謹狀。

范當世

范肯堂墓志銘〔三〕

姚永概

太史公曰：「《詩》三百篇，大抵皆聖賢發憤之所爲作也。」豈不誠然乎哉！詩體至唐

〔二〕 俾後之人有所考焉：「考」，《鹿川文集》作「仰」。

〔三〕 本篇載《慎宜軒文》卷九。

而大備，然世之論者，每稱李白、杜甫二人者，塗轍不同，其憂時嫉俗之情則一。厥後以詩鳴者至多，而蘇軾、黄庭堅、陸游、元好問爲之最，四子之爲詩，猶白、甫也。自是以降，兢兢於格律聲色，公然模襲，其發憤也不深，則立乎中者不誠；中不誠，則氣不昌；氣不昌，則不足震動而興起。孔子曰「詩可以興」，興於發憤也。維我聖清，載逾二百，五洲交通，藝術競勝，僅恃一國窳敗不振之故習，不足敵彼族之方新，而朝野之論又斷斷不可合并，故釀爲甲午、庚子之再亂。於時范君起江海之交，太息悲傷，無所抒泄，一寓之於詩。其詩震蕩開闔，變化無方，讀者雖未能全喻精微，無不知愛而好之，以一諸生，名被天下。噫，何其盛也！

君諱當世，字无錯，號肯堂，世爲江蘇通州儒族。祖某，父某，皆不仕。君少出語驚長老，壯而益奇。武昌張先生裕釗有文章大名，客江寧，君偕張謇、朱銘盤謁之。張先生大喜，自詫一日得通州三生，兹事有付托矣。其後君弟鍾、鎧相繼起，世又稱「三范」，而稱君爲「大范」云。吴先生汝綸官冀州，見君與謇、銘盤唱和詩，貽書鈎致，君亦樂依吴先生，遂之冀。而張先生亦來主講保定，益相與論定古聖賢人微言奥義，學更大進。是時君方喪前夫人，吴先生爲介聘吾仲姊，因就婚先子江西安福署中。先子故能詩，吾姊亦嫻吟咏，君往來二年，得詩益多。其後吴先生居保定，吾往從之，君方携吾姊客李文忠公所，見即飲酒賦詩，詼諧間作。别十日不見，君寄詩即寄聲誚責以爲樂。迨甲午戰敗，文忠公得罪，君與吾皆東歸，不復北游，視曩時游讌如易世矣。

君初在冀，所教諸生，多爲通材知名於世。家居及道途所遇人士，有一語之善，必扶植之。其經承君講授者，悉有成就，收科第者相望。兩弟一成進士，爲令河南；一拔貢，朝考一等，爲令山東，而君卒以諸生終。學堂令下，君已病肺卧〔一〕，嘅然强起，以助國家長育人才爲己任。迂儒老生極口訾嗷，至投書醜詆，君一接以和，面論文諭，使有端序。病且篤〔二〕，就醫上海，遂以光緒三十年十二月初十日卒，年五十一。逾年葬於通州東門外范氏之阡，前夫人吴之右。吴夫人生二子，罕、况，皆諸生，有文學，足以推大君志。以况爲弟鐘子。一女，適義寧陳衡恪，早卒。後夫人姚。

君所爲詩，嘗自寫定爲十八卷，合文十卷，藏於家。方今海寓學術棼起〔三〕，雲變川增，治斯事者，材力已患不給，而吾國文至繁奥，習之尤費日時，議者乃欲更張之就淺易。君詩雖至

〔一〕君已病肺卧：「卧」，《慎宜軒文》無。
〔二〕病且篤：《慎宜軒文》作「而病益篤」。
〔三〕方今海寓學術棼起：「寓」，《慎宜軒文》作「宇」。

工，真知其意者無幾人，數世以後〔二〕，又孰能測君所用心乎？然巴比倫、埃及之古碑，希臘、印度之詩〔三〕，西士好古者搜釋之不餘力也，以吾國文字精深微眇，實有不可磨滅者存，意必有魁桀之士寶貴而研索之，殆可決也。於君詩又何憂乎？君事親教弟，極於孝友，待朋友有終始。將葬，弟鐘來問銘，未敢應也。既久，乃寫所得於君者，以抒吾哀，而系之以銘。銘曰：

猗與仁人，世有范君。大本既立，發爲高文。若最其行，以儒而俠。友死孤稚，娟娟者妾。君引任之，以濡以沫。囊無一錢，求者踵門。計子而貸，汝褌汝飦。胸中恢恢，齊其仇恩。欺不汝疑，背不汝怨。有李生者，嘗爲人言。豈大奸與，不即聖賢。何奸何賢，有藴弗宣。吾銘未信，曷讀詩篇。

〔二〕數世以後：「數」上，《慎宜軒文》有「况」字。

〔三〕印度之詩：「詩」下，《慎宜軒文》有「史」字。

王維翰

記王歗林明經[一]

王舟瑶

君諱維翰，字子墨，別字小林，又稱歗林，黄巖西橋王氏，余族祖父行也。幼工韻語，善駢儷文，爲諸生有聲。咸豐初，湘陰吴英樾以名進士宰黄巖，見君詩文，激賞之，招入署齋讀書。同治初，泰興吴侍郎存義視學浙江，君以詞賦受知，補廩膳生，檄調肄業會城詁經精舍，所學益進。

君喜結納，虚心取友，遠近有知名士，無不交，而與同里王樂雝碧橋、王棻耔軒、蔡篪竹孫、王詠霓六潭尤善。諸君皆博雅能文，君樂取衆長以自廣益。耔軒、六潭兩先生纂修《黄巖志》《黄巖集》，君皆助其編輯。生平好汲引後進，聞有一詩一文之善，輒稱譽不絶口。而於鄉邦文獻，尤勤拳，零篇斷句，見而輒録。初所輯有《委羽山續志》六卷、《嵩巖山志》四卷、《辛酉殉難録》如干卷、《台山梵響》十卷，最後爲《三台勝迹録》四十卷，未迄寫定，而君已病革矣。猶憶光緒庚寅，潘學使衍桐纂《兩浙輶軒續録》，而以台詩屬君采輯。時君年已逾六十，朝夕甄録，筆不停輟，未幾大病。已而獲瘳，一日詣余曰：「吾病方劇時，夢至城隍神祠，見有文士百數十人，衣冠奇偉，鬚眉皓然，向神投牒，若爲吾請命

〔一〕 本篇載《默盦集》卷八。

者。明日病遂若失，因而得起。」余笑而置之。君力疾編成《台詩待訪録》十卷，其冬學使按試至台，君詣郡進書，遇病而歸，歸遂卒。豈鄉先哲真靈未泯，冀君收録其遺詩，而爲君請數月之命邪！是亦奇矣。

君伏處鄉里，終於老明經，五嶽四瀆，未涉其一，朝廷有大制作，不能執簡以奏其能，故所爲詩文，亦乏偉觀巨制。然纏綿悱惻，一往情深，頗有貽上風致，其駢儷文亦近尚絅、蓮裳。有《彝經堂詩鈔》六卷，《賦鈔》《駢文鈔》《蕊春詞》《海上同音集》各一卷，皆已刊行。又有《荆樹承恩館詩鈔》四卷，《駢文續鈔》一卷，《交游録》一卷，《雙研齋筆記》如干卷，藏於家。

章壽康

章碩卿傳[一]

繆荃孫

章君壽康，原名貞，字碩卿，浙江會稽人。父雅瀛，官四川布政司照磨，鄧井關縣丞，爲佐貳中最優之缺，席豐履厚，人皆羡之。是時蜀中游宦子弟，皆鮮衣怒馬[二]，絲竹盧雉，吟朋狎客，三五成

〔一〕本篇載《藝風堂文漫存·辛壬稿》卷二。

〔二〕皆鮮衣怒馬：「皆」上，《辛壬稿》有「類」字。

群，號爲豪舉。君獨單衣窘步〔一〕，躑躅會府街後宰門書肆中，或購或閱，與余數數遇，以爲寒士也；咨詢門閥，則大驚，與談版本源流，貫串如流水，則又大異。余引君爲同志，君亦以余爲知己，十日必三四晤。余時以君稱説於朋儕前，衆皆目笑，以余以書餂君，而冀君之助也，余亦不與衆辯。

辛未，應川東道姚彦侍記室之招，彦侍出錢獻之《新校注漢書地理志》，徐星伯手寫各家考證於書眉，以爲佳本。君請刻之，匝歲畢，歸原書於姚氏，是爲君刻書之始。乙亥，余爲張文襄公撰《書目答問》，引君爲助〔二〕，文襄知之，亦禮君爲座上客。向之笑君者，又無不奇君，君終落寞如故。川中書賈日集於門，雲南、湖北販書來者，無不投君，各如其意而去，所收乃大富。又復摹拓金石〔三〕，鑒別書畫，與錢鐵江、宣麓公沈吟往復〔四〕，意氣益舒發矣。

丁丑，君以知縣分發湖北，入都引見。余供職詞垣，同寓永興寺。君挾巨資，廣收書籍，至揚、蘇書賈聞風而來，捆百箱出都。到鄂，丁父艱，仍旅蜀〔五〕，所刻亦漸富。乙酉，再回鄂中，補

〔一〕君獨單衣窘步：「獨」，《辛壬稿》作「爲」。
〔二〕引君爲助：「引」上，《辛壬稿》有「時」字。
〔三〕又復摹拓金石：「摹」，《辛壬稿》作「廣」。
〔四〕與錢鐵江宣麓公沈吟往復：《辛壬稿》作「錢徐山、錢鐵江、宣麓公、沈吟樵諸君交」。
〔五〕仍旅蜀：「旅」，《辛壬稿》作「旋」。

嘉魚縣知縣。到任未久，適欽差查辦湖南事件，入城，君未遠迎〔一〕，大怒，回鄂言之裕制軍，遂以「玩視民瘼，日以刻書爲事」，降一級調用矣。君以三月到任，舉債辦奏銷，十月交卸，未及收漕，遂大困，舉所儲書賤價售之，以完公虧。已而投文襄於廣東，漸罄所藏，先金石文〔二〕，後碑版，最後盡出所藏書刻版，悉數棄之〔三〕。往來湖北、江寧，率鬱鬱不得志〔四〕，而治生之術亦少差。光緒丙午，罹外證，歿於湖北，年止五十有七，無子息〔五〕。文襄聞其卒也，助之六百金，藉以殮葬。悲哉！

君豪於酒，食量兼人。素習歐書，中年忽喜摹宋本，今存其手鈔《敬鄉録》《小畜外集》數種〔六〕。每展玩〔七〕，如對故人，而音容不得見矣。略陳事略以傳君〔八〕，并列所刻書於後。

按：《式訓堂叢書》初、二、三集，凡三十七種。另刻單行本十六種。書目不録。

〔一〕君未遠迎：「迎」，《辛壬稿》作「接」。

〔二〕先金石文：「金石文」，《辛壬稿》作「金文」。

〔三〕悉數棄之：「棄」，《辛壬稿》作「售」。

〔四〕率鬱鬱不得志：「率」，《辛壬稿》作「卒」。

〔五〕無子息：「無」上，《辛壬稿》有「并」字。

〔六〕今存其手鈔敬鄉録小畜外集數種：「録」下，《辛壬稿》有「友林小集」四字。

〔七〕每展玩：「每」下，《辛壬稿》有「一」字。

〔八〕略陳事略以傳君：《辛壬稿》作「略陳舊事藉以傳君」。

李宗禕

李佛客員外墓志銘〔一〕

林紓

君諱宗禕，字次玉，一字佛客。曾祖某胄於漳江之石壁村。祖作梅。父端，援例得道員，覃恩封其二世均榮禄大夫。李氏世長厚，恒以貲仁其親族，故鄉黨稱之，爲時聞家。君生有至性，父病，刲其臂肉和藥以進。外祖沈文肅公至愛重之。既壯，入貲爲郎。家積圖籍，君率觀其大略。惡爲穿穴，故終身不尚考訂之學。間以餘緒爲填詞，出入濟南、清甯之間，聲響柔脆。嘗苦石帚、草窗梗滑〔二〕，故君所填詞，無一折涉南宋，晚年亦自以此爲病。

方李氏盛時，治園於會城之光禄坊，曰玉尺山房，陂塘林麓，邃房軒臺，賓客華盛，咸有紀述。及君之身，獨喜爲高寒疏俊之行，布袍躡屨，放浪山水，見者不知其貴游子弟也。庚辰以後，李氏業乃大落，君備歷憂患，亦棄奇與人爲同。然時復炷香開簾，置筆硯竹中，邀取同志賦

〔一〕本篇載《畏廬文集》。

〔二〕草窗梗滑：「滑」，《畏廬文集》作「澀」。

詩，月猶四五集焉。比甲午，家益落，身益困，乃旅食江南，依其舅觀察沈公瑜慶公，樂其樸啬。與居歲餘，乙未六月某日，以疾卒於公廨，年三十九歲。公爲經紀其喪，具舟命君子宣襲舍人載歸，七月某日達閩。其友林紓行哭之江滸。八月，宣襲以狀來言，將以丙申二月某日葬君於大夫嶺之陽，豫乞爲銘，納之壙中。嗚乎！君生時嘗戲予：「若年長，當莊書其所爲文慎哀集之，勿爲旁行斜上之書，俾他日梓遺文時多滋謬戾，以病讎勘。」今予乃未五十，竟先銘君之墓耶！君始娶何氏，生宣襲，中甲午科舉人，援例爲中書舍人；次宣驤。女二。續娶祝氏，生某某，女一。君行應銘法，爰爲銘曰：

既灼而微，雛燥則飛。喬者其肥，宜修故折。後嗣蒙烈，贊休以詞，置諸君穴。

碑傳集三編卷四十　文苑五

蕭穆

蕭穆傳[一]

陳衍

蕭穆，字敬甫，安徽桐城人。同治初年，粤寇既平，曾國藩總督兩江，注意文事，延攬學人，穆以縣學生上書幕府[二]。時上海方創立機器製造局，附設繙譯館，譯歐美史學、輿地、天算、聲光化電諸書，用文筆雅馴者討論修飾，穆首與焉。顧薪水至薄，穆飲食衣服至樸儉，饌之美者惟豕肉蒸菽乳，月數嘗耳。局若館隸江海關道，別以候補道員駐局爲總辦。穆常自提籃入市市物，所謂總辦者坐馬車遇之，耳其爲總督所禮也，則命僕代之提，已而穆索回自提。

[一] 本篇載《石遺室文續集》，又收入《碑傳集補》卷五十二。
[二] 穆以縣學生上書幕府：「學」，《石遺室文續集》《碑傳集補》作「諸」。

嗜積書，大亂初定，價極廉，書賈多集上海。穆節省衣食之餘，益以賣文所得，一用市書，日夜考求，遂熟於目録版本之學。士夫之説學而宦游東南者，多從之求，則販貴所赢，益市書，故一寒士而積書至數萬卷，間多善本。長沙王先謙任江蘇學政，刊《皇清經解續編》，又續姚氏鼐《古文辭類纂》，取材出於穆者十八九。穆嘗語其友陳衍曰：「吾辛苦旅食數十年，於曾文正公所謂租、蔬、魚、豬、書、車諸物，居然略備，亦以豪矣。」爲文長於考證，叙跋居多。楷書粗拙，得秘本，校勘迻寫，夜静目昏不少休。晚年用時患目疾。

所刊若羅願《鄂州小集》、徐鉉《騎省集》，皆劄記精詳，未有刻本者，其餘則以屬大通李氏、貴池劉氏。與祥符周星詒、大興傅以禮、瑞安孫詒讓交久而摯，詒讓刻《札迻》《周書斠補》，皆穆任校讎。光緒末年卒於家，年七十矣。子不能有其書，遽鬻於嘉興沈氏、貴池劉氏。劉氏爲搜集遺文刊焉。

陳衍曰：目録校勘之學，有清爲極盛。穆蓋何焯、盧文弨、黄丕烈、顧廣圻之流亞也。中國國家無巨大文庫，私家藏書罕能久者，獨寧波天一閣歷數百載，今日亦盜賣流海外矣。舊籍之亡，烏知所届邪！

劉安瀾

工部虞衡司郎中劉君墓志銘〔一〕

王先謙

烏程劉子承幹泣而言曰：「吾年四歲，吾父殁。奉王父命，爲吾父後。吾父之音容，今不能悉記；其嘉言懿行，更不能什一知。惟憶吾父未殁時，親愛不肖，逾於所生，若自知景命不延而以纘承遺緒相期待者。今距吾父殁久，所聞於吾母及吾家者，猶粗得其仿佛。不有紀述，是大傷吾父之心於九原，吾罪重於山嶽矣！」余感其意，爲敘而銘焉。

案狀，君諱安瀾，紫回其字。曾祖諱元吉，祖諱焕章，〔二〕代有陰德，鄉里稱善人。父鏞，以商業起家，候選員外郎，累贈光禄大夫。君幼時，從父避寇亂海上。年十四始旋里，奮志讀書。越二歲，補縣學生。由是益自刻厲，於書無不窺，鋭然有撰述之志。嘗以謂聖清學術邁前古，詩家者流騈出方駕，衆妙具備，無人焉最而録之，將有文獻放失之憂。於是博徵群籍，托始開國，下

〔一〕本篇載《虚受堂文集》卷十，題作「誥贈光禄大夫劉君墓志銘」。

〔二〕曾祖諱元吉祖諱焕章：「元吉」「焕章」，《虚受堂文集》皆作「某」。

訖中興，爲《國朝詩萃》一書，詩家有傳於世者〔一〕，朝暮取焉而拔其尤；而於逸民高士，則網羅散失，唯闕漏是懼。其湮晦無聞者，尤汲汲掇拾而光顯之。口吟而手披，形茶而神瘁，如是者積有歲年，期成詩學斷代之史。創稿甫竟，而未及寫定。生平和易篤謹，不喜放言高論。聲色貨利之事，無所關其慮。科舉文，雖非所樂，爲搏心壹志，冀博一第以大門閭、慰高堂，而屢應鄉舉，不見知有司。光緒十一年，未入闈而病歿，乙酉八月初五日也，距其生咸豐七年丁巳五月二十三日，春秋二十有九。葬本邑馬要鄉庠上村，祔父之右。配邱氏。子承幹，附貢生，分部郎中，三品卿銜。〔二〕孫世熾。君於光緒己卯援例就郎中職，籤分工部虞衡司行走〔三〕；以捐振湖北水灾，奏給「樂善好施」坊額，覃恩加一品封典。銘曰：

人生有志〔四〕，是興歌咏。堯壤樂生，舜陛鳴盛。自周訖明，彌文競勝。洪纖畢羅，風雅交暎。吾皇久道，聖涯同泳。世往名存，文留人敻。得君不朽，逝者相慶。百代心長，茲焉托命。幽宫遽即，遺編待定。令子克承，芬韻無竟。

〔一〕詩家有傳於世者：「詩家」，《虚受堂文集》作「於諸家」。
〔二〕附貢生分部郎中三品卿銜：《虚受堂文集》無此十一字。
〔三〕籤分工部虞衡司行走：「工部」，《虚受堂文集》無。
〔四〕人生有志：「人生」，《虚受堂文集》作「生人」。

劉紫回虞衡別傳〔一〕

章梫

科舉之制，所以網羅天下士。士之賢者，故不藉是以自立，而世人咸以是爲出身之正途，即賢亦或以不出是途爲憾。恒有位至尚侍督撫，以他途進身者，歉然若無以自處。至試之不獲，齎志以殁，德行無所表見，撰著未有成書，歷代以來，何可勝道。然亦有塞於身而遂於後，獲報或倍於科名，而非當日意計能及者，若劉京卿翰怡之父虞衡府君其一焉。

君諱安瀾，字紫回，姓劉氏，烏程之南潯人。自高、曾以下，代有陰德。祖贈光禄公，好義鄉里，稱善人。父諱鏞，號貫經，亦累贈光禄大夫，初以商業起其家，與同時杭州之胡雪巖、寧波之葉澄衷，富相埒。顧胡、葉均令其子弟相繼習商業，貫經公則欲以詩書簪紱啓其後，故望子弟力學之心爲獨切〔二〕。君少端敏和易，遭髮匪亂，從其父避地上海。年十四，始旋里發奮爲學，卓然思有以自樹。越二歲，補弟子員。既好博涉，尤好覽本朝人著述，遂有志於綴輯之事。偶寄吟咏，檢詩家别集、總集讀之，以爲漁洋《感舊》，其年《篋衍》，僅録師友，即沈歸愚之《國朝詩别

〔一〕本篇載《一山文存》卷十一，題下小字注「丁巳」。

〔二〕故望子弟力學之心爲獨切：「弟」，《一山文存》無。

裁》、王德夫之《國朝詩傳》，門庭稍稍擴大矣，而詩家之所遺者正多也。乃備徵諸集，創爲略例，自順治始，訖道光止，於是有《國朝詩萃》之作。其特例在表章遺逸之詩，以爲遺逸者流，無功業名位之可言，平生志學，僅僅屬之於詩，而荒郊山澤賢士大夫耳目所未及，樵牧歌誦所不著〔二〕，紙墨則泯没尤易，故搜訪尤力，往往瞑鈔昕寫，舟車不廢，積稿遂盈數櫝。偶有作輟，則爲制舉之文，冀獲通顯，以博親歡耳，實非其心之所好者也。而鄉科亦屢試屢蹶。光緒己卯，援例得郎中，簽分工部虞衡司行走。既到部，復應順天鄉試不售，乞假歸。乙酉，與弟澂如學士復就本省試，將入闈而患白疹，卒年僅二十有九。將殁，無他語，惟以不能顯揚其親，及《詩萃》未及寫定爲至憾。

君素無流俗一切之好，自以壹志於學爲事親之本〔三〕。所交游多通人長者，供職郎署時，若嘉定徐頌閣相國、季和侍郎，及同鄉許文肅公、馮脩盦閣學，陶子珍、朱詠裳編修，諸人從容文讌，研搉今古。諸家詩集，前所未備，亦多於京師故家借録，及廠肆搜索而得之。設其時不躓於科舉，必不至感暑疾而遽死，所輯《詩萃》亦可以早成；抑不遽死，則歷試終必有所遇，甲乙兩科，拾級而上，其弟澂如學士即由斯而起者也，而《詩萃》亦可以卒業。乃天縱其學，而不予以區

〔二〕樵牧歌誦所不著：「所」，《一山文存》無。

〔三〕自以壹志於學爲事親之本：「志」，《一山文存》作「意」。

區之名，復損其年者，又何也？猶幸其子翰怡舉《詩萃》遺編，續至宣統，以完一代之詩學，爲能善承其志也。

君娶邱夫人，有賢行，君卒時尚未有子女，哀痛即欲以身殉。貫經公尚在堂，命以次子錦藻之長男承幹爲君嗣。錦藻即澂如學士，戊子舉於鄉，甲午成進士，均爲君所不及見。承幹即翰怡，是時則僅四歲耳，邱夫人撫育成立，以優行附貢生，歷次助振，獎郎中，三品銜，特賞四品卿銜。邱夫人常推君生前好行義舉之意。宣統二年，捐助湖北水灾，奏給「樂善好施」坊額。先是宣統紀元，覃恩贈君一品封典，邱夫人晋封一品夫人。翰怡自辛亥國變後絶意仕進，覃心著述，搜梓先正遺書，曰《求恕齋叢書》若干集，《嘉業堂叢書》若干集，《吴興叢書》若干集。所自著多未定稿，已梓行者有《明史例案》九卷、《南唐書補注》十八卷。君有此子，則志業未竟於生前，而名箸乃永於身後，以此易彼，亦足紓力學而不遇於時者之意矣。

章梫曰：錢謙益之《列朝詩集》，朱彝尊之《明詩綜》，皆足薈萃有明一代之詩者。而謙益明大臣，仕於本朝，其人即爲當時所不齒；彝尊處士應康熙朝詞科而出，實明世家子，視顧亭林、徐涘齋有愧矣。今《詩萃》網羅我大清一代之詩，君父子皆清臣，翰怡亦必不肯爲彝尊，書與人均可傳者也。抑猶未已，少康、光武，遵養時晦，他日《詩萃》出，適如孟堅之書，僅備西漢之故事，則尤爲君泉壤所深慰者矣。

劉錦藻

劉澂如學士行狀〔一〕

吴郁生

君諱錦藻，字澂如，吴興南潯鎮人。曾祖元吉，祖裴章〔二〕，本生祖焕章，考慶康，本生考鏞，皆累贈光禄大夫。曾祖妣屠氏，祖妣董氏，本生祖妣吴氏，妣談氏，本生妣沈氏，皆累贈一品夫人。

南潯濱具區，當苕霅之水會，士皆闓澤樂生，散義淑群，有任俠風。劉故冠族，君重以著書博古，負作育大情爲時重，世稱文獻宗也。往者光、宣之際，士大夫競言新政，不惜廢祖宗成憲，以徇横議。君端居深念，獨掇拾列朝典章制度，踵馬貴與成例，思勒一書，以爲《皇朝文獻通考》之續，蕲於陳古諷今，待時主之諏訪。初稿經進蒙恩嘉獎。辛亥以後，益博采放佚，分别部居，續成八十卷，共爲卷四百，上始乾隆乙巳，下訖宣統辛亥，其間風會遷貿，朝政之沿革嬗變，與夫

〔一〕　本篇又有單行本。

〔二〕　祖裴章：「裴」，單行本作「斐」。

廟謨國憲，胥萃是編，治國聞者以斯爲要删。殺青甫竟，而君亦棄人間矣。

君弱齡攻苦學業，與伯兄紫回水部并有聲黌舍。戊子舉於鄉，甲午成進士。先是已援例得户部主事，以郎中候選，至是復歸本班，籤分工部都水司行走。辛丑，以陜振輸金，賞四五品京堂；旋以進所輯《皇朝續文獻通考》賞内閣侍讀學士。君雅有譽望，又與諸達官貴人雅故，稍逐時委蛇，通顯可戾契致，顧深矉世變，逌然引退，獨於鄉邦公益則力任不辭。光緒中，浙江創築鐵路，公佐湯都轉壽潛董其事，不假力外債，爲時所稱；設大達輪埠於滬上，農工商部以君爲總理，鋠摫萬端，事悉倚辦；湖州教民攘府學地爲醫院，君挾郡紳訟之上海美國按察使署，卒得直毁其垣，浙撫增子固中丞以聞，傳旨嘉獎，其不避强禦多類此。性樂施與，常日不足於飢饉有振，於嫠獨有贍，於貧乏有廪貸，建修本學校，以惠孤寒；立義倉，儲戽水機於鄉社，以備水旱之不時；倡火振會，以恤黔廬之無告者；春秋祭饗，雖僑居必以時還里，躬率子弟行禮。其博施敦本又如此，顧於君則爲餘行矣。

耄而好學，日記皆親自校録，出游載書自隨，丹鉛不去手。著有《堅匏盦詩文鈔》并《外集》、《絅宧尺牘附楹聯》，均待付梓。長子承幹，禀過庭之訓，以藏書名於時。君雖生長華膴，而自奉儉約，蕭然若寒士。惟好佳山水，嘗一登泰岱，兩游勞山；贑之匡廬，遼之醫巫閭，海州之雲臺山，皆信宿不忍去；於青島買山築静寄廬，於西湖之濱構堅匏别墅；倣王官谷生壙，故顔其墓廬曰「休休」〔一〕；而南潯則有小蓮莊，水木明瑟，林壑尤美，歲時於此偃息焉。今年四月猶作秣陵、蘇錫之游，浹旬而歸，病遽不起，以甲戌八月十二日卒於上海旅第，春秋七十有三。子十人：長即承幹，出爲紫回水部後；次承業、承材，已前卒；次承植、承本、承槼、承采、承東、承樂、承果。女九人，長適予次子曾懃，次適同里邢禮銘，三適吴縣鄒斯覺，四適無錫周承恩，五適山陽丁晉生，六適桐鄉徐琦，七適海寧姚晟，八許字吴縣程澤臨，幼一人未字。予交君逾三十年，又重以姻婭，相知最深，公子輩泣請爲之狀，義不獲辭，爰條次大較，以告當世乞銘誄焉。謹狀。

陳燨唐

陳君燮卿傳〔二〕

繆荃孫

君諱燨唐，字少和，號燮卿，又號翕青，江陰人〔三〕。曾祖宏度，乾隆癸丑進士，候選知縣，妣

〔一〕故顔其墓廬曰休休：「故」下，單行本有「事」字，「故事」二字屬上讀。

〔二〕本篇載《藝風堂文漫存・癸甲稿》卷二，題作「陳燮卿觀察傳」。

〔三〕江陰人：「江陰」，《癸甲稿》作「同邑」。

張氏。祖沿，候選按經歷，妣華氏。父式金，浙江候補同知，三品封典，富收藏，工書畫，同時名流咸稱「寄舫先生」，妣沙氏、周氏。君幼聰穎，遭亂出亡，未嘗廢學，寄舫先生極愛之。君家本以豪富名，報效軍糈，接濟窮乏。後經粤匪之亂，屋宇毁損，壤地污萊，幾有日下之勢。寄舫先生於同治丁卯暴卒[一]，君時年止十六，入奉慈闈，出禦外侮，經營補救，漸以就緒。又復下帷讀書，攻苦不輟。服闋，應試入邑庠。癸酉南闈，薦而未售。光緒乙亥，北闈中式。丁丑，以内閣中書到署，連得本衙門撰文、國史館詳校、誥敕房行走。丙戌進士，籤分工部營繕司主事，派則例館纂修。丁亥，考取出洋游歷人員，派往英法兩國，及屬邑阿爾吉、五印度等處，著有游編數册。

己丑，差回，值周太夫人年届七旬，又蹉跌傷足，先行乞假歸省。冒險遄征，身亦染患[二]，遂以養親爲心，無復進取之志，於是專人赴部陳情銷差。光緒辛丑，張安圃督部撫山左[三]，招往幕府，旋歷建德周玉山制軍、光州胡鼎臣中丞、泗州楊文敬公、涇縣吴贊臣中丞，先後八年，均委總辦文案，兼洋務局。改官以道員候選，二品銜花翎。胡中丞擬密保，君辭之。楊文敬擬奏簡學

[一] 寄舫先生於同治丁卯暴卒：「先」字原脱，據《癸甲稿》補。
[二] 身已染患：「患」，《癸甲稿》作「恙」。
[三] 張安圃督部撫山左：「圃」，原作「甫」，據《癸甲稿》改。按，張安圃即張人駿。

使，君又辭之。蓋以母氏年高，雖承特達之知，然猶不忘奉養之志，乞歸旋里，遂終不出。宣統初元，覃恩，君由二品銜候選道，加一級，請三代從一品封典，正值太夫人稱九十之觴，國恩家慶，萃於一時，世族之榮，通邑豔之。庚戌，太夫人棄養，君盡哀盡禮，既抱風木之悲，復值滄桑之變〔一〕，憂愁摧折，目擊心傷，而病不可爲矣。以壬子十月二十一日卒於家，年六十有一。

君任事嚴整，主講禮延、西郊兩書院。時朝政維新，初改試時務策論，君論古證今，以不背聖經王道之宗旨。及門如吴增甲、祝廷華、沙亮功、繆炳組〔二〕、陳錫琨、章錫奎諸人，均獲雋；即以西郊一隅，亦捷陳經、吴栻二人。至山東辦課吏館，分刑律、洋務、河工諸門。館課文字，親加改削，一如書院，頌聲日起。寄舫先生創適園，隱存家祠之意。君十餘年來，補廊培屋，移樹濬池，漸復舊觀〔三〕。并自集句爲聯曰：「處陰休影，處静息迹。爲鳥植林，爲魚鑿潭。」胸次曠達已可想見。壬子二月，安奉祖先神位於廳事，承先志也。自寄舫先生以畫名，君童即兼習繪事，師事吴冠英丈，所學日進。在家養疴十餘年，專以山水自遣，筆意遠師石谷，近仿鹿床。同時如曲阜孔燕庭上公、合肥李新吾太史、常州惲次遠侍郎、丹徒丁叔衡太守、無錫秦岐臣、金匱華若溪兩明經，

〔一〕復值滄桑之變：「復」，《癸甲稿》作「後」。

〔二〕繆炳組：「組」，原作「祖」，據《癸甲稿》及民國九年刊《江陰縣續志》卷十三《選舉》改。

〔三〕漸復舊觀：「漸復」，《癸甲稿》作「漸漸恢復」。

常熟潘卣南廣文，皆與君爲畫友。太傅翁相國專緘乞君繪《還碑圖》，其爲名流推服如此。

君配沙氏，繼配何氏。子名瑋，保知州，遇缺選用；名發，庠生，花翎二品銜湖北補用道；名琇，同知銜分省補用知縣；名珂，五品銜分省補用知縣。女三，適某某〔一〕。孫三〔二〕，女孫六。

繆荃孫曰：光緒丙戌會試，吾邑通籍者三人，則君與吴䛇初侍御，及吾弟柚岑户部也。覆試均一等，殿試均二甲前列。朝考，君與柚岑二等，遂以主事分部，志目中眉，不無怏怏。次年考游歷各國人員，君與柚岑同入選，君游英法，柚岑游俄。己丑前後回國，柚岑由陸路走恰克圖〔三〕，君游印度至粤，往返十餘萬里，途分水陸，時歷冬夏，度密越阻，炎風朔雪；又復詳其要害，志其風俗，日則游探，夜則考證，與優游使館、雍容樽俎者，勞逸不可同日語。柚岑數年即死，君病亦未脱體，豈偶然哉！三人中，止侍御入居言路，出掌文衡，爲最得志〔四〕，然而身後蕭條，有人所難言者。柚岑今遺一孤孫，煢煢不能自活。惟君優游壽考，子孫熾昌，不亦得天獨厚歟！

〔一〕適某某：《癸甲稿》作「長適張文鳳，次適王樹績，三未字」。
〔二〕孫三：此下《癸甲稿》有「以浦，名瑋出；以源，名琇出；以渭，名發出」十五字。
〔三〕柚岑由陸路走恰克圖：「路」，《癸甲稿》作「道」。
〔四〕爲最得志：「志」，《癸甲稿》作「意」。

劉光蕡

劉古愚傳[一]

陳三立

先生劉氏，名光蕡，字焕唐，號古愚，陝西咸陽人也。少失怙恃，稍長避回寇醴泉、興平間，窘至粥餅餌於市，夜復爲人轉磨屑麥，資一飽。亂定歸里，試入府庠，交名儒李編修寅、柏舉人景偉，遂益究漢宋儒者之説，尤取陽明本諸良知者，歸於經世。舉光緒乙亥科鄉試，赴禮部試，不第，乃退居教授數十年終其身。當是時，中國久積弱，屢被外侮，先生憤慨，務通經致用，灌輸新學、新法、新器以救之，亦以此教學者[二]。歷主涇陽涇干、味經、崇實諸書院，其法分課編日程，躬與切摩，强聒不舍。門弟子千數百人，成就甚衆，而關中風趨亦一變矣。

生平持論，略具於所爲《學記臆説》，自序曰：

[一] 本篇載《散原精舍文集》卷十三，又載《烟霞草堂文集》卷首、《碑傳集補》卷五十二，均題作「劉古愚先生傳」。

[二] 亦以此教學者：《散原精舍文集》《烟霞草堂文集》《碑傳集補》作「以此爲學，亦以此爲教」。

嗚乎！今日中國貧弱之禍，誰爲之？盡兵〔二〕、吏、農、工、商於學外者爲之也。以學爲士子專業，講誦考論，以鶩於利禄之途，而非修齊治平之事、日用作習之爲。故兵不學而驕，吏不學而貪，農不學而惰，工不學而拙，商不學而愚、而奸欺。舉一國爲富强之實者，而悉錮其心思，蔽其耳目，縶其手足，倀倀惘惘，泯泯棼棼，以自支持於列强環伺之世，而惟餘一士焉，將使考古證今，爲數百兆愚盲疲苶之人指示倡導，求立於今世，以自全其生，無論士馳於利禄、溺於詞章，其愚盲疲苶與彼兵、吏、農、工、商五民者無異也。即異矣，而以六分之一以代其六分之五之用，此亦百不及之勢矣。告之而不解，令之而不從，爲之而無效，且弊遂生矣。彼六分之一之士，其奈此數百兆愚盲疲苶之民何哉？然則興學無救於國之貧弱乎？曰：救國之貧弱，孰有捷且大於興學者？特興學以化民成俗爲主，而非僅造士成材也。風俗於人材，猶江河之蛟龍也，江河水積而蛟龍生，風俗醇美而人材出焉。無江河之水，即有蛟龍，亦與魚鼈同枯於肆，而安能顯興雲致雨以潤天下之靈哉？故世界者，人材之江河，而學其水也。化民成俗，則胥納士、吏、兵、農、工、商於學，厚積其水，以待蛟龍之生也。兵練於伍，吏謹於衙，農勤於野，工巧於肆，商智於市，各精其業，即各爲其富强之

〔二〕盡兵：「盡」，《散原精舍文集》作「劃」，《烟霞草堂文集》《碑傳集補》作「畫」。

事，而又有殊異之材，挺然出於群練、群謹、群勤、群巧、群智之中，以率此練、謹、勤、巧、智之群，自立於今日之世界[一]，不惟不患貧弱，而富强且莫中國若矣。

又以爲：「孔子之學，『時習』盡之矣。欲以學治萬世天下，必因時制宜，與世推移，而後不窮於用。故學於古者，必以身所值之時習之，習而得古人立法之意，則以應當世之變，然後推行無弊。孔子爲時中之聖，其道所以能治萬世之天下也。」他所撰著，根據指要，探聖哲遺文之精藴，比傅時變，深切著明，類多前儒所未發。而制行堅苦，不欺其志，矯迂疏之習，絶詭蕩之弊，閎識孤懷，罕與爲比。嗚乎，可謂曠世之通儒已！

先生既劬於教學，復懃懃爲鄉人改故習，圖久遠之利，振災撫寇，種植紡織，刊書之局，製蠟之廠，靡不殫心力而策其效焉[二]。中間遘疾幾盲，歸卧烟霞草堂，因悟聲音轉注之奥，欲以聲統義，合中外文讀法爲一，成《童蒙識字捷訣》十餘卷，書成，目復明。及貴州學政薦應經濟特科，謝不赴。生平嚴取予，雖處窮困，一介不苟受。忘身與家，枯槁憂國，既歷甲午、庚子之變，勢益亟，語及輒痛哭[三]。與人接，不撓不忤，出惻怛至誠，即有負之者，置弗較。從游徒衆，尤依之如

[一] 自立於今日之世界：「界」，《散原精舍文集》無。
[二] 靡不殫心力而策其效焉：「殫」下，《散原精舍文集》有「竭」字。
[三] 語及則痛哭：「及」，《烟霞草堂文集》作「亟」。

慈父，仰之如天人。其精神意氣凜凜然〔一〕，無一念不繫民物，無（不）〔一〕息不勤課誦也。

歲癸卯，甘肅長吏聘主大學堂，先生以邊地回漢之爭，繫大局安危，欲假學漸摩，開其塞陋，弭隱患，遂決行。未幾病作，歐血，授課致不起，卒年六十一。所成書數十種，類講示學者取便，非以自名，頗散佚，爲弟子王君典章次搜刊，曰《立政臆解》一卷、《學記臆解》一卷、《大學古義》一卷、《孝經本義》一卷、《論語時習録》五卷、《孟子性善備萬物圖説》一卷、《管子小匡篇節評》一卷、《荀子議兵篇節評》一卷、《史記貨殖傳注》一卷、《太史公自序注》一卷、《漢書食貨志》一卷、《漢書藝文志注》一卷、《古詩十九首注》一卷、《陶淵明閑情賦注》一卷、《改設學堂私議》一卷、《濠塹私議》一卷、《團練私議》一卷、《烟霞草堂文集》《詩集》凡十卷，行於世。

贊曰：關儒紹述〔二〕，淑躬繕性。孤起恢張，道賅物競。孰播遺言〔三〕，禆瀛輝映〔四〕。學説寖

〔一〕其精神志氣凜凜然：「凜凜然」，《烟霞草堂文集》作「凜然」。

〔二〕關儒紹述：「述」，《散原精舍文集》《烟霞草堂文集》《碑傳集補》作「延」。

〔三〕孰播遺言：「言」，《散原精舍文集》《烟霞草堂文集》《碑傳集補》作「書」。

〔四〕禆瀛輝映：「禆」，原作「稗」，據《散原精舍文集》改。

昌，驗斡大運〔一〕。

陶福祥

陶福祥傳〔二〕

《番禺縣續志》

陶福祥，字春海，别號愛廬，捕屬人。先世居浙江會稽之陶家堰，徙粤已七傳。父克勤，優行，增生。福祥幼孤，性肫摯。咸豐間英夷寇粤，挈家避地南海沙貝村。祖母陳病歿，顛沛流離之際，喪斂如禮；復徒步至省城地藏庵，舁先人遺柩三具，窀穸於鳳岡鄉之福獅塋青龍岡。事母孝，孺慕終身。弱冠補縣學生，從陳澧受經學，博綜群籍，於澧所論「漢宋學術無偏重，不當立門户」之説，守之彌篤，嘗爲《漢學箴》《宋學箴》以見志。尤精目録校勘之學，喜收書，節衣縮食，購藏逾十萬卷，多精槧本，諸家版本源流得失，瞭若指掌，收藏家多就質正。時張文襄公之

〔一〕驗斡大運：「斡」，《烟霞草堂文集》作「翰」。
〔二〕本篇載民國《番禺縣續志》卷二十三。

洞《書目答問》一書尚未刊行，及書出，所論與之吻合。

九應鄉試，光緒二年中舉人。初設帳授徒於城南慶雲庵功德林，尋徙三賢祠。教人宗旨以博觀約取爲主，嘗謂門人曰：「讀書難，著書尤不易。前人著述已多，學者要在善讀，如輕言著述，或摽竊陳腐，或更離經畔道，必致貽誤後人。」蓋早見及晚近士夫競言新學、務求勝前人之流弊也。一時英雋之士多出其門，前湖北按察使梁鼎芬、吏部主事楊裕芬爲尤著。光緒初，舉爲學海堂菊坡精舍學長。布政使姚覲元復延聘考訂圖籍。法越之役，辦理新城團練，事平，大吏疏保内閣中書，并延之主禺山書院講席。禺山向以制藝試帖課士，福祥參酌山堂菊坡章程，加課經史、性理、詞章，省外生徒奔湊就學，一時稱盛。邑中舊有深溎學田數頃，久爲奸民盤據，福祥告之大府，檄行查追，歸入書院，歲增租息千餘金，以半儲爲本邑孝廉公車費，半增院中生童膏火，士林感頌。

同治中興後，金陵、浙江、武昌、四川皆設置書局，故書雅記，次第刊布，惟粵東闕如。張文襄公於明十先生南園詩社故址之旁，創設廣雅書局，聘福祥爲總校，刊行書籍百數十種，正訛訂謬，咸稱善本。文襄移督兩湖，設置兩湖書院，函電堅招，辭不獲已，往爲商定規程，評校課卷三閱月。謝病歸，旋卒，年六十有三。

曩館於蒲堯峰大令家，蒲氏後人式微，賴其贍助衣食者二十餘年，惓惓故舊如此。嘗欲取《四庫》未收之書及《四庫》後出之本，旁羅博采，訂各書之純疵，别各本之同異，纂爲一編，以訓

課罕暇，未及成書。遺著有《東漢刊誤》一卷，《北堂書鈔校字記》《夢溪筆談校字記》《愛廬文集》《經説叢鈔》各若干卷。〔二〕

吳道鎔

誥授通奉大夫翰林院編修吳君行狀〔三〕

張學華

曾祖丹木，曾祖妣沈、袁。

祖廷熊，祖妣章。

父學均，妣梁。

里貫廣東番禺縣捕屬，原籍浙江會稽縣。

君諱道鎔，字玉臣，晚自號澹庵。其先浙江會稽人，業鹺於粵，遂家番禺。三傳至渭川先生，

〔二〕　此下《番禺縣續志》有「子敦復，光緒十一年鄉試副貢生；敦臨，優行廩生，河南知縣；敦勉，廩生，廣西試用道員」三十三字，末小字注「據《陶氏家傳》《學海堂集》《菊坡精舍集》、采訪册」。

〔三〕　本篇載《闇齋文稿》，又載《澹盦詩存》卷首。

生三子，君父普庭先生最幼，事母孝，有潛德。君少劬學，年十七補縣學生，中光緒乙亥恩科舉人。丙子、丁丑兩上公車，皆報罷。君故貧，授徒養親，不亟求進取。順德李文誠公雅重君，敦促赴試，以庚辰科成進士，入翰林。假歸省親，尋丁外艱。丙戌，服闋入都，寓文誠家。文誠知君淡泊，嘗從容謂曰：「吾不以禄仕相勸。他日當思吾言也。」散館，授編修。遽歸，不復出，被服儒素，講學終其身。歷主潮州韓山、金山，惠州豐湖、三水、肄江，廣州應元書院。又嘗與陳君石樵、石君惺庵於郡學設館，從學者數百人。君日夕手一編，博綜經史，旁通算術，以及泰西政學諸書，無所不覽。尤拳拳於獎掖人才。在潮州最久，潮人仰之如子弟之於父兄。然君不自表襮，澹於名譽，素性然也。

學制初更，廣雅書院改爲高等學堂。廣雅創建於張文襄公，規模宏廓，自番禺梁文忠、義烏朱侍御掌教後，姚諤臣學使、丁伯厚侍讀繼主堂事，皆以學風囂競，先後辭去。當道聘君爲監督，君貫融新舊，陰納於範圍之中，啓迪勸導，一出以誠，生徒翕服。在事八年，成就者衆。迄於國變，諸生以材器稱者，多見重於時，猶追懷教澤不置。歷充學部諮議官、廣東學務公所議長。粤督張公人駿薦君學行，堪備任使，報聞，君固不樂仕也。

辛亥後，謝絶一切，省志局、學海堂禮聘，皆不就，閉户著述，翛然絶俗。工書法，求者接踵。自言初學爲詩，聞東塾陳先生言粤東多詩人、少文人，因發奮爲古文學。其爲文導源於《史》《漢》，而涵泳於諸子，每有所作，精心獨造，思沈而氣鋭，力矯浮靡，仍具深微淡遠之致。顧嘗論文之至者，妙合於自然，著力求之，終非極詣。於粤中先輩最推彭春洲，猶謂其時有矜意之處。蓋君所得，既深勤一世於文字之中，自視常歉然，而論者咸重君文，以爲卓然可傳，非拘拘於桐城、陽湖諸家各分派别也。君既專攻古文，乃博考吾粤作者，以明季屈氏《文選》、國朝乾隆中温氏《文海》傳本日少，惟故家間有收藏，遂根據二書而益加蒐討，前代散佚者輯補之，嘉、道、咸、同、光、宣間諸人遺著悉力甄録，彙爲《廣東文徵》，凡七百餘家，文三千餘篇。纂輯之勤，歷二十年，病中猶校補弗輟也。

君長身玉立，翁文恭公以名士稱之。爲學不立門户，不設厓岸，延接後進，懃懃懇款，人亦樂於趨附。晚遭喪亂，憂時感事，作爲詩歌，托於諷諭，未嘗爲過激之詞，獨於出處之際確乎有以自守，所謂和而介者歟！故國之思，老而愈摯。己巳重游泮水，癸酉重逢鄉舉，皆蒙恩賞扁額，曰「行爲士表」，曰「劭德引年」；殁後，賜額曰「抱璞懷貞」。天語之褒，世以爲定論云。丙子閏三月二十八日病卒，春秋八十有四。遺命以道服殮〔一〕，滄桑後著籍羅浮酥醪觀，托於黄冠以避世也。配張，繼鄧，側室符。子景涵，游學美國；景洵、景沂，前卒。女適楊、適章、適張、適鍾、適韓、適陳。孫祥臨，曾孫傑才。葬於廣州東門外石鼓岡，與鄧夫人合窆。所著書，已刊者

〔一〕 遺命以道服殮：「殮」，《闇齋文稿》《澹盦詩存》作「襝」。

《明史樂府》八卷；《續修番禺縣志》手定條例，成書四十四卷。未刊者，《廣東文徵》二百四十卷。早歲著《公羊質疑》未成，詩文稿藏於家。

余與君交稔，申之以婚姻。君殁，其門人屬爲君行狀，逡巡未有以應。既思君學行，不可以無傳，迺掇拾其略，以著於篇，俟後之君子論定焉。

朱啓連

朱君啓連傳〔一〕

陶邵學

君諱啓連，字跂惠，蕭山朱氏，漢錢塘侯雋六十四世孫，譜牒具可考。自君父某仕粤不歸，故君終始於粤，游汪縠庵先生之門，深植厚溉，毓實翫華。於書無不窺，惟不喜近世漢學者之説，曰：「是乃所謂糟魄也。」嶺南自阮文達公開府後，士治經守博士法，文尚麗偶，儒秀之盛，名軼中州，獨古文學衰絶且數百年，未有興者。君自以意求得之，凡唐宋以來數十家爲文之術，絜其純駁

〔一〕本篇載《頤巢類稿》，又載《棣垞集》卷首、《碑傳集補》卷五十二，均題作「朱君家傳」。

而趨舍之，必一於道。其學以行爲柢，以經爲質，講道核藝，撥去群言，得其本初。君既違俗自好，衆亦頗嫚易君，後乃稍知慕之。異時嶺南言古文者，當推本於君。性介特，恥隨衆向背，士非有見者不交，事非有自得於心者不言也〔一〕。平居推人之善，不忍人之惡，所義身服之，所不義色絶之。即所親愛，正言面諍；即疏異，爲引喻相磨切。時或譏諧肆出，使人自返而得其義。其所言皆當世偷佞便己者之所畏也，故聞者或疑君輕忮多易，而士之自爲者皆察其意、歆其誠。

既久游諸公間，概不快意，思有所自樹，常言：「得百里之地而牧之，古治可復也。」而世無知者。嘗一試不第，遂棄去。君雖不得於時，然能外毁譽以義自勝，雖名公貴人不少降絀，至有可成其道者，則傾身下之。義寧陳公寶箴偉君之業，嘆爲異材。提刑使額勒精額，儒者也，尤賓敬君，而君亦曰：「自吾接額公，而囂浮之氣一斂。」其克己嚮道如此。爲文章清宕潔約，工五七言，善草隸書，好雅琴，妙達聲律，能以琴音辨人浮沈囂濁。絃誦不輟，蕭然遺其榮觀焉。

光緒二十五年，廣州比歲大疫，君嬰疾數日卒，年四十七。子二：大符、大猷。配汪氏，穀庵先生出也。與番禺陶邵學交至善，邵學嘗評君「性行似元結，文學似陳師道，藝術似姜夔，非今之士所有也」。所著《棣垞集》四卷、《外集》三卷、《琴説》二卷、《琴譜》若干卷，以俟世之君子論定焉。

〔一〕事非有自得於心者不言也：「有」，《棣垞集》《碑傳集補》無。

論曰：自方、姚氏以其學顯，言文章者皆歸桐城，而好異者亦頗訾之。跂惠無所師授，獨與其徒相劘切，顧其大旨合於桐城者爲多。夫方、姚二先生之著於世，非獨以其文也，其學固無疵也。道無異趨，文亦無異軌，其大小厚薄不盡侔於古者，有至有不至耳。而論者妄分派别，是猶觀江河者不知其本達於海，而欲以潢污自異也。方二先生時，異説亦衆矣，既殁而其學乃顯，百餘年來流風被於四遠，獨吾粵未有聞者，豈習尚固殊歟？抑亦倡之者無其人也？如跂惠者，可謂卓然不惑者矣。余故附著之於此，不惟達吾友之志，亦庶幾後來之士有所興起云。

陶邵學

内閣中書陶君墓碣銘〔一〕

吴道鎔

吾邑陳東塾先生，以通儒名海内，其言曰：「讀書明理之人多，出而從政，必有濟於天下。」

〔一〕本篇載《澹盦文存》卷二，題作「内閣中書陶君墓志銘」。又載《頤巢類稿》卷末，題作「内閣中書陶君墓碣銘」。「碣」本書底本初作「志」，後涂改爲「碣」。《頤巢類稿》卷末另附簡朝亮所作墓志銘。

故所著書言學不言政。先生卒二十年，其鄉後進師此意以講學者，有頣巢陶君，諱邵學，〔一〕字子政，所居曰頣巢，因以爲號。系出晉陶桓公，元末有曰嶽者，遷會稽之陶堰，十七傳至君之高祖曰元勳，始入粵。祖汝鎮，佐潮州吴太守均平寇亂，潮人德之，以配太守祀。父文鼎，工詩，世稱「陶孝子」，由疆吏奏准旌表〔二〕。自高祖以下四世世習名法學〔三〕，雖幕游居粵，仍浙籍，至君始籍番禺。

君游心古初，妙通樂律，文學曾南豐，詩宗陳后山，書出入徐季海〔四〕、米元章，才流藝士所謂能者，無不能也，而必根極於道。其論學之言曰：「一經之師，則有奴主；一隅之辯，則有是非；一時之治，則有操舍。彌綸萬物，紀綱庶類，惟禮爲之宗。」故其學自六經聖人之道至於百家群史，無不習也，而必歸宿於禮。年二十四〔五〕，中光緒十五年恩科舉人，二十年成進士，以内閣中書用。是年有中日之役，其秋假歸。逾年，肇慶太守張公曾歇延主星巖書院講席。二十九

〔一〕有頣巢陶君諱邵學：《澮盦文存》《頣巢類稿》作「有頣巢陶君，君諱邵學」。
〔二〕由疆吏奏准旌表：《澮盦文存》《頣巢類稿》作「入祀孝弟祠」。
〔三〕自高祖以下四世世習名法學：《澮盦文存》作「自高祖以下四世習名法學」。
〔四〕書出入徐季海：「徐季海」，《澮盦文存》作「李北海」，《頣巢類稿》作「徐季海」。本書初作「李北海」，後涂改爲「徐季海」。
〔五〕年二十四：「四」，《澮盦文存》《頣巢類稿》作「六」。

年，有司奉明令廢書院課士制〔一〕，設學堂〔二〕，復爲肇慶中學堂監督〔三〕。三十四年戊申六月，疾卒肇城〔四〕，年四十五。妻劉宜人，先君卒。無子，以從弟子宗蕃嗣。

君之壯年雅志用世，嘗作論政本疏，言：「行法之弛張在人，人才之盛衰在學。以無學之人，取一切法姑言之〔五〕、姑試之，迄於無效，又概置不問，此今日患之大者。」每欲得知類通達之士，究極古今，以待世變，顧甫參朝列，遽值多故。朝野士夫，睹國威之挫衄，炫他族之富强，趨新者争先，而篤舊者持之力，險躁之徒因緣構争，煽其邪説。君懼其生心害政，時發憂憤〔六〕，托之文詞。終以胥漸之勢不可以口舌争，思退而修學儲材，起一隅爲天下始，故假歸後，留肇十餘年，竟不再出。其主講星巖書院，隨學者幹局才器，開示儒效，咸能通知其意。其督中學，導之親師樂群，而迪以國家倫理正義，務端士習，不抑法詭隨。蓋君之志業至是一變，而精力亦凋凋矣。

〔一〕有司奉明令廢書院課士制：「有」上，《澹盦文存》有「地方」二字。
〔二〕設學堂：「堂」下，《澹盦文存》《頤巢類稿》有「郡守多公齡」五字。
〔三〕復爲肇慶中學堂監督：《澹盦文存》《頤巢類稿》作「復延爲中學堂監督」。
〔四〕疾卒肇城：「疾卒」，《澹盦文存》作「卒於」。
〔五〕取一切法姑言之：「取」，《澹盦文存》作「馭」。
〔六〕時發憂憤：《澹盦文存》作「蓄積幽憤」。

自君之卒，肇之人士通才者如喪依歸〔一〕，後生者如失模範，感慕相吊，過於所親。爰於是年冬仲某日，奉君及劉宜人柩合葬於肇城西之仙人輾岡，群弟子置祭田歲時祀焉，以前督張公人駿保薦人才〔二〕，嘗以君與余應詔，來請銘。惟余之學不足知君，又惜君所著書成者止《琴律》一卷，補《後漢書》食貨、刑法志二卷，《續漢書刊誤》二卷，《頤巢類稿》若干卷，劬於教，嗇於年，不克如東塾先生從容述作，以詔來學。然觀君所得於肇之人士，與肇之人士拳拳於君，其無窮之志可思也。銘曰：

辯章學術，讀書有記。君承其流，殊迹同意。惟學於政，如輿有轡。轡苟失馳，得毋顛躓。三古道遐，彌縫破碎。西風東漸，益滋歧異。君綜衆流，淵淵無際。折衷淆亂，發揮平議。妖鳥群飛，冥鴻遠逝。名山待傳，伊豈初志。而况所傳，百未一二。高第如雲，登堂雪涕。祀此桐鄉〔三〕，是何風義。固知經師，不讓循吏。銘詞不泐，以訊來世。

〔一〕肇之人士通才者如喪依歸：「通才者如喪」，《澹盦文存》作「通材如失」。
〔二〕以前督張公人駿保薦人才：「前」下，《澹盦文存》有「粵」字。
〔三〕祀此同鄉：「此」，《澹盦文存》《頤巢類稿》作「比」。

王家枚

王生吉臣家傳〔一〕

繆荃孫

君姓王氏，諱家枚，字吉臣，號寅孫，同邑華墅鎮人。祖堃，道光壬辰恩科舉人，任崇明、高淳縣教官，入邑志《文苑傳》。父泰階，增貢生，翰林院待詔，五品藍翎，著有《青箱詩文》等鈔。君幼慧，讀書目數行下。年十九，入邑庠，試輒優等，文名藉甚，取南菁書院肄業生。甲午，本省舉人，援例得主事，分度支部浙江司行走。卒於光緒丁未十二月十五日，距生於同治丙寅，得年四十有二。

君攻詞章駢儷之學，胎息醇古，不作唐以下人語。嗜書成癖，以館穀之資盡置書籍，見異編必重值購歸。或以太費規之，則曰：「我王考藏書三萬卷，一一手加丹黄，惟以讀書望後人。今我所得尚衹十分之三，敢不勉力乎？庶幾後人無忘祖訓。」於邑中先輩著作，竭意搜羅，露鈔雪纂，無分晷夜，小種則彙刻之。裒集先人遺著《宛委賸稿》及《青箱雜鈔》，編次校刊。嘗語子弟

〔一〕　本篇載《藝風堂文續集》卷二。

曰：「先人纂述甚富，惜毁於兵，僅留此區區，當世世奉爲弓冶之傳不可忘。」又嘗指授經史大義，謂：「方今功令振興新學，然仍宜多讀書，以經史淑身閲世，以名大家文植詞章根柢，固萬世不易者也。」所著《國朝漢學師承記續編》一卷，《重思齋詩文集》六卷，《貢息甫先生年譜》一卷，并仿《澉水志》例著《華墅鎮志》四卷；又雜取諸家文集有關於吾邑文獻者，條記成帙，於新志所闕者補之，所略者詳之，爲《梓里咫聞録》二卷，皆可傳者。荃孫主講南菁，見君擬《唐黄文江秋色賦》，知其藴釀深厚，不爲考試所囿者，遂常與君談，喜其事事皆有本原。迨去南菁，得一書則相告，如《楊氏雜諍》《沙定峰詩集》，皆從君録副；如《李忠毅年譜》、包文在《易玩》等書，皆倩君物色之。朔風改歲，忽得君訃，惋惜不已，賦詩悼之。其弟家樞以家傳請，遂不辭而爲之。

論曰：吾邑自宋及明，不乏大著作及收藏家；至國朝則在武、陽、錫、金、宜、荆之下，何耶？士皆專攻帖括，高者則談理學，詞章訓詁絶無門徑。道光朝，李申耆先生主講暨陽，及門徐、宋諸君，得有指授，惜均未發達，無以歆動士子。荃孫遠游，稍窺乾嘉學派，與金粟香、夏彦保兩君竭力搜羅前輩著作，得則互相鈔送，尚有錮蔽不肯借者；後至南菁，方知王君吉臣有同嗜焉。君所鈔如崇禎《江陰志》，所刻有沙定峰、翁霽堂詩文等集。方以爲吾輩日衰，有君爲之後勁，庶足挽吾鄉之積習乎，孰意年不中壽，蕣華易謝，祝予之慟〔一〕，情何能已。君之弟子，尚其繼起而賡續不已者乎！拭目竢之矣。

周 岋

周仲章墓志銘

成本璞

仲章諱岋，姓周氏，世爲湘鄉人。少從兄蔚讀書山中，盡通經史百家之言。蔚字霞岡，精研性理，嘗推演横渠、船山之學説，以爲「天地萬物，與吾合體，而歸墟於經世實用」，其論絶精。特躬謹嚴，造次必於禮法。崖岸嶃絶，每面斥人過，人或望而嚴憚之。仲章奇慧尤過其兄，天才駿發，倜儻不羈。負氣使酒，歌呼謾駡，驚其座人。間爲文詞，雄奇恢詭，不主故常；至其工者，并不煩繩削，而自與古合，或嘲詼雜出，睥睨一世，以爲不足道。人以爲狂，霞岡嘗深責之，不能改也。霞岡既劬學早殁，而仲章之才名遂藉甚一時。

〔一〕 祝予之慟：「祝」，底本原作「視」，據《藝風堂文續集》改。

光緒癸巳，余始識仲章於長沙，一見訂交。嘗與極言文章道德之本末，以及國家之治亂，民生之疾病，深探往哲制作之原，以期合於當世救時之用，議論往復，無不合者。是時二人皆年少氣盛，視天下事無不可爲，相與飲酒賦詩，以爲笑樂，或偕游名山水，經月不返。其後歲必相聚數月，以道義相砥礪，互相師友。忽忽十餘年，天下益多故，余與仲章均屢試不獲舉，意興鋭減。余游學於四方及日本，遂數年不相見，而仲章學益閎博，於泰西各國之宗教學術，并深究其奥。嘗爲長沙師範學堂教員，又爲湘鄉中學堂監督，講授不倦，士樂其教，益務爲冲夷澹蕩，不與物競。余私嘆之，以爲仲章進於道矣，而豈意其遽死哉！

仲章體弱好飲，又好深湛思，既累不得志，益困於酒。每左手執卷，右手執杯，且讀且飲，竟日不少止。余苦勸之曰：「君宜節飲，以衛其生。」仲章大笑曰：「天下事既不可爲，與其混同於濁世，毋寧痛飲而死之爲快乎！」卒不省，竟以酒發病卒。嗚呼，仲章其達於死生之義者歟！

仲章以光緒丁未正月某日卒，年三十有三。所爲詩文及小詞，出入唐宋之間，尤善篆隸真草，深得古法，求書者踵相接。多才藝，近無與比。遺稿多散佚，今僅存《豆花館集》三卷，藏於家。初配陳孺人，先卒，生一女。繼娶謝孺人，生子自鑄。以是年二月葬於某山之原。初，余與仲章飲酒酣時，感論身世，凄然慮其不壽。仲章曰：「余若早死，君志其墓。」嗚呼，今不幸而言中矣。回思曩時游宴之雅，如在目前，乃揮淚和墨，以追踐夙諾也。可痛也已！乃爲銘曰：

嗚呼仲章，志潔行芳。憔悴憂傷，行吟倡狂，而卒以酒自戕。國寶云亡，天胡茫茫。兹焉永藏，俾後之人其熾昌。

碑傳集三編卷四十一　文苑六

陳寶璐

刑部主事陳君墓志銘〔一〕

陳三立

君諱寶璐，字叔毅，姓陳氏。先世明洪武間自長樂徙閩縣。曾祖刑部尚書，謚文誠，諱若霖。祖雲南布政使，諱景亮。考刑部主事，候選郎中，諱承裘。妣林夫人〔二〕。君兄弟七人，次居三，長即吾師弢庵太傅也。太傅早達，聲烈耀海内。久之，君始以光緒戊子科舉人，與次兄及從子同登庚寅會試榜，成進士，選庶吉士，改刑部主事。不樂居京師，引歸，一委於學，遂不出。

〔一〕　本篇載《散原精舍文集》卷十二，題作「誥授奉直大夫翰林院庶吉士刑部主事陳君墓志銘」。又載《藝蘭室文存》附録。

〔二〕　妣林夫人：「妣」，《散原精舍文集》作「母」。

君性篤毅，有湛思閎識[一]。其爲學原本經術，會通漢宋儒者之説，規其大而探其微，無門户之見[二]。博極群籍，搜討日夕不倦，終其身。尤務攻古文辭，頗折衷桐城方、姚氏，湘鄉曾氏，詣邃神愜，而矜慎纂述，不自表襮。蓋究聖哲之藴，洞中外之故，歸於淑己而牖世[三]，隱然若引人心風俗爲己任[四]，無所復讓。當新説方萌芽，即憂詿誤後生、亂天下，辭而闢之，其言絶痛。至今洪水猛獸之禍日烈而不可止[五]。嗚呼！郭林宗、顧亭林之遺風猶未墜地，庶幾扶樹道教、遯世无悶、獨立不懼之君子已。

君既家居，謝絶羅致，獲共太傅講學相切磋，久歷歲紀。及太傅徵入，迄國變，出處進退，輒取决君一言萬里外。往太傅嘗語三立曰：「叔毅安可及？輔吾德而匡吾過，爲兄弟且爲畏友也。」然君於師友間，復謹事謝先生章鋌。謝先生文學重東南，既殁，獨代致用書院一歲[六]，移束脩費贍其家，爲校刊遺書，收恤二孤云。

[一] 有湛思閎識：「湛思」，《散原精舍文集》作「高才」。

[二] 無門户之見：《散原精舍文集》作「無復門户之習、主奴之見」，《藝蘭室文存》作「無復門户之習」。

[三] 歸於淑己而牖世：「而」，《散原精舍文集》《藝蘭室文存》作「以」。

[四] 隱然若引人心風俗爲己任：「隱然若」，《散原精舍文集》作「陰」。

[五] 至今洪水猛獸之禍日烈而不可止：「禍」下，《散原精舍文集》有《藝蘭室文存》「果」字。

[六] 獨代致用書院一歲：「代」下，《散原精舍文集》《藝蘭室文存》有「主」字。

卒於壬子十二月初七日，享生年五十有六〔一〕。娶梁宜人。子懋豫；懋咸，癸卯壬寅舉人〔二〕，有文，勵學行〔三〕；懋賁。女六人，婿沈覲平〔四〕、劉騰業、沈覲冕〔五〕、王孝絅。孫三人：總、維、絉。〔六〕君卒越十年，癸亥春二月壬寅〔七〕，葬君於南鄉馬鞍山祖塋側〔八〕。太傅命三立銘其幽，謹著列要最，而塞太傅悲。銘曰：

文喪運極，孰續孰扶？藹藹大門，挺出魁儒。其學博綜，物象紛敷。秉精執要〔九〕，千聖督予。引鑒踐履，以黜怪迂。艱卓之業，塗邈魂孤。九有掀覆，道藏友于。開張幽造，爲頑懦模。

〔一〕享生年五十有六：「生」，《散原精舍文集》《藝蘭室文存》無。

〔二〕癸卯壬寅舉人：此六字，《散原精舍文集》無。

〔三〕有文勵學行：此五字，《藝蘭室文存》無，《散原精舍文集》在「懋賁」下。

〔四〕婿沈覲平：《散原精舍文集》作「所嫁婿爲沈覲平」。

〔五〕沈覲冕：「覲」，《散原精舍文集》作「覿」。

〔六〕孫三人總維絉：《散原精舍文集》作「孫二人」。

〔七〕癸亥春二月壬寅：《散原精舍文集》作「壬戌某月日」。

〔八〕葬君於南鄉馬鞍山祖塋側：《散原精舍文集》作「葬君某里某山之陰」。

〔九〕秉精執要：「秉」，《散原精舍文集》作「涵」。

嚴復

清故海軍協都統嚴君墓志銘[一]

陳寶琛

君諱復，初名宗光，字又陵，一字幾道，姓嚴氏，福建侯官人也。曾祖諱焕然，嘉慶庚午舉人，松溪訓導。祖諱秉符，嗣祖諱秉忠[二]。父諱振先，以醫名州里[三]。君早慧，詞采富逸，師事同里黄宗彝，治經有家法，飫聞宋元明儒先學行[四]。沈文肅初創船政，招試英少，儲海軍將才，得君文奇之[五]，用冠其曹[六]，則年十四也[七]。既

〔一〕本篇載《滄趣樓文存》下卷，題作「嚴君幾道墓志銘」。又載《學衡》第二十期（一九二三）、《碑傳集補》卷末，均題作「清故資政大夫海軍協都統嚴君墓志銘」。

〔二〕祖諱秉符嗣祖諱秉忠：《滄趣樓文存》作「祖諱秉忠，本生祖諱秉符」。

〔三〕父諱振先以醫名州里：《滄趣樓文存》作「考諱振先，始業儒爲醫，以精詣仁心名州里」。

〔四〕「君早慧」至「儒先學行」：《滄趣樓文存》作「君自幼聰穎過人，師事同里黄宗彝，説經有家法，益撮舉宋元明學案講授，所詣日異」。

〔五〕得君文奇之：「奇之」，《滄趣樓文存》作「大喜」。

〔六〕用冠其曹：「用」，《滄趣樓文存》作「以」。

〔七〕則年十四也：「則年」，《滄趣樓文存》作「年甫」。

卒業，從軍艦練習，〔一〕周歷南洋、黄海。日本窺臺灣，文肅奉命籌邊，挈君東渡詗敵，〔二〕勘量各海口〔三〕。光緒二年，派赴英國海軍學校，肄戰術及炮臺建築諸學〔四〕。是時日本亦始遣人留學西洋〔五〕，君試輒最〔六〕。郭侍郎嵩燾方使英，時引與論析中西學同異〔七〕，窮日夕弗休。

比學成歸，文肅已薨〔八〕。李文忠偉其能〔九〕，辟教授北洋水師學堂。君慨夫朝野玩愒〔一〇〕，而日本同學歸者皆用事圖强〔一一〕，徑翦琉球〔一二〕，則大戚，常語人〔一三〕：「不三十年，藩屬且盡，繯我如

〔一〕既卒業從軍艦練習：《滄趣樓文存》作「既卒業學堂，登艦練習」。
〔二〕文肅奉命籌邊挈君東渡詗敵：《滄趣樓文存》作「隨文肅東渡，任伺察敵軍」。
〔三〕勘量各海口：「勘」，《滄趣樓文存》作「測」。
〔四〕肄戰術及炮臺建築諸學：「肄」下，《滄趣樓文存》有「習」字。
〔五〕是時日本亦始遣人留學西洋：「遣」，《滄趣樓文存》作「派」。
〔六〕君試輒最：《滄趣樓文存》作「君每試皆最，同學嘆服」。
〔七〕時引與論析中西學同異：「論」，《滄趣樓文存》無。
〔八〕文肅已薨：「文」上，《滄趣樓文存》有「則」字。
〔九〕李文忠偉其能：「偉其能」，《滄趣樓文存》作「聞其才」。
〔一〇〕君慨夫朝野玩愒：「慨夫」，《滄趣樓文存》作「習睹」。
〔一一〕而日本同學歸者皆用事圖强：「事」下，《滄趣樓文存》有「振厲」二字。
〔一二〕徑翦琉球：「徑」，《滄趣樓文存》作「遂」。
〔一三〕常語人：「常」，《滄趣樓文存》作「嘗」。

老㹀牛耳〔一〕。」聞者弗省，文忠亦患其激烈〔二〕，不之近也〔三〕。法越事裂，文忠爲德璀琳輩所紿〔四〕，皇遽定約，甚言者摘發，疑忌及君，君亦憤而自疏。及文忠大治海軍，以君總辦學堂〔五〕，不預機要〔六〕，奉職而已。景廟毖於甲午之衄，特詔急人才〔七〕，君被薦，召對稱旨，諭繕所擬萬言書以進。未及用，而政局猝變。後二年，拳匪禍作，君自是避地居滬上者七年〔八〕。

君初以學不見用〔九〕，殫心著述，所譯書以瓌辭達奥旨，風行海内，學者稱爲侯官嚴先生。至是，人士漸漸傾向西人學説。君以爲自由、平等、權利諸説，由之未嘗無利，脱靡所折衷，則流蕩放佚〔一〇〕，害且不可勝言，常於廣衆中陳之。

〔一〕繯我如老㹀牛耳：「繯」，《滄趣樓文存》作「轘」。「㹀」，《碑傳集補》作「牸」。
〔二〕文忠亦患其激烈：「烈」，《滄趣樓文存》作「直」。
〔三〕不之近也：「近」，《滄趣樓文存》作「昵」。
〔四〕文忠爲德璀琳輩所紿：「紿」，《滄趣樓文存》作「誑」。
〔五〕以君總辦學堂：「總」，《滄趣樓文存》作「會」。
〔六〕不預機要：「預」，《滄趣樓文存》作「與」。
〔七〕特詔急人才：「特詔急」，《滄趣樓文存》作「詔求」。
〔八〕君自是避地居滬上者七年：「居」，《滄趣樓文存》無。
〔九〕君初以學不見用：「君初以學」，《滄趣樓文存》作「初君以所學」。
〔一〇〕則流蕩放佚：「佚」，《滄趣樓文存》作「失」。

君既以海軍積勞叙副將矣，盡棄去，入貲爲同知，洊擢道員〔一〕。宣統元年，海軍部立〔二〕，特授協都統，尋賜文科進士出身〔三〕，充學部名詞館總纂，以碩學通儒徵爲資政院議員〔四〕。三年，授海軍一等參謀官。

袁世凱與君雅故，其督直隸，招君不至，以爲憾；及罷政歸，詆者蜂起，君抗言非之，則又感君。國體既變，聘君長大學，充顧問參政及約法議員。君恒昌言「國人識度不適於共和」〔五〕，而戴袁者欲資之以稱制，竄其名籌安會中，君始終不莅會。袁又諷君爲文闢異議者〔六〕，則辭以疾。自是亦稀接賓客矣。

近五年中，肺疾時作，輒南歸避冬。今秋自覺病深，手書遺後人，大旨謂：「中國必不滅，舊

〔一〕洊擢道員：「擢」，《滄趣樓文存》作「歷」。
〔二〕海軍部立：「立」，《滄趣樓文存》無。
〔三〕尋賜文科進士出身：「尋」，《滄趣樓文存》無。
〔四〕以碩學通儒徵爲資政院議員：「以」上，《滄趣樓文存》有「尋」字。
〔五〕君恒昌言國人識度不適於共和：「恒」，《滄趣樓文存》作「常」。
〔六〕袁又諷君爲文闢異議者：「又」下，《滄趣樓文存》有「以重金」三字。

法可損益，而必不可叛；人生而勵業〔一〕，當益知輕己重群〔二〕。」語至警切。以辛酉九月二十七日考終里第，春秋六十有九。余交君逾四十年，比歲京居，尤密洽。君歸經年，秋初猶以鼓山詩寄余，而交遂畢於此耶。悲夫！

君於學無所不窺，舉中外治術學理，靡不究極原委，抉其失得，證明而會通之，六十年來治西學者，無其比也〔三〕。所譯《天演論》《原富》《群學肄言》《穆勒名學》《法意》《群己權界論》《社會通詮〔四〕》，皆行於世。雜文散見，不自留副，僅存詩三百餘首〔五〕。其爲學一主於誠，事無大小，無所苟。雖小詩短札，皆精美，爲世寶貴，而其戰術、炮臺建築諸學〔六〕，則反爲文學掩矣。

三代以君貴，贈資政大夫，妣皆夫人。配王夫人，端淑有閫德，前君二十九年卒。繼室朱夫

〔一〕人生而勵業：「而」，《滄趣樓文存》作「宜」。

〔二〕當益知輕己重群：「當」，《滄趣樓文存》《學衡》《碑傳集補》無。

〔三〕無其比也：「比」，《滄趣樓文存》作「匹」。

〔四〕社會通詮：此下，《滄趣樓文存》有「各書」二字。

〔五〕僅存詩三百餘首：「僅」，《滄趣樓文存》無。

〔六〕炮臺建筑諸學：「炮臺」二字，《滄趣樓文存》無。

人，篴江淑人。子五：璩〔二〕，二品銜軍機處存記道、外務部郎中，四品卿銜福建財政正監理官〔三〕；瓛，殤；琥、瓚、玷。女四。孫一，以僑。將以是年十二月十日〔三〕，合葬君於陽崎鼇頭山之陽〔四〕，以余知君深，乞爲銘。銘曰：

旗山龍渡岐江東，玉屏聳張靈所鍾。繹新籀古折以中，方信揚雲論譚充〔五〕。千辟弗試干越鋒，昔夢登天悲回風。飛火怒扇銷金銅，鯨呿鼉跋陸變洪〔六〕。覢猶閱世君非矇，咽理歸此萬年宮，文章光氣長垂虹〔七〕。

〔一〕璩：底本漫漶不清，據《滄趣樓文存》《學衡》補。

〔二〕「二品銜」至「正監理官」：此二十六字，《滄趣樓文存》無。

〔三〕將以是年十二月十日：「是年十二月十日」，《滄趣樓文存》作「某年月日」，《學衡》《碑傳集補》作「是年十二月二十日」。

〔四〕合葬君於陽崎鼇頭山之陽：「鼇」，《滄趣樓文存》作「鵝」。

〔五〕方信揚雲論譚充：「信」，《滄趣樓文存》《學衡》《碑傳集補》作「言」。

〔六〕鯨呿鼉跋陸變洪：「洪」，《滄趣樓文存》《學衡》《碑傳集補》作「江」。

〔七〕文章光氣長垂虹：「虹」，《滄趣樓文存》作「鴻」。

林紓

林紓傳〔一〕

陳衍

林紓，字琴南，號畏廬，原名群玉，閩縣人。世居南臺囂塵闤闠中，而自少刻苦力學，强記多聞〔二〕。爲駢文慕王曇、金應麟，爲古今體詩追吴偉業、陳恭尹，能畫，能經世文，才名噪鄉里〔三〕，與林崧祁、林某有三狂生之目。久之，一切棄去，治古文詞，祈嚮桐城諸老，寢饋昌黎，自謂善闕抑蔽匿，當伯仲柈湖、柏梘〔四〕。或翹其闕，則艴然怒於言。光緒壬午舉於鄉，屢困公車，大挑用教諭，乃旅食杭州。順天府尹陳璧招主五城學堂講席，因教授京師大學。自是淹都下廿餘年，以文藝傾動顯者，論者方諸近人王闓運云。

〔一〕本篇刊於《國學專刊》第一卷第四期（一九二七）。又載民國《福建通志》卷三十九，末注引自《續閩川文士傳》。

〔二〕强記多聞：「記」，《福建通志》作「職」。

〔三〕才名噪鄉里：「鄉里」，《國學專刊》《福建通志》作「里黨」。

〔四〕柏梘：「梘」，底本原作「硯」，據《國學專刊》《福建通志》改。按，柏梘當指梅曾亮（一七八六—一八五六），桐城派散文家，著有《柏梘山房文集》。

初，紓與長樂高氏鳳岐〔一〕、而謙、鳳謙敦兄弟歡〔二〕，鳳岐、而謙歷佐山東諸侯幕有聲〔三〕，與紓相引重。而謙摯友王壽昌，精法蘭西文，紓與同譯《巴黎茶花女》小説行世，中國人見所未見，不脛走萬本。既而鳳謙創商務印書館，則約紓專譯小説，歲若干萬言，前後都百餘種。畏廬詩文稿洎各雜著，亦代印代售，分館百十處，風行便利焉。紓迻譯既熟，口述者未畢其詞，而紓已書在紙。能限一時許就千言，不竄一字，見者競詫其速且工。然屬他文，亦坐此率易命筆矣。

性勤事不少休，賣文譯書外，肆力作畫。自珂羅版書畫盛行，雖家乏收藏，不難見古名人真迹。珂羅版者，西法用藥水傅玻璃照印，字畫毫髮不爽。紓用得飽臨四王、墨井、南田，上及宋元諸大家傑作，駸駸擅能品，沽者麕至，幀直數十餅金，紙絹塞屋，益以版税版權，歲入鉅萬。版税者，著作稿書坊代印，每部分其價十之幾〔四〕。版權者，以著作稿售書坊，每若干字價若干，他不問也。

〔一〕紓與長樂高氏鳳岐：「氏」下，《國學專刊》《福建通志》有「兄弟」二字。
〔二〕鳳謙敦兄弟歡：「兄」，《國學專刊》《福建通志》作「昆」。
〔三〕而謙歷佐山東諸侯幕有聲：「山」，《國學專刊》《福建通志》無。
〔四〕每部分其價十之幾：「其」下，《福建通志》有「售」字。

紓有書畫室，廣數筵，左右設兩案，一案高將及胷〔一〕，立而畫〔二〕；一案如常，就以屬文。左案事畢，則就右案，右案如之〔三〕，食飲外少停晷也。作畫譯書，對客不輟〔四〕，惟作文則輟。其友陳衍嘗戲呼其室爲「造幣廠」，謂動即得錢也。然紓頗疏財，遇人緩急，周之無吝色。中年喪妻，置一妾，多育男女，鍾愛少子，有不克家者。所著《文集》《續集》《詩存》，《左傳》《莊》《騷》、韓柳文各研究法，《畏盧筆記》，若干卷。

李葆恂

義州李君墓表〔五〕

陳三立

君諱葆恂，字文石，號猛庵，晚歲號鳬翁〔六〕，義州人。河南巡撫李公諱鶴年之第三子也。生

〔一〕一案高將及胷：「一案」二字，底本原脱，據《國學專刊》《福建通志》補。
〔二〕立而畫：「而」下，《福建通志》有「作」字。
〔三〕右案如之：「案」，《福建通志》作「畢」。
〔四〕對客不輟：「對」上，《國學專刊》《福建通志》有「雖」字。
〔五〕本篇載《散原精舍文集》卷十一。
〔六〕晚歲號鳬翁：「歲」下，《散原精舍文集》有「復」字。

五歲，即能作擘窠書。九歲，能屬文。十三，畢群經，兼覽流略百家之言。稍長，讀書巡撫官廨之偶園。著有《偶園小稿》《偶園讀書志》《偶園所見書畫録》《讀水經注志疑》諸書。一時通人老學，斂手驚服，君用所學名世基於此。

光緒十八年，許文肅公振禕爲東河總督，君既屢就舉不第，於是客文肅所，佐幕職，施政治河防，一倚任君。累勞保知府，擢道員，後發直隸委用。二十八年，湖廣總督張文襄公調入鄂。久之，忠敏公端方署總督，舉君應經濟特科，以母病不赴。母終服除，忠敏移督兩江，復奏調君至江南，委充湘鄂兩岸淮鹽督銷局員，恤商剔蠹，課贏金百數十萬。忠敏據入告，詔交軍機處存記。忠敏通雅好士，收置彝器瓌物、絹素舊迹甲天下，君前後爲題跋凡三百餘篇，忠敏嘆曰「錢竹汀後一人也」。蓋君之學宏綜而慎取，治經專《尚書》，治諸史殫精班氏；爲文承姚氏惜抱、梅氏伯言之傳，簡雅有法；詩效玉溪、涪翁，下逮元遺山；書則貫輸古今之能者，自成其體；旁及天象、輿地、梵典、繪畫、騎射、南北曲、彈碁之屬〔二〕，靡所不究；至金石摹刻、法書名畫，別其真贋，等差其優劣，獨具神解，匪徒引據浩侈、論列精確而已。當是時，績學嗜古、負鑒賞名海内者凡數輩，君幾掩其上。而嫻歌吟，擅文章，闚見古作者藴奧所在，契合於冥漠，益非諸家所能

〔二〕 彈碁之屬：「碁」，《散原精舍文集》作「阮」。

及也。

辛亥之難作，君避居南宫，尋就醫天津，疾稍間〔一〕，猶與吴侍郎重憙詩詞相酬唱，抒哀憤。乙卯八月卒〔二〕，春秋五十有七〔三〕，即以其月葬君燕王莊祖塋旁。

曾祖蔚秀〔四〕，庠生，妣高氏；祖諱維藩，禮部員外郎，妣楊氏。皆以君父巡撫公貴，贈如其階。妣樊夫人，生妣葉，亦用君貴，封夫人。娶徐夫人，生子放，度支部員外郎，劬學篤行，克續君志業。繼娶林夫人，無出。側室王孺人，生一女，未字。孫一人，曰辟兵。

君内行粹美，盡其性以事親，及於昆弟子姓。襟度蕭遠，挹之若不可窮。善談諧，或雜妖鬼幽怪〔五〕，使人意移而神悚。始余識君自大梁，俱少年耳。其後二十餘年，復稍游聚江海間。遭國變，遂不相聞。余以孤陋，於君博涉藝能類非所習，輒引爲愧。今當道銷雅廢、禍亂積而生人之趣盡，獨往往思對君説鬼少娱，四海一身，莫知死所之歲月，而已不可得，則信乎所稱吾無以

〔一〕疾稍間：「稍」，《散原精舍文集》作「少」。
〔二〕乙卯八月卒：「月」下，《散原精舍文集》有「七日」二字。
〔三〕春秋五十有七：「春秋」，《散原精舍文集》作「享年」。
〔四〕曾祖蔚秀：「祖」下，《散原精舍文集》有「諱」字。
〔五〕或雜妖鬼幽怪：「雜」下，《散原精舍文集》有「引」字。

爲質之，非過言也已。悲夫！

所著書有手寫《擊楫集》一卷、《讀畫詩》二卷、《然犀録》十卷，餘俱散佚，或毁於兵燹，爲孤子放所搜輯者曰《猛庵文略》二卷、《三邕翠墨簃題跋》四卷、《偶園讀書志》二卷、《猛庵雜著》二卷、《舊學庵筆記》一卷、《庚癸小草》一卷、《紅羸山館遺詩》一卷、《津步聯吟集》一卷。

陳作霖

江寧陳先生墓志銘〔一〕

陳三立

自余僑江寧，世所推汪先生士鐸歿已久，繼汪先生而起有聲者，猶獲接秦君際唐、鄧君嘉緝、顧君雲，及可園陳先生。二十餘年間，三君先後殂謝，獨先生醇德劬學，巋然繫東南之望，亂後人士，考道問業，依以爲宗。今年正月，先生年八十四，微疾卒。於是咸欷歔奔走相告曰：「吾鄉耆舊盡矣！」即余衰病踽踽，亦以無由踵見先生，爲居是邦之不幸也。

〔一〕　本篇載《散原精舍文集》卷十一，又收入《碑傳集補》卷五十三。

先生諱作霖，字雨生，號伯雨。世爲江寧人。年十五，補諸生。逢亂出走江淮間，旋舉光緒元年鄉試。三上禮部不第歸，益事撰述，浩然有終焉之志。凡省府縣志局、書院、學堂、官書局、官報局、圖書館之屬，先生皆互董其役，終其身，亦因以著書百數十卷，躋爲通儒。其最關鄉邦文獻，曰《金陵通紀》十六卷、《通傳》四十九卷、《先正言行録》四卷、《元寧鄉土志》六卷、《運瀆志》一卷、《鳳麓志》四卷、《東城志略》一卷、《物産志》一卷、《南朝梵刹志》一卷〔一〕，補逸表微，爲前人所未備，世尤稱之。餘所著，曰《文存》十六卷、《詩存》二十八卷、《詞存》四卷、《可園備忘録》四卷、《藏書跋尾》五卷、《養和軒隨筆》二卷、《炳燭里談》三卷、《一切經音義通檢》四卷。國變病盲〔二〕，猶口授兒孫〔三〕，成《瞽説》二卷。逾歲目復明，續成《壽藻堂外稿》二卷、《文集》二卷、《詩集》六卷，《歷代遺民傳》四卷、《可園詩話》八卷。

先生委己於學，日事撰著外，頗縱覽東南山水勝處以爲娱。爲人耿介特立，有媚婭列顯要相羅致，無能屈其志。氣貌温厚，接四方學子，寫誠盎然，所成就甚衆〔四〕。

〔一〕南朝梵刹志一卷：「一」，《散原精舍文集》《碑傳集補》作「二」。

〔二〕國變病盲：「變」下，《碑傳集補》有「後」字。

〔三〕猶口授兒孫：「孫」下，《散原精舍文集》《碑傳集補》有「輩」字。

〔四〕所成就者甚衆：此下，《碑傳集補》有「嗚呼！可謂守先而待後，嶢嶢自奮於百世者矣」十八字。

先生之世，曰邑增生祀鄉賢祠諱授者，曾祖也。祖諱維垣，内閣中書，記名軍機章京。父諱元恒，舉人，試用教諭。娶席淑人，繼娶趙淑人。子男四人：詒紱，通雅能傳其家學；詒禄，早卒；詒壽、詒謀。女三人，適龔肇新、孫啓椿、朱慶年〔一〕。孫五人。歲庚申某月日，葬先生某山某原，銘曰：

道汨世改，異説睢盱。虎踞之都，晚留魁儒。爬抉墳籍，滿家紛儲。旁記風土，英靈起予。挺立燼餘，商歌蘧廬。鍾阜副座，精魂吹嘘。仰止若失，考銘不誣。

葉德輝

郋園先生墓志銘〔二〕

許崇熙

先生姓葉氏，諱德輝，字奂份，號直山，一號郋園，長沙湘潭人。先世居吴縣洞庭西山，宋元

〔一〕 朱慶年：「年」，《碑傳集補》作「章」。

〔二〕 本篇刊於《遼東詩壇》第四十五期（一九二九），又收入《碑傳集補》卷五十三。

以來名卿間出。考諱浚蘭，候選直隸州知州二品封典，飭躬勵行，以豐其家。生子四人，先生居長。自少岸異，劬學不假師資。及冠，補府學生員。光緒乙酉，舉於鄉。壬辰，成進士，以主事用，觀政吏部。年裁三十，謁歸里居，奉親讀書，遺置榮利。戊戌政變將作，與王葵園祭酒訟言孔子改制之誣，幾蹈不測〔一〕。自是廟堂水火，舉國譁然，醖釀十餘年，遂有辛亥之變，先生與葵園皆於先一年以民變案牽連削籍矣。

壬子以後，不常厥居，北覽燕雲，東游吴會。藏書既富，著述滋多，雖在流離，卷不去手。嘗慨湖湘往時學者因沿明人習氣，好著議論，不究本源，雖擅淹通，益形固陋，故其爲學博大汪洋，靡測涯際〔二〕，而考訂精審，從不輕下己意，一時言古學者，翕然宗之，海内外無異辭焉。所著及校刻書凡數十百種，多以行世。

以丁卯三月初十日加申遇難卒，距其生同治三年甲子歲正月十四日，春秋六十有四。配勞恭人，前三十六年歿，遂不復娶。子三：啓倬、啓慕，其一下殤。孫五：運隆、運良、運恭、運儉、運讓。卜以今歲戊辰十一月十七日，奉葬南鄉爛泥衝金庭公山，啓倬來請銘。余少於先生九

〔一〕幾蹈不測：「蹈」，《遼東詩壇》作「陷」。

〔二〕「不究本源」至「靡測涯際」：「本源雖擅淹通益形固陋故其爲學博大汪洋靡測」二十字，底本原脱，據《遼東詩壇》及《碑傳集補》補。

齡，四十年來，誼兼師友，追維既往，悽切肝脾，蓋不忍銘，而又不忍不銘也，輒泫然爲之辭曰：

夫何兼人之異資，擁百城而一麾。霿雺四塞兮〔二〕，虺毒潛吹。鵩鳥來告兮，不省厥辭。公毋渡河兮，卒涉於危。胡大塊之不仁兮，生焉而復忌之。翳我生不爲惡兮〔三〕，善亦迄不可爲。過鸚鵡之芳洲兮，痛羽毛之摧頹。孕此恨以終古兮，逝遠追乎湘纍。山巍巍兮水瀰瀰，乘迴風兮載雲旗。有物紛綸乎斗牛之間兮，其下爲先生藏骨之隈。

葉郋園事略〔三〕

汪兆鏞〔四〕

葉德輝，字煥彬，號郋園，先世江蘇吴縣洞庭山人，自宋石林先生後，代有聞人。君少隨父客湖南，八歲入小學，十歲讀四子書畢，晚歸，父就所讀書擇《説文》所有字，教之識篆文，又日課

〔二〕 霿雺四塞兮：「霿」，《遼東詩壇》作「霧」。

〔三〕 翳我生不爲惡兮：「翳」，《碑傳集補》作「繄」。

〔三〕 本篇又載《郋園全書》卷首，題作「葉郋園先生事略」。

〔四〕 汪兆鏞：底本原署「失名」，《郋園全書》署「汪兆鏞纂」，據改。

以《資治通鑑》、朱子《名臣言行録》，時記性猶鈍〔一〕。光緒四年戊寅，年十五〔二〕，去而學賈，未三日，一夜仰卧，忽開悟，憶所讀書皆了解，試爲文，持以質前塾師，極稱譽，於是重入學。辛巳，十七歲，讀書嶽麓書院，應課獲膏獎，積以購書籍。壬午，十八歲，濰縣曹修撰鴻勛爲湖南學政，考觀風，取童卷第一，稱其他日當以詩文名世。而於湖南無縣籍，業師徐峙雲湘潭人，介捐二百金入學宫，歸縣籍。甲申，考入縣學附生，學使即曹公留任也。明年乙酉〔三〕，鄉試中舉人。壬辰，會試中第九名貢士，殿試二甲，朝考二等〔四〕，以主事用，分吏部。是時湖南吏部無人者幾二十年，同鄉皆稱賀，君泊然也〔五〕。

旋假歸，長沙王葵園閣學先謙一見盛稱之，言：「吾在江蘇學政任内，成《皇清經解續編》千餘卷，感觸吾湘經學之陋，當編輯時，僅得船山諸書〔六〕，及魏默深《書》《詩古微》二種。猶未純粹，乃以曾文正公讀書日記析其讀經筆記，雜凑一家。生存人如胡元玉、胡元儀所著書亦録入，

〔一〕時記性猶鈍：此五字，《郋園全書》無。

〔二〕年十五：此三字，《郋園全書》無。

〔三〕明年乙酉：「明年」，《郋園全書》無。

〔四〕朝考二等：「考」，底本原誤作「等」，據《郋園全書》改。

〔五〕君泊然也：「然」，《郋園全書》作「如」。

〔六〕僅得船山諸書：「諸」，《郋園全書》作「遺」。

蓋不得已也。」歸田後，以提倡經學爲己任〔一〕。

巡撫義寧陳寶箴、學使元和江標，鑒於中日之役喪師割地〔二〕，倡言自强。適工部主事康有爲上萬言書，請變法，一時海内傾動，頗韙其言〔三〕。其弟子梁啓超，主講時務學堂。有爲向以膚淺今文經説，比附時事，陰行其删經亂政之邪謀。自啓超來湘，益散布其師説，君獨辭而闢之，時戊戌四月也。葵園邀湘紳十人上呈巡撫〔四〕，請退啓超。啓超入都，謀於有爲，加以阻撓新政之罪，矯旨令撫臣逮問。事正急，而德宗籲請垂簾聽政之旨下，乃免。事後，平江蘇輿裒輯所駁康、梁文，益以葵園與當道往來書札，爲《翼教叢編》一書。書至雲南，時曹公爲藩司，閲之大喜，語僚屬曰：「葉某，余在湘特拔士，今此編出，功不在孟子下矣。」是時朝廷厲行新政，部派調查新政、監理財政等官，絡繹來湘。君以憤時嫉俗之心，見朝使輒有風議。庚戌，米荒，巡撫楊文鼎假平糶名，貸洋款一百二十萬，畏其持異議，陰嗾鄂督瑞澂單銜指劾之〔五〕。

〔一〕以提倡經學爲己任：此下，《郋園全書》有「有書必就商之」六字。
〔二〕喪師割地：此四字，《郋園全書》無。
〔三〕頗韙其言：此四字，《郋園全書》無。
〔四〕葵園邀湘紳十人上呈巡撫：「巡撫」，《郋園全書》作「寶箴」。
〔五〕陰嗾鄂督瑞澂單銜指劾之：「單銜」，《郋園全書》無。

辛亥，武昌變起，湖南響應，江西、蘇、浙繼之，至冬而遜位詔下。壬子，丁父憂。秋間，黄興歸，當路迎至德潤門，改爲黄興門，道出其故居坡子街，并改爲黄興街。君命掃街夫撤去之，戲作《光復坡子街記》，語多諧謔〔一〕。當路憤甚，拘之至警廳，觀者千人，劫之出，護送至某洋行，乘輪舶避上海〔二〕，居半年始歸。丁卯，共産黨戕害之〔三〕，海内莫不痛惜。

所著有《天文本論語校勘記》一卷，輯《孟子劉熙注》一卷，蔡邕《明堂月令章句》一卷，《經學通詁》七卷，《説文解字故訓》三十卷，未刊。先刊《釋人疏證》二卷，《六書古微》十卷，《南北史勘誤》若干卷，《觀古堂所著書》若干種，都若干卷，《古器物銘釋文》四卷，《秦漢瓦當文字釋》一卷、《續》一卷，《鏡銘廣録》四卷，《古泉雜咏》四卷，《宋紹興秘書省收到四庫闕書目考證》四卷，《四庫全書版本考》二十卷，《書林清話》十卷，《觀古堂藏書目録》四卷，《郎園讀書志》四卷，《藏書紀要》一卷，《郎園書畫鑑藏記》四卷，《書畫寓目記》三卷，《游藝巵言》二卷，《銷夏百一詩》二卷，《觀畫百詠》四卷，《翼教叢編》六卷，《覺迷要録》四卷，《宋趙忠定别録》八卷，輯《趙忠定奏議》四卷。又刻《石林遺書》十一種，都三十七卷，附二種，都四卷；明葉紹袁《午夢堂

〔一〕語多諧謔：此四字，《郎園全書》無。
〔二〕乘輪舶避上海：「舶」，《郎園全書》作「船」。
〔三〕共産黨戕害之：「黨」下，底本爲兩空格，《郎園全書》作「肇亂」。

集》十二種，都十六卷，附刻《天寥年譜》二卷，《年譜外録》一卷，《甲行日注》八卷，《湖隱外史》四卷；葉燮《己畦文集》二十二卷，《詩集》十卷，《原詩》四卷，《殘餘詩》一卷，《汪文摘謬》一卷；葉舒璐《汾干詩鈔》四卷，葉舒崇《學山集》十卷，《石林遺事》三卷，葉小鸞《疏香閣遺録》四卷。已纂未刻者，《南陽碑傳集》十卷，《南陽祖庭典録》六卷，《述德集》六卷，《星命真原》八卷〔二〕。

〔二〕「所著書」至「星命真原八卷」：《郋園全書》作「所著有《周禮鄭注改字考》六卷，《儀禮鄭注改字考》十七卷，《禮記鄭注改字考》二十卷，《春秋三傳地名異文考》六卷，《春秋三傳人名異文考》六卷，《經學通詁》附《傳經表》《經學緒言》六卷，未刻。《孝經述義》三卷，《説文解字故訓》三十卷，丁卯年稿佚。輯蔡邕《月令章句》四卷，《古今夏時表》一卷，《天文本論語校勘記》一卷，《孟子劉熙注》一卷，《六書古微》十卷，《同聲假借字考》二卷，《釋人疏證》二卷，《説文讀若考》八卷，《説文籀文考證》二卷，《隋書經籍志考證》六卷，《漢律疏證》六卷，丁卯年稿佚。《山公佚事》一卷，《宋趙忠定奏議》四卷，《別録》八卷，《宋紹興秘書省續編到四庫闕書目考證》二卷，《四庫全書總目板本考》二十卷，定侯續編。《觀古堂藏書目録》四卷，活字刊印。《郋園讀書志》十六卷，《書林餘話》二卷，活字刊印。《書林清話》十卷，《藏書十約》一卷，《古器釋銘》二卷，未刻。輯《傅子》三卷、《訂誤》一卷，《鬻子》二卷，孫柔之《瑞應圖記》一卷，《郭氏玄中記》二卷，許慎《淮南鴻烈間詁》二卷，《淮南萬畢術》一卷，《星命真原》十卷，《郋園書畫題跋記》四卷，《寓目記》三卷，未刻。《游藝巵言》一卷，輯《晉司隸校尉傅玄集》三卷，《古泉雜詠》四卷，《消夏百一詩》二卷，《觀畫百詠》四卷，《和金檜門觀劇絶句》一卷，《崑崙皕詠》二卷，《南游集》一卷，《書空集》一卷，《歲寒集》一卷，《漢上集》一卷，《于京集》一卷，《還吴集》四卷，《北征集》一卷，《浮湘集》一卷，《山居文録》四卷，《北游文存》二卷，活字刊印。《疏香閣遺録》四卷，《翼教叢編》六卷，《覺迷要録》四卷，《明辨録》二卷，《輶軒今語評》三卷，板存思賢講舍燬。《南陽碑傳集》十卷，《南陽祖庭典録》六卷，《述德集》六卷。家刻有《觀古堂彙刻書》《麗廔叢書》《觀古堂書目叢刻》《雙梅影盦叢書》都幾百卷，《元朝秘史》十二卷，《辛丑消夏記》五卷，《唐人小説六種》，《朱氏遺札》一卷。其刊刻祖先諸集有《石林遺書》《午夢堂全集》《己畦詩文全集》《分干》《學山詩集》等書」。

鄭文焯

高密鄭叔問先生別傳〔一〕

孫雄

鄭君文焯，字俊臣，號小坡，又號叔問，晚年自署大鶴山人。先世居漢北海郡高密縣通德里，爲鄭康成之裔。九世祖國安，於清初鎮守關東海島，從龍有功，編入正黄旗漢軍籍。至君應光緒丙子會試，請冠本姓，遂姓鄭氏。曾祖鶴年。祖普安，本生祖普明。考瑛棨，官至河南巡撫，兼署河南、山東河道總督，世稱蘭坡先生。先生久宦秦、晋、豫數省，惠政及民，以餘事爲詩書畫，神趣天然，均極筆墨之妙，有「鄭虔三絶」之稱。君濡染家學，天資卓絶，幼即倜儻見志節，爲文有奇氣，課餘喜作繪事。蘭坡先生富收藏，君於六歲時見壁懸畫軸，即知臨摹；舞勺之年，輒以指作畫，凡花鳥、山水、人物，著手立就。

光緒乙亥，應順天鄉試，中式舉人，出崇文貞、毛文達諸公之門，房考則今太傅陳弢庵先生也。會試屢薦不售，遂絶意進取。愛吴中山水幽勝，客居三十餘年，歷爲撫吴使者上客，事必諮

〔一〕本篇載《舊京文存》卷八，又收入《碑傳集補》卷五十三。

而後行。光宣之交，陳伯平中丞啓泰尤相推重，每有酬唱，傾倒彌日，嘗與張次珊侍御仲炘言曰：「叔問所爲詞，雄厚之氣，直逼清真，時流無與抗手。此由詣力，心思都高人一等也。」中丞在蘇，創建存古學堂，按月校藝，延君爲都講大師，第其高下。碩彦通材，咸來捧手受業，君亦循循善誘，樂與有成。

辛亥國變，君年五十有六，愴懷身世，自比淵明，孤憤滿腔，悉於詞發之，因以「苕雅」名其集，藉寓不如無生之感。朱古微侍郎孝臧嘗爲刻《苕雅餘集》〔二〕，且作弁言，語極沈痛，足以傳君矣。其辭曰：「君以獨行之志，胥疏江湖，固墨墨以詞自晦者，至是而僅僅以詞顯歟！惟其名益高，其志益苦，其詣益進，而其遇益窮。豈詞果不祥之音，而於窮者尤驗耶？抑昔人所謂昌其身不若昌其文耶？夫士生晚近，負閎識絶學，久孤於世，無所放其意，則托諸微言，慢然事物之所感觸，於是繾綣惻怛以喻其致，幽噎凄戾以形於聲，横歌哭而變風謡，作者誠不自知其何心，至乃天宇崩析，彝教淪胥，竄羸行之軀，被佯狂之髮，茫茫慘黷，哀斷無生，向所爲長言嗟嘆之不足者，曾不得一咏摇焉。然則斯文之將墜於天，其以詞爲人籟而天者，動於幾之先歟？」

〔二〕朱古微侍郎孝臧嘗爲刻苕雅餘集：「刻」，《舊京文存》《碑傳集補》作「刊」。

君生於咸豐六年丙辰七月二十八日，卒於戊午二月二十六日〔一〕，年六十有三。夫人張氏，字眉君，熱河正總管毓泰長女，才茂德懿，工繪事，善鼓琴，静好相莊，終身無間，先君一月卒。子一，復培。女一，茂韶，適江北戴正誠。孫二，汝銘、汝鑑。

君於國變後，以越人術及鬻畫自給，清史館聘爲纂修，北京大學校校長某君聘爲金石學教授主任，君均忍飢不就，辭謝牋啓，傳誦藝林，有云：「故國野遺，蒿目世變，久甘頽放，何意皋比？業醫賣畫，老而食貧，固其素也。」所著書甚富，自寫定書目凡三十九種。生前已刊者，有《大鶴山房全集》，凡九種，曰《揚雄説故》一卷，曰《高麗永樂好太王碑釋文纂考》一卷，曰《醫故》二卷，曰《詞原校律》二卷，曰《冷紅詞》四卷，曰《樵風樂府》九卷，曰《比竹餘音》四卷，曰《苕雅餘集》一卷，曰《絶妙好詞校釋》一卷。至詩稿若干卷，則君易簀後，戴君正誠檢其遺篋，校定付刊者也。戴君尚欲蒐輯軼稿盡刻之，又爲君編次年譜若干卷。

舊史氏孫雄曰：光緒庚寅、辛卯間，余往吴門謁俞曲園、陸筠孫兩師〔二〕，嘗於琴歌酒賦間，觀君言論風采〔三〕。甲午初夏，余與張子馥同年祥齡同入詞館。子馥，君之摯友也，憶於宣南旅

〔一〕卒於戊午二月二十六日：《舊京文存》《碑傳集補》作「卒於共和七年戊午夏正二月二十六日」。

〔二〕陸筠孫兩師：「筠」，《舊京文存》《碑傳集補》作「雲」。

〔三〕觀君言論風采：「觀」，《舊京文存》《碑傳集補》作「親」；「風」，《舊京文存》《碑傳集補》作「丰」。

舍，篝鐙話雨，三復君與子馥酬唱詩詞，輒爲神往。自時厥後，余以南人而久羈燕趙，君以北人而久客句吴，蹤迹遂不得合并，信乎友朋離合聚散之緣，亦有數焉。今俞、陸兩師與子馥同年，墓草均久宿矣。比歲浮沈人海，與君之女夫戴君正誠字亮集者，聯吟結社，因得讀《大鶴山房全集》，及題冷紅簃填詞圖卷。亮集輯君年譜既脱稿，又屬余點定，且乞弁言。棖觸前塵，感愴身世，不覺百端之交集矣。君於晚歲鬻畫、行醫，時時往還蘇、滬間〔二〕，勞勞於淵明所謂「傾身營一飽」者，後卒憔悴以死，良可憫嘆。然君文章風誼，卓然獨有千秋，黍離萇楚之泪，時時流溢於楮墨間，固已合於古人立言不朽之旨。蓋其囊括經典，删裁繁蕪，尤足步武康成〔三〕，而井中《心史》，俟知己於百世，亦堪媲美所南而無愧也。君多才多藝，凡訓故、考據、詞章之學，以及音吕、醫經、氣緯諸秘籍，與夫金石、書畫鑒賞，無一不精。兹均不論，論其志行及忠憤之寄於文辭者，次爲别傳，以答亮集之雅命，且即以爲年譜之序云。

〔二〕 時時往還蘇滬間：「還」下，《舊京文存》《碑傳集補》有「於」字。
〔三〕 尤足步武康成：「尤」，《舊京文存》《碑傳集補》作「允」。

顧麟士

元和顧隱君墓志銘〔一〕

章鈺

鈺與鶴逸顧君同里同庚，以名志相好者數十年。宣統辛亥後，鈺漂泊北中，三次返里，輒握手苦語，不忍遽別。私擬少完塵累，從君爲物外之游，君竟先我逝矣！執筆志君墓，萬感紛來，蓋幾幾不能舉其詞也。

君諱麟士，字謌一，號鶴逸，自署西津，或署筠鄰。元和顧氏先世，詳馮中允桂芬、王樞部頌蔚撰兩代墓志。父諱承，晚號樂全，子四，君其第三子也。祖庭艮庵先生，以文章、經濟爲道光後吾吴泰斗。厥考繩之，尤以善怡其親聞。君體幹秀偉，妙於語言，秉不世出之天資，上綿家學，鴻雅爲同輩推服。中年以後，昆季多物故者，家政集於一身，於人世情僞更無所不習。綜覈一生，盡理盡倫，殆無虧缺。晚遘海桑之際，時風衆勢格不相中，門户之負荷至重，大懼及身而

〔一〕本篇載《四當齋集》卷八，又墓志拓片載《北京大學圖書館藏徐國衛捐贈石刻拓本選編》及《新中國出土墓志·江蘇〔壹〕常熟》，題下均有小字注「并序」二字。

隳之，拮据揞拄，歷有年所。大命既訖，則歸覲先人，冀告無罪。回曲隱軫之志事，誰則喻之？宜乎海内談者，僅僅以畫名屬君也。

君未冠，一應童子試，見有老學跪請易所污卷者，堂上厲呵之，兩鄙所爲，遂謝舉業。天性於畫學爲近，髫齡隨長者自鄉祭埽歸，即屏坐空齋，揣寫所見。樂全翁故善六法，擩染也早，過雲樓藏名迹至富。稍長，益取徑明賢，上規宋元，又兼綜於國初六家，寢饋以之，自成高格。光緒中葉，怡園爲勝流所集，月開畫社，群推君執牛耳。既傾乾蔭，孝事母朱太君，不忍遠離，以烟墨娱親，至逾艾齒。感夫昔人行萬里以恢畫境之説，特構崇臺，望雲物以資變化。負郭佳山水，靡不蒐討，尤矜異天池一峰，有趙寒山券隱之志。性情所寄，清敻軼俗。平日持論，於神、妙、能、逸四品之外，特標仙品一目。仰屋茹毫，心焉赴之。以故天人并到，翕然衆口，走書幣乞請者，遠及海東。聰明日力，消耗其中，晚歲亦復告倦，而無以謝絶。天挺雅才，遂爲有清一代藝苑傳人之殿，非一人之私言也。世以鑒賞名家，踵門如市。君矯時俗重畫輕書之習，凡先哲翰墨，尤所甄采。又好版本之學，宋元舊槧及老輩遺著，悉懸金求之，蓋善承先緒，而旨趣益遠矣。其待人也，一技之長，必予獎借。我館我殯，視爲當然，耻爲標榜之行。或諷君作汗漫游，爲收名計者，一笑謝之。當世風日下之秋，而獨敦古處，大率類此。於方劑、營造、種蒔、雕刻諸藝，均具神解，則君之餘事也。

生長鐵瓶里第，垂老避囂，居城西别墅。旋得中風證，東人有越海來問疾者。殗殜半年，遂以不起，遺命以僧服、道人鞋斂。志署隱君字者，體君志也。生同治乙丑六月庚戌，卒今夏正庚午四月丁卯，壽六十有六。元配氏謝，繼配氏潘，女有士行，三黨賢之。子五：長則明，殤；次則久；三則揚；五則奐；第四子則堅，傳君畫學，先君一年卒。女四：長殤；次適李文錦；三適陸欽寶；四殤。孫九，孫女十。著有《因因庵石墨記》，未成；成者，《續過雲樓書畫記》《鶴廬畫識》《鶴廬畫趣》三種，藏古印尤夥，輯《甄印閣印譜》，均待刊；刊行者，爲《鶴廬集帖》若干卷。

來歲辛未二月，則久等將葬君西津橋生壙，郵狀乞銘。鈺初聞君喪，即草一誄哭之，傷心之故，不忍再述，特揭君生平大要，書諸貞石，後有續蘇賢小記者，庶有考焉。銘曰：

玉山風流，今云徂乎。抗心希古，君其徒乎。俟齋不寐，光我吴乎。蘭薫雪白，德豈孤乎。荒荒舊夢，其唐虞乎。衆人不識，列仙儒乎。鶴乎鶴乎，遨清都乎。九京可作，吾言誣乎。嗚呼！

吴俊卿

吴先生行述〔一〕

王賢

先生諱俊卿，字昌碩，晚以字行。姓吴氏，世居浙江安吉鄣吴邨。明弘治中，分置孝豐縣，邨隸之，而仍舊籍。文學行義著聞先世。曾祖諱芳南，國學生。祖諱淵，舉人，浙江海鹽縣學教諭。祖妣章恭人、李恭人、〔二〕嚴恭人。考諱莘田〔三〕，舉人，截取知縣。妣萬恭人。先生以道光二十四年八月一日生。自幼穎異，服長上之訓，嚴恭人鍾愛之。迨就傅，經史而外，益孳討形聲故訓之學。性不好弄，獨好刻印，誦習餘暇，輒礱石從牖側無人處鑿之，束於程課，不敢竟學。

弱歲值洪楊之亂，廣德既陷，進犯孝豐，邨之族數千死亡流離無算。先生展轉窮谷中，歲又大饑，瀕死者數矣。亂平，僅奉知縣公還。知縣公續娶楊恭人，未久而歿，先生哀慟慘怛，益念嚴恭人、萬恭人殉難事，中夜傍皇飲泣，不得成寐。

〔一〕本篇載《吴昌碩先生遺作集》卷首。

〔二〕祖妣章恭人李恭人：「章恭人李恭人」六字，《吴昌碩先生遺作集》無。

〔三〕考諱莘田：「莘田」，《吴昌碩先生遺作集》作「辛甲」。

壯歲服官江蘇，由佐貳叙勞，累轉至直隸州知州。生平忠愛根於天性，每值時變，輒咨嗟扼腕，若有促迫於後者[一]。甲午中日之役，吴中丞大澂出師榆關，奏調先生贊畫軍事。先生被命即行，親友沮尼，不以自餒。嘗任安東縣知縣，一月謝去。蓋先生自成諸生，即倦意進取[二]，爲貧而仕，非其志也。

居恒肆力文藝、書畫、刻石，皆自辟户牖，而隱合於古。師友往還，有楊峴見山、施浴升旭臣、譚獻仲修、吴雲平齊、吴大澂清卿、潘祖蔭伯寅、任頤伯年諸先生。證嚮探索，學日益進。顧絶不以此自多，與人語，則曰：「我無好，我無能也。」夙昔不治生産，自解組歸，寒素猶昔[三]，盎無見糧弗問也。辛亥而後，伏處海濱，藉粥藝自贍給，年已七十矣。後十載，上頒「福」「壽」二字賜之。先生感念時局，益托於歌詩，以抒悲憤。性故澹退，窮達得喪，從不措意，獨其傷時憂國、危疑耿耿之意，雖老矣猶無能一日以釋也。晚病重聽，不復與聞世事，故人弟子朝夕過從，往往語蟬嫣不倦。

[一] 若有促迫於後者：「於」下，《吴昌碩先生遺作集》有「其」字。

[二] 即倦意進取：「取」，底本原作「去」，據《吴昌碩先生遺作集》改。

[三] 寒素猶昔：此下，《吴昌碩先生遺作集》有「端居杜門，日與配施恭人摩挲金石，以爲娱樂」十八字。

七十後，名益盛，書畫流傳遍於國内外。日本士大夫至輦金求之，東瀛三島得先生單縑片紙[一]，珍若璆璧。嘗爲先生範金鑄像，置之西湖孤山。先生天性最摯，厚於待人，粥藝所得，貧交親屬時時得被沾溉。楊見山從嗣陵夷[二]，則爲修理其墓道；沈石友先生殣死，則爲刻其遺詩。其篤親不遺故舊，大率類此。人謂先生書過於畫，詩過於書，篆刻過於詩，德性尤過於篆刻，蓋有「五絶」焉。識者以爲實録云。

春秋八十有四，以丁卯十一月六日卒。門弟子上私謚曰貞逸先生。所著有《缶廬詩》若干卷，《缶廬别存》一卷，《削觚廬印存》若干卷。子三[三]：育、涵、邁。[四]

[一] 東瀛三島得先生單縑片紙：「三」，《吴昌碩先生遺作集》作「之」。

[二] 楊見山從嗣陵夷：「山」下，《吴昌碩先生遺作集》有「先生」二字。

[三] 子三：此上，《吴昌碩先生遺作集》有「初聘於章，未娶殉難，先生迎其柩歸。配施恭人，前先生十年卒。恭人生男」二十八字。

[四] 育涵邁：此下，《吴昌碩先生遺作集》有「先生兩兄皆殉難，先生命以育、涵分後之。育早卒，先生命立涵之子志洪爲之子。涵前先生五月卒。女子子一，適歸安邱培涵。孫一，志源。章、施二恭人前葬障吴邨之鳳麟山，以道路之僻左，將爲先生别營兆葬焉。賢事先生有年，知先生最詳，不揆檮昧，輒爲撰次行義如右。文儒鉅子幸垂鑒焉。門弟子王賢謹述」。

安吉吴先生墓志銘〔一〕

陳三立

丁卯歲之十一月〔二〕，安吉吴先生卒於滬上，居滬士大夫與其舊游諸門弟子〔三〕，及海東鄰國游客、僑賈慕嚮先生者，類相率奔走吊哭。蓋先生以詩畫篆刻負重名數十年〔四〕，其篆刻本秦漢印鉥，斂縱盡其變，劖鑱造化，機趣洋溢；書摹《獵碣》，運以鐵鈎鎖法；爲詩至老彌勤苦，抒攄胸臆，出入唐宋間健者；畫則宗青藤、白陽，參之石田、大滌、雪个〔五〕。迹其所就，無不控括衆妙，與古冥會，刻落臼窠，歸於孤賞。其奇崛之氣，疏樸之態，天然之趣，畢肖其形貌、節概性情以出〔六〕，故世之重先生藝術者，亦愈重先生之爲人。

先生諱俊卿，字昌碩〔七〕，後以字行，缶廬、苦鐵咸所自號，浙江安吉人也。少遭寇亂，所居村

〔一〕本篇載《散原精舍文集》卷十五。

〔二〕丁卯歲之十一月：「月」下，《散原精舍文集》有「六日」二字。

〔三〕與其舊游諸門弟子：「舊游」，《散原精舍文集》作「游舊」。

〔四〕蓋先生以詩畫篆刻負重名數十年：「詩」下，《散原精舍文集》有「書」字。

〔五〕雪个：「个」，《散原精舍文集》作「箇」。

〔六〕畢肖其形貌節概性情以出：「性情」，《散原精舍文集》作「情性」。

〔七〕字昌碩：「昌」，《散原精舍文集》作「倉」。

屠殺編户幾盡。祖母氏嚴，母萬氏〔一〕，并弟妹及聘妻章氏，皆殉之。先生侍父轉徙，亦屢脱於瀕死，由是茹痛習苦終其身。既補諸生，貧困甚，乃出爲小吏江蘇，尋晋直隸州知州，攝安東令，一月即謝去。久留吴會，盡交當世通雅方聞擅藝能之彦，於楊叟峴、任叟頤磋磨尤篤。晚歲轉客滬上〔二〕，藝益進，名益高，日本人士争賨其所製，挹其風操，至笵金鑄像，投置孤山石窟游觀勝處〔三〕，前此遇中國名輩所未有也。先生内峻潔而外和易，灑然品象之表〔四〕，别藴神理。老病聾，然接對賓友，恣談不倦，復數結侣入歌場，危坐端視，默揣節奏低昂，曲終而後去。既鬻藝播聞海内外，求索者相屬不絶〔五〕，先生不憂貧，遂時推所獲恤交游戚黨。客有過述市人鑒賞擇取，類以耳爲目，頗怪之，先生笑曰：「使彼果皆用目者，吾曹不幾餓死耶？」雖戲語，亦可窺見先生不自護其能而矜所長也。

〔一〕母萬氏：《散原精舍文集》作「母氏萬」。
〔二〕晚歲轉客滬上：「滬上」，《散原精舍文集》作「上海」。
〔三〕投置孤山石窟游觀勝處：「窟」下，《散原精舍文集》有「爲」字。
〔四〕灑然物象之表：「物」，《散原精舍文集》作「品」。
〔五〕求索者相屬不絶：「不」，《散原精舍文集》作「弗」。

先生卒年八十有四歲[一]，壬申某月日[二]，葬杭州唐棲之超山[三]。曾祖諱芳南，國子監生。祖諱淵，舉人，官海鹽教諭。考諱辛甲[四]，舉人，截取知縣。所聘章恭人已死寇難，乃娶施恭人，精勤慈儉，能佐先生成其志，前先生十年卒[五]。子育、涵、邁，女一。育殤；涵出爲從父後，能刻印與繪事；邁及女并工篆隸，互傳先生一藝以自名[六]。著《缶廬詩》若干卷、[七]《別集》若干卷、《缶廬印存》若干卷。先生卒之歲逢重九，尚集群流爲登高之會，酒罷揖別先生層樓上，對之悚然，若古木，若瘦藤、寒石，縹緲出霄光霞氣中也。未幾而先生死矣。銘曰：

古有絶藝群所宗，雜糅蕃變尊養空，靈精出躍與天通。山海四照一禿翁，濯溉培根插鴻濛，駢羅朱實燦而豐，光氣騰耀搏桑東[八]。浩浩盤拏萬怪胸，獨立隻手擲虬龍，奏刀弄筆奪化工。

[一] 先生卒年八十有四歲：「歲」，《散原精舍文集》無。

[二] 壬申某月日：「壬申」，《散原精舍文集》作「明年」。

[三] 葬杭州唐棲之超山：《散原精舍文集》作「歸葬先生湖州某鄉某原」。

[四] 考諱辛甲：「甲」，底本原誤作「田」，據《散原精舍文集》改。

[五] 前先生十年卒：「先生」，《散原精舍文集》無。

[六] 「子育」至「以自名」：《散原精舍文集》作「所出子，曰育，殤；曰涵，曰邁。女一，烏程邱培涵其婿也。涵擅刻印與繪事，前先生五月卒。邁及女并工篆隸，互傳先生一藝以自名。孫三人」。

[七] 著有缶廬詩若干卷：「著」，《散原精舍文集》作「所著有」。

[八] 光氣騰耀搏桑東：「搏」，《散原精舍文集》作「扶」。

襟抱恢疏誰與同，超世奮翮謝樊籠，國能不滅訊無窮。

安吉吴先生墓表〔一〕

馮幵

先生諱俊卿，字昌碩，晚以字行，安吉吴氏。世居縣西彰吴邨，明弘治中，析置孝豐縣，邨隸孝豐，籍仍其舊。潛德懋學，嬗聞家牒。粵寇之難〔二〕，鄣吴舉邨被屠〔三〕。祖母嚴、母萬、娉妻章及弟妹，并就夷殲〔四〕，吴氏不絶，裁比懸髪。先生奉父流轉，飢餓窮谷，幸脱於死。亂定成諸生。追惟家難，趯若在疚，紛華之念，消沮幾盡。中歲貧不自周〔五〕，不得已，試吏江蘇，敘勞累轉至直隸州知州，宰安東一月謝去〔六〕，捐勢削迹，自此遠矣。

〔一〕本篇載《回風堂文集》卷四。又有《于右任書吴昌碩墓表》（下簡稱「于右任書本」），題下署「慈谿馮幵譔文，三原于右任書丹，餘杭章炳麟篆額」，末署「門人周梅谷刻石」。

〔二〕粵寇之難：于右任書本作「洪楊之役」。

〔三〕鄣吴舉邨被屠：「被屠」，于右任書本作「熸焉」。

〔四〕并就夷殲：于右任書本作「與兹墋黷」。

〔五〕中歲貧不自周：此上，《回風堂文集》、于右任書本有「偃蹇」二字。

〔六〕宰安東一月謝去：「宰」上，《回風堂文集》、于右任書本有「守」字。

夙耽文藝〔一〕，兼擅治印，盤盂鼎碣，沈浸追琢〔二〕，恢恢游刃，冥合秦漢，孤文小石，獲者矜異，等於璆璧。先生之書，入方出員，肅若栗若，籀篆隸草，靡不賅贍。先生之畫，渾噩俶詭〔三〕，獨闢隅奥，千紾萬變，無迹可躡。既返初服，裴回吴越間〔四〕，齎金求索，踵趾錯集，森然起例，義取無忸，親戚義故，推贍指肘。七十而後〔五〕，東瀛僑士〔六〕，欽其才品，爲冶金造象龕，置西湖孤山之麓。過其下者，留連嗟慕，增成故實。先生器情寬博，不有其能，深執謙退，與物無競。自更國變〔七〕，逡循辟地〔八〕，惟與流人野老，舂容瞻接，時政升降，略不挂口，屬病重聽〔九〕，樂於自晦。雖賓坐周旋，小乖應對，而意色冲然，莫測所藴。生平慼槩〔一〇〕，一抒於詩，幽搜孤造，深入其阻。晚

〔一〕夙耽文藝：「耽」，于右任書本作「妣」。
〔二〕沈浸追琢：「追琢」，于右任書本作「淬厲」。
〔三〕渾噩俶詭：「俶」，《回風堂文集》、于右任書本作「諔」。
〔四〕裴回吴越間：「裴」，《回風堂文集》作「徘」。
〔五〕七十而後：此下，《回風堂文集》、于右任書本有「光名彌著」四字。
〔六〕東瀛僑士：「瀛」，于右任書本作「國」。
〔七〕自更國變：于右任書本作「自辛亥後」。
〔八〕逡循辟地：「循」，《回風堂文集》、于右任書本作「遁」。
〔九〕屬病重聽：「病」，于右任書本作「疾」。
〔一〇〕生平氣槩：「槩」，于右任書本作「慨」。

年屬思益勞，片辭涵揉，恒至申旦。家人微止之，則曰〔一〕：「非鬱胡申，非茹胡吐，吾自渫所不甘，何云苦也！」

春秋八十有四，丁卯十一月六日，告終上海寓邸。哀問乍布，遐邇悼嘆。及門弟子，洽度典則，相與著謚曰貞逸先生。含章抱節，騫然遐舉，彰德旌行，不亦審乎！所著詩歌序跋，綜爲《缶廬集》十一卷〔二〕，外集如干卷。

曾祖某，祖某，父某〔三〕。配施恭人，率素靖簡〔四〕，有高世之志，金石證繇，同心黽勉，式好偕隱，華首不渝，先十年卒。男子子三，曰育，殤；曰涵，出後從父；曰邁。女子子一，適烏程邱培涵先生〔五〕。

卒前數月，嘗游唐棲超山，玆地有唐玉潛之遺風，巖棲谷汲，民物隱秀。先生樂其高勝，夷

〔一〕則曰：「則」，《回風堂文集》、于右任書本作「即」。

〔二〕綜爲缶廬集十一卷：「集」，《回風堂文集》、于右任書本作「詩」。「十一」，《回風堂文集》作「如干」。

〔三〕曾祖某祖某父某：《回風堂文集》、于右任書本作「曾祖芳南，國子監生。祖淵，舉人，海鹽教諭。父辛甲，舉人，截取知縣」。

〔四〕率素靖簡：《回風堂文集》、于右任書本作「簡靖率素」。

〔五〕適烏程邱培涵先生：「適」，《回風堂文集》、于右任書本作「歸」。

猶林阜，愴焉忘返。邁敬承先旨，謀兹靈宅，旋得吉兆，卜域斯定〔一〕。粵以壬申之春〔二〕，下窆封隧，永寧體魄，是用甄述景行，鐫石塋表，上質有昊，下辞無紀。

丁傳靖

丁君闇公墓志銘〔三〕

陳寶琛

宣統二年，朝廷召試舉貢，丹徒丁君闇公以江蘇首選上計，及禮部試報罷，士論惜之。余方長禮學館，薦爲纂修，禮稿多待君而定〔四〕。國變後〔五〕，丁巳，復來京師，與余過從加密。及余扈行朝之三載，君亦移家天津，游燕文談，無異都下。閲兩歲，君遽以微疾卒。

〔一〕旋得吉兆卜域斯定：《回風堂文集》、于右任書本作「旋得吉卜，兆域其定」。

〔二〕粵以壬申之春：「春」，《回風堂文集》、于右任書本作「冬」。

〔三〕本篇載《滄趣樓文存》下卷，又刊於《河南民國日報》副刊《庠聲》第十八期（一九三三年）。又載《闇公文存》卷首，題前有「清副貢」三字。

〔四〕禮稿多待君而定：「禮」，《滄趣樓文存》無。

〔五〕國變後：此下，《滄趣樓文存》《庠聲》《闇公文存》有「君司江南軍府記室。歲」九字。

君叔祖濂甫先生，與吾祖同鄉舉，又余鄉舉座師。君父教授公，本生父詹事公，世父京兆公，均與余同鄉舉，而余與詹事又同捷南宫，且同門焉。君言止端和，學誦淵茂，雅有先世遺風，尤精貫乙部之學，纂述至老不倦。所爲詩文，贍華典切，於剥復之交，辭義能持體要。長慶古風、四六文最爲世所稱頌。

君既自傷不遇，益於世寡合，顧獨與余親。余自還朝以來，疇昔知交凋零已盡，而所識世家後進，學行不失先輩矩度如君者，殆未獲其匹。不圖閔默餘生，反而哭君，追懷累世交親、比年蹤迹，蓋不勝悽愴悲惘也！

君諱傳靖，字秀甫，光緒丁酉副貢。同治庚午四月二十日巳時生，後庚午九月初十日午時卒。配劉孺人，先君十四年卒。君不再娶，自號「招隱行脚僧」，京口招隱寺側有君自卜之葬地。子三：沂、淇、瑗。孫五：永森、永齡、永選、永道、永邁，能世其家。今諸子將歸櫬與孺人合窆，屢來乞銘。銘曰：

京江丁氏澤未替，三世及君慳一第。蔚然文學軼先世，嶮立衰季行有制。豐髯溢尺色常霽，窮老賴此忘年契。大劫方急君遽蜕，羈孤失朋賸酸涕。迸哀納詩幽室閉，子孫秀發儻能繼。

石德芬

川邊道石君墓志銘

康有爲

康有爲曰：吾以布衣開堂講學，自番禺石君星巢爲之也。星巢受學陳東塾，博群書，通考據訓詁，能駢散文詩詞，尤精八股文，卅歲爲嶺表大師。粤號開堂授徒爲書館，吾少時，粤城館歲略三千，有大館、中館、蒙館，猶大、中、小學也。其蒙館讀經，徒十人以上。中館講經兼論文，則冠歲生廿人、卅人以上。其數十百人者，號大館，則有諸生達才長年者矣，全粤九十縣才俊萃焉。擁皋比者，必甲乙科宿儒，負八股盛名者。大中館連年講《四書》及一經，而以應制文爲主，輔以詩賦，皆咿唔求利禄也，學問止於是矣。然人誦儒先之言，士行先聖之道，窮鄉僻邑，多有人士誦經能文者，輔世長民，熏風俗，廣教化，豈非賴此學者哉？遍行省館無吾粤若。粤大館著録歲三四百人，鄉舉歲占半榜，則石星巢館冠粤人。且星巢能以考據、駢散文、詩詞誘士之敏慧好學者，粤士之登高第大位多出焉。

星巢歲講冬學，嘗請吾説詩，於是粤學者始來問學也。星巢世業鹽而多藏書，吾居西樵山時，游會城訪星巢論文，必假所未見書盈篋歸，讀畢還之再假焉。如是者累年，吾之博群書，星巢有力焉。及己丑，吾索米長安，星巢會試來，垂問勤勤，贈金而行。暨還粤十年，里巷過從至密。及戊戌吾官京師，星巢九上公車，與把酒蕭寺，縱談國事。既吾得罪亡海外，遂與星巢永訣，而未得少報。當同治癸酉，吾年十六赴試，星巢與戴文誠公并以冠歲登科，名籍甚。先祖連州公，頻舉星巢與文誠以相厲。及相見，星巢温文而美富，裘佩甚都，藏書滿家，風流儒雅，望若神仙中人。吾逋亡後，星巢由中書出宦於粤西、四川，久不相聞。暨辛亥川粤大亂，星巢棄官，故鄉不可還，居京師，星巢之門人梁士詒、周自齊、梁啓超皆貴用事，而星巢家五十口，舊業盡失矣。星巢乃布衣徒步授徒京師，月脩得卅金，而好酒高吟，蕭然自得，不染腥羶，雖管寧、陶潛豈有過焉！

當光緒二十八年，星巢以知府需次廣西，任政學、洋務、警察有聲。知思恩府，以剔弊鋤奸課最。移知鎮安府，繕城興學，清釐團卒，辦警察，植松及艾粉數萬株，以忤長吏劾罷歸，民多去思。趙爾豐督邊，檄充文案，及後路營務處，晨草羽書，宵籌軍畫，晝登山察形勝，有經營邊藏辦法十餘章皆施行。充督署禮科參事會議廳參事，補川邊道，而成都亂作。君往還川中，倉皇奔走，冒險生還，所藏皆散，衣食并缺。君高采薇之節。卒於庚申年正月初九日，春秋六十有九。妻盛夫人，孝恭能治家，先以光緒十九年二月二十二日卒，年三十有七，葬於廣州東門外戚旂村縠圍岩之原，君遺命以辛酉正月二十日合葬焉。所著書多佚，今存《惺庵詩詞》十數卷而已。

君名德芬，原名炳樞。曾祖廣平；祖琦；父永康，號撝庭，廣西補用同知。皆贈如君官。君子福熙、福籛、福綸、福恂來請銘，吾義不能辭，乃銘曰：

擁皋比爲粤大師，一麾出守布惠施。匹馬登山，晝藏事宜，倉卒歸來，衣露肘而苦采薇。徒衆鼎貴富不貲，先生索長安五升米猶苦饑。少年裘輕馬肥，垂老授徒誦孔日唔咿。此爲石大夫之豐碑，後世樵蘇勿及之。

馬其昶

學部主事桐城馬君墓志銘〔一〕

陳三立

君諱其昶，字通伯，晚號抱潤翁，姓馬氏，桐城人也。器幹沈凝，少劬學，習爲古文辭。既從同邑方存之〔二〕、吴至父，武昌張廉卿諸先生游〔三〕，文益工。及游京師，交鄭君東父、柯君鳳孫

〔一〕本篇載《散原精舍文集》卷十六，題作「桐城馬君墓志銘」。

〔二〕既從同邑方存之：「存之」，《散原精舍文集》作「柏堂」。

〔三〕武昌張廉卿諸先生游：「廉」，《散原精舍文集》作「濂」。

輩〔一〕，并進而治經，自兹始。君於學不務表襮，歸於自得，所治經尤邃《易》《詩》《書》。《易》宗費氏，《詩》宗毛氏，《書》宗《大傳》，旁列衆説，折衷去取，潛思而通其故，往往獲創解，爲前儒所未發。於爲文亦然，不逾鄉先輩所傳之法，而高潔純懿，醖釀而出，其深造孤詣，亦爲諸鄉先輩所互名其家者，莫能相掩也。始以諸生入資助河工，獎叙中書科中書，數應鄉試不獲舉，乃以其業教授，爲榆樹于公次棠〔二〕、合肥李公仲僊延課子弟〔三〕。主李公尤久，其子國松文章爾雅，最號爲能傳君學者也。前後復迭長廬江、桐城書院學校〔四〕，訓士輸新學，一歸本彝倫道德。當是時，君譽望日隆，嚮慕者衆，總督建德周公舉經濟特科，巡撫金壇馮公薦人才，寧州朱公薦碩學通儒〔五〕，皆未應。

宣統庚戌，始就學部聘，任編纂。既入都，會中外大臣前所薦人才有續至者〔六〕，吏部彙列奏

〔一〕柯君鳳孫輩：「孫」，《散原精舍文集》作「蓀」。

〔二〕爲榆樹于公次棠：「樹」，底本原作「林」，誤，據《散原精舍文集》改。「次棠」，《散原精舍文集》作「樾亭」。

〔三〕合肥李公仲僊延課子弟：「僊」，《散原精舍文集》作「軒」。

〔四〕前後復迭長廬江桐城書院學校：《散原精舍文集》作「前後復迭長廬江、潛川書院，桐城中學校、師範學堂」。

〔五〕寧州朱公薦碩學通儒：「碩學通儒」，《散原精舍文集》作「通儒碩學」。

〔六〕會中外大臣前所薦人才有續至者：「前」，《散原精舍文集》無。

聞，知友强君隨衆引見，遂授學部主事。丁國變，引去。〔一〕癸丑，主安徽高等學堂〔二〕。甲寅，又入都，主法政校務〔三〕，兼備員參政〔四〕。已而籌安會議更國體〔五〕，重君名，遣使⿰黑朋君爲助，陳説百端。君堅拒之，曰：「區區非能事二姓者也。」即日治裝歸。丙辰復入都〔六〕，應清史館總纂之聘，日疲撰述，績最著。久之病痺，乃還桐城。

越三年己巳十二月十四日〔七〕，卒於家〔八〕，春秋七十有五〔九〕。所著書，已刊行者曰《周易費氏學》《詩毛氏學》《禮記節本〔一〇〕》《中庸篇義》《三經誼故》《老子故》《莊子故》《屈賦微》《金剛經

〔一〕丁國變引去：此五字，《散原精舍文集》無。

〔二〕主安徽高等學堂：「堂」，《散原精舍文集》作「校」。

〔三〕主法政校務：「校務」，《散原精舍文集》作「學校教務」。

〔四〕兼備員參政：「政」下，《散原精舍文集》有「院」字。

〔五〕已而籌安會議更國體：「已而」，《散原精舍文集》作「會設」。

〔六〕丙辰復入都：「復」，《散原精舍文集》作「又」。

〔七〕越三年己巳十二月十四日：「十四日」，《散原精舍文集》無。

〔八〕卒於家：「家」，《散原精舍文集》作「里第」。

〔九〕春秋七十有五：「春秋」，《散原精舍文集》作「年」。

〔一〇〕禮記節本：此四字，《散原精舍文集》無。

次詁〔一〕》《桐城耆舊傳》《左忠毅公年譜定本〔二〕》《抱潤軒文集》，待刊者曰《尚書誼故》，清史儒林、文苑傳稿〔三〕，《桐城文録》《存養詩鈔》《佩言録》，《抱潤軒文續集》、筆記、尺牘〔四〕，都二十種三百餘卷〔五〕。

君爲人耿介和易，中不可犯，而不立崖岸，或涉偏宕之論、矯激之行，矜己而駴世。以東南用兵未已，故久羈京師，假爲避亂著書之所，柴立中央，與時推移，而孤狎萬古。不幸以病歸〔六〕，遂不起也。自邪詖交熾，陷溺人心，爲患烈且鉅，振古未有。大勢之所趨，固坐視無可如何，然猶冀一二魁儒老學，究聖哲之藴，持維防之的，本其醇意高文，漸被徒友，轉相移奪，徐待其定。故於君之殁，道術靡所寄，氣類日以孤，瞻四方，眷來者，愈有爚曜垂絶之懼也已。

君曾祖諱邦基，贈朝議大夫；祖諱樹章，太常寺典簿；父諱起升，議叙同知。初父命君祧

〔一〕金剛經次詁：此五字，《散原精舍文集》在「抱潤軒文集」下。
〔二〕左忠毅公年譜定本：「定本」二字，《散原精舍文集》無。
〔三〕清史儒林文苑傳稿：此八字，《散原精舍文集》無。
〔四〕抱潤軒文續集筆記尺牘：《散原精舍文集》作「《抱潤軒續集》《抱潤軒尺牘》」。
〔五〕都二十種三百餘卷：「二十」，《散原精舍文集》作「十七」。
〔六〕不幸以病歸：「歸」，《散原精舍文集》作「去」。

大宗，襲雲騎尉。父卒，遂辭爵與遺産，歸承本宗〔一〕，大宗別立後。配姚恭人，先君四年卒。側室劉氏、韓氏。子男四〔二〕：根碩〔三〕，前卒；根偉、根蟠〔四〕、根質〔五〕。女幾人，適某適某〔六〕。孫幾人〔七〕。君卒前兩歲，自定兆域，葬姚恭人兆右，以根碩祔。庚午三月，根偉等遂卜葬君於桐城北鄉阮莊之原〔八〕。其友陳三立者老矣，讀狀爲之銘曰：

聖哲遺緒，道挾文昌。世儒汩之，或潰厥防。嶽嶽先正，桐城舊鄉。中聲在懸，輩和鏗鏘。君殿末運，翕合逾張。君經有説，探微挈綱。魂精所闢，上燭穹蒼。揉播粹美，攄爲篇章。雲敷飆咽〔九〕，象緯低昂。控引萬靈，孤庇牆宇。亦游羿彀，迹拘志苦。道從隆污，不改風雨。隱禦披

〔一〕歸承本宗：「宗」，《散原精舍文集》作「生」。
〔二〕子男四：「男」，《散原精舍文集》無。
〔三〕根碩：此下，《散原精舍文集》有「劉氏出」三字。
〔四〕根蟠：此下，《散原精舍文集》有「韓氏出」三字。
〔五〕根質：此下，《散原精舍文集》有「劉氏出」三字。
〔六〕女幾人適某適某：《散原精舍文集》作「女七：長適方彥恂，次適張家騮，次適方時簡，次殤，均姚恭人出；次適方乘，次適蕭正業，次適姚震，均劉氏出」。
〔七〕孫幾人：《散原精舍文集》作「孫四，孫女三」。
〔八〕孤根偉等遂卜葬君於桐城北鄉阮莊之原：「根偉」上，《散原精舍文集》有「孤」字。「於桐城」，《散原精舍文集》作「葬所爲縣」。
〔九〕雲敷飆咽：「雲」，《散原精舍文集》作「霞」。

狷，孰窺肺腑。絶續攸繫，踣我教父。紹古掖今，詔式抔土。

章鈺

章式之先生傳〔一〕

張爾田

先師式之先生，章氏，諱鈺，字堅孟，又字茗理，别署曰蟄存，曰負翁，曰晦翁〔二〕，晚年自號霜根老人。其先出於閩太傅仔鈞，至先生三十八世。曾祖明芳，服賈於諸暨，始由越遷蘇之長洲，遂著籍爲其縣人。祖國彪，父瑞徵，隱德不仕。

先生生有異稟，事母劉太夫人以孝聞。幼即嗜書，家貧，父節衣食，爲購《日知録》《困學紀聞》令讀之。先生自謂生平學業之基，實肇於此。年弱冠，補博士弟子員，肄業於紫陽書院學古堂，稱高才生。己丑恩科中式舉人，名聞日劭，乃益下帷攻苦，聚書二萬卷遍讀之，尤長

〔一〕 本篇載《遯堪文集》卷二，又載《章氏四當齋藏書目》卷首、《史學年刊》第二卷第四期（一九三七年），均題作「先師章式之先生傳」。按，本篇傳後附顧廷龍按語，當録自《章氏四當齋藏書目》。

〔二〕 曰晦翁：「曰」，《遯堪文集》《章氏四當齋藏書目》《史學年刊》無。

於金石目録及乙部掌故之學。與人講貫，窮日夜不倦，從游者亦日衆。婁上春官，光緒癸卯始成進士，以主事用，籤分刑部湖廣清吏司行走。方是時，朝廷新罹庚子之禍，鋭意變法，士夫澆説，朋黨漸起，先生曰：「此豈吾仕時耶！」告歸奉母。既而大吏有知先生者，奏辦吳中學務，先生爲之擘畫區處，立初等學四十所，絃歌達於四境，士蒸蒸焉嚮風。歷南洋、北洋大臣幕府，以勞保加四品銜，調外務部。母服闋，始到官，充一等秘書，庶務司幫主稿，兼京師圖書館編修〔一〕。

辛亥國變，棄官從好，旅食於京、沽間。先生自以爲國事無所裨〔二〕，而文獻之寄，不可以無傳，即以讀書報三百年養士之澤。讀書不求善本，則郢書燕説，謬種流傳，爲學之大蠹。於是發憤遍校群書，取宋尤延之「飢當肉，寒當衣，孤寂當朋友，憂當金石琴瑟〔三〕」語，揭所居曰「四當齋」，日坐其中，丹鉛不去手。聞有孤槧異笈〔四〕，必展轉傳録。時流人居海上，多藏家，佐其鎡畬，見聞日富。蓋校讎之學，吳中最盛，顧、黄而後，先生承其緒，益恢而大之。凡人間未見之

〔一〕兼京師圖書館編修：「編」，《遯堪文集》作「纂」。
〔二〕先生自以爲國事無所裨：「爲」下，《遯堪文集》《章氏四當齋藏書目》《史學年刊》有「於」字。
〔三〕憂當金石琴瑟：「憂」上，《遯堪文集》《章氏四當齋藏書目》《史學年刊》有「幽」字。
〔四〕聞有孤槧異笈：此下，《遯堪文集》《史學年刊》有「不遠千里」四字。

書，經兵燹散出，及流傳海外者，比之珠船，一字千金。先生左右采獲，輔之以博學淵識，慎思詳擇，遂以發諸老先輩未發之覆。天不愛道，地不愛寶，亦其時然也。

所校讎中，《通鑑》正文，據宋本校出脱誤七千數百條，自爲之記曰：「有宋天台胡身之，身丁未造，避兵山岳[一]，前爲《資治通鑑》之作既毁[二]，乃復購他本，以成今日流傳之注本。惟胡氏所謂他本之外，就注文考之，有云蜀本者，有云杭本者，有云傳寫本者。後賢之爲《通鑑》學者，大都爲胡注匡益，於正文則尠致力。吾鄉顧澗薲序張敦仁《通鑑識誤》云，興文署本非出梅磵親刊，欲糾其誤，必資於興文本之上。今兩宋大字中字小字、附釋文未附釋文諸刊，即零卷殘帙，猶艱數覯。蓋舊槧之難得，而異文之待校，前人固有欲爲之而無從措手者。鈺自宣統辛亥以後，僑寄津郊，以校書遣日。江安傅沅叔得宋槧百衲本，約同用鄱陽胡氏翻刻興文署本校讀。上海涵芬樓有宋刻一種，出百衲本之外。明孔天胤刊無注[三]，源出宋槧。先後借校，始知張敦仁《識誤》及常熟張瑛《校勘記》，功未及半。辜較二百九十四卷中，脱誤衍倒，蓋有萬字以上；脱文五千二百餘字，關係史事尤大。桑海餘生，得見老輩所未見，爰手寫校記，編爲三十卷，讀

〔一〕避兵山岳：「岳」，《遯堪文集》《章氏四當齋藏書目》《史學年刊》作「谷」。

〔二〕前爲資治通鑑之作既毁：「鑑」下，《遯堪文集》《章氏四當齋藏書目》《史學年刊》有「撰著」二字。

〔三〕明孔天胤刊無注：「注」下，《遯堪文集》《章氏四當齋藏書目》《史學年刊》有「本」字。

涑水書或有取焉。」錢遵王《讀書敏求記》傳録本多舛誤，海昌管庭芬嘗有校本，未刻。先生據之，復根求原文所出，自史志及目録家言，可以參考者，合新舊所得又數千事，佚聞墜掌，粲然備具，名之曰「校證」。論者謂不獨有功管氏，且可以庀史〔二〕。《漢書·郊祀志》「毋令奸人有以窺朝者」，傳本皆是「者」字，先生得景祐本審視之，「者」實作「昔」，援《穀梁傳》莊七年「夏四月辛卯昔恒星不見」爲證，知「昔」「夕」古通，文義乃較傳本爲勝；《宋史》刻本疏漏，《孝宗紀》脱葉，盧抱經已補之，先生復從元至正六年本校出《田況傳》脱葉共四百字；《南齊書》則據蜀大字本補卷七第三葉、卷十六第十葉，糾明人修補本之繆脱，皆前人屐齒所未到者。其他所校薛居正《五代史》《契丹國志》《大金國志》《三朝北盟會編》諸大部鉅帙，丹黄叢雜，多未寫定。歲甲寅，清史館開，趙公禮聘先生爲纂修〔三〕，所修乾隆朝《大臣傳》《忠義傳》及《藝文志》又數十百萬言，稿藏於家。

先生與人和易，不爲厓岸行，而其中介然有以自守。當官則以經術潤飾吏事，侃侃焉不阿衆論。在部時，駁覆明儒湛若水及准元儒劉因從祀兩議，皆先生主稿，皆其學術命脉之所寄。

〔二〕 且可以庀史：「且」下，《遯堪文集》《章氏四當齋藏書目》《史學年刊》有「兼」字。

〔三〕 趙公禮聘先生爲纂修：「趙」上，《遯堪文集》《章氏四當齋藏書目》《史學年刊》有「館長」二字。

生平尤惓惓於故知，黄子壽，師也，身後爲輯刊其遺集；同好有以詩文相質者，雖片紙隻字必藏弆；於遺藎舊聞，故家善俗，不辭甄表。身既隱矣，絶口不挂世事，小雅匪風之思，宗周彼稷之痛，時時於詩篇中微發之。作爲文章，不名一家，而未嘗一詭於義法。間賦小詞，含思縣眇，讀之慨然想見其爲人。書入能品，晚年猶能作細字，求者填户牖。徒以運厄陽九，甘自堙晦，不欲大修襮於人人，而方聞亮節，屹然爲清末一代宗匠。異日者當與遺山諸賢同其論定，此固非爾田一人之阿言也。年七十有三，以疾考終於北都寓寢。彌留之際，口占庭誥，教誡諸子，遺命以故國冠服斂。嗚乎，可以知先生之志矣！

爾田從游最早，受知最深，同事史館且又十年[一]。嘗謁先生於燕座，先生從容謂曰：「我弟子衆多，然能文章者，惟子及金天翮；而知予之生平，尤莫若子。區區志行，不願供人描畫，我死當以傳相屬。」爾田垂涕不敢辭。

先生初娶於胡，繼配王，賢明能内助，以是得盡力於學。子四人：元善、元美、元群、元羲，皆材。諸子承母命，以先生遺書歸燕京大學圖書館保存，矜式後學，成父之志，尤足紀云。丁丑四月[二]。

[一] 同事史館且又十年：「且又」，《遯堪文集》《章氏四當齋藏書目》《史學年刊》作「又且」。

[二] 丁丑四月：「四」，《遯堪文集》《章氏四當齋藏書目》《史學年刊》作「十」。

按：先生別署甚多，曰長孺，曰孫闇，曰曙戒學人，曰老式，曰北池逸老；顔所居曰崇禮堂，曰茗理簃，曰不門齋，曰算鶴量鯨室，曰四當齋；鐫心印曰蔣山民[一]，曰積感之民，曰充隱，曰鷗邊，曰江南老教書：皆足見先生之志也。又譜名鴻鈺，一字汝玉，登賢書後即已不用，附志之。顧廷龍記。

王以慜

王夢湘墓志銘[二]

王乃徵

武陵王夢湘，余同年進士，國變後，伏居鄉里者十年。辛酉四月二十七日，以疾卒。遺命署碑毋以官位，曰「有清詩人王夢湘之墓」。將葬，孤子傳濂馳書來乞銘。

君諱以慜。曾祖諱和盛。祖諱德寬，由庶常改嵊縣知縣，遷濟南府同知，終刑部員外郎。

〔一〕 蔣山民：「民」，《章氏四當齋藏書目》作「傭」。

〔二〕 本篇載《病山文鈔》(《王乃徵詩文集》卷五，王承軍點校，中江縣地方志辦公室，内部資料，二〇一四年)，題前有「清詩人」三字。

長子曰成謙，舉人，官山東知縣，以戰功擢至道員，賞信勇巴圖魯，加布政使銜。次子曰成升，亦舉人，官山東知縣，回避改山西，卒，即君之父也。君生時，父夢神人授玉一方，曰：「此楚寶也。」六歲而孤，與兄以懃俱育於布政公。年十九，登同治癸酉科順天鄉榜，而布政公卒。兄登光緒乙亥榜，逾年亦卒。君失庇廕，門内多故，不得歸，乃以筆耕自給。嘗佐河帥及東撫幕。年三十六，成進士，授編修，充甲午甘肅鄉試正考官，官京邸八年，改江西知府，權撫州，及南康，補瑞州府。二年，而罹辛亥之變。

君爲人伉爽任氣，剛直不撓，善博辯，議論古今事，多有創解，於人鮮所屈服，尤謷訾當世諸新政。自早歲才名藉甚，一時英彦，樂與之交，顧少厄於家庭，繼久困公車。幸通籍，鋭意有所樹立，或居言官抒讜論，而耿介不能希世，無大力者之推挽。會取御史，復不用，因浮沈外吏以終。自言生四歲即每寂坐工愁，自是畢生在坎壈中，是殆與生俱來也。

君以無所適志，則一肆力於詩及詞，所自命甚厚。爲詩才思横逸，天骨開張，其持論專主學杜，而極詆詩人崇尚西江之弊。詞則規橅白石，務爲清邈。自少與龍陽易順鼎相唱和。性嗜佳山水，生長齊魯，攀躋泰岱，歷秦隴，南登羅浮，皆見於詩。及官南康，又嘗搉税九江，時時游廬山，探討幽險，人所未經，得詩數百首，爲《廬嶽集》三卷。所自刊有《蘖鄉詩存》正續集二十卷，《詞存》十六卷，世已多有。又喜集唐人句爲七律，其數四千二百餘首，分十集，各有標目，第十集曰《校拾集》，專集太白、少陵、長吉、義山四家詩，各一巨帙，已先刊。君耽此蓋數十年，巧合天然，讀者往往叫絶，自有集唐以來，莫之匹也。辛亥後，易名文悔，字古傷，吟事廢矣，猶選録古今人詩及詞若干卷，各有論列。夫以君志操卓然，且具過人之精力，使遇合於一時，必有名績可指數，垂耀於汗青者，而白首汩没於此，爲可悲也。抑昌黎氏稱柳子厚，所謂「不以彼易此」者耶？

君生於咸豐乙卯年六月四日，春秋六十有七。元配陳淑人，早卒，葬邑之方家山。繼配潘淑人，先二年以送岑氏女歸，卒於廣州。二子：傳經，陳淑人出，挑順天鄉試謄録，年逾冠而殁，娶婦朱氏，有子，亦相繼夭；傳濂，側室苗氏出。女五，嫡出各一，其三苗氏出。以某年月日，穿陳淑人墓葬君，并歸潘淑人柩祔焉。

始余官京師，所過從恒與君及同館江潛之、兵部王伯唐爲最習，蓋性不諧俗，四人若有冥契者。已而伯唐殉庚子之難，潛之改官江左，以悲憤得心疾卒，余與君皆哭之哀。自後宦轍離合，所與共悲愉相切者，獨有君耳。詎知今海枯石爛時又哭君而志其墓也！銘曰：

瀟湘之西，洞庭之側。孕精毓靈，終返其宅。有集長留，有石不泐。邈矣千載，報君抑塞。

楊守敬

楊守敬傳[一]

陳衍

楊守敬，字惺吾，湖北宜都人。同治壬戌舉於鄉，選黄州府儒學教授，官舍與東坡雪堂鄰，自號鄰蘇。光緒初年，隨大埔何如璋使日本[二]。時日本維新伊始，唾棄舊學書，所有善本，守敬賤價得之殆盡，滿載海舶歸黄州，有屋數十間充棟焉。久之，日人乃大悔。後四十年，其國岩崎文庫以日銀十一萬八千圓，購歸安陸氏之書二十萬卷有奇歸。島田彦楨作《皕宋樓藏書源流考》，猶述守敬事，以爲聊足報復云。

守敬治舊地理，早著《歷代地理沿革圖》《隋書地理志考證》行世，晚成《禹貢本義》《水經注要删》《水經注圖》《晦明軒稿》，以爲自來治《禹貢》諸家，於兩岐山、兩荆山、兩衡山、兩三危之類，往往强爲牽合，莫得要歸。實則冀州之岐在介休，雍州之岐在美陽；雍州之荆在懷德，荆州之荆在

[一] 本篇載《石遺室文續集》，又收入《碑傳集補》卷末。
[二] 隨大埔何如璋使日本：「大埔」，《石遺室文續集》《碑傳集補》作「香山」。

臨沮；荆州之衡爲岣嶁，導山之衡爲天柱；雍州之三危在敦煌，黑水之三危在鳥鼠之西。其他徐州有蒙羽，梁州又有蔡蒙；雍州有漆沮，兖州又有灉沮；梁州有沱潛，荆州又有沱潛；荆州有九江，導水又有九江；雍梁有黑水，導水又有黑水：皆異地同名，必溝而通之，終嫌扞格不相入。生平敝精力爲《水經注疏》一書，舉全、趙、戴諸家謬誤，摧陷廓清，無所於讓。方年六十餘，時常汲汲顧日影，慮不得上壽、不及成書。請其友人陳衍以子平法算之，衍謂可至耄耋，且曰：「君軀幹修偉，豐髯，聲如洪鐘，神似畫像毛西河、冒巢民兩先生，於相法亦當大壽。」則大喜。後十餘年，與衍相見京師〔二〕，則急出《水經注疏》稿本相質，曰：「吾書幸已成，多弟子熊生助屬稿。山東刻工廉，已半付寫定矣。」

此外精目録、金石之學，碑帖及宋元版古書，經考訂題跋、景摹上石付梓者，不可勝數。所成有《日本訪書志》《續寰宇訪碑録〔三〕》《留真譜》《錢録》。《留真譜》者，湖北手民技甚劣，守敬多方指教，刊本至能影宋元。於是四方精刊之本集於武昌，守敬各印其首葉，留以爲譜也。《古佚叢書》數十種，則遵義黎庶昌屬爲搜刻者。所見碑版既多，書法高古，融篆隸於行楷中，非貌爲六朝者所及，書名尤見重於日本。辛亥武昌兵事起，避地上海。上海寓公多賣字畫爲活，亂

〔二〕與衍相見於京師：「師」，《石遺室文續集》《碑傳集補》作「都」。
〔三〕續寰宇訪碑録：「續」下，《石遺室文續集》《碑傳集補》有「補」字。

後市者希，獨守敬曾一月售至一千四百銀圓，皆日本人之求之也。張之洞總督湖廣，聘主兩湖書院，勤成、存古兩學堂講席，充通志局編纂，奏保内閣中書，京師禮學館禮爲顧問。湖北巡撫端方喜搜求金石，非經守敬與義州李葆恂審定，則不敢信。

端方移撫江蘇，守敬子某以知縣往，需次，虧累巨萬，適守敬部選安徽霍山縣知縣，至欲垂老赴官，以廉俸代償之，否且鬻藏書。衍及其弟子陳毅力阻之，乃止。旅食上海，日益困，乃勉爲參政院參政。重聽，不良於行，自言耗國家養老之費，而已用不足，刻書無貲，謀以書鬻政府。方輦來京師，未成，忽無疾卒，年七十有六。

陳衍曰：同光以來，熟目録版本之學者，有桐城蕭穆、江陰繆荃孫；精金石考證之學者，荃孫、葆恂。守敬兼之。至地理之學，其所獨擅耳。守敬治舊地理，新化鄒代鈞治新地理，分教兩湖書院，楚有材矣。代鈞不及中壽卒，輿圖學會中道而廢，惜哉！

宜都楊先生墓志銘〔一〕

陳三立

宜都鄂之邊邑也，有楊先生，諱守敬，字惺吾，自號鄰蘇老人。以淹通閎博，善考證，精鑒

〔一〕本篇載《散原精舍文集》卷十一。

別，及工隸草諸體書，繫海内外之望，數十年巋然爲東南大師。其學擅輿地金石目録，著書數百卷，而於晚歲成《水經注疏》一書，尤勤畢生之力。文昌潘君存、上虞羅君振玉，推其糾正全氏、趙氏、戴氏之失，創獲而諦當，爲千載上下絶業，聞者以爲然，先生亦據以自憙也[一]。

先生生四歲喪父，稍長苦貧，祖父母命習賈，仍不廢誦讀。尋補縣學生。年二十四，舉同治元年鄉試，計偕入都，交潘君存、鄧君承修，學益進。與潘君尤契厚，自是每試主其家，共貨財。時就廠肆搜求群籍[二]、碑版、彝器、古印、古錢幣之屬，斐然志述作，名以大起。先生屢上禮部，終不第，乃從日本公使何君如璋，列僚屬，代者爲黎公使庶昌，留自助。黎公使文儒好事，因先生購求日本異書秘籍甚富[三]，遂圖輯刊其尤，校讎督匠役一付授先生。刊成，名《古逸叢書》，爲最善本者是也。

秩滿歸國，就黄岡縣學教諭，調黄州府學教授。時張文襄公督湖廣，便宜延先生都講兩湖書院，勤成、存古兩學堂，及充通志局編纂。未幾，偕巡撫端忠敏公舉應經濟特科，選霍山知

[一] 先生亦據以自憙也：「以」，《散原精舍文集》作「而」。
[二] 時就廠肆搜求群籍：「時」，《散原精舍文集》作「時時」。
[三] 因先生購求日本異書秘籍甚富：「購求」，《散原精舍文集》作「收購」。

縣〔一〕，不就。文襄復薦以内閣中書用。先生精力過人〔二〕，即假翰墨應四方求請，日不暇給。日本人士久引重先生，索先生書，誇視其國不絕，且越海投贄門下凡數輩。其書畫拓本所題記彙集盈尺，在客端忠敏所爲最著。

歲辛亥，武昌禍起，跳出走上海，鬻書爲活。久之，推參政院議員。先生遭亂，窮老無歸〔三〕，强入都，委蛇就列。議員資口辯〔四〕，務詰難，鋒出相長雄，次者亦稍攙説得失，或起立舉臂示嚮背。獨傳歷歲時，終始隱几，噤不發一語者，先生也。甲寅十一月卒，春秋七十六。

所著書又有《水經圖》《水經注要删》，他如《楷法溯源》《歷代地理沿革圖》《隋書地理志考證〔五〕》《禹貢本義》《日本訪書志》《續補寰宇訪碑録》《叢書舉要》《留真譜》《錢録》，類此者，已刊或未刊，不可勝紀。

祖某，妣某氏。考有純，妣某氏。娶李恭人，妾某氏。有三子，曰某、曰某，前卒；曰蔚光，

〔一〕選霍山知縣：「選」上，《散原精舍文集》有「部」字。

〔二〕先生精力過人：「過」下，《散原精舍文集》有「絶」字。

〔三〕窮老無歸：「無」下，《散原精舍文集》有「所」字。

〔四〕議員資口辯：議上，《散原精舍文集》有「故事」二字。

〔五〕隋書地理志考證：「考證」，《散原精舍文集》無。

江蘇候補知縣。孫幾人。歸葬先生縣城東龍窩祖塋，爲乙卯十二月。蔚光以余獲與先生游，請銘，追納諸幽。乃銘曰：

有儒屯蹇躍巖邑，綜貫藝文蹂載籍。媢古幽幽寫金石，圖經獨以精靈闢。鄽説晦昧繩其迹，歧出衆喙互辟易。孰尸功臣莫奪席，抱遺老學震海國。拗怒蛟螭竊筆力，書垂滿家此耆碩。生世不遭愈翕赫〔二〕，山川氣昌依安宅。

易順鼎

易君實甫墓志銘〔三〕

程頌萬

烏乎！易實甫，當世之仁人也。自少壯至於老死，一身以迄於家國天下，必孝以先之，忠以履之，廉以成之，晦以全之，博愛以容之，歌哭以遂之。蘄盡於人，以復於天。夫人於天，感而抑

〔二〕 生世不遭愈翕赫：「愈翕」，《散原精舍文集》作「聲愈」。

〔三〕 本篇末銘文載《軍事雜志》第三十四期（一九三一年），題作「易實甫墓志銘」。

者也；天於人，淪而戒者也。此才絶矣，庸可復生耶？

君諱順鼎，一字中實，湖南漢壽人。明萬曆中，諱相於者，自豐城來遷。曾祖諱正元，祖諱天成。父佩紳，優貢舉人，歷官頭等頂戴，江蘇、山西、四川布政使。三代贈如其官。曾祖妣穰，祖妣劉，妣蕭、妣陳，俱封一品夫人。君陳出也。

五歲，布政公剿陜賊，委家漢中。城陷，君爲僞啓王所獲，留賊中。轉徙至應山，遇僧忠親王兵擊賊大潰，君附難民奔僧軍。王詢其能書，抱置膝上指畫，對家世甚具。王大驚異，屬知縣朱半巖將護送歸布政公澧州軍次。方六歲，作《述難篇》，世稱爲神童。年十四，試冠軍，附邑庠，食廩餼。中光緒乙亥恩科舉人，納官刑部山西司郎中。時君詩已集行，才名震海内。六應會試不第，最後某總裁識爲君卷，故黜之。君乃改官河南候補道，總釐税、賑撫、水利三局，督修賈魯河工，充三省河圖局總辦，監戊子科河南鄉試。以進呈《三省河圖》，加按察使銜，二品頂戴。居二年，引歸，之廬山，築草堂於三峽澗，奉親往來江湘間。即張文襄公聘，分校兩湖經史文課。旋丁母憂，廬居滅性，乞食幾溺，涕泪如膏，遂號哭庵。

甲午，既祥，中東戰起，劉忠誠公奏調君出參戎幄。君承父命，墨絰往從。至京師，伏闕上書累萬言，略謂：「不患不出於戰，而患一戰之後，終歸於和；不患終歸於和，而患失戰與和之本。其要在先罰後賞，而先行於李鴻章，不以姑息愛之，乃可以保全其聲名，而收厚效。故有戰無和，戰正所以速其和；先罰後賞，罰正所以速其賞。」時論韙之。又陳管見十事，請赴前敵。在軍素食，哭泣無時。

乙未四月，和議割臺灣畀倭。君復詣闕上言，請罷和議、褫權奸、籌戰事，不報。乃乞忠誠予檄赴臺偵探，因要劉永福畀以四營守臺中。臺餉匱，君復渡海歸，謁江督張文襄公，乞款五萬，還臺致永福。出次厦門，策臺北士民獨立。而永福忽内渡，劉、張二公懼君違旨挑釁累己，延君父至鄂，堅命促歸。君之乞餉，乘筏出鹿耳門，颶浪壓空，椿天踴嶽，高下百變，飆掣霆吼，萬死垂睫。自念國難未紓，殉母亦所安也，遂冥坐誦佛號，浪不及衣，三晛而達輪舟，蓋若有神陰相云。

其年冬服闋，劉忠誠奏稱君性情忠篤，學識閎通，請破格録用。奉旨召對二次，皇太后詢江南近狀，奏稱「劉坤一大事不糊塗，朝廷緩急安危，終以老成爲可恃」；又稱「皇太后春秋漸高，皇上聖學無人輔導，聖躬無人保護，皇上爲天下主，上安則天下安，上强則中國强，願請以張之洞爲師傅」。皇太(皇)[后]頷之，交軍機處存記。

庚子，督辦江陰江防，旋赴行在，督江楚轉運，改駐陝。壬寅冬，簡任廣西右江道，調署太平思順道，駐龍州。時邊帥易人，於巡道權限防餉，多所齮齕，因陳督撫飭所屬修築民堡，量裁緑營，暫緩賭禁，以殺匪勢。復相詆詰，一不屈。龍州關税素絀，及君累贏月額，給邊防炮臺經費，前所未有也。表列所屬户口、荒賑、劫殺諸案，督領規劃，剿治撫循。甫及三月，邊氓漸安，而總督岑春煊遽以「名士畫餅」劾罷之。還潯，丁父憂，苫塊積苦風濕，病絶復蘇，奉父（櫬）〔櫬〕歸葬漢壽。

服闋，明年，詣都察院自呈被參冤抑，奉旨飭粤督查復得實，開復原官。戊申歲盡，授雲南臨安開廣道，旋調廣東欽廉道。及秋，署廣肇羅道，移高雷陽道。所在吏民稱頌。

辛亥秋，調省，莅香港。廣州變作，遁居滬上，貧不自聊。歲餘赴京師，食於印局參事。積感跅弛，顛倒歌哭，不知有生。凡所造什，裹憂割名，以自蜂其氣。其視當世人物貴賤、貧富、愚智、强弱、新故，不爲畦町；而接倡優，則如飲食不可廢。如是者八年，以庚申歲八月三十日亥時寢疾，卒於京寓，距生咸豐八年戊午九月初五日戌時，春秋六十有三。

惟君之才，沐日浴月，海涵地負，靡有際涯。而學綜百家，代取事據入文，頃刻萬有，造於自然。時若鬼爛神焦，光怪四出。曠古論才，惟太白、東坡可相上下矣。

嘗自述生平詩，所謂《四魂集》者，繫於國故爲多，而十頂之游，則青城、峨眉、終南、普陀、匡廬、泰岱、衡嶽、大潙、天童、羅浮，各爲一集。又言性癖山水，與婦人并重，得山水則屏婦人。靈襟微尚，有自來矣。大凡詩集七十二卷，詞集十卷，經史雜著二十三卷，《盾墨拾餘》六卷〔一〕。合

〔一〕盾墨拾餘六卷：「墨」，底本原作「鼻」，據易順鼎所著實際書名改。

倡和諸集，逾六十種，刊行者十八九。最後六年詩稿佚入他手，間見報刊。

惟君至行，於生死富貴略無矯求，信友誠而臨事勇，雖攖謗訕，不苟怨尤。艱貞鬱離，知止於機，可謂求仁得仁者矣。

配劉氏，景東劉某女，湖南巡撫毘女孫也，子殤。繼配沈氏，漢陽知府吴興沈保祥女，子殤。俱封夫人。妾王氏，子家鈇、家鉞、家鑄，鑄前卒。妾李氏，女適保靖瞿國憲。孫某某，女孫□人。以丁卯歲某月日，歸殯葬於漢壽□鄉□山之原〔二〕。余與君年家姻篤逾三世矣，昔君嘗寄詩，有「他年志墓要君文」之語。兹墓木且拱，而銘幽之文闕如，是吾責也。邇歲避地海上，君弟順豫、孤家鉞先後來，亟請踐銘。爰考摭行，爲之銘曰：

桓桓中興，赫赫湘儒。湖外三易，譬眉之蘇。厥考爲師，布政是施。賢王噢之，呼聖小兒。天才惟仁，配天以孝。晋雄唐重，緊君是效。惟孝克治，惟忠克諧。伏闕萬言，書焚不灰。持節黄河，同仇赤嵌。波濤罔礹，其仁巖巖。萬里投荒，儋南交趾〔三〕。宣我皇仁，實外生死。鼂掀柱折，無涯曷回。獨以詩贖，茫茫此才。乾邪坤邪，莫埋君痛。已矣毋尤，與來者共。疇知爾痛，

〔二〕歸葬於漢壽□鄉□山之原：「漢壽」，底本原作「漢陽」，誤。按，易順鼎墓位於湖南省漢壽縣，參見《湖南日報》二〇〇八年九月二十六日 B6 版《漢壽發現清抗日儒將易順鼎墓》，據改。

〔三〕儋南交趾：「儋」，底本原作「檐」，據《軍事雜志》改。

惟穹爾仁。一奩萬有，千齡隻身。懿彼首丘，象惟球㮰。我銘考之，萬古不剉。

馮幵

馮先生行狀〔一〕

沙文若

先生諱幵，字君木，浙江慈溪人也。吴越建國，有叔和者，自婺州來徙〔二〕，卅有二傳而至先生〔三〕。曾祖應翥。祖夢香，候補典史〔四〕。兩世皆贈朝議大夫。考允騏，國學生，贈修職郎。累代清郁，光聞鄉邑〔五〕。

先生生有嘉表，聰遠韶純，群經百氏，遇目能識，文辭爛然，若有天授。方十五六，故已犖犖

〔一〕本篇載《回風堂詩文集》卷首，題作「慈溪馮先生行狀」；載《沙孟海全集·文稿卷》，題作「馮君木先生行狀」，文末署「一九三一年載《過言集》」。

〔二〕自婺州來徙：「州」，《回風堂詩文集》無。

〔三〕卅有二傳而至先生：「傳而」，《回風堂詩文集》作「世以」。

〔四〕候補典史：《回風堂詩文集》作「候選典史」，《沙孟海全集》作「清候補典史」。

〔五〕光聞鄉邑：「鄉」，《回風堂詩文集》作「邦」，《沙孟海全集》作「州」。

有志節〔二〕矣。年二十，補縣學生〔三〕，旋食廩餼〔三〕。光緒二十三年選拔貢生，朝考二等，吏部詢問，願就教職，補用教諭。出爲麗水訓導，興文教，修學宫，士議翕歸。留之一載，調任宣平教諭〔四〕，以病未赴〔五〕。

雅懷恬介，不樂仕進，三十而後，即棲遲邑里，結志墳典，蕭條高寄，不與時務經懷。與同縣陳鏡堂晋卿、鄭光祖念若、馮毓孳汲蒙、陳訓正無邪、應啓墀叔申、錢保杭仲濟、魏友枋仲車〔六〕諸子爲剡社，日月要晤，會文輔仁，一時溪上號多士焉。

先生於學，無術不綜，廣稽約守，包括道要，不爲門户異同之論。文學淵雅〔七〕，尚規漢魏〔八〕，言典致博，造次必爾。蓋自文筆别塗，不相合謀，騁辭華者，日靡於繁富；矜省净者，并遺其風

〔一〕故已犖犖有志節矣：「志」，《回風堂詩文集》作「奇」。
〔二〕補縣學生：「學」，《沙孟海全集》作「諸」。
〔三〕旋食廩餼：「餼」，《回風堂詩文集》作「膳」。
〔四〕調任宣平教諭：「平」下，《回風堂詩文集》有「縣學」二字。
〔五〕以病未赴：「未」，《回風堂詩文集》作「不」。
〔六〕魏友枋仲車諸子爲剡社：「車」下，《回風堂詩文集》有「姚壽祁貞伯」五字。
〔七〕文學淵雅：「學」，《回風堂詩文集》《沙孟海全集》作「章」。
〔八〕尚規漢魏：「漢魏」，《回風堂詩文集》作「魏晋」。

骨。先生假長補短，獨重氣體〔一〕，剥散浮華，歸於簡朗，用能巧不傷理，雋不害道，安帖審固，情采并茂〔二〕，可謂修辭立誠、文質彬彬者也。詩主蕭澹，不涉凡響，蘄嚮所届，惟在介甫、無己。故其所爲，植骨必堅，造意必刻，運息必微〔三〕，導聲必澀，裒然自成一家言焉。少好倚聲，與孺人俞氏閨房酬唱，自爲師友。孺人既卒，斯事遂廢。晚交臨桂況周頤夔笙〔四〕、歸安朱孝臧古微〔五〕，復多按度。朱氏輯《滄海遺音集》，都十一家〔六〕，其一即先生也。〔七〕

早歲孤露，孝奉慈母，而體仁愛人，罔間親疏〔八〕。其交友也，不以貧富易操，不以死生殊節。家故不豐，自奉甚約。至於親類急難，友生失據，推食解衣，無俟告語。〔九〕少年承學，

〔一〕獨重氣體：「重氣體」，《回風堂詩文集》作「主體氣」。
〔二〕情采并茂：「并」，《回風堂詩文集》作「俱」。
〔三〕運息必微：「必」，底本作「所」，據《沙孟海全集》改。
〔四〕晚交臨桂況周頤夔笙：「臨桂」，《沙孟海全集》作「桂林」。
〔五〕歸安朱孝臧古微：「歸安」，《沙孟海全集》作「吴興」。
〔六〕都十一家：「一」，《沙孟海全集》作「餘」。
〔七〕「詩主蕭澹」至「其一即先生也」：《回風堂詩文集》無。
〔八〕罔間親疏：「親」，《沙孟海全集》作「戚」。
〔九〕友生失據推食解衣無俟告語：《回風堂詩文集》作「耋老癃病，稱力存拯，唯恐不及」。

善誘善導，微薄片能〔一〕，輒稱譽勿置，先博其趣，然後勉進藝業。故弟子敬愛先生，猶敬愛其父兄也〔二〕。

以辛未四月二日告終上海寓次，春秋五十有九。〔三〕自冬涉夏，寢疾數月，朋曹候視，趾錯於庭，或通宵留侍，未忍違去。比其歿也，皆揮涕失聲，哀不自勝，設位會哭，動數百人。自非賅行備德，内修於己，夫孰能感孚儔類若是其至者乎！遺著有《回風堂文》若干卷、《詩》若干卷、《詞》若干卷、《脞記》若干卷〔四〕，皆未刊。元配俞孺人因〔五〕，字季則，有《婦學齋詞》若干卷。繼配陳孺人、李孺人。子男二：貞胥、貞用。女一，貞俞。孫男女各一人。

〔一〕　微薄片能：「微薄」，《回風堂詩文集》《沙孟海全集》作「薄嫰」。

〔二〕　猶敬愛其父兄也：此下，《回風堂詩文集》有「晚更離亂，旅食上海，并世名宿多所通接，若吳興朱祖謀古微、桂林況周頤夔笙、長沙程頌萬子大、安吉吴俊卿昌碩、興化李詳審言，胥服其文、重其行，軒蓋還往，驩若平生。況、吴前卒，皆有遺言，必先生銘其墓云」八十一字。

〔三〕　以辛未四月二日告終上海寓次春秋五十有九：《回風堂詩文集》作「春秋五十有九，以中華民國二十年五月十八日告終上海寓次」。《沙孟海全集》無「中華」二字，餘與《回風堂詩文集》同。

〔四〕　脞記若干卷：《沙孟海全集》《回風堂詩文集》作「扎記若干卷，雜著若干種」。

〔五〕　元配俞孺人因：「元配」，《回風堂詩文集》作「元妃」，下文「繼配」作「繼妃」。

文若受知先生，既宿且深〔一〕，甄述景行，義無多讓〔二〕。重以顧言所及〔三〕，承命祗懼，薄言最叙，忘其愚弇。將來君子，或裨觀見焉。〔四〕

羅福萇

羅君楚傳〔五〕

王國維

君楚名福萇，浙江上虞人。祖樹勳，江蘇候補縣丞。父振玉，學部參事官。君楚幼而通敏，年十歲，能讀父書。其於《絶代語釋别國方言》，强記懸解，蓋天授也。年未冠，既博通遠西諸國文字，於法郎西〔六〕、日耳曼語所造尤深，繼乃治東方諸國古文字學。當光緒之季，我國古文字、

〔一〕既宿且深：「宿且深」，《回風堂詩文集》作「深且夙」。

〔二〕義無多讓：《回風堂詩文集》作「責無旁貸」。

〔三〕重以顧言所及：「言」，《回風堂詩文集》作「命」。

〔四〕將來君子或裨觀見焉：《回風堂詩文集》作「後之君子以觀覽焉」。下署「二十年八月門人沙文若謹狀」。

〔五〕本文載《觀堂集林》卷十九，又載《亞洲學術雜志》第四期（一九二二年）。

〔六〕於法郎西：「郎」，《觀堂集林》《亞洲學術雜志》作「朗」。

古器物大出，其犖犖大者，若安陽之甲骨、敦煌塞上之簡牘、莫高窟之卷軸〔二〕，參事實始爲之蒐集編類、考訂流通，有功於學問甚鉅。而塞内外諸古國，若西夏，若突厥，若回鶻，遠之若修利，若兜佉羅，若身毒，其文字器物，亦多出於我西、北二陲，胥與我國聞相涉。而梵天文字，則又我李唐之舊學也。我老師宿儒，以文字之不同，瞠目束手，無如之何。惟君楚實首治梵文，又創通西夏文字之讀，將以次有事於突厥、回鶻、修利諸文字，故海内二三鉅儒，謂他日理董絶國方言〔三〕，一如參事之理董國聞者，必君楚其人也。

有唐之季，拓跋氏割據夏州，及宋初而滋大，拓地數千里，傳世三百年，自製文字，行於其國。迄蒙古中葉，社稷雖虛，河西、隴右尚用其文字。然近世所傳，不過二三金石刻，且舉世莫能名焉。光緒末，俄人某於甘州古塔中，得西夏譯經數篋，中有漢夏對譯字書名《掌中珠》者，君楚得其景本數葉，以讀西夏石刻《感通塔記》，及法屬河内所藏西夏文《法華經》殘卷，旁通四達，遂通其讀，成《西夏國書略説》一卷。嗣後，元初所刊河西字《藏經》又頗出於京師，君楚治之益力，撰《華嚴經釋文》□卷，未成。由是，西夏文字所識十逾八九矣。又嘗從日本榊教授亮受梵

〔二〕莫高窟之卷軸：「窟」，底本及《亞洲學術雜志》皆誤作「窘」，據《觀堂集林》改。

〔三〕謂他日理董絶國方言：「理」，底本原脱，據《觀堂集林》補。

文學，二年而升其堂，凡日本所傳中土古梵學書，若梁真諦《翻梵語》、唐義净《梵唐千字文》以下若干種，一一爲之叙録，奥博精審，簿録家所未有也。

君楚體素弱，重以力學，年二十二而病，瘍生於胸，仍歲不瘳，二十六而夭，時辛酉九月也。所著書多未就，以歐文記者，尤叢雜不可理。今可寫定者，《夢軒瑣録》三卷，即古梵學書序録及攻梵語之作也，《西夏國書略説》一卷，漢文、日耳曼文二種。〔二〕《宋史西夏傳注》一卷，譯沙畹、伯希和二氏所注《摩尼教經》一卷，《古外國傳記輯存》一卷，《〈大唐西域記〉所載伽藍名目表》一卷，《敦煌古寫經原跋録存》一卷，《倫敦博物館敦煌書目》一卷，《巴黎圖書館敦煌書目》一卷。

余初見君楚時，君楚方六七歲，蓋親見其自幼而少、而長、而劬學、而著書。君楚爲學，有異聞，必以語余，余亦時以所得告之。余作《西胡考》，君楚爲余徵内典中故事。君楚所譯《華嚴經》刻本〔三〕，余於其歿後數月，始得考定爲元初杭州所刊河西字《大藏經》之一，恨不得以語君楚。然則余亦安得復有聞於君楚耶！將突厥、回鶻、修利諸史料，不能及今世而理董耶？即異日有繼君楚之業者，如君楚之高才力學，又豈易得也！

〔二〕漢文日爾曼文二種：此八字，《觀堂集林》無。

〔三〕君楚所譯華嚴經刻本：「譯」，《觀堂集林》《亞洲學術雜志》作「釋」。

君楚殁，海内知参事及君楚者，無不痛惜。嘉興沈乙庵先生與余言君楚，輒涕泗不能禁。然則君楚之死，其爲學術之不幸何如也！君楚之葬也，沈先生爲銘其墓。妻汪氏割臂以療君楚，尋以毁卒，余亦銘之。無子，有女子子一。卒之次年，弟福葆生子承祖，參事命爲之後。余既哀君楚之亡，乃撮其學問之大要爲之傳，使後世知君楚，稱其爲參事子焉〔二〕。

〔二〕稱其爲參事子焉：「稱其」，《觀堂集林》作「不愧」。

碑傳集三編卷四十二　算學

顧尚之

顧尚之别傳[一]

張文虎

國朝曆算之學，陵越百代，蓋自宣城梅氏始，而同時吴江王氏，亦能研究中西，深涉窾奥。其後學者，各以心得著書自見，然大都主於發明西法。惟元和李氏，解釋三統、四分、統天諸術，用數之原，及正負、開方、方程、天元、如積之術；甘泉羅氏，發揮四元，演爲細草，古法大昌。而咸豐以來，西人新術益入中國，錢塘戴君煦、海寧李君善蘭，别以其術精求對數，超出西人本法之上，於是不特古法爲土苴，即西人舊術亦筌蹏矣。吾友顧尚之氏曰：「積世積測，積人積智，曆算之學，後勝於前。微特中國，西人亦猶是也。舊法者，新法之所從出，而要不離舊法之範

[一] 本篇載《舒藝室雜著》甲編，又載《西學富强叢書·算學·九數外録》卷首。

圜，且安知不紬繹焉而别有一新法在乎？故凡以爲已得新法，而舊法可唾棄者，非也。中西之法可互相證，而不可互相廢。故凡安其所習而黨同伐異者，亦非也。」烏乎，真通人之論哉！

君名觀光，字賓王，尚之其别自號也。世居金山，以醫學行於鄉里，爲善人。君生未能言即識字，或呼壁間字，輒手指之百不爽。每嗁哭，輒以此餌之。能立後，常持箸蘸水畫之，若作字者。父教以讀書，日夜輒數十行。九歲，畢五經四書，學爲制舉文。十三，補學官弟子，旋食餼。三試鄉闈不售，而祖、父相繼殁，遂無志科第，承世業爲醫。鄉錢氏多藏書，恒往假讀之，遂博通經傳史子百家。尤究極古今中西天文曆算之術，靡不因端竟委，能抉其所以然，而摘其不盡然。時復蹈瑕抵隙，而蒐補其未備，如據《周髀算經》「笠以寫天，青黄丹黑」之文，及後文「凡爲此圖」云云，而悟篇中周徑里數皆爲繪圖而設。天本渾圓，以視法變爲平圓，則不得不以北極爲心，而内中外衡以次環之〔一〕，皆爲借象，而非真以平遠測天也。

《開元占經》魯曆積年於算不合，君用演紀術，推其上元庚子至開元二年歲積，知《占經》少三千六百年〔二〕。又以《占經》顓頊曆歲積考之《史記·秦本紀》《始皇本紀》，知其術雖起立春，

〔一〕而内中外衡以次環之：「中」，《九數外録》無。

〔二〕知占經少三千六百年：「百」，《舒藝室雜著》《九數外録》作「十」。

而以小雪距朔之日爲斷。蓋秦以十月爲歲首，閏在歲終，故小雪必在十月，昔人未之言也。李尚之用何承天調日法，考古曆日法朔餘，强弱不合者十六家。君以爲未盡强弱之微，别立術，以日法朔餘展轉相減，以得强弱數，但使日法在百萬以上皆可求，惟朔餘過於强率者不可算耳。授時術以平立定三差求太陽盈縮，梅氏詳説敷衍未明。君讀《明志》，乃知即三色方程之法，謂凡兩數升降有差，彼此遞減，必得一齊同之數。引而伸之，即諸乘差，則八綫、對數、小輪、橢圓諸術，皆可共貫。讀《占經》所載瞿曇悉達九執曆，而知回回、泰西曆法皆淵源於此。其所謂高月者即月孛，月藏者即月引數，日藏者即日引數，特稱名不同，亦猶回曆之稱歲實爲宫分日數，朔策爲月分日數之類是也。

其論婺源江氏冬至權度，推劉宋大明五年十一月乙酉冬至，前以壬戌、丁未二日景求太陽實經度，而後求兩心差，乃專用壬戌。今求得丁未兩心差，適與江氏古大今小之説相反，蓋偏取一端以伸己見，其根誤在高衝行太疾也。西法用實朔距緯求食甚，兩心實相距，術繁而得數未確。君以前後兩設時求食甚，實引徑得兩心實相距，不必更資實朔，較本法爲簡而密矣。

西人割圓，止知内容各等邊之半爲正弦，而不知外切各等邊之爲正切〔二〕。君依六宗、三要、

〔二〕　而不知外切各等邊之爲正切：「之」下，《九數外録》有「半」字。

二簡諸術，别求外切各等邊正切綫法〔一〕，以補其闕。杜德美求圓周術，用圓内六邊形起算，雖巧而降位尚遲，君謂内容十等邊之一邊，即理分中末綫之大分，距周較近，且十邊形之周與邊同數，不過遞進一位，而大分與全分相減即得小分，則連比例各率，可以較數取之。入算尤簡易，因演爲諸乘差表，可用弧度入算，而不用弧背真數。然猶慮其難記〔二〕，且仍不能無藉於表，因又合兩法而用之，則術愈簡而弧綫、直綫相求之理始盡。錢塘項氏割圓捷術，止有弦矢求餘綫術，君以爲亦可通之切、割二綫，因補立其術。西人求對數，以正數屢次開方，對數屢次折半，立術繁重。李氏探源，以尖堆發其覆，捷矣，而布算猶繁，且所得者皆前後兩數之較，可以造表而不可徑求。戴氏簡法及西人算學啓蒙，并有新術，而未盡其理。君别爲變通，以求二至九之八對數，因任意設數，立六術以御之，得數皆合。復立還原四術，又推而衍之，爲和較相求八術，自來言對數者未之聞也。君又謂，對數之用，莫便於施之八綫，而西人未言其立表之根，因冥思力索得之，仍用諸乘差法，迎刃而解，尤晚歲造微之詣也。其它凡近時新譯西術，如代數、微分、積分〔三〕。諸重學，皆有所糾正類此。

〔一〕别求外切各等邊正切綫法：「别」下，《舒藝室雜著》及《九數外録》有「立」字。
〔二〕然猶慮其難記：「猶」，《九數外録》作「尤」。
〔三〕積分：《九數外録》無。

君於輿地、訓詁、六書、音韻、宋儒性理以至二氏術數之學，皆能洞徹本末。尤喜校訂古書，綴緝其散佚。嘗以馬氏《繹史》尚多漏略，寫補眉上，字如蠶子無空隙。錢通判熙祚輯《守山閣叢書》及《指海》，以屬君，君以治病不能專力，舉文虎自代，仍常佐校讎，中多所商定。别校刊《素問》《靈樞》，用功尤深。錢教諭熙輔輯《藝海珠塵》壬、癸二集及刊《重學》，錢縣丞培名輯《小萬卷樓叢書》，婁韓中書應陛刊《幾何原本》後九卷，君皆與參訂。

君視疾不以饋有無爲意，性坦率，貌黑而肥，衣服樸陋，不知者以爲村野人。嘗有富人招君，君徒步數里，遇雨，因跣足至門。僕豎詰姓名，告曰醫者也。入則主人相視錯愕，耳語以爲冒顧先生來者。診已定，方伸紙疾書脉及病狀，引據《内經》、仲景，洋洋千百言，曰：「嚮所治皆誤，今當如是。」主人乃改容爲禮，具肩輿以送。君大笑不受，仍跣足歸。本善飲酒，然三四行即稱醉，固强之數十觴，縱談忘告起矣。

咸豐間，粵寇日逼，人心惶然，强以算理自遣。十年，遭母喪。明年，賊入鄉，避亂東走奉賢、南匯間。既而暫歸，藏書多毁壞零落，而次子澐爲賊擄，驚憂不復出。明年，婦唐及季子源先後死，慘悼成疾。將終，以所著書屬長子深曰：「求爾師爲我傳，及李壬叔序之。」遂無它言。卒，年六十四。深嘗從文虎游。壬叔者，李善蘭也。深、澐皆諸生，當賊至時，深獨挈君書逃浦江東，得以免。君所著曰《算賸》，初、續編凡二卷；曰《九數存古》，依《九章》爲九卷，而以堆垜、大衍、四元、旁要、重差、夕桀、割圜、弧矢諸術附焉，皆采自古書而分門隸之；曰《九數外録》，則檃括西術，爲對數、割圜八綫、平三角、弧三角、各等面體、圓錐三曲綫、静重學、動重學、流質重學、天重學，凡記十篇；曰《六曆通考》，則據《占經》所紀黄帝、顓頊、夏、殷、周、魯積年，而爲之考證；曰《九執曆解》，曰《回回曆解》，皆就其法而疏通證明之；曰《推步簡法》，曰《新曆推步簡法》，曰《五星簡法》，則就疇人所用術改度爲百分，趨其簡易而省其迂曲；曰《古韻》，則本休寧戴氏陰陽同入之説，兼取顧、江、段、孔諸家，分爲二十二部，雜以《詩》《騷》，證其用韻之例。上皆種別爲卷。曰《七國地理考》，以七國爲綱，隸諸小國於下，而采輯古書，實以今地名，凡十卷；曰《國策編年考》，求《策》文年次先後，以篇目四散隸之，始周貞定王元年，訖秦始皇二十六年，爲一卷；曰《周髀算經》《列女傳》《吴越春秋》《華陽國志》諸校勘記，皆記其異文脱誤，或采補逸文；曰《神農本草經》，曰《七緯拾遺》，曰《帝王世紀》，皆所輯古人已佚之書；其曰《古書逸文》者，即所以補馬氏《繹史》者也。餘凡所校輯已刊入《守山閣叢書》及《指海》者，不復及。以上皆君所手訂，其身後深所搜括，而文虎爲之别編者，曰《算賸餘稿》，曰《雜著》，凡若干篇。君又據林億校注《傷寒》《金匱》，謂今次非是，别各編宋本目次，於《傷寒論》審訂訛舛，略采舊説，間下己意爲注，未成書，僅成《辨脉》《平脉》《太陽》《上中》凡四篇。嘗以學者讀《禹貢》不得其條理，因爲之釋，遠近争傳寫之爲讀本，然往往牽於俗見，以意改竄，失君本恉，别見文虎序中。蓋君於學實事求是，無門户異同之見，不特算術爲然，而算術爲最精，夫後有作者，君所未知，不敢言；若其既見，則可謂集大成也已。

論曰：觀顧君之幼慧，殆所謂生有自來者邪？或者乃謂以君之學，籍不出諸生，壽不及古稀，宜若天靳之者。烏乎！孔子曰：「求仁而得仁，又何怨？」君所志者，博大宏達，綜貫天人，亦既得之矣。雖貴爲王侯，壽如彭鏗，何以易此？彼委巷拘墟，得失長短之見，小人哉！小人哉！

鄒伯奇

鄒伯奇傳[一]

《南海縣續志》

鄒伯奇，字一鶚，又字特夫，南海泌冲堡人[二]。邑諸生。聰敏絶人，數歲入塾，於朱子《集

[一] 本篇載同治《南海縣志》卷十八。

[二] 南海泌冲堡人：「南海」，同治《南海縣志》作「神安司」。

注》能略通大義。稍長，於諸經義疏，無不穿究。會戴文節公熙督學，試廣屬文童，問音韻源流，伯奇所對獨詳贍，灑灑千言，遂拔進邑庠。嗣後閉户覃思，於聲音、文字、度數之源，無不洞達，而尤精於天文曆算，能萃會中西之説而貫通之，爲吾粵向來名儒所未有。嘗自言：「漢儒之蔽在泥古，宋儒之蔽在師心，學者説經，不宜有所左右，必遠徵近取，求之實事而是，返之心内而安，乃可耳。」其宗旨如此。

嘗作《春秋經傳日月考》，謂：「昔人考春秋朔閏多矣，類以經、傳日月求之，未能精確。今以時憲術上推二百四十二年之朔閏及食限，然後以經、傳所書，質其合否，乃知有經誤、傳誤及術誤之分。」又論《尚書》克殷年月，謂：「鄭玄據《乾鑿度》，以入戊午部四十二年克殷，下至春秋，凡三百四十八年。劉歆三統術以爲積四百年，近人錢塘李鋭多主其説。今以時憲術上推，且以歲星驗之，始知鄭玄之是、劉歆之非。」其解《孟子》「由周而來七百有餘歲」句，謂：「閻百詩《孟子生卒年月考》據大事記及《通鑑綱目》，以孟子「致爲臣而歸」在周赧王元年丁未，逆數至武王有天下歲在己卯，當得八百有九年。今考《綱目》年數本之劉歆，然共和以上周初年數，史遷已不能紀，可考者《魯世家》耳，此爲劉歆《曆譜》所據。然將歆《曆》與《史記》比對，歆於煬公、獻公等年分，多所增加，共衍五十二年。若減其所加年數，則歆所謂八百有九年者，實七百五十七年耳。」嘗讀《禹貢錐指》，見胡渭言「五服不及五嶺，嶺南非舜聲迹所及」，又謂「要荒之外，尚有餘地」，伯奇心非之，乃論其略曰：「孟子言三代授田五十畝，當周百畝，以積求邊，則《王制》九州方三千里，祇當夏二千一百二十一里餘，是僅過侯服之外六十里而已。其外尚有綏、要、荒三服，以數計之，則《禹貢》五千，已是北窮朔漠，南逾嶺海，烏得謂嶺南非虞舜巡方所及哉？且要荒之内，蠻夷流蔡，包在其間，名爲四裔，安得謂此外尚有中國餘地哉？」其考證精確多類此。

又嘗作《古韻諧聲譜》，以爲古今音之不同，由方音之有流變。方音之變，《詩》《易》已有之，則同聲同部，止可施於作字之始，而不可以律方音。隋唐作韻書，不能分古本音與方音，而渾然爲之，後之考古音者，亦第以韻書爲定，於古人有韻之文，見有不諧，遂以爲古通某、古叶某〔二〕，或以爲古人韻緩，不煩改字，不知韻書非盡古本音也，故非諧聲無以定古之本音，非方音無以盡《詩》之取韻。又作《雙聲叠韻譜》，以推明古音古義。

嘗謂向來注經者，於算學不盡精通，故解三禮制度多所疏失，因作《深衣考》，以訂江永之謬；作《戈戟考》，以指程瑶田之疏；以《文選·景福殿賦》「陽馬承阿」，證古宫室阿棟之制；以體積論㮚氏爲量，以重心論懸磬之形，皆繪圖注説，援引詳明。又嘗謂群經注疏於算術未能

〔二〕　古叶某：「叶」，同治《南海縣志》作「協」。

簡要，甄鸞《五經算術》，既多疏略；王伯厚《六經天文篇》，博引注家言，亦無辨證。因即經義中有關於天文算術，或先儒所未發，或闡發而未明者，隨時録出之，成《學計一得》二卷。此皆其精思創獲，有裨於經學之大概也。

至於推步圖繪之術〔二〕，向鮮師承，儒者以其事委之疇人，不復介意。且曆算必善測量，測量必資儀器，而製器精巧，與西人所稱重學、光學、化學相連，伯奇獨深明其理。同治丁卯，嘗在邑學宫談藝，有友人侈語灾祥者，謂道光己亥焚烟之日，太白經天，此後干戈不絶，以爲兵兆先見。伯奇笑曰：「星變若關灾祥，必無行度可稽，只可驗於將來，不能定於先事。吾語子，明年七月，太白又經天矣。」即手繪圖示之。逾年驗之果然。然伯奇嘗謂：「繪地難於算天，天文可坐而推求，地理必須親歷。近人不知古法，疏舛異常。」因考求地理沿革，爲歷代地圖，以補史書地志之闕。又手摹《皇輿全圖》，自序曰：「地圖以天度畫方，至當不易。然地球經緯度相交，皆成正角，而世傳輿圖，至邊地竟成斜方形，既非數理，又失地勢，其蔽在以緯度爲直綫也。昔嘗爲小總圖，依渾蓋儀，用半度切綫，以顯迹象。然州縣不備，且内密外疏，容與實數不符，故復爲此。其格緯度無盈縮，而經度漸狹，相視皆爲半徑與餘弦之比例。横九

〔二〕至於推步圖繪之術：「於」，同治《南海縣志》作「若」。

幅,縱十一幅,合之則成地球滂沱四隤之形〔二〕,欲使以圖繪圖,其圖乃肖也。」又變西人之舊,作《地球正背兩面全圖》,其序曰:「地形渾圓,上應天度,經緯皆爲圓綫。作圖者,繪渾於平,須用法調劑,方不大失形似。然視法有三,皆爲畫圖之用。其一在圓外視圓,法用正弦,則經圈爲橢圓,緯圈爲直綫,其形中廣而旁狹,作簡平儀用之。其一在圓心視圓,法用正切,則經圈爲直綫,緯圈爲弧綫,中曲而旁殺,其形内密而外疏,作日晷用之。斯二者,綫無定式,量算繁難。且經緯相交,不成正角。又其邊際或太促而褊淺,或太展而狹長,以畫地球,既昧方斜之本形〔三〕,復失修廣之實數,所不取也。其一在圓周視圓,法用半切綫,經緯圈皆爲平圓,雖亦内密外疏,而各能自相比例,西人以此作渾蓋儀,最爲理精法密。今本之爲地球圖,分正背兩面。正面以京師爲中,其背面之中,即爲京師對衝之處,尊本朝也。旁爲廿四向,審中土與各國彼此之勢,定準望也。經緯俱以十度爲一格,設分率也。」因推演其法,著《測量備要》四卷。於天象則有《甲寅恒星表》《赤道星圖》《黄道星圖》各一卷,於算法則有《乘方捷術》一卷,足見其學之精邃也。

〔二〕合之則成地球滂沱四隤之形:「沱」,原作「陀」,據同治《南海縣志》改。
〔三〕既昧方斜之本形:「斜」,同治《南海縣志》作「邪」。

生平寡所耆好，執業甚篤，静極生明，多有神解。或問：「《大戴禮》説明堂，有『二九四、七五三、六一八』等句，何故？」伯奇曰：「此當有九室之圖，四隅室外，復接四室，圖中記數之字，横書而左行，及圖亡字存，轉寫者縱書而右行，故錯亂如此耳。且圖有赤白點，以記户牖，故曰赤綴户也，白綴牖也。此非有圖之證邪？」又嘗謂墨子書乃西學之祖。墨子兼愛，西人稱天父，凡人皆天所生之子，如兄弟然；墨子書旁行，西人書亦旁行；墨子設械守城，西人善製器；墨子尊天明鬼，西人敬天主、禮耶蘇；西人妙技，無過用鏡映相，而墨子已有其法。其創解多類此。

同治甲子，郭嵩燾撫粤，以伯奇專精數學，特薦於朝，請置之同文館，以資討論。有旨命督撫咨送。而伯奇澹於利禄，堅以疾辭。後曾國藩總督兩江，於上海開機器局，製造槍炮輪船，并欲於局旁設書院，請伯奇以數學教授生徒，屬前任督學劉熙載致書達意，而伯奇家居養母，不肯就也。同治八年五月，無疾而卒，年五十一。絶學失傳，士林皆爲惋惜云。

徐　壽

徐壽傳子建寅[一]

錢基博

徐壽，字雪村，無錫開原鄉錢橋社㙦人也。[二]五歲喪父，事母宋，能盡子道。已而母喪十餘年，而壽髮且莖莖白矣。冠衣不純采；因欲爲母建旌節坊，而未克逮志也。

幼應童子試，習舉業；既以爲無裨實用，棄去。治經務絜綱要，治《禹貢》，條其山川物産田土，列之表[三]；治《毛詩》亦然，一展卷而犂然在目。又嘗用李氏所刊輿圖[四]，以朱筆填寫春秋、兩漢《水經注》等圖。居恒與人談議，所有五行生克之説，理氣膚淺之言，絶口不道，而蘄之於實事實證。年二十，銘於座右云：「毋談無稽之言，毋談不經之語，毋談星命風水，毋談巫覡讖緯。」又銘云：「勿二色，勿妄語。」其志意可知也。

[一] 本篇刊於《國學叢刊》第一卷第一期（一九二三），又收入《碑傳集補》卷四三。
[二] 無錫開原鄉錢橋社㙦人也：「㙦」，《國學叢刊》《碑傳集補》作「埲」。
[三] 列之表：《國學叢刊》《碑傳集補》作「列之爲表」。
[四] 又嘗用李氏所刊輿圖：「李」上，《國學叢刊》《碑傳集補》有「武進」二字。

性好攻金之事，手製儀器甚多，若指南針、象限儀等，皆自製之。又以墨西哥銀幣入中國，國人莫能仿製，乃精鏤鋼板爲模，校準銖兩，鎔銀爲餅納其中，自高樓縣石一擊而成〔二〕；顧面冪之紋成矣，而邊花之作甚難〔三〕，屢更修改軋槽而邊花亦成。以入市，雖老於賈者不能辨其非也。祇見花樣嶄新，咸以新板目之。其後英人偉廉臣歸國，從易數十枚以去，置倫敦博物院中，今猶存也。能以意製古樂器，皆協律。

咸豐十一年，兩江總督曾國藩督師祁門，聞壽名，以「研精數理，博涉多通」，奏請徵赴軍營，奉旨：「着江蘇巡撫訪求徐壽資遣赴國藩軍。」壽至，遂專掌製造事。壽本以捐振議叙從九品，至是得保主簿，隨國藩軍抵江寧。以同治五年三月，造成小火船一艘〔三〕，國藩極賞之，命名「黄鵠」。中國之能造輪船，蓋自壽始也。國藩北征，壽丁母憂回里。已而國藩回任兩江，委辦上海製造局，壽條陳四事：一翻譯西書，二開煉煤鐵，三自造火船〔四〕，四操練輪船水師。遂在局翻譯

〔二〕自高樓縣石一擊而成：「石」下，《國學叢刊》有「椎」字。

〔三〕而邊花之作甚難：「之作」，《國學叢刊》《碑傳集補》作「作之」。

〔三〕造成小火船一艘：「火」下，《國學叢刊》《碑傳集補》有「輪」字。

〔四〕三自造火船：「火船」，《國學叢刊》作「火炮」，《碑傳集補》作「大炮」。

汽機、化學等書，成數百卷。日本聞之，派柳原前光等赴局考訪，購壽譯本以歸〔一〕。今日所譯化學名詞〔二〕，大率仍襲壽本者爲多。人以此服其精審云。

晚年不復里居，曾一歸建母旌節坊，已而仍至上海，以同治十三年與西士傅蘭雅創建格致書院，蒐羅各國儀器〔三〕，資諸生考鏡。自是風氣漸開，國人皆知製器尚象之學，其端蓋自壽啓之〔四〕。

次子建寅，年十八，隨父壽赴曾國藩軍。時父壽方謀造「黄鵠」輪船，苦無師承，建寅佐之，廑乃集事，創從前所未有，得建寅之助爲不少也。建寅在上海製造局，又助父壽成惠吉、操江、測海、澄慶、馭遠等船。時父壽方與西士傅蘭雅譯西書〔五〕，建寅亦昕夕從事。成《器象顯真附圖》三册，《輪船布陳》兩册，《汽機必以》一册。闡發器數之理，爲天下倡，闢西學門户，皆壽父子力也。已而建寅以同治十三年奉調天津製造局，創造强水，所費視外國購者值三之一耳，厥爲中國能製强水之權輿。是年總理衙門下書徵人才，江蘇巡撫丁日昌命建寅等

〔一〕購壽譯本以歸：「購」下，《國學叢刊》《碑傳集補》有「載」字。

〔二〕今日所譯化學名詞：「日」下，《國學叢刊》《碑傳集補》有「本」字。

〔三〕蒐羅各國儀器：「羅」，《國學叢刊》《碑傳集補》作「藏」。

〔四〕其端蓋自壽啓之：「壽」下，《國學叢刊》《碑傳集補》有「實」字。

〔五〕時父壽方與西士傅蘭雅譯西書：「雅」下，《國學叢刊》《碑傳集補》有「等」字。

論時局〔一〕，建寅遂上萬言書，總署稱善。時建寅已官郎中，因奏保堪充使才，奉旨以出使大臣記名簡放。

光緒元年，山東巡撫丁寶楨稔建寅才，調總辦山東機器局。建寅躬自營度，未嘗延用西人。三年，丁寶楨以「心思縝密，條理精詳」入告，奉總署傳諭：「速往西洋，考求一切。」旋授德國參贊。遂周游英法諸國，著所見聞成《歐游雜録》二册，《德國議院章程》一册，《德國合盟紀事本末》一册。十年，回國覲見，奉特旨以知府發往直隸。無何，丁父艱。十二年，服闋，以兩江總督曾國荃檄調會辦金陵機器局，遂因局中機器，煉成鑄鋼及西式後鏜抬槍。擢道員，奉旨發往直隸。二十一年冬，特旨召對〔二〕，稱旨。尋派查驗天津威海船械。返命，留充督辦軍務章京。明年，派充福建船政提調。成《兵書新法》八册〔三〕，《議院章程》一册，《測地捷法》一册，進呈，奉旨留覽。旋派充農工商務大臣，專摺奏事。已而去職。湖廣總督張之洞奏調湖北，總辦全省營務，并課吏館武備學堂總教習。成《造船全書》十册，《繪畫船綫》二册。

〔一〕江蘇巡撫丁日昌命建寅等論時局：「等」，《國學叢刊》《碑傳集補》作「籌」。
〔二〕特旨召對：「召」，原作「詔」，據《國學叢刊》《碑傳集補》改。
〔三〕成兵書新法八册：「兵書新法」，《國學叢刊》《碑傳集補》作「兵法新書」。

旋復督辦保定火藥事〔二〕。是時外洋火藥不入口，謀國者心憂而無所爲計。建寅慨然引爲己任，指授衆工，自造機器，仿西製，三月而藥成，其燃放比驗與外洋舶來者等。而漢陽故有鋼藥廠，製棉花火藥，方以洋工罷職不能成，復兼辦〔三〕。蓋建寅殫心製藥者久，期於取材自製，免仰給外人。至是日手杵臼，親自研煉。以二十七年春，造成棉花無烟火藥，意甚自憙，方莅廠視工人配藥，卒然炸發，而建寅死，同死者十六人，而其製法秘無傳者。蓋建寅生平心思開悟，出入慮表，所學本之西人，而時能神明出新意。西人以製器稱，然法恒繁重，建寅每以簡勝之。至其以身殉所學，舍命不渝，此尤可以厲世磨鈍，而立天下懦夫之志焉。事聞，奉旨贈内閣學士，國史館列傳，入祀京師昭忠祠及立功地方無錫原籍昭忠祠，廕一子雲騎尉世職。

〔二〕旋復督辦保定火藥事：「事」，《國學叢刊》《碑傳集補》作「局」。
〔三〕復兼辦：「復」下，《國學叢刊》及《碑傳集補》有「奉檄」二字。

沈自顯

吴江沈孝子傳[一]

沈樹德

孝子諱自顯，吴江東三保人也。籍本吴興，自其遠祖遷吴江，乃爲吴江沈氏。父諱瑨，母姓袁氏。孝子生有夙慧，初入塾，即索解孝弟字，塾師大奇之。當明季，所在村落遭盜劫，孝子年九歲，隨其父避走。塗遇賊，賊將刃父，孝子冒白刃奮而前，且呼且以身翼蔽父曰：「寧殺我，勿傷父也！」已而長跽請父命，聲泪迸發，賊感動舍去，父子俱獲全。當是時，賊横行四掠，遇人即刃，人莫敢迕，而孝子父脱於難，於是人皆異之，稱「孝童」。

未幾，孝子喪母，擗踊哭泣如成人。及長，憂思不已，時時驚啼，夢寐中每言及，泪輒汪然。

[一] 本篇載《慈壽堂文鈔》卷五。

遂終身茹素，痛母之不逮養也。父同産四人，二兄一弟，伯與季早亡，惟仲在，又失明無子。父傷之，凡兄嫂娣姪及其家口，俱引以同爨，聚食二百餘指。孝子承父志，皆以一身給之。先是諸父之亡也，東三保故多瘠田，隸版籍，遇邑大夫清查，則積逋纍纍。孝子懼吏胥打門驚父，且貽之憂，百計代償之，諸母前弗以白也。父性嚴重，憚出門，而樂親朋不時至，孝子每具酒饌以招之與父笑語爲樂。父又喜含飴弄孫，孝子特令兒輩得嬉戲翁側，翁顧之而樂，孝子亦以自得也。其善承歡類若此。

父晚年得疾，閱兩寒暑弗瘳。孝子衣不解帶，與病終始。又嘗夫婦同稽顙北辰，願以身代。婦能順厥指，益見孝思不匱云。居父喪，哀毁幾滅性，絶而復甦者數矣〔二〕。既葬，廬墓三年，孺慕之誠至於没齒。

孝子至性孚於鄉黨，縣令特舉爲鄉飲賓，每黌宮有所脩舉，必以孝子董其事。没二十年，有司上其孝行於朝，建坊表焉。

論曰：嘗聞長老言，吾沈氏散處海内甚衆，然地遠誼疏，多不可考，獨吴江世相往來，不失稱謂，孝子之族是也。吴興沈氏，史故多傳人，今復得一孝子，有餘榮矣。聞孝子甫扶床走時，父見

〔二〕絶而復甦者數矣：「而」，《慈壽堂文鈔》無。

客，抱置膝上，客授以果，即盤跚下地，進以遺母，與索解孝弟字志意略等。孝子之孝，真天性然哉！又聞孝子嘗患大癰幾殆，恍惚中見白衣人拂以袖曰：「孝子弗慮。」已而果差，亦異徵云。

羅興仁

羅孝子傳〔一〕

沈樹德

羅孝子，本姓劉氏，名興仁，貴州平越府學生也。初羅爲編户，孝子方十餘歲，羅翁且老，莫能充踐更，即爲孝子求爲縣學樂舞。時廣文先生，即今之桐鄉明府余公。余公以其少異之，因問以能誦樂歌否，曰能。試之果然。問讀何書，曰方讀《四書集注》及經。問何以充樂舞，曰：「父老身幼，冀免徭役也。」余公憐之，招入學舍〔二〕，親爲授經義，督課之。如是三年，孝子學粗就，而羅翁死，遂不復來。余公告於其鄰里曰：「諸君顧不能扶持是子乎？」皆曰唯唯。於是余

〔一〕本篇載《慈壽堂文鈔》卷五。

〔二〕招入學舍：「學舍」下，《慈壽堂文鈔》有「偕其子學」四字。

公爲捐俸，并具酒食，醵諸鄰老金畀之。孝子得金奉母，遂復來就學。

又數年，江南張匠門先生視學貴州，而孝子以第一名入郡學矣。方是時，余公弗知其往行也，及入郡學，諸鄰老相率詣謝，且白孝子之爲人，曰：「興仁羅家養子，本劉姓也，羅翁愛之。媪私其所生女，虐之，甚尤虐其婦。然興仁遭媪虐，奉事朝夕益謹。媪嘗患病，貧，無以爲療。興仁憂懼，仰天而祝，刲臂肉爲糜以進，適一鄰姥從壁縫間見之。媪尋愈。一日得米一甕藉地，媪令興仁移庋高處，興仁臂創，累舉弗得，媪謾罵之曰：『養爾偌大，不能提一甕乎！』捉杖將撻。鄰姥驚而入，代爲移以解之，且目興仁避去，謂羅媪曰：『爾以爲興仁何以手不能提一甕乎？』羅媪曰：『何也？』鄰姥曰：『興仁刓臂上肉救爾病，臂創故若此。』羅媪意非己生，且素常撻罵，安得若此？已而興仁前，媪捉其臂，攘之見帛裹臂，血暈重重，驚問興仁，興仁曰：『生瘡毒耳。』令之解弗肯。媪堅捉而解之，則生血猶漓漓然。媪乃大哭絶倒，自是愛逾親生矣。」余公聞而益敬之，急白於學使者張公，張公亦悚然改容，爲具鼓吹設酒帛表之，更賚以金，以勸爲子者。次年即食廩餼，今爲名諸生云。

沈子曰：異哉，羅君之能孝於養母如是耶！世有親生母弗能養，長違膝下，甘旨缺然，反如異姓子者，其視羅君賢不肖何如哉！予館桐鄉，桐鄉公爲予言，時方秋夕，汗泪交下，因爲羅孝子傳其事，且以志桐鄉公之好善能知人也。

鈕士文　喬繼開

記鈕喬兩孝子

李兆洛

嘉慶廿一年，余至懷遠，爲縣令孫君訪山輯邑志。聞其鄉之人嘖嘖稱鈕孝子，居於鄉，以負販養母。時其入城求見焉。時方繪志中地圖，因問以負販所歷，面方曲折，指畫了然。因屬其於所未至之處遍歷之。旬而返，以寸紙記其方位，不知書，徒以墨點識闊狹耳。乃口授一人依所點書之曰：此爲某村落，自此至某向某行若干里若干步，又自某折而向某行至某所若干里若干步。纖悉畢具。縣地數百里，四面合之，不失尺寸。示其居人，皆以爲誠然。

今年以客授來揚州，聞其鄉人稱喬孝子，介邑人汪君紹成而見之。裝治舊書册，受傭以養母。據一几，展舊書，破碎者完之，散亂者整之，拳曲者平之。須其成，精緻瑩潔，閲者意滿。

兩人者，問其所以養，皆跼蹐不能自言；問其里黨所以稱之者，亦莫能舉其似。然兩人者，不能一日離其母，其母亦一日不得其子之侍側則嗒然如有失也。兩人者皆不娶，曰：「力不能兼顧。又恐所娶不賢，失母歡。」與之語，語不繁，必曲折盡事理。與之處，無貴賤皆親之，久則皆安之。余每見兩人，則愓然想其周旋庭闈時，一趨一步，一動作，一應對，密合乎其親之心，子忘乎親，親忘乎子，浩然渾然，如元氣之布濩也。動乎自然，而各遂其天。若是者，人固不得而與焉矣。至於真純之氣之所流溢，其氣寂，其神凝，應乎物者無不順也，應乎事焉者無不曲當也，貞紛變而不眩，治破壞而不煩，若鈕君之繪地，喬君之治書，亦其流露之一節，人可得而見焉者也。

鈕名士文，喬名繼開，年皆七十餘矣，而有壯色，母皆以節孝旌。汪君以邑人頌喬君詩文見示，屬書其後，因再記之，是歲道光二年也。

黎安理

靜圃黎府君家傳〔一〕

鄭珍

珍母爲外祖第三女〔二〕。其歸也，視諸女遠，家又先落，故憐甚。告歸越一年，呼來依而居。

〔一〕本篇載《巢經巢文集》卷四，題作「外祖靜圃黎府君家傳」，題下小字注「乙未」。

〔二〕珍母爲外祖第三女：「珍」，《巢經巢文集》作「某」。下同。

而外祖即以其年冬卒，至今十七年矣。母命珍曰：「爾外祖生平大者不可不紀，爾文雖不足重於時，言之不猶愈於外人乎？」故敢拜手稽首爲作傳曰：

公姓黎氏，諱安理，字靜圃，晚自號非非子，貴州遵義縣人。乾隆己亥舉於鄉，嘉慶戊辰，大挑二等，訓導永從。癸酉，選授山東長山令。丙子，告歸。己卯，卒，年六十九歲。誥封奉直大夫。配楊宜人。二子：恂，進士；愷，舉人。

公身長八尺，鴻聲而鳳舉，目光若巖電。生而赤貧，少時醫卜星相、負販逐什一之術無不業〔一〕，而以餘隙讀書，説義理逼近大樽、鍾陵。其六世祖民忻，受業於來知德高弟，得來氏傳，故公最精易學。

繼祖母夏，悍妒之尤者也。父梅溪公無所容，館於外，更不容，因館蜀灌縣，卒。母鄒宜人，亦時逐居外家。公甫十歲時，即躬勞役事祖父母。而夏一切責之如成人。每春，力不起，則繩繫碓首，令挽踏之，奇虐類如此。公鈲劇無他念也。事祖父幾四十年，至壽八十六歲。事夏幾五十年，至九十餘歲乃死。夏之死，嬰怪疾，公至刻不離侍者數十晝夜。嗚呼，難矣！

梅溪公之卒於灌也，門人葬之灌。鄒宜人備夏虐，千磨百瘁，出公於死，致病哮喘終身。次

〔一〕 負販遂什一之術無不業：「什」字原脱，據《巢經巢文集》補。

弟在灌逃，三弟婚後亦逃。公鄉舉後，始獲往表志父墓，出入黔蜀，迹次弟，而老始得。撫三弟子如子，至愚不能識一丁，公用是多隱痛。每祭薦望父母，必大號哭不能起。歸休時，至家一月，即省灌墓，置祀田，往返數千里，忘其老。歸爲弟姪買田廬，俾各足衣食。族若戚咸厚資之。嗚呼，抑又難矣！

公令長山未三月，值李文成之亂。邑當青、登、萊兵帥衝，賴公，民以無驚擾。沈三益者，邑周村鎮賈户也。賊平後，都城於偶戲中獲逆匪，刑訊急，因鈕釦有沈字號，遂誣沈欲謀逆。部飛飭大吏密拿，全家近百口，極鍛鍊。公力申其冤，兼爲藏護其貲券。沈卒獲免。有邑紳與子婦通，謀死子於法。公曲諭之，乃以重賄進，公大罵麾之去。子竟免死。一紳家最富，其妻以意建生塋，人以僭制謀中之，委勘者視若奇貨。公憫其無他腸，先往毁其塋，巨禍賴以免。嗚呼，公之當官又如此！使不遭家多難，當强壯致榮仕，出其平生學力，與當世賢豪課殿最，必愈出於尋常萬萬。顧勞餓困折，日出没於半生半死之中，及憂患餘年，膺一綬，獲薄禄，稍裨數十年天性閒力所不能，顧於所抱負何濟？豈天之令苦志完忠孝者，意固别有在耶？嗚呼，其可傷矣！

山東長山縣知縣黎府君墓表[一]

張裕釗

君諱安理，字履泰，號静圃，姓黎氏。先世自蜀之廣安遷貴州遵義，爲遵義人。考諱正訓，廩貢生，以君子貴，贈奉直大夫。妣鄒氏，贈宜人。

君生而家窶貧，繼祖母悍戾無人理，嘗取毒蠚内君口，又誘之溪旁，推置水中，皆瀕死，獲救蘇。贈君既以不容，常外出，後遂遠館四川灌、射洪。鄒宜人亦逐居母家。君齒甫十歲，獨留繼祖母所，督課之過於成人。晝則刈薪芻，刃傷指幾斷。夜使舂，舂不舉，繩碓首挽踏之，刻宵盡米三舀乃罷。日食恒不飽，泣諸鄰，鄰惻然飯之。

已少長，鄒宜人乃復歸，則日從宜人齋栗事祖考及繼祖母。祖考古質木强老人也，繼祖母又益責君備，稍不合，詈楚隨下。君屏息竦待，益謹以遨，恬無怨言。鄒宜人既歸，而僨益甚。所居室榻連於爨，轉側不容足。重積勞嬰錮疾，尤苦操作，君常分任勞辱。以貧故，復躬負販供羞膳。又以其間習舉子業，多授徒，至數十人。稍閑輒歸，佐治家事。左右往來周章，恒挾一册，就薪火，或置膝間誦之。庭無缺供，館無廢業。間值嘉會，燕御親賓，獨身佐鄒宜人，代治菓

[一] 本篇載《濂亭文集》卷五。

脯飲饌之屬，米鹽淩雜，條次無遺。如是者歷三十四年，用能得祖考歡。訖祖考卒，殫力營葬，鬚髮爲白。至乃繼祖母之歿，侍疾連晝夜不倦，治喪事一無闕違。人人嘆息稱願，以爲至難能者也。

贈君之館於灌也，竟客死，葬焉。君於祖父母，既以尊親之故，無敢疾怨，又絶痛父母遭值屯艱，所不忍言，獨銜恤飲恨〔一〕。贈君既卒，歲時走灌縣，終日繞墓彷徨，夜則卧墓側，時時悲號泣下，惻感行路。又以兩弟遨放不返，亡不知所如，鄒宜人以爲大戚。君則徒步走數百千里，出入黔、蜀，歷二十餘郡縣，卒迹仲弟得之。而其季竟不歸，遺一子，愚甚，三年不能識一字，而君撫之如己子。

其後，鄒宜人痡病困，夜不能寐，爐火坐達旦以爲常。服食卧起，一自君調護。親意所需，冥會逆合，未發輒喻。乃益具酒食，召宗親相過從晤語，以順適親指。婁婁道往事，至有可傷者，鄒宜人泣，君亦泣，侍坐皆相顧泫然。如是者又數年，而鄒宜人卒。君於是精力瘁敝，志亦益恫矣。君生平遘遇不幸，人倫之變、毒酷慘絶之境，萃於一身，而處之壹無不盡。如史傳所記孤臣孽子，奇節至性，稱於當時而傳誦於百世，其困躓危苦，或未至若是。此天下之至行也！

〔一〕　獨銜恤飲恨：「獨」上，《濂亭文集》有「私」字。

君以乾隆己亥舉於鄉。嘉慶戊辰，大挑教諭永從，復選授山東長山縣知縣，越四年告歸。己卯十一月辛未，年六十有九，卒。道光元年十二月甲申，葬下沙灘大林山。

君長身鐘音，讀書目數行下，貧無所得書，書皆出手寫。於經《易》、史《通鑑》尤致精。制舉之文，上逼國初諸老。爲人方直剛毅，鄉邑以爲模楷。歸田後，里中無少長，咸稱之曰「長山公」。其令長山，著稱廉明。家居，惠澤周於閭里。尤憙急難，從兄某以事罹法，君往救出之，道墜崖幾死；友人厄遠所求援，君立馳赴，迫夜困極，遂宿亂冢間，不悔亦不德也。諸所爲，世或以此稱君，然於君抑末已。

君所爲書，曰《四書蒙講》《夢餘筆談》《鋤經堂詩文集》，合若干卷，藏於家。配楊宜人。子二：恂，嘉慶甲戌進士，雲南巧家廳同知；愷，道光乙酉舉人〔二〕，貴陽府開州訓導。皆有潛德邃學。女子六：長適周善萃，次適縣學生張顯謨，次適鄭文清，次適國子監生詹祖榮，次適舉人吴朝東，次適張欽昊。孫九人：兆勳，湖北隨州州判；兆熙，國子監生；兆祺，軍功保舉候選知州，加知府銜，賞戴花翎；兆銓，雲南姚州知州，賞戴花翎；兆普，翰林院待詔銜；庶燾，咸豐辛亥舉人；庶蕃，壬子舉人，兩淮候補鹽大使；庶昌，以諸生獻書於朝，特予知縣，分

〔二〕道光乙酉舉人：「乙酉」，《濂亭文集》作「己酉」，誤。

發江蘇，保擢直隸州知州，庶誠，從九職銜。多以文行知名。曾孫十七人，其賢者曰汝謙，好古學，光緒乙亥舉人。烏乎！由君之爲，報施之説，信有不誣者。黎氏之大，孰知其所極至哉！

君殁且六十年，而墓刻有待。庶昌故與裕釗友善，又有新特之好，狀君行義，來告曰：「有若吾祖之德，泯不昭於紀載，誰謂世有醇懿卓絶若是者乎？」於是，獨論君之至孝大節殊特古今者，使揭於阡，訊於永永無極之世。武昌張裕釗表。

陳宗源

陳孝子傳〔一〕

張文虎

人子事親之禮，具《曲禮》《内則》諸篇，顧未聞有以此稱者，豈庸行不足異歟？抑無其實而强飾其文，不可以終日也。而今乃得之於陳孝子。陳孝子云者，其鄰里鄉黨所共稱也。其狀

〔一〕 本篇載《舒藝室雜著》乙編。

曰：「孝子之事父母也，晨興，趨寢門，俟啓而入，問安視盥漱。問所欲，雖甚難得必致之。先意承志，惟謹。晚俟父母息乃息。出告反面，有所喜，必潤色之，以怡父母；有所怫鬱，無絲毫見於色。如是終父母世未嘗改。」又曰：「孝子父病死，長號過百日。繼以母老多病，强制哀慰母。側席母室，衣不解帶，聞母聲即起問狀。餘二十年，寒暑無間。或以事出，雖遠不外宿。咸豐十年，粵寇犯松郡，孝子負母行二十餘里，至上海之顓橋乃止。當危急中，奉侍無少缺。」夫其居常也如彼，其遇變也如此，謂之孝子，宜哉！

狀又曰：「孝子謹於祭祀，魚菽之薦，必誠必敬。族人修譜，及建祠屋墓舍，必竭力以助。戚友告貸，雖缺乏，必盡其意。其自奉嗇，待人寬，勤於事事，嚴於教子，又餘事爾。」烏乎！《大傳》有之曰：「親親故尊祖，尊祖故敬宗，敬宗故收族。」經有之曰：「愛親者，不敢惡於人；敬親者，不敢慢於人。」吾不知孝子之習於禮何如，如狀所云，固深合禮意者哉！

狀又曰：「道光二十九年，孝子母病篤，乃默禱天，割股肉，和藥以進，病竟瘥。同治九年，母又病，遽歿。孝子日夜號泣，誓隨母死。或慰之，孝子曰：『吾婚嫁事畢，而事親之志未償，何生爲？』越六十五日，憊甚，命其子曰：『余死，以墨衰殮，其早謀所以葬祖母者。』遂卒。」或曰：「刲股之非，昔賢已論之。經言『毁不滅性』，而孝子近於不勝喪，於禮何居？」曰：先王執中以制禮，使夫過之者俯而就，不至者跂而及。孝子者，過乎中者也。抑愈見平日之所以事親者，天性之真，而非矯飾於文貌。此不可以議孝子。

孝子姓陳，初名裕猷，字仁山，别號菊巖。婁邑人。少讀書，應有司試，屢黜。納粟爲國子生，改名宗源。父春元，監生。母范，宋文正公二十四世孫女。世居松郡西郭外之南埭里，避寇顚橋，以故居燬，遷天馬山。其殉母以卒也，年六十有一。有子四，曰某、某、某、某。沈君樹鏞以狀來，爲作《陳孝子傳》。

劉孔濬

贈光禄大夫湖南新寧縣學生劉公墓表〔一〕

左宗棠

公諱孔濬，字罕如，晚自號雲樵。新寧縣學生。殁年七十。以長子坤一貴，贈光禄大夫、兵部尚書、兩廣總督，如其官。

新寧，湖南巖邑，與廣西邊境接。道光末，巨寇倡亂廣西，江忠烈公首募新寧鄉兵討賊。

〔一〕本篇載《左文襄公文集》卷三，題作「新寧劉君墓表」。

繼之者，今雲貴總督劉公長佑、今兩廣總督劉公坤一，均以勛績顯，爲時名臣，新寧遂爲天下重。

公性方嚴，敦尚氣節，讀書不屑屑章句。早孤而貧，事慈親能盡子職〔二〕，鄉里欽之。忠烈鄉舉入都〔三〕，與曾文正爲友，嘗爲文正言公所以事親者，文正作詩貽之，所稱「孝子劉叟者」也。余幕湘時，從忠烈問新寧人物孰愈，忠烈爲言兩劉君。時雲貴制府蔭渠，方以校官襄忠烈戎幕，兩廣制府峴莊則猶以諸生爲忠烈家塾師也。忠烈論峴莊之賢，因詳太公實德懿行，足永人慨慕者如此。

夫由拳石至華嶽，由一勺至河海，鈞之山也水也，形狀大小廣狹殊，惟性與理則一。自粵寇起，海內多故，吾湘以健鬥稱，事功雄天下，一時陟方面、擁節麾，多憔悴專壹之士，無所憑藉，雖乘時建立者，所自致歟？其亦有所本也。峴莊能以忠實不欺事朝廷，知公之順德所積而流，《禮》所謂「資於事父以事君」者也。能持正無撓，不惑於習俗，則秉方嚴之概，《詩》所謂「惴惴小心」者也，事功之外見云乎哉！

〔二〕事慈親能盡子職：「盡」，《左文襄公文集》作「供」。
〔三〕忠烈鄉舉入都：「忠」上，《左文襄公文集》有「江」字。

至於公之逸事，如狀所稱，尚多可傳者，子若孫守家法勿替。生歿卒葬，均詳修撰劉繹所撰墓銘，余可無詞。峴莊制府請爲公墓碑，書再至，不可以不文謝[二]，又典型猶存，傳之足闡潛德，爲世則傚，書此表之，誠無取乎爲善有報、不於其躬諸説之諓諓耳。光緒三年正月丁巳朔十一日丁卯建。

馮焌光

江蘇蘇松太兵備道馮君神道碑銘[三]

陳澧

光緒四年，江蘇蘇松太道馮君出塞求父柩歸，卒於途。事聞，奉旨入國史《孝子傳》。嗚呼，此二百餘年未有之曠典也！君父贈光禄大夫、候選知州諱玉衡，戍伊犁，事在光禄神道碑。君諱焌光，字竹儒，咸豐三年舉人。會試留京師，光禄下獄，君日詣刑部號哭呼寃，不得直。光禄

〔二〕不可以不文謝：「不可」上，《左文襄公文集》有「既」字。

〔三〕本篇載《東塾集》卷六，題作「誥授資政大夫二品頂戴江蘇蘇松太兵備道監督江南海關馮君神道碑銘」。

遣戍，君隨至烏魯木齊，乃還京會試。同治元年，光禄卒於伊犂，君在曾文正公安慶軍營，號哭奔喪，而寇賊半天下，不能行。乃南出虎門，泛海北至天津，西出歸化城，繞草地，歷外蒙古至古城子。值回部之亂，不得前，痛哭而返。逾十餘年，恒飲泣。光緒二年，大兵克瑪納斯南北城。君官蘇松太道，求解官赴伊犂訪父柩。奉旨賞假一年，無庸開缺。時叛回猶出没無定，惟商賈得往來其間。君從父祖霨慷慨能任事，爲商賈裝先往，而君隨其後。祖霨得光禄柩於伊犂廣東義園，護以東行。君遇於安西，沿途哭泣成疾，至江蘇龍江關，疾甚。趨上海，甫至而卒。嗚呼，君廿年中凡三出塞，極人生之哀苦勞險以報其親，而損其天年，豈非至孝哉！

君少時治舉子業，温雅恂恂。及遭光禄之難，乃發憤爲榦濟之學，詳究中外地理、算學、製船、製炮之法，性情一變，爲沈毅豪壯。當寇賊大起，君入曾文正公幕府，爲治文書。捐内閣中書，保奏升同知。及奔喪不得達而返，今相國合肥李公督兩江，委辦江南製造局事。奏賞花翎，升知府。以輪船造成，升道員，補授蘇松太道，加二品頂戴，贈三代一品。及奉光禄柩歸，中途得旨：「不論行抵何處，入都引見。」蓋將大用也，而君遽死。嗚呼，惜哉！

君官蘇松太道、監督江南海關，總理各國衙門以將遣使外國，命各關道議其事。君議上八條，大略謂使臣必有品望，乃不爲外國所輕，外國君相若問朝廷典章，苟不能對，貽羞實多。又謂俄德兩國雄長歐羅巴洲，法國有創深痛鉅之情，英國有脣亡齒寒之懼，美國僅取自保，不爲遠圖。中國擇交，當以德國爲先。英國當削弱之後，不欲啓兵釁。日本雖啓釁而急退。雲南爲英、法、俄三國垂涎，然不敢遽敗和議。使臣當覘知外國虛實，消患於未萌。又謂中外交涉之事，惟傳教、通商兩端，而通商之害尤甚。外國通商，奪我利權，若中國輪船能往外洋，則彼不能奪我利。華人多在外國，當設理事官以鎮撫之。又必有兵船以爲保護，使臣亦行止自由，不爲彼所牽制。今號爲習熟洋務者，皆市井之輩。當選諸軍將士沈毅篤實者，與使臣偕行，習知各國兵法。華人在外國者，亦必有人才，當收之以備用。其餘議臺灣采煤開礦，議駁外國租中國地界、停捐，皆謀慮精審。君在上海，設書院，分六堂教士：曰經學，曰史學，曰算學，曰輿地之學，曰掌故之學，曰辭章之學。又刊譯外國之書數十種。嘗欲乘所造輪船繞地球一周，以覽各國形勢風俗，其志氣雄邁如此。

君卒於光緒四年三月二十八日，春秋四十有九。子二：啓勛、啓鈞。君卒後，君弟江蘇候補道瑞光及啓勛奉君靈柩歸廣州，與夫人張氏合葬城東銀坑嶺龍顆寺之原。銘曰：

猗孝子兮隕厥身，垂青史兮耀千春。才槃槃兮幹濟臣，嗟哉隕折迄未伸。出其智略邁等倫，後賢采擇可策勳。伐貞石兮刻斯文，下馬讀者悲沾巾。

胡孝子傳〔一〕

陳澧

胡孝子燕方，字翼南，番禺人。同治甲子科副榜貢生。幼喪父，跬步不離母側。既長娶妻，猶寢母室中。母不許，則中夜數起視母安寢否。侍母食，恒憂食少，走市中買瓷盌華美者，盛飯以進。母爲加一餐，則大喜。母病不能食，則亦不食，刲股肉和藥以進，母病竟愈。家貧，授徒於外，得束脩以養。母復病，遂辭歸。晝夜憂勞，得咯血疾。禱神求代母死。迎醫輒跪泣，醫者授以藥方，而告人曰：「病不可治，吾重違孝子意耳。」母卒，藉草卧於地，吐血盈草而不自知也。未幾亦卒，年三十八。

陳澧曰：翼南顓顓然，吶吶然，於世事無所知，惟知有母，而竟以毁滅性，哀哉！余與翼南有連，知之真。其門人又奉狀來請爲傳，將呈於縣，請入志書，且請旌表。翼南母潘氏，以守節得旌。母節婦，子孝子，一縣之光也。爲之傳，其奚辭！

〔一〕 本篇載《東塾集》卷五。

哈孝丐

孝丐傳〔一〕

張文虎

孝丐姓哈，回種也，居安慶城南門内哈排巷。長不滿四尺，臂攣脛蹠，背戾舌强〔二〕，語囁囁不可辨。日丐於市，以養其母。母年垂八十，衣服完好，充然不知其爲丐者母也。當粵賊陷安慶時，人民逃散，不及逃者率遭賊毒。孝丐母子不能行，獨相守不去。賊憐其孝，亦恤之，卒得全。烏程周學濬御史首爲《孝丐行》述其事，海寧李善蘭繼之，且約所交集貲月給其薪水，遂不復丐於市。兵部員外郎王家璧〔三〕，孝子也。父以累戍滇，徒步往省者再，卒奉以歸養。是時江南賊未平，父勉以報國，促從軍皖營。聞孝丐事，慨然助之〔四〕，且爲詩，詩成而父訃遽至，投筆踊哭，曰：「吾愧此丐！吾愧此丐！」

〔一〕本篇載《舒藝室雜著》乙編。
〔二〕背戾舌强：「背」上，《舒藝室雜著》乙編有「肩」字。
〔三〕兵部員外郎王家璧：「郎」下，《舒藝室雜著》乙編有「武昌」二字。
〔四〕慨然助之：「然」下，《舒藝室雜著》乙編有「願」字。

贊曰：孝丐僳然負人形，肩背、手足口語皆不靈，而獨知孝其母，蓋其心全乎人也。彼靈於肩背、手足、口語者，視孝丐蔑如也！然肩背、手足、口語之靈，徒人形存耳。王兵部之言曰：「吾愧此丐！吾愧此丐！」人亦毋以肩背、手足、口語傲丐哉！

碑傳集三編卷四十四　孝友二

陶文鼎

陶孝子傳

朱啓連

陶文鼎，字卿田。其先會稽人，流寓番禺，久之遂占籍。君少孤，母吳病歐血垂殆，召醫皆弗至，乃刲股和藥療之，果大瘥。然病不時發，左足又廢。始君客四方，至是不敢遠游。體羸，意氣偉然，居母側，充婉若嬰孺。母中夜疾作，甫一呻，必應聲起，雖遣之退，退復返也。寢安席者終歲無數夕，坐是壯年衰苶如七八十老人，而母怡然自忘沈痼者，十年如一日。

同治五年，湘鄉蔣果敏公巡撫廣東，重君才，賓禮之，微知平日奉母狀，及刲股事，將以篤行茂材薦。不欲違母出仕，敬謝而已，蔣亦不忍勸也。母歎曰：「吾未亡人，而旦暮少安，徒以汝在。安得世世爲母子乎？」君未及言，左右皆涕出。其天性惇至，發於自然，而感人於不可知。孔子曰「色難」，孟子曰「終身慕父母」，君乃近是矣。

光緒二年卒，年四十二。卒三月，母亦卒。女端亦以孝聞，少明敏激烈，識大義。年十三字於同縣宋氏。未幾，宋訃至，女自誓不嫁。父以禮喻之，涕泣言曰：「兒非爲宋氏也，且以吾祖母、吾父羸痼之身，方以不終侍焉爲憾，顧有家之義，敢傷父母心，而更字二姓，徒不孝耳。今不爲宋氏服，不入其門，於禮何害？兒終爲陶氏女矣。」父疾亟，復刲股和藥進，卒無效。創甚，强起，然終不支。父、祖母繼卒，女益自傷，得病不治，後五年亦卒，年二十七。

朱啓連曰：君力養其母，母病而如不病然者，力劬而如不劬然者；女志不違於親，蹈奇節而如弗奇然者，殉所生而如弗殉然者，皆庸行之至難。父女刲股，或效或不效，其用心則同，而皆以憂勞悲傷戕其天年，哀已！君識古今治亂，長於斷事。工書，能詩文雅善。汪先生嘗見於隨山館，傫然翁也。論醫理方造微，喘大作，論不止喘亦不止。時年未四十，精悍之色猶隱見焉。

沈章雲

沈天裳先生傳

汪兆銓

君諱章雲，字天裳，姓沈氏，廣東番禺人。父懷禮，某科舉人。君生有至性，內行尤篤。年二十，父病劇，潛刲股肉和藥以進。父卒不起，君殊自傷，常畏人語其事。予婦，君次女也，一日語予曰：「吾年數歲時，就女傅讀，傅偶以父刲股事問，錯愕不知對。歸，問諸母，始知之。」蓋家人恐傷君心，隱不言，雖子女猶不知也。父殁，事母亦以孝聞。同治癸酉，舉於鄉。嘗一會試，不第，以母老，遂不更往。母多病，君旦夕侍。體素羸，不自知勞苦。母既卒，君哀毁骨立，而病作矣。

君生平喜讀相地書。先是，爲母營兆域十餘，母殁，自覆按視，則無一可葬。號痛竟日，絶而復蘇，卒哭走窮山，病骨槎立，處霜風烈日下，日與耕夫牧豎伍，自顧纍然。嘗恐不得畢葬事，語人曰：「吾母遺魄朝以安，夕死可矣。」既逾年，而得吉兆，又數月而葬。葬畢而君果不起，時光緒十一年十二月五日也。謂非天之憫其孝，使留其身以畢其願乎！君既卒之二年，邑之人士將以君求旌於朝，予故爲傳之如此。

汪兆銓曰：予少聞君孝名，求其行事不可得，意其家庭(問)[間]必有奇異者。既長識君，又得附爲婚姻，迹其生平，乃未始大異於衆。嗚呼！孝本庸行，實踐爲難，而至性之感，生人所共。兒女子所不知之事，外人則已傳之，誠之不可揜如此夫！

羅義進

羅孝子事略〔一〕

林紓

羅孝子名義進，字孚高，閩縣之觀音井人。隆寒一褐不蔽兩脛，脛涷則綴敗絮於褐下，狀若裳者。案置一盂，糨屑鹽豉，雜菜根實其中，一日再哺，咸取以佐飯。父年八十七，自獲孝子之養，所御恒有新衣。烹飪之事，必出孝子之手，美饌佳餌，孝子恒多方羅致以供其父。孝子所居室，以厚楮牓壁，紀進膳晷刻，不差絫黍；父所常御爊魚煾肉之類，備列無漏。父年老，飯益健，孝子侍側，頤動眉肆，若自饜者。父食稍減，孝子退亦弗食。如是三十餘年。

同治戊辰，父患目疾，結厚障，西醫將啓以刀，孝子大啼。父卒就西醫館啓其障，孝子日載珍膳，即館哺父；夜復即床下宿，更盡數起，歷百有五日，疾愈。孝子同懷兄二人均有子。孝子壯時，嘗佐人貿遷，受直儲微畇，父將爲之娶，孝子語人曰：「兩兄所獲僅庇其拏，我娶，父安得養？我終不以婦人奪父之養也。苟大宗勿廢祀，我寧爲其不孝者。」故孝子終身鰥。

〔一〕 本篇載《畏廬文集》。

甲午，父目疾復作，孝子策父年高，不可更即西醫，乃五更起，以舌舐父目。既，設案庭心，搏顙籲天，遲明始已。凡二十四閱月，而孝子病。先是，孝子有足疾，常患脛瘇，至是家人戒孝子勿夜起以增困，孝子曰：「父愈，我病庸何傷？」疾幾猶即枕上禮佛弗輟。乙未某月，孝子卒，年五十有三歲。

孝子晚年屏落世事，專以養父爲急，恒於父前作嬌昵。父年高，亦忘孝子之歲，以爲尚三十許也，嘗曰：「吾子三十矣，未娶奈何？」嗚呼，孝子之志事可謂苦矣，乃前父而死，不竟其養，吾聞其死時猶喃喃呼其父也。

陳大璋

陳德齋墓志銘〔一〕

林紓

君諱大璋，字德齋。先世籍泉州之安海，再遷於惠安之前板鄉。曾祖諱世福，祖諱徵安，父

〔一〕　本篇載《畏廬文集》。

諱文喬。三世均業農，家絶貧。君誕時，母劉太宜人乏食，幾不能字之以長。君鬐鬐魁碩若成人，嘗犯隆寒出，隨群兒拾薪以供爨甚憊，不言所苦，婉戀太宜人膝下，陽爲笑悦之狀。鄉里咸稱其孝。

既長，貧益甚，日二饘至不能舉。太宜人得糲屑，和瀋以進贈公并及君。君揚匙且食矣，顧望太宜人，問：「母食乎？」太宜人汍然出涕，曰：「空吾厨得糲止升許，若父子但飽勿餒，余婦人何念也？」君乃哽咽不食。遂圖治生，稱貸得金一圜，錢四百，與贈公同抵會城。至蒲陽，亡其金，雨盛糒竭。君私計：贈公老矣，餒行且不達。乃自去其絮衣賃錢，復行。渡江，錢盡，船人困之。有張姓者代償百錢，君遂稔其里居姓氏以去。既至，居吴航之潭頭鄉，爲某翁司會計。翁誠君所爲，大任之。積十三年，家業寖立，首具鉅金餉張某，報其渡江時償百錢也。吴航士大夫咸目君爲長者[一]。

贈公於君未成業時已前卒，君事太宜人以孝謹終其身，然卒以贈公不及見其業成爲憾，至老不張壽筵，不受子弟之賀，方冬一裘而已，而處支屬兄弟尤敦篤有恩意。從弟德熙，兩世婚婣，君皆任之。嘗以族譜未修，命叔子懷金馳赴安海迹之，卒獲全譜而旋。其立身行事類如此。

[一] 吴航士大夫咸目君爲長者：「夫」下，《畏廬文集》有「於時」二字。

娶郭氏，續娶盧氏。子七：長子某，先君卒；次毓英，又次毓珍，皆邑庠生；四毓珖，五毓琛，入貲得同知，故贈君如其官；六毓修，七燦玉。女二。君生於道光某年，卒於光緒某年，年六十一歲。今將某年某月葬君於某鄉某原，毓英、毓珍、毓珖辱從余游，相率來請銘。余以君仁恤有至行，於法宜銘。爰爲銘曰：

匪學而粹誰之帥，湛之憂患德慧出。遂孝不惰具仁質，表微闡滯余其述，列諸幽宫子孫吉。

徐蔚文

屏南徐君霞軒墓表[一]

林紓

嗚呼！余身處中原蕪梗之時，髗治蠹化者方倡爲夷滅倫紀之説，和者麻起。雖悉力與搏，莫之勝也。計惟有叙述吾鄉有至行而躬孝友之君子，使狂僭騫義者聞而發愧焉，則汾洋徐君霞軒者，其行足以勵世矣。

〔一〕　本篇載《畏盧三集》。

君諱蔚文，字揚墀，姓徐氏，霞軒其號也，世爲閩之屏南人。曾祖奇鋭，祖裔盟，父居盛。君有兄曰炳文，官甌寧訓導。君娶吴氏〔一〕。君少而穎異，與兄炳文共應府試〔二〕，見者蔚然稱兩神童也。既補博士弟子員〔三〕，旋以優等食餼。應拔萃科，再冠其軍，旋得矣，以父病罷試馳歸。蓋當暑而病泄，污及茵褥，臧獲莫與中帬厠牏之役，君則親取而澣滌之。躬侍湯藥六十餘日，夜則露香告天。而居盛公旋捐館舍，君哀毁幾於絶粒。顧以母在，始稍進食。自是絶意仕進，以奉母終其身。

母夫人端嚴匡敕，理家動協軌範，意稍不懌，君及胡安人咸膝行請杖，候老人意解始起。雖兒女成行，而曲意承歡，厥狀猶孺稚也。其事兄炳文尤謹，甌寧訓導之缺，君資在先〔四〕，顧遜讓請兄就職，且曰：「兄得仕，所以顯亡親；吾終養，所以慰慈母。兄第行可耳。」炳文任訓導年餘，虧累滋鉅，請於析産之日，劃以自償，君不可。屏俗〔五〕，凡身任家政而能力致於豐裕者，必别

〔一〕君娶吴氏：「氏」下，《畏廬三集》有「續娶胡氏」四字。
〔二〕與兄炳文共應府試：「共」下，《畏廬三集》有「肩輿」二字。
〔三〕既補博士弟子員：「員」，《畏廬三集》無。
〔四〕君資在先：「在」下，《畏廬三集》有「兄」字。
〔五〕屏俗：《畏廬三集》作「屏之爲俗」。

酬之以腴田。君曰：「兄弟同産共利，焉有别也？吾烏敢私先人之遺以自肥其身？」

君處己約而待人恕，苟利於人，雖傾資無憚。科舉既罷，君遂創立簡易識字學校及高等小學校各一。鄉有二亭，一曰道日，一曰安邊，歲久且圮，君爲庀材修之。晚清之末，君以捐資助餉，得獎同知，未及仕，遂遘國變，而君亦歸道山矣。

君生於咸豐乙卯年十一月五日〔二〕，卒於丁未六月廿四日〔三〕，年五十有三〔三〕。繼配胡安人，後君十日卒。子四：式圭、式莊、式周、式廉。式廉爲胡安人出。女二：長歸楊〔四〕，早卒；次未字。孫三，女孫二，俱幼。

嗚呼！盲者之閉目如寐，喑者之閉口如默，反倫夷常者之持論如新，然覺而使視，問而使對，則盲喑者窮；其以反倫夷常爲新理者，使之型其子弟，則異日反諸其身，亦適所自窮。若徐君之躬行孝弟，至於老暮而無變者，豈惟型其家，亦足以型末俗矣。故特書其梗概，表諸其阡。

〔二〕君生於咸豐乙卯年十一月五日：「咸豐乙卯年」，《畏廬三集》作「清咸豐丁卯年」，應以「乙卯」爲是。
〔三〕卒於丁未六月廿四日：「丁未六月廿四日」，《畏廬三集》作「民國己未六月念四日」，應以「丁未」爲是。
〔三〕年五十有三：「三」下，《畏廬三集》有「歲」字。
〔四〕長歸楊：「楊」下，《畏廬三集》有「氏」字。

黄容保

黄孝子傳

黄曾源

黄容保，字竹民，績溪寵嵡山人。少失怙，事母孝，得食必以獻。雖裋褐不完，祭必寬衣博帶。鄰人見容保有泪痕，輒知其以借衣來也。少習竹工於浙之孝豐，思母骨立，師憐而告之曰：「若即所業者專心一年，即可歸以工養矣，胡戚爲？」容保如言。逾年歸，遂不出。徽俗計工授值，值外日給菸錢三文。容保以工值奉，而以所得菸錢市膏火供夜讀，久之通《四書》大義。母死，廬墓不得食，妻日肩竹來俾製器易鹽米，如是者三年。既禫，族人重其義，將迎歸，而上孝行於有司。妻聞以告，乃遷之鳳岡，依中表周□以居，師事惟謹，兼治《詩》《易》《孝經》，能古、近體詩，作擘窠大字有奇氣。於是諸文士往來鳳岡無不知有孝子黄容保者。或以塾師請，容保曰：「天生我爲竹工，不生我爲塾師。」不顧而去，卒爲竹工以壽終。徽州府學教授周贇，鳳岡之孫，爲容保外孫行，囑余爲之傳。贊曰：孝子耶？塾師耶？竹工耶？順天而勤，類有道者，其隱君子流耶？

夏敬鑒

清故江蘇補用通判夏君書厂墓志銘

袁思亮

吾友新建夏映厂，工詩嗜游。顧憚涉，游必以陸。僑杭州湖濱歷數年所。西湖名勝擅天下，明漪不波。春秋佳日，雖婦稚皆拏小舟，狎鳧鷖而嬉。映厂獨乘肩輿稱娱，緣堤行，朋游曹笑之，勿顧也。余退而叩其私，則泫然曰：「曩相者謂吾頷有文，法當以水死。己酉歲元日，吾又夢涉鄱陽湖溺焉。其年冬，吾繼母周太夫人卒於蘇，將歸葬。吾母弟書厂用相者言，且懲妖夢，鋭以御柩事自任，而留吾侍所生母吴太夫人，於是吾弟果以是役死矣。相者之言，妖夢之警，不於吾弟，吾弟徒以不忍其兄之故，遂以身殉而代之。吾滋痛焉。吾母春秋高，吾其敢臨深履危，貽吾親憂，負吾弟冥冥中耶？」已則又言曰：「吾弟不幸早死，無所表見於當世，然其制行有非所及者，惟吾子□爲之銘。」思亮曰：「若書厂者，人倫之表也，其可不銘？」乃以聞於映厂者次第之。

君諱敬鑒，字書厂，一字舒堪。生十歲而孤，篤志厲學，尤工書，書類董文敏。長益幹練於世事，納粟爲江南按察使經歷。或卑之，君曰：「職無崇卑，惟稱之艱。品之隆汚，不以位也。」

積八年，更入貲爲通判。會吷厂亦以知府來官江蘇，迎周、吴兩太夫人就養江寧，旋改道員，攝江蘇提學。君例當改官它省，以不欲違離母兄，遂棄官。自江寧徙海門、上海、蘇州，皆從焉。吷厂勞於外，君勤於内，愉愉怡怡，門庭睦雍，秩然咸理，無有廢失。自君之卒，吷厂皇皇如不勝矣。

鄱陽湖回流急湍，夙號險惡。方冬，多旋飈，暴風尤不測。君奉柩於舟，導以氣船。發潯陽，風日佳美，翌晨及姑塘而難作。君跪船頭，崩角呼救。風急舟敗，救不及。君覆柩上長號，榜人、僕夫欲援君，君不可，卒與柩殉。既而没，人以柩出，而君屍不可得。閲五日，出水上，面如生，兩眥猶隱隱有血泪痕。烏乎，酷矣！宜吷厂之終身引爲大慼也。年三十有一。高祖家瑜，歷官江南常州、鎮江，湖南寶慶知府。曾祖脩憲，官華亭縣丞。祖廷松，官元和縣丞。父獻雲，官湖南糧儲道，攝按察使，有惠政，君其季也。配萬，子三：承輔、承郁、承徹。女二。銘曰：

果術者之前知兮，又益之以鬼神之來告。非其的而仍降兹酷虐兮，胡昊天之耄耄？豈將以成其孝弟之名而幻設詭出兮，則非吾之所敢知。吾以君爲萬世子弟之鵠兮，用昭告以刻辭。

碑傳集三編卷四十五　義行

王 嵒

王曉峰先生墓表〔一〕

王樹枏

新城士夫，以詩書授讀起其家者，余王考竹溪公及曉峰先生二人爲最著。王考自爲秀才，迄成進士，以教讀終其身，著弟子録者凡數千人。先生老於諸生，亦以教讀終其身〔二〕，著弟子録者亦不下數十百人。

王考之爲教也，不責人以繁節碎目，視其資賦高下靈鈍、學詣之淺深，詳詔曲譬，窮日夜不厭。聽者往往舞躍怡懌，如飢者之得正味，迷於行者之獲昌途以去也。故人皆樂其教之寬，而

〔一〕本篇載《陶廬文集》卷一，題下小字注「丁亥」。

〔二〕「著弟子録者」至「終其身」：此二十二字底本原脱，據《陶廬文集》補。

受益常無窮。先生之爲教也，衣服飲食，進退言語，皆有常制。犯者，雖細不貸〔二〕；成人以上，往往責跪於庭。終日立課程，期之必行，無敢有跬步尺寸逾法式干先生怒者。故人皆喜其教之嚴，而受益亦無窮。

王考初食貧，田不過三十畝，歲以脩脯所入市甘旨養其親，以逮其子孫。及其歿也，田逾千畝，富甲一鄉之内，爲世所稱慕。先生初食貧，田不過百畝，歲以脩脯所入市甘旨養其親，以逮其子孫。及其歿也，田逾數千畝，富甲一鄉之内，爲世所稱慕。

今夫師弟之際，以道相授，非以利相受也。然束脩之禮聖人所不廢禁，士之居窮教士，以此代其耕而贍其身者，自秦漢以來，未之絶也。降而逮於今，師道乃至敗壞，如商賈負販之行，較量財幣，視多寡豐薄以爲去就，甚至從學數年，或至戚若故好，一旦不繼，即屏棄，以爲其人不可教。而富豪子弟，往往以多金夷視其師；寒畯之子，至以此廢學，不獲進取於世。王考教讀五十年，從游者，量其家之有無以爲贄。貧而志於學者，終身不取，其尤者或助之貲。

先生爲王考高第弟子，其設教一以王考爲法，故從學者多，而家亦以此致饒裕焉。先生自奉儉約，而豐於事親，厚於待人。嘗因歲饑，出貲市穀，設義倉，建置義學，以教里士之不能

〔二〕雖細不貸：「雖」上，《陶廬文集》有「過」字。

自給者，命門人歲主其事。喪妻不再取，無婢妾侍榻側。日與門人子弟，朝夕討論所以讀書及爲人之法，孳孳以爲樂事。王考嘗曰：「竭志人己，敦行不怠者，曉峰一人而已。」

光緒十二年三月二十九日，先生年六十九，卒於京師其子工部宅中。某月某日，葬於先塋之兆次。先生歿後，門弟子念先生學行，懼遂滅没，無以彰於時，乃持狀屬樹枏爲文揭諸墓上。樹枏念先生父執也，不敢固辭，爰攝先生教士大凡〔一〕，以詔當世之有先生之責者。

先生姓王氏，諱嵒，字曉峰。其先自古北口外小興州來居新城，數傳至其祖諱百齡，父諱建極，皆有隱德不仕〔二〕。先生始發憤讀書，教其子毓芝成進士，於是王氏始大。光緒某年，覃恩封中憲大夫。配周氏，封恭人。周氏有淑行，先六年卒，年六十有四。子二人：毓芝，現官工部主事；毓荃，縣學生。女一人，適雄縣拔貢生署四川東鄉縣知縣郭錫齡，早卒。孫男二人，孫女幾人。

光緒十三年七月新城王樹枏表。

〔一〕 爰攝先生教士大凡：「爰」，《陶廬文集》作「爲」。

〔二〕 皆有隱德不仕：「不仕」，《陶廬文集》無。

章培慶

佩卿章君墓志銘〔一〕

林紓

君諱培慶，字佩卿，姓章氏，江蘇江陰縣人。曾大父履謙，妣氏戈。大父紹韓，妣氏張。父大麟，母吴氏。君少孤，年十二，敝服過市，市豪陋之，君㦬然以爲病，計非劬學不足以滌耻。自是業精，而家益貧。

稍長爲吏縣。道光壬辰，江南舉鄉試，君入司謄録，題爲「興於詩立於禮成於樂」。闈卷中有漏書「成於」兩字者，君讀其文，奇異之，顧念違式且擯落，然不可得墨，則毁瓦以取黑，滌筆蘸瓦煤爲增之。揭曉是卷在魁選中。所司勘墨色有異，時侯官林文忠公爲監臨，執法嚴，趣吏取君上。君以實告，固詰之，君終曰：「不忍負此佳文。」林公面鐵色，久不語，旋曰：「汝固謂我忍耶？顧必得所棄瓦證且釋汝。」君自搯其指，血沁出不自覺，終乃憶得棄瓦所在。事白，卷得不黜免，落卷中人蓋三吴名士也。君亦以此知名。

〔一〕本篇載《畏廬續集》，題前有「清贈通議大夫」六字。

尋轉爲主漕掾。咸豐六年，常郡赤旱，暨陽於八邑中爲瘠區。時方用兵，大府嚴符督餉，宰懼不敢以灾聞。君進曰：「民困且盡死，不語灾而更督其餉，然則公殺之耳。請侍公與督郵辨之。」督郵詞屈，而七邑援案得免。時暨陽灾酷，盗亦四起，悍民王和尚白晝强劫園瓜，諸無賴從之，漸有道剽者。君謂：「暨陽民非甘盗者，刑王和尚則盗止矣。」宰從君言，於是飢民食木葉且盡，而盗終不起。君掾漕久，爲忌者所中，摭取清糧勘丈事誣君婪索。君既就逮，撫軍某疑君擁資厚，將以危法中君，且索賄巨，承審者凡十餘易。君不爲屈，而蘇守蒯公廉君寃，獄遂白。

君氣調英拔，臨事有膽幹，生平急人之急，日以風義自勵。方避兵江北時，夜泊，聞岸上飢民聚哭聲，知粥廠以明日撤，民不可得食而悲，則傾囊付首事者，賑事得不墜。嘗自質庫中出，有人逡巡道周，問之，則見劫而罄其裝，將質衣易食，又患無以禦隆寒。君惻然，舉所質者授之。客問名，不告而去。自念以貧瘁起家，凡恤嫠振孤之事，咸樂爲之。性既孝友，每忌日，家祭哭至失聲。弟某病瘵殆，君日侍湯藥，夜則燠其衾取煖以進。弟病喜怒失其常度，君畢誠盡瘁，務遂其意然後已。

以光緒二年七月二十七日卒於里第，享壽六十有四歲。子五人：長成達，優廩生；成義，庚午舉人，直隸延慶州知州；成禮，附貢生，光禄寺署正；成智、成渠，均縣學生。孫：擷華、繼華、莊華、振華、藻華。女一，適同邑國學生劉淇。孫女七人。成義既仕，遂贈君通議大夫。配潘淑人，資而能家，距君之歿二十二年卒，年八十有六。既合葬於定山之北麓，擷華入京師大學，從紓受古文，既畢業，來請曰：「亡祖鯁氣正詞，臨難無所撓屈，且惠而愛物，稱仁於鄉黨間。顧當日無銘幽之文，至憾在心，今必得先生之文以彰顯先德。」嗚呼！世變滋而人心薄，若君之貞方惠厚，足以勵世矣。爰爲銘曰：

踐械罹梏寒畯拔，殲厥魁蠹灾黎活。去莠遂良仁所括，萌諸心本始外達。鑿空矜殘恣施設，洗宥終及表誠節。根孝荄義祖前烈，天昌厥後盛累葉。幽宮所奠羨道闊，永永萬祀欝松栝。

楊斯盛

楊斯盛傳〔一〕

章梫

楊斯盛，江蘇川沙廳人，寄居上海。早失怙恃，家貧，以工自給。光緒十六年，工業日漸興盛，遂至富饒。二十一年，助直隸賑，獎布政司理問銜。尋助湖北、山東賑，獎鹽運司運同銜，加

〔一〕　本篇載《一山文存》卷五。

花翎。自以少年失學，識字無多，見貧人子弟，惻然念之，因有教育普及之志。適朝廷頒新令〔二〕，廢科舉，興學堂，遂捐資就上海租界建廣明小學，旋添師範傳習所。三十三年，建上海浦東中學堂，改廣明小學爲附屬高等小學，設第一附屬初等小學，又在川沙廳青墩設第二附屬初等小學。五年之中，捐資十八萬餘金。一切法程，遵部章釐訂，井然有條。學政唐景崇專摺請獎，學部飭查銜名，斯盛曰：「捐資興學，吾之素志，豈博浮名哉？」置不覆。又捐資爲浦東别墅經費，以充子孫讀書之用。其貽妻子者僅三萬金，足衣食而已。三十二年，浦東紳董設局抽渡航錢，充修路經費，輿論大譁，聚數千人，毁紳居，并與官抗，幾釀大禍。時斯盛病，聞之，乘肩輿往諭衆使散，衆唯唯聽命，乃議止渡捐。築洋涇陸家渡路計捐同業數千金，而獨捐其大半。浦東嚴家橋日久將圮，斯盛謀新之，又捐銀六千圓，築塞門德土爲橋身，以鋼鐵爲骨幹，日往指揮。甫一月而斯盛卒，群匠遵其遺法，橋竟成功。至築浦東石道，及修川沙海塘，一切善舉，斯盛捐助尤多。性孝友，當窮困時，每念父母遺櫬未葬，曾祖父母、祖父母淺厝未安，輒爲泪下，少有積聚，即購地營葬，親運甓負土，務極堅固，復建祠墓，旁廣植松楸，春秋展拜，必誠必敬。又葬親族之無後者二十喪。弟斯茂，生而喑啞，爲娶妻營室，撫姪如己子，分田百畝與之。又置祠田四

〔二〕適朝廷頒新令：「朝廷」二字，底本漫漶，據《一山文存》補。

百餘畝，以養族中貧者。其好義輕財，人皆以爲難。當廣明師範生畢業時，訓諸生以「計較束脩爲耻」，而希望教育普及；浦東中學堂開學，特揭「勤樸」二字爲宗旨，諄諄訓誡數百言，聽者悚然與人交，然諾不欺。凡工人有一技之長，必加獎拔，或出資助之，人皆樂爲之用云。

李本方

李君墓志銘[一]

陳三立

君諱本方，字仲壺，兵部尚書、兩江總督開縣李公諱宗羲之中子也。公故曾文正公弟子，繼文正督兩江，爲時名臣。君少從宦，飫庭聞，敕己厲學，期基宥密而見諸實用。凡關於體國經野諸大端，靡不稽討，而工藝、屯墾、種殖及歷代荒政，所由設施而通其變者，究之益詳。年二十七，舉光緒己卯鄉試，五應禮部試不第，以主事官工部，遷兵部郎中。君耆臣子，行誼文學出於人，公卿貴人争延致，輒謝却之，循默自守，泊如也。

[一] 本篇載《散原精舍文集》卷十，題作「清故贈太僕寺卿銜兵部郎中李君墓志銘」。

歲己丑，畿輔大祲，李文正公鴻藻屬君及毛君慶蕃、喬君樹枏督振務。君固諳利弊、勝勞劬，毛君、喬君倚君畫策，竟其役。君以善舉振名於世自此始。其後天下多故，稍鶩於新政矣，而人士雜進，伏患隱微。先公時任湖南巡撫，習公通才〔一〕，饒學識持重，薦於朝，交軍機處存記，意特冀破格録君也，竟置不用。

鹿公傳霖既督四川，鋭意商務〔二〕，推蜀人之望，遂疏調君及喬君主商局。君亦欲自效鄉里，首謀創白蠟公司於嘉定，次及煤油、玻璃、烟捲、牛羊皮毛，務改造土物，絶海國百貨之侵奪〔三〕，濬利源〔四〕，塞漏巵。會鹿公去，中罷。而錫良公繼鹿公，復强君參議學務處〔五〕，會辦商礦局。適川東奇旱，吏民咸以君前振畿輔有大效，及歸振其縣暨富順、資陽、雲陽、巫山、大寧諸水灾，躬其役者凡四，所活無慮數十萬人，玆非重倚君不可。君亦自奮，輾轉巡灾區。被疾抵家，閲五日卒，得年五十有三，光緒三十年九月也。事聞，贈太僕寺卿銜。

〔一〕習公通才：「公」，《散原精舍文集》作「君」。
〔二〕鋭意商務：「意」下，《散原精舍文集》有「振」字。
〔三〕絶海國百貨之侵奪：「百」，《散原精舍文集》作「萬」。
〔四〕濬利源：「濬」，《散原精舍文集》作「保」。
〔五〕復强君參議學務處：「君」，《散原精舍文集》作「公」。

君爲人敦樸沈毅，志意皦然，雖不少屈以干進，而悲憫惻怛，常引利濟民物爲己任，至誠發於中，貫於萬類。其圖援起而安全之也，得一策，施一事，繞室旁皇，若有大譴隨其後。居鄉所得爲，若全貞會、老老會、幼幼堂、殘廢院、病療所、施藥局、餽歲倉、解衣社、千益會、生財局、仁澤堂、義塚、浮尸社、水龍會，及治開縣達雲陽山徑之屬，爲所利賴而繫人思者，不可殫紀，而卒殉振灾以死。往嘗與毛君、喬君相謂曰：「既獨善其身矣，猶欲兼善天下。世乃有如君其人也！」生平私淑曾文正，尤取大小始終條理之説，終身治事依之以爲法。嗚呼，足以窺君之善學以達其才而盡其性者矣〔二〕！

曾祖諱經維，祖諱作興。曾祖妣氏鄭，祖妣氏温、氏楊、氏王。妣氏歐陽。皆以父貴，贈封如其階。娶胡淑人，生子二：大防，直隸候補知府，出嗣長兄本廉公；大臨，殤。側室程孺人，生子二：大閑、大鏞。女四〔三〕：適郭、適胡、適龔。孫世乾，即大防出，以後大臨者。降服孫世豐、世恒、世泰。孫女一。君歿後十有五年己未七月，葬君某里某原。銘曰：

始奮崇閥，艱卓求志。懲慓抑夸，學儲經世。委蛇省曹，守條自媚。靳施廊廟，獲澹疵厲。溝瘠支撑，起而呴濡。躬被萬物〔三〕，聖神督予。頂踵棄捐，維墨者儒。旁睨嚬呻，孰登孰育。仁

〔二〕「生平私淑」至「其性者矣」：《散原精舍文集》無此四十五字。
〔三〕女四：「四」下，《散原精舍文集》有「適沈」二字。
〔三〕躬被萬物：「被」，《散原精舍文集》作「備」。

覆智營，絣幪夏屋。道尊同患，允式幽卜。

唐錫晋

無錫大善士唐公墓志銘〔一〕

林紓

公姓唐氏，諱錫晋，字桐卿，晚號潛叟。世籍常州，清初始遷無錫。曾祖肇基，祖秀林。父文源，世號問苑先生。庚申之變，全家被難，公幸逸出。問苑先生命之曰：「爾果得生者，當以敦族睦婣、濟急振灾竟吾志。」公泣識之。越五年，亂平，歸拾骨，於故宅眢井中瀝血取驗，窆於慧山之麓。公少已通經，至是益以學問自勵，傳經里中，受學者凡數百人。公系出明右副都御史襄文公弟歘庵公後，遂建襄文公祠於錫山之東，纂集譜牒，歷五稔而成。以壬申恩貢，銓得安東教諭。戊子至任，增拓祀典，貇藝學田，舍其斥鹵不可治者，得數百畝。秋冬出雜糧易錢，儲善藥。安東産鬻粟，或有咽漿以死者，得公所蓄藥輒起，公終悵然以爲惠小不足廣吾仁也。戊

〔一〕本篇載《畏廬續集》，題作「清故大善士無錫唐公墓志銘」。

戌，淮、徐、海三州大水，饑民就食南徙。過安東，有司防亂，斥歸籍。民不可得食，積尸滿江滸。公大戚，罄所有俸錢振其尤急者，命公子宗愈歸告諸從兄，捐鉅金爲倡，更募諸蘇、滬、常、鎮、淮浦，得五萬金。時被灾酷者惟潮河鎮，宗愈載米至大關，舟膠不得達，雨甚，公宿小舟中，焦悚竟夕，明日鬚髮半白矣。宗愈進策，先以銀幣濟潮河，立振局於五港，遣驗灾區；後隨地立分局，以達城中。已而水漲舟通，民盡得食。明年，安東澇，公本其振餘者，更募得十萬緡足之，振事以蒇。是冬山東沿海諸郡灾，公籌備棉衣數萬襲，海行赴日照，命宗愈邀查户諸人陸行，公自風濤萬險中，不榖食者旬餘。舟至石臼沙，而邑令匿灾，拒宗愈父子遂左。公犯雪趣沂州，踐冰行數百里至郡，太守楊公壯之。於是莒州、沂水、蘭山、蒙陰、日照五縣均得振，且置常平倉以善其後。越庚子，京師亂，太后、皇帝西狩，關中大飢。公醵金四十萬，冒雪入秦，振二州八縣，披蓁莽，探洞穴，人皆駢死，剩殘骨，殆遺自狼吻也。然公足迹已匪所不至矣。時灾區廣，振款且匱，公遂馳詣行在所，謁仁和相國，請帑得二十萬。事竣，歸安東，邑令貪横涎積穀，公怒劾之，令與公均落職。父老子弟空縣來送，有泣者。江督端公、蘇撫效公、學使唐公交章起公，改銓長洲。丙午，湘中灾，長沙張文達公善公所爲，以振事屬公。於是長沙、善化、湘陰、益陽、衡陽、清泉六縣之民皆存活。是秋，長淮淫雨灾成，流民數十萬，聲洶洶，然喻遣莫散，而籍安東者八萬餘，咸曰：「有司行振不足恃。必面唐公，吾輩死無憾。」時公卧病，强起以人扶掖至。莠民方煽誘灾黎爲亂，見公諱曰：「吾生矣！」皆寧謐以聽振，亂萌遂遏。計公生平志願，欲經緯區宇，顧不得遂，則以活人爲職，天亦若故拓此灾區以待仁者。公足迹所不至者，甘凉、長春而已，然二處之灾，公或以電達，或以資往，而精神已與灾黎接矣。至江皖之間，大江以南，公桑梓所係，尤不遺餘力，以積勞授道員，加二品銜。辛亥，武昌事起，隆裕太后遜位，公避地申江，見陰害矯譎之徒，假軍府命令，恣厥哮噬，共和美政，將因之而敗，盛怒觸肝，幾成膈疾。時宗愈供職奉天都督府，宗郭肄業北京大學，先後歸省，公喜病間。聞外蒙不靖，即命宗愈移書舊識之内蒙王公，喻以大義。又聞浙江青田大水，病中復命宗愈措款購糭屑二萬包、棉衣萬襲以往。是秋病良已，迨冬復劇，遂於壬子十月三十日卒於滬寓。臨終之前一夕，得異夢，占者以爲祥，遂作聯生挽，語極宏壯。享壽六十有六歲。配孫夫人，前公卒。子二：宗愈、宗郭。女七：長適常州張鳳藻；次適紹縣金秉台；又次未字殁；又次適同邑倪家駿；又次適同邑過祖蔭；又次適施南饒鳳璜；少者未字，以刲股療母疾弗效，哀痛殁。孫二人：振緒，宗郭出；振業，宗愈出。孫女二人。今將以癸丑十一月二十八日葬於無錫孔山之陽。宗郭從余受古文，因以行狀請銘。嗚呼！公彍義滂仁，惠周海内，其生平所爲，無一事不本於公者，千秋不朽之名，吾文其將托公以傳矣。敬爲銘曰：

懷襄禍酷窘堯聖，裔胄力乃與水競。椿龍扼蛟出萬姓，推己飢溺腹民命。白骨再肉咷且慶，仁感動天帝所迎。松蓋下偃玄宅静，激極賚福子孫盛。

碑傳集三編卷四十六　獨行

袁世威

袁固之墓志銘〔一〕

章梫

項城袁氏，以孝友儒業世其家。至端敏公始光大而忠於國，其子文誠、閣學諸公，先後立名業，國史皆有傳，而家法則守之益篤。晚近倡爲中國家族主義，有妨國家主義之繆説，煽惑流俗，遂致辛亥之大亂。袁氏不之信，端敏以下子孫尤不之信也。

國變以後，遇前郵傳部同官袁述之京卿世傳於天津，時其從兄内閣總理已奉懿旨改共和之治矣。述之奉母以居，足迹不入京師。乙卯自天津寄其所輯《袁氏家集》，則端敏、中議、文誠、閣學之事之文并母德録具備，予在史館爲閣學撰傳亦在焉。因盡悉其一門忠孝累代相承之家

〔一〕本篇載《一山文存》卷十一，題下小字注「丁巳」。

學，益信家族與國相維繫，終古莫之或易也。

丁巳春，述之復告其弟固之府君之喪，附致其兩兄書及其姪克朋等所撰哀啓，屬爲之銘。予以述之哭弟之哀，與固之君之至性純行，未敢辭。稽於疾病，遷徙久，乃詮次其事。

君諱世威，字固之，姓袁氏，項城人。祖謚端敏。父諱保齡，以勞卒，贈内閣學士，國史附端敏傳，即其家集所謂閣學公也。閣學公子七人，君其最幼者。八歲，閣學卒；十四歲，生母劉太夫人卒，哀毁致損弱。中年乃漸强健，恂恂謹厚，讀書修内行，不慕仕進。循例候補布政司經歷，非其志也。每念自端敏公起家爲名臣，祖、父均受國恩，諸兄又宦游在外，獨與四兄某某里居，侍奉繼母高太夫人，曲得其歡心。杜門不出，時懼盛滿，從未干謁有司，妄徇請托。常事稼穡，日與田父野老，以勤苦自矢，十數年如一日。其六兄某某以知府候補湖北，光緒丁未，司羊樓峒榷局。君往視，遽遭兄喪，感痛焦勞，大病幾殆。時盛暑，羊樓處萬山之叢，力疾奉柩厝湖北省城，躬送其嫂率諸孤赴七兄述之淮北某官任所。復之鄂，送柩歸里，展轉江淮上下數千百里〔一〕，形神憔悴。及至高太夫人前，無纖微憂鬱之色。

當宣統辛亥亂作時，述之奉高太夫人至天津。君以内地亂尤劇，陳州爲先代邱壟所在，乃

〔一〕展轉江淮上下數千百里：「數千」，《一山文存》作「千數」。

獨留家居未敢離。當世重君名，湘、豫兩省先後禮聘，均辭不赴。述之校印先世家集時，寓書於君，慨然於先澤就湮，反復沈痛。又以少孤不獲聆先人遺訓，益自兢惕，日楷書先訓千數言置座右，寢至病革不少間。

丙辰秋，述之歸省墓，君聞兄至，甚喜，黎明即起，迎至郭外。既相見，感觸松楸，相對流涕。展拜畢，偕至寓，率子女叩謁其兄，顧謂其子女曰：「吾兄弟兒時風味，不圖汝輩今復見之。手足之樂，雖三公不易也。」具黍食，家人歡聚。瀕别悒悒累日。甲寅、乙卯間，兩赴天津省母，歸輒嘆曰：「晨昏奉母與守先人墓廬，吾一身不能兼致，痛孰其焉！」丙辰十一月，偶感時症，數日卒，年三十有五。臨殁，泣呼高太夫人及諸兄不及一訣爲憾。

嗟乎！仕宦通顯之家，其子弟每不能上承先志，見惡於鄉里，而爲世詬病；間有澹於世情，流覽文史，從容纂箸，或喜結俠客〔一〕，尚義好豪舉，均足爲濁世翩翩佳公子；至闇然自修，清介惟恐人知，孝友敦篤，一以其先人爲法則，所以感動於國俗者尤大，而於晚近爲尤難。端敏有大功於中興，而友愛其兄樹三公，卒，幾致毁疾。君經紀其六兄之喪，悲感勞瘁，則友愛之似其祖者也。端敏視師淮上，時文誠與諸兄弟多從征役，獨閣學公奉其祖母暨母里居依依不忍去。君

〔一〕喜結俠客：「結俠」，《一山文存》作「俠結」。

侍其母，居鄉數十年，備致其誠敬，則篤孝之似其父者也。乃當世可死人多，率不死，而獨早喪君，天道可知不可知，今竟如是！宜述之與其兩兄之心慟之也。子二，克朋、克實。將於年月日葬於某原，銘曰：

孝友大本，亂人拔之。君修於家，天又奪之。天乃如斯，亂無已時。君實不死，行爲世師。

郭瑞

醉郭先生墓碣〔一〕

林紓

辛丑之冬，聯軍出京師，有扶醉行歌於市者，則京西郭先生雲五也。先生名瑞，産蕩於義和團，憤時政隳墜，人心謬戾，則一寄於酒。悉團匪之所以廢亂京畿者，編爲歌曲，沿道演唱。聽者若堵墻，稱之曰「醉郭」。御史遣騎斥去之，先生行歌如故。然聽者亦稍稍知團之但能作賊，非果於滅洋也。

〔一〕本篇載《畏廬續集》。

吴縣彭君翼仲，偉先生所爲，授以通俗之文，俾迪頑蠢。先生得之甚喜，講益力，聲益肆，醉亦益甚。彭君既以事遣戍，先生哭送之良鄉。因而大困，則就養於貧民院，然匪日不頌彭君也。迨彭君歸，而先生疾病，語彭君曰：「吾患略間，行歸矣。」是夕先生卒，年六十有九。彭君醵資葬之於此。嗚呼！因匪亂而有今日，而亂乃滋熾。果先生在者，歌哭不且更甚耶？

金潤棠

金雨梧大令墓碣銘〔一〕

章梫

宣統三年辛亥八月，武昌變起，江蘇巡撫響應，詐稱獨立，以保地方。兩江總督向駐江寧，議防守。巡撫率兵往攻，於是士大夫習於梟獍之行者，靡然從之，國遂大亂。江蘇補用知縣太平金雨梧大令乃襆被歸里，適其從弟陸軍部主事仲弢自京師歸，姪湖北候補州同謂軒自鄂歸，相與閉門讀書，拳拳故國，不復聞外事。友人招致於杭州、江西當路，皆却謝不應。嘗誡謂軒

〔一〕 本篇載《一山文存》卷十一，題下小字注「丁巳」。

曰：「亂世功名，無關榮辱。況國變後，出處不可不慎。」乙卯，遭火室燬，不爲意。丁巳三月，遂病。病篤，誡其子姪曰：「切勿與時貴交接，凡勢利之場，皆宜遠之。」語不他及。卒年四十有七。鄉人謚曰和義先生。

君静默篤學，累試不利於有司，循例以府經歷分發江蘇候補，奉差積勞，歷保儘先補用知縣。俟補缺後，以直隸州知州補用。嗣又入官立法政專門學堂畢業。設當日假君以一縣之事，未知於古循吏何如。要其不斂財，不激變，日夜以民生疾苦爲念，循循以成敦樸之治，可推國變歸隱之志而知也。乃未獲一試，而遭此大變；歸而望治，又不得見太平之象而遽歿。

憶予先交君於蘇州，嗣仲弢以優貢來朝考，官陸軍部，過從綦密。君偶以差事入京，益致其綢繆之雅。及壬子南旋交謌軒，商搉文字，書椷往復，頻致君鄉居之遠念，則已不及促膝長談如昔日之歡會，而故交形景，實在目前。豈意訃至滬寓，時予復遠游，數月之間，風雲迭變。歸來臥病，未克盡一束生芻之誼，徒嘆先我而作古人也，豈不傷哉！

君諱潤棠，號雨梧，台州太平縣之琛山人。祖諱雅奏，歸安訓導。父諱壽祺，歷任浦江、昌化教諭。元配陳，繼配陳，均增宜人。子四：學任、學仕、學伊、學傑，均幼。學任出嗣某某。將於某年月日葬於某原，銘曰：

台負山海性古直，同丁大亂長惻惻，君欲顯仕運蹇塞。願爲遺民不爲賊，賊生心死犬不食，君歸正命百世式。

王肇震

邳州知州東麓王公墓表[一]

林紓

東麓王公之彌留也，諸子爲治凶具，公詫曰：「服改矣，汝輩將用何等衣冠殮我者？」諸子以前清制度對。公嘆曰：「我固清室老知州也！」且易簀矣，復顧諸子曰：「田橫之五百人，寧無復仇之資，乃駢死耶？」諸子莫對，公遂瞑。此吾友劉少崧告余者。少崧蓋少小受知於公，長而教育之者也，并請余爲表公墓。嗚呼！公平日恒自稱亡國之大夫，寧知清亡而公心固未嘗與之俱亡也，在法宜爲公辭。

公諱肇震，姓王氏，字生之，東麓其號也。系出晉太保祥。太高祖聘，始由臨沂居費，乃世

[一] 本篇載《畏廬三集》，題作《清中憲大夫邳州知州東麓王公墓表》。

爲費人。曾祖淑濬公，祖訓導公杞。考興麟公，官松滋知縣。寇犯鄂，松滋公自差次履新，公兄弟均在圍中，城破見擄。老僕黄登僞降，乃以計出公，公年甫十三耳。松滋公亦殁於任所。公依其世父殿麟公，公方解組歸自宣化者，撫之如子。而公卒犯百險歸松滋公及母趙夫人之櫬於松滋，時公已以第一人入郡庠。會賊發於蘭、費之間，號曰幅匪。宣化公以忠義號召里中少年，擯賊於肇鼎，陣殞。公年二十一，投袂起，與旗山寨劇賊孫化祥相持者三年，賊鋒莫敢逞，而郡縣咸倚以爲重。旋從蘭令長賡樸武得賊巢，被創幾殆。又以民兵百二十襲費，攻嶮峻之賊砦克之。膽力偉壯，善以寡擊衆。捻匪李成擁數萬騎過境，賊火映發近百里。公聚壯士百餘人夜襲之，賊幾驚潰，而陳公國瑞適以鋭師至，賊平。公自笑謂爲天幸也。大府上其功，以府經歷歸部選用，尋用閻文介薦，得旨選缺後以知縣用，加五品銜。

己巳，復用文介薦，擢知縣。遂依外舅海曲丁公於鄂中，以例指分江蘇，任徐之睢寧令。下車，斬劇賊王狗熊，而徐桂堂者仍發亂〔一〕。縣中適有名妓願脱籍者，公下令曰：「孰得徐桂堂者，以此妓偶之。」已果得賊，公如言。於是郡中咸偉公能。既調宿遷，河決，飢民環籲賑局，聲

〔一〕　而徐桂堂者仍發亂：「發」，《畏廬三集》作「廢」。

洶洶〔一〕。公至，令列炬開門，犯風沙，立河堤上，慰撫灾黎，聲泪俱下，衆皆感涕而去，振局得全。調補清河。清河古淮陰地，於南中爲極衝。公饒有治績，升補邳州。邳州多盗，號難治。公以鈎距之法行之，雖趙廣漢不能過也。曾忠襄巡閲至境上，嘆曰：「州將果如王牧，余何憂也？」既以河工得保直隸州，補缺後以知府用。旋復以河工加四品銜。十五年春，奉檄權銅山。十六年，復回邳州。公歷五邑，治煩理劇，有循吏風。十七年，以疾乞休，覃恩授中憲大夫。既引疾，日與父老課田事，累徵不起，然心感宣化公舊恩，愛撫其二孫過於己子。光緒己亥，費大祲，盗賊紛起，公出巨貲編巡社，賊爲之鎮懾，蓋畏公能兵，遇之防立躓，而費以寧〔二〕。庚子拳亂，幾有民教之鬨，公咸以理喻遣之，費得無事。辛亥革命軍起，皇帝讓政，公悲慨不可自勝，疾革猶念田横也。遂以癸丑六月十三日卒〔三〕，年七十有三〔四〕。配丁恭人，爲海曲丁觀察守存女，知書通大義，閨房之内肅然。方公以民兵撲賊，恭人鎮定，日爲縫旗及戰士衣。先公十八年卒〔五〕。子

〔一〕 聲洶洶：「洶洶」下，《畏廬三集》有「然」字。
〔二〕 而費以寧：「費」下，《畏廬三集》有「藉」字。
〔三〕 遂以癸丑六月十三日卒：「癸丑」，《畏廬三集》作「民國二年陰曆」。
〔四〕 七十有三：「三」下，《畏廬三集》有「歲」字。
〔五〕 先公十八年卒：《畏廬三集》下有「篋蔡氏、項氏，均有賢聲」九字。

九人，孫八人，曾孫二人。〔一〕今將以某年月葬公於村西新阡〔二〕，余感公之節概及其治績，又重以劉君之請，因爲之辭，署之石表。

謝甘盤

吏部主事南城謝君家傳〔三〕

陳三立

君謝氏，名甘盤，字幼盟，南城人也。以考設藥肆金谿之許灣，遂留居焉。曾祖士駿。祖家松，善醫，通數卜。考星熺，傳醫術有名，嘗援人之急，鬻田質衣物，貸金折其券，爲鄉里所稱嘆，

〔一〕　子九人孫八人曾孫二人：《畏廬三集》作「子九人：長景祜，光緒辛卯舉人；次景祐，光緒庚子、壬寅并科舉人，先公卒；三景祁，邑庠生；四景禮，府經歷；五景禔，以軍功奬五品銜，賞加花翎；六景崇，廩膳生，山東師範選科畢業生；七景禂，八景禃，均親學；九景祓，後公歿。孫八人：長聿德，浙江候補縣知事；次聿恩，山東師範選科畢業；三聿壽，山東高等學校畢業；四聿敍，陸軍軍需學校畢業；餘皆幼。曾孫二人：士壯、士慶。女五。曾孫女二」。

〔二〕　今將以某年月葬公於村西新阡：「某年月」，《畏廬三集》作「某年某月」。

〔三〕　本篇載《散原精舍文集》卷十，題作「清故吏部主事南城謝君家傳」。

卒年八十餘。生二子：長甘棠，舉人，官兵部主事；次即君也。少工制舉文，明以來迄今遺稿〔一〕，披覽至數十餘萬篇，自屬稿亦一日可立就十餘篇，名震州部。用諸生取爲經訓書院高才生，中光緒壬午科舉人〔二〕。壬辰成進士，授吏部主事〔三〕。浮沈曹司，寡造請，惟與鄉人文君廷式、趙君惟熙、朱君益藩、饒君士端、黄君家傑、華君輝、龍君學泰輩，數爲文酒之會。居久之不樂，假歸，不復出，遂殫精治詩古文辭。詩高逸閒適，文氣勢振厲，義嚴而辭達，自謂私淑曾文正。爲學宗姚江之説，而繩檢完整，不苟爲大言虚論，雖屏居，日手一編。於諸善義事務，勇爲之不倦，尤痛溺女敝俗，百端助育嬰，置産鉅萬，活女嬰近萬人。辛亥之亂起，會有土寇群伏，且襲劫，市民惶懼。君聯營隊商團爲備，躬横刀負槍，往還穿衢巷中，人莫識其爲朝官儒者也。

國變後，爲道士服〔四〕，匿姓名，號曰亦叟，以前所居園名亦園也〔五〕。後益築屋江南岸，緣坡

〔一〕明以來迄今遺稿：「遺」下，《散原精舍文集》有「留」字。
〔二〕中光緒壬午科舉人：「中」下，《散原精舍文集》有「式」字。
〔三〕授吏部主事：「授」，《散原精舍文集》作「改」。
〔四〕爲道士服：「爲」，《散原精舍文集》作「易」。
〔五〕以前所居園名亦園也：「前」，《散原精舍文集》無。

陀種松百餘萬株，重陰十數里〔一〕。君時徒步撰杖，伍樵牧，吟哦其間。戊午八月卒，年六十。著有《晞鑄堂文集》十六卷，《青芙山館詩集》十二卷〔二〕，《亦園課兒草》四卷，《憶夢瑣言》一卷。以三世習醫，益究其蘊，有《醫學提綱》四卷〔三〕。

陳三立曰：往者余與君及君猶子味餘編修同舉於鄉，其後歷更世變，味餘猶復歲時集南昌〔四〕，君伏里巷久，遂不相聞。逮見君所著書，君以前卒〔五〕，初不意其文學撰述成就至是也。君之嗣佩紳頃謁余金陵，束髮椎結，亦道士服。佩紳年方壯盛，未嘗録一衿，或少膺禄仕於先朝，顧甘槁餓行遯而不悔〔六〕，足以推知君志節嘿嘿型於家而興起其子弟〔七〕，又豈今世所易及者哉！

〔一〕重陰十數里：「重」，《散原精舍文集》作「垂」。
〔二〕青芙山館詩集十二卷：「青」字原脱，據《散原精舍文集》補。此下，《散原精舍文集》下有「《亦園課女詩》四卷」。
〔三〕有醫學提綱四卷：「有」上，《散原精舍文集》有「復」字。
〔四〕復歲時集南昌：《散原精舍文集》作「獲歲時聚南昌」。
〔五〕君以前卒：「以」，《散原精舍文集》作「已」。
〔六〕顧甘槁餓行遯而不悔：「槁餓」，《散原精舍文集》作「枯槁」。
〔七〕足以推知君志節嘿嘿型於家而興起其子弟：「嘿嘿型」，《散原精舍文集》「懍懍刑」。

史芩賓先生傳[一]

錢振鍠

史芩賓先生，諱悠厚，陽湖人，生道光二十二年。幼時尊人督學嚴，遂有文譽。咸豐十年，粵賊自江寧東下，郡城陷。史故郡大族，先生父兄職乘城皆歿。賊得先生，刃脅之，先生曰：「吾父兄已死，死晚矣，何懼我！」後以計脱，得其家屬，避難於浙。浙陷，復泛海走，得天祐不死。方郡城陷時，先生求父兄不得，猶冀其不死。賊平，乃持父服。

先生以家門遭難，終無仕進意。好學出天性，雖在賊中，見道旁遺棄書籍，輒負而歸讀。賊噬之。難中所交，多一時名宿，爲文益成就，著《豹隱山房集》。先生平生喜讀《尚書》[二]，尤喜誦《小雅》，覺其哀迫合乎喪亂情景也[三]。

[一] 本篇載《名山三集》卷五。

[二] 先生平生喜讀尚書：「書」下，《名山三集》有「雖周誥殷盤，亦能得其意」。

[三] 覺其哀迫合乎喪亂情景也：「景」下，《名山三集》有「不待索」三字。

宣統辛亥後，罕與人接。聞人毀我朝，則憒甚〔二〕，著書萬言攻之。每一展卷，涕泪縱横，因謂之「泪書」。丁巳十月卒，年七十有六。遺命木主書「皇清布衣某某」。子四人。

先生生母葛氏，病牙症，不能食而卒。先生茹素三年，食以白竹筋，終身不改，以無忘母氏垂歿之痛也〔三〕。

〔二〕則憒甚：「憒甚」，《名山三集》作「憒憒」。

〔三〕以無忘母氏垂歿之痛也：「歿」，《名山三集》作「殁」。此句下，《名山三集》有「錢振鍠曰：嗚呼，先生忠孝人也！吾先子之友踪迹至近者，先生與張元度秋舫。先生慎於交，常謂先子曰：『秋舫刊文集，多列朋輩，異日得勿有爲其累者乎！』先子高之。先生善飲，著《酒翁年録》，盡記平生踪迹，而列朋友於簡後，每人繫八字贊，而謂鶴岑『曠才超逸，學識絶倫』。鶴岑，先子號也。不肖既讀《泪書》，又讀先子贊，爲之捧書而泣不能已矣」。

碑傳集三編卷四十七　列女一　節孝

汪科裔妻田氏

節婦田孺人傳〔一〕

厲鶚

孺人姓田氏，江寧人，處士鋭玉女。生而婉嫕〔二〕，動循禮法，父母奇愛之。年二十五，歸於汪處士科裔。處士家故貧，當孺人入門時，舅修孺疾已亟。孺人屏妝飾，視湯藥惟謹。舅疾竟不起，孺人茹泣襄大事，含斂盡禮。姑蔡孺人慰之曰：「新婦良苦。」孺人事蔡孺人，能順適其意，凡家事有無緩急，不敢聞蔡孺人，而與處士謀鬻鈿珥供晨夕者數矣。

處士病歿，孺人年僅三十有三。男子夭其二，幼者方在乳。蔡孺人二子已先歿，季子振生

〔一〕本篇載《樊榭山房文集》卷七。

〔二〕生而婉嫕：「婉」，《樊榭山房文集》作「淑」。「嫕」，底本原作「嬺」，據《樊榭山房文集》改。

七齡耳。汪氏故歙産，自其先世挾鹽筴僑居淮南，明季被兵家破，因流轉至江寧，故骨肉屬婕之可倚者絶少。當是時，婦姑相依，稱未亡人，撫兩孺子，寒燈破竈，零丁彳亍，見者莫不酸鼻。孺人素精女紅，常達旦不寢，凡得衣食，必先稚叔而後及其子英男。英男四歲，病目喪明，孺人顧而悲曰：「嗣吾夫者廢人矣！」既而曰：「若叔長，無慮也。」益課振使就學。振讀書能通大義，逮弱冠，念家貧無以爲養，遂從懋遷之術，稍稍得自活。蔡孺人卒，孺人居喪極哀慕。振爲英男娶婦，同居贍給之，與己子等，所以事孺人者有加禮。乾隆丁巳九月，孺人年七十，振告四方能言之士，乞爲詩歌，頌孺人之節孝，而以傳屬樊榭生。

論曰：《禮經》於嫂叔有「推而遠之」之文，蓋據其常而未盡其變也。善乎魏徵、令狐德棻等之議曰：「世有長年之嫂，遇孩童之叔，劬勞鞠養，情若所生。稱情立文，其義安在？」今觀振之於田孺人，且欲報稱恩義於垂老之際，何其篤摯而循謹也！殆鄭仲虞、顏弘都之流再見於今日乎！若孺人者，不踐二庭，緒延兩世，方之古列女，何多讓焉！

張惠言母姜氏

姜太孺人墓志銘[一]

惲敬

本朝之制，命婦不得以節旌門，所以教士大夫之家守禮明讓也。張皋文曰：「聖天子整一海内，激揚大典，輕重以倫，法備矣。若爲子者之心，以爲有列於朝，吾母不寵旌門，將以邀天子之命，不幾於以子之貴加母之節歟？其罪與没親之善等。」皋文成進士，改庶吉士，其明年，當以高宗純皇帝升祔禮成，覃恩海内，因亟呈牒禮部，爲母姜太孺人請旌門。事下府、縣，然後復呈牒禮部，如庶吉士例賜孺人，始卜日改葬。皋文師友多大官，爲文章宗師，顧以敬之言爲不欺後世，屬之銘。嗚呼，皋文可謂能事其親者矣！

按狀，太孺人武進人，父本濰，縣學增廣生，母胡氏。太孺人年十九歸皋文尊府君同縣府學廪膳生蟾賓，二十九而寡。貧甚，日不得一食。卒守志不易，撫孤以訖於成人。乾隆五十九年十月十八日卒，卒年五十九。子二人，長即皋文，名惠言，孤始四歲，翰林院編修；次翊，遺腹

[一] 本篇載《大雲山房文稿初集》卷四。

生，縣學生。女一人，適國子監生董達章。銘曰：

之死難，寧饑死，而不死尤難，而甘之及三十年，宜其子之賢也。

錢沛妾、子婦二張氏

錢氏二節婦傳〔一〕

沈樹德

錢氏二節婦者，桐城錢明府沛之妾，及其子某婦，二張氏也。妾張氏，福建人，年十七侍錢明府，三月而明府卒，隨大婦同居。四年，大婦亦卒。獨居六十餘年，八十七歲終，人稱「老節婦」。子婦張氏，桐城工部員外郎芑女，諸兄皆貴顯。歸錢數月而夫卒，年亦十七。無子，婢出一子，居外，收而撫之。年亞於老節婦，復後一輩，人稱「小節婦」。五十三歲而終。

老節婦居錢氏江邊舊廬，坐卧具僅一床一几，食具僅一盂一椀雙箸，凡室中俱不爲二人地。小節婦或命子來視，則必向鄰家借具坐食，去即還之。家無他物，惟留明府一冠雙履，冠設壁間

〔一〕本篇載《慈壽堂文鈔》六。

閣上，履陳於几，雖敝壞，弗去，臨終始焚之。方老節婦五十歲時，親於居後伐荆條一束，整甚，庋置閣上，見者莫解，後乃以焚冠履也。

小節婦居城中母家，事父母至孝，與兄嫂處甚恭。母病，曾刲股爲糜以進，病竟愈。終身無笑容，與人言，不過三四語。足不輕離房闥，有須一往者，嫂不與偕不往。老節婦亦言動不苟，兩人略相似，故交相敬愛云。老節婦盛年以織布易粟食，終歲不倦。嘗以餘布爲附身衣兩具，又購木製二棺。小節婦年五十生辰，老節婦往壽之，曰：「我與爾爲寡婦，生死皆服布宜。恐爾母家不亮，死時易用羅綺，我已爲爾具斂服也。」又云：「爾錢氏婦，斂身之器，不可不備自錢氏。特製雙棺，一以與爾。」後三年小節婦卒，其子承母命，衣器悉用之。

老節婦居與族之富人相望，一日群盜入室，婦曰：「我老寡婦也，苦守四十年矣，蚤宜死，但昏夜誰明我心迹者？」連呼老蒼頭來，欲自刃，盜亟呼曰：「止！問爾某家虛實，弗爾害，爾以告我。」婦曰：「此吾所藉以活者，我知之，不爾告。」盜曰：「彼遇汝厚耶？」婦曰：「月予錢，季予粟。」群盜忽相謂曰：「彼富人能好義，捨之。劫其家，莫養老寡婦矣。」一踴而去。富人聞之，敬禮有加，又奉養二十年以終。初，老節婦身佩一刃，六十餘年不少離，人無知者。將終，出示錢族曰：「吾早分畢命於此，今得免，幸也。然吾節賴之以全，可納諸棺中。」衆視其刃，燿然如新，與近柲處銷削過半，且磨礪成劍形，背可用剸云。兩節婦既没，俱獲建坊旌表，人又稱「雙節」焉。

沈子曰：余居京師，遇小節婦之姪張君若騋，道雙節事甚詳，爲低徊太息者久之。小節婦生長名家，能守禮法，不逾尺寸，撫孤子有成，克遂其志，以全節終，亦已難矣！若老節婦産自遠方，身又微賤，且無子，居頹垣敗屋，懍懍守一刃全其身名節，又何奇也！晚歲化及群盜，於是節彌顯，富人遇之彌厚，豈非天哉！抑又可爲哀矜鰥寡者勸也。《慈壽堂文鈔》六。

張元妻黃氏

黃太孺人墓表〔一〕

惲敬

番禺之有學行者，推張維屏子樹。一日，子樹奉行狀頓首於當楣，曰：「此家君所次先祖妣黃太孺人行狀也。家君主講新會，道遠不得遽至，命維屏爲謁以乞銘。更月，家君歸治祭祀，當謹持謁謝。」敬以子樹賢，不敢辭。

〔一〕 本篇載《大雲山房文稿二集》卷四。

按狀，太孺人姓黄氏，錢唐人。曾祖曙，府學生。祖鍾，官廣州守備，始籍番禺。父騏，國子監生。母陳氏。太孺人生六年而孤，二十四年歸張君元，山陰人也。張君始娶於王，亦山陰人，無子，早卒。張君侍父載吕府君廷望客番禺，後亦籍番禺。太孺人歸三年，而張君卒於潮州。卒十月而訃至，是時子炳文生十日矣，太孺人號踊絶而蘇。迨張君之喪至，復號踊絶而蘇。始終以載吕府君之命撫孤，故不死。後八年，載吕府君卒，期功之戚無可倚，遂携子居母家。共室而自爲爨，母及兄軫之以爲言，則涕泣曰：「吾母子依吾母、吾兄，惟母兄保護之。然苟不自食，此髫齡者長無立志矣，且張氏之祖宗子孫何以爲門户乎？」如是者十二年，始異居。嗚呼，可謂知大體矣！

太孺人卒於嘉慶十六年三月二十五日，年八十有五。奉聖旨旌表節孝，建坊於門。子一，炳文，嘉慶六年舉人。孫二：長即維屏，嘉慶九年舉人；次維翰，國子監生。

又按狀[一]，太孺人卒之年十有一月，葬於番禺柯木塱之原[二]，訖今四年矣。禮不可埋銘，世有刻銘於祠堂者，非古也。婦人無外事，又無表墓之法，然古列女之賢者，天下皆繪畫之，鐫於

[一] 又按狀：「又」上，《大雲山房文稿二集》有「敬」字。
[二] 葬於番禺柯木塱之原：「塱」，《大雲山房文稿二集》作「朗」。應以《三編》爲是。

廟垣，刻於墓闕，凡以風示後世而已。碑碣之禮，取可風示後世者表之。太孺人不使其子食於外氏〔二〕，以長以成，使張氏至今有卓然之氣，此可爲不幸依外氏之式矣。能自太孺人之意推之，凡行於鄉黨，交於公卿，立於朝廷，其不可苟然而食者，皆自此始。故特表之，以告後世之有志者。嘉慶二十年十月壬子朔，陽湖惲敬謹表。

潘遵範妻蔣氏

蔣孝婦傳〔三〕

馮桂芬

孝婦蔣孺人，蘇之吴縣人。父錫辰，附監生，母唐。年二十有三，歸於同縣贈修職郎潘君遵範。年三十有二而寡，越七年卒。孺人在室，孝事父母；比歸，事姑繆宜人如事母，宜人愛之如女。夫歿，誓以身殉，宜人曰：「若不念白頭姑乎？子女幼，何以慰若夫？」乃涕泣從命。自是

〔二〕　太孺人不使其子食於外氏：「太」上，《大雲山房文稿二集》有「今」字。

〔三〕　本篇載《顯志堂稿》卷六。

長齋奉佛終其身。家不中人産，以十指供甘旨，暑汗寒皸瘃不休。姑老病，坐卧一樓，形影相依，中夜飲泣，不使姑知。疾作，不服藥，曰：「姑病不能奉參餌，況我乎！」或曰：「斷齋，疾且已。」孺人曰：「未亡人一餐多矣，奚敢恣口腹？」聞母疾，力疾歸，則母與兄相繼卒。越四日〔二〕，姑又卒。病中扶掖床側〔三〕，汔不能成禮，而病益殆，曰：「而今而後，可以侍吾姑吾夫子地下。」哀號支離，七旬有五日而歿，年三十有九，時道光十年四月二十三日也。咸豐七年，大吏以行義聞，詔旌其門。

子三：鍾瑞，吴庠生，有文名；某、某。女一，適某。

舊史氏曰：先祖妣錢恭人，苦節撫孤三十餘年，以署年不合例，不與旌典。今觀孺人行事，老而節者也，而旌孝不旌節，則亦例爲之。例以年三十以下爲中格，而孺人羸二；例以守節十年爲中格，而孺人又不及三。夫例之設，誠出於不得不然，顧天下瑰異絶特之行湮閟遺佚於幾希之間者，豈少也哉！

〔二〕越四日：「日」，《顯志堂稿》作「月」。
〔三〕病中扶掖床側：《顯志堂稿》作「俠床側」。

謝世深妻錢氏

節母謝孺人墓志銘[一]

李慈銘

確山教諭謝昌玉，將葬其母錢孺人，以禮部郎中王君之狀來請銘。教諭故越産而僑河内者也，與余有鄉誼，不敢辭。

按狀，孺人餘姚人，興國縣知縣諱澐之女[二]，適文學君世琛。謝故姚之望族，自明少傅大學士文正公以後，簪芾相望，至文學君家日落，文學又屢試不利，姑老病癃篤，蓐處者八年。孺人奉事祈禱無不至，更以餘力紡絅，佐文學讀。及文學卒，孺人年二十九，一子三女皆幼，貧益甚，并日而食，孺人督課無少間，以訖於成人。及昌玉得官，乃就養於學舍。以咸豐九年二月卒，年六十有三。女皆適名族，某某其婿也。孫一人某。

其年河南士夫爲請旌於朝，余惟國家表揚貞節之典厚矣，例由子孫上其事有司以聞，頒帑

[一] 本篇載《越縵堂文集》卷九，題下注「同治三年三月」。
[二] 興國縣知縣諱澐之女：「澐」，《越縵堂文集》作「檼」。

金建坊。自道光末，有建議更制者，於是郡邑會計合以上請，而天下之以節入告者，減舊額半矣。然觀禮部檔册，歲被旌者尚千百人，而求之故家大族，往往數十房不得一人，或數百年僅得一二人，是豈盡名達天子之難歟？若孺人之生享禄奉，殁備綽楔，始約終亨，亦云僅矣，是宜爲銘。銘曰：

甘乎劬，安乎瘏。以熨其姑，以勖其夫。夫不禄以育其藐孤，蔚然母教成師儒。朝章奕奕旌厥閭，我爲表阡辭勿渝。

張茂東妻陳氏

張母陳孺人傳〔一〕

張文虎

蜀魏國忠獻公之裔，居南昌大木山者，在明有南京兵部尚書諱鏊，設險備倭，民蒙其福。其十一世孫璲，以孝行爲今爵相湘鄉曾公、合肥李公所知，即陳孺人嗣子也。璲與余善，述孺人之

〔一〕 本篇載《舒藝室雜著》乙編卷下。

行詳，云：

孺人姓陳氏，邑布衣斗輝公女。年二十歸贈徵仕郎茂東公，三月而徵仕君服賈貴陽，孺人事姑盡孝。是時徵仕君祖翁年九十餘，善病。孺人奉養維謹，勤於操作，每鋤園采樵，晝紡夜績，以佐日用。凶歲餌杞根、榆葉、石脂以充腹〔一〕，而甘旨無缺。洎祖翁歿，姑欲減食指，時令居母家。居母家鍼紉所出，仍以奉姑。忽一日心動歸視姑，則姑方病急求醫藥，月餘目不交睫。病日甚，乃刲股和藥以進，卒不效。姑撫之曰：「汝待我瘁矣，如命何？汝夫久無耗，吾死，汝往尋汝夫。昔我舅遺所拄杖，今畀汝，當佑汝行，且保汝壽似我舅也。」

姑歿，孺人百計終喪事，遂遵姑命，單身三千里赴黔，而徵仕君已病，不久卒。孺人銜慟摒擋衣物，護柩歸南昌。無子，境益困，有人所不堪者，孺人未嘗言苦也。如是數年，徵仕君有疏族子，幼失父母，無所歸，孺人憐之，飲食之以爲常。初，孺人嘗夢徵仕君予一丸藥，至是復夢，或予柏一株植庭中甚繁。以告其族老，曰〔二〕：「兆其在此子與？」遂勸撫以爲子。孺人從之，命就村師識字，名之曰璲。孺人畜之厚，教之嚴，曰：「不從堅苦中磨厲〔三〕，即不得成人。」璲稍長，

〔一〕石脂以充腹：「石脂」，《舒藝室雜著》乙編作「觀音粉」，下小字注：「石脂也，從其俗稱。」

〔二〕以告其族老曰：《舒藝室雜著》乙編作「以告其族，族老曰」。

〔三〕不從堅苦中磨厲：「堅」，《舒藝室雜著》乙編作「艱」。

亦能體母心，然自度貧不能讀書取仕進，又意不喜近市廛，乃學爲篆刻圖繪，得升斗米以養母，閒作詩見志，人稍稍重其孝。既而游京師，湘鄉公稱之，名益起。及公督師祁門，璲以小官留營。同治三年，克復金陵〔二〕，委攝如皋典史，乃迎母至任。繼又委理安豐鎮差缺，攝鹽城典史。孺人謂璲曰：「官無大小，宜盡職一也。且自尚書公以來，世以清儉力勤爲家法，汝勿負職。吾日噉菜羹亦飽，不則雖列五鼎，吾不食也。」遇水火蝗旱，惻然禱天，幾廢寢食。烏乎，孺人之孝之賢之刻苦厲節，天報之以孝子，宜哉！璲泣下曰：「璲何能孝？凡璲之得以爲人，皆吾母教耳。」

璲又言，孺人在黔時，徵仕君有友某托積金而遠游，臨歿以屬。他日某至，孺人詰姓名畢，即出金還之。某感泣，將分金爲謝。孺人曰：「吾夫不負友，吾不負夫，奚謝爲？」卒不受。自黔歸，携一婢，視若己女。稍長矣，歲荒，族人勸鬻之以度歲。孺人曰：「不餓死，當禮嫁，忍賣女救飢耶！」見孤寡老弱窮餓者，每輟食食之。比鄰一家十餘人病疫，親戚屏迹，孺人以微鹽煎湯飲之，爲其啓閉者月餘。里有死無棺者，抽壁板與之。其好義如此。

璲鹽城得代，奉母居江寧。逾年，奉檄於役京師，歸而孺人病篤。湘鄉公貽以人蓡，服之竟不可治。同治十年四月，壽終，年九十五，果如姑所言。

〔二〕克復金陵：「金陵」，《舒藝室雜著》乙編作「江寧」。

曹光國妻馮氏

曹母節孝碑陰記〔一〕

孫葆田

曹節母馮氏，父喬，濰之花園莊人，歸同邑曹克順季子光國，時年二十有三。未歸時，夫已有疾八年矣，或曰癩也。既歸，知夫病將終不起，乃請於舅姑，以夫之兄子爲子撫育之。夫卧床褥，藥必親嘗而後進。年餘，夫卒。事舅姑曲得歡心。家故貧，恃紡績以爲生。及兄弟議析居，獨請與舅姑同爨，終其身克盡孝養。舅姑殁時，年皆九十有餘。歲時祭祀，必恭必慎。持家勤儉，其後漸致豐裕，於戚黨饋遺無吝色，尤喜爲子孫道先世艱難事。門以内整肅嚴明，秩秩如也。光緒十九年，有司上其事禮部，議准旌表如例。所撫子名述正；孫一，曰清亮；曾孫二，曰守倫、守純。節母至是年八十有二矣。鄉人議立石以表懿行，其宗人緘三手某君所叙事略，屬予爲記。

予嘗讀《詩》至《芣苢》，傳者以爲此草宜懷妊，故言采采者非一辭。而魯、韓兩家則皆謂此

〔一〕　本篇載《校經室文集》卷六。

詩傷夫有惡疾而作也，言芣苢雖臭惡，猶采而不已者，以興君子雖有惡疾，我猶守而不離去也。至《列女傳》更實其事，以此爲宋人之女嫁於蔡，夫有惡疾，其母將改嫁之，終不聽，而作此詩。君子曰：「宋女之意甚貞而一也。」若曹節母者，非獨其貞可稱，乃其深明大義，於夫立嗣時〔一〕，固已知所見遠矣。卒能節孝兼全，以婦代匱，起家勤儉，孫曾林立，謂非天之所以報其節與？嗚呼！士大夫謀人家國，於國將絶之時〔二〕，不能先事豫籌，甚至喪節辱行，以唯阿取容者，視此可愧哉！光緒二十五年春正月撰。

夏震武母汪氏

誥封安人夏母汪安人墓表〔三〕

孫葆田

昔伊川程子作《上谷郡君傳》，叙侯夫人懿行甚詳。及朱子采入《近思録》，止載其訓子四五

〔一〕於夫立嗣時：「夫」下，《校經室文集》有「在」字。
〔二〕於國將絶之時：「國」，《校經室文集》作「經統」。
〔三〕本篇載《校經室文集》卷五，又收入《碑傳集補》卷五十九。

事。然百世下無不知有程母者，以有程子此文也。予同年友夏君震武，浙中大儒，其名在天下矣。其學術純正，實得自母教爲多。

庚子之歲，皇帝奉皇太后駐蹕西安，震武奔赴行在，獻《中興十六策》，并争論和議，不見納。明年春，乞假歸里，道出汴梁，與葆田相見於旅邸，執手唏嘘。既别去，因寄所述《先妣汪安人行略》，屬爲表墓之文。蓋安人歿，至是十有一年矣。先是，震武丁父憂，奉安人命，廬墓者三年。其自墓歸而得依安人左右者僅二年，而安人卒。震武痛甚，復廬墓三年。於是吾師嘉定徐侍郎哀其志，爲安人墓志，以爲震武早歲辭官，閉門講學，志高行潔，皆安人之教也。

葆田謹按狀稱：安人父諱廷拭，母王氏，以節孝旌，故知書識大義。安人生而有至性，濡染母教。六歲聞兄讀書，即能暗誦。數年盡通《女誡》《女訓》及《孝經》《論語》《孟子》《禮記·内則》《列女傳》諸書。年十七，歸夏封君。事姑鄭孺人，曲意承歡。非命之坐，不敢坐；非命之退，不敢退。鄭孺人稱其孝。及封君出嗣爲□父後，安人則又以事鄭孺人者事姑節孝倪孺人。兩孺人之喪，皆齊疏蔬食如禮。既免喪久矣，語及猶涕洟不止。其教人必曰：「此先姑之言，非我之言也。」

生子、女六人，震武爲長男，愛之甚至。自能言即指令識壁間字，能行即率之詣大母前問安，坐立必教之使正，急步疾呼則呵禁之。稍長，即教以古歌謡及《孝經》諸書，故震武就塾時，則四子書、《毛詩》俱已略上口矣。其教他子女亦如是。粵匪之亂，安人携子女避亂山中，諷誦自如。一日，封君自外至，笑曰：「世亂如此，若母子尚有心讀書耶？」安人曰：「世雖亂，書不可廢也。令兒曹稍知義理而死，死亦無憾。」當是時，親族就食者日數十百人，斗米直錢四千。貲罄，安人則盡斥衣飾簪珥給之，必俟諸親族食已然後食。至或不得一飽，亦不自明也。

封君善治生，安人食淡攻苦以佐之。亂定後，家業漸裕。震武赴禮部試，時安人出篋金二十，命之曰：「此汝母十指所積者，汝在途不得效世俗投試卷以乞於人也。」震武既成進士，以病不與殿試歸。有擬薦爲書局總校者，安人戒之曰：「吾與汝父幸不藉汝一錢之養，汝不能杜門讀書，乃欲以是爲利耶？」其後震武以庚辰補朝考，授主事，分工部學習。值俄羅斯構釁，輒抗疏指斥柄臣。疏上，留中不報，遂乞養歸。又明年，侍郎宗室公寶廷以典閩試還，過浙，訪震武山中。侍郎其鄉試座主也，安人謂震武曰：「汝師以抗直積忤當路，而檢身不密，行且得罪去，何况如汝？汝非今日仕宦中人也，休矣。」又二年，前當事者皆罷去，親友皆勸震武出，安人輒婉謝之。

而自封君卒後，家稍落，安人獨持門户者數年。其於喪葬嫁娶，饋遺族黨，禮接賓師，以及周給捐助，皆經畫裕如，未嘗匱乏，然亦不蓄餘貲。震武見安人劬勞，間自陳不能禄養之罪，安人曰：「汝今尚未知母心耶？養親以善不以禄，吾豈不能爲尹母哉？」平時治家嚴肅，閨門内不聞嬉笑之聲。室無纖塵，箕帚盤盂，皆有定所。歲時薦祭，尤極恪誠。嘗謂：「吾日日如遇除夕元旦，夙夜兢兢，造次必敬。」其教諸子婦皆然。

震武述安人言行大略如是。又謂震武好詆人短，安人教之曰：「人詆汝短，於汝何如？非惟傷德，必且取怨。」震武好言廉，安人曰：「人未有不儉而能廉者。汝誠欲廉，必自不妄用始，然後能不苟取於人耳。」震武好以古義責人，安人曰：「人豈得盡聖賢？義理之極，此乃士君子所宜自勉者，豈可責人？且强人以所必不能從乎？」嗚呼，觀於安人之教子如是，其視程母侯夫人何異哉！宜其有子之賢，亦不減明道、伊川也。而葆田先母于太恭人雖不讀書，其教葆田兄弟，乃亦與夏母略同。然葆田曾不能立身行道，揚名以顯親。故承吾友之屬，愧弗能執筆屬詞，光陰忽忽，已逾三年，中間又迭更憂患。顧瞻身世，邈焉寡儔，世變方興，邪説滋横，求如夏母汪太安人母子之篤信正道，蓋幾不可復睹。故獨表其嘉言懿型可爲百世法者，以告天下後世。其他瑣事與生卒月日，則有墓志與行略，而此不具著云。光緒三十年二月表。

張學華母陳氏

旌表節孝張母陳太夫人墓表〔一〕

孫葆田

濟南太守張君學華，述其先妣陳太夫人之節行，將使葆田爲表墓之文，乃再拜言曰：「某不幸，五歲而孤。吾母陳太夫人艱苦守節，以養以教，黽勉揞持者三十餘年，使吾家詩書之澤賴以不墜。有司既以節孝表其門閭，某備官詞林，入諫垣，逢國大慶，得誥封吾母爲太宜人，累封太恭人。比年再遇覃恩，援例加級，晉贈一品夫人，而墓石未立，大懼懿行不傳於後世。敢請子爲文如歐陽公之表曾公夫人黄太君，則幸甚。」葆田拜而受之，曰：「有是哉，太守之達於禮也！」考本朝令典，命婦不以節旌門，所以教士大夫家守禮明讓。故張皋文編修既入翰林，亟呈牒禮部爲請旌門之典〔二〕，然後復呈牒吏部請錫封母太孺人如禮。惲子居用是志姜太孺人墓，以爲皋文不没其親之善，可謂能事其親者矣。今觀太守君所述，何其與姜太孺人事先後略同與！況其

〔一〕本篇載《校經室文集》卷五。

〔二〕亟呈牒禮部爲請旌門之典：「爲」下，《校經室文集》有「母」字。

懿行尤有可傳者與！

按狀：太夫人番禺陳氏，父其銘，官四川鹽源令，卒於官。太夫人時年幼，侍母歸粤。年十九，歸誥贈榮禄大夫張府君樸臣公爲繼室。贈公元配太夫人姊也，以産難卒。贈公不欲再娶，曰如繼聘非賢若前夫人者不可。語聞於外姑，以太夫人歸焉。結褵三日，值英人入廣東城，踉蹌出奔東滘鄉，數月始歸，是歲咸豐八年也。時君姑陳太夫人猶在堂，年七十餘矣。

贈公兄弟三人，伯早世，仲嘗遠游。贈公館穀所入，以贍一家，猶不足。太夫人無私財，無德色，娣姒之間，怡怡如也。贈公中年患肝氣，多病善怒，太夫人時逢譙讓，則卑詘順受，營治醫藥，殫憂極瘁，晝夜罔懈。既遭贈公之喪，年二十有九。有子三人，長者年甫九歲，次八歲，最幼即太守君也。太夫人悲痛之餘，念君姑已篤老，朝夕在視，必躬必誠。如是者又四年，姑没，葬祭悉依於禮。又以兄公之喪久未葬，謀於母兄弟卜地窆焉。始贈公客瑞文莊公幕，殁後，文莊公集同官賻助得數百金，太夫人悉舉以償宿逋，曰：「無爲異日子孫累也。」

生平自奉儉約，至於延師課子，饌食必豐腆。師或偶出，則親自督課。尤喜誦《左氏傳》及國朝人詩古文詞。少時所誦書史，輒能强記不忘。及太守君兄弟漸長，經營亦益勞，家計日絀，而口不言貧。其待人必盡禮，事寡嫂如姑嫜；從子無依者，恒周恤之。有姊適張氏，早死無子，爲營窀穸，且命子孫春秋必祭其墓。贈公先世本居鎮江，墳墓咸在，歲時嘗丐族人代祭，書或不達。及太守君官京師，有同族居鎮江者，以時通訊，歲祀始得無缺。太夫人聞而色喜，手書諄問以爲常。其家居遇祭日，雖病猶拜跪如禮，亦以是教其子孫。

光緒丙申，嘗一就養長君增城官廨。太守君既成進士，由翰林改御史，在京日多，太夫人每以書慰問，旬日必一至。間歲思相見，然以期望厚，未嘗促使歸也。庚子秋，變起京師，南北路梗，太夫人憂慮特甚。明年，太守君乞假歸省，太夫人遽以是冬十一月二十四日卒，年六十有三。即葬於廣州大東門外銀坑嶺虎爪崗。

太守君所述如此。《易》稱「坤道無成而代有終」，太夫人可謂不愧矣！抑葆田竊觀張臯文《先妣事略》，姜太孺人年十九而歸張府君，二十九而寡居，其年與陳太夫人同。姜太孺人事姑得其歡，於先後委婉備至，於三黨親戚吉凶遺問之禮未嘗缺，於鄰里之窮乏來告者未嘗不佽恤也，其熾行又與陳太夫人同。而惲子居獨叙張臯文爲母請旌事，今余則叙述太夫人懿行特詳者，蓋以明孝子有善必稱之心，又欲使凡爲女子者取法焉〔一〕。太守又言曰：「以吾母之慈善，遭遇之不幸，艱苦堅忍，曾不獲上壽之報。即爲子者，求一日之養志而不可得也。」嗚呼，斯言也，有不聞之而感泣者哉！宣統元年己酉冬十一月表。

〔一〕又欲使凡爲女子者取法焉：「子」，《校經室文集》作「士」。

胡單氏

書單節婦立嗣事〔一〕

孫葆田

節婦單氏，高密人。父諱□□。幼有至性，十歲時，大母失明，輒隨家人侍左右，跬步不離。年十七，歸同邑胡□□爲妻，事舅姑曲得歡心。胡故貧，家徒四壁，婦以紡績佐夫讀，無違言。越八年，生子女各一，而夫亡。其侍疾尤爲人所難能。既而一子又夭，舅姑相繼殁，乃歸依父母居。父晚年多疾，飲食湯藥皆親理。兄嫂請代，弗許。母寢疾數月，轉側須人，一以自任，家人竟不知勞，兄嫂皆自愧弗如也。女既長，適人，亦蚤寡，有子二，旋亡其一。女痛不欲生，戒之曰：「爾今尚有一子，視我當時何如者？且爾舅姑尚在，爾不自惜，是老弱者將誰屬乎？」初依父母時，有伯兄同居，蚤夜操作，勤苦逾恒。兄或勸其少休，則戚然曰：「吾以釋吾痛也。且亡夫無嗣，今貧無立錐地，誰肯以子繼者？吾意欲勤儉居積，薄有所蓄，或者立後稍易，則胡氏血食藉以不斬耳。」其後卒如所言，爲夫立嗣，嗣子曰椿。節婦守節□□年，光緒辛卯，邑人上其節

〔一〕　本篇載《校經室文集》卷六。

行有司，得旌表如例。又數年，爲立石道左。葆田與節婦舅弟之子庭蘭游，爲書其事如右。

論曰：昔人問立孤與死孰難，或對曰：「死易立孤難耳。」觀單節婦之矢志爲夫立嗣，及教其女撫孤承志，不誠爲人所難及與？單君叙其姑居家侍親皆庸行，獨其黽勉自矢，以勞致亨，卒償其志，俾胡氏絶而復續，在《易》有之：「坤道無成而代有終。」如節婦者，可謂不匱矣。嗟乎！忠孝一也，士大夫食君之禄，而昧於托孤大節者，其知所愧哉！

沈增妻陳氏　沈國安妻黄氏　沈漣妻楊氏

山陰沈氏三世節母傳

馮煦

一世節母陳，陝西古浪縣典史增妻。增之之古浪也，母老矣，留節母奉之。子國泰甫六齡耳。逮年將冠，而增久無耗，迺遣國泰往迹之。至古浪，增已前卒，遂持其喪歸。時增母猶在養也，節母戒國泰匿不以聞。上堂承顔，下堂飲泣，尤人之所難。又數年，母始卒。貞孝之操，光於閭史。國泰後爲江西廬陵石城司巡檢，廉勤有幹略，尤善治盜，四境以安，禀節母教也。鉛山蔣士銓爲賦《扆村哀》一篇，見《忠雅堂集》。扆村者，沈氏世居山陰西扆山麓，所稱西扆村者也。

二世節母黄，國泰弟貴州開泰知縣國安妻。國安卒於黔，黄零丁萬里，奉其喪歸。家四壁立，儉而能勤，承祭見賓，一衷於禮，而督其子漣學，書聲與刀尺聲相和也。逮漣有聞於時，而節母又卒矣。會稽宗稷辰《躬耻齋集》有詩紀之。

三世節母楊，籍宛平，河南滎澤知縣漣妻。漣宰滎澤，廉能有恩，滎澤人德之。卒於官，幾無以斂。滎澤人謀割宅奉節母及孤桐，節母謝曰：「首丘之謂何？且吾子幼，先人以清白貽之，而累縣人乎？」亟歸葬。葬已，納桐於學，桐亦自力，補諸生，從東諸侯游。初，沈自高、曾以來，必四十一而生子，子生七年而孤。節母用形家言，遷先世兆穴，桐逾冠生子矣。節母十六歸漣，廿九而寡，又二十八年而卒。侯官林文忠公則徐爲之傳。

馮煦曰：余辛亥後蟄居淞西，與山陰沈君冕士交，及其弟醖石季宣，垂十年矣。一日冕士奉其三世節母事略，乞爲合傳。余受而讀之，楊其高祖王母，黄則五世，陳則六世也。方三節母伏處窮巷，半菽不飽，其隱艱曲劬，有極人世所不可堪者，匪惟人淩藉之，天亦若重厄之。乃數傳而後，寖以光顯，至冕士兄弟而益大，子姓蕃衍，門閥冠浙東西。然後知天之所以右三節母者，灼然不爽，報愈晚而食愈厚也。世教日夷，三綱垂絶，余尤願冕士兄弟志三節母之志，益强爲善，天下自棼，一家自治；天下自歧，一家自一，以光三節母之緒。三節母有知，其數十年苦節之貞亦可以少慰矣。

金鴻勣妻徐氏

節孝金母徐太恭人傳〔一〕

章梫

辛亥國變之後，予寓居上海。秀水金香嚴太守時來往於杭、滬之間，論儒論釋多心得。香嚴出其《課孫圖》相視，則述其大母徐太恭人之教甚詳，屬爲之傳。予舊史也，以表彰懿美爲職，曷敢辭。

按，太恭人，姓徐氏，明尚書石麒之後。父六橋公〔二〕，諸生，教授閭里。太恭人及笄作嬪金氏，爲贈君鴻勣室，結褵五載而寡。嫠居苦節，三十餘年，以同治六年考終，壽六十，得旌如例。當其顧史在御，而所天不禄，長子振聲甫三歲，次子遺腹殤。綺園翁在堂，廩無宿舂，太恭人則

〔一〕本篇載《一山文存》卷十，題下注「乙卯」。

〔二〕父六橋公：「橋」，《一山文存》作「榆」。

雪涕摧膺，髽髻而起，上奉衰翁，下撫穉子，闔門步障，談經里中，五業并授，節縮修羊，以爲甘旨。教子尤嚴，自勝衣以至成童，皆躬課督之，一夕不中程，輒流涕責之不稍貸，曰：「教孤兒與常童異，當令知痛知苦，庶有立也。」暨爲舉業，始令從中表朱大紳游，感激成諸生。爲擇婦張氏，婦姑搘拄門户，手繭神瘁，薪米雜治。無何，髮匪擾嘉興，挈孫先期避居鄉，而綺園翁暨婦張淑人相次殉難。香嚴方五歲，依大母居，烽火相迫，一夕數驚。及郡城破，屯亶荒野，始與子會轉徙滬瀆，老幼殘喘僅屬。事稍定，復以課子者課孫，手定句讀，諸經詁訓，唐宋蒙求，精鈔熟諷，以甚其悟。惰則曲喻回環，美言若恕，必使樂聞乃已。間談古今節義事，下至彈詞讀曲，有感心靈，無不及之。每當雪夕風饕，一燈熒然，與機杼相倚爲聲，即所繪《夜紡課孫圖》是也。子振聲，附貢生，終垣曲令。孫蓉鏡，由進士部曹爲軍機章京，出守湖南永順府。各有吏迹，皆母教也。晚歲茹素禪誦，一心净素，五陰皆盡，臨逝汨然，戒業精堅，與苦節同美也。

舊史氏曰：金氏三節，綺園翁以忠，張淑人以孝，臨難侍太翁不忍去側，卒與并命；徐太恭人以義教子教孫，俾有所立。三節相禪，如圭瑁之合，以植其家，何多賢也！不知其祖視其孫，香嚴學有師法，胸中雪亮，塵滓都融，能事其先，又有賢婦佐之。吾讀香嚴所撰陳淑人墓銘，傷其遇而欽其耄而好學也。昔亭林顧氏爲母之賢，惓惓求聞於國史，益劭晚節，何遽不若耶！

謝慶麟母湯氏

清封夫人謝節母湯太夫人墓志銘[一]

陳寶琛

國家令甲：夫亡，年未三十，而守節滿三十年者，例予旌禮，官彙以請。歲恒數百人。雖風教之美遠軼前古，然非有卓絶之行實，與夫特殊之遭遇，其人其事，往往歷久而不傳。觀於烏程謝節母，其始所遭之酷，與其後食報之豐，舉爲人世所不恒有。烏虖，可以傳矣！

節母湯氏，浙之烏程南潯鎮人，父學濂。及歲，歸同鎮謝贈公焜南，逾月而贈公病，更四月卒。時道光二十三年，節母年二十一，將以身殉，母與姑譎其有娠，泣諭之，乃已。將免身，陰置盂水於側，意謂男也則撫之，女則飲此遂初志。已而慶麟生，由是壹志撫孤。贈公有兄煜章，後數年卒，遺一子，繼殤。婦吴與節母共撫慶麟。家奇貧，娣姒煢煢，恃十指供事畜。姑卒，罄室所有始成禮。

[一] 本篇末原署「賜進士出身誥授光禄大夫建威將軍太保毓慶宫授讀閩縣陳寶琛撰　賜進士出身誥授光禄大夫建威將軍學部左侍郎實録館副總裁長白寶熙書并篆蓋」，標記删除符號。據此及全書體例，於正文中删去。

道光末，湖郡大祲，幾不舉炊。節母患疽，血濡衣，手鍼黹弗輟。繼遭寇亂，避兵轉徙，益不支，而督訓慶麟不少懈。同治初，慶麟漸長，出治商，家日以起。節母就養於滬，以早歷諸苦，晚年患目疾，動止須扶掖，而習勞如初。

光緒七年，以事上有司，旌如例。娣吴亦被旌。一門雙節，鄉里榮之。爾後慶麟商業日盛，一堂之上，孫曾林立。節母撫今追曩，歷述辛劬，未嘗不泪隨語墮也。

慶麟事母孝，與母共寢室，牽衣娱嬉，自髫齔至垂白如一日。迨節母棄養，慶麟年六十六矣。夫結縭五月而稱未亡人，遺腹生而始有孤可撫，人世之慘怛，孰有逾此者？中間由屯而亨，膺子孫之養至六十六年，視功令所定守節年限溢一倍而强，此又自來節婦所不經見之事。惟其歷非常之艱，所以食希有之報。天人感應之故，益灼然其可信已。

節母生道光三年正月二十四日，卒光緒三十四年十二月十三日，年八十有六。子慶麟兼爲世父煜章後。孫五人：毓材、毓洙、培芳、毓荃、毓汶。曾孫四人：兆基、兆堂、兆文、兆森。於宣統三年十二月二十五日葬潯南神墩石錢濱之原。銘曰：

黄鵠之操世所哀，節母所歷彌艱哉！冬合巹兮夏斷釵，小同呱呱泪盈懷。一燈機室濃霜皚，春律潛轉蘇枯荄。雛鳳豐羽笙詩諧，高貲上侔懷清臺。洗腆爲壽九秩開，白頭感慕猶嬰孩。新阡蔥鬱湖山隈，積有餘慶貽雲來。

錢廷蘭妻史氏

烈婦錢史氏事狀[一]

李兆洛

烈婦史氏，陽湖興賢里人[二]。父夢珣[三]，福建汀漳龍道，字烈婦於福建布政使常熟錢公壽椿之次子廷蘭[四]。布政坐事籍没，廷蘭戍邊。久之，遇恩赦釋回，已無家矣，乃入贅於史。廷蘭故貴公子，又失學，意氣疏縱，烈婦事之甚嚴謹，勗之以學，隨事諭之於道，必婉以莊。廷蘭時時

〔一〕 本篇載《養一齋文集》卷十四。
〔二〕 陽湖興賢里人：「湖」下，《養一齋文集》有「縣」字。
〔三〕 父夢珣：「珣」，《養一齋文集》作「琦」。
〔四〕 字烈婦於福建布政使常熟錢公壽椿之次子廷蘭：「壽」，《養一齋文集》作「受」；「廷」，底本原誤作「夢」，據下文及《養一齋文集》改。

客游，烈婦常齋居蔬食，以鍼黹自給，人罕見其面。道光九年正月三日，廷蘭卒於無錫，訃至，哭，遂不食。親屬慰解之，答曰：「吾向之生，非樂生也，不敢不生耳。今而獲死，乃吾分也。」自撿視附身具，以所遺餘遍賜婢侍，屬其同居族弟艮曰〔二〕：「必歸吾棺於錢氏。」不食三十二日乃卒，二月十三日也，年四十四，無子。

烈婦名月英，字素亭。明敏有至性，嫻詩書，事父母盡孝，嘗刲肱肉以療母病。少時即能爲父母處分家事，其後兩兄相繼下世，諸姪皆幼，家中事一取決於烈婦，無不當者。奴僕視之若嚴主焉。當錢氏驟廢，幾同覆巢，及廷蘭就甥館，烈婦年已二十有六，黽勉伉儷，垂二十年。中間史氏復卒卒多故，素業日落，烈婦皆處之若素，未嘗有幾微怨懟形於詞色。性耽詩，易簀前，盡出篋中稿火之。卒後八日，艮送其柩於常熟，與廷蘭合葬焉。

謹按烈婦所處盛衰、安危、憂樂、順逆之故，殆非常人所堪，而義命自安，德性堅定如此，此其於生死之際，從容中道，又豈尋常慷慨一擲者比哉！宜上史官，編而傳之，以光彤管。謹次其狀如右。

〔二〕屬其同居族弟艮曰：「艮」上，《養一齋文集》有「男」字。下同。

平溥妻何氏

何烈婦傳〔一〕

黄定文

何氏，山陰平溥之妻也。溥從其兄春江游幕揭陽〔二〕，娶何氏；春江亦娶番禺某氏〔三〕，同寓家揭陽。溥病卒〔四〕，何氏娠八月，方依其兄翁以生。又一月，春江亦暴卒。某氏遽挈其資颺去〔五〕，且諷何氏。何氏唾之〔六〕，獨殯其夫兄弟於縣西門外，歸依母以居〔七〕，彌月而子寤生，李慈銘云此用《史記》難生説。寤者，迕也，亦作午，又作遻。寤生者，謂兒胎交迕産門不得出也。宛轉床蓐不

〔一〕本篇載《東井文鈔》卷二。

〔二〕溥從其兄春江游幕揭陽：「溥」上，《東井文鈔》有「初」字。

〔三〕春江亦娶番禺某氏：「江」下，《東井文鈔》有「久喪偶」三字。

〔四〕溥病卒：此上，《東井文鈔》有「嶺南地僻遠，居家或不能循禮法，何氏獨静好簡默，甘淡薄，以婦德稱。未一年，而」三十一字。

〔五〕某氏遽挈其資颺去：「某氏」，《東井文鈔》作「番禺某氏者」。

〔六〕何氏唾之：「唾之」，《東井文鈔》作「唾棄不顧」。

〔七〕歸依母以居：此上，《東井文鈔》有「泣拜曰：『未亡人所以忍死須臾者，爲腹中一塊肉，冀延平氏後。魂而有靈，其陰恤余也。』既」三十四字。

可忍〔一〕。醫者言：「母子不并留〔二〕。」何氏疾應曰〔三〕：「留子！」既而子下〔四〕。何氏瞑眩中問其母曰：「生矣，男乎？」母曰：「女也，且死矣。」何氏噭然呼曰：「是復何望〔五〕！」舉首擊床檽，血瀵溢而死，年二十七。烈婦亦山陰人，父賈於豐順，生烈婦云。〔六〕

馬廷燦女大寶

馬烈女傳〔七〕

秦緗業

馬烈女者，名大寶，金匱北城人也。父廷燦，娶於范，生一女一男而死。經亂，廬舍盡毀，父

〔一〕宛轉床蓐不可忍：《東井文鈔》作「氏宛轉床蓐，痛苦不可忍」。

〔二〕醫者言母子不并留：《東井文鈔》作「醫者言勢不可兩全，留母不留子，留子不留母」。

〔三〕何氏疾應曰：「何」，《東井文鈔》無。

〔四〕既而子下：此下，《東井文鈔》有「卒不育」三字。

〔五〕是復何望：「是」，《東井文鈔》有「噫」字。

〔六〕「年二十七」至「生烈婦云」：《東井文鈔》作「嗚呼！習俗移人，賢者不免。何氏閨門弱質，非有禮義之涵濡，保姆之諭教，而皎然如此，是足以抵狂瀾而輓末俗者歟？夫旌别淑慝，樹之風聲，守土者之責也。予方吏揭陽，且與春江有一日之好，爰傳其事，以爲他日志乘之徵。烈婦其先亦山陰人，父賈於豐順，生烈婦，烈婦死年二十七」。

〔七〕本篇載《虹橋老屋遺稿》文三。

乃挈子寄食族家，而女則依其從母之適施而寡者以居，即其外家也。女已字於包。舅氏范霞卿有子曰阿金，素無賴，亦聘有室矣，與女爲中表行，且同居相習，數調之，且遺以物。女輒正色拒不納。阿金計無復之，一日偵女獨居一小閣，梯而上，而女已就寢矣，遂登其床。女覺而號，乃以手扼其吭，以足攝其股傷腰，於是烈女馬竟死，蓋同治十一年五月十六之夜半也。霞卿欲死其子而不果，乃屬施婦以雅片膏塗女脣〔二〕，若自盡者，然告於人曰：「是夜余侍兄疾，及返閣，則見阿金與女同榻卧。阿金逸，女慚而仰藥，故死耳。」烈女父聞耗，奔而往，范先使人要於門，入其室，告以故，如施婦言，令勿視女。父故嗜烟，款之且三時許，而烈女則既殮矣。殮時惟女之從父廷焯及弟在焉，見女喉間腫起，竊疑之。有漆工，乃殮女者，亦爲人私言其狀。於是衆口藉藉，邑中人幾無不知其事者。顧烈女父貧而懦，范復使人恐嚇之，慮鳴之官而事或不實，反受訟累，故遲之又久，而未敢發也。時邑令張公以事上行省，余適在里，將赴蘇，擬請按察使密訪之。既而包翁知其聘婦冤，憤甚，因以烈女從父之言爲證，而拉其父并控焉。會張公已旋署，乃執阿金及施嚴鞫之，未吐實。越一日，開棺驗，面如生。時方暑，距烈女之死且十餘日矣。張公指其傷處而詰二人曰：「是尚吞烟而死者耶？」阿金乃服罪，論如律。於是易棺服以殮烈女，且爲之

〔二〕乃屬施婦以雅片膏塗女脣：「片」下，《虹橋老屋遺稿》有「烟」字。

請旌焉。

嗟乎！女子不幸而卒遇强暴，力拒以死，世所時有。然多自外來，未聞有以中表之親，而爲淫凶之賊者。阿金真忍人哉！而烈女以一市井中未聞姆教之弱女子，大義懔然，矢死靡悔，亦奇矣。尤可怪者，施婦既與女同處，宜有愛憐之情，乃不加防護，而反污衊之，可謂無人心者矣。天地戾氣，胡萃於范氏一門！荀卿子所云性惡，不其然與！

余既返杭，有人爲言塘西有無賴子，夜入其族母之室，拒之堅，擊以梃，破顱死。其事頗相類，且同時，然未聞有爲之申理也〔一〕。未得其詳，姑附記於此。

張世寰妻鄒氏　胡光宅妻張氏

張烈婦傳〔二〕

張文虎

咸豐十年夏五月，粤寇竄松江。十三日，擾婁之天馬山鎮。監生張世寰妻鄒氏沈水死，世

〔一〕然未聞有爲之申理也：「申」，《虹橋老屋遺稿》作「伸」。

〔二〕本篇載《舒藝室雜著》乙編卷下。

寰從妹如皋訓導金山胡光宅妻挈其幼子女繼之。是日郡城陷，文武官皆遁，惟婁令卞乃譝戰敗死之。

張烈婦者，青浦鄒某女。在室以孝聞，及歸張，姑前卒，而夫常負米外出，獨事邁舅，十餘年無違禮。撫小姑、幼叔，飲食衣履，紡績誦讀，周且摯。姒婦卒，遺三孤，育之亦如此，皆以至成人。舅疾篤，佐夫侍湯藥，晝夜不息，竭嫁具以濟匱乏。遭喪盡哀，族黨稱焉。張故貧，烈婦躬操勞不自恤，率諸女篝燈治女紅至午夜。益課諸子以塾師所授書，必使成熟。已乃稱説古人忠孝節烈行己〔二〕，曰：「勉旃，爲人當如是也。」粤寇陷蘇、常，勢且亟。胡孺人者，世寰叔父婁庠生錫保女也，自郡城避地依世寰家。烈婦謂之曰：「寇深矣，設不幸遘難，吾與若惟捐此命，完白骨耳。毋偷生辱先人。」及世寰郡城歸，賊已逼，婦麾使速去，遂與胡孺人走避深林間。賊掩至，烈婦遽赴水，胡孺人抱携子女從之，皆死。事聞，忠義局奏請旌表，曰：「烈婦〔三〕，附祀昭忠祠。」

烏乎！人情好生而惡死，彼烈婦豈獨異哉？孟子曰「所欲有甚於生」「所惡有甚於死」，誠講之有素也。胡孺人者，蓋亦奉教於嫂久矣。夫惟卞令爲無愧於二女子哉！

〔二〕已乃稱説古人忠孝節烈行己：「烈」下，《舒藝室雜著》乙編有「立身」二字。

〔三〕烈婦：「婦」，《舒藝室雜著》乙編作「節」。

鍾雲龍女弟昭

鍾烈女傳〔一〕

汪瑔

烈女名昭，小字嬌姑，山陰人。生有至性，頗讀書，誦《論語》《毛詩》，略能上口〔二〕。稍長，聞父兄言古節烈事，輒肅然動容，如親見其人。道光己酉，兄雲龍爲翁源礤下司巡檢〔三〕，烈女侍母隨之官所。未幾，英德盜周華起，轉略諸邑。明年秋九月，至翁源。家人聞寇至，咸倉皇避去，獨一老僕携烈女行稍後，爲賊所得。賊之轉略諸邑也，得民人子女，率幽繫之，約以金贖。既得烈女，置之空舍，使一賊爲守〔四〕，而縱老僕行，曰：「若語而主，以金來，則女歸矣。」老嫗者，翁源農家婦爲賊所略者也，故識烈女，稍稍就烈女語。頃賊出取酒食，烈女謂老嫗：「吾兄無所得金，吾以一弱女子陷賊中，恐卒不自全。」顧側有賊所遺刀，因趣嫗使殺己。嫗持不可。烈女

〔一〕本篇載《隨山館叢稿》卷三。
〔二〕略能上口：「能」，《隨山館叢稿》作「皆」。
〔三〕兄雲龍爲翁源礤下司巡檢：「司」，《隨山館叢稿》無。
〔四〕使一賊爲守：「賊」下，《隨山館叢稿》有「及老嫗」。按下文，當有此三字。

曰：「少緩爲賊覺，不得死矣。」奮身起，拔刀自刭卒，時年十五。賊歸，見之大駭，又感女烈，爲葬之山中，表其葬所曰鍾烈女之墓。

戴芳濤妻張氏

江陵戴烈婦傳〔一〕

林紓

辛亥之春，江陵張生密之造余廬，以其妹莅蘅事略見示，則以身殉烈者也。密之館於陳慎先家，夜夢其妹婿戴芳濤遘疾卒，烈婦仰藥殉，驚哭震其同舍，則集慰以爲幻夢無驗。明日，烈婦赴至矣。有絶筆書，至凄惋。密之必欲傳之，因而屬余。嗚呼！余自問無可傳，寧能傳烈

〔一〕　本篇載《畏廬續集》。篇末附論：「林紓曰：密之語余，自女學興，閨秀之籬樊撤，烈婦通敏，心非之，衣製咸樸古，不逐時尚。嘗論兄弟之不睦，以『妯娌皆異姓，如僚婿共産，安得無競。吾惟降抑而崇讓，則心平而争泯矣』。其事密之如師保，嘗自舟中與密之别，迨遠不可見，則掩涕，倉卒就榻，觸罏，罏覆傷胸，重戒家人不令告密之，則年十三耳。密之每當無聊不平，得烈婦片言，心輒涣然。嗚呼！古烈婦之殉夫，死狀不同，其貞同也。當咸、同間，吾目見烈婦且數十輩，意醇俗陶冶之使然。迨至今日，則所關鉅矣。敝俗得此戴烈婦，殆日月之經天也。」

婦耶？

烈婦名苣蘅，字叔沅，江陵張翁公復女也，適同邑戴生芳濤。濤以攻苦致疾，烈婦刲臂和藥以進，疾日益劇。芳濤疾未革，或言吸阿芙蓉膏當愈，烈婦心不謂然，顧念得此亦足以自殉，每日必星積而合貯之，計可以死人矣，則置之隱處，顧濤似前知，戒家衆脱己不諱，必止新婦勿死。烈婦陽若無事，聚家人謀芳濤身後事及所以自處之法甚備。芳濤既大漸，烈婦潛出膏，盡器咽之，盥櫛更衣，進湯餅，蓋習知毒入偃之以穀食，决不救。而芳濤彌留中，似覺，忽張目，詫曰：「衆奈何聽之？」又曰：「色變矣！」顧在縣惙語細，衆以爲囈，不知其指烈婦也。既易簀，始見烈婦襟有膏漬痕，則呼號環救。藥入，而烈婦强咽不令吐，遂卒。時爲十月十四日。瀕斂，不可得履，濤幼弟曰：「嫂氏於吾兄病中竊成雙履，至寬博，且制極草草。」迹而得之，竟適於殮。又曰：「嫂前夕背人作書，人至輒匿，何也？」發篋，書赫然存，則標識物事；又一書，封題至固，則別其諸兄托孤女也[一]。凡二百四十言，哀咽凄惋。密之己池而藏之。烈婦熟《毛詩》及曹大家《女誡》、宋若昭《女論語》，古詩樂府，皆背誦歷歷。其常置案側者，則劉中壘《列女傳》、劉孟涂《廣列女傳》，與陳文恭、曾文正遺書也。卒時年二十四。

〔一〕則別其諸兄托孤女也：「女」下，《畏廬續集》有「書」字。

王拱政妻許氏

許烈婦傳[一]

王舟瑶

烈婦許氏，黄巖人，縣學生王拱政妻也。歸四年，拱政病，婦封臂療之，尋瘉；應省試，歸復病，勢甚劇。婦知不可爲，與夫誓同死。既卒，殯，婦服阿夫容膏，家人急救之不獲死。拱政無子，疑有遺腹，其姑曰：「若得男，不愈於徒死乎？」婦然之。閲月知非娠，服鉛粉，又服水銀，服阿夫容膏，前後俱爲家人所救。繇是舉家環守之。婦笑謂曰：「吾覓死屢矣，而皆不死，信有命也。自此當與妯娌輩終事舅姑，不敢復言死矣。」於是防稍疏，惟留一小姑伴。一日，小姑方蠶，婦佯謂曰：「吾腹飢甚，爾爲吾取食，吾爲爾蠶，可乎？」小姑入厨，逾半時歸，則婦已死矣。遍覓之，得一瓦盎，知服滷死。年二十五。

烏乎，死生之事難矣哉！彼隱忍偷生，靦顔苟免者固不足道，或有一時義激，奮不顧身，然不旋踵計較念生，跼蹐巽懦，輒至中變。自古君子坐此以墜晚節者往往有之。若烈婦者，歷數月之久，經百變之劫，識定意堅，卒遂其志，不謂之難得乎！余方纂輯郡乘，得臨海陳寒山事，其從魯王

[一] 本篇載《默盦集》卷八。

兵敗而歸也，徑上雲峰寺作絶命詞。投水，淺不盡，爲寺僧所救；既服滷，又嘔逾數日；卒扃户自縊死。余深嘆其慷慨就義，百折不回，爲起敬者久之。今又得之於婦人也，異哉異哉！

張紹庭女立、春

南皮張氏二烈女傳[一]

章梫

二烈女者，姓張氏，長曰立，次曰春。世居南皮縣偏坡營，大學士文襄公之同族人也。自其祖以貿易來天津。父紹庭，母金氏，生立及春，以次舉丈夫子三。紹庭貧挽車，車固賃之人者，一日失去，無以償，與妻相對泣。有戴姓者，素以蓄妓爲業，其黨王姓稔紹庭，至是來慰問曰：「徒泣無益，若以兩女字人，得聘金，事可紓。」因言：「戴業賈，家中人資，其長子與汝次女年相若，盍字之？」紹庭故樸愿，初不知戴，以王言輒許諾。時宣統庚戌年也。癸丑，紹庭卒，金率女以縫紝爲生。王姓乘間謂金曰：「紹庭嘗與戴某飲，杯酒間已以二女同字戴氏矣。」金謂讕言不措意。嗣戴妻馬氏力邀金子女同居於其家，久之，金知戴不善，已中悔。馬氏又勸金再醮，并令

[一]　本篇載《一山文存》卷十一。

二女習歌唱。金始悟前此爲戴所紿也。甲寅，僦屋别居。戴强留其長女立不遣，金荏弱無能爲，先挈次女春及三子行。嗣數往迎立，戴終不聽，而淩逼立萬端，誓死不屈。金續往，馬氏喝衆毆逐之。先是，戴留張長女不遣，鄰右時聞詬誶號哭聲，已不直戴；至是衆咸憤，嗚諸警察，事得直，金始率立歸。戴乃以金悔婚訴於地方審判廳，廳判以張次女歸戴次子，已非原議矣。戴猶未饜，復訴於高等審判廳，僞造兩婚書，稱二女字其二子，以王姓等爲證，廳遽判張氏二女均歸戴，而於戴設計詐誘及淩逼張氏長女事皆不問。丙辰三月，王姓傳語戴將訂期迎娶〔一〕，不從必無倖。金訟既不直，泣謂女曰：「事急矣，至時吾與之并命。」立與春跽請曰：「父亡弟幼，設母有不幸，誰撫諸弟？是重女罪也。女等皆有以自處，母勿以爲念。」是月十六夜，二女乘母寢，取火柴燐毒服之。翊日午，長女毒先發，鄰右救治不及，卒。急持藥療其次女，曰：「無自苦，吾等必不聽汝入戴家。」春曰：「誠感厚意，然非公等能挽回吾姐妹〔二〕。當判定時，此志已决。吾縱能免辱，必不負姐以獨生。」鄰右苦勸，金復泣諭，春重違母命，飲藥已無及，須臾亦卒。立年十七，春年十四。知其事者，莫不哀之，稱爲烈〔三〕。張筱帆總憲國變後流寓天津，以二女爲

〔一〕王姓傳語戴將訂期迎娶：「訂期」，底本漫漶，據《一山文存》補。

〔二〕然非公等能挽回吾姐妹：「姐」，《一山文存》作「姊」，下同。

〔三〕稱爲烈：「烈」下，《一山文存》有「女」字。

其族人，命子愿撰次二烈女事甚詳，勞玉初尚書、張安圃協揆、劉幼雲大臣、陳詒重侍郎皆爲詩以永其事。因據愿文爲傳云。

舊史氏曰：予壬子以後，來往南北無定居。丹徒戴子開觀察前寓上海，告予以其縣李氏三烈女事，江浙間皆歌咏之。李氏三烈，光緒己卯舉人愼儀女。愼儀歿十年，家貧無子，三女茹苦侍母韓，不嫁。韓歿既殯，三女同日自經以殉，事在甲寅四月十八日。此孝烈也。若南皮張氏二烈女，則貞烈矣。設不自貞，腆忍以求生，未始不可養母以及弟。晚近士大夫假藉老親以從逆，當時猶有恕辭也。而二女不爲枉尋直尺之事，則全貞而全孝者尤大。貞孝本發於天性，有學問以涵養之，則就義益出於從容。彼李氏三女、張氏二女，未必學問也，而就義之從容若此。吾黨痛遭國變，苟活人世，能無自愧於心哉！

林忠俊妻楊氏

林烈婦傳

王舟瑶

烈婦楊氏，名宇芳，黄巖人。祖某官千總。父某早卒，育於母兄。母卒，烈婦哀毁逾恒。兄學，而能從容就義，視死如歸，非得天地之正氣、秉質獨清者，而能如是乎？烏虖，足以愧今之士夫矣！

張鴻文女

丹徒張貞婦傳

鮑心增

張貞婦，吾邑兩文貞公族裔也。父鴻文，早世。事母劉盡孝，性貞静淑婉，以四德聞於族鄙。有奸駔莊學明者，爲其子介祐求聘，張氏不知學明之人而禽也，諾焉。光緒三十四年八月，貞婦年十九，適介祐。姑與夫皆賢之。學明顧佻達媟嫚，性與人殊。未彌月，伺貞婦服勤左右，頻加非禮，言語手足，市井自好者難言之。貞婦不能忍，泣愬於姑，姑戒勿聲，曰：「有我在，若無恐。」自是貞婦遇窘急輒奔姑所，然學明素虐遇其妻，姑實不能庇貞婦。姑又好牌戲，往往竟夜弗歸。介祐羈賈業，不能數歸，歸少遲，學明輒閉門弗納，并傭媪亦遣去。家只有小姑一，學明益無忌，百方誘怵，貞婦惴惴，如防大寇，雖姑亦以歸寧爲屬。明年三月，遂常避居母家。

某年少不自立，烈婦深引爲憂。肄業崇誠女校，終日孜孜一志於學，端静幽閒，略無浮囂習。年二十三，歸同里林忠俊君傑。君傑嘗卒業中學校，既而知此不足以言學，遂棄去，與其友劉學遜伯敏入山讀書，研究儒先義理學。伯敏欲執贄吾門，余勸其往富陽從夏水部震武游。君傑聞之，欣然亦願往。其時新婚未逾月也，烈婦意不稍沮，情辭慷慨，以壯其行。君傑至富陽，鋭意正學，大爲水部許。歲莫以省親歸。明年，喪其季弟，過於哀，遂病。又明年卒。含殮畢，烈婦語其兄以必死，兄以爲不過新喪悲痛之言，未之防。次日，猶强起進食，默坐房中，哭亦不甚哀。入夜，倚燈作書，家人訝其何整暇乃爾。逾日送夫匶殯北鄉東隩，既歸入室，即索水飲。家人疑其中途遇寒，爲進沸水。未幾，其兄見其身忽傾，持其手指端露藥汁，急救，已不起。蓋歸途在輿中已仰藥。進以湯，藥力益發越，故不及救。發其前夕所作書，則留奉舅姑者，略言：「夫亡無子，願以身殉，家有夫兄，足侍堂上。請恕不孝，勿過哀傷。且乞殮以衰服，勿用嫁時衣。」寥寥數十言，語簡而情摯。時庚申九月二十九日也，年二十有五，距夫亡才三日。

王舟瑶曰：烏虖！今天下之亂極矣，三綱淪，六經廢，禮教掃地，節義陵夷，爲吾國數千年來未有之變，而男女無别，婚媾自繇，夫婦之道爲尤苦。故朝苟合而莫離異者，所在都有。然貞女烈婦，仍不絶於兩間，於以知天地之正氣，斯民之秉彝，聖賢之大道，亘古不磨，一任其晦塞摧殘，終不能澌滅以盡也。彼林烈婦者，生長蓬門，未有父兄之教。其入女校，亦不過爲世俗之四月晦日，介祐以近端陽節，自來迎，母勿許。介祐請期五日，矢無他虞。母强貞婦隨介祐歸。學明怒介祐之家宿也，連夕輒苦以事，侵曉乃罷。又明日，預鍵外户，介祐叩門，則怒詈叱去。是夜，貞婦兄善昌驚悸不寐，瞢夢貞婦泣於莊氏門外。天明急趨視，則貞婦已死床上。學明前遁矣。詰其姑，漫以自縊對。時貞婦年二十，宣統元年己酉五月初二夜事也。寡母家人聚哭，視貞婦尸血涔涔自眼口出，兩頰及唇上青紅，手印狼籍，夾脰亦如之，頸下皮裂矣，而左掌心糜爛尤甚。以貞婦叔父廪貢生藻文方客鄂，姑斂以俟。斂時，又見兩腋及兩股下并多青傷。聞者謂：「非圖逞不遂，憤嫉致死，胡以鱗傷若是？百喙莫能掩也。」

藻文歸，亟鳴於官。及啓棺，經盛暑十日，尸如生。官驗咽喉下布帶痕一道，平繞周匝，確爲勒斃。訊姑李氏，備供學明諸無禮狀。閱三月，貞婦仲兄保昌詷知山陽僻寺匿一僧，不習經梵，惟設張氏主，晨夕拜禱。亟率役往，果獲學明。大吏檄原驗官會鞫，具服調奸不從，挾恨謀勒。獄詞既上矣，學明尋知律應坐抵，大懼。前令之初驗也，以頸傷確鑿，遂允張氏請，未褫尸衣，而餘傷僅據訴牒録轉。犯提省，遂復以自縊狡展，獄久不決。

庚戌秋，京朝官有以貞婦冤上聞者，旨下江蘇督撫讞定，而承審員欲改附羞忿自盡律，以貸學明之死。然梗於原驗尸格之確鑿，則議以覆檢爲翻案。計議既定，而國變作矣。

辛亥後，有所謂檢察廳者，復蒸驗於尸腹胃部，得碎金百有七粒，遂曲詷附會，定爲服金後自縊死。謂學明經赦，釋不罪。然貞婦戕於强暴，貞心毅魄，終古不可磨滅，則闔郡士大夫，下至閭巷婦孺，咸翕然無異詞。今奄忽九載矣，同里法部參議劉君，夙以治獄仁恕名京師，余與互勘全稿，確詢事狀，相與悲貞婦之寃弗白也。因藻文請，特傳其始末，敬爲天下後世扶植倫常之君子告焉。

蜕農氏曰：哀哉！貞婦之死也。據覆檢所見，吞金逾百粒，勢必死，未能遽絶，而更猝死於强暴之手，是一夕之中，迫厄至矣，艱卓至矣！聖人禮以明倫，刑以弼教，彼淫凶之辜，縱一死奚足蔽哉！酒頸傷周匝，證佐甚備，而妄以縊讞，彼何人斯，惡足以昭雪節烈哉！昔道光甲午趙氏婦死於淫姑案，與此類，提刑滿州裕公謙表以墓碣，徵當時名士作爲詩歌，特繫之父姓，而定其稱曰王貞婦。名以義起，今變例從焉。嗚呼！先後七十餘年，兩貞婦以奇烈著，其所由來，率遭遇人倫之變，非邑之不幸歟？然女教之昌，百世而後足以風矣。

葉金齡聘妻楊氏

楊貞女傳[一]

李慈銘

貞女楊氏，慈溪人。父慶槐，附貢生。女年十五[二]，許字同邑葉金齡。越三載，金齡病瘵死。貞女聞之，欲同死。家人環守之，且許持服，乃止。服斬衰，爲位哭泣盡哀。既間，稍稍勸以改字，輒大慟，又覓死。已投繯矣，救之得蘇。越五載，志益堅，父母爲請於葉而歸之。事舅姑，一家稱其孝。撫夫之兄子爲嗣[三]，嚴而有恩。咸豐十一年六月，卒於葉氏，年二十五。貞女

〔一〕本篇載《越縵堂文集》卷九，題下注「同治三年二月」。

〔二〕女年十五：「女」上，《越縵堂文集》有「貞」字。

〔三〕撫夫之兄子爲嗣：「夫之兄子」，《越縵堂文集》作「兄之子」。

之兄，内閣舍人泰亨[二]，恭謹誠篤人也，爲余言如此。舍人又曰：「當庚申歲，賊之竄浙東也，余視妹，叩以行止。妹慨然曰：『寇亟矣，吾不能竄山谷求苟免，吾辦此早矣。』指舍後智井曰：『是吾死所也。兄他日來收吾骨。』言訖，泪涔涔下。及卒後，搜其遺笥，得裙服一襲，鈎綴聯貫，不可得解云。」

論曰：節行之艱者，聖人不敢以望之人。故《禮》不禁改適，况改字乎？而豎儒沾沾不達此恉，遂以不改字者爲過，是誠何心哉？觀貞女截髮剺面，五年而後遂，是豈出於勉强者所能耶？蓋吾越近十年來，貞姝烈媛，風節相望，以余所知[三]：死烈者，有山陰林烈婦李氏，慈溪金烈婦李氏，會稽王烈婦孫氏；死貞者，有山陰杜太守寶辰女，金上舍某女，會稽王訓導慶恩女；而粤逆之變，婦女死難者至數百人。以視崇階高閥之搢紳，或持節奔竄，或幽閉拘辱，大率澒涊垢污，輾轉自免，其賢不肖爲何如耶？抑江東節義之氣，有時鍾於閨襜，而彼之偷生者，亦勢非能自主耶？烏虖！

[二] 内閣舍人泰亨：「泰」，《越縵堂文集》作「太」。

[三] 以余所知：「知」，《越縵堂文集》作「見」。

姜九姑　張五姑

姜張二貞女傳〔一〕

施補華

九姑，四川汶川縣姜氏女，字成都袁瑛，未嫁也。瑛從軍江南，咸豐三年戰歿。九姑聞之，不食數日垂死。或諷九姑曰：「死夫，義也。雖然，袁郎無後，盍立嗣子而撫之？爲烈婦孰與爲功臣也？」九姑從其言，撫孤於姜氏之室。十有六年而卒，年三十一。

五姑，張氏女，字同縣姜文炳，亦未嫁也。咸豐五年，文炳以疾卒。五姑辭於父母，曰：「女生姜氏婦，死亦姜氏鬼也。」遂剺面奔喪。當是時，文炳祖母與父皆在堂，五姑事舅如父，事祖姑如祖母。祖姑病，刲臂和藥療之。婉婉孝謹，二十年如一日云。文炳，九姑之從子也，而得五姑爲婦，姜氏一門，節義相望，可謂吉祥善事矣。作《姜張二貞女傳》。

論曰：昔震川歸氏作《貞女辨》，以誚世之未嫁而守節者，謂男女之情未接，無從夫之道也。嗟乎！女子字人，大義相許，父母之命，媒妁之言，明明以身委之矣。不幸而夫死，爲之死可也，

〔一〕　本篇載《澤雅堂文集》卷五。

爲之守可也。本義以伸情，何謂不合哉？《禮》：「曾子問曰：『娶女有吉日而女死，如之何？』孔子曰：『婿齊衰而吊，既葬而除之。夫死亦如之。』」聖人之制禮也，使過者俯而就之，不及者仰而跂之，蘄之於中道，人人易行而已。世衰俗薄，婦道尤替，蓋於禮常不及矣。一二貞烈之質，激於心而過於禮，以發爲絶特之行，雖未幾於中道，而維持風化，夫固聖人之所許，而王者之所褒也。嗚呼！姜張二貞當之矣！

唐大姑

書貞烈唐大姑事〔一〕

孫葆田

唐大姑，清苑人。父殿華，前湖北來鳳知縣。母□氏。大姑性幽静，幼誦《女訓》《孝經》，明大義，尤能得父母歡心。年及笄，許字今開歸陳許道陸兵備襄鉞長子永棠。永棠聰穎善讀書，初應童子試，輒冠其曹。尋得咯血疾，光緒三年九月不禄。大姑聞耗，則絶粒，盡脱簪珥，父母

〔一〕本篇載《校經室文集》卷六。

曉譬之，大姑泣不止。母□孺人曰：「貞、孝，一也。節與烈孰重？且爾父母老矣，爾何能遽死？」因遣使與陸言，許其過門守志。大姑乃勉進米食。戚黨義其行，以貞孝聞於朝，特予旌表，時大姑年甫十七。又逾歲，母病篤，大姑晝夜侍疾，無怠容。及病危，則刖臂和藥以進〔一〕。母卒不起。大姑號泣謂侍媪曰：「曩所爲隱忍苟活者，徒以有老母在。今若此，豈非天哉！」伺母斂畢，遂避人投井中。家人覺，急拯出之，奄奄一息，竟以光緒五年四月十二日死，距永棠殁時猶未三年也。於是舅姑迎其柩歸，與永棠合葬於咸寧城南，爲立子以祀如禮。

論曰：明歸熙甫氏著《貞女論》，謂女未嫁而爲夫守貞，爲不合於先王之禮，後儒多辨其失。國家定制，貞孝節烈，并予旌表，所以勵風俗、厚人倫者至矣。唐大姑既以貞孝聞，宜若可以無死，而乃於母終後自成其志，其亦可謂皎然不欺其意者已。嗟乎！士固有慷慨自命，一旦遇變失節，遂忍耻偷生，以貽羞於當世者，彼其初亦何嘗不希附名義哉！大姑處此計之已熟，故以一死全其孝，曰賢也與？曰智也與？予爲之傳，蓋尤不忍没其從陸之志。嗚呼，烈矣！

〔一〕 則刖臂和藥以進：「刖」，《校經室文集》作「封」，是。

劉騰業暨未婚妻陳氏

劉君騰業暨未婚守節妻陳貞女合葬銘[一]

林紓

劉騰業，字詩源，吾友劉孝廉鴻壽長子也。曾祖齊衙，以名宦稱於咸、同之朝。君年十六，從余讀書於蒼霞精舍之中學堂。君莅學，即分月日爲程，晨受英文及算學，日中温經，逾午治《通鑑》，迨夜然燭復治算學。曹試皆第一。君白皙玉立，爲史論論歷代興亡，咸得其關鑰。庚子，余客杭州，明年辛丑，君以疫卒，年十八。母陳夫人，爲部郎陳公寶璐妹。陳公才君能，以第三女鑑貞妻之。垂婚矣，而君被疫死。君初避疫於舅氏家[二]，患作，以舟歸。陳公飭家衆勿駭女。女預聞變，積三夜勿睡，挾鉛粉自隨，將潛吞以殉君。事泄，得不死。五月二十四日，凶問至，陳公復戒家人勿聲。女探諸婢媪得實而慟，矢言歸劉氏。陳公悲，出崑山歸氏《貞女論》、盱眙王氏《貞女議》止之。女弗顧，謂：「情正即所以爲義。崑山、盱眙之言，女不省也。」孝廉亦貽

[一] 本篇載《畏廬續集》，題作「清學生劉君騰業暨未婚守節妻陳貞女合葬銘」。
[二] 君初避疫於舅氏家：「氏」，底本漫漶，據《畏廬續集》補。

書止之，不可。遂以九月十九日歸劉氏。禮成，服斬而哭。姑憐之，每歸寧必與女俱。女亦時留其外家，居不逾閾，非劇疾未嘗近醫。寶君小影，行坐與俱。父母重悲之，然弗敢問也。光緒二十九年閏五月二十日以疾卒，年二十，去君之喪再期，距釋服二十七日耳。

嗚呼！君之凶耗至杭州，余方居湖上，得書失聲而哭。十二年以來，三面孝廉於京師，語無敢及君，而孝廉以詩道意，將待余銘而葬。夫未婚守節而來歸，禮近於嫁殤，習儒家言者恒勿道。余痛君之純明好學而早逝，又聞貞女爲之守義而死，則又慰君之得義耦，亦頗以崑山、盱眙之論爲拘攣。按金石諸例，此合葬之銘，實自余啓之，古人無是也。顧貞女既以「情之正者爲義」，斯義矣；余猶靳於例而不爲之彰顯，獨何心耶？君以某年某月某日與貞女合葬於某山，敬爲之銘曰：

鵑吻之血，足鎔金而裂石。以情鑄義，禮不爲力。天若表貞，而被業以疫。貞也來殉，業也胡戚？土花萬年，裹此雙璧。

碑傳集三編卷五十　列女四　賢明

孫星衍妻王氏

王夫人事狀〔一〕

孫星衍

夫人姓王氏，名采薇。父光燮，乾隆元年進士，宜黄縣知縣，贈奉政大夫、兵部主事。生母黄氏。弟五人，姊三人，妹一人，一弟一妹同母生。夫人少以姿質端麗，尤爲父鍾愛。外舅之擇婿，必推年命，當發科與否。或以余生年月日告，外舅推而善之，亟介戚好言姻事。時余生數齡，家君遠出，大母許通聘。以乾隆三十六年冬十二月，年十九，成婚於甥館。越四年，隨余歸句容學舍。四十一年，以疾歸寧。卒於十月二十三日，距生乾隆十八年，得年二十四。凡生二女，後皆殤。

始外舅之在令廨，以文學飾吏治，不延幕僚，事皆辦，多燕閒。其教女一如教子，嘗自言「吾

〔一〕　本篇載《孫淵如詩文集·長離閣集》，題作「誥贈夫人亡妻王氏事狀」。

女慧或過於男」。故夫人姊妹，俱識字能書。既婚數日，夫人屬余填詞，并約圍碁。余皆未學，頗心愧之。後遂爲小詞酬夫人，而卒不能對弈。夫人終日持一編書，在室教其幼妹；時時臨帖，好虞永興楷法；或爲余録詩，至今有存篋中者。嘗言：「唐五代詞，率可倚聲，被之簫管。」春餘夜静，輒取李後主「簾外雨潺潺」詞按篴吹之，令余審聽。至「流水落花人去也，天上人間」，聞者欷歔。其後寫夫人遺影，爲《落花流水圖》以此。既歸句容，時余大母在堂，兩親愛子息，無苛禮，定省之暇，不事鍼黹。夫人好絜除几席，余每陳書滿案而出，比入室，則夫人爲整齊之。偶得許氏《説文》，與余約日識數十字，久之，余遂通小學。山齋有桐、桂、古柏，冬寒月皎，對影蕭瑟。或出户閒吟，或焚香開卷，論説史事，俱有神識。不信佛書邪鬼之語，不視稗官小説。既得疾，終夕嗽不止，又痛其姊先卒，自疑以産致疾，將不起，爲詩詞多凄楚之音。有詞云：「歸夢到江南，緑遍天涯，不認門前柳。」又爲詩云：「五更霜月欺燈影，一樹風雅續雁聲。」余驚以爲不祥。乃起對落英嘆曰：「人常惜花早謝，紅顔出世，不勝衰積耶！」病亟，歸母氏，因送之出門，遂不起。臨殁遺言：「勿厝棺佛寺。」故余亟擇郡城外之横塘鄉葬焉[二]。

越十二年，余以翰林改官尚書比部郎，例贈宜人。及嘉慶元年，余出官山東兖沂曹濟道，例

[二] 故余亟擇郡城外之横塘鄉葬焉：《長離閣集》「擇郡城外」作「擇地鄉郡」，「葬」上有「權」字。

贈恭人。皆請貤贈先世。今年以余官督糧道，加三級，贈夫人。夫人卒時，余曾爲事狀，年久失其稿。有袁太史爲墓志〔一〕，已屬梁侍講同書寫刊於石。頃因整理家乘，復記憶遺事，撰次大概，以示後人云。

郝懿行妻王氏

王安人事略〔二〕

施淑怡

王照圓，字婉佺，山東福山人。棲霞郝懿行室。懿行邃於漢學，照圓握槧懷鉛，日與考訂經史疑義。所著有《列女傳補注》八卷、《叙録》一卷、《列女傳校正》一卷、《叙讚》一卷。中壘斯傳，爲垂世立教之大經，士人既多所不習，女子又鮮能通此。古道之不興，蓋由是矣。照圓爲之詮釋名理，詞簡義洽；校正文字，精確不磨；貫串經傳，尤多心得。光緒八年，順天府尹畢道遠

〔一〕有袁太史爲墓志：「爲」下，《長離閣集》有「夫人」二字。
〔二〕本篇載《施淑儀集》、《清代閨閣詩人徵略》卷七。

等進呈御覽，奉上諭有「博涉經史，疏解精嚴」之褒。稽古之榮，三百年來一人而已。別著有《詩說》二卷、《詩問》七卷、《婉佺詩草》若干卷。書法歐、柳。工文，得六朝人筆意。

汪遠孫妻梁氏

梁孺人事略〔二〕

施淑怡

梁端，字無非，浙江錢塘人，同縣汪遠孫室。著有《列女傳校注》，遠孫序之云：「端幼從其大父清白翁受是書，略通大義。時元和顧之逵重刊余本，翁復爲審定。端輒臚其同異，退而筆之。翁見之，哂曰：『汝欲爲班趙之業耶！』遂益爲之折衷。端讀書粗明義例，其淵源有自也。歲辛未來歸，侍養重闈，動如禮法，閨門雍睦，内外無間言。蓋能不負所習者。刀尺之暇，恒手是編不置，每獲一義，輒共商榷，時舉所聞益之，裒然成帙，置之篋中，不輕示人，然用是心氣沖耗。乙酉六月，子曾撰生而端歿，哭之慟云。」

〔二〕 本篇載《清代閨閣詩人徵略》卷八。

胡培妻陳氏

陳孺人權厝志[一]

姚鼐

孺人，仁和陳氏女也。父琛。母程氏，通文字，以課子女，故孺人自少讀書，能爲詩文，而其志慨慕古女子賢哲有節行者，不欲以才藝自居也。故其爲詩質直慷慨，義嘗近古，不若世女子流連風景，爲媚好悦人之詞。

孺人適江寧胡君，名培。胡君居貧甚，孺人時以文字慰其意。既而胡君病歿，遺三子二女，皆未婚嫁。孺人執女紅爲衣食，暇則教子女，與之論古今爲學。又性解醫術，里中婦女有疾，往往請爲之方。孺人於富者尠所求，於貧者或濟之藥，雖自處乏困不恤也。其子女卒皆成立婚嫁。幼子鎬，從姚鼐學，鼐見孺人詩曰《合籥樓稿》，嘆謂今女子作詩者之冠，雖流俗淺人論詩者未必知也，而後世必有知之者已。孺人嫠居三十四年，嘉慶三年十月卒，年六十八。鎬與其兄鎮、鑑，權厝夫人於江寧城北，鼐爲之銘。銘曰：

[一] 本篇載《惜抱軒文集》卷十一。

居庳里，志高矣。藏無有，而學富。其身可亡名不毀，吾爲命之女君子。

劉安瀾妻邱氏

劉母邱太夫人傳〔一〕

繆荃孫

邱太夫人，烏程南潯人，劉君紫回之配也。父仙槎，擅計然之術，來往滬瀆。咸豐庚申，粵逆由廣德徑撲湖州，南潯無城無兵，鎮人四竄。母莊宜人以娩獨留，竈冷室空，一嫗侍側，而太夫人始生，母子無恙，寇亦未至。仙槎歸自外，索懷中呱呱者而諦視之，曰：「是兒豐碩，殆有福人也。」鍾愛尤篤。齒漸長，舉止端静，不苟言笑。入塾讀書，聰慧勤敏，無異男子。故知大義、識大體，早基於此。

是時同治初元，寇氛甫靖，海内清晏，各國商人咸萃滬瀆，潯人貿易者，無不利市三倍，仙槎因此起家。紫回與太夫人年相若，兩家世好，遂締姻焉。同治辛未，紫回年十六，入烏程邑庠。

〔一〕　本篇載《藝風堂文漫存·癸甲稿》卷二。

光緒乙亥，太夫人來歸，晨夕侍奉，得堂上歡；族姻内外，無不接之以誠，故遐邇無間言。

紫回勤於讀書，致力於經史百家，講傳世之學。太夫人抽簪勸學，黽勉同心。紫回入爲工部虞衡司郎中，南北鄉試均未售，抑鬱而殁。太夫人搶地呼天，欲以身殉。堂上憫其少孀，又無子息，命以弟之子承幹爲嗣，且詔曰：「而有子矣，撫育之，足繼吾兒未竟之志。如欲輕生，此扶床之童又誰爲之鞠育？」不得已，涕泣受命。自是撫承幹以恩，出入顧復，不恃乳媪，而時時悲悼紫回君績學不壽也。承幹就塾歸，則進而詰問曰：「今日識字幾何？讀書幾何？」有進境則色喜。承幹漸長，則又詔之曰：「汝父績學砥行，未能顯達。吾望汝成人，紹汝父之家學，不盡求顯揚也。」迨承幹入泮，授室，始有喜色。戊申，生孫，太夫人始稍慰，命以湯餅資振粵東水灾，爲孫造福；又捐助湖北水灾。詔以「樂善好施」旌之。

太夫人性至仁慈，有求者罔弗應。飢者飽之食，寒者暖之衣，病者予之藥，死者給之槥，凡所濟施，不可殫述。其最注意者，則以振灾爲急務，嘗諭承幹曰：「吾家籍先人餘蔭，席豐履厚，苟遇善舉，當視爲分所應爲；若欲以之請奬，則是有求名之心，已失爲善之真，非余志也。」

承幹以優行附貢生，分部郎中，四品卿銜，并爲太夫人請一品封典，誥封夫人。同鄉京官具呈禮部，以節孝旌。蓋年已四十有九，守節之期亦二十有四年矣。是年十一月二十四日，以疾卒。知與不知，相與流涕，蓋德之入人深矣。子一，承幹。孫三人。

惟太夫人禀性懿淑，言動有禮，既節且孝，用克以其潛德升聞於朝，以光顯其門閭，而恩勤教育，覃及三世，其有功於劉氏者尤大。承幹述太夫人行事甚備，荃孫撮舉其大者書之。

欽旌郎孝劉母邱太夫人墓志銘〔一〕

王先謙

太夫人姓邱氏，世爲浙江烏程縣南潯鎮人。適同里劉氏，工部虞衡司郎中諱安瀾之妻，三品卿銜分部郎中承幹之母也〔二〕。

潯距滬密邇，歐美各國歲運絲出洋，於潯焉取資，兩家商業由此大起。太夫人之父仙槎公與虞衡君父貫經公爲莫逆交〔三〕，尤奇重君，以太夫人許字焉。既歸劉，相夫勖學，勤敬罔懈。虞衡君績學不壽，父以其弟子承幹後之，以授太夫人曰：「汝有子矣！苟輕生，此子誰育者？」太夫人涕

〔一〕本篇載《虚受堂文集》卷十一，題作《劉母邱太夫人墓志銘》；又墓志載《北京大學圖書館藏徐國衛贈石刻拓本選編》，題前有「皇清誥封一品夫人」八字。

〔二〕三品卿銜分部郎中承幹之母也：「三品卿銜分部郎中」，《虚受堂文集》作「四品卿銜奏獎郎中」。

〔三〕太夫人之父仙槎公與虞衡君父貫經公爲莫逆交：「虞衡」，《虚受堂文集》作「工部」，下同。「貫經公」三字，《虚受堂文集》無。

泣受命。承幹之言曰：「吾四歲侍母膝下，顧復恩勤，不可殫述。吾母茹悲飲泣，供佛長齋。吾嬉戲於旁，不知母懷之痛絶也。吾就傅晚，自塾出，吾母必進而問曰：『今日識字幾何？讀書幾何？』又舉吾父當日事，絮絮爲吾言。迄今思之，此境如昨也。吾十八授室，新婦入門，吾母始有喜色。吾子世熾生，吾母益慰，命以湯餅資振粵東水灾，爲孫造福，而不料即以次年長逝也。自吾父之殁，吾母煩苦抑鬱二十四年。追念飲食教誨，至於成人，皆出母賜，而今報德其無繇矣！母性好施予，尤以振灾爲亟。疾革時，垂念海州灾黎，喃語不絶〔一〕。故殁後，吾承母志，輸巨款拯海州之難。又平日嘗諭承幹曰：『吾家承先澤，履豐厚，遇善事而行不力，將爲天理所不容。當視爲己分應爲，毋雜以求名之念。』」噫！斯言也，非明於陰陽消息之幾〔二〕、人事贏虧之數者不能道也，而出於婦人女子之口，此其識量高出尋常男子萬萬，可以開群蒙而詔百代已！

太夫人殁於宣統己酉十一月二十四日，距其生咸豐庚申二月十五日，年五十。旌表節孝，奏給「樂善好施」坊額，加一品封典〔三〕。以辛亥十二月十六日葬本邑馬要鄉庠上村〔四〕。銘曰：

〔一〕喃語不絶：「喃語」，《虚受堂文集》作「喃喃語」。
〔二〕非明於陰陽消息之義：「息」，《虚受堂文集》作「長」。
〔三〕加一品封典：「加」上，《虚受堂文集》有「覃恩」二字。
〔四〕以辛亥十二月十六日葬本邑馬要鄉庠上村：《虚受堂文集》作「以某年月日葬某所，首甲趾乙」。

善不必福，自古有然。胡母亨於後，而天厄其先？生有名言，歿餘宏願。賴賢子之慰心，卜大盈於魏萬。

丁丙妻淩氏

丁丙婦淩氏傳〔一〕

莊仲芳

婦氏淩，名祉媛，字茝沅，錢塘人。光禄寺署正名詠之次女，杭郡文學生丁名丙之室也。生而穎慧，七歲，母朱安人授以《毛詩》《内則》諸篇，已窺大義。十歲，通音律，能吟詠，性幽嫻凝重，戚里罕睹其面。女紅之暇，以咏詩作字自娱，間爲小詞，曼聲自度，飄飄然有出塵之概。事親孝禮無違，得其歡心，父母絶愛憐之。年二十，歸丁氏，事舅姑如其親，相夫以順〔二〕，御下以寬，暇則與夫子相唱酬。夫以屢躓名場爲大慼，婦規之曰：「讀書志聖賢，豈在區區之科名邪！」母患風疾，動止維艱，故常歸寧

〔一〕本篇收入丁立中輯《宜堂類編·懿行録》，題作《丁君元配室淩孺人傳》。

〔二〕相夫以順：「夫」下，《懿行録》有「子」字。

奉侍。已而疾加劇，婦迺遍詣廟中，禱於神，願以身代，而家人未之知也。既而泣語其夫曰：「吾不久於世矣，以身代母矣！勿漏言，以重親憂。」未幾，即病。迨母病愈，而婦遂卒。蓋天重其孝，鑒其誠，而從之也。時咸豐二年五月二十日，年二十有二。著有《翠螺閣詩稿》四卷、《詞稿》一卷。

論曰：婦德惟貞烈足傳，此外則孝行獨重，而嫻於風雅次之。孺人乃孝行與詩兼之，誠閨秀之稱首者矣。余與其父交有年，今其夫又來請，故記之。嗚呼！若孺人者，固自足以傳矣，又何待余文哉！

夏敬觀繼室左氏

左淑人墓志銘[一]

陳三立

淑人左氏，名又宜，字鹿孫，太傅文襄公女孫，子建府君孝勛之女也[二]。秉質冲懿，嫻蹈軌訓；受群經章句，類曉大誼；旁涉藝文，吐辭妍妙，太傅特鍾愛之。太傅勳籠區夏，門無羡財；

〔一〕本篇載《庸言》第二卷第三號（一九一四年）、《散原精舍文集》卷七。

〔二〕子建府君孝勛之女也：「女」上，《庸言》《散原精舍文集》有「冢」字。

子建府君復耿介自晦，庭廡蕭然。淑人布裳虀食，井臼操作，比於寒女。尋遭父喪，母夏夫人哀感寢疾〔一〕，候伺湯熨，輒失餐寐。一夕焚香祈禱，合目見佛，母疾遂瘥，族鄙交頌焉。

年廿八，歸爲新建夏君敬觀繼妻，爲母夏夫人從子也。夏君父前官湖南督糧道，罷歸，清貧相埒。淑人爲婦，如爲女，奉姑宜室，恂恂愉愉，匪懈益虔。夏君時服官江南，頗疲政役，然卓犖自憙，縱覽墳籍，不廢聲詩。淑人亦夙擅吟弄，尤耽倚聲，黝壁膏檠，對榻冥索，神開靈伏，精魂回移，迭不覺邂逅何所。夏君嘗詭語賓親：「帷几之側，細旃之上，殆緬穹巖大谷，惘惘與造物者游也。」

淑人幼工刺繡〔二〕，凡山川、卉木、蟲魚、禽獸、人鬼、物怪之屬，脱手縑幅，巧合天製。有所刺《三村桃花圖》〔三〕，綴夏君《驀山溪》詞其上，傳視仕女，莫不驚嘆〔四〕。

歲辛亥，東南擾變，群棲滬瀆，淑人倉卒挈子女自姑蘇移居，僦椽委巷，謦欬交互，遂乘沈痾，於是年十一月二十日卒，春秋三十有七。著有《綴芬閣詩》《詞》各一卷，夏君刊行之。男子子承英、承繁、承宣，女子子二人。卜以丁巳歲二月葬於杭州法華山心涼亭之陰〔五〕。夏君軫德

〔一〕母夏夫人哀感寢疾：「感」，《庸言》《散原精舍文集》作「悲」。

〔二〕淑人幼工刺繡：「淑」上，《庸言》有「先是」二字。

〔三〕有所刺三村桃花圖：「有」上，《庸言》有「頃歲國人始競美術，淑人」十字。

〔四〕莫不驚嘆：「嘆」下，《庸言》有「云」字。

〔五〕卜以丁巳歲二月葬於杭州法華山心涼亭之陰：《庸言》《散原精舍文集》作「卜以某歲某月歸葬新建某山之原」。

音之曠邈，撫芳菲於未沬，掇述狀誄，其聲有哀焉。爰爲之銘，銘曰：

雝雝華閥，降靈毓祉。允蹈徽猷，亦綜圖史。充德涵光，以贊君子。衎佩委蛇，甗錡滫瀡。驚霜薄顔，芷銷蘭圮。孰名死生，學誦在耳。襲馨瑶編，延暉千祀。

朱遯庸妻方氏

朱遯庸妻方孺人墓志銘

馮煦

奉賢朱君遯庸喪厥配方孺人，以狀來丐銘其幽。狀所載皆爲婦爲母者當爲之事，所謂庸行也。顧或偭焉而不爲，或爲焉而不盡，孺人獨爲其所當爲，不一虧其職。天下惟庸行爲最難，孺人僉庸僉不可及也。孺人爲明正學先生裔，世居南匯之古航。父珠林，母徐，事之能得其歡。年二十一，歸遯庸，事舅姑如事父母。生隆其養，喪致其哀，祭竭其誠，爲里閭所稱願。與遯庸和順儼恪，垂三十年，無一毫髮忤。嘗侍遯庸疾，輟寢者三十餘夕。三鄗雍睦，曲有恩紀，人尤難之。舉子女六人，均躬自乳哺，不假手保母。少長各授以業，重理道，輕功利；敦氣節，遠權勢，故諸子皆學行修飭，有聲於時。課諸子婦如女，烹飪紡織，逮於農圃；明作晦休，一以身爲諸子婦先。歿前七日，猶躬潔舍宇共祀事，可謂老而能勤已。自奉約，而以急告者，施予不少靳，尤淵默洞大體。遯庸膺鄉舉，報至，操作如常時；及數屏禮部試，又曲意譬慰，不以得失爲忻戚。其爲所當爲者如此。

生咸豐戊午六月三日，卒癸亥正月三日，年六十有六。子四，女二，均先卒。孫二，女孫四。以某年月日葬某原。銘曰：

爲婦孝，爲母慈。相夫子，無瑕訾。輝巾幗，庸而奇。刊貞石，昭來兹。凡女士，視此辭。

陳衍妻蕭氏

蕭道管行述[一]

陳衍

室人姓蕭氏，諱道管，字君珮，一字道安，侯官人。幼就傅讀書，未成誦，講解未了然於心，輒廢寢食。書法秀勁，初學虞永興《廟堂碑》及柳誠懸，後學《衛景武碑》。生二十年來嬪，長身

[一] 本篇載《石遺室文集》卷二，題作「先室人行述」。本書所收删節較多，兹不出校，將《石遺室文集》本附録於後。

頎立，閑雅有容止，先母鍾愛逾所生。癸未，衍赴禮部試，偕入都，都下名勝游覽殆遍。嗣是衍旅食四方二十餘年，室人無不挈兒女以從。游蹤所至，西上黯淡灘，東望赤嵌山色，泛西子湖，甜靈隱，探韜光，入雲棲，立吴山，望錢塘江。金、焦、北固、石鐘、大别諸山，皆緩步造絶頂。登黄鶴樓，上琴臺，達武勝關，走許、鄭、衛、趙、燕之郊，臨廣武，渡大河，逾蘆溝，復入都。遂卧病不起矣。生平料量家計，隨所入豐儉，未嘗空乏。庚子後，撙節歲入，力餘其半。里中用有田廬果樹。年少時，欲博先母及外姑歡，亦望衍成立功名。二老既逝，殊漠然。衍有微官，遂以不爲。學部之調，頗阻之。晚究心哲理，見解迥異尋常。嘗著《言愁》《説樂》二篇，寓輕世肆志之意。又嘗言：「吾性好游覽。然東南平遠，山水亦略游矣。其甚險峻非吾纖仄步履所能及者，聽之可也。敝廬築樓，面烏石山。吾嘗卧對逾月。嵐翠撲簾帷，異日更斥而大之。誦詩，習行草其中，足以安神。」然天下事安得盡如人意哉？初嫁時，所居窗前有竹數十竿。衍偶館於外。室人攤書緑陰，沈思獨往，移居西門街，小有池臺樹石，居臺北高樓，可以眺遠。上海高昌廟官屋，枕溪花木蓊翳。室人時精力饒富，佳日出游外，勤事筆硯，兼課諸子讀書寫作。寓武昌後十餘年，則蕭散自放，若將遺棄世務矣。素善鈎稽，喜考據之學，成《説文重文管見》一卷，《列女傳集解》十卷，《蕭閒堂札記》四卷，《然脂新話》三卷，《平安室雜記》一卷，遺詩文、長短句各一卷，前後刊行。

卒後數年，浙江玉環女弟子戴禮，仿劉向《列女傳》體例撰《清列女傳》七編，上諸國史館，室人與焉。其集解自叙云：

道管少喜汎覽，一日閱古《列女傳》，至無鹽醜女篇，「言未卒忽然不見」句，福山王安人補注，以爲殆不可曉，疑是遁形之術云云。道管曰：「忽然不見者。乃古人事理難明之詞，并非遁形之謂。」《大戴禮記·武王踐阼》篇、《五帝德》篇，皆可據爲左證也。石遺方游湘，乃貽書語石遺。石遺報書謂：「盍繼王、梁二家後，爲疏證之學。」時道管所見《列女傳》，止有《郝氏遺書》本，且借人者。乃毅然自鈔寫全帙，不匝月而畢。并郵屬石遺爲購錢塘梁氏校注本。明年二月，石遺持梁氏本歸。乃取王、梁二家注，校所未及，與己及而猶未安者。引書疏證，且時下己意，細書於向者鈔本之眉，如長編焉。既而私念《列女傳》之學，自曹大家、虞貞節、綦母邃三家，全書佚不存，時時見於《經典釋文》《文選注》《藝文類聚》《初學記》《詩正義》《史記正義》《史記索隱》《太平御覽》等書，所引不過百十處。至國朝而王、梁二家，與盧校、顧校、段校、孫校、馬校諸本外，若臧氏庸、王氏念孫、王氏引之、馬氏瑞辰、胡氏承珙、陳氏奂、洪氏頤煊、牟氏房、王氏紹蘭輩，皆以老師宿儒，各有校正。斷斷如也，則不如廣羅衆家，以爲集解，若裴駰、顔師古之所爲矣。王氏長於詮釋，而遠希班注，故訓每不詳所從來；梁氏長於校勘，而近徵王本，引據或不免於重出，然其得多失少。道管於各家雖間有異同，然依據必確，不敢爲無徵之言。內礙礙室人不耐講衛生，患咯血，卒於京師。年五十有三。長子聲曁；次聲漸，死於庚子天津之難；次聲被，前卒；次聲訖。女師葛，適吴鐸。中年取山谷老人語，顔所居曰「戴花平安室」，自撰記，自書横幅。晚復取《真誥》語，顔其堂曰「蕭閒」。卒之歲，衍作《蕭閒堂五言長律三百韻》哭之云。

按：此文稍繁冗，略删節之。兆鏞記。

先室人行述

室人姓蕭氏，諱道管，字君珮，一字道安，侯官人。父凌皋公棄儒而辟致多金，年且七十，始生室人，次室林氏出也。幼就傅讀書，未成誦，講解未了然於心，輒廢寢食。書法秀勁，初學虞永興《廟堂碑》及柳誠懸，後學《衛景武碑》。生二十年來嬪，長身頎立，閑雅有容止，先母鍾愛逾所生。産長男不育病甚，先母撫視憂泣，數夜不睡。

衍家世貧。生十年，喪先君，二兄以養以教。既娶，食指漸增，乃析爨。鄉試屢報罷。束脩膏火之入，不足供事蓄。連歲産子，皆不自乳。乳媪雁行立，所有奩贈，於以蕩然。室人産子，往往瀕於危。

癸未，衍赴禮部試，又將產子，有戒心，乃偕入都，都下名勝游覽殆徧。嗣是衍旅食四方二十餘年，室人無不挈兒女以從。游蹤所至，西上黯淡灘，東望赤嵌山色，泛西子湖，憩靈隱、天竺，探韜光，入雲棲，立吴山，望錢塘江。金、焦、北固、石鐘、大别諸山，皆緩步造絶頂。登黄鶴樓，上琴臺，達武勝關，走許、鄭、衛、趙、燕之郊，臨廣武，渡大河，逾蘆溝，復入都。遂卧病不起矣。

生平料量家計，隨所入豐儉，未嘗空乏，子婦恒怪之。庚子後，撙節歲入，力餘其半，里中用有田廬果樹。年少時，欲博先母及外姑歡，亦望衍成立功名。二老既逝，殊漠然。衍有微官，遂以不爲。學部之調，頗阻之。晚究心哲理，見解迥異尋常。嘗著《言愁》《説樂》二篇，寓輕世肆志之意。《言愁》云：

愁如海也，井蛙不知有海；恨如冰也，夏蟲不知有冰。其於人也爲愚，故愈愁。以愚本無愁，無所謂愈。如其不愚，未有不愁者。愁之數以愚之數相乘除，而境遇不與，焉進乎愁。考若憂患，若悲哀，皆愁變相。人有禍在目前，而不知憂戚，至死亡而不知哀者，非其天喪，乃其天全也。不知者，其未來者也。禍在前爲未來，戚至死亡爲見在。未來則愚者不知，見在未有不知者。曰天下無見在，即見在即過去。未來不迎，過去不留，何知之與有？然莫不知飽煖，飽煖其見在乎。既飽爲過去，自一咽再咽以至數十百咽，其間有見在者矣。寒之需衣，自身之在衣，皆見在焉，若鳥之有羽，獸之有毛，拔其羽，刮其毛，未有不鳴號者。未飽而奪之食，亦猶是焉。及其既榮，芻豢不拒，蓋過去也。杞梁之妻善哭其夫，至於崩城。河間婦人則若無事焉。荀粲神傷以盡，莊生則鼓盆，高子羔泣血三年，未嘗見齒，原壤則登木而歌。人之度量相越，若犬馬之與我不同類，未爲充類至義之盡也大。鳥獸失喪其群匹，越月逾時，猶必反巡，過其故畔，翔回鳴號，躑躅乃能去矣。然如莊牛、原壤、河間婦人，彼或有托而逃，或出於此而入於彼也，然則愚可學乎？

絶聖梟智，塞聰黜明，不能舉剖斗折衡爲例也。剖與折，一舉尹之勞，牛衡已失，塞之而猶聰，黜之而猶明，非入定面壁不可矣。若聖與智，不以入定面壁而遂棄絶也。造物之不齊也，有得失之辨，而苦出焉所謂苦者，皆其意有所欲得而不得，與得之而不久，失之而不復也。何以欲傳猶夏蟲之欲得夏，井蛙之欲得井耳。若夏蟲欲得乎夏之外，以至於冰，井蛙欲得乎井之外，以至於海，則多此夏以外、井以外之境於意中，不視止欲得井、止欲得夏者已侈乎！雖不礙，固無失其爲夏蟲、井蛙也。

人情莫不好合而惡離，好則欲其合而惡其離，惡則欲其離而惡其合。好惡無定在，離合又無定在，而苦樂生焉，而命運之說起焉。同耆、同聽、同美、同然，言其大概也。有大同實有小異，有小異斯有大異。菖蒲、羊棗以至於痂，不同耆也。環肥燕瘦，以至易内好外，不同美也。黨牛怨李，劇秦美新，不同然也。而好合惡離則無不同。然死亡，離也。妃偶之不如願，亦離也。夭卒爲死亡，二考亦爲死亡。相如得文君而如願，相如不得茂陵女，又不如願。無他，惡離故也。人間天上爲離，山川舟車爲離，異室異床異被亦爲離。自身而外無不離者。雖身以内，亦何嘗不離？不聽則耳離，不明則目離，齒摇髮落則齒髮離，面枯則顔色離，體疲則精神離，昔昔夢爲僕則富貴離，昔昔夢爲帝則貧賤離，大夢覺則魂氣與軀殼離。合者其傳舍，離者其歸宿。其本來也無愁，有天子知有愁焉，得無秦皇、漢武不自安於夏蟲、井蛙也。劉禪、陳叔寶庶乎近之。

《説樂》云：

樂無涯也，而行樂有涯，於是乎苦與樂相關，如環之無端焉。孟子、榮啓期皆有三樂，一至難，一至易也。而實無易之非難。父母安得俱存，兄弟安得無故，不自主也。若何而後不愧不怍，無標準、無界限也。舜曰爲善而不愧怍，蹠曰殺人亦不愧怍，各適其適也。堯舜不能保丹朱、商均之不肖，何以教育英才，後世有以講學而門户，植黨而水火者矣。曾何樂之足云。榮啓期之樂得爲人，其不得爲人之不樂。吾無從知之，可無辨也。必樂爲男子，則婦女將絶迹於天壤乎。必樂乎老壽，則曰幼、曰弱、曰壯、曰强、曰艾，皆將汲汲顧日影，而戚戚於死期之將至乎。

樂之高尚者有二，曰感情，曰名譽。富貴者，所以供斯二者之取精用宏而已。無斯二者而徒富貴，不過藏貨財之藏，土木偶像之衣冠而已。感情、名譽二而一者也。有名譽，未有無感情；有感情，亦未有無名譽者。感情易解，名譽難言，流芳千古，遺臭萬年。此所謂臭，彼以爲芳。仁者見仁，智者見智也。漢高約法三章，殺人者死，傷人及盜抵罪，簡約至矣。然竊鉤者誅，竊國者侯，身外之物，孰則非盜無已。其殺人傷人有罪乎？然以挺與刃，以刃與政，殺傷有得見不得見者矣。古云殺之而不怨，情欲之感則有之矣。自道學者言之，若汚齒頰而自有千古者，有樂道之者也。蔡邕之哭董卓，桓温之慕王敦，士各有志也。自李太白死，三百年無此樂。知德者鮮也。

人生行樂耳，須富貴何時，此輕世而肆志也。行樂云者，道在振作而有爲，因勢而利導，急起而直追也。然而有勝情矣，又必有勝具；有勝具矣，又必有勝流。三者備矣，而所謂良辰美景，賞心樂事，以時勢造英雄者，皆將以英雄造時勢乎！然而英雄不世出，時勢又不可待，所謂陳徐應劉，一時并逝也。所謂期年之閒喪，趙雲、陽群、馬玉、閻芝、丁立、白壽、劉郃、鄧銅也。故均之英雄，有爲帝王者矣，有爲將相者矣，有爲盜賊者矣。均之帝王，有爲一統者矣，有爲偏安者矣，有爲割據者矣。其遇順也，德小者爲里胥，爲縣大夫，稍大者爲諸侯，又大者爲方伯連帥，又大者爲天子。此千載而不數覯者也。其處逆也，能守一呰者，環寇數千焉；能守一城者，環寇數萬焉；能將十萬者，寇至且百萬焉。國僑揞拄弱鄭，諸葛躓跋蜀中，而秦政之并吞席卷，又徒以土崩而瓦解。生於憂患，死於安樂，造物無才，而藉口於持平也。

且夫衆人熙熙，如享太牢，如登春臺，言衆人無識，但顧目前之樂乎。宇宙之大，品物之盛，猶大饗也。聰明英秀之子，猶上賓也，禮行終日，賓主良拜，庭實旅守奉之以玉帛，肉乾人飢而不敢食，酒清人渴而不敢飲。此何爲者耶？及卷三牲而歸之賓館，則日晏人倦而思卧矣。故鹿鳴之燕群臣嘉賓，常棣之燕兄弟，伐木之燕故舊朋友，盛世之元音，千載而一時者也。死喪無日，無幾相見，樂酒今夕，君子惟宴，有泣下霑襟耳。謝安石先樂後憂，范希文先憂後樂，二者未知孰得而孰失也。

娶媳十餘年，尚未弄孫，一女嫁後即别去，俱不介介於懷。至於鬼神巫祝之類，尤鄙笑不道。故病革，神明湛然，無一語涉於恍惚者。衍向來不作置妾想，室人年過五十，見者謂尚未老，嘗自言：「吾五十外即當死。兒女長大，婚嫁俱畢，及此面未皺、頭未白，而藏吾醜也。」又嘗言：「吾性好游覽。然東南平遠，山水亦略游矣。其甚險峻，非吾纖仄步履所能及者，聽之可也。敝廬築樓，面烏石山，吾嘗卧對逾月，嵐翠撲簾帷。異日更斥而大之，誦詩習行草其中，足以安神。」然天下事安得盡如人意哉？初嫁時，所居窗前有竹數十竿，衍偶館於外，室人攤書緑陰，沈思獨往。移居西門街，小有池臺樹石，居臺北高樓，可以眺遠。上海高昌廟官屋，枕溪花木蓊翳，室人時精力饒富，佳日出游外，勤事筆硯，兼課諸子讀書寫作。寓武昌後十餘年，則蕭散自放，若將遺棄世務矣。素善鈎稽，喜考據之學，成《説文重文管見》一卷，《列女傳集解》十卷，《蕭閒堂札記》四卷，《然脂新話》三卷，《平安室雜記》一卷，遺詩文、長短句各一卷，前後刊行。論文極精審。作者癥鎼所在，抉摘無礙。

卒後數年，浙江玉環女弟子戴禮，仿劉向《列女傳》體例，撰《清列女傳》七編，上諸國史館，室人與焉。其傳即專述《集解》，自叙云：

道管少喜汎覽，繼耽考證，以爲古經籍雖缺有間，而好學深思，未有終不可知其意者。北齊邢子才所謂「日思誤書，更是一適」，可爲斷章之取也。戊寅、己卯間，石遺方舍其詞章之學，治《説文》、三禮，道管日閲古書，間有札記。己丑，里居西門街，一日閲古《列女傳》，至無鹽醜女篇「言未卒，忽然不見」句，福山王安人補注，以爲殆不可曉，疑是遁形之術云云。道管曰：「忽然不見者，乃古人事理難明之詞，并非遁形之謂。《大戴禮記·武王踐阼》篇、《五帝德》篇，皆可據爲左證也。」石遺方游湘，乃貽書語石遺。石遺報書謂：「盍繼王、梁二家後，爲疏證之學，當爲王梁畏友也。」時道管所見《列女傳》，止有《郝氏遺書》本，且借人來者，乃毅然自鈔寫全帙，約十萬言，不匝月而畢，訂爲五册，并郵屬石遺爲購錢塘梁氏校注本。

其明年二月，石遺持梁氏本歸，五月至上海，七月道管亦携家至。又明年，乃取王、梁二家注，校所未及，與己及而猶未安者，引書疏證，且時下己意，細書於向者鈔本之眉，如長編焉。既而私念《列女傳》之學，自曹大家、虞貞節、綦母邃三家，全書佚不存，惟時時見於《經典釋文》《文選注》《藝文類聚》《初學記》《詩正義》《史記正義》《史記索隱》《太平御覽》等書，所引不過百十處。至國朝而王、梁二家，與盧校、顧校、段校、孫校、馬校諸本外，若臧氏庸、王氏念孫、王氏引之、馬氏瑞辰、胡氏承珙、陳氏奂、洪氏頤煊、牟氏房、王氏紹蘭輩，皆以老師宿儒，各有校正。斷斷如也，則不如廣羅衆家，以爲集解，若裴駰、顔師古之所爲矣。王氏長於詮釋，而遠希班注，故訓每不詳所從來；梁氏長於校勘，而近徵王本，引據或不免於重出，然其得多失少。則固以遠追班趙而無不及，可無疑也。踵其後者，固幸有鎚鑿之先施，亦窘於要害之已據矣。道管於各家雖間有異同，然依據必確，不敢爲無徵之言。如九嬪非即九御；管叔爲周公弟貨金，非貸金；民愛其上，非民惡亂於無别，不必改亂從飢，惓不必改飢；天子不親迎，春平君非太子嘉之類。至若關内師，疑即司關，司載疑即司盟，孟子不及師事子思，乘居疑作乖居，疑中牟爲范中行邑，張儀詐楚爲懷王時之類。

疑若與傳文偶有違異。然古書所載傳聞，時有異辭，用備參考，又裴松之注陳《志》之例。幸勿以蠹生於木、還食夫木譏之也。

後附贊云：道管之才，當代所推。疏通劉礙，詞簡義駭。諸家訓釋，集注益恢。王粱流亞，名重蘭臺。

室人前後產八男二女，復不耐講究衛生，數十年來，夜寢必至四鼓，或深談，遂以達曙。患血崩症十數年，咯血復年餘，卒於京師，年五十有三。長子聲曁；次聲漸，死於庚子天津之難；次聲被，前卒；次聲訖。女師葛，適吴鐸。餘均殤。中年取山谷老人語，顔所居曰「戴花平安室」，自撰記，自書横幅。晚復取《真誥》語，顔其堂曰「蕭閒」。卒之歲，衍作《蕭閒堂五言長律三百韵》哭之云。

黄蔭普母柳氏

黄母柳太夫人墓表

張學華

黄君蔭普畫《母夫人秋燈課子圖》徵題咏，人以嘉興錢氏、陽湖洪氏擬之。余維太夫人明惠早寡，事親教子持家，艱苦羸病，有人世所難堪者，不可無述也。

太夫人姓柳氏，字雲晴，廣州漢軍駐防家故世胄。父日新，母左氏，即子興觀察女兄。太夫人幼從舅氏學詞翰，好方書，宛約嫻靜。年二十七，歸漢軍黄子衡君鈞，逮事舅姑，服勤盡禮。子衡君官步軍驍騎校，會庚子戒嚴，躬役扞掫，遽遘疾卒。太夫人方娠，摧慟幾絶。遺腹生蔭普，羸弱善病，提抱劬苦。舅姑尋相繼殁，母左亦逝。太夫人遽覯三喪，負荷兩家門户，竭蹶往還，安忍窮瘁，既課弱弟，顧復遺孤，又甚貧也。蔭普四歲，母教之讀，六歲使就外傅，雖愛兒，督責不少寬。每夜歸風雨，篝燈佇檐際待兒，以爲不如是，兒豈知屬望之殷？兒不知母苦，安望其劬學邪？且言世未有嬾婦興家、驕子不敗者。其賢明蓋非常人所及也。

蔭普年十四，入清華學校，既卒業，送美國留學。或尼之，太夫人不應，但促治裝，執裾送之，曰：「汝孤兒也，宜好自爲。行矣，毋以我爲念。」於是鄰里嘆嗟，不忍其子母之仳别，又感服其洞達時務，不以姑息誤兒也。

蔭普游學十四年，太夫人煢煢獨處，重嬰疾疢，强自支厲，苦身持約，不言貧病，使蔭普一意攻苦有成，雖古之賢母，不是過也。迨兒歸，而母衰頽髮白，無復前時精力矣。蔭普始就聘粵西，念母辭歸，任廣州各大學教授及諸要職，得晨夕就養，太夫人亦既抱孫，差娱晚境。嘗至滬杭，與弟宗榷骨肉聚首言歡，沈疴若釋。

丁丑戰禍作，彈火橫驚，携家避地至香港，風濤顛頓，起居失次，病瀉。歸，遂不起。春秋七十。子即蔭普。孫一，孫女四。同年十二月二十日，卜葬廣州城北獅帶岡。蔭普學游美洲歸，圖依戀，乃藥餌難回衰病，雖欲孝養，莫補親年。此古今鮮民之生所同抱無涯之憾其萬一也。太夫人明惠堅苦，以一身當兩姓宗祀絶續之交，如托孤寄命之臣，死生莫貳，而數十年經營況瘁，不負初心，此士君子所難能者，昭然大節，宜有銘也。銘曰：

猗歟黄母，高節礪行。蚤茹冰蘗，鞠此伶仃。重溟負笈，烟濤萬程。摧肝抑愛，竚觀厥成。桓嫠行義，韋姥授經。人間子母，泪睫秋燈。唯兹吉壤，永耀貞珉。

附録　編纂者碑傳

汪兆鏞

誥授朝議大夫湖南優貢知縣汪君行狀〔一〕

張學華

曾祖炌，敕封文林郎；曾祖妣氏錢，敕封孺人。

祖雲，道光壬午舉人，遂昌縣訓導，誥贈朝議大夫；祖妣氏薛，誥贈恭人。

父琡，同知銜，誥贈朝議大夫；妣氏盧，誥贈夫人。

里貫廣東番禺縣捕屬，原籍浙江山陰縣。

君姓汪氏，諱兆鏞，字伯序，號憬吾，晚號清溪漁隱。祖籍浙江，居粤久，遂爲番禺人。唐越國公汪華之後。元末自婺源遷山陰。十二世祖應軫，明正德中名臣，著《青湖文集》。君父省齋

〔一〕　本篇載《閑齋文稿》、《微尚老人自訂年譜》卷末。

先生，道光末游幕來粤，有聲於時，著《省齋詩存》。生四子，君居長。幼穎異，過目成誦。十歲能詩。十一歲遭母喪，哀毁如成人，值諱日悲泣，素食終其身。年十八，侍從父穀庵先生讀書隨山館，致力於經史古文詞。舉學海堂專課生，爲東塾陳先生高第。與從兄兆銓及同邑梁鼎芬、陶邵學，蕭山朱啓連，新會陳樹鏞，以道德學問相切劘，學益進。

光緒六年，補縣學生。十一年，以優行貢成均，朝考用知縣。十五年，舉於鄉。庚寅、壬辰會試兩選謄録。南歸，以世習刑名學，客赤溪、遂溪、順德各縣。主者金武祥、嚴崇德皆有循吏名，佐治之力爲多，君不自襮也。尋管樂桂埠鹺務。岑春煊督粤，慕君名，延入幕，司章奏，獨加敬禮。去任時，奏保四品頂帶，以知縣分發湖南。初，君志用世，嘗欲投效山東河工；伍廷芳使美，奏派參贊，皆以親老不果往。至是將試吏湖南，復不果，仍返樂昌。

又五年而國變，樂邑有倡亂者，君設計解散之，遂歸廣州。鹺商舉爲鹽政局長，當道延爲顧問，亟避居澳門。省志局聘任總纂，亦不就。岑春煊再出，遣使招君，君心弗善也，拒不見。自是二十餘年，粤亂靡定，移家者數四。海濱重游，益不勝風景山河之感。待清無期，而君竟長逝矣。

君性和易，獨介然有守，於世俗謬悠之論尤深惡之，嘗誦宋崔清獻公「無以學術殺天下後世」語，欷歔感嘆。自邪詖交熾，蔑棄名教，或假愛民之説，以行其權利之見，所爲無非害人者。君著《説忠》《説仁》兩篇，辭而闢之，以爲「人心世道之憂不可不辨也」。又謂「變法當因時損益，而必以禮教爲本。徒一切沿襲彼法，無益於國，有害於民，孳育亂萌，貽患尤烈」。又謂「孔孟論政，曰民信，曰人和；民不信，人不和，不待外侮而其禍在蕭墻之内」。平日深矉世變，於其流極所趨，言之絶痛；及夫禍敗已見，若燭照而數計也。桑海既更，内難迭作，日相尋於干戈。學校凌夷，禮法蕩然以盡。君篤於守舊，春秋祀典，以時修舉。嘗思與二三耆宿發揚聖教，漸被儒風，維綱常於垂絶，終以清議力微，無救於陸沈之禍。端居太息，時時托於文字，抒其悲憤，迄乎喪亂之餘，猶著述不輟。昔東塾避兵横沙，顔所居曰「崇雅樓」，爲銘以自勖，可以喻君之志矣。

辛亥後，君兩至羅浮，注籍酥醪觀，自號覺道士。返會稽，謁先墓，追述舊德，流連久之。過杭州，游西湖，歷蘇、常，遍覽虎丘、惠山諸名勝。渡江登金、焦絶頂。所至皆有題詠。歸至滬，與海上名流唱和。歸安朱祖謀、義寧陳三立、寧鄉程頌萬、仁和葉爾愷、海鹽張元濟、陽湖錢振鍠，咸相推挹。所作《三秀才行》，錢塘吴慶坻采入《辛亥殉難録》。黄岩楊晨贈詩，以「羅浮仙客」稱之。黄巖王舟瑶疾亟，遺命乞君作傳。聲譽重一時，顧謙挹自下，延接後進，不少立厓岸。精鑒賞，富收藏，訪求明遺老書畫，不惜重價，曠世相感，拳拳故國之思。壬戌，粤人貢方物，君末階朝籍，凡有進奉，無役不與，蒙「福」字之賜，以「賜福」名其堂〔二〕。歿後，賜額曰「志節

〔二〕 以賜福名其堂：「以」上，《闇齋文稿》有「嘗」字，《微尚老人自訂年譜》作「遂」。

不移」〔一〕，咸以爲無愧云。

於學無所不窺，方聞博識，乙部尤淹貫，爲文兼工駢散，而長於考據，訂訛補墜，多發前人所未及。君於金石之學，極推錢氏竹汀，精覈似之。詩詞托意深婉，皆卓有雅音，不詭隨俗尚，其品格亦可見也。著有《孔門弟子學行考》四卷，《補三國食貨》《刑法志》各一卷，《晋會要》六十卷、《叙目》一卷，《元廣東遺民録》二卷，《碑傳集三編》五十卷〔二〕、《叙目》一卷，《微尚齋雜文》六卷〔三〕、《詩》二卷、《續》三卷〔四〕，《雨屋深燈詞》一卷、《續》二卷，《嶺南畫徵略》十二卷〔五〕、《續》一卷、《補遺》一卷，《續貢舉表》一卷，《番禺縣續志》四十四卷，《山陰汪氏譜表》一卷、《録》一卷、《附録》一卷，《老子道德經撮要》一卷，《樓窗雜記》四卷〔六〕，《澳門雜詩》一卷，輯刻《五百四峰草堂集外詩》二卷，《東塾遺詩》二卷，《憶江南館詞》一卷、《補遺》一卷，尚有日記數十册存於家。

〔一〕賜額曰志節不移：《閒齋文稿》《微尚老人自訂年譜》作「賞志節不移扁額」。
〔二〕碑傳集三編五十卷：「碑」上，《閒齋文稿》有「續」字。
〔三〕微尚齋雜文六卷：「六」，《閒齋文稿》作「八」，誤。
〔四〕續三卷：「三」，《閒齋文稿》作「四」。
〔五〕嶺南畫徵略十二卷：「略」，《閒齋文稿》作「録」。
〔六〕樓窗雜記四卷：「四」，《閒齋文稿》作「八」。

君生於咸豐辛酉年四月二十八日，以己卯年七月二十八日卒於澳門，春秋七十有九。配陳恭人，前卒。側室陳、陳、梁。子六：祖澤、宗洙、宗澧、宗準、宗藻，陳恭人出；宗衍，陳孺人出。宗澧，幼殤。女三：長殤，次適張樹蘭，三適鍾祜慶〔二〕。孫男十五人：德晋、德亮、德業、德剛、德璇、德中、德靖、德增、德森、德堅、德隅、德霈、德霖、德權、德鴻。孫女十九人。曾孫男潤書，曾孫女四人。將於某年月日歸葬於廣州城東三寶墟蜆岡之原，與陳恭人合窆焉。

余與君交最夙，逾五十年。亂後相見，垂垂老矣。往余避地香港，君常在澳，其後同返廣州，蹤迹益親。君有所作，必以見示，因得遍讀所著書及詩文集，知君故詳。去秋來澳，君實招致，時得過從。歲初同詣蓮峰寺禮佛，各爲詩紀之。未幾，君病不復出，然旬日必數見，猶能劇談，不謂遽謝人事也。彌留時，促余往訣，以所輯《碑傳集》屬爲參訂；又言一生志行，余知之深。自維謭陋，蓋有愧於其言，而累行術德，後死之責，亦不敢辭也。曩與陳文良公伯陶、丁潛客仁長游處，其歿也，君嘗督爲傳狀。今以傫然待盡之身，泚筆狀君，能勿泫然！爰撰次其行誼著於篇。君知交遍海内，其必有感於斯文已。番禺張學華謹狀。

〔二〕三適鍾祜慶：「祜」，《闇齋文稿》作「祐」，誤。

清故朝議大夫湖南優貢知縣汪君墓志銘〔一〕

張爾田

君汪氏，諱兆鏞，字伯序，號憬吾。其先出唐越國公，元末自婺源遷山陰。明正德中，有諱應軫者，著《青湖文集》，是爲君十二世祖。曾祖炌，敕封文林郎。祖雲，舉人，遂昌縣訓導。父琡。自君之父幕游於粤，始著籍爲番禺人。

君十歲能詩，弱冠補縣學生。光緒十一年，以優行貢成均，朝考用知縣。又越四年，舉於鄉。兩應禮部試不售，遂南歸爲人佐治，所主於赤溪、於遂溪、於順德，皆有聲。既而督粤者聞君名，聘掌奏，得四品銜，當以知縣分發湖南矣，而君不樂仕。國變後，遂一切棄去，葺小樓澳門島居之，有浼以事者，謝弗應也。嘗蒙「福」字之頒，顔所居曰「賜福」。已復返故鄉，一游越，謁先隴。浪迹羅浮山中，自稱覺道士。最後避亂，復歸於澳，年已耄矣。耳目聰明，著書不輟，所著《晉會要》《碑傳集》數百卷，所輯刻之書又數十種，其曰《元粤東遺民録》者，則以自寓也。

君雖厄窮，一時縞紵皆聞人，有詩書以娱暮齒，於君不可謂不樂，而君顧欿然若有所不自得者。余嘗論之：「自古滄海之際攀龍髯蓐螻蟻，其人豈必沈冥而不返哉，亦特茹恨以寄焉而已。

〔一〕本篇載《遯堪文集》、《微尚老人自訂年譜》卷末。

夫惟知其有所寄，斯爲真知君者也。」

君少及陳蘭甫先生之門，治經治史，一以師説爲歸，晚年猶舉以淑人。嘗痛時事之日非，慨然曰：「治國以禮教爲本，禮教亡矣，何以國爲！」又曰：「孔孟論治，曰信，曰和。民不信，人不和，而徒襲外人，禍其在蕭牆内乎！」不三十年，而君之言大驗。

余初不識君，讀君之詩與詞，嘆曰：「此遺民也。」君得余文亦大喜，自是通書往還，數年如一日。未殁前猶致余書，論學術異同，其言温然而沈悲。余衰病徂北久，忽忽意有所不樂，方思一陟粤麓之巔，泛扶胥之口，相與話二十年積憤，徜徉吟眺於驚濤落日間，庶幾有以慰君，且以自慰者，而君則既卒矣。

君生於咸豐辛酉，其卒也以己卯七月，年七十有九。卒後又蒙「志節不移」賜額之褒，儒者欽之。君配陳恭人，先君卒；側室三，其二皆曰陳，曰梁。子祖澤、宗洙、宗澧、宗準、宗藻，陳恭人出；宗衍，陳孺人出。女三，長殤，次適張樹蘭，三適鍾祜慶。孫男十五人，曾孫一人。君卒之某月，君之子葬君於廣州三寶墟蜆岡之原，陳恭人祔於是。番禺張提刑學華爲君狀千餘言，而余乃爲之銘，曰：

猗歟汪君，不仕而隱。著書滿家，名與古并。遭世艱屯，葆厥貞素。孔思周情，是茹是吐。葱蘢粤秀，實維佳城。我銘載之，百世其興。

參考文獻

（以書名漢語拼音排序）

A

闇公文存　丁傳靖撰，《民國文集叢刊》影印民國間抄本，第二十六册，又聽閣圖書有限公司，二〇〇八年

闇齋文稿　張學華撰，一九四八年鉛印本

B

八旗文經　盛昱、楊鍾羲編，清光緒二十七年武昌刻本

丁日昌集　趙春晨編，上海古籍出版社，二〇一〇年

柏堂遺書　方宗誠撰，《清代詩文集匯編》（以下簡稱《匯編》）影印清光緒六年至十二年刻本，第六七二册，上海古籍出版社，二〇一〇年

抱經堂文集　盧文弨撰，《匯編》影印清乾隆六十年刻抱經堂叢書本，第三四二册

抱潤軒文集　馬其昶撰，《匯編》影印民國十二年京師刻本，第七八一册

碑傳集補　閔爾昌編，一九三二年燕京大學國學研究所鉛印本
北京大學圖書館藏徐國衛捐贈石刻拓本選編　胡海帆、湯燕編，上海人民出版社，二〇〇七年
病山文鈔　王乃徵撰，載《王乃徵詩文集》，王承軍點校，中江縣地方志辦公室、中江縣政協教科文衛委員會，內部資料，二〇一四年
檗庵文集　温肅撰，載《温文節公集》，香港學海書樓重印本，二〇〇一年
補松廬文稿　吴慶坻撰，《清代詩文集匯編》影印張宗祥抄本，第七七〇册

C

滄趣樓詩集　陳寶琛撰，《匯編》影印民國二十七年刻本，第七七〇册
滄趣樓文存　陳寶琛撰，《匯編》影印一九五八年海澄陳氏讀我書齋油印本，第七七〇册
巢經巢文鈔　鄭珍撰，民國二十九年貴州省政府排印巢經巢全集本
陳澧集　陈澧撰，上海古籍出版社，二〇〇八年
陳文忠公奏議　陳寶琛撰，民國間螺江陳氏刻本
程伯翰先生遺集　程頌藩撰，《匯編》影印民國十七年海上汐廬鉛印本，第七七五册
程侍郎遺集　程恩澤撰，《匯編》影印清咸豐五年粤雅堂叢書本，第五四八册
尺岡草堂遺文　陳璞撰，《匯編》影印清光緒十五年息廬刻本，第六七六册

楚庭耆舊遺詩續集　伍崇曜輯，清道光二十三年伍氏刻本

慈壽堂文鈔　沈樹德撰，《匯編》影印民國五年吴興劉氏嘉業堂刻吴興叢書本，第二八八册

存誠齋文集　何曰愈撰，《匯編》影印同治五年皖江藩署刻本，第五八二册

D

大雲山房文稿初集　惲敬撰，嘉慶二十年盧旬宣刻本

戴東原集　戴震撰，清乾隆五十七年段玉裁刻本

澹龕文存　吴道鎔撰，《近代中國史料叢刊續編》第二十輯影印本，文海出版社，一九七五年

澹龕詩存　吴道鎔撰，民國二十六年刻本

島居遺稿　葉泰椿撰，一九二九年刻本

（道光）廣東通志　阮元修，陳昌齊等纂，清道光二年刻本

登雲山房文稿　温訓撰，《匯編》影印清道光三年番禺潘氏刻光緒二十四年補刻本，第五六一册

棣垞集　朱啓連撰，清光緒二年刻本

丁戊稿　羅振玉撰，民國十八年排印本

東塾集　陳澧撰，《匯編》影印清光緒十八年菊坡精舍刻本，第六三七册

東井文鈔　黄定文撰，《匯編》影印清嘉慶道光遞刻本，第四一六册

東洲草堂文鈔　何紹基撰，清光緒刻本

讀書堂集　簡朝亮撰，《匯編》影印民國十九年鉛印本，第七七四册

遯堪文集　張爾田撰，載《張爾田集輯校》，段曉華、蔣濤整理，黄山書社，二〇一八年

F

樊榭山房文集　厲鶚撰，清光緒十年汪氏振綺堂刻本

G

瓜廬文賸　陳伯陶撰，《民國文集叢刊》影印民國二十年鉛印本，第二十三册

觀所尚齋文存　夏孫桐撰，民國二十八年鉛印本

觀堂集林　王國維撰，中華書局，二〇〇四年

（光緒）嘉興縣志　趙惟崳、石中玉纂，清光緒三十四年刻本

（光緒）順天府志　周家楣、繆荃孫等編纂，清光緒十五年刻本

廣州市文物普查匯編·白雲山卷　陳建華主編，廣州出版社，二〇〇八年

廣州市文物普查匯編·蘿崗區卷　陳建華主編，廣州出版社，二〇〇八年

國朝耆獻類徵初編　李桓輯，清光緒十六年刻本

國朝詩人徵略　張維屏撰，《續修四庫全書》影印清道光十年刻本，第一七一二至一七一三册
國朝先正事略　李元度撰，清同治五年刻本
國史館館刊　國史館編輯，第一卷第三期，一九四八年
國史列傳　羅振玉輯，民國間六經堪叢書本
國學叢刊　國學研究會出版，第一卷第一期，民國十二年三月；第一卷第二期，民國十二年九月

H

蒿盦類稿、續稿、奏稿　馮煦撰，《匯編》影印民國二年至十二年遞刻本，第七五七册
賀先生文集　賀濤撰，《匯編》影印民國三年徐世昌京師刻本，第七七一册
虹橋老屋遺稿　秦緗業撰，《匯編》影印清光緒十五年刻本，第六五三册
湖海詩傳　王昶輯，《續修四庫全書》影印清嘉慶八年三泖漁莊刻本，第一六二五至一六二六册
湖南文獻匯編（第二輯）　湖南省文獻委員會印行，民國三十八年
回風堂詩文集　馮幵撰，民國間鉛印本

J

紀念陳蘭彬詩文集　陈修省主編，紀念陳蘭彬詩文集編輯委員會編輯出版，二〇〇七年

濟南歷代墓志銘　韓明祥編著，黄河出版社，二〇〇二年
江蘇省通志稿　繆荃孫等纂修，鳳凰出版社，二〇一九年
校經室文集　孫葆田撰，丙辰南林劉氏求恕齋刻本
舊京文存　孫雄撰，《近代中國史料叢刊》第五十五輯影印一九三一年鉛印本，文海出版社
軍事雜志　一九三一年第三十四期

K

葵園述略　徵文考獻樓主編，民國三十四年

L

濂亭文集　張裕釗撰，《匯編》影印清光緒八年查氏木漸齋蘇州刻本，第六九四册
遼東詩壇　一九二九年六月第四十五號
劉澂如學士行狀　吴郁生撰，民國間鉛印本
劉光禄遺稿　劉錫鴻撰，《匯編》影印清活字印本，第六八七册
劉申叔遺書　劉師培撰，民國二十六年寧武南桂馨印本
劉忠誠公遺集　劉坤一撰，《近代中國史料叢刊》第二十六輯影印清宣統元年刻本，文海出版社

劉壯肅公奏議　劉銘傳撰，清光緒三十二年鉛印本

龍山鄉志稿　温肅撰，《清代稿鈔本》影印抄本，廣東人民出版社，二〇一四年，第二五六册

鹿川文集　程頌萬撰，《民國文集》影印民國間《十髮居士全集》本，第五十八册

M

蔆庵文集　袁思亮撰，《近代中國史料叢刊》第二十一輯影印湘潭袁氏家集本，文海出版社

毛尚書奏稿　毛鴻賓撰，清宣統二年刻本

緜桐館集聯彙刻　楊調元撰，商務印書館，民國八年

（民國）福建通志　陳衍編纂，民國二十七年刻本

閩縣林侍郎奏稿　林葆恒編，《近代中國史料叢刊》第三十一輯影印本，文海出版社，一九六八年

名山集　錢振鍠撰，民國間刻本

明經二樵黎君行狀　黄丹書撰，載《清代稿鈔本》第一〇一册，廣東人民出版社，二〇一〇年

墨林今話　蔣寶齡、蔣茝生撰，清咸豐二年刻本

默盦集　王舟瑶撰，民國二年鉛印本

N

南豐劉先生文集　劉孚京撰，《匯編》影印民國八年上海聚珍仿宋印書局鉛本，第七七八册

P

番禺縣續志　梁鼎芬等修，丁仁長等纂，《中國方志叢書》第四十九號影印民國二十年刻本，成文出版社，一九六七年

Q

奇觚廎文集　葉昌熾撰，《匯編》影印民國十年刻本，第七六六册

潛研堂文集　錢大昕撰，《匯編》影印清嘉慶十一年刻本，第三六四册

彊邨遺書　朱祖謀撰，民國間遞刻本

青鶴　青鶴雜志社編，第二卷第六期，民國二十三年；第五卷第五期，民國二十六年

清代閨閣詩人徵略　施淑儀輯，民國十一年鉛印本

清道人遺集　李瑞清撰，《匯編》影印民國二十八年鉛本，第七九一册

清芬録　劉聲木纂，民國間直介堂叢刻本

清史列傳　王鍾翰點校，中華書局，一九八七年《清代傳記叢刊》影印本，明文書局，一九八五年

丘逢甲文集　丘晨波主編，花城出版社，一九九四年
丘逢甲集（增訂本）　黄志平、丘晨波主編，廣東人民出版社，二〇一九年
求牧芻言　阮本焱撰，清光緒十三年刻本
求是山房遺集　鄂恒撰，《匯編》影印清光緒十年刻本，第六一〇册
求自得之室文鈔　吴嘉賓撰，《匯編》影印清同治五年廣州刻本，第六一三册

R

茹經堂文集三編　唐文治撰，民國二十七年鉛印本

S

散木居奏稿　瑞洵撰，民國二十八年餐菊軒鉛印本
散原精舍文集　陳三立撰，《匯編》影印民國三十八年中華書局鉛印本，第七七八册
沙孟海全集　朱關田總編，西泠印社出版社，二〇一〇年
施淑儀集　施淑儀撰，張暉輯校，人民文學出版社，二〇一一年
詩義堂後集　彭泰來撰，《匯編》影印清咸豐十一年高安羅伯麟刻同治五年補刻本，第五六八册
石遺室文集　陳衍撰，《續修四庫全書》影印清刻本，第一五七六册

史學年報　燕京大學歷史學會編，第二卷第四期，一九三七年十二月；第三卷第一期，一九三九年十二月

舒藝室雜著　張文虎撰，《續修四庫全書》影印清光緒刻本，第一五三五册

四當齋集　章鈺撰，民國二十六年鉛印本

四庫全書總目　永瑢等編纂，中華書局，一九六五年

誥授中憲大夫四品卿銜學部候補參議翰林院編修顯考藝風府君行述　繆禄保、繆僧保撰，民國間鉛印本

笥河文集　朱筠撰，《匯編》影印清嘉慶二十年椒華唫舫刻本，第三六六册

宋育仁文集　董凌鋒選編，國家圖書館出版社，二〇一六年

隨山館叢稿　汪瑔撰，《匯編》影印清光緒刻隨山館全集本，第三七七册

孫淵如詩文集　孫星衍撰，民國八年商務印書館四部叢刊影印清嘉慶刻本

T

太炎文録初編　章炳麟撰，《續修四庫全書》影印民國浙江圖書館刻章氏叢書本，第一五七七册

譚文勤公奏稿　譚鍾麟撰，譚澤闓等編，清宣統三年刻本

陶廬文集　王樹枏撰，民國四年刻本

陶樓文鈔　黄彭年撰，《續修四庫全書》影印民國十二年章鈺等刻本，第一五五二至一五五三册

惕齋遺集　周蘊良撰，民國二十四年刻本

天真閣集　孫原湘撰，《續修四庫全書》影印清嘉慶五年刻增修本，第一四八七至一四八八册
(同治)南海縣志　鄭夢玉等修，梁紹獻等纂，清同治十一年刻本
桐城吴先生文集　吴汝綸撰，《續修四庫全書》影印清光緒三十年王恩紱等刻桐城吴先生全書本，第一五六三册
桐鄉勞先生遺稿　勞乃宣撰，《匯編》影印民國十六年刻本，第七五二册

W

汪兆鏞文集　汪兆鏞著，顧駿捷、劉心明編校，廣東人民出版社，二〇一五年
王蘇州遺書　王仁堪撰，《匯編》影印民國二十三年鉛印二十五年增補本，第七七一册
默庵居士自訂年譜　王舟瑶撰，民國十四年鉛印本
微尚老人自訂年譜　汪兆鏞撰，臺灣商務印書館，一九八〇年
微尚齋雜文　汪兆鏞撰，民國三十一年鉛印本
惟清齋全集　鐵保撰，《清代詩文集匯編》影印清道光二年石經堂刻本，第四三二册
畏廬文集、續集、三集　林紓撰，《匯編》影印民國上海商務印書館鉛印本，第七七五册
吴昌碩先生遺作集　吴昌碩繪，民國十八年影印本

X

西學富强叢書·算學　張蔭桓編，鴻文書局光緒二十二年石印本

惜抱軒文集　姚鼐撰，《匯編》影印清嘉慶三年刻本，第三七七册

郋園全書　葉德輝撰，民國二十四年刻本

顯志堂稿　馮桂芬撰，《匯編》影印清光緒二年馮氏校邠廬刻本，第六三二册

湘綺樓全集　王闓運撰，《續修四庫全書》影印清光緒三十三年墨莊劉氏長沙刻本，第一五六八至一五六九册

庠聲　一九三三年第十八期

小羅浮草堂詩集　馮敏昌撰，清嘉慶十六年刻本

寫禮廎文集　王頌蔚撰，民國四年鮳溪王氏寫禮廎遺著四種本

新安鮑氏承鳳派支譜　鮑慶熙纂修，民國十二年木活字本

新中國出土墓志·江蘇〔壹〕常熟　中國文物研究所、常熟博物館編，文物出版社，二〇〇六年

虛受堂文集　王先謙撰，《匯編》影印清光緒二十六年刻本，第七四九册

（宣統）南海縣志　鄭棻等修，桂坫等纂，《中國方志叢書》華南地方第一八一號影印清宣統二年刻本，成文出版社，一九七四年

（宣統）山東通志　張曜、楊士驤修，孫葆田、法偉堂等纂，民國四年刻本

學衡　第十九期，一九二三年；第二十期，一九二三年

郇廬遺文　陳毅撰，松柏獨秀齋，一九三六年

遜學齋文續鈔　孫衣言撰，清同治十二年刻增修本

Y

雅言　雅言社，一九四一年第四期

亞洲學術雜志　上海亞洲學術研究會印行，第一期，一九二一年；第二期，一九二一年；第三期，一九二二年；第四期，一九二二年

養一齋文集　李兆洛撰，《匯編》影印清道光二十三年活字印二十四年增修本，第四九三册

一山文存　章梫撰，《近代中國史料叢刊》第九十五輯影印宣統戊午刻本，文海出版社

宜堂類編·懿行録　丁立中編，光緒二十六年錢唐丁氏嘉惠堂刻本

頤巢類稿　陶邵學撰，清宣統三年刻本

藝風堂文集　繆荃孫撰，《匯編》影印清光緒二十六年刻本，第七五六册

藝風堂文漫存　繆荃孫撰，《匯編》影印民國江陰繆氏藝風堂遞刻本，第七五六册

藝風堂文續集　繆荃孫撰，《匯編》影印清宣統二年刻民國二年印本，第七五六册

藝蘭室文存　陳寶璐撰，民國二十九年刻本

㐆齋文集　張穆撰，清咸丰八年祁寯藻刻本
飲冰室合集，梁啓超撰，中華書局，一九八九年
庸庵文編　薛福成撰，《續修四庫全書》影印清光緒間刻庸庵全集本，第一五六二册
庸言　庸言報館，第二卷第三號（總第二十七號），一九一四年
永豐鄉人稿　羅振玉撰　民國十一年上虞羅氏貽安堂凝清室刻本
于右任書吳昌碩墓表　天津市古籍書店影印本，一九八九年
愚齋存稿　盛宣懷撰，《匯編》影印民國二十八年盛恩頤等刻本，第七五四至七五六册
越縵堂日記　李慈銘撰，廣陵書社，二〇〇四年
越縵堂文集　李慈銘撰，民國間北平圖書館鉛印本
雲自在龕隨筆　繆荃孫撰，北京圖書館出版社，二〇一三年

Z

澤雅堂文集　施補華撰，《匯編》影印清光緒十九年濟南刻本，第七三一册
章氏四當齋藏書目　顧廷龍編，燕京大學圖書館，民國二十七年
張元濟日記　張元濟撰，商務印書館，一九八一年
昭代名人尺牘小傳　吴修輯，清道光六年刻本

昭代名人尺牘續集小傳　陶湘編，《清代傳記叢刊》影印宣統三年印本，明文書局，一九八五年
謫麐堂遺集　戴望撰，《匯編》影印清宣統三年風雨樓叢書本
知足齋文集　朱珪撰，《匯編》影印清嘉慶九年阮元刻增修本，上海古籍出版社，第三七六册
籀廎述林　孫詒讓撰，中華書局，二〇一〇年
籀廎遺文　孫詒讓撰，中華書局，二〇一三年
昨夢齋文集　彭泰來撰，《匯編》影印清同治四年刻本，第五六九册
左文襄公文集　左宗棠撰，《續修四庫全書》影印浙江圖書館藏清光緒十八年刻本，上海古籍出版社，二〇〇二年

人名索引

凡例説明：

本索引收録了《碑傳集三編》中有正傳及附傳的所有人名，以本書爲依據，列有字號、謚號、籍貫等項，不詳者從缺。各項數字依次表示本書之册次、卷次及頁碼，如 2/14/491 表示見第二册第十四卷第四九一頁。

二畫

丁日昌 字雨生。廣東豐順。 2/14/491

丁仁長 字伯厚，晚號潜客。廣東番禺捕屬。 1/10/338

丁立誠 字修甫，號慕清、辛老。浙江錢塘。 3/33/1131

丁傳靖 字秀甫，號闇公、招隱行脚僧。江蘇丹徒。 4/41/1399

丁體常 字慎五。丁寶楨子。貴州平遠。 2/16/553

三畫

于鬯 字醴尊，號香草。江蘇南匯。 3/34/1169

于蔭霖 字次棠、樾亭。山東濰縣。 2/15/525

四畫

王五福 字嚮庭。内務府正白旗。 3/22/798

王仁堪 福建閩縣。 3/23/804

王文韶 謚文勤。浙江仁和。 1/2/28

王以慜 字夢湘。湖南武陵。 4/41/1413

王先謙　字益吾,學者稱葵園先生。湖南長沙。　1/9/288

王舟瑶　字玫伯、星垣,號默盦。浙江黄巖。　3/35/1178

王守訓　字仲彝、松溪。山東黄縣。　1/10/313

王東槐　字蔭之,謚文直。山東滕縣。　3/29/981

王采薇　孫星衍妻。　4/50/1564

王育琮　字秉玉。江蘇武進。　2/12/403

王彦威　字弢甫。原名禹堂,字渠城。浙江黄巖。　1/9/284

王振畿　字化東。山東滕縣。　3/31/1035

王家枚　字吉臣,號寅孫。江蘇江陰。　4/40/1355

王棻　字子莊、耔軒。浙江黄巖。　3/34/1138

王國維　字静安、伯隅,號觀堂、永觀,謚忠慤。浙江海寧。　3/31/1046

王琦　字魯玉。浙江錢塘。　4/37/1230

王嵒　字曉峰。王毓芝父。直隸新城。　4/45/1484

王瑞之　字(號)輯五。山西汾陽。　3/32/1061

王照圓　字婉佺。郝懿行妻。山東福山。　4/50/1566

王會釐　字筱東。湖北黄岡。　1/10/315

王頌蔚　初名叔炳。號芾卿、蒿隱。江蘇長洲。　2/12/408

王肇震　字生之,號東麓。山東費縣。　4/46/1503

王維翰　字子墨、小林,又稱歡林。浙江黄巖。　4/39/1321

王練　字澄江、達夫。山東莒州。　3/27/939

王樹枏　字晋卿。直隸新城。　2/21/756

王曇　字仲瞿、良士。浙江秀水。　4/37/1243

王爕　字紹延，辛亥後號俟翁。浙江仁和。 2/21/753

王鵬運　號幼霞，自號半塘老人，晚號鶩翁。廣西臨桂。 2/11/362

王蘭昇　字芷庭。山東萊陽。 1/10/308

王懿榮　字正孺、廉生，謚文敏。山東福山。 3/30/1017

毛承霖　字稚雲。毛鴻賓子。山東歷城。 2/21/782

毛鴻賓　字寄雲。山東歷城。 2/14/459

方氏　朱遯庸妻。江蘇南匯。 4/50/1576

方宗誠　字存之。安徽桐城。 3/32/1081

方家澍　字雨亭。福建侯官。 3/26/908

方照軒　又名耀。 3/28/963

孔繼涑　字信夫。山東曲阜。 4/37/1239

五畫

甘運源　字道淵，號嘯巖、十三山外史。籍漢軍。 3/27/942

左又宜　字鹿孫。夏敬觀繼室。 4/50/1574

左孝同　字子異，晚自號逸叟。左宗棠子。湖南湘陰。 2/20/743

石德芬　原名炳樞，字星巢。廣東番禺。 4/41/1401

田氏　田鋭玉女，汪科裔妻。江蘇江寧。 4/47/1511

史月英　字素亭。史夢珣女，錢廷蘭妻。江蘇陽湖。 4/48/1539

史悠厚　江蘇陽湖。 4/46/1509

史善長　字春林。浙江山陰。 3/25/864

六畫

成孺　江蘇寶應。 3/33/1103

朱之榛　字仲蕃，號竹石。浙江平湖。 2/20/723

朱光第　字杏簪。浙江歸安。
3/26/896

朱次琦　字子襄、稚圭。廣東南海。
3/33/1091

朱江　字岷源，謚忠愍。
3/31/1057

朱祖謀　原名孝臧，字古微，號漚尹、彊邨。浙江歸安。
1/8/244

朱啓連　字跂惠。浙江蕭山。
4/40/1349

朱筠　字竹君、美叔，號笥河。直隸大興。
3/36/1211

江春霖　字仲默，號杏村，晚號梅陽山人。
2/11/391

七畫

李文藻　字素伯、茝畹，晚號南澗。山東益都。
3/25/855

李文田　字若農、仲約，謚文誠。廣東順德。
1/5/141

李本方　字促壺。李宗羲子。四川開縣。
4/45/1491

李光廷　字著道、恢垣。廣東番禺。
2/12/405

李安堂　字碩愚。安徽巢縣。
3/28/970

李長樂　字漢春，謚勤勇。安徽盱眙。
3/28/953

李岷琛　字少東。四川安縣。
2/20/738

李念兹　字慕皋。直隸鹽山。
3/23/818

李秉衡　字鑑堂，謚忠節。奉天海城。
2/15/530

李宗禕　字次玉、佛客。福建閩縣。
4/39/1325

李葆恂　字文石，號猛庵，晚歲號鳧翁。奉天義州。
4/41/1371

李發枝　字鹿友、培園。浙江山陰。
3/25/849

李瑞清　字仲麟、梅盦，號梅癡，辛亥後署清道人，謚文潔。江西臨川。
2/21/766

李慈銘　初名模，字式侯。後更名慈銘，字炁伯，號蓴客。浙江會稽。　2/11/359

李慶翱　本名綖，字公度、小湘。山東歷城。　2/15/522

李鴻藻　字寄雲、蘭孫，號硯齋，謚文正。直隸高陽。　1/1/11

吴六奇　字鑑伯、葛如，謚順恪。廣東海陽。　3/28/950

吴丙湘　初名進泉，字次瀟、滇生。吴文鎔子。江蘇儀徵。　2/20/706

吴光悦　原名廷燮，字星一，號見樓。江蘇陽湖。　2/13/433

吴汝綸　字摯甫。安徽桐城。　4/39/1301

吴重憙　字仲懌，晚號石蓮。吴式芬子。山東海豐。　2/16/568

吴俊卿　字昌碩，號缶廬、苦鐵，私謚貞逸先生。浙江安吉。　4/41/1390

吴振棫　字宜甫，號仲雲，晚號再翁。浙江錢塘。　2/13/455

吴道鎔　字玉臣，晚號澹庵。廣東番禺捕屬。　4/40/1346

吴榮光　字伯榮，號荷屋。廣東南海。　2/13/444

吴慶坻　字子修、敬彊。浙江錢塘。　2/20/730

吴蘭修　字石華，廣東嘉應。　4/38/1272

何曰愈　字德持，號雲畡。广東香山。　3/25/866

何氏　平溥妻。浙江山陰。　4/48/1541

何成浩　字璧流。廣東順德。　2/21/779

何如璋　字子峩。廣東大埔。　2/17/612

何師程　字雪門。漢軍鑲紅旗。　3/31/1045

何璟　字伯玉，號小宋。廣東香山。　2/14/485

何應念　字敬堂。廣東順德。　3/28/957

余肇康　字堯衢，號敏齋，晚號倦知老人。湖南長沙。
2/21/748

余聯沅　湖北孝感。
2/15/536

汪士鋐　字文升、秋泉，號退谷。江蘇長洲。
4/37/1244

汪氏　汪廷拭女，夏震武母。
4/47/1525

汪兆鏞　字伯序，號憬吾，晚號清溪漁隱。廣東番禺。
4/附録/1591

汪宗沂　字仲伊，號弢廬處士。安徽歙縣。
3/33/1123

汪瑔　字玉泉，號芙生，晚號越人。學者稱穀庵先生。浙江山陰。
4/39/1296

汪鳴鑾　號柳門、自邑亭。浙江錢塘。
1/5/135

沈自顯　江蘇吴江。
4/43/1451

沈章雲　字天裳。廣東番禺。
4/44/1473

沈曾植　字子培、乙盦，晚號東軒、寐叟。浙江嘉興。
1/8/239

沈源深　字叔眉。河南祥符。
1/5/163

沈瑜慶　字愛蒼，號濤園，謚敬裕。沈葆楨子。福建侯官。
2/16/564

宋育仁　字芸子、芸巖，私謚文康。四川富順。
3/35/1195

宋華國　字雨宜，號立厓居士。江西雩都。
3/32/1066

良弼　字賚臣。滿洲鑲黄旗。
3/31/1026

阮元　謚文達。江蘇儀徵。
1/1/5

阮本焱　字晋朋。浙江餘姚。
3/26/904

八畫

范當世　字旡錯，號肯堂。江蘇通州。
4/39/1317

林明倫　字穆庵。廣東始興。
3/36/1224

林紓　原名群玉，字琴南，

號畏廬。福建閩縣。
4/41/1369

林紹年　字贊虞，晚號健齋、榆園，謚文直。福建閩縣。
1/7/205

林鈞　字陶然，號怡如。江蘇奉賢。
3/22/800

林濟　字作舟。福建長樂。
3/26/913

杭世駿　字大宗、堇浦。浙江仁和。
3/36/1198

易順鼎　字實甫、中實，號哭庵。湖南漢壽。
4/41/1421

周峩　字仲章。湖南湘鄉。
4/40/1357

周景濤　字松孫、味諫。福建閩縣。
2/12/415

周學汝　初名學濂，字禮傳。浙江烏程。
3/32/1068

周蘊良　字味仁，號惕齋。浙江會稽。
1/10/355

周鎬　又名犢山，字懷西。江蘇無錫。
3/25/859

周鑾詒　字季譻。湖南永明。
1/10/306

邱氏　劉安瀾妻，劉承幹母。浙江烏程。
4/50/1569

金國琛　字逸亭。江蘇江陰。
2/18/658

金潤棠　號雨梧，鄉人謚和義先生。浙江太平。
4/46/1501

金錫齡　字伯年，號芑堂。廣東番禺捕屬。
3/34/1158

冼寶榦　號雪畊。廣東佛山。
3/26/925

法偉堂　字容叔、小山。山東膠州。
3/34/1170

阿林保　舒穆祿氏。謚敬敏。滿洲正白旗。
2/13/437

九畫

胡思敬　字瘦篁，晚號退廬。江西新昌。
1/8/264

胡單氏　山東高密。
4/47/1532

胡湘　字子瀟、筠帆。湖南湘潭。
3/25/874

胡燕方　字翼南。廣東番禺。 4/43/1469

柯劭忞　字鳳蓀。山東膠州。 1/8/261

柳氏　字雲晴。黄鈞(字子衡)妻,黄蔭普母。廣州漢軍。 4/50/1588

冒芬　字伯蘭。江南如皋。 3/25/869

哈孝丐　安徽安慶。 4/43/1470

段廣瀛　字雁洲、紫滄。江蘇蕭縣。 2/19/667

姜九姑　袁瑛聘妻。四川汶川。 4/49/1559

姜氏　姜本濰女,張蟾賓妻,張惠言母。江蘇武進。 4/47/1513

洪飴孫　字孟慈、祐甫。洪亮吉子。 4/37/1250

恒裕　字益亭。 1/10/300

十畫

秦恩復　字近光。江蘇江都。 4/37/1232

秦緗業　字應華,號澹如。秦瀛子。江蘇無錫。 2/18/636

馬大寶　馬廷燦女,江蘇金匱。 4/48/1542

馬其昶　字通伯,晚號抱潤翁。安徽桐城。 4/41/1403

馬福安　字聖敬、止齋。广東順德。 3/25/872

袁世威　字固之。袁保齡子。河南項城。 4/46/1497

袁保齡　袁甲三子。 2/18/651

袁昶　謚忠節。浙江桐廬。 1/9/272

夏子齡　字百初,號祝三,晚號憩園。江蘇江陰。 3/25/876

夏廷樾　字憇亭、春岩。 2/18/643

夏辛酉　字庚堂,謚壯武。山東鄆城。 3/28/965

夏家瑜　字伯采,號潤堂。江西新建。 3/22/785

夏敬鑒　字書厂、舒堪。江西

新建。
4/44/1482

夏獻雲　字裔臣，號小潤、芝岑。江西新建。
2/19/670

夏獻銘　字子新。江西新建。
2/19/675

夏獻綸　字黼臣，號筱濤。江西新建。
2/19/677

夏獻馨　字菊人，號蘭莊。江西新建。
2/19/672

倪文蔚　安徽望江。
2/17/585

倪璠　字魯玉。浙江錢塘。
4/37/1229

徐氏　金鴻勳妻，金香嚴母。
4/47/1535

徐用儀　諡忠愍。浙江海鹽。
1/6/186

徐建寅　徐壽子。江蘇無錫。
4/42/1446

徐致祥　字季和。江蘇嘉定。
1/6/181

徐壽　字雪村。江蘇無錫。
4/42/1446

徐蔚文　字揚墀，號霞軒。福建屏南。
4/44/1478

徐灝　字子遠，號靈洲山人。廣東番禺。
4/39/1292

翁方綱　字正三，號覃谿。直隸大興。
3/36/1203

翁同龢　字聲甫，號叔平、瓶笙，晚署松禪老人，諡文恭。翁心存子。
1/2/18

凌祉媛　字茝沅。丁丙妻。浙江錢塘。
4/50/1573

凌堃　字仲訥。浙江烏程。
3/29/1002

凌顗德　字怡堂。河南西華。
3/25/885

高延第　字子上，號槐西居士。江蘇山陽。
3/33/1121

高鳳岐　字嘯桐，號媿室。福建長樂。
3/24/826

高翰閣　字西林、墨林，私諡孝勤。山東濰縣。
3/26/918

高覲昌　字葵北，晚易字遯盦，號葵園遯叟。江蘇丹徒。
2/21/773

高蘿簪
3/27/927

郭式昌　號穀齋。郭柏蔭子。福建侯官。
2/19/691

郭尚先　字蘭石。福建莆田。
4/37/1235

郭瑞　字雲五。直隸宛平。
4/46/1500

唐大姑　唐殿華女,陸永棠聘妻。直隸清苑。
4/49/1560

唐仁壽　字端甫,號鏡香。浙江海寧。
3/32/1076

唐錫晋　字桐卿,晚號潛叟。江蘇無錫。
4/45/1494

孫原湘　字子瀟、長真。江蘇昭文。
4/37/1245

孫效曾　字小魯。安徽當塗。
3/29/993

孫葆田　字佩南。山東榮成。
4/39/1283

孫詒經　字子授。浙江錢唐。
1/5/132

孫詒讓　字仲容。浙江瑞安。
3/34/1146

孫鳳翔　字文起、梧岡。山東濰縣。
2/18/664

十一畫

黄氏　沈國安妻。
4/47/1533

黄氏　黄騏女,張元妻。浙江錢唐。
4/47/1516

黄以周　字元同。浙江定海。
3/34/1143

黄丕烈　字蕘圃。江蘇吴縣。
4/37/1233

黄丕基　字瞻弼,號肯堂。廣東新會。
3/27/930

黄安濤　字凝輿。浙江嘉善。
4/37/1238

黄容保　字竹民。安徽績溪。
4/44/1481

黄曾源　字石孫,號立午,晚號槐瘦。福州駐防漢軍正黄旗。
3/24/840

黄遵憲　廣東嘉應。
2/17/618

曹秉哲　字吉三。廣東番禺。
2/18/661

曹惪華　字迪諧、山甫。江西新建。
2/12/400

曹廣楨 字梅訪。湖南長沙。 2/21/775

曹鴻勛 山東濰縣。 2/16/557

盛宣懷 字杏蓀、幼勖，晚署次沂、補樓、愚齋、止叟。江蘇武進。 1/7/221

婁詩漢 字卓堂。浙江山陰。 3/25/880

崇實 完顏氏。字樸山，謚文勤。金源。 2/14/499

許氏 王拱政妻。浙江黄巖。 4/48/1549

許珏 字静山。江蘇無錫。 2/17/623

許振褘 江西奉新。 2/17/592

許景澄 謚文肅。浙江嘉興。 1/6/191

許應騤 字昌德，號筠庵。廣東番禺。 1/6/194

章耒 原名汝梅，字韻之，晚年别署耜之，又號次柯。江蘇婁縣。 3/27/936

章培慶 字佩卿。江蘇江陰。 4/45/1487

章鈺 譜名鴻鈺，字堅孟、茗理、汝玉，别署螯存、負翁、晦翁、長孺、簃闇、曙戒學人、老式、北池逸老，晚號霜根老人。江蘇長洲。 4/41/1408

章壽康 原名貞，字碩卿。浙江會稽。 4/39/1322

梁同新 字應辰、矩亭。廣東番禺。 1/9/270

梁廷枏 字章冉。廣東順德。 4/38/1267

梁鼎芬 字伯烈，號節盦，謚文忠。廣東番禺。 1/9/294

梁端 字無非。汪遠孫妻。浙江錢塘。 4/50/1567

梁肇煌 字振侯、檀浦。廣東番禺。 2/18/648

張之洞 字孝達、香濤，晚號抱冰，謚文襄。直隸南皮。 1/2/46

張五姑 姜文炳聘妻。四川

汶川。 4/49/1559

張仁黼 原名世恩。河南固始。 1/6/170

張氏 張芑女，錢沛子婦。安徽桐城。 4/47/1514

張氏 張錫保女，張世寰從妹，胡光宅妻。江蘇婁縣。 4/48/1544

張氏 張鴻文女，莊介祐妻。江蘇丹徒。 4/48/1554

張氏 錢沛妾。福建。 4/47/1514

張玉書 謚文貞。江蘇丹徒。 1/1/1

張立 張紹庭女。直隸南皮。 4/48/1550

張成和 3/31/1059

張汝霖 字芸墅。安徽宣城。 3/25/852

張亨嘉 字燮鈞、鐵君。福建侯官。 1/5/154

張英麟 字振卿。山東歷城。 1/7/201

張春 張紹庭女。直隸南皮。 4/48/1550

張茝蘅 字叔沅。張士瀛(字公復)女，戴芳濤妻。湖北江陵。 4/48/1547

張祥河 字詩舲、元卿，謚温和。江蘇婁縣。 1/4/118

張國樑 字殿臣，謚忠武。廣東高要。 3/29/976

張曾敭 字塏似。安徽桐城。 1/10/298

張曾疇 字望屺。江蘇無錫。 3/31/1037

張勳 字少軒，謚忠武。江西奉新。 2/16/571

張翼 字燕謀、彦謨。直隸通州。 1/8/257

陸元鼎 浙江仁和。 2/16/559

陸心源 字剛父，號存齋，晚號潛園老人。浙江歸安。 2/18/645

陸潤庠 字鳳石，謚文端。江蘇元和。 1/3/78

陳大璋 字德齋。福建惠安。 4/44/1476

陳氏 沈增妻。 4/47/1533

陳氏 胡培妻。浙江仁和。 4/50/1568

陳氏 陳斗輝女,張茂東妻,張璲母。江西南昌。 4/47/1521

陳氏 陳其銘女,張樸臣繼室,張學華母。廣東番禺。 4/47/1529

陳玉樹 字惕庵,後更名玉澍。江蘇鹽城。 3/35/1185

陳在謙 字六吉,號雪漁。廣東新興。 4/38/1269

陳名侃 字夢圖,號甓齋。江蘇江陰。 1/7/215

陳作霖 字雨生,號伯雨。學者稱可園先生。江蘇江寧。 4/41/1374

陳伯陶 字象華、子礪,辛亥後號九龍真逸,謚文良。廣東東莞。 2/21/760

陳良玉 字朗山、鐵禪。廣州駐防漢軍。 4/39/1289

陳宗源 初名裕猷,字仁山,號菊巖。江蘇婁縣。 4/43/1462

陳建侯 字仲耦。福建閩縣。 2/20/701

陳冕 字冠生。直隸宛平。 1/10/311

陳啓泰 湖南長沙。 2/16/540

陳景雍 字希唐。河南商丘。 3/29/995

陳喬森 字頤山、木公。廣東遂溪。 4/39/1309

陳際唐 字堯齋,晚號補農。安徽懷寧。 2/20/727

陳璞 字子瑜,號古樵、尺岡歸樵,晚號息翁。廣東番禺。 4/39/1286

陳樹鏞 字慶生。廣東新會。 3/34/1164

陳曇 字仲卿。廣東番禺。 4/38/1275

陳澧 字蘭甫。廣東番禺。 3/33/1087

陳鍾麟　字厚甫。江蘇元和。　4/37/1261

陳應聘　字肇華、覺民。山東濰縣。　2/19/687

陳蘭彬　字荔秋。廣東吳川。　2/17/600

陳爔唐　字少和，號爕卿、翕青。江蘇江陰。　4/40/1336

陳寶琛　字伯潛，號弢庵，謚文忠。福建閩縣。　1/8/231

陳寶璐　字叔毅。福建閩縣。　4/41/1360

陳鑑貞　陳寶璐女，劉騰業未婚妻。　4/49/1562

陶文鼎　字卿田。廣東番禺。　4/44/1472

陶邵學　字子政，號頤巢。廣東番禺。　4/40/1351

陶福祥　字春海，號愛廬。廣東番禺捕屬。　4/40/1344

十二畫

瑛寶　字夢禪。永貴子。　4/37/1248

彭泰來　字子大，號春洲。廣東高要。　4/38/1278

葉昌熾　字鞠常，晚號緣督廬主人。江蘇長洲。　1/10/318

葉衍蘭　字蘭臺、南雪。廣東番禺。　4/39/1291

葉泰椿　字鶴巢。江西武寧。　2/12/418

葉桂年　原名慶從。浙江仁和。　3/26/921

葉德輝　字奂份、焕彬，號直山、郎園。湖南湘潭。　4/41/1376

葛寶華　謚勤恪。浙江山陰。　1/6/166

程恩澤　號春海。安徽歙縣。　1/4/111

程彬　字筱竹，江西樂平。　3/31/1043

程頌藩　字伯翰，號葉庵。湖南寧鄉。　4/39/1313

喬繼開　江蘇揚州。　4/43/1455

傅誠　字勵生。四川江安。　3/27/947

舒位 字立人,號鐵雲。直隸大興。 4/37/1241

鈕士文 安徽懷遠。 4/43/1455

鄒氏 張世寰妻。江蘇青浦。 4/48/1544

鄒伯奇 字一鶚、特夫。廣東南海。 4/42/1440

鄒嘉來 字孟芳,號紫東、遺盦。江蘇吴縣。 1/7/218

鄒漢勳 字叔績。湖南新化。 3/29/1000

鄒鍾俊 字雋之,號師梅、補拙。江蘇吴縣。 3/26/891

馮氏 馮喬女,曹光國妻。山東濰縣。 4/47/1524

馮幵 字君木。浙江慈溪。 4/41/1426

馮浩 字養吾。浙江桐鄉。 4/37/1231

馮敏昌 字伯求。廣東欽州。 4/37/1252

馮焌光 字竹儒。廣東廣州。 4/43/1466

馮錫仁 號莘垞。湖南沅陵。 2/11/394

馮應榴 字詒曾。浙江桐鄉。 4/37/1231

童兆蓉 字紹甫、芙初。湖南寧鄉。 2/20/708

曾國荃 2/14/465

曾國藩 謚文正。 1/1/7

曾習經 字剛甫,號蟄庵。廣東揭陽。 1/8/267

曾燠 字庶蕃、賓谷。江西南城。 2/13/441

勞乃宣 字玉初,晚號韌叟。浙江桐鄉。 1/8/237

湯氏 湯學濂女,謝焜南妻,謝慶麟母。浙江烏程。 4/47/1537

温仲和 字慕柳、柳介。廣東嘉應。 1/10/351

温汝适 字步容、篔坡。廣東順德。 1/4/104

强汝詢　字薨叔。江蘇溧陽。 3/33/1117

十三畫

瑞元　棟鄂氏。字春山，號容堂，謚端節。滿洲正黄旗。 3/29/988

瑞洵　博爾濟吉特氏。字信夫，號景蘇，晚號天乞居士。滿洲正黄旗。 1/10/344

楊氏　沈漣妻。直隸宛平。 4/47/1533

楊氏　葉金齡聘妻。浙江慈溪。 4/49/1557

楊用霖　字雨臣。福建閩縣。 3/30/1006

楊永斌　字壽廷。雲南昆明。 2/13/422

楊同福　字思贊，號師載。江蘇常熟。 3/26/901

楊宇芳　林忠俊妻。浙江黄巖。 4/48/1552

楊守敬　字惺吾，號鄰蘇老人。湖北宜都。 4/41/1416

楊春池　字夢連，號秋苑。江蘇無錫。 3/25/882

楊斯盛　江蘇川沙。 4/45/1489

楊裕芬　字惇甫。廣東南海。 3/35/1173

楊榮緒　字黼香。廣東番禺捕屬。 3/22/793

楊調元　字和甫。 3/31/1038

楊履基　初名開基，字履德，號鐵齋。江蘇金山。 3/32/1063

雷補同　字譜桐。江蘇松江。 2/17/627

路德　字閏生。陝西盩厔。 4/37/1237

十四畫

趙國賢　謚忠壯。河南固始。 3/31/1029

趙潤生　廣西全州。 3/26/915

壽富　字伯茀，號菊客。滿洲鑲藍旗。 3/30/1022

蔣氏　蔣錫辰女，潘尊範妻。江蘇吴縣。 4/47/1518

蔣知廉 字用耻。蔣士銓子。江西鉛山。 3/27/946

廖廷相 字子亮、澤群。廣東南海。 3/34/1161

端方 謚忠敏。 3/31/1028

鄭文焯 字俊臣,號小坡、叔問,晚署大鶴山人。漢軍正黄旗。 4/41/1383

鄭長昕 字雅三,號少萊。江蘇吴县。 3/25/861

鄭紹忠 原名金,字心泉。廣東三水。 3/28/960

鄭敦允 湖南長沙。 3/22/790

鄭潤材 字惠林。鄭紹忠子。廣東三水。 3/28/972

榮禄 瓜爾佳氏。字仲華,謚文忠。 1/2/25

鄧世昌 字正卿,謚壯節。廣東番禺。 3/30/1009

鄧承修 字鐵香。廣東歸善。 2/11/366

十五畫

黎安理 字履泰,號静圃,晚號非非子。貴州遵義。 4/43/1456

黎簡 字簡民、禾裁,號二樵。廣東順德。 4/37/1258

劉孔濬 字罕如,晚號雲樵。湖南新寧。 4/43/1464

劉光蕡 字焕唐,號古愚。陝西咸陽。 4/40/1340

劉廷琛 字幼雲,晚號潛樓老人。江西德化。 1/8/247

劉安瀾 字紫回。浙江烏程。 4/40/1329

劉含芳 字薌林。安徽貴池。 2/19/680

劉長佑 字子默,謚武慎。湖南新寧。 2/14/467

劉坤一 字峴莊,謚忠誠。湖南新寧。 2/14/474

劉枝彦 字竹坡。江蘇武進。 3/26/888

劉秉璋　字仲良，謚文莊。安徽盧江。
2/14/470

劉恭冕　字叔俛。江蘇寶應。
3/33/1115

劉師培　字申叔。江蘇儀徵。
3/35/1189

劉貴曾　字良甫，號少崖、抱甕居士。江蘇儀徵。
3/33/1110

劉静巖　字静巖。江蘇寶應。
3/27/933

劉壽曾　字恭甫。江蘇儀徵。
3/33/1106

劉銘傳　字省三，謚壯肅。安徽合肥。
2/14/503

劉錫鴻　原名錫仕，字雲生。廣東番禺捕屬。
2/17/604

劉錦藻　字澂如。浙江吴興。
4/40/1334

劉騰業　字詩源。劉鴻壽子。
4/49/1562

慶蘭　字似春。尹繼善子。
4/37/1248

輝翰泰　卓佳氏，字子辛。
3/29/983

潘衍桐　字菶廷，號嶧琴。廣東南海。
1/10/303

潘祖蔭　字伯寅，小字東鏞，謚文勤。江蘇吴縣。
1/5/124

十六畫

蕭道管　字君珮、道安。陳衍妻。福建侯官。
4/50/1577

蕭穆　字敬甫。安徽桐城。
4/40/1327

薩承鈺　字又恒。福建侯官。
3/26/910

盧見曾　字抱孫，號澹園、雅雨山人。山東德州。
2/18/631

錢氏　錢溎女，謝世深妻，謝昌玉母。浙江餘姚。
4/47/1520

錢國選　字乙廔、挹婁，安徽巢縣。
3/26/924

錢熙經　字心傳，號漱六。江蘇金山。
4/38/1266

錢儀吉　字藹人、衎石。浙江嘉興。
4/37/1262

錢駿祥　字新甫，晚號聵叟。錢應溥子。浙江嘉興。
1/10/347

錫齡　烏爾呼濟氏,字靖之。江蘇江寧。
3/29/986

鮑心增　字川如、潤漪,辛亥後號蛻隱山農、蛻農。江蘇丹徒。
3/24/829

鮑廷博　字以文。安徽歙縣。
4/37/1234

龍湛霖　字芝生。湖南攸縣。
1/5/158

龍繼棟　字松岑。廣西臨桂。
2/12/413

十七畫

戴三錫　字晋藩,號羨門。江蘇丹徒。
2/13/428

戴望　字子高。浙江德清。
3/32/1071

戴鴻慈　字光孺,號少懷,晚號毅庵,謚文誠。廣東南海。
1/3/56

鍾昭　小字嬌姑。鍾雲龍女弟。浙江山陰。
4/48/1546

鍾麟同　字建堂,謚忠壯。山東濟寧。
3/31/1033

謝甘盤　字幼盟,號亦叟。江西金溪。
4/46/1506

謝蘭生　字佩士,號澧浦、里甫、理道人。廣東南海。
4/37/1264

謝寶勝　字子蘭。安徽鳳陽。
3/31/1030

繆荃孫　字炎之,號筱珊,晚號藝風。江蘇江陰。
1/10/323

十八畫

聶緝槼　字仲方。湖南衡山。
2/14/507

瞿鴻禨　字子玖,號止盦,晚號西巖老人,謚文慎。湖南善化。
1/3/84

簡朝亮　字季紀,號竹居。廣東順德。
3/34/1166

顏希深　字若愚。廣東連平。
2/13/426

十九畫

嚴守田　字穀園,浙江仁和。
3/22/788

嚴良勳　字子猷。江蘇吴縣。
3/24/822

嚴金清　字紫卿。江蘇無錫。
2/19/684

嚴崇德　字峻耘。江蘇儀徵。
3/26/898

嚴復　初名宗光，字又陵、幾道。福建侯官。
4/41/1363

羅正鈞　字順循。湖南湘潭。
2/20/741

羅義進　字孚高。福建閩縣。
4/44/1475

羅福萇　字君楚。羅振玉子。浙江上虞。
4/41/1430

羅興仁　貴州平越。
4/43/1453

譚宗浚　原名懋安，字叔裕。譚瑩子。廣東南海。
2/19/699

譚鍾麟　字文卿，謚文勤。湖南茶陵。
2/15/512

廿畫

饒芝祥　字符九、占齋。江西南城。
2/11/397

廿一畫

顧文彬　字蔚如，號子山，晚號艮庵。江蘇元和。
2/19/695

顧尚之　字賓王，號尚之。江蘇金山。
4/42/1434

顧臧　字君用。廣東番禺。
3/31/1040

顧麟士　字諤一，號鶴逸，自署西津、筠鄰。江蘇元和。
4/41/1387

圖書在版編目(CIP)數據

碑傳集三編 / 汪兆鏞編; 王興康, 張靖偉整理. —
上海: 上海人民出版社,2023
ISBN 978 - 7 - 208 - 16893 - 0

Ⅰ. ①碑… Ⅱ. ①汪… ②王… ③張… Ⅲ. ①歷史人
物—列傳—中國—清代②歷史人物—列傳—中國—近代
Ⅳ. ①K820.49②K820.5

中國版本圖書館 CIP 數據核字(2021)第 000878 號

責任編輯 倪文君
封面設計 陳酌工作室

碑傳集三編
汪兆鏞 編
王興康 張靖偉 整理

出　版 上海人民出版社
(201101 上海市閔行區號景路 159 弄 C 座)
發　行 上海人民出版社發行中心
印　刷 上海商務聯西印刷有限公司
開　本 890×1240 1/32
印　張 52.5
插　頁 12
字　數 991,000
版　次 2023 年 1 月第 1 版
印　次 2023 年 1 月第 1 次印刷
ISBN 978-7-208-16893-0/K · 3038
定　價 298.00 圓(全四册)

碑傳集三編

第二册

卷十一至卷二十一

汪兆鏞 編

王興康 張靖偉 整理

上海人民出版社

碑傳集三編卷十一　科道

李慈銘

掌山西道監察御史李慈銘傳〔一〕

平步青

君姓李氏，初名模，字式侯，後更名慈銘，字炁伯，號蓴客，浙江會稽人。生有異才，年十二三即工韻語，集中所存游蘭亭諸詩是也。長益覃思劬學，於書無所不窺。時越多高才生，咸推君爲職志。道光庚戌，吴縣吴晴舫侍郎再督浙學。侍郎漢學大師，得君文，偉悉之，以第二人補縣學生員。次年食餼，而應南北試凡十一，屢薦屢報罷。咸豐己未北游，將入資爲部郎，而爲人所紿，喪其資，落魄京師。母恭人亟鬻田成之。李氏越中巨戴，以財力滋殖雄里閭。君授産故

〔一〕　本篇載《越縵堂日記》卷首，題作「掌山西道監察御史督理街道李慈銘傳」；又收入《碑傳集補》卷十，題作「掌山西道監察御史督理街道李君蓴客傳」。

不豐，至是傫然寒士矣。

同治乙丑，請急歸，奉母諱。庚午，始舉浙闈。五上春官，光緒庚辰始通籍。君才望傾朝右，僉謂宜擢上第，而顧不遇，以原官久次，補户部江南司。貲郎大都尚氣聲交通〔二〕，造謁報謝無虚日，暇則徵歌狎飲以爲常，鮮治事者。而君獨鍵户讀書吟咏，蒔藥種花，非其人不與通，經年不一詣署。尚書朝邑閻公方嚴覈名實，下教諸曹郎分日入謁。尚書坐堂皇，旁一司官執簿唱名，堂下聲諾，如點隸呼囚者然。吏持牒至，君手書累千言，責其非政體，不當辱朝官而輕量天下士，伉直激切，若昌黎與張僕射書，走筆付吏去。閻公得書，頗善之，事遂已。

己丑試御史，庚寅補山西道監察御史，轉掌山西道、巡視北城、督理街道，皆舉其職。數上封事，洞中利弊，不避權要，被旨允行，或報聞，君頊頊不自得。今年夏，中日啓釁〔三〕，敗問日至。知君者頗訝何以無所論劾，蓋君戍削善病，至是獨居深念，感憤扼腕，咯血益劇，遂以十一月二十四日竟卒，年六十有六。

君自謂於經史子集以及稗官、梵夾、詩餘、傳奇，無不涉獵而櫫放之，而所致力者莫如史。

〔二〕 貲郎大都尚聲氣交通：「交通」，《越縵堂日記》《碑傳集補》作「交游」。
〔三〕 中日啓釁：《碑傳集補》作「倭夷犯邊」。

所爲散文，駢體、考據，筆記、詩歌，詞曲，積稿數尺，而所得意者莫如詩，讀者以爲定論。君性簡略，胸無城寓，然矜尚名節，意所不可，輒面折人過。議論臧否，不輕假借苟同，雖忤樞輔不之顧。以是人多媢之。然虚中樂善，後進一言之合，諷之不容口，所指授成名者爲多。門下著録甚衆，平生故人有改而北面者，他可知矣。

君於經學有《十三經古今文義彙正〔一〕》《説文舉要》《音字古今要略》《越縵經説》，於史有《後漢書集解》《北史補傳》《歷史論贊補正》《歷代史贉》《閏史》《唐代官制雜鈔》《宋代官制雜鈔》《元代重儒考》《明謚法考》《南渡事略》《國朝經儒經籍考》《軍興以來忠節小傳》《紹興府志》《會稽新志》，又有《越縵讀書録》《越縵筆記》《柯山漫録》《孟學齋古文内外篇》《湖塘林館駢體文鈔》《白華絳跗閣詩初集》《杏花香雪齋詩二集》《霞川花隱詞》《桃花聖解庵樂府》，凡百數十卷，可謂碩學鴻文、蔚爲著述者也。友人僅刻其駢體文鈔二卷，詩初集十卷，餘未禮堂寫定，傳之其人。娶馬恭人，無子，以弟之子孝塋爲嗣。

論曰：吾越奇才，近代推石笥胡徵君。御史後出，所學與徵君微有不同。其論定國朝古文，以徵君爲六家之一。徵君性剛任氣，豪傷自憙，不頫循咫䕶，爲朝貴所报迮，卒以窮死。御

〔一〕 十三經古今文義彙正：「義」字原脱，據《越縵堂日記》《碑傳集補》補。

史晚達入臺，差遇矣，而亦不克大㬥所蓄，卒蕉萃侘傺以殁，不可謂非窮也。然徵君有言：「古今人皆死，惟能文章者不死。」於虖！誰謂御史而竟死哉！

王鵬運

禮科掌印給事中王鵬運傳〔一〕

況周頤

王鵬運，號幼霞，自號半塘老人，晚號鶩翁，臨桂人。同治九年，本省鄉試舉人。十三年，以内閣中書分發到閣行走，旋補授内閣中書。久之，升内閣侍讀。先後直實録館，恭辦大婚慶典，叙勞，加三品銜，賞戴花翎。光緒十九年七月，授江西道監察御史，奉命巡視東城〔二〕，轉掌江西道監察御史，升禮科給事中，轉禮科掌印給事中。

二十二年春，上奉皇太后駐蹕頤和園，鵬運上疏曰：

〔一〕　本篇刊於《亞洲學術雜志》第四期（一九二二年），又收入《碑傳集補》卷十。

〔二〕　奉命巡視東城：「東城」，《亞洲學術雜志》《碑傳集補》作「中城」。

竊自今年入春以來，皇上恭奉皇太后駐蹕頤和園，誠以聽政之暇，皇上得以朝夕承歡，而事機之來，皇太后便於隨時訓迪，聖慈聖孝，信兩得也。况御園駐蹕，祖宗本有成憲，如臣檮昧，尚復何言？然𢌿𢌿之忱，以爲皇太后園廷駐蹕，順時頤養，以迓祥和，誠天下臣民所至願。若皇上六飛臨駐，揣時度勢，有不得不稍從緩圖者，謹爲我皇上敬陳之。

自和議既成之後，財匱民離，敵驕國辱，久在聖明洞鑒之中，無俟微臣贅述。恭讀去年四月硃諭「我君臣當堅苦一心，力圖自强之策」，至哉王言！今日非力持堅苦之操，難策富强之效，聖言及此，真天下之福也！昔齊頃公敗於鞌，歸而吊死問疾，七年不飲酒食肉，而洓陽之田以復〔一〕。夫飲酒食肉，何礙於政？史臣特舉人所至近易忽之處，以狀其日不暇給之忱。是以風聲所樹，不必戰勝攻取，鄰國畏沮之心自生；實效先聲，理固相因而至。夫人情不遠，援古可以知今，而環伺綦嚴，返觀能無滋懼？臣非不知我皇上宵衣旰食，在宮在園，同此勵精圖治。然宸衷之艱苦，左右知之，海内臣民不能盡悉也；在廷知之，異域旅人不能盡見也。恐或以温凊之晨昏，爲宸游之逸豫，其何以作四方觀聽之新、杜外人覬覦之漸哉？臣又聞皇上前次還宫，乙夜始入禁門，不獨披星戴月，聖躬無

〔一〕而洓陽之田以復：「復」，《亞洲學術雜志》《碑傳集補》作「歸」。

乃過勞，而出警入蹕之謂何？亦非慎重乘輿之道。又今之頤和園，與圓明園情形迥異。其時承平百年，各署入直之廬，百官待漏之所，規模大備，相習忘勞。今則蕪廢已逾三十年，一切辦公處所，悉皆草創，俱未繕完。大臣雖有憩息之區，小臣之躑躅宫門、露立待旦者，不知凡幾。而綴衣趣馬，先後奔走於風露泥淖之中，更無論矣。體群臣爲九經之一，亦願皇上垂鑒及之也。又近讀邸鈔，立山奉命管理圓明園，皇上兩次還宫，皆至園小坐[一]。外間訛傳，遂疑有修復之舉。臣愚以爲，值此時艱，斷不致以有限之金錢[二]，興無益之土木，且借貸業已不貲，更何從得此鉅款？此不足爲聖明慮，然臣因之竊有進者。當同治改元之始，御園甫經兵燹，興葺匪難，乃竟聽其蕪廢，豈憚勞惜費哉？蓋欲使深宫不自暇逸之心，昭示於薄海内外，是以數年之内，海宇敉平，武功克蕆。前事具在，聖謨孔彰。伏願皇上念時局之艱難，體垂簾之德意，頤和園駐蹕，暫緩數年[三]。俟富强有基，經營就緒，然後長承色笑，侍養湖山，蓋能先天下之憂而憂，自能後天下之樂而樂，其所謂以天下養者，不且比隆虞帝哉！

[一] 皆至園小坐：「小」，《亞洲學術雜志》《碑傳集補》作「少」。

[二] 斷不致以有限之金錢：「致」，《亞洲學術雜志》《碑傳集補》作「至」。

[三] 暫緩數年：「暫」上，《亞洲學術雜志》《碑傳集補》有「請」字。

疏入，上欲加嚴譴，王大臣陳論至再，意稍解，徐曰：「朕亦何意督過言官？重聖慈或不懌耳！」樞臣於鵬運摺内夾片附奏，略謂：「鵬運雖冒昧瀆奏，亦忠愛微忱。臣等公同閲看，尚無悖謬字樣，可否籲恩免究，意在聲叙寬典之邀，出自臣下乞請也。」疏留中。即日車駕恭詣請安，面奉懿旨：「御史職司言事，予何責焉？」王大臣奉諭旨：「此後如再有人妄奏嘗試，即將王鵬運一并治罪，著即傳諭知悉。」鵬運直諫垣十年，疏數十上，大都關係政要，此尤犖犖大者。

二十八年，得請南歸，寓揚州。時艱日亟，憤懣滋甚。三十年春，以省墓道蘇州，病卒，年五十六。鵬運内性惇篤，接物和易，能爲晋人清談，間涉東方滑稽，往往一言雋永，令人三日思不能置。甫通朝籍，即不諧時論；致身言路，敢於抨擊權强，夙不慊於津要，惎之者復百計中傷之，卒坎壈於仕途，才識閎通，不獲竟其用。官内閣侍讀，兩届京察一等，不記名；給事中試俸期滿，援例截取，奉旨以簡缺道員用。各直省道府簡缺，歸部銓或外補。故事京曹截取，皆以繁缺用；以簡缺用者，自鵬運始。

鵬運微尚蕭遠，書卷而外，嗜金石書畫，亦不爲意必。惟精孾詞學，生平悃款抑塞，一寄托乎是。其《四印齋所刻詞》，自南唐迄元如干家。著有《半塘定稿》《袌墨》《蟲秋》《味梨》《蜩知》等集。

鄧承修

鄧承修傳[一]

國史館傳稿

鄧承修，廣東歸善人。咸豐十一年舉人。同治二年，援例捐郎中，簽分刑部。七年，與修玉牒告成，奉旨無論題選洛留，遇缺即補。八年，補刑部四川司郎中。十二年，授浙江道監察御史，疏言：「廣東賭風甚熾，每届鄉試及歲科試期，開場設局，竟巧立闈姓名目[二]，抽收經費，搜括民利，貽害科場，有乖政體，請革除之。」得旨著瑞麟、張兆棟即行裁革嚴禁，以肅政體而杜弊端。是年，京師水旱數見，畿輔成災，承修疏請因灾修省，并詔求直言[三]，上嘉納之。十三年，充會試稽察磨勘官、殿試分卷官、考試内閣中書及八旗教習監試官。時有前任兩廣總督門丁黄天錫[四]，冒番禺縣籍朦捐職官，復令其子黄章俊瞞考取列優貢，士林譁然。承修劾論之，天錫、章

[一] 本篇載《清史列傳》卷六十三。
[二] 竟巧立闈姓名目：「竟」下，《清史列傳》有「有」字。
[三] 并詔求直言：此下，《清史列傳》有「庶於新政有裨」六字。
[四] 時有前任兩廣總督門丁黄天錫：「時有」二字，《清史列傳》無。

俊皆斥革。旋以父病請假回籍。

光緒二年[一]，丁父憂。服闋，補江南道監察御史。即列廣東廣州府知府馮端本招權納賄狀，劾去之。轉掌雲南道監察御史。時恩承、童華奉命四川查事，以過境擾累，被疆臣糾陳，下部嚴議。承修疏論：「恩承等查辦東鄉數年巨案，百姓之奇冤一旦平反，於奸人斂怨必多。今言者不察，以小民一紙之呈訴，摭以入告，朝廷未加詰問，便蒙罪責。彈疆臣如撼山，參廷臣如拉朽。恐此後使臣習爲畏沮，遇事互相徇隱。疆吏知其易動，妄生揣測，輕量朝廷，必馴至内輕外重之勢。伏乞嗣後差遣使臣，必察其廉介有威望者，然後畀以重任[二]。總以查事得實爲稱職，其間有未能檢束，致被彈劾者，亦須俟其覆命之日，始行究詰，不必令其摧折於查辦之地，以快奸邪。」奏入，奉上諭：「朝廷賞罰，總期功過分明，豈有中外之别？使臣既有應得之咎，何能曲爲原宥？該御史奏稱須俟覆命之日始行究辦，亦非政體。所奏著毋庸議。」尋劾奏廣東學政吴寶恕，下部議，降寶恕三級調用。

六年七月，奏言：「俄人訂約以來[三]，在朝之臣因循弛慢，屢失事機。及遇邊奏急來，則舉動倉皇，絕無處置。恐敵人窺我怯懦，將來條約愈多反覆。請調左宗棠入輔，委以軍國大柄，使

[一] 光緒二年：「二年」，《清史列傳》作「元年」。
[二] 然後畀以重任：「畀」，《清史列傳》作「俾」。
[三] 俄人訂約以來：「訂」，《清史列傳》作「定」。

内修政事，外總兵權，庶朝野上下有所恃而不恐。」逾年，詔左宗棠入贊樞密，實用承修言也。十一月，户部侍郎長叙與山西布政使葆亨於忌辰日嫁娶讌客〔一〕，承修劾之〔二〕，長叙、葆亨均奪職〔三〕。十二月，巡視東城。

七年二月〔四〕，湖廣總督李瀚章奏准故總兵周有全建祠立傳，承修以其欺罔冒濫，奏請撤銷，從之。六月，彗星見於北方，復請任賢去邪，以固邦本。疏曰：

臣聞變異者，天之仁愛人君，使之恐懼以致福也〔五〕。伏見皇太后垂簾聽政，皇上冲齡踐祚〔六〕，主德清明，曾無缺失。彗星之出，殆爲樞輔諸臣或未當天意乎？《商書》曰：「股肱惟人，良臣惟聖。」君之倚良臣，猶人之須手足也。手足不能舉，則無以爲人；大臣不任事，則無以爲國。竊見大學士寶鋆久贊樞機，值此時事多艱，自應竭誠報國〔七〕，而近年屢請病假，慫逸

〔一〕户部侍郎長叙與山西布政使葆亨於忌辰日嫁娶讌客：「嫁娶」，《清史列傳》作「婚嫁」。

〔二〕承修劾之：「修」下，《清史列傳》有「疏」字。

〔三〕長叙葆亨均奪職：「長叙葆亨」，《清史列傳》作「二人」。

〔四〕七年二月：「七年」下，《清史列傳》有「以俸滿截取，引見，記名以繁缺知府用」十五字。

〔五〕使以恐懼以致福也：「懼」，《清史列傳》無。

〔六〕伏見皇太后垂簾聽政皇上冲齡踐祚：「皇太后垂簾聽政皇上冲齡踐祚」十三字，《清史列傳》無。

〔七〕自應竭誠報國：「報國」，《清史列傳》作「盡忠」。

於家，養疴自便，處之晏然，臣逸君勞，於義安忍？且性好詼諧，逢人狎侮，鄙正論爲無知，視國事如兒戲，而望其表率百辟難矣。户部侍郎王文韶本楶棁之材、斗筲之器，爲曹郎日，以奔競者著名，不數年而外任封疆，内居機密，家資鉅萬，衆所共知。倘詢其所由來，必有不堪問者。方今時勢艱難〔一〕，外患孔急〔二〕，辦理之要，首在内治。所謂内治者，正朝廷以清其源也。如寶鋆、王文韶之老猾貪庸，豈足當重任而禦外侮耶？應請量予罷斥，以應天心。大學士左宗棠以邊警召還，方其入朝，中外喁喁望治。今既數月矣，絶未見有設施，即其自請治畿輔河渠，固屬根本之計，然天下事豈無更大於此者？臣聞國事所關，莫先刑賞，大臣之責，不顧嫌疑。昔宋仁宗鋭意太平，責成輔相，開天章閣，召輔臣條對。范仲淹退而上十事，首以明黜陟、抑僥倖爲言；富弼上當世之務十餘條，亦以進賢退不肖爲己任。他如姚崇之相明皇，李德裕之相武宗，莫不以分别邪正、舉直錯枉爲第一事。左宗棠受任以來，豈竟一無聞見乎〔三〕？臣願左宗棠以姚、李、范、富自期，朝廷亦當責以天下之重，使得盡陳其所欲爲〔四〕。

〔一〕方今時勢艱難：「勢」，《清史列傳》作「事」。

〔二〕外患孔急：「急」，《清史列傳》作「亟」。

〔三〕豈竟一無聞見乎：此下，《清史列傳》有「抑未免媕阿卷縮，知而不言乎」十二字。

〔四〕使得盡陳其所欲爲：「所」，《清史列傳》無。

必曰方今何事可憂，何人可任，何利可興，何害可除，何者爲先務，何者且緩圖，責之專而毋掣其肘，若不效則重治其罪，毋阻於邪説，毋惑於浮言。所以固邦本而弭天災，無過於此。尋左宗棠因病乞退，上特命爲兩江總督，承修復上疏乞留之，不報。十一月，疏陳湖北財政吏治積弊，并劾督臣李瀚章荒淫貪酷諸狀，上命左宗棠查辦，奪道員楊宗濂等職，瀚章旋亦解任。承修巡城一年，捕獲營房聚賭匪徒，糾窩賭營官，劾冒功朦保坊官，揭發捏遞匿名書信之職官，皆奉嚴旨懲治，風氣爲之一肅。

八年，遷工科給事中。正月，奏陳關税侵蝕之弊：

十餘年來，日增月益，迨不可以數計。其見諸奏牘者，如前任兩廣總督劉坤一署理海關纔數月耳，已溢銀十五萬兩。其寔缺之胥吏僕役，又當倍是可知。柯玉棟，一閩海關書吏耳，不數年而家貲鉅萬，捐納知府。書吏如此，則正任可知。至津海關密邇京畿，其在人耳目，如饋遺過客，供應上官，歲須數萬金，皆取償於此，則飽入私囊，重載而歸者可知。他如上海、登萊、蕪湖、漢口、新關、九江、夔州、廣州〔二〕、肇慶、梧州、歸綏道、山海關，凡有關税者，無不侵蝕。綜而計之，不下數百萬。今部臣晝維夜算，欲額外求一錢辦公而不可得，而

〔二〕　廣州：《清史列傳》作「廣東」。

坐視此數十百萬之民脂民膏〔二〕，悉付之狼吞虎噬而不問，此臣所不可解也。且國家取民田賦以外，祇有榷稅。然錢糧之分數，即州縣之考成，有侵蝕者，則監追參劾隨之。至於榷稅，則贓私入己，累累數百萬，聞之如不聞，見之猶不見，可乎？不獨此也，因其貨利以接納長官〔三〕，彌縫要路，既以差而得富，復以富而市官，賄賂日彰，官邪益著。吏治何由不壞？財用何得不竭？乞特派大臣密查確數，據實參奏，并飭下各督撫所屬有關稅者，妥定章程，或於徵收溢額之中，酌留一二以爲緩急辦公之用，其餘悉數解部，年終開單呈覽，以備稽核。得旨：「著管理關稅之督撫、監督等，各就徵收寔在情形，和盤托出，遵照部章於正額盈餘外，按年溢解。朝廷意存寬大，亦不追其既往。經此次嚴諭飭查後，如再有掩飾迴護情弊，别經發覺，惟該督撫、監督是問。」

四月，揭參步軍統領番役妄拿廣東舉人古名猷，有旨嚴詰步軍統領衙門。步軍統領覆奏意存脱卸，承修復論劾之，命大學士會同刑部按治。八月，以高麗亂黨粗平，琉球之案未結，因上疏曰：

近者高麗骨肉相猜，外戚秉政，亂機久伏，逆黨乘之，逐君酖后，横及日臣。朝廷命將

〔二〕而坐視此數十百萬之民脂民膏：「百」，《清史列傳》無。

〔三〕因其貨利以接納長官：「接」，《清史列傳》作「結」。

出師，二旬之間，罪人斯得。聖武布昭，遐邇悦服。惟聞日廷議論洶洶，群疑滿腹。推原其隱，殆以中山之案未結，恐我揚兵域外，爲聲罪致討之師耳。故自拓商分島之請未遂，日使怏怏而去。近聞忽派海軍中將榎本武揚爲駐華公使，聞其人頗習兵事，素爲日廷所倚重，一旦出使，殆將陽作調停，陰覘虚實。和戰之局，轉環之機〔一〕，實決於此。夫以中國土地之廣，人民之衆，物産之富，賢才之秀，甲於地球，朝廷徒以重發難端，習爲偷惰。重以西國甲兵之堅利，器械之精良，製造之工巧，貿易之便捷〔二〕，歐人方挾其長技以凌我，而苟安持禄之輩遂以爲西盛而中衰，環顧而不敢言戰。即以日本而論，自李唐步趨中法，千餘年於兹矣，一旦舍其舊而新是謀，法秦政之坑焚，效武靈之胡服，幾有雄長亞洲之意。然其始未敢大猖獗也，臺灣之役，姑爲嘗試，而我曾不聞以一矢加遺，擲金錢數十萬，以求一日之無事。此其所以肆然無所復忌也。而泰西各國因得以窺吾虚實，於是威妥瑪有烟臺之行，巴蘭德有天津之議，俄約紛更，日人乘隙夷琉球爲郡縣，而宍户璣遂下旗回國〔三〕，恣情要挾，損威

〔一〕轉環之機：「環」，《清史列傳》作「圜」。

〔二〕貿易之便捷：「易」下，《清史列傳》有「會計」二字。

〔三〕而宍户璣遂下旗回國：「宍」，底本及《清史列傳》皆作「突」。按，宍户璣（一八二九—一九〇一），日本長州藩人，一八七九年至一八八一年任日本駐清公使，其間與總理衙門就琉球問題多次交涉，據改。「旗」，《清史列傳》作「旌」。

毁重，其所由來者漸矣。臣統觀今日時局，日本視中西之强弱以爲向背，各西國又視中東之强弱以爲轉移，一髮千鈞，關繫甚重。臣以爲中西交際，不妨虛與逶迤，示以寬大；而東瀛有事，則宜全力以爭〔一〕，不宜絲毫遷就，啓列邦以輕量中國之心。且日本非果富且强也，彼之悍然不顧者，徒以中國之重發難端耳。今以高亂之故，朝廷忽遣重兵，分道并進，所謂疾雷不及掩耳，彼既駭然愕然，失其所恃，不旋踵而遣使，情見勢絀，概可知矣。臣以爲朝廷宜乘此聲威，將高人致亂之由，諸將平定之功，速宣示中外；特派知兵大臣駐扎烟臺，相機調度，厚集南北洋戰艦，示將東渡，分撥出洋梭巡，更番出入，藉以熟探沙綫，飽閱風濤，流覽形勢，爲扼吭拊背之謀；其駐扎高麗之吴長慶水陸各軍，暫緩撤回，以爲犄角。布置既定，然後責以擅滅琉球肆行要挾之罪，料日人必有所憚而不敢發。不惟球案易於轉環〔二〕，即泰西各國知吾軍勢既張〔三〕，不諱言戰，如法人之蠶食越南，私邀盟約，非口舌所能爭者，可不勞而定矣。又以金幣暗耗，國用日空，宜籌補救之法，疏言〔四〕：「國家與外人通商十餘年矣，嘗考近年

〔一〕則宜全力以爭：「以爭」，《清史列傳》作「爭之」。
〔二〕不惟球案易於轉環：「環」，《清史列傳》作「圜」。
〔三〕即泰西各國知吾軍勢既張：「張」，《清史列傳》作「彰」。
〔四〕疏言：「疏」，《清史列傳》作「略」。

出入之表，輸入者七千餘萬[一]，輸出者僅五千萬，而洋藥入口價值至三千餘萬。爲今之計，若能杜絶來源，嚴禁民食，拔本塞源，斯爲上也；其次莫如弛種罌粟之禁[二]，仿屯種之法，以敵其利。」疏皆留覽。嗣以雲南報銷案遷延日久，疏請先將被參之王文韶罷斥，使審訊者無所顧忌，易得情實。上不允，惟添派惇親王、翁同龢會同查辦。旋因星變河決，陳政令闕失，復疏論之，仍不報。

十一月，劾都察院左副都御史崇勳素無行檢，上命廣壽、閻敬銘查確，褫其職。十二月，極言考場積弊，條陳七事，曰慎簡考官，曰嚴懲房薦，曰精核録遺，曰嚴稽考到，曰整頓謄録，曰整肅場規，曰嚴行覆試。皆得旨施行。

九年，轉户科掌印給事中，稽察富新倉。二月，奏參前山西布政使方大湜，以來京聽候簡用之員，繞道不前，飾詞托病，違旨任情，下部懲處[三]，從之。又以廣東守令貪庸乖謬，諱盜殃民，劾罷高州知府鍾秀[四]、茂名縣知縣王之澍。三月，充會試内簾監試官。七年，已革總兵陳國瑞在戍病故，承修臚陳功績，代乞恩施，詔開復原官，戰績宣付史館。八月，以外患日深，請飭百官

[一] 輸入者七千餘萬：「餘」，《清史列傳》無。
[二] 其次莫如弛種罌粟之禁：「罌粟」，《清史列傳》作「罌粟」。
[三] 下部懲處：「下」上，《清史列傳》有「請」字。
[四] 劾罷高州知府鍾秀：「州」下，《清史列傳》有「府」字。

廷議，以定國是。略曰：

法人窺我無能，肆意蠶食，取南定，取河内，長驅入越。朝廷絶無處置，關外之師逡巡而不敢進者數月。惟越之督臣劉義以孤軍血戰，幸而勝之。不然，越之北境已爲法人有矣。昨者道路傳言，法人襲居順化，阮氏已降，國都已覆。聞劉義所將精鋭〔一〕，不過二三千人，久暴露於外，糧盡援絶，其勢不支。越之全境必折而入於法。越已入法，則因越地用越人，開鑛制器，練軍積穀，較歐洲數萬里之調發〔二〕，難易迥殊。數年之間，必别開釁端，爲得寸入尺之計，則滇、粤之邊防益亟，而禍無既日矣。所謂一日縱敵，數世之患。不知諸臣果有何法以善其後也？伏見祖宗朝凡有大事，必須廷議，以博采群言。前者俄人踞地要求，疆臣有棄地徐圖之議。皇上聖明〔三〕，廣集廷議，雖無甚裨補，而盟約卒底於成。今越南之變，迫於俄境，而大於琉球，乞特召百官廷議〔四〕，各陳所見。若言無可采，則決之宸斷，庶浮議息而國是定矣。

〔一〕聞劉義所將精鋭：「義」，《清史列傳》無。
〔二〕較歐洲數萬里之調發：「發」，《清史列傳》作「撥」。
〔三〕皇上聖明：「皇」上，《清史列傳》有「賴我」二字。
〔四〕乞特召百官廷議：「乞特召」，《清史列傳》作「伏乞特詔」。

倉場侍郎游百川奉命察看黄河[一]，力持分水之説，欲開徒駭、馬頰，導河北行。承修言：「該侍郎所議，勞費無益，且直以鄰國爲壑。」得旨著游百川回任，以陳士杰代之。又以已故知府馬繩武素行卑污，濫膺祀典，奏罷之。十一月，以廣東吏治積弊，奏陳八事：一，查事委員，宜禁受賄；一，流寓土著，宜禁服官；一，劣幕盤踞，宜嚴稽核；一，貪吏苛罰，宜嚴開脱；一，諱匿劫盗，宜援案糾參；一，械鬥殺傷，宜嚴定處分[二]；一，捕拿盗匪，宜禁焚屋；一，官員庇賭，宜申禁令。復極論知府劉湝年、方功惠，知縣盧樂成、徐殿蘭、胡鑑、王序賢，通判陳嵩壽，暨撫幕沈彬、宋華廷諸員贓污酷虐狀，先後得旨詰責，降黜有差。

十年二月，法越事亟，邊防兵潰，首劾唐炯、徐延旭失律喪師，趙沃、黄桂蘭擁衆坐視，宜正軍律。復論：「沿邊之患，廣西急於雲南；沿海之患，廣東急於他省。宜命張樹聲統軍出駐南寧，彭玉麟總督兩廣，激勵提督方耀，總兵鄭紹忠、鄧安邦各員，使皆奮勉效命，則邊防海防各得其任矣[三]。」三月，朝廷以邊事日壞[四]，斥退舊輔，别簡樞臣，復奉懿旨軍機處要事，會同醇親王商辦。

[一] 倉場侍郎游百川奉命察看黄河：「察看」，《清史列傳》作「查檢」。
[二] 宜嚴定處分：「定」，《清史列傳》無。
[三] 則邊防海防各得其任矣：「邊防海防」，《清史列傳》作「邊海防」。
[四] 朝廷以邊事日壞：「日壞」，《清史列傳》作「日棘」。

承修疏論：「國家之用親藩，與大臣異。大臣有過，罷斥之已耳；親藩則國家同休戚[一]，有過必裁抑之、曲成之，毋使終於廢棄而後安。恭親王輔政多年，久資倚畀，請皇太后俯念親賢，深維國計，用醇親王之忠誠，以肩其鉅；用恭親王之諳練，以理其煩，於共和夾輔之道，不無禆益。」

四月，督臣李鴻章奏稱[二]，法國水師總兵福禄諾令税務司德璀琳面呈信函，請將越事從中和解。承修聯合臺諫，極言和議難恃，請詰問李鴻章此議能否確有把握，仍嚴諭沿海各督撫力籌戰守，免墮奸謀。旋偕國子監司業潘衍桐密陳間敵之策，曰：

法夷國事[三]，皆出議院，兵餉皆由商貸。越南之役，因添招大富浪夷兵及漆甲黑鬼兵，數爲劉義之兵所挫[四]，傷夷過半。各夷日索賠費[五]，法人力不暇給，其困敝一也。法總統剛必得勝普法之亂[六]，驟握大權，國人不服，調兵籌餉，動拂商情。若堅持數月，彼内變立起，其困敝二也。法夷前據嘉定六省，今又增數省，疆土日闢，備多力分，日虞我師之至，其困弊三

[一] 親藩則國家同休戚：「家」，《清史列傳》無。
[二] 督臣李鴻章奏稱：「奏稱」，《清史列傳》作「電奏」。
[三] 法夷國事：「法夷」，《清史列傳》作「法人」。下同。
[四] 數爲劉義之兵所挫：「兵」，《清史列傳》作「軍」。
[五] 各夷日索賠費：「各夷」，《清史列傳》作「該兵」。
[六] 法總統剛必得勝普法之亂：「勝」，《清史列傳》作「乘」。

也。越南暑濕，秋夏之交，瘴癘驟發。彼軍遠來，卒不服習，死亡必多，其困敝四也。法夷數敗之後，以重利餌沿海粵民，使爲前敵。自去年十月，法商人心渙散，餉源匱乏，延不支發，兵士憤極思亂，其困敝五也。有此五敝，宜其和之速且易矣。朝廷若遽許其和，彼得以其暇日修守戰、製器械，爲後日攻取要求之計，所謂養虎遺患〔一〕，可爲寒心。聞此次法夷所恃以破劉軍者，皆兩廣沿海邊界客民〔二〕，最爲夷人所畏〔三〕，亦易爲夷人所誘〔四〕。與其去之以資敵，何若用之以攻敵？爲今之計，惟有主緩和之議，以破其狡詐之情；用反間之謀，以斷其招徠之路〔五〕。雲南昭通鎮總兵何雄輝籍隸廣東，熟諳邊徼要害〔六〕，於客民言語相通〔七〕。乞飭何雄輝徑赴兩粵邊界，專招客民數營，或爲外援，或潛往敵營以爲內應。我軍駐邊界者，復遥爲應援，一俟機緣，立時舉發。如此則戰固可勝，和亦無傷。誠今日釜底抽薪之奇計也。

〔一〕所謂養虎遺患：「遺」，《清史列傳》作「貽」。
〔二〕皆兩廣沿海邊界客民：「皆」，《清史列傳》無。
〔三〕最爲夷人所畏：《清史列傳》作「客民最爲法人所畏」。
〔四〕亦易爲夷人所誘：「夷人」，《清史列傳》作「法人」。
〔五〕以斷其招徠之路：「斷其」原脱，據《清史列傳》補。
〔六〕熟諳邊徼要害：「熟諳」，《清史列傳》作「諳熟」。
〔七〕於客民言語相通：「於」，《清史列傳》作「與」。

時邊軍屢挫，朝廷擇將，以唐仁廉調署廣西提督，承修謂津海爲畿疆門户，奏請仍留唐仁廉駐守北塘，以固根本。

五月，授内閣侍讀學士。六月，復言：「西山失守，北寧潰散，法夷遂有輕量中國之心。迨見我遣將增兵，軍心稍振，法又以和餌我。朝廷既許之，法仍慮我邊軍未撤，牽掣於西，未遑於東。於是有諒山一役，藉詞背約，而馬建忠、李鳳苞、赫德諸人潛結勾通，挾制朝廷，恐嚇總署，遂下撤兵之詔〔一〕，使法人無西顧之憂，遂敢悉其精鋭盡力於東，爲索償兵費之舉〔二〕。今宜電諭張樹聲統率淮軍，由東路進逼海防；别令何雄輝招募客民爲奇兵，由欽、廉小路進；王德榜統湘軍，由中路進攻北寧；而令唐景崧率所部爲前鋒，岑毓英率劉永福出保勝，由西路進。部署既定，一有決裂，即諭令疾馳出關。此乃以攻爲守之策，則我可以得志而沿海之患亦可稍紓〔三〕。」會法人藉口争釁，攻占雞籠，樞臣議戰議和，游疑莫決。承修再陳三策曰：「法之所長在水戰，我之所長在陸戰。今法夷攻據雞籠，舍舟登陸，實爲棄長用短。且彼所恃，西貢、東京之援耳，我若以三路之師急攻越南，彼將自救不暇，不出旬日，必將求成於我。然後我以重兵屯

〔一〕遂下撤兵之詔：「遂」，《清史列傳》作「遽」。
〔二〕爲索償兵費之舉：「償」，《清史列傳》無。
〔三〕「則我」至「稍紓」：此十五字《清史列傳》無。

越，使彼内有所忌，而後沿海之禍可紓，即沿海之兵可減。此爲上策也。其次則分兵爲守，敵來則戰，敵去不追。然備多力分，彼以數艦之衆[一]，綴吾十萬之師，曠日持久，師老財匱，利害與吾共之。此中策也。若以餉絀運阻爲虞，不敢言戰，敵人得窺此意，以戰脅我，以和餌我，不折一兵，使我坐輸八十兆之鉅款，彼得藉以經營越南，蠶食滇、粤，其禍可勝言哉？是謂下策，是謂無策。」七月，補鴻臚寺卿。疏稱：「近者法人因要挾未遂，率其兵艦直犯馬尾，若舍舟登陸，棄其所長，乘勢進攻福州，我以長門、馬尾各路之師，扼其歸路，俟援兵四集，可聚而殲也。竊意法人必不出此，不過揚威海上，調其西貢、東京之兵，希圖再舉耳。朝廷前者諭令滇、粤進兵，以爲牽掣，實目前第一要著。但進攻宜速[二]，事權宜一，請特詔唐景崧速爲召募成軍，迅即出關，與劉永福并力攻取，軍中事宜許其專摺陳奏。更獎勵王德榜軍，令同時并舉，爲劉軍犄角，則規復可期矣。」

八月，命在總理各國事務衙門行走，疏辭，不許。九月，以征南諸軍將帥不和，多懷顧望，疏請特簡一威望素重之大臣如彭玉麟等，督辦兩省征南軍務，以一事權。復奏保刑部主事楊秀實、舉人知縣黄遵憲，均得旨録用。十一月，疏言：「聞雞籠失後，臺灣巡撫劉銘傳知爲李彤恩所誤，愧

〔一〕彼以數艦之衆：「艦」，《清史列傳》作「千」。
〔二〕但進攻宜速：「攻」，《清史列傳》作「兵」。

悔莫追，竟成心疾。章、曹諸將無所禀承，臺防危急。請旨電飭楊岳斌迅速渡臺，察看劉銘傳，如精神識略足犟全臺，即令其迅速復雞籠[一]，以贖前過；倘病狀屬實，則應先解其兵柄，俾令静養，冀效將來。一面按問李彤恩挾怨失機罪狀，一面嚴敕曹、章各軍剋期進取[二]，不得遲回，致生他變。」自法越事起，承修陳説兵事，凡十三上[三]，皆留覽，多見采納。十二月，左中允樊恭煦因言事降黜，承修疏乞寬免，奉嚴旨切責，下部議處。尋議以降三級調用，加恩改爲革職留任。

十一年六月，連疏劾湖南布政使龔易圖貪劣鑽營，河南開歸陳許道潘仕釗猥鄙刻薄，廣東學政葉大焯嗜利無厭，經彭玉麟、張之洞查辦得實，均罷斥。七月，請假回籍省親，詔許之。未出都，復奉命赴南關與法使會勘中越分界事宜。彦遠謹案：光緒十年，先伯父與北洋大臣李公鴻章、總理各國事務大臣錫珍同奉恩命，在天津訂立《中法新約》十款。明年，乃奉越南勘界之命。十月，馳抵龍州。時北寧、諒山越團游勇充斥，道路梗阻，法使欲會於北海，從廣東欽州勘起，總署已堅拒之。承修正欲出關察看[四]，奉電諭，

[一] 即令其迅速復雞籠：「速」，《清史列傳》無。

[二] 章各軍剋期進取：「章」，原誤作「張」，據上文及《清史列傳》改。按，章指章高元。

[三] 凡十三上：「凡」上，《清史列傳》有「章」字。

[四] 承修正欲出關察看：「出」字原脱，據《清史列傳》補。

謂地圖法使所携有同異，當以《會典》《通志》爲主。或謂諒山在分水嶺東，本宜劃歸越界〔一〕，惟此説與《新約》不符，須費辯論。若於兩界之間留出隙地若干里，作爲甌脱，最屬相宜。而雲貴總督岑毓英則請令法退還北圻數省，於河内海陽通商；兩廣總督張之洞則謂三不要地爲歷朝舊界，宜劃歸中華。時議又謂法兵病餉艱，議院欲棄北圻，宜劃諒山河北駈驢爲我界〔二〕，諒山河以南東抵船頭，西抵郎甲，河以北爲甌脱。更有謂越亂方熾，法力已疲，待其技窮，方易就範。持論不一，上亦以「議界必博采衆説，多争一分即多得一分之利益，勿輕率從事」爲訓。十一月，約法使浦燮會於文淵〔三〕。先是，諭旨令廣西巡撫李秉衡會同履勘，法使以其握兵權也，不欲與會，堅却之。承修電奏力争，秉衡始得與議。兩粤疆臣欲會議時，令提督馮子材〔四〕、蘇元春兩軍在粤越界地陳兵攝制，詔止之。承修乃單騎出關，與浦使會商，堅欲照約，先議改正界限，而彼則力持先勘原界之説，辯論各不下〔五〕，浦使多方恫喝，承修亦言「看界而不更正，即斷我頭亦不能從」。浦使知其不可

〔一〕本宜劃歸越界：「越」，《清史列傳》作「粤」。
〔二〕宜劃諒山河北駈驢爲我界：「駈驢」，《清史列傳》作「驅騾」。
〔三〕約法使浦燮會於文淵：「浦燮」，《清史列傳》「浦理燮」。
〔四〕令提督馮子材：「提督」，《清史列傳》無。
〔五〕辯論各不下：「不」下，《清史列傳》有「相」字。

奪[二]，陽許以文淵、保樂、海寧三處歸我，旋又悔之，陰乃電告其駐京使臣，以承修違約争執，勢將罷議；復挾其國外部電，大言聳我朝廷，肆其要脅，遂有先勘原界、再商更正之諭。承修復電陳「三難二害」，略謂：「附界居民畏法虐，不願改隸者不下數萬人。若先勘原界，民必驚疑[三]，恐遮道攀轅，因而滋事。難一。游勇近攻得保樂、牧馬以東，千百爲群，道路梗塞。難二。原界俱在亂山之中，十不存五，懸厓叠巘，毒瘴漸生，加之淋雨，人馬不前。難三。且既勘原界，彼必颺去新界，絶無可商。豈惟駈驢，即文淵亦不可得。關門失險，戰失俱難[三]。害一。文淵已失，諒北無寸地屬我，勢必脅我關内。通商邊營，盡落後著，揖盜入門，既棄越地，復失粤地。害二。」朝廷始終中於法使先入之言，奏入不省，仍電旨催促先勘原界，所争新界暫置不論。

十二年二月，春深瘴起，承修電述病狀，請暫停議，回龍州醫治，俟秋後再勘，上不允[四]，而浦使更堅約速勘。承修再申前請，嚴旨詰責，有「耆英治罪成案現在[五]」之語，并下部嚴議。承修乃

[二] 浦使知其不可奪：「其」，《清史列傳》無。
[三] 民必驚疑：「必」，《清史列傳》作「心」。
[三] 戰失俱難：「失」，《清史列傳》作「守」。
[四] 上不允：「上」下，《清史列傳》有「仍」字。
[五] 耆英治罪成案現在：「現」，《清史列傳》作「俱」。

扶病會勘，由南關分東西路起勘，閱二旬餘，勘至平而關瘴癘更盛，浦使亦病[一]，不能前，乃互約停勘。旋奉諭「鄧承修前曾給假省親，准其率同隨員暫回廣東，屆期再前往欽州起辦」。是年冬十月，如約赴欽州。十一月，至那梭，時法使燮因事回國[二]，别遣狄隆、海士來會。海士先至海寧，適爲越團游勇所戕，越粵道梗。十二月，狄隆始至芒街。尚未開議，法已先占江平、長山等地，盛兵相待。承修親往會議，而狄使因海士之死疑爲粵人主使，甫晤面即盛氣相加，肆言怨懟。承修以禮折之，氣稍下，始及界議。法以遍地團勇，艱於履勘，請援照雲南辦法，按圖定界，朝廷已許之。於是首議江平、黄竹、白龍尾各地，法已爲其用兵所得[三]，不肯輕讓，據無稽之圖説，欲劃歸越境；承修以地屬龍門營水師汛内所轄，居民有華無越，中外圖籍炳然，極力辯争。狄使見我詞理俱直，欲權於白龍尾中畫一綫，左歸華，右歸越。承修以其地爲欽海外户，我守之則遥控海寧，敵窺我廉郡必顧其後；若彼居之，則内逼防城，外斷東興、思勒，是無欽、廉也；即中分一綫，此島形狹而長，彼既築壘，我將安守？形勢所關，不能遷就，議久未决。乃暫與定約三條：一、大段相合；二、較

[一] 「承修乃扶病」至「浦使亦病」：《清史列傳》作「承修乃扶病會勘，至平而關瘴癘更盛，法使亦病」。

[二] 時法使燮因事回國：「法使燮」，《清史列傳》作「法使浦理燮」。

[三] 法已爲其用兵所得：「已」，《清史列傳》作「以」。

圖不合作爲未定，各請示本國；三、撤江平之兵。狄使仍狡辯，乘界未定〔一〕，竟以兵力驅江平、黄竹居民内徙，呼籲使轅哀求安置者，日凡千百。承修責問狄使，彼答以兵事有地方官主持，江、黄界已歸駐京使臣與總署面議，不能攙越。反覆詰駁，來往六次〔二〕，兩無端緒。朝廷恐議久無成，别開邊釁，許駐京法使之請，凡未定之界入後議〔三〕，不決處所，一并在京商定。乃諭敕承修先自欽西至桂省，全界彼此不争之處，一律作速勘辨，遂與狄使即芒街校對圖籍〔四〕，訂定清約。粤桂詳圖分四段：第一圖起竹山，至隘店隘口，而向日所争論之嘉隆河八莊、分茅嶺〔五〕、十萬山三不要諸地，均歸我界；第二圖起平而關，至水口關外；第三圖起岜賴，至各達村外止，與雲南界接〔六〕。於十三年二月立約署押，以界圖校竣入告。四月，諭：「界務將竣，鄧承修准其先回欽州候旨。」五月，復諭：「中法續訂界務、商務條約，已派王大臣與法使畫押。其設立界牌事宜，

〔一〕乘界未定：「界」下，《清史列傳》有「議」字。

〔二〕來往六次：「來往」，《清史列傳》作「往來」。

〔三〕凡未定之界入後議：「界」下，《清史列傳》有「歸」字。

〔四〕遂與狄使即芒街校對圖籍：「狄使」，《清史列傳》作「法使」。

〔五〕分茅嶺：《清史列傳》作「分矛嶺」。

〔六〕「第三圖」至「與雲南界接」：《清史列傳》作「第三圖起水口關外，至那嶺、岜賴之西南；第四圖起岜賴至各達村外止，與雲南界接」。

照約由地方官會同駐越法員辦理。鄧承修著即馳驛回京。」尋予免部議革職處分。十四年，因病乞解職，疏三上，許之。在籍主講豐湖書院，讀書養母。十七年，卒於家。宣統元年，以兩廣總督張人駿請，詔將學行事迹宣付史館立傳，飭地方官以時存問其母。

鴻臚寺卿鄧公傳〔一〕

張學華

公諱承修〔二〕，字鐵香，廣東歸善人。先代由嘉應遷惠州，父玉樵以鹺業起家〔三〕。公幼而英特，習武事。年十五，折節讀書，補縣學生。舉咸豐十一年鄉試，援例以郎中分刑部。公在官，絕干謁，日究心於朝章掌故〔四〕，慨然有經世之志。同治八年，補四川司郎中，以御史記名。十二年，授浙江道御史。丁父憂，歸。服闋，補雲南道御史，晋給事中。時光緒初元，言路最盛，詞臣寶廷、張佩綸、黄體芳、張之洞稱翰林四諫；臺臣則鄧慶麟、孔憲穀、洪良品，咸號敢言。公相與

〔一〕本篇載《闇齋文稿》，題作「鄧鴻臚傳」。

〔二〕公諱承修：「公」下，《闇齋文稿》有「姓鄧氏」三字。

〔三〕父玉樵以鹺業起家：「樵」下，《闇齋文稿》有「公」字。

〔四〕日究心於朝章掌故：「日」下，《闇齋文稿》有「惟」字。

鏃厲，風節尤峻。首以水灾請勤修省，屢疏言澄清吏治、整頓科場、嚴核關税、禁收賭捐，皆奉俞旨。論劾部院、封疆大臣及監司、守令諸不職者，先後凡數十人，懲處有差。又奏時政闕失，嚴劾樞臣，言尤切直，時以「鐵漢」稱之。

五年，崇厚與俄人擅定伊犁界約〔一〕，險要盡失，廷議廢約備戰。公上言地不可棄，兵不必動，請別遣使臣往議〔二〕，不至驟啓邊釁〔三〕。時在籍侍郎郭嵩燾號熟悉洋務，與公議合。卒由曾紀澤使俄，另定條約，於界務、商務多所改正，其議自公倡之也。十年，法越事亟，公疏凡十三上，規畫甚備，其要言：「敵以兵艦數十艘擾我沿海，往來飄忽，我疲於設防，而窮於制敵，唯越南一隅脚踏實地，戰事之始終，兵機之轉圜，實繫乎此。邊境遼闊，必須滇粤數路進攻，同時并舉，方克有濟。」力保馮子材、王德榜諸人。其後鎮南關一戰，馮、王各軍聯絡接應，敵大挫衄，遂急急乞和，皆如所言。

朝廷屢采公議，知其洞明邊事，可大用，擢内閣侍讀學士，轉鴻臚寺卿，尋有總理衙門行走之命。總理衙門以親王領其事，與樞廷并重，公驟膺異數，疏辭不許，諸大臣以公倔强，多忌之，

〔一〕崇厚與俄人擅定伊犁界約：「崇厚」上，《闇齋文稿》有「出使大臣」四字。

〔二〕請別遣使臣往議：「別遣」，《闇齋文稿》作「另派」。

〔三〕不至驟啓邊釁：「啓」，《闇齋文稿》作「開」。

公亦不爲遷就。旋以論救中允樊恭煦，嚴旨詰責。上意終嚮公，坐鐫秩仍留任，命偕尚書錫珍佐李鴻章商定法約〔一〕。約成，乞假歸省，未出都，命赴廣西會勘中越分界。公馳至龍州，單騎出關，與法使浦理燮會議改正新界。浦理燮力持先勘原界，公曰：「勘界而不改正，雖斷吾頭不能從也。」浦使知其不可奪〔二〕，陽許歸文淵、保樂、海寧，而陰電其駐京使臣詆公違約，非勘原界將罷議。公疏陳三難二害〔三〕，上責以遷延固執，予嚴議。公迫於朝命，扶病冒瘴癘以行，會浦使亦病，迺暫停勘。久之，法別遣狄隆來〔四〕，堅請按圖畫界，争論未決，遽以兵驅江平黄竹，居民内徙。公往復詰難，廷臣恐敗成約，許法使請，凡未定之界，在京商定，諭公先勘欽西至桂省全界兩國所不争者，具圖説以上〔五〕。馳驛回京，會澳門議約意見多不合，獨不署名。

十四年，乞解職歸養，疏再上，許之〔六〕。公喜接納名流，宜都楊守敬嘗主其家，與之考訂金石。文昌潘存最相得，每具疏必往商榷，或謂語過戇直，恐得罪，公弗顧也。出都日，諸名士餞

〔一〕命偕尚書錫珍佐李鴻章商定法約：「商定法約」，《闇齋文稿》作「與法使商定和約」。
〔二〕浦使知其不可奪：「使」，《闇齋文稿》無。
〔三〕公疏陳三難二害：此上《闇齋文稿》有「詔催速勘」四字；「疏」作「歷」；
〔四〕法別遣狄隆來：「法」下，《闇齋文稿》有「人」字。
〔五〕具圖説以上：「圖説」，《闇齋文稿》作「界圖」。
〔六〕許之：「許」，《闇齋文稿》作「允」。

於棗花寺，會稽李慈銘贈詩[一]：「五十養親人子少，九卿高蹈近時無。殘棋入劫空持局，孤柱横流敢惜軀。」自此遂不復出。

公居諫垣十年[二]，海内想望丰采，是時士大夫争尚名節，大臣猶畏清議，公直言無所瞻顧，洊登要地[三]，謇諤如故。既乃奉使萬里，馳驅盡瘁，終與同官齟齬以去，不究其用，時論惜之。自公去後，同時言事諸臣亦一時雲散，其後以直諫著者屠仁守、吴兆泰、朱一新、安維峻相繼獲咎，無以作敢言之氣，俯仰世變，輒慨然於直道難容，而尤有人亡國瘁之痛也。公清操卓絶，餽遺無所受。既入譯署，總税務司年餉，王大臣各數千金，名曰津貼，公獨却之。歸後，讀書養母，蕭然寒素。邑人延主豐湖書院講席，公别設尚志堂[四]，課以古學，倡建崇雅書院，士風一變。平時論學，以宋儒爲宗，砥礪名節。書法由北碑入，參以篆隸瘦硬，自成一家。晚年家居，時以鬻字取給，布衣徒步，力持儉約，而於族中孤寡，恒周恤之，鄉里莫不感慕。

[一] 會稽李慈銘贈詩：「詩」下，《闇齋文稿》有「云」字。
[二] 公居諫垣十年：「垣」，《闇齋文稿》作「院」。
[三] 洊登要地：「登」，《闇齋文稿》作「居」。
[四] 公别設尚志堂：「設」，《闇齋文稿》作「創」。

十八年卒，年五十二。公母太夫人猶在堂〔一〕，後公□年卒〔二〕。配林夫人。子五：昶，江蘇直隸州；昀，民政部主事；旭、暻；晃，出爲堂弟後。女六〔三〕，適任、適陳、適任、適吴、適張、適梁。孫二人。所著奏議若干卷〔四〕，詩文稿藏於家。宣統元年，粵督張人駿疏公學行事蹟〔五〕，宣付國史館立傳。

論曰：海禁既開，外侮日迫，獨俄法二役不失國體。朝廷料敵制勝，於公所陳奏多所采納，異於空言無當者也。若其言責所在，不避權貴，未可以彈擊爲非矣〔六〕。中葉而後，日韓事起，論者争言戰而闇於敵情，一敗不可收拾。庚子拳亂，言者被奇禍，國事益壞。余讀公奏議，嘆其識略之遠，又幸生不諱之時，得以盡言也。今揭其大者著於篇，俯仰數十年政變之遷流，亦略可考見焉。

〔一〕公母太夫人猶在堂：「公」，《闇齋文稿》無。
〔二〕後公□年卒：「公」，《闇齋文稿》無。
〔三〕女六：「六」，《闇齋文稿》無。
〔四〕所著奏議若干卷：「奏議」，《闇齋文稿》作「語冰閣奏議」。
〔五〕粵督張人駿疏公學行事蹟：「蹟」，《闇齋文稿》作「績」。
〔六〕「若其言責所在」至「爲非矣」：《闇齋文稿》作「若其彈劾，不避權貴，整飭綱紀，非徒以抨擊爲能矣」。

江春霖

新疆道御史梅陽江公墓志銘〔一〕

林紓

公諱春霖，號杏村，字仲默，晚號梅陽山人。曾祖諱奮鑾。祖諱文波，邑庠生。父諱希濂，同治乙丑舉人。公氣調英拔，然操行純篤，言必顧行，少作言志對，長老咸目爲偉器。弱冠補弟子員，六應科歲試，五冠其曹，以辛卯舉人中甲午進士，由庶吉士散館授檢討。庚子，京師亂，遂南歸。壬寅，歸朝，充武英殿纂修、國史館協修。甲辰，補御史，掌江南道，歷新疆道，兼署遼瀋、河南、四川諸道監察御史。首論都御史某公冒烟禁，不宜長御史臺，聞者聳懾。時項城帥直，權傾天下，公論列十二事，雖不蒙鄉納，項城頗嚴憚之。公恒太息擬之曹瞞。宣統紀元，攝政王監國，公復具疏劾項城不宜處樞近，防禍發肘腋。直廬中值項城相見問姓，知爲公也，避去，然公疏已入矣。時朝議以中原蕪梗，革命之説四溢，遂以親貴長海陸二軍，意可以居中而統攝之。公疏言：「二王年事未及，不宜因骨肉屬以要政。國儻不保，家於何寄？」不報。時贛撫以賕賄

〔一〕　本篇載《畏廬三集》，又收入《碑傳集補》卷十，均題作「清中議大夫翰林院檢討前新疆道御史梅陽江公墓志銘」。

内結驕王、外聯鎮帥，公章七上，監國震怒，禍且不測。公弗謝，仍抗疏引阿大夫〔一〕、即墨大夫事諷監國也。宣統二年，疏論慶邸有「老奸誤國」語，得旨斥還詞館，公慨然知時事不可爲矣，遂告養歸。合臺爭之莫得，醵二千金爲贐，公作詩謝却弗受，歸裝但敝衣數襲，朝衫外無他物。余送之國門，寫《梅陽歸隱圖》，并作序送之。

公歸一年，辛亥禍作，項城再握政柄，逐監國。公聞之，登梅陽山巔，望闕涕下如綆，謂：「早知有今日矣！」方公之歸也，困甚，而弟梅村甚賢而能家。公配楊恭人，日灌園以佐公之養。公母某太夫人，耳目聰强，年逾八十，樂公忠藎，居貧益樂。皇帝既讓政，項城以禮徵公不起，蓄髮爲道人裝。迨項城授以勛章，公笑曰：「道人無須此也。」日從事花竹，究心農圃，暇則爲詩歌，寄其黍離之悲。公既以名德動其鄉里，獄訟械鬥，得公一言立解。時梧塘之海堤崩，淹民田數萬畝。乾隆時曾一潰決，田不播種者七稔，郡守某至以身殉。於是莆之父老乞公董之。公竭兩月之力蕆其事，爲文告之江神，潮三日不至。堤成，縻五千餘金，較乾隆時盡官帑數十萬，爲數得百之一耳。勳章之授，蓋於此時也。公雖屏居，然鄉黨之益，知匪不爲，爲匪不力。生平心折者，諸葛忠武、包孝肅、海忠介，居恒謂：「武侯論事以數，余則以理；孝肅無子，脱然無累，又

〔一〕 仍抗疏引阿大夫：「夫」下，《畏廬三集》《碑傳集補》有「及」字。

值仁宗明睿，故臨事鋭而無梗；忠介歷事三朝，有言必聽，余則適際時屯，亦不惜身以曲全大局耳。」嗚呼！自孫文定外[一]，敢直言不諱者寥寥，然公其光、宣以來諫官第一人矣。

公以某歲嬰疾，卒於里第，年六十有四[二]。配楊恭人，先公卒。子六：長祖棻；次祖芑，宣統己酉優貢；三祖著，邑諸生；四祖蕃；五祖蒓，北京大學工科學士；六祖藝。女三：長適關潼；次適楊逵鴻；三適黃耀藜。孫十一人[三]，孫女七人。今將以己未某月日[四]，卜葬於某山，祖蒓以狀來徵銘。嗚呼！方公寓京時，余日造公，則熟菌於小鼎中，用以佐糜，他無兼饌。吾宗林志烜太史語余曰：「度包孝肅、海忠介當日自奉，正復如是。」蓋即公所自期者，用以稱公也，匆匆逾八年矣。銘曰：

掊奸不殞創其噣，屯詖交臻孰則藥。霸府既建皇祚削，湔剔莫效容起瘼。飄藏痛忍寧歸洛，枯泪焦睫看崩剥。一瞑匆視反東嶽，英英諸雛起鸑鷟。豐阡廣隧宅忠魄，遺芳萬祀永弗鑠[五]。

[一] 自孫文定外：「自」上，《畏廬三集》《碑傳集補》有「清」字。

[二] 年六十有四：「四」下，《畏廬三集》《碑傳集補》有「歲」字。

[三] 孫十一人：此下《畏廬三集》《碑傳集補》有「宗儲、宗儼、宗佐、宗俣、宗什、宗倜、宗俠、宗伋、宗傳、宗儉、宗侯」二十二字。

[四] 今將以己未某月日：「某月日」，《畏廬三集》《碑傳集補》作「某月某日」。

[五] 遺芳萬祀永弗鑠：「弗」，《畏廬三集》《碑傳集補》作「勿」。

馮錫仁

工科給事中莘坨馮先生墓表〔一〕

陳衍

先王之世，致仕於朝而處於鄉者，爲鄉先生，大夫曰父師，士曰少師，教鄉中之人。歲賓興賢能，鄉大夫則就而謀之。其他是邦之政，有所必聞，以勞來安集其人民，故歿而祭於社。沅陵馮莘坨先生，其兹若人之儔乎！

先生諱錫仁。曾祖某，祖某，考某，世長者。考疾革遺屬曰：「吾邑地瘠民窮，久困於官吏。吾兒頭角嶷然，異日當爲鄉里籌教養大計。」妣唐太夫人謹志之。同治丙子，先生舉於鄉。丁丑，登進士第，官刑部主事。丙戌，考取軍機章京第一。僇直凡十年，晋員外郎，考取御史。庚寅，分校禮闈，得士稱盛。湘省自戡定粤寇，將帥滿天下，至是老成漸謝，然猶及曾忠襄公國荃、劉忠誠公坤一，皆折輩行與先生爲摯交。其總軍旅、官提鎮者，尤逢迎恐後。中日之役，劉忠誠以兩江總督督辦山海關内外軍務，軍四百數十營，欲得先生總營務處。時已入諫垣，例不得調，

〔一〕 本篇載《石遺室文續集》，題前有「清」字。

商請恭親王奏懇〔二〕，特旨允焉。以是能名益著，謗亦騰起，至爲景皇帝所聞知。和議定，回京供職。奏請停捐實官，條陳京外推行鈔法，東三省、蒙古屯墾練兵，未見施行。彈劾不肖大吏，若東撫某浮冒賑務、河工，粵撫某政弛不舉，某督贓廢病故，請勿予謚，亦不盡聽，則已萌退志矣。戊戌政變而益決。庚子，拳禍既肇，劉忠誠入朝，先生請以先剿後撫，面奏東朝不納。忠誠陛辭，猶力薦先生可大用，然卒與忠誠携手出國門。不數月，聯軍入矣。

居鄉倡辦義穀，整頓救生局，剗除糧店册書積弊。其查辦辰郡義倉，歸并釐税，則在臺時所言於朝。辰郡當滇黔衝，沅陵境内，礦廠林立，會匪麕聚，荒年岌岌欲動，故備荒之策無微不至。己酉，瀕湖各邑大水，山縣亦歉，全省米價翔貴，遂有庚戌三月長沙之變，波及益陽、沅江、武陵，辰屬獨以無事。嘗以沅水綿延千餘里，山川雄奇，而人才啚塞〔三〕，欲仿湘水校經堂，築精舍朗江之濱，萃沅流學子陶冶之。澧水近在襟帶，州人來學不拒。適熊君希齡、黄君忠浩議於常德建西路師範學堂，寓書商榷。先生已於郡邑中前創中小學校，遂力任其事，益籌常年實款，設西路實業學堂。又與長沙同志創景賢堂，於岳麓屈子祠祀宋儒，請并岳麓書院校經堂爲存古學堂，

〔二〕商請恭親王奏懇：「恭親王」，《石遺室文續集》作「恭忠親王」。

〔三〕而人才啚塞：「塞」，《石遺室文續集》作「僿」。

格於部議，改法政學校。丁未，以事往江南，西路師範學堂不戒於火，乃商江督，就湘岸淮鹽引地，酌提捐項，傑構突兀復出。與龍侍郎湛霖、王祭酒先謙〔二〕、王巡撫之春，籌辦辰常鐵路，隨争粤漢幹路，底於廢約。里居十年，可以爲鄉里安全富教計者，無所於讓也。

體素羸〔三〕，勤事不少休，以庚戌某月某日卒於家，年六十有一歲。歷官山西道監察御史，掌廣東道，署江南、福建、廣西道，署掌江南道，署兵科給事中、兵科掌印給事中，轉工科給事中。娶某氏。子四：士傑，附貢生，某知縣〔三〕，前卒；士倜，邑諸生，游學日本，某學堂監督；士修、士价〔四〕。孫某〔五〕。著有《聽彝堂疏稿》《絜庵隨筆》《外交始末》各若干卷。士倜自湘郵書狀請表墓。衍二十年前試禮部，先生得卷，首薦於孫尚書毓汶，評語揚之太過，復探中否至三四，孫公疑焉，改挑取謄録，用悉先生生平云。辛亥七月，侯官陳衍謹表。

〔一〕王祭酒先謙：「祭酒」，《石遺室文續集》作「閣學」。
〔二〕體素羸：「素」下，《石遺室文續集》有「清」字。
〔三〕某知縣：《石遺室文續集》作「某某知縣」。
〔四〕士修士价：《石遺室文續集》作「士修，京師法政學堂畢業生；士价，某學堂畢業生」。
〔五〕孫某：《石遺室文續集》作「孫某某」。

饒芝祥

遼瀋道監察御史貴州銅仁府知府饒君墓志銘[一]

陳衍

光緒之季年，朝政日窳。直言極諫之士，相率伏闕無虚日。余時居京師，多游好者，獨未交南城饒君。饒君與新昌胡君瘦唐最契合，凡有論列，不謀輒同，世所稱「西江二御史」者也。無何，瘦唐謝病歸，君亦棄外守銅仁。未之官，而遭國變。明年，遂鬱鬱死。又五年，其門人黄君履思司李吾東越，撰行狀來乞銘，曰：「方吾師爲縣學生，陳弢庵師傅督學江西，得師試卷，至激賞，拔萃貢成均。旋舉於鄉。己丑，考取内閣中書[二]。甲午，成進士，入詞林，遂以言事顯。先生與陳師傅至交，又善瘦唐先生，儻感氣類而爲之銘乎？」余無以辭。

按狀，君諱芝祥，字符九，一字占齋。曾祖諱一夔，積學勵行，年登耄耋[三]。祖諱學波，率鄉勇禦粤寇，殉於邑東鄙。父諱士瀛，早卒。家綦貧，恃曾祖父授徒以養以教。屋小，几席距雞塒

[一] 本篇載《石遺室文三集》，題前有「清」字。
[二] 考取内閣中書：「取」，《石遺室文三集》無。
[三] 年登耄耋：「耄耋」，《石遺室文三集》作「大耋」。

豚笠僅一扉，然奮學，昧旦起，書聲琅琅。邑宿儒張某先生〔一〕，偉君神采，試以文立就，以女女之。

既改官編修，拳匪亂作，奔赴西安行在所。事定，叙勞，記名御史。癸卯，典湖北鄉試，途中與副考官某謀所以求實學通才之法。行至霍山〔二〕，以承重丁祖母某恭人憂歸，繼丁母憂。服闋〔三〕，補遼瀋道監察御史。當是時，景皇帝、孝欽太后相繼崩殂，當宁設攝政王，海内望治。君入臺，即劾内監李連英罪狀。疏上，樞臣張文襄公驚嘆，請交議，攝政王憚不敢發。復奏陳新政數大端。嘗與瘦唐并劾某巡撫，事後出稿互觀，所言如出一手。自籌備憲政之詔頒，内外臣工藉立名目，肆搜括。江右稱瘠區，有興作，輒取給於附加捐税。幣制復紊亂，紙幣充斥，銀價騰涌，徵收者往復折扣爲奸。君審知其癥結，疏請整飭州縣丁漕〔四〕。辛亥，鐵路國有議起，川民首發難，總督趙爾豐脅以兵，斃數百人，民益憤。聞朝命端方督師入川，主壓制，憤然曰〔五〕：「是速

〔一〕邑宿儒張某先生：「張某」，《石遺室文三集》作「張某某」。

〔二〕行至霍山：「霍山」，《石遺室文三集》作「確山」。

〔三〕服闋：此上《石遺室文三集》有「戊申」二字。

〔四〕疏請整飭州縣丁漕：「整飭」，《石遺室文三集》作「謹飭」。

〔五〕憤然曰：「憤」，《石遺室文三集》作「慨」。

亂也，不可以不言。」疏請撤趙督、慰川民，切中時忌。不數日，而遣守銅仁之命下。甫出都，武昌事起。未幾，朝廷遜位[二]。君篤守舊理，惟求一瞑不視，南歸道病，卒於南昌旅次，年五十有幾。

君端居儼然，手一編竟日不倦。憂服時，主本郡中學校講席二年，崇奬樸學。生徒有跅弛若大言者，必痛加裁抑。爲詩文抗希古人，下筆有法度。會心處引杯獨酌，不欲與流俗通款曲[三]。里中獨交葆生先生，數十年不衰，履思父也。履思幼即從游，常見君事母蔡太恭人，承歡如孺子，迥非平日威重舉止。有妹早寡，貲給終其身，復爲置産立後。喜勤儉，每遇邑中力田善賈之子，必與語《大學》生財、西儒《原富》諸要義，聞者鼓舞。嘗合同志創立厚生種植公司，至今城郭内外，桑麻蓊然彌望。元配封恭人。妾張氏，君卒，仰藥以殉。子孝謙，邑庠生，畢業法政學校。女一，適周氏子，早卒，以節著。孫兆拯。婿于履思。著述散佚，僅輯存古齋詩文稿各一卷。銘曰：

忠言屏棄國必隕，童騃顛覆吁可憫，生丁末造祈速殞。匡山巘巘江泯泯，麻源藏壑邃且弇。

[二] 朝廷遜位：「朝」，《石遺室文三集》作「清」。

[三] 不欲與流俗通款曲：「不欲」上，《石遺室文三集》有「雅」字。

碑傳集三編卷十二　部屬

曹惪華

刑部主事曹君墓志銘〔一〕

惲敬

君諱惪華，字迪諧，一字山甫，姓曹氏。宋寶慶中，兵部尚書彦約自歙遷都昌。十傳至廷賓，自都昌遷新建之蘆阬。三傳至文寶，自蘆阬復遷魯昌〔二〕。曾祖家甲〔三〕，福建龍溪縣知縣。祖繩柱，福建布政使。父穎先，候選州同知。妣萬氏。君年十九，爲南昌府學生，次年爲廩膳生。乾隆四十八年，江西鄉試中式。五十八年，會試中式。六十年，殿試賜同進士出身，以内閣中書用。是年，考取軍機章京。嘉慶二年，補内閣中書。三年，充山東副主考。四年，充方略館

〔一〕本篇載《大雲山房文稿初集》卷四。

〔二〕自蘆阬復遷魯昌：「魯昌」，《大雲山房文稿初集》作「魯江」。

〔三〕曾祖家甲：「曾」上，《大雲山房文稿初集》有「君」字。

纂修。七年，升刑部江蘇司主事。九年，充方略館提調。十一年，總辦秋審。十二年二月初九日，卒於官，年五十七〔一〕。配彭氏。子二：紳業、綈業。女二〔二〕。

君貌豐下，鬚眉羅羅，然進止語言甚温雅；而耳重聽，語非促膝不聞。所官内閣及刑部皆繁要，又督攝皆天子親信才德重臣，故年少厲鋒穎求合〔三〕，反多不得當。君以重聽聞於勳舊，諸老先生皆加意察之，然君從容十餘年，無一事齟齬者。憲皇帝雍正五年，設軍機處，論者以爲如宋之樞密院。然樞密院止掌兵事，與中書省并重而已。本朝軍機處主受天下之成，如宋中書平章事；主内制，如宋翰林學士；主徵發、賞罰、功罪，如宋樞密使。三者，惟明之内閣兼之。今内閣在午門，不能常見，止與擬進呈〔四〕。軍機處在乾清門，大臣每面取進止，益嚴重，故軍機章京常急速趨事以爲能。然君亦從容十餘年，無一事齟齬者。嗚呼！諸老先生能容君，與君能見容於諸老先生，足以稱矣。

〔一〕年五十七：《大雲山房文稿初集》作「年五十有七」。
〔二〕女二：《大雲山房文稿初集》作「女長適候選從九品熊文濬，次適太學生彭邦彤」。
〔三〕故年少厲鋒穎求合：「年少」，《大雲山房文稿初集》作「少年」。
〔四〕止與擬進呈：「與」，《大雲山房文稿初集》作「舆」。

先是，純皇帝南巡，君獻賦行在，賜緞二匹。後君外舅彭文勤公直内廷〔一〕，純皇帝清問及之，朝士以爲君成進士，必賜及第，而竟列三甲。内閣侍讀員缺，例用内閣中書一人、軍機中書一人，故行走者皆洊陟侍讀〔二〕。會直隸總督題十三州縣被水，復題誤爲十二，君正之，皇上嘉其勤。朝士以爲君必擢侍讀，而竟以平教匪議叙升主事。若是者，其命也。然非君能安之，何以及此？

君能詩，善篆、分，不恒作，行書、正書皆精。能畫山水，學南宋，溢爲花鳥、人物、草蟲，得其意，然多偶爲之〔三〕，不徇貴游請屬。自君之曾祖、祖以進士起家，群從悉貴盛，而君從父文恪公秀先以侍從官六卿。君生長世胄，始終清素自守，有寒門所不能者。

君殁後一年，紳業、綈業自京邸扶柩還新建，將卜葬，以敬與君爲鄉試同年生，請銘。銘曰：

收視者明，返聽者聰。餘於道，則其事習，其藝工。故形之選，非德之充也。

〔一〕後君外舅彭文勤公直内廷：「公」下，《大雲山房文稿初集》有「元瑞」二字。

〔二〕故行走者皆洊陟侍讀：「陟」，原作「涉」，據《大雲山房文稿初集》改。

〔三〕然多偶爲之：「偶」下，《大雲山房文稿初集》有「然」字。

王育琮

惲敬

兵部額外主事王君墓志銘〔一〕

君諱育琮，字秉玉。世爲武進人。曾祖滋生。祖家梓，國子監生。父光燮，以進士起家，終福建連江縣知縣。母白氏，生母黄氏。君自爲諸生，好高吟大嘯，不循俗流矩度，而内行修潔無疵，與人交無城守邊幅〔二〕。乾隆五十三年鄉試中式，明年會試中式，殿試賜進士出身，授兵部額外主事，武選司行走。部中諸曹故事，掌印郎中主可否，其次郎中、員外郎，其次主事。若額外主事，雖同官，以後進，嘗嚴事諸僚。掾史持牘至，視己名署訖，不敢問。如呈牘於尚書侍郎所，隨諸僚刺促行，次立，俟署訖乃退〔三〕。尚書侍郎亦不問一言，如未見者。君至部，意有所否，則不署。時湖南搜捕苗匪，上功狀不平，郎中以下皆已署。君曰：「吾不能爲此。」尚書命改牘平之，諸僚知其誠不忤也。京朝官雖倍禄，時苦乏，君以不治生益困。正月朔，不能具朝衣冠入殿

〔一〕本篇載《大雲山房文稿初集》卷四。
〔二〕與人交無城守邊幅：「城守」，《大雲山房文稿初集》作「城府」。
〔三〕俟署訖乃退：「訖」，《大雲山房文稿初集》作「已」。

門陳賀。旦日，偶驅車過所知，駐大清門下，下車九叩首，人大非笑之，君曰：「屬者，吾發於心，不能自已，不叩首不能復上車行。公等所謂禮，非吾所及也。」噫！君之心於朝廷嚴摯如此，使得竟其用，肯飾纖芥以欺朝廷哉？

君能篆書，爲文縱麗自喜。以嘉慶元年七月甲子卒於京師，年四十一。娶某，繼某，再娶某。〔一〕無子，以仲弟某之子成錦〔二〕、叔弟某之子成鉽爲嗣〔三〕。成錦，國子監生；成鉽，順天舉人。八年正月丙子，葬於城東之原。銘曰：

玉之駹，石之硞也，無珉之尤也。竹之溝，節之臊也，無雈之摎也。性壹氣行，堅直不可煣也。琢之雕之，鏃之羽之，聖人之求也。

〔一〕娶某繼某再娶某：《大雲山房文稿初集》作「娶吴氏，繼娶徐氏，再娶黄氏」。
〔二〕以仲弟某之子成錦：「某」，《大雲山房文稿初集》作「賓雲」。
〔三〕叔弟某之子成鉽爲嗣：「某」，《大雲山房文稿初集》作「育璣」。

李光廷

吏部員外郎李君墓志銘〔一〕

陳璞

吏部員外郎李君恢垣既卒，其子青蕖以狀來乞志其墓。君與璞少同筆硯，長共事數十年，中雖不無離合〔二〕，而聲息常相聞。今青蕖不乞志於當世鉅公，而索之於璞，固以璞爲相知之素也，璞何敢辭？

按狀，君諱光廷，字著道，一字恢垣。番禺人。祖衍西，父治高，俱以君貴，加級贈封中憲大夫。君少慧，讀書數行下。年二十二，充邑生員。己酉拔貢，辛亥恩科中舉人。壬子，成進士，籤分吏部，以主事用，年已四十一矣。

癸丑假歸，長髮賊方據金陵，而粤中群盜因之四起。君居鄉，集紳富出資財，爲團練保衛里鄙計。時賊未張，衆不爲意，迄無應者。君策不行，賊遂大熾，據新造神頭爲巢穴，以千金購君。

〔一〕本篇載《尺岡草堂遺文》卷三。

〔二〕中雖不無離合：「不無」，原作「無不」，據《尺岡草堂遺文》乙正。

君乘夜走會城。城北賊攻城方急，官軍不暇顧鄉落，鄉紳士在城中者，設局謀募勇剿新造各巢，得君至，皆大喜，以君夙負榦濟也。君慮岡尾爲新造後路，賊敗必退據岡尾，則桑梓大受蹂躪，乃請自爲一隊，乘賊敗直入岡尾以犄之。賊果四潰不復能聚，君遂駐岡尾，捕餘孽，撫良懦。衆復推主沙茭總局事，鄉里藉以安。事平，大吏奏獎叙補員外郎。

戊午，入都供職。庚申，天津之役，萬乘出幸灤河，人情洶懼，曹吏散避，君獨留不去，入部視事如故。尚書全公深倚之，大學士周公、尚書萬公皆甚重君。辛酉，事大定，君念中憲公已年逾七十，家無次丁，乃呈請歸養。全公止之曰：「昔人皆去而汝獨留，今人皆來而汝獨去，何耶？且來年京察，汝當一等矣。」諸長官亦共挽之。君思親益切，越日再謁全公，手版直書「前某官」。全公大驚曰：「汝真去耶？汝本寒素，何以爲活？」君曰：「自來舌耕餬口，今歸理故業，足供菽水無慮也〔一〕。」全公嘆之，乃聽歸。歸則主講禺山，又爲學海堂學長數年。大吏延掌端溪書院，修《廣州府志》。終養服闋，竟不復出。

君有至性，少喪母，暮年念及，無不涕者。其弟死時，君在省寓，方與客談，聞報慟哭，立起奔喪，呼舟歸。故人子有貧不能讀者，爲具脩脯使從師。親友有急，力爲經營，至竭蹶以

〔一〕足供菽水無慮也：「菽」，《尺岡草堂遺文》作「淑」。

濟。與人交無城府，而能面折人過；其人去後，則又爲之掩覆焉。平生磊落自喜，好客善飲。於學無所不窺，善言地理，南北往返，所至必詢其山川險要、疆域道里，手録而詳覈之。攻古文，精考證，能詩，而於駢文尤工。歸里後，專事撰述，有《漢西域圖考》七卷，《廣元遺山年譜》二卷，《北程考實》二卷，《宛湄文鈔》十卷、《詩鈔》二卷。光緒庚辰六月某日，以疾卒於端溪書院，距生於嘉慶壬申某月某日，春秋六十有九。配陳恭人，妾許宜人，先君卒。子二：長邁庸，邑生員，陳恭人出；次邁平，福建候補通判，許宜人出。孫二：長延祐，邁庸出；次延祚，邁平出。女四：長適鄔，次適黄，次殤，次適黎。以某年某月某日葬君於某某之原，銘曰：

處亂應變用其智，食焉不避用其義。親老當歸官可棄，等身著述又餘事。銘之幽宫千百祀，郭有道碑此無愧。

王頌蔚

三品銜軍機處行走户部湖廣司郎中王君蒿隱墓志銘〔一〕

葉昌熾

古人稱昆弟之交，范史所書，前有雷陳，後有廉慶。若昌熾之於王君蒿隱，豈惟昆弟也哉！昌熾幼而食貧，與吾弟俯仰事畜，未嘗一日共研削。吾弟不幸早殁，昌熾傭書京邸，聞病遄歸，已不及視含斂，鴒原之痛，至今引爲深疚。而蒿隱則自束髮訂交〔二〕，稍長同學，同舉於鄉。馮林一先生修郡志，同侍鄭鄉者三載。又兩至海虞瞿氏，同勘書目。江鄉百里，扁舟于役，出入未嘗不偕也。庚辰，君先達。又十年，昌熾始釋褐，追隨詞館爲後進，而君已改農部〔三〕，值樞垣。長安居不易，道義之相勖，憂患之相恤，風雨過存，兄弟無如也。君之殁也，其家以海警南下，惟留次子季同，召昌熾同在側，屬纊之日，枕其股而哭之。歲月不居，兩周星紀，君之墓草載陳，而昌

〔一〕本篇載《奇觚廎文集》卷下；又收入《碑傳集補》卷十二，題作「清授資政大夫三品銜軍機章京户部湖廣司郎中王君墓志銘」。

〔二〕而蒿隱則自束髮訂交：「而」，《碑傳集補》無。

〔三〕而君已改農部：「農部」，《碑傳集補》作「户部」。

熾亦將七十老矣。桑海無徒，屏居削迹，欲得如君者共數晨夕，焉可得哉？

君諱頌蔚，號芾卿，又別號蒿隱，其初名叔炳，江蘇蘇州府長洲縣人。先世宋時自汴南渡，居郡之洞庭東山。至明文恪公鏊，族始大，遷郡城，君其十三世孫也。曾祖仲淇，祖朝華，父仁榮，世有聲於橫舍，皆以君官，累封資政大夫，妣皆封夫人。

君生有至性，岐嶷善讀。赭寇之難，鄉居避地，遭贈公喪，伯兄繼殂，桴鼓在郊，絞衾在室，君年纔十三歲，倚廬複壁，卒奉繼祖母鄒太夫人間關出險，人知非常童矣。寇平，返故里，受知於合肥蒯子範先生，以縣試第一補長洲縣學生。丙子，舉鄉試。庚辰，成進士，由庶常散館，改户部，傳補軍機章京。壬辰，試御史，裒然舉首。君樂以言職自效，而樞臣以熟手奏留，非其志也。君所至事賢友仁，與海門周彦昇明經共學最早，里門耆舊如潘郋侯〔一〕、朱怡雲，事之在師友之間。其餘文字交，如袁瓌禹、管申季〔二〕，同朝如李蒓客、朱蓉生、沈子培、黃仲弢、梁星瀨、安孝峰〔三〕，皆當世閎偉君子，交重君無異詞〔四〕，而與桐廬袁忠節公過從尤密，申之以婚姻。禁廷退

〔一〕里門耆舊如潘郋侯：「舊」，《奇觚廎文集》《碑傳集補》作「宿」。

〔二〕如袁瓌禹管申季：《碑傳集補》作「若管申季、袁瓌禹」。

〔三〕安孝峰：「孝」，《碑傳集補》作「曉」。

〔四〕交重君無異詞：「交」，《碑傳集補》作「推」。

直，江亭龍樹，迭爲主賓，明鐙張席，笑言晏晏[一]，然第考德問業，務爲實事求是之學，而不以標榜聲氣。時朝廷以國步日蹙，鋭意圖强，游談之士，倡爲新周故宋之説，君視之蔑如也。及君殁，而邪説披昌，馴至非聖無法，淪胥不返，遂構陸沈之禍。《易》曰「履霜堅冰至」，然後知君之所慮遠也。君敦尚氣節，吴縣潘文勤公本葭莩戚[二]，常熟翁文恭公則庚辰座主也，君非論學不輕造；殿廷考試，師門未嘗通私謁。嘗曰：「得失事小，廉耻事大。詭遇求進，吾不爲也。」文勤龍門高峻，莫敢梯接，顧獨雅重君，奉諱歸里，昌熾函丈侍側，輒曰：「吾家居讀禮，杜門却掃，蒿隱云何？」或得君書，則曰：「蒿隱規我矣。」其見嚴憚如此。治家嗇於自奉，嘗訓諸子古人「儉以養廉」之説，其義甚精[三]。今之墨吏，非必其天性無耻也。簠簋不飭，由於非盜泉之水不足以自潤也。充工程監督差，廠商苞苴，美其名曰「節省銀兩」，君毅然却之，曰：「昔陳稽亭先生印結公項尚不受，况實爲廠商之賕乎？」既入詞館，志在論思廣内，著作承明。又謂：「京曹官惟居言路，衮職有闕，尚可抒其忠讜[四]。吾浮湛郎署，於國無補，於學有損，不如歸也。」浩然有東

[一] 笑言晏晏：「笑言」，《碑傳集補》作「言笑」。

[二] 吴縣潘文勤公本葭莩戚：「公」，《奇觚廎文集》《碑傳集補》作「師」。

[三] 其義甚精：「甚」，《奇觚廎文集》《碑傳集補》作「最」。

[四] 尚可抒其忠讜：「抒其」，《碑傳集補》作「發抒」。

臯之思。未幾而中日釁起[一]，耶山之役，王師失律，海東藩服[二]，淪於戎索。君私憂竊嘆，益鬱鬱不自得，竟於乙未七月朔染疫病不起，其可悲也！

所著《寫禮廎詩集》《文集》《讀碑記》《古書經眼録》各一卷。嘗以昭代樸學[三]，超越宋明[四]，六經皆有義疏，《周禮》爲歷代典章制度所由出[五]，獨無專書，嘗詣昌熾商榷義類，發凡起例，先爲長編，簿書填委，未遑輟簡。在方略館，見殿版初印明史[六]，上黏黄簽，審爲乾隆朝敕校未蒇之本，君於故紙堆中拂拭而出之[七]，删其蕪冗，撮其精要，成《考證擴逸》四十二卷。君才力絶人[八]，博聞强記，王伯申、錢曉徵之流亞。天假之年，名山之業，豈勝最録？而禮堂寫定之本止此。君病且亟[九]，猶執昌熾手曰：「豹死留皮。」目炯炯視。嗚呼，其尤可悲也！

〔一〕未幾而中日釁起：「而」，《碑傳集補》無。
〔二〕海東藩服：「服」，《碑傳集補》作「衛」。
〔三〕嘗以昭代樸學：「嘗」，《碑傳集補》作「又」。
〔四〕超載宋明：「超」，《碑傳集補》作「度」。
〔五〕周禮爲歷代典章制度所由出：「歷代」，《奇觚廎文集》《碑傳集補》作「歷朝」。「由」，《碑傳集補》無。
〔六〕見殿版初印明史：「見」，《碑傳集補》作「得」。
〔七〕君於故紙堆中拂拭而出之：「於」，《碑傳集補》作「從」。
〔八〕君才力絶人：「才力」，《碑傳集補》作「精力」。
〔九〕君病且亟：「君」，《碑傳集補》作「當」。

歿後三年，葬於吴縣五都五圖萬青圩萬樂山麓之栲栳彎。配謝夫人，生子五：長季烈，次即季同，次季鋆殤，次季點、季緒，皆宦學有聞。孫十二，存者守兑、守則、守熾、守兢、守泰、守鼎、守恥、守中。兢、恥隨季同出後於同族。季烈中光緒甲辰進士，分刑部，調學部〔一〕。辛亥國變，拂衣出國門，耕海濱以自晦。君有子矣！客歲歸，既梓君遺稿，又裒述事狀，請追銘其墓，爰爲之詞曰：

癸甲之際火始然，積薪不徙遂燎原。哲人見幾非不先，辨奸抗論如老泉。惜哉聽者規爲瑱，履霜陰凝冰漸堅〔二〕。不周山傾砥柱鐫，君行掉頭逾廿年〔三〕。劫火不侵龍漢前，貞元朝士靈輀旋。栲栳之彎萬樂阡，紫邏青嶂視玉延。抱琴欲彈還輟絃，吁嗟逝者如逝川。

〔一〕分刑部調學部：《碑傳集補》作「官學部郎中」。
〔二〕履霜陰凝冰漸堅：「漸」，《碑傳集補》作「始」。
〔三〕君行掉頭逾廿年：「掉頭逾廿年」，《碑傳集補》作「蟬蜕逾十年」。

龍繼棟

前户部候補主事龍君墓志銘[一]

繆荃孫

君諱繼棟，字松岑，廣西臨桂人。浙江乍浦同知諱光甸，君王考也。江西布政使，治迹入《國史循良傳》，諱啓瑞，君之考也。布政公以巍科侍從，歷事宣宗、文宗，劬學直諫有聲，以通副出綰江西藩條。時髮逆糜爛，兵餉支絀，公佐巡撫耆齡，支拄危難，籌兵食，設防剿，方略有功。屬纊之日，家無餘財，贛人至今思之。公交滿天下，并世若唐確慎、倭文端、曾文正、梅伯言、何丹畦、朱伯韓、邵蕙西，皆相與勵志節，撢問學。風氣所漸，口耳濡染，故君亦忼概有父風，若荀、陳之有慈明、元方也。

君博涉群籍，喜馳騁文詞，通小學，工篆隸，體勢堅穆，近世側鋒鐶紆惡札一埽刮絶。以同治壬戌舉人官户部額外主事，惠陵復土，翰林院檄君恭篆册寶，予笑云：「李陽冰自言斯翁後直接小生，今當謂張惠言後直接君已。」蓋張先生曾充裕陵篆册寶官也。君亦囅然。布政公遺著稿草繁重，成一家言，君次第刊成《古韻通説》《爾雅斠注》《春秋説》及《經德堂集》。又有《是君是臣録》，

[一] 本篇載《藝風堂文續集》卷一，題下小字注「改桐廬袁磢秋同年文」。按，袁磢秋即袁昶。

刺取涑水《通鑑》切於當世急務者，比事屬辭爲之，將以進御當諫書，殺青未竟，而君獲譴，遂中輟。

光緒庚辰，雲南報銷獄起，君以婦翁劉武慎公督滇故，屬爲料理吏璪。軍機章京周瑞清，君邑子也；户部郎中孫家穆，官同曹。兩人受滇員賕，爲言官所彈，下獄對簿，詞牽連及君，逮繫白雲司六閱月。獄具，遣戍軍臺。武慎，中興賢疆吏，有清名，坐失察所遣滇員交通請托，削職歸，而君亦坐此坎壈終其身，命也夫！戍三年，予代君奏記李使相，君父執也，使相資君千金繳臺費得釋回，主萬全縣講院，課諸生有義法。四方多故，君身處一鄣間，日與老兵語，殷憂時事，輒義形於色。手輯録公私邊防奏議，繢畫卡倫、鄂博要害形便，常有效國殤、扞牧圉之志氣，其素所蓄積然也。辛卯，上敕重刊《圖書集成》，用石印法，在上海籌辦。濟寧孫尚書與君有舊，陰爲書成敘勞地，任以校讎，君遂南行。莅局日斠二百葉，幾十萬言，爲之目睇腕脱。積校勘記二十巨册，是書遂成善本。

甲午，慈聖萬壽，君以祝嘏還原銜。乙未，書成，賫兩江咨牘赴闕呈進，值濟寧病免，無人爲君言者，君乃浩然歸。旋主江寧之尊經書院。予官皖南，每白吏事大府，輒與君相見。丁酉臘主君家，同游烏龍潭，樂甚。戊戌夏，怱怱一晤，予旋北行。己亥，君丁太夫人艱，哀毁疾甚，久不接君書。庚子春晚，見君戚督部劉公子，詢之，則君以今年正月物故矣，年裁五十六。遺集若干卷。往者觀荷於南北泡子，棹酒船，臨深淵，與君扣舷浩歌，風雨倏至，天地晦暝，須臾開霽，寒燠頓易，此情此景，宛然心目。予惋君踦落不偶，追懷曩游，怯重履其地，人生百年，臣之質已亡矣，可哀也夫！妻新寧劉氏。子一，述祖，年少嚮學，綿君澤冀在此子。女子子若干人，聟某某。自非太上，孰能忘情？乃最叙君厓略，爲之銘，以塞予悲。其詞曰：

清門贍辯，氣夷以盅。介立平進，可躋大通。一鎩鸞翮，荷戈忡忡。困靡輟學，行戒苟同。不慎交游，而潔其躬。憂能傷年，齎志幽宮。我銘貆石，悲君道窮。

庚子四月，得袁太常同年手書，附寄龍主事松岑墓志，屬交其子述祖。予因其事迹有訛誤處，覆書速君改易，而五月京師變起，七月太常爲權臣所害。志草尚在予篋，謹爲删改，交龍公子上石，庶不負良友之意云。江陰繆荃孫識。

周景濤

學部主事閩縣周君墓志銘〔一〕

林紓

周君松孫既殁之三年，其女來歸爲余叔子婦，然月必侍其母朝君槥於長椿寺；清明、中元，

〔一〕本篇載《畏廬三集》，題作「清奉直大夫學部主事閩縣周君墓志銘」。

必造哭盡哀且病。余宿聞其有劃臂合藥事，心憫其孝，以五百金歸君櫬，且營葬君於閩之大安山。其子爾龢來請補銘，余審爾龢貧〔一〕，未即鐫石而納諸幽，故先成此文以存吾集而已。

君諱景濤，字松孫，又字味諫。祖鈞元，本生祖鍬元。父作棟，年未四十而逝。母馮恭人，躬萬苦字之以長。二十一補弟子員，己丑領鄉薦。壬辰成進士，改翰林院庶吉士〔二〕，散館授刑部主事。丁馮太恭人憂，服闋補外，令如皋。如皋濱海，盜窟於掘港。君至〔三〕，以嚴威切法勒之，豪暴皆慹服莫逞。沈家天井之民，爲仇家所中，言將揭竿倡亂，大府以急檄促君偵之，且繼之以兵。村民大震，相聚自保。君單騎臨撫，俾勿暴動。道遇一學生遮馬首謂勿前，君曰：「此寧足爲亂？爾恤吾死，誤也〔四〕。」且至，民夾路羅拜，君開陳大義，若父之詔子，民皆感涕。時官軍以舟來，君止而遣却之。歸語家人曰：「吾苟微惜其命〔五〕，沈家天井之民糜爛矣！」邑西之十里墩，緝私鹽者誣民爲梟，因而殺人，君爲之伸屈理枉，獄因得直。十里墩之民，乃至今以生祠

〔一〕余審爾龢貧：「貧」下，《畏廬三集》有「罄」字。
〔二〕改翰林院庶吉士：「院」，《畏廬三集》無。
〔三〕君至：「君」，《畏廬三集》作「公」。下文「兩江總督端方以君薦」同。
〔四〕誤也：「誤」，《畏廬三集》作「過」。
〔五〕吾苟微惜其命：「命」下，《畏廬三集》有「者」字。

祠君也。君之治邑如治其家，日坐堂皇〔一〕，投愬者合兩造自爲開陳之，詰駁咸洞其隱，清積牘二百餘起。行獄而憫囚，虞荒而憫飢，見孤寒而憫其無學。乃大出資，清獄中積穢，病囚多蘇，寡殜殗而就死者。時倉儲久空，君預購仰光米五千石實之，如皋飢賴平糶以振。又創立孤幼學堂，得學生百數十人。君曰：「余少孤，不忍見此無父之兒終淪於昏瞀而不親學也。」

君生平工詩能文，然極講宋儒之學，嘗曰：「惰者丐之媒，奢者盗之基。」雖居官，而妻子皆布素。君於公餘，兼治岐黄之術。令如皋三年，上德通理，因得連最，調任甘泉，未赴，會崇陵不豫，詔徵醫江南，兩江總督端方以君薦。大學士學部尚書奏署君學部主事，入直。同徵者七人，君與杜君鍾駿特邀宸眷，賞御膳、江綢、果食。君處直廬，日夕焦悚，若孝子之侍疾於寢門者。然每請善藥多腐朽，列方咸取東朝進止。一日請脉於内殿，聖容憔悴，東朝厲色斥言虚不受補，非常供之藥不許進御，而太監崔玉貴尤豪横無人理。崇陵既大漸，君跪侍御榻，見榻上陳《貞觀政要》一卷，似讀甫及半。崇陵問脉息，君嗚咽不能聲。崇陵微喟曰：「予知之矣。」趣出列方。是夕帝崩於涵元殿。君跪宫門請死，得東朝旨赦勿問。

君既奉國諱，居恒痛哭，酒半尤悲。辛、壬膺國變，乃以醫贍日，益縱酒自戕，遂於壬子九月

〔一〕日坐堂皇：底本「日」下原有重文符號，據《畏廬三集》删。

十八日卒於京寓，則年四十有八也。配潘恭人。子爾龢，海軍部科員。女即余叔子璐妻也。孫揚祖，孫女咸幼〔一〕。嗚呼！君既葬之三年，余始補銘，非緩也，蓋欲下筆輒悲。度冥冥之中，必有與余同戚者，因泣而爲銘曰：

梟獍之世〔二〕，早死曰福。况遂其忠，愈瞑其目〔三〕。枕岡騎原宅所卜，永利後嗣蕃厥族。

葉泰椿

宗人府主事葉鶴巢墓表〔四〕

陳毅

嗚呼！此古獧者鶴巢主事之墓也。仲尼不得中行，而必與狂獧，其言曰「獧者有所不爲」，以謂人必有所不爲，而後可以有爲。其爲不爲非難，而其志固甚難也。今鶴巢於舉世横決、廉

〔一〕孫女咸幼：「女」下，《畏廬三集》有「一」字。
〔二〕梟獍之世：「梟獍」，《畏廬三集》作「禽獸」。
〔三〕愈瞑其目：「其」，《畏廬三集》作「君」。
〔四〕本篇載《郇廬遺文》，題作「葉鶴巢墓表」；又載《島居遺稿》卷二，題作「葉鶴巢先生墓表」。

耻道喪之時，獨能其難，而又不幸而賫其志以歿，豈不爲尤可惜，有以動傷心人之悲吊於其身後也哉？

宣統既亂之後三年，余始識鶴巢於潛樓劉先生坐中〔一〕。其時潛樓慨然引天下胥溺爲己憂，所與游皆當代賢豪〔二〕，而所言又皆當代得失存亡之大計。鶴巢則默然無一語，若不屑屑措意，既席間論議風起時〔三〕，或他顧微哂而退，而扣其説，所見乃往往出衆表。然其貌清癯而微寢，其行卓而苦，其思慮深而曲，與人言，或又拙澀而不克自罄，以故世人多忽焉，雖潛樓亦不之異也，而鶴巢孤往矣。當二聖西狩，潛樓方督學山右，京僚赴行在，多枉詣者。鶴巢其鄉人，貧困甚，乃間關數千百里，策蹇驢徑過，不之謁，人以是議其矯。丙辰之夏，潛樓書要余使東出關〔四〕，余則以賊凱新死，欲北説徐公世昌，而後南説張公勳。衆不能無疑〔五〕，獨鶴巢力贊余，人以是議其道之枉。既群集徐州，事變多不常，衆又慮大舉之不果成，顧鶴巢不憂不成，而竊憂其成且

〔一〕余始識鶴巢於潛樓劉先生坐中：「中」，《島居遺稿》無。

〔二〕所與游皆當代賢豪：「皆」，《島居遺稿》作「多」。

〔三〕既席間論議風起時：「時」，《島居遺稿》無。

〔四〕潛樓書要余使東出關：「書」，《島居遺稿》無。

〔五〕衆不能無疑：「衆」下，《島居遺稿》有「意」字。

敗〔一〕，於是人譁而笑之，以爲怯。其年兵起，鋒鏑交於京津，鶴巢於時故未授官，猶諷余再説徐公，且請偕行以壯余。繇是推之，其怯也，其識也，非怯也；其枉也，其略也，非枉也；其矯也，其操也，亦非矯也。之數者，勇於爲之，人有時或不能，而鶴巢能之，然則其爲人所謂必有所不爲而後可以有爲者，非邪〔二〕？

世稱鶴巢精於醫，乃其欲假醫游將帥間，以自行其大志，則終鮮知之者〔三〕，故有以醫遇鶴巢，雖爲其所不怡，而人竟莫察也〔四〕。昔吾讀《論語》，嘗疑仲尼既言不愠人之不知爲君子〔五〕，何又言「君子疾没世名不稱」？自交鶴巢，始恍然於聖人之言，一以戒無志者之爲人，即一以策有志者之爲己，夫如是〔六〕，吾不禁自爲惜〔七〕，而重爲鶴巢惜已。

歲辛酉，鶴巢歸，病風痺，幾不起，余乞藥寄治之而效。明年北來，道天津，既相見，慨言：

〔一〕而竊憂其成且敗：「竊」，《島居遺稿》作「私」。
〔二〕非邪：此下《島居遺稿》有「何知之希邪」五字。
〔三〕則終鮮知之者：「者」，《島居遺稿》無。
〔四〕而人竟莫察也：此下《島居遺稿》有「此鶴巢所最疚心者也」九字。
〔五〕嘗疑仲尼既言不愠人之不知爲君子：「不知」之「不」原脱，據《島居遺稿》補。
〔六〕夫如是：此下《島居遺稿》有「而士之志之不自白者大可哀」十二字。
〔七〕吾不禁自爲惜：「不禁」，《島居遺稿》作「用是」。

「當死生呼吸之間，君乃遠道欲活我，此情良可念。」因臚述己抱，雜舉其生平所歷〔一〕，而卒以猥自信還謂余：「君亦猥者也。然君名終當顯我。則寂寂可悲爾。」余欲慰之，猝無詞，爲賦陸士衡《猛虎行》，至「志士多苦心」，輒諷詠再三。鶴巢淒然泣下沾襟，起而執余手曰：「我識君晚，然而知我者君也〔二〕。他日當有以文吾墓。」自是遂去不見。乃今而後知其爲訣辭也。傷哉！

鶴巢，武寧葉氏，諱泰椿，字鶴巢也。光緒戊子舉人，甲午成進士。官内閣中書，擢宗人府主事。國變，百僚并廢，府主事二獨不裁〔三〕，故得幸卒於官，宣統癸亥六月辛亥也，年五十七〔四〕。祖某，父某，贈中憲大夫。祖妣某氏，妣某氏。娶某氏，繼娶某氏，皆恭人。子在煊、在炘、在熾。將以某年月日葬其縣之某山，余以夙有諸也，得赴告，遂書以表其志如此。

十月乙酉朔六日庚寅，湘鄉陳毅表。

〔一〕雜舉其生平所歷：「生平」，《島居遺稿》作「平生」。

〔二〕然而知我者君也：「而」，《島居遺稿》無。

〔三〕府主事二獨不裁：「二」，《島居遺稿》無。

〔四〕年五十七：「七」，《島居遺稿》作「六」。

碑傳集三編卷十三　督撫一

楊永斌

原任廣東巡撫兼署兩廣總督楊公傳〔一〕

王先謙

公姓楊氏，諱永斌，字壽廷。雲南昆明縣人。康熙三十八年舉人。四十一年，援例發廣西，補臨桂縣知縣，以廉明愛民稱〔二〕。遭喪去職，百姓送者號泣塞路。服闋，補直隸阜平，署平山，改大城。六十一年，用捕内監陳進忠事落職，民泣籲巡撫保留。疏上，雍正元年二月詔復官。先是一日，上顧内侍籍大城者問曰：「縣令楊某居官善否？」對曰：「不善。其爲政嚴，有犯必懲，人皆自危。」上於是知公果賢，遂有是命。七月，遷涿州知州。居二年，上問公於總督李維

〔一〕 本篇載《虚受堂文集》卷八，題作「吏部左侍郎楊公傳」。

〔二〕 以廉明愛民稱：「明」，《虚受堂文集》作「能」。

鈞，維鈞以迂執對。上問故，曰〔一〕：「鹽典商規不受，甕盜不以聞。」上曰：「信如是，良吏也。」數日，擢貴州威寧府知府。召見，温語嘉奬。威寧介滇、蜀，與烏蒙、鎮雄鄰，二府土人不靖〔二〕。公至，以奉檄分界，單騎入烏蒙夷巢撫慰之，而密遣人僞市賈，分道圖其地形歸。鄂爾泰公總督雲貴，公進謁，鄂公曰：「上任君威寧，責望重，君知之乎？」公因言二土酋不懲，終爲邊患，出懷中圖進。鄂公喜，問計，君曰〔三〕：「烏蒙禄萬鍾年幼，諸土司未附，圖之今其時矣。請毋曠日勞師，但發威寧、畢節兵壓境，馳書諭以川督劾萬鍾不職，奉命質審。萬鍾出，它不問，否則兵疾臨之。烏蒙平，鎮雄勢孤，必乞降。不一月，二府定矣。」鄂公從之。召萬鍾不至，令游擊哈元生及公進討。萬鍾遁，烏蒙遂降，鎮雄隴慶侯亦請納土。凡三十三日而兵罷。

六年，米貼土婦陸氏叛，官軍四集。公語總統哈元生曰：「賊以晃山、巴補爲後路，事急，則渡金沙江而逸。當以重兵扼其前，奇兵越江攻之，迺可殲也。」元生從之，克獲如其策。鄂公疏薦公可大用，遷貴東道，改糧驛道，署按察使。朝臣有爲畝税軍田議者，部檄下，公上書鄂公，

〔一〕曰：《虚受堂文集》作「對曰」。
〔二〕二府土人不靖：「二府土人」，《虚受堂文集》作「二土府夷人」。
〔三〕君曰：「君」，《虚受堂文集》作「公」。

言：「議者以天下軍田皆官田，給屯軍耕，非民業比，且畝税銀五錢非苛〔一〕。不知軍田糧以屯租爲準，已數倍於民田，轉相授受〔二〕，與交易民田無異，又畝税之，是重科也，民必不服。且前代設軍田，邊方尤多，黔省軍田税以數十萬計，有司徵比逾正供。當多事之秋，更爲民增剥膚之患，驅之爲亂耳。」鄂公即以其議聞，而黔、滇軍田并得免。

七年，擢湖南布政使。始至，湖南方以軍田計畝，丈未定，胥吏四出。公援案請〔三〕，皆獲免焉。九年，改廣東。十年，署巡撫，旋實授。粤地多山，雖瘠可耕，濱海斥鹵可藝稻，民俗逐末趨網罟利。公檄州縣，覈曠土，得六千八百餘頃，因疏言：「瘠田雖産穀少，若多墾數十萬畝，即可獲數十萬石。歲歉獲薄，亦資養民〔四〕，免飢驅爲盜。宜多方勸導，以盡地利。」上嘉納焉。於是墾田百十八萬餘畝，以贍無業者。方公陛辭時，上以粤中文武大吏牴牾，門户黨援未絶，諄諭及之。公坦懷接人，虚己集事，僚屬翕服，宦習遂變。獲劇盗余猊、陳美倫數十輩，置之法。諭曲江、乳源諸崗猺歸化，而劫竊之患絶。以西洋天主堂習爲奸，驅之澳門，令番船不得泊省城下煽

〔一〕且畝税銀五錢非苛：「非」，《虚受堂文集》作「不爲」。
〔二〕轉相授受：「轉」上，《虚受堂文集》有「民」字。
〔三〕公援案請：「案」，《虚受堂文集》作「例」。
〔四〕亦資養民：「民」，《虚受堂文集》作「人」。

愚民。西人數十年不近廣東省城，自公始也。

乾隆元年，兼署兩廣總督。二年三月，調湖北巡撫，兼署湖廣總督。九月，調江蘇。三年五月，上以公自陳衰老，召署禮部左侍郎。十月，授吏部右侍郎。四年三月，因病乞休，命原品休致〔二〕。五年卒，年七十一。公受知兩朝，平時寵賚不可勝紀。自粤入覲，召對，賜坐及茶宴、御書，御馬鞍轡各一乘，自午門出，時人榮之。孫瑾，官浙江按察使。後裔以文學科第世其家弗絶。其六世姪孫基善，以祖徙湖南，爲黔陽拔貢，篤行博學，與余友善，乞爲其家傳。

前史官王先謙曰：方公以鴻漸之翼，沈抑下僚。内侍不足道，彼總督者乃不知潔身除暴爲良吏，非天子聖明，烏能伸其志乎？公卒，鄂公志墓，推爲滇、黔第一人，共事久，知公深也。烏蒙，今爲雲南昭通府，鎮雄爲州；米貼，今永善縣云。

謹按：楊永斌，錢纂未載，《清史稿》有傳，與王撰家傳大致相同，互有詳略。永斌撫粤，著有聲績，《廣東通志・職官表》無之。廣州府學所存雍正十年造銅鎛鐘銘，有「巡撫楊永斌」銜名。《番禺縣志・韓海傳》「乾隆元年，巡撫楊永斌欲以鴻博薦海」，紀年皆與傳符，足爲阮《通志》補遺。

〔二〕 命原品休致：「休致」，《虚受堂文集》作「致仕」。

顏希深

顏希深傳〔一〕　《廣東通志》

顏希深，字若愚，連平州人。幼穎異〔二〕，而器宇凝重。及長〔三〕，勵廉節，達時務，意岸如也。乾隆己巳，由川運例，任山西太原同知。恭辦駕幸五臺行營諸事，毫不擾民。癸酉，擢知山東泰安府。建考棚，設書院，嚴察徵漕浮收之弊。恭遇東巡，召對行在，高宗純皇帝有「顏希深他時可大用」之褒。調濟南，開烏龍河，得膏田百餘頃。遷督糧道，值德州大水，不俟請發振，全活萬計。

壬午，特旨補授川臬。會入對，上詢知希深母老，調補江西按察使。希深感激恩遇，抵任清理積案五百餘事，囹圄多空。歷福建、江西布政使。丁内艱歸，適大饑，捐廉俸所餘，設法助振。起補前缺。

〔一〕　本篇載道光《廣東通志》卷二九一。

〔二〕　幼穎異：「穎異」，《廣東通志》作「穎絶」。

〔三〕　及長：「及」，《廣東通志》作「暨」。

辛卯，復丁父憂。服闋，入覲。時金川逆酋負固，命希深馳赴四川角木交辦糧務。先是大兵雲集，定西將軍阿桂等分西、南、北三路進剿。角木交者，當北路軍營後路，斗入賊境，爲險要必争之地也。希深馳傳至，飛挽糧儲，不絶於道，諸軍無後顧慮，於是有罙入之志。希深因疏言木池糧臺限於山勢，不能與營盤毗連，且防兵單弱，請添派兵丁，闢地安營，隨時操演，以綴賊勢而壯軍威。又請增設碉卡，斷賊之來；斫伐林箐，防賊之伏。疏入，均蒙嘉獎〔一〕，隨賞戴花翎。既而大兵連克賊碉，乙未冬，定西將軍阿桂率師罙入〔二〕。時山重雪積，挽運維艱，希深催趲拊循，露宿十有二夜，以故糧隨兵進，軍聲赫然，大功告蕆。凱聞，留蜀督辦軍需奏銷事宜。

明年，擢湖南巡撫。初湖南吏治廢弛，希深下車整飭，又奏立普濟堂，歲養老民五百名口，潔己率屬，治尚清平，楚民愛之。戊戌，内擢兵部右侍郎，尋轉左。庚子，命署黔撫，移署滇撫，旋補黔撫，以勞瘁卒於官〔三〕。希深起自海隅，清操淬厲，以是荷主知而肩大任，中外敭歷，夙夜匪懈，心迹雙清。表聞，天子悼惜，恩賜有加。黔民相吊，有泣下者。

〔一〕均蒙嘉獎：「嘉獎」，《廣東通志》作「嘉允」。
〔二〕定西將軍阿桂率師罙入：「阿桂」，《廣東通志》作「等」。
〔三〕以勞瘁卒於官：「瘁」下，《廣東通志》有「病」字。

戴三錫

丹徒戴羨門尚書神道碑銘〔一〕

程恩澤

道光十年六月二十八日，署工部左侍郎、前四川總督戴公薨於京邸，奉旨加尚書銜〔二〕，照尚書禮賜恤。越七月二十三日，禮部尚書湯公金釗奉旨賜奠於私第，户部、工部各遵頒發祭葬銀如例。其年秋，公之喪至鎮江，其嗣君郎中於義寓書於恩澤，屬撰神道碑。恩澤於公有世誼，且辱公知好甚久，不敢以不文辭。

按狀，公姓戴氏，諱三錫，字晋藩，號羨門。江蘇丹徒人。曾祖京鸞。祖士鵬，湖北嘉魚縣典史。父紀，入籍順天，補府庠生，考取三禮館校録，江蘇青浦、金匱縣主薄〔三〕。三世皆以公貴，累贈榮禄大夫，例晋光禄大夫。母張氏、淩氏，累贈一品夫人。

公讀書期大用，不爲無益之學，尤樂觀古名賢大君子出處施設。中乾隆丙午科舉人，癸丑

〔一〕本篇載《程侍郎遺集》卷八，題作「戴尚書神道碑」。
〔二〕奉旨加尚書銜：「奉」，《程侍郎遺集》無。
〔三〕金匱縣主簿：「縣」，《程侍郎遺集》無。

科進士，以知縣用，署山西潞城縣，補臨縣〔二〕。縣彫敝，公撫字有方，以治行聞。時公父光禄公、母凌夫人春秋高，不能就官舍養，公思慕不置，一旦引疾歸，而光禄公、凌夫人俱謦膳，不半載相繼歿，人謂孝感若有先告云。

嘉慶五年，公服闋，引見〔三〕奉旨發往四川。時蜀方治軍，公至即攝營山縣。縣當四達之衝，供帳絡繹，公籌邊無誤〔三〕。補南充縣，攝綿州知州，擢峨邊廳撫夷通判。公在綿有惠政，去之日，父老遮道哭，請建生祠，公力却之乃已。歷攝資、眉、邛各直隸州知州，成都府通判，保寧、順慶、夔州、成都各府知府。

嘉慶二十一年，公再攝邛州。時奸民黄子賢等〔四〕，嘯聚亡命千人，約以州試文童日乘間發。公偵知聚謀之所，屆期仍扃試如恒，密遣民壯數百突往捕，悉禽之。案具，大吏欲以軍功奏，公請戮首惡一，餘以軍流處之。得旨嘉獎〔五〕，時公已擢茂州知州。二十三年，擢寧遠府知府。

〔二〕補臨縣：「臨縣」，《程侍郎遺集》作「臨邑縣」。
〔三〕公服闋：「公」，《程侍郎遺集》無。
〔三〕公籌邊無誤：「邊」，《程侍郎遺集》作「備」。
〔四〕時奸民黄子賢等：「時」下，《程侍郎遺集》有「有」字。
〔五〕得旨嘉獎：「嘉獎」，《程侍郎遺集》作「獎飾」。

道光元年，擢建昌兵備道。時雲南永北廳夷匪啓釁，與寧遠界一金沙江，川民騷動。公募鄉勇數百人〔一〕，昕夕練習防衛。永北難民沿江就食寧遠，寧遠兵弁欲禁不使渡江，公謂避難皆赤子，悉嫗撫之，全活不下數萬人。兵既息，難民感公德，不願旋，因著籍於川。時制府蔣公攸銛〔二〕，素以人才爲己任，見公略能禦强、仁足撫衆，牘薦甚力。自是公膺特達之知，不三載即以布政使署總督。蓋聖主知人之明，大吏舉賢之誠，我公忠實之政，遂昭著於天下，而天下百職事咸奮勉，守道益篤，朝廷遂收得人心之效〔三〕，實自公始。其年擢四川按察使。

二年，擢江寧布政使，引避原籍，調四川布政使。三年，奉旨：「戴三錫以二品頂戴署理四川總督〔四〕。」自是屢署成都將軍〔五〕。五年，奉旨實授四川總督。公久宦蜀，知蜀民立憧好勇〔六〕，教不先也。於是正書院規制，增義學三千餘區，拓考舍一千餘區，使士表其民，民化於士。又以治兵定亂，須擢其機；讞獄科罪，須平其衡。蜀舊多事非，時過乃發，致患禍成，即好殺喜功，不

〔一〕公募鄉勇數百人：「勇」下，《程侍郎遺集》有「集」字。
〔二〕時制府蔣公攸銛：「攸銛」二字，《程侍郎遺集》無。
〔三〕朝廷遂收得人心之效：「心」，《程侍郎遺集》無。
〔四〕戴三錫以二品頂戴署理四川總督：《程侍郎遺集》作「以二品頂帶署四川總督」。
〔五〕自是屢署成都將軍：「自是屢署」，《程侍郎遺集》作「後復署」。
〔六〕知蜀民立憧好勇：「好」，原作「如」，據《程侍郎遺集》改。

幸而激大變。七年，新都奸民楊守一等倡邪教、造妖書，公弋獲之，立正典刑。越巂生番，恃險遠，時出没，劫商旅，掠婦女，僉議欲加兵，公但飭吏捕狙黠者數十人治之。雲陽鹽販拒捕，守令以夥梟論。公謂：「售由官肆，則非私販；止十人，則非夥。當以重辟則過矣[一]，惟當治拒捕罪耳。」官吏稱允。其他濬渠堰水利，禁販鬻子女，斷鐙嬉侈靡，掩埋軍興死綏之骨，表彰國殤不屈之魂[二]，凡有關於世道人心者，靡不修舉。《傳》云：「公家之利[三]，知無不爲。」惟公有焉。

七年七月，公七十壽，前期即蒙恩賚，并賜御書「敷猷篤慶」額，時公哲嗣於義任吏部員外郎[四]，恭齎赴蜀，時人榮之。九年，内召署工部侍郎，奉命恭詣東陵、西陵查估歲修事。十年，奉旨以原品休致。公具疏謝恩，蒙召對，上諭以「居官甚好，全始全終」，公免冠頓首謝[五]。公以久宦思省邱墓，入秋擬遄歸，即以是年六月得氣壅疾薨於京邸，春秋七十有三。

公長身火色，目爍爍有紫光。性清峻，不受饋獻。事上唯謹，不阿從；處同列以和，不以己

[一] 當以重辟則過矣：「則」，《程侍郎遺集》無。
[二] 表彰國殤不屈之魂：「魂」，《程侍郎遺集》作「魄」。
[三] 公家之利：「利」，《程侍郎遺集》作「事」。按，作「利」是，語出《左傳・僖公九年》。
[四] 時公哲嗣於義任吏部員外郎：「郎」，《程侍郎遺集》無。
[五] 公免冠頓首謝：「頓首」二字，《程侍郎遺集》無。

長掩人短。精力遒厚，每當繁劇，益見縝密。極嗜翰墨，工行楷，尤工漢隸，手録書及讎校書盈篋。喜讀薛文清、吕新吾兩先生書。記道光元年恩澤典四川試，見蜀士民述公爲州縣時，視民若子姓；其班春也，過一郵墟，則父老咸邀停車，奉茶果爲壽，嫗携幼稚纍纍環車前，公類能指其姓氏；與父老話農事〔一〕，課雨晴，偶及家人瑣屑，皆歡然應、雜然諾；間有以事角口者，求辨於公，公爲譬况即散去，歲斷獄甚簡。於戲！庶幾古循良之風，復見於今矣。

公配張氏，累封一品夫人。子於義〔二〕，甲戌科進士，官吏部郎中。女一，適山西試用知縣吕兆熊。孫一，朗。女孫一。以某年某月葬於某山之原，銘曰：

大善之積，自微成著，下位廿年。曾不數載，天子有命，統東西川。天子壽公，公七十齡，不懈益虔。文師文黨，武師武鄉，謀略炳然。人震貴速，民知主聖，公宜累遷。所居父在，所去母失，咸戴二天。封圻遠民，惠罕下逮，獨公如前。鄙赫赫名，曲突火始，拔毛斧先。歷先壯老，束身清勤，植志貞堅。恩禮始終，進退綽綽，盍歸乎田？不及省墓，公心不怡，奪公何遄！墮泪之碑，遺愛之碣，過者式焉。

〔一〕與父老話農事：「父」字原脱，據《程侍郎遺集》補。

〔二〕子於義：「子」下，《程侍郎遺集》有「一」字。

吴光悦

江西巡撫吴公墓志銘〔一〕

李兆洛

公諱光悦，原名廷燮，殿試時有同姓名者，純皇帝親更焉。字星一，號見樓。曾祖爾常，始由歙遷常州陽湖縣，居邑城東北内。祖延昭，父題雁，仍世隱德，皆以公貴，贈榮禄大夫，妣皆封夫人。少食貧，砥志勵學，早擅文譽。乾隆甲寅，舉順天鄉試。嘉慶元年丙辰，成進士，官内閣中書。己未，入直軍機房。壬戌，川陝軍功告成，叙勞遷吏部主事。癸亥，補文選司主事。甲子，京察一等，遷文選司員外郎。公幹力强正，辨於古今政治得失之本，而得其遷變開塞旋轉之機〔二〕，當代憲典、時世情狀，又悉綜練。所擬批答諭旨，恒稱上意，機廷委重，時時從重臣讞獄瀋陽、湖北、山東，沈心端度，慎察本末，與輕重比，無有枉撓；恬和無鋒鍔，而日迴霜肅，莫干以私。乙丑，保送御史。戊辰，補浙江道監察御史。己巳，巡視中城。庚午，轉廣東道御史。壬

〔一〕本篇載《養一齋文集》卷十三。

〔二〕而得其遷變開塞旋轉之機：「開」，《養一齋文集》作「閉」。

申，調掌京畿道。公内直久，外省大吏陳奏，利病異狀、風俗異宜、刑法異尚，既盡知之，故在諫院所建白，務權劑緩急，求其切於施行者，疏多留中。未嘗剔一事、擊一人以自爲名。

癸酉，以京察選授寧國府知府。是時兩江總督百齡，前爲湖廣總督，公讞獄時所鐫級者也，銜前事，以承審部控案有所平反，深文持之，以不實劾奏，褫公職。甲戌，援例開復。乙亥，選福建建寧府，以親老告近，改浙江處州府，旋署杭州〔一〕、嘉興等府，所至治辦。

道光元年辛巳，丁太夫人憂。癸未，服闋，補直隸保定府。畿輔郡綰轂天下，劇勩稱最，公張綱挈目，不勞而理。甲申，授河南河北道，分守漳、衛、懷三府，兼管黄河北岸黄沁衛糧祥河下北曹，考五廳堤埽工程，儲茭相楗，屬役賦丈，身駐工所，晝夜巡視。所督上下三省交汛五百餘里，里有分巡，立簿帳總之。汛弁勤惰，兵役聚散，水勢漲涸，堤形安危，晷刻畢湊〔二〕，以相驗稽〔三〕，瞭若示掌，莫遁銖黍。河帥下其法以爲各道式。

乙酉，升湖南按察使。丁亥，升湖北布政使。甫三月，奉召授都察院左副都御史，蓋有問之者，言其老憊故也。既廷見，奏對壯敏，上意益嚮用之。己丑正月，簡放江西巡撫。江西毗連

〔一〕旋署杭州：「州」，《養一齋文集》無。
〔二〕晷刻畢湊：「湊」，《養一齋文集》作「輳」。
〔三〕以相驗稽：「驗」，《養一齋文集》作「撿」。

閩、粤，贛州南安尤錯山谿險，民囂悍，時煽聚攻剽病商旅，或掠人口質以求贖，劫殺之獄日上。公至，則請慎擇長吏，寬其考成，措置經費以裕其用，明賞罰以作吏氣，重購募以絶匪蹤〔一〕，量撫綏以開其悔悟，且請照廣東、福建劫質加等之例，犯從重比，以杜其萌。上皆從之。由是量能授任，幹吏争奮，土無匿奸，民知向方。時朝議鹽法日刓，弊由奸私，當減官價以敵之，緝私梟以杜之。公奏曰：「官鹽有價有課有費，私梟止有價而已。即多減，勢不敵，緝梟急，懼轉而爲盗。鹽之於民，猶布帛菽粟、茶烟竹木也，聽其買賣，任其流通，關津徵税，遠近利賴。若設官徵課於場，竈民運販者，既出課税，即任其所之〔二〕，則私梟皆良商，國課裕而民食便。」上然其言，下其議直省督撫，議竟格。辛卯五月，積雨大潦，郡邑多罹其灾，公既請發帑以振，又捐俸貶食，勸分以濟之，輸滯聚，平市糴，以綏輯之者〔三〕，無不曲至。奏截留漕米八萬石，以裕民食，民以忘其灾。而公遂積勞遘疾，以十二月十三日薨於位，年七十有三。

公面豐皙，少鬚髯，言語藴藉，雖抗論時務有所糾正，未嘗疾言遽色〔四〕。恬素無嗜好，粗衣

〔一〕重購募以絶匪蹤：「蹤」，《養一齋文集》作「從」。
〔二〕即任其所之：「所」，《養一齋文集》作「取」。
〔三〕以綏輯之者：「以」上，《養一齋文集》有「所」字。
〔四〕未嘗疾言遽色：「遽」，《養一齋文集》作「厲」。

惡食，窮達同趣，行己修潔，絶去依傍，而未嘗以矯介鳴節。計生平服官，在軍機、諫院稍久，歘歷於外，所至無三年淹，而因民量地，導宜去泰，咸著成績。施於家，惟孝惟友，事太夫人終身色養，數日曠定省，輒皇皇如有求；有弟負文望早逝，恤其嫠，以子嗣之，居如一焉〔一〕。配陸氏，繼配張氏，皆前卒，皆封夫人〔二〕。再繼配楊氏。子四〔三〕，女六〔四〕。孫八人。

兆洛少時辱文字交，又與公弟同筆硯，比居京師，公方直樞廷，不獲共朝夕〔五〕。其後余客授揚州，而公適主安定書院，時從容游從〔六〕。每宴語而退〔七〕，愧不能知公之深也。某將以某年月日葬公於豐南鄉東原〔八〕，來請銘，其何能辭〔九〕？銘曰：

〔一〕居如一焉：「居」，《養一齋文集》作「室」。
〔二〕皆封夫人：「封」，《養一齋文集》作「贈」。
〔三〕子四：此下，《養一齋文集》有「履仁，候選鹽庫大使，早卒；文嘉，四川候補通判，署敘州馬邊同知；觀，出爲叔父後；咸，監生」三十四字。
〔四〕女六：《養一齋文集》無此二字。
〔五〕不獲共朝夕：「共」，《養一齋文集》無。
〔六〕時從容游從：「游從」，《養一齋文集》作「從游」。
〔七〕每宴語而退：此下，《養一齋文集》有「私心充然，謂天下事有任之者，而」十三字。
〔八〕某將以某年月日葬公於豐南鄉東原：《養一齋文集》作「文嘉將以某年月日葬公於某鄉某原」。
〔九〕其何能辭：「能」，《養一齋文集》作「可」。

皇司亮天，懋翼鄰哉。寅藎勤宣，庶萌焉資〔一〕。磊磊惟公〔二〕，始終不訾。器以道冐，方圜具宜。邛敕庸癉，臣堪匪辭。内勴密勿，外綏暌携。惇亶周行，未爲無施。施所未竟，噫畫我思。存無藏力，殁無遺貲。不激不隨，式寮按師〔三〕。揭揭絅練，洋洋表旗。我辭質幽，陵谷貞之。

謹按：《清史稿·疆臣表》載吴光悦，無傳。

阿林保

國史館傳稿

阿林保傳〔四〕

阿林保，正白旗滿洲人，舒穆禄氏。乾隆三十一年，考取筆帖式〔五〕。三十二年，補吏部筆帖

〔一〕庶萌焉資：「萌」，《養一齋文集》作「明」。

〔二〕磊磊惟公：「惟」，《養一齋文集》作「猗」。

〔三〕式寮按師：「按」，《養一齋文集》作「案」。

〔四〕本篇又載《國史列傳》卷二十九、《國朝耆獻類徵初編》卷百八十七。

〔五〕考取筆帖式：「取」，《國史列傳》《國朝耆獻類徵初編》作「中」。

式。四十四年，補安徽鳳臺縣知縣，旋調江蘇溧水、震澤等縣。四十八年，升松江府川沙同知。四十九年，兩江總督薩載保舉堪勝知府，送部引見。五十二年，補直隸河間府知府。五十三年，擢山東鹽運使。五十五年，署山東按察使。五十八年，諭曰：「浙江鹽道一缺，見已有旨改爲運使，一切新立章程，皆資妥員經理。所有浙江鹽運使員缺，著阿林保調補。」五十九年，因署山東按察使任内〔一〕，失察曹縣盗案，部議鐫級，以道員用。六十年，授長蘆鹽運使。嘉慶元年，因商人范光震呈控總商欺隱窩價一案，命尚書張若渟侍郎成德前往查辦，得旨：「楊秉鉞以總商自議自認，且所領引地又較三商獨優，其爲倡意謀産無疑，阿林保因何率據總商估值詳報〔二〕？若無受其請托情弊，豈肯如此袒護？著即革職。」嗣經軍機大臣會同户部，訊明各商，「該運使等實無徇私袒庇等情，其咎止於辦理不善」。奏入，得旨：「阿林保著加恩賞給主事，在刑部行走〔三〕。」

四年七月，授江西廣饒九南兵備道。十一月，擢江西按察使。六年，調江蘇按察使。七年，升安徽布政使。八年二月，擢安徽巡撫。先是安徽營制統歸江南管轄，至是始特命巡撫兼提督銜，節制通省營伍。十二月，調補湖南巡撫。十年，奏剿辦永綏廳逆苗寨落，擒獲首犯石崇四、

〔一〕因署山東按察使任内：「因」下，《國史列傳》《國朝耆獻類徵初編》有「前」字。

〔二〕阿林保因何率據總商估值詳報：「阿林保」上，《國史列傳》《國朝耆獻類徵初編》有「運使」二字。

〔三〕在刑部行走：「在」，《國朝耆獻類徵初編》作「右」。

石貴銀，上優獎之。又奏永綏七八九十等里繳出侵占田地一萬畝，并鳳凰、乾州二廳亦陸續呈繳，請責成苗弁，分佃取租，及將來邊防裁撤之後，仍挑留苗兵，即將此項租糧支給口食，歸入均田經久案内彙辦。下部議行。

十一年五月，擢閩浙總督，旋密參浙江提督李長庚因循怠玩，上以該督遠在閩省，恐未確實，令浙江巡撫清安泰將該督所參各款一一秉公詳查，據實具奏。旋據清安泰覆奏，諭曰：「阿林保前此密參李長庚因循怠玩，種種貽誤，請將伊革職治罪。朕披覽該督所奏，即覺不愜。阿林保到任不過旬日，地方公事一切未辦，海洋情形素未熟悉，而於李長庚更從未謀面，輒行連次奏參，殊屬冒昧。本日據清安泰覆奏，李長庚帶領兵船，經各口岸〔一〕，并未回署。又轉詢黃飛鵬、何定江二人，亦均稱李長庚實在奮勇等語。是阿林保前此奏參，全屬子虛。著傳旨嚴行申飭。」十月，諭曰：「阿林保統轄兩省營伍。此次雇備船隻，添鑄炮位，又搜洗芹角賊巢，辦理均屬認真。著加恩賞戴花翎。」

十二年二月，京察及期，諭曰：「阿林保雖補放總督未久，但到閩後，於海洋捕務能認真督辦，使洋匪接濟斷絶，勢極窮蹙，洵屬勤勉。著加恩交部議叙。」四月，因前任江西臬司、湖南巡

〔一〕經各口岸：《國史列傳》作「經過海口」，《國朝耆獻類徵初編》作「經各海口」。

撫任内積案繁多，部議降調，均得旨改爲降三級留任。十一月，以失察匪船竄泊普陀，自請議處，諭以「阿林保究係兼轄之員，且見在閩省辦理防堵等事，尚爲認真，著施恩改爲察議。」

十四年六月，殲除首逆蔡牽等，奏入，諭曰：「阿林保年來於各海口巡防嚴密，使一切火藥、米石概行杜絶，不使稍有透漏，該逆乃日形窮蹙，立行殲滅，辦理實屬認真。著加恩交部從優議叙。」七月，調兩江總督。十一月，卒於任。諭曰：「阿林保久膺外任，才猷練達，辦理地方事務極爲認真。不意遽爾溘逝，殊爲軫惜〔一〕。所有任内降罰處分，加恩悉予開復。其應得恤典，著該部查例具奏。」尋賜祭葬如例，予謚敬敏。子瑞齡，浙江同知〔二〕；瑞徵，湖南知府；瑞生，四川知府。

《耆獻類徵》

又〔三〕

阿林保，滿洲正白旗人。嘉慶九年，任湖南巡撫，值監臨秋試，貢院舊有井六，每届試期，味

〔一〕殊爲軫惜：「惜」，《國史列傳》作「恤」。

〔二〕浙江同知：此上，《國史列傳》有「現任」二字（《國朝耆獻類徵初編》作「見任」）。下「湖南知府」「四川知府」同。

〔三〕本則載《國朝耆獻類徵初編》卷百八十七，署「右傳李元度撰」。

輒變，飲之者多病，躬詣井禱，泉頓清冽。永綏逆苗石崇四與苗目石貴銀等，糾集各砦叛，虜守備千總等枷禁之，焚劫官廪，虐殺平民，將進攻凉水内地。命同知傅鼐率所練鄉勇，徑擣苗巢，又檄總兵魁保分扼要道，苗倉卒還鬥，無少長悉就擒，焚其砦十六。遂於沿邊設屯堡，嚴斥堠，列碉卡，置戍卒。士民既樂業，多願均出田畝。因奏請分佃以資耕守，挑丁以備耕戰，收租以裕經費，設弁以嚴約束，捐廉以儲接濟，練勇以肅營規；禁結黨，杜苗民滋事之漸；查叛産，給苗兵口糧之需。均如議行，尋擢閩浙總督。

曾煥

曾煥傳〔二〕

《番禺縣續志·宦績傳》

曾煥，字庶蕃，一字賓谷。江西南城人。乾隆四十六年進士，改庶吉士，散館授户部主事，入直軍機處，擢員外郎。京察一等，特簡授兩淮鹽運使。

〔二〕本篇載民國《番禺縣續志》卷十四。

嘉慶十二年，升湖南按察使。十五年，升廣東布政使。時總督文敏公百齡，舉事多任意，同城官將軍、巡撫莫敢立異同。燠於用人理財獨持大體，能舉其職。廣州舊有六脉渠，乾隆初，總督福康安以六渠淤塞，飭勘修挖，僅存五渠。燠請重加疏治，析五渠爲十：其一自衛邊街鄺家祠七塊石清風橋，達流水井仙湖街仙童橋城脚出玉帶河；又自桂香街、賢藏街，抵馬鞍街城脚出玉帶河；又自旗界西華二巷廟後出西水關口陽渠；又自周家巷閘門渠口會流出玉帶河。以上南海屬。一自蓮塘街起，至獅子橋、狀元橋出東水關；又自蓮塘街，至九如坊狀元橋；又自菜園石橋至虹橋，過狀元橋第三度小石橋，直至正東門水關出玉帶河；又自司後街譚家祠，至文溪橋長塘街、鹽司街城脚出玉帶河；又自正東門内東華里口，至貢院後牆東達城脚出玉帶河。以上番禺屬。并廣濬玉帶河，俾疏泄宣通，由是城中無水患。

十七年，西江潦發，廣、肇二郡田廬被淹成灾，燠親赴勘察，撫恤甚至。時值酷暑，勞瘁不辭，邑人陳曇賦詩送之云：「江豚拜風老蛟徙，廣肇紛紛驚大水。西江積潦向東趨，一雨況當夏甲子。撑船入市竈上床，出門舉目皆流亡。漲退盡愁廬舍没，生還敢怨田園荒？曾公秉志切飢溺，酷暑何辭盡吾職？居民或免爲魚嘆，大夫親見哀鴻色。朝廷恩澤遍灾黎，丁公壬母安能爲？歸時補作監門繪，使我飽讀《春陵》詩。」

燠禮賢下士，於南海謝庶常蘭生、邑舉人崔弼，尤相器重，有詩云：「燕寢清香一樽酒，眼中復得謝與崔。」復於城南建三賢祠，祀周元公敦頤、王文成公守仁，而以新會陳文恭公獻章配，自撰文勒碑紀之，風勵士民。又建虞功曹翻祠於光孝寺，落成，偕邑紳劉編修彬華、邱進士先德諸人雅集賦詩。

二十年，擢貴州巡撫，旋以母老乞養。道光二年，養親事畢，宣宗成皇帝以淮鹽疲弊，特命燠以巡撫銜巡視兩淮鹽政。燠前後官揚州日久，提倡風雅，海内想望丰采。尋召還，以五品京堂候補。十年，卒於京師，年七十有二。方乞養里居時，陳曇買舟往謁，倒屣相迎，拳拳詢念粤中不置。其殁也，粤紳爲位以哭，曇繪像刻石虞功曹祠，以紀去思。

燠著有《賞雨茅屋詩》二十二卷，駢體文二卷，《續金山志》十二卷；又選刻《蘇文忠奏議[一]》二卷，《虞文靖公詩集》八卷，《吕子易説》二卷，《江右八家詩》八卷，《朋舊遺詩》十八卷，《江右詩徵》一百二十卷，《國朝駢體正宗》十二卷。涇縣包世臣稱燠爲詩能深悉民間疾苦，如《詠山燒》云：「層巒從此瘦，春草幾時生。」《望岱》云：「須知天下雨，還望一山雲。」寄意遥深，爲寒畯專家所不及云。

[一] 蘇文忠奏議：「忠」下，《番禺縣續志》有「公」字。

吴榮光

吴榮光傳〔一〕

國史館傳稿

吴榮光，廣東南海人。嘉慶四年進士，改庶吉士。六年，散館，授編修。八年三月，大考二等，記名升用。九年，充順天鄉試同考官。是年京察一等。十年三月，授江南道監察御史。十一年二月，轉河南道監察御史。十二年，充浙江鄉試副考官。

十三年九月，巡視天津漕務。十四年五月，奏言：「例載，沿途重載糧船，顆粒不許上岸，條禁綦嚴，但恐日久視爲具文。見當嚴剔倉漕積弊之際，儻有盗賣，則米石必致虧短，交卸時攙灰使水等弊，由此而起。請旨飭交山東、通州巡漕御史，一律稽查，以清積弊。再，臣風聞南糧抵通，每幫有驗費，有窩子錢。起卸之時，除照例個兒錢外，復有後手錢。每幫每項約制錢一百串或數十串不等，皆幫丁湊斂，坐糧廳號房及書役經紀得受。該經紀等既得陋規，遂與旗丁通同舞弊。與其事後勒令賠補，何如先事預防。請飭下倉場侍郎，設法嚴密稽查。」上如所議行。八

〔一〕　本篇又載《國朝耆獻類徵初編》卷一九九。

月，通州中、西二倉虧短白米，倉書高添鳳等使水漲米，私出斛面黑檔。事覺，榮光坐失察黑檔至二千石以上，革職。十五年，捐復員外郎。十七年，選授刑部江西司員外郎。二十一年三月，京察一等，記名以道府用。四月，升安徽司郎中。九月，充軍機章京。二十三年，授陝西陝安道。二十五年，調福建鹽法道。

道光元年，擢福建按察使。二年，調浙江按察使。三年九月，復授湖北按察使。十月，擢貴州布政使。四年，護理貴州巡撫。五年九月，奏請給假省親，得旨准其開缺，賞假四個月，回籍省親。六年八月，授福建布政使。八年，丁父憂。十年，服闋。十一年二月，授湖南布政使。八月，擢湖南巡撫。

十二年正月，江華逆猺趙金隴聚衆劫掠，據長塘夾衝，榮光率兵馳赴永州督辦。上命傒總督盧坤至軍，即回省彈壓策應。趙金隴故粵之過山猺也，始居江華長塘，距錦田鄉四十五里，與粵之八排猺爲姻婭。賊初劫黄竹寨，官兵次錦田，賊不能進，欲竄粵與八排猺合，又不克，遂竄至藍山之五水猺山裏[二]，脅民猺數千人，欲入九疑山。都司成喜以百人駐將軍坪，衆寡不敵，退

[二] 遂竄至藍山之五水猺山裏：「竄」字原脱，《國朝耆獻類徵初編》同，中華書局《清史列傳》（王鍾翰點校，一九八七年）據中國第一歷史檔案館藏清國史館《吴榮光傳稿》補，今從。

屯大橋，賊遂劫甯遠之黄河魯觀洞。榮光先至永州，以輕進疏防劾永州鎮總兵鮑友智、永州府知府李銘紳等，皆鐫職，仍令隨營效力。撫諭各屬猺寨，使皆安堵。添調桂陽、鎮筸等營兵二千名，并咨鄰省一體堵截，無使滋蔓。二月，提督海淩阿、副將馬韜戰賊至池塘墟，陷伏被害。會總督盧坤遵諭調提督羅思舉帶兵一千，及守備仇懷瑛等，以擡炮五十尊、噴筒三百桿赴營。尋盧坤至永州，榮光回省，奏設局，派知府以下十一員辦理軍需，并請於鄰省藩庫酌撥銀兩，及揀發同知、知縣以資差委。得旨：「逆猺烏合成群，一俟兵力齊集，不難剋期竣事。即公局需員不過數人，足資差遣。似此濫派多員，無非張大其詞，爲該員將來議叙地步。事竣後，即劾章入奏，亦不能俯允所請。餘飭部臣如所奏行。」榮光復會同總督盧坤奏言：「從前剿辦苗匪，用餉過多，請將可以節省者概行删除，其必不可删者五事：一，馬步守兵借給減半行裝銀兩；一，官兵鄉勇支給鹽菜口糧；一，江華等處糧臺雇用站夫，酌給安家路費銀兩；一，隨營長夫，有挖溝、填濠、樵汲諸役，酌予工價口糧；一，江華等處被擾難民，給予撫恤。皆因時制宜，應請量爲變通。」疏入，得旨允准。

四月，提督羅思舉殲賊於羊泉鎮，湖南猺平。八月，盧坤調兩廣總督，榮光兼署湖廣總督。九月，盧坤與榮光會奏：「查江華縣界連兩粤，爲楚南極邊，縣屬錦田鄉距城百八十里，外近粤東八排，内逼九衝山嵩，東距藍山大橋五十餘里，西距本縣錦岡一百餘里，猺山錯雜，箐密林深，爲衡、永兩郡屏蔽，大橋爲廣東連州門户，均關緊要。錦田、大橋嚮僅設巡檢、千總、外委各一員，不足以資彈壓。請將該府同知、游擊移駐錦田，增設防兵四百名，以提標右營守備移駐，作爲錦田游擊中軍。再於提標額設把總内酌撥一員駐大橋，協同外委巡防。大橋向隸臨武營，應改隸永左營。湖南地方類多山谿之險，各營無須多馬，計通省標營共馬兵二千二百餘名，酌裁馬四百匹，以所除餉乾撥給增兵月餉，不惟一隅藉資捍衛，即全省南面亦昭慎重。所有善後事宜，臣榮光分别題奏〔二〕。」下部議行。是月，榮光遵旨酌議裁汰冗員，請將岳州府同知、常德府通判、郴州州判、道州州判，沅江、桂東、通道、石門、慈利、嘉禾各縣訓導共六缺，祁陽、東安、永明、邵陽、黔陽、桂陽、通道各縣所屬巡檢共七缺，一并裁撤，從之。十一月，奏移永州府同知駐江華之錦田，改爲江藍理猺督捕同知；改永州府通判爲永桂理猺通判，駐楊家鋪，加衡永郴桂道兵備銜，節制都司以下。又撫恤被難民猺二千五百余户，修已毁民房六千六百餘間，收繳槍械三千餘件，次第奏聞。十月，榮光奏言：「寶慶府屬桃花坪爲武岡、城步、新甯三州縣水陸必經之地，山重水複，最易藏奸。見訪有痞首等六十八名爲害商旅，委員查辦，請將寶慶府通判移駐，就近撫馭稽查。」得旨允行。

〔二〕 臣榮光分别題奏：「臣」上，《國朝耆獻類徵初編》有「由」字。

十三年四月，奏續訪寶慶府屬沿途水路，有舉人毛蔚、武舉劉岳爲首，私設水卡，阻米索錢，適御史亦有以寶慶土匪私卡通同縣差門丁爲言者，榮光先後拿獲各犯，悉治如律。復查辦不法長隨胡滿等，及各屬包串生事丁書、差役一百餘人，并奏陳懲創先由近始，已將本衙門承差等查明嚴辦，得旨嘉勉。十六年二月，以湖南學政龔維琳被劾，榮光未據實陳奏〔二〕，命降爲四品卿，來京候補。未行，值武岡州逆匪藍正樽滋事，榮光亟率軍駐寶慶；又鎮筸兵譁，榮光并奏聞，得旨留於湖南會同總督訥爾經額剿辦。藍正樽黨旋潰散，生擒其主謀張和尚、陳仲潮等及其家屬，首逆尚未就獲，以撤兵仍命來京。十七年三月，授福建布政使。二十年四月，召入都，以年力就衰，原品休致。二十三年閏七月，卒於家。

《南海縣志》

又〔三〕

吴榮光，字伯榮，號荷屋，佛山人。嘉慶戊午舉人，己未聯捷進士，由庶吉士授編修，歷充武

〔二〕榮光未據實陳奏：「光」下，《國朝耆獻類徵初編》有「先」字。
〔三〕本篇載同治《南海縣志》卷十三。

英殿協修、纂修，本衙門撰文，功臣館提調。以京察一等，授江南道御史，充甲子順天同考官、丁卯浙江副考官。以落職捐復，補授刑部員外郎、郎中。以軍機章京俸滿，放陝安兵備道，調補福建鹽法道，經任陝西、浙江、湖北按察使，貴州、福建、湖南布政使，護理貴州巡撫，擢湖南巡撫，兼署湖廣總督。

其居翰林也，大考翰詹列三等。睿皇帝幸翰林院，命仿柏梁體賦詩，尋進《周甲同文頌》，蒙恩賞，以久居詞曹，保送御史。時掌院朱珪座主也，謂：「隨坊局内遷，可階清顯，不宜安小就。」榮光謂：「御史言官，上可肅百僚，下可達民隱。」遂保送。

其居柏臺也，命視通州倉，奏言：「河北官船朽爛，地方官不賠補，專拿民船協濟，民困追呼，宜委大員查辦。」巡視中城，值荒辦平糶，多設粥廠，挨次領簽，無攙越、等待、扣剋、浮開之弊。命視天津漕務，到即革陋規，却賄賂，并發偷賣偷買、投文驗封等弊。役捕獲巨蠹懲之，漕政以肅。

其出秉文衡也，得陳傳均等八十三人，多知名士。是時提學爲吏侍潘世恩，會試房師也，科歲優等洎新進得售四十餘人。師生沆瀣同符，浙省以爲佳話。

其居刑部總辦秋審也，頻年隨扈熱河、盛京，所有行在案件，隨訊隨結，笞杖之罰，剖判周詳，以淑問勞叓蒙綢緞、鹿馬之賜。其時林清犯禁城一案，情罪重大，派審至十人，綿延及五載。有以犯供牽連，名姓偶同、聲音相近，省誤拿解到者，先後九百餘人。榮光始終其事，無辜拖累者省釋甚多。嗣後頻隨大員出差審案，在陝，分晰開棺見屍、鑿棺取財罪名不同，詳告屬吏；在閩，則平反建陽令押斃連斗盛、捏報伊子毒父身死，以雪沈冤。他如開藩陳臬，清釐積案尤無數。蓋榮光初入部時，阮元謂「刑爲生死所關，官此者勿以爲幸」，潘世恩謂「刑部愈精愈刻，刻則犯罪必多」，榮光服膺師訓，又精研律意，出以慈和，故所辦無不允協如此。

洎出任外臺，於地方所宜，力爲整頓。於陝，搜老林，逐盜匪外，修渠堰，灌荒田，振恤凶歉，救活數萬人。於閩，止械鬥，拓舉場，購遺書，修省志，修廢堰，開洋田。於浙，懲土棍，修火政，捐廉俸振災黎。所至俱有利賴。惟黔省地當邊徼，漢苗雜居，俗獷風澆，官此者難終日。榮光加意訓導，設法撫綏。其地有橡樹，能育野蠶，蠶成作繭〔二〕，可資被服。前遵義府曾以此教民，故播地較他方爲富。榮光捐廉爲倡，買橡種，延栽師，遍布通省。逾年功成，民咸温煖。其實惠及人咸此類也。榮光深知窮簷疾苦，居藩臬，所屬凶荒皆核實請奏。及升楚南開府，任專圻，益以宣德達情爲務。湖南地勢窪下，水潦洊臻，故於正耗錢糧，請蠲請緩；於蘆地草課，請豁請減收；於潰缺水堤或倒塌被燒房屋，或捐廉助修，或借支口糧，咸公給葺費，無不據實陳奏。蓋其慈惠之誠，下恆民隱，宜乎每有遷除，咸卧轍攀轅、感泣不自已也。

〔二〕蠶成作繭：「蠶」字原脱，據《南海縣志》補。

道光十二年，江華錦田猺趙金隴糾衆焚掠，榮光方駐永州謀堵勦，而提督海淩阿等輕進失事。上命湖督盧坤辦賊，榮光回省備糧餉，適新提督羅思舉至，偵知賊聚羊泉，四面蹙之，大敗〔一〕。然楚猺平，粵猺又動。上命盧坤督粵東，榮光兼署湖督，辦善後，奏請開拓錦田土城，改錦田司爲江藍理猺同知，將永州府同知移駐楊家鋪〔二〕，設永桂理猺通判，以永州通判移駐，并移永州游擊帶兵駐防桂，咸聽永郴道節制。奏入報可。

時蠻夷震疊，封疆晏然，榮光久於其官，上下孚愜，故當兵燹凶歉後，城垣衙署、炮臺郵置，次第興收。暇日招集文士，仿阮元撫浙開詁經精舍、督粵開學海堂故事，置湘水校經堂，所造就如賀桂齡、鄭敦謹、黃兆麟、丁叙忠，皆一時之選。以歲終考學臣有自佔地步語，降四品京堂。到京引見，奉有「在湖南辦事甚好，年力未衰」之諭，再藩閩中。榮光感激天恩，倍加振作，本經訓以端學術，有七閩經義之編；禁邪教以靖巫風，有蝶母尼庵之訪。至廓義倉、籌民食，無不先事預防。然敭歷中外數十年，已逼近古稀矣。二十年展覲，以年力就衰休致。迨抵籍，大吏以洋人滋擾，與商辦團練〔三〕、築臺樹栅不少休。旋以足疾就醫桂林，將輯成生平所著書，未竟而卒，年七十一。

〔一〕大敗：「大」上，《南海縣志》有「賊」字。

〔二〕將永州府同知移駐楊家鋪：「駐楊」，《南海縣志》作「駐於揚」。

〔三〕與商辦團練：「團」，《南海縣志》作「屯」。

榮光家本素封，早登詞館，得與當代名公鉅人上下議論，文章學術，具有淵源。其駢儷詞章之學，得之德清蔡之定；訓故聲音之學，得之儀徵阮元；金石考證之學，得之大興翁方綱；真草行隸之學，得之諸城劉墉；若有守有爲，圖功立事，又掌院南昌彭元瑞所激勵裁成者也。素寡嗜好，凡聲色玩好、宫室園林之美，略不關心，而於法書名畫、樂石吉金、冢書壁簡，視同性命。晚年家居，惟立宗祠，置祭産，以惠宗族；築賜書樓，儲古籍，以訓子孫。故一門之内，甲第聯翩，群從弟兄，幾於人人有集，不愧簪纓之族、詩禮之家。子尚忠，蘇州府經歷；尚志，户部主事。

吴荷屋中丞事略〔二〕

繆荃孫《藝風堂筆記》

吴荷屋中丞，爲阮文達高足弟子。所著《辛丑銷夏録》，仿《庚子銷夏記》，收藏之真，考訂之雅，蒐證經史故事及前賢遺聞，與文達《石渠隨筆》相近。撫湘時，識瞿木夫於雜職，修《湖南金

〔二〕　本篇載《雲自在龕隨筆》卷五，作：「吴荷屋中丞名榮光。《辛丑銷夏録》仿《庚子銷夏記》，收藏之真，考訂之雅，勝梁退庵多矣。中丞爲儀徵阮文達高足弟子，故賞鑑之事具有淵源。其間考證經史故事及前賢舊聞，雅與文達所撰《石渠隨筆》相近。中丞撫湘時，識瞿木夫於雜職，專修《湖南金石志》；又建湘水校經堂，拔置通史、識時務之士；至今古學號爲中興，得人亦稱極盛。」與本書所收文字略異。

石志》；又建湘水校經堂，甄拔通經史、識時務之士，至今古學號爲中興，得人亦稱極盛。

又[一]

《耆獻類徵》、《昭代名人尺牘小傳》、《楚庭耆舊遺詩》小傳

吴荷屋中丞，工詩書畫。集中如《録囚篇》《查灾》諸詩，藹然有古循吏風。其收藏之富，幾埒前明項子京。書由率更而旁涉眉山，畫宗仲圭。著《筠清館金石録》，其金文五卷，孤文碎誼，每足以證經。又著《吾學録》《歷代名人年譜》《辛丑銷夏録》《石雲山人文集》[二]《緑伽楠館詩集》，所刻有《筠清館法帖》。又爲詩人梁藥亭修墓，爲文刻石紀之。

又[三]

《永豐鄉人稿》乙上

上虞羅叔言振玉《昭代經師手簡二編序》：陳左海手札中，盛稱吴荷屋先生之治績。荷屋

[一] 本則内容分見《國朝耆獻類徵初編》卷一九九、《昭代名人尺牘續集小傳》卷六、《楚庭耆舊遺詩續集》卷八。

[二] 石雲山人文集：「人」，底本原作「房」，據吴榮光文集名改。《昭代名人尺牘續集小傳》作「白雲山人文集」，誤。

[三] 本則載《永豐鄉人稿》乙（《雪堂校刊群書叙録》）卷上《昭代經師手簡二編序》。

先生所至，倡導學術，有朱、阮風，世皆知之，而勵精持正，釐弊安民，則於左海先生書牘知之，當備異日史官之采。

又〔一〕

《程侍郎遺集》

道光三年冬，恩澤試遵義，過橡林間，風策策然，葉鱗鱗然，記所歷郡皆有橡，不以繭。今過平越、都匀，土益沃，宜橡，因嘆曰：「處處有橡，處處可繭也！」過鎮遠，見方伯吴荷屋先生頒令甲〔二〕，勸民種橡，詞極懇懇〔三〕，駐馬讀之。過思南，遌校官某，韡劄出，則方伯督使巡上下游〔四〕，購橡子播種，期三年成，食繭利。嗟乎！居尊官親民，爲謀百世利，思深哉！可謂君子儒矣！

〔一〕本則載《程侍郎遺集初編》卷二《橡繭十詠》序。

〔二〕見方伯吴荷屋先生頒令甲：「先生」下，《程侍郎遺集初編》有「廉訪宋仁圃先生」七字。

〔三〕詞極懇懇：《程侍郎遺集初編》作「詞懇懇，著街亭。時夕陽爛如」。

〔四〕則方伯督使巡上下游：「方伯」下，《程侍郎遺集初編》有「廉訪」二字。

吴振棫

光禄大夫雲貴總督吴公神道碑〔一〕

繆荃孫

自來國家純臣，當危難之時，力維大局，不懼衆口，初以弭定一方爲己任，繼以不竟其事爲隱憾。如雲貴總督錢塘吴公，於咸豐丁巳，當漢回構釁之時，爲雲南全省計，并爲天下大局計，糾劾鉅紳黄琮、竇垿，撫剿兼施，以紓目前之急。雖省城大定，而遍地皆賊，兵驕餉竭，揞拄兩年，形神交困。上鑒其忠，許其引退。迨後十五年，天下敉寧，然後全滇肅清。蓋苦於時勢之難爲，非才智之不足，而公則引以爲咎，遺言詔子孫弗爲碑志。純臣之心，後世當共諒之。歲在甲寅，清史開館，公之孫慶坻奉行狀來，授簡荃孫，言曰：「公有命不爲碑志，而事迹罕傳於世，迄今已四十年，亦子孫之咎也。敢乞文以上史館，子其無辭。」荃孫爰序而次之。

按狀，公諱振棫，字宜甫〔二〕，號仲雲，晚號再翁，浙江錢塘人。曾祖□□，郡庠生。祖顥，乾

〔一〕本篇載《藝風堂文漫存·癸甲稿》卷二，又收入《碑傳集》卷十四。

〔二〕字宜甫：「甫」，原作「南」，據《癸甲稿》《碑傳集》改。

隆己卯舉人，遂昌縣訓導。父昇，乾隆癸卯舉人，四川資州直隸州候補知府。三代皆以公貴，贈光禄大夫，妣皆一品夫人。公幼慧勤讀，輒有神悟。癸酉，順天鄉試舉人。甲戌進士，改庶吉士，授編修。戊寅，大考二等。己卯，充貴州鄉試副考官。宣宗御極，召見於乾清宫，奏對稱旨。先充實録館纂修，命充提調。

壬午，京察記名，旋授雲南大理府知府。請訓日，上諭以南服遐荒，當以重農貴穀爲首務，公頓首受命。丁亥，父憂服闋，授山東登州府知府，改沂州。戊子調濟南。癸巳，母憂服闋，授安徽鳳陽府知府，擢山東登萊青道，以事降一級。己亥再授鳳陽府。〔一〕庚子，調安慶。辛丑，擢貴州糧儲道。癸卯，擢按察使。戊申，擢山西布政使，調四川，旋擢雲南巡撫，兼署總督。乙卯，調陝西巡撫。丙辰，授四川總督。丁巳，調雲貴。時道路梗塞，駐曲靖一年，兵事吏事，一手籌決，夜恒不寐。入省遂病，屢瀕於危，不得已而後去。公之服官，蓋終始於滇者也。歸途由蜀經鄖陽，聞杭州陷，改道入秦。

同治壬戌，詔起耆臣，壽陽相國首薦之。命赴山西，與巡撫籌辦河防。又奉命會同督師勝

〔一〕知府擢山東登萊青道以事降一級己亥再授鳳陽府：此廿一字底本原脱，據《癸甲稿》《碑傳集》補。

保〔一〕、巡撫瑛棨辦理陝西軍務。旋引疾入晉就養。丁卯回里，遂不出。門庭蕭然，無異寒素。庚午十一月〔二〕，薨於家，得年七十有九。遺疏入，奉旨照總督例賜恤，葬於邑東欽賢鄉將軍山。

公在秦撫時，山、陝鹽課攤歸地丁，課隨糧納，數倍於昔，秦民苦之。公疏言：「課歸地丁，則駔儈得賣無課之鹽，窮民倍納無鹽之課，事大有病於民。請改行河東招販先課後鹽之法，於國課民生兩有裨益。」奏入允行。兩省編氓如釋重負，至今猶爭尸祝焉。在大理，嚴罌粟之禁。在黔，立義學，教孤寒子弟；設紡織局，興布帛之利。在蜀，續辦按糧津貼，以佐軍糈〔三〕；停止牙帖，以安商賈。在滇，加增銅廠鑄鑪，以振砂丁；止南掌貢使，以恤屬國。他人一節，足以得名，在公尚不能悉數也。公蚤歲即居清要，既壯膺外任，暮年督師邊徼，比致仕，猶馳傳車往來秦晉間。於齊，於皖，於蜀，於滇、黔，先後皆再至。民生之利害，僚吏之賢否，舉皆殫心竭力，以求一是，章疏所陳無片語虛僞，故能以忠誠結主知，雖言路交劾，不爲動摇，事後咸知所見者大，浮議自息。侯官林文忠公早以「明敏果練、可當大任」許公，至是方知林言之不謬。

公工於詩，尤嫻習國朝掌故，所著《花宜館詩》十六卷、《詞》二卷，《養吉齋叢録》《餘録》二

〔一〕又奉命會同督師勝保：「勝」下，《癸甲稿》《碑傳集》有「公」字。下句「瑛」下同。

〔二〕庚午十一月：此上，《癸甲稿》《碑傳集》有「後二年」三字。

〔三〕以佐軍糈：「糈」，《癸甲稿》《碑傳集》作「糧」。

十六卷，《黔語》二卷，均已刊行。配姚夫人，早卒；繼配王夫人，亦先公卒，祔公墓。子二：長春杰，從二品，蔭生[一]，山西道員；次春燧，殤。女子三。孫男七：長文埕，工部員外郎；次恩垛，候選知州；三榮埒；四即慶坻，丙戌科進士，改庶吉士，授編修，湖南提學使；五善埴；六道坦；七寶堅，舉人。曾孫士鑑，壬辰科進士及第，授編修，官侍講；次士錢。

荃孫素服公詩詞掌故之學，又納交於慶坻、士鑑，爰爲銘曰：

湖上看山，城東結社。公爲名士，吟秋銷夏。鑾坡簪筆，上苑賞花。公爲詞臣，著作滿家。箐霧瘴烟，炮雲刀雨。公爲疆臣，奠安土宇。周旋戚黨，引導材儁。公爲耆碩，丰裁高峻。處事接物，一以純誠。諸葛謹慎，士行恢宏。數典杜鄭，程詩屈宋。息影鄉閭，告終家衖。林泉岡道，佳城穹窿。雲飛華表，日冷喬松。迨今卌年，孫曾繼起。勒銘無愧，敬告惇史。

[一] 蔭生：此二字，《癸甲稿》《碑傳集》無。

碑傳集三編卷十四　督撫二

毛鴻賓

毛制軍傳略[一]

孫葆田

公諱鴻賓，字寄雲，歷城人。幼而穎異，見者咸以大器目之，弱冠名籍甚。道光十一年，舉於鄉。十八年，成進士，改庶吉士，散館授編修。歷充國史館協修、纂修、總纂官，癸卯順天鄉試、丁未會試同考官。戊申御試翰詹，列二等，旋擢江南道監察御史，升禮科掌印給事中。疏言外省虧空流攤之弊，請敕禁革，下部議行。丁母憂，服闋，咸豐二年補兵科給事中。時粤匪紛擾半天下，疏言：「今日不患盜賊之不平，而患紀綱之不振。自古未有憲典不明、刑威不振，而可以立國者。請嚴賞罰、姗紀律。」又言：「欽差大臣賽尚阿駐衡州，北路空虛，請簡重臣分駐武

[一] 本篇載《校經室文集》卷四。

昌、襄陽，以固藩籬。」上韙其議。

三年春，奉命回籍辦團練。陛辭時，面陳團練利弊，及東省捐輸艱難，上爲霽顏曰：「汝好爲之。」明年，粵匪李開方據高唐，陷臨清，公率鄉兵阸河而守，賊不敢窺。又疏劾欽差大臣勝保玩寇糜帑。五年，簡授湖北荆宜施道，未赴。六年，調安襄鄖荆道。當是時，巡撫湖北者爲益陽胡文忠公。初胡公見公所上疏，曰：「所言係天下安危，可謂鳳皇一鳴。」及公在襄三年，捻匪不敢窺伺，文忠以「有膽有識，調度合宜」保奏，奉旨賞戴花翎。其後文忠又以「好善嫉惡，秉心公正」密薦。十年五月，擢安徽按察使，以民情愛戴暫留任。九月，擢江蘇布政使，百姓遮留不能得。

十一年四月，奉命署湖南巡撫。疏言：「前撫臣張亮基、駱秉章於吏治軍務實力講求，用能削平寇盜。即如左宗棠識略過人，其才不在曾國藩、胡林翼之下，若畀以封疆重任，必能保境安民。」尋即實授湖南巡撫。是歲，文宗晏駕，胡文忠亦薨於位。十一月，逆酋石達開犯湖北，竄貴陽，公先後遣副將周達武等擊破之。

同治元年，石逆陷湖北來鳳，公遣總兵趙福元復其城，而會直隸有寇警，禮部侍郎薛焕疏請添設四鎮，詔下各省督撫會議。公疏陳選將、召募、約束、餉糈四難，擬於募勇略增其數，選將訓練緑旗營兵，以資捍禦。直隸總督劉武慎公長佑覆奏，亦如公議。山東淄川逆匪劉德培爲亂，有旨命公籌一旅保衛桑梓，公薦長沙太守丁寶楨可大用，遂授爲山東按察使。其後削平寇亂，洊任封疆，至四川總督，卒謚文誠。人咸服公知人之明。公與曾文正公爲同年友，最相知，文正嘗密疏稱其「忠愛之忱達於面目」。

二年夏五月，升兩廣總督，劾罷巡撫與布政使之不職者，墨吏望風解印。明年夏，金陵克復，江浙餘氛未靖。公疏言：「江西南路與閩粤交界，均無防兵。浙江湖州各城克復後，賊必悉衆上竄。臣已派一軍於閩粤交界，會同大軍進剿。請敕下曾國藩等兼守南贛，庶可一鼓蕩平。」是年冬，粤匪戴梓貴擾高要、東平諸邑，公命總兵卓興擒斬之。督廣年餘，平寇無數，黜華崇樸，風氣一變。旋坐湖南任内失察藩司委署不公，降一級調用。去官之日，人莫不咨嗟太息，公獨處之怡然。

公所至必力籌大局。同治初，貴州苗匪姜應芳據銅仁四府，公命總兵趙福元往破之。廣西巨寇張高友據蓮塘十年，公奏派提督江忠義協剿誅之。蓮塘既克，公疏言：「浙江巡撫左宗棠深入腹地，宜命江忠義帥師顧其後路，令道員席寶田先行。」江西當事移檄止之。公曰：「彼意餉事難籌耳。我豈以私誤公者？」未幾，賊果上犯，江西兵潰，賴席軍馳至，大破賊衆。公料事多中率此類。平居慎於幽獨。初在諫垣，有直聲，居官人或有誣衊之言，公不以介懷，曰：「吾用人行政，事事可質天地鬼神，何憂何懼？」

卒年六十有三，是時丁文誠公實巡撫山東。先是濟南城外有土圩以防寇，文誠用公言，改建石圩。同治六年，寇至不得逞，公猶率鄉兵協守。明年疾作，遂卒。浙江陸心源爲公神道碑，所叙世系及歷官政績詳矣。子慶澄，附貢生，二品廕生，由通判保升直隸州知州，遞保知府至道員，克承父志；承霖，優貢生，光緒十四年舉人，由湖北同知保至道員，亦以材學稱。

兵部尚書兼都察院右都御史兩廣總督毛公墓表〔二〕

孫葆田

公諱鴻賓，字寄雲，世爲歷城人。曾祖諱文英，祖諱振基，考諱廷鏞，三世皆以公貴，贈光禄大夫。妣梁氏，贈一品夫人，生子三，公其長也。幼而穎異，讀書輒通大義。年二十六，舉於鄉。三十三〔三〕，成進士，官翰林。宣宗成皇帝御試翰詹，拜大卷江綢之賜。轉御史，首疏外省虧空流攤之弊，請敕禁革，以重帑項。

文宗顯皇帝御極之二年，公官兵科給事中，疏言：「今日不患盜賊之不平，而患紀綱之不振。自古未有憲典不明、刑威不肅，而可以立國者。」是時粤匪紛擾半天下，竄入湖南。公言：「欽差大臣賽尚阿駐衡州，北路空虚，請簡重臣分駐武昌、襄陽，以固藩籬。」上韙其議。明年，奉

〔二〕　本篇載《校經室文集》卷四；又載《毛尚書奏稿》卷首。

〔三〕　三十三：《校經室文集》《毛尚書奏稿》作「三十三歲」。

命回籍辦團練。五年，簡湖北荆宜施道，調安襄鄖荆道。初公與曾文正公爲同年友，最相知。文正謂公在諫垣所陳，皆關繫天下安危。胡文忠公題公疏稿，以爲：「可謂鳳皇一鳴，必任天下事，天下之民其有托乎！」及公在襄三年，文忠以「有膽有識，調度合宜」保奏，又密疏稱其「好善嫉惡，秉心公正」。十年夏，擢安徽按察使。九月，擢江蘇布政使。公感恩知遇，益圖報稱。

十一年，奉命署湖南巡撫，旋即真授。是歲，文宗晏駕，胡文忠亦薨於位。其年冬，粵匪石達開竄湖北，犯會同。公遣席寶田、周達武等軍擊破之。同治紀元，石逆陷湖北來鳳，公遣總兵趙福元復其城。會山東淄川逆匪劉德培倡亂，朝廷命公籌一旅保衛桑梓，公薦長沙知府丁寶楨可大用。其後卒平寇亂，列於中興名臣之次，人以是服公爲知人。二年夏，升兩廣總督，劾罷巡撫及布政使之不職者[二]，墨吏望風解綬去。明年，金陵克復，江浙餘氛未靖。公疏言：「江西南路與閩粵交界，均無防兵，慮賊肆竄。請敕曾國藩等兼守南贛，庶可一鼓蕩平。」有旨褒許。

公所至必力籌全局，方東南用兵，鄰省請兵請餉，無不悉索以應，故粵匪之平，公雖不在行間，然亦與有力焉。公之爲湖南巡撫也，嘗疏稱：「前撫臣張亮基、駱秉章於吏治軍務實力講求，用能削平寇盜。竊以爲得名將不過收戰陣之功，得賢督撫斯能造封疆之福。」論者謂督撫稱

[二] 劾罷巡撫及布政使之不職者：「使」，《校經室文集》《毛尚書奏稿》作「司」。

賢，公可謂不愧其言矣。又疏稱：「左宗棠識略過人，其材力不在曾國藩、胡林翼之下。若畀以封疆重任，必能保境安民。」左公亦自是駸駸大用。公所舉人才，自左文襄、丁文誠外，如郭筠仙侍郎、蔣文恪志章、惲次山中丞世臨、吴少村中丞昌壽、李星衢中丞福泰，皆經公保薦，世或不盡知也。督廣年餘，黜華崇樸，風氣一變。以湖南任内失察同僚事鐫職罷官歸，時丁文誠公實巡撫山東，用公言，於濟南城外創修石圩以防寇。六年，寇至不得逞，公猶率民團協守。七年，公疾作，遂薨。所著奏議若干卷，藏於家。子慶澄、承霖，皆能承其家學。

葆田先人昔歲服官湖北，嘗事公〔二〕，得知公居官大節。今予奉公子之屬爲外碑，義不敢辭。當咸、同之際，宇内多故，一時人才奮起，號爲中興，而吾鄉赫然立名績、爲將相者獨罕見，如公之受知三朝，見稱於曾、胡諸公不可謂不至，然竟未獲終其用，何哉？公薨今已四十餘年，會今皇帝嗣服，有詔嘉會舊臣，并遍察中興大員政績，於是山東巡撫袁樹勛據紳士公呈臚陳公勛勞忠藎，奏懇恩施。奉旨開復原官，并將生平事迹宣付史館立傳，而後公之志事乃益昭著於天下。然論者猶以公未遽邀易名之典爲憾。予述公事，獨揭其有關於當世者，以俟異世君子之論定，其他則歸安陸心源所爲神道碑文備矣。

〔二〕嘗事公：「嘗」，原作「常」，據《校經室文集》《毛尚書奏稿》改。

曾國荃

曾威毅伯逸事〔一〕

朱啓連

公署兩廣總督日，飾病謝客，謾曰：「吾守府而已。」時越南事急，法蘭西夷釁將起，皆惶惑伺公所爲，公張諭言：「今兩廣無事，部兵私相從何爲者？久且困不能歸。吾今資若歸，慎勿留矣。」而公部兵八千人，統將以下實先後招俱至，以私財養之，外不知也。公爲廣州守策曰：「自虎門至於黃埔兩岸數百里，築壘亡算，壘置砲一，守者數人。夷船至水淺并岸行，度吾砲及乃發。凡洲嶼迴曲，皆伏壘穴土易成，以散制聚，壘焚砲奪，死者不過數人。彼行吾阱中，不知所備，必無幸矣。」收砲於水陸營大小三千餘，皆舊式世所笑者。鄭公紹忠署南韶連鎮總兵，鎮地多山，産材木，公欲斬爲軍實，鄭諾之，公曰：「無戲言。吾取多而期促，不如令，且徇軍矣。」對曰：「公有令，誰戲也？」及期，大木浮江下，公已得旨去任，亟使折回。鄭終不知木何用，亦不敢以告人。凡公事嚴密類此也。公獨居外寢，旦起，案上得劍，朱書「取國荃首」云云，見者失

〔一〕 本篇載《棣垞集》卷四。

色，公笑曰：「戰事孰爲優者，吾豈無衡量，而挾恐以相競也。」左右始知非刺客。重汪先生，機密多所與。主事唐景崧者，善越南官劉永福，請於公往説劉拒夷，公許之。先生疑曰：「唐致公書，意兀傲，殆非更事者。」公曰：「如先生言，然人才六七分即合任用，必俟全才，終無人矣。」唐入越説劉，果挫夷，覆軍殺將，天下壯之。先生嘗問：「八千人守廣州足乎？」公曰：「此戰兵也。守兵用土人三萬，行吾營制，十日任戰，事至召募未晚。吾八千人亦不遽食官餉，節國用耳。」先生憂教民爲間諜，公曰：「吾令悶，彼安知之？且吾强，彼將爲用。」先生嘆曰：「公守雨花臺四十六日，堅苦出萬死以濟，今知其故矣。」公曰：「天也。當是時，吾烏知其必濟？且吾巡撫山西，值旱已甚，吾率宗錢市米船十餘，過某江遇風皆没，資盡不能更率，飢死者始相枕藉，此豈人力未至哉？」先生述此語時，能舉某江地名，而清流言事者，争咎公不設備。

公去任日，悉資其八千人者歸而後登舟，又數日始解維去。觀者不知其何待云。後一年，夷釁作，廣東連營二百餘，糜帑二千七百餘萬，苛斂不足以供，取及博錢。事平，而法弛民困，亂端并作，而某公且昌言曰：「十餘年來，兩廣總督，未有如曾某之不事事者也。」

《翁文恭公日記》

又

曾沅甫言時事三端：一中原民生宜恤；一越事不可動兵；一聽言宜擇，不宜輕發。其談兵事，總不以設險著形爲然，多一險即多一敗象。其言馭夷以柔，以忍辱爲主。其言用人，則以虚以下人爲先，真虚則善言日至矣。類有道之言也。沅甫學有根柢，吾弗如遠甚。其得力在宋儒書，名言甚多，知其成功非倖矣。又：沅甫之學，老莊也，然依於孔孟，主抱一守中，其爲政曰順民心，其處世曰恕，其臨事曰簡，其用兵則皆依乎此而已。又：英使巴夏哩在總署，見曾九甚敬重。《翁文恭公日記》〇《近代人物志》引。

劉長佑

光禄大夫兵部尚書右都御史雲貴總督贈太子太保予謚武慎劉公墓志銘[一]

王闓運

公諱長佑，字子默，寶慶新寧金城里人也。先世碑傳詳矣。公即登仕府君之長子。九歲就傅，通《論語》、五經。十六，府試第一，入縣學。弱冠，游學省庠，十有一年。省覲暫歸，不過旬

[一] 本篇載《湘綺樓文集》卷七。

日。同舍敬憚，稱其和静。刻苦自勵，未嘗驕吝。布衣粗食，終身不改。道光末，充拔貢生，旋值土寇。發軔之始，遂兆兵端。始領鄉軍，實先群帥。楚、湘義旅，江、曾盛烈，公倡之也。廷試例用，歸遘重憂。於是東南波蕩，人無生理。

公沈幾弘毅，夙崇剛節。同縣江公方以知兵見重，深相約結。楚軍援桂，公爲選鋒。還遏郴、永，遂援洪、皖，陭嶇廬、潁。帥殁師熸，脱於虎口，爲湘特將。曾軍大出，盱南甌脱，瀏醴以東〔二〕，唯公城扞。沛公百敗，卒清三郡。險阻艱難，備嘗之矣。上慰州將，下輯士心。道充無詘，衆無其比。既而大捷邵陽，躡寇靈川。文宗昭其忠良，起家授廣西按察使，署布政使，逾月即真。明年開府，一歲三臺，曾何足論。十年宿將，猶惜其淹。雖位顯名高，境無完土。馬飲城濠，烽照轅門。庫無一金，蜚鴻滿野。扶創補敝，劬勞三年。遷督兩廣，入領王圻。群盜蜂蛾，大將蹀躞。公以孤生，領率群貴。乃部署離散，申嚴軍法，斬巨寇張玉懷、驕將王恩弟等於帷幕之下，三輔父老始識軍容。奔命五年，坐無功策免，假三品銜，率所部回籍罷遣。

寇平，叙防河勞，列二品銜。同治十年，即家授廣東巡撫，便道之官。未逾月，移廣西。吏民歡迎，若奉慈母。巨寇初平，餘醜逃死。部内民夷阻兵者，十有八砦，咸禀威愛，稽服就俘。

〔二〕瀏醴以東：「醴」，底本誤作「醒」，據《湘綺樓文集》改。

篚貢復通，桑麻蕃茂，司庫儲銀，乃贏百萬。

光緒元年冬，遷雲貴總督。過家上冢，明年到官。憬彼南疆〔二〕，久成域外，將淫吏瘠，唯賄是聞。公廉正之聲，名於四海。提督有饋，因巡撫進焉，奇琛溢目，一一辨名。公笑曰：「皆不識也！」遂却不受。然性寬多容，委權兩司，報銷行賕，樞臣并黜。公適入覲，或議當以實陳。耻於自異，卒牽吏譴。及造膝温室，初無詰問。誠乎主知，吁其盛矣！

在都引疾，歸五年，十三年六月辛亥，薨於里第，年七十。遺敕諸子，無敢乞恩。特詔褒恤，務從優厚。予謚曰武慎，以表良臣。天下翕然，對揚休命。於是孤子思詢等，以十四年四月，葬我武慎公於本縣東鄉木雞塘陽之原，酉山卯趾。名德莫贊，又已十年。叔子思謙乃謀群彦，僉以爲功烈治狀所能稱者，史册正書，具如家狀。惟公寬柔謹畏，剛而有文。宥密治心，終身學易。幼貧老貴，其容一也。當世才德，莫能與儔。自非親服彝訓，孰能名之？是用追懷景行，勒銘幽宫。感昔同袍，仿佛音容。銘曰：

明有功貢，以勸儒林。匪靳公侯，嘉此忠忱。公起選士，直上千尋。卅年金印，韋布愔愔。

〔二〕憬彼南疆：「疆」，《湘綺樓文集》作「方」。

湘帥雲蒸，奮其智勇。曾德胡功，左勤彭戇。各有廉名，比公猶冗〔二〕。生不交利，子無餘寵。天鑒孔昭，民論誰譽？實武實慎，悃愊有餘。滔滔南海，謨遠且訏。大哉三州，萬姓悲謳。人之云亡，弗扶廣廈。獨寐澗阿，若宿車下。業必有終，時亦可謝。將訪遺徽，都梁嘉夜。

謹按：《清史稿》劉長佑有傳，繆纂惟載王定安撰行狀。

劉秉璋

四川總督追謚文莊劉公碑銘〔三〕

王闓運

公諱秉璋，字仲良，廬江人也。自贛來遷，十世敦龐。曾祖光祖，縣學生員；祖大綵；父諱世家，出後伯父大德：并封一品階官。公岐嶷穎異，生有至性。年六歲，韈行内寢。父見呵之，則對曰：「王父寢疾，恐履聲驚寐。」家人悚然，知其遠器。母躬家事，輒先起汛埽。及長讀書，

〔二〕比公猶冗：「冗」，《湘綺樓文集》作「宂」。
〔三〕本篇載《清芬録》卷二，題作「皇授光禄大夫太子少保四川總督兼巡撫劉公碑銘并序」。

不屑章句，試府縣輒黜〔一〕，乃徒步入京，即中式順天鄉舉。

年二十六，東南兵起，還從軍防徽，保叙知縣。庚申進士，選庶吉士，授編修。於時夷寇交侵，東南瓦解。重臣宿將，相隨僵仆。曾軍特起，純用文儒。李鴻章治軍上海，故曾門弟子。公前從李受經，繼入翰林，同薦公材，奏以佐李。淮將分銘、鼎二軍，英人戈登將常勝軍，同援常熟。遣公策應，進兵福山。寇解圍走，遂克太倉。寇悉踞浙西，以聯蘇、杭，公別募新兵六千人〔二〕，入浙境，克嘉善、楓涇〔三〕。援寇數萬，逆戰破之，克西塘鎮。寇退守張涇匯，公會太湖水師，力戰大捷。我壯寇蹙，望風乞降，嘉善、平湖、海鹽，爰及乍浦，皆爲王土，詔擢侍講。益進兵，克嘉興、湖州府城，賞花翎，巴圖魯號曰「振勇」〔四〕，補右庶子，轉左。江南底平，補翰林侍講學士。軍中開坊，時無其比。曾侯征捻，奏調徐州，改江蘇按察使。李公代統，六傳紛馳。寇亦騰突，分東捻、西捻。公常游擊，馳騁淮、徐、豫、鄂間，寇乘虚入皖，百里争利，鈔出宿松，追至孝

〔一〕試府縣輒黜：「黜」，《清芬録》作「出」。

〔二〕公別募新兵六千人：「兵」，《清芬録》作「軍」。

〔三〕楓涇：「涇」下，《清芬録》有「鎮」字。

〔四〕巴圖魯號曰振勇：「振勇」，《清芬録》作「振武」。

感，大戰河口，復還軍濟寧，卒禽渠魁。遷山西布政使，以凱撤告歸〔二〕。

父喪，服除，特召授江西布政使。巡撫劉公，慴公盛名，側席待之，乃綜覈庫儲，清理官欠，積餉銀數百萬，授江西巡撫。母老請養，再疏得歸，以五世同堂，御書旌美。又召陛見，固辭，留侍母。服除，授浙江巡撫。仍覈官欠，仿江西之政，得庫款數十萬。廷議善其理財，以比蕭、劉。法、越構兵，沿海戒嚴，獨浙防軍，再擊敵艦〔三〕，傷其大將。在任四年〔三〕，遷督四川。乃疏節闊目，崇威養望。屏斥華士，鎮遏浮囂。邊夷内盜，不輕黷武。在鎮八年，吏民畏服。蜀俗傾危，頗構飛語。言官論列，再煩詔使。爰以捕斬教士，致之吏議。六疏乞休，卒乃罷歸。家居四年，有詔特徵，以傷發不赴。

光緒三十有一年，年八十，薨於里第。遺疏上聞，詔開復原官，依總督例恤，功績宣付國史館立傳。江蘇巡撫以士民愛戴，奏立專祠〔四〕。宣統二年，又奉特詔，予謚文莊。追遠飾終，有逾

〔二〕以凱撤告歸：「告歸」，《清芬録》作「告養」。

〔三〕再擊敵艦：「艦」，《清芬録》作「船」。

〔三〕在任四年：「四」，《清芬録》作「五」。

〔四〕奏立專祠：「祠」下，《清芬録》有「有詔聽許」四字。

常典。〔二〕於是故吏門人，以賜碑具載功閥〔三〕，别樹玄石，述公志行。公學在經世，尤長輿地，所過山川，悉圖險要。故見知李公，許爲名將。行軍持重，應機乃發。爲政寬簡，尤耻言利。榷烟采礦，皆疏陳其弊。執志高亮，未嘗降屈。師事李公，兼爲舉將。每見嚴敬，無所依回。頗忤於時〔三〕，亦以自憙。深疾浮華，而敬愛文學。訓迪諸子，被服廉儉。部曲列校，皆有儒風。可謂貧不隕穫、貴不充詘者已。英俊淪亡，時代遷改，雖陵谷之未異，悲風雨之如晦，乃爲銘曰：

湘淮立軍，訓士以文。湘則胡李〔四〕，淮則劉潘。佩刀開府，解甲乘軒。猗與尚書，始臨章貢。民安其政，輿人有誦。禄不易養，母輿親奉。再起撫浙，東海揚波。蛟門虎蹲，羆卧貛過。鳴炮如霆，千里清和。蜀土荒遠，教民奸宄。扇我良懦，激爲蛇虺。往捕其魁，獲嘉有喜。爰初發軔，已屈戈登。矧兹持節，而畏馮陵。不調衆口，翻爲盜憎。返我初服，怡余暮齒。多壽多男，亦文亦史。翰苑既隆〔五〕，蹇裳遂起。榮名有盡，風概難忘。惟帝思艱，慨念凋喪。功存大

〔二〕「宣統二年」至「有逾常典」：《清芬録》無此二十字。

〔三〕以賜碑具載功閥：「具載功閥」，《清芬録》作「褒美」。

〔三〕頗忤於時：「忤」，《清芬録》作「件」。

〔四〕湘則湖李：「則」，《清芬録》作「開」。

〔五〕翰苑既隆：「苑」，《清芬録》作「院」。

樹，寵視連岡。

劉坤一

贈太傅兩江總督劉忠誠公神道碑銘〔一〕

陳三立

光緒二十八年九月五日，兩江總督、南洋大臣新寧劉公薨於位，兩宮震悼，贈太傅，追封一等男，予謚忠誠，宣付國史館立傳，賜祭葬，入祀賢良祠，并京師他立功行省建專祠，子孫官秩各有差〔二〕。飾終之典，邁絶等倫，天下以爲宜。蓋公在江南，斡旋大計，與國爲體，功澤所被，有不能忘。往者亂民既發難畿輔，二三親貴，朋劫皇太后，驟與八海國構釁，因詔各行省悉備戰，勢岌岌。公憂境土糜爛，國遂覆，痛哭而定東南互保之策，守盟約如故，江海晏然。德宗景皇帝之初變法也，與皇太后忤，圖廢立，已陰有代之者，中外噤不敢出聲。公獨傳電匡其失，得稍稍顧

〔一〕 本篇載《散原精舍文集》卷十一，題作「劉忠誠公神道碑銘」；又載《劉忠誠公遺集》卷首，題作「誥授光禄大夫贈太傅一等男兵部尚書南洋大臣兩江總督劉忠誠公神道碑」。

〔二〕 子孫官秩各有差：「子」上，《散原精舍文集》《劉忠誠公遺集》有「進」字。

忌。明歲入對，益反覆諷諫，語絶痛。終以公耆德重臣可信，寢不行。嗚呼！二者即有其一焉，動繫安危存亡重且鉅，微公幾不可收拾，以是海内外想望丰采，推其孤忠大節，而嘆爲無愧古之社稷臣者也。

公諱坤一，字峴莊。起諸生，提鄉兵偕劉武慎公轉戰湖南、江西、廣西，設謀奮武，克城破敵，赫然躋名將。累功至廣西按察使，擢廣東布政使，仍留治軍潯州。未幾，命繼沈文肅公爲江西巡撫。江西久被兵，一切廢罷，文肅治尚綜核，綱紀粗立。公至，一御以寬大，獨懲貪墨不少貸。久之，煦濡休養，元氣益復，吏民便安之，謳思至今。同治十三年，調署兩江總督。光緒初元，改授兩廣，施治如江西，而稍厲威嚴，立劾文武吏七十餘人，戒禁賭盜亦有效。兼粤海關監督數月，所餘銀二十萬兩有奇，悉輸公家，毫髮無所私。五年，移督兩江。其秋，日本并琉球，廷議三道出師援之。公疏陳利害，謂不宜輕舉，報可。明年，用言官掎摭罷歸，偃仰林泉，翛然自逸，嘗笑謂：「今幸與爲秀才時同，但恨失岷樵，不及復授徒其家耳。」公蓋江忠烈之賓友也。

後曾忠襄公薨於江南，難代者，朝野皆延頸屬公，於是果詔起公於家，海内相慶。當是時〔二〕，外侮内患，今昔頗異勢，而江南屯軍，率湘、楚舊部。公首重兵事，參西法訓練，益築吴淞、

〔二〕當是時：「是」，《散原精舍文集》《劉忠誠公遺集》作「此」。

江陰、江寧諸炮壘，於製造局增設鍊鋼廠，易其械器舊式之不合者。中東之役興，我師屢北，乃授公欽差大臣，出駐山海關督師。會和議成，不許固辭，命還任。國勢愈弱，禍釁愈歧出，公以垂老控馭其間[一]，屢平土寇。復歷戊戌、庚子之變，處危疑，拄艱鉅，密圖長算，奮鬥瘏瘁，精力由是寖衰耗，往往積憂勞卧疾，然華夷卒倚以爲重。

公性孝友，幼侍大父疾，輒自掐其膚，冀以移痛苦。接昆弟家人，恩誼周洽[二]。持躬儉素比寒儒。久領封圻，凡撫江西十年，督兩廣五年，督兩江則前後十有六年，故江南人士，雖并前總督沈、左、二曾，歌頌弗衰，尤若引公爲己私。公爲治根廉静[三]，豁達持大體，外和易而中堅定，所負荷萬撼莫能奪，朝廷大政每倚諮決。海酋至者，仰若天人。恥表襮，不務赫赫之名，而通識老謀，涵納萬類，平其嚻競，弭患於無形，策功於久遠。自公薨，其鄉列中興勛舊名臣，智深勇沈、忠篤樸誠之風少替矣[四]。人亡國殄，豈不信哉！

曾祖諱武敏，祖諱茨，父諱孔濬，皆諸生，皆贈光禄大夫。曾祖妣氏鄧，祖妣氏陳，妣氏傅、

[一] 公以垂老控馭其間：「馭」，《散原精舍文集》《劉忠誠公遺集》無。
[二] 恩誼周洽：「洽」，《散原精舍文集》《劉忠誠公遺集》作「浹」。
[三] 公爲治根廉静：「公」，《散原精舍文集》《劉忠誠公遺集》無。
[四] 忠篤樸誠之風少替矣：「誠」，《散原精舍文集》《劉忠誠公遺集》作「勤」。

氏蔣，皆贈一品夫人。配雷夫人，當公援江西，訛傳歿於陣，自刎以殉公，終其身最哀之，得旌如例。繼配曾夫人。無子，以弟培一之子嗣，曰能紀，四品京堂，委散秩大臣，兼襲一等男。孫七人，曾孫二人〔一〕。公享年七十有三，於光緒二十九年二月葬縣南新寨村斗笠冲新山之原。後十餘歲，庚申某月，公子能紀督之刊碑〔二〕，凡戰績治行，暨歷階序、荷寵錫，爲國史志狀所已具，頗不著，著其犖犖數大事，俾百世之下，誦述殊烈，有餘慕焉。銘曰〔三〕：

閭挺二傑，忠烈武慎。公躡與侔，風猷彌振。始挈一旅，鄰疆推刃。功擁驅除，英威霆震。手定贛墟，節麾來鎮。葺其破殘，重睦婚親。遨於帡幪，謳歸道勝。徙治嶺海，文武弛張。潔佩明條，奸貪敗藏。迤邐江南，建牙四至。孰壯巨防，拊我憔悴。禍挑瀛島，公則障之。釁迫宮闈，公則弭之。耿耿藎畫，提殉孤危。卒所宏濟，遺萬世規。事去運移，公暝已久。國立天地，允繫黃耇。舊烈顯詩，光接維斗。

〔一〕曾孫二人：「二人」，《劉忠誠公遺集》作「八人」。

〔二〕公子能紀督之刊碑：「督之」，《散原精舍文集》《劉忠誠公遺集》作「督文」。

〔三〕銘曰：「銘」，《散原精舍文集》《劉忠誠公遺集》作「其辭」。

新寧劉忠誠公神道碑銘〔一〕附跋二則

章鈺代陸文端公

聖清中興，以楚材宣力爲最多。其勛伐尤盛者，胡文忠、曾文正、左文襄之外，實推新寧劉公。公於諸公最爲老壽，故十數年來，萬難措置之國事，悉集於公之一身。同時封疆大臣，亦或各有建樹，而始終一節、無絲毫遺議，則惟公一人。校德論功，與有宋韓、范爲近。古之社稷臣，曠世不一見，公獨允蹈之而無愧者也。

公以諸生從事軍旅，於咸豐年間轉戰湖南北、江西、廣西各省，軍鋒所指，拔名城、殲巨憝無算，尤以破石達開悍隊、平黄鼎鳳老巢爲奇績。積功始授廣西按察使。同治五年，擢撫江西，嗣督兩廣。光緒朝四督兩江，歷時最久。所至以吏治爲先務，勤明廉正，以躬率之。民被其澤，謳嘆至今。凡公治軍保民之大，載在國史，及時賢傳記爲已詳；獨其事關宗社大計及繫天下安危之舉，苦心碩畫，世蔑有聞，宜述一二，以詔來者。

我德宗景皇帝入承大統以來，孝事孝欽顯皇后，爲天下所共聞。外患日棘，德宗鋭意變法，日不暇給，宵小遂藉以生心。戊戌八月以後，聖躬既時有不豫，逾年復有立大阿哥之命。其時

〔一〕　本篇載《四當齋集》卷八。

國基震動，中外洶洶，卒之「母子一心」之語屢見於懿旨，大阿哥亦旋立旋廢。知者謂由公入覲獨對挽回無形，及與親臣榮禄力争以爲不可之故。非常之舉，公固不言。證以公敬念聖躬一疏，硃筆批答，親密如家人，有非他勛舊所敢望者，則知調護兩宫，功在國本，誠可格天，理固然也。

當公入覲之初，拳匪已萌蘖畿甸，公面告直督裕禄究治，不省。抵京後，請明降諭旨禁止。樞臣剛毅陽奉上意，陰實縱之。陛辭之頃，孝欽顯皇后諭曰：「劉某汝行矣，東南半壁盡以付汝矣！」回任未久，即奉各督撫一體召募義和團之諭。時李秉衡以巡閲長江水師駐江陰，迎合中旨，公與之明定職守，并嚴飭炮臺兵輪無得開釁；復撥給餉械，速秉衡北行。秉衡既去江南，公乃與長江上下游諸帥定保護東南之策。公當時電奏，有「從古無以邪教立國者，信用此輩，必肇大禍。各國軍隊攻入都城，有非臣下所忍言者」，措詞痛切，與中旨大相抵觸。幕僚屬稿既竟，謂「此奏朝廷之安危繫之、一身之禍福繫之，應發與否，事須慎重」。公思索少頃，以手加頸曰：「好頭顱，準備付菜市口耳！」即命譯發。時李文忠奉命自粤抵滬，拳燄方熾，大臣被禍者接踵，事機莫測，未遽北行。公謂：「大局敗壞，將來與各國構和，非傅相誰當此任？」適奉電致英、美、日本三國請代排解之國書，遂奏請授李全權先與上海各總領事協議，得旨允行。文忠之得以不蹈危險、卒成款議者，其始則公爲之地也。各項洋債，約以海關充抵。時樞府以業與各國開戰，電飭止付。公以吴淞海面兵艦絡繹，此舉果行，勢將據關收税，分擾沿海各省，則保護之局破矣。乃抗疏力争，照約付還，他省解不及期者，并籌款代任之。大信既昭，事益得濟。其時經畫應付之事，千緒萬端，而犖犖大者則如此。保護之局既定，東南晏然，各國無所藉口，主和議者乃得以相機行事，有斡旋之餘地。河山再奠，微公策，殆無幸也！

公荷封疆重寄數十年，平日不以賢智先人，一當艱屯盤錯之會，則言人所不敢言、爲人所不敢爲，成敗利鈍非所計，而惟知尊主庇民，自完其以身許國之素願。薨逝之日，九重震悼，不由擬請，特謚忠誠。信乎德動天鑒，夐出於一時功名之流矣！公起家儒素，所至風清壁立，峻郤饋遺。督粤時，曾領粤海關督事羨餘至二十餘萬，洗手歸公，部議移奬子弟，辭而不受。好讀司馬《通鑑》，通賓判牘之外，輒手一卷。自撰章奏書劄，則仿陸宣公《翰苑集》體，旨遠而詞雅。長身玉立，目光如電，白鬚清朗，手掌如硃砂。接人則和藹之中時露剛正之氣。平時衣履樸素，有類冬烘；及朝會大典，整肅威容，則揚休山立，儼若神人。相傳爲某寺高行僧再世，彌留吟詩，如有所會，所謂生有自來者與！

公諱坤一，字峴莊，新寧人。曾祖武敏，祖莢。父孔濬，字雲樵，識江忠烈於未遇時，曾文正有《劉孝子詩》壽之。曾祖妣氏鄧，祖妣氏陳，妣氏傅、氏蔣。三世皆封贈如公階。娶雷氏，贈一品夫人；繼娶曾氏，封一品夫人。無子，以弟培一子能紀爲嗣，一品蔭生，委散秩大臣，兼襲男爵。孫七，曾孫二。所著有奏議、公牘若干卷，《補過齋文集》三卷、詩一卷、雜著一卷。生道光十年某月日，光緒二十八年某月日薨於位，年七十有三。追贈太傅兼一等男。以二十九年二月二十九日葬縣□□新寨村斗笠冲新山之原。

公子能紀，宿衛京師，來修世講之誼，謂余久官禁近，粗習國聞，奉公行狀乞銘神道之碑。冲人時距兩宫賓天尚在遏密期内，聖慈聖孝既光昭於萬世，追懷前事，益嘆公之所處爲至難。冲人嗣服，典學方新，時變未可知，則有待膺國家大任者，舉皆事公之事、心公之心，庶幾仁賢迭代，用以弼丕基而寢群謀，抑亦公報國未竟之志，不能不責望於後賢者也。詮次既畢，罣然有懷，銘曰：

人臣事君惟一心，一心所在天日臨。氣數可回虞淵沈，安有古昔安有今？毣毣劉公起百戰，儒效獨爲楚賢殿。内而宫府外邦甸，拚擲一身塞萬變。山頹木壞有謳思，日光玉潔無瑕疵。惟忠惟誠天所知，易名特典疇同之。神州前路莽無極，欲盡臣道公可則。我最其大列幽刻，百世聖人俟不惑。

跋一

此茗理代吾鄉陸文端所撰忠誠碑文也。忠誠薨後，公子能紀奉狀乞文端銘公墓道，文端以屬茗理。逾年，文端旋薨。茗理此文，實成於丙辰之歲，篇中所紀忠誠戰功治績，皆舉其犖犖大者，而調護兩宮及維持東南二大事，尤爲世不及知。即文端知之，而生平謹慎，不言温樹，亦未必能顯言。微茗理此文，藎臣謀國之苦衷殆無由見。天若鑒公之誠赤，殁後乃使茗理操筆爲之，俾撰公傳者得所依據。此事關係絶巨，非尋常銘墓之文也。

茗理所以知公軼事綦詳者，蓋盡得之王君紹延。王君名燮，江蘇道員，久爲忠誠幕客，庚子之役，文電奏牘悉出其手。茗理與王君至戚，故能確知當日之情事。然則王君亦有功於史乘矣。拳匪之變，全國震驚，忠誠保障東南，卒能榰柱危局。使後之膺疆寄者，盡如忠誠，何至土崩瓦解？則知喬木世臣，國家所重。「人之云亡，邦國殄瘁」，古之作詩者，殆有隱痛乎！茗理此文作於國變之後，追惟往事，倍深感觸。脱稿以後，謬承商榷，因手録一通，并志其顛末如此。丙辰九月，鱘溪退士跋，時同客津門。

鱘溪退士，爲鈺光緒七年同補博士弟子員友吴縣高君遠香，諱德馨，同爲先師黄子壽方伯識拔，肄業學古堂有年。嘗以試用知縣發浙江，一投部牒即棄去。累充省垣高中各學堂歷史、輿地教習，以課士有方，上聞傳旨嘉獎。辛亥國變後，以宗旨不同，謝事伏居，借飲酒種花自遣。時鈺辟地天津，知其不能自給，爲作曹邱生於諸家塾，强之北來，講授經史。寓津逾十稔，爲布置硯席，時來棲止，極窮魚呴沫、寒鳥交聲之樂。辛未三月，老病歸里。甲戌秋作古，年政七十。所著詩詞及經小學叢藁，均未付刊。君之爲人也，外和内介，無一言一動之或苟；生際玄黄，更以一秀才之身，不降不辱，此真能不負「讀書人」三字者。

蘭薰雪白，庶幾肖之。此藁承其手録，爲附記生平大概，以代傳志云。乙亥十二月初十日，長洲章鈺舊都北池寓齋記，時年七十一。

跋二

劉忠誠神道碑文書後

新寧劉忠誠公薨逝之後，越數年，公子能紀以千載之托請於元和陸文端公。文端以屬門下士長洲章君鈺代撰，正事屬草，而文端作古。章君不忍負諸責，遂成此稿。余得而讀之，於忠誠公忠君愛國、深思遠慮、未盡之籌、未畢之願一一寫出，可以報文端，即亦可以質忠誠矣。顧予侍忠誠五年，荷公知愛，感觸前事，有不能不綴數言者。甲子中東之役，以無統率，故至蹈唐代九節度覆轍。公以經略重任奉命出關，至則已無能爲，遂以海嘯不軍結局，非公志也。庚子團匪僨興，公凛遵陛辭時面奉懿旨，毅然以保護東南半壁爲宗旨，危疑震撼，堅定不摇。時予任淮揚巡道，正當南北之衝，迭奉公電，飭獲匪即予正法，卒無一匪闌入江南，於當時局勢實具旋乾轉坤之力。後予由寧藩調直，入都陛見，時公病已劇，慈聖垂詢，具陳其狀，奉諭云：「汝可告之服五仁膏最效。」予即電達恩旨，公適於是時薨於位矣。眷睞優隆，千載下猶令人感激也。

予任江安糧道四年，三屆起運，半在道涂，於本省治績不獲豫知。逮署蘇藩、署淮揚道，地方公事既得奉公指揮，又時時往來會垣，得承顔色。及赴閩臬任，以得再侍爲祝，公曰：「吾七十矣，知能待汝否？」遂相對潸然。及調寧藩，謂可朝夕趨事，一罄夙懷，無何又有直藩之調。公殊不説，電樞請留，未能邀允。自此遂與公永隔人天矣！猶記臨别之際，公不能舍，謂予曰：「我看祇是汝尚有心肝。」許與之隆，言猶在耳。平生以得事大賢爲幸，讀公碑文，益不勝九京隨會之思也。丙辰十月，吴重憙記。

海豐吴侍郎仲懌先生跋成，命四公子稼孫鬮書。稼孫以癸巳舉人官廣東佛山同知，國變去官，侍親津步，終日在側，一舉一動，靡不扶護，必至歸寢乃退。性好鐘鼎文及小篆，家刻祖庭子苾閣學《攟古録》金文九卷，全出手橅。案上置《説文》一帙，擘誦仿寫，奉親外從不輟業，此鈺同辟地時所親見，六七年如一日也。侍郎考終後，苫塊中日形毁瘠，甫祥而卒。不以孝名，而孝行獨至，古所謂「視無形，聽無聲」者，庶幾近之。爲先師貴筑黄子壽方伯孫女婿，身後無傳志，特叙其略，以志名父子之可欽尚者如此〔二〕。乙亥十二月，北池寓齋記。

〔二〕　以志名父子之可欽尚者如此：「名父子」，《四當齋集》作「名父之子學行」。

何璟傳[一]

《番禺縣續志·寓賢傳》

何璟，字伯玉，號小宋，香山縣人。父曰愈，官四川岳池縣知縣，有政聲，能古文，著有《存誠堂文集》。璟幼穎悟好學，年十七，以監生應道光二十三年順天鄉試，中舉人。二十七年，成進士，改翰林院庶吉士。三十年，散館，授編修。咸豐二年，充順天鄉試同考官。家素貧，旅食京華，敝車羸馬，不謁權貴，人益重之。三年，記名以御史用。十二月，丁母憂。六年，服闋，起復。七年，授江南道監察御史。十一月，英夷攻陷廣州，璟疏陳請敕陸路提督崑壽酌調弁兵進駐三水、佛山等處，并激勵民團環集城外，一面嚴檄夷目限日退出省城，静候查辦，不遵則督師進剿，并傳諭省城居民與大兵内外應援，其能縛夷人來獻者，破格重賞。又疏劾廣東巡撫柏貴坐視貽誤，與葉名琛厥罪惟均，將軍穆克德訥，副都統雙禧、雙齡一籌莫展，請籍葉名琛家産，從重治柏貴罪，并將穆克德訥等嚴加議處。八年，夷船入津沽，璟抗論夷務，先後八疏凡數萬言。九年五

[一] 本篇載民國《番禺縣續志》卷二十六。

月，升户科給事中。八月，充順天鄉試同考官。十年，轉工科掌印給事中。十一年三月，記名以道員用。九月，授安徽廬鳳道。

同治元年，兩江總督曾文正公國藩方以全力規取江寧，留璟於軍，總辦營務處。三年，奏署按察使。三年，江寧克復，加布政使銜，賞戴花翎。九月，授按察使。十月，兼署布政使。四年，授湖北布政使。八年，調山西布政使。九年，升福建巡撫，旋調山西巡撫。十年，調江蘇巡撫。十一年二月，授兩江總督，兼辦通商事務大臣。時内務府傳辦大婚備，賞緞匹，璟以鉅款難籌，疏請覈減。事下内務府，尋得旨減半織辦，節省經費一百萬兩。十月，丁父憂。

光緒元年，服闋，屢奉命召，以疾未果。二年九月，入覲，即日授閩浙總督，賜紫禁城騎馬。十二月，命兼署福州將軍。閩自前總督左文襄公宗棠裁兵加餉，凡存兵三萬一千餘名，歲徵地丁鹽課税釐等銀三百萬有奇，而京協各餉及本省支應綜計歲五百餘萬，奏准鄰省協閩之款輒不應備。倭議起，致全力於海防，巡撫帶兵渡臺開山撫番，内地陸軍益少。三年三月，璟疏請敕催江南淮軍統領福建陸路提督唐定奎選步隊數營，隨帶來閩，以專職任。詔下兩江總督，沈葆楨尋以未能赴閩，遣總兵宋國永二營應之。五月，遵旨疏請停解京協各餉九十八萬籌辦海防。是月，福州大水，璟坐城上督拯難民，凡七晝夜，捐賑銀二千兩，爲官紳倡。水退，濬洪塘江，導支流匯入海，後患遂殺。

五年六月，兼署巡撫。璟疏言：「日本議廢琉球，其兵船時時游弋閩滬海面，心殊叵測，而其國距臺灣最近。全臺形勢，南路二口曰安平，曰旗後，而澎湖居臺廈之中；北路二口曰滬尾，曰基隆，均與省門對峙，基隆尤爲外人垂涎。自防倭事起，臺南稍有布置，安平、旗後均建炮臺；臺北則因費絀，尚未籌建。昔時北路未開，澎湖實當形勝；今臺北闢地漸及後山，則基隆尤扼全臺之要，且此口不必候潮，輪船隨時皆可出入。似應將各輪船調集基隆合操，每月以一船分巡各口，有警則立時馳應，地勢既得，運掉亦靈。現擬添募營勇，以三營分駐基隆、滬尾；以一營駐臺灣府城，歸鎮道就近督操，有事則調澎湖；更於基隆築建洋式炮臺，購置巨炮。」十二月，疏陳籌款定購蚊船二號，均報聞。八年六月，兼署巡撫。

九年，法蘭西構兵越南，海防戒嚴。先是，倭釁既定，俄約亦成，閩内地及臺灣防勇頗有裁減，至是諭飭籌防。存兵不敷分布，璟令建寧鎮總兵張得勝率所部，并調集防勇四營，增募陸勇六營、水師一營，分扼五虎門内各要隘；續又增募二營，并修長門對峙之金牌炮臺，以固省防；委道員朱明亮募楚勇二營，扼福寧海口；水師提督彭楚漢駐軍廈門，令統水陸六營扼要防守；檄道員方勳募潮勇三營，扼興泉永各郡要口；調臺灣鎮總兵吴光亮署漳州鎮，率粵勇二營防漳州，并整頓泉永一帶兵勇，固廈門後路；調陸路提督孫開華率擢勝三營，渡臺督辦臺北防務，以福寧鎮總兵曹志忠所部屬之；檄臺灣鎮道抽調後山各營，并增募四營，分布臺南；又飭撥兵勇三千人交澎湖協副將周善豹領之，扼防澎湖；令提督黃起群、王正和各募勇二營，副將張升階、道員陳維漢各募一營，爲游擊策應之師。時兩江總督左宗棠遵旨派撥副將楊在元等率湘淮四營渡臺協防，璟以楊在元熟悉形勢，即令暫署臺灣鎮總兵，先後偕將軍穆圖善、巡撫張兆棟疏陳布置機宜；又請由閩海關及藩鹽二庫，酌量撥款，以濟餉需；復自陳審敵所向，出省調度。均得旨報可。

十年四月，上命翰林院侍講學士張佩綸會辦福建海疆事宜，巡撫銜。前直隸提督劉銘傳督辦臺灣軍務。閏五月，法兵輪二船入長門，一駛泊馬尾之楊嶼。時和戰未定，阻攔即背條約。又聞上海法船悉數退出，將至馬尾，法水師提督孤拔乘鐵甲船即日進口。璟偕穆圖善、張兆棟、張佩綸疏言：

伏查馬尾係船政重地，亦即中外商船口岸，中法和戰未經定局，未便阻其入口。惟叠據電傳，法人欲取福州爲質，今乘議約未定之時，借游歷爲名，陸續駛入閩口。其包藏禍心，已可想見。而所立條約，拘手攣足；所占商岸，拊背扼吭。阻之則先啓釁端，聽之則坐失重險。仰承諭旨，彼若不動，我亦不發。惟有嚴密布置，以免疏虞。省城以壺江、南茭爲第一重門户，長門、金牌爲第二重門户。敵船既越各炮臺而至馬尾，深入已百餘里。若一二輪船，彼雖足制船局之命脉，而身在圍中，諒已未敢輕發。如連艅而至，一旦決裂，我電未至，彼信先聞，出我不意，登岸擾犯，則炮臺之軍不及入援，南臺之軍亦難徑渡，船局勢殊岌岌，則以閩省師船過少，水上無游擊之軍故也。臣佩綸與督辦船政臣何如璋檄揚武兵船及福勝、建勝兩炮船調赴馬尾，保護該處原有陸兵兩營、水師一營；復令參將楊廷輝將南臺所有漳泉精壯，悉數編集成軍，扼紮馬尾左右，與水上犄角；長門、金牌炮臺，本有張得勝九營、方勳兩營；現在法人注意福州，省防喫重，已抽調分駐興化、澎湖等處之潮普三營分布要隘，以厚聲勢。仍約令紳士辦省城內外保甲，以固民志；聯壺口各村漁團，以絶漢奸。臣璟、臣兆棟擬即出省駐扎，臣佩綸等以安民馭敵，均宜示以鎮静。督撫臣有地方之責，省城五方雜處，民情浮動，有事時須互相彈壓；如有戰事，臣佩綸、臣穆圖善當親赴前敵，相機堵禦。惟法人形同鬼蜮，其陰謀詭計實有密據要害、先發制人之意。如果聖意決戰，務請於覆絶法使之先，豫授機宜，俾臣等得首尾合擊，水陸并舉，戰事較爲得算。

疏上，得旨：「該將軍等當實力備禦，妥籌布置。」嗣法船至馬尾日衆，璟等屢請諭飭南北洋撥師船赴援。旨下，皆不能應。

六月，法船入長門者十，環馬尾者六，而我援師不至。璟與張佩綸等議塞河，先發電至總理各國事務衙門轉奏，尋傳旨：「現在閩口有英美等國保護兵船，德國兵船亦將前往。此時堵塞，應就地與各國領事説明舉行，庶免與國藉口。著何璟等相機妥辦。」現經美國調處，局勢未定，所稱先發，尤須慎重，勿稍輕率。」時法船在臺北者已攻陷基隆炮臺，有旨：「戰局已成，該將軍等將戰守事宜，悉行整備，俟奉諭旨遵辦。」七月初三日，法戰書至，璟即電知馬尾、長門。長門綫斷不得達，馬尾甫得電音，法已開炮。水軍大挫，法船十一毁其三，我船悉數沉毁，遂攻船廠，圖登岸，陸軍黄超群、方勳合擊却之。明日，復以排炮攻廠，陸軍力禦，不得逞。先是，張佩綸悉調舟師衛船局，璟商分數艦外扼長門、内扼臨浦，不納。及戰，璟欲率兵馳援，而臨浦無舟可濟。璟乃塞臨浦，重兵守鼓山，敵不敢深入，退攻館頭嶺營，次及田螺灣、閩安、金牌各炮臺，皆爲官軍所遏。臺毁而撲岸者，悉被擊去，退至長門，穆圖善先轟傷其大兵輪一艘，至是又沉其二艘，乃遁。

璟上章自劾，時已有旨飭璟來京，另候簡用。疏入，諭曰：「閩浙總督何璟，在任最久，平日於防守事宜漫無布置，臨時又不能速籌援救，著即行革職。」既解任，去之日，百姓焚香叩送，道爲之塞。城外舊有陳清端公生祠，閩人并祀璟於其中。及左文襄公宗棠、總督楊昌濬查辦閩事，疏入，奉上諭：「張佩綸調度乖方，以致師船被毁。且該革員於七月初一日接奉電旨令其備戰，初二日何璟告以所聞，謂明日法人將乘大潮力攻馬尾，該革員并不嚴行戒備。著從重發往軍臺效力贖罪。何璟免其再行置議。」

璟性廉静澹泊，雖顯貴，不改其素。其自江督憂歸，嘗小冠青布衫，徒步訪陳澧，乞撰其父岳池君神道碑，澧甚敬之。及歸自閩，益杜門却掃。大吏延主應元書院，訓士外一不過問。任封疆數十年，宦槖蕭然。嘗欲修先代祠堂而窘於資，舊部某聞之，亟餉三千金，璟拒不納。亦未營治里第，惟於省城清水濠僑置一廛而已。篤於故交，爲邑人何振刊《紅豆山房遺集》，士林多其誼。卒年七十二。著有《春秋大戰録》《通鑑大戰録》，《奏議》十五卷，《事餘軒詩》十卷。宣統二年七月，同鄉京官具陳政績奏上，得旨賞還原銜。子燿章，署廣西左江道；翰章，舉人；麟章、宸章，俱生員；黻章，拔貢，知縣，江蘇候補道。〔一〕

丁日昌

總督銜原任福建巡撫丁公行狀〔二〕

李文田

公姓丁氏，諱日昌，字雨生，豐順湯坑鄉人。先世居長樂排嶺鄉，國初九軍賊竄郡邑，公始祖集衆禦之，衆潰，挈二子避患湯坑，遂家焉。曾祖諱世美〔三〕。祖諱捷華。考諱賢拔，累贈光禄

〔一〕《番禺縣續志》於傳後小字注「據國史館傳稿、《香山縣續志稿》、《東塾集》卷五、《紅豆山房集序》、采訪册」。

〔二〕本篇載丁日昌《百蘭山館政書》卷首（載《丁日昌集》），題作「皇清誥授光禄大夫會辦南洋大臣節制沿海水師弁兵兼充總理各國事務大臣總督銜原任江蘇福建巡撫丁公行狀」。

〔三〕曾祖諱世美：「曾」上，《百蘭山館政書》有「公」字。

大夫。曾祖妣鄭氏。祖妣羅氏。妣袁氏，累贈一品夫人，先贈公卒；繼妣黄氏，誥封一品夫人。贈公世業農，敬禮儒士，士窮無歸者，必代謀館穀，稱意而去。勇於爲善，里中巨姓故樂鬥，殘殺無算。贈公聞鬥，跣足往排解，人呼爲「赤脚公親」。兩造事不釋，恒居間密墊貲財，事解，則喜形於色。太夫人治家有則〔一〕，明大義，慷慨急難，成贈公息争之志。嘗有某與某争田水，集衆將索鬥，非代分築堤瀦水争不息。太夫人以簪珥〔二〕、嫁衣出典，取貲爲兩姓任堤費，事遂寢。有丈夫子七人，公暨弟遇齋爲黄太夫人出。

公姿稟穎異，少孤，有至性，事太夫人以孝稱。家貧，隨兄讀於外。弱冠應試，冠其曹，逾年食餼。惠潮嘉道李公璋煜奇其才，修士相見禮，遂佐李公幕。甲寅，土匪擾潮，公督勇剿賊益力。賊謀執家屬脅之，卒計脱於難。東津某姓，巨族也，陰濟賊爲用，公馳書諭曉之，黨羽解落，乘夜率鄉勇搗其巢，擒賊首吴忠恕，寇乃就平。咸豐六年，公由廪貢生選瓊州訓導，旋以守城功，奉旨以知縣用。九年，莅萬安縣任〔三〕。萬安當水陸要衝，兵燹後，民失業，白梅、土陂、窰頭、

〔一〕太夫人治家有則：「太夫人」下，《百蘭山館政書》有「適濟陽」三字。

〔二〕太夫人以簪珥：「以」，《百蘭山館政書》作「索」。

〔三〕莅萬安縣任：《百蘭山館政書》作「選授萬安縣」。

百嘉等處私設釐卡，擾商民，又有借助餉科派中飽者，誣從逆恐喝得錢者〔二〕，持軍需宿費滋累鋪户者，結無籍游勇劫奪閭閻者，公籲陳大府裁汰之。江右習健訟，訟棍、書差朋比爲民害。公下車諗弊竇，先期提六房舊牘檢閱，分類别門，呈期將副狀調進〔三〕，悉心研求。遇此案與舊案相涉者，鈎決滯疑，得可乘之隙，摘録梗概，備面折之用。洎坐堂皇，蹈隙抵瑕，虚實是非迎刃而解。批准傳審之案，每案衹標一票，每票衹標一差，詢赴鄉道路遠近〔三〕，官給盤川，限其提集到案日期，嚴立賞罰。有誣告嚴加創懲。案不輕准，准必審結。旋經粤撫耆奏調辦理本省釐務。八月，攝廬陵縣事。十一年七月，江督曾札調赴營差委。公在皖，上江省吏治條陳、丁漕利弊情形；又議丁漕減價章程數十則，核議州縣攤捐款應裁、應留數十則。

同治紀元，髮逆陷高州，粤督調赴高州營幫辦軍務。公請於燕塘設炮局，督鑄開花炮。是夏，克復信宜縣城〔四〕，合肥李相調赴滬〔五〕，督辦製造。十一月，克復無錫、金匱城，升用直隸州知

〔二〕誣從逆恐喝得錢者：「恐喝」，《百蘭山館政書》作「恐嚇」。

〔三〕呈期將副狀調進：「調進」，《百蘭山館政書》作「吊進」。

〔三〕詢赴鄉道路遠近：「鄉」，《百蘭山館政書》作「差」。

〔四〕克復信宜縣城：「縣」，《百蘭山館政書》無。

〔五〕合肥李相調赴滬：「李相」，《百蘭山館政書》作「蘇撫李」。下文「謀之李相」，亦作「蘇撫李」。

州，賞戴花翎。旋委辦營務處。克復常州府城，生擒逆首陳坤書，升用知府〔一〕。時蘇城尚淪於寇，粵商客蘇者億萬計，公謀之李相國，以大義諭粵商，使内援，卒以三年三月克復蘇州，奉旨以道員用。

四年正月，授蘇松太道，兼管海關。滬自通商以來，華夷錯置，事盤錯難理。公遇事與英領事巴夏禮力争，如驅洋兵出紮城外、懲犯事輪船充公、索回吴淞口炮臺地基、裁撤會防營供應英法兵費、禁洋兵收洋涇濱賭規、拿英教士陸和尚正法、拔除浦東至川沙電綫、資遣外洋流氓返國，捕奸儈通事某置獄、没入其私，購買洋人機器廠、移建製造局於南郭等事，皆力爲其難，不少假借。八月，調兩淮鹽運使〔二〕。公以兩淮利源，一在鹽務，一在鳌務，爲清鹽務、鳌務之弊。未幾，有署理蘇撫、辦理通商之命，公懇辭。旋奉命來粵，查辦中外交涉事〔三〕。丁卯，升任蘇藩，密陳修約章程，謂：「宜親美以携英法之交，强布路斯以樹英法之敵。中國異日之憂，當以俄爲最，而英與法水陸相倚，狼狽爲奸。明年换約，英法頗費調停。」爲陳制之、刼之、先之之説。逾年，升任蘇撫。時江南底定三年，民氣凋殘，政籍蕩廢，公抉剔弊叢，芟鋤豪猾，前後清理

〔一〕升用知府：「升用」，《百蘭山館政書》作「補用」。
〔二〕調兩淮鹽運使：「使」，《百蘭山館政書》作「司」。
〔三〕查辦中外交涉事：「事」下，《百蘭山館政書》有「件」字。

積案二十七萬宗。立法之善，曰「月報詞訟册」，曰「錢糧斗則簡明告示」，奉旨通飭各省仿行。先是，吳中歲漕粟易河運爲海運，兵燹後，沙船廢不修，海運章程放失無可考。公條上事宜，設法募船轉運〔一〕；趲運不繼，借用夾板，漕乃暢行。撫標兵承緑營舊制，窳惰不可用，公條奏減兵增餉之制〔二〕，得旨如所請。於江海防水師章程，多所參定。旋奉命赴津查辦事件。庚午，奉母諱歸，條奏練兵、簡器、造船、籌餉、用人、持久事宜，詳議切實辦法。

甲戌，服闋。乙亥，奉旨赴津，幫辦北洋事務。十一月，補授福建巡撫，兼辦船政。丙子夏，水灾，公露立城上六晝夜，拯溺無算。又檄海關暫停米税，遣輪船招商運米，穀價平，菜色立變。閩中吏治因循，獄多瘐斃，公嚴催各屬清理，旋訊釋府廳州縣新舊監犯五百三十二名、押犯一千二百四十六名。其疑讞塵牘，派幹員會同訊斷，除桀黠害民仍礮禁外，餘省釋。旋因生番未靖，力疾渡臺。奏臺灣若不認真整頓，不出數年，日本必出全力窺取。擬開辦輪路、礦務，縷陳十利十害。復奏臺中硫磺、煤油、樟腦、茶葉等項，應擴充開辦；且固臺防必先練兵，欲練兵必先籌餉，不如以開墾之衆資兵衛，以開墾之利助軍需。得旨獎諭。丁丑，因疾請開缺調理〔三〕，奉命准

〔一〕設法募船轉運：「轉」，《百蘭山館政書》作「趲」，下句作「運不繼」。
〔二〕公條奏減兵增餉之制：「制」，《百蘭山館政書》作「議」。
〔三〕因疾請開缺調理：「因疾」，《百蘭山館政書》無。

其在籍專摺奏事。戊寅，晋豫饑，人相食。公竭力籌捐，派員至臺灣、新加坡、暹羅等處推廣捐務，得捐款二百餘萬。旋馳辦烏石山洋務，閩人立碑志之。五年閏三月，賞總督銜，派令專駐南洋，會同沈葆楨及各督撫，將海防事宜實力籌辦，所有南洋沿海水師弁兵統歸節制；又著充兼理各國事務大臣〔一〕。公具疏力辭，縷陳海防事宜十六條，奉旨采擇施行，原摺留中，於是知上之恩眷隆矣。

公性嗜書，所蓄多宋元校鈔。工詩古文辭，遺著有《詩文全集》《巡滬公牘》《淮鹺公牘》《淮鹺摘要》《藩吴公牘》《撫吴公牘》《吴閩奏稿》，手訂《法人游探記》《地球圖説》《西法兵略七種》《持静齋書目》各若干卷，藏於家。

方公之治吴也，耳目周燭，吏無隱情。猶慮民瘼壅於上聞也，時微服潛行，凡州縣一舉一動，衙蠹土豪之有累民者，一因之或繫或釋與牌懸不符者，錢漕徵收之匿示浮收者，尸場之需索者，驛站埠頭之訛詐者〔二〕，雖在僻遠，必詗察無隱〔三〕。及治閩，一如治吴。加以事關中外交涉，輒斷斷與争，力持大局，引約據法，往復詰難，始得一事就理。如丹國公司電綫一案、德國安納

〔一〕又著充兼理各國事務大臣：《百蘭山館政書》「兼理」作「兼總理」，「務」下有「衙門」二字。
〔二〕驛站埠頭之訛詐者：「之」下，《百蘭山館政書》有「藉端」二字。
〔三〕必詗察無隱：「詗」，《百蘭山館政書》作「洞」。

船人命一案、拆毁法國教堂一案、英國滿得利船主一案，均於未渡臺前次第審結。他如追賵撫恤，則日國船案就緒也〔一〕；押英買辦，追出六十萬兩銀票，則義和行印票案就緒也〔二〕；莫子平請洋人私抽緼捐，因請革去領事繙譯，此戴領事包庇案審有端倪也；與威妥瑪熟商，將教堂移置城外，此烏石山焚毁案可以了結也。蓋公壯歲時諳練條約、公法諸書，譯書購報，於各國成敗利鈍、强弱之故洞若觀火，故能料於未然，而知其將必然。

壬午歲，合肥相國李公丁母艱，奏公授直督，電聞溘逝。尋賜祭葬，〔三〕并將生平事迹宣付史館立傳。未幾有甲申越南之變，又未幾有甲午臺澎及東三省之變，皆公昔年所燭照而龜數者。人謂公若在，必有計處此。不知公當家居時〔四〕，曾密陳：「日本不南犯臺灣，必北圖高麗，宜爲未雨綢繆；俄羅斯雄視東方，倘造成由西而東之輪路，則東三省有脣亡齒寒之患；法國常派地學者由緬至川，測量險要，其志可知，且越南迫近法人，宜代商自强事宜，并聯絡外交以爲憑藉，若延至一二年後，誠恐爲琉球之續；泰西各國，無不有與國之交際最深者，中國無之，宜聯絡

〔一〕則日國船案就緒也：「就緒」下，《百蘭山館政書》有「之情形」三字。
〔二〕則義和行印票案就緒也：《百蘭山館政書》無「案」字，「就緒」下有「之情形」三字。
〔三〕「壬午歲」至「尋賜祭葬」：《百蘭山館政書》作「遺疏入，賜祭一壇」。
〔四〕不知公當家居時：「時」，《百蘭山館政書》無。

美、德、英三國，爲異日合并拒俄之計。」奏累上，格不得行，且設淫辭助之攻，齎志以没世，今不幸言中矣。天下事變，來者無窮，弭變者其將有進於斯耶，抑未也？

公生於道光癸未年六月初一日，終於光緒壬午年正月初十日，春秋六十〔一〕。卜葬於揭陽縣城之東〔二〕。配李氏，誥封一品夫人，温恭柔惠，相夫起家，以光緒癸未年八月疾終，年六十二〔三〕。子惠衡，江西補用知府；惠馨，癸巳副貢，江蘇補用知府；惠康，附貢生，户部主事；惠吉，國子監生〔四〕；惠宣，廩生〔五〕。女四人。孫十五人：寶英，附貢生，試用知縣〔六〕；寶元，廩生，候選縣丞；寶泰、寶光，均附生；餘幼讀。公之孤綜公生平事實，抵京乞爲撰述，將以請謚於考功，謹具歷官事迹，撰次於左。

〔一〕春秋六十：「春秋」，《百蘭山館政書》作「享壽」。
〔二〕卜葬於揭陽縣城之東：「揭陽縣城」，《百蘭山館政書》作「揭城」。
〔三〕年六十二：「年」，《百蘭山館政書》作「壽」。
〔四〕國子監生：《百蘭山館政書》作「太學生」。
〔五〕廩生：《百蘭山館政書》作「廩膳生」。下文「寶元廩生」，亦作「廩膳生」。
〔六〕試用知縣：《百蘭山館政書》作「試用縣」。

崇實

盛京將軍兼奉天總督完顏文勤公神道碑〔一〕

繆荃孫

聖朝發祥東土，撫有天下，豐鎬舊都，最重留守。近年祠祀勞臣，得三人焉，曰文忠文公、清慤都公、文勤崇公，顏之曰「三忠祠」。顧文公經營寰宇，功業不專在盛京。都公曾任將軍，而戰功卓著於三楚、兩江之境。惟文勤公綜核名實，奠定區宇，金湯千里，屹然如磐石之安，洵爲史册罕覯者也。

公諱崇實，字樸山，完顏氏，系出於金源。祖鑅，山東泰安府知府。父麟慶，嘉慶己巳進士，官至南河河道總督。公道光癸卯舉人，庚戌進士，改庶吉士，授編修。不一年，擢至侍講學士、通政使司通政使。

軍務初興，屢上封事，受文宗皇帝特達之知，署户部左侍郎，奏罷當千、當五百大錢，又奏止克勤郡王捐鑄。命查四川總督裕瑞命案，旋授工部右侍郎。因案降補太僕寺少卿，升内閣學

〔一〕本篇載《藝風堂文集》卷一，題作「盛京將軍兼奉天總督旗民地方軍務完顏文勤公神道碑」。

士，充駐藏大臣。再查四川總督曾望顔參案。署四川總督時，川匪頗肆蹂躪，派提督蔣玉龍、知府唐炯勦防，人心稍安。朝命湖南巡撫駱文忠公秉章爲欽差大臣，入川督師，期年始至，即授總督。簡公成都將軍，同辦軍務，勦平藍、李、周、郭各股，腹地肅清。又擒石達開於寧遠，蜀中大定。丙寅，文忠公患目疾，賞假，丁卯薨於位。公兩署總督，兼辦文武闈〔一〕。時黔匪未清，沿邊千里，處處設防，而越嶲夷患亦甚，公派候補知府唐炯督軍進勦號匪，派貴州提督周達武督軍進勦夷匪。炯軍由遵義克荆竹園，過烏江，蕩平玉華山、尚大坪各老巢，生禽逆首劉義順。達武軍由越嶲破普雄，西克冕寧各支〔二〕，夷目皆投誠納質。内地既平，黔邊亦靖，而滿營餉日絀，兵日弱，又以鈔票四六搭放，爲奏請給發實銀。邛州唐旺壩有老林，挑選旗丁五百名，開墾種地，爲裕旗民生計。歲辛未，召來京，補鑲白旗蒙古都統。壬申，署理熱河都統，委朝陽縣知縣陳本植、古北口馬隊營官左寶貴同擊馬賊，平之。甲戌，特簡刑部尚書，充甲戌科會試總裁。

光緒乙亥，命赴奉天、吉林一帶，查辦事件，并署盛京將軍，調陳本植、左寶貴等文武各員隨行。盛京爲國家根本重地，左臨渤海，有營口、牛莊兩商口岸；右帶鴨緑〔三〕，與朝鮮鄰。山川繚

〔一〕兼辦文武闈：「兼」，《藝風堂文集》作「并」。
〔二〕西克冕寧各支：「克」，《藝風堂文集》作「昌」。
〔三〕右帶鴨緑：「緑」，《藝風堂文集》作「淥」。

繞，原隰饒沃。若能籌餉練兵，俾爲重鎮，可以壯京師之拱衛，杜强鄰之窺伺。惟設官有將軍，有都統，有五部侍郎，有府尹，事權不屬，盗賊横行，而大東溝、大通溝兩處匪徒盤踞日久，擾及永陵，并陷興京。公飭陳本植、色楞額充文武翼長，練通省馬步各軍，副將左寶貴練八旗馬隊，總兵王佑臣查省城内外，知縣朱克揚等充發審委員。設營務處文案，清理糧餉，稽查軍火。旋飭陳本植、左寶貴剿大東溝匪徒，平之。因清查地畝，編連保甲，築城定税，委陳本植督辦。請以盛京將軍兼奉天總督旗民地方軍務，管兵、刑兩部事務，兼理糧餉。另請頒發總督關防，府尹加二品銜，行巡撫事，與將軍相助爲理。永禁旗營各衙門干預銀錢詞訟。復奏明不准地方重徵，以紓民困，奉旨允行。實授盛京將軍兼總督事。丙寅，左寶貴剿平大通溝賊，又平賓圖王旗、枯林地賊首周子玉，錦州賊首差總王勳。改昌圖廳爲府，添懷德、奉化、康平三縣，以綏良善。定釐税，鎮强暴，奉省乂安。九月，薨於位，年五十有八。遺疏上聞，天顔震悼。奉旨入城治喪，諭經過地方官妥爲照科。御賜祭葬，予謚文勤，典至渥也。

公性開敏，多讀書，諳練故事。事上以敬，馭下以嚴。與僚屬共事，則推賢讓功，尤爲人所不及。軍興以來，統兵大帥，往往爲疆吏所牽掣，不得暢行其志。駱文忠督師入境，公籌餉運糧，先事籌畫，文忠大喜過望，不及一歲而大功告成，然在當時聲望爲文忠所掩。及至奉天，肩重任，中事權，剿鉅寇，鼎新革故，因時制宜，出斯民於水火之中，而屹屹嚴疆，從容鎮定。數十年來，聲望之隆，與文忠之在四川相上下，方知才局幹濟，未可以軒輊也。公負知人鑒，而又折節下交。陽湖管才叔樂、元和顧幼耕復初、漢軍徐功可慮善、溧水濮青耜文暹、上元李仙根光節，均入幕中。荃孫幼年爲公激賞，佛龕燕集，久侍吟詠。丙子，改庶常，公子文恪公爲教習師，末學菲才，受知兩世。歲辛卯，公之孫景賢蔭生〔一〕，屬荃孫撰次其事，立石於神道，於是公薨十有六年，而文恪公薨亦期年矣。公之德善功烈，紀諸史册，無俟碑銘然後顯。乃讀公奏疏，竊恐史氏未載其詳，而深心偉略不盡傳於天下，不可以不銘也。銘曰：

天錫智勇，金源世胄。彈壓山川，發揮宇宙。文采常楊，勛名文富。鑠院掄才，巖疆禦寇。西南萬里，井絡天彭。撫綏嗷鴻，抵禦奔鯨。上德不德，至名無名。襄陽叔子，隴右營平。翼翼陪京，岐豐舊域。獨總大綱，以策群力。縫裾刺奸，解綬懲墨。混同安流，醫閭生色。性功默運，元氣潛斟。證菩提果，參簷蔔林。葆神悟道，斂陽育陰。神鐘警耳，明鏡澄心。公負長才，帝畀重鎮。胡不期頤，俾竭忠藎。釐剔幽隱，拂拭英俊。民氣既孚，國威斯振。昊天不吊，恒幹潛摧。山頹太岳，星坼中台。褒忠綸綍，入夢瓊瑰。茅檐茹痛，蒿里銜哀。昔預賓筵，敬窺萬一。今刊貞珉，謹敕行實。蔡愧韓諛，力鑒前失。偉烈豐功，百世有述。

〔一〕公之孫景賢蔭生：「景賢」，《藝風堂文集》作「志賢」。

劉銘傳

兵部尚書銜臺灣巡撫一等男爵劉壯肅公神道碑〔一〕

陳三立

公姓劉氏，諱銘傳，字省三，合肥人。少有大志，父業農，嘗爲里豪所窘辱，公年十八，追殺豪。粵寇陷江寧、安慶，旁擾諸郡縣。淮淝間民争築堡自衛，公亦起治鄉兵。同治元年，李文忠公撫蘇，募淮勇東。公以千總將所部從，號銘軍，攻堅奪隘，所向克捷，江以南名城壯縣，次第規復。常州生獲名酋陳坤書〔二〕，績尤偉。累功至提督，賞黄馬褂。

曾文正公收江寧，罷湘軍，而河南北捻亂方熾，於是專倚淮軍辦賊。中原地曠衍，捻騎剽悍若風雨。他軍疲於奔逐，獨銘軍數突過遮其前，故所在常爲選鋒，而築堤牆以困捻，亦本公謀也。補直隸提督，東捻平，功第一，給三等輕車都尉世職。張總愚竄河朔，畿輔大震，公已前假歸，文忠强起，會師破之於鹽山、滄州、德平，聚殲之徒駭河。西捻平，晉一等男爵〔三〕。督師陝

〔一〕本篇載《散原精舍文集》卷十三，題作「贈太子太保兵部尚書銜臺灣巡撫一等男爵劉壯肅公神道碑銘」。
〔二〕常州生獲名酋陳坤書：「常州」上，《散原精舍文集》有「而下」二字。
〔三〕晉一等男爵：「爵」，《散原精舍文集》無。

西，剿叛回，再引疾歸，時光緒九年也。

明年，法蘭西構釁，以兵艦窺閩，覬臺灣，即家授公欽差大臣，巡撫銜，督臺灣軍事。臺灣孤島懸海外，隸版圖幾二百年，置一道羈縻之而已，未嘗置重兵〔一〕、治守備具。公至，無所資以禦敵，而閩軍敗馬尾，舟師來援者阻不達〔二〕，敵艦發炮，毀基隆炮壘。公移軍山後以誘敵，敵果躋山巔而陣，公命部將鄧長安夜冒雨，率壯士蛇行入其壘，而別遣他將自外襲擊之，敵敗走奔其舟，遂復基隆。未幾，敵復大至，用偏師綴基隆軍，而以五艦襲滬尾。公審形勢，以爲自基隆入爲獅球嶺，阻險敵不易逞，滬尾失則臺北危，而基隆終不守，遂下令退師。諸將力諫，有泣下者，廷臣亦交章論劾，嚴旨趣還軍。公終不爲動，扼獅球嶺而軍，用知府李彤恩言，輂巨石塞海口，招臺灣大俠張季成募士勇五百〔三〕，伏濱海叢箐中〔四〕，令孫開華、章高元分軍張三伏待焉，曰：「敵薄我而後戰。」而陳贏師海岸。敵艦阻石不得入，則登陸攻海岸軍。軍佯北，敵逐而前，伏軍起，殊死戰，而張季成所將五百人自後突擊，大軍呼噪應之，短兵盪決，一以當百，敵大潰，軍乘

〔一〕未嘗置重兵：「置」，《散原精舍文集》作「駐」。
〔二〕舟師來援者阻不達：「阻」，《散原精舍文集》作「沮」。
〔三〕招臺灣大俠張季成募士勇五百：「張季成」，《散原精舍文集》作「張李成」，下文同。
〔四〕伏濱海叢箐中：「箐」，《散原精舍文集》作「菁」。

之，斬馘千餘級，蹂躪於陸，蹙於海，伏尸流血亘數里。敵自是不敢復犯滬尾，而踞基隆者亦不得尺寸進，聞敗遁去。既而又敗之月眉山。嗚呼！提飢疲之卒，挾窳朽之械，外有强敵而内無援師〔二〕，芒鞋短衣，朝暮暴露〔三〕，相持八閱月，出奇制勝，屢摧凶鋒，完所守土，還之朝廷，非公之忠勇奮發、謀略堅定，曷以收功於孤危之境，而赫赫馳威名於域外哉？

授福建巡撫，臺灣建行省，復移公撫臺。撫馭民番，威惠殫洽，清賦益税，人忘其擾。始至，歲入銀九十萬，後乃至三百萬。財用給足，則益築炮壘，購火器，設軍械、水雷等局，及水雷學堂、鐵道、郵電諸政，次第具舉。蓋公雖戡夷大難，而不自滿泰，旁討海國諸務，思所效法，至是有所藉手，欲假一島基富强，爲式於國中。觀所設施，亦可謂有非常之人矣。累加太子少保、兵部尚書銜，又特命襄辦海軍。公方奮厲發舒，而户部奏請天下十年内毋增置船炮，公扼腕太息，以爲事不可爲，三上疏乞骸骨歸。

歸四年，而有甲午之役，屢召不起，上書文忠，料成敗甚悉，語具書中。公在臺日，登基隆山，東望日本，喟然曰：「即今不圖，我爲彼虜矣！」是年臺灣割隸日本，如公言。公亦悲憤嘔

〔二〕 外有强敵而内無援師：「内」，《散原精舍文集》無。
〔三〕 朝暮暴露：《散原精舍文集》作「朝暴暮露」。

血，卒於家，享年六十。日本人覽公遺迹，嘆曰：「使劉公在，吾屬得有此耶？」爲特著一書詔其國人。其爲外人所敬慕如此。遺疏入，贈太子太保，謚壯肅，建專祠，史館立傳，官其子孫有差。配程夫人，佐公起患難中，躬爨饗士，自造火藥給軍。公治鄉兵時，出援六安，土豪郭某率衆來襲，夫人怒馬潰圍出，乞援回攻，郭解圍去，人壯其膽略，謂不愧爲公匹云。

歲乙丑，公孫朝望、朝叙致狀來請外碑之文，去公殁卅有一年，距國變亦十有四年矣。想像遺烈，慨然國家存亡之故，乃叙次其勛伐之大者，而於臺灣戰守敷治之績加詳焉，傷公之志也。其他言行、著述、世系、葬所、子孫官閥，詳傳志，不一一具〔二〕。程夫人能以智勇助公於微時者也，牽連得書。銘曰：

天翊中興，蔚起百將。觥觥壯肅，功孰與讓。公曰曷功，民頑可矜。曾是禦侮，而兹之憑。蕞爾臺澎，一島孤寄。鯨鯢揚鰭，横海來噬。委公鎮之，支强以孱。蓄力制謀，神略超然。卒挫凶燄，完我疆圉。帝曰嘉哉，惟汝往撫。藉手尺寸，張皇遠猷。滌舊規新，治具畢修。閶闔蕩蕩，精靈飛越。朋撓計臣，績用中輟。大潛歸卧，金甌永缺。患氣激盪，豺虎狓猖。驅馳失

〔二〕　不一一具：「一一」，《散原精舍文集》作「一二」。

公[二]，終古相望。我銘匪夸，頌烈悼志。魂騎騏麟，海枯猶視。

聶緝槼

浙江巡撫聶公神道碑[三]

陳三立

公諱緝槼，字仲方[三]。其先世於南宋末[四]，自撫州遷清江之板橋，植荆成林，號荆林聶氏。十三傳至應禪，明崇禎間遷衡山，爲縣人。再傳至繼模，著《誡子書》，傳於世。又四傳至公曾祖肇奎，舉人，益陽教諭，祀鄉賢。自鄉賢公以下至公，以科第仕宦文學顯於世者輩出，湘衡間望族莫或先也[五]。祖鎮敏，優行增生，兵馬司副指揮。父爾康，翰林院庶吉士，官至高州府知府[六]，

〔二〕驅馳失公：「驅馳」，《散原精舍文集》作「驅除」。

〔三〕本篇載《散原精舍文集》卷十五，題作「誥授光禄大夫頭品頂戴浙江巡撫聶公神道碑」。

〔三〕字仲方：「仲方」，《散原精舍文集》作「仲芳」。

〔四〕其先世於南宋末：「世」，《散原精舍文集》無。

〔五〕湘衡間望族莫或先也：「望族」，《散原精舍文集》作「族望」。

〔六〕官至高州府知府：「州」下，《散原精舍文集》無「府」字。

升用道員〔一〕。三世皆以公貴，贈光禄大夫，妣皆一品夫人。

公少而卓犖有奇氣〔二〕，年十六侍父官所讀書，好法家言，父與幕僚議疑獄〔三〕，公在側輒條舉律案相證驗，咸嗟異焉。父卒，服除，屢試有司不遂，納貲叙郎中。久之，游江南，總督左文襄公見而才之，委充上海製造局總辦，謁謝留語曰：「汝非著《誡子語》者之苗裔耶〔四〕？」益勉之。公抵局，勤求利弊，以杜侵欺，躬率廉儉，砥礪工作，所造西式鋼甲兵輪船、後膛鋼炮，皆公倡爲之也。歷八歲，悉彌前任事者虧耗，復贏十萬金有奇。時曾忠襄公繼爲總督，嘉公賢勞，以道員留江蘇補用〔五〕，交軍機處存記。旋授蘇松太道，駐上海。上海控中外通商之樞，一大都會也，治劇應變，張弛合度；賈胡編户，相率謳咏。擢浙江按察使，尋擢江蘇布政使，護巡撫。光緒二十六年，詔授湖北巡撫，調江蘇。明年，調安徽。二十九年，遂調浙江。

公施政綜覈名實，所至尤以治教案、懲不法外人取快人心，稱天下。爲蘇松太道也，鎮江關

〔一〕升用道員：「員」，《散原精舍文集》無。
〔二〕公少而卓犖有奇氣：「有」，《散原精舍文集》作「負」。
〔三〕父與幕僚議疑獄：「議」，《散原精舍文集》作「論」。
〔四〕汝非著誡子語者之苗裔耶：「著誡子語」，《散原精舍文集》作「垂誡子書」。
〔五〕以道員留江蘇補用：「以」上，《散原精舍文集》有「奏」字。

税員美人曰美生，私輸軍械濟賊，公擒治賊魁，要領事逐還美生，坐罪拘禁，蹤迹毋得復至中國。爲江蘇布政使也，按理田賦，歲增帑七十餘萬。法僑强據四明公所，甬人與抗，斃甬人八十七〔一〕，創二十餘，甬人數十萬罷工〔二〕，洶洶相持。公莅滬與領事反覆辨難，折其機牙，卒責還公所地而禍解。在安徽也，霪霖潰圩堤，瀕江郡縣咸被灾，公撥帑以工代振〔三〕，兼濬會城西新河，通水利，復悉罷搉税之病民者。銅官山舊有與英商合資采礦之約，期爲六十年，地爲十萬餘畝，英商堅持履約，公審約曰：「此勘礦約，非采礦約也。業逾勘期一歲，無效。」事遂寢。在浙江，寧海有焚教堂、掠教士教民之獄〔四〕，公既捕治首犯，法總主教猶挾兵艦要償鉅款。公始終允恤金十萬，并達其國公使，罷總主教，免後患。公使夙敬公，亦從之。又大豪高某私售金、衢、嚴三府礦於義商，公力持廢其約，抵高罪。自京師拳匪之難興，持節大吏，往往縱亂民侮外教；及我戰敗，外交勢復張〔五〕，又一切媚之無敢抗，以故釁端愈蜂起不可止。若盡得平情持法，原本忠恕

〔一〕斃甬人八十七：「八」，《散原精舍文集》無。
〔二〕甬人數十萬罷工：「罷工」下，《散原精舍文集》有「罷市」二字。
〔三〕公撥帑以工代振：「撥」，《散原精舍文集》作「發」。
〔四〕掠教士教民之獄：「掠」上，《散原精舍文集》有「殺」字。
〔五〕外交勢復張：「外交勢」，《散原精舍文集》作「外教」。

不欺其志如公者，其繫於昭蘇群倫、培益元氣，豈不大哉？公既安於浙人，益淬厲，爲治以飭綱紀、斥貪爲己任〔二〕，彈劾無所避，威惠流聞，朝廷亦倚之。然公終以母老，又世變日亟，兩疏乞退，皆不許。會有摭蜚語劾公者，絶無據，兩宫頗欲徇言者，且遂公前請，命解任。

公既歸，日夕侍老母，調幼稚，蒔灌花樹以爲樂。越五歲，母張太夫人卒，公哀戀不自勝，致疾亦卒，得年五十有七，爲宣統三年二月二日也。遺疏上，諭照巡撫例賜恤，予祭葬。又以與緝榮先後殉親〔三〕，并入國史孝友傳。公天性摯孝，事母無不盡。母治家嚴肅，禮法釐然，或不怡，必悚惕自撾，屏氣黜息，竢色霽乃已。愷悌樂施與，所輸振灾款金不下十數萬。嘗刊印《感應篇》《勸戒録》及驗方等，流布遐邇，冀有所濟。自奉觳薄，一衣有至四十年者。平居訓子弟，必本先哲經訓格言，誡毋入仕，徒失己而犯禍，故諸子皆不競利禄，類溷迹闤闠間，自食其力，依公之教也。

配曾夫人，文正公之第六女，恭儉仁愛，嘗手製施給藥劑以助公。側室章氏、朱氏。子八人：其賓，候選通判，前卒；其昌，優附生，湖北候補道，出爲兄某後；其杰，附生，江蘇候補

〔二〕　斥貪爲己任：「貪」下，《散原精舍文集》有「墨」字。

〔三〕　又以與緝榮先後殉親：「與」下，《散原精舍文集》有「弟」字。

道；其煒，直隸候補道；其焜，二品廕生；其賢，鹽運判：皆曾出。其烘，中書科中書；其焌：章出。女四人：適張，適卓，適瞿，其一未字。孫十四人，女孫三人。宣統三年九月十九日，葬湘潭上五都六甲縣塘坪之原。三立夙與公游舊，謹如狀次列，敫讚碩休，銘曰：

聶爲衡望，踵顯名德。循績高文，邦家有赫。聚靈篤生，夙負奇偉。折節學道，孰窺涯涘。出試盤錯，天假利器。游刃發硎，躊躇滿志。雲雷莽蕩，歷鎮雄藩。折衝禦侮，奠安元元。褰裳奉卮，移忠作孝。傫然并殉，昊穹下照。遺澤在世，餘輝在門。牖奮後昆，以究本根。

碑傳集三編卷十五　督撫三

譚鍾麟

譚鍾麟傳〔一〕

譚鍾麟，湖南茶陵州人。咸豐六年進士，改翰林院庶吉士。九年，散館，授職編修。是年秋，大考翰詹，列二等，賞袍料一匹。十年，充會試同考官。鍾麟甫留館，未與考差，蓋異數也。同治元年，充湖北鄉試副考官。二年五月，記名以御史用。十一月，補江南道監察御史。時天下多事，言官率昧大體，毛舉細故。鍾麟以爲御史當效忠補闕，深維國家利便，令可施行；若但訐陰私、立朋黨，非朝廷重諫官意也。乃疏請申明定例，非廉明伉直有節操者，勿得保送御史，違者坐其長官。下部議如所請。三年，截取，奉旨記名以繁缺知府用。四年春，恭親王奕訢被嚴旨罷議政，下

〔一〕本篇載《譚文勤公奏稿》卷首。

其事内閣，令王公以下詳議具奏，罪且不測。鍾麟獨與吏科給事中宗室廣誠等聯名上奏，曰：

三月初九日，奉旨交下惇親王及編修蔡壽祺具奏摺件〔二〕，著王公、大學士、九卿、翰詹、科道會議；又於十四日，奉旨發下醇郡王等各摺，著一并詳議具奏，等因欽此。仰見皇太后、皇上審慎周諮之至意。臣等恭閱惇親王、醇郡王等所奏，均係爲大局起見。恭親王自議政以來，夙夜在公，尚無遺誤，屢荷優詔，獎其賢勞，在聖恩非私於一人，此天下臣民所共信。至於召對之時言語不檢，誠不得爲無罪。一經天威震叠，當必愧悔交集，補救不遑。臣等伏念海内多事之秋，全賴上下一心，共資康濟，而於懿親爲尤甚。若廟堂之上，先啓猜嫌，根本之間，未能和協，駭中外之觀聽，增宵旰之憂勞，於大局實有關繫。臣等忝居諫職，未敢緘默不言；至用舍之權，操之自上，非臣下所敢妄議。

疏入，懿旨以廣誠等摺内各語，持論固屬重大；於朝廷辦理此事苦心，尚未領會。因復降旨宣示百僚，以毫無猜嫌之意，命恭親王仍在内廷行走，并仍管理各國事務衙門。十二月，授杭州府遺缺知府。五年，到省。時浙江當大兵後，百廢待舉，巡撫馬新貽重鍾麟名，即奏補杭州府知府。下車以恤流亡、理獄訟、清賦税爲務。

〔二〕 奉旨交下惇親王及編修蔡壽祺具奏摺件：「奉旨」上，《譚文勤公奏稿》有「内閣」二字。

六年二月，以前在國史館纂辦大臣年表，賞加道銜。是冬，署杭嘉湖道〔一〕，督海塘工，濬長安河，皆稱利賴。馬新貽密保其才可大用。七年，擢河南按察使。八年三月，母憂去官。十年，服闋，入都。陝甘總督左宗棠疏請飭赴甘肅。既得請，未行，授陝西布政使。十一年正月，護理巡撫事。鍾麟故嘗游陝，知其民情，取所疾苦更易之。初，漢、回積不相能，至是值回亂，衆禁回民出城，窮餓者無以營生計。鍾麟弛其禁，令漢民不得相仇，遇訴訟，戒屬吏毋有所袒。回衆感泣，誓不犯法。旋還布政使任。時左宗棠方督師甘肅，設糧臺於陝西，各省協甘軍餉，亦皆道陝。鍾麟乃設局行鈔，徵發立應，悉無留誤。更以餘暇興學，立書局，濬鄭白渠，教民種桑，蠶織大興。

光緒元年，擢陝西巡撫。先以籌餉功，賞頭品頂戴，左宗棠復奏言：「數年來百姓綏靖，糧餉不匱，臣得一意軍事，無兼顧憂，皆鍾麟力。」奉旨賞戴花翎。三年，陝西大旱。先是，鍾麟依社倉法，督州縣積穀，至數萬石，乃盡發以賑。選任幹吏，不假手胥役，頒禁令十條，嚴治囤户及侵漁者。富平知縣劉志同、高陵知縣陳衍昌辦賑欺飾，鍾麟奏革訊治，斬胥吏以徇，官民震慴。時晋、豫皆旱饑，兩宫爲之旰食，發内帑糴沿江粟以賑之，猶不能全濟，陝獨晏然。論者以晋、豫、陝灾同，而有司請發獨異，疑陝諱灾。朝廷乃以鍾麟前後奏宣示，且有「實惠及民」之褒焉。

〔一〕署杭嘉湖道：「杭嘉湖道」，原作「杭嘉道湖」，據《譚文勤公奏稿》乙正。

五年春，因病請開缺，奉旨賞假兩月，勿庸開缺，并勉以時事艱難，當力圖報稱，未可遽萌退志。八月，調浙江巡撫，加兵部尚書銜。浙江自兵燹後，田業失主，多爲豪强兼并，號荒産，匿不納租。有司按問，率不得要領。鍾麟遣官按籍稽徵，曉以禍福，遂各還其初。錢塘縣吏何秉仁浮收漕糧，計贓盈萬，逮斬之，知縣陳國香亦坐遣戍。盡革墊完透息諸弊，民情大歡，踴躍輸納，增運十余萬石。於鹽則查減曬版，召商集貲承運。又更定釐税，於貨物首所過局，計遠近并徵，聽其所之，不再留難，商民稱便。築炮臺，修海塘，重建文瀾閣，庋藏高宗所賜四庫書，開局延文儒校刊群籍，治聞一時。

七年八月，遷陝甘總督。甘省邊遠貧瘠，屯軍歲餉數百萬，皆仰給他省，至不以時。鍾麟奏獎諸布政使運解迅速者，自是饋餉相屬。新疆既平，創設巡撫，歲以甘餉三之二濟之，時其緩急，不令缺乏。西域道遠，軺傳相望，州縣輒斂民車，費時失業，最爲害。鍾麟乃立官車局以供轉運，民不知役。舊商人承運花馬池鹽，貪利昂其直，私販因以充斥，商困税絀。乃罷舊商，定就場徵課法，税增什二，鹽直反大減。盡罷諸苛細捐及芻豆徵累民者，民困以蘇。又以久遭兵燹，士多失學，於蘭州建求古書院，甘州建河西精舍，選高才生講肄其中。

十年，法越事起，鍾麟奏請自率精兵五千人入衛，有詔止之，乃以提督雷正綰自代，餉械自給，不別請部款，迄於罷兵。十三年，河決鄭州，工久不就，鍾麟籌解六十萬金，助塞及賑災民，奉旨優叙。督甘九年，庫儲至百餘萬兩，州縣積穀數百萬石，十倍初至時。

初，鍾麟至甘肅，即患目疾，前後四請解任，均賞假慰留，賜珍藥。十四年，益劇，至不能視。自陳乞開缺。兩奏，始奉硃批：「譚鍾麟向來辦事認真，深資倚任。前因目疾，屢經寬予假期，并賞藥餌，以期速愈。兹據縷陳病勢日劇，萬難任事，情詞迫切，未便拂其所請。譚鍾麟著准其開缺回籍，安心調理。一俟就愈，即行來京陛見。」家居兩載，目復明。

十七年二月，奉詔入都，恩賜紫禁城内騎馬。四月，詔以尚書銜補吏部左侍郎。八月，兼署户部左侍郎，兼管三庫事務。十八年三月，署工部尚書。五月，授閩浙總督。二十年，恭逢孝欽顯皇后六旬萬壽，正月，懿旨賞加太子少保銜。七月，兼署福州將軍。十月，調四川總督，未行。二十一年四月，調兩廣總督。

粵素多盜，賭風尤甚。奸猾之徒，懼爲吏所持，則公請以博進贏餘助軍餉，歲輸三十萬金，所謂四成報效者也。鍾麟至任，以賭爲盗源，不禁賭則盗終不可止；而官徵賭款，尤傷政體，乃奏罷賭餉，盡封禁諸賭館，尤嚴官吏賕請之罰。又闈姓商歲輸公家亦數十萬金。闈姓商者，鄉會試方入闈時，取與試士子姓爲覆，聽人射之，謂之「卜榜花」，得多者勝，贏利鉅萬。闈商六年一更易，争欲承充，則競納賄，自總督以下多寡有差。鍾麟惡之，將議禁，而闈餉所從來尤久，關於部款，猝未可革。鍾麟乃令輸貲百六十萬者充之，自總督以下不得更索一錢，示定期限，逾期不如數，以所輸没入官。群不便者造蜚語百端，不爲動。久之，中外言籌餉者，稍稍及賭捐，欲弛禁。

朝廷下總督議，鍾麟覆奏曰：「禁賭以來，議者紛紛，至謂『賭爲粵民生計，禁終不止，費出於賭，取之無傷』。臣愚竊所不解。夫上之於民，猶父兄之於子弟，爲父兄者必無恃子弟博以自奉之理。況國家歲得不過數十萬金，而小民傾家蕩産者，何止百數十萬？民之不利，國何利焉？臣非不知賭禁雖嚴，未必遽絶，然上無所利，則聚賭之匪人，受賄之官吏，無可藉口，尚不敢肆意横行。一旦弛禁，人民既無忌憚，不肖官吏復因而牟利，上下交征，亂可立待。雖有百萬，將焉取之？至於所言『禁賭則生計日窮，一省之民恃賭爲生計』，中外古今，安有是理？若謂盗風之熾由於禁賭，言尤不經。聞因賭而竊盗、賭輸而爲盗者矣，不聞賭可弭盗也。無識之徒，罔顧利害，飾詞聳聽，所言萬不可信，所請萬不可行〔一〕。」奏上，上深韙之，然言者猶不止，鍾麟復疏争之，事乃寢。

廣東交涉日繁，鍾麟不得行其志，乃以病求去，疏五上。二十五年十一月，命來京陛見，旋賞假兩月回籍就醫。明年，萬壽覃恩，賞戴雙眼花翎。四月，入覲，復自陳，始命開缺留京當差。七月，乘輿西幸，鍾麟以衰疾不能從，乃乞歸。

三十一年，卒。遺疏入，諭曰：「前任兩廣總督譚鍾麟，老成練達，學問優長。由翰林改官御史，簡放外任，洊陟疆圻。服官四十餘年，所在整飭吏治，勤恤民依，於地方要政，尤能力持大

〔一〕所請萬不可行：「萬」，《譚文勤公奏稿》作「斷」。

體。前因患病，奏請開缺回籍。兹聞溘逝，軫惜殊深。譚鍾麟著加恩予謚，照總督例賜恤。任内一切處分，悉予開復。應得恤典，該衙門察例具奏。伊子安徽試用道譚寶箴，著俟服闋後以道員仍留原省，儘先補用；伊孫譚輔宸，著賞給員外郎；用示篤念藎臣至意。」尋賜祭葬，予謚文勤。

子寶箴，安徽道員；延闓，翰林院編修。孫輔宸，員外郎。

太子少保謚文勤譚公碑〔一〕

王闓運

公諱鍾麟，字文卿。長沙茶陵人也。其先自吉安永新徙，十四世，世爲良農。考諱之恒，國子監生，强學博物，樂誨童冠，公即其叔子也。

仁、宣之際，農、儒交困，涉履寒苦，在約淵濬，早傾乾蔭。母劉訓育，千里赴試，徒步負極，提學取進第一，鄉舉第八〔二〕。咸豐六年進士，選翰林。九年，授編修，大考高等，遂充會試同考官，不由考差，蓋承特簡。

〔一〕　本篇載《湘綺樓文集續編》鈔本，題作「譚文勤碑」，見《湘綺樓詩文集》（馬積高主編，岳麓書社，一九九六年，第四四一頁）。又載《譚文勤公奏稿》卷首，題作「皇授光禄大夫太子少保兩廣總督賞雙眼花翎謚文勤譚公之碑」。

〔二〕　鄉舉第八：「第八」，《湘綺樓文集續編》作「第二」。

同治元年，湖北鄉試副考官。二年，補江南道監察御史〔一〕。四年，署吏科給事中。文憲之任，風采高翔，朝宁悳危，毅然不撓。恭忠親王以負扆之望，遘畫室之疑，有詔大議，衆阿唯〔二〕。公不隨署，獨上奏曰：「海内多事，正資康濟，若廟堂之上先啓猜疑，根本之地未能和協〔三〕，駭中外之觀聽，增宵旰之悳勞。大局有關，未敢緘默。」同臺感悟，僉名者十餘人〔四〕。大臣悚待，懼於不測。翌日有詔〔五〕，恭王復直。當此之時，公名振海内。

明年，出補杭州遺缺知府，巡撫欽名，即補杭州。未及考滿，擢河南按察使。母喪服除，擢陝西布政使。令望既彰，三遷超次。臺省之重，僉曰允哉。到陝護巡撫事，光緒元年，就授巡撫。五年，陛見，加兵部尚書，移撫浙江。七年，補陝甘總督。目眚請告，詔令卧治，三歲四請，許歸就醫。道出華陰，隱士楊叟慕公德政，扶杖施鍼，翳目復明。以親政詣覲兩宫，優禮留補吏部左侍郎，權工部尚書。出督閩浙，一兼將軍。移四川，未上，調督兩廣。於時朝政更新〔六〕，人

〔一〕補江南道監察御史：「南」，《湘綺樓文集續編》作「西」。

〔二〕衆阿唯：「衆」下，《湘綺樓文集續編》《譚文勤公奏稿》有「皆」字。

〔三〕根本之地未能和協：「能」，《湘綺樓文集續編》作「加」。

〔四〕僉名者十餘人：「僉名」，《湘綺樓文集續編》作「簽名」。

〔五〕翌日有詔：「翌日」，《湘綺樓文集續編》作「翼日」。

〔六〕於時朝政更新：「時」，《湘綺樓文集續編》作「是」。

謀富强，貪入奢出，惟恐不給。嶺海繁富，摸金搜粟，官徵博進，自同囊家。公堅申賭禁，奏駁群議，罷歲收頭錢銀卅萬兩及部徵賭餉數十萬〔一〕，利臣大慚，蜚語詆諆。暨康、梁爲妖，交通權幸，公簿録其家，具發私書，群小盗憎，危撼百端。廿五年〔二〕，法琅西議界，特詔廣西提督莅盟，不關總督。提督棄地，公自劾乞罷，前後七請〔三〕。被命入朝，更給假兩月，促徵詣覲。乘輿西遷，不及扈從，澒洞隔絶，還歸增疾，杜門五年，祝宗是祈。卅有一年三月乙酉，薨於長沙里第，年八十有四。詔書特賜祭葬〔四〕，謚文勤〔五〕，録其子孫，禮同在位。粤以明年二月，葬於善化白泉之原，官立御碑。於是故吏門人以爲國有史牒，鄉有表著，公私之義也。公四佩督印，兩掌部堂〔六〕，嘗自許不動身色〔七〕，厝安天下。國患貧弱，未嘗言利。任陝藩，償逋餉銀百數十萬兩，儲庫猶有百餘萬，積穀數百萬石〔八〕，募糴又數百萬。晋、豫振荒，萬里驛騷，關隴初不告饑，民無流亡。撫

〔一〕罷歲收頭錢銀卅萬兩及部徵賭餉數十萬：「卅」，《湘綺樓文集續編》作「三十」。下文「卅有一年」作「三十有一年」。
〔二〕廿五年：《湘綺樓文集續編》作「二十年」。
〔三〕前後七請：「七請」，《湘綺樓文集續編》作「九請」。
〔四〕詔書特賜祭葬：「賜」，《湘綺樓文集續編》作「贈」。
〔五〕謚文勤：《湘綺樓文集續編》作「予謚文勤」。
〔六〕兩掌部堂：「掌」，《湘綺樓文集續編》《譚文勤公奏議》作「長」。
〔七〕嘗自許不動身色：「嘗」，《湘綺樓文集續編》無。「身」，《湘綺樓文集續編》《譚文勤公奏議》作「聲」。
〔八〕積穀數百萬石：「石」，《湘綺樓文集續編》無。

浙，飭吏澂清鹽漕。督陝甘，罷無名税捐，免徵民車、芻豆。津沽用兵，自請率五千人入衛，且供齎糧。鄭州河決，上助工六十萬金，聞者驚嗟其恢侈〔一〕。知杭州，捕斬土豪徐都司。在吏部，廷杖奸吏。督閩浙，裁汰驕軍，嚴覈船工，皆職思其外〔二〕，不徇時俗。海上軍興，南北洋斂船避敵，閩船巡洋自如。承浙、陝軍荒，撫綏完輯。迺視學修文，開局刊書。自厲勤儉，一無玩好。僚吏簡肅，黎民便安。雍梁回叛，官嚴禁錮，死瘞庭室，餓枕墻壁。公弛城禁，居民并歡〔三〕，回感德威，終任馴伏。興陝蠶桑，户有機聲。至今傳譚公綢以配召杜〔四〕。李鴻章、張之洞先鎮南海，利開賭禁，公獨奏『賭爲亂源，雖日入百萬，於國無利』。兹可謂持大體、去食去兵者已。宜其貴壽無極，以維世作型。天禄有終，京師鄂驚。哲人其萎，吾將安放？乃爲銘曰：

於穆我公，綱紀三朝。克静以威，不濁不撓〔五〕。爰在憲臺，曾弗摭拾。一言興邦，四海和叶。亦既剖符，高陟台司。遂鎮秦越，民忘兵饑。艽野實荒，經營辟畺。偃武以文，汲卧淮陽。入掌銓衡，吏不敢飯〔六〕。命作司空，禹垂是纂。閩土瘠貧，公至如春。南海多賚，捐金於淵。國不患弱，患無與立。

〔一〕聞者驚嗟其恢侈：「驚嗟」，《湘綺樓文集續編》《譚文勤公奏稿》作「驚嘆」，「嘆」下有「怪」字。

〔二〕皆職思其外：「思」，《湘綺樓文集續編》無。

〔三〕居名并歡：「歡」，《湘綺樓文集續編》作「懼」，誤。

〔四〕至今傳譚公綢以配召杜：「綢」，《湘綺樓文集續編》作「抽」，編者注：「『抽』，當是『柚』之訛。」疑當爲「紬」。

〔五〕不濁不撓：「撓」，《湘綺樓文集續編》作「澆」，誤。

〔六〕吏不敢飯：「飯」，《湘綺樓文集續編》作「犯」。

公之所臨，熙精默洽。名不赫赫，志則匑匑。藏形一丘，善始令終。何以表哀[一]，百寮嘆誦。

夫人同州陳氏[二]，先三十年薨，葬州茶鄉。子寶箴，附貢生，安徽試用道員，遺疏恩以道員儘先補用；次子寶符，中書科中書，早卒。側室顏宜人、鍾恭人，皆先卒。李恭人，子延闓，試貢士第一，選翰林院庶吉士。湖南科舉以來，會試未嘗首貢，天下榮公之教。次恩闓，從一品蔭生；澤闓，分部郎中。孫：冠宸，中書科中書，早卒；輔宸，從二品蔭生，特用主事，恩賞員外郎；繼祖，丁酉拔貢生，候選同知，早卒；次翊宸、光宸、贊宸。曾孫壽曾、頤曾、嗣曾。

李慶翱

前河南巡撫李公墓志銘[三]

孫葆田

光緒十五年八月乙酉，前河南巡撫歷城李公以疾卒於里第，春秋七十有九，距公去河南時

[一] 何以表哀：「哀」，《湘綺樓文集續編》作「之」。
[二] 夫人同州陳氏：自此句至篇末，《湘綺樓文集續編》無。
[三] 本篇載《校經室文集》卷五，又收入《碑傳集補》卷十五。

十有三年矣。始公由翰林起家，奉旨會辦山東團練事，以功授山西大同府知府，未期年，量移蒲州。同治初元，粵匪竄關中，回民相繼爲亂。公調集兵勇，與賊夾河而戰，賊屢犯屢却，全境獲安。守蒲十年，中遭太夫人戚，大府飛章密奏，詔以金革之事無避。公不得已，以墨絰從戎。同治七年，擢河東道，遷按察使，督河防如故。明年，晉布政使，公迺籲請補行守制，有詔給假百日。起復後入都陛見，恩賞優渥。光緒元年，奉命巡撫河南。秋九月，入覲。既莅任二年，事關吏治民生，罔弗殫心籌畫。值丁丑歲大飢，疏請帑銀十萬兩，截留漕米五萬石，以救灾黎。無何，以同官詿誤，部議鐫級，而公遂引疾歸矣。

公諱慶翱，字公度，一字小湘。曾祖溥，祖德懋。父廷芳，乾隆己酉拔貢。庚戌聖駕東巡，召試二等。甲寅恩科鄉試舉人，歷任廣東澄海、英德、陽江、新寧、南海，江蘇靖江、吴江，直隸香河等縣知縣，有惠政。三世皆以公貴，贈榮禄大夫，妣皆一品夫人。

公鄉舉時，本名綖。咸豐二年，因夢徵，遂易今名。是年成進士，改庶吉士。明年散館，授編修。當是時，粵匪李開方等竄山東，蹂躪臨清、高唐，朝命近臣回籍會辦團防，公偕給事中、後任兩廣總督毛公，嚴條約、明訓練、扼險要，賊不敢逼。事平，公遂出守大同。其移守蒲州也，地據關河，爲秦、晉、豫咽喉地，所謂河東天下之要會也。自古蒲阪有失，秦晉皆岌岌不能保。公於是聯民團分布河干，賊不得逾。當是時，秦、豫邊民皆視蒲境爲樂土，百姓扶老携幼集河壖者麕至。會防軍慮賊奪舟，舟盡艤北岸，民立夾灘中，北向呼號。公命舟迎渡，或持不可。公排衆議，盡渡之，百姓歡聲若雷，呼「青天活我」。既而調防滎河。燕晋中州之民在秦謀生者，聚對岸以數千計，載糧亦數百車。公復命舟渡之，曰：「弗渡是齎盗糧也。」渡四日乃盡，賊至無所掠而去。方寇急時，張太夫人在署，或請避，太夫人曰：「我去而民益驚。」乃爲長孫諏吉完婚，民心以静。公事親孝，值烽燧告警，太夫人適寢疾，公欲留侍湯藥，太夫人諭曰：「若勿以私廢公，竭忠報國，吾心安，吾目瞑矣！」公既奉命奪情，兵民見公咸感奮，不三日而營壘成，賊偵知，乃大驚。故終公守任，百姓安堵。

及擢河東道，釐剔鹾務積弊，商民尤以爲便。官按察使，内而清理庶獄，外而整飭戎行，無不措施裕如。公夙具知人識，所簡拔如廣西巡撫高公崇基、馬公丕瑶，湖南按察使沈公晋祥，皆公官布政使所深激賞者也。當關隴多事，餉需浩繁，公先事籌濟，轉輸不絶，軍威以振，則其功尤在當時云。

公之去河南也，以地方報災事遲，與布政使同時被議。河南民俗號純良，州縣不肖者，遇平歲相率爲欺蔽，以灾歉上聞，而實則預徵民賦，爲官吏侵用，名曰「存庫」。布政使劉公齊銜悉其弊，深惡之。光緒三年，歲飢，州縣有報灾者，劉公狃於往事，輒予駁斥。而是時，河南北實大灾，民不聊生。於是中州人官京朝者，連章入告，劉公遂得罪，旋以病卒。公亦被議，降三級調用。

公既解組歸，優游林下。值黄河爲灾，又連年歉收，前後巡撫使遇有疑難事，常過公咨訪，公知無不言，然未嘗一言及於私。性喜吟咏，詩成輒棄去。與人談，雜詼諧，聽者娓娓忘倦。及容接後輩，則循循然以禮法。

公娶朱夫人，側室蔡宜人、王安人。子四：福沂，江蘇常熟縣知縣；福瀚，光緒己卯科舉人，河南候補知府；福澐。皆前卒。福淶，二品廕生，濟南府學廩生。女子四，一適直隸曲周縣知縣金紹先，一適記名御史翰林院檢討趙汝臣，餘皆未適而亡。孫：葆年、崧年、鵬年。將以光緒七年某月日，葬公於歷城城東茂陵山之麓，其孤福淶以狀來乞銘。銘曰：

公以文興，而多武功。嬰城却寇，惟孝惟忠。遂躋顯仕，作鎮土中。厥施未竟，道有污隆。東山不起，愴悲無窮。銘以昭之，奠此幽宮。

于蔭霖

河南巡撫吉林于公墓志銘[一]

孫葆田

光緒三十年八月十三日，前河南巡撫吉林于公薨於南陽寓邸。遺疏入，報聞，於是朝中賢

[一] 本篇載《校經室文集》卷六，又收入《碑傳集補》卷十五。

士大夫相與嘆曰：「北方賢者，咸豐遺老盡矣！」先是，二十六年夏，變起京都，泰西各國聯兵深入，以保護使館爲名。時公方巡撫湖北，因密薦巡閱長江水師、前四川總督李公請内召，公亦擬統兵入援，會湖北票黨事發。票黨者，康有爲潛遣其黨乘機起事，以「富有」爲號也。公與總督張公先事定謀，獲其黨，亂乃定。而是時李公已死王事，兩宫西幸。公憂灼萬分，宿疾復作。朝議以河南爲天下要衝，乃移公撫豫。而適會法國將遣兵南下，官民汹懼。公行抵裕州，接任視事，即日移檄河北三郡，列營嚴守，别遣道員與法教士議約。議定，法兵遂中途返，豫民得以不擾。初，官吏聞公嚴正，皆凛凛畏懼。及公接見群僚，乃更開誠布公，務爲寬大，由是吏治亦蒸蒸日上。明年春，調撫廣西，未行，時相奏言公剛直，好持己見，恐其不善交鄰。朝廷不得已解公職，另候簡用。會公亦奏請養疾，將卜居襄陽，行至南陽遂止。其年冬十月，天子奉皇太后回鑾，公力疾迎於洛陽，召見行在所，温諭至再。將起用，時相有尼之者，公亦自請返南陽就醫。又明年，日俄事起，東三省爲戰地，公憂特甚。甲辰七月，公患腹瀉，至是竟不起，享年六十有七。

公諱蔭霖，字次棠，又字樾亭。先世文登人，明初遷居濰縣。公曾祖諱居安，當嘉慶時，山東大饑，携家再遷至吉林之伯都訥廳，遂占籍焉。祖諱龍川，以公叔父通政公貴，誥贈資政大夫。父諱凌奎，貤封資政大夫。及公貴，祖、父皆贈光禄大夫，妣皆贈一品夫人。通政公諱凌辰，性嚴重，爲咸豐朝直臣，於諸子中獨愛公。公舉咸豐八年鄉試，會是年科場舞弊事發，主司及同考官多獲譴，而公覆試列高等，人無閒言。明年，會試成進士，改庶吉士。散館授編修。

同治初，倭文端公爲理學名臣，公相從問學，又與前兵部侍郎文公治、前閩浙總督邊公寶泉、前山西布政使李公永清諸人爲執友，往復質疑，所學益純。光緒改元，與修《穆宗毅皇帝實録》。故事，實録成叙勞。各官皆自陳願保何職，公獨不言，乃僅得交部照章議叙。五年，俄羅斯與我争伊犂界，公上書力劾欽差大臣崇厚擅許天山左右數百里之罪。廷臣交章入奏，改遣大臣赴俄争議。公以爲大議已定，備敵宜權其要，乃復陳吉林鄰俄形勢，請簡知兵重臣駐吉林，以東邊三城琿春、寧古塔、三姓爲行營，别練萬人，駐黑龍江之艾輝，以相犄角。當是時，樞府或欲爲崇厚地，公復上書劾及軍機大臣畏葸罔上狀。六年，補詹事府贊善，升右中允。會聞仲兄疾，遂請開缺旋里。兄卒，家居二年，擬不復出。既而迫於通政公命，乃奉母入京供職。

八年十一月，簡放湖北荆宜施道。公到任，首裁道署陋規。時荆屬仍歲霪潦，飢民流離載道。公檄有司，發倉廩以振窮乏；復親履灾區，請於大府，改築紫貝淵石閘爲朝天壩，使監利、沔陽兩岸居民皆免水害，然後民皆復業。宜昌法教堂與華民有違言，至以兵船恐喝。公據理與争，法領事亦旋引兵退。英商有擅越宜昌關者，公察知其違約漏税，使遏之，且將籍其半以充公。英商懼，厚有所獻，公擲還其賄，廷責之，使補税，乃聽其去。英商語人曰：「自某入中國，未嘗見廉正如此大人者。」其爲遠人敬服如此。十二年，擢廣東按察使。陛見，面陳東三省防俄事宜，於是始有練兵三萬之旨。廣東盜賊素熾，公以嚴爲治，民氣漸蘇。明年，升雲南布政使，未行，丁太夫人憂。十六年，服闋，授福建臺灣布政使。適有奸商湯連魁賄托言官誤劾伯都訥廳紳士一案，公弟編修鍾霖與親友多被詿誤，公發憤具疏奏辨。廷議遣大臣往訊，頗得言官受賄狀，然猶以部議落公職。公既閑居京師，益與子弟故舊講論正學。

二十一年，中東戰事起。其年八月，公奉命襄辦奉天軍務。統帥忠壯公依克唐阿孤軍戰奉天迤東，公單車潛行至其營，將軍一見大喜。公爲草奏請添募二萬人，并條陳形勢。疏入，恭親王語人曰：「于某至依營矣。」得旨：「姑念此摺出於忠悃，准添兵萬人。」公復爲擬奏，以萬人分爲四軍，又乞將於山東，請械於江南。由是東省聲勢始壯。已而和議成，公遂辭軍歸里，而湖廣總督張公、山東巡撫李公并列章保公宜大用，遂以三品頂戴署安徽布政使。既到官，則清釐田賦、整頓吏治。又明年，德兵占據膠澳，又以某教士被戕，力言於朝，罷升任四川總督李公職。公憤甚，乃疏劾大臣翁同龢與張蔭桓等輕率懦怯，而附陳勤修省、除忌諱、斥把持、明是非、保善良五事，其言甚切。疏入，所劾者旋皆得罪去。二十五年，補雲南布政使，未至，授湖北巡撫。湖北督、撫同城，巡撫號爲不任事。公與張公夙相知，遇事猶力持正議。然公所至皆施設未竟，此有識之士所尤爲天下惜者也。

公論學一以朱子爲師，居敬窮理，不爲空談。其論治，以爲今日中國之弊在人心。自庚子亂後，朝廷鋭意變法，公謂：「變法云者，非一切掃除而更張之也。有即事核實以爲變者，有祛弊復古以爲變者，有不必諱言效人、宜師其意而毋泥其迹以爲變者。」當去河南任時，上陳變法八事，而於學校、兵制尤反復言之。所著有奏議若干卷、日記若干卷。

性孝友，贈光禄公蚤卒，事母□太夫人盡愛盡敬。丁母憂，年逾五十，哀毁盡禮，不飲酒、不宿内者三年，諸子弟皆化其行。配孫夫人。子一，翰篤，指分河南候補知府。女三，皆適士族。孫男一，熙曾，尚幼。

葆田與公弟蘅霖爲同年進士，官京師時顧不常見，辛丑歲，同客南陽，始獲朝夕請益。公於奉旨保薦人才，猥列其名，至謂「忠愛之心，老而彌篤，不爲絲毫利禄之計」，蓋不啻公之自道云。公原籍太平川，既不能歸，翰篤將卜葬公於南陽府城北之某原，以狀乞爲銘。銘曰：

青齊舊族，偉哉于公。少承家學，奮起關東。學得所師，道積厥躬。迴翔翰苑，惟孝惟忠。使臣辱國，義憤上疏。遠人窺伺，謂宜遠慮。彈劾樞府，不爲聲譽。天子曰俞，是社稷臣。乃命外試，以乂人民。顧見灾黎，流轉江濱。乃躬相度，築堤連垠。惟彼憬夷，畏公若神。按察粤東，六條克陳。直道見絀，忽奮忽沉。優游林下，金玉閟音。國事方棘，艱危獨任。戎馬奔馳，强敵是臨。帝鑒忠忱，大任特簡。皖江楚豫，疆符迭綰。忽聞西巡，有泪如潸。鑾輿既返，迎覲洛陽。曰臣多疾，不勝封疆。以人事君，大義尤彰。天不憖遺，逾歲旋薨。宛城之北，馬鬣新增。最公生平，名節無疵。我銘其幽，實無愧詞。公今往矣，匪哭其私。爲賢者痛，悠悠我思。

李秉衡

海城李公傳〔一〕

錢振鍠

中國與夷狄，相爲盛衰，何代蔑有。本朝道光以來，西夷得志於我，同治中興，以天下之力翦平大憝，未暇懲創及之也，而謀國者以西人智巧，思師其長以爲我用，天下風氣稍變矣。光緒十年，越南之役，我海軍熸於馬江，而猶以師武臣力，殪敵於諒山。樞臣畏事，遽媾和議，自是吾國奸庸，以爲我於夷狄有和無戰，習爲恬嬉，兵政益不修。十年〔二〕，而日本發難於朝鮮，撓我師徒，震我畿疆，卒割地予之，而後無事。於是媚外之風益熾，夷氛愈張，民禍愈亟，鬱極思泄，而有義和團之事。顧朝廷無一定方略，將士無必戰之心，遂欲恃區區不教之民，徒手以搏蛟螭、禦豺虎，事敗而快諸不肖之心，醜我忠義死難之臣。嗚呼！北宋靖康之事，未聞即以李邦彦、耿南仲爲謀國之忠〔三〕，以李綱、种師道、張叔夜爲作亂不軌之臣也。是故南宋猶可以中興。光緒庚

〔一〕本篇載《名山四集》卷二。
〔二〕十年：原文如此，當爲「二十年」。
〔三〕耿南仲爲謀國之忠：「忠」下，《名山四集》有「臣」字。

子，是非黑白顛倒惑易，人心亡，而天下隨之矣。宣統辛亥之變，如桶底脱〔一〕，乃三四十年習夷事、談海學成熟之候，其效固然。嗚呼！本朝之亡，決於光緒庚子；必若宣統辛亥，則所見晚矣。海城李公，始終夷事，而大節犖犖，照耀日星，固我朝之种、李、叔夜也。彼用夷變夏者，其事可睹也，何足數哉！

公諱秉衡，字鑑堂。父□，道、咸間江蘇知縣，號廉平。公隨侍讀書，治詩古文辭，留心民事，佐父諏訪疑難，務得情實。父殁，奉母僦居淮安，諸弟幼弱，貧甚。時山東巡撫文煜公，父故人也，公往謁，道出宿郯，盜劫公入其砦。匝月，以計脱抵省。煜委治文牘。省軍譁，屬吏皆不敢出，公以撫軍命餉之，責以大義，事立定。兖、沂間有盜六，爲民患。公一日被褐裘，挾二銅鎚，直叩盜門。盜見公與語，大悦，因盡得盜隱曲。一夕馳去，夜率健捕十數人，抵其砦，手刃其魁，盡縛群盜，鏟其險塞。歸報，煜大異之，保舉知縣。直隸總督祁寯藻聞公能，調補棗强縣。捻匪來犯，公率民兵却〔二〕。民以公威廉，呼「李青天」。曾文正公督直，以卓異上聞，升薊州知州，州民扶老携幼郊行數十里，皆曰「迎李青天」。部吏挾例案求，悍甚，公笞之百，吏逃歸。未幾，部議落職。

〔一〕如桶底脱：「底脱」，《名山四集》作「脱底」。
〔二〕公率民兵却：「却」下，《名山四集》有「之」字。

十年而有山西平陽府之命，旋擢廣東高廉道，既升任廣西按察使〔二〕，光緒十年甲申，法蘭西犯我屬越南，彭剛直公玉麟奉詔督兵，駐廣州。公往謁，備道傾慕感激之忱。彭公忽厲聲曰：「李秉衡乃亦諛人耶？」公亦厲聲曰：「宫保亦知天下有不諛人李秉衡耶？」彭公大悦，命酒謝之。未幾，升布政使，護理巡撫，親赴龍州前敵。十一年二月，諒山大捷，彭公歷叙諸將馮子材等功入告〔三〕，末言「非李秉衡廉勁公誠，善撫將士，不能成功」，附請褒賞馮子材、李秉衡片有云：「李秉衡素有清望。爲臬司時，吏民翕然。及到龍州，值兵事不利，收集吏民，嚴禁逃潰。前撫潘鼎新威令不行，軍民離怨，該護撫以至誠至公，激勵將士。總兵楊玉科戰殁，輿尸歸，無過問者，秉衡親迎喪哭而厚斂之，諸軍感泣。創醫局以治傷軍，日再臨視，調和主客軍將領。糧餉軍火，不分東局、西局。自奉刻苦，於戰恤功賞，力從其厚。自護撫命下，軍民歡聲如雷，廣軍、楚軍無不虛心相聽，願爲盡力。大抵馮子材、李秉衡忠誠廉直同，得人心同。一戰之功不足喜，邊疆文武大臣能得人心，爲足恃也。」法蘭西既受大創，亟請和。朝旨停戰。彭公歐血數升，公上疏争之不得。勘界畢，奉命解職，僑居直隸滿城，課孫讀經八年。

〔二〕 既升任廣西按察使：「使」，《名山四集》作「司」。下文「布政使」作「布政司」。

〔三〕 彭公歷叙諸將馮子材等功入告：「彭公」，《名山四集》作「剛直公」。下同。

二十年甲午，拜安徽巡撫之命。日本犯我屬朝鮮。八月，改調山東巡撫。是月，我陸師潰於平壤，海軍戰不利，賊乘勝攻破大連灣、旅順。日以兵艦趣利，海軍將丁汝昌率軍艦降，是時威海、劉公島皆陷。公莅任，即赴登萊，相形勢，督勵將士備戰守。日本不大得志而去。公撫山東，抑洋務，重吏治，屬吏戇直，多得差遣。無何，德意志入我膠州灣，拘我總兵官，公已奉四川總督之命，嘆曰：「土地不可自我而失！」遣兵争之。朝命公速去，德意志猶不快。部議罷公官。未幾，奉巡閱長江之命，散職也。

二十六年庚子，義和團事起〔二〕。是時天下官吏，皆歸曲朝廷。山東巡撫袁世凱，剿團民最

〔二〕 義和團事起：此下，本書略去上諭兩則。《名山四集》作：「五月二十五日，上諭：『我朝二百數十年，深仁厚澤，懷柔遠人。道光、咸豐間，准彼互市。詎二十年來，恃我一意拊循，欺凌我國家，侵犯我土地，蹂躪我人民，勒柬我財物，欺壓平民，侮嫚神聖。我國赤子仇怨鬱結，人人欲得而甘心。此義勇焚燒教堂、屠殺教民所由來也。朝廷申禁，保衛使館，爲民、教釋嫌。乃彼不知感激，反肆要挾，迫我退出大沽口炮臺，危詞恫喝，意在震動畿輔。朕臨御將三十年，待百姓如子孫，百姓戴朕如天帝。祖宗憑依，神祇感格，人心忠憤，曠代所無。朕今涕泣告廟，慷慨誓師。與其苟且圖存，貽羞萬古，孰若大張撻伐，一決雌雄！連日召見大小臣工，詢謀僉同。近畿及山東義兵不期而集者數十萬人。彼仗詐謀，我恃天理；彼憑悍力，我恃人心。爾普天臣庶，各懷忠義之心，共泄神人之憤，朕厚望焉！』同日，上諭裕禄奏『連日接仗獲勝』一摺：『我義民以血肉之軀，與槍炮相薄。二十一、二十二、二十三日擊壞兵輪兩艘，殺敵不少。義和團不用國家一兵，不糜國家一餉，五尺童子亦能執干戈以衛社稷。此皆祖宗昭鑒，神聖護持，使該團民萬衆一心。著先行傳旨嘉獎，事定加恩。爾團民其始終弗懈。』」

力。兩湖總督張之洞、兩江總督劉坤一〔二〕，與夷人定保護東南約〔三〕，詔天下勤王。公奉命兼程到闕。七月二日，上諭幫辦武衛軍軍務，節制張春發、陳澤霖、萬本華、夏辛酉四將，合兵三十餘營。春發、澤霖，江督遣從公者；辛酉，世凱將；惟本華大同鎮將，公自奉調。時朝旨剿賊，南中傳旨一體保護洋人，公質諸上前，於是吏部侍郎許景澄、太常寺卿袁昶，以擅改電諭伏誅。公陛辭，即赴楊村，當賊十三日，至馬頭鎮。是日本華戰頗力，聞直隸總督裕祿死難，宋慶、馬玉崑軍皆潰。十四日，山西按察使升允勤王兵至〔三〕，兵少，願屬公，公太息恨相知晚。是夕駐軍楊房，有大星隕於公所宿之西廊。十五日，進軍河西務，戰不利。十六日，再戰馬頭鎮，不利。十七日，戰張家灣，日暮雷雨，諸軍皆散。聞兩宮西狩，駐蹕懷來，遂手繕一書，屬長子政均分致僚友，仰藥，氣將絶，連呼「來不及」而薨。書述馬玉崑見賊即退，宋慶且不得一見，所節制四將陳尤劣云。事聞，賜謚忠節。旋以夷人意奪之。

公薨後，泰安知府陽湖潘民表〔四〕，收公尸於敗壁間，著單衣，貌如生。年七十有四。子三：

〔二〕兩江總督劉坤一：「坤」，《名山四集》作「琨」。

〔三〕與夷人定保護東南約：此下，《名山四集》有「無得以軍實助朝廷。是時官軍戰不利」。

〔三〕山西按察使升允勤王兵至：《名山四集》「使」作「司」，「升允」下有「吉甫」二字。

〔四〕泰安知府陽湖潘民表：「表」下，《名山四集》有「振聲」二字。

政均，江蘇候補通判；□，早卒；政寬，拔貢生。孫：學富、學誠。夫人林氏。

論曰：公幕府居巢舉人劉原道言，滿相榮禄當國，忌公不附己，兩宫欲以公督北洋，則多方撓之。庚子之事，榮禄總武衛軍，以幫辦名義，抑公居其下，又加宋慶、馬玉崑、董福祥幫辦名目。公既無權，何以成功？武衛軍紀律腐壞，公久處閑散，諸將領素不相習，以總辦讓公，猶恐不濟，况幫辦乎？嗚呼！用兵亦何謬巧，貴一其事權，久於其任而已。一則獨往獨來，久則將習兵，兵習將，若身使臂，臂使指。觀彭公之奏，公豈不能軍者哉？以公之得人心，恤戰士，苟畀以專職，久於戎事，必能爲國長城，雖以之鞭撻四夷，撻伐群島，亦何不可，豈止一死之烈哉！若無事則投之江海，事急則責其禦賊國門，有死而已。公垂死呼連「來不及」者，正謂此也。原道之説信矣。性愛山水，葬河南安陽縣，地近林慮山黄華谷，公自卜域也。少隨父長洲任，去山東日，屬所知元和某，誅茆於鄧尉梅花深處，爲隱居計，不果往。原道云。

《翁文恭公日記》

逸事

李鑑堂中丞秉衡，樸實平易，兵事將才，均極留意，良吏也，偉人也。《翁文恭公日記》○《近代人物志》引。

余聯沅

余聯沅傳〔二〕

國史館傳稿

余聯沅，湖北孝感人。同治七年，由内閣中書充軍機章京。光緒二年，校勘《方略》，升侍讀。三年，以一甲第二名進士，授編修，充國史館協修。七年，前在軍機處校勘《列聖聖訓》，叙績賞五品銜。十年，充功臣館纂修。十四年，補河南道監察御史，充順天鄉試同考官。

十五年正月，恭遇皇太后歸政，特恩奉懿旨賞隨帶一級。二月，充會典館協修。六月，稽察南新倉事務。聯沅奏陳宗人府起居注主事升途沉滯，請飭部設法變通，得旨下部議行。嗣復疏陳：「各部堂官日久玩生，有不常川進署者，或數月而一至，或一年而數至，於公事必多隔閡，職守未免叢脞，殊非慎重部務之道。請旨申明舊章，嚴切訓飭。」另片陳：「科場槍冒舞弊，請旨敕下部臣，於科場年分，申明舊例，嚴定章程。或於入場時實力稽察，毋許冒混；或於歸號時，即行封鎖，毋使攙越。并令監臨試官認真防範，毋博寬厚之名，而存姑息之見。務期除積弊而拔

〔二〕 本篇載《清史列傳》卷六十一。

真才。」疏入，上均從之。時湖北大水，聯沅復奏請飭開倉發賑，得旨如所請。聯沅又以錢糧蠲緩，州縣積弊相沿，請飭各督撫認真稽查，剴切曉諭，允之。

十六年，充會試同考官。六月，御史歷俸期滿，詔記名以繁缺知府用。七月，直隸河決，聯沅以近畿災重，辦賑銀米不敷，亟請再撥庫款，并發給粳秈米石，變通賑捐章程，購辦南米運京，奉諭下部議行。九月，轉掌四川道監察御史，兼巡視東城事務。十二月，京察一等。十八年，充會典館纂修，巡視北城。時俄羅斯侵占新疆西境帕米爾，聯沅疏請嚴固東三省邊防，略謂：「俄人經營西伯利亞海參崴鐵路，知其發難必在東三省。不獨陵寢重地，且屏蔽京師，爲全國存亡所繫。籌餉增兵，保東三省即以存中國。」屢疏力争。嗣又劾山西巡撫阿克達春在安徽布政使任内劣迹昭著，列款糾參。十九年三月，擢禮科給事中。七月，俸滿截取，有旨記名以繁缺道員用。十二月，京察一等。二十年五月，轉吏科給事中，劾署寶坻縣知縣張肇鏕性情狡猾，玩視民瘼。并稱寶坻被災甚重，請飭妥籌春賑，設法宣泄涵洞。上從之。時中日失和，聯沅密陳請以南洋海軍襲日本之不備。九月，署山西道事務。

二十一年，充會試磨勘官。九月，巡視北城。十月，補福建鹽法道。二十四年，署福建按察使。二十五年四月，署福建布政使。閩江上游有灘，曰關刀嘴，湍駛漩險，商船患之。土人惑於風水，不敢治。聯沅委員督工鑿碎之，川平陸夷，行旅稱便。日本議闢租界於廈門，民情不靖，聯沅極力調劑，卒弭隱患。五月，調江蘇蘇松太兵備道。七月，以淮、徐、海賑捐案，奬叙賞戴花翎。十二月，以福建辦理洋務出力，賞二品頂戴。時北方義和拳變起，上海兵艦麕集，華洋商民震動，亂氓乘間思逞。聯沅捐廉募勇，嚴密巡防。復隨同兩江總督劉坤一，與各國領事議約互保，爰成保障，東南各省轉危爲安。二十六年八月，遷江西按察使。九月，擢湖南布政使。聯沅輸款助賑陝西，有旨嘉奬，賞給頭品頂戴。十二月，命署浙江巡撫〔二〕。適浙省教案糾纏，索償巨萬，意大利兵船復乘和局未定，游弋三門灣、象山港等處，意存窺伺。聯沅力主鎮静，卒平大患。辦理衢州教案，廉得良民被誣情實，多從省釋。二十七年四月，詔回湖南布政使任。八月，以疾亟奏請開缺，上如所請。十一月，卒。兩江總督劉坤一以聞，疏言：

據蘇浙紳士三品銜、候補四品京堂龐元濟等二十六員聯名禀稱，該前署撫余聯沅歷署福建按察使、布政使，皆有政聲。迨調蘇松太道，善政尤多。其最著者：光緒二十六年夏間，北方拳匪肇釁，全局震驚。上海爲通商總埠，各國戰艦洋兵雲集，謡詠紛起，防務戒嚴。寓滬紳商日謀避地，惶懼萬分。兼之外來游匪勾結土棍，時思乘亂起事。内奸外侮，勢將一發燎原。安危之機，間不容髮。該前署撫多方戒備，嚴密巡防，復奉委與各國領事定議

〔二〕命署浙江巡撫：「署」下，《清史列傳》有「理」字。

互保，東南各省得以安全，關繫大局，實非淺鮮。一面捐廉募勇，晝夜分巡，外保教堂，内靖游匪。迨至皖、鄂票匪逋逃上海租界，出没靡常，則又多方設法擒治巨魁，無稍枉縱。卒使上海安堵如常，從容接濟西北。方事之殷，該前署撫日則奔走於炎風烈日之中，夜則自治官書。每接警電，輒憂憤涕泣，或數夕不寢，或一夕數興，自夏徂秋，迄無寧晷。旋署理浙江巡撫，先將全省教案議結，各領事、主教鑒其公忠，故償恤銀兩視各省爲少。并於衢州教案内，省釋無辜株累者數十人。嚴飭各屬整飭緝務，拿獲台州巨匪吴王葵，訊明懲辦，浙東盜風藉以稍息。其在道任，捐廉銀八千兩，爲龍門書院經費，嘉惠士林。在浙創辦各屬義塚，先後捐秦、晋賑，爲數巨萬；又捐印度賑救濟會，皆勿稍吝惜。生平儉以自處，而勇於爲善，大致如此。至該前署撫爲御史時，首劾康祖詒即康有爲非聖無法，心術不正，尤爲獨有先見，善於辨奸。紳等感循遺愛，未忍没其勞勩，公懇奏恤，准予上海地方捐建專祠，生平政績宣付史館立傳，以彰忠藎等情，禀請具奏前來。臣查該前署撫臣余聯沅沉毅明决，忠愛性成，既據該紳等臚陳政績，合詞籲請奏恤，未敢壅於上聞。

疏入，得旨著照巡撫例賜恤，并准其捐建專祠。旋賜恤如例。

碑傳集三編卷十六　督撫四

陳啓泰

陳啓泰傳〔一〕

國史館傳稿

陳啓泰，湖南長沙人。同治七年進士，改翰林院庶吉士。十年，散館授編修，充國史館協修。十三年，充會試同考官。光緒元年，充陝西副考官〔二〕。二年，充順天鄉試同考官。三年，記名以御史用。六年，充會試同考官。七年九月，補山西道監察御史。十一月，奏參雲貴總督劉長佑、漕運總督周恒祺皆溺於洋烟，性耽安逸，又言吏部尚書萬青藜骫法營私，均請立予罷斥。

〔一〕本篇載《清史列傳》卷六十四。

〔二〕充陝西副考官：「陝西」下，《清史列傳》有「鄉試」二字。

未幾，長佑、恒祺皆乞病去，青藜亦休致。河南有王樹汶臨刑呼冤一案〔一〕，啓泰奏請秉公研鞫，以重人命。已而李鶴年仍照原擬定案〔二〕，上命解部覆訊，王樹汶果非真犯，承審各員皆降革有差。十二月，啓泰以竊賊闌入宫禁，恐爲内監容留所致，請派親王，會同内務府大臣、前鋒護軍統領，查拿懲辦，由是門禁益嚴肅矣。

七月〔三〕，御史胡隆洵請將盗案分别首從辦理，刑部議欲復舊例，應將就地正法章程先行停止，而疆臣皆言其不便。八年二月，啓泰奏言：

遷就新章，流弊甚大。一案既出，但憑州縣稟報，督撫即批飭正法，則其中以假作真，移甲就乙，及改輕爲重情弊，皆所不免。蓋地方盗案，登時就獲者少，參限屆滿，躧緝無期，往往别取平民，妄拿充數，或前案人名竄入後起，或尋常案犯陷以重情，捏賊教供，刑逼誣服。州縣但以考成爲念，上司各懷瞻徇之私，委員會訊者不過一公稟銷差，道府覆訊者不過一空詳塞責。案情既結，死者不可復生，斷者不可復續。覆盆之枉，昭雪無從。部臣所

〔一〕河南有王樹汶臨刑呼冤一案：「河」上原衍「八年」二字，《清史列傳》同，據《陳啓泰傳稿》删。參見王鍾翰點校本《清史列傳》（中華書局，一九八七年）卷六十四校勘記〔二二〕。

〔二〕已而李鶴年仍照原擬定案：「李」，《清史列傳》無。

〔三〕七月：此上，《清史列傳》有「是年」二字。

稱各省就地正法案件，每歲不下數千百人。其中法無可宥者，固所必有；情有可原者，亦難保其必無。實爲洞燭情弊之言，若不亟思變計，恐殘殺習爲故常，怨憤激成事變，弭亂不足，召亂有餘也。夫刑罰世輕世重，原無一成不易之條。從前髮、撚未平，匪徒蜂起，自不妨權用重典，以儆凶頑。今海内晏然幾二十年矣，百姓粗安，元氣未復，休養生息，正在斯時。即間有奸宄之徒，恃强藐法，官吏認真緝捕，自足綏靖地方。而辦理章程尚與軍興時漫無區别，當亦聖主好生之德早爲垂念及之者也。應請斷自宸衷，飭令仍照舊例解勘，分别題奏，以重刑憲，無使地方官吏久擅生殺之柄，朝廷寬大之恩庶漸被於無窮矣。上命刑部咨行各省詳議，而各省以盗多爲詞，卒不能盡革。又言：「吏治之不振，實由冗員之太多。吏部奏定考試章程，其不列等者勒令回籍，可爲沙汰之一助。然不過百中之一二，仍於大局無裨。應請飭下各省督撫認真考試，年終年滿甄别。尤當破除情面，實力裁汰，不可但以佐雜、教職等員塞責，庶官方可以澄叙矣。」

湖南鳳凰廳痞苗石老華、江華縣土猺盤成豪，前後滋事，撫臣李明墀奏保文武員弁冒濫，啓泰請將保案撤銷，略言：「此兩案皆由地方官激成，以愚民土著爲賊巢，以屠戮無辜爲剿辦。天日在上，夫復誰欺！」并臚列著名貪劣各員，請旨一并查辦。又以：「孝廉方正一科，即古者鄉舉里選遺意，固不必專以文藝見長；要必名實相符，方足以備召用之選。近日保送太濫，污濁下流及紈袴乳臭之子，不學無行，輒以鑽營賄賂得之。以故分發各省，旋以貪墨卑鄙論劾者甚不乏人。藏垢納污，朝廷又安用特設是科爲耶？請飭部仿照拔貢等項朝考之例，議定年限試期，并酌准每省保送額數，嚴定去留，不得一概録進，而尤必申明保舉連坐之法，以彰儆戒。」

七月，啓泰條陳興利除弊事宜，略曰：

爲政之道在用人，尤貴理財，欲强兵必先富國。蓋國之有財，如燈之有膏，魚之有水，農之有田。燈無膏則熄，魚無水則薨，農無田則飢，自然之理也。而拘儒不達，介介而争，率以言利爲病，不知各國通商以來，島船夷廛，遍布會要，得尺得寸，抵隙蹈瑕，無微不至，無孔不入。我中國已成漏卮，坐視不可，補苴不能，更數十年後，元氣日以耗，民生日以蹙，國用日以竭，而始敝敝然求理財之術，不已晚乎！且中國非無財也，無盡之藏，不事經營，終等棄地之貨；已決之防，不爲挽救，幾同竭澤之漁。源既未開，流復不節，弊且日滋，致令自治之計，以匱乏而中阻；大利所在，以牽制而不行。此臣所爲憂憤籌思而不能自已者也。

一重税洋藥。夫洋藥之蠹中國久矣，即每歲進口收税徵之，則民間消耗之數可知。况偷越之貨，幾與報數相埒，暗漏尤爲不少。今不思設法禁止吸食，而但以不種罌粟爲長策，是益其薪而助之焰也。近日朝鮮與美、英訂約，獨嚴鴉片之禁，尚能自固藩籬。中國、美、巴新約，亦禁彼此不得販賣。將來英國换約，能否挽回此局，雖難預料，然朝鮮猶能拒之，中國豈可不思自立？況有美、巴新約可據，杜絶當自不難。至補救目前，惟有重徵釐税一法，既可稍懲頹風，亦以藉充國帑。查通商善後條約第五款，原有洋藥如何徵税，聽憑中國辦理之條，洋人自不得阻撓其事。上年左宗棠議加每箱銀八十兩，尚未明見施行，然臣愚猶以爲太少〔二〕。内地釐金，似亦可加倍抽收。價貴則吸食自少，銷滯則販賣亦稀，實爲釜底抽薪之計。即勢難禁絶，歲可驟增千餘萬兩餉需〔三〕，於財政亦不爲無益。

一收買絲茶。通商出口貨物，以絲茶爲大宗。洋商狡詐百端，每歲新貨到岸之時，始則餌以厚值，迨聞風者踵至，即把持包攬，勒揹多方。貨愈積而愈多，價愈抑而愈賤。華商業此折閲甚多，元氣大傷，甚非中國之福。計每年出口進口銀數，中國惟恃絲、茶兩項，稍敵外洋百貨三分之一，而洋藥數千萬兩之數不與焉。并此而不能設法維持，將成坐困之勢。臣愚以爲宜設立絲茶公局，招商集股，資本不足，借供帑項。絲茶歸局收買，彙售外洋。入價劃一定之章，出價酌數分之息，務使商人得沾餘潤，免墮洋商詭計之中，則華人生

〔二〕然臣愚猶以爲太少：「猶」，原作「尤」，據《陳啓泰傳稿》改，參見王鍾翰點校本《清史列傳》卷六十四校勘記〔一二三〕。

〔三〕歲可聚增千餘萬兩餉需：「兩」，《清史列傳》無。

理消耗無虞，公局子母兼權，亦可坐收利益。但此事得人斯理，應請南北洋大臣籌議開辦，嚴定規條，選派廉能素著之員，妥爲經理，以杜弊混。

一廣織呢布。民間布帛之用，比於菽粟。通商以來，各國呢布充滿寰中，上至縉紳，下至齊民，罔不購用，歲計糜費中國金錢難以數計。外洋獨擅其利，豈容久作袖手之觀？聞漢口、上海等處商人屢議興辦織布公司，以需款過多，因而中止。應請飭下通商各省督撫，籌開公局，招商借帑，廣織呢布，以濟民用而收利權。其有自願辦機器開織者聽之。總期愈推愈廣，庶錢刀不至暗漏於外洋。

一擴充礦務。天生五材，民并用之。礦硐之開，利源尤鉅。從前雲南礦廠最盛，兵燹以後，置未經理。各省礦坑亦久經封閉。新疆開闢以來，未曾發泄，礦苗尤旺。坐視此自然之利，棄同泥沙，殊爲可惜。近年李鴻章奏開開平煤礦，平原、長樂等銅礦亦相繼興辦，取多用廣，成效燦然。應請各省推廣行之，商辦官辦，各視所宜，明定章程，總期有利無弊，庶幾天地無盡之利，皆國家歲入之需矣。

一改運官鹽。兩淮鹽務甲於天下，然利歸於商，徒使禺筴起家〔一〕，豪貲競侈，司農仰

〔一〕 徒使禺筴起家：「禺」，原作「榆」，據《清史列傳》改。

屋，帑項仍虛。丁寶楨將川鹽變通辦理，改商歸官，任怨任勞，卒著成效。今以兩淮而論，道光十一年前督臣陶澍於淮北酌運官鹽，或暢岸商鹽有缺，或滯岸票鹽不到，即委員載運濟售，是官運曾試行於淮北。今年左宗棠奏請收復引地，委員前赴湖北荆州、監利運鹽，漸入試銷，是官運又將行於淮南。祇以商人請領票張，并不循例驗貲，掣簽配發，繳捐數目，亦未據實奏明，以致奸猾之徒包攬射利，物議頗多，辦理殊未盡善。臣愚謂宜趁此事機，將新增之引一律改歸官運，擲還各商捐項，令將引票繳銷，以杜奸計而肅鹺政，且免川、淮交訌。鄂省官吏久戀腥羶，臺諫諸臣利其賄潤，左宗棠力主復淮之計，授奸商居奇之柄，何如籌國帑不竭之源？丁寶楨庇護川商，利在公家，自不敢任其充斥浸灌。是官運行而借岸自復，餉項自增。應請妥議章程，垂諸久遠，果能實力奉行，釐課而外，歲入當不下數百萬。若再推廣行之，所增尤鉅。

一酌裁制兵。綠營兵將，碁布星羅，養兵之需，歲幾二千萬。山澤之儒，常有「養兵不如養士」之嘆，然使無事能資彈壓，有事可期捍禦，國家原不宜吝惜此款。乃自髮、捻跳梁，莫不棄甲倒戈，聞風驚潰，遂使中原糜爛，江左逋逃。今事平之後，猶復久仍舊制，虛糜鉅項，莫此爲尤。各省練軍雖稍變通辦理，而額既未裁，餉仍未減，應請量裁塘汛，并沙汰都守以下各弁，就原定兵額酌留四五成，以裨實用而免虛耗。

一清釐關稅。國家正供，田賦而外，關稅實爲大宗。任其事者，莫不垂橐而往，捆載而歸。如果涓滴歸公，歲入奚止十倍？臣愚以爲，各海關暨税務較重之處，宜簡派廉潔剛正、破除情面之大員，監收一年；或本省督撫廉潔著聞者，亦可令其兼辦，則歷任弊端，可期水落石出。然後酌加解額，以裕帑需。皇上原有務存寬大，不追既往之諭，自無所容其瞻顧。積弊一清，入款自充足矣。

一慎重庫儲。財用盈縮，恒視有無侵冒爲衡。官吏不能弊絶風清，而欲項款之無虚糜，未之有也。内府浮銷，已成積重。户部銀庫、銅局暨派辦處司員書吏，又皆通同舞弊，勒索侵漁。報銷之案，尤駭聽聞。外職京員，朋分夥竊，動輒百萬或數十萬。夫此私家中飽之物，何一非天府帑藏之需？疆吏以之行賕，劣員據爲利藪，朝綱國計，大有所關，理應立法稽查，廓清積弊。户部派辦處名目，似可議裁。嗣後各省報銷案到部，臨期酌派一二廉幹司員核辦，并不准本司官吏與聞，以杜染指。如所派不得其人，贓款發覺，即將堂官照私罪議處，庶可稍示懲儆。各處工程浮冒亦重，節省銀兩，仍當提出歸公。應請飭下内務府、户工二部暨管庫大臣，嚴定章程，以禁貪饕而重庫款。

以上各節，或未經議及，或議而未行，或行而未盡，若決然爲之，府庫何患不充？財用何患不足？

更有事屬創舉，人懷疑慮，處今日之勢，不能不亟籌試辦者，則修鐵路是也。通商各國，莫不有鐵甲船而兵强，有火輪車而國富。中國相形見絀，宜其環而相侮，莫可如何。夫知己知彼，與師其長技而制之，皆兵家上策。鐵路若成，徵調、轉輸、貨運、文報之捷，在在均收實用。先辦清江至京一路，逐漸推廣，利賴無窮。清江一路既開，則江淮轉漕之費無事開支；且鐵路告成，河工亦緩，并可裁撤河、漕兩督及所屬廳員、弁兵數千人，歲費尤省。彼持異議者，無非以需款太鉅。值此餉項支絀，興舉爲難，若臣所陳各節可行，何憂此款難集？并不必籌借洋款，致滋盤剥之虞。且鐵路之利，更可以濟輪船之窮，尤爲有益無損。

果能利藪開而餉源裕，餉源裕而兵力强，必能裨益聖朝，誅鋤强敵。乃者日熾於東，法擾於南，兩地邊藩，悲生旄葛。此外四方萬國，莫不眈眈虎視，伺便乘虚。我朝以神武定天下，兵威之盛，曠古無儔，今頗靡然不振者，良田度支竭蹶，遠略難勤。如其奮發有爲，原不難震慴殊俗。

上嘉納之，下所司議行。

劉長佑報銷雲南軍需不實，賄軍棧章京周瑞清及部員書吏贓款十餘萬，啓泰劾之，得實，皆獲罪。又以浙江台匪未平，調任撫臣任道鎔未嫻軍事，恐誤地方，請特簡知兵大臣撫浙，以弭隱患，詔以劉秉璋代之。九年正月，啓泰奏言：

錢制歷代變更，大抵輕則竄惡難行，重則盜鑄尤甚。國朝制錢，最爲精當，然至今民間不足以資流轉者，銷毀與私鑄之爲害烈也。自鈔票當五百、當百之法時行時止，民多擾累，不得已而改鑄當十大錢。抵值既多，私造逾衆；加以奸牙狡獪，賣空買空，市價陡漲陡落。不獨官錢周轉不及，即借私錢補救亦有時而俱窮。於是以銀易錢者，往往空持片紙，錢商所入實銀，所出空票，貪饕既饜，動即關閉。數十百萬之楮幣，立即滯行；數千百萬之民家，頃刻凍餒。京師根本之地，小民困憊如此，可爲寒心。今議改復鑄錢，所費既多，銅亦不給，且旋鑄旋毁，官費難乎爲繼。計惟改鑄銀錢，自一錢、二錢、三錢、五錢至一兩，區爲五等，面鐫年號，背鐫分兩。輕重有一定之程，交易便奇零之用，則民間行使，不必專恃銅錢。即無慮空存廢紙，似尚爲窮變通久之一法。通商以來，海禁大弛，舊鑄之錢，奸民多私販出洋。各口青銅、紫銅作房，洋商復重價收買，以致直省均苦錢荒。自可頒給銀模，准其一律開鑄，重準庫平，并鑄出某省字樣，撥解支放，各省通行，既杜奸宄挖補低潮，又免吏胥扣減成數〔二〕，取携便利，銖兩分明，加色、壓平、爭擾諸弊，均不禁自戢。且外國貨易中國之

〔二〕又免吏胥扣減成數：「吏」，原作「夷」，《清史列傳》同，據《陳啓泰傳稿》改。參見王鍾翰點校本《清史列傳》卷六十四校勘記〔二四〕。

銀，攙和夾雜，鎔鑄洋錢，使用幾遍天下，而又能操縱其洋價之低昂，以爲出入。盤剥商民，漏卮無算。徒以内地銅錢短絀，藉洋蚨轉運，暗耗亦無可如何。若我國仿鑄相敵，以後各關徵税，無論洋商、華商，概令輸納中國銀錢，則價值必一時騰踴，番餅不得暢行，或可懲艾於萬一。但錢之式樣宜精，分量宜準，方可行之無滯，歷久不磨。督辦之官，必須勤能精密，潔已奉公，然後承辦之胥役、工匠，無所施其弊混，尤爲治事之本。二月，奏請酌復錢糧舊章，又以漢陽永興械鬭，由州縣官釀成，請飭督撫嚴切示禁，以遏亂萌，允之。三月，轉掌廣東道事務〔二〕。

法人進據南定，窺逼富春，越南都城勢將爲其所并。啓泰奏言：

西人志在經商，惟利是視。一意進取，計不反顧。勢之所積，斷非口舌所能挽回。越南文弱之邦，法兵不過數百，横行境内，即已畏之如虎。中朝保護藩屬，不能不助其聲勢，派隊出關。然法人翻覆性成，我兵進止無定，事同兒戲，奔命不遑。縱推字小之隆恩，殊失經邊之要道。爲今之計，頓兵境外，曠日持久；勞師糜餉，有損無益，下策也。糾合泰西各國立約通商，借各國以保越南，借越南以保邊境，俾他族互相牽制，中國得以息肩，中策也。

〔二〕 轉掌廣東道事務：此下，《清史列傳》有「尋掌河南道事務」七字。

若調集滇粤水陸各軍，三道并進，諭令越南國王，將未失境土悉聽中國區處，另爲越王籌一居止，俾奉其祀；如其首鼠兩端，始終抗命，即因而取之。越南土地與中國毗連，内附天朝，方免淪爲異域。夫兼弱攻昧，既爲用武之常經；而畫界保疆，又絶外人之窺伺。一勞永逸，操縱自如，最上之策，無逾於此。惟用兵之道，擇將爲先。徐延旭熟習邊情，究心形勢，可當廣西一路。唐炯升任滇藩，旋師以後，氣即中餒，若令獨當雲南一路，難免僨事，不如令岑毓英帶兵出境。毓英勇於任事，又素爲外人所憚，必能有功。但後路亦在得人，斷非杜瑞聯所能勝任。楊岳斌勛望素著，可否飭令赴滇督辦一切。劉銘傳頗具將才，海道進兵，似可責其獨當一面。李鴻章駐劄欽州，三省軍務悉歸調度，必能因時制宜，相機進取；若僅身駐滬濱，爲苟且自全之計，鞭長莫及，挾制在人，不數月間，越南將爲法人所有，滇粤邊事愈形棘手矣。若但畏難苟安，勢必爲虎傅翼，應請飭令内外臣工各攄所見，以備采擇；并令在事諸臣堅持定見，勿畏艱鉅，勿持兩端，建明臣張沐之殊勛，規漢代日南之舊治。

又言：「講求吏治，當自整飭學校始。一酌留學額，一澄叙教官，一核實書院，一慎簡學政。」均得旨允行。時台匪黄金滿投誠，啓泰慮其反覆，請飭浙撫無遽招納。法人屢申和議，啓泰言：「夷情叵測，請飭諸將無遽退兵。」已而法人果翻前議。

十二月，授山西大同府知府，大計卓異。十六年，調直隸大名府。十七年，議叙道員在任候選。尋以東明黄河兩届安瀾，改候選爲候補，并賞戴花翎。十八年，加二品銜。二十一年四月，調補保定府知府。大計卓異。二十三年十月，補授雲南迤東道，署雲南布政使。二十五年正月，丁内艱，服闋，二十八年正月，回迤東道任。九月，調補直隸通永道，署直隸按察使。三十一年八月，授安徽按察使。三十二年八月，擢江蘇布政使。九月，兼署提學使。三十三年八月，署江蘇巡撫，十二月，實授。浙江嘉、湖梟匪滋事，與吴江之蘆墟〔二〕、黎里、金（津）〔澤〕、盛澤等處連壤，素爲梟匪出没之區。啓泰慮其竄入蘇境，三十四年正月，特派新軍步隊扼要駐扎，并飭飛划營游弋各處，嚴密布置，相機防剿。三月，奏派布政使瑞澂督辦蘇、松、太、杭、嘉、湖緝捕清鄉事宜。嗣以官軍合剿，擊斃匪首夏竹林，拿獲匪首余孟亭正法。東南地方賴以安謐。五月，奏請設立存古堂，爲保存國粹、造就通材之計。七月，改編蘇省飛划水師巡防隊，畫一營制，嚴定餉章。軍務積習，爲之一除。宣統元年五月，卒於任。奉旨：「陳啓泰植品端嚴，政聲卓著，著照巡撫例賜恤。任内一切處分，悉予開復。」子江西試用同知繼鷺，以知府仍留江西補用。

〔二〕 與吴江之蘆墟：「江」，原作「長」，《清史列傳》同，據《陳啓泰傳稿》改。參見王鍾翰點校本《清史列傳》卷六十四校勘記〔一二五〕。

丁體常

護理廣西巡撫丁公墓志銘[一]

孫葆田

公諱體常，字慎五，貴州平遠州人。贈太子太保、前四川總督丁文誠公之冢子也。文誠公爲中興名臣，公生肫篤[二]，舉止不凡，尤爲祖母魏太夫人所鍾愛。少勤學，年十五，補學官弟子，魏太夫人謂文誠公曰：「長孫可成大器，須善導之。」咸豐甲寅、乙卯間，黔中苗匪、教匪蜂起，文誠公以庶吉士丁憂里居，散家財練鄉兵爲防禦計，以知兵聞。其後文誠公簡守岳州，調長沙，旋擢山東按察使，晉布政使，戎馬倥偬，公嘗隨侍軍旅間。

同治甲子、丁卯兩應鄉試不中，因助甘餉，部議獎叙郎中，分刑部行走。適安順鍾華山等賊匪猖獗，黔大府請調回籍募勇剿辦。亂平，叙功洊保知府，賞戴花翎。當是時，文誠公巡撫山東。庚午春，公丁母諶夫人憂。

[一] 本篇載《校經室文集》卷六，又收入《碑傳集補》卷十五，均題作「護理廣西巡撫廣東布政使丁公墓志銘」。又，本篇底本標題原與《文集》同，有「廣東布政使」五字，而標以删除符號，今從其改。

[二] 公生肫篤：「生」下，《校經室文集》有「而」字。

光緒丙子，以知府分發山西。是歲秋，文誠公奉命總督四川，道出太原，父子相見，以立身報國相訓勉。明年，三晉大饑，公請於文誠[二]，并自行典質，得二萬金，購置錢米，分携災區，親歷散放，而不使其人知所從來。是時閻文介公奉朝命辦振務，及聞知詢公，公以財力微薄對，始終未肯明言，文介甚爲嘆賞。曾忠襄、張文襄二公先後撫晋，於公尤爲引重。公在晋十年，歷署太原、大同、蒲州府篆，特授潞安知府，簡任河東道，一署按察司使，政績卓著。如訪緝陽高密密教，嚴懲首要，不事株連；峻拒振餘津貼，尤爲晋人所稱頌。河東管理鹽務，公精規畫，剔弊奉公，信賞必罰，官民無弗敬仰。以協甘餉功，欽賞二品頂戴。

丙戌夏，文誠公薨於位，公聞訃哀毁，星夜奔喪。僚友賻贈，無親疏多寡，悉謝弗受，曰：「吾烏敢有累先人清節耶？」既至蜀中，僚屬有管鹽務者，共集十萬金，爲文誠公歸葬之需，公婉詞謝絶。乃從友朋假貸數千金，始得扶喪至山東，從文誠公遺命也。

己丑冬，簡授鞏秦階道，蒙召見，垂詢家世，諭以「勤政愛民，勉繼家聲」。明年之任。初，階州有水患，屢治屢決，公親行相度形勢，上書總督楊石泉宫保，請建築石堤。閱兩載，工成，小民獲登袵席，四野歡呼。癸巳秋，循狄河湟回民肇亂，秦州張家川回族甲於全隴，公召其長李德昌

[二] 公請於文誠：「公」，《碑傳集補》無。

謂曰：「汝子爲我所取士，身列庠序，汝當知禮法，能率爾部各安生業，吾當爲爾請命，不發一兵。」德昌俯首聽約。其後甘肅用兵至三年而後定，而鞏秦階十八廳州縣獨獲安全，蓋公恩信所孚，雖回民無不懷德畏威也。

乙未秋，簡擢甘肅按察使，楊宫保奏請暫留道任，俾資鎮攝。明年丙申，事平，入覲，蒙召見二次。請訓時，皇太后諭曰：「時事艱難，爾當官好爲之，勿忘爾父忠愛。」公免冠謝，因請假至東省墓。丁酉夏，受臬篆。戊戌秋，升任布政使。未逾月，調補廣東布政使。時陶勤肅公總督陝甘，奏留，俟後任至始交卸。

明年夏赴粤，既至，會奸民勾結外匪煽亂，公謂：「禦外必先治内。内政修明，外侮不足爲虞。」於是督編保甲，籌款首戒病民，用人務求循吏，以清正率下。於督撫遇事間有争執，而罔非出於公誠。庚子拳匪構亂，粤中人情浮動，公一處以鎮静。李文忠公奉命北上[一]，瀕行謂公曰：「與君共事以來，深知有守有爲，足爲全粤保障。吾雖去，事無憂。」公在粤四年，爲前後督撫所倚賴。

癸卯夏，蒙賞加頭品頂戴，尋拜護理廣西巡撫之命。時值兵戎，饑饉遍左右江，公冒暑遄

〔一〕 李文忠公奉命北上：「公」，《校經室文集》《碑傳集補》無。

行，剋期視事，謀猷贊畫，與宮保岑公戰守相備，由是桂省潯梧間安謐無警。是歲補行鄉試，公爲監臨，事畢卸護撫事，遂乞假修墓，并請開去布政使本缺，奉命俞允，遂携眷至山東濟南寄居。

先是，文誠公既葬歷城華不注山陽，而未嘗營建宫室。公乃卜居城中，鬻舊宅，以其餘地穿池築室，課兒讀書。暇則與親舊過從，余亦時至其室。公雖引退不復出，然語及時事，輒憂形於色，其議論皆非時人所及。戊申冬，叠遭國恤，兩宫升遐，公聞變痛哭失聲，抱病經旬。至次年勉强起行，竟以宣統元年十月三十日卒於正寢，春秋六十有九。元配諶夫人，卒。以叔弟之子爲嗣，又先亡。側室生二子，繼成公志者，庶其在兹。

嗟乎！以文誠公之忠勞，而公繼起，固宜大有爲於時，而竟齎志以終，此天下之人無論識與不識，所同聲痛惜者也。公曾祖必榮，四川昭化縣知縣；祖世棻，鎮遠府訓導，祀鄉賢：皆贈光禄大夫。曾祖妣黄氏，祖妣諶氏、魏氏，皆一品夫人。魏太夫人殁時，公年方幼，哀慟如成人，蓋追憶慈愛，其天性然也。公得子既晚，教責不少貸。其孤道周、道同，從從兄道津教，卜以二年四月葬公於歷城城南之新阡，請爲銘。銘曰：

在咸同朝，文武悉登。黔有丁公，同佐中興。撫魯鎮蜀，觥觥大節。哲嗣繼起，克紹前烈。觀政西曹，定亂南疆。振饑三晋，陰德弗彰。誰其識者，閻公文介。忠襄文襄，益同沆瀣。帝念賢勞，勉繼家聲。分巡蜀隴，俾安編氓。治水有功，利在百世。再定回亂，武功克媲。爰秉六條，兩任旬宣。自西徂東，膂力罔愆。正色率僚，疆臣同志。輯亂安民，曰仁曰義。暫行開府，未竟厥施。言念先墓，用展孝思。帝恩未報，常懷忠愛。龍馭遐升，攀髯莫逮。胡天不吊，遽殞其身。校功論德，是曰世臣。太任有言，先臣是似。嗚呼丁公，文誠有子。

曹鴻勛

曹鴻勛傳〔二〕

曹鴻勛，山東濰縣人。由同治十二年拔貢，朝考一等，籤分刑部七品小京官。光緒二年一甲一名進士，授職修撰。五年五月，奉旨充湖南副考官。十一月，差竣覆命。七年七月，提督湖南學政。湘人素講根柢學，而邊僻各府往往謬於舊習，拘守章句。鴻勛輶軒所至，拔其尤者，令入省書院肄習，以資觀摩。由是諸生聞見大開，邊僻風氣爲之一變。十一年九月，差竣，請假回籍省親。十二年五月，假滿到京供職。十三年，命在上書房行走，并奉旨授載潤讀。十四年二

〔二〕 本篇載《清史列傳》卷六十四。

月，京察一等。十五年正月，賞加五品銜。六月，奉命充陜西正考官，尋改充江南副主考官〔二〕。十二月，差竣到京覆命。十六年，充教習庶吉士。十七年五月，以母憂回里。

十九年九月，服闋到京，命仍在上書房行走。二十年正月，以孝欽顯皇后六旬慶辰，賞加四品銜。是年，京察一等，覆帶引見，得旨著交軍機處記名以道員用。三月，命以原銜充署日講起居注官，旋奉旨授詹事府右春坊右贊善。三月，大考二等第五十名。十一月，充補武英殿纂修。二十一年八月，轉左春坊左贊善。

二十二年正月，簡授雲南遺缺府知府。七月，雲貴總督兼署雲南巡撫崧蕃奏補永昌府知府，二十三年正月到任。永昌居滇省極邊，華夷雜處，素稱難治。鴻勛下車後，平反巨案數起，人服其明斷。且以時游歷鄉曲，詢悉閭閻疾苦，凡有益於民生者，無不以身任之。大吏知其賢，調補雲南府知府，二十四年九月抵任。越歲，簡授雲南迤東道，旋署糧儲道。二十七年三月，得旨「雲南按察使著曹鴻勛補授」。時滇省上控巨案，動輒累年不結，鴻勛抵任未及兩月，斷結巨案十餘起，由是大吏益倚重之。

二十九年，擢貴州布政使。四月，命暫署貴州巡撫。時值廣西游匪不靖，奉旨兜剿。南丹土州，

〔二〕尋改充江南副主考官：「主」，《清史列傳》無。

地方廣袤二百餘里，游匪恒恃爲根據地。鴻勛選將誓師，人皆思奮，匪徒聞風星散，不戰而南丹胥平。三十一年正月十三日，調補湖南布政使。是月二十一日，拜陝西巡撫之命。三十三年八月，得旨「曹鴻勛著來京另候簡用」。是年十一月到京，召見一次，旋奉上諭「著曹鴻勛協理開辦資政院事務」。

宣統二年九月，病卒。遺疏入，奉旨：「前陝西巡撫曹鴻勛，由翰林入直上書房，迭掌文衡，外任道府，洊陟疆圻。嗣因開缺，奉旨來京，派充資政院協理，宣力有年，克勤厥職。兹聞溘逝，軫惜殊深。加恩著照巡撫例賜恤。任内一切處分，悉予開復。應得恤典，該衙門查例具奏。欽此。」

陸元鼎

陸元鼎傳〔一〕

章梫

陸元鼎，浙江仁和縣人。同治十三年進士，以知縣即用，籤分山西。親老告近，改江蘇。光

〔一〕 本篇載《一山文存》卷四。

緒元年恩科、二年正科，迭充江南鄉試同考官。尋署山陽縣知縣。縣多拐販婦女案，城外水關一帶，夜間往往聞哭聲，有因而致斃者，道路或漬血痕，居民患苦。又有巨匪二，黨羽密布，勾蠹役通消息，官莫能捕。元鼎密訪窩所既確，一日托言謁漕運總督，選壯役自從。天未明，破扉入匪宅，匪驚起，抽刀拒捕，左右叱奪之，遂就獲，搜出婦女十數口。審實置法，嚴捕餘黨，匪患頓息。俗好訟，革生員之業刀筆者數人，創捐設射陽書院以誘進之。亟修倉廒，儲穀備荒。庶政以次畢舉，民利賴之。

六年，補江寧縣知縣。丁父憂。八年，以河運出力彙保，服滿以知縣仍留江蘇補用。十年，服闋，仍補江寧縣缺。時南門外有敕建古刹，西人指索爲教堂，洋務局員遽許之，士民大譁。元鼎執條約力争，得不釀禍。卒以前諾，易城西隙地予之，案始定。

尋調署上海縣事。上海通商要區，交涉尤劇。適有法蘭西商人斃華民沈姓一案，驗係内傷，領事官堅謂無傷痕不承。元鼎謂：「洋製時辰表墜地，鋼條斷，玻璃面未損，此何以異？」領事官理屈，惟請緩期會讞，遷延至易任而後結。時江南北焚毁教堂之案十數所，差員四出，無一議結者。元鼎被檄至如皋，查知焚毁者二處。教士詭稱本國已專使來華，兵輪亦旋至。元鼎多方辨詰，以銀四千兩議結。自是各州縣援照辦理，教案以息。

又署泰州知州。城河久淤塞，半成平陸，稍旱輒苦無水；不戒於火，取水北門三里外，遠不濟急。捐廉議開濬，有市屋占礙故道者拆之，雖巨室不稍瞻顧。下河斜豐港堤綿亘六十里，歷久不修，西來之水不可禦，坐是屢無年。因就舊址加增高廣各一丈，基倍之，全堤蕆事。按察使方規畫水利，請檄東臺縣接修范公堤而止，泰州仍協助十有一里。從此水患絶，田穀常倍收。

尋復署上元縣事，回任江寧縣，百姓歡呼，倍相愛慕。元鼎實心任事，不務赫赫之名，所在民悦，去皆爲生祠以祀。累舉卓異，兩江總督劉坤一以元鼎學識淵深，操持堅定，歷任煩劇，所至有聲，足膺方面之任，疏薦於朝。先是，辦理蘇、皖賑捐出力，以直隸州知州在任候補，嗣捐升道員。二十年，奉旨以道員發往江蘇補用。二十一年，補廣東惠潮嘉道，隨調補江蘇蘇松糧儲道。二十四年，擢江蘇按察使。入覲奏對稱旨，語及甲午之戰，我槍口與子彈多不合，兩宮令軍機大臣飭各省留意改造，并謂不必説由陸元鼎陳奏，致與督撫有意見。

二十五年四月，受任，正江陰縣美國教堂被毁，縣令訪爲首者訊實，擬絞罪解省。美領事官突自滬至蘇稱冤，云已由駐京使臣商允前來會審。元鼎告以關道有會審章程，臬司無此例。乃云不會審，可觀審。元鼎答以既不會審，即不便觀審。又云總署電來將若何，答以「慎守國家刑章，官可辭，法不可枉」。獄遂定。尋署布政使。十一月，有旨暫行護理江蘇巡撫。

二十六年，補授江蘇布政使。二十七年，巡撫聶緝椝奏稱：「上年辦防之際，籌捐殊難措手，幸賴江蘇布政使陸元鼎督率府縣剴切開導，集款至五十餘萬，毫無苛派抑勒，非陸元鼎勤政愛民，輿情悦服，曷克至此？」奉旨賞給頭品頂戴。

二十九年，擢漕運總督。先是，元鼎爲山陽縣知縣，政聲達鄰邑。至是淮海居民咸欣欣喜色相告。是歲夏秋，水盛平堤，親行周勘，分道搶護，堅守各壩，險而復夷。又以清淮一帶製錢缺乏，公私交困，疏請試鑄銅元。

三十年四月，調署湖南巡撫。時元鼎方病假，以廣西匪勢正熾，電傳諭旨，令迅速赴任，力疾起程受事。奏定「以防爲防，不如以助剿爲防」之策，增募營勇，改留提督劉光才防守，扼西路之要。貴州永從縣大年河匪蹤已逼靖州，飭道員黄忠浩與衡永郴道莊賡良，疾馳赴黔邊協禦。賡良既攻取龍貫峒，忠浩先擊敗同樂悍股，提督張慶雲分兵相繼出境剿賊，餉械悉由湘運赴廣西。四十八峒匪勢張甚，得湘軍之助，旋以敉平。兩廣總督岑春（萱）〔煊〕、廣西巡撫李經羲均稱其不分畛域，有胡林翼、駱秉章之風。最後雲南布政使劉春霖調補湖南布政使，所帶滇軍，有旨分留湘省。元鼎知不可恃，電請收回成命，而劉軍達字後營果叛於黔境，若非先時奏止，則受禍益烈。醴陵縣密拿會匪，起有僞印刀旗票布，供稱革命不諱，連及「東洋留學生九月起事」等語。元鼎立誅首犯二名，留一名備質，他無株連，人心大定。裁汰冗官之旨下，以湘省漕經改折，各衛所屯墾復由縣經徵，糧儲道缺事既簡，奏請裁撤；教職佐貳，宣講分防，均有職守，俸廉既微，可仍其舊。均從之。

十一月，調署江蘇巡撫，旋即補授。蘇省患鹽梟，太湖港汊紛歧，與浙錯壤，尤爲逋逃淵藪。元鼎宦蘇久，諳熟情事，至即增造師船，與浙撫會商剿辦，擒斬首要；復嚴賭禁以清其源，匪風自此漸戢。徵兵議起，以吴地民氣柔脆，應徵者多不安分之人，惟淮、徐之民較可精選，不應盡分區域，力爲陳奏，格於部議。後此逃亡相繼，事端滋多。蘇省先鑄當五錢，公私攙雜，民以爲苦。飭廣設局所，一并收回，嚴禁私鑄，市肆稱便。官民所立學堂大小八百餘所，調查規畫，就近親詣考校，并援撫湘時奏設出洋游學預備科之例，於蘇省開游學預備科。至察核吏事、振恤灾黎、修治塘圩諸大端，凡關繫民瘼，勤求之心，無敢或懈。

三十二年，大計開缺，另候簡用。三十三年，特召來京。適滬浙甬鐵路蘇浙人不認借用外債之約[一]，召見首問及此，奏稱：「民情忠愛，上保主權，并無煽惑。臣不敢稍有欺飾。」反覆陳對，至移晷刻。兩宫動容，諭以「即飭外務部與英人磋商」。於是有「部借部還」之改議。隨諭令協理開辦資政院事務，以三品京堂候補。三十四年，因病奏請開去差使，再請始允回籍。

宣統元年，學部奏充浙江學務公所議長。二年，病卒於家。事聞，賜恤如例。子景賢，議叙同知直隸州，早卒。孫紹宗，分省知縣；紹言，分部主事；紹宣，正二品蔭生。

〔一〕 適滬浙甬鐵路蘇浙人不認借用外債之約：「浙」，《一山文存》作「杭」。

沈瑜慶

貴州巡撫沈敬裕公墓志銘[一]

陳三立

公瑋瑜慶，字愛蒼，自號濤園，兩江總督沈文肅公第四子也。母林夫人，爲文忠公則徐女。文肅當世名臣，林夫人亦以智略俠義助文肅守廣信却賊稱天下，公即生於圍城中。脱乳哺，林夫人課摹《圭峰碑》。年十一，口授《資治通鑑》。稍長，遂博覽群籍，習掌故時務。文辭敏贍，文肅最賞異之。及文肅視師臺灣，充船政大臣，公屢進説，以爲「中興諸功臣寖驕，類蔽於海國情勢，恐遺他日之悔」。今獨有郭侍郎嵩燾、丁巡撫日昌明達習外事」。是時二公方以言事爲清議所排詆，而文肅卒舉二公自代，用公言也。

文肅薨於位，恩旨録公主事。用諸生舉光緒乙酉科順天鄉試，分刑部，尋改江南候補道，委辦水師學堂、宜昌鹽釐局。歲甲午，張文襄公自湖廣移督兩江，延公入幕，兼籌防局、營務處。時與日本構釁，調軍食，治文書，日不暇給。戰敗，海軍熸，領艦將吏率南奔。公以海軍文肅所

〔一〕　本篇載《散原精舍文集》卷十一，又收入《碑傳集補》卷十五，題前均有「誥授光禄大夫」六字。

經營，爲立國根本，言文襄分别留置使自效。後庚子之變，言於劉忠誠公者亦如之。兩收海軍餘燼，稍保聚於南紀，公之力也。事定，又歷充皖北正陽關督銷淮鹽諸榷員。拳匪亂，東南互保之約成，公首奔走預其議。補淮揚海兵備道，護漕督，凡舉辦學堂、市政、農事試驗場，暨築馳道達板浦，一隅賴其利。擢湖南按察使，未及赴，授順天府尹。京師浩穰，一切督奸，倚步軍統領應故事。公自請募騎步編隊督捕治，由是盜賊斂迹。嘗疏陳治輦下道路，釐定度量衡制度，皆得旨允行。

性伉直，不苟同異，屢忤權貴人，乃出爲山西按察使，移廣東。總督某公厲鋒稜〔二〕，百僚畏憚，公輒盡言無所避。下上格阻，所調護甚衆。旋擢江西布政使。江西故文肅舊治，德澤在人久，又公兒時嬉游地。其至，撫視比鄉土，父老亦争迎讙呼相告曰：「此沈公子也。」以故興革利弊，情通而事集，聲績大著。明年，護巡撫，會贛州有傷教士毁堂之獄〔三〕，總督懼，上請移江南軍戡亂。公亟奏止，極陳不煩兵力狀，未幾議結，遂無事。蘇松（泰）［太］道瑞澂者，初擢江西按察使，自詡長交涉，張皇居奇，務移獄辭判領事，尸功上海，公復堅拒之。於是比總

〔二〕總督某公厲鋒稜：「總督」上，《散原精舍文集》有「時」字。
〔三〕會贛州有傷教士毁堂之獄：「傷」，《散原精舍文集》《碑傳集補》作「戕」。

督中傷公，坐罷去。先是南潯鐵道乏資，久未就，公曰：「繫地方利害大役，寧能坐視乎？」遽斥俸金相號召，州部風靡，輸資者絡繹。及公去，復觀望解體，至今士民猶惜公未獲少留，以責成功、弭後患焉。

久之，朝廷終察公能，起任貴州布政使，調河南，留升貴州巡撫。公憂亂萌日滋，貴州懸孤遠，斷聲援，圖興築黔渝鐵道，便通商用兵，而武昌難作，九服崩潰，公策畫中梗〔二〕，遂避而流寓於上海矣。居數歲，集故老縱飲聯吟〔三〕，盪激哀憤。遇孝定景皇后之喪、崇陵奉安，皆一再躬赴。年六十一，以戊午九月二日疾薨。遺疏上，予謚敬裕，賜祭葬。

公讀書癖《左氏》，喜言兵，妙擅章檄，詩歌具體子瞻，真、行書磊砢有氣勢。爲政一本文肅，綜核名實，威重嚴整差不及，然懷奇敢任有度外之略。遭逢末運，摧殘牽制，勛效止此，抑惟深知公者能悲其不幸，而信爲未盡試其所長也。

幼嗣爲從父後。自高祖由浙遷閩，遂爲侯官人。本生曾祖大鏞，祖廷楓。所後曾祖大銘，祖廷元。考佑宗。咸以文肅及公貴，贈如其官。娶鄭夫人，檢約惠順，後公數月卒。側室張孺

〔二〕公策畫中梗：「策畫」，《散原精舍文集》《碑傳集補》作「畫策」。
〔三〕集故老縱飲聯吟：「故老」，《碑傳集補》作「父老」。

人。鄭夫人所出：男三人，成鵠、成準、成式，成準殤；女六人，長適已故四品卿銜内閣中書林旭，次適王孝縉，三適陳繹，四殤，五字劉宗鋐，（七）〔六〕字何孝元。張孺人所出：男四人，成麟、成棟、成龍、成武〔一〕，成龍殤；女二人，未字。孫二人〔二〕。戊午十二月〔三〕，卜葬公福州北關外義井何家山之原〔四〕。余父子累世獲交於公，余益文酒狎習，自許能深知公者，爰叙而鎮諸幽域，系銘曰：

烈烈文肅，聲譽垓埏。公起承之，踸踔騰騫。孕蓄偉略，以破拘攣。樹績中外，龍蟠蜿蜒。接鎮南州，膝上依然。雙流新波，瀠叠舊恩。政成祠畔，父老謳傳。遭時忌害，移繫荒蠻。禍延瓦解，旁伺陰奸。計挫控馭，脱命間關。逢迎海市，萬劫一尊。涕洟吞腹，溢寫吟篇。遺響歇絶，安訪成連。英霸之氣，痻瘵未殘。天轉五運，光發幽鐫。

〔一〕成龍成武：《散原精舍文集》作「成武、成龍」。

〔二〕孫二人：「二」，《散原精舍文集》作「三」。

〔三〕戊午十二月：「十二月」，《散原精舍文集》作「某月」。

〔四〕卜葬公福州北關外義井何家山之原：「何家山」，《散原精舍文集》作「某山」。

吴重憙

海豐吴撫部墓志銘〔一〕

章鈺

公諱重憙，字仲懌，晚號石蓮，海豐吴氏。先世自康熙初進士特獎忠貞少參公，後六傳至閣學子苾先生，均以科第進身，歇歷中外，載國史及名家傳志，舄奕顯融，不待複述。

公即閣學公仲子也。母一品封劉氏，直隸高陽例貢生、江蘇裏河縣丞諱環公女。生而至性過人，自總角即隨兄鏡秋先生飫聞庭訓，於乾嘉諸老輩實事求是學派，旁及藝事，靡不覃思邁進，而本原之地一以綱常倫理爲歸。年二十五，舉本省鄉試，報捐郎中，籤分工部。以歷辦穆廟山陵諸大事，外擢知府，守陳州者十年，守開封者八年。鄭州決口，滎澤縣民工出險，赴工次搶護，不避淫霖酷日，以身先之。於興學、聽訟、緝匪、振荒諸要政，則督率屬縣，務使實惠及民。兩郡父老至今謳誦。循績上聞，中樞倚重，歷階至開府，蓋由於此。計兩權開歸陳許道，一權南汝光道，擢江安督糧道，署江蘇布政使，調淮揚海道。時值庚子之變，奉江督劉忠誠公檄赴西安

〔一〕　本篇載《四當齋集》卷八。

行在，呈進方物，入覲東朝，備蒙優錫。還任後，擢福建按察使。未幾，又擢江寧布政使，調直隸，未受事，拜護理直隸總督恩命。甫履本任，特旨以侍郎候補充會辦電政大臣，駐滬上者四年。召補倉場侍郎，會萍鄉匪亂，出撫江西，事敉平，召轉郵傳部侍郎。歲餘，特簡河南巡撫。福公司煤礦交涉，損國家利權至鉅，公力持正議，與外務部所主張者差池。無何罷鎮之命下，公遂慨然於直道難行，無意問天下事矣。

辛亥變作，避地天津，諸子亦先後辭官來侍膝下。公自童丱至耄歲，未嘗頃刻廢書，於先古遺文尤寶護如頭目，既刊《吳氏世德録》《吳氏文存》《吳氏詩存》《攈古録金文》《閣部公日記》等書，又刻《大清律例通考》《九金人集》《山左人詞》等書，津逮甚廣。杜門以後，又理董閣部遺著《金石彙目分編》，以六卷未竣，引爲大疚。自著《石蓮闇詩》十卷、《詞》一卷，皆定稿刊行；他所撰述及官書奏議，則排比成帙，藏於家。

獨居深念，則以爲奕世穹官，及身乃逢奇變，涓埃無補，有負平生；又以道揆法守一時崩潰，江河日下，有未知所終者，用是沈憂極憤，體益不支，於夏正戊午年六月二十二日考終津寓，上距生道光十八年二月初七日壽八十有一。配一品夫人陳氏，協辦大學士吏部尚書濰縣文慤公孫女，三品卿銜翰林院編修介祺女，貴而能貧，以不逮事翁姑，所以禮兄公姒婦者敬愛兼至。嘗刲股和藥起公危疾，躬操家政數十年，人無間言，先公二十二年卒。子四：長嶔，戊子科副貢，浙江台州府同知；次對，江安督糧道，署兩淮鹽運使；三爾，癸巳科舉人，廣東佛山廳同知；四崢，廕生，側室高宜人出。女一，南皮張彬其婿也。孫保語，候選通判；保鍇，候選郎中；保鉌，禮部簿正；保鎡、保鏐、保鏻、保鈞。孫女十一。曾孫繼本、濟本、隆本。曾孫女七。卜於甲戌歲四月二十七日與陳夫人合葬邑東南鄉牛家莊新阡。

嗚呼！鈺何人也，乃不揣而志公墓也。蓋自公解組而後，鈺適奉調外務部，京邸鄰近，隨時請益，推挹逾分，有不敢承者。同僑津步，益不勝氣類之感，酬唱問答，僮走爲疲。忽忽七八年，習見公危坐斗室，論議教誨。三公子爾以習篆娱親，不離跬步。氣象淳，如游萬石君門下。時項城袁氏柄國，固公官陳州時識拔士也，間詢公比來對公云何，公笑謂：「亦承其偶來存問耳，未嘗覆以一字。」又謂：「諸子雖服官各省，子叔疑故事，我則耻之。」又自遜國詔下後，舊時失職大員不應具遺摺者，往往率意上瀆，邀易名之典。公謂：「去官無遞遺摺例，余以開缺人員，將來尤不應上聞。」諄諄爲後人預戒焉。蓋公律己嚴正，無一不秉禮度義，大率類是。

曩聞公之長逝也，馳往哭之，時甫屬纊受唅，諸子環跪於側，次公子對遽以志墓文請，且嗚咽曰：「此先人遺命也。」倉卒間垂涕應之。内亂頻仍，今始告竣。長公子嶔乃理前諾，以行狀抵舊都，爲撮陳大要如此。管蠡之見，誠不足既公盛美。九京可作，或不責其僭且誣也。俯仰人天，泪隨墨下。銘曰：

聿有漢殿名靈光，巋然高峙何堂堂。翳公德望與頡頏，痛哉老去遭海桑。孤萼攀天天茫茫，一柱難砥狂瀾狂。人間萬事付粃糠，所期世學綿青箱。賤子奉教逾十霜，責以銘幽增悽惶。一生無愧在倫常，標此七字公能當。無棣城古鬲津長，首丘大願今其償。喬木世臣於兹藏，敬告終古毋摧傷。

張　勳

誥授光禄大夫建威將軍兩江總督世襲二等輕車都尉張忠武公墓志銘〔二〕

陳三立

公諱勳，字少軒，江西奉新人。少孤貧廢學，既冠，會法蘭西軍襲越南，中外戰事起，乃走投廣西軍，累功保守備。尋去而東，抵奉天預防務。復去入關，前後爲疆吏岑春煊、袁世凱、徐世昌、趙爾巽所倚任，咸領一軍爲裨將，用才勇自見。所歷獨屯遼邊爲最久，勞亦最著。既簡授建

〔二〕 本篇載《散原精舍文集》卷十三，又收入《碑傳集補》卷末，均題作「張忠武公墓志銘」。

昌鎮總兵矣，以兩宫由行在反蹕，諭留宿衛，繼擢雲南提督，改甘肅，皆不赴。

宣統庚戌，命公出統長江防軍。明年辛亥七月，調補江南提督。八月，武昌亂作，四方頗煽動。公請往援，未允。方與總督將軍籌防守，有某統制者，號新黨，結豪紳猾吏，朋謁總督張公，策獨立。張公憤拒，與相持。公後至，帕首佩兩槍，驟舉其一向諸人，叱曰：「敢有異議者，視以賊當誅。」衆蒼皇避去。翌日，某統制果率軍叛變，公與戰於雨花臺，大破之，兵盡潰。而巡撫程德全復據蘇州叛，合諸路兵來攻。時公城守兵僅千人耳，糧械且絶，遂轉戰退而屯徐州，完所部及所增募軍，勢復盛，屹然爲重鎮。旋授江蘇巡撫，署兩江總督、南洋大臣，加世襲二等輕車都尉。

其冬，國步改，世凱爲總統，堅留公，改授以都統，而領武衛前軍，即後稱定武軍者，移兖州。公依世凱，殊怏怏，顧念棄兵柄，安所藉手規匡復伸其志？遂隱忍就職。其後凡總統所假陸軍上將、定武上將軍、江北鎮撫使〔二〕、長江巡閲使、江蘇都督、安徽督軍，受而不避，本此志也。

兖州士習染新説，有伐孔林樹木〔三〕、攘取廟藏彝器者，公怒，衛以兵，乃止。後世凱復議收衍聖公祭田，及迫兩宫移蹕頤和園，又力争止之，天下以爲快。癸丑七月，討黄興金陵省會，中

〔二〕江北鎮撫使：「鎮撫使」，《散原精舍文集》作「鎮守使」。
〔三〕有伐孔林樹木：「孔林樹木」，《散原精舍文集》作「孔陵林木」。

道走其將，累戰皆捷，遂克之。居無何，解都督任，還鎮徐州。

初公居兖州時，頗與寓青島某宗室通密問，爲世凱所偵察，濟南至斷軌道爲備〔一〕。及居徐州，更糾諸鎮謀聲討。江南軍帥馮國璋入客某言〔二〕，首應和，復猶豫不决。語泄，世凱因益忌公〔三〕，而懾公威望，不敢發，務曲意羈縻之，遣使饋問不絶。

世凱既圖稱帝不遂，發憤死。明年四月，諸鎮復不慊於後總統，集徐州莅盟，而以復辟之説進〔四〕，推公爲盟主。公出望外，終快與素志合，機不可失，要約定，遂提步卒三千入都城〔五〕，五月，復辟成，今上授公内閣議政大臣，兼北洋大臣、直隸總督。當是時，段祺瑞退居天津，恃宿將號召，遽挾李長泰所部〔六〕，起馬廠，預盟二三鎮帥，竟反戈相應，合兵五萬餘攻京師。議者謂公不以重兵扼要害，輕受人紿，疏於防患，是殆然。然而事集於倉卒，謀鄰於隱秘，初不欲張皇觀聽，示專己、取疑忌，孰料麾節相望〔七〕，背約反噬，不測至此。事後成敗之論，亦烏足盡據以責公哉？

〔一〕濟南至斷軌道爲備：此八字《散原精舍文集》無。

〔二〕江南軍帥馮國璋入客某言：「客」，《散原精舍文集》作「僚佐」。

〔三〕世凱因益忌公：「世凱」下，《散原精舍文集》有「至斷兖濟軌道爲備」八字。

〔四〕而以復辟之説進：「而」下，《散原精舍文集》有「陰」字。

〔五〕遂提步卒三千入都城：「步」，《散原精舍文集》作「部」。

〔六〕遽挾李長泰所部：「所部」，《散原精舍文集》作「旅」。

〔七〕孰料麾節相望：「料」，《散原精舍文集》作「意」。

敵既迫，公所分兵戰天壇者，終力耗而敗。於是聚而圍攻公南河沿所居宅〔一〕。宅外阻溝水〔二〕，禁垣蔽之〔三〕，公餘士卒六七百人，發槍輒命中，斃敵無算，自昧爽至日昃，猶苦戰不屈。耄弱婦孺互傳語，譁曰：「忠臣忠臣！」欻有德意志人四，馳汽車突入，挾公去。公筋暴眥裂，顔頳赤，方揮刀指前，呼殺不絶口。及車行，反顧宅已被彈藥盡燬矣。公不得死，移閉荷蘭公使館中。當戰酣，公督殘卒，拒加我數十倍之衆，槍炮聲動天。臨觀環海十數國〔四〕，莫不震駭傾倒，嘆爲中國異人云。公羈使館稍久，去居天津寓廬，日讀《通鑑》，作擘窠書以自遣，亦素所嫺習，爲士大夫所推重者。以癸亥八月初二日微疾薨，享年七十。事聞，上震悼，賞銀幣三千枚治喪，賜祭一壇，予謚忠武。

公性抗爽而沈毅，器幹魁梧，威重寡言笑。擁兵數十年，待士卒恩誼浹洽而有制，馴若子弟服命於父師。其睠顧君國，忠悃貫終始。遭變換世，挺挺不徇斷髮令，世凱使人諷諭，指棺自矢：「可死不可從！」世凱爲氣奪。即所部數萬人，亦無一斷髮者，世所指爲「辮子軍」者也。一日，世凱命使勞問，臨別，使詰公傳何語報袁公，公曰：「袁公之知不能負，朝廷之恩不能忘。袁

〔一〕於是聚而圍攻公南河沿所居宅：「河沿」，《散原精舍文集》作「池子」。

〔二〕宅外陰溝水：「宅外」二字，《散原精舍文集》無。

〔三〕禁垣蔽之：「禁垣」，《散原精舍文集》作「短牆」。

〔四〕臨觀環海十數國：「數」，《散原精舍文集》作「餘」。

公不負朝廷，張某何忍負袁公？如是而已。」復辟後臨戰前一日，貴要數輩説公宜曲全，未宜恣一逞，嘵嘵移晷。公徐曰：「吾晚歲始獲有兒五人，雖愛之如命，同擊死可也。尚有一兒生者，幸公等憐之。」其人色沮而去。又戰時，盡納家屬妻妾子女别室，不聽避。有相知外人以爲請，公自懟負國，誓骨肉俱殉，堅不許，外人涕泣去。及事亟〔一〕，外人則破户先公劫之出，而公不知也。公臨變整暇剛果，無所回移，類如此。

曾祖松光〔二〕，祖大吉〔三〕，陷粵寇不阿。寇指富室名，臨以刃，詈之，遂遇害。父衍任，母氏魏，繼母氏温，皆贈如君階〔四〕。配曹夫人。子六人：夢潮、夢渭、夢范、夢津、夢淵、夢汾。卜甲子十月二十四日，歸葬縣南陶仙嶺之原。諸孤用鄉里雅故，督三立銘其幽。三立稽公官閥、功績行誼、言議，載諸狀記年譜甚備，不盡著，特著其關興亡進退、孤忠大節，以垂示天下萬世。銘曰：

大盜移柄，運丁陽九〔五〕。弛絶綱維，聖法何有？侈侈衣冠，俛眉箝口。文武道盡，孰鞭厥後？

〔一〕及事亟：「亟」，《散原精舍文集》作「急」。
〔二〕曾祖松光：「松光」，《散原精舍文集》作「某」。
〔三〕祖大吉：「大吉」，《散原精舍文集》作「崑一」。
〔四〕皆贈如君階：「君」，《散原精舍文集》《碑傳集補》作「公」。
〔五〕運丁陽九：《散原精舍文集》作「逆施狂走」。

挺出異人，夙擁麾旄。叱咤辟易，虎蹲猊哮。摩撫劫運，酣酒而跳。尊主報國，繫寐煩勞。貫虹之氣，天日爲高。故老儒生，凡十餘輩。奔命畫策，咸助以臂〔一〕。風埃常驅〔二〕，拜手廟堂。還我舊物，閶闔輝光。突犯鋒車，合衆數萬。忍尸戎首，喋血進戰。抵以孤軍，霆擊電眩。聲震一蹶，寰宇交贊。公伸大義，人紀獨支。攄其忠赤，列祖憑依。超然成敗，曠世留規。興起來者，證示刻辭。

議政大臣直隸總督張忠武公神道碑銘〔三〕

陳毅

宣統十五年八月戊子，奉新張忠武公薨於天津。津之人走泣相告，語：「大清亡矣！」烏虖，公之薨，足以泣涂人，綱紀猶在萬世人心，大清豈其亡也！是日，毅爲公草遺疏。既入，上震悼，遣貝勒奠醊賜祭葬，給長子頭等侍衛，特予謚，異數也。天下無同異黨，無不以爲允。

始公起廣西偏裨，用袁世凱論薦，際會還蹕，以建昌鎮總兵入宿衛。日數召對，眷賚寖隆。世凱心害其寵，檄使東備邊，復用邊功敘擢雲南、甘肅提督，皆不之官。世凱獲罪，諸夙所親比

〔一〕咸助以臂：《散原精舍文集》作「陰引自助」。

〔二〕風埃常驅：「常」，《散原精舍文集》作「長」。

〔三〕本篇載《郇廬遺文》。

多匿不敢送，公獨造其里居，以是逆執政，取譏當時。居無何，出將長江防軍，爲江南提督。三年秋，武昌亂起，世凱再出，期養寇。江南軍統制以獨立之説，挾豪猾朋謁總督，總督持不可勢圾甚。公倏出佩彈，聲其罪，廷叱之，衆駴走散去。翌日，統制以軍叛，又急擊破走之。將軍鐵良公，世凱所銜也，時訛言其嘗齮齕公有誂使相殘者，公怒拒，益兵衛將軍，而城中才千人，因與將軍同拜疏請兵，世凱見之，意大沮。既糧械罄而援不至，叛巡撫程德全兵三道來寇，公度非全師不足再振，乃退扼徐州，道授江蘇巡撫，署南洋大臣、兩江總督。

遜詔下，世凱爲總統，乞退不許。明年，移兖州。又明年，即以世凱所假官密應某親王，濟南大震，斷車道城守。世凱佯不省，兩解之，而别偵青島急於是。直隸軍帥馮國璋前不得竟功於武昌，故怏怏；會盜復起，聽其客薦公，同大舉南征。公首下徐州，期國璋會江寧，獨前摧鋒，連戰走黄興，遂以功都督江蘇。南北洋之縱局成，世凱惡焉，由是規間張、馮交，强畀江蘇國璋，而假公長江巡閲使，駐太平，欲以上下游散布弱其軍。公覘知之，不南巡江，急北走而軍於徐州。徐州之爲天下重自此始。

越三年，世凱僭號，公、國璋各諫阻，國璋幾稱兵。世凱既前構國璋，雖初意未盡絶於徐、寧之間，勢格禁，汔不洽，而世凱適死。當是時，復辟議已隱然騰人口矣。九年春，段祺瑞積不慊於後總統，諸鎮帥稔知公志，以祺瑞故，乃因某二君用復辟議來推公爲盟主。公大喜，歃約嚴步卒三千而北，已又内自忖度，籌因應之策，而某二君者，忽堅主速發。康有爲自遠摭流聞最後至，又欲攘而張爲名，公患其嚻，館之家而陰閑之。於是事益不可緩。詰旦有爲方酣眠，公已朝服率諸臣入宫門矣。其日復辟成，五月甲辰也。詔公以北洋大臣、直隸總督議政。祺瑞時早罷入，人言反，以後總統名奪馬廠軍來犯，諸莅盟鎮帥及國璋胥反戈應之。毅先有聞，走告公，公不暇自悲，獨悲國璋臣節不終爲可惜也。頃之，敵衆五萬餘攻京師，前部搏天壇，始勝而寡不支，終敗。兵薄公居宅竟日，頻斃敵，敵彌盛，飛彈雨集，聲動天地，士垂盡無屈，海國觀者莫不駭嘆。

初，公楗閉妻子别室，知好暨日本友迭勸爲計，公曰：「尊王，吾志，非上意也。今禍加君國而自幸免妻子，吾罪尚足誅哉！」辭氣慨慷，無憐懼色，即聞者涕不可仰。事亟，躬合鬥幕客破後扉，劫其家屬，出德人四以气車突前來篡公。公瞋視眥裂，行已遠，呼殺聲猶琅琅徹車外。公之精誠忠勇，外人爲震服感動若此，而乃不能使同盟不渝，可哀已！逾日，事聞於徐州，部將康永勝死之。康永勝者，灤州人，官總兵，曩攻江寧爲先驅，屢奏奇捷者也。自是公蟄居荷蘭使館中，久之，去而寓天津。又久之，疾作，太醫來視，則東首而諎，以不得死辛亥、丁巳自責，遂不起，春秋七十。

公爲人偉幹宏聲，言質而明決，舉止無拘檢，而臨事威重。以寒微起，不恡爲奢豪，故馭下嚴而有恩，將卒樂爲效命。所交與雖舊多貴游，而尤愛敬士君子，嘗自恨少孤廢學，既貴顯，稍稍讀《通鑑》，然不以自衒。當在兖日，存孔子祀田，與護其林木，最嘖嘖道路。毅顧謂公不諱言世凱恩，而大義罔或徇之，又能於斯世識有爲之譎，有當聖人獨大，以此知其得於《通鑑》者深矣。

公諱勳，字少軒，世爲奉新人。自曾祖父母三世皆贈如階。夫人曹氏，側室某某氏。子男夢潮、夢渭、夢范、夢津、夢淵、夢汾。女三。以其薨之明年十月癸卯，歸葬縣南陶仙嶺。夢潮乞其鄉老陳氏三立爲志幽之文，更以陳氏意屬碑於毅。嗟乎！陳氏，今韓、曾也，毅惡能有損益？惟幸王事與奔走，或有以見公之真，故世次官序，凡志所著不書，謹就所親知，最其落落大者書之，取足與志相發明，以告後之植身名教者，俾得資以尚論云。銘曰：

百六之會，天挺奇傑。國盜失圖，假以鈇鉞。道與盜仇，憯莫我巇。諸帥景風，誓成盟緒。舊物聿光，遺黎載悦。廟祏皇皇，金城巀嵲。故歃未乾，而來喋血。桓文之功，隳於一蹶。惟仁者勇，撓之無折。精氣屬天，九寰睒瞲。春秋孰懼，涑水予揭。公讀其書，辨奸彌决。志詘義伸，維張不絶。明神監臨，於昭斯烈。鑱辭穹碑，敢諗來哲。

張勳别傳〔一〕

錢振鍠

張勳，字少軒，奉新人也。起行伍，光緒十年越南之役，隸廣西提督蘇元春軍。二十年朝鮮

〔一〕 本篇載《名山四集》，題作《張勳傳》。

之役，隸幫辦北洋軍務宋慶軍，後隸直隸總督袁世凱軍爲旂牌官。二十六年，兩宫西巡。明年，和議定，袁世凱命其下率兵迎鑾於磁州，會其弁暴卒，急不得將，以勳代之，極得兩宫意。世凱不悦，罷其任。歷充東三省軍官，擢雲南提督，調甘肅，皆不赴。

宣統元年，詔統江防各軍，駐浦口。三年七月，補江南提督。八月，武昌兵變，江蘇巡撫程德全叛應賊，兩江總督張人駿、江寧將軍鐵良與勳城守。清季學生倡叛國家，無復刑法，天下軍隊職官多爲邪説所中。至是賊黨誘勳，勳曰：「戰不勝，聽若所爲，毋詐我。且諸公今日吾同官，明日若樹白旗，則賊也。勳知擊賊而已。」於是德全帥學生軍攻江寧，勳力戰，學生多死。賊黨懼，請停戰三日，勳軍亦疲，從之。賊以利啗官軍毁其炮機，勳不知也，三日果不能戰。初，勳欲撤浦口軍渡江并力，其下張文生曰：「此公歸路也。此軍撤，脱事不利，奈何？」於是并兵策不行，人駿、良、勳先後走。勳走三日，江寧始陷。勳駐師徐州，詔授勳江蘇巡撫，尋署兩江總督。於是廢官袁世凱復用，其下馮國璋於漢陽大破賊，世凱遂與賊議和，陰令天下兵官段祺瑞等疏迫皇帝遜位，强入勳名，非勳志也。賊黨自號曰革命軍，國曰民國，推世凱爲民國大總統。明年六月，二次革命復起，取江寧。勳時爲民國安武上將軍，與國璋等攻下之。既世凱授國璋江寧都督，以勳爲長江巡閲使，勳怏怏就任。

初，皇帝遜位，恭親王溥偉及諸遺老寓山東青島，潛謀興復，察知勳忠〔二〕，欲藉之反正。勳許之，索十萬金犒軍，諸老不能給，遂罷。甲寅之冬，勳始入京，見世凱，大哭，世凱執其手亦哭。勳請謁皇帝，世凱亟許之，且曰：「公真血性男子也。」勳謁皇帝，以萬金爲獻，辭世凱而南。世凱微諷其去髮，勳曰：「某當完髮以見先人，有毀吾髮者，吾與俱死。」

乙卯，日本以要詞二十一條，脅中國必從，各直都督請戰，勳尤力。是年冬，世凱稱帝，年號洪憲。革黨蔡鍔、唐繼堯起兵雲南，聲其罪，世凱罷帝議。明年五月，世凱病死，副總統黎元洪繼任。勳電各督請皇帝復位，無應者。閱兩日，遂賀元洪即位。既而各督倡聯合會，不受中央調遣，勳爲之首。凡民國政令皆決於諮議員，勳力攻之。議員請按治勳不法，或疏勳亡清廢官，無新學識，不足責；民國以來悉遵命令，雖有髮，不足介意也。乃止。

初，各督會議於徐州，勳立議復辟，群督皆畫諾〔三〕。丁巳春，元洪罷其内閣總理段祺瑞，群督不服。三月，安徽督軍倪嗣冲等會師北京，脅元洪，并罷議院。勳自以爲時至，擬皇帝復辟三詔，懷之北上，自稱調人。各督既推重勳，元洪亦敬禮之，天下事皆決於勳。事未發時，故雲南

〔二〕 察知勳忠：「知」，《名山四集》無。
〔三〕 群督皆畫諾：「畫」，原作「盡」，據《名山四集》改。

總督李經羲新得内閣總理，勳之下某與經羲有連，告其事。經羲恐皇帝復位，本朝官制無用内閣總理，遂以告元洪。元洪大懼，陰調兵自衛。勳入京軍止九營，思復返徐調發〔一〕，至是事急，密召京師南苑軍隊入城，是日爲五月十二日。勳率民國諸周事者觀劇於江西會館〔二〕，夜半，遍揖衆客過勳南河沿宅，到即斷電繩，以大事告。衆驚愕，皆唯唯。時南苑軍與定武軍皆至〔三〕，悉布要害。勳率諸要人入宫，謁皇帝，請御正殿，下詔曰：

朕以四齡繼承大統，煢煢在疚，未堪多難。辛亥變起，我孝定景皇后不忍生民塗炭，以祖宗創垂之重，億兆生靈之命，付托前閣臣袁世凱設臨時政府，推讓政權，公諸天下，冀以弭亂安民。乃共和以來，干戈迭起，强劫暴斂，公行賄賂，歲入增至四萬萬不足，外債增至十餘萬萬未已〔四〕，海内囂然，喪其樂生之氣，是使我孝定景皇后不忍生民之意重苦吾民，在天之靈，痛惻曷已！朕深居宫禁，禱天飲泣〔五〕。兹據張勳、馮國璋、陸榮庭等合詞奏請御極

〔一〕思復返徐調發：「徐」，《名山四集》無。

〔二〕勳率民國諸周事者觀劇於江西會館：「周」，《名山四集》作「用」。

〔三〕時南苑軍與定武軍皆至：《名山四集》「定武」作「勳」，無「皆至」二字。

〔四〕外債增至十餘萬萬未已：「十餘萬萬」，《名山四集》作「十餘萬」，當誤。

〔五〕禱天飲泣：「泣」，《名山四集》作「血」。

聽政，以順天心，准如所請，於宣統九年五月十三日臨朝聽政，收回大權，與民更始。自今以往，以綱常名教、禮義廉恥，收潰決之人心，爲民生留一分元氣，爲國家留一息命脈，庶幾危亡可救，天庥自至。所有應興革諸大端條舉如下。

内閣議政大臣張勳署名。段祺瑞之罷民國總理也，元洪欲殺之，其下勸而止，祺瑞得不死爲幸。至是袁黨粤人梁士詒挾百萬金獻皇帝，皇帝鄙其爲人，不納。粤人梁啓超入京謀官，無應者。於是啓超勸祺瑞反，祺瑞不應，北方軍隊固無反意。會士詒以百萬金轉致段，二梁謀以金賄馬廠駐軍，於是馬廠軍果變。是時天下報紙皆利民國，不利大清，務張大賊勢，斥勳必滅。於是江蘇都督馮國璋首附段〔一〕，安徽都督倪嗣冲已反正復變，天下都督見報紙言勳事不利，則盡變。馬廠賊犯闕，勳軍敗於豐台，勳駐天壇軍統領李紹臣降賊，惟管帶蘇玉書守正陽門，傷賊甚衆。賊攻勳南河沿宅，炮彈如雷雹，勳抱幼子揮蒲箑督戰，是日爲五月二十四日，自寅至申，殺賊數千。是役也，勳志實以闔宅殉王室，故能閒暇如其常日。會荷蘭使館以汽車至，乘勳不備，挾之登車入使館，得免於難。

勳之入京也，以徐州事委司令官張文生，文生聞北都事，終日涕泣，其下請曰：「老帥陷死

〔一〕於是江蘇都督馮國璋首附段：「首附段」，《名山四集》作「拒命」。

地，吾輩可坐視乎？請戰！」文生不能用。駐滁州統領康永勝及管帶商用中發憤自殺〔二〕。其後勳所部兵雖改隸民國，每言老帥輒感奮，恨不一當。用事者責其去髮，往往譁變。勳在荷蘭使館，頗讀《資治通鑑》。後至奉天，依都督張作霖。作霖等頗薦勳於民國總統徐世昌，爲言者所攻，迄不用。癸亥八月，薨於天津，年七十。遺言家産給食用外，悉爲復辟軍儲。皇帝賜勳謚曰忠武。

論曰：方賊初起，大約三五黨人，至一郡則一郡叛，至一縣則一縣叛，事若兒戲。吴中州縣輒相驚曰：「張勳且至！」凡湘軍舊營未改新制者，累歲不服民國號令，勳誠於此時奮迅東下，執數十叛人戮之，如掃秋葉耳；乃不攻賊，而爲賊所攻。人駿、良庸奴，既不足共事，而勳遽有北歸之計，亦誤矣。是年冬，故陝西總督升允吉甫起凉州兵圖恢復，累戰累勝，東至醴泉、咸陽。會逆黨持皇太后懿旨，諭以國家無恙，可罷兵；將士或持異議，功遂不成。勳方駐師徐州，若能與升爲應援，張犄角，以圖中原，事尚可爲也。計不出此，俯仰從俗，亦可傷哉！丁巳復辟，其始志以爲天下主兵者皆我應，可以無戰而定，遂爲賊臣所賣。勳爲朝廷當兵戎之重，未嘗有血戰之功，徒以輕財賄、善交結，遂爲時用，未有大異於諸賊將帥也。然而一朝而舉大事，天下皆以夏伯靡、唐五王期之；至其死也，爲之嘆息，如哀文文山、史閣部。古人有言：「仁義豈有常，蹈之則爲君子，背之則爲小人。」豈不信哉！

〔二〕駐滁州統領康永勝及管帶商用中發憤自殺：「滁州」，《名山四集》作「徐州」。

碑傳集三編卷十七　河臣　使臣

倪文蔚

倪文蔚傳〔一〕

國史館傳稿

倪文蔚，安徽望江人。咸豐二年進士，改翰林院庶吉士。三年，散館，以主事用，籤分刑部。十一年，河南巡撫嚴樹森駐師陳州，辟文蔚襄辦營務。時叛練苗沛霖覬覦汴梁，欲與汝捻合爲一氣，分黨王金奎、苗金開由潁西竄入沈丘，突踞荆寨。官軍乘賊築壘未定，夾擊破之。賊趨項城，嚴樹森令文蔚率剛鋭、驍果等營馳援，與參將劉鳳岐、都司李永禄力解城圍，陣斬僞軍師李鶴鳴等，馘千餘級。賊潰走，沈、項一帶肅清。叙功，加郎中銜，賞戴花翎。同治元年，嚴樹森爲湖北巡撫，疏調文蔚隨營帶兵，命發往湖北差遣委用。六年，丁祖母憂。七年，捻匪平。湖廣總

〔一〕本篇載《清史列傳》卷五十九。

督李鴻章以文蔚在營出力，請量予超擢，得旨：「刑部候補主事倪文蔚，始終兵事，未進一階，頗爲廉讓可風。著加恩以該部郎中即補。」十年二月，補官。九月，捐免歷俸，截取以知府用。

十一年，授湖北荆州府知府。興修萬城大堤。光緒四年，以河南旱災，捐銀二千兩助賑，河南巡撫涂宗瀛奏獎以道員用。六年四月，擢河南開歸陳許道。八月，擢廣東按察使。七年閏七月，擢廣西布政使。八年正月，升巡撫。先是，關外匪首陸之平勾結股匪，屢擾邊界，稔惡二十餘年。文蔚履任，即派兵追剿，擒斬之。又誅鬱林州匪首吴晚大，破其大竹根老巢，招撫覃思娣、李亞生等。九年九月，調廣東巡撫。瀕行，疏劾廣西按察使國英恍惚舛謬，不勝監司之任，詔開國英缺。十二月，以山東黄水爲灾，倡捐賑銀；十年閏五月，籌助湖北賑捐出力，均交部議敘。尋以内閣學士周德潤疏劾文蔚在廣西濫保廣東知府鄒觀皋，諭曰：「鄒觀皋赴廣西查辦案件，綜計其往返程途日期，何能遠至關外著有勞績？其爲徇私濫保，毫無疑義。著交部議處。」尋議降二級調用，上加恩改革職留任。八月，法蘭西構釁越南，沿海戒嚴。上聞文蔚等會銜示諭沿海居民，措辭失當，傳旨申飭。十二年四月，召來京，時文蔚已得疾，請開缺回籍就醫，允之，命俟病痊後仍遵前旨來京陛見。

十三年正月，起病入覲。五月，授河南巡撫。八月，河決鄭州。文蔚以兼管河務，疏於防範，自請交部議處，得旨寬免，命妥籌賑撫，會同河道總督成孚，將搶護堵築事宜趕緊籌辦。是月，慈禧端佑康頤昭豫莊誠皇太后軫念灾民，頒發内帑，交文蔚查明黄水經過被灾地方，覈實散放。九月，搶築東西壩裏頭工竣，疏請籌款購料，以便盤築壩基。得旨：「先由部庫撥銀一百萬兩，仍著户部撥款接濟。該撫身任地方，亦屬責無旁貸。前因甫經到任，從寬免其議處，務當激發天良，同心協力，速蕆要工。」時黄、沁兩河先後被淹，灾區甚廣，文蔚飭屬勸募助賑，先捐廉銀爲倡。以鄭州倉卒興工，土夫索價居奇，因招集灾民，設立工賑營，令總兵董明禮等分統之。奏調前山西布政使紹誠、前山東按察使潘駿文，令赴工分司兩壩堵築；又調湖北道員陳建侯、直隸州知州何嗣焜，綜覈款項，辦理工賑。詔皆允之，先後命刑部左侍郎薛允升、禮部尚書李鴻藻前往河南將現辦大工情形查奏，又起前河南巡撫李鶴年署理河東河道總督。十二月，命李鴻藻督辦大工，會同文蔚迅籌堵合。

十四年正月，大壩開工。三月，疏言：「鄭州自去冬興工，時日迫促，工程浩大，明知其棘手，而不能不力任其難。如近壩沙灘，取土窵遠，一難也；日計不足，必兼夜工，燈燭之光，不能及遠，二難也；水集下游，州縣稭料由周家口水路運工，以輔路運之不及，逆流上駛，牽挽無路，三難也。前與李鴻藻、李鶴年會商，用西洋鐵路土車，以速運土；用電氣燈，以速夜工；用小輪船泝江入淮，拕帶料船，以速運料。現在購備鐵路電燈，運至工次安設，運土迅速，較之土夫推送，難易不啻倍蓰；電燈照耀有如白日，可以晝夜趲工。惟淮、泗等河，經黄流奔注，溜勢趨向無定，深淺靡常，試行小輪船，時虞阻隔。見令多集民船，轆轤運送，尚能源源接濟。」六月，東壩共成二百四十七丈〔一〕，西壩共成三百五十八丈。七月，連挑水壩，共成占六百餘丈，挑引河二千九百餘丈，功在垂成，卒以伏秋大汛驟至，金門束溜太急，突陷數占，而民間舊儲稭料已罄，新秫未收，暫議停工固守。上責李鶴年日久無功，褫職遣戍；文蔚革職留任，摘去頂戴；李鴻藻回京。八月，御史劉綸襄、燕起烈劾文蔚糜餉誤工等款，上令署河道總督吴大澂查奏，尋言：「文蔚以辦料委之州縣，係援照祥工成案辦理。該撫目擊河工待用情形，催趲未免過急，書差擾累，并無確據，在工人員薪水亦係照案支銷。」得旨免議。文蔚乃與吴大澂力持保守舊占之策，俟秋汛稍平，竭力接築，次第開放引河，以分水勢。十二月合龍，上嘉文蔚督飭在工員弁認真襄辦，使大工剋期告成，不負委任，開復革職留任處分，賞還頂戴，仍交部優叙。

十六年正月，兼署河道總督。三月，交卸署任，即赴南陽校閲營伍。五月疾作回省，六月卒。布政使廖壽豐代遞遺疏，奏言：「文蔚自任河南巡撫，未及匝月，即值鄭州决口。其時司庫款項奇絀，籌工議賑，事煩費鉅，文蔚殫心擘畫，年餘之久，奔馳工次，酷暑嚴寒，不辭勞瘁，遂得

〔一〕東壩共成二百四十七丈：「東壩」下，底本原衍一「成」字，據《清史列傳》及下句句式改。

稽料應手，功近垂成。忽遇伏汛中變，愈滋浮議。文蔚以一占之費，動需萬金，已成之工，守而勿失，與河臣吳大澂和衷商搉，霜清後，次第接築大工，即慶合龍，各屬災黎幸免昏墊，而受病之由，實基於此。迨賑務即蕆，凡地方善後，如興修水利、抽收釐稅、編查保甲、整頓營伍諸大端，皆已釐定章程，次第修舉。近年江、浙、東、皖等省水旱告灾，尤能不分畛域，首先捐廉，續籌鉅款協濟，以故豫灾乞貸，各疆臣感其厚誼，皆有以報之。上年夏間染疫，因科場在邇，不俟假滿，即力疾銷假視事。嗣兼署學政，接辦文、武兩闈，未敢一息暇逸。本年正月，兼署河督。二月即出省，周歷南北兩岸，查驗新舊工程。甫卸河篆，又復出省校閱營伍。初抵南陽，即已攖疾，猶按營訓練，一切公事，照常判覈。迨至旋省，病即不起，身後蕭然，殊堪憫惻。」疏入，諭曰：「河南巡撫倪文蔚，由部屬歷任道府，洊擢封圻，宣力有年，克勤厥職。前因患病，賞假調理。茲聞溘逝，軫惜殊深。加恩著照巡撫例賜恤。任內一切處分，悉予開復。應得恤典，該衙門查例具奏。」尋賜祭葬。

八月，河道總督許振禕疏言：

文蔚忠清亮直，始終不渝。所在無表異矜奇之迹，而去後每繫人思；任事無畏難苟安之心，而功成常居退讓。鄭州一役，當時定謀發議，實抱孤忠，而憂憤積勞，其受病亦即在此。查文蔚前襄撫臣嚴樹森營務，視師陳州，還過通許，捻匪猝至。文蔚慮通許城守單弱，回馬疾馳，與賊争先，至城下僅而得入。百計助守，竟以擊退，城賴以全。迨嚴樹森撫湖北，與官文奏調來營〔二〕，相隨督師，所向皆捷，該撫臣贊襄之力居多。大學士曾國藩督兩江時，數稱其賢，招致幕府，以祖母年老辭，愈益重之。在江寧主講書院，多所成就。終養後，復隨李鴻章剿賊德州。計在軍營立功最久，而始終謙退，未進一階。捻匪既平，特旨賞郎中補官，截取擢守荆州。在郡八年，百廢具舉。萬城大堤，爲下游十數州縣屏障，長二百餘里，江流剽急，每遇盛漲，一塌輒數十丈。文蔚於濱江陡岸砌爲坦坡，下列巨樁，上累大石，層層收築，上游自是無傾塌之患。沙市繁庶，就堤列肆，遷之則民悉重擾，仍之則堤不可加，乃因肆之廣狹，分植石柱，横施牐板，以備不虞。前次荆江大水，恃此無恐。文蔚既周知堤之險要，而除其積弊，乃著《萬城堤志》，使後之莅事者有所法守。尋擢廣西巡撫。時積匪十餘股久擾關外，抗拒官軍。文蔚剿撫并用，其經畫皆見諸奏牘。調撫廣東，目擊濱海居民貪沙田之利，築垸基與水争地，故致氾濫，遂嚴申基圍之禁，至今賴之。及撫河南，到任匝月，河決鄭州。先是，文蔚任開歸陳許道時，即以石家橋、來童寨等處險工爲慮，讓於廣武山脚建壩挑溜，旋即去任，議不果行。人皆服其先見。方河決時，文蔚即以搶築裹

〔二〕與官文奏調來營：「與」下，《清史列傳》有「督臣」二字。

頭爲第一要策，親歷灾區，察看情形，議設鄭工總局、賑撫總局，委員分設賑廠，拯救飢溺，安集流亡。當是時也，群情惶惑，衆口沸騰，謂口門過寬、斷難合龍者，十人而四五；謂黄流當徙，萬不可塞者，十人而二三。老於河務者，欲引中牟成例，擬請分年辦理；通籌大局者，又欲先疏南河故道，然後堵此决口。文蔚力持定見，不爲衆説所淆，請款集料，一意塞决，又奏募工賑營，以工代賑，以杜土夫之居奇。於天津設轉運總局，於省會設官錢局，接濟不窮，以杜奸商之壓價。凡有益於工賑者，無不纖悉圖之。伏念鄭州一役，前之不就，在興辦之太遲；後之速成，在舊占之克保。比吴大澂接續進築，和衷商辦，而計日程功矣。際此大灾昏墊，而豫民不至流亡餓莩，荒政之善，確有明徵，較之一意督工，尤有難者。

疏入，諭曰：「已故河南巡撫倪文蔚前以主事從戎，旋由知府洊擢封疆，歷任廣西、廣東等省，除患安民，政聲卓著。其在河南巡撫任内，鄭州一役，督辦工賑事宜，尤能實力實心，不辭勞瘁。著將生平事實，宣付國史館立傳，以彰藎績。」

子世熙，花翎三品銜户部候補郎中；世燾，鹽提舉銜候選通判。

許振禕

許振禕傳〔一〕

許振禕，江西奉新人。咸豐三年，由拔貢生捐内閣中書。時侍郎曾國藩治軍湘中，辟置幕府，襄軍事。四年，水師爲粵寇所乘，困於江西南康，國藩賓從四散，獨振禕留左右不去。常一夕治官書八十通，國藩益重之。六年，撫州、吉安相繼陷，振禕與内閣中書鄧輔綸募鄉兵剿賊於進賢、東鄉等縣，大捷。八年，從曾國荃復吉安，獎以同知遇缺即選。九年，中式江西鄉試舉人，仍隨大軍。十一年，克安慶，賞戴花翎。同治二年，成進士，改翰林院庶吉士。四年，散館，授編修，充國史館協修〔二〕。八年，充貴州副考官〔三〕。

十年，充陝甘學政。時河州降回復叛，肅州、西寧、甘、凉諸郡縣，所在蹂躪，試久廢。振禕奏言：「甘肅爲西陲要地，華戎雜處，民氣囂動。近日漢回仇殺，釀成大亂，究因讀書識理者少，

〔一〕本篇載《清史列傳》卷五十九。
〔二〕充國史館協修：此下，《清史列傳》有「六年，以捐輸獎五品頂戴，仍賞戴花翎」十五字。
〔三〕充貴州副考官：上下，《清史列傳》有「九年，復因捐輸換五品銜」十字。

故始爲風俗之憂，終遺疆埸之患。必有文教以銷其强悍，有儒生以爲之倡率，而後皇仁可洽，反側自安。」遂按試各郡，所至宣布朝廷德意，餐宿俱入回堡，示以無猜。多録降人子弟入學，回衆大服。抵武威，道遇賊酋白彦虎嚴陣以伺，從者股慄，振褘呵禁之，按轡徐行，賊相顧不敢犯。陝甘總督左宗棠疏稱：「軍興以來，學臣不入甘肅者十餘稔。許振褘不避艱險，以次按試，多方激勵，漢回驩迎，争拜馬首。計補行八次歲科試，入學者近萬人，轉移風化，邊氓長治久安之效基此矣。」詔嘉許之。關隴被兵久，士鮮知經術。振褘建味經書院於涇陽，購置書籍，敦勸生徒，繇是人知向學。又苦甘肅之鄉試於陝者，地遠數千里，乃會同陝甘總督奏請兩省分闈及各設學政，得旨允行，陝甘分闈自此始。十三年，任滿乞終養歸，旋丁父憂。

光緒二年，服闋回京，充教習庶吉士、國史館纂修、武英殿纂修、起居注協修、功臣館纂修、本衙門撰文、文淵閣校理。八年，京察一等，記名以道府用。八月，授河南彰衛懷道。沁河發源山西沁州，流入河南境，經河内武陟縣地以達黄河，每遇盛漲，水勢湍悍，幾與黄埒。歲修費向斂自兩邑民户，恒六七萬緡，不足，請庫帑益之。振褘至，倡捐五百金設局，復借款發交紳士，試辦一年，即以一年實用之數，定爲歲修常款。吏不便，謀尼所爲。適小虹橋等處迭出大險，人咸惴恐，謂此舉若敗，不惟賠償鉅款，且不能自全。振褘仍請奏罷兩縣苛斂，年由司庫發銀一萬四千兩，官督紳辦，著爲例。河南巡撫鹿傳霖據以奏聞，允之。黄沁廳民堰，故民修者，頻年黄、沁交嚙，湍深土薄，久將不支。振禕以大祲後民不堪再擾，乃輸己財，建兩壩舊堰，民困大蘇。初，河北各郡皆有差徭，歷爲民病，而以安陽爲最重，按畝攤收，每畝上則地向派錢千，胥吏經收，守令但以不誤差則不究詰。振禕廉得其情，首發輕徭議，群起梗阻，勢將止，而振禕毅然不爲所撓，創設車馬局，以紳經理之。民納糧時，銀一兩祇別輸錢六百，歲減可二十餘萬貫。其他州縣之有差徭者，遞減有差。九年十月，以河工安瀾，賞二品頂戴。

十年，署河南按察使。十一年六月，補授。七月，署河南布政使。先是，河南軍需交代積壓，或數十年，甚至卷册有散佚無稽者。事聞於朝，爰有清釐之命，顧日久無所成。護理河南巡撫孫鳳翔檄振禕清查，既受代，與吏胥約，除骫骳故習，不兩月而事竣。十月，以河工搶險，下部優叙。十二年正月，入覲。六月，擢江寧布政使。十三年，河決鄭州，倡義集款十二萬往振之，全活無算。時黄流南趨，勢奪江淮而下。振禕以裹河地處低窪，淮海爲産鹽之區，場竈林立，東南財賦所關，設有疏虞，不獨膏腴盡失，如數百萬生靈何？乃與兩江總督曾國荃亟籌保障之策，先擇要地〔二〕，浚道築防，以時築泄〔三〕，故次年春水盛漲，淮海得保無虞。十二月，以前署河南布

〔二〕　先擇要地：「地」，《清史列傳》作「所」。

〔三〕　以時築泄：「築」，《清史列傳》作「蓄」。

政使籌協餉功，賞頭品頂戴。十四年，徐州諸屬災，振禕力籌振濟，又假公帑貸民耕種，俾無誤農事，而自捐款鉅萬代爲之償。

十六年二月，擢河東河道總督。是時竭天下財力，經營鄭州，而河事窳敗〔一〕，一如昔日。會言者指陳河工積弊，上令振禕查議。振禕奏請改章，以爲：

言官條陳河工，重在保險。先保險而後籌減費，人所共知也；先減費而後任保險，人所不敢言也。此事固非改章不能行，實非河臣身任其事亦不能行。請先臚弊端，後明辦法。其一曰把持之弊。各署皆有幕友，河工獨曰庫儲，其於例案茫然不解，獨鈔撮部中報銷之册以爲祕本。在河督署中者，則以險工恐嚇，使之不敢輕議更張，而於奏報無工處所，亦必故作張皇鋪排，以爲見好受謝地步；在河道署中者，則以力請添款、暗阻發款爲務；其在各廳署中者，則以節省工料、勸留銀錢爲務。此弊不除，各官皆爲蒙蔽，而河臣受累尤深。擬請改章，以後河臣一概不延用庫儲。其二曰轇轕之弊。各廳歲辦稭料、磚石，本係領款所購，而於交卸時，復將餘存列入交代，且於道庫陸續扣領，故有已故廳員，其子孫仍支領一二十年者。因之有料亦不辦工，留積異日家私，其實稭料早化灰塵，磚石亦歸烏有，

〔一〕而河事窳敗：「敗」，《清史列傳》作「敝」。

紙上鑿空，坐收厚利。此弊不除，政體何存？擬請改章，於霜清後，查取各廳所存稭料、磚石，概行充公，不准再立交代名目，以斷葛藤。其三曰失算之弊。大凡稭料早買則價廉，後買則價貴；磚石先辦則有濟，後辦則無及。同一支放，早可供急變之需，遲則有貽誤之患。查河工款項，名目糾紛，有所謂額款者，有所謂奏添節省防險者，有所謂另案磚工、埽工、土工、石工者，其實皆取之司庫，分别各名，以便報銷，而弊端即由此出。約計每年報銷六十餘萬兩，而司庫必陸續撥給，或遲之又久而後撥給，有事不能爲先時之備，無事究可便中飽之私。此弊不除，無從覈實。擬請改章，每年請款即以六十萬兩爲率。尋常搶險，不必加添，而將各種名目概加删除，特名曰歲修額款六十萬兩而已。其四曰忙亂之弊。河臣以公事責之兩道，兩道以公事責之七廳，七廳以公事責之外工。問其底蘊，半未深悉。遇有險工，加倍張皇，即求添款，計較已定，先請河道，次請河督。至則人工紛紜，無從稽覈，用料無料，用石無石，臨時采辦，輒稱借墊。河臣但主添款了事，不思歲領之款所辦何事，何至有工即爾竭蹶？謂爲無弊，其誰信之！此弊不除，則奏報幾無實語。擬請改章，河臣宜以身率群屬，先事預防，庶不淆混。四弊既明，然非另設河防一局，究竟不能更易舊轍。擬請歲支司庫銀六十萬兩，其四十八萬兩概歸七廳赴司支領，另提十二萬兩設一河防局專管，先時籌備，臨時策應，隨時稽察。每估有工程，其款由司庫徑領到工，銀錢不許入局。

疏上，從之。先是，振禕任河北道時，欽差大臣孫毓汶、烏拉布查辦河工，振禕即進以改章之説，幾爲通工所不容，及是乃得行其志。十七年，加築滎澤大壩九堡、十堡，建築楊橋順河長埝。十八年，加築廣武山石壩，建築胡家屯、來童寨各石壩，河以大治。十九年，因連年督辦河防，諸臻妥協，予優叙。十一月，命振禕會同李鴻章查勘永定河工。振禕既周視固安，東察天津尾閭，復折西出居庸關及懷來，審河上游〔二〕，知河首受馬邑、定周諸川，束於軍都高峰，怒行數百里，挾勢出峽，鬱極難制；其下游宣之直沽者，又五河盛漲所會，泄不以時，堤庳沙壚，勢必中決，決且難治。乃以保近險、濬中洪、築減壩、治下游請，如其議。

二十一年，詔舉人才，振禕疏言：

國家圖治，莫若上法祖宗，下培民命。孔子之策治衛，不外富教；孟子之論王道，特重農桑。非如今之測量機器、格致製造、火輪鐵路、掘礦求財，操術之奇，古來未有，而富强之效，茫如捕風。就使偶效一二，亦非祖宗所取，而民生日蹙，民力日窮，其不乘機思亂者，乃深感列聖累朝寬徭薄賦之恩，與皇上積年仁民愛物之誠耳。宋臣司馬光云：「天地生財，

〔二〕審河上游：「游」，《清史列傳》作「流」。

祇有此數，利不在民，則在官。」披覽此語，爲之惕然。利在民，此國家之所以長治而久安也；利在官，此國家之所以深憂而隱患也。與其謀利，不如節用；與其好奇，不如務實。從古四夷之亂，皆乘中國元氣之虛而起。試觀前史，各朝開創初年，兵不求多，賦不加取，自然平一海内，蠻方致貢。契丹、西夏，欺一積弱之趙宋而不能；安石、蔡京，壞一全盛之汴京而甚易[一]。皇上可思其故也。曩年曾國藩、胡林翼諸臣，皆非别有過高之論、任用出奇之人，惟以實心爲本，愛民爲務。問之洋學，則不能舉其詞；問之軍器，亦未嘗購諸外。卒能削平群盜，光輔中朝。至不得已而取用釐金，借資民力，終以一時權宜，大奪民利，中心歉然，思欲軍務稍平，即奏停止。此前事之可取鑒者也。今天下攘臂鳴異，實繁有徒，非西學不得爲人才[二]，非變法不得謂作用；又有假飾理學，侈談經濟，實則結党干時，希弋顯位。今吏治日壞，將才日少，人才之頽靡如此，則保者之冒濫可知。且於國脉民命，安危所繫，未曾加意。此臣之私心所大懼者也。

尋乞病歸，諭賞假一月，毋庸開缺。

[一] 壞一全盛之汴京而甚易：「汴京」，《清史列傳》作「兩京」。
[二] 非西學不得爲人才：「爲」，《清史列傳》作「謂」。

十二月，調廣東巡撫。振禕以粤地多沙田，田不載於册，官使吏稽，吏得金輒爲匿其數，否則虚造揑報〔二〕，以相傾陷；又或强豪兼并，莫能誰何。因奏定章程，分畝清丈，俾無無田之税，亦無無税之田，利歸於國而民不病。粤東闈姓爲歷年積弊，振禕亦奏請革除之。二十四年五月，粤西會匪事起，匪首李立亭黨號萬人，未一月，連陷鬱林、陸川、北流、興業、容縣諸城，侵軼廉防，廣州戒嚴。振禕亟籌備禦，增募五營，檄提督劉永福統之。粤民賴以無恐。七月，諭裁廣東、雲南、湖北三省巡撫缺，召振禕内用。旋乞假修墓，諭賞假兩月。

二十五年二月，卒。江西巡撫松壽代遞遺疏，并奏言：「振禕學有本原，持躬廉謹。所至創建書院，以振興文教爲己任；力除積弊，與吏民相更始。巡撫廣東，務持大體，皆實事求是，見諸施行。雖歸田未久，而江省人士述其遺言軼事，莫不欷歔感喟。其平日推重於鄉邦，已可概見。綜覈振禕生平，立身行政，始終無間。家居卧病，猶以時局艱難、國恩未報爲深疚。其忠愛之忱，發於天性者然也。」二十六年四月，署兩江總督、江蘇巡撫鹿傳霖臚陳振禕服官各省政績，請附祀故大學士曾國藩專祠。二十九年七月，河南巡撫張人駿亦請以振禕附祀豫省故大學士曾國藩專祠，并將政績宣付史館立傳。詔均如所請行。

〔二〕否則虚造揑報：「揑報」，《清史列傳》作「溢報」。

子恩緝，候選道員[一]。

陳蘭彬

總理各國事務大臣都察院左副都御史兼署禮部左侍郎陳公神道碑[二]

朱祖謀

公諱蘭彬，字荔秋，廣東吴川人。自諸生時，即務經世之學[三]，以優行貢京師，名動公卿間。游秦晉，涉關隴，潛心於古今兵事得失之故，及山川阨塞之要[四]。咸豐元年，成進士，選庶吉士，充國史館纂修。散館，改刑部主事。八年，粤督黄奏調公管洋務，時番舶麕集港澳，外人動挾兵

[一] 候選道員：「員」，《清史列傳》無。

[二] 陳蘭彬墓及神道碑今存，位於化州市笪橋鎮水碓垌村西南。碑文收入《紀念陳蘭彬詩文集》，題作「誥授光禄大夫總理各國事務大臣都察院左副都御史歷任禮兵部右侍郎陳公神道碑」。

[三] 既務經世之學：「務」，碑文作「爲」。

[四] 及山川阨塞之要：「山川」，碑文作「關山」。

力相要求。公抗剛懷柔，遐邇咸服，此公任交涉之始。

丁母憂回籍，主講高文書院。髮逆陳金缸竄岑溪，陷信宜，窺襲郡城。公偵知其謀，馳書大府乞援，自率諸生，練鄉兵，設方略，與賊支持者三載。同治二年，提督崑壽軍至高州，用公計，招戎首殺金缸自贖，郡賴以安。叙功加四品銜，賞花翎。旋遭贈公之喪。服闋入都，補原官。

湘鄉曾文正公督畿輔，諗公才，奏使讞積案，多所平反。振饑大名，全活逾數十萬。文正還兩江，奏公智深勇沈，不避艱險，有任重致遠之器，請以自隨。時南北洋方籌海防，講製造，以上海機器局爲樞紐，檄公總其事。公念泰西汽電諸學，日益發明，中邦士大夫罕窺製造之奥〔二〕，脱有緩急，募洋將不足恃，乃倡議選生徒游學美洲。直督李文忠公韙其言〔三〕，於是南北洋大臣會遣學生二百人，赴美國肄業，奏派公監督携之行。先日本亦選高才生，游學歐美二洲，學成歸國，皆入贊樞要，充行政及顧問官。而中國所遣多孤寒幼稚，出洋後，濡染歐風，眩目於宫室之華，醉心於飲食輿服之靡，至其政治藝能，鮮所研究；即一二穎秀翹然異於衆者，則又厭棄儒學，謂中國經術不足以致富强，徒挾歐美之文字語言以欺世。公悄然憂之，謂選擇未至，貿

〔二〕中邦士大夫罕窺製造之奥：「造」，碑文作「作」。

〔三〕直督李文忠公韙其言：「公」，碑文無。

然遺派之失策也。公歸，而容閎繼其任，學生未畢業，遽召還。公謂：「以中國才雋，不能與日本争優勝，而廢然自返，將來貧弱以召禍，異日交涉，恐無任事之才。」後竟如公言。

當是時，歐美方恢張殖民政策，拓屬地於東南洋。而中國僑民傭於美洲者且數萬計，無公使領事衛之。古巴、秘魯諸國，誘賣華民三十餘萬[一]，鞭笞驅使若牛馬然。公言之政府，即奉詔往視察，拊慰甚慇。今上御極，命公以三四品京堂候補，賞二品頂戴，充出使美、日、秘等國大臣。齎璽書前往諸國，援公法，據商約，侃侃力争，始議定傭工期限及款待條目。自是僑民脱奴籍、慶生還者，不可以數計。東南洋各島羈旅，鼓舞謳歌，深知祖國可依賴，皆公此舉有以收既涣之人心使之聚也。

公自銜命及使還，由太常寺卿授宗人府府丞，擢都察院左副都御史。上念公久歷歐美，習知外情，遂命充總理各國事務大臣，兼署兵部右侍郎、禮部左侍郎[二]。每召對，輒敷奏中西政治之原本、今昔情勢之異同[三]，動中窾要。交涉持大體，威怵利誘，無所屈撓，有古大臣匪躬之風。上意方駸駸嚮用，而澹於榮利，遽引疾歸。甲午之役，海軍盡熸，公念隳兵實損國威，扼腕咨嗟，

[一] 誘賣華民三十餘萬：「賣」，碑文作「買」。
[二] 兼署兵部右侍郎禮部左侍郎：碑文作「兼署禮兵部右侍郎」。
[三] 今昔情勢之異同：「異同」，碑文作「同異」。

宿病頓劇，遂不起。易簀時，以外侮内憂、涓埃未報爲恨。公在總署，睹歐亞交涉日紛，嘗請飭諸將勿生邊事，而中朝士大夫虚憍是尚，固知其將釀禍於無形也。

公讀書强識博聞，初任翁源訓導，撰《詩經劄記》一卷；憫畿輔困水患，撰《治河芻言》八卷；後在海外，撰《使美記略》《泛槎詩草》各一卷。卒於光緒甲午年十二月十四日，年七十有九。葬於高州府化州水碓洞瓦面嶺之原。曾祖自天，祖景清，父訓行，皆有隱德，以公貴，贈光禄大夫，妣皆夫人。公配李氏，封一品夫人。子嵩琪〔一〕，内閣中書；嵩璘〔二〕，兵部員外郎，先卒。孫賡桐，候選訓導；賡南，候選郎中；賡梧，廩善生；賡長，候選鹽運同。曾孫六人，傳公楹書，不替其業。

祖謀貢禮部時，公爲覆試閲卷大臣，執經門下，知公志行風節，有確乎不拔之概。今來粤視學，而公墓草已宿。因賡南之請，何敢辭，乃爲銘曰：

太丘之裔，望高潁川。宅居高凉，隱德光潛。公習兵略，夙窺九邊。涉歷重瀛，使節已專。僑氓絶域，跼地籲天。拯之護之，俾躋於淵。職典屬國，儀尊漢官。公嫻邦交，喉舌是傳。逖矣江湖，戀闕惓惓。決眥時局，賫志九原。螭趾方峙，元石載刊。銘辭不誣，昭茲億年。

〔一〕子嵩琪：「子」上，碑文有「長」字。

〔二〕嵩璘：「嵩」上，碑文有「次子」二字。

劉錫鴻

劉錫鴻傳[一]

《番禺縣續志》

劉錫鴻，原名錫仕，字雲生，捕屬人，原籍新會沙滘鄉。父某，性孝，家貧，販魚爲業，有遺金牙杖什器者，拾還之。生三子，長錫鵬，道光二十三年恩科舉人。次即錫鴻，道光二十八年舉人，魁岸負氣，有不可一世之概。東莞張敬修爲廣西左江道，延錫鴻入幕，奇其畫策，輒授以兵勇，從剿大黄岡劇匪，保獎内閣中書。旋於咸豐間偕敬修回粤，克復廣州東炮臺，獎刑部員外郎。督辦河南團練大臣毛昶熙耳其名，奏請隨營，以功加道銜。丁母憂，回籍守制。

同治三年春，湘陰郭嵩燾署廣東巡撫，設省團總局以通民情，延錫鴻與在籍陳維新、史澄、梁紹獻、金錫齡、梁葆訓、梁國光、陳璞及旗紳樊封辦理團務，萑苻屏迹，屢獲劇盜，城鄉肅然。既而服闋，赴都供職。

光緒二年，授光禄寺少卿，奉命以二品頂戴副嵩燾爲出使英國大臣，與嵩燾議多不合，久

[一] 本篇載民國《番禺縣續志》卷二十二。

益齟齬。朝廷以兩人不相能，調錫鴻爲德國正使。五年，差竣，回京覆命，奏進築造炮臺模式曰：

竊思古今有是物[一]，必有制馭是物之良法隨之。外洋船炮，以堅利自恃，使果無法可制，則是一匠作之巧，舉世即窮於智力。揆之事理，斷不其然。臣前奉命出洋，所經各國險隘，凡其布置防守，莫不用心講求，期得捍禦炮火之法。聞德國十年前并無輪船水師，專恃陸兵炮臺以資戰守，遂能雄長西洋。故其練兵築臺諸制，實爲歐羅巴一洲之冠。惟所立炮臺，有壘以石者，有鑄以鐵者，咸聽人往觀；獨新造之土炮臺，則秘弗示人。臣抵該國時，適有英人賂彼守將，私繪炮臺圖式，致被拿獲嚴究之事，蓋不欲泄其機要也。乃該國君臣深感聖主懷柔之德[二]，於中朝使臣獨忘猜忌，遍請臨觀，并派領兵大員舉其築法及用意所在，一一相告。臣所見外洋堅壘，惟此實操勝券，非船炮所能轟摧，正無妨節取其長，爲我聖朝居安思危之助。本年二月間，臣回京覆命，曾將此事面奏，但築造之法，究非筆墨陳説所能明。兹謹采取德國規制，斟酌變通，造爲模式，以便觀閲。其應否恭呈御覽，抑或送交

〔一〕竊思古今有是物：「是物」，《劉光禄遺稿》作「一物之害」。

〔二〕乃該國君臣深感聖主懷柔之德：「該國君臣深感」六字底本誤入前文「私繪」下，據《番禺縣續志》及《劉光禄遺稿》改。

總理各國事務衙門轉呈之處，恭候命下遵行。

其大旨言：「累土如岡，使敵炮不能摧；穴土藏兵，使敵炮不能中；炮位露置高處，斯力足及遠，又無炮烟自蔽之虞；臺外别爲護墻，斯敵兵搶臺可操迎擊必勝之券。四者實其窾要。」奏入，奉旨着交總理各國事務衙門核議。

十月十三日，錫鴻又以其中尚有未盡事宜凡十條，或就炮臺以敷陳，或因炮臺而旁及，均係駐劄西洋時閲歷見聞、考訂確鑿者，復繕具清摺，呈總署王大臣備核。其略曰：

炮臺模式，有將就爲之者，如安炮處三面土岡，其斜坡須緊接平臺，斜迤而下，方便運炮、運子藥，且兵房窗眼亦不至過露。

又曰：

建臺得法，仍須工料俱足，乃能牢固。大約土性之膠黏者，用石灰當如沙土十分之二；土性之疏散者，用石灰當如沙土三分之一。其築法，則灰與沙土匀拌，每累成一尺，以搗至二寸爲度，然後再累再搗，俗所謂三合土者此也。此係慎固封守之事，關係全局，當由疆吏慎選屬員之較有肝膽、知以防守爲心者，認真監造，俾工料不至剋減，庶乎有濟。

又曰：

辦理此事，較之製造輪船，倍可憑恃。輪船之式造自外洋，歲益精巧，我方倣其舊，彼已益標其新，竭財力以强爲追隨，勢終不可以相敵。若謂能伐人之國，然後可自强，冀以輪船練習出洋，爲搗穴犂庭之計，此説尤不可信。蓋海道數萬里，由香港三四日出越南境，以後皆非我屬地，我船需用煤米、甜水，均須采買於彼埠頭。方今和好，猶可資之；倘或動兵，則彼必禁接濟。凡此斷不可少之物，直屬無處取求，何所恃以行船贍軍，而謂能抵其地？故區區私見，不如酌減各省每歲辦船之資，以謀自守。守既能固，當復何求，而必欲與角勝乎？各省籌辦洋務，比輪船尤無益者尚多，能裁此浪費，按年次第興築，何虞款項不敷？

又曰：

凡對敵時，臺上司炮之兵，只宜足用，不可多人駢足，致爲飛炮所中。敵人如或登岸撲臺，戰兵禦之於護牆內，亦只宜每垛分立兩人，輪流放鎗。雜遝擠擁，則誤事矣。前駐德國〔二〕，見該國主躬自閲兵，操演進攻之法，前鋒自選百數十人，單行一字横排而進，每人相距尺餘，肩不相并，踵不相繼，第二隊離前隊約半里，第三隊亦半里，均一字排開，雖人與人

〔二〕前駐德國：「德國」，原作「法國」，據《劉光禄遺稿》及文意改。

并肩，却無接武而行者。大隊皆結束嚴密遠隨於後，俟前鋒得力，然後齊進。據其統兵大員墨特格之言曰：「此時鎗炮盛行，布陣最宜疏落。倘率旅如林，則敵炮飛至，兵丁必多受傷，安得不寒心四竄？惟前鋒單行一字横排，使敵炮不易中之，炮不我中，則膽益壯，而敢於奮前，只須數十人搶入敵陣，彼衆自無不潰走矣。」此以少擊衆、以散擊整之法，向係中國良技，日耳曼人不過偶盜得之，以爲其説，然即此便是禦鎗炮之妙訣。

又言：

馬隊宜列步兵之後，步兵得勝，然後麾馬隊追之，以蹂躪敵衆。若以衝陣接戰，則凡馬多畏鎗炮，兵在馬上，尤易迎受鎗炮，一馬驚則群馬皆驚，一馬走則群馬皆走，實爲失計之甚者。西洋投入中國教演洋鎗馬隊之人，多係入營三兩年，因被遣，在本國無從覓食者，只知習手足之勁捷、結隊伍之森密，於用兵妙訣，無由悉之，願各省練軍毋徒以是爲得法。

自錫鴻暢論炮臺造築之法，其後各省炮臺皆改用三合土爲之，臺内外諸式亦謹依其所言，故具載之。

未幾，錫鴻復有籌畫一海防章程之奏，略謂：

政有本末，以方今時事而論，嚴法令以飭吏，勸農工以裕民，制度支以足用，三者其本也；練兵海防其末也。然戰守無具風聲鶴唳，時警聽聞，則三者之治有所擾，而亦莫能竟。故臣謂今日致治之務，仍當以整飭海防爲始策〔二〕，得其人良難。今軍機大臣兼總理各國事務大臣左宗棠，悃誠、才略、氣魄、威望俱備，欲令出駐天津，經略七省海防，俟一切就緒，再召回襄贊樞密。倘此時不可他去，則由其妥定畫一章程，保舉大員分辦南北洋防務，亦可期内外聯絡，呼應通靈，不至以意見乖殊，深誤大計，亦不至以此等要務有名無實，貽笑外人。

又言：

發放洋鎗洋炮，平時應令士卒以船艇於遠處試驗，能見其檣桅、辨其頭尾、睹其窗户爲若干里，各以所司炮位試之，計炮所及之遠近，適符其目力所及之遠近，然後燃炮；又以人遠立試驗，若干里始辨其騎步、别其衣褌、分其男女及口目部位，各以所挾火鎗試之，計鎗所及之遠近，適符其目力所及之遠近，然後點鎗。

又言：

未造新臺之處，應就各地形酌辦因山作窟、穴地爲營之法。如窟穴亦難猝就，則循海

〔二〕仍當以整飭海防爲始策：「策」，《劉光禄遺稿》作「第」，屬下爲句。

邊掘爲狹長坑塹，以伏兵勇，惟留數人瞭望於上，使賊炮不易擊中。俟賊駕艇撲岸，將及岸邊，然後齊出，以火鎗擊之。爾時賊船火炮恐自傷其衆，不能開，而其艇近岸，又爲回洑激湍所衝刷，簸蕩不定，故擊之決獲全勝。德國統兵巨酋嘗言其未辦鐵船時，陸兵每以此勝敵，與咸豐六年粵東團練擊敗洋匪之法相彷彿。

又言：

近來仕途太雜，吏習日非。辦事委員不思立功，但求獲利，購械浮報價銀自兩三倍至四五倍。臣出洋時，於凡物之宜於公用者，輒訪求實價而籍記之。其後歸裝遺失此册，然猶憶萬觔純鋼之炮價銀五千兩、七千觔二千八百兩；各國新鎗價銀皆八兩有奇，舊一兩以外、二兩以内各不等；蚊子鐵甲船創製之始，費用浩繁，故十一丈者需銀十二萬二千五百兩，八丈者九萬八千兩，若再製則式樣無須另酌，大可減二萬四千五百，小可減七千五百。今各省購此，誰則能從實報銷者？倘以侵吞置法，豈不畏而思改？惟大吏習於徇庇，令行禁止驟恐難期，不得已，莫如選擇洋人爲之。查税務司金登幹，樸誠精細，現由總税司赫德派令駐英，操辦一切；繙譯官博郎，遇事盡心，結實可靠。一英人、一德人，凡在英在德購取之物，可各統歸其手，儘可得力妥貼無欺。

又言：

輪船鎗炮，均以能自製造爲便，然西洋輪船匠師，一歲所獲之銀動十數萬以上，斷不肯受僱來華。故就船炮二者而論，船則須令出洋使臣飭學生速加意學製，炮則須得妥人細勘機器實價，全副購取，皆未可空言，以期遠效。然船炮未易自爲，猶可平日購備，以待要需，惟洋火藥則防其召灾，難盡預蓄。事至而謀接濟，又虞海道中梗，等於閉糴之憂。查西洋藥雖各殊，而合煉則無他巧，惟澄取硝、磺極凈，和以炭，而擣之萬杵，略如明臣戚繼光《練兵紀實》所言棉花火藥造法，臣所撰《使英日記》已述其詳，按照爲之即可必就。

言皆切實，後亦次第施行。即甲申彭玉麐來粤籌防，自長洲至虎門，皆往往因山作窟，穴地爲營，而購買船械，多付洋人赫德手，亦頗與錫鴻所見合也。

當是時，左宗棠與郭嵩燾異趣，錫鴻既推重宗棠，值劉銘傳首上疏請開鐵路，北洋大臣李鴻章深言其利，嵩燾亦贊成之，錫鴻上疏以爲八不可行，無一利而有九害，洋洋數千言。嵩燾益謂其與己立異，然朝廷以錫鴻争之力，卒寢其議。其後中國鐵路之興，錫鴻不及見矣。

七年二月，又奏劾鴻章，奉上諭：「通政使司參議劉錫鴻，奏彊臣不堪倚任，臚款參劾，各摺片信口誣衊，不可不予以懲處。劉錫鴻著交部嚴加議處。欽此。」部議革職。由是坐廢，仍居京師，數年卒。有小印鐫「儒俠」二字，亦其志也。著有《星軺日記》一卷，粤東駐防人潘文鐸刻有

《劉光禄遺稿》。

何如璋

出使日本大臣何公家傳〔一〕

吴道鎔

公諱如璋，字子峩〔二〕，廣東大埔縣人〔三〕。家世業農，至公始習儒〔四〕。年十九，補縣學生，中咸豐十一年舉人。同治初元，左文襄公督師勦金陵餘寇汪海洋於閩，公襄汀州某太守戎幕〔五〕，保知縣，加五品銜。

同治七年，成進士，改庶吉士。散館，授編修。時海内戡定，西學東漸，中興諸鉅公頗思開

〔一〕本篇載《澹盦文存》卷二，題作「何少詹家傳」。
〔二〕字子峩：「峩」下，《澹盦文存》有「姓何氏」三字。
〔三〕廣東大埔縣人：「廣東」二字，《澹盦文存》無。
〔四〕至公始習儒：此下，《澹盦文存》有「以科第仕宦顯」六字。
〔五〕公襄汀州某太守戎幕：「州」，《澹盦文存》作「洲」。

通風氣〔一〕，清流之議顧持異義〔二〕。公獨研究西學，爲詞臣先。合肥李文忠公見而詫曰〔三〕：「詞館中尚有斯人耶？」爲言於宛平沈文定公。文定時方贊樞垣，又公座師也。光緒二年，朝廷簡通知中外之士，持使節分駐於東西洋，於是晋公侍講，充出使日本國大臣。

初，日本爲俄、美刦盟，悟鎖港非策，與泰西諸國通商結約，頗喪利權。知我國與泰西條約中〔四〕，有「利益均霑」語，思以失之泰西者取償於我，乃遣外務部柳原前光求通商。初呈約章，以兩國利益爲詞；再至，則專欲仿泰西諸約。議約大臣斷斷持議，久而後定，中如設領事裁判、禁内地通商，皆與泰西互異，以爲歧視，怏怏觖望。既而臺灣生番戕琉球難民，彼遂冒琉球爲屬國，於是有臺灣之議〔五〕。陸軍少將西鄉間道冒險興師〔六〕，我執政求息事，償以恤款，益狡焉思逞〔七〕。既阻琉球貢使，復挾故智，思嘗試於朝鮮。朝鮮炮擊彼雲陽艦，外務卿森有禮實來〔八〕，陽

〔一〕中興諸鉅公頗思開通風氣：「興」，《澹盦文存》作「央」。
〔二〕清流之議顧持異義：「議」，《澹盦文存》作「士」。「義」，《澹盦文存》作「議」。
〔三〕合肥李文忠公見而詫曰：「公」，《澹盦文存》無。
〔四〕知我國與泰西條約中：「與泰西條約」，《澹盦文存》作「結泰西約」。
〔五〕於是有臺灣之議：「臺灣」，《澹盦文存》作「征臺」。
〔六〕陸軍少將西鄉間道冒險興師：「間」，《澹盦文存》作「從」。
〔七〕益狡焉思逞：「焉」，《澹盦文存》作「然」。
〔八〕外務卿森有禮實來：「實」，《澹盦文存》無。

乞我助攻朝鮮〔一〕，實陰伺吾國舉動。雖懾於李文忠公「朝鮮藩屬，我所必争之」一言，覬覦固未盡息也〔二〕。顧以中國地大物博，又以數千年同種同文，終欲相引爲重。故聞公使至，彼國耆舊詡爲隋唐以來千數百年未有之榮〔三〕，達官名流，校秀閨彦，使節所至，争望顔色，求書翰、徵題咏者相屬。公一一酬接，各滿其意去。唯事關國際，機牙肆應，不少假借。始至，議廢居留華民舊税〔四〕，設横濱、神户、長埼三口領事。初頗梗議，公據約力争，卒收回裁判權。

又以公使之職，在周知與國情僞，達之本國執政，尤當先其要者。故於内地通商，則謂日本物産多同中國，其地自北洋三口，至於滬、浙、江、漢、閩、粤、臺、瓊，皆一航可達，視内地南北隔絶者〔五〕，運輸反便；其入口自關税外加子口半税〔六〕，隨地可售，視内地釐捐雜税者，成本反輕。夫同一物産，而運輸便，成本輕，其取價必廉，勢將攙奪内貨，失業者衆，害既中於民生，欲救其弊，勢將減輕税釐〔七〕，而害

〔一〕陽乞我助攻朝鮮：「助攻」，《澹盦文存》作「勸告」。
〔二〕覬覦固未盡息也：「盡」，《澹盦文存》無。
〔三〕彼國耆舊詡爲隋唐來千數百年未有之榮：「千數百」，《澹盦文存》作「千餘」。
〔四〕議廢居留華民舊税：「税」，《澹盦文存》作「規」。
〔五〕視内地南北隔絶者：「南北」二字，《澹盦文存》無。
〔六〕其入口自關税外加子口半税：「自」，《澹盦文存》作「有」。
〔七〕勢將減輕税釐：「減輕」，《澹盦文存》作「輕減」。

又中於國計。且西人之居內地者，多顧惜名譽[一]，日人則貧且貪，內地禁開，肩挑負販，累萬盈千，其中良莠不齊，萬一鈎引奸民，包攬稅單[二]，又不能繩之以法，將何策以善其後？西約損失，往者不諫，猶幸東西各異，一旦有事於西，雖無望東之助我，而可冀其中立。若離者縱之使合，勢必轉相依附，肆其要求，甚或反助敵邦，乘吾危以邀厚利，此尤貽害之大者也。故改約一事，除堅拒外，無他法也[三]。

其於琉球，則謂日人志在滅球，以阻貢發端，及其國是未定，兵力未充，急與爭辨[四]，猶尚可及；若爲息事計，隱忍遷就，阻貢不已，必滅琉球。琉球既滅，必及朝鮮。讓一琉球，未見其果息事也。爲今之計，宜出兵艦，責貢於琉球，陰示日人以必爭；一面援引公法，請由各國公使評判，古無許滅人國之公法，彼將理曲，琉球可全[五]。何爲先自示弱，舉附庸之土地人民以資敵耶[六]？

其論朝鮮，則謂朝鮮之在中國，藩衛神京，實爲左臂；而在亞細亞，西人比之歐洲之土耳

[一] 多顧惜名譽：「多」下，《澹盦文存》有「屬上流」三字。

[二] 包攬稅單：「單」，《澹盦文存》作「率」。

[三] 無他法也：《澹盦文存》作「無他辨法，可斷言也」。

[四] 急與爭辨：「辨」，《澹盦文存》作「衡」。

[五] 「一面援引公法」至「琉球可全」：《澹盦文存》作「彼將氣懾而球可全。次則約球抗日，我出偏師助之，彼將力屈而球可全。又次則援引公法，邀各使評之，彼知理曲，而球亦可全。若仍恐猝開邊釁，猶可罷斥使臣爲轉圜地」。

[六] 舉附庸之土地人民以資敵耶：「附庸」，《澹盦文存》作「外藩」。

其，爲形勢必争之地，俄瞰其北，日伺其東。彼素狃於閉關，熟視無睹，近則稍稍悟矣。泰西通例，凡兩國戰争，局外不得偏助，惟屬國不在此例。又屬國與人結約，多奉其主國命令。故今日之朝鮮，我能郡縣其土地，修明其政治，上策也；仿蒙古、西藏，設辦事大臣，主持其内政外交，中策也；二者不行，則惟令其與英、法、美諸國通商〔二〕，簡派大臣往主約事，約中聲明「朝鮮國王奉大清國政府命，願與某國結約」，如此則名義既正，設遇外釁，我有操縱之權。若聽其自行結約，各國皆視爲自主，彼既失所依附，我亦自潰藩籬，此兩敗之道也。

凡諸籌議，皆先後上書於政府總署及北洋大臣，累累數千言〔三〕，剴切詳盡。其後内地通商，終公之任，日人百計求之不得。公去位後〔三〕，日人遂夷琉球，設冲繩縣。朝鮮則以東學黨亂，我與日有甲午之戰。日既戰勝，馬關改約，奪我藩屬，强之自主；并前百計求而不得之内地通商，亦圖翻異。於是公之籌慮，燭照數計於二十年前者，竟不幸而言中。則以任事大臣，當日雖躓公言，顧重開釁，不能盡用，養虎至大〔四〕，以貽斯患也。

〔二〕　則惟令其與英法美諸國通商「與英法美」，《澹盦文存》作「於英、美、德、法」。
〔三〕　累累數千言：《澹盦文存》作「累數千言」。
〔三〕　公去位後：「位」，《澹盦文存》作「任」。
〔四〕　養虎至大：「至」，《澹盦文存》作「坐」。

公在使位六年〔二〕，自侍講累升至少詹事。八年，歸國。逾年復出爲福建船政大臣。船政廠在福州馬江，始任督辦者沈文肅公。文肅閩人也，船廠員司多任閩士〔三〕。公至，鈎稽工材，將有所興革。規畫既定，窘於經費〔三〕，乃以節浮費、裁冗員爲入手辦法，由是失職者多怨。值中法以争越南和議决裂〔四〕，法水師攻閩，時會辦海軍大臣張佩綸，公齊年生也，方調集南北洋七兵艦駐節馬江，與公同籌戎備。朝議諄切，戒先開釁。法人不戒期而襲擊，我七艦殲焉。於是將據船廠，爲廠暗臺炮擊退，泊五虎門。是役也，論者謂法酋孤拔實中炮殞，故船廠獲全，而法人諱言之。公亦不欲以傳聞之詞自解免，唯引咎自請議處。初議革職，繼而論戍。

戍地苦寒，得脚氣疾。在戍所三年賜環，主潮州韓山講席，舊疾舉發，卒於院舍，年五十四。所著《使東日記》一卷，《東瀛百詠》一卷，詩文集□卷，奏疏□卷。其《管子析疑》三十六卷，成於戍所，尤精博，爲世所稱。蓋公雖獲譴，而用世之志未衰，實於是書寓微意云。

〔二〕公在使位六年：「位」，《澹盦文存》作「任」。
〔三〕船廠員司多任閩士：「船廠」，《澹盦文存》作「故廠之」。
〔三〕窘於經費：「經費」，《澹盦文存》作「經濟」。
〔四〕值中法以争越南和議决裂：「越南」，《澹盦文存》作「安南」。

黃遵憲

嘉應黃先生墓志銘〔一〕

梁啓超

國家自甲午喪師以後，勢益不競，謀國者尚泄泄未知改圖，獨德宗景皇帝大奮神斷〔二〕，明詔天下改變百度。而是時各行省大吏，奉行詔書最力者，惟湖南巡撫義寧陳公寶箴，而相與助其成者，則嘉應黃先生公度也。先生時方以湖南鹽法道署理按察使〔三〕，與陳公戮力殫精，朝設而夕施，綱舉而目張。而其尤爲先生精心所措注者，則曰保衛局。保衛局者，略仿外國警察之制，凡與民利民瘼相麗，爲一方民力所能自舉者，悉統焉。擇其鄉邑之望分任之，而官董其成〔四〕。創布之初，民頗疑駴，後乃大歡。先生方欲推布一切，以圖久遠，而朝局變，黨禍起，先生與陳公得罪而去，而天下事益不可爲。嗟乎，古有以一人之用舍，繫一國之興亡者，觀於先生，其信之矣！

〔一〕本篇載《飲冰室文集》之四十四，又收入《碑傳集補》卷十三。作者底本原署「失名」，今據《文集》及《碑傳集補》補。

〔二〕時德宗景皇帝大奮神斷：「景」，《飲冰室文集》《碑傳集補》無。

〔三〕先生時方以湖南鹽法道署理按察使：「以」，《飲冰室文集》作「任」。

〔四〕而官董其成：「官」，《飲冰室文集》《碑傳集補》作「吏」。

先生諱遵憲，世爲嘉應州人。曾祖諱學詩，祖諱際昇，父諱鴻藻，官廣西知府，皆以先生貴，封贈榮禄大夫〔一〕。先生以拔貢生中式光緒二年順天鄉試舉人，旋隨使日本〔二〕，歷官四十年，有大小久暫之不同，而皆舉其職。當爲日本使館參贊也〔三〕，日本方縣我琉球，且覬及朝鮮。先生告使者，乘彼謀未定，先發制之，具牘數千言，陳利害甚悉，東人至今誦之，而當事不省。不二十年，二屬遂相繼不保。又爲英之新嘉坡〔四〕、美之舊金山總領事矣。美人嫉吾民之僑彼境者，蓄志擯之。先生既以先事禦之之謀告其上而不用，乃盡其力所能及，以爲捍衛。美政府嘗藉口衛生，繫吾民數千〔五〕，先生數語捭闔而脱之，且責償焉。吾嘗游美洲，去先生爲領事時且二十餘年矣，而吾民尚稱道此事不容口。

先生居外國久，於其上下情形、内外形勢，洞幽察隱，故凡有所應付，莫不迎刃而解，而大吏

〔一〕「曾祖諱學詩」至「封贈榮禄大夫」：《飲冰室文集》作「曾父諱某，祖諱某，贈某官。父諱某，廣西候補知府，以先生貴，贈某官」。

〔二〕施隨使日本：《飲冰室文集》作「起家知縣」。

〔三〕當爲日本使館參贊也：「當」，《飲冰室文集》作「嘗」；「也」，作「矣」。

〔四〕又爲英之新嘉坡：「又」，《飲冰室文集》作「嘗」。

〔五〕繫吾民數千：「數千」，《飲冰室文集》作「千數」。

亦稍知先生能外交〔一〕，故每以事相屬。江鄂四省教案積數十起，連十數年，文牘盈尺，莫能斷結。先生受委〔二〕，則浹月而决之，教士撟舌而不敢争。異時沿江沿海，劃地爲市，租借命曰「租界」〔三〕。始事者昧於國際法，於界内畀以治外法權，喪威失權，悔不可追，先生恫之。值甲午之役，約以蘇州、杭州兩處爲租界，予日本。授業之際〔四〕，先生適主其事，乃曰：「蘇杭腹地，非江海口岸比。」因議自營市政，凡所以便外旅者，纖悉備至，而獨於治外法權則靳焉。日本主者莫能難也。將畫諾矣〔五〕，適有以蜚語相中者，謂先生受外賂，爲它人計便安，約遂廢，而日本亦撤其使歸，同以此事譴其使〔六〕，而天下萬國則謂日本之舉爲計獨得也。先生雖以外交知名當世，然受兩使命皆中沮〔七〕。

光緒二十一年，奉旨入覲，以道員帶卿銜授出使大臣，駐德國。時德人方圖膠州，憚先生來

〔一〕而大吏亦稍知先生能外交：「稍知」，《飲冰室文集》《碑傳集補》作「稍稍知」。
〔二〕先生受委：「先生」上，《飲冰室文集》《碑傳集補》有「及」字。
〔三〕租借命曰租界：「租借」下，《飲冰室文集》《碑傳集補》有「外旅」二字。
〔四〕授業之際：「授業」，《飲冰室文集》《碑傳集補》作「授受」。
〔五〕將畫諾矣：「將」，《飲冰室文集》《碑傳集補》作「殆」。
〔六〕同以此事譴其使：「同」上，《飲冰室文集》《碑傳集補》有「兩國」二字。
〔七〕然受兩使命皆中沮：「受兩」，《飲冰室合集》《碑傳集補》作「兩受」。

折其機牙，迺設詞以撼我政府，卒尼其行。光緒二十四年，復以三品京堂候補，充出使日本大臣。時先生方解湖南按察使任，養疾上海，淹留未行，而黨禍卒起，緹騎繞先生室者兩日，幾受羅織，雖得白〔一〕，使事亦解，先生遂歸田里。光緒三十一年二月二十三日，以疾卒於家。

嗚呼！以先生之明於識、練於事、忠於國，使稍得藉手，其所措施豈可限量？而乃使之浮沈於群吏之間者且數十年。晚遭際會，似可稍展其所藴，而事變忽起，所志不終遂〔二〕，且乃憂讒畏譏、流離失職而死，此豈天之所爲耶？

先生讀書有精識遠見，不囿於古，不徇於今，嘗思成一家言，曰《演孔篇》，未成；而所成之《日本國志》四十卷，當吾國二十年以前，群未知日本之可畏，而先生此書則已言日本維新之效成則且霸，而首先受其衝者爲吾中國，及後而先生之言盡驗，以是人尤服其先見。先生爲文章，務取暢達，不苟爲夸飾，至其爲詩，則精思眇慮，盤礴而莫測其際。平生所作逾千首，自裒集得六百餘首〔三〕，曰《人境廬詩草》，自其少年稽古學道，以及中年閱歷世事，暨國内名山水〔四〕，與其

〔一〕雖得白：「雖」上，《飲冰室文集》有「事」字。
〔二〕所志不終遂：「不終遂」，《飲冰室文集》作「終不遂」。
〔三〕自裒集得六百餘首：「餘」，《飲冰室文集》無。
〔四〕暨國内名山水：「内」下，《飲冰室合集》《碑傳集補》有「外」字。

風俗政治、形勢土物，至於放廢而後憂時感事、悲憤伊鬱之情，悉托之於詩。故先生之詩，陽開陰闔，千變萬化，不可端倪，於古詩人中獨具境界。

先生娶葉氏，誥封夫人。子四人，曰冕，曰鼎崇，曰履剛，曰璇泰，履剛早殤。女子二，適鍾、適梁。先生之卒也，冕方隨節日本，奔喪歸，旋以毀卒。今上皇帝紀元之三月〔一〕，鼎崇、璇泰始奉其喪葬於梅南黃居坪之原〔二〕。先生之從弟曰遵庚，以狀請銘，且曰：「先兄志也。」雖不文〔三〕，又安敢辭？銘曰〔四〕：

士失職者多矣，而獨於斯人焉奚悲？其一身之進退死生，與一國之榮悴兮相依。謂天不欲平治天下，曷爲篤生此才，槃魄而權奇？謂天欲平治天下，曷爲挫鑠窘辱，怫亂之不已〔五〕，又中道而奪之？其所志所學，蟠天際地，曾不得以百一自見於時。若夫事業文章之在人耳目者，則

〔一〕　今上皇帝紀元之三月：《飲冰室文集》作「某年某月」。
〔二〕　璇泰始奉其喪葬於梅南黃居坪之原：「梅南黃居坪之原」，《飲冰室文集》作「某原」。
〔三〕　雖不文：《飲冰室文集》作「某以弱齡得侍先生，惟道惟義，以誨以教；獲罪而後，交親相棄，亦惟先生咻噢振厲，拳拳懇懇，有同疇昔。先生前卒之一歲，詒書某曰：『國中知君者無若我，知我者無若君。』然則某雖不文」。《碑傳集補》二「某」字作「啓超」，餘與文集同。
〔四〕　銘曰：此二字及銘辭，《飲冰室文集》未録。
〔五〕　怫亂之不已：「怫」，《碑傳集補》作「拂」。

乃其平生之所不屑爲，然且舉九州之駿足，十駕焉而莫之能追。則其所旁薄鬱積而未發者〔一〕，又安得而測知？而今也悉隨其形神精魄灰化蜕委，萬劫不復而永閟於兹。白日墜兮露滋，楊蕭蕭兮蔓離離。九原不作兮，吾道誰與歸？儀型先民兮視此辭。

許珏

出使義國大臣許公墓志銘〔二〕

馬其昶

外患亟而使職重。有清中葉，海禁大開，迄乎季年，有出使大臣之命。其尤知名者：郭公嵩燾，最先究通外情，不顧罵譏〔三〕；黎公庶昌，以篤古顯〔四〕；曾公紀澤，争伊犁；薛公福成，善著述。并號爲通才，然皆不獲與聞朝廷革新之政。若夫名亞於諸公，獨後死，而其言乃不幸而

〔一〕則其所旁薄鬱積而未發者：「則」下，《碑傳集補》有「夫」字。

〔二〕本篇載《抱潤軒文集》卷十九，又收入《碑傳集補》卷十三，題前均有「清故」二字。《抱潤軒文集》題小字注「庚申」。

〔三〕不顧罵譏：《抱潤軒文集》無此四字。

〔四〕以篤古顯：「篤古」，《抱潤軒文集》作「搜刻古籍」。

中，如許公者，其所遭尤可慨也〔一〕。

公諱珏，字静山。其先歙人，康熙時始著籍無錫。公少卓犖有志操，丁文誠公撫山東，求士〔二〕，用薛公弟福保言，辟置幕府，從至蜀，辭不膺薦。光緒八年，舉於鄉。大學士閻文介公深器之，嘗宴坐相與喟嘆時事敗壞，問：「今正士亦有善外交者乎〔三〕？」文介曰：「焉有正士而屑爲此？」曰：「不然，惟無正士故至此。」文介瞿然謝之。越二年，薦隨張公蔭桓奉使美、日、秘國，曰：「今副子言，以成子之志。」差滿，薛公使英、法、義、比，調充參贊。聞母憂，即日行。薛公敬其孝，不以喪歸減資叙，由同知保知府〔四〕，加鹽運使銜。

甲午，更參贊楊公儒使美洲。中日釁起，以論事切直見疑忌，自引去。三隨使節，至是凡十年，多所匡益。其在英，聞英議院不直印度種烟爲鄰害，則大喜，以謂中國自强之機在此矣，擬禁烟章條甚具，時不能用也。既而設戒烟局無錫〔五〕，欲以一縣爲海内倡。會拳禍作，兩宮西狩，

〔一〕其所遭尤可慨也：「可」，《抱潤軒文集》作「足」。

〔二〕求士：《抱潤軒文集》無此二字。

〔三〕今正士亦有善外交者乎：「外交」下，《抱潤軒文集》有「其人」二字。

〔四〕由同知保知府：「保」，《抱潤軒文集》作「保遷」，《碑傳集補》作「保充」。

〔五〕既而設戒烟局無錫：「既而」，《抱潤軒文集》作「既歸乃」。

馳詣行在，鹿文端公在樞府，屬草國書抵俄皇。俄皇得書爲感動，如約退兵。詔以道員發廣東，尋賞四品卿銜，出使義國大臣，加二品頂戴。

變法之議興也，諸奉使臣皆上言立憲便，公獨謂中外立國根本異，宜慎所擇。逮還朝，復上疏切論之，大恉主於維綱紀、慎改作、寬民力、繫人心。疏入，議者洶洶，謂撓憲政。公又奏陳學務宜正本原，防末流之失。詆訾盈道，至目爲風狂。或謂公盍少默乎，曰：「他人不言，故言之。若心知其非而漫和之，用貽後患，吾不忍爲也。」當是時，考察憲政大臣于式枚，亦頗齗齗致辯西國政俗得失、可從不可從，皆爲時論所抑。無幾何而革命事起，天下大亂，生民塗炭，以迄於今兹，無所控訴。

嗟乎！吾國之不振，未可盡咎法制之不善也。古有不自振而亡國者矣，未有圖强而反速其亡若今日者。甚矣，國論之不可不審也！公之言，舉世皆能知之，而莫肯言者〔一〕，何也？奪於衆多之口，懼其身之不容於時也。苟以便其身圖，禍乃至於滔天而不救，《易》曰「小人剥廬」，廬剥矣〔二〕，其身究安所容乎哉？

〔一〕舉世皆能知之而莫肯言者：《抱潤軒文集》《碑傳集補》作「舉世皆能知之，知之而莫肯言者」。
〔二〕「苟以便其身圖」至「廬剥矣」：此二十四字底本原脱，據《抱潤軒文集》《碑傳集補》補。

公既與時忤，使義返，仍以道員發廣東，逾年遂告歸。生平服膺高子遺書，忠憲生日，必陳遺書拜之，爲輯要若干卷。國變後，聞崇陵奉安，率耆老於是日北望行禮，皆感嘆泣下。丙辰九月卒〔二〕，年七十有四。配華氏，封夫人，後公三年卒。子四：同范，副貢生，爲外交官；同藺，奉天知縣；同萊、同華。女四，均適士族。孫九人，曾孫一人〔三〕。公卒逾月〔三〕，葬無錫開原鄉青龍山，未及銘。越五年，辛酉四月十二日，同范等謹啓公兆〔四〕，奉夫人柩祔焉，來請銘。其辭曰：

絶海觀風，溉瀹新知。訏謨入告，匪異匪奇。雖曰匪奇，揆時則宜。民恫是達，皇極是持。皇之極矣，民豈不夷？群士大驍，駭駴蚩蚩。傾側擾攘，曷有既期。嗚呼我公，其永瘞斯。

〔二〕丙辰九月卒年七十有四：《抱潤軒文集》作「丙辰九月，年七十有四卒」。

〔三〕孫九人曾孫一人：《抱潤軒文集》作「孫八人」。

〔三〕公卒逾月：「卒」下，《碑傳集補》有「之」字。

〔四〕「公卒逾月」至「啓公兆」：《抱潤軒文集》作「同范等謹卜某月日啓公兆」。

雷補同

外務部右丞出使奥國大臣雷公墓志銘〔一〕

唐文治

海禁大開後，至重者惟外交學。光緒中葉，吾蘇以外交著者，有顧康民侍郎；繼起者〔二〕，有雷譜桐星使、鄒紫東尚書。三人者，皆以斂藏慎固、守弱制康爲宗旨〔三〕，達治體以聯邦交，時收折衝禦侮之效。顧君先卒，而雷、鄒兩君如驂之舞，卒膺國變，俱湮鬱以終。嗚呼，可哀也已！

雷君諱補同，字譜桐〔四〕，松江人。嗣考諱葆雄〔五〕，字亦山。兼祧考諱葆恒〔六〕，字莘耕。本生考諱葆乾〔七〕，字愓卿，洪楊之亂避兵佘山，被掠以死。妣楊太夫人，茹苦守節，矢儉矢勤，數十年

〔一〕本篇載《茹經堂文集》三編卷八，題作「雷君譜桐墓志銘」，題下小字注「辛未」。
〔二〕繼起者：「者」，《茹經堂文集》無。
〔三〕守弱制康爲宗旨：「康」，《茹經堂文集》作「剛」。
〔四〕字譜桐：《茹經堂文集》作「譜桐其字」。
〔五〕嗣考諱葆雄：「葆雄」，《茹經堂文集》作「某」。
〔六〕兼祧考諱葆恒：「諱葆恒」，《茹經堂文集》作「某」。
〔七〕本生考諱葆乾：「葆乾」，《茹經堂文集》作「某」。

如一日。

君幼穎悟，年十五補博士弟子，學使者瑞安黃漱蘭先生，見其文大器之，調南菁書院肄業。乙酉，膺拔萃選，朝考授職小京官，簽分户部廣東司。戊子，登賢書，旋兼總理各國事務衙門章京[一]。庚子，拳匪禍作，内外如沸羹，君奉親留守京師，屹不稍動。

辛丑，和議成，改總署爲外務部，釐定官制，左丞瑞君鼎臣、右丞顧君康民，以君勤慎厥職，白慶親王，以章京補外務部考工司員外郎，充掌印。癸卯，升郎中，京察一等，記名以道府用，洊升右參議。乙巳，轉左參議。丁未，升右丞。是年七月，簡出使奥國大臣，賞給二等第一雙龍寶星，君奉親圖南，赴奥任。庚戌，任滿，奥皇特贈頭等金鷹鐵冕寶星。十二月回國，時維宣統二年，君怵於内政之日非，逆知外亂將萌，又以母老陳情，乞終養，得旨報可。逾年，國變滂興，君遂杜門不出云。

嗚呼！自萬國公法僅屬私家著述之空言，條約爲壓迫束縛之具，於是「弱國無外交」之説洋溢同聲，庸懦畏事者率以此爲藉口。吾國同、光間，惟曾惠敏收回伊犁，足光史乘，郭、薛、黎三賢亞之。繼其武者，厥惟許文肅、袁忠愍兩公，亦雅重顧、雷、鄒三君，批郤導窾，深以賴之[二]。

[一] 旋兼總理各國事務衙門章京：「兼」下，《茹經堂文集》有「充」字。

[二] 深以賴之：「以」，《茹經堂文集》作「依」。

顧好大喜新之徒，以爲行人之職當屬譯鞮，不知儒者能持大體，舌人或涉委瑣，甚至以内情輸諸外人，此君子小人消長之機，辨之不可不早辨也。求息事者轉致多事，喜滋事者必僨大事[一]，剛柔毗重，蓋胥失之。觀乎此，則數十年來外交積弱之故，可以彰往而知微矣。

君爲人通敏沈默，案牘洽熟，因應咸宜。晚年自號味隱，謝絶世事，構屋數楹，顔曰「夢華小築」。又購南埭草堂，爲邑先儒姚春木先生著書之所，因而葺之，仍其故名。初，庚子之變，同鄉宋養初侍御仰藥殉國，氣節震耀一時。君與同鄉章君覲盦經紀其喪，雖當危難，備物盡禮。嗚呼，此亦可見君之風骨矣！千古名教大坊，首基氣節。子輿氏有言：「人必自侮而後人侮之，國必自伐而後人伐之。」凡國家所以致侮之由，在本原而不在末節。而議者乃菲薄儒生，以爲不諳世務，豈不謬哉！豈不謬哉！

君生於咸豐十年庚申三月十一日[二]，以己巳年十一月三十日卒[三]，壽七十[四]。配王夫人，

〔一〕喜滋事者必僨大事：「者」字原脱，據《茹經堂文集》補。

〔二〕君生於咸豐十年庚申三月十一日：《茹經堂文集》作「君生於清咸豐某年某月某日」。

〔三〕以己巳年十一月三十日卒：「己巳」，《茹經堂文集》作「民國十九」。

〔四〕壽七十：「壽」上，《茹經堂文集》有「享」字。

箳室白氏。子四：澤揚、炳揚、棣揚、銘揚。女一〔一〕。將於辛未十月十五日〔二〕，葬於舊婁邑三十八保鄉八圖西成字圩號壬山丙向之阡〔三〕。君既殁之六月，澤揚等來乞銘。余與君同官户部六年，同官外務部五年，每商榷公牘、評量是非。丙午歲與君一别，不通音問二十餘年，滄桑之感，彼此同之。聞君噩耗，不禁百端之交集也。爰爲銘曰：

譬彼剥果，二猱升木。譬彼冽泉，淪胥誰覺。燎原之火，君燼謀作。決堤之波，君跳大陸。幾者動微，沉精怵目。銘兹幽人，千秋炳燭。

〔一〕 女一：此下，《茹經堂文集》有「錦蟾」二字。

〔二〕 將於辛未十月十五日：「辛未十月十五日」，《茹經堂文集》作「某年某月某日」。

〔三〕 葬於舊婁邑三十八保鄉八圖西成字圩號壬山丙向之阡：《茹經堂文集》作「葬於某原之阡」。

盧見曾

故兩淮都轉鹽運使雅雨盧公墓志銘〔一〕

盧文弨

嗚呼！公與先君子篤兄弟之好，實以文章行誼相契合。文弨始拜公於淮南，公獎借備至，有加禮焉。嗣以憂歸，又嘗一再見。於後以使事竣過公里門，見於寢室，情話温款，至夜漏下數刻而別。噫！孰知遂爲永訣耶！聖上以八柄馭群臣〔二〕，奉三無私，臨照天下。公既歿之三年，返公之子謙於戍所〔三〕，今見任廣平府同知。將葬公，以銘幽之文來謁。公之仕績，綽有可紀，重以知己之感，其曷敢辭？

〔一〕本篇《抱經堂文集》卷三三（一九二六年《四部叢刊》重印據别本補刊），又收入《碑傳集補》卷十七。
〔二〕聖上以八柄馭群臣：「八柄」，《抱經堂文集》《碑傳集補》作「八枋」。
〔三〕返公之子謙於戍所：「子」下，《抱經堂文集》《碑傳集補》有「中憲公」三字。

按狀，公諱見曾，字抱孫，號澹園。先世在明初由淶水徙德州左衛，代有顯者。曾祖諱世滋，太學生，與御史世淮爲同産兄弟。祖諱裕，庠生。考諱道悦，康熙九年進士，知陝西隴西、河南偃師兩縣，崇祀鄉賢。妣程氏，生母王氏。公任長蘆鹽運使時，三世皆膺贈典。

公生而穎異，年十五，補博士弟子員。康熙五十年，舉於鄉。逾十年，中禮部試，奉廷對，賜進士出身。是科聖祖仁皇帝詔進士未入館選者，咸一體命儒臣教習三年。公遂留竟學。雍正元年，試於廷，名列一等。時世宗憲皇帝新御極，整飭吏治，重親民之任，凡進士在高等者，以知縣即用。公念贈公年高，欲陳情歸養，贈公不許。謁選，得四川之洪雅縣。民困供億久，公至悉除之。邑多地訟，前政以山徑險，憚履行。公一一親履，剖決各還主者。山中人數十年不見長官，始聞之駭，繼乃大服。初，邑民受采木之累，役甫罷〔二〕，奸人又以開礦呈大府。公亟論其害，得已。贈公卒於家，公聞訃奔喪。邑人感其德，上司惜其才，交相留。公謝曰：「若使某貪榮忘哀，何顔過毛君里門！」毛君〔三〕，邑孝子也。

未幾，兩母亦皆下世。服既除，始克營葬。事畢，復補江南亳州之蒙城縣。制府以公協理

〔二〕役甫罷：「役」，《碑傳集補》無。

〔三〕毛君：「君」下，《抱經堂文集》《碑傳集補》有「者」字。

州務，旋授六安州知州。時方行墾田之令，有監生葉乙妄指官塘八十三口爲可墾，前政已爲之申報可矣[一]。公至，亟言於上司，曰：「夫水爲田之母，無水則亦無田。以數千百家之世業，數千萬畝之上田，豈可因奸人一言而廢？」事竟已。又調亳州，開龍鳳等溝，使由渦以達於淮，遂無水患[二]。報最，憲皇帝親擢廬州府知府。又奉檄攝鳳陽府事。未半載，復奉旨調守江寧[三]。時潁州新升爲府，以亳州并所屬之縣隸焉，仍命大吏爲擇賢守，制府遂以公名上。恭遇今上登極，允行。潁屬半舊治，聞公來，肅然向化。時西湖湮塞已久，復開濬以還舊觀，水有所泄，且資以灌田，大爲民利。時官於豫者，欲開賈魯河以通渦，事成潁且受其患。公抗議屈之，乃寢。擢江西廣饒九南道。

未久，授兩淮鹽運使，復護理兩淮鹽政。又承中丞檄督理揚州關務。公與中丞邵公基同年，素友善，制府、鹽政皆劾公，以爲黨。讞上，上薄其罪，命往軍臺效力。乾隆九年，召還，以直隸州知州用，往保定制府治所待缺。值灤州歲荒，有聚衆借糧事，官爲逮千餘人，復不即訊，托他故離治所。制府高公斌慮其有不虞，素知公能辦大事，使馳往代之。時久旱乏食，又因株連

[一] 前政已爲之申報可矣：「申」下，《抱經堂文集》有「上」字。
[二] 遂無水患：「遂」上，《抱經堂文集》《碑傳集補》有「州」字。
[三] 復奉旨調守江寧：「旨」，《碑傳集補》作「諭」。

者衆，民情洶洶。公至，即引逮者，詢所借多寡，令各自實，一切放歸使得耕。雨亦隨足，歲因以稔。各持糧還借者，公量懲數人以示儆，境内帖然。州人爲建喜雨亭，志公德。又革地税之病民者。期年遷永平府知府，轉長蘆鹽運使，以商應完之正課及雜徵，明注於引，而吏胥無所容奸〔二〕，至今遵行之。

再閲歲，復調兩淮。公前時嘗取劉晏遺法，覘所在鹽價之貴賤而權其緩急，江楚官民俱稱便。獨商以不得居奇，大不悦，又往往以峻厲病公。及公再至，乃不敢有他言。公亦濟以平和，地方有灾，倡率商人協力救之，全活者衆。揚地窪下，乃爲相水道而開通之，民始免昏墊之患。有碑紀其事。

在兩淮任十年，以老得請還家，修墳墓，置祭田，恤宗族，教後學，蓋離家三十年，至是始得庀其私也。謙由刑部郎中，授湖北武漢黄德道，歸省公，時適聞湖北有水灾，即趣謙亟往。既而任兩淮鹽政者，以相沿充公之提引餘銀入告，於是歷任鹽政皆得罪。公爲運使，不詳請，遂逮公對簿。以乾隆三十三年九月二十八日故於蘇，年七十有九，惟一孫在旁。前一日猶從人借書云。方伯胡公文伯爲殯斂，且經紀其喪以歸。

〔二〕　而吏胥無所容奸：「吏胥」，《碑傳集補》作「胥吏」。

公之才長於鋤强治劇，而尤以興學造士爲先。在洪雅，建雅江書院；在六安，建賡颺書院；在永平，建敬勝書院；在長蘆，建問津書院；揚州舊有安定書院，更因而廓其規制，嚴其教條。前後所成就不可枚數〔一〕。於前賢古迹〔二〕，缺者補，壞者修，罔不興舉。公之曾叔祖御史公〔三〕，負海内文名，世所稱德水先生者也。公繼起，又嘗親炙王漁洋、田山薑兩先生而得其指授，以故詩名早著，風雅之士宗焉。公嘗自號雅雨山人，談藝者無不知有雅雨先生也。公最篤師友之誼，珍其遺文而表章之。若虞山汪容齋應銓、桐城馬相如樸臣、懷寧李嘯村葂、全椒郭韻清肇鐄，各家集皆公序而梓之。此外補刻朱竹垞《經義考》成完書，又刻《尚書大傳》《大戴禮》等書十四種，皆善本。又惠定宇《周易述》、王漁洋《感舊集》，亦皆梓行。其《山左詩鈔》若干卷，則公所選輯也。獨己之詩文，惟《塞外集》有版本，餘無暇自遴擇。家居漸次編定，被籍時爲有司所毁。今公子所掇拾，惟古文七十篇、詩二百七十首而已。公好汲引後進，孜孜如不及，其所獎拔〔四〕，後皆有名於時。

〔一〕前後所成就不可枚數：「就」下，《抱經堂文集》《碑傳集補》有「者」字。
〔二〕於前賢古迹：「前賢」，《碑傳集補》作「前漢」。
〔三〕公之曾叔祖御史公：「御史公」，《抱經堂文集》《碑傳集補》作「御史君」。
〔四〕其獎拔：「所」，《碑傳集補》無。

夫人蕭氏。乾隆四十一年某月日，葬公於某鄉某原，夫人祔焉。子四人，長即中憲君謙；次謹，次謨，次闇。女子一人，適高。孫十一人。曾孫三人，曾孫女二人〔二〕。銘曰：

敏於政，惠於民，篤於交親，以梟文人學人，不賤賤，不貧貧。長逝永畢，而轉相述者，猶齒頰之回津。子孫繩繩，以享其迍。歸魄吉土，千春萬春。

秦緗業

秦君澹如墓志銘〔三〕

孫衣言

純皇帝初元，無錫秦文恭公以進士第三人入詞館，洊登侍從，遂位正卿，特被寵任。其爲

〔二〕「夫人蕭氏」至「曾孫女二人」：《抱經堂文集》《碑傳集補》作「夫人蕭氏，翰林院侍讀惟豫女，性安樸素，外若無所能，而甚得兩姑歡。及兩姑相繼卒，於細大事又治之，罔不中窾。以雍正十二年七月二十日卒，年四十有四。今以乾隆四十一年某月某日，葬公於某鄉某原，夫人祔焉。子四人，長即中憲君謙；次謹，候選主事，卒；次謨，監生；次闇。女子一人，適臨川縣知縣高質敬。孫十一人：蔭仁，監生，卒；蔭澤，增廣生；蔭環，庠生；蔭文，監生；蔭慈、蔭惠，庠生；蔭溥，庠生；蔭長、蔭復、蔭元、蔭甲。孫女七人。曾孫三人：松齡、柏齡、椿齡。曾孫女二人」。

〔三〕本篇載《遜學齋文續鈔》卷四，題作「秦澹如墓志銘」；又載《虹橋老屋遺稿》卷首；又收入《碑傳集補》卷十七。

學，尤善言禮，其意以爲周公分六官之職，自朝廷上下，至於取民治軍，内御方國，外接四夷，無不一出於禮。禮者，天下之綱維也。因取《大宗伯》所謂五禮，綜貫天下古今之事，考其是非離合，以深究治亂成敗之所繇，詞近而旨遠，文博而義約。當是時，天子躬神武之資，兵威所加，自漢唐聲教所不及，無不請吏奉約，而爲治主於惇大寬厚，以涵育天下，盡棄租税以予民〔一〕，至於六舉〔二〕。稽古右文，制作大備，遂爲本朝極盛之會。而文恭公亦以經術大儒，號爲名臣。文恭公既殁，諸子皆踵科第，爲詞臣諫官，而從孫瀛以舉人由内閣中書歷官至兵部侍郎〔三〕，亦以文章政事顯於當世，與文恭公皆有傳國史。故無錫秦氏，世爲聞家。

侍郎四子，余友澹如其季也。生九歲而孤〔四〕，而母朱夫人已前卒〔五〕，所生母戴夫人自教之。幼有至性，居侍郎喪，哀毁如成人〔六〕。稍長，能自刻苦讀書，治古文辭，爲經世之學，志趣異於常兒。既長，游京師，所交皆賢豪長者。是時中朝士大夫，猶以文學相尚，而壽陽祁文端公爲宰

〔一〕盡棄租税以予民：「以」，《遜學齋文續鈔》無。
〔二〕至於六舉：《遜學齋文續鈔》作「詔書數下」。
〔三〕而從孫瀛以舉人由内閣中書歷官至兵部侍郎：「從孫」，《遜學齋文續鈔》作「從曾孫」；無「至」字。
〔四〕生九歲而孤：「九歲」，《遜學齋文續鈔》作「八歲」。
〔五〕而母朱夫人已前卒：「已」，《遜學齋文續鈔》無。
〔六〕哀毁如成人：「哀毁」，《遜學齋文續鈔》作「哀戚」。

相，湘鄉曾文正公爲翰林學士，上元梅郎中曾亮、仁和邵刑部懿辰、長沙孫編修鼎臣、桂林朱侍御琦、龍侍講啓瑞，皆在京師，治古文，以氣類相師友。澹如常以所業游諸公間，諸公皆傾下之。澹如既好古文，其於場屋之作，輒不能降抑以徇俗，故不爲有司所喜。一中道光丙午副榜，其後連試輒不利。而年垂四十，親老無以爲養，則橐筆從山東、安徽諸學使，佐其考校。先是以副貢充史館謄録，叙鹽大使，乃援例改浙江同知，由同知積官至候補道，賞戴花翎，加鹽運使銜，二品頂戴〔一〕。兩署運使，一署金衢嚴道。

自衢代還，提調省城書局，而上官有不合者。於是澹如年七十矣〔二〕，亦倦游，遂以疾乞歸。歸而貧甚，而杭人故思慕澹如，乃請其主東城講舍，且屬修《杭州府志》〔三〕。澹如欣然就之。行有日矣，而疾作，竟以光緒九年十月十二日卒於家〔四〕，年七十一。

澹如在浙久次，而爲監司前後才三年〔五〕，然所至務持大體，遇事必信其志，不苟以徇人。其

〔一〕加鹽運使銜二品頂戴：《遜學齋文續鈔》作「加二品頂戴」。

〔二〕於是澹如年七十矣：「七十」，《遜學齋文續鈔》作「六十」。

〔三〕且屬修杭州府志：「屬」，《遜學齋文續鈔》無；「杭州府志」，《遜學齋文續鈔》《碑傳集補》作「杭州志」。

〔四〕竟以光緒九年十月十二日卒於家：「十二日」，《遜學齋文續鈔》作「十九日」。

〔五〕而爲監司前後才三年：「三年」，《遜學齋文續鈔》作「四年」。

在運司，鹽場員多缺少，吏因緣爲奸。澹如逐其尤黠者一人，而手差次其册籍，後遂無財缺者。岱山私販遏官銷，請於巡撫，遣官收其税〔一〕，已税則不問所之〔二〕，岱鹽遂行兩浙。在衢州，會匪起東陽，民洶懼欲跳〔三〕，澹如陰爲之備〔四〕，而一切示静鎮，遂無事殺人，而賊逸〔五〕。州縣官輒巧法免，澹如請特嚴其令，且下其法於各屬〔六〕。蓋其爲治知本多類此〔七〕。

余始識澹如在道光二十三四年，時皆以應試在京師。余年少氣盛，喜議論，人或驚爲狂。澹如僻居城内浮屠，不時出，間出從諸公，往往余亦在。稠人廣坐，彼此辯争，聲震堂室，甚則椎床大叫以爲樂。澹如獨端居默默，若有所思。余固以奇澹如。其後余幸得第，入翰林，然卒出爲外吏，而澹如亦就官浙江。同治丁卯，余在杭州書院，澹如方權運使，亟往視之，澹如嘿嘿如故。又十年，余爲江寧藩司，内召爲太僕卿，假歸。澹如方在衢州，以書見賀，且速余行，其意若

〔一〕遣官收其税：「遣官」，《遜學齋文續鈔》作「置官」。
〔二〕已税則不問所之：《遜學齋文續鈔》作「不復問所之」。
〔三〕民洶懼欲跳：「洶」，《遜學齋文續鈔》作「恟」。
〔四〕澹如陰爲之備：「陰」，《遜學齋文續鈔》作「密」。
〔五〕而賊逸：《遜學齋文續鈔》作「賊不獲」。
〔六〕且下其法於各屬：「於」，《遜學齋文續鈔》《虹橋老屋遺稿》《碑傳集補》無。
〔七〕蓋其爲治知本多類此：《遜學齋文續鈔》作「其爲治知要多類此」。

深羨余者。余既以疾不能造朝，又三年而聞澹如已罷去。既罷，猶爲《保甲議》《策應越南議》等數萬言，幾爲世采用。余於是益悲澹如之志〔一〕，而不謂其遂卒也。蓋自大亂既戡，東南稍得息肩，而海外之交益親，天子方思盡得其要領，殊方絶國之使冠蓋相望，賈胡逐利，機船巨炮日出益奇，以與我市，而中國智巧之士亦争爲公輸、墨翟之術，出奇角勝，其費不可以億計。大農告竭，則一切趣辦於民。於是聚斂之臣，心計之説，趨時合變，以赴功名〔二〕。而儒者顧抱數尺之書，談先王之法，以求當於世，此澹如之所以終不得其志也〔三〕。雖然，豺狼虺蜴、爪牙搏噬之暴，人固不敢攖，而卒爲人擒者，以有人心之靈在也。棄其所以爲靈，而與彼爲類，則其爪牙搏噬之暴，固能勝我以所無〔四〕。中國聖人之天下，惟中國聖人之法可治之〔五〕。孔子曰「上好禮，則民易使」，孟子曰「上無禮，則下無學，而賊民興」，自衰周戰國之亂，迄於今日，而其言卒無以易。然

〔一〕余於是益悲澹如之志：「余」，《遜學齋文續鈔》無。

〔二〕以赴功名：「赴」，《遜學齋文續鈔》《碑傳集補》作「起」。

〔三〕此澹如之所以終不得其志也：「其」，《遜學齋文續鈔》無。

〔四〕「雖然」至「勝我以所無」：《遜學齋文續鈔》作「然予竊以爲」。

〔五〕惟中國聖人之法可治之：「可」下，《遜學齋文續鈔》有「以」字。

則禮固不可以已也〔一〕。澹如讀先人之書，考興壞之故〔二〕，使其遭遇略如先侍郎時，必當有見於世〔三〕，而以一監司困窮終老，顧使里巷淺夫操短長以議其後〔四〕，此余所以爲天下懼也〔五〕。若夫窮達得喪，一毫末之間，又豈足爲君子道哉〔六〕！

澹如諱緗業，字應華。其先出於宋龍圖學士觀。學士子湛，倅常州，遂居於常，又十世而定居無錫。曾祖諱春田，祖諱鴻鈞，皆贈榮禄大夫。曾祖妣呂、黃〔七〕，祖妣徐，皆贈一品夫人。娶汪氏〔八〕，亦封夫人。子五〔九〕：光簡，浙江候補同知；光翰，候補縣丞；光祖，太學生；光庭，

〔一〕「自衰周」至「不可以已也」：《遜學齋文續鈔》作「禮固天下之綱維也」。

〔二〕考興壞之故：「興壞」，《碑傳集補》作「治亂」。

〔三〕「考興壞」至「見於世」：《遜學齋文續鈔》作「深明其意，使遭遇略如先侍郎時，其設施必有異人者」。

〔四〕顧使里巷淺夫操短長以議其後：「以義」，《遜學齋文續鈔》作「於」。

〔五〕此余所以爲天下懼也：「爲」下，《虹橋老屋遺稿》《碑傳集補》有「今日」二字。《遜學齋文續鈔》作「此可以爲天下惜也」。

〔六〕又豈足爲君子道哉：「又」，《遜學齋文續鈔》無；「君子」，作「澹如」。

〔七〕黃：《遜學齋文續鈔》無。

〔八〕娶汪氏：「汪」，《遜學齋文續鈔》作「王」。

〔九〕子五：《遜學齋文續鈔》作「四子」。

殤〔一〕；光儒，浙江候補鹽經歷。而光翰、光祖亦前卒〔二〕。女一〔三〕，適候選訓導華賡堯〔四〕。孫三人〔五〕。

澹如爲古文，喜明歸熙甫氏及本朝桐城方氏、姚氏。詩則喜陶彭澤、韋蘇州，其所爲書，在官者曰《平浙紀略》〔六〕《浙江忠義録》《重修錫金縣志》，皆已刊。其自爲詩文，曰《虹橋老屋遺稿》〔七〕，未刊。而在浙時，嘗爲《西泠銷寒酬唱二集》〔八〕，今盛行於杭州。光簡等將以某年月日，葬澹如於某鄉某原，而謂余澹如友也，以狀來乞銘，乃爲銘曰：

我之於人〔九〕，不能忍言。以直爲傲，積爲憤怨。澹如落落，如囊斯括。而又嗛之，謂願以

〔一〕光庭殤：《遜學齋文續鈔》無此三字。
〔二〕光祖亦前卒：「亦」，《遜學齋文續鈔》無。
〔三〕女一：《遜學齋文續鈔》作「一女」。
〔四〕適候選訓導華賡堯：「候選」，《遜學齋文續鈔》作「候補」。
〔五〕孫三人：「三」，《遜學齋文續鈔》作「九」。
〔六〕在官者曰平浙紀略：「平浙紀略」，《遜學齋文續鈔》作「平浙略」。
〔七〕曰虹橋老屋遺稿：「虹橋老屋遺稿」，《遜學齋文續鈔》作「虹橋老屋稿」，《碑傳集補》作「虹橋老屋遺集」。
〔八〕嘗爲西泠銷寒酬唱二集：「嘗」，《碑傳集補》作「書」。「銷寒」，《遜學齋文續鈔》無。
〔九〕我之於人：「於」，《遜學齋文續鈔》《虹橋老屋遺稿》《碑傳集補》作「與」。

確。事有巨艱，慮有大難。目不見睫，哆口皤皤〔二〕。勃也厚重，黯也匪戇。深念獨居，鄰歌醉洶。彼童而狂，司其短長。惟其自信，可以弗傷。

夏廷樾

夏公甜亭傳

左宗棠

公諱廷樾，字甜亭，一字春岩。筠湄公五子，出繼胞叔惕園公爲嗣。少負奇氣，倜儻不群。援例爲湖北縣丞。道光十一年，署蘄水縣丞。隨平趙金隴亂，議叙知縣。歷署通山、咸寧、黄梅、大冶縣。在咸寧，修復舊塔，以興文風，邑人感之，築亭曰甜亭，建屋曰夏屋，紀其德政。黄梅縣廳爲鮑參軍故宅，公捐廉築俊逸亭，以復古迹。旋補竹溪縣，以兄幹園公授漢陽守，改補湖南湘陰。未行，崇陽土匪鍾人傑陷蒲圻、通城，總督裕莊毅泰欲合兵殲之。公力請予限三日，令自縛首逆歸命，乃携總督示諭入崇陽，散其黨。次日，果縛人傑出，三城立復。以功賞戴花翎，

〔二〕哆口皤皤：「皤皤」，《遜學齋文續鈔》作「皤皤」。

擢同知直隸州，任湘陰，旋調湘潭、長沙，升古丈坪同知。以剿辦乾州逆苗楊有才，擢永順府知府。三十年，率勇偕向軍門擒逆匪李沅發，以道員用，會以事被議。咸豐二年，長沙圍解，以功復職。剿瀏陽土匪，加運司銜。

三年，南昌被圍，奉檄統湘楚勇赴援。時賊方張，而泰和土匪陷安福，攻吉安，欲與賊合。江忠烈商令分所部援吉安，公駐樟樹以斷賊勢。至樟樹，果得土匪諜間，其謀遂沮。奸民乘亂劫掠，獲十餘人，斬之，人心大定。南昌圍解，以道員記名，旋兼署湖南糧鹽道，連擢四川鹽茶道按察使，升湖北布政使。會總督某潰師於廣濟，公留守武昌，稟商省城防剿事宜，議論輒左，被摭拾旁事劾之。奉旨來京聽候部議，旋議降四級調用。去任未久，武昌遂陷。

六年，逆匪石達開擾江西，勸湘潭捐助楚餉。七年，赴劉騰鴻營贊軍務，瑞州平，湖南撫檄辦炮捐及茶釐總局。十月，卒。葬善化八都石馬鋪蔣家山。軍興以來，湘楚將才多自公汲引。官湘潭循聲尤著。解組後，養疴善化東鄉，訪知民間疾苦，密陳當事巡撫駱文忠裁汰錢(糟)[漕]浮收積弊，民困稍蘇，公與有力焉，至今歌頌弗衰。子二：長獻鈺，同知銜，湖南新化縣知縣，改留雲南，賞藍翎，繼兄幹園公爲嗣；次獻鋆，同知銜，浙江知縣。孫皆業儒。

二品頂戴廣東高廉兵備道陸公神道碑銘〔一〕

繆荃孫

公諱心源，字剛父，號存齋，晚號潛園老人〔二〕，姓陸氏，浙江歸安人。曾祖景熙，祖暵奎，父銘新，三代皆以公貴，封榮禄大夫，妣皆一品夫人。公資禀奇穎，讀書數行下〔三〕。年十三，通九經，尤精鄭、許之學。受知於萬文敏公青藜、吴閣學式芬、張文貞公錫庚。先輩如徐莊愍公有壬、朱司馬緒曾，皆引爲忘年交。與同郡姚宗諶、戴望、施補華、俞剛、王宗羲、凌霞，以古學相切劘，時有「七子」之目。性喜管、商書，於國朝諸儒，尤服膺亭林之學。中咸豐己未舉人，遵例以知府分發廣東。奉直督劉公長佑奏辦直東豫交界剿匪事宜告竣，以才識精明、志行清直，奏留直隸，整頓吏治，薦擢道員。

〔一〕本篇載《藝風堂文續集》卷一，又收入《碑傳集補》卷十八，均題作「二品頂戴記名簡放道員前廣東高廉兵備道陸公神道碑銘」。

〔二〕晚號潛園老人：「號」，《藝風堂文續集》作「稱」。

〔三〕讀書數行下：「書」下，《藝風堂文續集》有「目」字。

乙丑，簡廣東南韶兵備道。行抵英德，即聞長寧土匪擾六里鄉，翁源知縣張興烈被戕。嶺南姑息成政，戕官之案疊出，每辦匪鄉，必有耆老數輩携婦女哀乞承認繳匪，官民相爲粉飾。公視事，檄游擊湛恩榮率兵剿洗，罪人斯得，地方敉平。自是十餘年，粤中無戕官案。會霆軍叛勇突湖南入粤，勢洶洶，急檄湛游擊回援樂昌，益以壯士千、炮船二十，水陸并捷，賊遁江西。而洪逆餘黨踞閩粤之交，思復蹂江楚，南韶當其衝。始由龍南撲始興，即檄副將朱國雄扼縣城；再由連平犯翁源，檄參將任玉田扼雞仔嶺，賊不得逞，南韶卒無恙。韶關商賈貨物盈艑，一物漏税，全船充公。公革除弊政，凡漏税者，祇准補繳，不准充公。積蠹一清，商民感悦。

六年，調高廉道，旋奉旨開缺，送部引見。繼丁外艱，星奔回籍。壬申，閩督李公鶴年以佐治需人，奏調赴閩，總辦税釐、通商、善後諸局，并海防事宜。署糧鹽道，與署督不合，即乞養歸。仍以鹽務加耗參奏削職，時公歸里已二載矣。

公循陔之暇，娱意林泉，就城東蓮花莊北闢小園，水木明瑟，極清曠之致，署曰潛園。酷嗜異書，大江南北兵燹之後，故家藏書出以求售，所得宋元版書，於斯爲盛。光緒戊子，進書國子監，舊刻、舊鈔一百五十種，計二千四百餘卷，附以所刻叢書三百餘卷，奉旨褒獎。公在家，獨建昇山橋，修復安定、愛山兩書院，仁濟善堂、義學，無不具舉。張勤果公曜撫山左，以「才堪濟世，學識閎深」奏。李文忠公鴻章督直隸，以「氣局遠大，見義勇爲」奏。得旨開復原官，交軍機處記名簡放。

癸巳，引見召對一次，歸抵天津，即嬰末疾。次年十一月九日卒於里第，年六十有一。夫人莫氏。子四：樹藩，舉人，江蘇候補道；樹屏，舉人；樹聲，湖北候補知府；樹彰，幼。以□年□月葬公於□□鄉。所著《儀顧堂文集》二十卷，《儀顧堂題跋》十六卷、《續跋》十六卷，皆古書源流、金石考證之學。藏宋刊書至一百餘種，元刊至四百餘種，儲之皕宋樓，作《皕宋樓藏書志》一百二十卷、《續志》四卷。所得金石碑版九千餘通，多青浦王尚書未著録者，作《金石粹編續》二百卷。鑒藏書畫，作《穰梨館過眼録》四十卷、《續録》十六卷。生平篤嗜唐文，於蟫斷蠹朽，掇拾録存，與金石之文新出土者，成《唐文拾遺》八十卷、《唐文續拾》十六卷。樊榭山人《宋詩紀事》，於兩宋詩人搜羅備至，復輯得三千餘人，得詩八千首，作《宋詩紀事補遺》一百卷。其厲書小傳，有仕履不詳、時代未著者，别爲《小傳補正》四卷。其他善本，卷帙繁重，不及遍刻者，作《群書校補》一百卷。搜故鄉風雅，補志乘闕遺，作《吴興詩存》四十卷、《吴興金石記》十六卷、《歸安縣志》四十八卷。病《宋史》蕪簡，考黨禁始末，作《宋史翼》四十卷、《元祐黨人傳》十卷。嘉定錢氏《疑年録》之作，大抵詳於儒林、文苑及書畫之士，公既校正錢澥薌《疑年録》四卷，復益以名臣大儒、氣節文章之士，作《三續疑年録》十卷。儲藏三代、秦、漢鐘鼎彝器百餘種，晉、唐古鏡六十餘種。輯古今言金石者，以補李學博富孫之缺，得三百餘人，作《金石學録補》四卷。合署曰《潛園總集》，共九百四十餘卷。

嗟夫！士大夫達而在上，則出其經濟，爲國家拯灾救患，措斯世於隆平。即不然，亦以培植鄉里之後進，刊播古人之著述，有益於前賢，有造於末學。出處雖殊，事功則一。若公者，可謂兼之矣。公没後，公子樹藩以碑文爲請，荃孫諾之，而未有以應也，今補作此碑，以踐前言。銘曰：

公初筮仕，才氣無雙。聲名炳鑠，閩江粵江。五聲七政，四達八窗。未盡石畫，難泯衆哤。自修有方，止謗乏術。不占豹變，遂甘蠖屈。昌谷嘔心，武鄉抱膝。乍起東山，已迫西日。我在京師，因友通郵。我歸江南，遣子從游。不矜山海，而納壤流。知己之感，衷於千秋。仰止亭林，古今一致。顧則空談，公則實事。詎料長才，止供小試。著作永存，儒林職志。銘墓一諾，瞬已十年。荒山寂寂，宿草芊芊。大名如在，豐碑再鐫。文以傳公，翻藉公傳。

梁肇煌

江寧布政使梁公傳〔二〕

温肅

公名肇煌，字振侯，别字檀浦，番禺人。父同新，道光丙申翰林，官順天府尹。公少穎悟，秉

〔二〕 本篇載《檗庵文集》，題作「江寧布政使護理兩江總督梁公傳」。

承庭訓，勤敏過人。咸豐辛亥，年二十五，補邑庠生。是歲舉於鄉。癸丑，成進士，改翰林院庶吉士，散館授編修。大考翰詹，以二等第六名，升用翰林院侍講，歷官侍講、侍讀、左右春坊庶子、侍講侍讀學士、詹事府詹事、順天府府尹。

京兆卿秩，兩世官是職，海内榮之，汪孝廉士鐸徵文記盛。甫履任，除苛解嬈，吏不忍欺。同治壬申水灾，疏請傾倉賑恤，全活甚衆。尋丁内艱。起復再補府尹，除福建布政使，調補江寧布政使。嚴庫款，絶苞苴，一切委署章程，州縣交代，靡不舉審，轉京控各案皆得其平。光緒辛巳，平反三樓牌命案，奉旨交部從優議叙。江南朱家山河工，自雍、乾以來，迭議疏濬，坐工大費鉅而輟〔二〕，至是左文襄公宗棠奏請興修，以公總其成。親履工次，督率員弁，輔志弊謀，凡二年工竣。文襄獎其勞，爲請於朝，言「金陵建設以來，前後興水利凡十四案，皆乏成績。今睹明效，寔貽皖吴百數十年之樂利」，論功以公爲最。其他建橋梁、儲倉穀，增書院膏火，暨育嬰堂經費，所至興利除弊，吏民愛戴。文襄以「才大心細，辦事實心」登諸剡簡，甲申應詔薦賢，以公與曾侍郎紀澤、布政魏光燾〔三〕、德馨同薦，謂「堪膺督撫重任，如有過失，臣願一同受罰」。疏上，奉旨存

〔二〕坐工大費鉅而輟：「工大費鉅」，《檗庵文集》作「工太費」。

〔三〕布政魏光燾：「燾」，底本及《檗庵文集》皆誤作「熹」，據左宗棠《遵旨保薦人才摺》（光緒十年閏五月十八日）改。

記。文襄旋視師福建，以公辦理福建後路糧臺，兼雲南軍裝協餉。時軍興，民志騷動，海疆尤甚。公紓徐料量，外固國防，内籌軍帑，閩吴賴之。文襄語其屬曰：「吾此行微梁布政，事且勿濟。」其推挹至矣。

前後蒙恩，賞加頭品頂戴，交部從優議叙者三，護理兩江總督者一，督學雲南、主試湖北、分校順天鄉試各一，歷充國史館纂修、實録館纂修、協辦院事、本衙門撰文、日講起居注官、教習庶吉士、稽查右翼覺羅學諸差。其於文教尤所注意，鄂士如洪良品、張楷、敖名震，滇士如李熙文、李肇南、孫清士，皆公所拔識也。官雲南學政時，地方被兵，前後督撫、學臣以規避獲譴者凡六人。公拜命輒行，有王尊之目。既抵任，振興文教，其賊氛未靖者，爲疏請調考。試卷必親閲，夜以繼日，累月不疲。頒文教四條，曰重倫紀，曰通經史，曰習詞章，曰慎行檢。訓迪諸生，匑匑如老儒。丁母艱歸里，主講越華書院，其課士一如之。籌款爲邑庠生納學官印卷；置田勒石，保全明儒陳白沙釣臺遺址。崇尚風節，士林增重。尤精識鑒，入滇日，適岑襄勤公毓英以道員率師進剿東路，相見迤東，抵掌高論，若平生歡會。言官劾岑跋扈，公馳書勞文毅公崇光，稱「岑毓英忠勇果毅，可大用，滇亂之平端賴此人」。勞公據以入告。岑之上結主知，實始此。

光緒丙戌夏，在江藩任，陳請入覲，蒙召見二次，奉旨留京簡用。疾發乞歸。十一月終於家，距生道光七年丁亥，享年六十。著有《讀書撮要》二卷，《詩史擇録》四卷〔二〕，《思誠齋文集》二卷。娶龍夫人，順德太常寺卿龍公元僖女，先公卒。子十一人：長慶驄，郡庠生；次慶桂，光緒丙子舉人，内閣侍讀，學部參議上行走；慶衍，慶楹，慶壽；慶鏘，光緒甲午舉人；慶暄，邑庠生，郎中；慶榜，慶灤〔三〕，慶禄；慶鑾，候補知府。女十一人，長適南海舉人崔甡，餘皆適粤中名族。孫十人〔三〕，廣照，法部舉叙司員外郎。曾孫三人〔四〕。

袁保齡

袁保齡傳〔五〕

章梫

袁保齡，甲三次子，同治元年舉人。兄保恒自有傳。咸豐間，甲三視師淮上，保恒暨其從兄保慶

〔二〕讀史擇録四卷：「擇」，《檗庵文集》作「摘」。

〔三〕慶灤：「灤」，《檗庵文集》作「瀠」。

〔三〕孫十人：「十人」，《檗庵文集》作「十一人」。

〔四〕曾孫三人：此下《檗庵文集》有「慶桂以文學稱於時，晚勵風節，世其家」十五字。

〔五〕本篇載《一山文存》卷五，又收入《碑傳集補》卷十九。

皆從征役。保齡奉祖母郭、母陳里居。尋甲三積勞成疾，保齡太息流涕曰：「吾父力疾督軍，諸兄頻年戎馬，吾不能執干戈衛社稷，非丈夫也。所不忍離者，重慈奉養耳。」祖母及母嘉其志，命之軍。

時兵餉奇窘，躬歷各營拊循，衆志固結，雖飢困中，皆能踴躍用命。二年，蒙城餉竭，苗沛霖踞懷、蒙，窺陳、宋。甲三已乞病歸，復被命督辦團防。保齡周歷各團，撫其反側各圩，曉以利害，使苗逆不得合從内犯。張總愚率大股再犯陳州，復會合兵團，分籌堵禦，危城獨完。群捻紛竄，孤其黨羽，官兵乘之，皖豫肅清。甲三以己子，不列奏報。曾國藩一見，目爲國士。

尋甲三卒，蒙恩賞内閣中書。五年，補缺。十年，記名内用。十一年，恭校《剿平粤匪方略》《剿平捻匪方略》告成，保侍讀，遇缺奏補。光緒三年，恭纂穆宗毅皇帝實録全書過半，賞花翎，并换四品頂戴。恭纂玉牒告成，奏獎俟補侍讀缺後以知府在任即選，并交部議叙。四年，以兄保恒奉命籌辦豫賑，盡瘁以卒，因念直、晉、陜、豫洊飢，不速拯流亡，伏莽一煽，蔓延大局，匪第爲桑梓患。時方補侍讀，慨然以兄志未竟，豫民未活，呈請開缺。歸里辦賑，盡出家財，益以稱貸。遠近聞風傾助，大河南北，全活無算。舉凡賑灾善後、興水利、置農具、靖奸宄，無不力陳撫臣，次第施行。豫撫涂宗瀛以「捐助豫賑，不敢邀獎」奏聞，稱保齡「念累朝豢養之恩，遵父兄勇於爲善之教，倡率鄉人，勉圖博濟，毁家紓難，出於至誠」，詔飭部照各省賑例給獎，遂以道員不論雙單月即選，加三品銜。五年，實録全書慶成，賞二品頂戴。保齡歷官内閣中書、侍讀十有三年，於天下要聞博考遠覽，熟悉掌故。

七年，直隸總督李鴻章以其曩侍甲三軍中襄事，諳習戎機，博通經濟，才具勤敏，疏調辦理北洋海防營務諸差。時淮練各軍集於津沽，保齡勤力蒐討，遇有民、兵交訟之案，率右民抑兵，以保良懦。八年，朝鮮亂黨内訌，毁日本使館，日兵輪駛仁川口，日使臣以兵入漢城。保齡奉檄援護。慶軍統領吴長慶方率六營東渡，保齡建議：「韓王孱弱，宜大舉戡亂，選得力軍數道并出，清理案犯，更訂條約。遣忠正廉誠、胸有今古者統勁旅，長駐彼都，扶起孱王，實行監察，效衛文治衛，力策富强。與遼東三省左提右挈，實東方一大屏障。若敷衍了局，韓其不旰食矣。」力請調宋慶所統毅軍爲後盾。吴、宋皆甲三舊部，曾同袍澤，願以軍旅自任。直隸總督韙其言。日人知我有備，遽與韓議和。時我國方擴張海軍，當事謂宜持重，議遂中寢。韓亂既定，直隸總督疏請以道員留直隸補用，乃益鋭請整頓軍實。是年冬，赴奉天旅順口督海防工，兼辦水陸軍防務。先是，奉檄履勘沿海，通籌形勢，無以易旅順者：跨金州半島，突出大洋，水深不凍，山列屏障，口門五十餘丈，口内兩澳，四山圍拱，形勢天然〔二〕，誠海軍之奥區也。於此濬淺灘，展口門，創建船塢，分築炮臺，廣造庫廠，設外防於大連灣，屯堅壘於南關嶺，與威海各島遥爲聲援。

〔二〕 形勢天然：「勢」，《一山文存》作「勝」。

遠馭朝鮮，近蔽遼瀋，實足握東亞海權，匪第北洋要塞也。至是規畫建築。

九年，李鴻章奏飭駐工督率，稱：「北洋防務，以旅順最爲繁鉅。西國遇此天險，可爲水師窟穴，必以全力注之。北洋歲收經費有限，衹可就現有財力逐段竭蹶經營。開山濬海，工大費鉅。購料運器於西洋，派員雇夫於直省，與内地工程迥異。」初，旅順於七年間試辦築壩濬澳，久無成功。灘地沮洳，海潮怒撼，百計不足捍禦。保齡受任，迭與提督宋慶、丁汝昌，臬司周馥，道員劉含芳等，察勘妥籌，次第興作。其築攔潮壩一役，於冰雪風霧中督工役，植立壩上四十日，仿栗毓美石壩，純用塊石護之，始獲堅穩。時荒島初闢，海聲硠硠，内地賓僚率相視裹足。保齡畫督洋匠、土夫工作，夜則篝鐙草文書，恒以一身兼數任，其勞苦非常人所能耐。法越構釁，法人聲言北犯，旅順口僅成黄金山炮臺一座，保齡跋山涉海，測地鳩工，不數月而東西兩岸七臺成。又設備戰土臺無數，分置克虜卜大炮；添置防營，環營數十丈植梅花樁阱；沿岸伏旱雷，海口伏水雷，以防敵兵暗襲。其時津沽、旅順陸路二千里，未設電綫，急請興建，聯絡防軍，節節布置，聲勢俱壯。法艦遂未敢北窺。其規畫旅防戰守也，則以嚴防後路爲要義。任守者自西南之饅頭山，訖東南之嶗嵂嘴，分段布置。敵船逼近洋面，環攻各臺，則守臺者當之，任戰者專顧後路，與炮力不能及之零星口岸，大隊游擊，隨宜策應。倘各臺堅守而寇來襲我，則任戰者當之。其通籌金州旅順大局也，則以客軍久戍非長策，添練土兵爲要義，以遼人守遼土，以遼土養遼人。嘗就海口隙地種桑柘，教民紡織，設學堂導民忠義，屢陳當道。思起長白寶廷駐金州，部勒金復五城旂兵，寬籌教養，而以宋慶專司簡練，以開遼民敢戰之風。聯奉、直之疆防，合兵、民爲一體。尤於議懲庸將不稍貸，請申軍律，如臨陣潰逃，或畏葸不前，宜照前明傳首九邊例，於正法後傳示南北洋，以昭炯戒。

十年夏，李鴻章會同吴大澂、張之洞等出洋巡閲，以旅順新築炮臺、營壘堅緻曲折，頗據形勝，操演水雷、旱雷，均漸熟習。設海上有事，牽制敵船，冀可憑險固守。合疏奏聞，稱保齡督飭之力。會朝議立海防衙門，大治水師，李鴻章飭保齡密議，乃建六策：一曰重事權，謂宜設海防大臣一人，凡七省防軍制兵在海口二百里者，司道、都統、提督以下歸節制，黜陟用舍均以海防大臣爲衡。關道任兼海防，宜照糧道屬漕督例，以海防大臣爲專轄。一曰定經制，由部頒關防，制同六部，設參贊一。視四五品卿、大臣駐北洋，參贊駐南洋，或暫制翼長二員〔二〕，一駐渤海，一駐南洋。别設南洋水師統領一，凡歲時查閲防營得失、師船勤惰、制器良楛，皆爲參贊若翼長職之。又設四司，曰軍政，曰船政，曰度支，曰考藝。每司設官由中外大臣遴薦。一曰建軍府，應以旅順爲建牙，爲師船歸宿；以威海備巡閲。一曰簡船械，宜將機器製造統一整頓，中分兩大端，曰製造宜分寄責任，槍炮宜規定畫一。一曰籌用費，減額兵，汰江海舊防。一曰儲人才，宜

〔二〕 或暫制翼長二員：「制」，《一山文存》《碑傳集補》作「置」。

設水師小學、大學。練船別設科目，優予出身。洋洋萬餘言，而終之以無競維人，且謂人才不出，縱使船堅炮利，其孰與奏折衝之效？慨乎言之。

逮甲午之役，日人逆慮攻旅順不能破，適銘、豫各軍分顧遼瀋，後路空虛，遂得乘虛襲擊，坐失天塹，論者惜之。是年十一月，韓亂，黨附日本者乘沽口封凍，駐韓防軍皆屬北洋，電綫未通，意欲斷其接應，謀爲不軌。韓逆首金玉均等戕害大臣，迫脅國王，僞請日兵入衛，舉國震動。保齡從子世凱駐兵朝鮮，迎護韓王，馳報保齡，急電北洋，由旅順分籌接應，立集水陸軍，轟冰渡洋，駐馬山口，以厚兵力。密稟力陳法氛圖南，警報方惡，宜款法以紓兵力，調南北洋各艦合力救韓。規定久計，赦李昰應以堅韓民内嚮〔二〕。韓刑政失當，中國力盡保藩之義，須越俎代謀。若虚與委蛇，終爲越續。語極切摯。李鴻章據以入告，朝命吴大澂、續昌馳往查辦亂黨，由北洋設備接濟。日使井上馨後我軍三日始至〔三〕，懾於聲勢，復與韓定約，實保齡在旅順籌濟策應之力。日本鑒於壬午、甲申中國防軍兩次赴機迅速，詭議互相撤兵，遂有天津之約。朝鮮君臣亦堅請赦是應，旋即釋歸。而外侮内患，逆黨紛持，無兵力以鎮之，卒未能悉如保齡初議。保齡以

〔二〕　赦李昰應以堅韓民内嚮：「李昰應」，底本及《一山文存》皆誤作「李昰應」。按，李昰應即朝鮮興宣大院君。《碑傳集補》不誤，據改。下文亦同改。

〔三〕　日使井上馨後我軍三日始至：「後我軍」，原作「我後軍」，據《一山文存》乙改。

韓勢日危，乃請於邊門鳳凰置重防，西連旅順，東接琿春，舉張曜督治之，遥顧朝鮮，庶金旅防軍首尾相應。請添漢城至邊門電綫通軍報，資控制。李鴻章皆用其策，陳奏施行。尋李鴻章奏派保齡從子世凱駐朝鮮，總理交涉通商事務。因言：「自古交鄰，視乎强弱。兵事與使事相維持，未可專恃筆舌。日、俄争先圖韓，英、德實陰忌之，宜聯與國以拒敵，厚邊備以圖戰。北洋兵輪時巡仁川、大同各口，弭患無形。韓王被閔妃黨蠱惑，媚外甚力，非速清君側、實行改革，莫挽危局。」李鴻章以爲然，卒以牽於時勢未行也。

十二年，醇親王親閲旅順，深以「海防布置合宜，袁保齡尤爲得力」奏聞，下部優叙。十五年七月，病卒於旅順防次。李鴻章奏陳：「其經營旅防，保護朝鮮，以死勤事，請照軍營積勞病故例優恤。」詔從之，賜祭葬，贈内閣學士，蔭一子如例。保齡自弱冠從戎，心存君國。及官中書，師事倭仁、李棠階，研究性理之學。時洋務爲人詬病，保齡慨言：「時局至今日，竟若洋務必不須正人，正人必不解洋務，事無大小，未有舍君子用小人而能濟者。安得擇純儒志士，勉以共勵洋務！」論處外人，以忠信篤敬爲主；論練洋操，以有勇知方爲主。又嘗引曾國藩「救世變者莫大乎忠誠」一語以自勗，故其壯歲所成就已如此。而卒年僅四十有九。李鴻章奏請恤典疏，亦深爲朝廷惜之。宣統三年，河南京官吏部右丞孫紹陽等，以保齡勳勤卓著，遺愛在人，略謂光緒間豫省奇荒，禦灾捍患，厥功尤偉。呈請將其生平事迹宣付史館，附列《袁甲三傳》後，得旨俞允。子世承，蔭生，山東候補直隸州知州；世顯，江蘇候補同知；世敭，附貢生，分省通判；世同，廪貢生，湖北候補知府；世傳，附貢生，二品頂戴，候補四品京堂；世威，候補布政使經歷〔二〕。

金國琛

布政使銜廣東按察使金公神道碑〔三〕

繆荃孫

光緒甲午，湖廣總督張公之洞、湖北巡撫譚公繼洵，以前布政使銜廣東按察使江陰金公國琛戰功上於朝，請祔祀湖北胡文忠公林翼祠，且宣付史館立傳。詔允之。是時，金公卒十五年矣。公將湘軍，從胡文忠公轉戰湖北最，賞功叙勳，久而益彰，典至渥也。其年八月，公之孫家幹持公行狀，求銘公神道之阡。

謹案狀，公名國琛，字逸亭。先世由徽州遷江陰。曾祖瑅，祖焕。父安世，道光壬辰恩科舉

〔二〕　候補布政使經歷：「使」，《一山文存》作「司」。

〔三〕　本篇載《藝風堂文集》卷一。

人，大挑江西知縣。俱贈榮禄大夫，妣一品夫人。公幼隨父任，久居江西。咸豐癸丑，羅忠節公澤南帶湘勇援江西，公入其幕，委任營務。每督隊與賊戰，部伍嚴整，倉卒不亂，一軍皆服。後李忠武公續賓接統，公仍總理營務。連復武昌、漢陽、黄州府城并興國州、大冶、瑞昌等縣，并攻克九江府城，公功爲多。歷保知縣、同知、知府、道員，并賞戴花翎。忠武公覆軍三河，各軍皆敗，歸路斷，公力戰，得以所部突圍赴黄州，招集舊部，就李勇毅公續宜，勇毅公仍以總理營務任之。公勞徠慰撫，重申紀律，爲陣亡將士請恤。不數月，軍勢復振。勇毅公請假回湘，命公代統其軍。

己未夏，逆賊石達開圍攻寶慶，號百萬。援軍數十營，與賊壘環峙，相持不下。公星夜馳抵寶慶，大破石達開於賀家坳，斬僞元帥胡德孝等悍賊數百名，合諸軍追賊至粤西界，幾獲石逆，名益著。旋率援軍回鄂。冬，逆賊陳玉成以十萬衆圖解太湖之圍，進迫鮑忠壯公超於小池驛，官軍失利，皖鄂震動。胡文忠公檄公急援，公夜冒風雪，由高横嶺仰天庵直出賊背。質明，賊望見山頂旗幟，大驚氣奪。公乘勢縱兵奮擊，一日夜破賊壘七十餘座，生擒悍賊酋藍承宣等四百餘名，立克太湖縣城，潛山之賊亦相繼潰散，陳逆遁走，我軍東征攻皖之局始定。

庚申四月，江陰陷於賊。公母吴太夫人在里，公乞假迎母，而悍賊四集，軍情甚迫，胡文忠、李勇毅固留之，俾遣人間道迎養至黄州，允公至黄省親。既而賊分股上竄鄂境，李勇毅移軍巴河，勢頗亟，趣公赴營，乃單騎至軍，定迎頭截擊之策。分兵南岸，疾馳武昌，迅即北渡，擊賊於楊店，連復孝感、雲夢二城。進攻德安府，逆賊馬融和率悍黨死門，卒以長圍克之。九月，特簡安襄鄖荆道，仍率湘軍防守襄、鄖。樊城財賦之區，商賈輻輳，公督弁勇建立土城，不煩民力，屹然重鎮，至今賴之。

同治壬戌，捻匪圍攻河南之南陽，勢岌岌。公念南陽接壤襄、鄖，設有疏虞，則唇亡齒寒。乃越境往援，立解城圍，救出難民十餘萬。軍民感泣，聲振遠近。然功高招忌，謗亦自此起矣。未幾，巡撫嚴樹森以不遵調度奏劾，以同知降補。癸亥八月，曾文正公國藩奏調赴皖，防剿徽寧一帶。皖南肅清，開復原官。再簡甘肅鞏秦階道，以吴太夫人年高，請開缺終養。時江陰新復，躬送太夫人歸里。湘勇駐皖日久，餉糈不繼，每有聚衆索餉者。公離營未及三月，所部勇弁亦扇動。公聞，星夜馳至，軍容一肅。旋請遣撤，秋毫無擾。光緒乙亥，服闋，赴部引見，授廣東糧儲道，旋擢廣東按察使。未幾，卒於任，年五十有八。

公少時讀書，留心地理、兵事。補邑庠生，再試不售，遂棄去。將兵十餘年，噢咻拊循，同甘共苦，愛軍士如子弟，士卒奉之如父兄。堅苦踔厲，所向必捷。轉戰江西、湖北、湖南、河南、安徽五省，經大小一百八十餘戰，克復省、府、州、縣城二十有四。左腹、右臂、右額均中矛傷，左股中鎗子傷。昔年軍中衣服猶存，穿孔歷歷可數也。身歿之後，子孫僅足餬口，以視身擁厚資、聞警即潰之統帥，何止霄壤哉！居鄉賙戚族、助友朋，創學舍以教鄉里子弟。豐功碩德，嘖嘖人口，至今不衰。荃孫生同里閈，而流徙黔、蜀，迄未能晤，至以爲恨。得家幹請，爰作銘曰：

聖清中興，群才弼輔。鍾靈衡岳，雲龍風虎。公以文士，而靖賊氛。公以吴人，而將湘軍。公心馭衆，如使手足。衆心向公，如捍頭目。夜半忽起，擐甲一呼。馬首欲東，萬衆争趨。孰云壘堅，孰云炮利。牙旗所指，雲散星碎。一戰寶慶，再戰太湖。南陽解圍，南郢就俘。功高衆忌，遂遭讒口。重起復官，遄歸將母。監司嶺嶠，進職提刑。試以吏事，猶有典型。帝眷方隆，恒幹旋委。魂氣何之，應依故壘。歲月雖久，勳業常新。史傳祠祀，褒以綵綸。海飆猶張，戰鼓未罷。公兮有知，悲聲叱咤。巍巍貞石，屹峙山阿。大書深刻，千載不磨。

《番禺縣續志》

曹秉哲

山東按察使曹君傳〔一〕

曹秉哲，字吉三。少工文章，與兄秉濬齊名，時稱「二曹」。同治元年舉人，四年成進士，改

〔一〕本篇載民國《番禺縣續志》卷二十一。

翰林院庶吉士，散館授編修。十年，充會試同考官。光緒元年，充順天鄉試同考官，所薦多知名士。三年，補江南道監察御史，尋轉掌江南道、巡視東城，并署户部給事中〔一〕。章數上，皆切時務。先是，充實録館總纂，書成，奉旨專以道員用，并加二品頂戴。五年，補甘肅蘭州道，整頓茶釐，民受其益。八年，署按察使。

九年，丁憂回里。服闋，授河南分守彰衛懷三府河務兵備道。甫抵境，值沁河漲發，小楊莊大堤漫決，水勢洶湧，西南百數十村盡成澤國，城堤不没者僅尺許。河道治武陟縣，縣城形如釜底，人心惶懼，紛紛遷徙。秉哲毅然渡河接印視事，以守城堤、拯難民爲急務。城久失修，多穴隙，水已滲入，議堵，土料未集，又值大雨灌注，勢危甚。秉哲急購棉衣數百件〔二〕，鐵鍋數十具，填覆之，溜始折，旋壓以土，堤乃穩固。而雨仍不止，日在堤上搶護，水更漲，與堤平，勢將漫溢。秉哲泣禱曰：「守土官與城存亡，脱不守，必先葬魚腹也。」旋見河神示見，水勢漸消，咸以爲精誠感格所致。復多僱船隻，捐購饅餅，派員分赴各鄉，極力施濟。灾民露宿岡阜樹巔，先後拯出不下十萬人。請帑堵塞漫口，晝夜駐工，督率員弁，奔馳風雪中，不稍息。各處解到振款、米穀、棉衣，

〔一〕并署户部給事中：「部」，《番禺縣續志》作「科」。

〔二〕秉哲急購棉衣數百件：「急」，《番禺縣續志》作「亟」。

不假胥吏，遴員偕公正紳耆，按户散放，貧氓得霑實惠。奉檄調署開歸陳許道，百姓聞之，不期而集者數千人，攀轅卧轍不得行，且奔赴上官籲留。巡撫倪文蔚不得已，允所請，衆始歡忭而散。

十五年夏間，河内縣王賀莊沁河大堤疏防，星馳拯濟籌堵，與小楊莊同，旬餘合龍。請保在事員弁，而自辭獎叙。會河督吴大澂以黄河兩岸修防得力〔一〕，疏請獎勵，得旨交部優叙〔二〕。在任四年，愛士若渴，甄選材俊，送入致用書院肄業，加給膏火，期爲有用之學。又刊前人治河諸書，以備采用。調署按察使，手訂緝捕章程，并釐定保甲新章，以清盗源。十六年，補山東按察使。十七年，卒。十八年，河南巡撫裕寬疏陳：「據武陟縣紳士孫鏡堂等呈稱，曹秉哲實心愛民，不避艱險，懇請宣付史館立傳。」報可。

生平喜吟咏，高要馮侍郎譽驥稱其詩澹沱工秀，源出中晚唐，而泛濫於誠齋放翁。著有《紫荆吟館詩集》四卷〔三〕。

謹按：《國史館傳稿》，曹秉哲載《循吏傳》，《清史稿》未載。

〔一〕會河督吴大澂以黄河兩岸修防得力：「河督」，《番禺縣續志》作「河道總督」。

〔二〕得旨交部優叙：「優叙」，《番禺縣續志》作「從優議叙」。

〔三〕著有紫荆吟館詩集四卷：此下，《番禺縣續志》有「子受培，山西冀寧道」八字，末小字注「據國史館《循吏傳稿》《乾隆府廳州縣志》《紫荆吟館詩集序》《曹氏家譜》、采訪册」。

孫鳳翔

河南布政使孫公墓表[一]

孫葆田

穆宗毅皇帝御極之初，大學士倭文端公方以理學爲天下倡，一時出其門者，類多潔修自好之士。其後或以直言極諫，負當世重望；或以功名顯，而不獲終展其長者亦甚衆，如吾鄉游侍郎、孫布政，皆其人也。

孫公諱鳳翔，字文起，一字梧岡。其先由直隸棗强縣遷山東，世爲濰縣人。祖諱仲采，父諱炤，皆以公貴，贈光禄大夫。妣皆贈一品夫人。公由郡學廩生中咸豐八年舉人。同治元年，成進士，改庶吉士。散館授檢討，試御史，充順天庚午鄉試同考官，補江南道監察御史。歷充鄉會試監試官，署陜西道監察御史。疏參内務府大臣貴寶與革員李光昭交通舞弊，合肥李公見其疏，曰：「是不愧真御史矣！」會奉天府丞張公奏請定鄉試應試人數，順天學政錢公奏請科試隨棚録遺，均經禮部議允矣。公抗疏争之，其略謂：「我朝列聖相承，士子涵濡教澤二百餘年，文

[一] 本篇載《校經室文集》卷四，又收入《碑傳集補》卷十九。

風日上。比年特開恩榜，并諭令借棚考試，所以扶植士氣、維繫人心者至深且遠。應請照舊章辦理爲宜。」得旨俞允。疏出，士林誦之。

光緒元年冬，簡放江西知府。召見時，諭以「兵燹後小民困苦，知府爲州縣表率，務宜多方撫恤，以培元氣」。明年，補廣信。莅任後，恪遵聖訓，興利除弊，次第舉行。是時，兩江總督爲沈文肅公，即前守廣信以守城功赫然有名稱者也。廣信人謂公政績堪與沈公後先媲美，而文肅公亦以士愛民懷薦其賢。彭剛直公巡水師至江西，采輿論，稱公爲清廉第一。

六年，升廣東督糧道。時張靖達公樹聲爲總督，奏請洋務專歸道員辦理。公以剛正不阿，爲洋人所敬憚，事多遷延不肯就公議。明年，遂改調惠嘉潮道。會德領事欲侵汕頭地爲商埠，公復與力争，事遂寢不果行。至今汕頭地不隸於外洋者，公之力也。又明年，調補雷瓊道，未赴。是歲八月，簡授安徽按察使，入覲，蒙温諭嘉獎。抵任未逾月，兩江總督左文襄公奏調赴江寧訊駱賢基獄。是獄經數年未決，公推鞫一晝夜，遂成信讞。文襄公大悦，以爲明決無倫也。

旋拜河南布政使之命。未數月，又奉命署漕運總督。任事兩月，將返豫，又奉旨馳赴上海，查辦事件。公據實覆奏，并附陳援閩兵輪有二艘不可用，請飭南洋大臣慎益加慎，毋損軍實。其後二艘果以窳遲至沈，人始服公先見之明。公既回任，旋奉命護理河南巡撫。前後巡撫使爲鹿公傳霖、邊公寶泉，皆公同年友，又皆嘗受學於倭文端公，故吏治號爲清明。然鹿公治事精嚴，公則濟之以寬大，而自受撫篆後，憂勞□過，兩目漸生翳障。及邊公接撫篆，公遂以目眚請告，奉旨賞假兩月，毋庸開缺，蓋異數也。會部叙歷年籌餉勞，賞加頭品頂戴。公益感激圖報，乃假滿疾仍未痊，復申前請，遂解任回籍，以明年四月某日薨於里第。

娶于夫人。子四：符，箎，範，箴。符，議叙鹽場大使；箎，議叙按察司經歷；範、箴，皆候選教職。孫十一人。曾孫幾人。

公之薨也，吾友柯編修實爲行狀，以備史官之采擇，獨取公奏疏有關時政者詳著於篇，予爲掇其大要，因竊嘆近日新政之多紛更，惜無能争言如公其人者〔二〕。始公與游公同爲御史，俱以言事知名。游公由臬司内召官倉場侍郎，卒以微過去官。公雖官終方伯，而歷權督撫，行將大用，蓋朝廷知公深矣，而不幸未竟其施，此尤可爲慨惜者也。公子符等嘗問公所得於文端公者爲何〔三〕，曰：「吾師一生惟守『毋自欺』三字，其教人亦如是。」嗟乎！此可以知其淵源所漸矣。

〔二〕 惜無能争言如公其人者：「無能」，《碑傳集補》作「無人」。
〔三〕 公子符等嘗問公所得於文端公者爲何：「文端公」，《碑傳集補》作「倭文端」。

碑傳集三編卷十九　監司二

段廣瀛

署河南按察使鹽法道段公家傳

馮煦

公諱廣瀛，字雁洲，一字紫滄，姓段氏。江蘇蕭縣人。曾祖羽，祖有智，考永魁，皆以公貴，贈榮禄大夫。曾祖妣王，祖妣郝，皆贈一品太夫人。妣郝，封一品太夫人。

贈公生三子，長廣齡，季廣庭，公其仲也。資禀絶人，於學無不窺，而能見其大，耻爲無用。道光二十六年舉於鄉。咸豐三年，成進士，改翰林庶吉士。時粤寇穴江寧，躪鎮江、揚州，淮南北群盜蜂起。公乞假馳歸。粤寇方自北遁歸，將於蕭之黄家口渡河東竄，公帥鄉兵殲之大吴集。事聞，授編修。

四年，袁端敏督三省防軍，奏以公練蕭縣團。蕭介徐右腋，與豫永、皖宿鄰，數經粤寇，化爲盜藪。張樂行起蒙、亳間，四出剽掠，蘖牙盤互，不可爬梳，所謂皖北撚魁者也。公持堅壁清野之議，敦各鄉築圩自衛。建議之初，弱者餒，强者梗，公開譬百端，衆始翕然。凡五年圩成，緩急相應，撚不敢犯，然出没無時，薾丁其衝，既野無所掠，公又潛以師襲之，屢折凶燄。

同治元年，以功擢知府，賞戴藍翎，發直隸。劉總督長佑檄公辦營務，復叙功以道員用，署趙州直隸州。公敏而有恩，尤長决獄，無劇易，不一留，趙之民深德之。四年，宅贈公憂。河南巡撫李鶴年調公總營務處。公練卒二千人，自樹一幟，轉戰直、東、晋、豫諸行省，所向克捷，號淮北勁旅，部曲有積至專閫者。漳河之戰，潼關之守，功尤最。

同治七年春，撚蹙畿輔，公自閿鄉移軍臨漳，偶步馬漳南，望漳北撚騶至。公斂兵，伏叢松間，而遣數騎游岸左餌撚。撚前却，移時徑渡漳，未半，伏兵起，衝其隊爲二。松間金鼓鳴譟，撚皇駭奔潰不相顧，禽八十餘人，遂走山東不復北。初，撚傾巢竄陝西，公守潼關，奉檄築長墻，北循河，南接秦嶺，斷撚歸路。撚乃自上游渡黄。公驅之海隅，一鼓就殲。由是擢道員，加按察使銜，换戴孔雀翎。蓋公積苦兵間垂二十年，與皖撚相終始，轡在群帥下，位不過監司。識者皆爲公惜，公初不屑屑意也。

服除，留河南，旋以東撚平，加布政使銜，并賞二品封典。十年，補糧儲鹽法道，尋署按察使。於署西建游梁書院，故孟子游梁祠也，以課官幕子弟，間擬經義，群以楷模奉之。庚午鄉試，充文闈監試官。癸酉、乙亥，再充提調官，武闈復充同考官。蓋積勞者兩月餘，竟致疾以卒，時十月十七日也，年五十有二。

公長身玉立，望之森然。及與人接，辭顔和睟，無不盡之懷。臨事洞耑末，應幾立斷，同僚百思不能越。喜讀書，以在軍久，未遑著述，所存惟《紫滄經義》三卷，古今體詩四卷，雜文一卷，采輯兵法二十卷，陣圖一卷，并藏於家；刊行者，惟《蕭縣續志》十八卷。初授資政大夫，晋封榮禄大夫。配王氏，封一品夫人。側室尉氏，封一品太夫人。子書雲，光緒乙酉選拔貢生，刑部郎中，直隸清河道、廣東高雷陽道，署廣東提學使，尉夫人出。女四：長、次，王夫人出；三、四，側室文氏出。孫慶熙，光緒丁酉選拔貢生，河南試用知縣，浙江候補道。孫女三。曾孫二：度、庶。

馮煦曰：咸豐初元，曾文正、李文忠并以治鄉兵、戡國難，成中興之烈，彪炳旂常，百世仰鏡。公亦治鄉兵，其識略不下於曾、李，而局於一隅，又無若胡、左、彭、劉諸公者左右之，致不克大展其用，與曾、李并驅争先，此則運數使然，又可謂公之功烈止於是哉？余生也晚，不克奉手於公，而與書雲交四十年，質行篤學，識略開敏，爲時流所推服。然書雲每云不逮公遠甚，則公之所藴可知已。世變須才，負才如公，而世不獲享生才之效，獨公之不幸也邪？

夏獻雲

署湖南按察使糧儲道夏君傳

倪文蔚

君諱獻雲，字裔臣，號小潤，亦號芝岑，世爲新建夏氏。曾祖諱家瑜，官湖南寶慶府。有富民石再書殺人繫獄，獻金求解，峻拒之，郡人爲建「却金亭」。載《名宧志》，歿祀鄉賢。祖諱修憲，江蘇華亭縣丞。父諱廷松，江蘇元和典史。三代皆累贈光禄大夫，妣皆一品夫人。

君兄弟五，序居三。幼隨父任讀書，穎悟過人，所事多吴中名士。年十七，回籍應試，三冠童軍。入郡庠，尋食餼。時宜黄黄樹齋先生見公文，許爲偉器。道光己酉，貢拔萃科，朝考用七品小京官，入校《宣宗實録》。咸豐甲寅，充軍機章京。時軍書旁午，承繕密旨，恒至宵分。自是十餘年，效力樞廷，每繕擬一稿，輒合機宜，樞堂大臣多引重之。積功遞遷湖廣司主事、雲南司員外郎、廣東司郎中，歷兼方略館協修纂修、收掌官。昕夕從公，厥功尤著，奉旨以道員用。

庚午，京察一等，遂分發湖南。撫軍劉公耳君名，飭總軍需捐輸各局務。尋檄赴郴州，查辦紳士張國寶參案，又衡州勘曾、王二姓争田案，均如君議奏結。明年，署按察使。又明年，授糧儲道，晋按察使銜，旋加二品銜。歷充癸酉、己卯、壬午文武鄉試提調，嘗於丙子、甲申三權按察使。湖南自軍興以後，各路散勇多聚爲會匪。公倡辦通省保甲，除奸禁暴，吏治肅然。曾拯善化黄姓小兒於難，鄉人爲奉長生禄位。西鄉民婦歐陽崔氏一獄，上控經年不决，君一讞盡得其實，人服其神。先後請釐積案千餘起，案牘爲之一空。楚俗信神，歲乙酉，湘城大水既退，民間欲賽神以禳之，方伯某臨期示禁，且持之甚力。於是群情洶洶，刁民乘勢聚衆數千人，焚藩署，幾成大變。公曉以利害，示以首禍者法必懲，解散脅從，民心以定。湘人有「大畏民志，功兼明弼」之頌。任糧儲，著《訓農八則》，曰崇本務，曰守恒業，曰惜耕牛，曰勿争水利，曰勿私溝渠，曰毋遏糶，曰毋好訟，曰亟正供，皆曲中地方情弊。湘漕自改徵折色，款目紛多，州縣拖延，久成疲滯。君明分功過，交代未清者停委，漕務賴以大振。在任十四年，庫儲常倍蓰於舊。長沙蘇家托堤潰，居民久失業，君籌款修復，活數萬人，又請奏修常德花苗等堤，民皆德之。省會有書院三，政暇課之，親評甲乙，優以膏奬，積久將古文辭都爲一編，命曰《校士録》，湘人咸取程焉。城西賈誼故宅，城東漢定王臺，均荒圮，君以一忠一孝，風教所關，捐廉重葺，彰諸志乘，以垂久遠。其勤政愛民、端風善俗有如此。嘗署所居齋曰「實事求是」，其生平樹立略見矣。

庚辰，卓異入覲，回任。丙戌，奉旨送部引見。去湘日，紳民祖餞者相屬於道，途爲之塞。以修墓乞假歸，越二年，卒於家。其既殁之明年，今上親裁庶政，念君前勞，特旨加一級。君内行純備，事親以孝聞。當咸豐丙辰間，粤氛擾沿江數省，君迎雙親於都，力謀禄養，旨甘未嘗缺。

迨丁巳丁父憂，獨步返鄉，太夫人留京邸，往來省視，不憚艱苦。庚申，太夫人卒，君於北上途中聞訃，一痛幾絶，哀動行路。扶櫬回籍，治喪盡禮。於昆季尤友愛，塤篪一室，人無閒言。性和厚，待人悉出以誠，里黨有急，資助恐後。嘗慕范文正公義田贍族，援其法於族中之鰥寡無告者，分俸以給，久行無怠，人均以盛德歸之。蓋不獨以功業著於時也。君博極群書，學有本原，所著有《清嘯閣詩文集》。以光緒十四年戊子十二月二十四日卒，距生於道光四年甲申四月二十五日，春秋六十五。元配羅，繼配周。子六：敬孚、敬和、敬豫、敬莊、敬鑒、敬有。女九。孫女六。

論曰：余自交君豫章，即聞君祖寶慶公却金之事，迨守荆州，與湘鄰省，君之善政，播諸道路人之口，乃嘆循吏有後也。顧君才豐於位，不及開府即歸政，知君者皆爲君惜。然觀其所設施，固有去俗吏風規甚遠者，斯足與乃祖并傳已。

夏獻馨

夏公蘭莊傳

吴郁生

先生諱獻馨，號蘭莊，字菊人，江西新建人。贈資政大夫鼒甫公仲子也。道光季年，贈公任蒼梧典史，先生隨之任所，晨夕定省無或間。猶汲汲於經世之學，時年尚幼，聰穎過人，莳史枕經，目數行下，雖至宵分不尠倦。其勵志勤學，實有爲人所難及者。無何，嫡母蔡太夫人見背，痛輒飲泣，恐傷厥考心。年十七，補邑弟子員。咸豐辛亥，舉於鄉。先生性沈毅，又績學，其爲文純摯堅卓，睥睨時流。錢塘沈文忠公兆霖、大興龔公寶蓮，見即共賞其才。撤棘，謁兩公，均以英雋相推許。丙辰成進士，改翰林院庶吉士，授職編修。會丁父艱，聞訃歸，撫柩大慟，每以不獲禄養爲恨，哀毀備至，治喪盡禮，人咸以純孝稱。

服闋，入京供職，纂修文宗顯皇帝實録，充國史館纂修、本衙門撰文。實録告成，躁進者幸得優保，而先生夙甘澹泊，聞達不求，决不措意也。越辛酉、壬戌，分校順天鄉闈，得李尚書端棻、陳解元光暄若干人，士論欽之。尋轉御史，命掌山東貴州道監察御史，并稽查海運、南新、禄米等倉，剔痼弊，裕天庾，吏胥憚焉。會都憲餘杭汪公元方以京師五方雜處，良莠不齊，宜保衛地面而安閭閻，請命於朝，欽派幫辦中城團練。禁暴詰奸，旰宵罔懈，輦轂之下，賴以粗安。時秦隴回逆初平，兵燹所經，死亡枕藉，歲又疊旱，道殣相望。先生亟以掩埋骼胔、撫恤瘡痍、清餘孽、輯流亡、屯墾實邊、生聚保庶諸策，惻然入告。繼又條陳水利政治闕失，及通籌善後數大端，蒙上嘉納，多所采擇，見諸實行。贛省歲亦大歉，新建胡公家玉適同列臺諫，遂合詞請免米穀釐金以惠桑梓。至若維持風化，請旌表、禁溺女，奏均報可。

升兵科給事中、户科掌印給事中，知遇益隆。凡關戎政財賦，莫不悉心稽核，與時權宜，管見所及，屢疏上陳。言官爲朝廷耳目，嚴劾貪墨，臚陳利弊，爲職分内事，先生嚴氣正性，故章疏累累，致有敢諫名。甲戌、丙子、丁丑三次分校禮闈，得佳士尤多，如南海戴文誠公、長白廷文恪公，固卓然傑出者，其他黼家黻國，輝映一時，桃李盈門，迄今傳爲盛事。而郁生丁丑捷南宫，亦幸厠門下焉。

先生洊膺科道，匡贊彌勤。戊寅京察一等，截取記名以繁缺道用。冬，簡放廣東督糧道。明年春，抵任。值南越用兵，餉糈奇絀，八旗糧米尤相需甚殷。先生釐飭輸徵，懲提疲滯，屯糧兵米按額勾稽，不數月度支胥給。時新寧劉忠誠公督粤，知先生負幹才，擬奏請兼權運篆，藉資整頓。乃以繼母王太夫人歿於里，聞訃奔歸，哀慟如所生。旌節庶母李太恭人亦以先生貴，時健存，先生嘗謂：「李太恭人賢，即予少讀書夜忘寢，每漏深，必具飯蔬置案頭，促食就睡。今得及身分榮誥，余願差慰。」昆弟之間友愛尤篤，其於家庭雍睦類如此。

辛巳，制終，旋北上，中途感受風濕，未及引見，遽於是年十月二十日申時以疾卒於京邸，距生於道光十一年九月初四日酉時，春秋五十有一。身後宦橐蕭條，親友均爲惋嘆。先生居官清正，在臺省尤鯁謇，自奉儉約，不事私殖。待人心存古道，和藹可親，嘗曰：「留有餘地以遺子孫。」故能垂裕後昆，剔歷中外，累授資政大夫。配胥，南昌望族。繼配沈，錢塘兆棻公之女。俱封夫人。子三：長敬延，補用知縣，廣東新安縣丞；次敬灝，四川候補通判；三敬輯，湖北軍功候補班前補用知府。均沈出。女四：長適歸善邑庠生蔡秉鴻，次適豐城雲南鹽茶道毛玉麟，胥出；三適奉新光禄寺署正甘泉，四適巴陵中書科中書張元昶，沈出。孫承逵。郁生以受知誼，嘗叨緒論，故詳諗其家事與行事，有足垂遠者，樂爲之傳而繫以論。

論曰：漢楊震少好學，志行清介，及遷太常，舉薦多明經佳士。其諫疏又謂「政以得賢爲本，治以去穢爲務」。綜觀軼事，非先道德而後功名奚可哉？夫行誼治術，率性爲難。先生廉介自持，異王曾；不在温飽，以人事君，異和凝；相傳衣鉢，敷陳時政，異裴寂；不安噤默，夐乎無愧於震也。要其立朝正色，有古大臣風，宜天假以年，俾竟其才而展其學，奈何亦如震中道徂也！雖然，累葉載德，三公且未艾矣。

夏獻銘

夏公子新傳

楊增犖

公諱獻銘，字子新。新建人。父贈光禄大夫，江蘇元和縣尉，諱廷松。公齠幼劬學，年十七，補博士弟子員，會粤寇方熾，誓心救國。尋丁父母憂，不果所志。服闋，以知縣赴粤，爲巡撫蔣果敏公所器，檄署興寧。當是時，大亂甫定，民氣未復，提督某擁兵清鄉，匪誣良愿，公與力争，多所矜宥。歷宰增城、海陽、揭揚，遷連州、惠州、潮州，皆有名績。

初，增城好私鬥，公出貲募兵緝懾，申以仁讓，俗尚一變。海陽大水，捐廉賑恤，不足，益爲請諸大府，全濟甚衆。潮屬悍匪嘯聚，連結巨盗，爲民患，搶擄勒贖，日有所聞。公與方鎮軍耀商撫剿之，宜寛猛相濟。方有所緝，委公相鞫，勿縱勿濫。守惠二年，察吏治匪，與鄭提督紹忠以誠相結，鄭每事必諮公而後行，地方攸賴。守潮，甫下車，汕頭有西人私販軍火，當事棘手，大吏檄公赴訊，西人卒不能争。計公宦粤三十餘載，廉俸所入，悉以造士衛民。

既擢監司，將赴引，督部李公奏留辦理洋務，巡撫馬公復臚政績，上聞優奬。既以迴避例，改湖南。巡撫義寧陳公薦舉人才，以公居首。兩署按察使，清理滯獄，整飭保甲，湘治益新。先是，公之曾祖守寶慶，叔祖森圃、兄芝岑皆爲湖南按察。及公莅任，湘人叙述往迹，迎頌紀盛。庚子，衡州民教仇殺，爲勢岌岌。巡撫檄公署衡永道，教士要持甚力，公嚴折曲喻，不復堅執，衡民以安。明年，衡匪宋才賢、麻錫綱、蕭漢卿等糾衆入城，將毁教堂。公先期密飭文武按名緝獲，禍用不作，湘中官紳皆服公敏决不可及。其他增開商埠、鹽礦、口捐諸要政，非便於民不敢舉。姻舊匱乏，及旅人之急，有聞於公，周給弗吝。

年七十六卒。子敬曾、敬頤、敬濂、丙暉、敬履，績學植行，能世其家。增犖辱與敬履及敬頤子承冕兩世交，故知公事最詳。

贊曰：夏氏爲吾縣故家，同光時猶冠蓋勿替，里人慕公獨摯，争述軼事，用愧薄俗，因嘆今人游宦所至，民獻頌，僚友贈詩，不盡可徵；獨鄰里鄉黨之惠，爲耳目所及，乃無虚美。公澤周親故，愛民可知，且來裔温朗，具有家法，令德寖昌，曷其有既。

夏獻綸

福建臺灣道夏公傳

況桂馨

光緒庚辰歲，夏公筱濤卒於福建臺灣道任，總督何公璟入告。七月二十四日，奉上諭：「何璟奏請將已故道員優恤等語。已故福建臺灣道夏獻綸，前隨左宗棠入閩贊畫營務，嗣在汀漳龍道署任及臺灣道本任内，均有惠政；厥後辦理海防，及開山撫番諸務，不辭勞瘁，尤資得力。兹以積勞病故，殊堪軫惜，著照所請，照軍營立功後積勞病故例，從優議恤，以彰藎績，該部知道。欽此。」尋准部議，追贈光禄寺卿，蔭一子入監讀書，期滿以知縣用。

按狀，公姓夏氏，諱獻綸，字黼臣，號筱濤，世爲江西新建縣人。曾祖家瑜，官湖南寶慶府知府，有政聲，歿祀鄉賢。妣氏方。祖諱修憲，官江蘇華亭縣縣丞，妣氏魯。父諱廷松，官江蘇元和縣典史，妣氏郎。以公貴，三代皆贈榮禄大夫，妣皆一品夫人。昆弟五，長兄獻端，早世；仲兄獻謨，邑庠生，前署湖北通城縣知縣；叔兄獻雲，己酉科拔貢，由軍機章京刑部郎中，官湖南督糧道，署按察使，加二品銜；季兄獻銘，邑庠生，歷署廣東興寧、增城、海陽等縣知縣，候補知府；公其幼也。性明敏，初授章句，卓犖不群，慨然以經世自任。

咸豐六年，由國學生，以主事分兵部武庫司，兼職方司。明年八月，贈公卒於家，郎太夫人猶在京也。十年，服闋。九月，旋丁太夫人憂，擗踊之餘，摒擋大事，如禮。

十一年，粤匪陷浙，今大學士左公宗棠以巡撫浙江之命，督師赴援，調公至營，辭不獲已，墨絰從戎，日治軍書無暇晷。以迭次隨勦功，奏保以知府留浙，加道銜，賞戴花翎。左公移師勦閩賊，檄公總理營務，以叙復浙之湖州郡縣功，擢道員。比署汀漳龍道，籌辦善後事宜，百廢具舉，全閩肅清。以道員改留福建，尋署鹽法道藩司。時沈文肅公爲船政大臣，奏派公提調其事，會捻匪北犯，總督英公桂派公運米十萬石赴津濟軍食。左公移師北勦，亦以軍火檄轉運。疊加按察使、布政使銜，署臺灣道，條詢利弊，益勵操守，在官一如寒素。臺道兼學政，公於臺南設義塾十二，勸學興教，文風日盛。淡北磺山多私販，禁之；雞籠煤洞，設官經理，民稱便。臺營積弊，如貼差占額、派汛會營，悉禁革之。琉球遭風船林廷芳等九人，被生番拘留，公釋之，遣還國。日本船遭風亦如之。日本潛侵臺，進攻牡丹番社。先是，琉球船遭風，在鳳山等處被番殺害，十年十一月事也。至是以爲琉球難民復仇爲詞。公偕布政使潘公霨馳諭日軍，宣示朝廷德意，倭酋帖服，請罷兵，然臺防猶戒嚴也。沈公以臺北要於臺南，請以公率所部駐臺北，馳抵蘇澳，兼辦日商劉穆齊案。初，該商赴後山、岐萊等處市煤，船破，以番救得免，商酬各番并以衣物寄存各社；既去，則以舟破被劫捏控。公追物還之，責以不應違和議，事遂寢，而岐萊險道亦通。

光緒元年五月二十一日，奉旨補授臺灣道，嗣是建城設官，撫番招墾，統由公經理。以剿辦淡水積匪吴阿來等功，得旨優叙。時臺南海防事亟，重勞擘畫，至夜不能寐，而籌辦恒春水利招墾事宜，并不少懈。以剿辦納納阿棉之捷，賞給三代一品封典。晋、豫灾，率屬倡捐銀十萬濟之。是年正月，英國佛叻士別喇船由外洋撞礁，漂至恒春，將船自焚，誣民毁搶，赴香港控圖索賠。公廉其實，領事折服，其明斷如此。吴公贊誠自陳病狀，保公接辦船政大臣。閩督何公璟、巡撫李明墀會疏請緩更動，有諭「該道才具實堪勝任兩司，歷練稍深，并可儲爲異日封疆之寄」等語。

公舉行臺北科試，六月試畢，冒暑進省，商防務。十三日返臺，炎風瘴雨，益以驚濤駭浪，抵臺病遂劇。及殁，奏入，天心震悼，海内聞者莫不傷之，即島人亦下半旗志哀。八月，季兄護喪歸。公生於道光十七年六月二十日，卒於光緒五年六月二十三日，春秋四十有三。以光緒辛巳十月十二日，葬縣屬盡忠鄉蜈公腦之原。原配程，繼配熊，皆前卒。側室張、湛。子一，敬敏，熊出，承廕。女七。

論曰：公一介書生，見知於左公，慨然有攬轡澄清之志。削平閩浙，贊畫戎機，屬海疆不靖，外攘内撫，宣威邊徼，通道蠻荒，惟公之力爲多。天不永年，未竟其用，惜哉！然男兒生七尺軀，以無補天下國家爲憾。公則臺之土地，實開闢之；臺之民人，實利賴之，何憾焉？投筆從戎，立功海外，當與班定遠并垂不朽云。

劉含芳

東海關道劉公墓志銘[一]

吴汝綸

公諱含芳，字薌林，貴池劉氏，廣東巡撫瑞芬之從父弟也。大學士肅毅伯合肥李公始誓師

〔一〕　本篇載《桐城吴先生文集》卷三十九，題作「贈内閣學士東海關道劉公墓志銘」。

海上〔二〕，巡撫公實從在軍，主軍械。公少孤，往依巡撫公。已而去從程忠烈。忠烈戰驟勝有威，每戰，公輒隨軍往觀，膽氣英壯。李相公籍公名，檄公轉運軍械。蘇州既克，設局蘇城；兵攻常州，移局無錫；北征任、賴、張總愚等賊，移局清江、蔣壩、張秋、濟南，隨軍所向。賊平，累官江蘇知府。逾年，從李相公軍入陝。相公移督直隸，公治軍械天津，遂以道員留直隸補用。是後凡十有四年，不離軍械。

自軍事起，海内諸軍，大氐守中國舊法，獨李相公所部用外國械器。外國械器歲變更，新興則故嬗，李公求之至勤，聞一新械出，必疾購博儲，以肄將士。公能助成英略，凡各國歲出若干械，械若干類，一械析之材大小若干具，名物標識皆外國語文，繚戾詰屈難記，公對客口别指列，如數家珍。同時諸將帥皆李公元從立功士，或貽書論難新械理法，或習用便求多自予，公日與詰辨。諸公初多齟齬，後卒以此服公。公既久治軍械，因益窮覽西國製器、練技、簡閲之法。西士來游者，吾文武吏習西事者，遇輒諮諏討論行軍禦敵、攻守機宜，盡得其要領。李相公嘗以人才論薦公，稱公「久治軍械，講求外國練兵製造諸學，既博既精，臨事有膽識」。朝廷嘉之。

李公興立海軍於旅順、大連灣、威海，築炮壘、武庫、船澳，設學堂造士，通電綫，製藥彈，凡

〔二〕大學士肅毅伯合肥李公始誓師海上：「海上」，《桐城吴先生文集》作「上海」。

所經畫，資公之力爲多。光緒九年，始立魚雷軍，以公統之。而旅順、威海防守諸工以次興，公又兼其任。明年，遂去軍械，移屯旅順。是後凡十有一年不離旅順。在旅順，海陸諸將恃公爲蓍龜，凡有緩急，必先諮度而後從事。於是又兼海軍及緣海水陸營務處。嘗一攝津海關道數月，自請還旅順。十七年，補甘肅安肅道，李公奏留旅順。十八年，補東海關道，仍留旅順，逾年乃到官。初旅順、威海皆荒島，公營構十年，至是屹爲重鎮。

公始以孤童從軍，能自力於學，急世要務，識時通變，又盡心公牘文字。隨李相公至天津凡廿五年，主軍械十四年，屯旅順十一年。遇所治辦，摶揖神志，貫徹事始終，不顧問流俗誹譽。蓋名實之眩疑於世也久，近百年來，世以蹈常守故爲賢，以媚俗避難爲智。曾文正公起，一洗舊習，破庸論，冥心孤往，艱苦百折，以濟世持變。其於文牘，鉅細親裁，必切中事機〔二〕，不爲顢頇膚説。自江忠烈、胡文忠以來，至李相公，皆祖其風尚。李公去位，文正治事之學歇絶於天下矣。而交際外國，討軍實，長駕遠馭，李相公尤擅專能，能過於前數公。操國柄卅年，四方吏士爲僚屬去來者，或聞譽藹鬱，臨事不副名。或爲小官有聲，大受則蹶，李公一不假借。其間才足戡事任，思深力沈，不要功利自爲，不巧合取時譽，如公者三數人而已，皆隨李公久。嘗所擠掇

〔二〕必切中事機：「機」下，《桐城吴先生文集》有「會」字。

而成就之者，外論者不能識也。

公到官數月，日本釁起。政府以李相公爲非，不用其議。於是公所營構旅順、威海諸要隘皆失守。公在烟臺，持危定難功爲多。而山東巡撫故李公所識拔〔一〕，亦駐烟臺，方附政府傾李公，謂公李公與也，齮齕之異甚，久之詗刺無所得，顧心弗善也。嘗約與公死守，已而自避去，益愧媢構公於政府百端。和議定，李公内召，公知不容於時，且引退。李公以謂時多難，人才少，貽書慰留。公居數月，竟謝病歸。

歸數年，病卒，光緒某年月日也〔二〕。既卒，前在旅順海陸諸將存者及僚吏凡卅有二人〔三〕，具公功績，請直隸總督奏上。得旨宣付史館立傳，贈内閣學士，廕一子入監讀書，期滿以知縣選用。公四男子〔四〕，二女子〔五〕。娶俞氏，繼娶郝氏，皆封夫人。側室李氏、黄氏。曾祖某，祖某，父某，三世皆以公貴，贈如其官。公性義俠，朋友死，輒經紀其喪〔六〕。既與從父兄巡撫公合置義田

〔一〕而山東巡撫故李公所識拔：「識拔」，《桐城吴先生文集》作「拔識」。

〔二〕光緒某年月日也：「年」下，《桐城吴先生文集》有「某」字。此句下，《桐城吴先生文集》有「年幾十幾」四字。

〔三〕前在旅順海陸諸將存者及僚吏凡卅有二人：「僚吏」下，《桐城吴先生文集》有「遂者」二字。

〔四〕公四男子：此下，《桐城吴先生文集》有「世琰，殤；世珍、世瓊、世璘」九字。

〔五〕二女子：此下，《桐城吴先生文集》有「適候選道員建德舉人周學熙、太倉舉人顧思義」十九字。

〔六〕輒經紀其喪：「喪」，《桐城吴先生文集》作「家」。

贍族，又倡修池州孔子廟。他義事多棄財爲之。孤某等將以某年月日葬某所〔二〕，汝綸爲銘，銘曰：

世如波騰，才若草横。究極力用艱厥成，抉去下比蟬翼輕。衆杙挺挺，謂我楹兮。天祚我室，永不傾兮。十盲噍一瞭，汝何故明兮？公縱不死，安能功兮？烏虖！

嚴金清

署陝西按察使延榆綏兵備道嚴公家傳

馮煦

公諱金清，字紫卿，姓嚴氏，漢子陵先生裔。元末，有曰宗一者，自蘇遷無錫，遂爲無錫人。十七傳至楊標公，官衢州府同知，公之考也。公幼穎悟異常童，年十六，爲詩，有「秋風匹馬天涯路，夜雨孤舟夢裏身」之句，識者謂公一生出處兆於此矣。時粤寇熾，公棄舉子業，習韜略，隨宦衢州，平妖匪楊永烈亂，却石達開圍，叙功加州判銜。衢州公解組，公侍之歸。無何，金陵大營

〔二〕孤某等將以某年月日葬某所：「孤某」，《桐城吴先生文集》作「世珍」。

潰，蘇、常諸郡縣相繼淪没。公鳩義旅爲鄉里衛，寇不敢犯。久之，餉匱衆散，或勸公避地習賈，女兄適程者止之，謂：「弟夙負壯志，賈非所宜，毋自餒。」斥簪珥資公。

公間道入浙，浙撫王有齡器之，畀通判職，權温州府通判，擢同知。改福建，權淡水廳同知。長吏知公具文武才，凡勘灾、轉餉、治軍、榷税諸要政，悉以屬公，事輒辦。其在淡水也，絶苞苴，勤教養，獲積寇劉連三等十餘人，四境乂安。初，左文襄督師衢州，公上謁，文襄稱爲一時之選，使參軍事。會海寇披猖，公承文襄命，募水師擊之，俘其魁林固，衆盡降。文襄西征，復以公從，帥親軍步隊，偕劉襄勤出關，轉戰天山南北，克烏魯木齊，擢知府，權知迪化直隸州事。金提督運昌所部卓勝軍索餉，將譁變，公資遣撫慰之而止。官滿假歸，首道某與公不叶，摭他事中傷之。襄勤撫新疆，知公枉，疏復知府職，仍留新疆。

中日事起，襄勤視師遼東，召公往。襄勤未及師而薨，公改從魏督部光燾，一戰日軍牛莊，殺傷過當。尋和議成，復從督部西討叛回，先後數十戰，禽其酋韓文秀、韓成基等。追逸寇劉四福，入青海數千里，中道糧盡，掘草根以食，卒敗之於阿力格斯河。是役也，方春出師，秋盡始凱旋西寧，功尤著，晋道員，并戴孔雀翎，且加二品頂戴。公之自西寧移師於秦也，嘗督所部濬二華各渠，又修涇陽龍洞渠，古之鄭國渠也，凡得可耕之田五十餘萬，陝之民至今尸祝之。

北覲後，將赴新疆，道西安，巡撫端忠愍奏留之。拳禍召外侮，兩宮西狩，公佐布政使升允勒兵勤王，禦之紫荆關，聯軍始不復西。權鳳邠鹽法道，旋除延榆綏兵備道，再權臬事，中理冤滯，輿頌翕然。顧公雖謙冲温雅，下至萌隸，不輕鑴呵，然廉正無所阿，遇長吏同僚，一以直道行之，意所不可，雖權貴不少慑。前在迪化，既以是獲戾，至是又積與總督崧蕃齟齬。公在榆林，創花馬池鹽官運例，以濟軍需。俄而鳳翔有鹽梟毁局戕官案，崧蕃歸過於公，當左遷。升允繼爲總督，惜公去，奏調公練甘肅新軍，期年成二旅，平洮番，獲寧夏盜，勛績爛然，他軍多以爲法。

公天性澹泊，無聲色貨利之嗜，徒以世難未夷，矢志報國，數起數蹶，意氣不衰，古所謂循吏、名將，公實兼之。及是時局日非，年亦篤老，浩然有歸志矣。歸後二稔，宣統己酉十月二十七日卒，年七十三。配金夫人，子四，女二，孫二，女孫六。

馮煦曰：國之隆替，兵之成虧，皆以人才爲之樞。中興之際，得材爲盛。公以孤童崛起，與兵事始終者五十年。南渡臺，北越山海關，西逾青海，轉戰幾萬里，屢蹈不測之險，會有天幸，終老家弄。青海之役，他將逡巡不敢前，公年六十餘，獨毅然請行，糧盡矢窮，曾不少却，卒能驅逋寇於域外，全師而歸。而厄於宵人，功成不賞，復以私隙中之，世以比漢之甘陳云。夫生才難，生才而能盡其才尤難。左文襄名愛才，且雅知公，而亦入某道之譖，崧蕃又不足責矣。於戲！忠清抗直之臣，不有其身，以赴國家之急，而持禄養交者，隨而媒蘖其短，致不獲大展厥用，中興之際且然，又何論光宣末造哉！

陳應聘

江蘇候補道前署廣東韶州府知府兼權南韶連道陳府君家傳〔一〕

孫葆田

陳府君諱應聘，字肇華，一字覺民。先世直隸滄州人，明初由滄州遷居山東濰縣，數傳至侍御君所問，以進士起家，及孫調元亦由進士出身，仕至刑科給事中。祖孫并有聲諫垣，由是世以詩書爲業。自府君而上，四世名顧不大顯，然濰人猶稱爲「科道陳家」云。曾祖志敬，祖可久，父國璞，皆太學生，皆以府君貴，累贈通奉大夫，妣皆贈夫人。府君兄弟五人，於次爲第四。伯應芬，舉人，後官長清、茌平教諭；仲應軫，少棄儒業，持家政；叔應召，爲伯父後；季應樞，舉人，後官直隸候補道。

府君弱冠入縣學，爲廩膳生，充道光五年選拔貢生。八年，與從兄應奎同舉本省鄉試。十三年，成進士，引見，以知縣用，分發四川。十四年，充四川鄉試同考官，所得多老成士。適猓夷爲亂，大軍進剿，奉檄赴峩邊廳協助轉餉事。事竣，補新都知縣。明年，丁母憂。服闋，在籍侍

〔一〕本篇載《校經室文集》卷四，又收入《碑傳集補》卷十七。

親，以父命促之出，始謁選。

二十年，選湖南新田知縣。是時，宣宗臨御日久，尤重牧令職，引見時，詢知歷官所至，遂改授四川岳池知縣，以四川爲君所曾履也。二十四年，大計保薦卓異。旋丁父憂去職。

二十七年，選授廣東曲江知縣。曲江爲交廣咽喉，山徑崎嶇，猺獞雜處，時外夷入犯，警報頻聞。君既到官，嚴察保甲，謹防内寇，晝則巡行村野，夜乃清理案牘，歷四年如一日。政洽民安，卒以無事。

先是，大府知君政績，已奏請調補新會。新會素號優區，攝篆者多方阻君。咸豐二年，始得抵新會任。逾年而有紅巾之禍。紅巾者，順德會匪何六，有衆數千，以四年五月辛亥，踞東莞石龍墟作亂。順德、鶴山相繼陷，省會戒嚴，韶、肇、惠、嘉四州以次蹂躪。新會南通雷、廉，北負南、順，西控高、肇，東界香山〔二〕，羽書紛馳，達於宵旦。府君亟召邑紳謀守禦之策，廉知舉人何琯負文武才，開局團練，事無鉅細，悉委治之。延舉人何超光、附生陳殿蘭、武職何定章、武進士

〔二〕　東界香山：「香山」，底本及《校經室文集》《碑傳集補》皆作「青山」。查清代新會縣東無地名爲青山者，而有香山縣接壤。同治《新會縣志續》卷二《建置壇廟》「陳侯生祠」條下何琯《記》作「吾會北負南、順，南通雷、廉，東界香山，西控高、肇」，據改。

許德元等共襄其事[一]。爲壇誓衆，首捐五千金，爲紳士倡。所需軍械積聚，旬日畢習[二]。當是時，賊號三十萬，首攻東門，君手劍呼炮殲其渠魁。賊鋭甚，晝夜環攻，彈丸如雨下，君督守益堅。遇雷雨，雨從頂注，屹立城堞不少動。婦孺遥望，疑以爲神。城守六十日，告急之書十餘上。先後大小之戰二十有六，俘馘以萬計。八月庚戌，援兵至，賊去圍解。邑人相與慶更生，乃謀爲君建立生祠。方事急時，偕邑紳何琯等出行，拊循百姓，見道旁古井，徘徊良久，曰：「此吾儕并命處也。」琯等不覺泣下。蓋君之自處有素矣。何琯曰：「國家承平二百年，文武吏相高無事，一旦盜賊發，亂將不可治。諸鄉宦老縫掖習慣太平，或首鼠兩端，臨時爲自全計，公獨與琯等數書生日夜計畫辦給。聞鼓鼙聲，輒裂眥相告曰：『我爲守土吏，良不惜妻孥，一開門與賊決死戰。以孤城當閩省西南壁，城陷，即高、雷數郡望風瓦解，非朝廷有安危所關，豈一邑事哉！』烏虖！觀府君之所以語琯者，其心志又可知矣。事平，叙功，奉旨賞戴花翎，免補同知，以知府補用。

六年，署韶州府知府。明年，兼權南韶連道篆。會從兄應奎殉難武平，預遣人接其眷屬至

[一] 武進士許德元等共襄其事：「許德元」，《碑傳集補》作「郎德元」。

[二] 旬日畢習：「習」，《校經室文集》《碑傳集補》作「集」。

粤,幸獲保全。又明年,謝事至省垣,是時府君歸志已決,乃遵例捐升道員,指分江蘇候補。同治紀元,遂乞休旋里。時伯兄教諭君在籍教授生徒,而仲兄、叔兄已前卒,季弟由北河同知洊保道員,需次畿輔。府君以老年兄弟,相見無幾,屢書促觀察君歸。

三年五月,觀察君歿於保定府,君聞秏大痛。又前守新會,積受暑濕,至是病益增劇,遂以七月四日卒,春秋六十有五。娶丁恭人,側室惠宜人。子五:爾楨,長蘆候補鹽大使;爾棨,由國史館謄録議叙候選鹽大使,并加同知銜;爾榕、爾楫、爾植,皆早世。孫六:世昌,光緒三十年進士,今官吏部主事;德昌,二十九年進士,廣東河源縣知縣;克昌,太學生;芝昌,廩膳生,早卒;穀昌、燕昌,皆縣學生。曾孫十五人。玄孫二人。曾孫輩,長者均能讀書,克世其家。

孫葆田曰:予聞陳府君守新會事久矣。同時守潮陽者,爲濟寧李君,後因保升知府,官至廣東巡撫。而君則中道解組歸,歸又不四五年以卒,世或甚惜之。然予觀新會何君所爲《陳侯生祠記》,及縣志所書宦績,其功德在人遠矣!世昌兄弟并從予游,間示予《新會靖變識略》與《岡城枕戈記》,叙戰守事甚詳。予獨取何君志論與世昌所述行略著於篇。士之遭變而不能守者,其必如陳府君之知人善任,以忠誠自矢,而後能審所處哉!

郭式昌

署浙江按察使分巡金衢嚴道郭公墓志銘〔二〕

林紓

郭氏自唐汾陽忠武王孫嵩咸通中入閩，居福清之澤朗鄉，再遷遂籍侯官，至教諭階三公，族始大。教諭五子皆登科，其次曰柏蔭，最賢而貴，出嗣教諭之弟世厚公，以翰林歷官江蘇、廣西、湖北巡撫，署湖廣總督，國史有傳。

中丞公子六，公次長，諱式昌，號穀齋。廉素通贍，早歲屬文婉有辭況。十六入邑庠，逾年食廩餼。然即遠慕勳效，留意牋牒，既用軍功得知府，始舉於鄉，再罷春官試，乃宦浙。湘鄉蔣果敏公方以勛誠撫粵，檄公佐戎幕。濱海客民倡亂，既受創，而强者負固不下。公單騎即賊中撫慰，乃投械爭出款於軍前。果敏上其功，賜花翎，遂權肇慶府事。賞拔鄭公紹忠於罪籍中，後卒爲名將。果敏求治急，所屬咸莫便其私，督府瑞文莊病之。公進規果敏，恒以官胡交讙爲言，

〔二〕 本篇載《畏廬文集》，題作「誥授光禄大夫二品頂戴升缺後加頭品頂戴署浙江按察使分巡金衢嚴道郭公墓志銘」，題下有小字注「代」。

然果敏終以直去。文莊知公温裕，常調和兩府間，遣客道意留公自佐，公不可。

戊辰歸浙，權温州府事，再權湖州，旋移台州。台州黄金滿者，盗俠也，椎埋攻剽，廢亂郡中，恒依山阻隘，恣爲醜圖。官軍累趣莫勝，浙中大震，而臺諫論列，至伍之黄巢、方臘，斥爲雄渠。公單車至治，進台之父兄，叩以賊蹤所自，知客兵多爲賊詗，急檄趣移軍内屯，别募土著，使人自爲守；復以嚴法繩蠹吏，蠲斥苛斂，與民休息。金滿奸狡，恒以官吏貪酷狀扇其徒類，至是知無倖，遂歸誠於彭剛直公。剛直許之，偕浙撫飛章入告。公請諸剛直，令隸長江水師，剛直檄公往簡其衆。賊中知公至，液人葠飲公，左右疑有毒，肘公勿進，公若弗省者，盡之。賊大感動，遂受令，果出隸長江軍，台事始大定。

甲申，丁中丞公憂去任。服闋，到浙歷權杭州、金華府事。癸巳，以大臣明保引見，奉旨仍發原省遇缺即補，并交軍機處存記。其冬題補台州府知府。甲午，海運北上，護理糧道，旋省檄權處州，未至，道更湖州。丙申，復歸台州。於是公莅湖三、莅台再矣。台固盗藪，舍斬刈無術，公獨静鎮無擾，盗亦不作。台人稱曰「郭佛」。

戊戌，復以疆臣薦，晋道員。庚子，義和團起，衢州奸民亦煽動，既殺教士，殲及稚弱；復劫取縣官，叢槊洞腹背，戕其二子户次。外人大閧，將勒兵搗杭城。是時東南方立互保之約，劉忠誠公自金陵馳書問狀，大吏始取爲亂者刑鞫於府治。然外人責首惡急，衢人益潛煽不已，大府謂公夙望，移公爲金衢嚴道鎮之。公得檄，親故咸止公，公曰：「人臣舍難事勿任[一]，孰宜任其難者？」卒往，諭士民令安堵，釋其株連者，懸金購魁率不旬日果得盗，外人責言始息。公前以籌餉功加二品頂戴，中丞任公臚公政績入告，得旨升缺後加頭品頂戴。甲辰冬，奏署按察使。時公患脾泄甫愈，歲暮冒風雪登程；既受事，理公牘，接僚佐，未嘗休息。告公子侍郎曾炘等，將解官卜宅吴閶，顧卒以積勞成疾，遂不起。

公平日靖默，接人誠恕。自出貴胄，躋監司，被服寒素。晨起治官書罷，即批點書史，用以自娱樂。服官四十餘年，所至有聲，顧厲約未嘗冒進，晚歲始補郡。中丞公無遺蓄，公復量己審分，不欲以財自累，故身没後囊篋蕭然，然無一語及於家事。

公生於道光十年五月初十日，卒於光緒三十一年二月二十九日，年七十有六。聘周氏，配陳氏，誥封一品夫人。側室蔣氏，誥封恭人，貤封夫人。皆先公卒。子七人：曾炘，庚辰翰林，改主事，直軍機處，裁缺通政使，署工部、户部、禮部侍郎；曾準，壬辰翰林，改江西泰和縣知縣，調新建縣，候選知府；曾程，己丑進士，内閣中書，江蘇元和縣；曾鈞，長蘆運判；曾法，議叙鹽

[一] 人臣舍難事勿任：「勿」，《畏廬文集》作「弗」。

大使；曾量、曾轍〔二〕，俱庠生。女六：長適四川忠州知州陳春瀛，次適庠生楊伊年，三適國學生何可齋，四適庠生林斯欽，五適舉人范彦璋，六適京師大學堂肄生林斯高。孫十三人：則泌，庠生，補用知縣；則澐，癸卯進士，選庶吉士，武英殿協修；則瀚、則洵，俱庠生；則涑；則濬，庠生；則范；則江，三品蔭生；則濟、則溉、則濂、則沛、則涪。曾孫三人：可詵、可誦、可訥。公子曾炘將以十一月辛未葬公於福州北關外龍腰山祖塋，來乞銘。公子和悌美令，聳善虚己，有大臣風，余昔掌禮曹，嘗爲同僚，而則澐又余癸卯禮闈所得士也，知公盛德行且大盛其門，爰爲銘曰：

尚書帥楚，實平楚政。清績貽後，門業斯盛。公抱純節，嗣起勳伐。歷將五州，用遏梟訐。天台隆崇，盗蕃其徒。窺擾越中，逋我靈誅。牙兵偶賊，肥狼腯貙。公往莅之，扼其襟要。扃鑰既啓，原火胡燎。名貫大彰，世欽節臣。爰履升途，逾懷澄清。三衢變生，兩旅見殊。殺尹翻城，洞腹拔鬚。連帥雌懦，震局莫可。西鄰責言，迺及憲坐。公奮武怒，立夷渠魁。拔莠遂良，鏡服奸猥。越甸既清，帝命升擢。美效夙著，輿論交作。名子繼武，實帝樞近。翎章墨綬，仲叔連畛〔三〕。嶷嶷群從，孫枝尤振。生榮死哀，忠概日彰。私曰令家，公則國祥。既羡既封，以安以藏。我銘公宫，嗣續永康。

〔二〕曾轍：「曾」字原脱，據《畏廬文集》補。
〔三〕仲叔連畛：「連畛」，《畏廬文集》作「連軫」。

顧文彬

浙江寧紹台道顧公墓志銘〔一〕

王頌蔚

光緒十五年十一月某日，元和顧公卒於里第。越歲三月，曾孫則繹等，舉公匱祔於吴縣十四都下四圖下沙塘先塋之次，啓浦夫人兆而合堋焉。又明年辛卯，余從妹夫麟軺，援淮南杜君追志之例，郵狀徵銘，次其語曰：

公諱文彬，字蔚如，號子山，晚號艮庵。緐世詳吾師馮中允所纂《春江顧公志》。公以諸生中道光十一年舉人。越十年，成進士，釋褐爲刑部主事。咸豐三年，補福建司主事，遷陝西司員外郎。四年擢福建司郎中。六年，補湖北漢陽府知府。七年，擢福建鹽法道〔二〕。十年，遭父喪解職。同治九年，補浙江寧紹台道，任事未五稔，引疾去。

公服官中外二十餘年，所至以賢能稱。在刑曹日，於律章訟比，盡心甄究〔三〕。省累年滯獄，

〔一〕本篇載《寫禮廎文集》，題作「清故布政使銜浙江寧紹台道顧公墓志銘」；又收入《碑傳集補》卷十七。

〔二〕擢福建鹽法道：「福建」，《寫禮廎遺著》《碑傳集補》作「武昌」。

〔三〕盡心甄究：此下，《寫禮廎文集》《碑傳集補》有「務得廉平嘗隨節按事瀋陽，同官病，未能訊牒，公獨自料」二十二字。

浹辰之間決遺殆盡。故事，使者張旝入境，有司逆勞維謹，自歸餽曁贈賄，必極華腆。而公兩爲小行人，峻絶階梯，壹切勿受，以是見重上游，考格登最，御屏簡記基此矣〔二〕。公之以知府發往湖北也，總制官文恭公署公軍諮。時武漢新克〔三〕，莫中簿領填委，公結舫而居，匹馬綺褶，往來江岸風雪中，疾書遽奏，占對不絶，恒至丙夜。撫軍胡文忠公與文恭不相中，任官敷政，時或牴牾，得公一言輒解，嘆曰：「制府忠厚長者，惜用人太濫。如顧某者〔三〕，不愧端人正士。」公由典郡陟監司，不及五旬，蓋文忠器公久，因密薦之也。左文襄爲某鎮所誣，朝廷命文恭及錢副憲寶青治是獄。文襄懼辱，書抵文忠，誓死不就逮。公稔文襄非常人〔四〕，力請於文恭，獄得解。時吾鄉潘文勤抗疏明文襄亡它，謂才可大用，海内至今嘆誦前識；公營護事隱，世尟知者。

庚辛之際，全吴淪莽，四方僑寄，鱗萃滬瀆，孤城黑子，群賊覬視其旁，舉烽赤天，訛言一夕數起。公奉命幫辦團練，憂形於色，首創逆師皖中之議，當事持不可。反覆陳嚳，迺許，猶以艦

〔二〕御屏簡記基此矣：「基」，《碑傳集補》作「始」。
〔三〕時武漢新克：「新」，《寫禮廎文集》《碑傳集補》作「初」。
〔三〕如顧某者：「某」，《碑傳集補》作「君」。
〔四〕公稔文襄非常人：「稔」，《碑傳集補》作「諗」

艫未具、餉餫亡出難之。公謀之吴方伯煦，委曲籌備，始獲濟師，用成今相國李公鴻章平吴之功[一]。大難已夷，文恭走書幣禮請，公以禄不㒵養[二]，深維止足之義，固辭不就徵。居頃，丁公日昌撫吴，復具疏力薦，而日者相公終當再起，不得已，遂行。觀察浙東數年，於市易交聘事宜，剛柔操縱，胷中窾會，而填閼鹹河一役，利賴農田尤普云。

公文學淹贍而未參侍從，才堪方任而位終監司。雅性冲憺[三]，不慕時榮，年未懸車，投劾歸里。家居十五年，義行不勝書，在公爲小節，故不具。

卒年七十九。夫人浦氏，婉娩賢淑，門内無間。子廷薰，諸生，候選通判；廷熙[四]，監生；廷烈，更名承，附貢生，候選翰林院待詔。皆先公卒。廷廉，幼殤；煦、榮[五]。女適奉天府丞新陽朱以增[六]。孫麟祥，三品銜浙江升用知府；麟元，附貢生，候選翰林院孔目；麟誥，增貢

[一] 用成今相國李公鴻章平吴之功：「鴻章」二字，《寫禮廎文集》《碑傳集補》無。
[二] 公以禄不㒵養：「㒵」，《碑傳集補》作「逮」。
[三] 雅性冲憺：「憺」，《碑傳集補》作「澹」。
[四] 廷熙：《碑傳集補》作「廷照」。
[五] 榮：底本及《寫禮廎文集》《碑傳集補》皆作「棨」。按，此當指顧文彬第九子名顧榮。《過雲樓日記》載光緒四年十月初六日「新生榮兒剃頭」，據改。
[六] 女適奉天府丞新陽朱以增：「奉天府丞」，《寫禮廎文集》作「奉天府府丞」。

生，廣東候補鹽大使；麟韶，附貢生，五品銜分省補用鹽大使；麟頤，附貢生；麟士、麟澥。孫女四，許、適皆士族。曾孫則忠、則萬、則義、則壽、則繹、則立、則潤、則效、則明、則正。曾孫女十一。

公帖經而外，詞學最邃，集古之妙，與長蘆㢈堂相軒輊。晚築怡園，極水木之勝，弆藏法書名畫甚夥。鑒别精審，雖朱性父〔二〕、張米庵，未或過也。著有《過雲樓書畫録》及詩詞各若干卷，藏於家。公殁後，吴中邑義追念平吴舊勞，申牒請祠，入奏報可。十八年某月，祠成，以此志函壁，纂者户部員外郎長洲王頌蔚，書人則公門人，翰林院編修、武進費念慈也。銘曰：

江左名閥，希馮令裔。鬱生賓臣，幹國經世。早謝纓紱，歸卧東岡。文酒俶儻，泉石平章。龕定吴會，公首建策。立廟告功，椸豆永式。香水南帶，硯山西屏。魂魄樂此，慶綿億軨。

〔二〕 雖朱性父：「父」，《寫禮廎文集》《碑傳集補》皆誤作「文」。按，朱性父即朱存理，明代長洲人，精書畫鑒賞。

譚宗浚

署雲南按察使糧儲道譚君傳[一]

《南海縣續志》

譚宗浚，原名懋安，字叔裕，南海人[二]。瓊州府教授瑩次子。少承家學，聰敏强記。年八歲，作《人字柳賦》，即爲時所誦。年十六，中咸豐十一年辛酉舉人。是年計偕入都，時英夷和議甫成，宗浚感慨山川，爲《覽海賦》，洋洋數萬言，沈博絶麗。同治十三年甲戌，成進士，以一甲第二人及第，授翰林院編修，充國史館協修、纂修，方略館協修，教習庶吉士，加侍讀銜。

光緒二年，督學四川，風裁峻整。任滿時，選諸生詩文爲《蜀秀集》，風行海内。八年，充江南鄉試副考官，所得多知名士。十一年，京察一等，記名道府。宗浚不欲外任，向掌院力辭，掌院不允。居恒常言：「吾非厭吏事，但未能自信。家世文學，勉爲循吏中人，不若勉爲儒林文苑中人耳。」時方奏修國史儒林文苑傳，派充總纂。手定條例，博訪遺書，闡揚幽隱。以前傳所録

[一] 本篇載宣統《南海縣志》卷十四。

[二] 南海人：《南海縣志》作「捕屬人」。

多大江南北、兩浙、山左諸人，因采山陝、河南、四川、兩廣、滇黔等省文學出衆者，補入傳中，以著熙朝文治之盛。

旋簡放雲南糧儲道。在滇兩年，先後修濬白龍潭等十餘河，溉田六千餘畝。設古學以課士，辨積穀以備荒，增置普濟堂以惠孤寡。兩權按察使〔二〕，於歷年積案多所平反。宗浚以文學之臣，服官於滇，鬱鬱獨居，遂嬰痼疾。上書移病，爲紳民所留，上游弗允其請。十四年二月，復呈請開缺，上游以病軀積憊，不忍再留，據呈代奏，有「該道品端學粹，才富年强。到任以來，修理河渠，督勸開墾，勵精圖治，政有本原。兩權臬篆，尤能認真清理，不憚艱辛」等語。瀕行時，貧不能辦裝，上游令志書局撥給千金，始得成行。登程後，濕熱鬱蒸，足疾增劇。行至廣西隆安，卒，年甫强仕，論者惜之。時十四年三月二十八日也。

宗浚論駢體文，謂「宜獨闢町畦，勿趨時賢所尚」，深以應俗贋古爲戒。所作事覈言辨，根柢盤深，由絢爛漸趨平淡。詩醇而肆，不名一體。在滇所作，多憤激凄切之音，曾作《止庵上梁文》，尤爲凄麗。著有《遼史紀事本末》十五卷，《希古堂文甲集》二卷、《乙集》六卷，《荔村草堂詩鈔》十卷。

〔二〕　兩權按察使：「使」，《南海縣志》作「司」。

陳建侯

贈内閣學士湖北道員陳公行狀〔二〕

林紓

曾祖諱善，國學生。祖諱兆鶚，大挑一等，山陽縣知縣。父諱恭纘，國學生。三代均贈資政大夫。

公諱建侯，字仲耦。系出固始，明洪武時由新寧遷閩之螺江，再遷而城居。公七歲而孤，隨母邱夫人及兄懋侯、弟寶麟、毅侯從大父山陽公於任所。公與兄懋侯孿生，山陽公字懋侯曰伯雙，字公曰仲耦。公生而英特有殊禀，讀書跨絶儕輩。山陽公謂邱夫人曰：「吾薄宦，新婦苦節，顧兹二孫，即天所以厚汝也。」公兄弟應聲哭。山陽公清貧，卒於官。赭寇方窟金陵，南北道

〔二〕 本篇載《畏廬文集》，題作「資政大夫贈内閣學士陳公行狀」。

梗，公迺就贅於河南龔氏。

咸豐乙卯，應順天試獲雋，時年十九。再試禮闈報罷，遂入貲爲郎。咸豐辛酉道汴，將以適閩，河南巡撫嚴公才公幹略，遂奏留河南營次。公畫治軍書，夜讀陸宣公、蘇長公奏議；張輿圖壁間，詳審用兵奇正〔二〕，扼守出没之道，策多奇中。嚴公破賊於老君塘，公以騎從，大勝，將卒效首虜於前，公方灑翰爲露布，神宇蕭閑，若無事者。叙功，得直隸州知州，又以本籍團練捐資獎叙得知府。

嚴公移節鄂中，代者爲鄭公元善，公復留佐鄭公軍。時捻匪十餘萬圍忠親王僧格林沁於陳留，羽檄至軍，鄭公醉弗省。公起發令，飭吴公元炳、張公曜兩軍援陳留。鄂軍軍杞縣，陳留圍解，捻揚言將反撲杞縣，未至。吴、張兵既出，杞備單外，公以數騎乞援僧軍，遽返面鄭公，告王且至。乃登城望僧王軍，騎士盡黑衣，萬蹄蹴踏，疾行無聲。王顔色赤逾丹砂，迎笑馬上，謂鄭公：「昨日中丞援我，今我反援中丞耶！」全軍受犒而去。是役也，微公此軍殆矣。尋鄭公被論，公亦辭勞弗居。

同治紀元，用嚴公薦，移官湖北。以築天門縣白沙潭各漬口工竣，天門、沔陽、漢川賴以無

〔二〕　詳審用兵奇正：「審」，《畏廬文集》作「稔」。

患，遂權安陸知府。受事五日，京山警至，捻由東路迴竄，游騎已及九里岡。時河防方急，聞者皆爲公危。公策劇捻累躪鄂中，應無餘戀，其往來游弋，意在渡河。然河淺船單，而潛江之張接港、鍾祥之臼口，咸沮洳可渡，宜以重兵扼守，堅壁勿戰，專以牽掣賊勢，并可爲下游水師聲援。賊知有備，遂由長壽店邐迤趣東北去。時援兵四集，霆營以索餉滋擾，大肆焚掠，鄂帥飭公爲備。公勒兵要隘，遣騎載牛酒犒師，士卒猶囂，公與鍾祥令孫福海馳至撫之。遇營弁某，公按轡遥呼曰：「若非某統領舊部乎？我安陸太守也，曾識若，猶憶之乎？爲我撫兒郎，過境慎勿囂動！」弁立馬聲諾，整兵遽行，郡中帖然。大吏上防捻功，晋鹽運使銜。河決鍾祥，漂没田廬萬數，居民升屋騎危，呼聲四徹。公自行堤，水勢噴激，堤且潰，公屹立勿動，堤卒以完。分督吏民，載糒四出，且賑且援。役江茂索民百錢，駐篙弗救，公喟然曰：「數命呼吸立盡，以百錢故忍置之死，此真無人心矣！」法宜斬，趣索劍。吏役環請百數，劍至，立斬之堤上以徇。馳報鄂帥，帥稱曰能。遂調任漢陽府。漢陽人健訟，舊立發審局於武昌，聽讞者必渡江。舊守憚風險，每以疾解。公日必一至，平反失入者積卷高可隱人。奏調新關。期滿入覲，奉特旨補缺後以道員用，遂授德安府知府。屬邑應山盜戕主人，令周某大索不得，以非刑鞫小竊三人成獄上之公。公攄囚怪顔色不類，更鞫得實，檄周令至郡，俾自檢舉。令夜馳及傳舍，蟲入其竅死，嗣尹遂出三人於法。公任德安二年，力主教養，人士始大嚮學。湘鄉曾忠襄公累疏薦之。

光緒七年，丁母邱太夫人憂。服闋，仍留湖北，以道員歸特旨班敘補。委辦宜昌鹽局，積弊一清，增税款數十萬緡。捐資設因利局，以濟貧民。十三年，權荆宜施道，修清節堂、救生局、官醫局，遵前觀察使倪公文蔚舊規也。

公先後官湖北二十餘年，總督李公瀚章、卞公寶第，巡撫郭公柏蔭、潘公霨，布政何公璟，皆薦公才可大用。十三年五月，入都引見回鄂，而倪公文蔚出撫河南，河决鄭州，專疏調公入豫。公以楚豫接壤，計程數日可達，然黄河全溜入淮，須即下游履勘，且少隨大父官盱眙、山陽、安東諸縣〔二〕，於洪澤、高寶二湖及雲梯關形勝較審，繞道清淮，咨訪父老，講求疏築之法。風雪嚴寒中，至商丘，卒於逆旅，年五十有一。倪公上其事，贈内閣學士，并取其事略宣付史館。

公生平學宗陽明，嘗謂：「良知之説，用以折獄，尤易感動愚民。」與伯雙太史同精易學。太史治易，專主五位，而以用九用六之得失，辨卦爻辭吉凶，其義例一本《繫辭》。公則兼治象數，專寫卦畫，命其書曰《易源》。又病近代讀書於形聲訓詁卒未通曉，復著《説文提要》二卷。均鐫板行世。他如政書、詩文集各若干卷，未梓。

〔二〕安東諸縣：「安東」，底本及《畏廬文集》皆作「支東」。按清代無支東縣，而《江蘇省通志稿・職官志》卷十九淮安府屬安東縣下載「陳兆鵾，福建閩縣人，舉人。道光二十三年七月調。見李奏議加迴避」，據改。

公三娶名媛，嫡龔，次何，次宗，篴周。二子，長希賢，龔夫人出，壬辰進士，由庶常補外，歷任金華、錢塘、仁和三縣，政聲蔚然；次希彭，篴周安人出，淮揚鹽大使。長孫體仁，以公蔭得知縣；次體立；又次某某。女二，一嫁葉在誠，癸巳舉人；一字黄家璋。希彭、體仁、體立皆從余受經者，屢述公軼事甚悉，公事略已上史館，因請余補狀。

余爲公鄉里後進，聞公盛德垂二十年。迨來杭州，晤公賓客，稱道舊恩，猶有泣下者。公性至孝，而母邱太夫人尤端嚴有家範，自服儉素。公既綰符爲郡，太夫人猶督責之如成童時。親故至鄂，太夫人必人予一裘，媪嫗有乞其敝襦，太夫人製新襦予之，曰：「此敝襦，存之以著吾家法，非吝不汝與也。」每嘗新，府上下均得賜，而公朝服外無鮮衣，太夫人亦然。至督鹽宜昌，公歲節其羨，盡用以施貧薄。儲善藥屑以和茶，届夏而施，至秋畢，歲糜千餘金。光緒丙戌，漢陽大火，焚死百數，公一一購材爲柩叢葬之。太夫人嘗語公曰：「而祖山陽公以擅發倉粟鐫級，後事得直，賜藍翎，并奬以『樂善好施』。若念祖德，尤勿忘國恩也。」故公當官以清勤自誓，至死無改夙操。公戚林壽昌嘗言公在宜昌時，百金購女奴，奴私言爲人家養媳。公聞之，立命訪其婿家，呼以來，立之廳事，俾奴隔簾箔望之是也，掀簾出哭。公喜，諏吉爲之合巹，且以資遣之。宜昌人無不多公長者。公遺事至多，不勝録，國史既傳其大者，餘從略可也。

吴丙湘

河南候補道兼襲騎都尉又一等雲騎尉吴君墓表[一]

孫葆田

光緒二十二年十月乙丑，河南補用道吴君卒於寓邸，春秋四十有七。無子，遺命以從兄之子叔榮爲嗣。於是中州士大夫咸往吊哭，又争賻其家。有聞知者咸嘆曰：「此忠節儀徵吴公之嗣也，天胡爲而不永其年哉！」

君諱丙湘，字次灊，初名進泉。生於雲南總督節署，故又字滇生。父文節公諱文鎔。生母王氏，以君貴，贈夫人。君生三歲，而文節公殉難於湖北黄州。先是，文節公奉命移督湖廣，不欲以家室自累，遂命君母子入蜀，依叔父通奉公於叙州。時通奉公無子，撫君如己出。而君適長兄曰養源，以任子觀政刑部，兼襲世職，同治初歿於京師，無子。又數年，君長，始承襲如例。

君天性孝友，事母王夫人怡聲柔色，曲得歡心。母偶怒，輒長跪自責。居母憂，自初喪至葬，坐卧不離柩側。事寡嫂尤盡禮，尤加敬焉。嫂卒於母家，君親迎其喪歸，并求當世能文之士

[一] 本篇載《校經室文集》卷四，題中「一」下無「等」字。

表其節行。自文節公卒後不十年，而刑部君繼之，又數年而通奉公亦卒。家世清貧，居無恒産，又迭遭喪，故門祚衰零，獨賴君支拄其間，夙夜兢兢，罔或失墜，人咸曰吴公有子。

爲文喜駢體，沈博絶麗，非時人所及。在庠序，日有聲，顧七試鄉闈輒被屈。光緒十四年，始以廪貢生舉京兆試。明年成貢士，遵例由府同知得道員。十六年，補應殿試，賜進士出身。朝考二等，呈就本職分發河南補用。君於是年四十有一矣。初娶黄氏。繼娶錢氏，某官某之女，生女一，適望江倪某。

始予先大夫嘗事文節公爲屬吏，黄州之役，公檄先大夫勸捐黄陂、孝感，獲免於難。先大夫每爲予兄弟言隨公守武昌及出師事，輒流涕不禁也。同治戊辰、己巳間，君游湖北，先大夫方需次省垣，聞君至喜，數共往還，因命予兄弟見焉。是時君年未二十，詞氣儒雅，進退雍容。其後先大夫及予兄弟兩次過揚州，皆嘗訪君，或遇或不遇。至光緒二年秋，予奉先大夫之喪過揚，君至舟中吊唁，意氣懇懇慇慇，自是遂别去。後十餘年，嘗再見於君從兄寧國府署。又三年，而君以道員發河南，予適從予弟任所，還至汴，又再見焉。每見則君學益進、養益純，尤好諮訪當世忠孝節義事，嘗以寶應孔烈婦殉夫事略詢予，思爲廣求詩文以表章之。所輯有《傳硯齋叢書初集》《續集》，皆搜采前人遺稿未付梓者，其用心遠矣。烏虖！孰謂君遂止於斯耶！

君之卒也，予已來祥符數日，竟不及握手一訣。比君喪歸，其從弟少蓮以所撰行狀屬予爲表墓之文。予辱君知最厚，誼不可辭。獨念文節公以忠孝大節炳著天壤，君承其蔭，宜得厚報，乃以超世之才，而僅獲一第，竟不克大展其志，且又使之抑鬱以終，將所謂蒼蒼者其好惡信與人殊耶？抑自古忠臣義士，其身死嗣絶，而名乃愈昌者，天固别有意存於其間耶？烏虖！當文節公赴義時，惟知以身報國耳，固不計君之成立與否。而君以孤子嬰兒，不藉父兄之勢，卒能自振拔致科名，即不幸中道以殂，猶能使人人咨嗟嘆惜，其視世之富貴而名磨滅、甚至爲世詬厲者，所得又孰爲多寡輕重哉？予爲表著一二，君亦可以慰於地下矣。

童兆蓉

童兆蓉傳〔一〕

章梫

童兆蓉，湖南寧鄉人。同治六年舉人，報捐同知，分發試用。時粵寇初平，捻回構亂，署陜西巡撫劉典治軍三原，調辦軍務，檄領防軍别部。會回逆據金積堡，賊騎數千，由正寧竄三水、

〔一〕　本篇載《一山文存》卷五。

淳化，兆蓉率偏師迎擊，大捷。論功奏留陝西補用，并賞戴花翎。十年，護理巡撫譚鍾麟委辦律武軍營務，以防剿秦隴回逆并貴州上游土匪出力，擢知府，仍留原省補用。

光緒元年，轉運軍餉軍裝及城防各事積功，保補缺後以道員用，加鹽運使銜。三年，題補興安府知府，檄署榆林府事。時秦晋大饑，榆林尤甚，急令發積粟振之。道與縣持故事須先請，兆蓉曰：「距省千八百里〔二〕，必請而後發，民皆溝中骴矣！有罪身任之。」卒以便宜開倉賑給。事上，總督左宗棠亟嘉之。復運粟於包頭、寧夏，按户施賑，單騎巡視，歷八九月，所全活無算。會遭疫癘，幕友僕役死者相枕藉。榆林令以疫卒，縣無令，調於延安，受事未一日又卒。代者懼莫敢至。未幾，延榆綏道亦遽卒。兆蓉乃以一身兼攝道與知縣事，比户巡問，爲具醫藥，而獨不染疫。是年，巡撫譚鍾麟叙連年分防轉運功，准俟補道員後加二品銜。

六年，署延榆綏道。屬郡荒僻，士僿而民貧。兆蓉爲之拓學舍，購經史，集士勸學，甄其才俊，入署親以經義文法指授之。又以樹藝畜牧教民，俗爲變〔三〕。榆林城臨榆溪河，頻年泛溢爲灾，乃督工樓治，浚紅石峽。三年渠成，溉田萬頃，民皆利之。

〔二〕距省千八百里：「距」上，《一山文存》有「府」字。
〔三〕俗爲變：「爲」下，《一山文存》有「之」字。

八年，履興安府任，嚴治墨吏猾胥。初，府縣吏役員名數百，兆蓉汰存數十人，繩以峻法，受賕逾五緡者斥，甚者杖斃。鎮標兵爲奸利，總兵曲護之，兆蓉擒治無少貸。嚴禁私錢，陝安總兵余虎恩販私錢數萬緡，詗得其實，盡燬之。釐捐局役榜賈人索金，即牒索金者就質不得，乘間掩捕之，笞幾死。興安舊俗，貧家多童養女媳，議婚苟簡，每致訟端。兆蓉爲定婚書媒證格式，飭屬行之，得無訟。俗多淫祀，歷行禁革。安康鄉民拜樹神爲道士，雜以符咒，衆爲之惑。兆蓉親往逐之，而葺昭忠、節孝諸祠於府城。十二年，安康縣徵漕不如章，民譁圍縣署，躬往諭解。總兵及局員以前事銜兆蓉，誣爲激變，遂解任。

未幾，署漢中府。十四年，兼攝陝安道。次年，復回興安府任。適洊飢，前後請款四萬餘金治賑，惠澤周洽，與榆林埒。二十年，四川萬縣寇發，秦邊震動，巡撫檄兆蓉務持鎮静。寇入紫陽境，潛率兵擒其渠周鑾刀，餘衆皆潰。

二十二年，調補西安府，治尤繁劇。巡撫魏光燾知其才，凡吏治軍政，悉倚以辦。三攝西乾鄜督糧道，手訂徵糧改折章程，上下稱便。蓋兆蓉宦陝最久，在興安前後逾十年，惠政在民，民愛之如父母。所至嚴治盜賊，興安當川楚要衝，兵後伏莽滿地，兆蓉至，盡芟薙之，沿漢數千里道路晏然。權漢中，及再任興安，獲劇盜數十置之法。尤長於斷獄，在漢中平反鳳縣死罪五人；興安平利黄老五、安康蕭張氏，獄皆已處大辟，廉得其冤，悉出之；最後在西安讞局，亦屢平反冤獄。督撫以卓異人才累薦，得旨交軍機處存記。

二十六年，擢授浙江温處道，次年始之任。時中外和議初成，天主教勢張甚，積案纍纍。兆蓉首飭清釐庶獄，親案治問訊，選吏督鞫，以便宜讞結。凡入教之民，訟獄依律治之，無寬假。瑞安縣民楊茂奶與天主教積爨，法國神甫趙保禄必欲殺之，挾兵船至温州，索茂奶甚急。兆蓉據公法約章以争，保禄盛氣要詰，兆蓉曰：「彼於律不當死，我不能殺人以媚爾。必强我者，請與爾質成於外務部。」保禄氣阻，茂奶卒獲全。是年六月，颶風爲灾，玉環、樂清諸廳縣及濱海靈崑各島潮溢，壞塘堤田廬無算。兆蓉捐俸施賑，復撥鹽釐餘羡四五千金，爲築堤疏水，招集流亡，計户口給籽種。以屬縣糴貴，復發款萬餘金俾購米鎮江、上海。又請奏留冬漕萬二千石，運温州分屬平糶，仍以餘金儲穀二千石備荒。其爲小民籌生計周悉類如此。朝旨頒新令，兆蓉均實力奉行，而尤鋭志於教養。以温處士學不昌，剴切勸諭，捐購蒙小學書十餘種，分給各廳縣，令多設小學堂。復選高才生，每廳縣二人，資送日本學習師範。由是風氣始開，擔簦渡海者踵相接。又以兩府利源未闢，議興蠶桑以救其敝，捐金采買桑秧，歲以十餘萬株計；建蠶桑學堂於郡城，以中西育蠶新法教授之，平陽、樂清咸設有分局，蠶桑大興。復立工藝局，凡輕囚訟繫，曁無業罷民，悉收入局懲艾之，教以手工粗藝。行之數年，所感化甚衆。又議開商會以振商務，設温處學務分處以重教育，條理粗具，諸政以次舉行。

以光緒三十一年卒於任。先是在秦時，以捐助陝賑給頭品頂戴。宣統元年，陝西巡撫恩壽據紳民張成勳等臚陳事迹，奏請直付國史館立傳，從之。

浙江温處兵備道童公神道碑銘[一]

孫詒讓

光緒三十一年七月，温處兵備道寧鄉童公卒於位，於是兩郡士民念公教養之德，淪浹肌髓，相與具牘臚陳於行省，請奏宣付史館。既而陝西士民亦以公在陝治行上陳，如温、處。蓋公以乙科起家，崇建勛績，剔歷監司[二]。生平宦迹，在陝最久，威惠周洽，感化至深。而其在浙，則適當國家更法自强，公奉行禆贊，方將大有所經畫，而未竟者尤多，斯皆士民所爲感念悕悼而不能忘者也。

公諱兆蓉，字紹甫，一字芙初，世爲湖南寧鄉人。少孤，家貧力學，沈毅有大志。弱冠補縣學生，同邑故陝西巡撫劉果敏公典深相推重。同治丁卯，舉於鄉，試禮部報罷。時果敏方治兵三原，

[一] 本篇載《籀高遺文》卷上，題作「誥授光禄大夫頭品頂戴二品銜賞戴花翎浙江温處兵備處兵備道童公墓志銘」，文字與本書所收差異較大，兹不出校，而將全文附録於本篇後，俾資參照。又收入《碑傳集補》卷十九，題作「誥授光禄大夫浙江温處兵備道童公神道碑銘」。

[二] 剔歷監司：「剔」，《碑傳集補》作「勴」。

馳書聘公襄戎幕，以統軍剿寇，積功保舉府同知，晋知府、道員用，奏補陝西興安府知府，調西安府，擢浙江温處道，歷署陝西榆林府、漢中府、延綏道、漢中道、西乾鄜督糧道、浙江杭嘉湖道。積階光禄大夫，累次薦舉循良第一，軍機處存記，加鹽運使銜，晋二品銜，頭品頂戴，賞戴孔雀翎。

公之初至陝也，劉果敏以公知兵，舉行營事悉以相委。旋檄兼統防軍，所部多皖亳降卒，虣戾不循軍律。公受事巡視，縛其魁桀數人駢斬之，疏剔訓練，卒成勁旅。時金積堡回酋尚負嵎，勢甚熾。回騎數千，由正寧竄三水、淳化，公扼淳化□子頭，迎擊大捷。既又覯北山兵變亂，卒戕統帥高勇烈公，西安大震。以公遏其衝，不得逞。由是威望驟著，湘軍宿將咸嘆服，自愧不能逮也。

及補官治郡，則首務薅薙盜賊，撫綏雕攰。秦邊故多伏莽，興安僻遠，在山南，介三行省之衝，復丁回、捻諸匪屢擾之後，荆棘滿地。公密布方略，次第爬梳，前後獲劇賊郭家發、張兆海、唐林盛、周鑾刀、鄒日標等，置之法。沿漢數千里，奸宄屏迹。四川萬縣賊郭雲刀等竄入陝紫陽境，公率軍擒斬之。比撫檄至，則寇已平。兵後屬境彫敝，公鋭意爲籌教養。興安士習弇陋，公議拓校購書，招其雋士集官齋，親講授經史大義，指示文法，儒風驟盛。又以邊氓貧窘，尠識字，命廣設學社，以訓其子弟。復教之樹蓺、畜牧，以裕其生計。番回雜處，性悍鷙，易爲亂。公始爲回民籌資立學，風尚爲之丕變。榆林城臨榆溪河，數潰決爲害。公親督工楗治，浚紅石峽。三年渠成，灌溉利溥一郡。

尤精究荒政。光緒丁丑，關中大旱，赤地千里，榆邊饑民無慮數萬，涂莩相枕藉。郡倉有積穀，故事必先請而後發。公以灾亟，請將不及，議以便宜發振。道與令懼譴持不可，公力争不顧，卒如公議，先發倉而後以牘上。總督左文襄公深嘉其知權。議修城堤，俾以工代振。復運粟於包頭、寧夏，籍户口施振，單騎巡視，歷八九月，勞瘁尤甚。灾後繼以疫癘，榆林前後三令皆死於疫，道繼之。公以守攝道與令事，親齎醫藥，按户拊問診視，所存活無算。僚友傔從多染疫亡，而公備歷艱苦，心力卒瘁，獨泰然無所苦，人咸謂盛德之報。厥後庚寅再任興安，又值大饑，爲請帑四萬金治振。乙未大水，民多漂溺。公親歷漢陰、紫陽、安康三屬，發倉施振，葺廬埋胔，民不知灾。辛丑，温州颶風潮溢，濱海堤塘、田廬漂没圮壞不可勝計，玉環、樂清及海中靈崑各島被灾尤重。公捐俸千金，佐以鹽釐餘羡，委員施振，復爲築塘疏水，撫習灾民，給籽種，俾復業。壬寅，温、處饑，復籌鉅款，購米江蘇鎮江、上海，請截留冬漕一萬二千石，運温設局平糶，而以餘金儲穀備荒。其時又值温疫，日死人數十。公於酷暑烈日中親巡行城厢，設病院，聘醫施藥，療治者甚衆。其規畫纖悉詳至，論者謂足繼榆林之政，信不誣也。

又善讞疑獄，周慎平恕，不事刑朴，而多得其情。在漢中，嘗平反鳳縣死罪五人；興安平利黄老五、安康蕭張氏，獄皆附大辟，公廉知其枉，一鞫得直，盡釋之。其移西安也，巡撫魏光燾知其平允，以讞局委公，平反冤獄尤衆。公又以貪吏猾胥藉勢爲奸利，尤痛嫉之。興安府役及船牙素横恣擾民，公至，汰其名員數百，僅留數十人，嚴繩以法，受賕者斥無赦，甚者杖殺之。嘗巡視漢水堤工，遇總兵余虎恩泛舟販私錢，公詗知之，率健卒圍其舟，大索盡燬其錢數萬緡。鎮標兵暴横莫敢攖者，鳌局胥苛擾商人索賄，總兵與局員皆庇之。公檄索不得，密遣隸掩捕治之，無所貸。會安康令以徵糧逾章，民譁圍令署，公親往撫諭始解。總兵局員以前事銜公，因構飛語，謂公激變。巡撫鹿傳霖將嚴劾，總督譚公知公賢，竭力保全，僅得解任。蓋公宦陝十餘年，勤政愛民，治行卓著多類此。

温州自與歐美各國通商開埠，内治外交重事，咸兵備道主之。公至，又適當庚子亂後，朝廷方更新法庶政〔二〕，而俗吏多循常蹈故，不能奉揚明詔。公獨曠觀遠覽，知非教養不足以振衰拯弊。首檄守令廣開小學〔三〕，購書頒給，俾士林有所津逮。又飭屬縣遴高材生各兩人，俾赴日本學習師範、實業，捐俸爲治裝，人佽銀圓百。由是風氣大開，新機漸暢。又開蠶業學堂，以西國飼蠶新法教士。歲遣人購湖桑秧十餘萬株，分諭士民領種。復設工藝局，集輕罪頌繫及無業游民，教之捆屨織作。行之數年，感化甚衆。又常以官奉佽助湘省中小學堂、明德學堂、武昌商旅學堂，及邑子游學日本學費，前後皆巨萬金。蓋公所至，必惓惓於教育。嗚呼！教養不舉，則凡

〔二〕朝廷方更新法庶政：「法」，《碑傳集補》無。
〔三〕首檄守令廣開小學：「學」下，《碑傳集補》有「堂」字。

百新政無所施，公其知之矣。

自同治初元，朝廷戡平大亂，湘軍勛績冠一時，將相監司布列各行省，而宿儒舊將多持高論，嚴守藩籬，以擯異族。逮甲午倭議成，時局驟更，舊論稍絀，而新學漸孳。戊戌更化，湘中諸豪俊奉行新法，尤鋭厲無前。蓋老成者率重變古，而少年多喜更新，兩議斷斷未有所定。惟公儒文俠武，兼資博綜，而高掌遠蹠，精究時務，獨能通新舊之郵，而祛其偏駁。綜論生平，治兵以律，馭吏以嚴，忠亮廉平，憂時愛國，有古名臣之風，非夫識燭幾先、量周域外，其能躋於是乎！曩者日、俄協議，浮議蜂起，謂强鄰環伺，將有大變。公憂憤扼擥，密電江督魏公，請亟籌備大計〔二〕，願毀家以助軍。又請招致豪傑，蠲除黨禁。所陳皆中機要，魏公不能用也。

温州自庚子和議後，景教勢熖熏炙，教士干預獄訟，撓我主權。公申明條約公法，痛抑之。瑞安民楊茂奶與天主教積忤，法國神甫趙保禄挾兵船至温索之，必欲置之重辟。公引義力爭，聲色俱厲，保禄卒絀去。蓋公居平端謹，若不能言，臨大事則義憤勃發，執節不撓類如此。

公夙嗜宋儒之學，清節厚德，照耀一世。在漢中，嘗以行邊宣播威德〔三〕，却蒙古王名馬珍物

〔二〕請亟籌備大計：「備」下，《碑傳集補》有「俄」字。

〔三〕嘗以行邊宣播威德：「威」，《碑傳集補》作「盛」。

之獻，而於家則捐金累萬，購置義田贍族，又立學以教族子弟。湘撫上其事，傳旨以「樂善好施」嘉獎，賜扁建坊，鄉里榮之。斯咸世俗所稱述者，在公蓋不足紀已。

公生於道光戊戌閏四月二十二日，卒於光緒乙巳七月十六日，年六十有八。始祖嗣興，明季由江西遷寧鄉城南企石岡。曾祖普盛，祖開萬，考道衮，皆以公貴，贈光禄大夫。曾祖妣氏易，祖妣氏賀，妣氏黎，夫人氏張，皆贈一品夫人。張夫人𣅳側室楊宜人，皆先公卒。三子：長府學生、同知銜候選知縣光嶽，次花翎陝西候補知府光策，三兵部武庫司學習員外郎光業。女一，適善化陳□□。孫六人：錫梁、錫蕃、錫瓊、錫陛、錫霖、錫琪。孫女八人。曾孫女一人。

詒讓猥以同歲之雅，得屢侍公清讌。乙巳，公開温、處學務，分處於郡城，以總兩郡教育，俾讓理董其事，於公生平循政粹德，見聞最詳，深感公教養之惠，大有造於我鄉，而惜未克竟其施也。光嶽等以□月葬公於寧鄉□□山之原，以書來告。謹爲摭其犖犖大者，表之墓隧，以示來者，且以志吾浙人之不忘公也。銘曰：

文史雍容恣坐嘯，坐致公卿百無咎。裨瀛疑信隘户牖，簿書睉目但存舊。童公闓達天所授，儒文俠武鬱襄抱。治軍關隴初試守，鏖回蹜寇掃氛霿。莩蘇灾澹績屢報，樹之嘉禾䔺厥莠。校舍萬區甄賢秀，民戴公仁如覆燾。帝覽剡章錫彖繡，南來甄括政愈懋。明詔更新縣星宿，新機灌蕍彌宇宙。緊公贊契若圭瑁，興學劭農貴先務。學僮頒策得諷籀，俊士治裝集榑島〔二〕。新政萬端民不擾，風移識啓公所造。天不憖遺厄中壽，厥施孔多悕未究。我紀公德質穹昊，湘水可枯石不朽。

誥授光禄大夫頭品頂戴二品銜賞戴花翎浙江温處兵備處兵備道童公墓志銘

公諱兆蓉，字紹甫，一字芙初，世居湖南寧鄉縣城南企石岡。明季有諱嗣興者，由江西遷寧鄉，爲公始遷祖。曾祖普盛，妣氏易。祖開景，妣氏賀。考道衮，妣氏黎。三代皆以公貴，贈光禄大夫，妣皆一品夫人。

公少孤，貧不能具饘粥，族兄圭農太史資給之，俾就學。艱苦淬厲，文行斐然。甫冠，補縣學生。領同治丁卯科鄉薦。時湘楚諸名臣方勘平粤寇，而捻、回構亂，秦隴騷然。同邑劉果敏公典巡撫陝西，與公爲雅故，馳書禮聘，遂參帷幄。果敏治軍三原，俾總營務，旋檄領防軍。别部皆皖亳降卒，悍鷙不易馭，俾公兼統之。受事巡行，斬渠桀數人，更易部署，無敢譁者。時回酋擾金積堡，賊騎數千由正寧竄三水、淳化。公率偏師迎擊之淳化□子頭，大捷。論功，擢府同

〔二〕　俊士治裝集榑島：「裝」原作「莊」，「榑」原作「搏」，據《碑傳集補》改。

知，賞孔雀翎。會北山兵變，統帥高勇烈公被戕，叛卒趨西安。公以孤軍扼其衝，賊莫敢越。蓋公以儒生起家領軍，屢建奇功，威望驟隆，諸宿將莫能埒也。繼襄李提督輝武營務，復督全省軍需，積勞擢知府，以道員用，加鹽運使銜。

光緒丁丑，題補興安府知府，署榆林府。時秦晋大饑，榆林尤甚，急命發粟振之。道與縣執故事，須先請，公曰：「郡距省千八百里，必請而發，民皆溝中骴矣！脱有罪吾，當任之。」卒以便宜開倉振給。事上，總督左文襄公亟嘉之。復運粟於包頭、寧夏，按户施振，單騎巡視，歷八九月，所全活無算。會疫癘大作，幕僚僕役死者相踵。榆林令以疾卒，邑無令，調於延安，受事未一日又卒，代者慫莫敢至。未幾，道亦卒。公乃兼道與令事，比户巡問，爲具醫藥。體素强，至是亦心力交瘁，顧獨不染疫，咸謂至誠所感。事聞，加二品服。

庚辰，檄署延榆綏道，履任。郡屬荒僻，士僿而民貧。公增拓學舍，購經史，集士勸學，甄其才俊，入署親以經義文法指授之。又以樹藝畜牧教民，俗爲之變。榆林城臨榆溪河，頻年河溢爲灾，公自督工楗治，浚紅石峽。三年渠成，溉田萬頃，民至今利之。

壬午，履興安任，嚴治墨吏猾胥。初府縣吏役名員數百，公汰存數十人，繩以峻法，受賕逾五緡者斥，甚者杖斃。鎮標兵爲奸利，總兵曲護之，公擒決無貸。嚴禁私錢，陝安總兵余虎恩販私錢數萬緡，公詗得盡燬之。釐捐局役榜賈人索金，公牒索役就質不得，乘間掩捕之，笞役幾死。丙戌，安康令徵漕不如章，民譁圍令廨，公躬往諭解。總兵及局員某以前事銜公，至是誣爲激變。巡撫鹿傳霖將嚴劾，總督譚公鍾麟持不可，然猶解任調省。旋復署漢中府。己丑，就攝巡道。次年，復回興安郡。適洊饑，前後請款四萬餘金治振，惠澤周洽，與榆林埒。甲午，四川萬縣寇發，秦邊震動，巡撫檄詰公務持鎮静。寇入紫陽境，潛率兵擒其渠郭鑾刀，餘衆皆潰。

丙申秋，調補西安，首郡治尤繁劇。巡撫魏光燾知公賢，凡吏事軍政悉倚以辦。三攝西乾鄜督糧道，手訂徵糧改折章程，上下稱便。蓋公宦陜最久，在興安前後逾十年，久道化成，民愛之如父母。所至嚴治盜賊。興安當川楚衝，兵後伏莽滿地，公初至，盡芟薙之。沿漢數千里，道路晏然。權漢中，及再任興安，所獲劇盜魁桀無慮數十人，悉置之法。尤勤政愛民，折獄如神。在漢中，平反鳳縣死罪五人。興安平利黄老五、安康蕭張氏，獄皆劾大辟，廉得其冤，悉出之。最後在西安讞局，亦屢平反冤獄。大吏以循良第一累薦，得旨交軍機處存記。蓋上邀簡眷，駸駸將大用矣。

庚子，遂擢授温處道。甫至，署杭嘉湖道，次年始履本任。時中外款議初成，景教勢張甚，吏治叢脞，積案至數十百起。公首飭清釐庶獄，親慮囚，按名訊問，選吏督鞫，以便宜讞結。凡教民訟獄，輒依理律持平治之，無所寬假，教焰由此少戢。瑞安民楊茂奶與天主教積釁，法國神甫趙保禄必欲殺之，挾兵船至温，索茂奶甚急。公援據公法約章力争之，保禄厲聲詰責，公毅然曰：「彼於律不當死，不能殺人以媚爾。必强我者，請繫我至都，與爾對簿於外部。」保禄氣阻，茂奶卒獲全。辛丑六月，颶風爲災，玉環、樂清及濱海靈崑各島潮溢，壞塘堤田廬無算。公捐俸施振，復撥鹽釐餘羡四五千金，委員履勘，爲築塘疏水，招集流亡，計户口給耔種。以各屬糴貴，復發款萬餘金，俾購米鎮江、上海。又請奏留冬漕萬二千石，運温分屬平糶，復以餘金儲穀二千石備荒。其爲小民籌生計周悉多類此。

公器量忠亮，扼擘時事，知亟宜變法自强。會朝旨宣布新政，公實力奉行，而尤鋭志教養。以温處士學疏陋，多拘守故常，乃剴切勸諭，購蒙學教科書十餘種，頒各廳縣，俾多設小學堂。復資選高才生，每屬二人，人佽銀圓百，俾治裝赴日本學習師範、實業。由是風氣開通，擔簦渡海者踵相接。又以兩郡利源未闢，民生日窳，議興蠶桑，以救其敝。捐金數千，采購桑秧以十餘萬株計，招士民領種；建蠶桑學堂於郡城，集生徒教以中西育蠶新法，平陽、樂清咸有分局，蠶桑大興。復開工藝局，凡輕囚訟繫，梟無業罷民，悉收入局懲艾之，教以手工粗藝，行之數年，所感化甚衆。又議開商會以振商務，設温處學務分處以宏教育。條緒粗具，而公遽卒。蓋公在温五年，□畝閎算，所經畫而未竟者甚多，咸謂早暮當有峻擢，以大展其施，而不意其止於斯也。

公生於道光戊戌閏四月二十二日，卒於光緒乙巳七月十六日，年六十有八。在秦以捐振晉頭品頂戴，積階光禄大夫。同邑張氏，贈一品夫人；側室楊氏，貤贈宜人。皆先公卒。三子：長光嶽，府學生員，同知銜候選知縣；次光策，花翎陜西候補知府；三光業，兵部武庫司學習員外郎。皆劬學篤行，克紹世德。女光玉，楊出，字善化陳□□。孫六人：錫梁、錫蕃、錫瓊、錫陛、錫霖、錫琪。孫女八人。曾孫女一人。以□月葬於□山之原。

公平居敦慤，寡言笑，而治軍察吏，嚴明周慎，不可干以私。遇事務持大體，不爲苛細。憂時愛國，出於天性。尤通達時務，以邊患方亟，瀏覽報章，輒鬱懣填臆。癸卯冬，訛言俄日協商，旦暮有瓜分劇變，憂憤成疾，致密電江督魏公，請弛黨禁，招致豪傑，亟籌拒俄策，未能用也。性淡泊，清操絶俗。其在榆林，行部至府谷，邊民盗耕禁地，懼，獻金自贖。公受之，而命悉以糴粟，儲倉備振。及去任，蒙王以珍物名馬饋，堅却不受，皆嘆息去。凡官俸所入，咸以充義舉。於杭，則以漕款二千金爲錢塘江義渡資。於家，則置義田數百畝以贍族，又手訂條約，設義塾教族子弟，賙恤遠族逾萬金。湘撫奏旌，温旨賜扁建坊。捐佽本省小中學堂、明德學堂、武昌湘旅學堂費，及邑子游學日本學費，與修路恤嫠，前後殆逾二萬金。卒之日，公故里及陜浙士民聞之多感泣，相與具牘臚陳德政，請宣付史館。其盛德感人如此。

詒讓鄉舉忝與公同歲，而蹤迹暌違，未嘗一瞻顔色。曁備兵温、處，始得以部民修謁，感時局之艱棘，慨歲月之不居，賓坐雅談，輒復竟日，以是獲聞公之治績甚悉。比公卒，光嶽等以狀來屬爲志墓之文，謹爲綜緝大略，俾刊於石而系以銘：

湘江衡岳，篤萃英豪。中興勛牒，稷禹夔皋。童公匑匑，奮迹文儒。藴才種德，蔚爲時需。初襄戎幄，遂踣劇寇。剖符榆邊，惠問迭奏。文翁修學，長孺發粟。髦士彙升，灾黎蘇復。帝省剡牘，寵以豸章。爰莅甌括，仁風載揚。利溥桑土，化騰鄉校。薅比矯虔，憺彼景教。胡圖徂謝，未竟厥施。士民述德，鬱此去思。公去不來，茂績孰嗣？盛德載福，繩繩孫子。岡陵表瑞，奠窆崇阡。刊此貞石，永昭億年。

朱之榛

江南淮揚海河務兵備道朱先生墓志銘〔一〕

葉昌熾

嗚呼！世教淪胥，湯湯方割，官常國紀，蕩無法守。世有强立不反之君子，出而揞危定傾，理棼濟劇，勝任愉快，吏民交頌，此固不世出之才矣。若有豈弟樂只之君子出，而發蒙傾否，距

〔一〕本篇載《奇觚廎文集》卷下，又收入《碑傳集補》卷二十。

誠息邪，登崇儁良，修明術藝，百世而下，實攸賴之，豈僅三年蓄艾、十年樹木已乎？世難未已[一]，哲人遽隕，旁皇救時之才，惻愴論學之簡，蓋於吾師竹石先生重有慨焉。

先生姓朱氏，諱之榛，字仲蕃，竹石其號。先世唐制茶院使瓌始居歙。高祖諱履端，國朝乾隆壬戌進士[二]，由翰林改官兵部職方司郎中。本生高祖英。曾祖鴻猷，爲悌弟，爲孝子，兩世至行，艱苦卓絶，積善燾後，卜世滋大，始遷浙，占平湖籍。祖爲霖，攝江西贛縣事。妣陸氏、蔡氏。父善張，江南淮徐揚海兵備道，以禦賊功，贈都察院右都御史。妣范氏，先生生妣趙氏。自職方以下，皆以總憲公貴，封考妣如例。

總憲公四子，先生其仲也。生聰穎有至性，少受業於秀水高先生伯平，讀書觀大略，不沾沾章句。上元梅伯言，山陽丁儉卿、魯通甫，皆父執耆宿。世父建卿先生爲茱堂侍郎子，精於蒼雅金石之學。先生小冠隅坐，質疑送難，諸先生驚嘆，以爲非常童也。咸豐己未，寇警在郊，總憲公登陴誓守，命長子奉母歸。先生泫然請留，詰之，則以童汪錡對。嗟乎，先生忘身爲國，以死勤事之志，固已定於此矣！

[一] 世難未已：「已」，《奇觚廎文集》《碑傳集補》作「夷」。

[二] 國朝乾隆壬戌進士：「國朝」，《奇觚廎文集》《碑傳集補》作「本朝」。

同治丁卯，以蔭釋褐，補蘇州府總捕同知。叙海運勞，保以道員遇缺題奏，賞二品頂戴。自是先生宦躅垂四十年不出吴下，先後權臬之命至十二下，兩攝藩條，一視關庚，剛明廉肅，能勤其官，而尤以筦蘇滬釐務爲最久。自中興創釐捐以贍軍食，東南底定，沿而未革，掊克則商病，侵蝕則國病。上下交征，奸商猾吏因緣爲市，則國與民交病。先生整躬率屬，精心稽覈，清操亮節，吏畏而民懷之。己亥，奉檄委清釐田賦，歲增米十五萬石，丁銀二十一萬兩，特旨賞頭品頂戴，異數也。先生謂：「此皆敚中飽之橐以還司農，非累吾民，遑恤勞怨？」治賦以此，治釐亦以此。如皋瀕江邑，地僻而民健。有訟婦弑夫者，縣讞上，先生閱其詞鍛鍊，檄下通州覆訊，得平反。嘗謂人命至重，每下車慮囚，訴牒填委，亭疑閱實，燭照觿解，嚄唶老吏，莫敢舞文。曾忠襄公督兩江時，條上保甲法，忠襄大驚服，示僚吏曰：「此命世才也！」其後張文襄、劉忠誠皆嚴重先生，不視爲屬吏。而不逞之徒惡其害己，亦有摭拾流言以上聞者，文襄、忠誠先後疏辨，詔勿問。先生感激馳驅，益自濯厲。

庚子，海警，列城戒嚴。縣囚謀脱械叛，内外鉤結，旦夕蠢動。未發，而先生知有變，亟白之撫軍〔二〕，出情實者於市駢誅之，事大定。是役也，人謂操刀立斷，間不容髮，而不知先生不大聲

〔二〕亟白之撫軍：「之」，《奇觚廎文集》《碑傳集補》無。

色，哀矜詳慎，未嘗妄戮一人也。政有興革，事有緩急，大府籌策，未嘗不造先生咨訪，而先生雅不欲以吏才自見。論治務在正人心、培元氣。慨國論之昌披，悼聖文之堙鬱。會長沙中丞喟然興學，謀於先生，倣湖北之制，建存古學堂以教士。先生手定條教，江南北高材生贏糧景從，彬彬鄒魯矣。客冬，部視學莅蘇，考校殿最，列上第一。周覽横舍，咨嗟稱嘆，太息而去，而先生已不及見矣。

先生中年以後，即患目眚，安於義命。壯年服官，皓首始補淮揚海道，聞命慨然曰：「此先人舊治也。邦之父老猶有存者，庸敢弗勉！」未赴任〔一〕，以宣統元年己酉三月十四日卒於蘇州官舍，距生於道光庚子，年七十。原配干，繼配沈，皆封一品夫人。先生以干夫人未有子，撫兄子景行爲嗣，先卒。其後崔淑人生子景邁，先生喜甚，字之曰象甫，志象賢也。女五。孫運啓、運敭，景行出；運鵬、運守，景邁出，早殤。曾孫家玉、家德。

象甫奉靈櫬將歸葬於新阡，來謁銘。昌熾受知在舉子時，顧自家居以至通籍，未嘗一謁門牆。隴首奉使歸，辱先生下交，始以士相見禮謁先生於講堂，考德問業，未逾兩稔，遽執簡而銘先生之墓，能不悲夫！先生敦尚道義，篤於事親，孝友睦婣任恤之誼，不可備書。謹論列其訏謨

〔一〕未赴任：「任」，《奇觚廎文集》《碑傳集補》作「淮」。

碩畫，關於民生國計，與夫紹先聖、開來學、正誼明道之風烈，援據事狀，排纘書之。自先生捐館，長沙、南皮兩公先後薨逝，天不憖遺，鐫砥柱而去之。撫衡流之方羊，置斯文之安托，欷歔擥涕，而爲銘曰：

滄浪之清兮，水可濯纓。廣厦峥嶸兮，巾卷在庭。前有樂圃，後有考亭。清獻學統，鄉邦典型。夫豈僅精强慈惠，如唐之劉晏、陽城。美哉堂斧，公靈式憑。瞻松檟之鬱鬱，尚高山兮景行。精盧來學，其視此銘。

陳際唐

誥授光禄大夫前新疆布政使陳公墓志銘〔一〕

陳毅

光、宣間，疆吏以袁巡撫大化號最能治邊，而布政使陳公寔左右之，沈尚書曾植贈巡撫詩所

〔一〕 本篇載《郇廬遺文》，又刊於《青鶴》第二卷第六期。

稱爲元龍者也。公懷寧陳氏，諱際唐，字堯齋，補農其晚號。曾祖祥裕〔一〕，祖榮赼，父華崇，皆以公贈光禄大夫。妣氏耿、何、周，皆一品夫人。公少貧耆學，思精微而規遠大，嘗嘆言：「養民之道，莫如盡地力，而中原苦稠密，惟塞上便。」既食廩餼，遂究心當世之略。

光緒法越事解，天下益宴娭，公乃橐筆走佐吉林將軍幕。其時江南人士東度關者，不多覯也。由教諭叙知縣，隨府主移福州。甲午，分發江蘇，治丹陽、元和、吴三縣有聲，而以量洲田及疏運河得自試其術，故於丹陽爲尤有去後思焉〔二〕。丁母憂歸。會江溢縣東，瀰漫及桐城。公倡募萬金，振其流離，復廣濟堰，民利賴至今。服闋，蒙邊大臣貽穀公奏令專墾察哈爾左翼地，既期放荒三百萬畝，徵銀逾五十萬，累保以道員存記。河朔隱然成重鎮矣，而貽穀公坐免。明年江督周公馥檄榷鹽淮北，以置官棧、開廢岸著績，詔授山西河東道。道故轄鹽法，乃於太原、汾州間設官運，以練營捕其私，奏銷驟溢額。因是學校、工藝、耕織、儲偫，凡利民者，胥恃以舉。

宣統庚戌，署提法使。三閱月，釐積案百，而審判、監獄皆治。是年調新疆鎮迪道，兼提法使。在途擢布政使，巡撫袁公所前請也。新疆連跨天山南北，内距遼絶，外逼於强鄰，仰協餉東

〔一〕曾祖祥裕：「祖」下，《青鶴》有「諱」字。
〔二〕故於丹陽爲尤有去後思焉：「爲」，《青鶴》無。

南，而又不時至。公既度其地非養兵莫恃，又慮餉源方竭，兵且爲病，亟策所自立。袁公則高掌遠蹠，謀導渠治軌，爲大興農礦計。公顧大喜，以謂「理財之法，衆生以舒用」，悉汰諸不急，以贊襄之。故初至帑不滿千金，逾年遂至六十萬。

辛亥亂作，海内風靡，袁公獨有戡定全疆之功。斯時軍行大漠千百里間，連車數百，乘橐駝千，轉輸駱驛於途，供卒無缺。論者無不嘆公經畫之裕，爲不可測云。遜政詔至，俱解官去，僑於天津。天津有廣仁堂者，蘇、徽、浙三省所立以恤無告者也。公性既博愛，又勤於治劇，於是衆推主其事。凡五年，積資日富，所施藥食、棺槥亦日廣，孀婦恃以活者幾三百口。庚申秋大潦，又收童稚於農隙課訓之，世遂以爲法。其十月己亥卒〔一〕，年六十七。

周、袁二公以疏聞，詔賜祭。夫人王氏，側室潘氏。子男四：超衡，以河南中牟知縣累官候補道；遠衡，陸軍部主事，前卒；道衡，農商部僉事；邃衡，潘出。女五，第三字主事朱錫禄，以吊夫喪不返，至是歸殉公。其二與邃衡同母。孫慶綬、慶緒、慶緝、慶紱、慶紹、慶綏。曾孫俊恪、俊愉、俊懌、俊愓。以卒後三年，葬丹徒馮家灣之黃山，當鎮江城之西，某某鄉。甲子二月二十二日也，超衡以狀介袁公來請銘。當毅之識公，見其昕夕孜孜，鉅細畢綜，心竊苦其煩。既知

〔一〕其十月己亥卒：「其」下，《青鶴》有「年」字。

毅好輿地之言，慨然舉《新疆圖志》爲贈，用是知公志固别有在。其假手區區義舉，以寓行其所謂養民之道者，蓋非得已。嗟乎！始公治蒙墾，既未竟其功，晚於西域有功，又以政變而盡廢。自國中十餘年，擾攘無寧歲，西域獨晏然，而當日强俄，今勢且瓦解。苟瞭於世宙者，宜不獨爲公惜，又豈獨袁公以邊事深傷之也？銘曰：

惟農能兵，孰尼厥施？惟兵病國，孰導厥機？公寔先覺，胡數獨奇？志業莫竟，豈人之爲？忠謀偉略，積久彌輝。濟濟後起，盍公是師？孰以不朽，視此壙辭。

吴慶坻

湖南提學使吴府君墓志銘〔一〕

姚詒慶

公著籍浙江錢塘縣，明萬曆中先世自新安遷於杭，世居同仁里，後移學官巷，并在慶春門内。曾祖昇，乾隆癸卯舉人，四川夔州府知府，妣氏程。祖振棫，嘉慶甲戌翰林，雲貴總督，妣氏

〔一〕　本篇有單行本，又收入《碑傳集補》卷二十，題前均有「清故」二字。

姚、氏王。父春杰，二品廕生，署山西雁平兵備道，妣氏程、氏金，繼妣氏封。三代均封光禄大夫，妣均一品夫人。夫人花氏，貴州貴筑人，嘉慶己卯翰林、雲南按察使詠春女，封一品夫人。公墓於乙丑年十一月，與花夫人合葬於裏桐塢兔兒山。

子士鑑，花夫人出，光緒壬辰一甲第二名進士，頭品頂戴，日講起居注官，南書房行走，翰林院侍讀學。士鐈，側室周氏出。士鑑娶餘杭鄭氏，士鐈娶宛平袁氏。女一，適錢唐丁氏。孫秉瀓、承湜、式洵、思浚[二]。孫女一。曾孫廷瑜、廷瑋、廷瓛、廷瓌、廷璹、廷瓚、廷珔、廷瑮、廷瑑、廷瑾、廷璪。曾孫女六[三]。

公諱慶坻，字子修，一字敬彊。浙江錢塘人也。世德姓繫具詳上方。公天姿徇敏，幼從祖制軍公入蜀，留成都四載，繇是而陝而鄂而晉，舟車具行篋，不以在途廢業。既至晉，善爲文，益志於經世之學。自中興名臣疏劄，以及諸先正論治之書，與夫邸鈔文字有關繫者，靡不綜貫。

[二]「士鑑娶餘杭鄭氏」至「思浚」：《碑傳集補》作「士鑑娶餘杭鄭氏，附貢生、江蘇試用道志虔女。士鐈娶宛平袁氏，光緒己卯舉人、署湖南提法使學昌女。女一，適錢唐丁氏，光緒辛卯舉人、內閣中書立中子文右。孫秉瀓，鹽務署僉事；承湜，內務部僉事；式洵，吴淞中國公學畢業生，兩浙鹽運使署科員；思浚，浙江法政學堂畢業生，浙江教育廳科員」。

[三]「公著籍浙江錢塘縣」至「曾孫女六」：此兩段文字，底本及單行本均置於篇末銘文後，《碑傳集補》置於篇首。據墓志體例及下文稱「世德姓繫具詳上方」，從《碑傳集補》移於篇首。

然性澹泊，無競争。同治戊辰，公祖以防河年漸衰，公父陳情乞終養，乃侍奉還杭。雖席貴顯，而兩世清德，歸裝書兼兩無餘資。或有所需，嘗冒雨徒行以供厥事。

庚午，制軍公薨。壬申，丁父憂。公至性仁孝，九歲喪母，經年獨夜常霣涕廢寢，至於達旦。又以劬學得怔忡，祕不使堂上知。至是益哀毁骨立。居平治宋儒學，復寫佛經以淪心性，慎起居營衛，至中年氣力乃大强。時德清俞樾主詁經精舍久，公既游其門，與諸耆舊聯鐵華吟社，月再集者十年。

光緒丙子，舉於鄉。丙戌，成進士，改翰林院庶吉士。座主王祭酒先謙、祁文恪世長、孫文恪毓汶，房主張尚書人駿，并激賞公文，而行誼復至相契合。己丑，授編修，充會典館幫總纂。中外圖籍，悉心斠擷。又充本衙門撰文〔二〕。自掌院以次，重公學望，奏御册賜文至多。辛卯，充順天鄉試同考官。壬辰，公子士鑑以廷試第二人及第，父子同館，士林稱盛。丁酉，簡四川學政，士鑑旋命直南書房，極儒臣榮遇。

庚子，畿輔拳禍起，手書諭士鑑「事急即扈蹕」。會兩宫狩太原，公上言宜暫駐長安，優詔褒答。赴行在復命，而士鑑先奉命視學江西，南征就養於南昌學署一年。癸卯，典雲南試，簡湖南

〔二〕又充本衙門撰文：「又」，《碑傳集補》無。

學政。次年，以疾歸。又次年，復舊職。自行在至是，凡再直政務處〔一〕，爲總辦。政務處者，朝廷以因革事多，特設其地於禁近，使軍機大臣領其事，廣延賢俊，以備大用。當時僚寀，如大學士榮慶、徐世昌，尚書鐵良，并以外廷入直，超陟樞府，赫赫若有名，而公泰然不以爲意。時俄方東挫於日，轉而南，欲窺我北陲。衆咸知羈縻蒙古之舊策不足恃，思撟正之，乃以此議屬公。行就緒矣，而當軸或不欲竟其事。

丙午，授湖南提學使，東渡至日本考學制。初公視蜀學，蜀故多秀，而弊亦最甚。公每試，必廉諸生之年貌與名籍，慎周防，槍替無所容。所取皆通曉中外、學有根柢之士，而屏其湛溺於帖括者。士大驩服，以爲自張文襄之洞、朱宮詹逌然以來所未有。蜀有明宋文憲祠，公祖官布政時所修建，及公至已頹廢，復葺而新之，以繼先志。其莅湘事，一如蜀。逌然故又督湘學，而湘人亦以朱、吴并稱。及再之湘，則科舉廢而學堂興。始皆仰給於銅元餘利，迨部議停鑄，又以連年會剿桂匪，款遂無出。公議繇牙釐、礦務等局撥給，得元額五之四，省校數十，絃誦復聲。又定鹽捐爲三路師範之用，創立優級師範學堂，而罷傳習諸所之華而亡實者。公與先謙，師生誼最摯，禮延至署，事必與商。章程皆手定，不爲大吏所懾。在湘五載，兼署布政司

〔一〕凡再直政務處：「再」，《碑傳集補》作「三」。

二、提法司一。宣統庚戌，述職至京，而湘亂作。洎公歸，恢復諸學堂之被毁者，而經費益絀，官紳冰炭。

逾年乞休，不數月而大事去矣。乃移家至滬上，與金壇馮煦、嘉興沈曾植、貴筑陳夔龍、番禺梁鼎芬、恩施樊增祥等〔二〕，結超社、逸社，爲文字之聚〔三〕。越二年，遂歸里，凡徵辟皆不至。

公昆弟七人，而序居四。次兄恩埰，早世而無禄，公親受遺言，有子即以爲兄後。終嫂氏之世，未嘗使士鑑離左右。以失怙故，事慈母封太夫人至孝。長兄文塏，封出也，仕工部爲郎，未嘗歸鄉里。自家居以迄在京，時籌濟其不足，没齒無間言。又撫教諸弟，善埴、道堪、寶堅，甚有聲庠序，而寶堅且登賢書。顧或病或夭，獨善埴官江蘇爲知縣，鼎革後同居，有晚歲之樂。又迎養曹氏姊之撞於境遇者，故同懷也，没哭之尤哀。又故居親族相依者衆，嘗稱貸以給之。有貧弗能葬，或無依者，咸經紀之，使毋失所；或佽之學，以底於成立。外家金氏，故望族也，而式微，爲封窆其四世，復蠲置墓田，求其族姓爲立嗣。又數稱平陽教諭吴承志學問之富，考據之

〔二〕　恩施樊增祥等：「恩施樊增祥」五字，《碑傳集補》有「金壇馮煦」下。

〔三〕　爲文字之聚：此下，《碑傳集補》有「之數子者，前皆膺寄，任居方面，經濟文章卓然有以自見。復與滬上諸名流結淞社」三十二字。

精，同、光間修《杭州府志》，公嘗自損束脩，引與共事〔一〕；及亡，求其遺著，親董理之，編定其説經史、輿地、算術諸書凡六種〔二〕，以屬吴興劉承幹刊入其《求恕齋叢書》中。

公久官中外，深以人心世道爲懼〔三〕，於朝章國故、遺聞軼事、嘉言懿行，手自捆拾，爲《蕉廊脞録》八卷。居滬，以殉國諸賢忠義不可没，訪尋事實，芟訂再三，爲《辛亥殉難記》八卷。公爲文服膺湘鄉陽剛陰柔之説，而深有合於桐城諸鉅子之萬蘐，故事要而不繁，辭文而不縟，爲《補松廬文録》八卷。公幼承祖訓，作詩至慎，於諸家無所不窺，而杜詩尤精孰，爲《補松廬詩録》六卷；其辛亥後作，别爲《悔餘生詩》五卷。又雅好游覽，凡經行古迹及佳山水，皆見之於詩，然亦别有游記數種。又以先人仍世專集，經咸豐庚申軼泰半，乃復罔羅，及其無專箸者〔四〕，編爲《吴氏一家詩録》十二卷〔五〕。《杭州府志》書成於戊子而未梓，漸闕失，邦人於丁巳復延公主之。今所行一百七十餘卷，則公敞門手定之本也。又續修《浙江通志》，二百年來文獻放佚，蒐沈索隊，心頳

〔一〕「同光間修」至「引與共事」：此十八字底本原無，後另筆增補，眉批「據改定本更正并記」。原補在上文「求其族姓爲立嗣」下，根據文意，從《碑傳集補》移此。

〔二〕算術諸書凡六種：「算術」二字，《碑傳集補》無。

〔三〕深以人心世道爲懼：「人心世道」，《碑傳集補》作「世道人心」。

〔四〕及其無專箸者：「箸」，《碑傳集補》作「集」。

〔五〕編爲吴氏一家詩録十二卷：「十二」，底本原作「若干」，後旁注改爲「十二」，《碑傳集補》作「十」。

而事繁。壬戌冬，公復繼曾植總其事〔一〕，諸分纂皆在滬，十就六七，終以未觀厥成爲憾。

夫人花氏，貴陽望族，佐公内治事，賢於鴻光，生士鐈及女〔二〕。公年五十，側室周氏生士鐈及女〔二〕。孫四人。雖南北異仕，而以時歸省，無積年之暌。孫女一。曾孫十一、曾孫女六〔三〕。於是嘆公之遭遇嗇於世而豐於家，而性篤於是者，天必以是隆其報也。不幸寢疾，以甲子年三月十一日歿於學官巷之里第，春秋七十有七。公蒿目時艱，又悲故主，彌留尚口授家人詩，有「平生師友，相逢痛哭」語〔四〕。烏虖哀已！遺疏入，有詔優恤，并錫予「志潔行芳」扁額，以彰篤棐。花夫人前卒，公爲營葬於裏桐塢兔兒山，至是乃合葬焉，禮也。孤子等既感風枝，乃屬詒慶次公之事行爲文，而系以銘，其辭曰〔五〕：

漸漸天目兮宛亶東，含清苞淑鍾吾鄉，竺生上知兮德義之門。粲乎文獻之隱隱兮斯今存，前養吉兮後含嘉。詩淵源兮揚素波，賽何芳菲之遲莫兮，嘖乎其五噫，昒獨喻夫懷沙。飾巾兮

〔一〕公復繼曾植總其事：「公」，《碑傳集補》無。

〔二〕公年五十側室周氏生士鐈及女：底本原作「公享五十，夫人復以媵周事公，生士鐈及女」，後改爲此。

〔三〕曾孫女六：「曾孫」二字，單行本及《碑傳集補》無。

〔四〕有平生師友相逢痛哭語：「痛」，《碑傳集補》作「慟」。

〔五〕其辭曰：「其辭」二字，《碑傳集補》無。

待盡，芒芒兮天命。相兹山之回合兮焦之南脉，瑋當陽之窔處兮是經是營，以爲有涯之所止息。倩倩兮石南，蝨蝨兮江霧。亮元石之一甄，兹無斁兮，耿其守與終古〔一〕。

吴子修提學哀詞〔二〕

章鈺

後宣統辛亥之十三年甲子三月，聞我年丈子修吴先生考終杭第之訃，老成代謝，海内驚嘆。道遠未克行吊，敬陳哀悃，昭告几筵，詞曰：

嗚呼！古人有言，主辱臣死。借曰未死，亦苟活耳。其在於今，翩其反爾。亦姑謀樂，藏身海市。天步艱難，罔知何底。分痛云何，忍而爲此。喬木世臣，東南夥矣。積鬱損年，乃有君子。彼君子兮，延陵之吴。玉堂老鳳，軒翥上都。屢拜特簡，大雅輪扶。繩祖翼子，當今誰乎？昊天不吊，一星云徂。夢争王室，將伯誰呼？心則葵藿，身則菰蘆。雞群中散，魚腹左徒。抱石懷沙，一瞑亦易。委蛇委蛇，曰有所冀。彼昏不知，因以爲利。甘聽群魔，噉人而戲。報國文

〔一〕耿其守與終古：此下，單行本署「民國十有四年，歲次旃蒙赤奮若黄鐘之月，姻如姪姚詒慶敬撰」。

〔二〕本篇載《四當齋集》卷七，題作「仁和吴子修年丈哀詞」。

章，傳惟忠義。曷爲傳之？用存人類。人壽幾何？終焉憔悴。忍泪看天，銜悲入地。嗚呼哀哉！小子無狀，辱在下風。浮雲世改，孤月心同。湖山有美，我亦欲東。人天遽隔，此憾何窮！平生師友，侍講鄒公。腐心時變，減食告終。丙戌翰苑，雙峙華嵩。以爲臣鵠，爲天下勸忠。嗚呼！水非水兮山非山，春非春兮夏非夏。願真宰之訴天，炳大明於長夜。庶光贊乎彝常，更斡旋乎元化。冀公靈之我聞，忘衆笑而愚詫。嗚呼哀哉！

李岷琛

湖北布政使李公墓志銘〔一〕

王乃徵

吾鄉安縣李公，國變後，遯居滬上，以癸丑六月三日卒，厝近郊，俟歸葬蜀。亂日亟，孤子常度乃營窀穸於鄂。將葬，以乃徵嘗繼公任鄂藩，故知公，請爲銘幽之文，不獲辭。當光緒季年，士夫皇皇競名位，患不速達；達矣，益日希尊寵，攫權勢，不以枉道求合爲可耻。政事隳壞，國

〔一〕本篇載《病山文鈔》，題作「皇清誥授光禄大夫賜進士出身故湖北布政使李公墓志銘」。

運隨傾，其人亦身與名俱敗。若公者，可以風矣。

公諱岷琛，字少東。曾祖諱有朋，祖諱開元，蒲江縣教諭，考諱森林，彭山縣訓導。公幼穎異勤學，風度端凝。年十五，縣試冠軍，入邑庠，以辛酉拔貢生，朝考用户部小京官。甲子，順天鄉試舉人，辛未成進士，選庶吉士。甲戌，授編修。丙子，充貴州鄉試副考官，途次授雲南學政，闈竣赴提學任，校士精勤，杜絶夙弊。任滿請假省親於彭山儒學署，庭訓素嚴，公雖貴，趨侍左右，恒惴惴懼訶責。還朝復命。

壬午，丁父憂歸。服闋，充乙酉順天鄉試同考官。己丑，襄辦德宗大婚典禮，保俟開坊後以五品缺儘先升用。庚寅京察，記名以道府用。辛卯春，吏部題右贊善缺，硃筆注公矣。同日奉諭授廣西左江道。

癸巳，丁母權太夫人憂。服闋，授天津道，津地苦潦，時議開支河泄之海，制府將入告，公以費巨難成，且礙鐵路，請覆勘，卒中止。制府由是器公，奏調署津海關道，旋改實授。於時外交事日亟，德日履和約，闢租界於津，德援英界往事，不以時值購民地，民大譁。公抵任，約先簽矣，因請撥帑十餘萬金增償，民患乃息。及闢日界，與日領事力争，卒平其價。德復以界内有英僑業，欲强我購取畀之，法領事欲奪華市闢其界，皆反覆拒駁而寢。津海道要職，例得優擢去，公治事復有聲，顧屢拒某巨璫請托，當道因弗善也。

己亥，移江西督糧道，以昭信股票入巨股不收本息，賞頭品頂戴。辛丑，擢湖北按察使。先是，偏遠州縣，治罪犯因惜招解費，率私置於法，公嚴禁之。癸卯，擢江西布政使，未赴，改調湖北。整飭吏治，旌别淑慝，時譽翕然。庫帑絀，新政日繁，撙節擘畫，不以病民。在任七年，曾護理湖廣總督，公資望當開府久矣。某邸當國，納貨賄，有勸公枉尺直尋者，公笑謝之。度時事亦終不可爲，遂乞退。

公居官無赫赫名，而恪循矩度，實事求是，不競時趨，於長官不苟阿順，自敦儉素，而力任諸義舉。在提學任，倡捐秦晋災二千金，款遂大集。在津時，以先德遺命，製寒衣千襲，散給災民，又於鄉置義田若干畝，贍族人，均先後旌於朝。在鄂，集巨帑，鑿峽江縴路，利舟行，復自捐五千金。仕宦所至，泰然不掛過差。庚子拳禍，甫離津門，及退居優游以終，不與武昌之難。凡平日以干進徼福，卒得其反，而悔已無及者，其視公何如也？

公生於道光戊戌年冬月八日，春秋七十有六。配陳夫人，先卒。子一：常度，丁酉拔貢生，湖北知府。女三：長適陜西知縣縣州吴朝品，次適法部主事休寧程慶韶，三適長沙朱慶連。孫七：增煒，廩膳生。增熹，增烱，增煜，增煊，增焯，增燡。曾孫六：培念，培惠，培志，培懋，培悊，培愈。以乙丑年八月二十二日，葬武昌城東黄家店人側。銘曰：

鄂之陽，卜吉以藏，是爲公甘棠遺愛之鄉。厥施未光，厥後克昌。

羅正鈞

山東提學使羅君墓志銘〔一〕

陳三立

君爲學篤嗜衡陽王先生夫之書，高才盛氣，挺出輩伍中，發爲論辨，務持非常異義，刻露警闢。當其揚榷古今學説政理人物，或激昂少涉偏宕，余輒諍以此承王先生遺老孤憤之流弊，其失鄰於黨同門、妬道真，君亦自笑。然而智足以察變，勇足以任務，特立不撓，有耻足以勵其躬，其識議所獨到，終與虛憍好大言異，蓋庶幾古之狂者也。

君羅氏，諱正鈞，字順循。世爲湘潭人。舉光緒乙酉科鄉試，尋以廖侍郎壽恒薦，詔用知縣，發直隸，署撫寧、定興、清苑，補邢臺，擢授天津府知府，移署保定府，咸有名績。尤以在定興遏拳匪方張之勢，燬壇刈其魁，使不至滋蔓肆焚殺，全活習教男婦數萬人。挺挺一强項吏，抗權貴、犯危禍以衛國〔二〕，當世無其比也。及以道員署山東提學使，其施設不苟徇部定章例。先是，

〔一〕本篇載《散原精舍文集》卷十一，題前有「清故」二字。

〔二〕犯危禍以衛國：「以」，《散原精舍文集》無。

君管畿輔學務，久有效，期益用所學，張弛變士習，終不得發舒，引疾歸。未幾，丁國變，湖湘連歲大亂，伏一室，堅却羅致，撰述自遣。己未十一月某日，憂憤加疾卒，年六十有五。

君器宇英毅，治劇能斷，究習掌故兵略，爲文章精實勁健，稱其生平。著有《船山師友記》《左文襄年譜》《王壯武年譜》各若干卷，文稿四卷、詩稿二卷，《官書拾遺》四卷，最後成《辛亥殉節録》六卷。曾祖修淮，祖世柄，考德禧，母熊太夫人。配左夫人。子二〔一〕，曰思勉、思孝。女二〔二〕，適王翊勳、黄守臧。孫五人。明年庚申某月〔三〕，卜葬君某山某原。

嗟乎！天之生才，不償其大願，僅償以死，非一世也〔四〕，而況際亘古未有之變乎！獨念當先公時，佐幕而課授子弟，爲余道藝相切磋之友，凡四人，曰黄篤恭修原、趙啓霖芷蓀、周大烈印昆，皆君縣人也，於君交最夙而尤摯。修原既前死十餘年，今君遂繼之，餘留趙、周二子，相望於天撼地岌之會，匪徒考道講業氣類日孤，而人紀之禍歧出踵起，莫知其極。迎劫待死之歲月，投以癃老，决其爲君地下所甚憐之一人矣。悲夫！君之喪，其孤告哀，且乞志其葬，猥書一二所感於君者，銘以衍之。其辭曰：

〔一〕子二：「二」下，《散原精舍文集》有「人」字。
〔二〕女二：「二」下，《散原精舍文集》有「人」字。
〔三〕明年庚申某月：「庚申」，原作「庚午」，據《散原精舍文集》改。
〔四〕非一世也：「一世」，底本原空缺，據《散原精舍文集》補。

賦以元璞之堅剛兮，表以瓌木之輪囷。摩蒼穹而睥睨兮，攝群象於帝先。挈與世齟齬之肺腸兮，聊譽技於小鮮。警啼鳩還樹雞栅兮，羲紐剖而禹甸翻。狎龍血之玄黄兮，媢皇古以存存。寄孤恨於國殤兮，維人極於一氈。光精耿其不滅兮，接芳躅於遺文。

左孝同

江蘇提法使署布政使左公神道碑〔一〕

陳三立

公諱孝同，字子異，晚自號逸叟，姓左氏，湖南湘陰人。大學士二等恪靖侯文襄公之季子也。母周侯夫人，生母張太夫人。生而英敏，能言後，從侯夫人識字授章句。六歲就傅，日課數十行不忘〔二〕。十歲，依二母省文襄公福州軍次，文襄特愛賞之〔三〕，持以爲樂。歸從長兄子重讀，

〔一〕 本篇載《散原精舍文集》卷十四，題作「清故江蘇提法使兼署布政使左公神道碑銘」。又收入《碑傳集補》卷二十，題作「清故江蘇提法使兼署布政使左公神道碑」。

〔二〕 日課數十行不忘：「課」下，《散原精舍文集》有「讀」字。

〔三〕 文襄特愛賞之：「文襄」下，《散原精舍文集》《碑傳集補》有「公」字。

學益進，文辭粲如也。自是文襄公授陝甘總督，或西征〔一〕，或還都列軍機大臣，或移督兩江，輒攜公自隨。最後法越之役，駐師福建〔二〕，已老病，軍諮奏牘，一倚公辦治。文襄公薨，間關扶柩還長沙，畢營喪葬，復度建祠宇，編刊遺書百餘卷。

初公弱冠，補縣學生員，食廩餼，中間以欽賜舉人，兩赴禮部試不第，遂納貲得道員。會日本與我緣干涉朝鮮搆釁，亟備戰，詔湖南巡撫吴公大澂督師赴遼邊，則奏調公總營務，委統五營，屯錦州。吴公文儒，氣矜易言兵，公爲調和將領，簡練卒伍〔三〕，屢進言宜扼形要，固防守，戒輕進，吴公不能用，遂敗還。公既解兵柄，劉忠誠公因奏調公贊所屯山海關軍政。和議成，直隸總督王文勤公復奏調公會辦北洋機器局，改北洋營務處，命馳赴山海關，遣散陳公湜前所領湘軍二十營。諸軍將陰懷觀望，勢將潰變。公至，廉得煽亂首要四人，斬以徇，遂無事。

丁酉十月，公去而歸里。先公繼爲湖南巡撫〔四〕，頗務變法，爰仿泰西警察之制，創設保衛

〔一〕或西征：此下，《散原精舍文集》有「留關外」三字。
〔二〕駐師福建：「福建」，《散原精舍文集》作「福州」。
〔三〕簡練卒伍：「卒伍」，《散原精舍文集》《碑傳集補》作「伍卒」。
〔四〕先公繼爲湖南巡撫：「先公」上，《散原精舍文集》《碑傳集補》有「適」字。

局，以鹽法道署按察使黄公遵憲總其事，必得搢紳負重望者爲之副〔一〕，遂以屬公。公識明而力果，擘畫鉅細，昕夕劬瘁，累月而奸偷衰息，廛市晏然。及政變，先公得罪去，公亦屢被劾，蓋由其游舊嗾言官爲之，所劾絶誣巇不經，主奏者亦不敢阿風趨以屈公論，事終白。

未幾，出游江淮間，入都就道員，發浙江試用。至則委統湖州防軍，飭紀弭盗，四境稱便。當是時，拳匪之禍解，七國之師退〔二〕，兩宫西狩已反蹕，朝廷復幡然行新政，旁求人才，迭據李文忠、劉忠誠、王文勤及浙江巡撫任公道鎔前後疏薦之言，習公聲績，并篤念勳裔，特召入見，諭以四品京堂候補〔三〕，派充政務處幫總辦，轉總辦、幫提調諸職，歷署光禄寺少卿、順天府府丞，補授太常寺少卿，遷光禄寺卿、宗人府府丞。久之，出爲河南按察使，尋移江蘇，即署布政使，積三月還任。公勵精爲治，無所苛縱，尤以海州商埸拒斃饑民二十餘人、丹徒莊鏡蓉死子婦之獄，平法洞機，爲遐邇所傳誦。時按察使改提法使，公兼署布政使。公以新刑律頗乖謬，條駁數十事，巡撫抑不上，又一切與之異趣，鬱鬱不自得，方乞退，未許。

歲辛亥八月，武昌革命之難起，東南各行省相煽嚮應。逾一月，群不逞聯新軍擁巡撫程德

〔一〕必得搢紳負重望者爲之副：「重」，《散原精舍文集》作宿。
〔二〕七國之師退：「七」，《散原精舍文集》作「八」。
〔三〕諭以四品京堂候補：「諭」，《散原精舍文集》作「命」。

全獨立，稱都督。於是巡撫盛設兵衛，悉召司道群官會堂下，巡撫改冠服出，挺立受都督印綬，翹髭張目視，具語獨立所以順時勢保境土狀。衆咸愕，莫能出一語。公獨慷慨言曰〔一〕：「獨立何事耶？孝同世受國恩，今假獨立爲應變，誓萬死不敢從命！」辭色抗激〔二〕，泪隨聲下，遂拂衣去。既去，黨人已洶洶環伺公，而公念無一卒一械相與持〔三〕，憤欲自裁。適次子念康自京師至，爲言援師旦暮度當發，不如去而觀變，圖恢復，乃即日避而居上海〔四〕。其冬，配王夫人卒，而遜位之詔復下。國凶家難，叢集俄頃，憂悲摧挫，形神困瘁〔五〕。居十餘歲，崩坼之天地，羈孤之歲月，但日以縱酒寫篆籀自遣而已。歲甲子十月十八日，公病卒〔六〕，享年六十有八。

公氣岸魁梧，坦率無城府，與人交，掬肺肝相示。其顔貌音吐舉止，知者以爲絶類文襄公也。性孝友，遇子弟嚴而有恩，莫不敬憚。母張太夫人寢疾時，曾封臂肉和藥進〔七〕。於書工大

〔一〕公獨慷慨言曰：「公獨」，《散原精舍文集》作「獨公」。
〔二〕辭色抗激：「辭色」，《散原精舍文集》作「色辭」。
〔三〕而公念無一卒一械相與持：「相與持」，《散原精舍文集》作「與相持」。
〔四〕乃即日避而居上海：「而」，《散原精舍文集》無。
〔五〕形神困瘁：「困」，《散原精舍文集》《碑傳集補》作「囚」。
〔六〕公病卒：「公」，《散原精舍文集》無。
〔七〕曾封臂肉和藥進：「臂」，《散原精舍文集》作「股」。

小篆，能傳文襄公之法，而臨習加勤，世爭購致珍藏之。夙習經世之略〔一〕，嘗欲踵先躅自奮於功名。世患既亟，所遇大府如瑞澂、程德全輩，皆妄庸驕蹇，愈噤不得發舒。後且坐視其顛覆宗社，致令公亦飄泊客死，蓋棺無由雪大憾〔二〕，此則公不能瞑目於九冥者也。

配王夫人，壯武公之女也，淑慎慈儉，公得其助，前卒。子四人：念貽，二品銜江蘇候補道；念康，三品銜分省補用知府，法部總檢察廳檢察官，皆王夫人出；念護、念蕙，側室顏氏出。女四人。孫八人。以乙丑歲三月二十六日，歸窆於善化鄉石塘坡，公所自定生壙，與王夫人合葬，禮也〔三〕。豐碑既建，綴叙遺烈，申之銘曰：

烈烈文襄，炎嶽降精。盪寇攘戎，功翊中興。溢胸管樂，緊公是承。克蹈克類，擴略縱橫。始贊軍諮，繼從鄉役。殫慮竭才，父老有述。起步天衢，歷厠卿貳。出總刑獄，風清吴會。發難一隅，黨醜交煽。孰尸長吏，圖亂速變。虺蜴結蟠，昂首爲酋。憑陵刧衆，飛沫吐喉。公庭叱之，抗顔揮涕。寧甘徒殉，竢時避地。海濱披髮，戰鬥神鬼。天問莫對，飲恨以死。永垂大節，無忝世臣。日麗湘川，顯兹刻文。

〔一〕夙習經世之略：「習」，《散原精舍文集》作「負」。
〔二〕蓋棺無由雪大憾：「憾」，《散原精舍文集》作「恨」。
〔三〕「以乙丑歲」至「禮也」：《散原精舍文集》作「以某年月日，歸葬於善化鄉石塘坡王夫人塋次」。

碑傳集三編卷二十一　監司四

余肇康

二品頂戴江西按察使余公行狀[一]

袁思亮

公諱肇康，字堯衢，號敏齋，晚號倦知老人。母許太夫人夢麟而生公，故小字麟徵。余氏世爲湖南長沙望族。曾祖啓烈，用醫藥活人，有陰德。祖正煒。考仁本，優附生。三世皆以公貴，累贈榮禄大夫。曾祖妣彭，祖妣俞，累贈一品夫人[二]。妣許，累封一品夫人。

公四歲，從贈公受《毛詩》。六歲，弟肇度生，聞啼聲躍而呼曰：「后稷呱矣！」贈公大奇之。九歲，贈公即世，家赤貧，許太夫人勤十指資公於學，公亦刻苦自厲。逾冠，補諸生。光緒壬午

[一] 本篇載《蘉庵文集》卷四，題作「清授榮禄大夫二品頂戴江西按察使法部左參議余公行狀」。

[二] 累贈一品夫人：「累」上，《蘉庵文集》有「皆」字。

舉於鄉。丙戌成進士，改主事，分工部，用襄辦大婚典禮勞，晋二階，以知府分湖北補用，屢榷漢川、寶塔洲、漢口諸牙釐，充兩湖書院提調，鄉試内監試，廉幹有聲。巡撫譚公繼洵奉命按事四川，奏以公自隨。爲傳檄所過州縣〔一〕，絶供張饋遺。與同僚約，誓毋取吏民一錢，即巡撫左右，莫不憚公矣〔二〕。察簡州獄，有囚械而處籠中，體不得屈信，公曰：「此非刑也。」立廢除之。巡撫以此益重公。署荆州府，補漢陽，權知武昌，攝安襄鄖荆兵備道，調補武昌，仍知漢陽，除荆宜施兵備道，所至禁酷刑，蠲苛税，名績不可勝紀。而成荆州萬年堤〔三〕，修永豐堤、峽江縴道，繫農田水利行旅道路安危夷險至巨，民至今利賴之。振漢川巴東災，所全活無算。决武昌滯獄百餘。漢陽民胡興保父子并無罪繫獄，公廉得其誣，出之。有訟逋者，累八年不解。公曉諭利害，兩造感動至互讓，訟立罷。建鳳山書院齋舍，聘名師主講，所造士甚衆。改鹿門書院爲學堂，創荆州駐防中小、蒙養、方言、工藝諸校十餘所，尤爲人所稱。總督巡撫將軍先後奏舉可大用，章六七上，大計薦異〔四〕，迭被旨存記嘉獎，加二品頂戴，戴孔雀翎，擢山東按察使。入對稱旨，垂詢公母起居。

〔一〕爲傳檄所過州縣：「爲」上，《蘉庵文集》有「公」字。
〔二〕莫不憚公矣：「不」下，《蘉庵文集》有「嚴」字。
〔三〕而成荆州萬年堤：「萬年堤」，《蘉庵文集》作「萬城堤」。
〔四〕大計薦異：「薦」下，《蘉庵文集》有「卓」字。

未幾，改江西，以鄰省便迎養也。蓋上意駸駸嚮用公矣。會法教士王安之戕南昌令江召棠於教堂，南昌民大憤，殺王安之，火其堂，并毁英教堂。英、法各以兵艦至相恫嚇，民又大洶懼。公前官荆宜施道時，嘗與英、法議枝江、恩施兩教互鬭案，侃侃持大體，不爲威脅，外人卒詘所要挾，如公議。至是，公曰：「此外人故技耳。」具輿蓋導從登其艦，示民無恐。乃説英人曰：「是役也，法爲戎首，愚氓無知，誤見及也。今告之罪，且悔矣。大國之來，惟商旅是謀，必欲比無道，捐信損睦，失與國而敵仇其民，竊爲大國不取也！」英人悟。置首亂者四人於法而已。法人自反無狀，思挾兵力脅我，承江令自殺，公堅執至輟議。法人知不得逞，介而謝公，許暴王安之罪狀，教士毋得干訟。約垂成矣，而外部徇法使請，移其議京師。於是公所力争而僅得者，皆敗於庸懦恇怯之大臣，公且得罪去矣。當是時，公聲名動天下，南昌士民感誦太息。去官日，父老子弟相扶携遮道，争欲一望見顔色。既登舟，皆羅拜岸上，祝太夫人福壽，呼聲殷天，有泣下者。公嚮所莅，每受代，壺觴祖餞盈路，然未有若斯震動觀聽之盛也。

既罷歸，張文襄奏以公爲粤漢鐵路總理，湖南巡撫亦奏以公總辦團練，屢辭不許，既而有法部左參議之命。甫抵都，瞿文慎罷軍機，公以姻家牽連免職。公起家甲科，用吏部能自致通顯〔一〕，未

〔一〕 用吏部能自致通顯：「部」，《蘉庵文集》無。

嘗藉文慎毫髮氣力。方之官江西，浙江布政使缺員，廷議推公，文慎引嫌以太驟，持不可。南昌教案獄興，天下扼腕，文慎方值樞垣，亦不肯出一言直其枉。其再起也，實部臣所請，乃以此獲咎，朝野知與不知，莫不爲公冤，公夷然不慸葪也。公前治鐵路，計畫粗定，大吏及鄉人復以總理屬公。公既不獲辭，則謝絶薪金夫馬，發憤爲其難，外拒貸款，内弭争議，三年成路百二十里，縋鑿幽險，工堅費節。鐵路國有議起，群情憤激，公力以償商民所投資自任，得以無事。宣統初元，有詔起用廢員，鄂紳數十人臚陳公政績上鄂督貴陽陳公爲請於朝，湘撫亦以公辦鐵路有效，奏請録用，得旨復原官。

亡何，遭國變，公避居山中，傍墓廬構屋數椽，雜蒔花竹蔬果，招故人觴詠其中，足迹不履城市。生治壙後山，曰：「吾老死此矣。」居數歲，兵禍作，屋廬爲潰卒所毁，乃挈家僑上海。忽忽十餘稔，兵禍日亟，終不得歸，遂至客死。可傷也！

公未第時，傭書自給。及仕宦，所在多脂膏地，不以涓滴自污，躬自節嗇。久之，積公費廉俸所入才數萬金，則興義學，復義莊，置育嬰田，宗族戚鄙之貧苦、孀孤、老廢待舉火者，恒數十家。弟前卒，家中落，雖異財，猶厚給之以爲常。又别置田廬曰「篤親堂」，居從父、昆弟妻之嫠者。晚歲貲産耗泰半，境益困，行之不少衰。喜爲詩，僑滬後，詩益進，尤工五七言歌行，奇氣噴薄，不可一世。好獎藉後進，有一善，譽之不容口。持論平恕，不責難於人，而自守嚴介。生平未嘗近摴蒱、狎伎樂。廣坐宴飲，客有召伎者遽引去。或怪笑之，不顧也。體幹豐碩，丹顔白鬚，意態偉然。數治具集流人爲詩鐘社，有不至或至而中去者，輒嘲呵之。它人爲社，雖風雨必赴。每集坐室隅，伸紙疾書，往往累幅。得高第則啞啞笑，否則誦其句曰：「如是顧不佳耶？」健啖善飯，常兼人，人譽則益喜自負。其坦率任真多類此。

林詒書提學善相人，謂公年當躋大耋，交游中亦群謂公且上壽。庚午夏六月忽病痢，中西醫雜治竟不救，以七月十七日卒，壽七十有七。配左夫人，生子二，殤。側室夏恭人，先卒，生子五，殤其四，存者曰襄傳，五品銜太常寺典簿；曹恭人，生子曰善傳〔二〕。女長適同邑屈振翰，次適道州何積祜，三適同邑朱慶瓛，四殤，五適善化瞿宣治，六適同邑朱慶鐘，七、八殤。孫三：澤淞、澤浦、澤澥。孫女一：望翼。所著有《讀書雜識》二十餘卷，奏議一卷，政書六十餘卷，日記七十餘卷，《敏齋隨筆》十餘卷，書牘五十餘卷，文集四卷，詩集六卷。又手寫《説文》《文選》《通鑑》《節要》各一部，經史子集雜抄十餘卷，藏於家。

嗚乎！世復有勤政愛人、好學深思、隆禮篤行如公其人者耶？古之爲狀，將以牒太常、上史館，今也則亡。思亮從公往還久，所爲文，公未嘗不稱善。其孤督爲狀，不敢辭，輒述之加詳，以

〔二〕 生子曰善傳：「子」下，《蘉庵文集》有「一」字。

俟立言君子爲傳志者采焉，亦以報公之知我也。

王 燮

仁和王君墓表[一]

章鈺

妻兄紹延王君，自國變以來，屬以身後之文久矣。丁巳春正，鈺葬弟南返，復面爲要約，不得已謾應之。僅期年耳，君遂煩冤孤憤先我而死也，豈不痛哉！

紹延諱燮，辛亥後自號俟翁。仁和籍，先外舅濱州府君第四子。妣氏陳、氏孫，生母氏劉。幼而端重，僕媪不敢狎之。洎長益開敏，起居動作，舉有定程。讀書不務廣博，而皆得其用。知人若有鑒，用財若有尺，其天賦然也。十三喪父，寓京求學，先後六應京兆試不售。

光緒辛卯，入兩江總督劉忠誠公慕府，佐治官文書，年最少，秩最卑，獨以勤慎見器。久益練習政要，機密重事舉以屬之。庚子拳匪起畿甸，政府爲所蠱，將以天下爲孤注。東西各國則

[一] 本篇載《四當齋集》卷八。

糾合兵隊叩國門，并時吴淞口外列兵艦四十餘，且伺隙攻占，全局皆震。忠誠公既定保護東南大計，以君議與同，遂倚君主辦。凡聯合各帥，與應付各國事，靡不參懷，機牙四應。嘗爲府主草奏，謂：「從古無以邪教禦敵而有幸者。信用此輩，國將不國，請速禽治，毋重外人口實。」指陳痛切，皆人所不敢言。時同官多異議，許侍郎、袁太常朝衣東市後衆益譁，謂：「忠誠主張失中旨，君獨阿之，將陷不測。」君置禍福度外，屹不爲動，辨色入幕，丙夜乃出，日接中外要牘無慮百數，隨時籌答，悉中肯要；事會旁午，不及取決，則徑屬草以進，忠誠悉畫諾行之。契許之隆，任寄之重，一時驚嘆。生平建白，以是役爲大。忠誠之功在廟社，君佐之也。洊保道員，加二品銜，奉特旨允准，一署蘇松太兵備道，一署江安糧儲道。歷辦省中要政，以建設寧省鐵路績尤著。

宣統改元，有劾江督端忠敏公封事，波及君。事得白，君遂無意於宦途矣。謝事居寧，乃購廢圃，築數廛奉母。方塘畝許，雜樹環之，讀書校碑其中以自適。辛亥八月，鄂變猝作，寧垣戒嚴。九月望後，事愈急，君圖獨留寧寓，迫則躍水以殉。有規以「無官守，有老親」，乃奉母辟地滬上。滬居不易，斥故物以充日用。所見聞皆傷心之事，則托諸詠歌以志悲憤。於綱常大義，持之尤堅，先後七年，一不爲時風衆勢所奪。夙負幹濟名，有羅致之者，一笑而已。

庚子歲，以勞致疾，旋成積飲，時作時愈。至戊午三月，大劇綿惙，至二十五日遂卒。生同治七年十一月十四日〔一〕，春秋五十有一。娶殳氏，繼娶施氏。女一〔二〕。遺命以兄子昌林兼祧爲嗣。返葬西湖仙芝嶺。

君工筆札，日可萬言，凡關軍國大文字，以幕僚所職，誼不存稿。辟地後，撰《辛亥茹痛記》，自比所南《心史》，未嘗示人。詩稿一卷，自訂年譜一卷，《寓意編》二卷，皆手寫待刊。嗟乎！君之齒未也。易簀以後，檢出遺筆一册，處後事至詳，工整如平昔，是其對於白日魑魅、故人豺狼，必有忍無可忍，而遂以一瞑不視爲幸也。古來氣節之士，固無意後世之名，而名卒歸焉。今則天澤之義，其誰喻之？顧乃蒿目奇變，甘促其生，夫果何所圖哉？亦曰不欺其心已耳。聞之自欺其心，雖生猶死；不自欺其心者，自必雖死猶生。君今逝矣，吾知體受歸全赤石不奪，可以見先人，可以質列聖，理得則心安，又安問夫不知誰何之世也？敢書其大，以償前責，九京可作，庶幾鑒之〔三〕。

〔一〕生同治七年十一月十四日：「七年」下底本衍「七月」二字，據《四當齋集》删。
〔二〕女一：「女」字原脱，據《四當齋集》補。
〔三〕庶幾鑒之：此下，《四當齋集》有「嗚呼！太歲上章涒灘，長洲章鈺謹表」十四字。

王樹枏

新城王公墓志銘〔一〕

尚秉和

丙子正月某日〔二〕，前新疆布政使新城王公卒於北京〔三〕。自公未出仕，即以文學名天下。西域歸來，仍著述數十年，故人以老師宿儒目公。實公之治績在邊陲，其功於斯民甚大，人反不盡知之。

公諱樹枏，字晉卿，生而有文在其手，曰「枏」，故以爲名。曾祖諱懋，家貧好善，嘗夢神語曰：「爾有陰德，帝將大爾門。」祖諱振綱，中道光戊戌科會試第一名，成進士，授知縣，以親老不仕，講學鄉邑。會曾文正公爲直隸總督，聘請主講蓮池書院，門弟子數千人，學者稱爲隱齋先生。考諱銓，舉人，東安縣教諭。三代皆以公貴，贈光禄大夫，妣皆封一品夫人。而公之伯父鑑、叔父鍔，亦皆名孝廉。一門文學，譽望宏遠。

〔一〕本篇載《國史館館刊》第一卷第三期（一九四八年）；又載《雅言》一九四一年第四期，題作「故新疆布政使新城王公墓志銘」，署名「節之」。

〔二〕丙子正月某日：《國史館館刊》《雅言》作「民國二十五年二月七日」。

〔三〕前新疆布政使新城王公卒於北京：「京」，《國史館館刊》《雅言》作「平」。

公生而穎異，年十六入邑庠，十七食廩膳，二十舉優貢，朝考以教職候選。曾公聞其名，時蒙延見，訓誨砥礪，許其大成。後李文忠督直，見公文，嘆曰：「此蘇長公後第一人也！」聘請纂修通志。光緒二年舉於鄉。公博聞强記，訓詁考訂，幼即專精，用以解經，凡奥文澀義不能通者，往往劃然開朗，因以得解，爲碩學所驚嘆。時冀州知州吴公汝綸方招延賢俊，陶冶州人，乃以重幣聘公主講信都書院，冀州文學遂以大光。丙戌，成進士，授工部主事，改知縣，選四川青神縣知縣，署資陽、新津、富順，以卓異薦。罣吏議，解職。兩江總督張文襄公延入幕府。適陝甘總督陶勤肅公求人才於兩江，張公即以公往，知中衛縣。再以卓異薦，以直隸州知州在任候補。公勇於任事，能爲人之不能爲，而文采斐然，照耀遐裔，望而知爲奇偉人也。值朝廷開經濟特科，陝甘總督崧蕃、工部左侍郎唐景崇交章論薦。而四川總督岑春煊、總督錫良後先來川，睹公遺迹及民頌聲，謂才可大用，復專章奏薦，以道員來川候補。

二十九年，入京陛見，授平慶涇固化道，署鞏泰階道、皋蘭道，擢新疆布政使。新疆官吏承湘軍餘威，恣爲淫虐。收賦税恒逾額徵五六倍，或七八倍。及繳納銀兩，銀十兩，或不足三四兩；柴若百斤，或不足二十斤。公既得其情，大懼曰：「是逼回民再爲亂也。」乃釐訂新章，許浮收二成以資事蓄外，不得溢徵。并自製庫秤，發屬遵用。劾罷墨吏四十餘人。復恐回民不能週知也，凡文告皆附回文，俾家喻户曉。百姓聞之，如脱桎梏登康莊。行之期年，省庫收入頓增數倍，而商民所省不知其幾千百萬。公乃創設官錢局，持紙幣百兩，反值壹佰二十兩。當是時，新疆幾不受協而足矣。公在新凡五年，歸又二十五年。公八十六卒，即以是年四月葬於北京西紅山口山下，夫人劉氏、楊氏祔。

公之爲青神，興築鴻化堰，引江水漑田數萬畝，縣以大富。爲新津，不分疆域，緝捕盜賊，斬九十餘人，由是邛、蒲、新、彭、雙流、大邑六縣賊皆平。中衛瀕黄河，舊有渠數十，長百七八十里，廢百年莫能復。陶公稔公能，特檄公爲中衛。公履勘既畢，乃發倉穀，變價得萬金，以爲工資。即旁築室三楹，以資聽訟，暇則持柄笠巡視上下游，野宿風餐。如是者二年，全渠告成，確田數千萬頃頓變爲肥沃。即以領地費補倉穀，不費國家一錢，國課驟增，地方大富。甘肅税釐皆統轄於蘭州道，年收銀四十萬兩，而局卡有數十。總督升允特以屬公。公令商人自定百貨入口路程，分别貨物等色，凡官吏之可因以爲奸者，皆革之。議既定，於三原設統捐總局，於鳳翔設分局，餘局卡全罷之。迄公去祇八月，共收百二十餘萬兩，較舊入全年已增三倍。

凡公所至，以便民爲先，以革弊爲要，故所至民喜，所去民思。公之去青神，百姓念其功，爲建生祠。及去中衛，民亦如之。兩地皆春秋祭賽，以迄於今。新疆纏民尤愛戴公，呼爲「老大人」。迄今數十年，見公所出紙幣，曰「此老大人幣也」，值仍居他幣上。而宏識遠慮，能止禍於未然。董福祥之内調，公上書高陽李相國，并爲陶制軍致書於翁、榮二相國，言福祥兵行同盜賊，果入京，必致亂。而諸相皆不省，後悉如其言。義和拳之起，寧夏道府皆令民傳習，不數日蔓延至中衛。公逼令解散，并飛禀總督，請通飭嚴禁。由是寧夏道府始斂迹，全省獲安。其大如是，其細可遺。新疆受協年二百萬，後漸不至。公曰：「是須爲自謀。」乃節浮費，裕庫儲，企興實業，計畫久遠。而巡撫聯奎以公之所爲不便其私，久忌公。適會匪王高升縱火燒省城，繁盛街市，悉爲灰燼。聯奎欲匿不報，公持不可。聯奎因是褫職，則益恨公，乃嗾其黨劾公。朝命陝甘總督長庚按驗，無毛髮實。卒以忌者衆，開缺調京。

公才力精强，案牘之暇，仍不廢著書。罷官東歸，值國變，益杜門不出，而名滿天下。甲寅，充清史館總纂。戊辰，赴日本文化會。庚午，主講奉天萃升書院。公幼爲駢儷文，及與吳冀州游，頓改古文，雄駿華贍。而以《爾雅》《廣雅》《夏小正》《焦氏易林》諸書訂正經文，臧否古注，淹貫宏博。其新疆方志，志西域山川國界、殊俗詭狀，博洽方雅，尤爲世重。都所著共五十餘種、六百餘卷。蓋自宋元以來，儒者能古文辭，復能箋注，鴻博若斯者，爲罕有也。

子男六：政敷，河南新鄭縣知縣；禹敷、勇敷，簡任職；政敷、勇敷，皆先公卒；敬敷、海敷、心敷。女子二，皆嫁士族。孫幾人。銘曰：

隱齋名德，再世有聞。公承其後，益肆於文。維公之學，博大宏灝。箋古述今，以迄於去。公昔强仕，遠宦邊陬。岷蜀河湟，聿懋厥猷。開藩天山，崑崙瑶圃。羌夷慕思，若吾父母。畎澮溝洫，行水灌田。驅役河伯，若牛馬然。豐穰自我，奪天之權。凡公所至，先求民瘼。爬梳腐蠹，貪墨必黜。既以福民，國用斯活。咄彼狡童，噬公傾公。非公是傾，惟私之營。公功濟世，公志圖籍。文采葳蕤，遂掩厥績。大江之滑，黄流之濱。有祠有宇，遲公之臨。吁嗟直道，遠寄斯民。銘幽勒石，以詔後人。

陳伯陶

江寧提學使陳文良公傳〔一〕

張學華

公諱伯陶，字子礪，姓陳氏，廣東東莞縣鳳涌鄉人。曾祖允道，祖夢松。父銘珪，咸豐壬子副貢。皆以公貴，贈榮禄大夫。贈公邃於學，爲順德梁章冉先生高弟，具有淵源。公少奉庭訓，十歲畢五經〔二〕。稍長，從陳東塾先生游，學益進。光緒乙亥，補縣學生。己卯，鄉試第一〔三〕。己丑，考取内閣中書，充咸安宫教習，館順德李文誠公家。壬辰，成進士，廷試一甲第三人及第，授

〔一〕本篇載《闇齋文稿》。

〔二〕十歲畢五經：《闇齋文稿》無此五字。

〔三〕鄉試第一：「鄉」上，《闇齋文稿》有「舉」字。

翰林院編修。歷充國史館協修、纂修、總纂，編書處纂修，起居注協修，文淵閣校理，武英殿協修、纂修，雲南、貴州、山東鄉試副考官。庚子，景廟西巡，奔赴行在，請於西安建立陪都，雖未果行[二]，世偉其議。旋隨扈回京。乙巳，入直南書房，以淹雅稱。退直後，持手一編[三]。纂修國史儒林、文苑傳，博綜條流，考覈精當，繆編修荃孫極推許之。今史稿告成，兩傳多本於公之手筆也。長沙張文達公議廢科舉，公言學堂龐雜，科舉不宜遽廢，當分科取士，以廣登進，文達不能用。丙午，學部奏派赴日本考察學務，署江寧提學使。莅任後，崇實學，黜邪説，首以忠義勸導，務端士習。兩署江寧布政使，加二品銜，賞戴花翎。

宣統己酉，補授江寧提學使。公先迎養母太夫人在署，至是送親歸粤。入都陛見，時方厲行憲法，而異黨潛滋，陰謀煽惑。公見時事日非，私憂竊嘆，又以母老多病，遂乞終養歸里。辛亥，武昌難作。九月，廣州城陷，黨人蜂起，洶洶欲致公，乃走避香港，奉母居紅磡。尋丁母憂，移居九龍城。九龍，古官富場，爲宋帝駐蹕地。公登宋王臺，賦詩憑吊，感慨欷歔。署所居曰「瓜廬」，坐卧一小樓，湫隘人不能堪。布衣芒屨，日行田野中，村人咸知有陳探花。公屏迹隱居[三]，熊希齡、龍濟光欲挽之出，

[二] 雖未果行：「果」，《闇齋文稿》無。
[三] 持手一編：「持」，《闇齋文稿》無。
[三] 公屏迹隱居：《闇齋文稿》無此五字。

皆絶弗與通。聘修省志,亦不就。著《明遺民録》以見志,顧於世道人心無日忘也,尤拳拳於故國。

壬戌,大婚禮成,海上遺臣多報效經費,公倡貢萬元,趨叩闕廷。因與梁尚書敦彦謀款接外賓,各國使臣入覲如平時。召見養心殿,温諭有加,賜紫禁城騎馬,賞帶膝貂褂。及南歸,上賜高宗御用七寶金盒、御容一幅、御書「玉性松心」扁額,以寵其行。甲子,乘輿蒙塵,公憂憤成疾,不能奔問,馳電中外,力争優待條件,兩疏請車駕出洋游歷,凡數千言。及戊辰東陵被盗,公又電請當事緝匪嚴辦;亟籌修復,奏進鉅款;移書海外僑民,歷陳累朝恩澤,冀有所感動。或怵以恐遭時忌,弗顧也。公十餘年來,忠憤鬱積,志氣未衰,而危疑日迫。上久駐天津,慮輕躁喜事者妄有陳説〔二〕,貽朝廷憂,復剴切上言,力請遵養時晦,以策安全,終引老子三寶,一曰慈,二曰儉,三曰不爲天下先。上嘉納焉,御書「忠肝古誼」扁額賜之。公感激恩遇,而心彌苦矣。

嗚呼!公以愛君愛國之誠,不幸遭逢晚季,變故迭乘,既天時人事之交窮,乃獨苦思焦慮,以求一當,而卒無救於世運之遷流,此公之隱痛,而亦海内遺民所爲同聲一哭者也〔三〕。

庚午八月二十日,以病卒於九龍寓邸,春秋七十有六。上聞悼惜,賜謚文良,賜陀羅經被,

〔二〕　慮輕躁喜事者妄有陳説:「慮」下,《闇齋文稿》有「有」字。

〔三〕　而亦海内遺民所爲同聲一哭者也:「同聲一哭」,《闇齋文稿》作「不勝悲憤」。

異數也。公好學深思，博聞强記，每論一事，皆能舉其本末。詞翰書畫，旁及醫術、地理，無所不能，負經濟才，不究其用。早歲隨贈公讀書羅浮酥醪觀，因注籍觀中。國變後，托於黄冠，潛心著述，成《孝經説》三卷，《勝朝粤東遺民録》四卷，《宋東莞遺民録》二卷，《明東莞五忠傳》二卷；又輯《袁督師遺稿》三卷，附《東江考》四卷、《西部考》二卷；又增補陳琴軒《羅浮志》五卷，重纂《東莞縣志》九十八卷。所作詩文有《瓜廬文賸》四卷、《外編》一卷，《瓜廬詩賸》四卷，《宋臺秋唱》一卷，皆行於世。妻方氏，妾徐氏、龍氏、李氏〔一〕。子四：祖蔭，方出，前卒；良玉，良士，良耜〔二〕。女幾人〔三〕。孫七人〔四〕。

論曰：公曩與余同避地香港，晨夕過從，每有撰著，必以見示，間述生平行事，感慨係之，故知公較詳。洎余歸里，甲子、戊辰兩遭奇變，公忠義憤發，往復商榷，一日數函，至今盈篋，偶一檢視，愴恨無已。公嘗戲語余：「他日爲我作墓銘。」余悚謝不敢當。追念故舊，日就凋零，余亦老病侵尋矣。今爲公作傳，以存梗概。刊石之文，俟諸大雅君子焉。

〔一〕妾徐氏龍氏李氏：原作「妾　氏　氏」，據《闇齋文稿》補。

〔二〕良玉良士良耜：《闇齋文稿》作「良玉，龍出；良士，李出；良耜，徐出。」

〔三〕女幾人：「幾」，《闇齋文稿》作「九」。

〔四〕孫七人：「七」字原空缺，據《闇齋文稿》補。

江寧提學使陳文良公墓志銘[一]

陳寶琛

君諱伯陶，字象華，一字子礪，東莞陳氏[二]。曾祖允道，祖夢松。父銘珪，咸豐壬子副貢，嘗佐縣令練鄉兵殲賊，城賴以全。三代皆以君貴，贈如其官。母葉，封一品夫人。

君天資肫篤，早歲熟諸經，及游陳蘭甫先生之門，所詣益邃。光緒己卯，領鄉薦第一。己丑，考取内閣中書。壬辰，一甲第三名進士，授編修。歷充雲南、貴州、山東副考官，武英殿纂修、起居注協修、文淵閣校理、國史館總纂。

甲午，邊事亟，戴學士鴻慈合同館數十人奏請起用恭忠親王[三]，君實主之。庚子亂作，兩宫西狩，君隨扈不及，展轉達行在。變法議起，或請開上下議院，戴侍郎以諮君，君曰：「不若因會議政務處而變通之。」爲擬奏稿，列會議四益，曰收群策，曰勵人才，曰折敵謀，曰息衆謗。疏入報可。逾年，蘇淮分省及日俄和成、收復東三省，事皆下會議。乙巳，命在南書房行走。丙午，

[一] 本篇載《滄趣樓文存》下卷，題作「陳文良公墓志銘」。又陳伯陶墓殘碑碑文，載《廣州市文物普查彙編・蘿崗區編》（陳建華主編，廣州出版社，二〇〇八年）。

[二] 東莞陳氏：「東莞」，《滄趣樓文存》作「番禺」。

[三] 戴學士鴻慈合同館數十人奏請起用恭忠親王：「忠」，《滄趣樓文存》無。

出署江寧提學使，以崇實學、正人心諭告諸生，省各校浮費十餘萬兩，推廣實業、方言各學堂。戊申七月，署江寧布政使，立歲計表，鈎稽出納，歲絀銀九萬兩。嘆曰：「新政繁興，此後耗財且不止此矣！」是冬，兩宫晏駕，總督適統軍會操湖北，皖省告警，僚列窘急無策。君請電調張提督勳軍駐下關，揚言皖亂已定，人心始安。己酉五月，再署布政使。十一月，實授江寧提學使。庚戌三月，入覲。時攝政王監國，君有所陳，不之省。請假修墓，旋由粤督代奏開缺養親。

辛亥九月，奉母避地九龍，養親事畢，遂居焉，自號九龍真逸。壬戌十月，齎萬金入京〔一〕，賀上大婚，因於召對進「老子三寶，曰慈，曰儉，曰不敢爲天下先」之説，上嘆許久之，賞賚有加。自乘輿播遷，迄東陵之變，衰癃不能奔問，叠進鉅金，且涕泣爲文告海内外，勸輸修陵費。嘗欲撰《老子格言略釋》及《注疏》進呈，以病不果。庚午八月某日卒，春秋七十有六。上軫悼，賞給陀羅經被，予謚文良。著有《瓜廬文賸》《詩賸》各四卷，《宋臺秋唱》一卷，其餘《宋明粤東遺民録》及傳志之屬凡百餘卷。余所見者惟《孝經説》三卷，其下卷論孟子本《孝經》以闢楊墨，末辨《禮運》大同之言，謂非出孔子，皆有益於世道。

〔一〕 齎萬金入京：「京」，《滄趣樓文存》作「都」。

配方夫人。子四：祖蔭，前卒〔一〕；良玉、良士、良耜。女十人。孫八人〔二〕。以某年月日葬某山之陽〔三〕，具狀乞銘。余識君晚，而相知也深，且君之學術忠節皆有足書者，不辭而爲之銘。銘曰：

惟聖畏漸，履霜知冰。詖淫之辭，皆有繇興。疇昔變制，議尨聽熒。熄雅用夷，大憝斯乘。君謀雖臧，一謬群謹。威弧不弦，日車遂翻。遯迹江海，揆義天澤。述曾準孟，麾斥楊墨。務返大經，以存人紀。忍視蒸民，終淪虺豕。鬱鬱松心，真宰潛通。英靈千載，閟此幽宮。

李瑞清

臨川李文潔公傳略〔四〕

蔣國榜

公諱瑞清，字仲麟，江西撫州府臨川縣人。先德世系具載家傳。生而岐嶷，孝友有至性。

〔一〕前卒：《滄趣樓文存》無此二字。

〔二〕孫八人：《滄趣樓文存》作「孫七人：紹舜、紹昌、紹騫、紹樂、紹禮、紹吉、紹羲」。殘碑作「孫十人：紹舜、□□、□騫、紹樂、紹澧、紹吉、紹義、紹勛、紹唐、□□」，《廣州市文物普查彙編》録文或有誤字。

〔三〕以某年月日葬某山之陽：底本眉批「乙亥年三月二十四日葬廣州城東長安市小金峰之原」，殘碑作「□於乙亥年三月廿四日葬君於廣州長安市小金峰之□」。《滄趣樓文存》作「將以辛未年月日卜葬君於某山之陽」。

〔四〕本篇載《清道人遺集佚稿》卷首。

差長，能記襁褓時事。公考榮禄公，幼爲講文信國、史忠正殉難事，公蹙默移時，問曰：「何時又易朝耶？」榮禄公呵之曰：「我朝享祚正長，安所得此不祥語？」公對曰：「兒固願師文文山、史可法耳。」榮禄公心默許之。就傅，獨喜誦秦漢文，又潛治《説文》、三禮、《公羊》何氏學，塾師强習功令文，不顧也。

光緒辛卯，公妣陳太夫人多病，榮禄公宦湘垂三十年，援武陵籍入試，中副榜第一。或以冒籍相攻訐，勢不解，公毅然去之，曰：「是區區何足争？」議始寢。癸巳恩科舉於鄉，明年甲午聯捷成進士。公應試文淵懿樸茂，人多不能句讀，會試房考官華公輝曰：「此必吾鄉李某也。」榜發，主司同爲國家慶得人。公書初習篆籀，漢魏唐以後書無不似，獨不善院體書。因留殿試，奴子馮壽宇長跪請爲百衲體書，以大篆書「臣對」「臣聞」，下書以各體，當得狀元。公性憨，習倦已，跣足登床，作小兒舞矣。與同年曾公熙同居交莫逆。公孝念母，頻欲馳歸；曾公時郵書長沙以慰老人，情文有類陸清河與車茂安書也。乙未殿試，對策書多通假，景皇帝疑策中「長治」字作「常」，常熟翁文恭公奏曰：「長、常聲假，如長沙郡，本作常沙也。」遂置二甲。朝考一等，選庶吉士。

公既通籍，念母切，即請假歸省。蓋公心動，舉止若重有憂者。奴子知公性，侍愈謹。歸得陳太夫人耗，墮輿下，躄踊搶呼幾絶，哀毁過性。榮禄公裁之，水漿始入口。己亥春，公省榮禄公入滇，燕居恣意圖史，爲《梅花賦》《日賦》，其《秋月賦》，江、鮑不是過也。一時傳誦，紙爲之貴，公亦引爲生平天倫至樂。初，陳太夫人病，公割股進，尋愈。己亥秋，榮禄公患痹麻增劇，公割臂焚香告天以瘳。辛丑，榮禄公退養長沙，病又作，公復割股，卒不起，毁亦幾殆。

壬寅，邵陽魏威肅公督雲貴，聘公主講大學。俄移節兩江，攬公入幕。公爲建大計，威肅持重，惟謹諾。公以言不行，且去，威肅愈下公，復使其子從游。服闋，乙巳改官道員，分發江蘇，總督爲安徽周公馥。時朝旨廢書院，興學堂，罷私塾，設師範傳習所，一時寒畯譁然，不赴考。周公急委公爲傳習所總辦，衆聞公來，群相慶曰：「此吾鍾山山長李老師後也，必有以蘇我等矣。」蓋公族叔祖諱聯琇，世稱小湖先生者，爲曾文正聘，主鍾山書院久，流風遺教，人士尚未忘也。至是，卓犖之士亦來歸矣。丁未，委充兩江師範學堂監督。堂創始張文襄公，規模宏闊，額可千人，顧輦巨金聘日本教習數十人，多非彼邦知名士，且所教非所習，時起猜忌，又非期滿不得辭退。公慨然憂之，自請往日本考察教育，廣聘績學之士；又聘總教習一人，督其勤惰，嚴定條約，費減於前，收效尤著。先後畢業者兩千餘人，考最爲各省冠。洰陽端忠敏公繼督兩江，聞公措施，顧同寮曰：「今始知李某不獨嫻教育，亦外交家也。」四座嘆服。中間三署江寧提學使，兼辦高等學堂、暨南學堂，始終不去兩江席。公參酌新舊源流，彬彬蔚爲風氣，以勞績記名軍機。

辛亥六月，公預全國教育會議入都，比歸，革命事起，東南大震。巡撫程德全被舉爲都督，總督張人駿、提督張勳方治軍北極閣。戰比捷，俄報將軍鐵良、藩司樊增祥、正任官以下多逃，全城震驚，相與咨嗟無策。忽風送校舍振鈴聲，以遠鏡下窺，蓋兩江師範學堂絃誦未輟也。張人駿喜曰：「李某果不去，好男子！是誠可寄命任重者也。」遣使迓公〔二〕，一見即離席，拜曰：「樊山行矣，頃已電保公授寧藩矣。」張勳曰：「好爲之！吾猶及見尊公躬冒矢石，攻法人克復諒山時也。」公悚然敬諾。既拜命，念危城宜先足食，立從間道運米三十萬石，又平糶以濟難民。師範學子，多出資斧遣歸。時提督令剪辮者殺無赦，學子多自危。有陸軍學生被執，公見，立揮悍卒，載之車中。又逃亡者非得提督符不得出，公請得令幟，晝夜遣出城，賴以全者無算。時黨人寄城中者相戒曰：「江寧即下，幸勿傷李公。」既張人駿、張勳亦委城去，美日領事、美教士鮑文争遣使迓公暫避，公皆謝之曰：「托庇外人，吾所羞。吾義不欲生，使吾後世子孫出入此城無愧可矣。」城陷，公奉印官服坐堂上，黨魁林述慶欲以兵劫公，公曰：「吾懼死者，一手槍足矣。不爾，千萬人何畏焉？」程德全强挽公，公斥之曰：「亡國大夫，不足與圖存。必相迫脅，願甘沸鼎。」復爲書詆之，文載公集中。乃召寧中父老縉紳而告之曰：「余不死，黄冠爲道士矣。庫之財，寧之財也，幸尚保之。」皆涕下莫能仰視。時藩庫尚儲數十萬金，及兩江師範清册，移交無一介苟。

嗚呼！遜清養士二百餘年，迨國變，多棄土潛逃，無復知有大節。公萬死不顧，孤忠亮節，

〔二〕 遣使迓公：「遣」上，《清道人遺集佚稿》有「立」字。

樹人臣之大防，使後之論史者，謂清尚有人，又何忝宋之文山、明之忠正？公蓋具有本末矣。

公既僨廡上海，貧至斷炊，門人醵金供之，公曰：「安可以口腹累人？」遂鬻書畫自給。於是兒童走卒，皆知有李道士矣。既鄉人聘公主修《臨川縣志》，公爲發凡起例。丁巳五月，復辟事起，授學部左侍郎。沿江諸道兵大起，事復寢。公憤懣不可終日，侘傺一寓文字。初覺左手痹麻，猝不辨字，迨庚申八月一日而公卒，享年五十四。先是，公幼受知武陵余公祚馨，妻公女，受聘遽卒；以六女妻公，先逝；繼配以七女，又先公卒。公遂鰥終身，更字「梅癡」，以志隱痛。故無子，以兄弟之子嗣。既卒，聞者失聲。曾公熙、弟子胡光煒襄治其喪尤劬。前安徽巡撫馮公煦等，聯名奏請，予謚「文潔」。群以公遺愛在江寧，挽葬牛首。曾公嚴寒犯冰雪，爲公卜兆；既葬，復於牛首雪梅嶺羅漢泉旁，築玉梅花盦以祀公。其高誼不減戴南枝之葬徐俟齋也。

公體素碩健啖，厚重人不忍欺公。於書無所不通，喜以新意釋《説文》，文學莊子、太史公，詩摹漢魏，金石考據、書畫鑒别，莫不精至。書法本於鍾鼎彝器，作篆常曰：「必目無二李，神游三代。王、鄧縛紲於石，吾因求之於金，别爲開闢。」鐫章曰「新周」以見志。其他精論，述可成書。畫承家學，晚喜假八大山人、大滌子自飾。爲佛像、花卉、松石，意境尤有獨至，然非其人不予，得者寶之。公姪健從公危城中學，能得公真傳云。國(梅)[榜]幼不知書，避兵上海，走謁公。公方忍飢袖手，吟哦蔀屋中，遽見器，使隸弟子籍。又許其文有至性，多爲延譽。愧譾陋，不足得公高深萬一。覺每侍公座，神韻清朗，微窺蓋癡，尤不可及。今公卒三載矣，感以州民，誼兼弟子，不文又奚以辭？雪涕敢先摭大略，以俟後之史官采擇焉。

清道人傳[一]

柳肇嘉

清道人，世所稱梅盦先生者也。先生姓李，諱瑞清，字梅盦，號梅癡。臨川人，李宗瀚從孫。生長粤湘間，軀幹奇偉，至性過人。甲午進士，翰林院庶吉士，江蘇存記即用道，監督兩江師範、江南高等諸學堂，三署江寧提學使。篤志古學，與友言志，願學文天祥、史可法。外和内介，以身作則，視諸生若家人子弟。提倡科學、國學、美術，不遺餘力。中外教授及江南弟子千數百人，服其誠慤。教育成績，評者推爲東南冠冕。

辛亥事起，江寧官吏紛紛出走，先生絃誦不輟，餘百金給諸生歸鄉里。諸生請先生俱去，不可。諸生不忍捨先生獨去，約與先生共生死。一日，總督張人駿召先生於北極閣，拜擢藩司旨，遂與提督張勳議守城。輸糧三十萬石餉軍民，人心大定。城入重圍，彈丸雨集，外人勸避兵艦

[一] 本篇又載《清道人遺集佚稿》卷首。

領事署，謝曰：「棄城他去，如臣職何？托庇他族，如國體何？吾寧與闔城百姓同盡耳。」城陷，某欲畀以官，不許，欲劫以兵，先生曰：「吾苟懼死者，以彈飲我足矣。不爾，雖千萬人何益？」某以其人望也，强留之。先生曰：「亡國大夫，不可與圖存。必相迫脅者，雖曲戟加頸，沸鼎在前，吾甘之矣。」左右欲兵之，有巽語相解者，乃免。江寧父老晋謁，先生曰：「余守土官，今不幸城陷，莫能相保。庫之財，寧之財也，爾等其善守之。」衆皆泣下。遂以庫金數十萬付縉紳，黄冠野服，孑身而去。從此隱姓埋名，自署清道人矣。

家貧，仰食者衆，鬻書畫滬上自給，求者如市，然非其人雖千金不可得。其書博綜漢魏六朝，上追周秦。尤工大篆，嘗以「學從篆始[二]」詔門人。間臨魏晋以來法帖，别諸家源流正變，如班書之有《藝文志》。日本人聞風渡海，請業者踵相接。山水法清湘、八大山人，花卉寫南田，畫佛尤妙，流傳絶尠。蓋先生以篆作畫，以畫作篆，合書畫一鑪而冶之，寄麥秀黍離之感於楮墨間，故善於窮荒寒之境也。少治公羊學，爲文學司馬遷、范蔚宗，詩宗漢魏，古直蒼凉，似曹孟德，絶句淒艷動人。捷南宫時，夜讀中寒，遂致奄疾。或以書、畫、不娶爲其三絶嘲之。食量過人，尤喜持螯，因自戲號「李百蟹」。

[二] 學從篆始：「學」下，《清道人遺集佚稿》有「書」字。

庚申八月朔中風卒，其降生同治六年丁卯七月初九也，年五十四。予謚文潔。葬江寧牛首山。門人宜興吕國銓廬墓以終焉。著《圍城記》一卷，遺集四卷：文第一，詩第二，題跋第三，論書第四。受業丹徒柳肇嘉敬述。

高覲昌

分巡廣東廣肇羅道高君墓志銘

馮煦

君諱覲昌，字葵北，晚易字遯盦，又號葵園遯叟，丹徒高氏。先世居皖之鳳陽，明洪武中有曰裕公者，爲鎮江衛指揮，遷潤州，遂爲丹徒人。曾祖湧，國子監生。祖同庚。父桂生，府學廩生。三世以君貴，贈如其官。曾祖妣何，祖妣莊，妣魯，皆封夫人。

君以縣學生中光緒十一年舉人，聯捷成進士，選庶常。散館，授編修，出爲廣東廉雷廣三府知府，署巡警道，補廣肇羅道。以母憂歸。遭國變，遂卒，時甲子年十月十八日也，距生咸豐六年二月二十八日，年六十有九。

君少失怙，鞠於祖。丁髮逆亂，家數遷。穎悟絶人，十歲通諸經。稍長，文名藉甚，授徒供甘旨。及入翰林，清介自守。兩充順天鄉試同考官，得士稱盛。復爲國史館纂修、會典館圖上幫總纂，甄文考獻，精審越儕輩。其出守粤東也，恪敬吏事，纖悉自裁决，不假書吏，博知利病，興廢咸得其宜。三榷肇慶黄江税，一榷高州海關税，課倍而民不撓。尤勇於濟貧。在廉創因利局，以給游民；復書院，以惠多士；設工廠，以勵庶業。在雷則浚渠建閘，築路設渡。渡之設，廣亦有之，凡便民者無不爲。廣蕃廡爲粤冠，政務殷闐，君朝作夕息，處之優然。故所至民悦，去則謳思之。

庚戌春，奉母諱歸，逾年而兩宫遜位之詔下。君悲憤不自已，息影家居，以待世變。然修宗譜，纂邑乘，拯困勵節，皆爲之不遺餘力。甲子十月，兵禍亟，君鬱鬱感疾。初未劇也，聞逆軍入宫禁，上幸津沽，中心摧痛，疾乃不可爲矣。

君幼以孝弟聞於家，與人和易，不爲翕翕熱，亦不爲崖岸斬絶之行，天性冲澹，豐約通塞，無足攖其慮者。

余丙戌試禮部，獲與君齊年。供職西清，數共游衍。官轍既異，蹤迹乃疏。然深知君者莫余若也。既殁，孤勝儒進君自所訂年譜，乞余爲之序。葬有日矣，復來督銘，余烏忍辭？時難未已，孤忠亮節之儔零落日盡，爲君銘，而使余有無窮之悲也。

君娶何氏，先君卒。側室吕氏、麥氏。子勝儒，工科進士，翰林院編修；恒儒，縣學生。何出。悦儒，吕出。淮儒，麥出。女三，皆適士族。孫三，孫女四。以丁卯十二月某日，葬於東鄉諫壁里娘山枝之原。銘曰：

嶄嶄京峴英靈鍾，篤生魁傑爲世雄。待詔金馬希嚴終，一麾嶺表民所宗。優寬紲猛百廢通，厥績炳蔚留青穹。白日既匿豺虎叢，超然一往游虚空，我銘刊石垂無窮。

曹廣楨

二品銜吉林提學使曹君墓志銘〔一〕

張其淦

君諱廣楨，字梅舫〔二〕，姓曹氏。長沙人。曾祖諱光遠〔三〕，祖諱輝楚，父諱勳，皆誥贈資政大夫。君少問學於兄典禮院直學士廣權〔四〕，講習儒先性理之書，砥礪廉隅，以誠敬爲本。光緒乙

〔一〕　本篇載《長沙曹公東寅學士、梅舫提學碑志》（下簡稱《碑志》），題作「清誥授資政大夫二品銜吉林提學使曹君墓志銘」。

〔二〕　字梅舫：「字」，《碑志》作「號」。

〔三〕　曾祖諱光遠：「光遠」，《碑志》作「光選」。

〔四〕　君少問學於兄典禮院直學士廣權：「學」，《碑志》作「業」。

酉舉於鄉，壬辰成進士，授刑部主事，補員外郎〔一〕，轉郎中，入值軍機處領班章京〔二〕，以勤敏稱。簡授吉林提學使，在任數年，擘畫整頓，因創并施，自蒙養至高等專科、農藝、實業各校，規模畢具，學風丕變。復修孔廟〔三〕，設禮樂以明教本。遭國變，解組歸。其出處如此。

余最服君孝友根至性，忠愛幾賈禍，廉潔耿直，肫誠足以振清風而勵末俗。父患風痹三年，侍養扶持，視聽於無形聲，人無間言。其於兄廣權也，敬之如師〔四〕，隨行愛護，至老不變。同鄉耆舊左廉訪孝同嘆爲「真弟弟」，秦軍門秉直謂其「始終保孩提之性，子由後七百年所特見」。《詩》云：「惟孝友于兄弟，施於有政。」不其然乎！官提學時，驚聞兩宮升遐之耗，君忠義憤發，馳電以上，語悲切，樞府惎之，將得罪，奉督錫良爲辨釋乃已。當是時也，天柱震，地維裂，謡諑繁興，奸雄睥睨於廟堂之上，權奄凶人爲鬼爲蜮，結聚把持君主，電稿遂不擇言。余輒怪樞府與盈庭諸大臣曾無一人焉，痛哭呼號，而猶詰責外省官吏之一電。嗚呼！朝無人矣！余誦學士《南園集》《書事》及《傳聞辭》諸詩，如觀《心史》，如聽擊竹如意，招朱鳥之魂，不禁泪潸然下，而

〔一〕補員外郎：「郎」，《碑志》無。

〔二〕入值軍機處領班章京：「領班章京」，《碑志》作「入直軍機處洊擢領班三品章京」。

〔三〕復修孔廟：「孔廟」，《碑志》作「文廟」。

〔四〕敬之如師：《碑志》作「尊之爲師」。

不忍卒讀也，則君之傷心可知也。

君好濟人，而律己嚴。嘗鬻字。寓滬時，湘主席某饋以金，不受；有尚書某曾督兩粤者，慕君名，因近族有姻連設宴，邀君一見，謝不往。晚年托言佛老，日與海上誠篤之士游，取王陽明、朱柏廬諸先生之書，相與討論而引導之。創立人學會，延師講《易》；印行《誠化録》，手書嘉言懿行，教人爲善，期以闢邪說、化澆俗〔一〕，是可以見君之心矣。詩文多不留稿，自撰年譜止於戊申。感懷世變，隨兄流寓江淮間。旋以哭兄喪致病，鬱鬱歸里，卒於長沙，可悲也已！

君生於同治甲子十二月十五日，卒於丁丑十一月四日，春秋七十有四。是月某日〔二〕，葬邑東鄉九睦墩燕喜山之陽〔三〕。配黄氏，封夫人。子男六：典詒，廕知縣，移獎改分部員外郎；典灝、典褘、典溥〔四〕、典溢、典成。女二：長適固始秦渝〔五〕，早卒；次適彰德馬恒毅〔六〕。孫男十五

〔一〕期以闢邪說華澆俗：「闢邪說」，《碑志》作「淺說」。

〔二〕是月某日：「某日」，《碑志》作「晦日」。

〔三〕葬邑東鄉九睦墩燕喜山之陽：「墩」，《碑志》作「墩」。

〔四〕典溥：《碑志》作「典溥」。

〔五〕長適固始秦渝：「渝」，《碑志》作「瑜」。

〔六〕次適彰德馬恒毅：「馬恒毅」，《碑志》作「馬恒穀」。

人〔一〕，孫女二人。曾孫男八人、女五人。

余與君壬辰同年〔二〕，海上相遇，同話滄桑。今君猶子典初太史偕君次子某以狀來請銘〔三〕，不敢辭，銘曰：

梓杞儲材松柏質，忠孝本自天性出。學士百坡額書室，來生兄弟轍隨軾〔四〕。學子莘莘究名實，吉林諸校是表式。兩宮噩耗衆惶惑，一電籲天天應泣〔五〕。事父事君身作則〔六〕，存誠存敬言能述。苦心救世托仙佛〔七〕，留餘千秋視銘碣〔八〕。

〔一〕 孫男十五人：此下《碑志》有十五人名「盛明、盛文、盛森、盛春、盛本、盛應、盛鴻、盛新、盛南、盛蘇、盛岳、盛同、盛佑、盛遂、盛登」。

〔二〕 余與君壬辰同年：「壬辰」下，《碑志》有「會試」二字。

〔三〕 今君猶子典初太史偕君次子某以狀來請銘：「今君猶子典初太史偕君次子某」，《碑志》作「其子姪」。

〔四〕 學士百坡額書室來生兄弟轍隨軾：《碑志》無此十四字。

〔五〕 兩宮噩耗衆惶惑一電籲天天應泣：《碑志》無此十四字。

〔六〕 事父事君身作則：「事父事君」，《碑志》作「事君父兄」。

〔七〕 苦心救世托仙佛：「托仙佛」，《碑志》作「力必竭」。

〔八〕 留餘千秋視銘碣：「餘」，《碑志》作「與」。

何成浩

福建汀漳龍道何君墓志銘〔一〕

張學華

君諱成浩，字璧流，姓何氏。廣東順德良教鄉人〔二〕。父應念，經商水東鎮，值高州匪亂，輸鉅餉剿平之，叙功保游擊。家故高貲，任俠尚義，有聲於時。與陳副憲蘭彬、楊侍郎頤交好。張撫部曾敭爲志其墓〔三〕。

君少席豐厚，而篤志於學。中光緒戊子科順天鄉試舉人，援例以郎中分户部江南司行走，改道員，分發福建，候補總辦善後、鹽務、蠶絲、賑捐各局，權督糧道、延建邵道、汀漳龍道。時先後督閩者卞制府寶第、邊制府寶泉、譚文勤公鍾麟，并以清正著聞，皆倚重君，迭奏保人才，交軍機處記名，加二品銜，簡放汀漳龍道。君整躬率屬，裁革陋規，一無所私。辛亥大計保薦卓異，

〔一〕本篇載《闇齋文稿》，題作「二品頂戴按察使銜福建汀漳龍道何君墓志銘」。

〔二〕廣東順德良教鄉人：此下，《闇齋文稿》有「世有潛德」四字。

〔三〕「值高州匪亂」至「志其墓」：《闇齋文稿》作「粤寇起，首創義軍，叙功保游擊，賞花翎，事迹載《高州府志》，以君秩誥贈榮禄大夫」。

值武昌變起，閩垣響應，以君資望，將推爲副都督。亟避去，遂歸不復出〔一〕。

君性豪邁，不治生産。出仕後，損耗大半，貲用日絀，而操行彌厲。或聘爲絲商會長，以時有官牘交接，却弗就。粤當道某駐軍汀州，耳君清名，歸粤後欲見，君不爲屈，杜門屏迹。番禺梁文忠公以貞士稱之。世居城西，尋挈家返良教，窮鄉僻處〔二〕，生計猶不給。體素羸善病，時時有憂生之嗟。晚歲益濩落，人所不能堪也。

君生長華膴，敭歷外臺，名績日隆〔三〕，駸駸且大用；一旦聲銷影沈，獨不肯稍稍屈節〔四〕，雖極困厄之餘，没齒而不悔。嗟乎！士窮見節義，不奇窮，節亦不著。余觀桑海以後〔五〕，遺佚之

〔一〕「而篤志於學」至「歸遂不復出」：《閩齋文稿》作「劬學如寒素，光緒戊子舉順天鄉試，援例以郎中分户部江南司行走，乞養歸，旋遭艱。服闋，改官福建候補道，歷辦善後、税釐、農桑局，總理全省軍政，事皆辦治。閩督卞公寶第、邊公寶泉、譚文勤公鍾麟、李恪勤公興鋭并以清節著，咸倚重君，累章奏保，傳旨嘉獎，軍機處存記，賞按察使銜、二品頂戴。兩署督糧道汀漳龍道，一署興泉永道，尋授汀漳龍道。君爲政鎮静不擾，整飭風紀，裁革陋規，所至有聲。漳州患水，倡辦工賑，築堤修橋，以次捍禦，漳人至今稱頌。辛亥大計卓異，會武昌發難，閩垣兵變，以君夙綰軍政，將推爲都督。君亟避去，遂棄官歸，杜門不復出」。

〔二〕「君性豪邁」至「窮鄉僻處」：《閩齋文稿》作「家故饒，以豪俠傾其資。君貞介自守，誓不入官府，絲業研究所舉充所長，辭不就。番禺梁文忠公鼎芬以貞士稱之。初居會城，既以貧貨其居，挈家返良教，窮鄉蟄處」。

〔三〕名績益隆：「名績」，《閩齋文稿》作「名業」。

〔四〕獨不肯稍稍屈節：「屈」，《閩齋文稿》作「貶」。

〔五〕余觀桑海以後：「桑海以後」《閩齋文稿》作「滄海後」。

士，大率徜徉肆志焉耳。若夫窮乏難自存[一]、茹艱苦而不負所守者，不數數見也[二]。如君者，可謂難矣。

君與余同鄉舉[三]，中年仕宦奔走，相見日少，自遭喪亂，朋舊益親。君鄉居，歲一至會城[四]，殷勤道故。方君盛時，推解無所吝；及家中落，百物蕩盡，君雖豁達，未嘗不念人事之變遷，相與感嘆也。

甲戌三月[五]，以疾卒於里第[六]，春秋七十有一。配蔡夫人，前卒[七]。子五人，英[八]。其明年，葬於廣州白雲山鳳凰窩之原[九]。唯君清操介節[一〇]，有不可泯没者[一一]，乃爲撰次其略而系以

[一] 若夫窮乏難自存：《闇齋文稿》作「若貧乏無以自存」。

[二] 不數數見也：「見」，《闇齋文稿》作「覯」。

[三] 君與余同鄉舉：「君與余」，《闇齋文稿》作「余與君」。

[四] 歲一至會城：「會城」，《闇齋文稿》作「省垣」。

[五] 甲戌三月：「三」字原空缺，據《闇齋文稿》補。

[六] 以疾卒於里第：《闇齋文稿》作「以疾終」。

[七] 前卒：《闇齋文稿》作「先君卒」。

[八] 子五人英：《闇齋文稿》作「子五人：英、著、葆、萬、蒨」。

[九] 其明年葬於廣州白雲山鳳凰窩之原：「其明年葬於廣州」，《闇齋文稿》作「將葬君於」。

[一〇] 唯君清操介節：「清操」，《闇齋文稿》作「貞操」。

[一一] 有不可泯没者：「泯没」，《闇齋文稿》作「泯滅」。

銘，銘曰〔一〕：

唯豐倏悴境不常〔二〕，始席華膴終窮鄉。繡衣持蕩名績彰〔三〕，妖霧突起天茫茫。被髮無路排九閶，西臺痛哭清激昂〔四〕，歸與田父談滄桑。故山何必非首陽，守死弗變是爲强。白雲之巔毅魄藏，千年松柏凌冰霜。

毛承霖

二品銜候選道毛君墓表〔五〕

張學華

光緒丙午，余典郡山東，獲晤毛君稚雲，定直公仲子也。定直公督粤，先大夫在幕府司章

〔一〕乃爲撰次其略而系以銘銘曰：《闇齋文稿》作「乃爲序而銘之曰」。

〔二〕唯豐倏悴境不常：「倏悴」，《闇齋文稿》作「與嗇」。

〔三〕繡衣持蕩名績彰：「蕩」，《闇齋文稿》作「節」。

〔四〕西臺痛哭清激昂：《闇齋文稿》無此七字。

〔五〕本篇載《闇齋文稿》。

奏。君鄉舉與余同歲，仍世交誼，忻然道故。洎余守濟南，提調省志局，君參局事，往還益習。總纂孫京卿葆田與君世舊，亦不以俗吏鄙余。黄太守曾源後至，余摯交也，相從捧手〔二〕，懽若平生。風塵邂逅中，自詫有得朋之慶，又私念此樂難常也。

辛亥，余改官江西，去魯甫數月，而武昌變起，天地崩坼，海内糜沸。余避地香港，君走青島，旋返舊居，遂不復相見。唯時時通問，自以喬木世臣，痛心國難，太息於邪説之横流，綱常之毁裂，憂憤迫切，若負重疚。今遺札盈篋，距君歿十七年矣。滄桑而後，趨時之士，希榮干進，尋亦聲銷影沈，甚至身名俱敗，何可勝數！君守歲寒之節，不改其素，顧賫恨以終，而昔年共事孫京卿早逝，黄太守亦墓有宿草，獨余以浮海之身，傫然後死，悲回惜往，吁可慨也！抑世變方大極於禍亂相尋，罔知所届，君一瞑不視，猶勝於呻吟待盡者已。

君諱承霖，稚雲其字，山東歷城人，縣學生。己卯優貢，戊子舉人，屢試禮闈不第。援例以同知試吏湖北，權德安府同知，未履任投劾，歸以河工保知府，遞保道員，加二品銜，山東通志局提調，存古學堂監督，廣仁善局局長。鄉里義舉，靡不盡力。《通志》久未成書，爲之補輯刊行，續纂《歷城縣志》，皆有功文獻。壬戌大婚，君集款入賀，賞「光德富義」扁額。

〔二〕 相從捧手：「從」，《闇齋文稿》作「與」。

晚歲閉門却掃，間從張總憲英麟、柳太守堂游，居恒鬱鬱。以乙丑年四月二十五日疾終里第，春秋七十有三。配高夫人，前卒。側室馬、鞠、姜。子二：熙泰，鞠出；熙頤，姜出。女三[二]。孫四，孫女二。葬於□□□之原[三]。

余少於君十年，夙致兄事之禮。君得子晚，歿時諸孤尚幼，音問久闊。比以書來求表君墓，余喜故人之有子，而益有感於數十年來治亂興亡之局，與夫死生聚散之悲，欷歔而不能已也。於是泫然述舊，俾揭諸阡，以著君之大節，其他孅行未能縷舉云。

[二] 女三：此下，《闇齋文稿》有「適張，適孫，適胡」六字。

[三] 葬於□□□之原：「於」下，《闇齋文稿》有「歷城」二字。

本書爲國家古籍整理出版專項經費資助項目

本書爲上海新聞出版專項基金資助項目

碑傳集三編

第一册

卷首至卷十

汪兆鏞 編

王興康 張靖偉 整理

上海人民出版社

出版説明

《碑傳集三編》是近代汪兆鏞編纂的一部清代人物傳記匯編。清道光初年，嘉興錢儀吉仿宋代杜大珪《名臣碑傳琬琰集》及明代焦竑《徵獻録》體例，編《碑傳集》一百六十卷，内容始於天命紀元，迄於嘉慶朝，收録人物共二千餘人，爲清代人物碑傳匯編之始。光緒年間，江陰繆荃孫編《續碑傳集》八十六卷，收録道光、咸豐、同治、光緒四朝人物共一千一百餘人。之後，民國初年，江都閔爾昌編《碑傳集補》六十卷，主要收録清季人物，兼補道、咸以前《碑傳集》《續碑傳集》所未收者，共八百餘人。但汪兆鏞對《碑傳集補》頗爲不滿，認爲其「采及時流，以媚濁世」（《碑傳集三編・自叙》），而以自己所纂爲接續錢、繆二家之作，故名「三編」。

汪兆鏞（一八六一—一九三九），字伯序，一字憬吾，自號慵叟、清溪漁隱，晚號今吾。因廨所居曰「微尚齋」，又稱微尚老人。辛亥後，注籍羅浮山酥醪觀，自號覺道人。先世居浙江山陰（今屬浙江紹興市），嘉慶年間曾祖父汪炌游幕入粵，至兆鏞一輩落籍番禺，遂爲粵人。早歲舉學海堂專課生，爲嶺南大儒陳澧之高足。光緒六年（一八八〇）補縣學生，十一年以優行貢成均，朝考用知縣，十五年舉於鄉。後三應禮部試不售，輾轉游幕於廣東翁源、赤溪、遂溪、順德各縣。後棄幕業，赴樂昌縣管理鹽務。三十一年，岑春煊督粤，延之入幕，司章奏之務。次年，岑調任雲貴總督，行前奏保，獲「賞四品頂戴」銜，以知縣分發湖南，未赴任，復返樂昌。又五年，政局不穩，治安不靖，遂離樂昌，返回廣州。一九一一年辛亥革命後，汪兆鏞曾赴香港短暫停留，并於同年十一月至澳門寓居，此後直至去世，往來於内地與港澳。民國建立，汪兆鏞以清遺民自居，潛心吟哦著述，與文人學者酬唱往還，活躍於書畫藝壇。一九三九年，病逝於澳門。

汪兆鏞博通經史諸子，「於學無所不窺，方聞博識，乙部尤爲淹貫。爲文兼工駢散，而長於考據，訂訛補墜，多發前人所未及」（張學華《誥授朝議大夫湖南優貢知縣汪君行狀》），兼及金石研究、譜牒編修、詩詞創作，尤著力於嶺南文獻、文史、書藝方面的考訂，著述繁多。編著《孔門弟子學行考》四卷，補《三國食貨志》《刑法志》各一卷，《元廣東遺民録》二卷，《嶺南畫徵録》十二卷，《晋會要》五十六卷，《碑傳集三編》五十卷，以及《廣州城殘磚録》《廣州新出土隋碑三種考》《續舉貢表》《山陰汪氏譜》等。又有《微尚齋詩》二卷，《微尚齋詩續稿》三卷，《澳門雜詩》一卷，《己巳紀游草》一卷，《雨屋深鐙詞》一卷，《雨屋深鐙詞續稿》一卷，《雨屋深鐙詞三編》一卷，《微尚齋雜文》六卷，《椶窗雜記》四卷。曾參與纂修《番禺縣續志》，編刻《東塾遺詩》《已憶江南館詞》《公孫龍子注》《老子道德經撮要》《五百四峰堂續集》《誦芬録》等。

《碑傳集三編》全書共五十卷，分宰輔、部院、卿寺、翰詹、科道、部屬、督撫、河臣、使臣、監司、守令、校官、佐貳雜職、武臣、忠節、儒林、文苑、算學、孝友、義行、獨行、列女（節孝、義烈、貞潔、賢明）等二十二目。書前載汪氏《自叙》及「作者紀略」，書後附汪氏墓志銘與行狀。全書共收録人物四百一十六人，采文除「作者紀略」所列一百二十餘家外，兼及清國史館傳稿、地方志、日記、題跋等，并有汪氏自撰數篇，實爲浩繁。

《三編》之作，本錢、繆「兩家宗旨」，「網羅放失，期於光、宣以來數十年政治之遷流，人才學術之隆替，可以考鏡」；往昔名流有爲錢、繆所遺者，亦補輯一二，於讀《清史稿》諸臣列傳，粗資裨助」（《自叙》）。本書在編纂時注重於四個方面：一曰訂訛，二曰補遺，三曰參證，四曰續纂。篇目分類大體依錢、繆二書而略有增改調整。《自叙》中均已例舉説明。此外，本書有如下特點值得注意：一是具有比較濃重的遺民色彩。首先，增立「獨行」一門，表彰辛亥後「松柏歲寒」時之「瑰節絶俗」者；其次，其他分類下所收人物及碑傳作者，入民國後亦多有以清朝遺民自居者，如陳寶琛、温肅、王乃徵、吴郁生、羅振玉、楊鍾羲、李瑞清、張勳、沈曾植、王舟瑶、劉廷琛、陳毅等，或獲得遜清僞謚，或積極謀劃、參與清廷復辟，或供職於僞滿，是其代表；再次，行文時民國後仍使用宣統年號，而將碑傳原作中的民國紀年均改爲干支紀年。此外，對辛亥革命之敵視，對丁巳復辟之表彰，亦多處可見。二是具有較爲明顯的地域偏重，即所收人物中，籍貫廣東或曾在粤爲官者明顯較多。前者如戴鴻慈、温汝适、李文田、許應騤、梁鼎芬、丁仁長、吴榮光等，後者如阮元、張之洞、朱祖謀、楊永斌等，在全書中占有較高比例。三是碑傳傳主及作者中有多人爲汪兆鏞交游。如陳澧爲其業師，陶邵學爲其同窗，朱啓連既爲同窗，復爲姻親，梁鼎芬爲其世交，陳伯陶、易順鼎、朱祖謀、程頌萬、王舟瑶、陳三立、錢振鍠、張其淦等均與汪氏有酬唱學術往來，張學華更是其至交。可見，《碑傳集三編》在輯録、選編時帶有較爲明顯的個人傾向，顯露出汪氏的取捨與揚抑。作爲賡續錢、繆兩家之作，《三編》與《碑傳集補》除六十餘篇重複外，可以説各具特點，在今天看來，同爲研究清代特别是晚清以及民國的重要傳記史料匯編。

《碑傳集三編》之編纂歷時十餘年，汪兆鏞生前未及刊刻，彌留之際仍托友人張學華代爲審定。殁後，稿存於家。直至一九七八年，香港大東書局「承其後人出示此編」（大東書局版「出版説明」），得以影印面世。此後，又相繼被文海出版社《近代中國史料叢刊續編》（第七十三輯，一九八〇年）、明文書局《清代傳記叢刊》（一九八五年）、上海古籍出版社《清代碑傳全集》（一九八七年）、上海書店《清碑傳合集》（一九八八年）、廣陵書社《清代碑傳合集》（二〇一六年）等叢書收入影印出版，此書遂廣爲流行。

《碑傳集三編》雖已屢經影印，但因原係稿本，字體不一，以行書爲主，且頗多漫漶、潦草、塗改之處，部分影印版十六開兩欄或三欄縮印，難以辨識；即使三十二開通欄影印，在使用時亦多有不便。因此我們不揣譾陋，將此書標點整理，以便閲讀利用。現將整理中的一些情況説明如下：

一、本次整理，以一九七八年香港大東書局影印稿本《碑傳集三編》爲底本，使用現代標點符號標點全書。

二、《三編》係稿本，除間有抄寫誤字外，也有汪兆鏞主觀之删改，部分篇目與他處所載差異較大，且未經汪氏最終釐定。對此在本次整理中盡可能地通過校勘記予以説明。參校文獻主要是卷首「作者傳略」所載各家文集以及正文標題下所列其他文獻，此外旁及傳主詩文集、奏議，《清史列傳》《國朝耆獻類徵》等清代傳記文獻，及出土墓志拓片、期刊雜志等。校勘記及其他注釋説明文字皆以脚注形式注出。正文内校勘符號標於所校句末，脚注抽出整句，復記所校字詞。校記中僅列文獻名，版本信息見書後附「參考文獻」。校勘記以校異同爲主，出校從寬，對不影響文意的虚词及同義詞異同一般不出校。部分參校文獻與本書所載差異較大者，則正文不出校，將參校原文附於相應篇目之後，以資參考。

三、原書抄寫用字較爲隨意，本次整理按照通行整理習慣，將俗字改爲規範繁體字，古今字、通假字不改，清代避諱字回改，異體字一般改爲正字，但亦不强爲統一，不出校勘記。凡原書錯字衍文當删改者，加圓括號；增入或改正的文字加方括號。字迹漫漶、空缺而無法校定者，均以□表示。

四、根據文意對原文酌加分段，以便閱讀。取消原有敬稱提行及空格，與前文接排。詔令、奏疏、序跋等長段引文及文末按語首空四格，回行低兩格。傳文原作者按語用正文字體，汪兆鏞按語用仿宋字體，以示區別。

五、《三編》底本原無目録，歷次影印均新編簡目，但不盡完善。本次整理據正文及《續碑傳集》《碑傳集補》體例，重新釐定目録，每卷下首列傳主姓名，下小字注傳文體裁及作者。正文相應傳文前亦列傳主姓名，并在此基礎上製作人名索引附於書後，以便查考。

整理中不妥及錯誤之處，敬希讀者指正。

目録

卷首

自叙……（一）

作者紀略……（四）

卷一　宰輔一

張玉書　傳　國史館傳稿……（一）

阮　元　逸事　《南海縣續志》《番禺縣續志》……（五）

曾國藩　叙幕府賓僚　薛福成……（七）

李鴻藻　家傳　陳毅……（一一）

卷二　宰輔二

翁同龢　傳　《常昭合志·列傳》……（一八）

別傳　孫雄……（一九）

附録　張元濟……（二三）

榮　禄　神道碑　孫葆田……（二五）

王文韶　傳　章梫……（二八）

張之洞　墓志銘　陳寶琛……（四六）

別傳　陳衍……（五〇）

逸事　陳衍……（五四）

卷三　宰輔三

戴鴻慈　傳　《南海縣志》……（五六）

陸潤庠 墓志銘 葉昌熾……（七八）
瞿鴻機 行狀 余肇康……（八四）
墓志銘 陳三立……（九八）

卷四 部院一

温汝适 傳《廣東通志》……（一〇四）
又《順德龍山鄉志》……（一〇五）
程恩澤 集序 張穆……（一一一）
記 何紹基……（一一五）
張祥河 傳 國史館傳稿……（一一八）
又《墨林今話》……（一二二）

卷五 部院二

潘祖蔭 墓志銘 李慈銘……（一二四）
孫詒經 神道碑 魯燮光……（一三二）
汪鳴鑾 墓志銘 葉昌熾……（一三五）
逸事《翁文恭公日記》……（一四〇）
李文田 傳 陳伯陶……（一四一）
神道碑 吴道鎔……（一四六）
遺事 孫雄……（一五〇）
遺書記 汪兆鏞……（一五一）
張亨嘉 行狀 陳衍……（一五四）
龍湛霖 神道碑 陳三立……（一五八）
沈源深 傳略 王舟瑶……（一六三）

卷六 部院三

葛寶華 傳 章梫……（一六六）
張仁黼 傳 章梫……（一七〇）
徐致祥 神道碑 孫葆田……（一八一）

徐用儀　傳　章梫……（一八六）
許景澄　傳　章梫……（一九一）
許應騤　傳　《番禺縣續志》……（一九四）

卷七　部院四

張英麟　墓志銘　章梫……（二〇一）
林紹年　神道碑　陳三立……（二〇五）
墓志銘　林紓……（二〇九）
陳名侃　墓志銘　夏孫桐……（二一五）
鄒嘉來　神道碑　陳三立……（二一八）
盛宣懷　神道碑　陳夔龍……（二二一）
墓志銘　陳三立……（二二六）

卷八　部院五

陳寶琛　墓志銘　陳三立……（二三一）
集序　陳三立……（二三六）
勞乃宣　墓志銘　柯劭忞……（二三七）
沈曾植　墓志銘　謝鳳孫……（二三九）
朱祖謀　墓志銘　陳三立……（二四四）
劉廷琛　行狀　劉希亮……（二四七）
張　翼　墓志銘　章鈺……（二五七）
柯劭忞　墓志銘　張爾田……（二六一）
胡思敬　墓表　陳毅……（二六四）
曾習經　行狀　曾靖聖……（二六七）

卷九　卿寺

梁同新　墓表　陳澧……（二七〇）
袁　昶　傳　章梫……（二七二）
王彥威　行狀　王舟瑶……（二八四）
王先謙　墓志銘　吴慶坻……（二八八）

梁鼎芬 別傳 汪兆鏞……（二九四）
祭文 陳三立……（二九六）

卷十 翰詹

張曾敭 權厝銘 姚鼐……（二九八）
恒裕 傳 鐵保……（三〇〇）
潘衍桐 傳《南海縣志》……（三〇三）
周鑾詒 哀詞 程頌藩……（三〇六）
王蘭昇 墓表 孫葆田……（三〇八）
陳冕 墓志銘 孫葆田……（三一一）
王守訓 墓志銘 孫葆田……（三一三）
王會釐 墓志銘 林紓……（三一五）
葉昌熾 墓志銘 曹元弼……（三一八）
繆荃孫 行述 繆禄保……（三二三）
丁仁長 行狀 張學華……（三三八）
墓志銘 朱祖謀……（三四二）
瑞洵 傳 楊鍾羲……（三四四）
錢駿祥 墓志銘 章鈺……（三四七）
温仲和 墓志銘 丘逢甲……（三五一）
周蘊良 墓表 章鈺……（三五五）

卷十一 科道

李慈銘 傳 平步青……（三五九）
王鵬運 傳 況周頤……（三六二）
鄧承修 傳 國史館傳稿……（三六六）
傳 張學華……（三八六）
江春霖 墓志銘 林紓……（三九一）
馮錫仁 墓表 陳衍……（三九四）
饒芝祥 墓志銘 陳衍……（三九七）

卷十二 部屬

曹憙華 墓志銘 惲敬 ……（四〇〇）

王育琮 墓志銘 惲敬 ……（四〇三）

李光廷 墓志銘 陳璞 ……（四〇五）

王頌蔚 墓志銘 葉昌熾 ……（四〇八）

龍繼棟 墓志銘 繆荃孫 ……（四一三）

周景濤 墓志銘 林紓 ……（四一五）

葉泰椿 墓表 陳毅 ……（四一八）

卷十三 督撫一

楊永斌 傳 王先謙 ……（四二二）

顏希深 傳《廣東通志》 ……（四二六）

戴三錫 神道碑 程恩澤 ……（四二八）

吴光悦 墓志銘 李兆洛 ……（四三三）

阿林保 傳 國史館傳稿 ……（四三七）

又《耆獻類徵》 ……（四四〇）

曾燠 傳《番禺縣續志·宦績傳》 ……（四四一）

吴榮光 傳 國史館傳稿 ……（四四四）

又《南海縣志》 ……（四四八）

事略 繆荃孫《藝風堂筆記》 ……（四五二）

又《耆獻類徵》、《昭代名人尺牘小傳》、《楚庭耆舊遺詩》小傳 ……（四五三）

又《永豐鄉人稿》乙上 ……（四五三）

又《程侍郎遺集》 ……（四五四）

吴振棫 神道碑 繆荃孫 ……（四五五）

卷十四　督撫二

毛鴻賓　傳略　孫葆田……（四五九）
墓表　孫葆田……（四六二）
曾國荃　逸事　朱啓連……（四六五）
又《翁文恭公日記》……（四六六）
劉長佑　墓志銘　王闓運……（四六七）
劉秉璋　碑銘　王闓運……（四七〇）
劉坤一　神道碑　陳三立……（四七四）
神道碑　章鈺……（四七八）
何璟　傳《番禺縣續志·寓賢傳》……（四八五）
丁日昌　行狀　李文田……（四九一）
崇實　神道碑　繆荃孫……（四九九）
劉銘傳　神道碑　陳三立……（五〇三）
聶緝椝　神道碑　陳三立……（五〇七）

卷十五　督撫三

譚鍾麟　傳　國史館傳稿……（五一二）
碑記　王闓運……（五一八）
李慶翱　墓志銘　孫葆田……（五二二）
于蔭霖　墓志銘　孫葆田……（五二五）
李秉衡　傳　錢振鍠……（五三〇）
逸事《翁文恭公日记》……（五三五）
余聯沅　傳　國史館傳稿……（五三六）

卷十六　督撫四

陳啓泰　傳　國史館傳稿……（五四〇）
丁體常　墓志銘　孫葆田……（五五三）
曹鴻勛　傳　國史館傳稿……（五五七）
陸元鼎　傳　章梫……（五五九）
沈瑜慶　墓志銘　陳三立……（五六四）

吴重憙 墓志銘 章鈺……（五六八）
張勳 墓志銘 陳三立……（五七一）
神道碑 陳毅……（五七六）
別傳 錢振鍠……（五七九）

卷十七 河臣 使臣

河臣

倪文蔚 傳 國史館傳稿……（五八五）
許振禕 傳 國史館傳稿……（五九二）

使臣

陳蘭彬 神道碑 朱祖謀……（六〇〇）
劉錫鴻 傳《番禺縣續志》……（六〇四）
何如璋 家傳 吴道鎔……（六一二）
黄遵憲 墓志銘 梁啓超……（六一八）
許珏 墓志銘 馬其昶……（六二三）
雷補同 墓志銘 唐文治……（六二七）

卷十八 監司一

盧見曾 墓志銘 盧文弨……（六三一）
秦緗業 墓志銘 孫衣言……（六三六）
夏廷樾 傳 左宗棠……（六四三）
陸心源 神道碑 繆荃孫……（六四五）
梁肇煌 傳 温肅……（六四八）
袁保齡 傳 章梫……（六五一）
金國琛 神道碑 繆荃孫……（六五八）
曹秉哲 傳《番禺縣續志》……（六六一）
孫鳳翔 墓表 孫葆田……（六六四）

卷十九 监司二

段廣瀛 家傳 馮煦……（六六七）

夏獻雲　傳　倪文蔚……（六七〇）
夏獻馨　傳　吴郁生……（六七二）
夏獻銘　傳　楊增犖……（六七五）
夏獻綸　傳　况桂馨……（六七七）
劉含芳　墓志銘　吴汝綸……（六八〇）
嚴金清　家傳　馮煦……（六八四）
陳應聘　家傳　孫葆田……（六八七）
郭式昌　墓志銘　林紓……（六九一）
顧文彬　墓志銘　王頌蔚……（六九五）
譚宗浚　傳　《南海縣續志》……（六九九）

卷二十　監司三

陳建侯　行狀　林紓……（七〇一）
吴丙湘　墓表　孫葆田……（七〇六）
童兆蓉　傳　章梫……（七〇八）
神道碑　孫詒讓……（七一二）
朱之榛　墓志銘　葉昌熾……（七二三）
陳際唐　墓志銘　陳毅……（七二七）
吴慶坻　墓志銘　姚詒慶……（七三〇）
哀詞　章鈺……（七三七）
李岷琛　墓志銘　王乃徵……（七三八）
羅正鈞　墓志銘　陳三立……（七四一）
左孝同　神道碑　陳三立……（七四三）

卷二十一　監司四

余肇康　行狀　袁思亮……（七四八）
王　燮　墓表　章鈺……（七五三）
王樹枏　墓志銘　尚秉和……（七五六）
陳伯陶　傳　張學華……（七六〇）
墓志銘　陳寶琛……（七六四）

李瑞清　傳略　蔣國榜 ……（七六六）
傳　柳肇嘉 ……（七七一）
高覲昌　墓志銘　馮　煦 ……（七七三）
曹廣楨　墓志銘　張其淦 ……（七七五）
何成浩　墓志銘　張學華 ……（七七九）
毛承霖　墓表　張學華 ……（七八二）

卷二十二　守令一

夏家瑜　傳　戴均元 ……（七八五）
嚴守田　墓志銘　姚　鼐 ……（七八八）
鄭敦允　傳　章　棂 ……（七九〇）
楊榮緒　傳《番禺縣續志》……（七九三）
王五福　墓碑銘　陳　澧 ……（七九八）
林　鈞　家傳　張文虎 ……（八〇〇）

卷二十三　守令二

王仁堪　傳　國史館傳稿 ……（八〇四）
李念兹　墓表　孫葆田 ……（八一八）

卷二十四　守令三

嚴良勳　墓志銘　陳三立 ……（八二二）
高鳳岐　墓志銘　林　紓 ……（八二六）
鮑心增　墓志銘　馮　煦 ……（八二九）
墓表　陳榮昌 ……（八三二）
墓表　許汝棻 ……（八三七）
黄曾源　行狀　吴郁生 ……（八四〇）
墓志銘　張學華 ……（八四三）

卷二十五　守令四

李發枝　墓志銘　厲　鶚 ……（八四九）

張汝霖　墓志銘　姚鼐……（八五二）
又《廣東通志》……（八五四）
李文藻　墓志銘　錢大昕……（八五五）
周鎬　傳　錢振鍠……（八五九）
鄭長昕　記事　王頌蔚……（八六一）
史善長　傳　陳澧……（八六四）
何曰愈　神道碑　陳澧……（八六六）
冒芬　墓志銘　陳澧……（八六九）
馬福安　傳　陳璞……（八七二）
胡湘　墓表　陳澧……（八七四）
夏子齡　傳　繆荃孫……（八七六）
婁詩漢　墓表　孫葆田……（八八〇）
楊春池　墓志銘　秦緗業……（八八二）
凌頵德　家傳　孫葆田……（八八五）

卷二十六　守令五

劉枝彦　傳　繆荃孫……（八八八）
鄒鍾俊　神道碑　繆荃孫……（八九一）
朱光第　墓表　陳三立……（八九六）
嚴崇德　家傳　汪兆鏞……（八九八）
楊同福　墓志銘　繆荃孫……（九〇一）
阮本焱　墓志銘　李詳……（九〇四）
方家澍　墓志銘　林紓……（九〇八）
薩承鈺　墓志銘　林紓……（九一〇）
林濟　墓志銘　林紓……（九一三）
趙潤生　傳　章梫……（九一五）
高翰閣　墓表　孫葆田……（九一八）
葉桂年　墓表　陳衍……（九二一）
錢國選　墓表　馮煦……（九二四）
冼寶榦　墓志銘　陳樾……（九二五）

卷二十七　校官　佐貳雜職

校官

高蘿簪　墓志銘　李兆洛……（九二七）
黄丕基　傳　彭泰來……（九三〇）
劉静巖　墓志銘　葉昌熾……（九三三）
章　耒　家傳　葉昌熾……（九三六）
王　練　墓表　孫葆田……（九三九）

佐貳雜職

甘運源　傳　鐵　保……（九四二）
又　《八旗文經・作者考乙》……（九四四）
又　彭泰來《跋甘嘯巖先生遺詩》……（九四四）
蔣知廉　墓碣　姚　鼐……（九四六）
傅　誠　墓表　吴汝綸……（九四七）

卷二十八　武臣

吴六奇　傳　温　訓……（九五〇）
李長樂　墓志銘　劉孚京……（九五三）
何應念　墓志銘　張曾敭……（九五七）
鄭紹忠　傳　《番禺縣續志・宦績傳》……（九六〇）
方照軒　逸事　宋澤元……（九六三）
夏辛酉　傳　《山東通志・補遺》……（九六五）
李安堂　墓志銘　黄曾源……（九七〇）
鄭潤材　事略　丁仁長……（九七二）

卷二十九　忠節一

張國樑　家傳　何曰愈……（九七六）
王東槐　神道碑　繆荃孫……（九八一）
輝翰泰　墓志銘　張文虎……（九八三）

錫　齡　死事記　王頌蔚……（九八六）
瑞　元　墓志銘　鄂　恒……（九八八）
孫效曾　墓志銘　吴嘉賓……（九九三）
陳景雍　傳　王闓運……（九九五）
鄒漢勳　傳　王闓運……（一〇〇〇）
凌　堃　墓志銘　戴　望……（一〇〇二）

卷三十　忠節二

楊用霖　墓志銘　林　紓……（一〇〇六）
鄧世昌　傳《番禺縣續志》……（一〇〇九）
王懿榮　神道碑　孫葆田……（一〇一七）
壽　富　行狀　林　紓……（一〇二二）
遺事《翁文恭公日記》……（一〇二五）

卷三十一　忠節三

良　弼　祠碑　柯劭忞……（一〇二六）
端　方　死事狀　羅振玉……（一〇二八）
趙國賢　傳　吴慶坻……（一〇二九）
謝寶勝　傳　羅振玉……（一〇三〇）
鍾麟同　傳《山東通志・補遺》……（一〇三三）
王振畿　傳《山東通志・補遺》……（一〇三五）
張曾疇　墓表　章　鈺……（一〇三七）
楊調元　遺墨跋　羅振玉……（一〇三八）
顧　臧　事略　商衍瀛……（一〇四〇）
程　彬　傳　程頌萬……（一〇四三）
何師程　傳　錢振鍠……（一〇四五）
王國維　傳　羅振玉……（一〇四六）

別傳　羅振玉……（一〇五三）
朱　江　墓志銘　陳　毅……（一〇五七）
張成和　記事　温　肅……（一〇五九）

卷三十二　儒林一

王瑞之　墓志銘　戴　震……（一〇六一）
楊履基　墓志銘　錢大昕……（一〇六三）
宋華國　墓志銘　惲　敬……（一〇六六）
周學汝　墓表　戴　望……（一〇六八）
戴　望　墓表　施補華……（一〇七一）
唐仁壽　墓志銘　張裕釗……（一〇七六）
別傳　張文虎……（一〇七九）
方宗誠　墓志銘　孫葆田……（一〇八一）

卷三十三　儒林二

陳　澧　傳　《番禺縣續志》……（一〇八七）
朱次琦　傳　簡朝亮……（一〇九一）
成　孺　行狀　馮　煦……（一一〇三）
劉壽曾　墓表　孫詒讓……（一一〇六）
劉貴曾　行略　劉師培……（一一一〇）
劉恭冕　事略　劉嶽雲……（一一一五）
强汝詢　傳　錢振鍠……（一一一七）
高延第　行狀　邱崧生……（一一二一）
汪宗沂　傳　章　梫……（一一二三）
傳　劉師培……（一一二五）
丁立誠　傳　繆荃孫……（一一三一）

卷三十四　儒林三

王　棻　傳　王舟瑶……（一一三八）

黄以周傳　章炳麟……（一一四三）
孫詒讓傳　章梫……（一一四六）
傳　章炳麟……（一一五六）
金錫齡傳《番禺縣續志》……（一一五八）
廖廷相傳《番禺縣續志·寓賢傳》……（一一六一）
陳樹鏞傳　陶邵學……（一一六四）
簡朝亮事略　任元熙……（一一六六）
于鬯墓志銘　繆荃孫……（一一六九）
法偉堂墓志銘　孫葆田……（一一七〇）

卷三十五　儒林四

楊裕芬家傳　王舟瑶……（一一七三）
墓志銘　張學華……（一一七五）
王舟瑶家傳　汪兆鏞……（一一七八）
墓志銘　章梫……（一一八一）
陳玉樹行述　陳鐘凡……（一一八五）
劉師培行述　陳鐘凡……（一一八九）
宋育仁傳　蕭月高……（一一九五）

卷三十六　文苑一

杭世駿傳　國史館文苑傳稿……（一一九八）
又《先正事略》……（一二〇〇）
又《湖海詩傳》……（一二〇一）
又《四庫全書總目提要》……（一二〇二）
又《聽松廬詩話》……（一二〇二）
翁方綱傳　國史館儒林傳稿……（一二〇三）

年譜 張維屏撰《翁覃谿先生年譜稿》……（一二〇五）
餘事《湖海詩傳》……（一二〇九）
又《聽松廬文鈔》……（一二〇九）
又《先正事略》……（一二一〇）
朱　筠 墓志銘 朱　珪……（一二一一）
又《先正事略》……（一二二〇）
餘事《春融堂集》……（一二二三）
林明倫 行狀 朱　筠……（一二二四）
又《梅崖文集》……（一二二八）
又《松軒隨筆》……（一二二八）

卷三十七　文苑二

倪　璠 傳 國史館傳稿……（一二二九）
王　琦 傳 國史館傳稿……（一二三〇）
馮應榴 傳 國史館傳稿……（一二三一）
秦恩復 傳 國史館傳稿……（一二三二）
黄丕烈 傳 國史館傳稿……（一二三三）
鮑廷博 傳 國史館傳稿……（一二三四）
郭尚先 傳 國史館傳稿……（一二三五）
路　德 傳 國史館傳稿……（一二三七）
黄安濤 傳 國史館傳稿……（一二三八）
孔繼涑 墓志銘 姚　鼐……（一二三九）
舒　位 傳 光緒《順天府志》……（一二四一）
王　曇 事略 李元度……（一二四三）
汪士鋐 小傳 吴修《昭代名人尺牘小傳》……（一二四四）
孫原湘 墓志銘 李兆洛……（一二四五）
瑛　寶 傳 鐵　保……（一二四八）

慶　蘭　傳　同上……………（一二四八）
洪飴孫　墓志銘　李兆洛………（一二五〇）
馮敏昌　傳　謝蘭生…………（一二五二）
黎　簡　行狀　黃丹書…………（一二五八）
陳鍾麟　傳《番禺縣續志·寓賢傳稿》…………（一二六一）
錢儀吉　傳《嘉興縣志》……（一二六二）
傳《番禺縣續志·寓賢傳》…………（一二六三）
謝蘭生　傳《番禺縣續志·寓賢傳》…………（一二六四）

卷三十八　文苑三

錢熙經　殯志　張文虎………（一二六六）
梁廷枏　傳　國史館文苑傳稿……………（一二六七）
陳在謙　傳　彭泰來…………（一二六九）
吴蘭修　傳《番禺縣續志·官師傳》…………（一二七二）
陳　曇　墓志銘　彭泰來………（一二七五）
彭泰來　墓表　陳　旦…………（一二七八）
傳　吴德元…………（一二八〇）

卷三十九　文苑四

孫葆田　傳略　毛承霖………（一二八三）
陳　璞　傳《番禺縣續志》……（一二八六）
陳良玉　墓志銘　陳　璞………（一二八九）
葉衍蘭　傳《番禺縣續志》……（一二九一）
徐　灝　傳《番禺縣續志》……（一二九二）
汪　瑔　行狀　朱啓連………（一二九六）

吴汝綸 行狀 賀濤……（一三〇一）
陳喬森 墓志銘 楊守敬……（一三〇九）
程頌藩 行狀 程頌萬……（一三一三）
范當世 墓志銘 姚永概……（一三一七）
王維翰 記事 王舟瑶……（一三二一）
章壽康 傳 繆荃孫……（一三二二）
李宗禕 墓志銘 林紓……（一三二五）

卷四十 文苑五

蕭穆 傳 陳衍……（一三二七）
劉安瀾 墓志銘 王先謙……（一三二九）
別傳 章梫……（一三三一）
劉錦藻 行狀 吴郁生……（一三三四）
陳爔唐 傳 繆荃孫……（一三三六）
劉光蕡 傳 陳三立……（一三四〇）
陶福祥 傳《番禺縣續志》……（一三四四）
吴道鎔 行狀 張學華……（一三四六）
朱啓連 傳 陶邵學……（一三四九）
陶邵學 墓碣銘 吴道鎔……（一三五一）
王家枚 家傳 繆荃孫……（一三五五）
周蕺 墓志銘 成本璞……（一三五七）

卷四十一 文苑六

陳寶璐 墓志銘 陳三立……（一三六〇）
嚴復 墓志銘 陳寶琛……（一三六三）
林紓 傳 陳衍……（一三六九）
李葆恂 墓表 陳三立……（一三七一）
陳作霖 墓志銘 陳三立……（一三七四）
葉德輝 墓志銘 許崇熙……（一三七六）
事略 汪兆鏞……（一三七八）

鄭文焯 別傳 孫雄……（一三八三）
顧麟士 墓志銘 章鈺……（一三八七）
吴俊卿 行述 王賢……（一三九〇）
墓志銘 陳三立……（一三九三）
墓表 馮幵……（一三九六）
丁傳靖 墓志銘 陳寶琛……（一三九九）
石德芬 墓志銘 康有爲……（一四〇一）
馬其昶 墓志銘 陳三立……（一四〇三）
章鈺 傳 張爾田……（一四〇八）
王以慜 墓志銘 王乃徵……（一四一三）
楊守敬 傳 陳衍……（一四一六）
墓志銘 陳三立……（一四一八）
易順鼎 墓志銘 程頌萬……（一四二一）
馮幵 行狀 沙文若……（一四二六）
羅福萇 傳 王國維……（一四三〇）

卷四十二 算學

顧尚之 別傳 張文虎……（一四三四）
鄒伯奇 傳《南海縣續志》……（一四四〇）
徐壽 傳 錢基博……（一四四六）

卷四十三 孝友一

沈自顯 傳 沈樹德……（一四五一）
羅興仁 傳 沈樹德……（一四五三）
鈕士文 記 李兆洛……（一四五五）
喬繼開 記 同上……（一四五五）
黎安理 家傳 鄭珍……（一四五六）
墓表 張裕釗……（一四五九）
陳宗源 傳 張文虎……（一四六二）
劉孔濬 墓表 左宗棠……（一四六四）
馮焌光 神道碑 陳澧……（一四六六）

胡燕方傳　陳　澧……（一四六九）
哈孝丐傳　張文虎……（一四七〇）

卷四十四　孝友二

陶文鼎傳　朱啓連……（一四七二）
沈章雲傳　汪兆銓……（一四七三）
羅義進事略　林　紓……（一四七五）
陳大璋墓志銘　林　紓……（一四七六）
徐蔚文墓表　林　紓……（一四七八）
黄容保傳　黄曾源……（一四八一）
夏敬鑒墓志銘　袁思亮……（一四八二）

卷四十五　義行

王　嵒墓表　王樹枏……（一四八四）
章培慶墓志銘　林　紓……（一四八七）
楊斯盛傳　章　梫……（一四八九）
李本方墓志銘　陳三立……（一四九一）
唐錫晋墓志銘　林　紓……（一四九四）

卷四十六　獨行

袁世威墓志銘　章　梫……（一四九七）
郭　瑞墓碣　林　紓……（一五〇〇）
金潤棠墓碣銘　章　梫……（一五〇一）
王肇震墓表　林　紓……（一五〇三）
謝甘盤家傳　陳三立……（一五〇六）
史悠厚傳　錢振鍠……（一五〇九）

卷四十七　列女一　節孝

汪科裔妻田氏傳　厲　鶚……（一五一一）

張惠言母姜氏墓志銘　惲　敬……（一五一三）
錢沛妾張氏傳　沈樹德……（一五一四）
錢沛子婦張氏傳　同上……（一五一四）
張元妻黄氏墓表　惲　敬……（一五一六）
潘尊範妻蔣氏傳　馮桂芬……（一五一八）
謝世深妻錢氏墓志銘　李慈銘……（一五二〇）
張茂東妻陳氏傳　張文虎……（一五二一）
曹光國妻馮氏碑陰記　孫葆田……（一五二一）
夏震武母汪氏墓表　孫葆田……（一五二四）
張學華母陳氏墓表　孫葆田……（一五二五）
胡單氏書事　孫葆田……（一五二九）
沈增妻陳氏傳　馮　煦……（一五三二）
沈國安妻黄氏傳　同上……（一五三三）
沈漣妻楊氏傳　同上……（一五三三）
金鴻勣妻徐氏傳　章　梫……（一五三五）
謝慶麟母湯氏墓志銘　陳寶琛……（一五三七）

卷四十八　列女二　義烈

錢廷蘭妻史氏事狀　李兆洛……（一五三九）

平溥妻何氏傳　黃定文……（一五四一）
馬廷燦女大寶傳　秦緗業……（一五四二）
張世寰妻鄒氏傳　張文虎……（一五四四）
胡光宅妻張氏傳　同上……（一五四四）
鍾雲龍女弟昭傳　汪　瑔……（一五四六）
戴芳濤妻張氏傳　林　紓……（一五四七）
王拱政妻許氏傳　王舟瑶……（一五四九）
張紹庭女立傳　章　梫……（一五五〇）
張紹庭女春傳　同上……（一五五〇）
林忠俊妻楊氏傳　王舟瑶……（一五五二）
張鴻文女傳　鮑心增……（一五五四）

卷四十九　列女三　貞潔

葉金齡聘妻楊氏傳　李慈銘……（一五五七）
姜九姑傳　施補華……（一五五九）
張五姑傳　同上……（一五五九）
唐大姑書事　孫葆田……（一五六〇）
劉騰業暨未婚妻陳氏合葬銘　林　紓……（一五六二）

卷五十　列女四　賢明

孫星衍妻王氏事狀　孫星衍……（一五六四）

郝懿行妻王氏 事略 施淑怡……（一五六六）
汪遠孫妻梁氏 事略 施淑怡……（一五六七）
胡培妻陳氏 權厝志 姚鼐……（一五六八）
劉安瀾妻邱氏 傳 繆荃孫……（一五六九）
墓志銘 王先謙……（一五七一）
丁丙妻凌氏 傳 莊仲芳……（一五七三）
夏敬觀繼室左氏 墓志銘 陳三立……（一五七四）
朱遯庸妻方氏 墓志銘 馮煦……（一五七六）
陳衍妻蕭氏 行述 陳衍……（一五七七）
黄蔭普母柳氏 墓表 張學華……（一五八八）

附録 編纂者碑傳……（一五九一）
汪兆鏞 行狀 張學華……（一五九一）
墓志銘 張爾田……（一五九六）

參考文獻……（一五九八）

附：人名索引

碑傳集三編卷首

自叙

我朝政教修明，魁彦踵起，自公卿大夫士，以逮閨襜秀淑，多聲烈彪炳，抗美前徽。史館列傳，暨滿漢名臣言行録，所載綦詳；私家撰述，以道光初嘉興錢衎石給諫儀吉著《碑傳集》爲最善，光緒間江陰繆藝風編修荃孫復爲賡續：同、光以前，文獻足徵矣。宣統辛亥後，《清史稿》告成，大抵采用官書外，依據錢、繆兩編爲多，而泰山土壤，河海細流，訂墜鈎沈，義未可廢。爰本兩家宗恉，續爲三編，網羅放失，期於光、宣以來數十年，政治之遷流，人才學術之隆替，可以考鏡。往昔名流，有爲錢、繆所遺者，亦補輯一二，於讀《清史稿》諸臣列傳，粗資裨助。

厥有四端：一曰訂訛。宰輔張玉書丁母憂服闋，召補保和殿大學士王熙原缺，見《熙朝宰輔録》，史傳謂服未闋入閣視事。忠節張國樑，率師援鎮江，力戰，爲主將和春之逆奴槍傷墜馬陣亡，香山何曰愈據黄彭年《惻惻吟》〔二〕，辯論明晰；金陵克復，賊酋李秀成口供，賊中咸重國樑，禮葬丹陽尹公橋塔下，尤有確證。史傳沿繆，輯蔣敦復等所爲傳狀，謂丹陽兵潰，國樑策馬渡河自沈，忠骸漂失無獲，誤也。二曰補遺。巡撫曾燠，文苑杭世駿、翁方綱、朱筠，大名昭著，史傳豈可闕如？即吴榮光之治績，爲程春海侍郎恩澤所稱譽，非止以善書名。注庾信集之倪璠，注李白集之王琦，注蘇軾詩之馮應榴，以校勘名之黄丕烈、秦恩復、鮑廷博，以詩名之舒位、孫原湘，史館傳稿已收，可無庸删汰。總兵趙國賢辛亥殉節，已奉旨褒恤，予謚忠壯，見錢塘吴子修提學慶坻《辛亥殉難記》，忠烈傳未列，亦疏失矣。三曰參證。史體謹嚴，無敢蕪蔓，而擷要闡隱，未可囿於一家之言。辛輔阮元督粤，奏免洋米入口税，以濟民食，利賴至今，史傳未載；曾國藩幕府賓僚之盛，翊贊中興，無錫薛叔耘副憲福成敘記甚詳；翁同龢晚歲被譴，海鹽張鞠生學副元濟撰日記跋，瞭然於當時情境，雖非碑傳，亦當附録備考。四曰續纂。閩縣陳文忠師傅寶琛、歸安朱文直侍郎祖謀、侯官沈敬裕撫部瑜慶，均歿於《清史稿》成書之後，其餘高蹈遠引終老山林者，仍依官秩編次，此舉其犖犖大者。

〔二〕　香山何曰愈據黄彭年惻惻吟：此處疑誤。按本書卷二十九何曰愈撰《江南提督張忠武公家傳》，言「後覽王子壽比部《漆室吟》，有《挽張軍門》及《咄嗟復咄嗟行》二詩，讀小叙，言公被害事」，未及黄彭年《惻惻吟》。王子壽，即王柏心（一七九九—一八七三），子壽其字，著有《百柱堂全集》，何曰愈所據二詩收入該書卷十九，「挽張軍門」作「張軍門歌」。

若夫史傳異同詳略，別裁各具，不復覼縷，其篇目則宰輔、部院、卿寺、翰詹、科道、部屬、督撫、監司、守令、佐貳、武臣、忠節、孝友、義行、列女，悉依錢、繆所編。惟督撫之次，增河臣、使臣；守令之次，增加校官。校官見漢碑。錢、繆兩書經學、儒學、文學之名，似未允洽。兹將經學、理學統入儒林，文章辭賦諸家統入文苑；文苑之次，增入算學，此本於阮文達公《疇人傳》之意也。東漢崇尚風節，蔚宗創立《獨行傳》。辛亥後，松柏歲寒之時，其有瑰節絶俗者，增立獨行一門，以表幽貞。

爲書共五十卷，屢經寒暑，甄采未備，寡聞尟見，竊自慚恧，所願大雅閎達，多所匡正。而晚近風氣横恣，狂瀾滔滔，靡所届極，竟舉一切彝典，棄若土苴，動輒菲薄前賢。每抱殘編，不勝人亡國悴之感。近有《補編》別出，采及時流，以媚濁世，此則非愚瞀所敢知矣。

戊寅十一月，羅浮汪兆鏞識。

作者紀略 以録文先後爲次

薛福成　字叔耘，江蘇無錫人。以副貢生參曾國藩戎幕，積勞擢道員，授寧紹台道，除湖南按察使，改三品京堂，出使英、法、義、比四國，歷光禄寺卿、太常寺卿、大理寺卿、都察院右副都御史，留使如故，歸至上海病卒。著有《庸庵文編》《筆記》《海外文編》《出使英法義比日記》《浙東籌防録》。

陳毅　字詒重，湖南湘鄉人。光緒三十年進士。郵傳部主事。宣統丁巳〔一〕，超授侍郎。

孫雄　原名同康，字師鄭，江蘇常熟人。光緒二十年甲午進士，翰林院庶吉士，散館授吏部主事。著《道咸同光四朝詩史》《鄭齋類稿》《舊京集》《眉韻樓詩話》。

張元濟　字鞠生，浙江海鹽人。光緒十五年己丑恩科舉人，光緒十八年壬辰進士，翰林院庶吉士，散館改刑部主事，累擢學部副大臣。

孫葆田　見本集。

章梫　字一山，浙江寧海人，光緒三十年甲辰進士，翰林院檢討，學部左丞。著有《一山文存》十二卷。

〔一〕按，「宣統丁巳」爲一九一七年，即民國十六年。

陳寶琛　見本集。

陳衍　字石遺，福建侯官人。光緒十四年戊子舉人，學部主事，禮學館顧問官。有《石遺室文集》十二卷、《續》一卷，《詩集》十卷，《朱絲詞》一卷，《元詩紀事》四十五卷，《近代詩鈔》□卷，《詩話》□卷。

葉昌熾　見本集。

余肇康　見本集。

陳三立　寶箴子，字伯嚴，一字散原，江西義寧人。光緒十二年丙戌進士，吏部主事。有《散原精舍詩集》二卷、《續》三卷、《別集》一卷，已刊行。文集未刊。

張穆　《清史稿》有傳〔二〕。

何紹基　《清史稿》有傳〔三〕。

蔣寶齡　字霞竹，江蘇［昭文］人。

李慈銘　見本集。

魯燮光　字鼎梅，浙江會稽人。山西知縣。

陳伯陶　見本集。

王舟瑤　見本集。

林紓　見本集。

夏孫桐　字閏枝，江蘇江陰人。光緒十八年壬辰進士，翰林院編修，浙江湖州府

〔二〕　清史稿有傳：底本初作「字石洲，直隸平定州人。道光中優貢生。善屬文，歙縣程恩澤見之，驚曰：『東京崔、蔡之匹也！』著《蒙古游牧記》，顧炎武、閻若璩《年譜》，《月齋詩文集》」，後標以刪除符號，改爲「《清史稿》有傳」。

〔三〕　清史稿有傳：底本初作「字子貞，湖南道州人。道光十六年進士，翰林院編修，歷典福建、貴州、廣東鄉試，均稱得人。爲《水經注刊誤》，嗜金石，精書法，有《東洲詩文集》四十卷」，後標以刪除符號，改爲「《清史稿》有傳」。

知府。

陳夔龍　字筱石，貴州貴陽人。光緒十二年丙戌進士，直隸總督。乙亥鄉舉重逢，加太子少保。

柯紹忞　見本集。

劉希亮　廷琛子。

章鈺　見本集。

張爾田　字孟劬，浙江錢塘人。江蘇知府。有《清史后妃傳稿》《史微》《李義山詩箋》《遯盦詩文詞集》。

陳澧　見本集。

吴慶坻　見本集。

姚鼐　《清史稿》有傳。

鐵保　《清史稿》有傳。

程頌藩　見本集。

曹元弼　字叔彦，江蘇吴縣人。光緒二十年甲午進士，翰林院編修。有《復禮堂集》。

繆禄保　荃孫子。

張學華　字闇公，一字漢三，廣東番禺人。光緒十六年庚寅進士，翰林院檢討，江西提法使。

朱祖謀　見本集。

平步青　字景蓀，浙江山陰人。同治元年壬戌進士，翰林院編修，入直上書房，簡放江西督糧道。

況周頤　恭避御名。字夔笙，廣西臨桂人。本貫江西新建。光緒五年己卯舉人，内閣中書。有《蕙風堂集》。

惲敬　《清史稿》有傳。

陳璞　見本集。

王先謙　《清史稿》有傳。

程恩澤　《清史稿》有傳。

李兆洛　《清史稿》有傳。

朱啓連　見本集。

王闓運　《清史稿》有傳。

李文田　見本集。

錢振鍠　字夢鯨，晚號庸人，又號名山，江蘇陽湖人。光緒十九年癸巳恩科舉人，二十九年癸卯恩科進士，法部主事。有《名山集》。

吳道鎔　原名國鎮，字玉臣，晚號澹盦，廣東番禺人。光緒元年乙亥恩科舉人，六年庚辰進士，翰林院編修。有《澹盦詩文集》。

馬其昶　見本集。

唐文治　字蔚芝，江蘇[太仓]人。光緒十八年壬辰進士，累官至農工商、外務部尚書。

盧文弨　《清史稿》有傳。

孫衣言　字琴西，浙江瑞安人。道光三十年庚戌進士，翰林院編修，太僕寺卿。有《遜學齋文鈔》。

温肅　字毅夫，晚號檗庵，廣東順德人。光緒二十九年癸卯恩科進士，翰林院編修，都察院副都御史。有《貞觀政要講義》《陳獨漉年譜》。予謚文節〔二〕。

〔二〕予謚文節：按，温肅卒於一九三九年，此指僞謚。

馮煦　字夢華，晚號蒿叟，江蘇金壇人。光緒十二年丙戌一甲第三名進士，翰林院編修，安徽巡撫。有《蒿盦集》《蒙香室詞》。

倪文蔚　見本集。

况桂馨　字顔山，江西新建人。署湖南鹽法長寶道。

吴汝綸　《清史稿》有傳。

王頌蔚　見本集。

孫詒讓　見本集。

姚詒慶　字慭麓，浙江餘姚人。光緒十一年乙酉舉人。

王乃徵　字聘三，晚號病山，四川中江人。光緒十六年庚寅恩科進士，翰林院編修，轉御史，出爲江西撫州府知府，累官湖北布政使，護理湖廣總督，調河南布政使，又調貴州。辛亥後，僑寓上海。丁巳五月，授法部侍郎，未到官卒。予謚文慎〔二〕。

袁思亮　字伯夔，湖南湘潭人。

戴均元　字修原，江西大庾人。乾隆四十年乙未進士，翰林院編修，累典江南、湖北鄉試，督四川、安徽學政。嘉慶三年，安徽任滿還京。兄子衢亨，先已授軍機大臣。故事，大臣親屬，對品迴避，改六部員外郎，特命以鴻臚寺少卿候補，累擢禮部尚書，協辦大學士。二十三年，拜文淵

〔二〕予謚文慎：按，王乃徵卒於一九三三年，此指僞謚。

閣大學士。典順天鄉試一，典會試三。晚歲以監修寶華峪陵工獲咎歸。

張文虎　字孟彪，一字嘯山，江蘇南匯人。諸生，候選訓導。有《覆瓿集》《舒藝室隨筆》。

許汝棻　字魯山，江蘇丹徒人。光緒二十四年戊戌進士，度支部主事，福建財政副監理官。

陳榮昌　字小圃，雲南昆明人。光緒九年癸未進士，翰林院編修，山東提學使。

吴郁生　字蔚若，江蘇元和人。光緒三年丁丑進士，翰林院編修，署郵傳部大臣，吏部左侍郎。癸酉重逢鄉舉，丁丑重宴瓊林，加太子太保。予謚文安〔二〕。

厲鶚　《清史稿》有傳。

錢大昕　《清史稿》有傳。

秦緗業　見本集。

李詳　字審言，江蘇泰興人。諸生。嘗爲蒯禮卿、劉聚卿幕客。著《媿生叢録》。

陳樾　字伯任，廣東南海人。諸生。

彭泰來　見本集。

温訓　字伊初，廣東長樂人。道光十二年壬辰恩科舉人。有《登雲山房詩文集》。

劉孚京　字鎬仲，江西南豐人。光緒十二年丙戌進士，廣東河源縣知縣。有《南豐劉先生文集》。

〔二〕予謚文安：按，吴郁生卒於一九四〇年，此指僞謚。

張曾敭　字小帆，直隸南皮人。同治十年辛未進士，翰林院編修，浙江巡撫，都察院都御史。

宋澤元　字華庭，浙江山陰人。有《懺花盦文存》。

黄曾源　見本集〔一〕。

何曰愈　见本集。

鄂恒

吴嘉賓《清史稿》有傳。

戴望《清史稿》有傳。

羅振玉　字叔言，浙江上虞人。學部參事。予謚[恭敏]〔二〕。

商衍瀛　字雲汀，廣州駐防漢軍正白旗人。光緒二十九年癸卯恩科進士，翰林院編修，秘書郎。

程頌萬　字子大，晚號十髮居士，湖南甯鄉人。□□年舉人，湖北候補道員。有《鹿川文集》十二卷、《鹿川詩集》十六卷、《定巢詞集》十卷、《湘社集》四集。

戴震《清史稿》有傳。

施補華　字均甫，浙江烏程人。同治九年庚午優貢生，歷參左文襄公、張勤果公幕府，積勞奏保以道員用。有《澤雅堂文集》八卷。

〔一〕見本集：底本初作「字石蓀。福建駐防漢軍厢藍旗人。光緒十六年庚寅恩科進士，山東濟南府知府」，後標以删除符號，改爲「見本集」。

〔二〕予謚恭敏：「恭敏」原缺。羅振玉卒於一九四〇年，僞謚「恭敏」，據補。

劉師培　見本集。

劉嶽雲　字佛卿，江蘇寶應人。光緒二年丙子舉人，户部主事，官至紹興府知府。著有《光緒會計表》《測圖海鏡通釋》。

邱崧生　字于蕃，江蘇山陽人。諸生，直隸知縣。與上虞羅振玉爲友。

章炳麟　浙江餘杭人。

陶邵學　見本集。

陳鐘凡　（浙江）［江蘇］鹽城人。

李元度　《清史稿》有傳。

王昶　《清史稿》有傳。

張維屏　《清史稿》有傳。

朱珪　《清史稿》有傳。

朱筠　見本集。

朱仕琇　《清史稿》有傳。

吴修　字子修，號思亭，浙江海鹽人。貢生，官布政使司經歷。著有《青霞館論畫詩》《吉祥居稿》《湖山吟嘯集》《續疑年録》《居易居小草》《思亭近稿》，能畫。

吴德元

毛承霖　字稚雲，山東歷城人。毛定直公子。光緒十一年乙酉優貢生，戊子舉人，候選道員。

楊守敬　見本集。

姚永概　字叔節，安徽桐城人。光緒十四年戊子解元。

成本璞　字琢如，湖南湘鄉人。光緒□年優貢生，舉經濟特科。有《澮盦文存》。

許崇熙　字季純，號寄叟，湖南善化人。舉人。

王賢　字个簃，江蘇海門廳人。

馮幵　字君木，浙江慈溪人。有《回風堂集》。

錢基博　原名潛，字基博，以字行，别號子泉，江蘇無錫人。

王國維　見本集。

沈樹德　字申培，一字畏堂，浙江歸安人。乾隆元年薦舉博學鴻辭，九年中舉，十六年詔舉經學，湖北巡撫唐綏祖疏薦，未用。有《慈壽堂文鈔》八卷。

鄭珍　《清史稿》有傳。

張裕釗　《清史稿》有傳。

左宗棠　《清史稿》有傳。

王樹枏　字晋卿，直隸新城人。光緒十二年丙戌進士，新疆布政使。有《文莫齋文鈔》《墨子校注補正》。

馮桂芬　《清史稿》有傳。

黄定文　字仲友，浙江鄞縣人。乾隆四十二年丁酉舉人，廣東知縣，擢江南同知，歷署揚、徐、松、常四郡守。有《東井文鈔》二卷。

汪琭　見本集。

孫星衍　《清史稿》有傳。

施淑怡　江蘇海門廳人。著有《閨閣詩人徵略》。

莊仲芳　字芝階，浙江秀水人。嘉慶十五年庚午舉人。官内閣中書。著有《碧血録》《金文雅》《南宋文範》《詩集》。

謝鳳孫　湖北[隨縣]人。光緒二十八年壬寅舉人。

曾靖聖　廣東揭陽人。

楊鍾羲　字梓勤，内務府漢軍人。光緒十五年己丑進士，翰林院編修，江蘇江寧府知府，賞三品俸，南書房翰林。予謚文誠[二]。著有《日知薈説》《雪橋詩話》《詩集》[三]。

邱逢甲　字仙根，福建臺灣人。光緒十五年己丑進士，工部主事。

楊增犖　字昀谷，江西新建人。光緒二十四年戊戌進士，刑部主事，四川候補知府。

任元熙　字子貞，廣東南海人。宣統元年己酉拔貢。

黄丹書　字虚舟，廣東順德人。乾隆六十年乙卯舉人，開平縣訓導。著有《鴻雪齋詩文鈔》。

陳旦　字扶初，廣東高要人。諸生。

汪兆銓　瑔子，字辛伯，廣東番禺人。光緒十一年乙酉舉人，海陽縣教諭。著有《惺默齋詩文集》《萇楚軒詩集》。

[二] 予謚文誠：按，楊鍾羲卒於一九四〇年，此指僞謚。謚號一作「文敬」。

[三] 日知薈説：應作「日知薈説講義」。

碑傳集三編卷一　宰輔一

張玉書

張玉書傳

國史館傳稿

張玉書，江南丹徒人。父九徵，順治二年十月開科江南舉第一，嗣由進士授行人，洊陟吏部郎中。十六年九月，巡按馬騰升奏海賊鄭成功陷鎮江，九徵丁憂家居，微服行遯，克全名節。後赴補原官，授河南學道，任滿候升。歸，舉博學鴻詞，以老疾未赴。

玉書由順治十八年進士，改庶吉士，授編修。康熙六年六月，應詔陳時務，奏言：「皇上軫念民生，求言若渴，大小臣工，自必知無不言，其言之當者，定邀采納。然諸司奉行，或仍不免瞻徇推諉。請時召廷臣，詢問職掌及所見聞，可以覘其果否實心任事，留意民生。」奏入，報可。十四年，遷國子監司業。十五年，遷侍講，充日講起居注官。十六年，遷右庶子。十八年，轉左庶子，同翰林院掌院學士葉方藹充《明史》總裁官。時上每日聽政後，即御講殿，玉書嘗進講《尚書》「眚災肆赦」，異於《春秋》所譏，肆大宥在定獄之時，原情察理，斟酌至當，歸於罪疑惟輕，則隨時隨事赦免之多，不必頒行大赦，一概寬釋以示恩。上善其言。十九年三月，諭諸講官曰：「人品邪正，固在臣下，而鑑别全在人主，從來人心多僞，最爲難知。」玉書奏曰：「古來大奸似忠，大詐似信，惟聖明在上，自無遁情。」五月，命吏部優叙勤勞奉職諸講官，部議玉書加少詹事銜。上以所叙未優，令再議，晋詹事銜，尋授侍講學士，同掌院學士庫呼納、葉方藹，詹事格爾古德、沈荃等，賜御書卷軸。諭曰：「爾等啓沃之暇，每以朕書爲請，既爲文學侍從之臣，即有成就德業之責，故因所請輒以頒賜。」二十年，遷内閣學士。二十一年，充經筵講官，教習庶吉士。二十二年五月，調翰林院掌院學士。十二月，擢禮部右侍郎。二十三年，轉左侍郎。八月，丁父憂，上諭内閣學士齎茶酒慰恤。二十六年二月，即家起擢刑部尚書。

二十七年二月，調兵部尚書。五月，同刑部尚書圖(訥)[納]、左都御史馬齊，奉命勘閲罷任河臣靳輔濬築諸工善否，還奏：「中河挑濬既竣，應閉塞宿遷縣北攔馬河三壩，不使黄水入中河。其南運河内永安堤，及歸仁堤五堡減水壩，有被水衝壞處，宜令新任河臣修理堅固。黄河兩岸，出水頗高，河身漸次刷深，海口直趨無阻，黄河南北岸之減水各閘壩，皆靳輔酌量形勢，以防異漲，無庸更改」。十二月，調禮部尚書。先是，浙江巡撫金鋐令布政使李之粹察訊民人杜光遇等訴駐防旗兵擴累事，李之粹謂：「訊款有舊案可據，杭州民人望嗣後禁約旗兵，其杜光遇等姓名非實，請免集質。」金鉉遂以應出示禁約旗兵，移牒將軍果丕。果丕以語涉誹謗，金鉉、李之粹縱脱揑造犯入告。金鉉旋奏果丕諱言縱兵擾民，弗肯出示禁約。上命玉書同工部尚書蘇赫往勘。還奏：「金鉉不嚴完揑誣，反欲傳播誹謗之詞，摇惑衆心，依律論絞。李之粹迎合附會，應同罪。」得旨改爲流徙。

二十九年六月，授文華殿大學士，兼户部尚書。三十年，充會試正考官。三十一年十一月，奉命同尚書圖納察視高家堰堤工。三十二年二月還奏：「自武家墩南至史家刣石堤千六十餘丈，又南石堤四千七百六十餘丈，折而西南至周家橋土堤五千六百五十餘丈，近年修築已比舊高寬。其浪勢洶涌，防護最爲緊要者，則史家刣至周家橋萬四百餘丈，現在堤頂寬三丈二三尺或二丈四五尺不等，應俱培寬，以五丈爲準，上加子堤高三尺。其石工堤底樁木有剥損者，堤頂排樁亦有朽爛者，應酌用河兵河夫，加工培護。請令河臣自後歲修工程，必親察勘，毋任屬員草率從事，冒銷錢糧。」疏下九卿議行。

三十五年，上親征噶爾丹，玉書扈從至拖諾山，王大臣等以昭莫多之捷，集御營慶賀，玉書同大學士伊桑阿捧表進。三十六年六月，充《平定朔漠方略》總裁官，時編輯《政治典訓》，修纂國史、《一統志》，并充總裁官。三十七年六月，丁母憂，上遣内閣學士二員齎茶酒慰恤。四十年十月，召補致仕大學士王熙原缺。先是，玉書子逸少由庶吉士改知縣，遷秦州知州，至是因玉書奏請，得旨來京，授翰林院編修。

四十九年五月，以疾乞假，命太醫診視。五十年四月，自請扈蹕熱河。五月疾劇，未及繕遺疏而卒，年七十。諭曰：「張玉書耆舊老臣，久任機務，直亮清勤，始終一節。學問人品，卓然不群。朕知之甚悉。倚任方殷，今忽病逝，深切軫悼。」下所司議恤，命行在内務府料理還京，給銀一千兩治喪。贈太子太保。御製挽詩，有「瀚海天山同正略，江干河道與嘗新」之句。又詔在京王大臣奠茶酒，遣官護送回籍，賜祭葬加等，謚文貞。所著有《文貞集》。五十一年正月，諭廷臣曰：「朕追念張玉書小心恪慎，懋著勤勞，伊惟一子現任編修張逸少，著從優升爲翰林院侍讀學士，以示朕篤眷舊臣至意。」雍正十年，入祀賢良祠。

謹按：柯劭忞等纂《清史稿・張玉書傳》：「康熙三十六年，丁母憂。三十九年，服未闋，召至京入閣視事。」即以此年分計之，是已服闋，所叙殊誤。且《大學士年表》載三十七年六月，玉書丁憂回籍，并非三十六年。四十年九月，保和殿大學士王熙致仕。十月，召玉書。與史館傳稿「召補致仕大學士王熙原缺」符合。《熙朝宰輔録》所載并同。玉書奉召還京入閣，顯在服闋之後。《清史稿》傳年分既誤，復與《大學士表》矛盾，殆襲《滿漢名臣傳》内「服」下衍 二「未」字之訛。爰録史館傳稿，并訂正之。

阮　元

阮文達公逸事

道光初，儀徵阮元總制嶺南。時震澤任兆麟居督署，偶於書坊見曾釗所注吕忱《字林》，以告元。元驚異，禮聘入授公子經。後開學海堂，以古學造士，慮己移節後，人士失所師承，特命釗爲學長，以資訓勵。《南海縣續志》。

儀徵相國阮元節制兩粤，以生辰避客，屏騶從，往來山寺〔一〕，見譚瑩題壁詩文，大奇之。詢寺僧，始知南海文童，現赴縣考者也。翌日，南海令謁見，制府問曰：「汝治下有譚姓文童，詩文甚佳，能高列否？」令愕然，以爲制府欲薦士也。即請文童名字，制府曰：「我以名告汝，是奪令長權，爲人關説也。汝自行捫索可耳。」令乃盡取譚姓試卷遍閲之，拔其詩文并工者，瑩遂以縣考第一入泮。及開學海堂於粤秀山，見瑩所作《蒲澗修褉序》，及《嶺南荔支詞百首》，尤爲激賞，自此文譽日噪。同上。

〔一〕往來山寺：「往來」，同治《南海縣志》作「來往」。

羅浮沖虛觀道士番禺李明徹，通推步之說，著《圜天圖說》四卷，闡明以天度計地理之法。晚居粤秀山龍王廟，江右黄一桂僦寓廟中，與語，大驚，言之糧道盧元偉。會粤督阮元修通志，以古人不曰志而曰圖經，故圖爲重，思得精測繪者爲之，而難其人。元偉以明徹對，急招之。明徹獻所著書，元閲之，謂爲隋張賓唐、傅仁均後崛起一人。令主繪圖事，并序其《圜天圖說》，載《通志·藝文略》中。丙戌春，彗星見南方，元疑粤有兵事，問之，明徹以旱對。問：「可禳否？」曰：「禳無益，當備旱。」先是甲申歲，元因明徹言，奏免洋米入口之税，以關使慮税短，故米舶出口，貨仍照徵。明徹因復言夷人嗜利，如并免出口貨税，米當大至，雖旱無害。元如其言，是秋旱，米價反平。自後粤雖旱潦不洊饑矣。《番禺縣續志》。

謹按《揅經室續集》卷六《西洋米船初到詩》：「西洋夷船來，氊毹可衣服。其餘多奇巧，價貴甚珠玉。持貨示貧民，其貨非所欲。田少粤民多，價貴在稻穀。西洋米頗賤，原注：僅有内地平價之半。曷不運連舳？夷曰船税多，不贏利反縮。免税乞帝恩，原注：余奏免米船入口船及米之税，仍徵其出口船貨之税，蒙允行。以後如米船倍來，則關税仍不短。米船來頗速。以我茶樹枝，易彼島中粟。彼價本常平，我歲或少熟。米貴彼更來，政豈在督促？苟能常使通，民足税亦足。原注：以後凡米貴，洋米即大集，故水旱皆不饑。」李明徹之言，足與此詩相證。粤中産米不敷民食，自阮公奏免洋米入口之税，米源不竭，旱潦無虞，有功於粤甚鉅。《清史稿》本傳，及繆纂、劉毓崧撰《别傳》，李元度撰《事略》，張鑑撰《雷塘盦主弟子記》，均未載及也。

曾國藩

叙曾文正公幕府賓僚[一]

薛福成

昔曾文正公奮艱屯之會，躬文武之略，陶鑄群英，大奠區宇，振頹起衰，豪彦從風，遺澤餘韻，流衍數世。非獨其規模之宏闊也，蓋其致力延攬，廣包兼容，持之有恒，而御之有本。以是知人之鑒，爲世所宗，而幕府賓僚，尤極一時之盛云。

計公督師開府，前後二十年，凡從公治軍書、涉危難、遇事贊畫者：閎偉，則太子太傅大學士肅毅伯合肥李公，禮部侍郎出使英吉利總理各國事務大臣長沙郭公嵩燾筠仙，兵部侍郎巡撫陝西長沙劉公蓉霞仙，雲南按察使平江李元度次青；明練，則四品卿銜内閣侍讀長沙郭崑燾意城，候補道長沙何應祺鏡海，武岡鄧輔綸彌之，歙程桓生尚齋，主事甘晋子大，直隸清河道溧陽

[一] 本篇載《庸庵文編》卷四。

陳鼐作梅，河南河北道奉新許振禕仙屏，四品卿銜吏部員外郎嘉興錢應溥子密，候補道長洲蔣嘉棫蒓卿，定遠凌焕曉嵐；淵雅，則知和州直隸州長沙方翊元子白，江蘇按察使中江李鴻裔眉生，四品卿銜刑部主事歙柯鉞筱泉，候補道黟程鴻詔伯芻，候選知府陽湖方駿謨元徵，江蘇知縣溆浦向師棣伯常，出使日本記名道遵義黎庶昌蒓齋，知冀州直隸州桐城吴汝綸。右二十二人，李公功最高。公之志業，李公實繼之。郭公、劉公與公交最深，所議皆天下大計。

凡以他事從公，邂逅入幕，或驟致大用，或甫入旋出，散之四方者：雄略，則太子太保大學士恪靖侯長沙左公，兵部尚書衡陽彭公玉麟雪琴，前布倫托海辦事大臣漢軍李雲麟雨蒼，權福建布政使護巡撫事益陽周開錫壽珊，候補直隸州贈太常寺卿雲騎尉長沙羅萱伯宜，安徽布政使權巡撫事新建吴坤修竹莊，甘肅甘凉道合肥李鶴章；碩德，則兵部尚書總督兩江開縣李公宗羲雨亭，兵部尚書總督湖廣合肥李公瀚章筱泉，前兵部侍郎總督河東河道南昌梅啓照筱巖，前兵部侍郎巡撫安徽衡陽唐訓方義渠，都察院左副都御史吴川陳蘭彬荔秋，兵部侍郎巡撫山東桂陽陳士杰俊臣，光禄寺少卿江夏王家璧孝鳳；清才，則太僕寺卿瑞安孫衣言琴西，監察御史烏程周學濬縵雲，前知建昌府江陰何栻蓮舫，候補直隸州湖口高心夔碧湄；雋辯，則候選道陽湖周騰虎韜甫，前湖南布政使劍州李榕申甫，兵部侍郎巡撫廣東望江倪文蔚豹岑，前山西冀寧道東湖王定安鼎丞。右二十二人，左公、彭公功最高。李雲麟聞公下士，徒步數千里從公。皆才氣邁衆，練習兵事，而受知於公最先。

凡以宿學客戎幕，從容諷議，往來不常，或招致書局，并不責以公事者：古文，則瀏陽縣學教諭巴陵吴敏樹南屏，前翰林院編修南豐吴嘉賓子序，候選内閣中書武昌張裕釗廉卿；閎覽，則前翰林院編修德清俞樾蔭甫，芷江縣學訓導長沙羅汝懷研生，新城陳學受藝叔，知永寧縣當塗夏燮謙甫，江蘇知縣獨山莫友芝子偲，舉人衡陽王闓運紉秋，秀水楊象濟利叔，刑部郎中長沙曹耀相鏡初，出使俄羅斯參贊道員武進劉翰清開生，知易州直隸州陽湖趙烈文惠甫；樸學，則海寧州訓導嘉興錢泰吉警石，知棗强縣桐城方宗誠存之，候補郎中海寧李善蘭壬叔，舉人江寧汪士鐸梅村，候選道石埭陳艾虎臣，諸生南匯張文虎嘯山，德清戴望子高，儀徵劉毓崧北山，其子壽曾恭甫，海寧唐仁壽端甫，寶應成蓉鏡芙卿，候選知府金匱華蘅芳若汀，候選縣丞無錫徐壽雪村。右二十六人，吴敏樹、羅汝懷、吴嘉賓名輩最先。敏樹與張裕釗之文，所詣皆精。莫友芝、俞樾、王闓運、李善蘭、方宗誠、張文虎、戴望，皆才高學博，著述斐然可觀。

凡刑名、錢穀、鹽法、河工及中外通商諸大端，或以專家成名，下逮一藝一能，各效所長者：幹濟，則蘇松太兵備道南海馮焌光竹儒，徐州兵備道歙程國熙敬之，候選主事海寧陳方坦小浦，候選教諭宜興任伊棣香，候選知縣江寧孫文川澄之；勤樸，則前兩淮鹽運使涇洪汝奎琴西，候選直隸州漢陽劉世墀彤階，候補道瀏陽李興鋭勉林，候補知府衡陽王香倬子雲；敏贍，則監察御史武昌何源鏡芝，江西知縣忠州李士棻芋仙，候補同知宣城屠楷晉卿，候補知府富順蕭世本廉甫。右十有三人，皆能襄理庶務，剸繁應瑣，雖其用之鉅細不同，亦各有所挾以表見於世。

凡福成所嘗與共事，及溯所聞而未相覿，或一再晤言而未共事者，都八十三人。其碌碌無所稱者，不盡録。

古者州郡以上得自辟從事參軍記室之屬，故英儁之興，半由幕職。唐汾陽王郭子儀精選幕僚，當時將相多出其門。降及晚近，捨實用而崇科第，復爲一切條例以束縛賢豪，而登進之途隘矣。惟公遭值世變，一以賢才爲夷難定傾之具。其取之也，如大匠之門，自文梓楩楠，以至竹頭木屑之屬，無不儲。其成之也，始之以規矩繩墨，繼之以斧斤錐鑿，終之以磋磨文飾。其用之也，則楹棟榱棁，椳闑居楔，位置悉中程度。人人各如其意去，斯所以能迴乾軸而變風氣也。昔公嘗以兵事、餉事、吏事、文事四端，訓勉僚屬，實已囊括世務，無所不賅。幕僚雖專司文事，然獨克攬其全。譬之導水，幕府則衆流之匯也；譬之力穡，幕府則播種之區也。故其得才尤盛。即偶居幕府，出而膺兵事、餉事、吏事之責者，罔不起爲時棟，聲績隆然。夫人必有駕乎天下之才之識之量，然後能用天下才、任天下事。

福成居公幕僅八年，於未及同游者，知之不詳；然於公知人之明與育才之心，粗有所睹矣。謹詮次公賓僚姓名，并叙其爵里著於篇，而於所未知者則姑闕焉。

李鴻藻

軍機大臣協辦大學士吏部尚書李文正公家傳〔一〕

陳毅

光緒三十四年，高陽李符曾爲郵傳部左丞。毅既前以其部丞參記名，因訂交焉。當毅年十三，竊聞先大父稱道高陽相公，謂嘗以茶商疾苦陳於公，欲用鹽引法救之，未及施而公罷，恒引爲憾，遂推論公相業誠有如《秦誓》休休云者。彼時毅不解所謂。自後稍稍追記，乃大嘆慕，然疑闕無可質矣。符曾，公子也。既解後，寮寀亟索觀其碑志，則惻然曰：「自先公之殁，今相國南皮張公任志墓者十稔矣，而訖不就。久而益遠，深懼遺聞之自我而失也。君兹見諏，敢乞爲之傳。」毅謹諾不敢辭。雖然，毅惡足以傳公哉！固將附公以傳，特一致其仰止之私於公爾。

公李氏，諱鴻藻，字寄雲，一字蘭孫，硯齋其别號。先世明永樂中有諱平福者，自山西洪洞遷高陽之龐口里，遂爲縣人。曾祖曰麟，雍正丁巳明通進士，陝西商南知縣；妣董氏。祖

〔一〕本篇載《郇廬遺文》。

殿圖，乾隆丙戌進士，由編修歷官江西巡撫，黜而起，至侍講，追謚文肅；妣邊氏。生三子，伯曰轍通，以廕選知廣西賀縣；叔曰濬通，監生，同母也，母曰郎夫人。監生早世，無子。賀縣生同知鴻烈及公。公生而出嗣監生後，母及本生母皆姚氏兄弟也。自曾祖父母皆以公貴封，贈正一品。

家故寒素，賀縣病免，益貧。二母挈公就外家天津，從舅氏受書。公早慧，自辨唯俞，見書畫懸壁間，輒凝睇若有所會悟，至是奮厲爲學。二母以其稚而弱，憐之，甚戒讀毋苦，則習爲默識，其貌熙熙然而所學瘉益深矣。

年十八，受知潘文慎公，補縣學生。越七年，舉鄉試，官內閣中書。咸豐元年，考選軍機章京。二年成進士，改庶吉士，協修國史，授編修，爲乙卯山西副考官。奉賀縣喪歸，免。期，直上書房，出督學河南。十年，詔宰輔擇保儒臣，以彭文敬公薦，召還，復直上書房。是年秋，歸省二母畿南，而英人犯天津，文宗狩於熱河。公倉皇赴行在，無所舍，肅順爲僦宅，却之。明年，授讀穆宗。穆宗喜默思，公慮其近於罔，則導之朗誦。或御書偶爲戲筆，必捧手勸静心，請少息，改容謝乃已。又明年，同治改元，與前大學士祁公寯藻、翁公心存及工部尚書烏齊格里公倭仁同直弘德殿。三公後皆謚文端公者也。公旋充日講起居注官，一時國良，在帝左右，四鄰弼承，開中立之聽。翁公既口析古今政術，於是烏齊格里公進《啓心金鑑》，祁公進《經史摘録》，公亦偕兩書房，撰《治平寶鑑》以進。得俞旨，獎綢疋。

穆宗既釋服，翁公前卒，公復與二公合疏規儆，以謂帝心之敬肆，風會所轉移，安危治亂之機，胥繫乎此。反覆以玩好游觀興作爲慮，其詞極諄至。詔優答之。四年，命爲軍機大臣，直弘德殿如故。公於是時，蓋已自編修歷侍講、侍讀、祭酒，四遷至内閣學士矣。其年迭署户部左右侍郎，逾年除禮部右侍郎，調户部。六月，兩宫太后聞公有母之喪，賜祭賞銀。以上典學樂從公，公不可須臾離，又軍務資翊贊，命援雍乾間故事，開缺入直。公陳情至再，勿許，則陳於吏部曰：「先帝召鴻藻河南，畀之傅儲之任，蓋以鴻藻恪慎能守禮也。今親喪而出入禁闥，鴻藻已先自負罪，安望裨聖學？若樞廷趨直，則進退尤失據。鴻藻不足惜，其如先帝知人之鑒何？焦灼昏迷，但有號泣，惟天地高厚，哀而憐之。」不聽，更命恭親王莅公宅，諭之出。懿旨至引國家休戚相勗，而公卒稱疾，得終制。

七年，撚寇擾畿輔，公自籍奏言：宜拜懿親爲大將軍，鎮北路，以左、李兩帥爲參贊，東西扼保定、河間。二月，詔恭親王節制諸道師，從公請也。起直，賞紫禁城騎馬，署禮部右侍郎，總裁方略。復除户部，擢左都御史，晋工部尚書，加太子少保銜。有旨葺圓明園，公謂巨寇初平，回難未靖，宜養元氣，固國本，不應事不急，竟以犯顔極諫而止。

十三年，親政，直殿仍如故。是時檢討王慶祺已直殿中，公念敬在閑邪，疏請修聖德，而面理喪。

陳尤切直。上嚴憚而益敬禮之。十二月，命恭代批章奏。穆宗崩，公引愆。太后知其忠，命專

光緒初，總裁《實録》，爲總理各國事務衙門大臣。三年，丁本生母憂。先是，鴻烈君殂，公令長子兆瀛承其重；兆瀛又不禄，喪無主，公請自持三年服。母夫人故嘗迭拜書扁之賜，東朝所夙知也，特詔允焉。降服而三年，非制也，然既爲人後而還服其所生，是固非通乎？聖王制禮之精意者，所未易與言，故儒者亦深許之。六年，服闋，復爲軍機總理衙門大臣，署吏部尚書。新疆既平，崇厚使俄，索伊犂，誤劃其西南境入於俄。沈文定公務寧邊，將許之。公不可，卒罪崇厚，更曾惠敏公爲使，易其約。七年，以兵部尚書協辦大學士爲經筵講官，管三庫事。八年，調吏部，充武英殿總裁。北洋大臣李文忠公於時居母憂，大學士當授公，公請懸缺以酬李公勛。既而法越釁開，徐巡撫延旭、唐巡撫炯自廣西、雲南出師，皆失利。兩巡撫者，張侍講佩綸所舉，而侍講固秉筆譯署者也。當是時，恭親王眷衰，太后方意嚮醇親王，會廣督張靖達公以事因王中書仁東求解於張侍講，猝不得見，又意相牾也。中書草疏謁宗室庶子盛昱，憤欲彈侍講，庶子竄易其草，遽以劾軍機。由是軍機自恭親王皆得罪，而公坐鐫級，時十年三月也。

越三年，復擢至吏部尚書，充武英殿總裁兼玉牒館副總裁。頃之，使視决河鄭州。公言前巡撫李公鶴年能，即承詔授李公爲河督。用是構疑忌，以督工而堨不立，兩公并褫職，公乃以三

品頂戴留任。還，又坐部搢疏漏，獲譴如鄭。因大婚，充大徵副使。又鄭工蕆且速，十五年復官。上以公七十，書福壽字并諸珍物賜之。尋兼署都御史，總裁《會典》，復管三庫查倉。其前一年署講官，今實充焉。二十年，太后六旬，賞雙眼花翎。此三年間，三署刑部。日本窺朝鮮，命參軍務，遂復直軍機。戰事方殷，入對往往逾日昃，或退食猶悒悒，甚且痛哭者，必其事有不可挽而不欲以語人也。自是騎馬西苑門，復入總理衙門。今昔强弱既殊，交涉日棘，公務存國體，一主以忠信，中外多諒之。自償幣驟增，有主加賦者，公以病民而無濟於國力，寢其議，兩聖以此奇重公。後病滿，入朝，上憫其衰，派内監扶掖，再賞假一月。居無何，以禮部尚書協辦大學士復調吏部，凡殿廷閲卷，自試差以至於考廕，公無不與。會試，知丙戌貢舉，甲戌一爲副總裁，己丑、甲午兩爲正考官，得士稱盛。教習庶吉士者再。所頒兩朝遺念及其它書畫珍玩不勝紀，恩禮優渥，并世殆無其匹。二十三年疾篤，賞藥餌，命御醫診視，終不愈。七月癸未，卒，年七十八。遺疏入，上軫悼，賜祭葬，贈太子太傅，特謚文正，祀賢良祠。

公性肫摯而剛，不苟同異。與人處，初若齵焉不相入，久乃益親。嘗論事忤恭親王，王怒甚，已忽悟其愛己，交日篤。左文襄公謂公「忠誠可格金石」者類此。自執政多畏惡臺諫，公曰：「臺諫，所以輔宰相者也，而可嫉視邪？」聞者雖不懌，顧無以難也。抑榖聞諸長老，鄧給諫承脩嘗以非時上封事，屬抵大不敬，公執奪禄如吏部當。又王御史鵬運諫修頤和園，後復有論德宗問日詣園不便者，皆幾罹重咎，亦賴公力解而免，以故當時號清流者多附焉。世遂以清流領袖推公，論者乃訾其取名。嗟乎！斯譽也，斯毀也，豈公本志哉！

公少歷窮困，爲程朱之學，務實踐，不騖其虛。初出館座主杜文正公家，朝夕觀摩，信道彌篤；後與三文端同傅帝學，日研求家國天下之故，返之身心，殿陛趨蹌間，資爲師友；又於軍機處得從瓜爾佳文忠公文祥之後，識度乃益宏。文忠語公：「賢不肖進退盛衰，君國安危所寄，其責在吾輩也。」公服膺其言，故前後出入樞府四十年，所汲引多正人；而甲午後，其窺試變法，挾奇衺以蔑棄成憲者，則痛抑之，終其世不得逞。歿不數月，翁協揆竟用康梁之説禍天下，至於今不絶。自非學有本原，烏得逆睹其幾於未兆邪！《詩》曰「人之云亡，邦國殄瘁」，吾於公亦云。

夫人張氏，先公二十八年卒；側室楊氏，以焜瀛官封太夫人。子三：兆瀛，張出，出嗣世父，早卒；焜瀛、煜瀛，皆楊出，廕生、郎中。孫宗侗，賜舉人，焜瀛子也，嗣兆瀛；次宗偉、宗侃、宗僑。焜瀛仕至郵傳部左丞，署左侍郎，符曾其字也。

論曰：穆宗朝師傅九人，公及三文端資最先，林侍讀天齡、今總憲張公英麟及王檢討慶祺其最晚者也。張公聞命即引歸，林後無聞，慶祺小人不足道。而此六人者，翁、祁兩文端又先歿，所與公同直而久，前則烏齊格里文端，後則徐相國桐、翁協揆同龢耳。乃協揆以戊戌變政敗，徐相國則附拳黨，召庚子之亂。其始終夔夔弼亮，永矢一德者，惟烏齊格里文端及公二人。

公更首贊元良，而又逮事德宗也，詔曰「耆臣」，不其信哉！故老言，當顯廟彌留，兩后請孰堪輔嗣君者，曰「李鴻藻」，再請，曰「倭仁」。故公之陳情兢兢焉，惟有傷先帝知人之爲懼。繇是論之，中興内外大臣無一非簡自顯廟，顯廟之哲殆遠紹聖祖，而享祚乃匆克永，豈非天邪！

碑傳集三編卷二一 宰輔二一

翁同龢

翁文恭公傳

《常昭合志·列傳》

翁同龢，字聲甫，號叔平，心存三子。咸豐丙辰一甲一名進士，授修撰。戊午典陝甘試，留督學政，時猶未散館也。甫一年，以思親切，引疾歸。丁父憂，服闋，同治四年以右中允奉命弘德殿授讀，有「勉承先人未竟之志」温諭。穆宗賓天，光緒元年復奉毓慶宫授讀之命，固辭不獲。蓋趨承講幄，納誨兩朝者，垂三十年，歷官至户部侍郎、左都御史，刑部、工部、户部尚書，加太子少保銜，協辦大學士，兩入軍機，兼總理各國事務。遇慶典，賜穿帶膝貂袿，賜雙眼翎、紫韁，恩賚有加。同龢以世受國恩，當時事艱難，遭逢明聖，投艱遺大，朝夕憂勞，冀得圖報於萬一。其在講帷也，於列聖遺訓、古今治亂，反復承説，曲盡其理。其調和宫廷，以聖孝爲本。其闡明政要，以憂勤爲先，尤能直言極諫，造膝事秘，世莫得聞。章疏又强半焚稿，所可知者，請止臨幸王府，請罷修圓明園，請省宫禁一切工程，免外省傳辦各物，皆蒙嘉納。蓋立朝數十年，矢誠矢敬，有古大臣風。顧以秉性正直，爲小人所忌，遭讒罪廢，朝野惜之。

二十四年十月，諭旨：樞臣王文韶與剛毅力争，以朝廷進退大臣以禮，無編管之(禮)[理]。剛毅詭稱出慈聖意，實非慈聖意也。同龢忠孝源清，讀書靡不貫徹，尤邃於性理。屢司文柄，擢經術淵通之彦。平居延攬人才，虚心下士，一時嘆爲莫及。事親竭終身之慕。憂國之心，時見於辭色。削籍後，廬墓七年，閉門思過，每念時艱，輒復流涕。三十年五月，卒於里第，年七十五。

宣統元年，吴中士大夫追念忠清，合詞請爲湔雪，恩准開復原官，旋予謚文恭。所著詩文，清超古雋，不落恒蹊。書法縱横跌宕，力透紙背，有魯公風骨。晚年學隸，兼迴腕作書，力追静穆，人得片楮，珍若兼金。著有《瓶廬詩稿》八卷，刊行；餘俟編輯。

户部尚書協辦大學士翁文恭公别傳〔一〕

孫雄

公諱同龢，字聲甫，號叔平，又號瓶笙，晚自署松禪老人。文端公幼子也。咸豐丙辰一甲一

〔一〕本篇載《舊京文存》卷一。

名進士，授修撰。戊午典陝甘鄉試，在闈中奉提督陝甘學政之命，時猶未散館也。在任甫一年，以思親引疾歸。丁父憂，服闋，同治四年以右中允奉命弘德殿授讀。天語褒許，謂宜「勉承先人未竟之志」。穆宗賓天，光緒元年復奉毓慶宫授讀之命，固辭不獲。蓋趨承講幄，納誨兩朝者，垂三十年。歷官至户部侍郎、都察院左都御史，刑部、工部、户部尚書，加太子少保銜，協辦大學士，兩入軍機，兼總理各國事務大臣。遇慶典，賜穿帶膝貂褂，賜雙眼翎、紫繮，恩賚有加。公自以世受國恩，當時事艱難，遭逢明聖，投艱遺大，昕夕憂勞，冀得圖報於萬一。其在講幄也[二]，於列聖遺訓，古今治亂，反復陳説，曲盡其理。其調和宫庭，以孝思錫類爲本；其闡明政要，以憂勤惕厲爲先。尤能直言極諫，造膝事秘，世莫得聞，章疏又强半焚稿，所可知者：請止臨幸王府，請罷修圓明園，請省宫禁一切工程，免外省傳辦各物。光緒甲午，慈聖六旬萬壽，舉行慶典，疆吏盛致方物。時茶陵譚文勤方督閩浙，公與文勤爲丙辰同歲生，箋牘往還，論及時事，謂「大臣報國，在竭忠盡智，不在多儀備物也」。中東之役，公鑒於國勢凌夷，外侮侵迫，與高陽李文正力排和議，冀得一勝，以挫强敵之鋒，而盡字小之責。乃士不用命，忌公者又陰爲阻扼而傾陷之。時論不察，亦以群帥喪師之咎歸獄於公。公惸惸蹇蹇，引爲己過，不自明也。嘗與譚文勤

〔二〕 其在講幄也：「幄」，《舊京文存》作「帷」。

書云：「徵兵弗至，至則弗行，行則無餉。在前敵者，驚麏走鹿。真兒戲哉！」又云：「此如弈棋，滿盤皆錯，而吾適在隅坐之列，焉得不憂傷憔悴耶！」

公立朝數十年，矢誠矢敬，有古大臣風。顧以秉性正直，爲小人所忌，卒致遭讒罪廢。光緒二十四年戊戌四月，有詔令開缺回籍。公歸抵里門，省文端公墓，伏地痛哭，良久始起，即晚自書日記云：「同龢默省，獲保首領，從先人於地下，幸矣。又省所以靖獻吾君者，皆堯舜之道，無觳觫之辭，尚不致貽羞先人也。」是年九月，又奉嚴旨革職，交地方官嚴加管束。仁和王文勤方在樞府，與剛毅力爭，謂「朝廷進退大臣以禮，無編管之理」，剛毅詭稱出慈聖意，實非慈聖意也。嚴旨又有力保康有爲，謂「其才勝臣十倍」之語，公實無此言，皆剛毅輩不慊於公，設詞以傾公，且以傾德宗也。有爲通籍進謁，公初賞其才，嗣見《孔子改制考》，力斥其謬，戒閽者不與通。且曾於入對時言之，謂此人居心叵測，語亦詳日記中。

公究心經史，讀書靡不貫澈，尤邃於性理，論學以躬行實踐爲宗，通經致用爲輔。光緒庚辰、壬辰兩典禮闈，乙酉、戊子、癸巳三典順天鄉試，所擢多經術淵通之彦。平居延攬人才，虚心下士，一時嘆爲莫及。事親竭終身之慕。憂國之心，時見於辭色。削籍後，廬墓七年，閉門思過，每念時艱，輒復流涕。吴中士大夫追念忠清，合詞請爲湔雪，恩准開復原官，旋予謚文恭。所著詩文，清超名雋，不落恒蹊。書法縱横跌宕，力透紙背，有平原風骨，實兼近代錢南園、何蝯叟之長。晚年學隸，兼迴腕作書，力追静穆，人得片楮，珍若球圖。有《瓶廬詩鈔》八卷、日記四十册，行世。

舊史氏孫雄曰：文恭師薨於光緒甲辰五月，迄今已二十四年矣。公無子，以侄曾翰爲嗣，早卒。曾翰之子亦已殂謝。公薨時，僅嗣曾孫之廉主持後事。之廉嘗受業余門，實爲弢甫廉訪前輩斌孫之仲子。今之廉亦逝世久矣。二十年前，余嘗寓書弢甫及之廉，謂宜撰次詳核事略，乞于晦若侍郎、沈子培方伯作神道碑，以存信史。于、沈二君，皆公庚辰門下士，且擅龍門史筆也。弢甫父子遷延濡滯，未經脱稿，蓋因世論糾紛，深恐據事直書，或遭時忌，故寧泯泯默默以終古，姑俟百世後之公論而已。吾邑續修志乘〔一〕，自光緒中葉至宣統三年辛亥爲止，邵伯英前輩松年實主其事，曾以文恭公傳稿與余郵函往來，再四商榷，并屬余爲公撰墓表，謂「知師門志事者，今日舍君莫屬。文字千秋之業，無所於讓也」。余雖心許之，而逡巡未敢命筆。今伯英與弢甫又均作古人，追懷師友，曷勝人琴之慟！因先成此别傳，俟他日文字稍有進境，或當泚筆以踐夙諾乎！

文恭師生於道光十年庚寅，卒於光緒三十年甲辰，壽七十有五。今年己巳四月二十七日，

〔一〕　吾邑續修志乘：「吾」上，《舊京文存》有「共和紀元以後」六字。

爲百齡冥誕之辰，蓋去師騎箕之歲，已二十五年矣。謹於舊京爛縵胡同常昭會館，設筵致祭，人天肸蠁，家國滄桑，九京有知，其感愴爲何如耶！己巳孟秋，師鄭孫雄附記。[二]

附録《翁文恭日記跋》[三]

張元濟

有宋名臣，以文學、政事顯者，曰歐陽修，曰司馬光。求之近今，足與媲匹者，其惟吾師翁文恭乎！雖然，吾讀《宋史》，未嘗不嘆二公遭際之隆，而悲吾師之獨厄也。英宗初立，光獻臨朝，大臣奏事有疑未決者，輒曰「公輩更議之」，未嘗出己意。時左右交構，母子幾成嫌隙。修與韓琦從容諫諍，后遽釋然還政。哲宗嗣位，宣仁垂簾，光任使相，諫行言聽。嘗自稱母后當陽，非國家美事。兢兢業業，卒成元祐之治。此固二公之忠誠感格，而亦后之賢明有以訢合於無間

[二]「文恭師」至「孫雄附記」：此段附記文字，《舊京文存》作：「此文已印入《詩史閣叢刊》內《禹齋文存》卷二。今復修正舊稿，冠於《舊京文存》之簡端。蓋去文恭師騎箕之歲，已二十五年矣。師生於道光十年庚寅，卒於光緒三十年甲辰，壽七十有五。今年己巳四月二十七日，爲百齡冥誕之辰，謹於舊京爛縵胡同常昭會館，設筵致祭。人天肸蠁，家國滄桑，九京有知，其感愴爲何如耶！己巳孟秋之月，師鄭孫雄附記。」

[三]本篇載《涉園序跋集録》，題作「翁文恭日記」；又載《張元濟古籍書目序跋匯編》，題作「影印稿本《翁文恭日記》跋」。

也。文恭當同、光兩朝，洊登樞要。維時沖人踐阼，母后臨政，强敵憑陵，國勢寖弱，士大夫昌言變法，新舊交争，漸成門户之見。國步艱難，與二公所處正同。公以一身楷柱其間，而卒不免於得罪以去。其困心衡慮，必有甚於二公者，世之人莫由知之。迄於今，時移世易，亦幾淡焉若忘矣。

公之從孫克齋，以公手書《日記》視余。余受而讀之，四十餘年大事，粲然具備。小心寅畏，下筆矜慎。然紀載所及，偶有一二流露之處，觀微知著，益不能不嘆公之遭際爲可悲也。史稱光獻性慈儉，嘗諫止仁宗正月望夕張燈。宣仁聽政，即散遣修城役夫，止禁廷工技，文思院奉上之物，無問巨細，終身不取，是自奉至約也。而公之時，内廷之供奉何如（參看第二十三册九十三、四葉及九十六、七葉，第二十七册七十九及八十葉）？光獻於左右臣僕，毫分不以假借。神宗乳媪爲宋用臣等游説，宣仁峻拒，至欲斬媪，是御下至嚴也。而公之時，宫壼之禁約又何如（參看第二十五册六十葉，第二十六册五十五葉）？安石變法，光獻痛言民生疾苦。祁王侍側，頌爲至言，勸神宗不可不思。賢王憂國，與聖母有同心也。而公之時，所信任之親貴又何如（參看第二十三册十八葉）？蘇軾得罪光獻，稱爲宰相才，戒勿冤濫。文彦博既老，宣仁起之，遣使迎勞，是誠有知人之哲也。而公之時，所擢用之人才又何如（參看第十三册一百八葉，第三十四册五十九葉）？嗚呼！公既不見容於朝，遽被譴謫，正人退而僉壬進，遂釀成庚子之禍。回鑾以後，天子幽囚，權臣柄政，國事益敗壞不可問，而公亦抑鬱以終。於以知文忠、文正生際聖明，得行其志，以致君而澤民，垂令名於千古者，其中固有天幸在也。余既悲公之遇，且痛世人知公者少，因請以《日記》行世。克齋韙余言，畀余景印。鳩工歲餘，今始竟事，敢述所見，以告讀者〔二〕。

榮禄

文華殿大學士贈太傅晋封一等男爵瓜爾佳氏文忠公神道碑〔三〕

孫葆田

公諱榮禄，字仲華，瓜爾佳氏，其先本蘇完部長，有諱費英東者，佐太祖高皇帝締造鴻業，有大勛勞。崇德中，加封直義公。順治初，定爲功臣第一。雍正中，加封號，以宗中承襲，世德流衍。公其苗裔也。

祖莊毅公諱塔斯哈，以幫辦大臣殁於喀什噶爾之役。父勤勇公諱長壽，凉州鎮總兵。咸豐初，與兄天津鎮總兵武壯公諱長瑞同日戰没於廣西。文宗顯皇帝下詔褒恤，稱其忠貞世篤。公

〔二〕以告讀者：此句下，《張元濟古籍書目序跋匯編》有「乙丑仲秋門下士海鹽張元濟謹跋」十四字。

〔三〕本篇載《校經室文集》卷四，又收入《碑傳集補》卷一。

以門蔭起家，觀政工部，顯皇帝識公名，特擢銀庫員外郎。嘗詔至軍機處，詢問祖父死事狀，帝爲動容者久之。而是時執國柄者欲公出門下，公辭不得，幾致傾危。

未幾而天津兵事亟，聖駕狩木蘭，恭忠親王奉旨設巡防處，檄公總其事。和議成，同治改元，醇賢親王調公充神機營翼長。是時公已薦擢京堂。三年，率健鋭營追奉天馬賊至鐵門關，叙勞，加副都統銜。七年，與平捻匪張總愚於畿輔，賞加頭品頂戴，擢左翼總兵，授内務府大臣。十三年冬，穆宗毅皇帝升遐，公以内務府大臣，與御前大臣、軍機大臣同被顧命。公奉兩宫懿旨，迎今上於醇邸，入承大統。公獨籲請嗣皇帝生有聖子，即承繼大行皇帝爲嗣。於時兩宫爲之感痛，允如所請。

光緒四年，由步軍統領拜工部尚書，且駸駸大用矣，而公遽引疾求退，杜門却掃，折節讀書。著有《世篤忠貞録》諸書。屏居十餘年，再起爲都統，簡任西安將軍。以旗民駐防西土者，生計甚艱，乃於名糧外月給孤寡錢千，其少壯者令練習洋槍，以壯軍威。

二十年，皇太后萬壽，公入都祝嘏。適東瀛戰事起，即留授步軍統領，會辦軍務。明年，和議成後，授總理各國事務大臣。公因疏請變通舊制，改習槍炮，又請設武備學堂。二十二年，以兵部尚書協辦大學士，奉命察閲廬臺武毅軍小站新建陸軍。二十三年，會同刑部審辦大凌河馬廠案，都人士咸稱其公允。

二十四年戊戌夏四月，授直隸總督，兼北洋大臣，節制各軍。會有欲得公兵權者，小人謀亂國政。是年秋八月，皇太后再臨朝聽政，公遂奉命入爲軍機大臣，贊助綸扉。天子以聖躬不豫，軍國事一倚公爲襄理。旋晋文淵閣大學士，管理兵部事務。始公先後與文文忠、寶文靖、左文襄、李文正諸公游，各以忠誠相砥礪，至是諸公皆徂謝，獨合肥李公與公爲國家柱石臣。而李公歷任疆圻，公在政府，不立崖岸，於中外利弊，獨洞見本原，力持大體，不爲衆説所淆。二十五年冬，朝廷議建儲貳，公因擬詔旨以進，其事秘而世莫得而聞也。或謂公嘗力争不得云。二十六年，拳匪起畿南，公屢請剿亂黨，保護各國使館，而各國聯軍已入畿甸。及鑾輿西幸，公亦集隊南下，至保定，獨有力圖恢復之意。而是時大學士兩廣總督李公已奉旨爲全權大臣，同贊議和，乃亟詔公至西安，默定大計。公乃力陳宗社安危所繫，凡敵人目爲戎首者皆得罪。由是大局危而復安。明年冬，扈從迴鑾，至開封，群意留蹕。是時李文忠以疾薨於京邸。冬十一月，六飛入都，萬姓悦服，中外和睦，公之謨也。

公前掌兵部時，建議仿設學堂以植人才，至是乃建大學堂於京師，而各行省所建設者爲高等學堂。又爲科舉遞減法，以冀群材興起。二十九年，公以疾告薨，繼公爲政者遂率意紛更，而科舉亦廢矣。

公薨於癸卯春三月庚子。是時天子奉皇太后展謁西陵，禮成，閱武於保定。得公遺疏，乃遣員奠醊，賜謚文忠，贈太傅，晋封一等男爵。懿旨有曰「盡心竭力，調和中外」，又曰「獻納周詳，有爲中外所不及知者」，則公之生平蓋勞可想矣。國朝勛臣，得謚文忠者，在康熙朝惟輔政大臣索公，乾隆一等忠勇公傅公；道光以來，林文忠、沈文忠、周文忠三公，則以危身奉上，先後并得美謚；而中興名臣，尤稱三文忠，曰花縣駱公、益陽胡公、鐵嶺文公，所謂肫誠翊贊者，實能同心同德；至公與合肥李公身後易名之典，又俱出特賜，蓋尤爲不愧云。

公初娶薩夫達夫人，繼娶宗室故大學士靈文恭公女，庚子秋歿於河南彰德府。側室劉氏生一子□厚，年□□歲從公西行，返至華陰而歿。公病革，乃命以從子良揆爲嗣，恩旨以四品京堂候補嗣爵。女子二，一適禮親王世子，一爲今醇親王福晋。

王文韶

王文韶傳[一]

章梫

王文韶，浙江仁和人。咸豐二年進士，以主事用，籤掣户部。五年，以海運全完，奏保儘先

[一] 本篇載《一山文存》卷三。

補用。七年，以捐銅局辦理捐輸認真，奏保補缺，後以本部員外郎遇缺即補，先換頂戴。是年，學習期滿，奏留。八年，丁父憂。十年，服滿。十一年三月，補福建司主事。六月，升四川司員外郎。

同治二年，補陝西司郎中。三年二月，京察一等，記名以道府用。又以在工出力，奏保專以道員用。六月，授湖北安襄鄖荆道。七月，户部奏遵保出力司員，加鹽運使銜。時髮捻各匪，始由楚竄豫，會蔣凝學軍道出襄陽，潰散八營，大局震動。文韶籌餉數十萬，收集潰亡，兼籌防堵，境賴以安。逾年，調署漢黄德道，又值捻匪南竄，武漢戒嚴。文韶先事預防，得無患。六年二月，左宗棠督剿回逆，檄辦西征後路糧台。疏薦於朝，有「才長心細，器識閎偉，素爲中外信服」之語。同時湖廣總督李鴻章亦薦文韶「才大心細，爲中外難得之員」。十月，擢湖北按察使。十一月，署布政使。

八年二月，調署湖南布政使，尋即補授。十年十月，署湖南巡撫。十一月，奏陳湘省地方軍務大概情形，略謂：「湖南近日情形，惟援黔、防境兩大端，最爲當務之急。自軍興以來，應募之卒，湘勇居多，厥後遣撤歸鄉，既不安於耕農，又素習於戰鬥，游手徵逐，浸生事端。以故年來會匪充斥，伏莽遍地，宵小竊發，幾於無歲無之。上年湘潭、道州，本年蓋陽、龍陽之事，其尤甚者也。臣於藩司本任内，隨同前撫臣劉崐極力設法補救，通飭所屬地方官，清釐保甲，整飭團練，以冀隱戢亂萌。各屬士紳，又多以久歷戎行，忠義激發，兼以利害切身之故，同心協力，各衛其鄉。半年以來，漸著成效。雖區區小補，不敢謂此後遂可無虞，而第能思患預防，即偶有蠢動，當不致成燎原之勢。從容消弭，事在平時。此地方防務情形，尚可仰紓聖慮。至援黔之師，數年以來，罄全湘之所有以濟軍需，積欠餉銀已有二百餘萬兩。目前各營之餉，每月僅能發二十日。藩糧兩庫，除例支各項外，其可撥濟軍需之款，本自無多。釐金鹽稅，亦止有此數。以出較入，遠不相當。雖屢蒙朝廷垂念，酌撥各省協餉，亦以支應爲難，未能一律照解。是故爲湘省計，則積困之力，幾不能支，惟有自全以弭患；而爲援黔計，則久累之功，自難遽棄，要在竭力以圖成，事有兩妨，勢宜兼顧。本年奉有減援增防諭旨，亟思酌量變通，總以欠餉過多，一時尚難措置。臣雖暫時攝篆，斷不敢翫愒苟安，亦不敢操切僨事。俟會商督臣，通盤籌畫，總期黔事有益而湘力可支。竭盡愚忱，而未遽以自必也。」蓋其時剿捻軍務緊要，黔苗乘隙滋事，桂東郡縣悉遭陷没。湘黔驛道梗塞，凶鋒所指，擾及楚邊，沅、靖、晃三府州廳時被蹂躪。迭經前撫臣李翰章、劉崐籌議，大舉援防，戮力六七年之久，雖迭克桂東城邑，湘邊仍復騷然，軍威迄不能振。自文韶署任以後，乃專任臬司席寶田，統兵進剿。苦戰猛攻，始將貴州之施秉、施洞、台拱、九股河、凱里、麻哈、黄平、雷公山、黄茅、轎頂山各城隘次第收復，湘境得以無驚，黔境驛道亦漸疏暢。時桂東苗亂尚未平定也，文韶益極力籌餉，屢促諸軍破賊。於是丹江、南猛、報德諸寨，先後削平，悍苗俘斬幾半。

十一年，軍務方甚得手，席寶田患病，不能督戰。文韶以臨敵易將，非兵家所宜，遂令席寶田所部各將蘇元春、龔繼昌、唐本友、謝蘭階、戈鑑分領其衆，仍以席寶田調護之。將帥和衷，軍心益固。苗疆有烏鴉坡者，岡巒綿亘二十里，最爲險要。逆苗張秀眉知勢已衰，糾其党楊大六等麕集其處，連砦數十，全黔叛苗盡萃其中。文韶遥策群苗鋌走絶地，勢將窮蹙，飛檄諸將奮力會戰。群酋見長圍已合，率黨死戰。我軍頗有傷亡，而士氣彌厲，襲破其卡，燒苗棚以千計，苗亦自焚其棚，退踞牙塘。尋奪其險，苗釋械乞撫六萬餘人。又破張秀眉、楊大六所踞各砦，殘苗聚保烏堡冷水溝，計將北走。黔軍遏之，湘軍馳至，截賊爲兩陣，斬數千人，降萬人，并殲首要九大白，揭首於竿。苗匪乞降者二萬餘人。鏖戰十七日，烏鴉坡二十里苗砦悉平。搜斬嚴大五於雷公坪，擒江老拉，詢知首逆張秀眉猶伏烏東山，復往搜之，與楊大六均各就擒，并獲全大五於白水洞，檻送長沙誅之。其他苗教各酋，或俘或斬，無一脱者。黔境肅清，湘境四脚牛寨苗蠢動，亦經芟定。飛章奏報，并陳苗疆善後事宜。奉旨嘉納，留勇三十餘營，駐扎黔湘接壤，以資震懾。至今桂東迄無苗患，而湘之沅、靖、晃三府州廳與黔犬牙相錯之區，居者得安耕鑿；西路各縣，無齎送之勞，實賴文韶決策援黔之功。貴州巡撫曾璧光疏報全黔勘定，極稱文韶派師援剿，尤能殫心竭慮，不遺餘力。

十一年五月，補授湖南巡撫。是年，以前巡撫駱秉章、張亮基、潘鐸功德在民，奏請在省城建立三臣合祠。又奏請大閱，奉旨即著王文韶逐一查閱。十二年，奏遵照部議，酌定收標世職應支全俸半俸額數，自本起以四百人暫爲定額。照章給發，報部核銷。應於撙節餉項之中，寓體恤忠裔之意。又奏遵查殉難故員，毋庸予謚，并議與謚不宜太濫，以重名器。又奏請變通外官迴避章程，祖孫父子一條，不論官階大小，概令其子孫迴避祖父，以重倫紀。均從之。十三年，奏湘漕試辦采買，請留漕項銀兩，以資轉運。下部議行。

光緒元年七月，寶慶府新化縣屬匪徒滋事，文韶檄總兵謝晋鈞會同地方官前往剿辦。匪首李澍暨鄒序仁等先後擒獲，訊明正法，解散脅從。其衡、永等屬匪首李炳榮等亦剿斬。地方一律安謐。二年，奏請開復前湖南巡撫劉崐降一級處分，略謂：「該前撫在湘五年，正當撫鄰防境諸務棘手之時，即如援黔之役，告成於同治十一年三月，該前撫去任不及半年。臣任事未久，非急切所能就理。諸凡規畫，皆該前撫歷年心力積累而成。」又奏保記名提督龔繼昌、王永章、韓殿甲遇缺，題奏總兵廖長明、陳海鵬五員，堪勝專閫之任。三年十月，命來京陛見。文韶自署布政使到湘，至是凡九年，軍事旁午，内治亦復縝密，如增廣貢院號舍以庇多士，籌加書院膏奬以勵寒畯，親選各校高才以課實學，創設候審所、恤無告堂、棲流所，以矜罪犯、字窮民、銷盜萌，湘人至今頌之。

四年二月，署理兵部侍郎，在軍機大臣上學習行走。時各省灾荒，天久旱，兩宫御素膳，宫中日夜祈禱。上明諭引咎自責，并飭大小臣工恐懼修省。翰林院侍講張佩綸、編修何金壽先後上疏指陳闕失，請訓責樞臣。兩宫以咎在宫廷，不欲歸過於下。文韶乃隨恭親王等以奉職無狀，罪有應得，力請懲處。奉旨交該衙門嚴議。尋議革職，加恩改爲革職留任。四月，補禮部左侍郎，乞假兩月，迎母就養。七月，命在總理各國事務衙門行走。十月，賞紫禁城騎馬。五年正月，命在軍機大臣上行走，旋以京察開復革職留任處分。是月，調補户部左侍郎，兼管三庫事務，仍兼署兵部左侍郎。

六年正月，總理各國事務衙門奏詳議籌邊之策，分邊防、籌餉、儲才三大端，列爲八條，曰西路邊防，曰北路邊防，曰東路邊防，曰北洋海防，曰南洋海防，曰綜核餉需，曰節流籌餉，曰廣儲人才。户部奏籌備餉需事宜十條，曰嚴催各省墾荒，曰捐收兩淮票本，曰通核關税銀兩，曰整頓各項釐金，曰嚴查州縣交代，曰嚴核各項奏銷，曰專提減成養廉銀兩，曰催提減平銀兩，曰停止不急工程，曰核實顔緞兩庫折價，皆文韶籌議定稿，次第奉旨施行。七月，以辦事遲延交該衙門議處，部議以降二級留任。公罪，奉旨准其抵銷。

七年三月，孝貞顯皇后升遐，賞穿孝百日。八年正月，署理户部尚書。六月，仍以户部左侍郎兼署禮部右侍郎。八月，兼署吏部右侍郎。九月，彗星復見，御史洪良品上疏言樞臣舞弊，請旨罷斥，以弭天變，略謂：「雲南報銷，户部索賄十三萬，嗣以八萬了事。景廉、王文韶均受巨萬。」奉旨：「覽奏，殊深詫異，事爲朝廷體制重臣名節所關，諒洪良品不敢以無據之詞率行入奏。著派惇親王、翁同龢飭傳該御史詳加詢問，務得確實憑據，即行覆奏。」惇親王等奏：「據該御史稱，此等詭秘之事，豈有令御史聞知之理？士大夫商賈萬口一詞，不能指定何人。」得旨，仍著麟書、潘祖蔭將此案澈底根究，務期水落石出，以成信讞。給事中鄧承修奏，略謂：「樞臣被劾無據，事實有因。被參之王文韶未解樞柄，應請先行罷斥，使朋比者失其護符，訊辦者無所顧忌。」尋麟書等奏「查明大員接授外官私信，請飭呈録，并將疏縱案犯之司員，請旨先行交部議處。仍令沿途嚴催要證，訊即赴案。奉上諭，麟書、潘祖蔭奏雲南報銷一案，現經訊據户部書吏張瀛供稱，潘英章來京找伊辦理報銷，并許給銀兩，伊等各得受筆墨費多寡不等。崔尊彝、潘英章來京辦理報銷，是否庫款，抑係軍餉盈餘，請飭查明」等語，著劉長佑、岑毓英、杜瑞聯將以上各節，迅速據實覆奏，不得稍涉諱飾。十月，文韶奏請開缺養親，奉諭：「王文韶之母雖年逾八旬，精神尚健，且迎養在京，亦可就近侍奉，無庸開缺。」旋又奏請開缺養親，奉諭：「覽其所奏各情，本應俯如所請，惟見在軍機處暨總理各國事務衙門，辦事需人，王文韶尚稱熟悉。著仍遵前旨，於假滿後，照常入直，毋得再行續請。」十一月，復請開缺養親，允之。九年六月，以失察户部司員書吏收受雲南報銷案内津貼銀兩，并濫保劣員，交部議處，降二級調用，不准抵銷。旋丁母憂。

十四年，服滿。二月，在籍授湖南巡撫，湘人驩呼，謂「將重來福我也」。七月抵任，即整理文武鄉試諸務。十五年六月，擢雲貴總督。八月，以恭逢崇上皇太后徽號恩詔，遵保獲咎人員已革前廣東布政使姚覲元，降調前浙江按察使陳寶箴，已革前山西按察使陳湜，降調前湖南候補知府徐淦，先後奉旨擢用。十月，奏交卸湖南巡撫印篆，并片陳南洲水患，略謂：「洞庭湖爲湖南北兩省水利之樞紐，自荆江南岸藕池潰口，江水横決，挾泥沙而南，淤積西湖一帶，漸以成洲，現合龍陽、華容、安鄉三縣轄境計之，廣袤幾二百里，名曰南洲。貧窮私墾，豪强争占，五方雜處，訟獄日滋。此皆近年情形，臣初次撫湘時，尚不至此。然此猶患之顯著者，惟洲地愈積愈寬，則湖面愈占愈狹，容水之區日逼，必致横溢四出。湖北則荆江大堤受其害，湖南則濱湖州縣被其灾，蓋湖中之水既漸變而爲田，則湖外之田將胥變而爲水，此必然之勢也。臣上年到任後，察悉情形，以爲湖南之大患，無有過於此者。明知已成之洲，萬不能再事剗除，俾復全湖之舊。然救弊補偏，亦正岌岌不可終日。滿擬今年秋後水落，遴選講求水利、實心任事之員，周歷重湖，詳加查勘，或培堤以禦汛漲，或開支渠以導衆流，或將荒州裁灣取直以引溜而刷沙，總期於辰、沅、資、澧諸江水入湖之口，不致壅遏不通，激成泛濫之勢。并申明定例，嚴禁私築堤垸，私墾官荒。凡有淤洲，苟無礙於水，亦衹官爲招佃，不准民間指請升科。即有昔爲湖業、今成陸地之處，亦祇准豁除漁課，不得藉水占地。仍於南洲地方，添設水師一營，常川駐扎巡防，無令寇盜因以爲資，致蹈宋楊么、明陳友諒故轍。此皆臣私憂，竊計而亟思設法補救者。惜匆匆受代，未及見諸施行。惟念臣兩任湘撫，湘人安臣之教令，有過尋常。臣既無德於湘人，而并此地方利害所關亦未及早措置，冀弭巨患於方來，此尤夙夜疚心而不能自已者也。擬將詳情告知新任撫臣，隨時奏辦，謹以附陳。」

十六年正月，抵雲貴任，疏陳地方情形，略謂：「滇省地處極邊，實爲西南一大都會。咸豐丙辰以後，漢回構釁，亂民乘勢蜂起，通省蹂躪殆遍。兵連禍結，二十餘年。仰仗天威，疆臣效命，用能殲除群寇，次第蕩平。論勘定之功，前督臣岑毓英，實居其首。迨軍務漸定，地方政事諸待修舉，則劉長佑之老成坐鎮，其功自不可沒。而現任撫臣譚鈞培，懃懇堅凝，實事求是，二三年來，改觀尤速。臣未入境以前，采聽風聞，默揣時局，謂地方肅清未久，一切政務，恐未能以承平行省相繩。及至身入局中，綜觀大略，舉凡兵事吏事，防務鹽務，具有範圍，有非臣始願所及者。惟迤西界連緬甸，迤南(攘)[壤]接越南，大局變遷，勢成逼處，交涉之事，日益糾紛，地方文武，尚未能諳悉詳情，少見多怪，深恐措置失宜。此固圉弭釁之方，所亟宜講求者也。滇民生計，向來視銅廠爲盛衰。軍興以後，銅政廢弛，民生日困。現經撫臣唐炯督辦礦務，創設公司，招集商股，整理舊廠，開闢新場。上年冬間，雲南之巧家、貴州之威寧兩廠已報成堂。成堂者，廠中諺語，謂礦務已成局面也。聞成堂之礦，足以供數十百年采取，可以用之不竭。此後起運京銅，必可較前順手，裨國計而益民生，此事自關運會。臣忝任地方，遇有應行會商之處，亦不敢以督辦有人，稍涉推諉。此雲南之大概情形也。黔省素稱瘠壤，物産不豐，省城以西曰上游，省城以東曰下游。臣自湘入黔，先經下游各屬，竊見城市蕭條，閭閻困苦，兵火餘燼，如在目前。驅車所至，惻然傷之。及抵上游，則城鄉氣象，漸入佳境，雞犬桑麻，自安耕鑿，較之下游，迥不相同。惟通省地方州縣，大半以賠累爲苦，以竭蹶補苴之況，任刑名錢穀之煩，遇事因循，在所不免。過省時，撫臣潘霨與臣議論及之，謂數年來著意整頓者，亦即在此。蓋官民交困，爲黔省第一通病也。潘霨創辦鐵礦一事，意在因自然之利，開不竭之源。購置機器，水陸運載，建局設廠，大費經營。議者或以時絀舉赢、力小任重爲嫌，而臣竊服其任事之勇。現在工程將竣，三四月間，即可開鑪鑄鐵。但期礦産豐旺，銷路暢行，姑無論公中之利益何如，而自開采以及傭工轉運，窮民之食力於此者，殆不可以數計。下游一帶，必有起色。此貴州之大概情形也。總之滇黔兩省，被兵已久，受害過深，民間彫敝情形，非一時所能驟復。臣意主休養生息，實冀爲邊徼遺黎，重謀生聚，非敢好持迂論，以鎮静掩其衰庸也。」時法越之事初定，越南游勇侵擾内地。沿邊夷匪、土司，與附近省會之教匪勾結營弁，一時并起，連陷富民、禄勸兩城，衆心驚惶。文韶剿撫兼施，獲斬叛將，旬日而定。四月，雲南鎮康州土族刀老五勾結外匪，殺斃土知州刀閟錦圖，盤踞土城。文韶飭永昌府知府鄒馨蘭，督同官紳，調集團勇，馳往剿辦，擒獲賊首，陣斬匪黨多名，土城克復。五月，猛喇游匪滋擾，竄至金子河那窩寨，踞險抗拒。即檄總兵何秀林督師進攻，克復那窩寨，乘勢擊破金子河賊巢，民賴以安。十七年六月，貴州獨山州屬峰洞墨寨等處匪首陸老鑽、莫金保等聚衆行劫，分遣夥黨，混入州城，約期内應，拿獲訊明正法。復陣斬陸老鑽，生擒匪黨吴隴幅等，地方得以無事。

十八年，雲南鎮邊地方新附猓夷聚衆滋事，拒捕戕官。檄飭署迤南道劉春霖督同文武員弁，分路進兵，將東生富角閑官等佛房及東生等各家口營逆巢次第攻克。生擒夷酋漢奸悍賊多名，殲斃無算，招降二千餘衆，拔出被脅難民五百餘家。戕官首惡，均經擒獲正法，邊境遂安。二十年正月，恭遇孝欽顯皇后六旬萬壽慶典，賞戴花翎，并交部優叙。七月，里山里夷頭目丁洪潰等勾結匪徒，妖言惑衆，附近夷寨多被脅從。文韶調軍剿捕，夷目就誅，掃蕩匪巢，一律平靖。

先是，雲南防務自英法兼并緬越後，西南兩面慎密爲難。文韶撫恤諸路土司，令自爲守。英法勘界議起，與出使英法日比四國大臣薛福成往復咨商，援據輿圖，索還界地，弭患尤在無形。

是年，日本與朝鮮有事，我軍援朝鮮者陸軍屢却，海軍繼潰，沿海各省戒嚴，而天津爲京畿門户，尤關重要。九月，特召來京陛見。十二月，派充幫辦北洋事務大臣。二十一年正月，署理直隸總督、北洋大臣。文韶料簡軍儲，嚴定賞罰，督飭各營將士，講求戰守機宜，巨細兼籌，昕夕罔懈。洎和議既定，舉辦善後事宜，而遣散各軍尤爲繁重。時山海關内外防軍共四五百營，酌留湘、淮、豫軍各三十營。督飭營務處，分别水陸兩途，悉數遣撤。拊循周至，軍無怨言。七月，調補直隸總督，北洋大臣。

二十二年正月，疏陳統籌北洋海防，略謂：「北洋海防，以天津爲諸軍根本之地，以大沽、北塘爲内户，金旅、威海爲外户，而山海關、營口等處，分扼水陸要衝，相爲犄角，環海三千餘里，在在均關緊要。上年和議甫定，遼南未歸，大局未能遽定。現當金旅接收，調募各軍，陸續遣撤移防，諸有頭緒亟宜及時整頓布置，以重防務。查北洋沿海防軍，前由督辦軍務處奏准，除原有守口各軍外，議留湘、淮、豫三軍共九十營，分地屯守。現聶士成所統淮軍三十營，分紮蘆灣一帶；吴宏洛等分紮北塘、大沽一帶；新城盛軍舊壘，則有袁世凱新建一軍填紮；湘軍陳湜所統馬步二十營，與淮軍賈起勝等軍分紮山海關一帶；宋慶所統毅軍三十營，自金旅接收後，分部移屯。兵力尚單，布置粗爲慎密，但使操防認真，一兵有一兵之用，緩急庶爲可恃。天津機器製造各局，爲軍火所自出。機器局鑄鋼一廠，現擬試造快炮，大沽船塢亦擬造單管快炮，製造局擬添新式擡槍。此外器械之應添購修理者，均經臣督飭各局，隨時籌辦。此則簡勵戎行，蒐討軍實，最爲目前切要之圖也。旅順各局廠臺庫規模，以船塢爲最鉅，而各炮臺次之。該船塢專爲修理鐵船而設，現塢局廠庫各房屋毁損尚不甚多，惟各廠機器合計僅存十之一二，非購配安設，不能工作。應照原定章程，大加收束，量設工役，派員經理，以使南北洋各兵船在此操巡，得以隨時赴旅修整。其原設之械局、醫院及濬澳船隻指泊員役等項，勢所必需，亦應酌量舉辦，俾無廢事。至旅順大連灣本北洋外户，威海現駐倭兵，南北對峙形勢，最關重要，設防未可稍疏。今查旅順東西兩岸炮臺十一座，大連灣炮臺六座，各臺身被毁甚多，其藥庫、兵房，均遭拆毁，各臺原設大小鋼炮七十餘尊，全數毁失，估修約需銀二十萬兩，爲數無多。惟添置各項炮位，總非銀二百萬兩不辦。款項過鉅，擬先擇要興修。變通舊式，分年籌辦。以各臺之形勢，定炮位之大小多寡，至省亦在百萬以外。前經臣奏准，將漠河金廠報效銀十萬兩，存備旅順善後之用，不敷尚鉅，仍不能不仰給於部撥。現任東海關道李興鋭於北洋防務素所究心，擬即派委兼辦旅順、大連灣善後事宜，飭令渡海將旅大局廠臺庫應修應緩各節，詳細覆勘，擬具章程，約估用款，即行專案奏辦。此則旅順大連灣等處，塢工宜緩，修防宜亟，所應分别辦理者也。至海防之利鈍，總視水師之强弱。水師任戰，陸軍任守，奇正互用，應變不窮。各國海軍，每一枝必鐵艦一二三艘，快船六七艘，雷艇十餘艘，佐以練、運、探報、各船，力大勢盛，始可角逐爭鋒。北洋經營二十餘年，甫獲成軍，經此挫失，現僅康濟一練船，飛霆、飛鷹兩獵艇，新增建靖練船，修改尚未告成。欲復前規，一鐵艦需款二三百萬，一快船需款百餘萬，加以各項船艇，粗具規模，亦非二三千萬不可。取諸庫帑，則羅掘已窮；多借洋款，則負累愈重。且練兵簡器，取精用宏，事同草創，非一時所能遽就。計惟有整理水師、武備各學堂，簡選訓習，以儲將才；嚴飭各練船認真操巡，以嫻兵備，俟財力稍裕，漸次擴充，此則北洋海軍雖宜亟辦，而限於物力，所應爲之以漸者也。」疏入，下所司知之。

六月，坐代奏布政使王廉請托事降三級調用，加恩改爲降三級留任。十一月，疏陳籌修旅順、大連灣炮臺，略謂：「旅順爲北洋外户，左顧遼瀋，右衛津沽。大連灣扼其吭，金州撫其背。大連灣之防不固，則旅順不能守；金州之防不固，則大連灣不能守；旅順、金州不守，則北洋全局震動。往歲之役，其前車也。旅順原有炮臺，密於防前而疏於防後。敵從大連灣入，旅順遂成孤注。大連灣原有炮臺，亦專顧防海，而未及防陸。故敵從金州登岸，大連灣遂不能支。前督臣李鴻章經營布置，垂二十年，徒以經費支絀，擇要先修，未能處處嚴密，一旦挫衄，盡棄前功。至今日而重整海防，不修復各炮臺，則不能固北洋之防。僅修復舊有炮臺，而不彌其罅隙，則復蹈從前覆轍，仍不足以固北洋之防。本年正月間，臣於統籌北洋海防摺内，略陳大概。嗣有德國克虜伯炮廠委員克馳馬、格魯森，炮廠總辦年彌，持出使大臣許景澄信函先後來津，願往各海口察看形勢。經臣商令前往旅順等處，詳細查勘，各陳所見，詳略雖異，而主於水陸兼顧之義則同。年彌并繪具圖説於舊有各炮臺，分别去留，酌定修改。又於從前布置未密之處，添建陸路炮臺，以防後路。計旅順海口東西兩岸，擬修炮臺十八座；東北、西北、西南三面，添修炮臺二十座。四圍環繞，聯絡一氣，無論水陸，皆可守禦。大連灣、金州之交，擬修炮臺十三座，其黄山、和尚島、徐家山等處炮臺九座，專禦水師；上下南關嶺等處，炮臺四座，兼防陸路。其防海而擊敵船也，則由二十八生、二十四生等項快裝大炮；其防陸路及護濠牆也，則用十二生、十生半暨五十七密里各項快放小炮。均各量敵遠近，因地制宜。合計旅、大兩處各臺，共需安設大小炮位二百三四十尊。連電光鐙、鋼甲炮架等項，共約估需價銀三百五十萬兩上下。此乃因鉅款難籌，極力從省計算。如財力稍充，尚須添建大鐵甲旋轉炮臺，及鐵甲望臺數處，方可益臻鞏固。現聞總理各國事務衙門，先後定購穹甲、魚雷等船，一二年内即可陸續來華。船、臺相輔而行，水師既已逐漸經營，炮臺亦應及早布置。惟是建造炮臺要義，不外擊敵與防敵擊兩端。擊敵則期命中及遠，防敵擊則宜堅築深藏，擇地而施，非深明測算之學者，不能得其窾竅。旅、大各臺，雖經年斕等擇定基址，查明大概情形，其地勢之高下廣狹，地質之土石鬆堅，以及炮臺如何建置，仍須逐細測量，始能興工。建臺購炮，須同時并籌。建臺須費約數十萬金，俟定議後，核估請撥。其購炮一項，業經年斕等一再考核，無可再省，擬請飭部於籌備購船經費之外，先行酌撥銀三百萬兩，由臣與各炮廠核實訂購，務節虚縻而歸實用。」下部妥議。

二十三年正月，京察開復降三級留任處分。直隸防務交涉，胥關重要，一切新政，尤爲全國命脉所繫。文韶繼前總督李鴻章之後，凡李鴻章舉辦未成之事，皆次第成之。如奏勘吉林三姓金礦，謂妥議開辦章程，即爲實邊、裕餉、通商之計；奏開磁州煤礦，謂該處爲蘆漢鐵路必經之地，鐵路告成，即資其煤以爲用，而其地煤鐵各礦，亦可逐漸擴充；又奏墾天津新農鎮一帶營田五萬餘畝，以興民利；減免望都縣糧賦、玉田縣差徭，以恤民艱；挖永定河淤塞，治潮白河故道，築温榆河各壩，并設水利總局，以除患興利；免南商米税，以濟民食；鑄北洋銀圓，以維圜法。皆奉旨施行。京漢鐵路爲南北第一幹綫，運兵濟餉，關係民生國計甚巨。時議紛紜，遷延日久，特派文韶議辦。會商湖廣總督張之洞，往反討論，決定借款興築，遂以成功。又奏設北洋大學，鐵路學堂，育才館，俄文館，西學、水師各學堂，上海南洋公學，以造就各種應用之才。

二十四年五月，再奉命在軍機大臣上行走，兼總理各國事務衙門行走，補授户部尚書。時上鋭意變法，改制藝，罷武科。朝臣有新舊枘鑿不相入之勢，文韶無所軒輊其間。八月，皇太后訓政，面諭軍機大臣，謂「皇上今病如此，諸臣漠不之知」。文韶無所言，隨同叩頭請罪而已。九月，賞西苑門内乘坐肩輿。二十五年十一月，七十生日，賞御書匾額、對聯、珍玩、文綺。旋以户部尚書協辦大學士。十二月，充經筵講官。二十六年二月，恭遇德宗景皇帝三旬萬壽慶典，以年逾七旬，賞加太子少保銜。五月，充國史館副總裁。

是年夏，拳匪肇釁，首禍諸臣惑於邪説，文韶力持正論，再三上陳，深中其忌。七月，事急，聞尚書徐用儀、立山將罹於禍，亟擬申救已不及。事後始知首禍者并欲陷文韶，幸上聖明。置不問。時内外交訌，軍機入直僅文韶一人，而宮禁森嚴，聲息隔絶。猝聞兩宮西狩，遂携軍機印鑰，徒步追隨，崎嶇三日，抵懷來縣。兩宮駐蹕，聞文韶至，立命入對，相持而泣，諭曰：「此後國家，惟汝是賴。」隨扈由晉入秦，召對日凡數起，事無鉅細，罔不疇咨。凡東南保守之約，聯軍議和之款，皆參贊宸謨，密承乾斷，統籌全局，轉危爲安。十月，授體仁閣大學士，管理户部事務。二十七年五月，充國史館正總裁。六月，改各國事務衙門爲外務部，授外務部會辦大臣。八月，以迴鑾在即，賞穿黄馬褂，旋賞用紫韁。九月，命署理全權大臣，先行回京會辦東三省中俄條約及合約未盡事宜。十月，以大局漸定，回京有期，文韶協力同心，不避艱險，賞戴雙眼花翎。十二月，命稽察欽奉上諭事件處。又派督辦路礦總局，轉文淵閣大學士。

二十九年二月，署翰林院掌院學士。五月，晉武英殿大學士。閏五月，加恩免帶領引見。九月，開去外務部會辦大臣，管理户部事務，充文淵閣領閣事。三十一年五月，有旨：「王文韶當差多年，勤勞卓著，現在年逾七旬，每日召對，起跪未免艱難，自應量予體恤。著開去軍機大臣差使，以節勞勩。」三十二年二月，京察，命交部議叙。三月，因病奏請開缺，奉旨：「賞假兩月，安心調理，無庸開缺。」如是五請，皆蒙賞假。至三十三年五月，復陳請開缺，奉上諭：「大學士王文韶久贊綸扉，朝廷深資倚任。前因患病，迭次陳請開缺，未經允准。茲復瀝陳病狀，懇准開缺回籍。情詞迫切，不得不勉如所請。王文韶著准其開缺回籍調理，并加恩賞給馳驛。」

文韶歷中外，撫湖南者先後七年，督雲貴者五年，督直隸者四年，直軍機者先後十五年，持大體，達情事。籌餉治軍，處置適當；察吏撫民，洞悉其隱。用人不拘一格，凡所薦剡，多有聲績。名臣忠義，婦女節烈，多所表彰。其寵眷爲同直樞臣所無，賞賚稠厚，至不勝紀。三十一年，退出軍機之後，二月，停罷科舉之詔下，知文韶在直之持異議也。然歲時頒賞，仍與在直時同，其爲兩宫優眷蓋如此。

三十四年正月，以鄉舉重逢，賞加太子太保銜。十二月卒。奉上諭：「致仕大學士王文韶，器識深穩，才具優長，由部屬簡授外任，受先朝特達之知。洊擢兼圻，勤勞夙著。由直隸總督宣召來京，參預機務，晉贊綸扉。服官五十餘年，精敏勤慎，克稱厥職。上年因病奏請開缺，陳懇肫切，准其致仕，馳驛回里。本年因鄉舉重逢，賞給太子太保銜。方冀長承恩眷，克享遐齡，兹聞溘逝，悼惜良深。著加恩追贈太保，照大學士例賜恤。任内一切處分，悉予開復；應得恤典，該衙門查例具奏。伊子農工商部郎中王慶甲，著以道員用；伊孫江蘇補用道王鈺孫，著交軍機處存記，用示篤念耆臣至意。」尋賜祭葬，予謚文勤。宣統三年二月，湖南巡撫以文韶功德在民，奏請於湖南省城建立專祠，春秋官爲致祭。從之。有《宣南奏議》《湘撫奏議》《滇督奏議》《直督奏議》各若干卷。

張之洞

體仁閣大學士贈太保張文襄公墓志銘〔一〕

陳寶琛

景廟西狩回蹕之六年，庶政整新，顧朝臣無足與圖深規遠者，乃詔召體仁閣大學士、湖廣總督南皮張公入贊樞機，兼筦學部，尋充經筵講官。逾年，上疾大漸，孝欽皇太后仍棄群臣，醇親王監國攝政。公以顧命重臣，鎮綏内外。海内望新治，而公積憂勞成疾，十閲月，遽薨於位，朝野震（騫）〔驚〕，如傾梁棟。蓋公抱體國之忠、救時之略，膺疆寄垂三十年。英流碩彦，群冀公持鈞軸、奠區夏者，殆十年、二十年，而需迫歸遲，重奪之速，天之不吊何如也！

公諱之洞，字孝達，一字香濤。舉咸豐壬子順天鄉試第一。同治癸亥廷對，用直言時政，擢一甲三名進士，授編修。歷官國子監司業、詹事府左中允、司經局洗馬，翰林院侍講、侍讀，詹事府右庶子、左庶子，翰林院侍講學士，擢内閣學士，出爲山西巡撫，擢兩廣總督，移湖廣，再權兩江。平日論學言政，以法聖崇王爲體，以進夷予霸、致國富强爲用。官翰詹時，使俄大臣崇厚定

〔一〕本篇收入《碑傳集補》卷二。

俄約不詳，失伊犁地數百里，疏爭數十，卒改前約，還伊犁。他所指陳，皆關至計。山西舊有土鐵出洋之禁，民間歲輸官鐵、潞綢，又苦充驛。公至，一蠲除之。經略邊外七廳蒙地，爲興屯練兵計。繼者踵其法，事遂辦。法越之役，朝議和戰不決，法乘隙擾臺灣及閩。公至粤，則建攻越救臺之議，大舉洋債，以强半助滇、桂、越、臺諸軍，而特遣馮子材、王孝祺兩軍援桂，遂克諒山，法以就款。初，鐵路議興，言者或疑其非便，李文忠公小試之於京津，公謂宜大興盧漢，以經南北之脊，則粤漢、川漢、寧滬、蘇杭次第可舉。在粤奏上之，於是朝廷移公督楚。公之督粤也，注邊海之防。越事定後，汲汲奏移廣西提督駐龍州，建欽、廉、鎮南關炮臺，設守瓊州，經營榆林港；於粤、閩廠造兵船十數，設水陸師學堂以練將；清關税、鹽課，鑄銀幣，榷烟膏以裕餉，嚴治盗以清奸。及移楚，則一以路政、工業爲務。大冶産鐵，江西萍鄉産煤，公設鍊鐵廠漢陽，既奏開之資路用，兼造炮械。以荆壤宜桑、棉、麻枲而饒皮革也，因設織布、紡紗、繅絲、製麻、製革諸局，佐之以堤工，通之以幣政，用盡地利，抵洋貨。而中東事起，上下議變法、新學科武備。始公典試，提學浙江、湖北、四川，迄任疆帥，所至創立書院，以通經學古，提倡士風，謂求才必由學。於鄂於蜀，有經心、尊經，於晋有令德堂，於粤有廣雅。比督楚，復創兩湖書院。其權江督也，巡閲江防炮臺，察南北營政，於陳臺窳炮、驕將、惰兵悉與更易，募德弁練江南自强軍。至是乃首采東西規制，廣立文、武、農、工、商、鐵路、方言、軍醫諸學堂。遣游學，設將校講習所，籌款造船。又以邪説誣民，著《勸學篇》闢之，雖叢忌毀，不顧也。洎夫拳亂召戎，大局危岌，而公計益紆、忠益明，心乃益苦矣。於時中外沸騰，公疊請剿匪護使館，不報，則急電各國外部及來華水師將領暨各領事，立約保護東南。測聯軍必入京，督撫中有聯名阻乘輿西幸者，公聞大驚，急電撤銜，疏論之。俄乘拳亂占東三省，脅將軍增祺定新約，關東權利盡失。聯軍和約成，迫全權畫押有日矣，公力争得寢。既日俄争東權構兵，或邀公出勸止拒之。兩國定約兵解，東三省以全。其振大綱、斷大計類此。

公爲政經畫恢宏，而綜理微密，千條萬端，一心默識。用財繁浩，大率取之中飽私規，不竭民膏，不侵庫款。其對外，如拒赫德之議設沿海巡航、加農賦、免税釐，英提督貝思福之代練華兵，美員精琦之圖攬幣政，聯軍各國之請濬吴淞口，日、德商船之逾越漢口馬頭，收回美比合興公司之承辦粵漢鐵路，皆據理抗争，務以保全國權爲主。抗懷千載，所在祠其名賢、先哲，若晉杜成侯、陶桓公，唐裴、李，宋韓、范、司馬，無日不流連心口間。爲學兼師漢宋，去短取長，惡説經襲《公羊》，謂爲權詭亂俗。文字模六朝。癸卯入覲，怵然於中學式微，道法將墜，手訂學堂章程，於經、文兩科尤注意焉。比還朝，益亟亟於普建存古學堂、圖書館。嗚呼！公之忠規密謨，關係斯文之興壞，匪獨天下安危而已。

薨於宣統元年八月丁酉，春秋七十有二。公以諒山之捷，賞戴花翎；論保全東南疆土功，賞加太子太保；今上御極，晉太子太保，賜紫韁。遺疏聞，贈太保，謚文襄。曾祖諱怡熊，浙江山陰知縣；祖諱廷琛，福建古田知縣；考諱鍈，署貴州貴東道，贈太僕寺卿。皆追贈如公官。曾祖妣氏傅，祖妣氏王、氏蘇，妣氏劉、氏蔣、氏朱，皆一品太夫人。配石夫人，繼配唐夫人、王夫人，前公卒。子六：權，戊戌進士，禮部郎中，賞四品京堂；頲，附生，前卒；仁侃，郵傳部員外郎，賞郎中；仁浹，一品廕生；仁實，主事；仁蠡。女三，長適卞緒昌。孫五：厚琨早卒；厚璟，拔貢，賞主事；厚琬、厚瑊、厚瑜。孫女二。曾孫三：遵驥、遵騄、遵騏。

初，寶琛與公接滕京師，謬引同志。里居，一訪公廣州，前後契闊幾三十年。前歲入都，見公道孤志厲，氣鬱慮煎，私用愾嘆，孰圖會遭而訣遽哉！公子權等將以宣統二年十二月乙酉，葬公縣西南原新阡，乞文納壙。思公誰嗣，乃最其政迹、志事如右，而系以銘。銘曰：

宋庸樂喜，鄰國寢兵。陶桓淹廣，晉業不宏。相才俾鎮，如棟作楹。老毗匪晚，願大甯盈。昔居禁中，槃槃公望。卅載封圻，忠勤無上。忠實勤止，遇特艱哉！淺迂公詫，險忮公猜。帝曰相予，及公未耄。公髮已皤，公精未耗。國有大恤，賴公而綏。移山逐日，朞月曷爲？公存鬱紆，公没誰繼？獨其宏心，天蟠地際。埋辭幽宮，永貞百世。

張之洞別傳〔一〕

陳衍

張之洞，字孝達，一字香濤，直隸南皮人，晚自號抱冰。督兩廣時，創廣雅書院、廣雅書局，故又稱廣雅。父官貴州觀察使，生之洞，軀幹短小，不類北人。廣顙偉鼻，目三棱有光，修髯及腹，行坐揖讓，儀觀秩然。未冠，舉順天壬子鄉試第一。癸亥，始成進士。時粤匪方熾，詔廷對勿拘舊格式。之洞縱陳時事，然終以第三人及第。旋督學湖北，取士提倡樸學，才華次之。建經心書院，選高才生肄業，校士録出，天下傳誦。丁卯、庚午，典浙江、四川試，皆徧搜經策遺卷，名下士無一失者。遂督川學，著《輶軒語》《書目答問》教士。道、咸以來，士溺於陳腐時藝，愈益不學，自是後進乃略識讀書門徑。有詆諆《書目》不盡翔實，稿非己出，然不害其勵學勸士懃懃意也。

同治間，大亂初定，朝廷尚兢業、開言路，言者競進，頗黨伐同異，久而孝欽太后厭之。獨之洞多上書陳政事，不以參劾爲能。光緒初，由内閣學士簡授山西巡撫。京曹久不放疆吏，倚畀之重，自兹始矣。未幾，法越事起，擢兩廣總督。沿海驛騷，方修炮臺、樓船水戰具。之洞注意

〔一〕 本篇載《石遺室文集》卷一，題作「張之洞傳」。

陸戰，專力籌軍餉，重顧廣西邊防，兼濟雲南，餘力及福建之臺灣，皆百十萬。以湘淮軍皆暮氣，王德榜、潘鼎新輩連戰不利，乃起宿將粵人馮子材，畀以重任。諒山告大捷，爲自來中西構兵所未曾有。雲南宣光亦捷，法人勢大屈，浼英人議和，急請停戰。政府怵且闇，遂從之。之洞力爭，且密飭馮軍速戰，朝旨終連責，不得已乃退師。

粵俗多盜，多海賈，以博爲生。闈姓尤非法，士紳分肥。闈姓者遇童子試、鄉會試，限稍僻之姓，射其中否，以百十萬爲博注。姓僻者則有代之作文，通關節，使之必中而後已，害亦甚矣。然禁之不易。籌餉無所出，則且因勢而重徵之，歲入恒百十萬。中國幣制，銅錢外，向用生銀；互市口岸，則用外國所鑄銀圓，漸及内地。乃創鑄龍文銀圓、小銀圓，造兵輪船、商輪船，設水師學堂。諸要務繁然興矣。

時鐵路風氣未開，惟臺灣巡撫劉銘傳言之最早，疑阻者衆。之洞以爲，鐵路國之脉絡，無鐵路，是人身無脉絡也；無幹路，是無督脉也。乃建議首辦蘆漢幹路，而後西達秦晉，南通湘粵。中朝因調督湖廣。湖廣治武昌，督、撫同城。自胡林翼以湘軍戡定武漢，開辦釐金，籌餉察吏，一歸巡撫〔二〕，總督拱手而已。之洞至，興鐵廠、槍炮廠、紡紗、織布、繅絲、製麻、製革各廠，設官

〔二〕一歸巡撫：「一」上，《石遺室文集》有「事權」二字。

錢局〔二〕、造幣局，行用鈔票，鑄銀圓，以固根本、劑盈虚。攬鑄東三省、雲、貴、四川各省小銀圓，收其餘利，歲百十萬。仿造外國暗字銀紙〔三〕，創鑄當十銅圓、當二銅錢，行用南北各省，至數千萬，餘利至千百萬。繼而鄰省競利，分畫行用疆界，而閉塞滯銷矣。又繼而京師集權，禁限各省鑄造，而銅幣已充斥，值亦貶矣。説者咎銅圓之漁利病民，直不足當十。然一文錢既極敝而乏絶，無銅圓，即無以交易。失在銅價既貴，當用金銀，主幣不當用銅。有主幣、輔助幣，乃有限制，銅圓特一時濟急，先鑄者暫獲其利耳。

湖北爲數省要衝，若鹽斤加税，土藥加税，罷釐金，行統捐，開富籤票，歲入增數百萬。益以沿江沙田，堤工堅實，漢口後湖漲灘，大冶、崇通鐵煤礦，會城内外築馬路，闢商場，生活窮民無算。用以添造槍炮及淺水兵輪，首開速成師範，兩湖完全師範，方言、英文、普通中小各學堂，選派學生留學東西國，甲於各省，先於各省。其講武，則武備將弁各學堂，練軍全鎮炮隊、輜重各營，罔不具備。湖北列在小省，攤京餉、攤賠款，至方駕江南焉。

庚子之亂，革王載漪矯旨，命各疆吏攻擊居留外人，之洞不奉詔，與兩江總督劉坤一、兩廣

〔二〕設官錢局：「設」上，《石遺室文集》有「創」字。

〔三〕仿造外國暗字銀紙：「仿」上，《石遺室文集》有「用從事陳衍言」六字。

總督李鴻章倡互保之策。北方鼎沸，東南晏然。前後坐鎮武昌二十年，中權兩江總督者二年。丁未，乃以大學士入爲軍機大臣，兼管學部。未幾，景帝、孝欽太后相繼崩殂。少帝立，醇王載灃攝政監國，專用親貴，至十部大臣惟司法、學部屬漢人，以母弟載洵、載濤典水陸軍。載洵招權作威福，日營宫室，天下側目。載澤長度支，無所知，惟與之洞争幣制，袒庇瑞澂，以亡其國。之洞力争親藩典兵，至於椎心嘔血，病旬日以薨。遺疏有「守祖宗永不加賦之規，凜古人不戢自焚之戒」各語，天下誦之。生平獨立，無奥援，惟高陽相國李鴻藻稍左右之。李卒，政府皆不以所爲爲然，剛毅、翁同龢尤惡之。戊戌，景帝召將内用，翁以留辦教案阻之，中途折回。之洞天資稍遲鈍，而精力過人。文章經濟之學，弗得弗措，思深憂長，眼光因之及遠，長慮却顧，亦間坐此。宏奬知名士，無不羅致，然不與謀政事。所用多雜流奔走承意旨之人，亦無薦剡爲公卿大臣者。

論曰：傳云「長國家而務財用者，必自小人矣」，此大一統之世之言也。今不能與列强閉關絶約，人富强，己貧弱，猶爲此言，非騃則狂易耳。中國士大夫諱言財用，見之洞用財如糞土，從而百端詬病之。然其家固不名一錢也。三十年經營財用，與外國理財家較挈短長，去之尚遠，而中國居高位者，遂未有其人。闈姓籤銷之類，固不軌於正；鐵廠、絲布紗麻各廠，亦折閲相繼。然一易商辦，則贏利巨萬。一擊不中，謗者引爲大戒，豈不誤乎！獨銅圓、鈔票暢行時，衍請以中國所自有金鑄造金幣，以數百萬建織呢大廠，可支三十年國用，遲回審顧，未之能從，滋可惜耳。爲專制之説者，至謂開學堂、遣派游學、練兵造械爲亂階。彼驪山囚徒，又何嘗負笈之學子哉！

望溪守退之義法，戒文士不得私爲達官立傳。然列傳創於司馬子長，《史記》即文士私作，多同時人。張廣雅相國在清末最有關係，見聞之真，殆無如余。特援子長例爲之，冒望溪之不韙，所弗恤矣。衍記。

書張廣雅相國逸事[一]

陳衍

公日凌晨興，披閲文書，有事則遲明。余初見公，約遲明往，堂上爇燭以待。尋常辰已見客，午而罷，然後食。有事未而罷，或留客食，食必以酒，酒黄白具，肴蔬果并食，一飯一粥，微醺，進内解衣寢。入夜復興，閲文書、見客，子而罷，有事丑而罷，然後食，悉如日中。不解衣寢，或不進内。冬寒，坐籐倚睡，夾以火爐，蓋分一日若兩日也。奏議告教，不假手他人。月脱稿數

〔一〕本篇載《石遺室文集》卷四，又收入《碑傳集補》卷二一。

萬言，其要者，往往閉門謝客，終夜不寢，數易稿而後成。書劄有發行數百里，追還易數字者。

權督兩江時，一日輿至旱西門，呼材官詢其處，命駐輿，與談謝安西州門故事，辯證良久乃行。

公嘗因置酒，問坐客：「燒酒始於何時？」余曰：「今燒酒殆元人所謂汗酒。」公曰：「不然。晉已有之。《陶淵明傳》云：『五十畝種秫，五十畝種稻。稻以造黃酒，秫以造燒酒也。』」余曰：「若然，則稻秫必齊，《月令》早言之矣。」公急稱「秫稻必齊」者再，且曰：「吾奈何忘之？」又嘗閲余《貨幣論》，説有言「金幣中參銅者」，疑之，急召詢，余曰：「公創鑄中國銀幣者，銀質略剛。造幣尚須參銅〔二〕，況金質之柔乎？」因言金幣重二錢餘約參銅十之一，公稱善。其虛心類若此。

〔二〕造幣尚須參銅：「尚」，《陳石遺文集》《碑傳集補》作「且」。

碑傳集三編卷三　宰輔三

戴鴻慈

軍機大臣法部尚書協辦大學士戴文誠公傳〔一〕

《南海縣志》

戴鴻慈，字光孺，號少懷，晚號毅庵，南海佛山人〔二〕。祖聯珠，父其芬，以善行著〔三〕。鴻慈美丰容，志量宏達〔四〕，望而知爲偉器〔五〕。年十五，補縣學生，旋由廩生選同治十二年拔貢，領鄉舉皆第一。光緒二年進士，選翰林院庶吉士，明年散館，授編修。五年，督學山東，尋丁父憂。法

〔一〕本篇載宣統《南海縣志》卷十四。

〔二〕南海佛山人：《南海縣志》作「先世自大同堡遷佛山，遂爲佛山鄉人」。

〔三〕以善行著：「著」下，《南海縣志》有「并有傳」三字。

〔四〕志量宏達：「達」下，《南海縣志》有「和藹可親」四字。

〔五〕望而知爲偉器：「器」下，《南海縣志》有「幼聰穎」三字。

越事起，海疆戒嚴，在籍倡辦團練。十年冬起復。十一年，督學雲南。十七年，充雲南正考官。十九年，充順天鄉試同考官。二十年，大考翰詹列一等，擢庶子，充日講起居注官。《方略》成書，特獎以應升之缺開列在前，并賞加四品銜。

是年朝鮮東學黨之亂，日本藉端與我開釁，平壤一役，我軍受鉅創。鴻慈奏言：

行軍之道，以一事權、濟餉運爲先。平壤之挫，僉謂事權不專、餉運不繼所致。北洋大臣李鴻章以直隸總督統師，於一切應敵機宜，是其專責。應請飭李鴻章進紮山海關，就近調度，并調李秉衡幫辦直隸總督事宜，刻日抽帶精勇數營，馳赴天津駐扎，辦理軍需；一面催魏光燾迅速起程，直抵奉天，會同宋慶諸軍進剿，前敵後路，各得其人，庶可維大局而圖進取。

又奏：

此次援韓失利，實由李鴻章調遣乖方，遷延貽誤，而不逞之徒各騰異議。有謂朝鮮本中國贅疣，不早棄之，以貽此患者；有謂倭人本意欲與我共治朝鮮，乃我先開兵端，以致失和者；有謂倭人意僅圖韓，可劃鴨緑江爲界，而即無事者；有謂傾中國之兵，不能禦倭，不如忍辱求和，徐圖後舉者。種種妄言，無非爲李鴻章解脱。近乃聞有款議將成之説，僉謂數大臣私謀密議隱忍偷安之策〔二〕。竊恐款議遽定，則虧國體而重後患，將來有噬臍莫及者，請歷排前説披瀝陳之。

夫謂朝鮮爲中國贅疣者，不知中國大勢者也。朝鮮爲吉、奉屏蔽，吉、奉爲京師根本，苟一舉足，全局動摇。故我太宗文皇帝力征經營，列聖相承，胥廑怙冒，以懷遠爲保邦之策，慮至深也。光緒初年，朝鮮苦倭逼甚矣，朝廷命李鴻章以綏靖東藩。李鴻章任用非人，信一馬建忠，而有十年、十一年撤兵之事；信一俄使韋孛，而有本年五月遷延不救之事；信一衛汝貴，而有本年八月平壤不守之事。一誤再誤，以致今日，皆外視朝鮮之意有以啓之。推原禍本，爲贅疣之説者，我祖宗神靈之所必殛也。

至於兵釁之開，倭實背約。仁川之戰，我船渡送援軍，未先犯倭也，而倭乃擊沉我高升船矣；牙山之戰，我軍往平韓亂，未先犯倭也，而倭自漢城來蹙我矣；大東溝之戰，我船渡送銘軍，未先犯倭也，而倭自山川來乘我矣。及平壤之戰，我軍先到月餘，未敢越平壤一步，因循畏葸，坐致圍攻，乃議者猶歸咎於朝議主戰之故。夫所謂主戰者，必其勢可以不戰，而决意用兵，然後謂之主戰；若敵人節節見逼，迫我以不得不應，何主戰之有？必如議

〔二〕 僉謂數大臣私謀密議隱忍偷安之策：「議」下，《南海縣志》有「爲」字。

者之意，必束手待斃，而後爲不開兵端乎？則謂釁自我開者妄也。

我軍已退渡鴨緑江，盡失奉天門户。九連城距朝鮮義州纔數十里，中間江面寬者纔三四里，褰裳可渡，且鴨緑江長亘千餘里，一無險要可守，我如沿江設防，雖五六萬衆，不敷分布，不惟無此兵力，亦斷無此兵法。今日之勢，平安爲奉天門户，咸鏡爲吉林門户。保奉天而防鴨緑，如勿防也，必以平安爲障蔽，而後鳳凰門可守。保吉林而防圖們，亦如勿防也，必以咸鏡爲鎖鑰，而後寧古塔可安。我皇上如勿棄吉、奉兩省，斷無不規復朝鮮之理；規復朝鮮，斷無不剋日進兵渡江之理。比聞葉志超電奏遵旨全軍内渡，是因大軍新挫，倉皇退避，既已大誤於前，若不及時進占，則敵人益得休息兵力，全鋭拒我。日來倭兵不動，當必於平安、咸鏡之地，分據險要，建築砲臺。彼備一修，則將來我軍進攻，愈難得力。刻下前敵諸軍兵力不爲單薄，宜諭令及時進剿，以赴戎機。夫平壤之敗，敗於衛汝貴之十六營望風先逃，非以兵單致衄，即以爲將圖大舉，稍待後援，亦宜步步爲營，爲得寸得尺之計。如不督令進戰，恐諸軍誤會日前退渡之諭旨，謂已無意朝鮮，將帥灰復仇之心，士卒阻敢死之氣。軍不理戰，敵起乘之，禍敗尚忍言哉！且三軍之戰勝在士氣，士氣之鼓舞在上心。法越之役，我軍進攻得手，遽因李鴻章之請，率定和約，將士聞之，無不憤懣，然猶以戰勝在後，許和在先，捷報未通，以至於誤會。若萬里徵兵，不爲戰用，則事機坐失，更非昔比。

竊恐天下人心妄測上意，從此無出力效死之將，從此無欣然赴召之兵。疆臣之心，知朝廷必不一戰也，而備禦勿修；耽視之邦，知中國必不一戰也，而覬覦競起。皇上獨不爲中國萬年計乎？夫人心所繫，宗社之安危視之，是宜及今可用之鋒，早定自强之計。否則人心渙散，後患方長，敵燄日張，我疆日蹙，并目前所據有者，而亦不可恃矣。則謂畫江自守者妄也。

至於不戰遂和之害，益覺不可勝言。倭人雄據全韓，朝發夕至，得我兵費，則益充其戰守之資；散我師徒，則益肆其進攻之計。不多爲之備，則遼瀋燕齊在在有可蹈之隙。若概設重鎮，則軍火糧餉騷騷有自敝之虞。至於無端之迫脅，非理之要求，從之則其欲無厭，不從則頓失前好，此尤歷來議款之明鑒，則謂忍辱求和者，尤萬世之罪人，天下臣民之公敵也。

若賠款之説，尤屬勢所必争。即以法越前事而論，法之國勢，數倍於倭，而越南一役，不聞有兵費之説。今且傾國帑借洋債以籌戰備矣。而一切委置無用之處，更籌鉅款以餉讎仇，試問一款之後，可保倭十年不犯中國乎？即有他國居間，而事後誰能相保？天津專約甫七年耳，及今而有兵取韓京之事。夷情反復，已有明徵。後之視今，猶今視昔。竭生民之膏血，以求旦夕之安，而安終不可恃。既和之後，仍須辦防，悉索既空，費從何出？適足以示瑕而速寇耳。且倭人素稱狡詐，設如彼一面進兵，而姑言和以懈我軍心，緩我守備，豈不重爲所紿，以貽笑萬國？此尤不可不長慮却顧者也。

若夫籌戰機宜，約有四端：一曰作勇敢。夫兵以氣勝，坐而待敵，鋒鋭必銷，故善守者或雕剿以懾敵心，或分枝以牽敵勢。平壤之敗，我惟呆守，彼則活攻，步步進逼，我軍幾無駐足之處，一戰而潰。職此之由，近九連城駐守之軍不敢逾鴨緑江一步，偵候不遠，哨探不行，似此情形，恐蹈平壤覆轍。應請電飭諸軍，相機度勢，防剿兼施，無得株守以致坐困。一曰籌進取。東征之軍奉調而至者，數且十萬有餘矣，據此一隅，雖多奚益？宜分作數枝，責奉、吉諸軍以規咸鏡，責淮、豫諸軍以復平安，責海軍以略仁川，責南洋出兵艦以襲釜山。水陸并進，此正化呆兵爲活兵之法。且倭人專尚虛聲，我即乘其虛而搗之，亦足以牽制敵兵〔二〕，張我形勢也。一曰偵洋情。竊觀法越前事，軍情利弊，不獨在廷建議，即外而封疆守吏、出洋公使，以微員末秩，莫不各效見聞，集益既多，運籌自易。唯急於議和一節，徇李鴻章之意，貽譏萬國，爲大失著。而事前則軍火有資，事後則兵費罷議，未嘗不資群策之功。今之敵情軍勢，惟北洋一人之口是憑，惟津海關道數行之報是據，模糊脱略，考辨

〔二〕亦足以牽制敵兵：「制」，《南海縣志》作「掣」。

無從，而疆臣韜使箝口結舌，無敢出一語以仰贊廟謨者。以此籌戰，戰固不能；以此籌和，亦斷斷知其和之無策。是宜嚴飭樞譯諸臣，於洋務軍情用心考求，無膠成見。一面電諭各省督撫出使大臣等，隨時探訪，各效忠謀，群策并進，庶以絶壅閉而資贊助。一曰嚴督責。僨軍之葉志超奉旨查辦矣，而外間覆奏尚在遷延；督運之周馥奉旨東行矣，而後路糧臺未聞奏設。以及諭查軍火，則核實無期；命購船炮，則垂成輒變。似此心存玩忽，軍務安有轉機？應請諭戒内外大臣，一切特旨指揮，務須實力奉行，如有稽遲，即加譴責。至於荼毒韓民、首先潰退之衛汝貴，應請再申嚴諭，立正典刑，以慰韓人之心，而作三軍之氣。

疏入不報。尋以東事日亟，金州、鳳皇城〔二〕、大連灣、岫巖州、復州等處相繼淪陷，有旨命户部左侍郎張蔭桓、湖南巡撫邵友濂使日本議和，鴻慈奏言：

能戰然後能和，爲古今之篤論。現在倭燄方張，要求狂悖，其陰懷叵測者，在擁挾朝鮮獨立；其顯肆逼索者，則在割地、賠款兩端。以土地言之，微特奉天根本重地，所在必

〔二〕鳳皇城：「皇」，《南海縣志》作「凰」。

争[二]，即沿海各省要區，皆我列祖積功累勞，艱難戡定，百姓食毛踐土，久隸版圖，豈有一旦予人之理？此宜拒絶者也。至兵費一説，雖外夷所經見，然庚申之役，烽燧内侵，補還烟費，多不過八百萬兩，若過索鉅款，帑藏之歲入幾何？以有限之金錢，填無窮之谿壑，質關質地諸約由此而興，日後練兵置械之資，更將安出？此宜詳審者也。若夫多方之要脅，無理之誅求，狼子野心，非能逆料。倘使臣識力不定，墮彼術中，從之則貽害安窮，不從則轉圜乏術。凡此皆未和之先所宜長慮却顧者也。定約之後，例須息兵，而倭性狡詐，或脅我以撤防先退，而反覆靡常；或藉口於償款未完，而釁端又起。況未經懲創，本有輕我之心；遂其誅求，益逞無厭之欲。且法則覬覦開化矣，英則窺伺騰越矣，俄則蠢動琿春矣，以倭蕞爾小邦，尚不敢校，將援利益均霑之例，群起爲難，試問主和諸臣，果何以善其後乎？萬里徵兵，不爲一戰，遣散之卒，即爲伏戎，内外交訌，噬臍何及！此既和之後，所宜長慮却顧者也。

又奏：

兵事以一將權爲先，將權以兼地方爲要。劉坤一既特簡爲欽差大臣節制關内外各軍，

[二] 所在必争：「所在」，《南海縣志》作「在所」。

自當殫竭血誠，力肩艱鉅。但思内則督辦軍務大臣，外則北洋大臣，皆有節制全軍之權，直隸總督、奉天將軍亦均節制一路，劉坤一參伍其間，無地方糧餉之權，兵事雖有節制之名，而疆吏未易和衷，客軍多非素習，仰承俯注，左絀右支，賢者無以盡其才，不賢者藉以卸其責〔一〕。守土者以統帥有人相諉，主兵者以疆臣掣肘爲虞。前劉坤一奏懇收回成命，蓋亦知此中難處，未敢輕言節制也。朝廷既倚劉坤一辦事，即爲全局利害所關，似當深察事宜，善爲措置，俾得盡其籌策而責其成功。擬請飭令李鴻章專管直隸總督，以劉坤一兼署北洋大臣；或令裕禄專管盛京將軍，以劉坤一兼署奉天總督。如此兼有地方之責，一切調兵轉餉，尤易指揮。再湖北巡撫吴大澂，現統營數過多，該撫臣未歷戎行，才望較淺，若撥歸劉坤一統帶，以吴大澂爲參贊，應更得力。否則就中先撥湘軍三十營，即爲欽差大臣專轄之兵，便可及時布置。大抵今日用兵之要，奉、直兩省，兵事、餉事，流通一氣，又復節制分明，覈功罪爲進退，察事勢爲變通，審形勝爲控握，勿以款議瞻顧，弛戰備而誤戎機。目前爲禦倭之謀，即異日爲保疆之策。

疏入，奉旨留覽。是年十二月，倭兵竄擾山東，陷榮城縣。明年正月，陷威海衛，據劉公島，

〔一〕不賢者藉以卸其責：「者」，《南海縣志》無。

覆我北洋海軍，京畿震動。鴻慈奏言：

倭夷蓄志凶狡，其奉省、山東等處，當是牽掣之師，而攻臺擾南，亦祇恫喝之計，必將專往直境，乘虛而入。查直隸沿海兵力本非甚厚，北塘至樂亭數百里，皆關緊要。現調回聶軍協防，加以游擊之師，尚覺有備無患。惟滄州岐口一路，僅有梅東益馬步三營，未免太單。曾聞倭人在此量水，其擇瑕而蹈，實在意中。設由此登岸，繞而北趨，津通諸軍，隔絶而不能救，不過五日可抵京師，專恃南苑一軍當其前敵。滄州離海北百二十里，控運河水陸之衝，一爲敵侵，運道梗塞，關係甚重。自滄而進，則固安當其隘。畿南屏蔽惟恃固安，應請飭下督辦軍務王大臣，酌量緩急遠近，於關外魏光壽、吴鳳柱、徐邦道各營中速調回兩軍，分駐滄、固，或於關内先行抽調一軍，駐扎岐口，即以南苑一軍移防固安，與駐守武清之軍相爲犄角，聞警策應，俟關外各營趕到，再行匀撥，仍催調南省得力勇營，兼程北上，以爲後勁，庶布置稍密，不至爲敵所乘。

又奏：

自威海既失，津沽之屏蔽盡撤，李鴻章節節僨事，以奉旨拿問敗壞海軍之丁汝昌，始終袒護，稱其得力；又謂作霧洋人，非丁汝昌不能駕馭。現聞倭陷威海，丁汝昌不發一砲，所謂得力者何在？丁汝昌駕定遠戰艦潛逃，作霧之法，并未施演，所稱駕馭洋人者又何在？

李鴻章極力爲丁汝昌迴護，不恤抗違詔旨，以遂其私，而丁汝昌全置李鴻章於不顧，李鴻章尚有何説以自解乎？竊惟李鴻章貽誤大局之罪，已貸無可貸；朝廷曲全李鴻章之意，亦加無可加。倘復任其玩兵養寇，坐誤軍機，李鴻章一人不足惜，如畿疆何？如天下何？伏願明發諭旨，特予嚴懲，并責成將丁汝昌速行拿解，以肅軍令而儆效尤。若國家追念前勞，猶欲保全終始，亦應早解事權，俾接替得人，危局尚可補救。

尋有旨命李鴻章赴日本議和，以王文韶爲北洋大臣、直隸總督。是年四月，和議成，鴻慈條奏陳善後十二策：一、審敵情以固邦交；二、增陪都以資拱衛；三、設軍屯以實邊儲；四、築鐵路以省漕運；五、開煤鐵以收利權；六、稅菸酒以佐度支；七、行抽練以簡军實；八、廣鑄造以精器械；九、簡使材以備折衝；十、重牧令以資治理；十一、召對群僚以勵交修；十二、變通考試以求實用。七月，遷翰林院侍講學士。

先是，廣東巡撫馬丕瑶鋭意禁賭，并查辦豪紳控案甚厲。奸人銜之，謀去丕瑶。鴻慈因言：「廣東大吏禁賭認真，致滋群謗，浮言摇惑，恐爲所撓，請飭疆臣堅持定見，以清治源而收成效。」又以匪徒潛謀不軌，香港保安輪船截獲匪械一案，事變已形，因請飭疆臣嚴緝首惡，以弭亂萌，并移會水師提臣鄭紹忠，於省城外添紮安勇，附近各鄉佛山等處，一律舉辦團練，以資鎮壓。又奏：「近聞匪黨暗運軍火，欲由澳門徑襲粵垣。現粵省裁撤安勇，多招楚軍，聞楚軍人地生疏，緝捕本難得力，且兵無紀律，民有怨言，又與土勇積不相能，一有緩急，恐不可恃。請飭疆臣勿存成見，先事預防。」均有旨下廣東督撫臣妥慎籌辦。十月，充咸安宮總裁。

二十三年，督學福建，以報效昭信股票，賞戴花翎。二十五年，遷少詹事。二十六年，遷内閣學士，兼禮部侍郎銜。是年冬，學政報滿，乞假回籍修墓，尋擢刑部左侍郎。明年假滿，赴西安行在，上《敬陳治本疏》，條舉八事：一、矢憂危以習儉勤；二、審號令以爲國柄；三、容直言以伸士氣；四、節財用以恤民窮；五、改捐例以清治道；六、設考課以育人材；七、存科目以繫士心；八、平民教以弭禍患。又奏請建兩都、分六鎮，謂：

宜建西京於長安，建南京於江陵，擇近支親賢分駐其地，裁西安、荆州兩將軍，即建邸於軍署，無事則輯人民、完城郭，以固屏藩；有事則扼險要、備巡幸，以資緩急。俟蘆漢鐵路告成，分一支由河南入陝西，一支由武昌達江陵；而居中控馭之處，則以襄陽爲重，應改現時提督行臺爲湖廣總督移駐之所，提督還駐穀城，使上通關隴，下接湖湘，藉壯聲援，互爲犄角，無封建之名而隱收其利，則邦本可安矣。夫唐因藩鎮而亂，終亦賴藩鎮而存；宋撤藩鎮而安，究以廢藩鎮而弱。今我國家固重任疆臣矣，然救時之策，似宜稍爲變更。擬請畫盛京、吉林、黑龍江爲一鎮，改盛京將軍爲三省總督，經略大臣仍駐奉天；直隸、山東、山西、河南爲一鎮，改直隸總督爲四省總督，北洋經略大臣駐扎天津，藩司兼護巡撫，仍駐保定；江蘇、安徽、江西、浙江、福建爲一鎮，改兩江總督爲五省總督，南洋經略大臣仍駐江寧，閩浙總督改爲福建巡撫〔二〕，駐福州；廣東、廣西、雲南、貴州爲一鎮，裁雲貴總督，改兩廣總督爲四省總督，經略大臣仍駐廣州；湖南、湖北、四川爲一鎮，改湖廣總督爲三省總督，經略大臣移駐襄陽，四川總督改爲四川巡撫；甘肅、陝西、新疆爲一鎮，改陝甘總督爲三省總督，仍駐蘭州，甘肅藩司兼護巡撫。以上六鎮，簡忠實勤幹知兵大臣任之，專責以治兵，不紛以吏事，務令久於其任，畀以重權，巡撫以下均歸節制，并許辟置幕僚。其沿海榆關、登州、崇明、定海、澎湖、厦門、南澳、虎門、瓊州等處地方提鎮，聽該大臣自擇才能，奏請委任，以爲之輔。既無督撫同城阻撓推諉之慮，又無統兵客將孤懸零寄之嫌，綏靖軍民，繕完守備。每省練兵二萬，一鎮即有數萬精兵，聲氣聯絡，首尾照應，得藩鎮之意而無其害，則邦基可固矣。

疏入，奉旨留覽。是年冬，隨扈還京。

二十八年，轉户部右侍郎，兼管錢法堂事務、考試試差閲卷大臣〔三〕、考試漢御史閲卷大臣、

〔二〕閩浙總督改爲福建巡撫：「改」，《南海縣志》無。

〔三〕考試試差閲卷大臣：「考」上，《南海縣志》有「充」字。

江南鄉試正考官。先是庚子之役，與各國議和，賠款至四百五十兆，以保護傳教載入條約，至是各省教案益劇。鴻慈奏言：

國家懲毖後患，無非欲民、教相安，而教案之考成既嚴，教民之氣燄愈盛。去冬以來，鬧教之案層見迭出，懲辦愈厲，怨毒愈深。民智未開，往往有鋌而走險之事。應請援乾隆八年成案，復設宣諭化導使，即以各省學政兼充，道府以下，凡有關於宣諭化導者，聽其節制。并請敕下外務部，將外國來華傳教原始，通商以來所辦教案，及此次議和保教賠款條約，皇上諭旨，臣下奏章、外國照會，勒爲一書，頒發各省刊布。使臣按臨所至，試事既畢，傳集紳士商民，反覆開導，務使窮鄉僻壤戴髮含齒之倫，憬然領悟，而朝廷憂勤惕厲萬不得已之苦衷，亦可昭然若揭於天下。又開民智者莫切於報紙，近年我國報館之設，所在多有，然海隅租界，放言高論，往往鼓吹邪説，淆亂人心。欲遏亂萌，非朝廷自設報務不可。擬請在翰林院創立報局，擇編檢中學術純正、議論暢達、通知時事者爲主筆，選輯各報，芟其煩雜，新法美政有必録，盜賊水旱有必書，并自抒所見，著爲論説，一以宣上德、抒下情爲宗旨。應請飭下政務處會同翰林院妥定章程，以立中國報律之準。各省官報亦應遵章踵設，庶言論有所範圍，觀聽無虞淆亂。

疏入，格部議不行。

二十九年，充庶吉士散館閲卷大臣、考試試差閲卷大臣、殿試讀卷大臣、朝考閲卷大臣、考試經濟特科閲卷大臣、覆核朝審大臣。三十年，充會試副考官、覆核朝審大臣。時朝廷鋭意求治，設會議政務處，遇有奉旨交議事件，令三品京堂以上與議。鴻慈奏言：

方今事機孔亟，百端待理，非集思廣益，無以宏濟艱難。惟是倏促則事不達，謀寡則慮不周，莫若因會議之制，變通而推廣之。擬請自後内政外交，凡有建革之大、疑難之端，由政務處摘録事由，標明要領，片行閣部、九卿、翰林、科道，定期會議。速者三五日，遲者十日，尤繁重者十五日，各抒所見，别紙録陳，并令傳知屬官，咸得論列呈堂代遞。届期由政務處大臣開誠布公，周咨前席，務使詞無不盡，理得所安，然後舍短從長，詳實覆奏。循是行之，有四利焉：一曰收群策。謀於猝，不若謀於豫；詢於獨，不若詢於同。惟寛予以時日之期，隱予以講求之助，則有智而遲者，以潛研而自出；謀野則獲者，經采納而愈宏。利一也。一曰勵人才。習於冗散，休戚若不相關；引與參謀，智能皆思自效。人人有欲攄之建白，即人人有勇赴之事功，是於詢考之中，默寓激揚之用。利二也。一曰折敵謀。東西各國，首重民情。百官者，國民之標準也。師其合群之意，以爲抵制之方。彼非理之侵，既可挾衆志以抗拒；不情之請，亦可援公論以磋商。利三也。一曰息群謗。自來局外之身，恒不諒局中之苦，捕風捉影，謡諑繁興，皆緣本末未明，傳聞多誤，以故游談成於市虎，積忌甚於杯弓。訛言莫懲，豈國之福？勢難禁止，利在疏通。門户洞開，翕訛自息。斯操觚者無所施其横議，秉鈞者不至敗於流言。利四也。

疏入，下政務處議行。

三十一年，有旨命五大臣分赴東西洋各國考求政治，鴻慈與焉。將發，有奸人懷炸藥登車狙擊，同行被創，衆懮懼。鴻慈從容詣宫門，取進止，兩宫慰諭至泣下。時謡言蜂起，聞者危之。鴻慈謂「人臣以身許國，義無反顧」，卒行。凡八閲月，歷十五邦，以明年六月歸國。哀其所得，著《出使九國日記》十二卷，成《列國政要》一百三十三卷。另纂《録歐美政治要義》十八章進呈，因奏言：

各國大勢情形，雖間有不同，而治理大略相類。觀其政體，美爲合衆，而專重民權；德本聯邦，而實爲君主；奥、匈同盟，仍各用其制度；法、義同族，不免偏於集權。惟英人循秩序而不好激進，故其憲法出於自然之發達，行之百年而無弊。反乎此者，有憲法不連合之國，如瑞典、挪威，則分離矣；有憲法不完全之國，如土耳其、埃及，則衰弱矣；有憲法不平允之國，如俄羅斯，則擾亂無已時矣。種因既殊，結果亦異，故有雖改革而適以召亂者。此政體之不同也。覘其國力之不同也，窺其政略，則俄法同盟、英日同盟、德奥義同盟，既互相倚助，以求國勢之穩固。德法摩洛哥之會議，英俄東亞之協商，其對於中國者：德美海軍之擴張，美法屯軍之增額，又各審利害，以爲商業之競爭。蓋列强對峙之中，無有一國孤立可以圖存者，勢使然也。况人民生殖日繁，智識日開，内力亦愈以膨脹，故各國政策，或因殖民而造西伯利亞之鐵路，或因商務而開巴拿馬之運河，或因國富而投資本於世界，均有深意存焉。此政略之不同也。驗其民氣，俄民志偉大而少秩序，其國失之無教；法國民好美術而流晏逸，其國失之過奢；德國民性倔强而尚勇武，其國失之太驕；美民喜自由而多放任，其國失之複雜；義民尚功利而近貪詐，其國失之困貧；惟英人富於自治自營之精神，有獨立不羈之氣象，人格之高，風俗之厚，爲各國之所不及。此民氣之所不同也。

臣等觀於各國之大勢既如此，又參綜比較，窮其得失之源，實不外君臣一心，上下相維，然後可收舉國一致之益；否則名實相懸，有可以斷其無效。約有三端：一曰無開誠之心者國必危。西班牙苛待殖民，致有斐律賓、古巴之敗。英鑒於美民反抗，而於澳洲、坎拿大兩域予人民以自治之權，致有今日之强盛，開誠故也。俄滅波蘭而用嚴法以禁其語言，今揭竿而起要求權利者，即波蘭人也；又於興學練兵，皆以專制爲目的，今滿洲之役，不戰先潰，莫斯科、聖彼得堡之暴動，即出於軍人與學生也。防之愈密，而禍即伏於所防之中〔二〕

〔二〕而禍即伏於所防之中：「禍」，《南海縣志》作「禍」。

，患更發於所防之外，不開誠故也。二曰無慮遠之識者國必弱。俄以交通之不便，而用中央集權，故其地方之自治日以不整；美以疆域之大，而用地方分權，故其中央與地方之機關同時進步。治大國與治小國，固不侔也。德以日耳曼法系，趨於地方分權，雖爲君主之國，而人民有參與政治之資格；法以羅馬法系，趨於中央集權，雖爲民主之國，而政務操之官吏之手，人民反無自治之能力。兩相比較，法弱於德，有由來矣。三曰無同化之力者國必擾。美以共和政體，重視人民權利，雖人種繁雜，而同化力甚强，故能上下相安於無事；俄土耳其一國之中分十數種族，語言宗教各不相同，又無統一之機關，致有今日之衰弱；俄則種族尤雜，不下數百，語言亦分四十餘種，其政府又多歧視之意見，致有今日之紛亂；奥、匈兩國雖同戴一君主，而兩族之容貌、俗尚、語言、情性迥殊，故時起争端，將來恐不免分離之患，蓋法制不一，畛域不化，顯然標其名爲兩種族之國，未有能享平和、臻富强者矣。此考察各國所得之實在情形也。

竊維學問以相摩而益善，國勢以相競而益强。中國地處亞东，又爲數千年文化之古國，不免挾尊己卑人之見，未嘗取世界列國之變遷而比較之。甲午以前，南北洋海陸各軍、製造各廠，同時而興，聲勢一振，例之各省，差占優勝矣，然未嘗取列國之情狀而比較之也。故比較對於内，則滿盈自阻之心日長；比較對於外，則争存進取之志益堅。然則謀國者，亦善用其比較而已。

又奏：

臣等曠觀世界大勢，深察中國近情，非定國是無以安大計。國是之要，約有六事：一曰舉國臣民立於同等法制之下，以破除一切畛域；二曰國事采決於公論；三曰集中外所長，以謀國家與人民之安全發達；四曰明宫府之體制；五曰定中央與地方之權限；六曰公布國用及諸政務。以上六事，擬請明降諭旨，宣示天下，以定國是。約於十五年或二十年頒布憲法，召集國會，實行一切立憲制度。

又奏：

實行立憲，既請明定期限，則届期必至茫無所措。然欲廓清積弊，明定責成，必先從官制入手。擬請參酌中外，統籌大局，改定全國官制，爲立憲之豫備。

均奉俞旨采納。至是立憲政體乃確定而不疑，而憲政之措施亦始有條理之可循，而無冥行擿埴之患矣。

先是，鴻慈奉使在途，已擢禮部尚書。使還，充釐訂官制大臣、玉牒館副總裁，轉法部尚書，充參預政務大臣，賞紫禁城内騎馬，充經筵講官。時法部初改，并寓創於因，端緒紛賾，又與大理院權限轇轕，往復論辨，苦難分晰。鴻慈悉心規畫，首以申明權責爲入手辦法。凡司法官吏之進退、刑罰判決之執行、廳局轄地之區分、司法警察之調度，悉隸法部；其直省刑事稿件，由各省分達部院，經大理院覆判後，咨部核定，若有情罪未符，仍咨回由大理院自行駁正，蓋以法部爲司法行政之總樞，大理院綜核審判之專職，各有主持，而事權乃不至淆亂。其次釐定職掌。刑部向設十七司，至是改并八司，曰審録，曰制勘，曰編置，曰宥恤，曰舉叙，曰典獄，曰都事，曰會計；八司之上，設承政、參議兩廳，廳設參事各二員，以資襄理。京外各級審判廳，次第舉辦。又采英美改良監獄之制，於京師籌辦模範監獄。先後奏奉俞旨允行。

三十三年，充舉貢考職閲卷大臣。明年四月，疾作，賞假調理，逾月未瘳，乞解職，温旨慰留。十月，兩宫升遐，力疾銷假視事。宣統元年，賞一等第三寶星，充報聘俄國專使大臣。禮成返國，奏言：

此次奉使道經東三省地方，目擊日俄二國之經營，拓地殖民，實有狡焉思啓之慮。非急籌抵制，無以固邊圉；非振興實業，無以圖富强。東省財力竭蹶，工商稀少，惟有因其已然之迹而擴其自然之利。切要之圖，厥有二端：

一曰墾植。查三省墾務，業已次第開闢，由各屬官荒，推及蒙旗，均經先後開放。顧墾務至今迄無起色者，則以放荒者衹計荒價之多寡，而不問墾植之興衰；攬荒者衹知壟斷以居奇，而不恤領户之艱窘。墾務墮壞，職此之由。欲圖整理，宜取泰西小農地、大農地之法，變通而并行之。曷言小農地？就本地蒙民，編列户籍，計口授地，貸其籽種，給其資糧，寬其賦税，免其徭役，無追呼之擾而有耕鑿之安，變榛莽之區而爲沃饒之壤，數年之間，成效可睹。此變通小農地之説也。曷言大農地？直省大資本家鳩集股本，組織移民開墾公司，劃給大段生荒，徙民往墾，官任保護，明示十年之後始議升科。其運載移民之輪船火車，特别免價，或酌給半價。有能糾集大公司辦有成效者，破格奏奬。如是則移民日衆，墾地日多，較之曩時巨户攬荒，祗圖轉售牟利，轉售無人，終成蕪曠，其利害得失，相去懸絶。此變通大農地之説也。由前之説，足以裕蒙；由後之説，足以實邊。邊地多一人之移殖，即多一人之捍禦。將來墾務既盛，可仿屯田之法，寓兵於農，移民即以集兵，力田即以供餉，是又操其券也。

一曰森林。山虞、林衡，載在《周禮》，林麓之政，古昔所重。近日東西各國，林業皆設專官，誠以材木之用利至溥也。臣此次赴俄，自入西伯利亞路綫以後，森林綿亘數千里，彌望無際，其中以樺木、松柏爲多。俄車伐薪以代煤，軌道兩旁，積薪如墉，備沿路接濟之用。此外若墊路，若造車，及一切停車之驛場、僑民之廬舍，皆就地取材，用之不竭。而我滿洲里以内之境，林木頓疏，以原隰之廣，幅幀之長，而令濯濯童山，繁植無望，凡有製造，轉資洋木，利源外溢，所失尤多。誠宜及時振興林業，設森林局，遴選賢員，認真督理。其入手辦法，應先周歷履勘，察其地利，辨其土宜，其不宜於穀麥者，即劃爲籌辦森林區域；并繪圖貼説，咨會各直省督撫明定獎格，勸諭紳商興辦林業公司；凡一切保護之責、經營之方，皆嚴立規則，以資遵守。循此辦理，可爲邊境闢一大利源。十年以後，材木不可勝用矣。

凡此兩端，若果辦理得人，實事求是，立疆圉富强之本，即以杜鄰邦窺伺之謀，國計邊防，所關非細。將來財力稍裕，興學以迪蒙智，開礦以闢利源，廣鐵路以利交通，籌兵屯以資捍衛，又當權其緩急後先之序，以爲措施之準耳。

得旨下東三省總督、農工商部、郵傳部籌議施行。是年八月，以尚書在軍機大臣上行走。十一月，擢協辦大學士，賞穿帶膆貂褂。

二年正月卒，年五十有八。遺疏入，諭曰：

協辦大學士尚書戴鴻慈，忠清亮達，學識宏通〔一〕，由翰林院迭掌文衡，洊陟清要，擢任正卿，均能恪盡厥職；考察政治，尤能抉擇精微，有（裨）〔禆〕憲政。朕御極後，優加倚畀，俾參機務，晋協綸扉，夙夜靖共，深資擘畫。前因偶患微痾，賞假調理，方冀醫治就痊，長承恩眷，遽聞溘逝，軫惜殊深。著賞給陀羅經被，派貝勒溥倫帶領侍衛十員，即日前往奠醊。加恩賞，加太子少保銜，照大學士例賜恤，入祀賢良祠。賞銀二千兩治喪，由廣儲司給發。

〔一〕學識宏通：「宏」，《南海縣志》作「閎」。

任内一切處分，悉予開復。應得恤典，該衙查例具奏〔二〕。靈柩回籍時，沿途地方官妥爲照料。伊子一品廕生戴曾謨，著以郎中補用，用示篤念藎臣至意。尋詔下，賜祭葬，謚文誠。〔三〕

陸潤庠

太保東閣大學士贈太傅陸文端公墓志銘〔三〕

葉昌熾

同治之初，削平大憝，朝著清明，海宇康晏。士大夫如朝陽初升，湑槃晞髮，莫不以氣節文

〔二〕該衙查例具奏：「衙」下，《南海縣志》有「門」字。

〔三〕《南海縣志》末附小字注：「據國史館本傳、陸潤庠撰神道碑參修。」及論贊：「論曰：自國朝二百餘年以來，吾粤由軍機入相者，惟鴻慈一人。鴻慈以文學受知，屢掌文衡，小心稱得士。遭遇時變，抗疏直陳，彈劾不避權貴，隨事獻納多讜論，凜凜存古大臣風。其於中外大勢善敗得失，洞若觀火，而以綱常禮教爲我國萬世不易之大防，自序遊記復於民主、自由、平等中其辨論，可謂知本矣。至於出使列國，參政樞垣，力疾從公，不避艱險，其忠亮亦何可及哉！」

〔三〕本篇載《奇觚廎文集》卷下；又收入《碑傳集補》卷二，題作「皇清誥授光禄大夫太保東閣大學士贈太傅陸文端公墓志銘」。

章相鏃礪。數十年來，考言覿行，奏牘爛然，聲施銷歇，而卒之爲廟社所式憑、宫府所寄托〔二〕。天之方懠，屹然臨大節而不可奪者，不在血氣之勇，而在行有蹤迹之士。《羔羊》之詩曰：「自公退食，委蛇委蛇。」鄭《箋》謂大臣有羔羊之節。委蛇，委曲自得之貌。此其時在周家忠厚尊事黄耇之日，而其人則閎、顛、史佚之儔也。元和陸公，當民勞板蕩之時，而扶顛持危，巍然爲一代宗臣之殿，則其事更難，而其心爲益苦矣。

公以道光辛丑五月生於潤州學舍，學有宋乾道二年熊克《鳳石圖贊》，故諱曰潤庠，而以「鳳石」爲字，皆其祖方山先生所肇錫也。公天資高朗，苕發穎豎，四歲而辨四聲，十歲九經皆卒業。同治癸酉，以優貢知縣舉順天鄉試。甲戌聯捷成進士，臚傳第一，授修撰。先是，公祖侍講公諱肎堂，康熙乙丑會狀聯元，閲七世而繩其祖武，顧侍講公未躋顯仕，而公以詞林登拜，蔚爲帝師，世德作求，滋共益大。光緒八年二月，奉命直南齋。九年，補左春坊左贊善，擢右中允，轉司經局洗馬，充日講起居注官，遞補翰林院侍講、侍讀，出視山東學政。丁本生父艱，服闋，以原官擢右庶子，遂長成均。國學自宗室伯義祭酒開精舍以養士，邊隅英儁偕計車而來者，觀光上國，絃誦相聞。公承其後，蕭規曹隨，壹以通今學古爲教，南學得人爲盛。

〔二〕宫府所寄托：「宫」，《碑傳集補》作「官」。

時朝廷以疆圉日蹙，變法圖强。公謂：「舊章未可驟更，新法宜防流弊。」既蒿目時艱，又以太夫人年高，遂疏請終養。歸，奉諱三年而後出。公兩遭降服憂，皆如此。嘗曰：「期而禫，國家之制也。人子終天之恨，庸有窮乎？」既免喪回京，補原官。逾年，升内閣學士兼禮部侍郎銜，歷署工部左右侍郎。公自通籍回翔坊局，循資平進，未嘗以皝皝嶽嶽著聞，而其受兩宫不次之知，延登授策，則在鑾輿西狩、天步艱危之日。當是時，强鄰責言，兵躪畿甸，昌熾方守藏柱下，夜詣公籌進止。公毅然曰：「君父方越在草莽，非臣子圖全之日也。」翌旦，驅車出國門，間關三千里達行在，麻鞋詣闕，即疏陳「救時十策」，大旨在練兵、理財、取士、察吏，而其要歸於祛繁文而覈名實，抑新説而慎更張，嘉言讜議，納約自牖。公之純忠正學，見於此矣。行朝草創，百官星散，扈蹕而西，惟師武臣力是賴〔二〕，而求瘼采風，山川能説，非有文學侍從之臣，無以宣上德而通下情。公直南齋久，諳曉掌故，嶽瀆升湮，疆圻錫賚，代言應制〔三〕，運筆如飛，往往朝受命，夕進御，爐烟宫漏，如治朝時。

朝廷鑒公忠勤，始知公可大受，而惜用公之已遲也。是年，在陝即升禮部右侍郎，充經筵講

〔二〕惟師武臣力是賴：「力」，《奇觚廎文集》《碑傳集補》無。

〔三〕代言應制：「應」，《碑傳集補》作「運」。

官。辛丑九月，擢掌西臺，奉命告祭中嶽，登嵩高，謁啓母廟，拓漢三闕以歸。回鑾，授工部尚書，兼管順天府尹事〔二〕。逾年，進吏部。天篤降喪，國有大恤，德宗景皇帝、孝欽顯皇后龍馭先後上賓。時南皮張文襄公在樞府，公在内廷，同心協贊，鎮綏中外。冲主嗣服〔三〕，裘杅晏然。今上枚卜，環顧廷臣，耆德舊學無如公者，遂以吏部尚書協辦大學士，充翰林院掌院學士。既正揆席，由體仁閣大學士轉東閣，充弼德院院長。皇上典學之初，奉旨在毓慶宫授讀，與閩縣陳伯琽侍郎并命，講帷啓沃，惟以法聖崇王、遵養時晦、端基命之學。公休休有容，盈廷集議，不見厓岸，而大經大法，心所不可，亦未嘗翕訿附和。江淮分省之議，公與同鄉抗章力言其不便，下疆臣議，事得寢。德宗升祔，禮官拘父子繼世之恒，謂兄弟宜同昭穆。公援朱子祖廟議，請祀穆宗毅皇帝昭位、德宗景皇帝穆位，皆第五室，亦卒如公議。其餘如學説之邪正、幣制之輕重，防微杜漸，洞若觀火。而《請停辦新政》一疏，灸病得穴，鑿鑿乎救時之要言，而醫國之良劑也。惜其時海内土崩，雖有善者，亦無如天命人心何矣。三事大夫昔之參化源而提政柄者，相率褰裳以去，而公循牆傴僂，朝夕論思如平日。王室之事，苦衷調護，宫府亦倚以爲強，訪予落止，有餘

〔二〕兼管順天府尹事：「尹」，《奇觚廎文集》無。
〔三〕冲主嗣服：「服」，《碑傳集補》作「復」。

忠焉。

公甫登第，既充湖南鄉試副考官，典試關中者一，江右者一，分校會房者三。光緒壬寅順天鄉試，充副考官。明年，充會試副總裁。自登卿貳，殿廷閱卷，無役不從。以扈蹕功，賞穿黄馬褂，賜紫禁城騎馬。今上御極，賞穿帶膝貂褂[二]。以德宗景皇帝《實録》稿本告成，授太保。又以題神主禮成，賞戴雙眼花翎，晋太傅銜。遺疏聞，贈太傅，謚文端。公子宗振，護公喪歸，葬於吴興騎龍山之祖塋。

昌熾侍公最久，公十年以長，其始同在正誼書院，事校邠馮先生，文字劘切，公爲都講。暨公登第，昌熾亦以公車蹭蹬，往來輦下，游光揚聲，得公之提汲爲多。度隴之日，臨歧贈策，昌熾奉以周旋，幸無隕越。迨報政歸，里居不出，猶以手書相敦促。去年見公於海上，神觀步履，矍鑠如昔。夏之臣靡，商之甘盤，謂公庶幾，而不意公騎箕之速也。公文章典雅，學者傳誦，而不以學問名；三真六草，爲天下寶，而不以書翰名。疾風勁草，晚節彌堅，而平居雅故往還[三]，安詳和易，未嘗有訑訑之聲音、巖巖之氣象。人謂公自章逢登台衮，笑談咳唾，數十年如一日。昌

[二] 賞穿帶膝貂褂：「帶」，《奇觚廎文集》《碑傳集補》作「戴」。

[三] 而平居雅故往還：「往還」，《碑傳集補》作「往來」。

熾以躬所閲歷者爲徵，而其言益信。

公爲唐忠宣公三十六世孫。先世自吴興雙林鎮遷於吴。侍講公生賜書，康熙丙戌進士，歷官川東兵備道、按察使副使，歷署甘肅、四川布政使，生山西應州知州諱元鼎。應州公生企曾，早卒。妣韓氏，長洲文懿公之女孫也，苦節撫景曾子爲後，諱文，公之曾祖也。祖諱嵩，鎮江府學訓導，即所謂方山先生也。父紹脩，本生父懋脩，恩貢生，候選直隸州州判。三世皆以公貴，追贈如公官。曾祖妣氏周，祖、父兩世妣皆王氏，封一品夫人。配雲間吴氏，世爲仕族。子二：長家振，吴夫人出，有雋才，早逝。昌熾亦適有喪子之痛，執手相吊，未嘗不流涕也。次宗振，庶出，實來徵文。昌熾辱公久要納壙之石，息壤在彼，不敢以荒耄辭，汍瀾載筆，系以銘曰：

君子貴玉，爲其廉而不劌，氣如白虹，而其質則縝密以栗，温潤而澤也。嶧陽之桐，亭亭孤立，而其聲則和平清越，而中琴瑟也。王臣蹇蹇，匪躬之節〔二〕。委佩垂紳，不大聲色。棟橈公揞，舟衈公塞。周轍雖遷，王綱未熄。郟鄏之鼎，猶逮公殁。邵村之原，其川有霅。松楸在兹，河山如昔。是猶膴膴之周原，翼翼之商邑。舊史刻辭，過者是式。

〔二〕 匪躬之節：「躬」，《碑傳集補》作「公」。

瞿鴻禨

軍機大臣外務部尚書協辦大學士瞿文慎公行狀〔一〕

余肇康

公姓瞿氏，諱鴻禨，字子玖，號止盦，晚號西巖老人，占籍湖南之善化。其先出自商大夫瞿父。入宋有景鴻者，由蜀遷長沙，後轉徙蘇常間〔二〕。明洪武間，遠祖伯福以神武衛百户世其官。國初，始遷祖縣學生員叔美避亂長沙東鄉之西衝，遂家焉。五傳至高祖諱應清，府學生員，曾祖諱運隆，皆潛德弗曜。祖諱岱，世稱魯青先生〔三〕，精繪事，左文襄公詩所目爲五十年前老畫師者也。嘗繪《自濟圖》，并爲其配湯太夫人繪《分鐙課子圖》。其後，公執政時，以二圖進呈，孝欽顯皇后、德宗景皇帝御筆賜題詩額，恩遇之盛，比之錢文端公母南樓老人。考諱元霖，字春陔，咸豐辛亥舉人，績學厲名節，與兄石瑩、弟彤雲兩先生皆爲名孝廉，終刑部主事。四代皆以公貴，贈光禄大夫。高祖妣李氏，曾祖妣歐氏，祖妣湯氏，妣殷氏，皆贈一品夫人。

〔一〕本篇又收入《碑傳集補》卷二，題作「清故誥授光禄大夫經筵講官軍機大臣協辦大學士外務部尚書瞿文慎公行狀」。

〔二〕後轉徙蘇常間：「後」下，《碑傳集補》有「復」字。

〔三〕世稱魯青先生：「青」，原作「清」，據下文及《碑傳集補》改。

公生以道光三十年庚戌六月之望。其夕，魯青先生夢湯太夫人手抱一兒曰：「我送之來。」驚寤，聞呱呱聲，正母殷太夫人誕公時也。公生而端默，聰穎異常兒，刑部君督之嚴，未明而興，嚮晦不息。成童已畢諸經，爲文輒驚老宿。年十七，補府學生員。道州何先生紹基、湘陰郭先生嵩燾先後主講城南書院，公從之游，文字多所點定，屢冠其曹，自謂得力最多。

同治庚午，舉於鄉。辛未，聯捷成進士，改庶吉士。大教習爲高陽李文正公，尤重公，及長沙張文達公，後并密疏薦爲天下才。甲戌，散館，授編修。乙亥，德宗改元。四月，大考翰詹，公名列一等第二，超擢侍講學士。入對稱旨。時穆宗毅皇帝方棄臣民，兩宫皇太后言次泣下，垂詢家世，獎勉交至。公受先朝特達之知實始此。五月，充日講起居注官。七月，充河南正考官。丙子，簡放河南學政。屬晋豫大饑，常有外國人前往散賑。公密疏以謂：「越國要名，心叵測。臣按試南路〔一〕，訪聞有收買流民婦女情事，請下所司禁阻。」又疏稱：「民於國家，精神元氣也。州縣於民，則肌膚之會、筋骸之束，以藏精神元氣者也。今州縣不謀教養，惟罔與殘是務，傷元氣，貽隱患，非急圖拊循以除病根不可。」往復據陳，至爲痛切。又以河東河道總督原駐濟

〔一〕臣按試南路：「按試」，底本原作「試按」。《碑傳集補》作「按試」。據文意及《碑傳集補》乙改。

寧，自銅瓦廂決口後，河流全入大清河，山東運道已歸巡撫掌管[二]，總河常駐開封，優游無事，歲縻六十萬金，疏請議裁，亦如山東歸并巡撫，從之。公以盛年視學，已留心民瘼如此。

己卯，丁殷太夫人艱。辛巳，起復原官。壬午，復遭刑部君喪。服闋，資斧不給，鬻宅成行。還朝，仍補原官。公奏謝疏中有云：「陸贄之重還內秩，竊擬遭逢；畢諴之洞悉邊情，豈惟侍從？」一時傳誦，知公心在天下矣。乙酉，充漢講官，督學浙江，搜求歸安陸心源家藏宋元精槧版本，爲近時所無者一百五十種，合二千四百三十三卷，又叢書三百餘卷，送國子監，傳播藝林。庚寅，充教習庶吉士。辛卯，充福建正考官，旋簡四川學政。

甲午，任滿，正值日韓之役，公疏極言：「日人狡焉思啓，豈惟欲并朝鮮，方將直薄遼瀋，旁規臺澎。誠及此時別遣偏師，裹糧潛渡，一自上海入長崎，一自温州趨薩摩，一自廈門擣冲繩，三路并攻，相爲掎角，彼且救顧不暇，征調俱疲，而我海軍及東陲之師，疾捲而復朝鮮決矣。仰懇乾斷堅持，勿復如越南前事，倉卒言和，致隳成功而遺鉅禍。」書奏不省，陵遲至於今日，東略顧何如哉？尋以和議雖成，一有緩急，諸多牽制，則又疏請於西安建設陪都，規畫甚至。迨兩宮西狩，駐蹕太原，又復專疏重申前請。論者莫不服公燭照幾先，公亦自恨不幸而言中也。又以

[二] 山東運道已歸巡撫掌管：「掌」，《碑傳集補》作「專」。

倭人於遼東一帶陸續增兵，内外兵力單薄〔二〕，當以宋慶所部及湘淮各軍分駐要隘，不可專用淮軍；并嚴劾山西統將某侵匿餉械，督師劉坤一僅請革職，今日營務敗壞極矣，將領偏裨，交相爲利，以至士卒不能用命，貽誤戎機，國家受其實禍，非重懲不足善後；而推論水陸統兵各大員，畏葸潰敗，喪地失師，情罪尤爲重大，聞者股栗。

乙未，充教習庶吉士，轉翰林院侍讀學士。丁酉，擢詹事府詹事，署刑部左侍郎，復拜提學江蘇之命，再擢内閣學士兼禮部侍郎銜。朝廷寖用新法，公疏請罷武科，改設武備學堂。又請改南菁書院爲高等學堂，并斥書院沙田爲農場，開辦農學，有「籌畫精詳、留心時務」之諭。己亥，授禮部右侍郎，督學如故，賞戴花翎。庚子，任滿。至是，公典試督學歷五行省，所至稱得士，嘗曰：「器識欲其博通，文體必崇雅正。」又曰：「中學西學，皆求實用，無取空談，必能通貫經史、考求時務，然後爲有用之才。尤必心術端正，不染習氣，方能竭誠報國，共濟時艱。」於四川，修明西漢文翁之教，請頒錦江、尊經兩書院御書匾額。於浙江，奏奬耆儒吴超等京職，所以感奮興起之甚至。七月間，公在江陰試院，以報滿在即，適值觸發頭風夙疾，請先行交卸，給假兩月，回籍就醫。嗣聞兩宫蒙塵，終夕徬徨，不勝悲憤。具摺請安，探迎太原行在，奉硃批：「覽奏具見

〔二〕内外兵力單薄：「内」上，《碑傳集補》有「關」字。

惆忱。朕奉慈輿，於十八日啓鑾均安。着賞假兩個月，假滿即赴行在。」隨於九月初一日補左都御史。初十日，升工部尚書。公奏：今日情勢，譬如大病之後，正氣盡傷，不獨攻伐之劑不可妄施，亦豈能驟投峻補？謹擬先其所急：一曰整頓吏治，二曰造就人才，三曰變通軍制，四曰開濬財源。并臚陳保護教堂、預防教案辦法，請令各州縣將所隸教民姓名丁口，造册申省，編爲教籍，准其一體應試報捐，意在視同齊民，歆動之使不爲惡，以就約束。大旨謂：「團體原宜固結，而斷不可有仇視外洋之心；權利固當保全，而斷不可有違旨背約之舉〔一〕。懲前毖後，四語盡之。」

公感知遇之隆，值此大局日棘，不俟滿假，行風雪中，以辛丑正月十五日達行在。次日召見，兩宫垂述京師及西狩情形，相對泣下。孝欽顯皇后諭曰：「從前李鴻藻説爾好，甚望爾來。」四月，命在軍機大臣上學習行走，派充政務處大臣。公首請廢八股文，大小試均試策論，復開經濟特科；整飭翰林院，課編檢以上官以政治之學；裁汰内外各衙門書吏差役，及一切陋規。四方觀聽，爲之一新。旋充國史館副總裁。六月，詔改總理各國事務衙門爲外務部，班六部上，調公充尚書，授爲會辦大臣。

先是，俄訂密約將成，各國狺狺，勢將有瓜分之禍。中外交章論奏，有詔飭暫停簽。於是全

〔一〕而斷不可有違旨背約之舉：「違旨背約」，《碑傳集補》作「違背條約」。

權大臣李文忠公與江督劉忠誠公、鄂督張文襄公，各有疑誤，互相爭論。公承旨諭解，以爲同一竭忠謀國，何忍自相水火？開誠誠喻，訓辭諄摯。復以樞臣名義，抵書文忠，極言俄之密約、各國之阻力，各以自爲，均非有愛於中國。兩害取輕，惟在全權審慎圖之。文忠乃意移。其後收回東三省，一主此旨。公之規畫外交，務取持重，蓋亦基於是焉。翰林院撰擬御製太白山碑文，不稱旨，命公改擬稱善，慈諭「爾福氣好」，又諭「爾篆書好」，命篆御章，并賞「門有通德」匾額。八月，賞穿黄馬褂，隨扈回鑾，駐蹕開封。上以危局粗定，獎叙出力諸臣，賞加公太子太保銜。公奏：「時局艱難，諸事多宜核實〔二〕。若有濫倖，何以示天下？不獨訾議臣等也。臣到行在最後，無勞可言，請收回成命，以示大公。」不允。一再固辭，乃許之。十一月，兩宫抵京師，賞穿帶膆貂褂。十二月，充路鑛會辦大臣，補授軍機大臣，充經筵講官。壬寅，充祗謁東陵隨扈大臣，兼署左都御史。

公以詞臣驟膺殊遇，又素寡結納，訏謨密勿，温樹不言，不免滋人疑議，致列彈章。公遂疏辭重要差缺，且曰「并非因人言指摘」。奉諭：「該尚書辦事認真，不辭勞瘁，惟當夙夜宣勤，力圖報稱。從來任事之人，不可存引嫌之見。」慈諭慰留，至於涕泣有聲，謂：「予豈不倦勤，汝何

〔二〕諸事多宜核實：「多」，《碑傳集補》作「都」。

忍言去？」公亦感激涕零，至是不敢再萌退志矣。癸卯，充祇謁西陵隨扈大臣、考試試差閱卷大臣、覆閱經濟特科試卷大臣。是科略仿博學鴻詞科例，公綜覈名實，尤用兢兢。九月，詔設財政處於户部，派充會辦財政大臣。公以幣政雜亂已極，與湖督張文襄公往復緘商，試辦一兩銀圓，定爲京平，俾除各省自爲輕重諸弊害，文襄深韙之。卒以劃一中外幣制議不得行。又請禁革各州縣巧立名目苛細雜捐，凡學堂工藝及地方公益事件，官任勸導，悉聽紳民自行籌辦，不准藉端抽派，致滋煩擾。又以雲貴四川土藥蔓延内地，害政厲民，非嚴杜繞匿，不足以寓徵於禁。乃據鐵侍郎良議，會户部商同江廣湖閩八省各督撫，設土膏統捐局於宜昌，奏簡大臣督辦，蕲示制止，漸剷毒根，即以溢收之款，專充練兵經費。先後詔下，商民稱便。又請旨將户部正雜各款專作地方正用，宫内一切用款，儘内務府定例經費，量入爲出，不再撥户部款項，并請裁汰歸并内務府人員，以節冗費而裕度支。言人所不敢言多類此。

乙巳，派充中日議約全權大臣。公手草保全主權十一條，略謂：中國有在滿州自治全權如故，商埠由中國自開，交還營口治權，俄之特别權利均已無存，中國派兵分期填紮各地方，退還强占擅管各權利産業，中國得預參日俄議訂聯絡鐵路章程〔二〕，其他稱是。又聲明旅大以北隙

〔二〕中國得預參日俄議訂聯絡鐵路章程：「預參」，《碑傳集補》作「參預」。

地，中國仍有自治全權，派兵駐扎，他國不得逾界駐兵，或借作戰地，不得在該處設立總督、巡撫等名目；鐵路不得作爲日俄自有之路，另行駐兵，由中國自任保護，不得因路干預民事，不得私占鐵路左右地段。與日使争執數月之久，雖不能盡如初議，而奉天之鳳皇城〔二〕、遼陽新民屯，鐵嶺通江子、法庫門，吉林之省城長春、哈爾濱、寧古塔、琿春、三姓，黑龍江之齊齊哈爾、海拉爾、愛渾〔三〕、滿州里各等處，皆得收回，自行開埠通商，并將撤兵、劃界、礦務、森林事宜，悉心規畫。迄今東三省猶得勉支危局者，皆公力也。

大難甫定，列强狙伺，情見勢絀，公知非變法不足圖存，自請親赴歐美考察政治。將發，上以政府代者難其人，不許。蓋自公入直後，榮文忠公親以筆硯相屬，上甚倚之，故不得行。如是者六七年，每舉大政，詔旨、廷議，條款、約章，無一非出公手；點竄塗改，遺墨零散，無在不見體國之忠。其他碑文、題識、擬題、命名，亦悉以付之。鄉、會、朝、殿各試請派閲卷大臣名單，公以擬題故，輒不開列，其謹如此。是時，中外咸以立憲爲請，公草詔有云：「立憲云者，有上下共守之法律，有君民一體之精神，將與天下更始，斷非一蹴能幾。」又曰：「仿行憲政大權，統於朝廷，

〔二〕　而奉天之鳳皇城：「鳳皇」，《碑傳集補》作「鳳凰」。

〔三〕　愛渾：《碑傳集補》作「愛琿」。

庶政公諸輿論，立國家萬年有道之基。目前規制未備，民智未開，必從官制入手。亟應先將官制議定，次第更張，并將各項法律詳晰釐定，而又廣興教育、清理財政、整飭武備、普設巡警，使紳民明習國政，以預備立憲基礎。俟數年後規模粗具，參用各國成法，妥議立憲實行期限，再行宣布天下。又宣示忠君、尊孔、尚公、尚武、尚實爲教育宗旨，而約之曰愛國即以保家、翼教乃能扶世，合群振武，人人一心，物無棄材，地無遺利，庶幾風俗純美，日臻上理。與民更始，無過於此。」詔下，人心以安。

丙午，以外務部尚書協辦大學士派充總司核定官制大臣。公就釐定官制大臣草案，并各省疆臣條議覆核，請從東三省開辦，以爲各省程式。其次則南北洋等處，交通便利，風氣已開，亦宜及時試辦。一有眉目，各省仿照辦理。并請嚴飭各州縣，痛除隔閡廢弛諸積習，務通下情、蘇重困，啓發顓蒙，以立地方自治基礎。又保送御史，請參酌前明暨國初行取遺法，責成各部院大臣，於京官實缺中書以上、外官實缺州縣以上，及京官候補郎中、外官候補道員，均得擇尤保薦，以廣言路。又將各部院官制分別損益歸并，尚書、侍郎不分滿漢，尚書并充參預政務大臣，并議特設軍諮、審計、資政各府院。奏入報聞，官制命下，中外盛傳中朝將仿東西各國行内閣制，逮奉軍機處一切照舊，無庸復改内閣之諭，已疑公實主持。又故事外務部尚書必以軍機大臣兼充，公得獨留樞垣，勢已孤危，復於其時提北洋第三、五、六鎮陸軍歸部直轄。明年四月，趙侍御啓霖奏參疆臣夤緣親貴，直聲震天下。侍御湖南人，忌者皆指目公。某講官遂摭拾蜚語，媒孽中傷，公遽奉旨開缺回籍，時論争惜之。不五年而大事去矣。大臣用舍進退，國之治亂存亡繫焉，顧不重哉！

公枋政七年，廉正不阿，人莫敢干以私，而於天下才雋，無大小未嘗不默識之〔二〕。士之被其汲引登進，或躐等遷擢至大位，雖不無負公之人，而公固終身不言也。尤矜慎，造膝敷陳，退朝若無事然，雖密親不以告。今兹所舉一二佚聞，皆其孤從手澤中搜求得之，緘識甚密，蓋終公之世，未嘗示人，而後知群疑衆謗，猶得支持維繫，存什一於千百，藎臣之心苦矣。庚辛以後，外患益劇，外務部雖設總理、會辦、王大臣三人，而事皆集於尚書，外人凡所發難，皆賴公搘拄其間，隨事挽救。福陵山前屯紮俄兵甚多，震驚陵寢。公請發國書徑達俄皇，請飭申禁，詞意迫切，旋即移去。其於收回天津地面及關内外鐵路，與夫縮短日俄兩國撤兵期限各節，折衝樂敦，劇費磋磨。及夫日俄釁開，審時度勢，密贊廟謨，宣布局外中立，頒發條規，限制戰地，相機因應，各國皆無異言。英兵入藏，迫脅番衆，立約十條。公以窒礙諸多，有損中國權利，各國將群起辦争，切電駐藏大臣勿與畫押。又請旨另派大員前往另議，改訂六條，稍彌前失。公每嘆國處貧

〔二〕無大小未嘗不默識之：「之」，《碑傳集補》無。

弱，無復公理之可言，然至今仍依據此約，與英使協商，以見公慮事之遠。其他如國際商務、烟禁稅務之屬，亦莫不勉力維持，不令利權盡喪。張文襄公會合廣東、湖南、湖北三省官紳，電商駐美公使，謀廢粵漢鐵路美國合興公司合同，同列不甚措意，公獨從中援助甚力，卒得收回自辦。英使請於長沙城内設立行棧，公根據條約，爲言兩無所利，反覆開喻，英使曰：「公信人也，當不吾欺。」事乃得寢。江西南昌知縣江召棠在教堂被戕，構成巨案。教士、奸民陰持法使所派參贊要挾甚厲。肇康方以臬司奏派查辦，抗論爭執。公屢電指示機宜，不少假借。張文襄公亦密電辨難至再。京朝官持之尤力，垂垂就範。若輩計不得逞，則又密煽法使撤回參贊，盡翻前議，公惟扼腕唶嘆而已。

公務爲遠大，比年來，升孔子大祀，廢文武鄉會試及歲科試，除凌遲、梟示、戮屍諸刑，停止捐納實官。關於學術人心、刑章吏治者，皆務導揚聖德，發攄新猷，天下翕然稱之。兩宫眷注日隆，察典兩交部叙，恩賚便蕃，聯額、字畫、春條、書籍、章篆、朝馬、椅轎、肩輿、拖床、冰床、乘舟，以及金錢、銀兩、文綺、裘葛、紈扇、佩玉、珍玩、藥餌、食品之屬，不可殫述。慈聖特賞御容，尤爲古今所無。公嚮不食肉，一日爲上所知，自後賞飯必爲特設素席，羅列蔬肴。偶患腰痛，賜藥垂問。漢大臣罕有倫比。性素儉約，軺車所至，峻却餽遺；按試府州，臨行點還供張，不令僕從稍有私取；在朝尤嚴却苞苴，雖門生故吏，無敢求請。入值一輿二僕，屏謝警衛。門無雜賓，蕭然斗室，一如書生。官書閑暇，不廢書史。或延攬朝列外吏、名流遺佚，廣求天下利病、民生疾苦，取證政治得失是非，而察吏求才，往往得之邂逅。中外喁喁，想望太平，徒以風節峻厲，獨立無與，動召嫉忮，必排去之而後已。公固早料及此，累疏乞休，至是得反初服，晏如也。

既罷歸，杜門却掃，地方大吏悉謝弗見。築小樓，顔曰「超覽」。嶽麓、湘江在襟袖間，偶與里中故舊臨眺賦詩，不復談天下事。於室東偏建寢廟以祠支祧，籩豆肴俎，一準古禮。主人主婦，盥饋躬親，不懈益虔。先是卸浙學任假歸，已創修族祠，至是續修家乘，購置祭田；又即家設學堂，就肄城居子姓。世父諱元鈞，叔父諱元燦、元蔚，公事之甚謹，遇群從各有恩誼，多助之貲，使得仕進。伯兄鴻勛、仲兄鴻錫，暨諸姊妹，終身友於無間。仲兄官黔中州縣有聲，述職入覲，兩宮知爲公兄，特承恩眷，簡放安順知府。白頭重聚，聯床話舊，依依不能去。猶子無親疏，視之一體。戊申，連遭兩宮大喪，公感切恩知，又念國家多故，朝夕哭臨，涕泗交頤，由是鬱鬱不怡。旋值六十生日，不舉一觴，賦述懷詩四章，油然忠孝之懷，不能卒讀。

辛亥，武昌變作，越十日，長沙繼之。公走寧鄉山中，已復徙家上海。未幾國變，益復不能爲懷。數年來故家遺老，率多歌哭於斯，先後有超社、逸社之集，與十數耆宿發爲詩歌，念念不忘君國。乙卯，歸謁先塋，不見一客，仲兄亦從貴州間關歸，流連信宿，獨造肇康廬，互述亂離遭值，欷歔欲絶，仍即遄回滬上。丁巳夏，偕夫人游西湖。戊午春二月，復同重游，得詩頗多。既反復就近游六三園觀鶴舞，又四日而示疾。又五日，以三月十五日亥時薨於上海寓廬。死生之際，從容如此。豫之六五「貞疾，恒不死」[一]，繫之曰「中未亡也」，公蓋得之。遺疏聞，上震悼，賞給陀羅經被，諭賜祭葬，特謚文慎。恩全終始，公亦可無憾矣。

公承刑部君家學，諸父兄弟相爲切劘，師友皆一時賢士大夫。内行謹嚴，動止以禮，不苟嚬笑，旁無姬妾之奉，笙歌游戲徵逐之場，懸爲厲禁，生平未嘗一與。尤服膺朱子《近思録》、李氏《反身録》等書。學術治行，以鄉先正唐確慎、曾文正爲宗，不標道學幟志。接人一取和愉謙婉，雅意殷拳，見者不自覺肅然敬憚。於書無所不讀，溝通漢宋諸儒學説，發爲文章，典贍淵懿。又究心古今經世有用之書，治忽理亂，探討本末，莫不瀓澈胸臆。於詩導源漢魏，而壹以杜、韓、蘇、陸爲歸宿，故能沈浸醲郁，含咀英華。海上同社諸名賢咸相傾倒，推主壇坫。出爲名相，入亦卓然通儒。獨惜其當國時，外患内訌，倚伏噂沓，已横决不可收拾。然倘使公志得行，無或傾軋周内，整肅朝綱，扶植正氣，建威銷萌，肘腋之患既除，與同列不二心之臣雍容布憲，咸與維新，陸沈之禍，庶幾或紓。此則公十二年中所爲憂心焦思、抑鬱侘傺、忍死到今、終古猶視者也。

公著有《止盦詩文集》若干卷，寫定詩選遺墨四卷，《漢書箋釋》一卷，《汴輶日記》一卷，《浙

〔一〕豫之六五貞疾恒不死：「六五」，原作「六三」，據豫卦爻辭改。

輶日記》一卷，《回鑾蹕路考略》一卷，《聖德紀略》一卷，《直廬紀略》一卷，《恩遇紀略》一卷，《舊聞紀略》一卷；《年譜》一卷，纔及四十三歲，爲公未成之書；其他劄記、雜著，散見巾箱，尚待搜集。元配善化吴氏，河南商邱知縣諱元浩女，贈一品夫人；繼配貴筑傅氏，河南按察使諱壽彤女，封一品夫人，通文史，工漢隸，公視學所在，有所撰識，多夫人書之。子六：宣聰、成官，殤，吴夫人出；宣樸，四品廕生，員外郎，銜分部主事；宣芬，殤；宣治，正一品廕生，吏部員外郎，内閣叙官局行走；宣穎，傅夫人出。治、穎均能以學世其家。女四：一適善化分部員外郎唐植運，前卒；餘先後均殤。孫三，同祖、强立〔一〕、昭旂。孫女五，三、四殤。以己未十月初二日，葬公杭州西湖上扇四圖靈隱石筍峰下之原，庚首甲趾兼卯酉爲塋。

肇康辱公三世雅故，以道義相尚。宣治又第五女夫。公之去位也，并被詞連，同詔罷官，相從患難。撰述之文，義無可辭，爰就其孤最公所遺文字，參以朝報、見聞，粗爲詮次，以備史館及當代能文家之與公夙者甄采。蟄居離群，多所絓漏，於公名德，知無當焉。謹狀。己未閏七月白露後七日，長沙余肇康。

〔一〕强立："立"字原脱。按，瞿宣穎長子名瞿强立，據補。

協辦大學士軍機大臣外務部尚書善化瞿公墓志銘〔一〕

陈三立

公姓瞿氏，諱鴻機，字子玖，號止盦，晚號西巖老人，湖南善化人也。其先出商大夫瞿父。宋有景鴻者，由蜀遷長沙，後復轉徙蘇常間。明洪武間，曰伯福，以神武衛百户世其官。累傳至叔美，縣學生員〔二〕，國初避亂，遂占籍善化居焉。高祖諱應清，府學生員，妣李氏。〔三〕曾祖諱運隆，妣歐陽氏。祖諱岱，博雅精繪事，嘗繪《自濟圖》，并爲其配湯太夫人繪《分燈課子圖》，於公爲祖妣。後公執政時，以二圖進呈，咸邀孝欽太后、德宗景皇帝御筆賜題詩額，恩遇之隆，以擬錢文端母南樓老人且過之。考諱元霖，咸豐辛亥舉人，績學厲名節，與兄元鈞、弟元燦皆爲名孝廉，終刑部主事，妣殷氏〔四〕。四世皆以公貴〔五〕，贈光禄大夫，妣皆贈一品夫人。

公生而端敏，成童畢群經，工文辭。年十七，爲諸生。同治庚午，舉於鄉。明年，成進士，改

〔一〕本篇載《散原精舍文集》卷十，題作「誥授光禄大夫協辦大學士外務部尚書軍機大臣善化瞿文慎公墓志銘」；又收入《碑傳集補》卷二，題作「皇清誥授光禄大夫特謚文慎協辦大學士軍機大臣外務部尚書善化瞿公墓志銘」。

〔二〕縣學生員：《散原精舍文集》無此四字。

〔三〕高祖諱應清府學生員妣李氏：《散原精舍文集》無此十二字。

〔四〕妣殷氏：「殷氏」，《散原精舍文集》作「李氏」。

〔五〕四世皆以公貴：「四世」，《散原精舍文集》作「三世」。

庶吉士。而大教習爲高陽李文正公，獨器公與張文達百熙，密疏并薦其才可屬大事，其後太后終嚮此兩人，不忘文正之言也。德宗登極，光緒之元年，大考翰詹，公以編修名列第二，超擢侍講學士，充日講起居注官，其歲命充河南鄉試正考官。逾一歲，授河南學政。屬晉豫大饑，振撫猶未畢，公疏言：「民者國之元氣，培養之者，州縣吏也，是在朝廷責疆臣，勤擇循良，靖人心，杜隱患。」又疏言：「黄河改道已久[一]，河道總督駐開封，拱手糜鉅費，請裁罷，兼轄於巡撫，如山東故事。」從之。河督之廢，自公建議始。[二]遭母喪，復遭父喪[三]。服闋，入朝，還故官，尋出爲浙江學政。自後一充福建正考官，歷任四川、江蘇學政。二十餘年之間，奉使按試及五行省，所至以研經籍、通時務課士，得人爲盛，而黜供張，[四]絶請謁，嚴止胥役索擾，尤以清德孤操稱天下。

歲甲午，日本有侵朝鮮之役，公初陳「四道出師先幾制敵」之策[五]。及與我戰兵敗，復論劾漁餉械并畏葸潰敗諸將領，請置重典。和議成，又請預建陪都西安，備不測。皆不報。公早負

[一] 黄河改道已久：「黄」，《碑傳集補》無。

[二] 「屬晉豫大饑」至「自公建議始」：《散原精舍文集》無此八十九字。

[三] 復遭父喪：「復」下，《散原精舍文集》有「踵」字。

[四] 「所至以」至「而黜供張」：《散原精舍文集》無「所至以研經籍通時務課士得人爲盛而」十六字。

[五] 公初陳四道出師先幾制敵之策：「陳」，《碑傳集補》作「呈」。

公輔之望，識議開朗，而意度温温，喜怒不輕形顔色，嗜學稽古，達於治體。〔二〕其視學江蘇也，已累遷至禮部右侍郎，復由左都御史擢工部尚書，將受代，畿輔亂作，鑾駕西幸。公痛憤條列「救時之急」四事上之。旋犯風雪抵行在所，兩宫召見，相向涕泣，太后徐曰：「望爾爲分憂久矣。昔李鴻藻盛稱爾也。」〔三〕遂命軍機大臣上學習行走，充政務處大臣、國史館副總裁。既改總理衙門爲外務部，班列六部上，特調公尚書〔三〕，授爲會辦大臣。還蹕京師，充會辦路礦大臣，補授軍機大臣，充經筵講官，署左都御史，充會辦財政大臣，兼署吏部尚書，尋以外務部尚書協辦大學士充總司核定官制大臣。公内贊密勿、外綜繁劇，環而待决者集如蝟毛，最以助成還粤漢鐵路〔四〕、升孔子大祀、廢科舉、止捐納，除凌遲、梟示、戮屍諸刑，爲世所快。三十一年，充中日議約全權大臣。先是，海外八國之師犯闕下，遼瀋諸邊漸爲日俄所侵據，迨日俄約成，勢益固。公務復收自主權利，立科條十一，示表的，與日使辨争迄數月，〔五〕雖未盡如初議，然滿蒙東三省猶得

〔二〕「歲甲午」至「達於治體」：《散原精舍文集》無此九十六字。
〔三〕「太后徐曰」至「盛稱爾也」：《散原精舍文集》無此十九字。
〔三〕特調公尚書：「公」下，《散原精舍文集》《碑傳集補》有「任」字。
〔四〕最以助成還粤漢鐵路：「還」下，《散原精舍文集》有「我」字。
〔五〕「先是」至「與日使辨争迄數月」：自「先是」至「與日使」，《散原精舍文集》無此四十九字。

有迴旋之地，相保支危局，公之力爲大。

公起儒生，以廉樸謹慎被蒙渥眷，頒賜絡繹尤逾等。值樞庭六七載，凡詔旨、條例、約章，類無一非出公手，殫忠竭慮，夙夜劬瘁〔一〕。當是時，方圖變法，中外争以立憲之説進。公爲首定官制，一切審先後緩急，持重推施，而調護骨肉，正朝廷，維政本，所繫益鉅。積誠諷諫，陰陽闔開，所賴以轉移補救，殆匪偶然。公終秘不自言，而世亦莫得而知也。初，某親貴害公之寵，復憚公不可私撓，久思中傷公。會趙御史啓霖彈疏有賄獲黑龍江巡撫者，事連某親貴父子，趙爲公鄉人，益側目。於是嗾言官掇蜚語上聞，公果用孤立罷。及公歸未五稔，武昌變起，萬方瓦解，而國事已不可爲矣。識者謂使公猶執政如故，即事勢流極，無能驟挽，必不致大難方興〔二〕，控制失措，援引巨憝〔三〕，自速傾覆。嗚呼，天實爲之，此公所飲恨灑泣，垂死而不忍回顧者也！

始避兵窮山中，旋走上海，居久之，结儔輩寄諸吟詠寫幽憂，公之詩遂稍富而益工，而上海羈人故老，亦依公(昫)［煦］濡以自遺。〔四〕戊午三月十五日，得疾薨，春秋六十有九。遺疏聞，賞

〔一〕殫忠竭慮夙夜劬瘁：《散原精舍文集》無此八字。
〔二〕必不致大難方興：「致」，《散原精舍文集》作「至」。
〔三〕援引巨憝：「援」，《散原精舍文集》作「接」。
〔四〕「而上海」至「以自遺」：《散原精舍文集》無此十五字。

給陀羅經被，諭賜祭葬，予謚文慎。著有《止盦詩文集》若干卷，寫定詩選四卷，《漢書箋釋》一卷，奏議若干卷，《回鑾蹕路考略》《聖德紀略》《直廬紀略》《恩遇紀略》《舊聞紀略》各一卷。〔二〕配吴夫人，商邱知縣同縣元浩女〔三〕；繼配傅夫人，河南按察使貴築壽彤女〔三〕，通文史，工漢隸，賢而習勤，公以不憂其家。子六人：宣聰、成官、宣芬，均殤；宣樸，四品廕生，員外郎銜，分部主事〔四〕；宣治，正一品廕生，吏部員外郎，内閣叙官局行走〔五〕；宣穎。女四人，殤其三，其一適縣人分部員外郎唐植運〔六〕，前卒。孫三人。其孤以己未十月初二日〔七〕，葬公杭州西湖上扇二圖靈隱石筍峰下之原，庚首甲趾兼西卯爲塋，〔八〕屬狀督銘。三立懷賢撫運〔九〕，綴公所遭，繫於國故，有餘痛焉。其階序謨績，備余君肇康所爲狀，不具列。銘曰：

〔二〕「漢書箋釋」至「各一卷」：《散原精舍文集》「漢書箋釋」在「奏議若干卷」之前，下無「一卷」二字，又無「舊聞紀略」。

〔三〕商邱知縣同縣元浩女：《散原精舍文集》無此九字。

〔三〕河南按察使貴築壽彤女：「女」下，《散原精舍文集》有「也」字。

〔四〕分部主事：《散原精舍文集》無此四字。

〔五〕内閣叙官局行走：《散原精舍文集》無此七字。

〔六〕其一人適縣人分部員外郎唐植運：「分部員外郎」，《散原精舍文集》無。

〔七〕其孤以己未十月初二日：「初」，《散原精舍文集》無。

〔八〕「其孤」至「爲塋」：「西湖上扇二圖靈隱」「之原」「庚首甲趾兼西卯爲塋」，《散原精舍文集》無此十九字。

〔九〕三立懷賢撫運：「三立」，《散原精舍文集》無。

業業儒臣，秉資英特〔一〕。始躍鵷行，輝我邦國。軺傳四馳，增閲年歲。酌古緯今，滋溉多士〔二〕。刮絶弊害，屏彼供張。問俗南紀，清風爛翔。謨謀入告，驛館視草。文武之略，相攄偉抱〔三〕。禍盈蹷甸，乘輿既西。麻鞵孤對，泣肩艱危。重瞻廟庭，倚奠九有。旋斡彌縫，盡瘁禦侮。怪變萬趨，導挽就軌。寵眷猥加，斥以讒毁。大命隨傾，孰致孰爲。仳離故相，假息海限。聲詩低昂，紛雜涕洟。终訴煩冤，魂峙帝右。貙刻靈巖，遺烈不朽。

〔一〕秉資英特：「特」下，《散原精舍文集》有「履度温純，不溢言色。公輔夙望，雅詁達識」十六字。

〔二〕滋溉多士：「滋」，《散原精舍文集》作「溢」。

〔三〕相攄偉抱：「相」，《碑傳集補》作「粗」。

碑傳集三編卷四　部院一

温汝适

温汝适傳[一]

《廣東通志》

温汝适，字步容，一字箕坡，順德人。質穎異，九齡解作史論。年十六，領乾隆庚寅鄉薦。甲辰，成進士，改庶常，授編修。丁巳，入直上書房，擢贊善，再擢洗馬、侍講、侍讀、左右庶子，遷國子監祭酒、太僕寺少卿、通政使，歷典廣西、四川、山東鄉試，督學陜甘，尋升副都御史。己巳，監臨京兆試，臨場條陳，降補太僕寺卿，旋復副都御史。癸酉，擢兵(郎)[部]右侍郎。甲戌，以母老，予告南歸。未幾，居母憂，哀毁成疾。及痛聞仁宗睿皇帝升遐，急奔赴，扶病就道，兼程進發，卒於江西吉安舟次，年六十有七。上聞憫恤，賜其子舉人承悌進士，士論榮之。

[一] 本篇載道光《廣東通志》卷二八七。

汝适視學陜甘時，以甘肅寫遠，藏書絶少，乃厚捐俸貲，多購善本，置書院中，藉廣諸生見聞。奉命讞獄天津，未嘗有所操切，而奸宄潛戢。戊辰、己巳間，粤洋不靖，汝适即聞見所及，剴切陳奏。生平無他嗜好，惟多蓄書，公餘以書史自娱。著有《曲江集考證》二卷，《曲江年譜》一卷，《携雪齋詩鈔》六卷、《文鈔》二卷；其未梓者，《咫聞録》二卷，《韻學紀聞》二卷，《日下紀游略》二卷，藏於家。

又[一]

《順德龍山鄉志》

温汝适，生有異質，少而端凝，肆力問學，能文。自翰林入直上書房，累官至兵部右侍郎。居官勤慎，每入對輒有所陳，皆切中民瘼。嘗奉命偕刑部侍郎克登額，出讞福建海船水手蘇花臉等「私藏器械，擾害地方」，訊實按律懲治。旋有山東日照縣民馮愛，控弟婦馮厲氏糾母族多人毆斃其弟馮爰，仍命汝适等往按之。訊實馮厲氏之弟厲廷選「起意糾毆」，「馮厲氏未即喊

[一] 本篇載民國《順德龍山鄉志》及《龍山鄉志稿》。本書所收較原書删略較多，兹不出校，將《龍山鄉志稿》録文附後。

救」，俱問擬如律。

先是，嘉慶甲子，海盜日漸猖獗，鹽田海運者，額設局艚二百七十有奇。至是汝适奏陳海盜情形，謂「劫大洲場燒船六七十，搶電白港船七十餘、水東船二十餘」，語多剴切。其後遂有陸運之議。

戊辰，暎夷窺西洋夷弱，駛兵舶入澳門，欲奪而居之。時總督稍事因循，汝适言：「暎夷但恃大炮巨艦，實不諳戰。使募鑿其船，或絶其薪米，皆足制勝，畏葸反爲所輕；宜聲其帶兵擅入之罪，厚集兵力，驅之必去。」已而果然。己巳，海盜以嚴斷接濟失食，撲入内河。又言：「斷内匪之接濟，必先行保甲。使鄉自編查，則接濟自絶。沿海臺兵，因分見少，必隨鄉大小，自爲團練，使與臺汛互爲聲援。師船脆小難用，當因地制宜，勿拘成見。炮臺今昔不同，勢難處處改建，宜擇要隘，添設碉樓。」皆下疆臣議行，剿撫并施。逾年，匪勢窮蹙，日就肅清。以母老乞終養，瀕行，叠蒙温諭。

抵家，會西潦爲灾，順德南海村落多恃桑園圍捍障，而圍基適在南地，壞則南圍南修。汝适以順民故在圍中，廣勸同縣輸資協濟。言於當事，奏借帑金八萬，生息爲歲修資。兩縣田廬，咸利賴焉。縣志注：嘉慶二十年，奏准借帑八萬，發當商生息，歲得銀九千六百兩，以五千還帑，以四千六百備歲修，俟還足即以息項全資修費。如歷年存貯歲修本款息銀不敷動支，先於藩庫籌項借給，續收歲修息銀歸補。如工程過多，借項未便久懸，應酌定年限，除續收歲修歸補若干外，餘銀仍由該園分年按糧攤徵歸款。

進士。既而丁内艱，哀毁成病。聞睿皇賓天，力疾奔赴，至江西吉安遽卒。奉諭賞給子舉人承悌

文俊擢官侍郎，召見時，猶蒙垂諭，稱其品學兼優，追悼者久之。汝适於嘉慶年間在上書房曾侍宣宗成皇帝藩邸書帷，時有啓沃。殁後二十餘年，同郡羅

皆端士，以大興朱文正、河間紀文達爲師資，故學問深邃。居恒無他嗜好，惟以書卷自娱。汝适久居都門，不尚聲氣，所交

既多，皆處之翕然，各選刻其詩爲家集。入祀郡邑學鄉賢祠。昆弟

温汝适父賢超　弟汝遵

温汝适，字步容，號筼坡，小陳涌人。天詔孫。父賢超，字登于，號義窓。少好學，工詩文，隨父天詔官都門，游太學，歷試不售，歸而闢園於鼇溪之西，曰柳塘。延名師教諸子，以孝友稱。歲捐米數百石賑其族，并詳爲立法，俾行久遠。邑學壞，倡修萃力。士夫登堂，捧觴爲壽。乾隆壬子卒，年七十八。子九人。

汝适生有異質，少即端凝，肆力問學，能文詞。年十六，領乾隆庚寅鄉薦。甲辰，成進士。改庶常，授編修，入直上書房，擢贊善、洗馬、侍講、侍讀，轉左右庶子，遷祭酒、太僕、少卿、通政

使。歷典廣西、四川、山東，得士多通顯。督學陝甘，屏絶供應。故事，童試補弟子員有贄禮，悉革之。以地處僻遠，士不知書，捐購經史善本置之書院，便多士誦讀。尋遷副都御史。己巳，監臨京兆試，臨場條陳，降太僕卿。旋復副憲。癸酉，擢兵部右侍郎。

汝适居官勤慎，朝中號正人。每入對輒有所陳，皆切中民瘼。嘗奉命偕刑部侍郎穆克登額，出讞福建海船水手蘇花臉等「私藏器械，擾害地方」，訊實按律懲治。旋有山東日照縣民馮愛，控弟婦馮厲氏糾母族多人毆斃其弟馮爰，仍命汝适等往案之。訊實馮厲氏之弟厲廷選「起意糾毆」，「馮厲氏未即喊救」，俱問擬如律。

先是，嘉慶甲子，海盜日漸猖獗，鹽由海運者，額設局艚二百七十有奇。至是汝适奏陳海盜情形，謂「劫大洲場燒船六七十，搶電白港船七十餘、水東船二十餘」，語多剴切。其後遂有陸運之議。

戊辰，𠸄夷窺西洋夷弱，駛兵舶入澳門，欲奪而居之。時總督稍事因循，汝适言𠸄夷但恃大炮巨艦，實不諳戰，使募鑿其船，或絶其薪米，皆足制勝，畏葸反爲所輕；宜聲其帶兵擅入之罪，厚集兵力，驅之必去。已而果然。己巳，海盜以嚴斷接濟失食，撲入內河。又言斷內匪之接濟，必先行保甲，使鄉自編查，則接濟自絶。沿海臺兵，因分見少，必隨鄉大小，自爲團練，使與臺汛互爲聲援。師船脆小難用，當因地制宜，勿拘成見。炮臺今昔不同，勢難處處改建，宜擇要隘，添設碉樓。皆下疆臣議行，剿撫并施。逾年，匪勢窮蹙，日就肅清，以母老乞終養。瀕行，疊蒙温諭。

抵家，會西潦爲災，順德南海村落多恃桑園圍捍障，而圍基適在南地，壞則南圍南修。汝适以順民故在圍中，廣勸同縣輸資協濟，言於當事，奏借帑金八萬，生息爲歲修資。兩縣田廬，咸利賴焉。縣志注：按，此圍跨連數縣，而在南海者爲至多，在順德者爲至少。西岸，東北自南海三水交界飛鵝山下之馬蹄圍，南而海舟，凡四越小山，至鎮海河清九江之西，又越象蚌等三小山至龜岡一帶山嶺，復自九江之南黿背山下至分界樹折而東，即順德之甘竹堡。其東岸，自南海仙萊鄉南越矖網整，經民樂至沙頭，即順德之龍江堡，名河澎圍。盡於高桑地稍東，即水藤堡，而龍山堡即在其西南。蓋圍基雖在南海，而龍江、龍山實居圍之腹心。歲當西潦至，一切察看搶修，皆恃於近圍基村堡，而居腹内者力無從施，一有衝決，轉瞬波及，無可措手。故龍江、龍山地稍低窪者，必築樓以備，避水之具亦時時預蓄之。先是，圍基不入縣境，舊持南圍南修之説，遇堤壞即由決處修復，力薄，工不能固，輒復坍陷。自汝适捐修，均諸圍内，又言於大吏。嘉慶二十年，奏准借帑八萬，發當商生息，歲得銀九千六百兩，以五千還帑，以四千六百備歲修，俟還足即以息項全資修費，可謂一勞永逸。惟繳存官庫，縉紳無請行歲修之舉，於是當事者或移充捕費。道光十三年冲決，奏請在堤岸歲修項内支用。二十年，侯官林文忠督兩廣，知侍郎入祀府學之由端在於此，時方海夷多故，猶令首縣查開存項，將籌爲經久之法。未幾受代以去，事遂中止。今纂入省例云，如歷年存貯歲修本款息銀不敷動支，先於藩庫籌項借給，續收歲修息銀歸補。如工程過多，借項未便久懸，應酌定年限，除續收歲修歸補若干外，餘銀仍由該圍分年按糧攤徵歸款。

既而丁内艱，哀毁成病。聞睿皇賓天，力疾奔赴，至江西吉安遽卒。奉諭賞給子舉人承悌進士。汝适於嘉慶年間在上書房曾侍宣宗成皇帝藩邸書帷，時有啓沃。歿後二十餘年，同郡羅文俊擢官侍郎，召見時，猶蒙垂諭，稱其品學兼優，追悼者久之。汝适久居都門，不尚聲氣，所交皆端士，以大興朱文正、河間紀文達爲師資，故學問深邃。居恒無他嗜好，惟以書卷自娱。昆弟既多，皆處之翕然，各選刻其詩爲家集。著有《咫聞録》二卷、《曲江集考證》二卷、《曲江年譜》一卷、《携雪齋詩鈔》八卷、《文鈔》三卷、《韵學紀聞》二卷、《日下紀游略》二卷。祀郡邑學鄉賢祠。

弟汝遵，字旋矩，號竹堂。事母孝，代兄理家務。汝适入直内廷，出奉使命，在公日多，汝遵晨夕不離母側。母年老安居京邸，忘鄉土之遥。賦性明敏，汝适嘗與其議鄉族諸事，悉得其宜。故其殁爲詩哭之，有「才能助我」句。屢躓京兆試，援例官詹事府主簿。公暇嗜學，於一切紛華靡麗皆不顧，惟好吟咏，嘗與都中士大夫唱和，爲時所稱。著有《竹堂詩鈔》。汝遂、汝述自有傳。國史本傳、阮《通志》、府志、縣志。

縣志：按，南海吴榮光撰墓志云：嘉慶乙丑之秋，海盗入擾順德、香山沿海村落。榮光陳之公，繼具摺。據《海防彙覽》，洋匪撲入順德内河，因己巳年總督百齡至首斷接濟；乙丑但游奕外洋，間擾香山海濱而已。奏覆局艚被劫，尚在丙寅吴熊光督粤時，先一年總督那彦成奏鹽務與現年不符，已奉旨諭，及汝适條奏鹽船事。是乙丑之奏，洋匪尚未入内地也。墓志又云後洋盜劫掠，剴切摺陳，正入内地後。吴憶叙偶誤耳。

程恩澤

程侍郎遺集序〔一〕

張穆

先大父宰歙，遍交其邑之名儒，而户部侍郎春海程公之考蘭翹學士〔二〕，特爲大父所賞拔〔三〕。不數年，諸經注疏皆精熟，爲文灌辟精粹，試必冠曹。舉乾隆丁酉拔貢〔四〕，連掇巍科。僕直内

〔一〕本篇載《㐆齋文集》卷三，又載《程侍郎遺集》卷首，均題作「程侍郎遺集初編序」。

〔二〕而户部侍郎春海程公之考蘭翹學士：「户部侍郎」，《㐆齋文集》《程侍郎遺集》無。「學士」下，《㐆齋文集》有「以僮子從公，後肄業斗山亭」，《程侍郎遺集》作「以僮子從父，後肄業斗山亭」。

〔三〕特爲大父所賞拔：「所」，《㐆齋文集》《程侍郎遺集》無。「賞拔」下，《㐆齋文集》《程侍郎遺集》有「學士家極寒，大父召入署，躬督教之，衣食視諸子」。

〔四〕舉乾隆丁酉拔貢：此句下，《㐆齋文集》《程侍郎遺集》有「入成均」三字。

廷，聲望斐然。顧艱於嗣，晚乃誕公。公丰儀玉映，父母珍若連城。七歲就傅〔一〕，曹顧厓少宰同邸〔二〕，每抱持公，問以書，不能答，則遍檢奥僻之字相詰難〔三〕。蓋好奇不群，幼性爾也。比學士卒於山東學政任所，公年十有一矣〔四〕。已而先君子會試入都，見學士舊僕，訊以門户近況，則言公子發憤力學，入邑庠，大被宗師賞異。出應試，小賦名雋綺麗，嘆爲絶倫。逮乙丑再赴禮部試，公亦偕計吏來京師，風雅淹博，輦下共推爲才子。又越七年，遂與先君子同舉進士，入翰林。公嘗贈穆詩曰：「君祖授我嚴，獎誨若子姓。君嚴我同譜，欣契挫其敬。」蓋實録云。

公負奇氣，博觀强識〔五〕，於經訓史策、天象地輿、金石書畫、壬遁太乙、脉經格學，莫不窮極

〔一〕　七歲就傅：此句下，《月齋文集》有「每日讀書不過二時，而寒燠晦霾、氣候乖舛，皆輟課」，《程侍郎遺集》「乖舛」作「失和」，餘同。

〔二〕　曹顧厓少宰同邸：《月齋文集》《程侍郎遺集》作「曹顧厓少宰，大父庚寅分校南闈所得士也，時官侍講，先君子從之游，與學士同邸」。

〔三〕　則遍檢奥僻之字相詰難：「奥僻之字」，《月齋文集》《程侍郎遺集》作「奥僻不經之字」。

〔四〕　比學士卒於山東學政任所公年十有一矣：《月齋文集》《程侍郎遺集》作「比學士卒於山東學政任所，高宗純皇帝特簡歙人之官清要者，俾往經紀其喪，因以少宰嗣司校事。少宰延先君子同往，至則爲庀其行篋，握公手送之登車，年十有一矣」。

〔五〕　博觀强識：「識」，《月齋文集》《程侍郎遺集》作「誦」。

要眇，究析發皇之，而精神所到，卓絶岸異〔一〕。必然可傳於後者〔二〕，則其有韻詩文也。詩初好温、李，年長學厚，則昌黎、山谷，兼有其勝〔三〕。穆於癸巳春初侍公直園〔四〕，情好之洽，久愈摯〔五〕。更嘗請公自訂其詩，公曰：「吾詩險而未夷，能飛揚而不能黯淡，思力所及者，腕每苦其不隨。更讀書十年，殆可相質耶？」嗚呼，孰意所業之遂止於斯歟！

丁酉夏，穆將歸應鄉試〔六〕，公置酒相餞，漏過午，拳拳不放别。乃穆甫出都門，公遽感暑疾，久不瘳。祁淳甫尚書日往省之〔七〕，遺言乞儀徵相國銘其墓，而尚書書之。次年，穆將南游，迂道入京師哭公。公子德威以遺稿相授〔八〕，塗乙潦草，首尾多不完，或篇題殘挩，乙酉以前之作竟無

〔一〕 卓絶岸異：《月齋文集》作「冠絶一時」。

〔二〕 必然可傳於後者：「必然」，《月齋文集》作「卓然」。

〔三〕 兼有其勝：此句下，《月齋文集》《程侍郎遺集》有「又際會清宴，無金革流離之事傷其耳目，故形之篇咏者，率排奡妥帖，力健聲宏，琅琅乎若鸞鳳之嘯於穹霄也」。

〔四〕 穆於癸巳春初侍公直園：「癸巳」下，《月齋文集》《程侍郎遺集》有「之」字。

〔五〕 久愈摯：此句下，《月齋文集》《程侍郎遺集》有「不三五日，必召過飲，投巾振袂，談議交錯，寒士之被禮者殆無與比」。

〔六〕 穆將歸應鄉試：此句下，《月齋文集》《程侍郎遺集》有「行有日矣」。

〔七〕 祁淳甫尚書日往視之：「淳甫」，《月齋文集》作「叔穎」，《程侍郎遺集》作「淳父」。此句下，《月齋文集》《程侍郎遺集》有「沈頓之頃，尚以穆試事爲念」。

〔八〕 公子德威以遺稿相授：「公子德威」，《月齋文集》作「公子儀孝廉」。

一字存。疑公尚有清本，藏之别笥，德威未檢獲也〔一〕。謀更事搜采成完帙，荏苒未遑，而德威又以措交庫款赴粤東，卒於劉仲寅觀察署中。觀察名晸昌，公視學貴州所拔貢生，公殁後，所以賙恤其家者有加。德威卒，命其弟送柩返歙，買山營壙，并葬公及金夫人兩世三棺。其孤孫嫠婦之寄寓京師者，則祁尚書爲經營擁樹之。觀察又議以幼女妻德威之子，而娶其女爲己子婦，迎公全家入黔，相依以久。嗚呼！師恩友誼，人有同情。當公賓客填咽之時，詎知身後巨卿乃此兩人哉？〔二〕今春〔三〕，尚書謀刻其遺集〔四〕，曰：「以此爲初編，續有裒録，補梓易耳。」穆既恐殘斷之稿并歸蓋落〔五〕，乃偕公門人何編修紹基〔六〕，排比爲賦一卷、詩四卷；又凡稿之失題者〔七〕，及詩餘、試帖，共爲一卷；碑志、哀誄、駢儷、雜著之文五卷，總題曰《程侍郎遺集》，而叙其緣起如此，

〔一〕德威未檢獲也：「德威」，《月齋文集》作「子儀」。下文「德威」，《月齋文集》皆作「子儀」。

〔二〕乃此兩人哉：此句下，《月齋文集》有「穆幼聞先君子之所以稱公者，長而公之相待略如大父之待其先德，知己之感，永永弗諼也。儀徵志文久已刊行」，《程侍郎遺集》無「儀徵志文久已刊行」，其餘同《月齋文集》。

〔三〕今春：《月齋文集》《程侍郎遺集》作「今年春」。

〔四〕尚書謀刻其遺集：《月齋文集》作「尚書念公雖葬，而臨終相托之意不可孤，屬穆爲購石材，書丹勒之，并刻其遺集」。

〔五〕穆既恐殘斷之稿并歸蓋落：此句下，《月齋文集》《程侍郎遺集》有「又懲夫嫁名僞譔者之厚誣公也」。

〔六〕乃偕公門人何編修紹基：「乃」，《月齋文集》作「爰」。

〔七〕又凡稿之失題者：「稿」下，《月齋文集》《程侍郎遺集》有「艸」字。

以訓公知，兼志余痛云。道光二十五年三月[一]。

龍泉寺檢書圖記[二]

何紹基

歙縣少司農師程公既卒之明月，儀徵相國師阮公約同人集龍泉寺，檢其遺書。先一日，基以告於公之孤德威，德威泣而言曰：「先公於辨論經史六書古義及天文地志札記最夥，詩古文詞亦爲之甚勤，顧不自存省，其僅未散失者，雜置書簏中，往往無首尾題識。它日從容整理，稍就次第，當乞阮公鑒定。今苫凷迫促未遑也。顧辱公及諸君子存録之盛心，不可以負，有《戰國策地名考》二十卷，移寫粗畢矣。德威斬焉衰絰，不敢躬詣，明日將浼宗人鎮北先生持正於阮公[三]。」

同人既集，鎮北持書來，公披繹久之，嘆曰：「疵纇有未滌者，然既博且精矣。聞尚無副墨

[一] 道光二十五年三月：《月齋文集》作「道光二十五年三月既望序」，《程侍郎遺集》作「道光二十有五年端蒙大荒落三月既望平定張穆序」。

[二] 本篇載《東洲草堂文鈔》卷四，又附録於《程侍郎遺集》卷首張穆序後。

[三] 明日將浼宗人鎮北先生持正於阮公：「生」，《東洲草堂文鈔》無。

本，余雖欲爲審訂〔一〕，未忍遽携去〔二〕。」屬鎮北還於其孤〔三〕，且謂曰：「諸君其急爲校讎，使無遺憾。余雖老，幸及爲覆視而弁言以行。胡朏明《禹貢錐指》、全謝山《地理志稽疑》，後此其盛業矣。并其它著作，當成大集，司農其可以不朽。」

烏乎！京師才士之藪，魁儒碩生，究樸學能文章者，輻湊鱗比〔四〕。至於網羅六藝，貫串百家，又巍然有聲名位業，使天下士歸之，如星戴斗，如水赴海〔五〕，在於今日，惟儀徵及司農兩公而已。〔六〕司農年不中壽，遽歸道山。儀徵公年逾七旬，神明不衰，且勤勤焉檢其遺書，流連而太息之。噫！資禀之異〔七〕，學術之大，精神意量包涵斟挹之閎且遠，司農視儀徵亦幾如驂之

〔一〕余雖欲爲審訂：「訂」，《東洲草堂文鈔》作「定」。

〔二〕未忍遽攜去：「攜去」，《東洲草堂文鈔》《程侍郎遺集》作「攜持去」。

〔三〕屬鎮北還於其孤：「北」，《東洲草堂文鈔》無。

〔四〕輻湊鱗比：《東洲草堂文鈔》《程侍郎遺集》下有「日至有聞」四字。

〔五〕如水赴海：「海」，《東洲草堂文鈔》作「壑」。

〔六〕惟儀徵及司農兩公而已：此下至「遽歸道山」，《東洲草堂文鈔》《程侍郎遺集》作：「然儀徵以文章經術，受三朝殊遇，敭歷封圻，入躋宰輔，儒生勳績，彪炳人寰。司農繼先公蘭翹少宗伯後，兩世入直書房，督學典試，頻膺使命，嚮用甫殷，迄未足以行其志。儀徵公所著《研經室集》《十三經校勘記》等書，手付剞劂。又刻《宋本十三經注疏》《皇清經解》諸巨册，普惠天下學者。司農則詩文各種既未寫定，即此二十卷成書，亦未知付刊何日。儀徵公久得末疾，日有歸志。承學之士，謂京師中儒林祭酒，繼儀徵者惟司農。乃司農年不中壽，偶攖濕疾，遽歸道山。」「少宗伯」，《程侍郎遺集》作「學士」，其餘同。

〔七〕資禀之異：「資禀」，《東洲草堂文鈔》作「秉資」，《程侍郎遺集》作「資秉」。

靳〔二〕。信屈殊勢，豐嗇殊形，修短異數，如是其不相侔也，豈非天哉！〔三〕

儀徵少年通籍，早負隆譽。由乾隆至道光，六十年間，海内覃經講學之儒，皆其先後所師友，或其門下士，或其再傳弟子〔三〕。司農之起，後二十餘年，乾隆時老師宿儒，未及見者已多矣。然基處京師所及交〔四〕，若劉丈申甫、潘丈少白、陳丈碩士〔五〕、陳秋舫、龔瑟人、魏默深、陳碩甫、江鐵君、徐廉峰、管異之、陳東之、徐君青、鄭浣香〔六〕、俞理初、羅茗香〔七〕、汪孟慈、陳頌南、張彦惟〔八〕、許印林、張石州、沈子敦、黄蓉石諸君〔九〕，大抵皆兩公所識習而矜賞者也。基自爲弟子員，出司農之門。及成進士，改庶常，儀徵公實爲館師。兩公居相鄰，基與瑟人、孟慈、頌南諸君，過從游侍，蹤迹輒相屬。今司農已矣，儀徵既告歸邗上，文選一樓，如靈光魯殿。因念基所及交諸

〔一〕司農視儀徵亦幾如驂之靳：「靳」下，《東洲草堂文鈔》《程侍郎遺集》有「矣」字。
〔二〕豈非天哉：《東洲草堂文鈔》《程侍郎遺集》作：「豈非天哉！豈非天哉！」
〔三〕或其再傳弟子：「或」上，《東洲草堂文鈔》有「又」字。
〔四〕然基處京師所及交：「基」下，《東洲草堂文鈔》《程侍郎遺集》有「久」字。
〔五〕陳丈碩士：《東洲草堂文鈔》無。
〔六〕鄭浣香：《東洲草堂文鈔》作「鄭芷香」。
〔七〕羅茗香：《東洲草堂文鈔》無。
〔八〕張彦惟：《東洲草堂文鈔》作「張彦遠」。
〔九〕張石州沈子敦黄蓉石諸君：《東洲草堂文鈔》作「沈子敦、黄蓉石、張石州諸君」。

君者，前後數十輩，或既逝且老，其尚未至於此者，或浮沉郎署，或留滯公車，或泛濫江湖。如有著述，早付殺青，天時人事，茫茫汗汗，知誰爲後死，檢其遺書者哉〔一〕？讀斯圖，不禁爲吾師雪涕向天，深悲之而復幸之也。

謹按：程恩澤，《清史稿》有傳，惟甚簡略。阮文達公撰墓志銘，繆篡已載。張序、何記二篇尤詳，爰補録之。

張祥河

張祥河傳〔二〕

國史館傳稿

張祥河，江蘇婁縣人。嘉慶二十五年進士，以内閣中書用。道光四年，補官，充軍機章京。七年，升户部主事。八年，充福建鄉試副考官。十年七月，《平定回疆方略》書成，祥河以纂修官

〔一〕 檢其遺書者哉：「檢」上，《東洲草堂文鈔》《程侍郎遺集》有「當」字。

〔二〕 本篇載《清史列傳》卷四六。

得旨「以員外郎遇缺奏補」。八月，補員外郎。十月，升郎中。十一年，京察一等，記名以道府用。八月，充順天鄉試同考官。十二月，授山東督糧道。十七年，擢河南按察使。旋丁父憂。二十年，服闋，授河南按察使。二十一年，署布政使。二十二年，祥符大工合龍，祥河以總理錢糧，又率屬捐貲，下部優叙，并賞戴花翎。二十三年，捐助南河工需銀五千兩，復以河南省自二十一年被水，始終其事，先後下部優叙。二十四年，升廣西布政使。二十五年，丁母憂。二十八年，服闋。二月，授甘肅布政使。十二月，擢陝西巡撫。二十九年，捐備江蘇振銀，賞加五級。時西安、同州等府有佩刀匪徒擾害閭閻，祥河飭屬拿獲一百五十名，奏聞，上嘉之。三十年正月，以前在甘肅藩司任内督辦清查舛錯，鐫級留任。

文宗顯皇帝御極，應詔陳言：「一，述祖德。宜纂成簡編，以資觀法。我朝文德武功，超越前古，載在《聖訓》者，卷帙浩繁，士民末由仰窺。應請編纂成書，頒示朝野，俾得家置一編，熟諳掌故，咸仰列聖創業之艱難，守成之不易。凡用人行政，一切因革損益，釐然畢具，足爲萬世之觀法矣。一，守成法。宜慎選群言，以杜更張。我朝立法詳備，相繫相維，求治者率由舊章，無須別創新法。方今詔開言路，言之可備采擇者固多，其不克施行者亦復不少。總之，法莫善於遵守，政無取乎紛更，惟在一人之乾斷獨裁焉。一，勵官方。宜復舊制，以杜倖進。内閣爲絲綸之地，學校爲教化所關。今以生員充中書、教官，漫無區别。請敕部更正，中書不由舉人捐者，改爲中書科中書，教職不由廩貢捐者，以佐雜改補。俾示界限而復舊制，庶清班不致溷淆，而課士尤昭鄭重矣。一，厚民生。宜加恩施，以孚衆望。查直省民欠，自道光二十年蠲免後，計期已及十年，其間展緩帶徵，無力輸將者甚多。可否敕部覈議，因灾民欠，實屬力不能完者，優予豁免，以沛皇仁而蘇民困。至東南漕務勒折浮收諸弊，應請重申巽命，不憚誥誡之煩。又西北開墾，頗爲民累，請寬展期限，確查試種無效者，概免升課，庶民力可紓而民望大慰矣。」疏入，報聞。

咸豐二年〔一〕，奏請將原任陝西巡撫林則徐入祀名宦祠，從之。九月，粤西會匪竄擾湖北，祥河奏言：「興安一帶毗連楚境，應舉行團練，擇要防堵。惟鄉勇良莠不齊，易聚難散，不如力行保甲，爲緝奸良法。」上韙其言。三年，召來京。四年三月，授内閣學士，兼禮部侍郎銜，署吏部右侍郎。四月，實授。十月，賜紫禁城騎馬。十一月，轉左侍郎。五年，提督順天學政。六年正月，因病開缺回京。三月，署刑部左侍郎〔二〕。

七年，奏於本籍捐置義田千畝，以贍宗族。諭曰：「張祥河捐置義田，養贍宗族。所捐田

〔一〕　咸豐二年：「二年」下，《清史列傳》有「二月」二字。

〔二〕　署刑部左侍郎：此下《清史列傳》有「四月，充朝考閲卷大臣。八月，署刑部右侍郎，兼管順天府府尹事務。十月，復補吏部左侍郎」。

畝，著江蘇巡撫飭令該地方官立册存案，載入志書，不得私自買賣〔二〕。該侍郎敦本厚族，古誼可風，應得旌獎，該部酌議具奏。」尋賞御書「誼篤宗支」扁額。八年十月，兼署順天府尹〔三〕。十一月，擢都察院左都御史，充順天鄉試覆試閱卷大臣。九年四月，充考試試差并孝廉方正閱卷大臣。五月，授工部尚書。十月，充順天武鄉試監臨。十年，賞加太子太保銜。十一年十一月，因病奏請開缺，得旨賞假一月。十二月，續請開缺，允之。

同治元年，卒。諭曰：「前任工部尚書張祥河學粹品端，老成持重。由進士歷官京秩，簡放外任，擢授封疆。蒙皇考文宗顯皇帝特召來京，洊升工部尚書，兼管順天府尹事務〔三〕。服官中外，疊掌文衡，均能勤慎宣勞，克盡厥職。上年十月以來，因猝中風寒，疊次賞假調理，迄未就痊，准其開缺，俾得安心調攝〔四〕。兹聞溘逝，悼惜殊深。張祥河著照尚書例賜恤。任内一切處分，悉予開復。應得恤典，該衙門察例具奏。」尋賜祭葬，予謚温和。子茂時，户部候補主事；茂

〔二〕不得私自買賣：「買賣」，《清史列傳》作「賣買」。

〔三〕兼署順天府尹：「順天府尹」，《清史列傳》作「順天府府尹」。

〔三〕兼管順天府尹事務：「順天府尹」，《清史列傳》作「順天府府尹」。

〔四〕俾得安心調攝：「攝」，《清史列傳》作「理」。

實〔二〕，議叙主事，福建漳平縣知縣；茂長，議叙主事。孫聯恩，一品廕生，工部郎中。

謹按：《清史稿》張祥河有傳，惟應詔陳言疏、捐置義田、奏請將林則徐入祀陝西名宦祠，均未載。

又〔三〕　《墨林今話》

張祥河，字詩舲，又字元卿。〔三〕工詩詞，著有《小重山房集》。初以孝廉留京師，富陽董相國延至邸第，與袁少迂上舍、周芸皋太史講求六法。是時《大清會典》將告成，館臣以君充繪圖，得叙知縣，有「他年誇野老，曾繪六官來」之句。嘉慶二十四年，仁廟六旬萬壽，君進《庚辰萬紀圖詩書册》，蒙恩賞收，置蓬島瑶臺，蓋其山水得明代文氏法，而花卉寫意力追白陽、青藤。通籍後，畫名著公卿間，皆欲得其一幨爲几席之韻。當塗黄左田尚書予告歸，以書萬卷先行，君爲寫

〔二〕茂實：《清史列傳》作「茂貴」。

〔三〕本篇載《墨林今話》卷十六。

〔三〕張祥河字詩舲又字元卿：《墨林今話》作：「張詩舲廉訪祥河，字元卿，婁縣人，庚辰進士，官河南臬使。」

《餞書圖》，尚書稱其得五峰法〔一〕。晚歲作畫〔二〕，又涉石濤一派，不爲設色〔三〕。收藏名迹，斷自明人，必求其有真氣韻〔四〕，始臨仿焉。〔五〕

〔一〕尚書稱其得五峰法：「法」，《墨林今話》作「意」。

〔二〕晚歲作畫：《墨林今話》作「嗣任山左糧道，公暇作畫」。

〔三〕不爲設色：《墨林今話》無此四字。

〔四〕必求其有真氣韻：「有」，《墨林今話》無。

〔五〕始臨仿焉：此下《墨林今話》有「兹由豫臬守制在籍，不爲設色，與馮少眉友善，畫法亦異曲同工」。

碑傳集三編卷五　部院二

潘祖蔭

工部尚書兼順天府尹潘文勤公墓志銘[一]

李慈銘

光緒十有六年十月丙寅晦，太子太保、工部尚書兼順天尹吴縣潘公以疾薨於位。遺疏聞，天子震悼，贈太子太傅，賜千金治喪，命貝勒載瀅奠醊，予謚文勤。於是都中上自王公百執事，下至輿隸小民，咸嘆息出涕，惜公之遽去，而所施設之未竟。時畿輔鉅灾，飢民之流轉京師者數萬人，皆仰食於公，聞之慟哭[二]，聲震郊野。蓋百年來公卿薨逝[三]，未有能得人心如此者也。

公諱祖蔭，字伯寅，小字曰東鏞。祖太傅文恭公。考曾綬，四品卿銜，内閣侍讀，特贈三品

[一] 本篇收入《碑傳集補》卷四，題作「潘文勤公墓志銘」。
[二] 聞之慟哭：「慟」，《碑傳集補》作「痛」。
[三] 蓋百年來公卿薨逝：「蓋」下，《碑傳集補》有「近」字。

卿銜，封光禄大夫。妣汪，繼妣陸，皆贈一品夫人。公汪出也。自太傅以上，内外官氏，皆詳余所撰光禄公墓志。

公幼穎異，太傅尤愛之。十歲，遭汪夫人喪。十四歲，遭陸夫人喪。十七歲，以國子生應順天鄉試挑取謄録。十九歲，以太傅八十賜壽恩賞舉人。二十一歲，考取國子監學正學録。二十三歲，中咸豐壬子科會試第九名，殿試一甲第三人〔一〕，授編修。二十五歲，太傅薨，以遺表恩，進侍讀。二十七歲，充丙辰科會試同考官。是年十一月，詔在南書房行走，賞戴花翎。二十八歲，晋侍講學士。二十九歲，充戊午科陜甘正考官。是冬，署國子監祭酒。三十歲，轉大理寺少卿。三十二歲，署宗人府府丞。三十三歲，擢光禄寺卿，署都察院左副都御史，充同治壬戌科山東正考官〔二〕。三十五歲，擢左副都御史，署工部右侍郎。三十六歲，署禮部右侍郎。三十七歲，擢工部右侍郎，兼管錢法堂事務。三十九歲，兼署吏部右侍郎，調户部右侍郎，充經筵講官。四十歲，轉左侍郎，兼管三庫事務。四十一歲，充庚午科武鄉試副考官。四十二歲，充辛未科會試知貢舉、武會試副考官。四十三歲，賞頭品頂帶〔三〕。四十四歲，兼署吏部左侍郎，充癸酉科順天鄉

〔一〕殿試一甲第三人：「人」，《碑傳集補》作「名」。
〔二〕充同治壬戌科山東正考官：「戌」下，《碑傳集補》有「恩」字。
〔三〕賞頭品頂帶：「頂帶」，《碑傳集補》作「頂戴」。

試副考官。十二月，以磨勘被議，降二級調用。先以户部遺失行在堂印，革職留任，至是循例革任。四十五歲，正月，特旨賞編修，仍在南書房行走；六月，復特旨開復侍郎任内革職留任處分，以三品京堂候補。四十六歲，授大理寺卿，署禮部右侍郎。四十七歲，署刑部右侍郎，補禮部右侍郎，兼署工部左侍郎，充玉牒館總裁、光緒丙子科武鄉試正考官。四十八歲，充丁丑科武會試正考官。四十九歲，調户部右侍郎，仍兼署工部左侍郎、管理三庫事務，充實録館副總裁、經筵講官。五十歲，轉左侍郎，升左都御史，仍兼署工部左侍郎，擢工部尚書，加太子少保銜，調刑部尚書，賜紫禁城騎馬。五十一歲，兼署工部尚書。五十二歲，充國史館正總裁，賞穿帶貂褂。五十三歲，兼署禮部尚書。十一月，授軍機大臣。五十四歲，正月，丁光禄公憂；四月，扶輀還葬。五十六歲，五月，服闋，至都署兵部尚書，仍在南書房行走，充乙酉科順天鄉試正考官；十一月，補工部尚書。五十七歲，充會典館副總裁。五十八歲，充管理八旗官學大臣，兼管順天府府尹事務。五十九歲，兼署户部尚書，充戊子科武鄉試監臨。六十歲，加太子太保銜，充己丑科會試副總裁、順天鄉試監臨。十月六日，公六十生辰，賜壽寵賚加等。

綜公一生，以文學政事，歇歷三朝，早結主知，日在禁近，進參樞密，出備六卿，恩寵便蕃〔二〕，

〔二〕 恩寵便蕃：「便」，《碑傳集補》作「駢」。

光華震疊。凡程工艱鉅之役〔一〕，文字衡校之司，無歲不膺，無月不與〔二〕，以至國是大議，典禮鴻章，朝局玄黄，黨論消長，天下之疑獄，百司之興作，公悉仔肩其任，折衷是非，强力一心，中外倚重。三聖簡在，兩后協契，東朝眷睞，尤絶彝等。文宗木蘭之狩，穆宗繼統之議，昌言危論，盡誠竭忠。惠陵因山〔三〕，公專其勞；畿京連祲，公萃其責。而官不登於台司，年不躋於中壽，以特簡居政地，而不及百日；以重望領中禁，而未長翰林；星軺屢出，而未一與學差；鄉舉四司，而僅一副會試。鴻嗸滿野，晝夜疇咨。勸振發倉，言輒流涕。未及安集，而積瘁殫精，病作三日，遂以不治。此天下有識者，所以憾公才之未盡用，而勞臣志士，爲之悢愴不能已者也〔四〕。

公天懷忼爽，開濟爲務。自入翰林，遇事敢言，飆舉鋒發，不顧諱忌〔五〕。戊午以後，大寇外夷，海縣交訌，懷忠憤發，屢上密疏：請誅媚夷辱國之粤東督撫；請暴諸夷罪狀，力主戰議；請加八旗防營兵食〔六〕；請誅清河失守之河督庚長；請誅廣德失禦之提督周天受；請誅江浙失守

〔一〕凡程工艱鉅之役：「工」，《碑傳集補》作「功」。
〔二〕無月不與：「月」，《碑傳集補》作「役」。
〔三〕惠陵因山：「因」，底本原缺，據《碑傳集補》補。
〔四〕爲之悢愴不能已者也：「悢愴」，《碑傳集補》作「愴悢」。
〔五〕不顧諱忌：「諱忌」，《碑傳集補》作「忌諱」。
〔六〕議請加八旗防營兵食：「兵食」，《碑傳集補》作「兵餉」。

之統兵大員張玉良、李定太及逃官張玉藻等；請撤各省團練大臣；請嚴懲釐捐擾民之運司金安清；請逮治陝西失事之提督孔廣順、總兵閻丕敏等，而任多隆阿；請誅縱寇肆掠之署淮揚鎮總兵龔耀倫，而用黄翼升；請嚴劾太原鎮總兵田在田駐軍徐、宿殺團冒功；請於江蘇、安徽、山東、河南之交添設四界重鎮以制捻匪；〔一〕請嚴劾擁兵養寇之陝西布政使毛震壽；請治陝西統兵大臣勝保縱賊殃民〔二〕，貽誤大局；請治前署江南提督曹秉忠罪；請斥養奸廢務之直隸督臣文煜〔三〕，及劾按察使孫治等，而薦前任提督鄭魁士、傅振邦。所言皆半施行，而率以屢劾要人〔四〕，忌者日衆。其劾秦撫瑛棨，大壞疆事，嘗一奉嚴旨申飭，而後先秉軸者，皆嫌公以清切詞臣，嘵嘵言事，雖同鄉鉅公，亦有嗛於心者。故自庚申以後，數載不遷，官光禄卿，至滿三年。雖公氣不少挫，亦恃上有聖仁，能保全之。而公之尤有功於天下者，咸豐之末，湘陰左文襄公以舉人參湘撫駱文忠幕府〔五〕，有憾文襄者，力齮齕於重臣，文忠幾爲動。公力辨其誣，三疏薦之，

〔一〕「請嚴劾太原鎮總兵」至「以制捻匪」：底本原缺，據《碑傳集補》補。
〔二〕請治陝西統兵大臣勝保縱賊殃民：「賊」，《碑傳集補》作「兵」。
〔三〕請斥養奸廢務之直隸督臣文煜：「養奸」，《碑傳集補》作「養交」。
〔四〕而率以屢劾要人：「率」，《碑傳集補》作「卒」。
〔五〕湘陰左文襄公以舉人參湘撫駱文忠幕府：「忠」下，《碑傳集補》有「公」字。

謂：「左宗棠在湖南，關繫事勢甚大，國家不可一日無湖南，即湖南一日不可無此人〔二〕。」疏既傳，文忠得持之，文襄以安，卒能光佐中興，功在社稷，而公未嘗一日識文襄也。宋元以來，吴賦最重，蘇松太倉尤甚。同治二年四月，公疏請減江蘇賦額，得旨允行。千載積痡，一旦而起〔三〕，四郡歡躍，額手皇仁，而公以大難初夷，宜定民志，夙菑一蠲，根本自固，非止爲桑梓計也。此皆公謀國之忠犖犖大者。

公性通敏，遇事理解，批牘答簡，運筆如風，無不洞中利弊。長刑、工兩部〔三〕，積年百廢俱舉，官吏秉成，嚴而不苛。既去之後，思公不替。久直内廷，待宦寺甚嚴，指使呵叱如奴隸。及至公薨，而中涓至今言及公者，無不流涕，謂如公者不可復見也。公幼服膺家訓〔四〕，謙恭下士。自少與吴中楊芸士、戈順卿諸名士交，文藻艷發，兼工詩詞。既官京師，遍交天下士。士之至都者，無不願識公〔五〕。公愛才出天性，其主文也，務得魁奇沈博之士，所取不限一格，而深疾骫骳

〔二〕即湖南一日不可無此人：「一日不可」，《碑傳集補》作「不可一日」。

〔三〕一旦而起：「旦」，《碑傳集補》作「朝」。

〔三〕長刑工兩部：「兩」，《碑傳集補》作「二」。

〔四〕公幼服膺家訓：「家訓」，《碑傳集補》作「家教」。

〔五〕無不願識公：「願」，《碑傳集補》作「欲」。

徇時之技，士有一技之長，終身言之不去口。故公既逝，而世失所歸，風流遂衰，百身莫贖。

余自己未以選人入都，公時居海淀賜園，聞聲致契，折節下交。庚癸之間，余窮悴不振，公亦貧甚，時或質衣致饋。余性狷急，小不可意，輒言觸公，公久而益敬。及長户部，余爲屬官，形迹自嫌，往還幾絶，而公歲時饋問，殷拳彌甚。壬午之夏，一日公忽手書數十紙，具言平生志事，以身後之文相托。余心怪之，爲戲言以答公，且還其所書。乃次年春，公丁大故，屬余志光禄公之墓，及今八稔，而竟執筆爲公志矣。公豐頤渥丹，精神强固。余長公一歲，羸瘠多病。言笑籩豆，曾幾何時，兩世交期，山河俱邈，幽明宿諾，息壤遽徵。悲夫！

公夙治《説文》，耽嗜漢學，所刻書幾及百種，皆有功學者。少精楷法，中年以後好臨《書譜》，日必數紙，至今爲世所寶。尤留心金石文字，自咸豐甲寅輯朝鮮碑刻，附以日本，爲《海東金石録》二十四卷。其後搜香益勤，聞有彝器出土者，傾囊購之，至罄衣物不恤。所得有邵鐘、四齊鎛、史頌鼎、匽侯鼎、盂鼎、善夫克鼎，皆世之殊絶。嘗輯《攀古樓金石款識》，僅止二卷而未成。他所著詩文筆記，凡若干卷。

公天性孝友，事光禄公昕夕膝下，雖老如孺子。〔二〕一弟祖年，庶母張恭人所出，少於公四十

〔二〕事光禄公昕夕膝下雖老如孺子：《碑傳集補》作「事光禄公膝下，雖老，昕夕如孺子」。

年，撫愛甚篤，今以公遺表恩，官刑部郎中。公娶汪夫人，同縣候選太常寺博士棅之女〔一〕，公之姑女也，賢淑備德，克資儷助，公相敬如賓，終身無妾媵。公生於道光十年庚寅，享年六十有一。遺命以祖年子樹孳爲嗣，恩賞舉人。將以壬辰三月十九日，葬公於吴縣五都一圖之茭白蕩。汪夫人以公平生之言，屬祖年徵慈銘志公之幽。嗚呼，是重可感已！銘曰：

維昔太傅，相我宣宗。名德積慶，再世而豐。寔生寶臣，巍科繩武。入侍紫宸，去天尺五。維遭國中否，削奏涕洟。造膝危言，帝屢頷頤。朝疏夕行，鼎鉉汗朒〔二〕。干將不撓，見沮鈞軸。維帝克明，維臣克忠。保全令名，槐棘雍容。三聖莅朝，是倚是畀。以人事君，中興以濟。回翔卿貳，映曜文昌。清流仰鏡，吾道有光。薄眚牽攖〔三〕，吏議遂中。中禁念公，還公法從。再陟八座，屬以山陵。虔恭將事，不震不矜。長樂軫勞，當扆述志。錫爵公孤，俾長三事。司空匝月，遂領秋官。祥刑平讞，人以不冤。帝簡樞臣，大政攸屬。胡席未暖，旋丁荼酷。再起宅揆，止還玉堂。匪帝不思，惟公太剛。平土有餘，兼綜京兆。洚水告灾，匪公孰吊？一夕數起，仰屋齎咨。民庶有豸，公以不支。遂病三朝，遽以赴告。臨歿喃喃，蒸黎是悼。九重涕泣，萬姓號呼。

〔一〕同縣候選太常寺博士棅之女：「縣」，《碑傳集補》作「邑」。
〔二〕鼎鉉汗朒：「汗」，《碑傳集補》作「汙」。
〔三〕薄眚牽攖：「攖」，《碑傳集補》作「嬰」。

哀榮振古，公歸帝衢。娵嫕鄉君〔二〕，婉孌嗣子。公輀南還，朝野曷恃？吴山逍遥，浙水委迤。我銘公阡，永無愧辭。

孫詒經

誥授光禄大夫户部左侍郎孫公神道碑

魯燮光

公諱詒經，字子授，浙江錢唐人也，世居湖墅。曾祖廷桓，祖嘉謹，并植德樂善，感孚鄉里。父人鳳，經明行修，以諸生終。三代封贈如例。公胚胎前光，年少厲學，課徒奉親，慷慨有大志，識者早知偉器。咸豐乙卯，舉於鄉。庚申，成進士，改庶吉士。假歸，值杭城陷賊，辟地寧波，襄辦軍務，規復寧城。癸亥，散館，授檢討，直南書房。以前軍功，特晋國子監司業。六遷躋卿貳，直毓慶宫。先後充會試同考官，典陝甘、福建鄉試，福建、順天學政，順天主考，殿試讀卷，朝考閲卷，鄉、會試覆試閲卷。

〔二〕　娵嫕鄉君：「嫕」，底本誤作「嫛」。

公以文字結主知，殫智竭忠，多所建白，有古大臣風。同治季年，天變屢見，公夙夜徬徨，疊疏請隆孝治，勤政理，親君子，遠小人，并崇儉黜浮，有詔褒納。又請開言路、停園工，蓋篤棐之忱有不能自已者。毅廟不豫，公憂忘寢食，憤太醫之無功，嘗廷詰之，謂：「設有不虞，咎將誰歸！」同列相顧失色。須臾，召見寢宫，公知已大漸，退而憂痛。逾日晏駕，公入内哭臨，暨恭親王諸大臣同受顧命。今上御極，兩宫皇太后垂簾聽政，鑒公忠讜，召見詢治策，公退而具疏，謂：「民心之向背，視乎州縣之賢否；州縣之賢否，視乎大吏之舉劾。」又言：「州縣必久於其任，若肥瘠調劑，官同旅舍，安能求治？請查照前撫董教增之奏，提優缺州縣之羨餘，以補苦缺之不足，則調劑之説無庸，而各得盡心於民事。時方籌購鐵艦，公謂漏卮可慮，西人火器日新，鐵艦未足恃。」附疏諫止。

六年，俄國啓釁，翔兵船，多要挾。公以「能戰然後能和」，古今禦戎通義，鑒庚申北塘之變，請調動旅防東路，并舉辦津永民團。七年，左文襄入覲，請修畿輔水利，時議迂之，獨公謂時不可失，疏請宸衷獨斷，并薦舉今湖廣總督張公之洞、前翰林侍講學士張公佩綸襄其事。

十年，詔下求賢，復保奏前鴻臚寺卿鄧公承修、國子監祭酒宗室公盛昱、前福建臺灣道劉璈、今甘肅蘭州道黄雲，雖其人或用或不用，或用之不終，而公延攬精鑒，亦庶乎以人事君之道矣。公以辛巳繇刑部調户部，旋視學順天。乙卯秋，還朝，治部事。時承恩公崇綺長户部，夙廉察有威棱，得公相助。官銀行議起，與崇公力持過不可行。崇公病退，公勢孤。户部故繁冗，公性明達，案牘過目，悉洞竅要，會河工委員請帑，書吏婪索多贓，公廉得之，發其奸，令吐金。未及陳奏，言官交章上，迨明白回奏，而刑部鞫吏卒脱其罪，公干例議矣。今上信其無它，薄罰之。同日奉罷入直，公益勤部務，庫帑匱乏，憂形詞色。

十三年，河決鄭州，請因勢大濬山東黄河，以省培堤之費。又約同官諫止津通鐵路，其乃心君國，始終亮弼如此。公之直毓慶宫也，其進講論道之處，非外人所知，顧諫毅廟臨幸王府疏有言，經帷屢曠，則神志難專；法駕時勤，則見聞易惑。嗚呼，讀此而公於今上造膝沃心之隱不大可見哉！公之被譴，有謂非上意，然當日長户部者六人，公一意孤行，獨發吏奸，不無中忌云。公博覽群書，論學摒漢宋門户；任學政，杜苞苴，减供張，勸學厲教，士以不得及門爲耻。公軀幹修偉，聲如洪鐘，而容光和煦，氣誼感人，殁之日，吊者莫不哭盡哀。

公生於道光丙戌八月，殁於光緒庚寅十一月，天子軫悼，賜祭葬如例。公子寶琦、寶瑄，既奉柩歸葬，以余爲知德，來乞文。因剌取狀中語及夙習行誼書於右，以諗來者。

汪鳴鑾

前吏部右侍郎總理各國事務大臣郋亭汪公墓志銘〔一〕

葉昌熾

聖清統一寰宇，第四甲子，同治初元，中興盛際，冲聖踐阼，親賢在列，闢門開聰〔二〕，登崇俊良，於時科第得人爲盛。吾師汪公，即以甲子、乙丑聯捷登春秋闈，列詞館〔三〕，陟宫坊，啓沃講帷，回翔卿貳，海内仰望風采〔四〕，士流歸之如海若。解組十年，優游林壑，飾巾待逝，吉祥考終。其孤子伯春部郎，以昌熾早侍鄭門〔五〕，飫聞緒言〔六〕，具事狀來請銘。昌熾雖自知不文〔七〕，誼不當

〔一〕本篇載《奇觚廎文集》卷下；又收入《碑傳集補》卷五，題作「誥授光禄大夫前吏部右侍郎總理各國事務大臣郋亭汪公墓志銘」。

〔二〕闢門開聰：「聰」，《奇觚廎文集》《碑傳集補》作「窗」。

〔三〕列詞館：「館」，《碑傳集補》作「林」。

〔四〕海内仰望風采：「風采」下，《奇觚廎文集》《碑傳集補》有「如五緯在天，芒寒色正」九字。

〔五〕以昌熾早侍鄭門：「鄭門」下，《奇觚廎文集》《碑傳集補》有「舊在史館」四字。

〔六〕飫聞緒言：「飫聞」下，《奇觚廎文集》《碑傳集補》有「高密之」三字；「緒言」下，有「粗識平津之仕履」七字。

〔七〕昌熾雖自知不文：「自知」下，《奇觚廎文集》有「其」字。

辭。於是考家乘，徵國故，條舉而件繫之。

公諱鳴鑾，號柳門，原籍安徽休寧縣。先世以鹽筴起家，商於浙，遂隸錢塘籍，吴門則其寄廬也。曾祖雲棟，候選訓導、山東候補通判，妣何氏。祖彦宷，山東候補通判，歷署武定府海防同知，沂州府、沂郯海贛通判，妣潘氏。父繼昌，錢邑庠生，妣韓氏。三代皆以公貴，累贈如其官，妣皆封一品太夫人。公兄弟五人，次居長，韓太夫人孕十六月而生。幼有夙慧，七歲即能通小篆。外王父履卿先生，爲桂舲尚書之介弟，富於藏弆，寶鐵齋中金石圖書充牣。韓太夫人携之歸，靡不瀏覽，始有志於晁、陳、歐、趙之學。與吴愙齋中丞昆季爲中表，申之以婚姻，踔厲名場，以文行相砥鏃，先後通籍。

公以文字受知兩朝，軺車奉使無虚歲。凡視學者四，典試者三，近世詞臣無倫比〔二〕。初奉視學西陲之命，是時陝甘尚未分闈，學使者例以一瓜期周歷兩省。河湟亂亟，絃誦未遑，公先以條教下郡邑吏，興學崇賢，投戈講藝，隴士彬彬嚮風矣。以母憂去官，服除，授司業。

公平生論學宗旨，謂經義非訓詁不明，訓詁必求諸六書，《説文》其津逮也。又謂小篆生於大篆，成均十碣，尚爲岐陽遺迹，監視洗拓，以饗學子，得者寶藏，逾於百年前舊拓。丙子，出典

〔二〕 近世詞臣無倫比：「無」下，《碑傳集補》有「與」字。

河南試，過召陵公乘故里，遂以「郋亭」自號，以示宗仰。又援先河之義，疏請以漢儒許慎從祀文廟，士林韙之。己卯，補右中允，出爲江西鄉試正考官，即留視學。闈中迭晋洗馬、侍講，一歲之中，六膺敕命〔一〕，帝眷之隆，自此始矣。未幾，遭贈公憂。再起，補原官，轉侍讀，三遷而至内閣學士，兼禮部侍郎銜，兩任山東、廣東學政，在粤進工部右侍郎。

公所至訪求潛逸，造就寒畯。在山左，教士以曲阜孔氏、桂氏、安邱王氏之學；在粤，教士以番禺陳氏之學。後生雋民，通經汲古，習爲風尚。其報考之疏有云：「取士之法，根柢爲先，才華爲後。教士之方，培養爲本，鼇剔爲末。」昌熾竊嘆以爲知言。承乏隴右，即書師訓於座右，拳拳服膺，幸無隕越，公之教也。

公奉使久，登朝日少，然在翰苑，即以氣節自勵。晋豫奇荒，州縣冒賑，公抗疏論劾，章凡數上，下疆臣查辦如律〔二〕，賑務始有起色。立朝務持大體，平居超然燕處若無與者。臨事觽解燭照，才鋒肆應，舉而措之，裕如也。自嶺嶠還，轉左侍郎，兼署刑部右侍郎。在工部六年，與尚書潘文勤公勵精共濟，利興弊革，掾屬各舉其職。今制帥匋齋尚書、閩浙松鶴舲制府〔三〕，皆在郎潛

〔一〕六膺敕命：「敕命」，《奇觚廎文集》《碑傳集補》作「策命」。

〔二〕下疆臣查辦如律：「下」字，《碑傳集補》無。

〔三〕閩浙松鶴舲制府：「舲」，《碑傳集補》作「齡」。

爲公所識拔者也。庚寅五月，奉命勘吉林之獄，同行者以疆臣與巨室交鬨，難於左右袒，咸逡巡托疾，朝旨凡三反。七月，始與資齋相國敬信共銜命往。往則亭疑覈實，舉抹兑、包釐、占田諸弊，盡得其狀，鞫實以聞〔一〕，邊甿大和。

辛卯，又出典山東試。朝廷知公可大用，越三載甲午，遂與相國同日奉旨在總理衙門行走。被命之日，適值東邊事棘，遼瀋師熸。公講信修睦，開誠布公，同洲鬩牆，而西鄰不至揚其波而助其焰者，未始非公表餌之術也。會息兵議割臺、澎以畀敵，公力争，謂：「海疆重地不可棄。敵師老矣，稍羈縻之可就款。」以此中要津之忌。猶未發，調吏部右侍郎。吏部爲六官之長，工部班在後，公越次得之，異數也。自登三事，倚畀益隆，雖值日侍班，勘工請訓，天子見公姓名，輒側席以待，嘉謨入告，先後無慮數十次。同對者舒雁立丹墀，日移晷猶未退，皆相顧動色。公雖守温樹之戒，小心翼翼，深自斂仰，而同列之忌滋益深，媒蘖之益亟，而公亦不得不奉身而退矣〔二〕。當公嚮用時，潘文勤公與順德李侍郎同在南齋，高陽李文正公與常熟翁相國同在政府，衆正盈廷，推轂人才，如恐不及。殿廷都試，網羅海内方聞碩學，置之夾袋，相與左推而右挽之。

〔一〕 鞫實以聞：「鞫」，《奇觚廎文集》《碑傳集補》作「鞫」。
〔二〕 而公亦不得不奉身而退矣：「而退」，《奇觚廎文集》《碑傳集補》作「以」。

甲午禮闈，門牆桃李尤盛，是時巖穴之士，莫不離蔬釋屩而群集於闕下。洎文勤、文正兩公薨，公與常熟又相繼出國門，誰秉國成？以儒爲詬，訟言爲政可以無學，馴至訞言興、異學熾，陵夷至於今日，經籍道熄，甚於秦燔之劫，然後知公之去位，繫乎國運之安危、人才之消長。天乎人歟？吁可悲矣！

公既歸，惜公之去者，知與不知，猶冀東山之再起，而公遽以光緒丁未七月初六日丑時薨於鮃溪新第，距生於道光己亥六月朔寅時，年六十九〔一〕。公兩娶於吴，皆封一品夫人。前室吴夫人生女三：一字吴縣潘懷穀〔二〕，未嫁殤；一未字，幼殤；一適常熟舉人曾樸。繼配吴夫人生子一，原成，殤，以弟之子原恂爲嗣〔三〕，即部郎也。孫一，賢立；孫女二。越明年八月二十四日，卜葬於花山之北黄雀墩祖塋。

昌熾以文字辱公知，獎譽之不啻口出，易簀之前，猶以身後爲托。嗚呼！哲人往矣，吾將安仰？執簡欷歔，謹爲銘曰：

兩漢公卿，首崇儒術。各通一經，并至九列。公起詞垣，物望突兀。譬如稠林，直木先出。

〔一〕年六十九：「九」下，《奇觚廎文集》《碑傳集補》有「岁」字。

〔二〕一字吴縣潘懷穀：「穀」，《奇觚廎文集》《碑傳集補》作「穀」。

〔三〕以弟之子原恂爲嗣：《碑傳集補》無「爲」字。

爰歷清華，洊參密勿。重譯敦槃，皇華幢節。帝鑒其誠，精白純壹。朝斯夕斯，論思宣室。爲國寶臣，爲鄉大耋。洞霄玉清，領祠吴越。珂里琴尊，舫齋簽帙。金石圖書，齊於寶鐵。公身退矣，在三如一。古之勞臣，江湖魏闕。天池之陰，蓮華萬笏。堂斧嶧如，佳城蔥鬱。九京來游，尚想風烈。是有道碑，敬告載筆。《翁文恭公日記》

逸事

上宣諭：汪某、長某離間兩宫，著永革。固請所言何事，而天怒不可回，但云：此係寬典，後有人敢爾，當嚴譴也。歸柳門候余久，談至鐙後去。伊甚坦然，可敬也。《翁文恭公日記》。○又葉緣督《日記》：赴郎亭師招，導登萬宜樓，藏書之所也。樓上四面列置書櫝，中空以通天氣。闌干繞之，又用轆轤以便取攜，建霞之意匠也。○《近代人物志》引。

李文田

李文誠公傳〔一〕

陳伯陶

光緒甲午，日人構釁。牙山、平壤既失，大東溝之戰海軍又敗，奉天告急。時疆臣李鴻章不欲戰，樞臣禮親王又惑於其所欺飾，因應失宜，中外岌岌。八月二十七日，先生忽召余往，既見，則嗚咽流涕不能言，徐曰：「今日之事亟矣，非恭親王出任軍機不可救。昨宵余具奏冒死請，晨直南齋，出示野秋諸君，皆列銜。惟伯葵以差事未入直不與。奏上，余待罪直中。已而伯葵至，言今晨差竣召對，上曰：『南書房李文田等，請起用恭親王摺，爾曷不列名？』對以「臣未入直」。上曰：『此摺朕持告皇太后，婉轉陳言，方始蒙允。既出，皇太后復傳諭且止。爾宜補摺，并告在廷諸臣，多上數摺，事方有濟。』」先生言至此，復嗚咽流涕。野秋，張百熙字；伯葵，陸寶忠字也。旋探懷中出奏稿相示，奏曰：

倭患之貽誤於前日者，不足言矣。此際前茅失利，藩籬全潰，疆臣無囊底之智，當局窮

〔一〕本篇載《瓜廬文牘》卷四，題前有「先師」二字。

發蹤之方。夫同一李鴻章，何以前時所向有功，今日一籌莫展？同一倭國，何以往時犯臺灣而不利，今日戰高麗而無前？外廷諸臣，皆病政府非才，不知以事勢揆之，固然其無足怪也。夫以禮親王世鐸之才思平庸，其不足以駕馭李鴻章亦明矣。領袖如此，餘人之退聽可知；政府如此，總署之禀承又可知。此次軍務，遂至仰煩宸廑，添派大臣會議，既添派安用政府？政府不足持，會議又安有權？無惑乎其無功也。夫事勢至今日，無人不知恭親王之當棄瑕録用矣。然而政府不敢言，外廷以爲言之未必用，且罪在不測也。時事艱危，而猶避不測之罪，國家養士，又安用哉？夫恭親王之過失，自在皇太后、皇上洞鑒中，臣等亦無勞多瀆。特念咸豐末年，時事之難，有逾今日，計其才具，在當日實收指臂之助。揆以當日之成效，責以今日之時艱，以皇太后之聖明，臣知其不敢再有負乘，以辜天恩、速官謗。臣愚以爲，今日者允宜開張聖聽，豁除瑕纇，庶收其識途之效，以贖其往日之愆。如得請於皇太后，則國家之福，實式憑之。《語》曰「君子不施其親」，又曰「故舊無大故則不棄」，其於今日事理，若合符節。《詩》曰：「發言盈廷，誰敢執其咎？」今樞廷無執咎之人，而築室有道謀之患，臣實恥之！臣實痛之！計皇太后、皇上聖慮崇深，未必不曾紆宸眷。但願早收一日之用，或早成一日之功，若遲久而後用，無論挽回匪易，縱使及事，所傷實多。

余讀未竟，先生復嗚咽流涕言曰：「自古批鱗進諫，前仆後繼，莫回天聽者，蓋有之矣，未聞有要臣工上疏如今日聖明者也。老弟與少懷善，盍請其具奏？老弟與同鄉同館諸人，亦可列名其間。」余曰唯。少懷，戴鴻慈字也。余走告戴，并告兩粵諸同館，得十餘人；已而六部九卿，及翰詹、科道，皆同日聯銜入奏，凡百餘人。九月朔日，遂諭令恭親王會同辦理軍務。十月初八日，復命爲軍機大臣。自恭親王出，賞罰嚴明，軍事始有緒，先生力也。

先生字若農，一字仲約，廣東順德人。咸豐己未一甲第三名進士，授編修。同治甲子，入直南齋。丁卯，典試四川。戊辰正月，升贊善，洊升侍講。庚午，典試浙江。是歲督學江西，在任歷升左庶子、侍講學士、侍讀學士。甲戌三月，差竣回京，仍直南齋。時方修繕圓明園，爲兩宫頤養，先生奏請停止，不報。六月，遂乞養歸。後一月，即有「工程浩大，物力艱難，著即停修」之諭。當是時，恭親王總樞軸，又值穆宗親政，孜孜求治，故先生奏雖不報，逾月即行。然恭親王亦以是獲譴，諭停修之次日，革去親王爵。又逾日，乃復。

先生歸後，至光緒壬午，徐太夫人棄養，乙酉服闋，入京供職，仍直南齋。戊子，典試江南。己丑，升少詹事，典試浙江。庚寅，晋内閣學士，旋擢禮部右侍郎。辛卯，督學順天。甲午七月，差竣回京，仍直南齋。逾月，兼署工部右侍郎。

先生雖以文學受上知，然憂國致身之忱，不避嫌疑，不計禍害。迨是月杪，遂有起用恭親王之請。嗚呼！國家之禍，成於甲午，而實源於甲申。當同治初元，恭親王手夷大難，聿啓中興，然以屢得罪於孝欽皇太后，中法事起，獲譴遂歸。雖其時中興諸元老尚在，師武臣力，鎮南關一捷，法人乞和，然余聞湘中人言：自中法和後，丙戌，英法使臣曾紀澤回國，皇太后詢以外情，曾對稱「三十年可保無事」。嗣是而頤和園之工復起，醇親王又獻海軍衙門經費以侈成之，馴至兵艦不增，戎器不備，日人輕侮，失地喪師，遂成大辱。當馬關議和日，李鴻章電奏稱：「伊藤言，别來十年，中國毫末改變成法，以至於此。」意蓋有所指也。然則先生兩奏，其係於國家存亡者，豈淺尠哉？先生奏起用恭親王後，時皇太后六旬萬壽，已諭於宫中舉行，其頤和園受賀事宜，著即停辦，而内務府諸員，仍請點景。先生復具摺密奏，籲乞停止。此皆犯顔陳説者。其召對語，先生不言，不得知也。乙未，和約成，賠款二萬萬。樞臣孫毓汶采英人赫德之説者，謂中國四萬萬人，人賦一金，可得四萬萬金。先生以税民償倭之非計，有「五不可行」之奏。又聞北洋裁撤防軍，專用淮軍，先生有「湘淮并峙不宜偏重」之奏。摺皆留中，然事亦卒不行。

先生素精相術，既以前所陳奏屢拂皇太后意，居恒憂國，色常不怡。一日忽攬鏡詫嘆，語人曰：「余容貌改易，今歲不革官則必死。」九月二十九日，派管户部三庫事務。十月，先生查庫感寒疾。十七日，閲邸報，諭旨稱侍郎汪鳴鑾、長麟上年召對，信口妄言，迹近離間，著革職，先生遂不復治病。余往視疾，詢所苦，亦默不一言。至二十夜，遂卒，年六十二。先生於是歲春典禮闈，南海康有爲獲售。康於座主不執弟子禮，惟獨具門下士帖謁先生，冀得詞館。朝考先生抑置二等，授工部主事。康失望，乃爲萬言書，求堂官代奏。先生復抑之，使不得上，康遂南歸。先生卒後三年，恭親王薨，薨後十餘日，康以徐致靖薦，得召對，於是有戊戌變政之事。世謂恭親王在，必不令披猖至此；然使先生在，亦豈有此哉？

先生學博洽，尤長於元史，著述閎富，而《元秘史注》十五卷、《皇元聖武親征録校注》一卷，考據精核，尤見稱於時。書由唐碑入北魏，自成一家。同時南齋中稱碩學者，推潘祖蔭與先生，而先生書法過之。後余直南齋，張百熙爲余言：「皇太后謂先生書，同直諸臣皆不及〔二〕。故先生卒後，仍賜恤如例，子淵碩亦賞員外郎，諭中有『學問淵通，克勤厥職』語。」逮宣統甲寅，予謚文誠，諭亦有「品學素優」語。世之重先生者多以此，其於忠讜大節，不盡知也。

先生迭掌文衡，所賞拔皆名下士，士亦多歸之。而袁先生昶、王懿榮，過從尤密，每以節義相期許。袁先生，先生所得士；王則成進士出先生門人繆荃孫房，於先生爲小門生。辛卯，余館先生家，獲親炙兩人。壬辰通籍，實出袁先生房。而王爲館中前輩，又爲己卯鄉試同年。王嘗言：「先生入直南齋，寒暑無間。甲午冬，任京城團防大臣，每於直中語余，謂：『倭寇至南海子，橋邊吾死所也。』」南齋本在乾清宫門右，上居南海，則直廬在海東。時王亦直南齋，故云。

〔二〕同直諸臣皆不及：「及」下，《瓜廬文賸》有「以其能用卧筆也」七字。

其後庚子拳匪之亂，袁先生以忤端王載漪，刑於市。聯軍入京，王亦於宅中蹈井死。

先生卒時，淵碩尚幼，近出國史館傳示余，事多不詳。余因舉見聞所及犖犖大者爲之傳，以貽淵碩，且使後之載筆者有所考焉。

禮部右侍郎李公神道碑銘〔一〕

吴道鎔

光緒二十有一年十月丁亥，禮部右侍郎李公卒。事聞，天子軫悼，諭以學問淹通，克勤厥職，照侍郎例賜恤。十一月丁巳，禮部遵行諭祭禮。逾年，喪至廣州，權厝城北小西竺岡，塋域褊陿，不稱體制。宣統二年十一月乙巳，公配陳夫人卒，爰合葬栖霞山。六年八月，今上篤念儒臣，追謚文誠。公之子淵碩乃别卜地城北象牙峰之原，以十一年二月己未奉公及陳夫人之柩合窆焉。既立祭葬碑如令式，而神道之左，屬道鎔爲銘。道鎔以與弟子籍早，不敢辭，謹再拜而次其事曰：

公諱文田，字若農，一字仲約。其先世自南宋寶祐宅居南海，明景泰中析其地置順德，遂爲

〔一〕　本篇載《澹盦文存》卷二。

順德縣人。曾祖社書，祖偉行，父吉和，皆不仕，誥贈光禄大夫。曾祖妣歐陽氏，祖妣歐陽氏，妣何氏，皆誥贈正一品夫人。所生母徐氏，誥封夫人，累贈正一品太夫人。公年二十二，舉咸豐五年鄉試。九年會試中式，賜一甲第三名進士及第，授翰林院編修。旋直南書房，典四川鄉試，升左右春坊贊善，洊升侍講，典浙江鄉試，督江西學政。在督學任内，轉侍讀，升左庶子、侍講學士、侍讀學士，任滿仍直南書房。同治十三年六月，疏言："臣母年七十餘，京師道遠，不便迎侍，乞解職歸養。"許之。光緒八年丁憂，十年服闋。十一年入都，起原官，仍直南書房，典江南鄉試，轉少詹事，典浙江鄉試，升内閣學士、禮部右侍郎，督順天學政，兼署工部右侍郎，充會試副總裁、經筵講官，領文淵閣事。二十一年九月，管理户部三庫事務，以查庫感寒疾卒，年六十二。

綜計公通籍後，自乞養外皆官京朝。久直内廷，嫻習掌故，應奉文字，工敏無抗手；屢掌文衡，甄拔才俊，名流宿學，多出門下。書自唐賢上窺北魏，石墨榜題，映照海内，秦篆漢分，臨摹精絶。其學自經史、諸子、小學、金石、輿地、曆算暨諸藝術，旁逮西人政學諸籍，博涉潛翬，咸洞指要，翕然稱一代通儒。惟蒿目中興以後，孽牙隱患，當事復務爲選愞諉避，常思激發忠讜，一救世敝。世之人顧以文學相推重，益與素心剌謬，若愀然别有深憂者。其乞養時，疏已具矣，聞方繕修圓明園，仍先疏請停修，力陳天灾人害，責内務府諸臣及左右宵人熒惑聖聽，導皇上以朘削窮民爲自利之計。深論危言，詳盡痛切。疏入，上爲動容，逾月奉諭停止。自是公家居奉母者垂十年。

其再入都也，值安南之役，諒山告捷，朝野晏然，邊備寖弛。光緒二十年，日人藉朝鮮東學黨亂，與我開釁。六月，我海軍禦之大東溝，群艦殲焉。惟時親信執政無遠略，樞臣、疆臣互相諉飾貽誤。公乃偕同直南書房諸臣，疏請起用恭忠親王，略曰：「禮親王世鐸才思平庸，無人不知今日之恭親王當棄瑕録用。然而執政不敢言，恐罪在不測也。夫事至艱危，而猶避不測之罪，國家養士，其又安用？臣愚以爲宜豁除瑕纇，開張聖聽，庶早收一日之用，即早成一日之功。若遲久後用，無論挽回匪易，即使及事，所傷實多。」方草疏時，公懼干天威，願獨任咎，同直者不可，乃删疏末「臣文田主稿」語。疏入，而廷臣聯銜奏請者踵至，於是諭恭親王會辦軍務，仍爲軍機大臣。恭親王出，嚴軍紀，覈功罪，廟算既定，人心始安。十月，皇太后萬壽，諭停受賀，承辦慶典大臣猶請點景，公密疏言：「皇太后膺天鍾慶，他日紅旗報捷，何時非祝釐之時？必於此敵蹤叵測、安危呼吸之時，汲汲鋪張，諸臣之見，誠爲未廣。」逾年，馬關和議成，償日兵費二萬萬。税務司赫德言中國四萬萬人，人賦一金，得數且倍。公奏其五不可，且言：「計旬日間言利諸臣，必紛紛繼進，然皆務財用之小人，止能菑害并至，决無補於萬一。」疏累數千言，詞絶憤痛，皆人所難言者。自是以國事日非，遇要人，雖故交，多責備語，遇同志則流涕，數月之間，頭鬚皆白。病亟，聞侍郎汪鳴鑾、長麟因言前事獲譴，浩然長嘆，謝醫拒藥，遂以不起。身後飾終優渥，聖明固深眷公。公翛翛不自容，與平日讜論危言，蹈不測而不顧者，用情雖異，而同出於憂國之誠。其始終以文學結主知，始終不以文學掩大節，史傳以「淹雅」稱，未足概其生平也。

初公乞養歸，杜門奉母。劉忠誠公督粤，以故交延訪，聘主應元書院講席，獎植士類，如恐不及。道鎔不才，亦其一也。粤水患，北石角圍、西大路圍皆要衝。公先後督修兩圍堤，審形勢，排群議。堤成，積數十年，屹然爲西北江保障。服闋，將入都，值中法役起，欽使彭剛直公、粤督張文襄公奏留辦防務，籌餉籌械，接濟西師，力陳提督馮子材忠勇可倚任，使得行其志，卒奏諒山之捷。此公在籍表見犖犖大者。

公志在經世，尤究心朔方地形，著有《元聖武親征録注》一卷、《元秘史注》十五卷、《雙溪醉隱集箋》六卷、《西游録注》一卷、《朔方備乘札記》一卷、《和林金石録》一卷、《和林詩》一卷、《撼龍經注》一卷，已刊行。《元聖武親征録注》《元秘史注》，尤精博，見稱於時。别有《元史地名考》《西使記注》《塞北路程考》《進四庫全書表注》、詩文集、金石跋尾若干卷，稿藏於家。子一，淵碩，特賞員外郎，側室陸淑人出；女三，皆適名族。銘曰：

北斗光移曜南粤，海内咸仰哲人哲。學貫九流道不詘，下視麟楦非祥物，獨憑浩氣揞儒術。青蒲屢伏腔灑血，漢賈唐陸風敻絶，得公而三鼎峙列。易名以誠鑒天闕，有崒象峰奠兆域，大節豐碑同屹屹。

李文誠公遺事

孫雄

順德李仲約侍郎師文田，辛亥後追謚文誠。師平日嘗與門弟子言：「他日得謚文敏，與董香光、張得天并傳足矣。」今追謚文誠，非師初願所及也。然師謀國之忠誠，交友愛士之誠懇，有非尋常朝貴所能及者，易名之典，當之無愧。

師歷典川閩江浙試事，又督學畿輔，所至均得士。戊子江南榜，尤多鴻碩。題爲「可與共學」兩章，余主「反經行權」舊説，合兩章爲一章，通篇均用散體，以古文爲時文。篇中有云：「君臣者，天地之常經也，而讀鷹揚之詩，有以臣伐君者矣。兄弟者，亦天地之常經也，而讀鴟鴞之詩，有以弟殺兄者矣。是何也？曰反經以行權也。蓋經爲已定之權，而權實未定之經，反經者非離乎經，乃正合乎經耳。」余卷由房考吴承志呈薦後，師擊節嘆賞，終因語近激烈，遂以額溢見遺。時越五載，邀余佐順天學幕，翦燭談藝，契洽無間。追述前事，引爲大憾，引東坡失李方叔以自比。

師熟精遼、金、元三史，及金元碑版地理考證之學，以長春真人《元秘史》晚出，於蒙古立國、疆域、世系頗具梗概，乃廣搜紀載，兼采近世泰西譯籍，辨析訂證，作《注》十六卷。又以《元史·地理志》成於倉卒，掛漏頗多，《經世大典》所存之圖，亦多沿訛，更參稽舊牘，驗以今名，作《元史地名考》十卷、《耶律楚材西游録注》十卷。復采自唐以來和林一地殘碑斷碣，録其原文，加以考釋，成《和林金石録》一卷，附《和林金石詩》一卷。旁通堪輿，有《疑龍》《撼龍經注》各一卷。詩派於竹垞、覃溪爲近，惟疏散不自存稿。余於壬辰、癸巳間，從軺車周歷順直所屬各州郡，校藝餘閒，時相賡唱，《宣化道中》及《多倫懷古》諸作，均有和章。師有《詠萬安宫遺址詩》云：「阿爾臺山白草肥，萬安宫殿舊都畿。當年突厥兼回鶻，兩代牙庭化夕暉。」又云：「斷瓦殘當歲月深，沿河翁仲草蕭森。碎碑滿地無人拾，嘆息圭堂許翰林。」師於永平、承德、宣化道中，雜詩最多，今憶其二絶云：「萬口喧傳土一(坏)[抔]，東西青冢各千秋。豹房内傳凋零盡，不怪人疑綴白裘。」「説與憑誰更不疑，倒流山水絶難奇。元明兩代裒行録，舊事無人解入詩。」師侍直南齋，資望最深，才思尤爲敏絶，極荷慈安、慈禧二后及景廟鑒賞，凡題畫詩詞，及内廷春帖子，非師作不能稱旨也。師每於進御詩詞，因事納規，余已於《東華夢影録》中别記之矣。

李文誠公遺書記略

汪兆鏞

順德李文誠公講求西北輿地，蓋有感於中俄議界糾紛，發憤著書，非徒爲矜奇炫博也。咸豐、同治間，俄國乘我内亂，占據伊犁。及回部平，使臣崇厚前往勘界，訂約多失權利。光緒初，湘鄉曾惠敏公紀澤出使英法，詔命兼使俄，與俄外部反覆辨論，十閲月而議始定。崇厚原約，僅得伊犁之半，嚴險屬俄如故。惠敏争回南境之乌宗島、克斯川各要隘，然後伊犁諸城足以自守，且與喀什噶爾、阿克蘇等處通行無阻，詳見史稿本傳。文誠因怵然於塞外山川形勢險要關繫甚鉅，而圖籍多疏舛，乃萃二十年精力，考古證今，成書十餘種，精博與何願船秋濤、張石洲穆相埒。嘉興沈子培中丞曾植與文誠書，商榷甚詳。兆鏞於哲嗣孔曼部郎齋頭見遺稿數十巨册，繩頭細書，朱墨爛然，苦心孤詣，用意深遠。諸稿有爲門生故舊刊入叢書者，有成書未付梓者，有起草尚未寫定者，歲久恐有散佚，因條列於左，亦何子貞編修爲程春海侍郎撰《龍(樹)〔泉〕寺檢書圖記》之意也。

《元聖武親征録校注》一卷。何秋濤校，沈曾植覆校，李文田注。順德龍鳳鑣《知服齋叢書》本。

謹按：《元聖武親征録》，《四庫》著録，不著撰人名氏。袁昶《漸西書舍叢刻》亦有此書〔二〕，惟祇題何校。沈、李校正處，寥寥數條，用小字夾注，未標明某説。龍刻以何校爲底本，沈、李校注全載，三家分别提行，尤明晰。又多吕文節公賢基一序，卷末有文誠自記。近年王忠慤公國維有再校本，以《説郛》本爲主。

《元秘史注》十五卷。李文田注。桐廬袁昶《漸西書舍叢書》本。

〔二〕 袁昶漸西書舍叢刻亦有此書：「漸西書舍」，當作「漸西村舍」。下同。

謹按：《元秘史》，《四庫》未著録。阮文達公《揅經室三集》采録呈進，并爲提要，未著撰人名氏。元和顧廣圻《思適齋集》有《元秘史跋》，云：「此書載《永樂大典》中，錢竹汀少詹家所有本，即從此出。」又有殘元槧本，在《連筠簃叢刻》内。阮本據此爲主，而記錢本異同於下。何秋濤云：「《元秘史》書成於《聖武親征録》之前，而元代藏之内府，漢人未得見之。明初修《元史》，於紀元太祖事，多據《親征録》。故《親征録》先發見於世，《元秘史》則阮文達公始從《永樂大典》迻録耳。」此本卷首題「李文田注」，書眉有袁昶、文廷式評識。

《朔方備乘札記》一卷。李文田撰。元和江標《靈鶼閣叢書》本，繆荃孫《烟畫東堂小品》本。

《西游録注》一卷。元耶律楚材撰，國朝盛如梓删略，李文田注。

謹按：江刻訛脱甚多，宜檢原稿校補，以成完帙。孫雄記。

《和林金石録》一卷。李文田撰，豫章黄楙裁《和林考》附。同上。

《和林詩》一卷。李文田撰。同上。

《雙溪醉隱集箋》六卷。元耶律鑄撰，李文田箋。《知服齋叢書》本。

謹按：《雙溪醉隱集》，《四庫》著録，李箋於輿地考證特詳。

《撼龍經注》一卷。五代後唐楊筠松撰，李文田注。廬陵蕭允文校刊本，有光緒十八年蕭跋。《知服齋叢書》本，羅振玉《續匯刻書目》未見。

《塞北路程考》一卷。未刻。

《元代地名考》。孫雄記作十卷，今稿本不完。

《西使記注》。元劉郁撰，李文田注。

謹按：以上兩種未成，稿藏於家。

張亨嘉

禮部左侍郎張公行狀〔一〕

陳衍

曾祖諱宗器，誥贈光禄大夫。妣羅氏，誥贈一品夫人。

祖諱振西，誥贈光禄大夫。妣于氏，誥贈一品夫人。

父諱鏡湖，誥贈光禄大夫。妣黄氏，誥封一品夫人。

公諱亨嘉，字燮鈞，一字鐵君，福建侯官人。八九歲，讀《春秋左氏傳》，至齊、楚、秦、晋各大

〔一〕　本篇載《石遺室文集》卷一。

國交兵處，即按其山川地望，戲畫爲圖。十餘歲，讀《史記》，亦如之。未冠，以縣學生舉於鄉，歲在同治乙丑。自是困禮部試幾二十年，用以肆力於學。閩浙總督左公宗棠，創正誼書院，課舉貢爲詩賦、四子書文；福建巡撫王公凱泰創致用堂，課經義、治事，公試冠其曹十常六七。

光緒癸未，始成進士，改庶吉士。時已用大挑知縣，分發河南，保以同知升用矣。會有王樹汶京控之獄，公先在東河總督梅公啓照、河南巡撫李公鶴年幕中，獄已定讞，二公命公覆訊。公白疑有冤，争不能得。獄平反，二公奉嚴旨褫職，連承審官數人。公自理於都察院，獨免吏議，遂復與禮部試也。丙戌，授編修，命提督湖南學政，試一府治，經古場分經、史、小學、輿地、掌故、兵謀、算術、詞賦二三十門，發題百數十道。治經者，分習各經，又分今古文，若《詩》齊、魯、韓，《尚書》歐陽、夏侯、伏、馬、鄭諸家也。一府治，試二三十日，日坐堂皇，傳餐不入内；夜閲卷，往往達曙。名第上下，既鱗次排比，猶斟校一二字句，分寸短長，數移置之，不使小有顛倒委屈。鄉試號舍廛萬有奇，應試者萬七八千人。學使者録遺才〔二〕，府縣學生當十擯其三，太學生當十擯其四。公去取尤兢兢較毫釐矣。校士録出，士林争購，以爲命題閎博，得未曾有〔三〕。癸

〔二〕學使者録遺才：「録遺才」，《石遺室文集》作「録取遺才」。

〔三〕得未曾有：《石遺室文集》作「即得未曾有也」。

巳，典試廣西，充正考官，遍搜遺卷，拔取以十數。辛丑，提督浙江學政。時方改四書義策論，試士以淹貫有特識爲主。其能發揮新學者，薦舉經濟特科，及咨送京師大學堂爲師範生。在湖南，倡捐廉俸，增益校經堂肄業名額。杭州舊有藏書樓，亂後書無一存，新而大之，購書七萬卷，刊定士民借閱規條。

綜公生平，校文如赴飢渴，愛士如護性命，慎黜落，如决獄之恐失入。學問喜博大而惡苛碎，其游覽山水、評品書畫亦然。將之湖南，以書抵衍，極道洞庭、衡嶽天下偉觀，江、胡、曾、左中興偉人，必有人士文章繼起者。夸示之，以要其往。桂林、陽朔山水，昔人稱奇，公以爲細碎不足喜。喜司馬氏《通鑑》，首以教人，謂明季國朝諸儒，若黄氏宗羲、王氏夫之、顧氏炎武、胡氏渭、顧氏祖禹、顧氏棟高所著書，皆裨實用。爲文章開朗詳盡，不屑屑爲含蓄吞吐以取姿態。嘗作張文達公之萬神道碑，中述豫軍戰事數千言，翔實地形，以究東西捻就殲之勢，見者皆以爲非公莫爲也。

由編修入直南書房，升授國子監司業，遷詹事府右春坊右中允，升授司經局洗馬，遷翰林院侍講，升授太常寺少卿，遷大理寺少卿，由浙江學政回京，奉旨著仍在南書房行走，并充京師大學堂總監督，補授光禄寺卿，遷都察院左副都御史，升授兵部右侍郎，調補禮部左侍郎，充玉牒館副總裁、經筵講官。公之爲總監督也，大學堂初立，乃闢講堂、學舍、操場，廣生徒至五百人。

時耳食東西國學制者，方謂講席當檄委，講師當爲屬吏。公不謂然，走書幣四方禮聘儒宿，或請至四五不倦。雅護學生，而譎觚肆慢者必繩之。立朝二十餘年，一意孤行，空所倚傍〔二〕。或感觸時事，持論峻切，聞者色變。故舊親戚，宦游京師四方者，不能爲關説函薦，故不喜者多。近歲改官制，貳列曹者，事至不敢有可否。公貳禮部，核議顧、黄、王三儒從祀文廟，奏設禮學館，草創規模，有所異同，辯論齗齗，至面發赤不止。

戊申，歸里，議遵奏案，設存古學堂，手訂章程數十紙。當道任籌款，興辦有日。公入都，有梗其事者，遂中止。公憂舊學自此淪亡，常以爲憾。癖嗜書畫，收藏多國朝名家，大小千百事，宋元人僅百一二，以爲歲月綿褫，非來歷真確者不敢有也，然數十年廉俸所入盡於此矣。少孤，無昆弟，官京師、湖南、浙江，皆奉太夫人偕行，無間温凊。戊戌，命出使朝鮮，以親老疏辭。庚子，兩宫西行，太夫人年已九十，不能棄奔行在所，疏陳引咎，兩宫優許之。丁未八月，太夫人享壽期頤，兩宫均賜扁額及建坊銀兩。其明年二月，丁太夫人憂。十月，歸葬。服闋，仍直南書房。

體素厚重，冬春多痰，以宣統三年正月二十日，無疾痰湧遽薨。生於道光丁未，享年六十有

〔二〕 空所倚傍：「倚」，《石遺室文集》作「依」。

四。事聞，奉上諭：「前禮部左侍郎張亨嘉，由翰林入直南書房，迭掌文衡，洊升卿貳，學問優裕，克勤厥職。兹聞溘逝，軫惜殊深。加恩著照侍郎例賜恤。任内一切處分，悉予開復。應得恤典，該衙門查例具奏。伊子張如亶，著以主事用。欽此。」娶閩縣王氏，封一品夫人，先公卒。長子如忭，早卒；次即如亶，妾鄭氏出。孫戩，如忭出，公薨數月，奉旨給予二品蔭生。

公官卿貳，例得史館立傳。衍兄事公四十年，知最詳，謹具歷官行事狀上之。禮學館纂修、學部主事陳衍謹狀。

龍湛霖

刑部右侍郎龍公神道碑〔一〕

陳三立

公姓龍氏，諱湛霖，字芝生。其先家湖南之茶陵，元末有悦仲者遷攸，遂爲攸人。曾祖諱思

〔一〕　本篇載《散原精舍文集》卷十一，題作「誥授光禄大夫刑部右侍郎龍公神道碑」；又收入《碑傳集補》卷五，題作「清光禄大夫刑部右侍郎龍公神道碑」。

見，舉人，福建政和縣知縣，妣氏周、氏胡。祖諱彬，縣學生，妣氏陳。父諱友夔，踐履篤實，研究程朱之學〔一〕，教授鄉里，從游弟子歲常百數十人，歲貢生，候選教諭，祀鄉賢祠，妣氏戴。以公貴，皆贈如其官。鄉賢公有子三人，公其季也。兄汝霖，舉人，江西鉛山縣知縣；溥霖，舉人，廣西補用道，泗城府知府，贈光禄寺卿：咸以文學幹略顯於世。

公舉咸豐丁巳鄉試，同治壬戌成進士，改庶吉士，授編修。遭鄉賢公喪，服除，光緒元年充順天鄉試同考官。明年，充雲南鄉試正考官，除詹事府右春坊右中允，轉左中允。六年〔二〕，母憂歸。九年〔三〕，以原官兼日講起居注官，六遷至侍讀學士，出爲江西學政，遷詹事府少詹事、正詹事，留任學政如故。入爲内閣學士，兼禮部侍郎銜，尋充福建鄉試正考官，擢刑部右侍郎，復出爲江蘇學政。

公初爲講官，以德宗春秋鼎盛，左右侍從獨宦寺，疏請擇宗室貴戚近臣、績學篤行通雅有節概者，不限員數，用本官給事殿陛，如漢侍中之制，庶幾便宜薰習，裨益聖德不細。議者推爲知

〔一〕研究程朱之學：《散原精舍文集》《碑傳集補》作「研悦程朱之説」。
〔二〕六年：《散原精舍文集》無此二字。
〔三〕九年：此下《散原精舍文集》有「還朝」二字。

本，匪僅言人所不敢言也。十年，〔二〕法越用兵，公屢上疏力主戰，揣摩形勢，規畫防守，以爲關外之師，宜分爲兩道〔三〕，一攻北寧，一由雲南出暹羅，襲西貢。當是時，國威猶未挫，將才兵力、船械財賦差足恃，故公反覆陳論和戰利害，迫切震動，以折枋國托老謀持重之説。其它論圜法輕重銀幣〔三〕，論鄭州河決、增築北岸堤防之屬，甚衆，皆中機要。蓋公氣貌仁厚，粥粥若無能，而中饒智略，曉達治體，忠謇發攄，無所阿避。而爲國家育賢才、端學術，愈引爲己任。始督學江西，用雅故群籍課士，振厲不懈〔四〕，風習爲一變。於經訓書院，延通儒皮先生錫瑞爲之師，所成就弟子類知名於時，至今江西人士思皮先生，益推以思公。及任江蘇學政，世變益亟〔五〕，爲輸格致新法、購置譯籍，表器分科，立規程，首推行，號最得才士，曰南菁書院〔六〕。

聲績聞朝廷，方召用，公堅乞骸骨，還長沙。逾歲病痺，久卧床簀，然鄉里興學營義舉，猶務

〔一〕匪僅言人所不敢言也十年：《散原精舍文集》無此十一字。
〔二〕宜分爲兩道：「爲」，《散原精舍文集》無。
〔三〕其它論圜法輕重銀幣：「圜法」下，《散原精舍文集》《碑傳集補》有「圖鑄」二字。
〔四〕振厲不懈：《散原精舍文集》無此四字。
〔五〕世變益亟：「亟」，《散原精舍文集》《碑傳集補》作「急」。
〔六〕曰南菁書院：「書院」下，《碑傳集補》有「日有效」三字。

提挈指揮，或席金贊助恐後。〔一〕粤漢鐵道移權海國之釁起，湘人危懼〔二〕，争廢約自保。公尸其謀〔三〕，屢移書中外，斡旋維護，其言絶痛，〔四〕呻吟中且口授計畫，命子弟傳寫不輟〔五〕。約竟廢，公之力也〔六〕。

光緒三十一年五月十二日卒。配熊夫人，繼配雷夫人，妾胡氏、陳氏。熊夫人、二妾先公卒。子三人：紱瑞，本兄泗城公子以爲嗣，正三品廕生，候選知縣，四川試用道〔七〕；紱年，正二品廕生，吏部主事〔八〕；紱慈，陸軍部主事〔九〕，雷夫人出。熊夫人所出女一，適善化楊晋頤〔一〇〕；雷

〔一〕「鄉里興學」至「贊助恐後」：《散原精舍文集》無此二十字。

〔二〕湘人危懼：「危懼」，《散原精舍文集》無此二字。

〔三〕公尸其謀：「公」下，《散原精舍文集》有「猶」字。

〔四〕斡旋維護其言絶痛：《散原精舍文集》無此八字。

〔五〕命子弟傳寫不輟：「傳寫不輟」，《散原精舍文集》作「寫傳不絶」。

〔六〕公之力也：《散原精舍文集》無此四字。

〔七〕四川試用道：《散原精舍文集》無此五字。

〔八〕吏部主事：《散原精舍文集》無此四字。

〔九〕陸軍部主事：《散原精舍文集》作「縣學附生」。

〔一〇〕適善化楊晋頤：「楊晋頤」，《散原精舍文集》作「楊某」，《碑傳集補》作「楊溍頤」。

夫人亦一女，適安徽劉廷鎮〔一〕。孫五〔二〕。公孝友播萬口。兩兄歿後〔三〕，事寡嫂如母〔四〕，護視諸孤侄逾所生。戚舊貧乏者，餽恤周備。遇人無町畦，寡欲持志，悃愊豁達，寤寐耿耿，不忍一息遺民物、忘君國，以故朝野上下歸公長者，服其忠藎，而追惜其病廢，無與挽危運，澤未大被於天下。卒年六十有九。明年三月，葬公善化甘沙墅西塘莊山之陽。越十三年，紱瑞偕其弟傳狀屬文靈域之碑，繫以銘曰：

洛閩之傳，夙飫庭聞。分形照世，謨績紛綸。公列瑣闥，藹藹有文。發蒙昌言，天闕徹振〔五〕。輶車載驅，以儒自效。長養菁莪，風暄雨膏。勇退卧痾，雜聽歌哭。精門萬魔，衛我邦族。策勳餘喘，一瞑報國。仕隱同符，道昭穹刻〔六〕。

〔一〕適安徽劉廷鎮：「劉廷鎮」，《散原精舍文集》作「劉某」。
〔二〕孫五：《散原精舍文集》作「孫五人」。
〔三〕兩兄歿後：「後」，《散原精舍文集》無。
〔四〕事寡嫂如母：「事」，《散原精舍文集》作「敬」。
〔五〕天闕徹振：「徹振」，《散原精舍文集》作「微振」。
〔六〕道昭穹刻：「穹刻」，《碑傳集補》作「碩刻」。

沈源深

沈侍郎傳略〔一〕

王舟瑶

公諱源深，字叔眉，浙江山陰人。祖某，徙河南祥符，故公爲祥符人。父某，直隸知縣。咸豐己未，公年十七，舉順天鄉試。明年成進士，授吏部主事，尋補軍機處章京，累遷至大理寺卿。光緒乙酉，典四川鄉試。己丑，典江西鄉試，晋都察院副都御史。庚寅，充會試總裁，奉命按獄福建，遂留督學。壬辰，晋兵部右侍郎，仍留學政任。明年，卒於閩，年五十一。

公初官京師時，大學士文端公倭仁、侍郎吴廷楝方講明程朱學，公聞其説而好之，以爲舍此無以爲學，遂一意講求，力見諸行。軍機章京職掌章奏，擬撰詔旨，封疆大吏每投縞紵，藉爲聲援。公居此二十年，積資爲領班，而與外吏無私交。有某制府與公同年，嘗授以所製牋，曰：「樞府有密謀，幸以此告。」蓋其牋得旁行書，它人驟讀之莫審也。公嚴拒之，不與通。有某大僚

〔一〕本篇載《默盦集》卷八，又收入《碑傳集補》卷四。

以事罷職，入貲報效謀起用，公密章劾之。疏薦布政使陳彝、翰林文治，一時清望[一]。

其視學福建也，公喜甚，以爲生平治朱子之學，今幸得至朱子之鄉，首刻朱子《小學》，分頒多士；重整閩省書院，親定章程；命學校官各疏諸生學行以報；檄調高材生，令肄業會城書院，課以義理之學，自捐廉俸，以資膏火。時詣書舍，與諸生講論，藹然也。疏請宋儒游酢從祀孔子廟[二]，得旨俞允。其試士也，終日堂皇，衣冠肅然。有舞弊者，必嚴斥之。有某太史子、某觀察弟，不守規，公繩以法。守令爲請，公持不可，曰：「彼世家子尤當守法，何可獨縱也？」試建寧，有郡取第一者，公視其文劣甚，黜之。太守曰：「其家嘗建學宫，故特奬之。」公曰：「其好義可奬，而文字不可假借。」手書額贈之，而仍不與進取。試福州時，有某生爲制府記室，制府爲請。公視其文亦猶人，不與高等。制府愠甚，公不顧也。至建陽，爲文祭朱子。有後裔以事黜諸生籍，詣祠求復，以公重朱子，必如所請。公曰：「爾爲大賢後，而不肖如此，吾爲爾祖誨也。」卒不允。其持正不阿類如此。

然公性嚴正，而待人甚恕。按部所至，供張簡陋，略不與校。嘗過上杭，渡溪流，舟小忽沈，

[一] 一時清望：「一」上，《碑傳集補》有「皆」字。

[二] 疏請宋儒游酢從祀孔子廟：「孔子廟」，《碑傳集補》作「孔廟」。

冠服俱濕，公從容自若，步至溪上民家小坐。縣令以伺候不謹，泥首謝罪，公婉慰之。性喜樸素，所至悉撤陳設，寒衾布被，如老諸生。然校文之暇，手《近思録》一卷。好賢愛士，聞一佳士，必籍記之。接人甚敬，雖小吏廝養，必禮貌。對妻子若嚴賓。疾時上疏請開缺，諸生聞之，靨集使署，求勿去。歿後輿櫬發，白衣冠送者數百人，咸太息曰：「百年來無此好學使也！」前後裁陋規數千金，去之日，行李蕭然。在籍内閣學士陳寶琛等二百人表其治行，請制府奏建專祠。制府入告，以格於例未行。諸生爭摹其像，祀於書院。子豫立，以廕官中書；次敦厚，幼。

王舟瑶曰：余客公幕府二年，見其造次須臾，無時不敬，心歉然不自足。凡有文字及所疑事，必來商榷，心虚貌恭，若弟子然。間嘗從容語余曰：「吾年少登第，鞅掌簿書三十年，讀書未多，窺理未至，自此以後，益當努力，以補吾過。」又嘗與余議，欲創建閩學書院，招集有志節之士，講求朱子之學，以繼張清恪之後，屬余采輯儒先語，編爲一書，發明爲學之次第，刊示多士。孰知志業未竟，遽歸道山，此豈獨閩士之不幸，而實天下之不幸、吾道之不幸也！惜哉！公歿後，余即欲爲文以傳之，以前所歷官及事迹皆未詳，因循未果。今恐久而漸湮，就所知爲此傳，實多未備，故題曰「傳略」云。

碑傳集三編卷六　部院三

葛寶華

葛寶華傳[一]

章梫

葛寶華，浙江山陰人。光緒九年進士。同治六年，先由監生報捐員外郎，簽分户部，至是仍以原官即用。五月，考取總理各國事務衙門章京。十年，補員外郎。十六年，補郎中。十九年，充坐糧廳監督。二十年，京察一等，記名以道府用。二十一年，補授内閣侍讀學士。二十二年六月，補太常寺少卿。九月，管理覺羅官學事務。十月，轉通政使。二十三年，充福建鄉試正考官。二十四年，補光禄寺卿，旋補宗人府府丞。十月，署禮部左侍郎。十一月，補都察院左副都御史。二十五年，擢兵部左侍郎。二十六年，兩宫西幸，隨扈至西安，應詔陳言，奏請變通科舉

[一] 本篇載《一山文存》，又收入《碑傳集補》卷六。

以求實學，精練新軍以固國防，責成州縣以弭教案，特設專官以興實業，皆次第施行。二十七年，鑾輿將返，奉旨先行回京。六月，調户部右侍郎。十月，擢工部尚書，管理溝渠河道事務。十二月，調補刑部尚書。二十八年，兼署工部尚書。

二十九年，隨扈景皇帝謁西陵。七月，上以御史奏參提督蘇元春縱兵殃民、缺額扣餉，經岑春（萱）〔煊〕確查屬實，革職交刑部治罪。寶華奏遵旨定擬蘇元春應得罪名，略云：「律載『管軍官冒支軍糧入己，若承委放支而冒支者，以監守自盜論』，又例載『監守盜倉庫錢糧入己一千兩以上者，斬監候』各等語。此案已革提督蘇元春籌辦廣西邊防有年，并不認真整頓，軍務廢弛，至於潰亂，誠如聖諭『實屬辜恩負國』。乃於平日兵勇擾害，及伍籍缺額，均諉之失察，其漫無紀律，咎已難辭；復積欠扣存底餉至十三萬兩之多，情節尤重。據供，因公挪用有案據者，僅五六萬兩。其餘既無案據，即應科以『侵吞入己』之罪。案挪移庫銀二萬兩以上，及監守自盜錢糧一千兩以上，二罪均應斬監候，應從一科斷。查底餉扣存本營，係屬官款，該革員自用自銷，應以『取之於官』論，且係統兵官支欠軍餉，較尋常承委冒支者，尤難寬貸，自應仍案『監守自盜』問擬。已革提督蘇元春合依監守自盜錢糧入己一千兩以上者斬例，擬斬監候。係統兵大員，仍恭候欽定。至所欠餉銀，例應勒限追完，應請飭兩廣總督、廣西巡撫案所供數目，分別確查，勒限追繳，以昭核實而杜狡卸。」得旨：「蘇元春縱兵殃民，所擬罪名尚屬輕縱。著刑部再行案律定擬具奏。」寶華覆奏，略謂：「臣部爲執法衙門，不容畸輕畸重。若律有明條，向不得於律外加擬，致失定律本意。查縱軍擄掠律載『軍人若於已附地面擄掠者，不分首從，皆斬監候；本管官鈐束不嚴，杖八十，留任；其將領知軍人於已附地面擄掠之情故縱者，各與犯人同罪』，注云『至死減一等』各等語。詳繹律義，原謂『已附地面皆屬吾民，軍人敢有擄掠人口、財物者，即屬殃民，一律問擬斬候』。立法本極嚴厲，軍人之罪既重，故本管官及將領之罪從輕。其鈐束不嚴者，罪止擬杖；必知情故縱，始與犯人同罪。凡稱同罪者，至死減一等，此治罪之通例，故律注有『至死減一等』之文也。若監守自盜之例，一千兩以上，即應問擬斬候，較將領之故縱軍人擄掠者罪名爲重。又徧查律例，惟提鎮於省城及駐劄地方，不行固守，聞警先逃者，例内有『依律擬斬聲請處決』之文。其餘如貪取降人財物、殺傷其人，以及失誤軍機、失陷城寨各律，其罪名亦皆至斬監候而止，別無加重治罪專條。又查光緒二十七年，行在臣部審辦已革提督李成金等一案，係照縱軍擄掠律不准減等奏結，罪名亦止於斬監候。今蘇元春積欠餉項，尚有應追之贓，照『監守自盗之例，其本罪應擬斬候。即仿照李成金成案，科以縱軍擄掠之律，從重，不准減等，而案律從一科斷』，亦罪止斬候，并無出入。此次欽奉諭旨，既令案律定擬，而參稽律例，其罪無可復加，自應仍案本例科斷。已革提督蘇元春合依律擬斬監候，秋後處決；仍照例勒限追贓。」卒依議行。是年，充順天鄉試副考官。

寶華官刑部久，獄之最重大者，如三十年，審明已革知縣王維勤仇殺一家九命，分別首從定擬；三十一年，審明蒙古護衛幅株哩妒奸謀殺家長，案律定擬；三十二年，審明瑞洵等婪贓舞弊，擬定罪名，勒限追贓：皆根據律意，胥得其平。其兼署工部二年餘，疏請給承修工程各員辦公經費，歸并陵寢歲修另案專案諸名目，以杜浮估之積弊。官刑部時，嘗得會審失於覺察，罰俸一年；監犯越獄，降一級留任；朝審失出，降一級留任。各處分旋准抵銷，或邀寬免。年六十，蒙兩宮賜壽，賞紫禁城騎馬。三十二年七月，朝廷預備立憲，命充釐定官制大臣，與諸王大臣會議於朗潤園，同編纂官制。九月，補授鑲紅旗蒙古都統。三十四年，署法部尚書。宣統元年，補授禮部尚書。寶華歷充東陵、西陵要差，耕藉、查齋、讀卷、閱卷、磨勘、驗放、管宴，復核朝審，參與政務，值年進內等大臣。

二年二月卒，遺疏入，諭曰：「禮部尚書葛寶華，廉明勤慎，學問優長，由部曹洊陟卿貳，疊掌文衡，擢授尚書，宣力有年，克稱厥職。茲聞溘逝，軫惜殊深，加恩賞給陀羅經被，派貝勒毓朗帶領侍衛十員，即日前往奠醊。照尚書例賜恤。應得恤典，該衙門查例具奏。」尋賜祭葬，予謚勤恪。子紹煒，俟及歲以主事用。

張仁黼

張仁黼傳[一]

章梫

張仁黼，原名世恩，河南固始人。光緒二年進士，改庶吉士。三年，授編修。十年，法越事起，奉旨交廷議。仁黼與編修朱一新等奏請嚴海防以杜狡謀，略云：「能戰然後能和。道光年間，撫議未成，海防先弛，遺患至今，前鑒不遠。今宜示以朝廷主戰不主和之意，嚴申軍律，以肅戎行。敵亦安能持久？是在當事者之堅忍耳。至李鴻章所奏内外上下卧薪嘗膽之言，實爲救時要論。顧臨事則每思自奮，事後又徒托空談。當兹時勢艱難，一誤豈堪再誤？此其道在求諸實事，其端必始自宫廷。」是年，命在上書房行走，旋命授溥倫、溥侗讀。

十一年，京察一等，以道府用。尋提督湖北學政。訓士以格致誠正之學，捐資恭刊列聖訓飭士子文，及吕氏《四禮翼》、陸氏《松陽講義》、陳氏《明辨録》、倭氏《爲學大指》諸書，并廣購朱子《小學》《近思録》，以餉士林。整飭經心等書院，獎勤懲惰，嚴嗜好之禁。其有嗜好者，以時抽

[一] 本篇載《一山文存》卷四。

查；屢戒不悛者，重懲之。士風爲之一振。十四年，任滿，仍直上書房。

十五年正月，德宗大婚禮成，賞六品銜。二月，命授載濟讀。八月，賞《御製勸善要言》。十二月，充文淵閣校理。十八年，補國子監司業，遷詹事府右春坊右中允，轉左中允，晉司經局洗馬，尋署日講起居注官，補翰林院侍講。

二十年，大考翰詹，列二等。孝欽皇太后六旬萬壽，賞加四品銜。是年，日本藉端朝鮮與我開釁，軍數失利。朝臣多劾軍機大臣禮親王、孫毓汶等朋比誤國。仁黼乃與侍郎李文田等合疏請旨起用恭親王管樞務，略謂：「宋哲宗朝，宣仁皇太后起用司馬光爲相，遼、夏之主不敢生邊釁。今恭親王之賢，不知於司馬光何如，而親貴則過之。我皇太后之聖明，尤非宣仁所能及。恭親王艱鉅重膺〔一〕，綱紀整肅，軍務當有起色。」未幾，恭親王召入軍機。又疏請派吴鳳柱速帶馬隊馳援旅順，有「旅順失則大局壞，徒守山海關無益」之言。又疏請停辦點景，移作軍費。

二十一年，轉侍讀。二十二年，擢鴻臚寺卿。二十三年，充四川正考官。二十四年，除奉天府府丞兼學政。丁父憂，未之任。二十六年，拳匪事起，奉命在籍督辦團練。服闋，召赴行在。時財政支絀，當事議加丁口税，召對力争不可，事遂寢。二十七年，授順天府府尹，請收回成命，

〔一〕恭親王艱鉅重膺：「重」，底本原脱，據《一山文存》補。

召對時，奏稱：「府尹職守，今昔迥異。昔重持正，今重外交。臣不習洋務，倘舉措失當，恐貽誤大局。請飭李鴻章舉通曉外交人員請簡。」遂改授左副都御史。尋扈蹕回京，署兵部右侍郎。二十九年，河南因徵糧改章，致孟縣、武陟等處民變。仁黼以桑梓之邦，見聞較確，五月，乃上疏瀝陳豫民艱苦情形，懇請弭患以全大局。略謂：

河南居天下之中，民風素稱樸厚，平時交納錢糧，供應徭役，無不奉公惟謹。即如蘆漢鐵路所經之地，洋工程司來往履勘，從未聞聚衆滋事，上貽朝廷之憂。誠使撫輯得宜，斷不至變生意外。乃近聞河南因改銀完錢，激成民變之事，謹就豫省現辦實在情形，與夫利害之關係，事勢之流極，縷晰陳之。查河南通省一百零七州縣廳，以現錢完糧者，俗謂之「錢莊」；其中有四十五州縣，以現銀完糧者，俗謂之「銀莊」。其銀莊地方，斗畝較窄，漕折較重。當日定制，斟酌地方情形，參差之中，具有精意。二百年來，一律遵行，相安無事。歷任河南巡撫、藩司，考核丁漕者，頗不乏人，亦從無輕議改章之舉。

現任河南布政使延祉，上年曾以隨糧捐輸飭屬辦理。經前任巡撫錫良批斥，責其冒昧操切，事遂中止。現調任撫臣張人駿，初到任時，以添營籌餉，與之商酌。延祉稍易前說，另立名詞；張人駿未及深察，據以入奏。查豫省現時銀價每兩換制錢一千文之譜，原奏所稱每丁地銀一兩，改完制錢二千四百文，名之曰改，其實已較原額加一倍矣；暗中復加至二千八九百文不等，而又官吏胥役層層婪索，更在此數之外，直不啻於原額之外，再加倍半且兩倍矣。蔀屋窮簷，何以堪此？是豈朝廷恤民之本意哉？

今年二月間，孟縣百姓紛紛携農器至縣署求減，知縣孫壽朋不善辦理，遂致激成變端。武陟、温縣、原武、濟源四縣繼之，河以南亦蠢蠢欲動。邇聞鐵路工程司電告盛宣懷有「九段路綫經過數州縣，近日大見擾亂，聲言與鐵路爲難，其作亂實情，因匱糧而起」等語，臣聞信徬徨。伏思養兵所以衛民，非爲殃民之具；練兵所以定亂，非爲召亂之端。今民未亂而因兵以困民，迨亂既作，用兵以平亂，利害相權，其得失必有能辨之者。且亂之至恐未有底止也。現時甫經開辦，亂端已萌者，數州縣矣。上忙届期，官吏催比，設四十餘州縣蚩蚩愚衆，徒以不堪誅求之故，同時接踵，馴良者貧不聊生，宛轉於追呼之下；桀鷔者鋌而走險，弄兵於潢池之中。萬一有匪徒煽惑其間，愚民無知，遷怒外人，甚至毁鐵路、拆公司、戕教士、焚教堂，皆意中必有之事。工程司之電，其明證也。即曰兵力可恃，我能剿平，而内有餉項，外有賠償，核計所費，奚止倍蓰？得不償失，有斷然者。設或勢成燎原，我兵未能即時平亂，外人藉口代剿，添兵占地，別生枝節，又將何以應付？懲前毖後，熟思審處，國家何取歲增三四十萬之款，而因此釀成巨患，致壞大局乎？

臣上年奉命治團，皆與延祉共事，見其智慮精核，辦事亦能持平，不知此事何以偶未深思，固執成見至此。又聞張人駿見銀莊改錢以來，屢召亂釁，頗有悔心。惟既誤信於前，又係原奏之人，未便再三瀆請。臣默審事機，關係至重，用敢呼籲於君父之前。合無仰懇飭將豫省錢糧仍照向章辦理，河南幸甚。

得旨：「此案前經張人駿奏請援照《山東隨糧捐輸章程》辦理，是以照准。若如所奏各節，改章加徵，民情不順，難保官吏不從中索擾。著張人駿據實查明，不得以陳奏在前，稍涉回護。應如何禁革變通之處，務當體察情形，妥爲辦理。總期籌款而不擾民，毋致别滋事端。」於是張人駿奏地丁仍照舊章徵收，民賴以安。六月，充江西正考官。

三十年，因推恩得蔭一子。是年，上以巡警爲方今要政，現辦工巡局，尚有條理，亟應實力推行，改五城練勇爲巡捕，均按内城辦理，命仁黼會同左都御史壽耆、尚書那桐通盤籌畫，認真舉辦，以專責成。

三十一年五月，上以日俄兩國在華盛頓議和，中國應如何因應，將來接收東三省應如何善後辦法，令各衙門悉心籌畫，各抒所見密奏。仁黼屬稿，與尚書長庚等合疏，略謂：「日、俄開釁，戰地乃在中國。我以勢力不敵，守局外中立之例。然所謂局外者，對戰國言之爲外局也。今則兩國言和，而直接開議，若仍置我於局外，則可慮甚矣。既已言和，必相競利，利在兩國，害在中國矣。中國利害迫切，而株守中立，無從與聞。將來兩國議定，出片紙以要我，無一非損我益彼之舉。拒之則登時生釁，許之則實有難堪。彼時處置之難，必更百倍於今日。臣等聞兩國開議爲期甚迫，因應之機斷不可緩。况此事舉動，關係全球。聞各國派員明暗偵察，暨各自爲謀者，不知幾經縝密詳審。即兩國始戰終和，於各國議論之向背，交際之疏密，及一舉一動之機局，派員分駐各國考察者亦復不少。今我處萬分危急之時，坐待分争，聽客所爲，事機一失，終難挽救。臣等愚以爲宜速選派老成熟於交涉之大員，前往美都，會同駐美使臣商度，與日、俄兩國討論參訂，似較事後争論易於爲力。目前雖兩國直接，將必各有與我討論之時。如有大員前往密爲窺察，設法維持，預爲續議抵制之地；并密諭出使日、俄兩大臣，隨時偵探兩政府之宗旨；及各國駐使，密察各政府討論兩國議和之政策，而尤注重於駐美使臣之應付。其最要者，或酌派得力人員分赴各國考察各項政治，爲將來辦理善後之地。因應之方，莫急於此。至善後一切事宜，容妥商續陳。」先後多見施行。十二月，補兵部右侍郎，調學部左侍郎。

三十二年，署工部右侍郎，補授。三月，復調補法部右侍郎。三十三年三月，補大理院正卿。五月，奏請欽派部院大臣會訂法律，略云：

今東西各國，莫不號稱法治。環球法律派别之不同，蓋分四大法系。實以中國法系爲最古，謂之支那法系。其文明東漸西被，而印度法系生焉。由此播乎歐洲，爲羅馬法系，是爲私法之始；更進爲日耳曼法系，此法系復分新、舊，是爲公法之始。歐美諸大國皆屬此二法系。日本法律本屬支那法系，而今則取法於德、法諸國，其國勢乃日益强。夫禮昭大信，法順人情，此心此理，原可放諸四海而準。我朝列祖列宗，制作美備，大經大法，超越千古。今更取東西法律，合諸一冶，於上年有修定法律之命，將見支那法系曼衍爲印度、羅馬、日耳曼新舊諸法系者，復會歸於一大法系之中，而成聖朝之法治，固不僅包含德、法，甄陶英、美而已。臣今竊有請者，一國之法律，將以維持治安，擴張主權，所以垂諸久遠、推行無弊者，其爲主要者有一，而成之者有三。

一組織立法樞機也。東西各國三權分立，其立法一權，莫不寄諸議院，故能順乎民情，合乎公理，而裁可之權，仍在君主。既采輿論之公，亦無專斷之弊。特中國政體不同，遽難倣行其法，然可稍取其意。彼公諸議院者，我則公諸群臣。近來各部院堂官皆得參預政務。臣愚以爲修訂法律，以之頒布中外，垂則萬世，若僅委諸一二人之手，天下臣民或謂朝廷有輕視法律之意，殊非所以鄭重立法之道也。擬請欽派各部院堂官，一律參預修訂法律事務，而以法部、大理院專司其事，并選通曉中外法律人員，充纂修、協修各官，均係兼差，不作額缺，另議辦事章程。如此則有議院之長而無專斷之弊，此臣所謂主要者一也。

一明訂法律宗旨也。國之所與立者惟民。一國之民必各有其特性，立法者未有拂人之性者也。西國法學家亦多主性法之説，故一國之法律必合乎一國之民情風俗。如日本刑法，本沿用我之唐律，今雖屢經改正，其輕重仍多近乎中律。而民法五篇，除物權、債權、財産三篇采用西國私法之規定外，其親族、相續二篇皆從本國舊俗。況中國文教，素甲全球，數千年禮陶樂淑，人人皆知尊君親上，人倫道德之觀念，最爲發達，是乃我之國粹。中國法系即以此特聞，立法者必以保全國粹爲重，而後參以各國之法補其不足。此則以支那法系爲主，而輔之以羅馬、日耳曼諸法系之宗旨也。

一講明法律性質也。中國法律惟刑法一種，而户婚田土事項亦列入刑法之中，是刑法與民法不分，每爲外人所指摘。故修訂法律，必以研究法律性質之區别爲第一義，而區别之要有四：一、國内法與國際法之别；二、成文法與不成文法之别；三、公法與私法之别；四、主法與助法之别。蓋此四者，不外乎國與國、國與人、人與人三種關係。國與國之關係屬乎國際公法，不在修訂法律範圍之内。如國與人之關係則屬乎公法，人與人之關係則屬乎私法。公法如刑法及訴訟法是。其刑事之涉乎外國人者，則爲國際刑法；私法如民法、商法，是其民事之涉乎外國人者〔二〕，則爲國際私法。此二者皆於各法之總則中定之，是爲關乎撤去領事裁判權之根本。而修訂法律之最要者，則在主法與助法之别。蓋主法

〔二〕自「則爲國際刑法」至「是其民事之涉乎外國人者」：底本原脱，據《一山文存》補。

爲體，助法爲用，如刑法及民法爲主法，而刑事訴訟法及民事訴訟法爲助法是也。有主法而無助法，則徒法不足自行；主法雖精而助法未臻完善，其行之也猶不能無弊。此則法律性質不可不辨者也〔二〕。

一編纂法律成典也。法律之學，首重統系，故欲修訂法律，必宜研究編纂之法。而法典之不可不備者，如現今審判分立，而法院編制法寂寂無聞，此所以司法與審判權限紛議久之而後能定也。又如近者修律大臣等所訂之民刑訴訟法，本甚簡略，而窒礙難行者，已復不少；且民事訴訟法當以民法爲依據，今既未修訂民法，則民事訴訟法將何所適從？未免先後倒置。至民法爲刑措之原，小民争端多起於薄物細故，於此而得其平，則争端可息，不致釀爲刑事。現今各國皆注重民法，謂民法之範圍愈大，則刑法之範圍愈小，良有以也。他如商律雖有端倪，然法人之制殊未能備，而海商之法更待補葺。凡民法、商法修訂之始，皆當廣爲調查各省民情風俗，所習爲故常，而於法不相違悖，且爲法律所許者，即前條所謂不成文法，用爲根據，加以制裁，而後能便民。此則編纂法典之要義也。

以上三條，臣所謂成之有三者是也。凡此數端，固爲修訂法律之要，然尤在造就法律

〔二〕此則法律性質不可不辨者也：「性質」下，《一山文存》有「之」字。

人材，務期司法之官無不通曉法律，則治法、治人二者相因爲用，夫然後可收修訂法律之效。總之法律學理精深，修訂造端閎大，非聚群臣之討論，庶僚之蒐輯，斷不足以成一代之法典。

又云：

立法之要，規模不可不閎，推行必宜有漸。臣聞日本變法之初，調查編訂，閲十五年之久而後施行。其施行也，先其淺近，徐爲試驗，稍滋弊端，立即改正。審愼遲迴，逐漸推廣。迄乎今日，乃能蔚然成一代之規。我中國調查未久，商榷未精，匆遽施行，齟齬紛糾，其收效尚未可知，而困難甚於疇曩。朝廷明鑒萬里，固已燭照靡遺。夫法律之所宜修訂者，本欲撤去領事裁判權也。然而内審諸己，國勢兵力之富强若何？人民教育之程度若何？内外文武人材之擔任若何？如其尚待培養，則雖法律精允，足與列强同符，而欲各國領事裁判權遂一一撤去，不待智者而知其未易言矣。臣愚以爲今日之修訂法律，誠不可緩，而實行之期，則斷不宜急。但使大其規模，寬以歲月，務求精詳允備，釐然胥當於人心，然後擇其易曉易從者，試行一二端，以漸推而廣。即遲之十年、二十年，亦不爲晚。否則於民俗習慣未甚愜諧，而貿然頒行，將不惟齟齬紛糾而已。誠恐外國之屬人主義，其勢力日益擴張；而内國之屬地主義，其處理愈形轇轕。或遇地方有司奉行不善，因之釀患階厲，外人且將藉口干涉。其爲隱患，何可勝言！是不得不深慮而熟籌者也。得旨：「所有修訂法律，著法部、大理院會同詳核，妥擬具奏。」覆奏多循其説議行。七月調補吏部右侍郎，充經筵講官。

三十四年二月，因母老請假歸省。假滿，病請開缺。旋丁母憂，哀毁卒於家。

仁黼歷充考試提督衙門筆帖式、驗看月官、朝審、監修東西四牌樓、估修崇聖祠、磨勘試卷、閲卷、讀卷、揀選官缺、從耕耤田、覆核朝審、抖晾實録、釐定官制大臣各差。其兩充鄉試正考官，取士根於義理，而大旨歸於通達。叙《江西鄉試録》進呈，略曰：

明臣吕坤之言曰：「識義理易，識時勢難；識時猶易，識勢難。識義理，迂儒獨能之；識時與勢，斷非通儒不能。」國家之於科舉，誠欲得通才而任使之也。夫義理者，道之涂轍；時勢者，道之權衡也。君子之學於道，亦期能行而已。行於獨而不閡於衆，謂之通才。江西古理學文章之淵藪，第恐耆碩凋謝，荒江蔀屋，株守一隅，不知瀛海廣大，腐郭而無用，而一二穎特者，又或根器不深，非囂則誕耳。朝廷方以通才望天下士，顧以浮薄應之，世變何賴焉？程子曰：「治天下以培養人才爲本。人才者，天下之元氣也，育之學校，所以厚其蓄；拔之科目，所以達其施。」臣等竊本斯議，悉心抉擇，或有一二三通才出乎其間，上應君國之求，下持風教之敝。

其奏保經濟特科人員孫葆田等十餘人，與校閱經濟特科試卷，均守此義。

九月，遺疏入，奉上諭：「開缺吏部右侍郎張仁黼，由翰林入直上書房，洊升卿貳。學問優長，迭掌文衡，克勤厥職。旋在吏部右侍郎任内，請假回籍省親，因病准予開缺。兹聞溘逝，軫惜殊深。加恩照侍郎例賜恤。任内一切處分，悉予開復。應得恤典，該衙門查例具奏。」尋賜恤如例。

徐致祥

兵部右侍郎徐公神道碑銘[一]

孫葆田

光緒二十五年夏四月癸未，提督安徽學政、兵部右侍郎徐公薨於太平使院。於時内自京師，外至遐陬荒域，人無論識與不識，聞之，咸同聲嘆曰：「中朝失一直臣矣！」而小人平時不樂公之彈擊者，至此又皆以爲得肆其志，蓋直道之難容於世如此。此公之子所以不求銘於當代鉅

[一] 本篇載《校經室文集》卷四，又收入《碑傳集補》卷四。

公，而獨以文字屬葆田者與？烏虖，葆田之文，果足以傳公哉？

公諱致祥，字季和，世爲嘉定人。曾祖父諱樟，縣學生；祖父諱經，由翰林院編修官至分巡山東濟東泰武臨道。兩世皆以公叔父鄌見官兵部尚書，晉贈光禄大夫。公父諱鄴，道光二十三年順天舉人，前官兵部郎中，誥封光禄大夫。前母袁氏，母汪氏，繼母朱氏，并封一品夫人。兄弟三人。

公生而穎慧奇偉，祖父觀察公絶愛憐之。讀書爲文有奇氣，不屑屑於章句之學。年二十二，與叔父鄌同舉順天恩科鄉試。明年舉恩科會試第一，入翰林院，爲庶吉士。是歲，咸豐十年也。其秋，文宗駕幸熱河。明年，八音遏矣。公每獨居憂憤，思及國事，輒流涕。同治紀元，公叔父成進士，殿試第一，授翰林院修撰。公亦以是年留館授編修。越三年，丁繼母朱太夫人憂，服闋，擢詹事府右中允。九年秋，偕餘姚朱公典山東鄉試。十二年秋，又主浙江鄉試，號稱得人。今上御極之初，公循分盡職，嘗預分校禮闈，凡數遷而至内閣學士。

光緒五年，奉命視學畿輔，未終任而以丁父憂去職。公於是時哀毁骨立。又自以三世受國厚恩，父子同居清要，苟不能有所建白，何以對清時而貽令名，及服除，再補内閣學士，攝禮部左侍郎，遂上書極言天下事。是年〔二〕，山東屢被河灾，會是時議行新政，公獨疏争，以爲國家經費

〔二〕　是年：《校經室文集》及《碑傳集補》作「是時」。

有限，宜急修河工，以奠民生，而罷諸不急之務。其語激切，遂奉旨嚴議鐫級，而公亦以此名震天下。朝廷知公忠直無他，未一年，起官太常寺少卿。公益感激圖報，先後章數十上，皆能言人所不敢言者。章或留中不報，故人亦莫得其詳。而籍籍在人口者，最後有糾彈湖廣總督張公一疏，識者以爲此尤可見君子之無黨云。自今上親政後，公每遇事陰争，因亦知公忠誠[一]，由太常寺卿一歲三遷至都察院左副都御史。

十五年秋，典福建鄉試。明年，會試知貢舉，士論翕服。又明年秋[二]，典廣東鄉試，星軺幾遍嶺嶠矣。而公以爲人臣爲國求才，尤在以身示則。其由宗人府府丞轉副憲也，在任三年，丰裁峻整，臺規肅然。適公叔父遷左都御史，乃改公大理寺卿，而是時公實有憂慮，山積一疏，極論民生之蹙，吏治之壞，士習之囂，官方之靡，凡數千言，其語多見采納。蓋上之知公深矣。會甲午春浙江學使陳公入爲順天府尹，乃以公提督浙江學政，而是年朝鮮事起，自秋至冬，大兵戰輒不利。公雖校士事殷，每憂憤太息，復於其間薦保文武人材。及明年和議已成，公上書，以爲方今急務，首在進君子退小人，且國耻不可忘，武備不可弛。其語斥大臣尤切，聞者亦無如何

[一] 因亦知公忠誠：「因」，《校經室文集》作「上」。

[二] 又明年秋：《碑傳集補》作「明年」。

也。既任滿宜受代，朝廷以公善教士，乃更拜提督安徽學政之命，論者或爲公惜，而公視居外一如立朝，始終不渝其志。方群小亂政，法令紛更，天下匈匈不安。公按試列郡，寓養於教，一示以鎮静，并疏請舉行經筵，以正聖學，而朝政清明，公特被優寵，晋擢兵部右侍郎，於是人度公不久且大用矣。而公見聖躬違豫，皇太后深宫焦勞，大臣唯阿取容，莫肯爲殿陛盡言者，益深憂憤，乃於歲終具國本二疏，專弁齎呈。今年春，以書諭葆田曰：「吾以獲咎之人，蒙恩起用，復躋卿貳，無補聖明，當言而不言，益恧顔無地矣。近有『母慈子孝』并『廣育皇嗣』二疏，此滁庵與子所屢以爲言，不敢以告人，幸勿宣露也。」滁庵者，公典試浙江所得士夏震武字也。已而疏上，果留中不下。烏虖！公今逝矣，葆田所知者止此，其他蓋莫能詳也。公以文章受三朝知遇，其所以欲盡忠以報國者〔一〕，亦不僅意在於斯而遂止是。豈其中果有憂憤不自釋者耶？抑天固不欲留我公，以終弼成聖清之休治耶？吾知公雖逝，其心則如前代范景仁、吕獻可諸賢，不能一日忘天下也必矣。然則世第以直臣目公，又豈公之本心哉？公爲人磊落光明，與人言必盡其誠，遇門人無賢愚皆愛厚之，故所至尤能得士心。既没，而遠近赴吊者常數百人。

公生於道光十八年十月十一日，享年六十有二。娶李夫人。子二：鼎襄，廕生，候選中書

〔一〕其所以欲盡忠以報國者：「以」，《校經室文集》無。

科中書；鼎康，爲公少弟後。女二，婿濟寧孫榕、定遠何炳瑩。鼎襄等既扶喪歸里，乃卜以其年某月日葬公於某原。葆田敬叙公平生歷官大節，其細行則附著之銘。銘曰：

徐公之浦，篤生哲人。克冠多士，爲世名臣。屢蹶不躓，其氣愈伸。司守壇壝〔二〕，典禮恪遵。外夷無禮，封章上陳。虜雖驕悍，亦莫敢嗔。河决桑乾，飢民襁負。公獨惻然，傷如疾首。募貲萬金，信及朋友。以活萬人，具饘餬口。陰德雖多，辭功不有。星軺四出，行歌雪柳。視學兩浙，先正是程。奇衺必警，公則生明。尤憐貧士，廪食均平。再加月試，法備黏名。嚴處各郡，士氣英英。載移皖江，文風丕變。按試潁州，適逢寇亂。親見流亡，食不能嚥。慨捐千金，招徠民賤。士亦感興，下帷講貫。凡此孅行，皆公末節。溯惟生平，一腔熱血。持躬蹇蹇，惡彼泄泄。止酒不飲，擊壺欲缺。慷慨上章，有淚如瀉。胡天不吊，使星遽沈。忠懷耿耿，江水深深。前星未曜，戎氛日侵。職闕誰補，大寶有箴。敬告在位，無負公心。

〔二〕司守壇壝：「壝」，原作「[土遣]」，《校經室文集》同。據《碑傳集補》改。

徐用儀

徐用儀傳[一]

章梫

徐用儀，浙江海鹽人。由副貢生捐主事，籤掣刑部。咸豐九年，順天鄉試舉人。同治元年，充軍機章京。二年，在總理各國事務衙門行走。三年，補主事。五年，總理衙門請獎四品銜。七年四月，補員外郎，總理衙門奏保三品銜。七月，因捻匪蕩平，軍機大臣奏保賞戴花翎。八年，補郎中，充方略館纂修。旋保送御史，記名以御史用。九年，充方略館收掌兼纂修官。十年，命開缺以五品京堂候補。十一年，因《剿平粵匪方略》告成，奉旨俟補五品京堂後，以四品京堂候補。十二年，補鴻臚寺少卿。旋丁父憂，又丁母憂。

光緒二年，以校勘《方略》出力保獎，俟服闋後，免補原缺，以四品京堂候補。五月，服闋，仍充軍機章京。三年，補太僕寺少卿。五年，轉大理寺少卿。七年，署都察院左副都御史。是年因校勘《列聖御製詩文集》出力，賞二品頂戴。八年三月，轉大理寺卿，仍在軍機章京上行走。

[一] 本篇載《一山文存》卷三。

十二月，署工部右侍郎，兼管錢法堂事務。九年六月，調署左侍郎。雲南報銷舞弊案發，司員書吏收受津貼銀兩，失於覺察，部議降級留任，奉旨准其抵銷。十月，調署兵部右侍郎。十年，擢工部右侍郎，兼署兵部右侍郎，奉旨在總理各國事務衙門行走。十一年，兼署兵部左侍郎。十三年，因病奏請開缺，賞假兩月。署刑部左侍郎。十四年，調署刑部右侍郎。十五年，調補兵部右侍郎，尋轉左侍郎，仍兼署刑部右侍郎。賜紫禁城騎馬。十六年，調補户部右侍郎。十八年六月，調補吏部右侍郎。八月，轉左侍郎。十九年，命在軍機大臣上行走。二十年，孝欽顯皇后六旬萬壽，奉懿旨賞太子少保銜，賜御書「蹈規履矩」四大字，并賞穿帶膝貂褂。補軍機大臣。是年以保護朝鮮之役，日本與我失和，廷臣多主戰者，用儀以爲未可輕敵。言官交章劾樞臣孫毓汶、徐用儀等朋比誤國，用儀於是退出軍機及總理各國事務衙門。二十三年，兼署户部左侍郎。尋兼署户部右侍郎，兼管錢法堂事務。二十四年八月，孝欽顯皇后再行訓政，復命在總理各國事務衙門行走，充會典館副總裁。二十五年五月，遷都察院左都御史。六月，署吏部尚書。十一月，擢兵部尚書。十二月，孝欽顯皇后以明年爲德宗景皇帝三旬萬壽，凡一品官七十以上，賜蟒服，用儀與焉。

二十六年，近畿妖民倡設義和團，以仇教爲名。王公大臣方以爲忠義也，多方招撫之。用儀獨謂「義和團皆匪徒，縱之不利，且啓外釁」，以是與王大臣不相能。五月二十六日，召集群臣決疑定計，端王等力主用兵，用儀與立山等均言：「我兵不足恃，衆强不可敵，拳民不受鎗炮之説不足信。宗社爲重，宜持重。」四次召見，所陳益力。孝欽顯皇后命用儀與立山等至各國駐京使館，令勿進兵。美國駐使康格許爲調停。當事者益銜之，指爲奸邪，私通外人，奏請殺之以謝天下。七月十七日，奉上諭：「兵部尚書徐用儀，屢次被人參奏，聲名惡劣。辦理洋務，貽患甚深。内閣學士聯元，召見時任意妄奏，語涉離間。許景澄等厥罪惟均。已革户部尚書立山，平日語多曖昧，動輒離間。該大臣受恩深重，尤爲喪盡天良。若不嚴行懲辦，何以整飭朝綱？徐用儀、聯元、立山均著即行正法，以昭炯戒。」是日，遂棄市。

及乘輿西狩，懲治首禍王大臣。十二月，詔曰：「本年五月間，拳匪倡亂，勢日鴟張。朝廷以剿撫兩難，迭次召見臣工，以期折衷一是。乃兵部尚書徐用儀經朕一再垂詢，詞意均涉兩可。而首禍諸臣遂乘機誣陷，交章參劾，以致身罹重辟。惟念徐用儀宣力有年，平日辦理交涉事件，亦能和衷，尚著勞勩，應即加恩徐用儀、立山、許景澄、聯元、袁昶均著開復原官。」二十七年，又詔録用子嗣。當用儀歸櫬南下時，時人以其與吏部侍郎許景澄、太常寺卿袁昶皆浙人，稱爲「三忠」。浙人奏建三忠祠於西湖，列入祀典。

用儀居官廉儉，承其先志，仿范氏贍族遺法，捐田一千五百餘畝，立爲義莊。事聞，賜御書「推恩睦族」匾額。其爲太常寺少卿時，上整頓圜法疏，略云：

當十大錢但行京城，已屬權宜之計，比來匪徒盜銷官錢，改鑄私錢，形質薄小，市肆謂之沙板。近者叠奉諭旨，嚴拿私鑄人犯，官司果能實力奉行，此風自可漸戢，沙板私錢，市肆亦已不行，故銀價頓然平減，而物價則昂貴如故。揆厥所由，蓋市井之徒，竊計私錢終難禁絶，不久仍將行使，銀價貴賤尚難定局，是以不肯落價耳。恭查乾隆三十四年六月間，欽奉上諭：「前因浙江等省攙用假薄小錢，傳諭各督撫實力查禁。在小民彼此交易，錢文原難一一加之搜剔，其錢行鋪户，乃錢所匯集之處，理應設法查辦。若將所有小錢竟行勒令交官，致伊等資本有虧，轉恐利計錐刀之徒，巧於藏匿。如照小錢分量，折中定價，按數收買，其法最爲兩便。嗣後凡給價交官之錢，在省城現有鑄局者，莫若即令交到之時，立即令其入鑪鎔化。等因。」嗣經兩江總督高晋奏稱「收買小錢，改鑄制錢，即抵收買價值，又因支發收買錢價，一時鼓鑄不及，以應發銅本銀兩，發給易錢，以爲收買錢本」，并稱「廢錢質薄渣多，以正卯銅鉛點錫，均匀配鑄，除去折耗，較之專用洋銅及兼辦滇銅，但有節省」等語。今市肆私錢既不行使，鋪户存積，又不敢私燬，且恐留之民間，逐漸又復攙用，莫若官爲收買鼓鑄。查咸豐、同治年間，户、工兩局需用銅本，係就地采辦。此時收買私錢，可照廢銅斤兩酌中定價，曉諭商民，無論多少，准其運送到局，按斤給價，嚴禁書吏抑勒，即以官局現存鑄就之錢，作爲收買價值，不足則由户部發銀易錢，以爲收買之本，仍於各省應撥銅本項下提還部庫。所收銅斤，即行加卯鼓鑄官錢，以資周轉，較之采買滇銅，運費既省，而民間得獲銅價，亦不致大虧資本。私錢即經鎔銷，錢法可期整頓，物價必自平〔二〕。奉旨議行。

光緒十年，詔中外大僚保薦人才，用儀時官工部侍郎，薦舉浙江候補知府陳璚等三人，奉旨送部引見。

宣統元年三月，奉上諭：「朕恭讀光緒二十六年、二十七年迭奉諭旨，特將誣陷被罪之前户部尚書立山、兵部尚書徐用儀、吏部左侍郎許景澄、内閣學士聯元、太常寺卿袁昶，開復原官，并録用子嗣。仰見我德宗景皇帝秉承我孝欽顯皇后慈恩垂訓，一秉至公。念該故員等心存君國，忠蹇可矜，允宜再沛恩施，嘉名特錫，立山、徐用儀、許景澄、聯元、袁昶均著加恩予謚，用示朕推廣慈仁之至意。」尋賜謚忠愍。三年八月，又准於海鹽本籍建立專祠。

〔二〕　特價必自平：「價」下，《一山文存》有「亦」字。

許景澄傳〔一〕

章梫

許景澄，浙江嘉興縣人。同治七年進士，改翰林院庶吉士。十年，授編修。光緒元年，大考三等。八月，充順天鄉試同考官。三年，記名以御史用。五年，充四川鄉試副考官。六年，詔以侍講升用，并加二品頂戴，充出使日本國大臣。旋丁父艱。九年，服闋，補侍講。

越南事起，景澄疏陳：

法人謀窺北圻三省，戰事將成，非嚴防不足以阻敵謀，非持久不足以收戰效。目前籌備事宜：一重臺灣之防，拒敵所必争；一策越師進攻越南分界一節，爲肇釁之波瀾，亦終爲歸束之樞紐；一慎購洋槍，專選軍鋒演習，以成勁旅；一選派弁勇，赴德國習鐵艦駕駛；一審戰例，以安各國，免激他變；一籌預借洋款，決裂以後，各國守局外之約，借款即有不便；一緩練廣東水師，注重陸軍，省出餘款，備撥關外各營月餉。

〔一〕本篇載《一山文存》卷三。

疏入，上嘉納焉。旋充文淵閣校理。

十年，充出使法國、德國并義、和、奥五國大臣。十一年，兼充出使比利時國大臣。時國家創興海軍，前使者於德國訂購鐵甲船、穹甲快船，皆未就。景澄接管勘驗事，鈎稽船制利弊，增購各艦勝於舊制者十五事，遂輯《外國師船表》呈進。上疏略言：「大沽口宜設鐵甲炮船，膠州灣宜爲海軍屯埠。」

十三年，轉侍讀。旋丁母憂。十六年，服闋，充出使俄國、德國、奥國、和國大臣。十七年，擢太僕寺少卿，轉通政副使〔二〕。十八年，授光禄寺卿。十九年，補内閣學士，兼禮部侍郎銜。先是，俄兵游獵，每涉我國所屬帕米耳之界，景澄争之俄外部，始已。又議定界，堅執舊議，以烏什别里山爲界，從此而南屬中國，從此而西南屬俄國。俄人則欲以薩雷闊勒爲界，相持三載，俄外部乃爲調停之説：帕米耳界未定以前，兩國各不得進兵，以保和好。

二十一年，授工部右侍郎。會我國與日本開戰，及事定，而俄、德、法三國出而與謀，日人歸遼東於我。景澄疏言：「俄懷自便之心，德挾責報之意，交涉日繁，勢難兼顧。似宜分派兩使。」得旨允行。

〔二〕 轉通政副使：「政」下，《一山文存》有「司」字。

二十二年，充出使德國大臣。未赴德以前，俄國西伯里亞鐵路欲與海參（威）〔崴〕接軌，取道黑龍江、吉林，朝議拒之，因改爲商辦，設立公司，而使中國亦入股銀五百萬，乃命總辦黑龍江吉林鐵路公司。景澄僅能阻其路綫南侵，訂約稽查，運料之船勿使漏税而已。二十三年，至德國甫數月，而俄人租我旅順口、大連灣，命充頭等專使赴俄，與駐俄使臣楊儒議訂條約，事竣回國。二十四年，命在總理各國事務衙門行走，兼署禮部右侍郎，調補吏部右侍郎，轉左侍郎，派充大學堂總教習、管學大臣，督辦關内外等鐵路。時意大利索我浙江之三門灣甚力，景澄建言駁之，事乃寢。

二十六年，義和拳倡亂〔二〕，五、六月之間，兩宫數召見王大臣定方策。景澄數言「拳匪宜剿，公使館宜保護」。首禍諸臣遂乘機誣陷，交章彈劾。七月初三日，與袁昶同棄市。事平，上知其冤，命復原職，并賜恤如例。二十七年，又詔録用子嗣。宣統元年，予謚文肅，與徐用儀、袁昶合祠於浙，曰「三忠祠」。

〔二〕 義和拳倡亂：「倡」，底本漫漶，據《一山文存》補。

許應騤

許應騤傳[一]

《番禺縣續志》

許應騤，字昌德，號筠庵，廣東番禺人[二]。少岐嶷，八齡命筆爲文，斐然成章，補縣學生。中道光二十九年舉人。三十年，成進士。咸豐二年，補朝考，改庶吉士。三年，散館，授檢討，丁父憂。同治元年，服闋入都，以纂修文宗顯皇帝實録書成，奉旨以五品坊缺題奏。京察一等，除司經局洗馬，歷翰林院侍講侍讀、詹事府左右庶子，署國子監祭酒。穆宗毅皇帝召對，奉認真辦理之諭，應騤益自振勵，在職匝月，士論大和。

光緒元年，大考二等，充福建鄉試正考官。二年，授甘肅學政。回疆底平，陝甘始分闈，甘肅之有學政自應騤始。升詹事府少詹事。隴士沈樸嚮學，惟經兵燹，苦乏師承。應騤多方策勉，拔各屬高才生肄業蘭山書院，優給膏獎，親爲考課，文教蔚興。總督左文襄公宗棠自肅州貽

[一] 本篇載民國《番禺縣續志》卷二十。

[二] 廣東番禺人：《番禺縣續志》作「捕屬人」。

書，謂「曹郲小邦，得比鄒魯」，歸美者屢。升内閣學士、兵部左侍郎。六年，充會試副總裁，得人稱盛。粤人爲會試總裁，亦自應騤始。八年，充浙江正考官，轉户部左侍郎。時閻文介公敬銘長户部，丰采峻厲〔二〕，同僚咸唯諾而已。應騤遇事有不愜者，必反覆陳説，理晰詞鬯，文介舍己以從。除吏部右侍郎，轉左侍郎，視學順天。十五年恩科，順天鄉試充副考官。十六年恩科會試，充副總裁。十七年，給事中洪良品疏劾倉場積弊，奉旨澈查。奏上，兩侍郎皆黜。上意求能整頓倉場者，授應騤倉場侍郎。倉政棼如亂絲，遞年侵耗，不可指數，爰奏定以放代盤之法，令花户買補還倉，嚴繩將來而寬貸既往，花户且懼且感，皆奉令惟謹。後盤查南新倉，顆粒無虧，其明效矣。十八年，賞紫禁城騎馬。二十一年，除左都御史。二十二年，除工部尚書，殿廷讀卷閲卷等差，靡役不與。是時恭親王奕訢、大學士李文正公鴻藻當國，尤相推重。二十三年，充總理各國事務衙門大臣。應騤自以秉性剛方，外交恐難融洽，及與各國使臣晋接，轉稱其坦白，交涉胥就範圍。是年，轉禮部尚書。

二十四年戊戌，充經筵講官，教習庶吉士。自恭邸及李文正相繼薨逝，新進之士倡言變法，所憚者惟應騤，欲先排而去之。御史宋伯魯、楊深秀合辭以迂謬阻撓見糾，有旨明白回奏。應

〔二〕 丰采峻厲：「厲」，底本作「勵」，據《番禺縣續志》改。

駁覆奏云：

本月廿二日，內閣奉上諭：「御史宋伯魯、楊深秀奏禮臣守舊迂謬阻撓新政一摺，著許應駁按照所參各節明白回奏，欽此。」并軍機處鈔録原奏交出到臣。伏思戇直之招〔一〕，尤仰荷聖明之洞察，許自陳達，良深感悚。謹將被參各節爲皇上縷晰陳之。如原奏謂臣腹誹朝旨，在禮部倡言經濟科無益，務使裁減其額，使得之極難，就之者寡一節，查嚴修請設經濟科一摺，係下總署核議，臣與李鴻章等以其因延攬人材、轉移風氣起見，當經議准覆陳。若臣意見參差，可不隨同畫稿，何至朝旨既下，忽生腹誹？夫誹存於腹，該御史奚從知之？任意捏誣，已可概見。至歲舉中額，應由臣部妥議會同具奏，恭候欽定。臣維事關創始，當求詳慎，自古名臣著論，斤斤以珍重名器爲要圖，況鄉舉一階，膠庠所重，倘過爲寬取，恐濫竽充選，鄙夫之所喜，即志士之所羞，人材何由鼓勵？是以與同部諸臣熟商，定額期於協中，既不敢存刻核之見以從苛，更不敢博寬大之名以要譽。且現未定稿，該御史竟謂臣務欲裁減，不知何據而言。向來交議事件，未經覆奏以前，言官不得攙越條奏。今該御史隱挾成見，逞臆遽陳，殊非體例。原奏又稱詔書關乎開新下禮部議者，臣率多阻撓一節，近來迭奉

〔一〕伏思戇直之招：「伏」，《番禺縣續志》作「俯」。

明諭，如汰冗兵、改武科諸政，事均不隸臣部，豈能越俎代謀？此外惟楊深秀釐正文體一摺，係奉旨交議，按之西學時務，無甚關涉，且未擬稿，何得云多方阻撓耶？原奏又稱臣接見門生後輩，輒痛詆西學，遇有通達時務之士，則疾之如仇一節，竊臣世居粤嶠，洋務夙所習聞，數十年講求西法，物色通才，如熟習洋務之葉廷眷，精練鎗隊之方耀，善製火器之賴長，均經先後奏保。及東中事起，三員業已凋謝，未展其才，臣深惜之。方今時事多艱，需才愈亟，凡有偏長片技，堪資實用者，臣斷不肯失之交臂。即平日接見門生後輩，無不虛衷諮訪，冀有所益，并勗以務求實濟，無尚虛華，初何嘗痛詆西學？該御史謂臣仇視通達時務之士，似指工部主事康有爲而言。康有爲與臣同鄉，稔知其少即無行，迨通籍旋里，屢次構訟，爲衆論所不容；始行晋京，意圖倖進，終日聯絡臺諫，夤緣要津，托詞西學，以聳聽觀，即臣寓所已干謁再三。臣鄙其爲人，概予謝絶。嗣在臣省會館私行立會，聚衆至二百餘人，臣恐其滋事，復爲禁止。此臣修怨於康有爲之所由來也。比者飭令入對，即以大用自負，向鄉人揚言；及奉旨充總理衙門章京，不無觖望。臣在總署有堂屬之分，亟思中傷，捏造浮詞，諷言官彈劾，勢所不免。前協辦大學士李鴻藻嘗論及之[二]：「以西學自炫者，絶無

[二] 前協辦大學士李鴻藻嘗論及之：「及之」，《番禺縣續志》作「今之」，下屬爲句。

心得，不過藉端牟利，借徑弋名。」臣素服膺其論。今康有爲逞厥横議，廣通聲氣，襲西報之陳説，輕中朝之典章，其建言既不可行，其居心尤不可測，若非罷斥驅逐回籍，將久居總署，必刺探機密，漏言生事；長住京邸，必勾結朋黨，快意排擠，摇惑人心，混淆國事，關繫非淺。臣疾惡如仇，誠有如御史所言者。原奏又稱臣深惡洋務一節，臣自承乏總署，已逾一載，平日仰蒙召對，輒以商務、礦務、製船、製械等事皆屬當務之急，屢陳天聽，請次第施行。臣是否窒塞風氣，亦難逃聖鑒。竊自膠事定議後，總署交涉事件益難措手，倘徒争以口舌，斷不能以弭隱患〔二〕。臣望淺才庸，自揣萬難勝任，惟有仰懇天恩，開去總署差使，俾息讒謗而免隕越，實爲厚幸。

疏上，免議。

尋禮部主事王照條陳時務，請堂官代奏。第一條請皇上奉皇太后游歷日本。應騤與尚書懷塔布以事不可行，阻之不得，乃爲代奏，并劾照藉端挾制。奉嚴旨詰責，部議革職。逾月而康有爲得罪，應騤亦南歸。兩江總督劉坤一奏請起用應騤，即家授閩浙總督。入覲召對，恩眷優渥，賞西苑門騎馬。莅閩整頓一切，於財政、兵備、邦交、海防尤刻意規畫。閩省山多田少，時

〔二〕斷不能以弭隱患：「以」，《番禺縣續志》無。

有艱食之虞，爰未雨綢繆，近而江蘇、蕪湖，遠而暹羅、西貢，分途采買米石，以廣平糶，民食大裕。

二十五年，七旬賜壽，賚錫駢蕃。是年署福州將軍兼船政大臣。二十六年，庚子義和團事起，宇内騷然，應騤一以鎮静處之。華洋交輯，浙匪劉加幅乘間竊發，聚衆至數千人，犯浦城，全閩震動。知總兵敖天印勇敢可任，授以精卒二百餘名，星夜赴剿，不兩旬而渠魁就殄，餘衆解散。厦門日教寺被火，洋領事托詞調兵，戰艦雲集，意將占據。應騤經權互用，卒由英美兩國出而調停，斂師而退。閩垣機器局舊址狹隘，拓而新之，委參將賴文華總理局務，所製小口徑五響無烟快鎗〔二〕、水力機墊快炮，與購諸外國者無殊。闔局皆華人，工精費省，爲各省所僅見。和議定後，湖廣總督張之洞奏陳籌議變法采用西法十一條，電應騤會奏。應騤意弗善也，辭以專摺奏已遞發矣。乃别陳時政八策，謂泰西政要足補中國所未逮者，厥目甚繁。特慮轉移太驟，或未洽群情；奉行不善，或反滋流弊；須俟隨時損益，擇可以布之，循序以推之云云。督閩五年，用人行政，謝絶請托，積與閩紳忤。二十八年，御史李灼華奏參各款，有旨交張之洞查覆，奏言所參各節皆無實據，仍交部議處，開缺回籍。歸里後，杜門不出，尋病卒。

〔二〕所製小口徑五響無烟快鎗：「響」，原作「嚮」，據《番禺縣續志》改。

子秉璋，光緒二年舉人，内閣中書，江蘇候補道；秉琦，光緒十九年舉人，以蔭生授兵部主事，爲大學士文忠公榮禄所倚重，歷官至宗人府府丞，充政務處副提調。宣統三年，監國攝政王退位，秉琦告人曰：「吾輩不可留矣！」急謝病解職。明年，憤鬱發病卒。

碑傳集三編卷七　部院四

張英麟

都察院都御史張公墓志銘[一]

章梫

自來國家之大亂，必醞釀數十年而後成。士生其際，得位乘時，洊躋卿列，宜若可以弭亂矣。乃居不能得政要之地，言不能靖賈亂之謀，惟相與待盡，而獨完其節。此固國家之不幸，而大臣所尤痛心者。當咸、同、光、宣四朝[二]，吾師歷城總憲張公，即其人焉。

公諱英麟，字振卿。曾祖奇潔，乾隆癸卯武舉，仕至粱山營都司；祖嘉謨，奎文閣典籍；父經，國學生：皆贈如公官。曾祖妣葉，繼曾祖妣鄭，祖妣姚，妣郭，皆贈一品夫人。

[一] 本墓志銘於一九八四年八月十九日出土，現藏濟南市博物館，題作「誥授光禄大夫建威將軍太子太保都察院都御史歷城張公墓志銘」，參見《濟南歷代墓志銘》（韓明祥編著，黄河出版社，二〇〇二年）。

[二] 當咸同光宣四朝：「朝」下，原石有「之間」二字。

公年二十有一，舉咸豐戊午本省鄉試。同治乙丑，成進士。戊辰，散館，授編修。己巳，丁外艱，哀毁逾恒。服闋，回京供職。甲戌春，奉旨在弘德殿行走。甫入直，即請假省親。歸則太夫人感病，遂得躬侍湯藥，衣不解帶者月餘。旋丁母憂，哀毁如喪父時，且率家人遷居塋側〔一〕。

夫弘德殿行走，師傅職也；以編檢而膺簡命，又異數也。他人處之，震於殊寵，進退之際，不免有所依違。公則念切慈闈，聞母病耗即馳歸，絶無瞻顧之心，識者謂公之著節，即自此始矣。嗣是由編修歷坊職，循資平進，至光緒戊申冬，數十遷而至都察院都御史。其間簡福建、雲南鄉試考官者各一，奉天府丞兼學政及順天學政者各一，會試總裁者一，殿廷考試閲卷讀卷大臣，靡役不與。公鑒别精審，得士爲獨盛。

光緒、宣統兩朝，兩舉輪講之典，公先進《聖祖庭訓格言講義》，繼進《資治通鑑講義》，皆發明精義，比附近情，冀以誠意相感動，朝廷但循故事，留覽而已。蓋朝政自髮、捻各匪平定後，同治初年，號稱中興。顯皇后臨朝，莫能爲補養根本之計，而老臣宿將先後萎謝，外交失策，漸致内争。及乎宫闈變起，六飛西巡，盡棄列祖列宗之成制，曰變法圖强，曰立憲救國。當局惑於衆

〔一〕遷居塋側：「側」下，原石有「以居焉」三字。

論，茫然不知大禍之將臨。公於朝議紛更之會，昌言成法具在，整頓可，更張不可。

辛丑，奔赴行在，下詔求言，獨上力崇節儉一疏，皆救時對證之藥石也，乃均置不察。於是改變官制之議定。公以吏部右侍郎，授京旗蒙古副都統，旋晋都統，名曰融化滿漢，實則置之閒散也。最後始改官都察院都御史。國制大政在軍機處，而風紀則在御史臺，至嚴重之官也。特其時鋭意立憲，都察院正在議裁未裁之際。時有御史上疏宜先白臺長之説，公守祖制不允行。江御史直劾親貴，回原衙門行走，又率臺臣合疏以留之，政府所心疾者也。

宣統辛亥八月，武昌變作，改所謂立憲國，内閣遂飭都察院暨凡可奏事之臣，均不得奏事，於是都察院不裁而廢。公官臺長，遭千古非常之大變，而不得一言，宜其歸里杜門，不發一語。癸丑冬間，德宗奉安，匍匐至崇陵，一痛哭也。

公立朝四十餘年，外和易，無所不容；内則耿介，有不可奪之節。升沈得失，絶不置懷。朝廷於公，禮意始終弗衰，凡諸賞賜，恒與當事之王公大臣等例。迴翔臺省，望重位崇，而時勢所趨，與公所建白，一若水石之不相受。古所謂知而不知、遇而不遇者非耶？

林居十有四年，每飯不忘皇室。壬戌，上大婚，竭誠報效銀兩，蒙賞御書「松柏長春」扁額。戊午，鄉舉重逢，賞御書「藝林上瑞」。乙丑，重宴瓊林，賞御書「杏苑春長」，并加太子太保銜。聞命感激，涕泣而不能已。《節》之初九曰：「不出户庭，无咎。」《象》曰：「不出户庭，知通塞也。」此之謂矣。

以乙丑冬十一月二十九日卒，年八十有八。卒之夕，惟以皇室爲念，不及家事云。配孫夫人，有賢行，先於光緒十七年卒。側室楊宜人。子二：元鈞，孫夫人出，丁酉舉人，内閣中書，壬子後侍隱不仕；元鈁，楊宜人出，一品廕生。孫二：方來，二品廕生；方華，出嗣公猶子元恩，均元鈞出。曾孫三：曾峻、曾崿、曾嶅，均方來出。丁卯年四月十六日，葬公於城西東紅廟莊迤西先塋。元鈞以梫侍門下久，屬銘，不敢辭。敢舉耳目所及，國家變亂之由，與公懷忠勵節，久於位而不得行其志者，詮次之，備後史采録焉。銘曰：

國運興盛，凡夫從龍。及乎衰敗，箕比無功。况復遠臣，志不苟同。趨時爲傑，持正者庸。朝廷寵錫，非不優崇。良藥苦口，諱疾則窮。義不忍去，相與始終。晚節休休，李唐司空。松柏北向，鑒此孤忠。

林紹年

弼德院顧問大臣民政部右侍郎军機大臣上行走林文直公神道碑銘〔一〕

陳三立

光緒中，有御史一人，疏請罷頤和園工程〔二〕，事連疆吏納鉅金助工，忤皇太后，被嚴飭。後復言事，益切直，屢指斥閹宦及權貴人，側目者衆，遂外授雲南昭通府知府。昭通號邊遠惡地，前數守皆觸瘴病死。士大夫知者莫不太息，滋咎左右執政無能爲朝廷惜〔三〕，留骨𩵋匡闕失、裨大計之臣。蓋其人即閩縣贊虞林公也。

公諱紹年，贊虞其字〔四〕，晚號健齋。同治十三年進士，改庶吉士，尋用編修，充鄉試、會試同

〔一〕本篇載《散原精舍文集》卷十，標題前有「清故」二字；又載《林文直公奏稿》卷首，題作「清誥授光禄大夫頭品頂戴經筵講官弼德院顧問大臣林文直公神道碑銘」；又收入《碑傳集補》卷六，題作「清誥授光禄大夫頭品頂戴經筵講官弼德院顧問大臣予謚文直閩縣林公神道碑銘」。

〔二〕疏請罷頤和園工程：《散原精舍文集》《林文直公奏稿》《碑傳集補》作「疏請罷營頤和園」。

〔三〕滋咎左右執政無能爲朝廷惜：「滋」上，《散原精舍文集》《林文直公奏稿》《碑傳集補》有「而」字。

〔四〕贊虞其字：「字」下，《散原精舍文集》《林文直公奏稿》《碑傳集補》有「也」字。

考各一，官御史數歲。至是擯守昭通，公慨然之官，至則擒治土酋禄爾恭，盡得其歷肆虐殺狀，置重典，由是無敢爲不法者。及歲，調署雲南府。時總督崧蕃下安寧州剽劫獄於公，州牧圖牽引營兵〔一〕，諉受讁，而營兵卒不可名捕，州迺强致疑似平民二十餘人〔二〕。總督心喜，趣具讞。公燭其冤濫，力與往復争辨，竟他得真盜，脱就死者。總督轉大愧服，推公賢能。上聞，擢迤南道，權按察使，兼權布政使，迭擢貴州按察使、雲南布政使，移山西，遂授雲南巡撫，并攝總督，爲二十八年也。當是時，滇邊方患寇，廣西寇侵入尤熾，公遣所部分擊之略定，而餘寇猶蔓延，合黔桂兵圍迫要隘，迺就殲。於是移師援廣西〔三〕，却其巨酋之據臨安石屏者，次第破散，〔四〕三省邊境悉獲安。公念滇疆阻奥，士陋而農瘠久矣，爲厲興諸學，課民種桑若蠟樹五百餘萬株〔五〕，桐十餘萬株，粗有效。

公病督撫同城非便，疏請裁巡撫，詔允之，而移公撫貴州。爲貴州盡一歲，尤以推行胡文忠

〔一〕州牧圖牽引營兵：「州牧」，《散原精舍文集》《林文直公奏稿》《碑傳集補》作「州職綏盜」。

〔二〕州迺强致疑似平民二十餘人：「强」下，《散原精舍文集》《林文直公奏稿》《碑傳集補》有「檻」字。

〔三〕於是移師援廣西：「移師」，《碑傳集補》作「方并力」。

〔四〕却其巨酋之據臨安石屏者次第破散：《碑傳集補》作「而箇舊廠匪復起，陷據臨安石屏，亟移師合攻，復其城，匪次第破散」。

〔五〕課民種桑若蠟樹五百餘萬株：「五」，《散原精舍文集》《林文直公奏稿》《碑傳集補》作「各」。

公守安順時所議[一]，定疆界[二]，除插花宿弊，及驅不軌教士境外，誅大猾吕志禮、楊鑫等，爲民所歌。

三十一年，奉命遷廣西巡撫，當積亂之後，益務恤彫殘，輯流亡，經紀屯墾蓄牧、減税建廠、振工商之業。公自昭通守起家，至節鉞方面，所歷極荒徼，習其謡俗，以故施設便利，威肅而化洽，勛伐爛然。宫廷亦嚮之，明年乃召公入，以侍郎列軍機大臣，旋權郵傳部尚書，補度支部右侍郎，贊樞密如故。會黑龍江初置巡撫，用事親貴超任某道員，溷常格，公怪詫，力持不可；而御史趙汝霖亦疏斥其行賕辱國，反以無驗黜趙。公又固争不能得，出爲河南巡撫矣，直軍機僅九閲月也。公久領疆圻，以廉樸公誠見信於士民僚屬，爲政首維風紀，去蠹害，而後圖措設教養[三]，不爲空言。亦用此治汴，革傜役、監獄、苛雜諸端，勤選循能吏，而劾罷文武不職數十百人。三十四年，復召爲倉場侍郎。

宣統紀元，遷民政部右侍郎，充經筵講官[四]。三年，權學部右侍郎，改弼德院顧問大臣，移

〔一〕尤以推行胡文忠公守安順時所議：「公」，《散原精舍文集》《林文直公奏稿》《碑傳集補》無。
〔二〕定疆界：「疆界」，《散原精舍文集》《林文直公奏稿》《碑傳集補》作「經界」。
〔三〕而後圖措設教養：「教養」，《散原精舍文集》《林文直公奏稿》《碑傳集補》作「休養」。
〔四〕充經筵講官：「充」上，《散原精舍文集》《林文直公奏稿》《碑傳集補》有「二年」二字。

疾去，而東南之亂起。公風裁峻整，智慮縝密，事小大躬親不倦；好惡予奪，擇是非所在，不顧利害禍福〔一〕。晚歲立朝，抑不得施，猶危言抗論〔二〕，終始持一〔三〕。即國變後〔四〕，痛憤自撾，形神囚瘁。崇陵奉安，哭臨還，益堅祈死之志。年六十八，丙辰九月，薨於天津僑館。遺疏上，賞治喪銀，賜祭葬，予謚文直。曾祖諱根，祖諱樹基，父諱景桐，本生父諱星海，皆贈光禄大夫。妣皆贈一品夫人。娶饒夫人，繼娶張夫人、傅夫人。子三：葆慎，縣學生，出爲兄後；葆恒，舉人，直隸候補道，署提學使；葆鋒〔五〕。女一人。孫四人。既葬公福州捷報山〔六〕。越三年，三立猥景徽烈，鐫辭豐碑〔七〕，系以銘曰：

國命傾靡，兆蠹紀綱。晏安之漸，决潰百防。小臣救争，列宗臨視。懲而逾奮，萬霆挾鋭。

〔一〕不顧利害禍福：「顧」下，《散原精舍文集》《林文直公奏稿》《碑傳集補》有「藉」字。
〔二〕猶危言抗論：「論」下，《散原精舍文集》《林文直公奏稿》《碑傳集補》有「甚衆」二字。
〔三〕始終持一：「一」下，《散原精舍文集》《林文直公奏稿》《碑傳集補》有「節」字。
〔四〕即國變後：「即」，《散原精舍文集》《林文直公奏稿》《碑傳集補》無。
〔五〕葆鋒：《散原精舍文集》《林文直公奏稿》《碑傳集補》作「寶鋒」。
〔六〕既葬公福州捷報山：「既」下，《散原精舍文集》《林文直公奏稿》《碑傳集補》有「歸」字。
〔七〕鐫辭豐碑：「鐫」，《散原精舍文集》《林文直公奏稿》《碑傳集補》作「摛」。

忌者伺機，擠之死地〔一〕。奇骨崢嶸，名起歷試。麾節領邊〔二〕，十年坐致〔三〕。提師戡劉，雅化振振。更其僿野，掖其疲呻。張弛文武，巖徼歸仁。入繫苞桑，禍釁孔厚。綴班伴食，裂眥拊手。卒蹈纍蹤〔四〕，樂死恐後。不泯遺直，最録衆口。鐫石表海，憾與終古。

林文直公墓志銘〔五〕

林紓

公諱紹年〔六〕，字贊虞，晚號榆園〔七〕，閩縣人也。曾祖諱根，祖諱樹基，父諱景桐，本生父諱星

〔一〕擠之死地：「之」，《散原精舍文集》《林文直公奏稿》《碑傳集補》作「置」。

〔二〕麾節領邊：「領」，《散原精舍文集》《林文直公奏稿》《碑傳集補》作「鎮」。

〔三〕十年坐致：「年」，《散原精舍文集》《林文直公奏稿》《碑傳集補》作「齡」。

〔四〕卒蹈纍蹤：《林文直公奏稿》《碑傳集補》作「卒儕逸民」。

〔五〕本篇載《畏廬三集》，標題前有「清」字；又載《林文直公奏稿》卷首，題作「清誥授光禄大夫頭品頂戴經筵講官弼德院顧問大臣予謚文直閩縣林公墓志銘」。

〔六〕公諱紹年：「公」下，《林文直公奏稿》有「林氏」二字。

〔七〕晚號榆園：「榆園」，《林文直公奏稿》作「健齋」。

海，均以公貴，贈光禄大夫；妣均贈一品夫人〔一〕。公少温裕，懿量傾其儕輩〔二〕。同治甲戌進士〔三〕，改庶吉士，散館授編修。光緒庚辰會試、壬午順天鄉試，均同考。尋補御史。時方經營頤和園，各省用海軍名輸款訖園工，公疏争，有「朝廷責貢獻，疆臣肆誅求」語〔四〕，奉懿旨嚴飭。既丁内艱，服闋，再入臺，以鯁訐不容於執政〔五〕，出爲雲南昭通府知府。雲南即漢之西南夷〔六〕，號難治。公至，廉土目禄爾嘉以椎埋暴鄉曲〔七〕，名捕而猝戮之，狙劫弗及，衆懾而定。期年中劾罷文武吏五人〔八〕。調署雲南府，去郡日，郡中空巷出餞〔九〕，父老伏地至流涕弗起。既受郡事〔一〇〕，安寧州方以剽劫，聞州將諉過營兵以逃譴〔一一〕，總督崧公嚴符切勒，則笞服疑似者二十餘人，盡檻致

〔一〕妣均贈一品夫人：「贈」，《林文直公奏稿》無。
〔二〕懿量傾其儕輩：「其」，《林文直公奏稿》無。
〔三〕同治甲戌進士：「甲戌」下，《林文直公奏稿》有「成」字。
〔四〕有朝廷責貢獻疆臣肆誅求語：《林文直公奏稿》作「語至切直」。
〔五〕以鯁訐不容於執政：「鯁訐」，《林文直公奏稿》作「風鯁」。
〔六〕雲南即漢之西南夷：《林文直公奏稿》作「滇邊」。
〔七〕廉土目禄爾嘉以椎埋暴鄉曲：「禄爾嘉」，《林文直公奏稿》作「禄爾恭」。
〔八〕期年中劾罷文武吏五人：「吏」，《林文直公奏稿》無。
〔九〕郡中空巷出餞：「郡中」，《林文直公奏稿》無。
〔一〇〕既受郡事：「郡」，《林文直公奏稿》無。
〔一一〕聞州將諉過營兵以逃譴：「州將」，《林文直公奏稿》作「州官」。

之，崧公下公證成其獄。公得狀，力平反之，遂出此二十餘人於死。崧公愧公能，疏薦公可大用，擢迤南道，遂權臬事，兼署藩司。

二十五年，授貴州按察使。明年，遷雲南布政使。又明年，擢巡撫，攝雲貴總督。滇桂接境，游匪侵滇邊，公勒兵分道擊却之，大出兵〔一〕，合桂軍剿定〔二〕。而蒙自土匪復竊發，連陷臨安石屏，公纂勒所部扼而殲之，滇亂遂平。乃疏陳督撫同城非便，請裁巡撫。公時方卸署督，自撫滇也，既得請，移署貴州巡撫。首正疆界〔三〕，去插花弊習。而印口團首吕嘉禮〔四〕、楊鑫者，脅污其衆行劫質，有司莫敢攝録。公翦其黨徒〔五〕，置二人於法，黔民大服。

三十一年，授廣西巡撫。公所歷皆邊瘠，日殫心教養，慎簡牧令。桂新被兵，公寬其文法，興學訓農，勤工減税，與民更始，且疏請立憲〔六〕。朝廷既更官制〔七〕，嘉公治績，内召以侍郎

〔一〕大出兵：「大」上，《林文直公奏稿》有「又」字。

〔二〕合桂軍剿定：「軍」下，《畏廬三集》《林文直公奏稿》有「乘機」二字。

〔三〕首正疆界：「疆界」，《畏廬三集》《林文直公奏稿》作「經界」。

〔四〕而印口團首吕嘉禮：「口」，《林文直公奏稿》作「江」；「吕嘉禮」，《林文直公奏稿》作「吕志禮」。

〔五〕公翦其黨徒：「徒」，《畏廬三集》《林文直公奏稿》作「從」。

〔六〕且疏請立憲：「且」下，《林文直公奏稿》有「嘗」字。

〔七〕朝廷既更官制：「更」下，《林文直公奏稿》有「定」字。

充軍機大臣。三十二年九月入直，權郵傳部尚書，旋授度支部右侍郎，仍贊樞近〔一〕。時黑龍江新置巡撫，朝議將以某往，公謂邊帥宜慎選重臣，不當輕畀，以滋外侮，御史趙啓霖亦疏爭褫職〔二〕。公謂御史得風聞言事，不宜以此塞言路。爭之不得，遂引疾卧〔三〕，同列强起之，卒出爲河南巡撫。計在政地九閱月也。公習於勤約，既治中州，本其廉素以率下，務綜核名實，革紅差店攤賠，及支應車馬諸積弊，兩疏劾罷文武不職者百數十人〔四〕，而芽蘖者夥，亦以此不久其位〔五〕。三十四年，復内召爲倉場侍郎。

宣統初元，移民政部右侍郎。召對時，論總督升允劾某巡撫，既不報，而升允轉因是解職，

〔一〕仍贊樞近：「樞近」，《林文直公奏稿》作「樞密」。
〔二〕御史趙啓霖亦疏爭褫職：「御」上，《畏廬三集》有「而」字；《林文直公奏稿》作「而御史趙啓霖亦疏爭斥某以賕得帥邊，失朝廷威信，按問無驗，褫趙職」。
〔三〕遂引疾卧：「引疾卧」，《林文直公奏稿》作「稱疾」。
〔四〕兩疏劾罷文武不職者百數十人：「百」，《林文直公奏稿》無。
〔五〕亦以此不久其位：「亦」上，《林文直公奏稿》有「公」字。

退復具疏斥某邸朋挺右其戚屬〔一〕，監國心善之〔二〕。三月〔三〕，充經筵講官，權學部右侍郎〔四〕，旋改弼德院顧問大臣〔五〕。讓政議起，公悲憤極〔六〕，遂移病居天津〔七〕。孝定皇后大行〔八〕，哭臨至哀。崇陵既奉安，公歸自陵下，益病瘇喘。自是以來，遂弛然不自惜，以丙辰九月六日卒，年六十有八〔九〕。遺疏入〔一〇〕，賞治喪銀五百兩〔一一〕，予謚文直，賜祭葬。配饒夫人，繼配張夫人、傅夫人。子三：葆慎，縣學生〔一二〕，出爲兄後；次葆恒，舉人，直隸候補道，署提學使；又次寶鐸〔一三〕。女

〔一〕退復具疏斥某邸朋挺右其戚屬：「戚」，《畏廬三集》《林文直公奏稿》作「姻」。
〔二〕監國心善之：「心」下，《林文直公奏稿》有「未嘗不」三字。
〔三〕三月：《林文直公奏稿》作「二年」。
〔四〕權學部右侍郎：「權」上，《林文直公奏稿》有「三年」二字。
〔五〕旋改弼德院顧問大臣：「旋」上，《畏廬三集》有「即」字。
〔六〕公悲憤極：「極」，《林文直公奏稿》無。
〔七〕遂移病居天津：「遂」，《林文直公奏稿》無。
〔八〕孝定皇后大行：「孝定皇后」，《林文直公奏稿》作「孝定皇太后」。
〔九〕年六十有八：「六十有八」，《林文直公奏稿》作「六十八」。
〔一〇〕遺疏入：「入」，《畏廬三集》《林文直公奏稿》作「上」。
〔一一〕賞治喪銀五百兩：「兩」，《畏廬三集》《林文直公奏稿》無。
〔一二〕縣學生：「學」，《畏廬三集》作「庠」。
〔一三〕又次寶鐸：《林文直公奏稿》作「次寶鋒」。

三〔一〕。孫四人：丙炎，一品蔭生〔二〕，法部主事；次志軾、志轍、志琦〔三〕。葆恒將以明年四月〔四〕，葬公於福州西關外文山里捷報山之陽〔五〕，柬來乞銘〔六〕。嗚呼！公至痛在心，久不以生爲樂矣。卒之日，余晨詣公，公甫易簀，哀哉！十年見知，乃僅拊牀爲別耶！因茹其餘悲，爲之銘曰：

仕標季而勇彈糾，斥媟近而遏讙醜。一典機劇，遂蹈讒構。吏迹自泯，萬碑在口。以武節靖南州，烈烈乎終殞於國憂。國既卒斬，日頻衰僂。望陵而悲，舍死胡求？嗚呼！我公其張白雲之儔，既羨既封，安於兹邱〔七〕。

〔一〕女三：「三」，《林文直公奏稿》作「一」。
〔二〕一品蔭生：「一品」，《畏廬三集》《林文直公奏稿》作「二品」。
〔三〕志轍志琦：《林文直公奏稿》作「次志轍，二品蔭生；次志琦」。
〔四〕葆恒將以明年四月：「四月」，《林文直公奏稿》作「正月」。
〔五〕葬公於福州西關外文山里捷報山之陽：「文山里」，《林文直公奏稿》無。
〔六〕柬來乞銘：「柬」，《林文直公奏稿》無。
〔七〕安於兹邱：「安」上，《林文直公奏稿》有「永」字。

陳名侃

二品銜都察院副都御史陳公墓志銘〔一〕

夏孫桐

自光緒季年，朝政不綱，吏道蕪雜，求治雖亟，如絲益棼。獨言路清議未泯，尚有能盡職者。時則吾鄉陳公爲副憲，與都御史太倉陸文慎公，激濁揚清，力維風氣，又頻抗疏抉摘奸蔽，爲權要所忌，危局卒不可支。國變後，公深自韜隱，歷十餘年而後殂逝，蓋先朝遺獻零落幾盡矣。

公諱名侃，字夢圖〔二〕，號甓齋。先世諱清者，明初以從龍功封合浦侯，駐守江陰，遂家焉，至公凡十八世。曾祖諱瀾，乾隆丙午舉人，湖北武黄江防同知。祖諱九如，刑部主事，兩浙鹽運司副使。考諱榮紹，咸豐癸丑進士，户部員外郎，升用知府。三世并晋贈如公官。妣何太夫人生

〔一〕　本篇載《觀所尚齋文存》卷五，題作「前副都御史陳公墓志銘」；又，陳名侃墓志拓片收入《北京大學圖書館藏徐國衛捐贈石刻拓本選編》（北京大學圖書館金石組、胡海帆、湯燕編，上海人民出版社，二〇〇七年），題作「清授資政大夫二品銜都察院副都御史陳公墓志銘」。

〔二〕　字夢圖：「夢圖」，《觀所尚齋文存》、墓志拓片作「夢陶」。

八子，公次第三。户部公雄於文，爲都士所宗仰，一門群從，并有才譽。光緒乙亥恩科，昆季三人同舉，伯兄聘臣先生登第入翰林；公援例爲内閣中書，考充總理各國事務衙門章京，鋒鍔鋭敏，累膺難劇，機宜輒協，時以識略幹濟推重焉。公在總署凡廿餘年，以勞洊擢户部員外郎，考選御史，仍留署，以海關道記名。

庚子之亂，曹部幾空，公遣眷屬南歸，隻身留京，誓不去。日夕駐署，保守管鑰，以待和議之成，議約王大臣咸倚畀之。尋改官制，設外務部，授參議，洊歷左丞。

公性峭直，初欲就諫官，冀得有所建白，爲長官所挽留。至是朝局日紊，雜流競進，秉鈞者以官爵爲市，乃遷宗人府丞，蓋以閑散置之。未幾，拜副都御史之命。公自喜如其素願，會同列者志道相合，風采凛然，甄黜不職言官數人。御史趙君啓霖，以劾樞邸左遷，合疏申理，雖未報可，時惜趙君之去職，兼頌臺長之持正。公自上疏，劾北洋疆臣蒙蔽振捐鹽税，延不報部，及招商、電報兩局私人盤踞狀；又疏論出使大臣尸位，考察政治，動煩專使，徒啓奔競，請釐定使臣職任，慎選使才。皆讜言也。然爲當事所側目，隱相齮齕，與陸公皆不安於位。

宣統三年，以養疴解任，病痊未出，而遜位詔下矣。公敭歷久，洞悉中外大勢，所志不獲盡伸，身閲滄桑，知世變之未已，謝絶人事，日與二三耆舊尊酒從容，世目爲香山洛社之倫，而自處則惟東陵故侯，終老青門瓜圃間耳。

己巳年九月二十七日〔一〕，卒於舊京邸第，享年八十有二。配馮氏，陽湖國子監生諱承會公女〔二〕，淑德懋昭，克勤克儉，實佐公治家教子，以興其宗，誥封夫人，先公七年卒。子一，以豐，官民政部郎中〔三〕。女五，吴江沈錫珪、桐廬袁允橚、壽州孫多鈺、吴江殷傳鼎、太倉陸大湘，其婿也。孫二：爲仁、爲屏。孫女二。曾孫三：寶大、寶昌、寶森。將以某年月日〔四〕，卜葬於江陰南鄉花山佘城頭之原，與馮夫人合兆。以豐具狀徵銘，銘曰：

諤諤陳公，幹略匡時。折衝籌筆，通知四彝。臨難勿避，克濟其危。遂佐邦憲，風紀是持。鏟邪扶直，以振臺規。神奸煬蔽，折萌杜微。宵人干進，引繩以披。有裨國是，衆忌奚辭。休沐未遂，國祚已移。陵谷之感，蒿目歔欷。潛廬避世，義等食薇。後凋松柏，歲寒始知〔五〕。飾巾志畢，載酒人悲。靈光頹矣，悽愴江湄。淑儷同穴，餘慶攸歸。銘幽千載，庶無愧詞。

〔一〕己巳年九月二十七日：《觀所尚齋文存》作「民國十八年九月十八日」，墓志拓片作「民國十八年九月廿七日」。
〔二〕陽湖國子監生諱承會公女：「國子監生諱承會」，《觀所尚齋文存》作「國子監學正學録諱承熙」。
〔三〕官民政部郎中：「郎中」，《觀所尚齋文存》作「員外郎」。
〔四〕將以某年月日：「某年月日」，墓志拓片作「辛未年□□□□日」。
〔五〕歲寒始知：底本原作「歲悽愴寒始知」，下文「靈光頹矣，悽愴江湄」原作「靈光頹矣江湄」，據墓志拓片改正。

鄒嘉來

外務部尚書鄒公神道碑銘〔一〕

陳三立

公姓鄒氏，諱嘉來，字孟芳，號紫東，又自號遺盦。江蘇吴縣人。宋寶文閣直學士浩之後也，傳二十餘世，至候選布政使理問諱炳初〔二〕，爲公曾祖；諱炳蔚，爲本生曾祖。祖諱祖堂，安徽建平縣梅渚司巡檢。父諱鍾俊，安徽太和縣知縣，入國史《循吏傳》。曾祖妣氏潘，本生曾祖妣氏顧，祖妣氏陶，妣氏金，皆以公貴，贈如其階〔三〕。

公生而端敏，就傅習章句，即遭粤寇，避亂江南北。寇平，乃還，尋補縣學生。隨父官安徽，學益求實用，文亦鋭進。光緒壬午，舉順天鄉試。丙戌，成進士，改禮部主事，歷六載〔四〕，無所干請，食貧孤立，泊如也。丁母憂，扶柩歸葬。服闋，至都，傳補前所試取總理衙門章京。未幾，父

〔一〕本篇載《散原精舍文集》卷十四，題作「清故光禄大夫外務部尚書鄒公神道碑銘」。
〔二〕至候選布政使理問諱炳初：「布政使」，《散原精舍文集》作「布政司」。
〔三〕贈如其階：「階」，《散原精舍文集》作「官」。
〔四〕歷六載：「六」字原空缺，據《散原精舍文集》補。

復卒於家。公兩遭大故，哀毁致疾，除喪久之始就職。

逾歲，拳匪亂作，假歸而復出，及和議成，兩宫返蹕，改總理衙門爲外務部，乃補公外務部庶務司主事，累遷員外郎、考工司郎中。公清介慎密，明習法令，所擬稿動中機宜，前後爲張侍郎蔭桓、許文肅公景澄所識拔。至是瞿文慎公鴻機益倚公如左右手，其文書涉重要疑難，一以屬公。會日俄戰事起，我國依公法，守中立，俄則屢侵犯，反坐我助日違中立五端，極誣詆，欲以摇萬國觀聽。公具牘根據情實，層累疏剖，中其要害。俄辭窮無以復難，諸國亦釋然不直俄。而美之國論，英之庭評〔一〕，尤歸美立言忠允得體要，以爲中國有人。公以此愈名重朝廷，屢召見褒嘉，於是始乙巳迄庚戌，歷五六歲間，迭擢左右參議、左右丞、左右侍郎，遂躋尚書，皆繫於本部；復授爲會辦大臣，充參預政務大臣，賞紫禁城騎馬，恩寵至矣。蓋公久習列强政俗情僞，務準法審機，將以忠信篤敬，不競尚權譎相抵，國勢雖積弱，往往斡旋取决幸有效。事類繁多，不可殫記，其著者，有若與英使訂禁絶鴉片之約，分明限度，止其漏入；與日本訂延吉界務之約，得保領土、尊主權，皆是也。

宣統三年四月，創設立憲内閣，易官制，以公署外務大臣。六月，授弼德院副院長，仍兼署

〔一〕英之庭評：「庭」，《散原精舍文集》作「廷」。

外務大臣。及八月，革命軍起武昌，東南震擾。歲終，遜位之詔下，公痛哭，避而之天津、之青島，最後還蘇州，或居上海，中間嘗一謁孝定景皇后梓宫，兩謁崇陵。自以躬列舊臣，莫救國難，引疚累哀〔一〕，形神憔悴。間從遺老故舊，用詩歌自放，然非其好也。

歲辛酉九月，薨於蘇州里第，享年六十有九。遺疏聞，上賜額曰「崑玉秋霜」以褒恤之。初，公病革，連日夕譫語，斷續若可辨不可辨，即可辨，無由盡解。後聞於嘉興沈先生〔二〕，沈先生詫曰：「嗟乎！此乃公嚮者與我涕泣所密語也。至死而不忘故君，可悲也！」公沈毅寡言，有威重，刻厲繩己，而接人和易平恕，不少立厓岸，或矯激取名。尤持廉儉，不苟取與，仕宦數十年，家無餘財。當蘇杭甬鐵道廢約之爭起，有大猾結學子、諸搢紳，以貸外款洶洶集矢於公及汪侍郎大燮。受誣不置辨〔三〕，既久浮議亦息，世咸歸爲長者。

配徐夫人，繼配朱夫人、石夫人，皆前卒。子應荃，殤；應蕙，五品銜内閣中書，朱夫人出；應歡，三品蔭生，七品小京官；應艾，出爲公弟鶴儔後，殤，石夫人出。女一，適郵傳部主事潘承福，朱夫人出。孫五人，女孫四人，殤者三。是歲十二月十五日，葬公於長洲圌山村之高墊山，

〔一〕引疚累哀：「累」，《散原精舍文集》作「壘」。
〔二〕後聞於嘉興沈先生：「後」上，《散原精舍文集》有「其」字。
〔三〕受誣不置辨：「受」上，《散原精舍文集》有「公」字。

即徐、朱、石三夫人塋次而合葬焉。越六年某月，孤子應藼立石表墓，屬爲銘〔一〕，以公與余同舉鄉試，又同舉禮部試，能知公。其辭曰：

瀛海通波，萬酋奰奰。淬利角牙，蛟騰鯨肆。備禦失圖，傷敗踵至。屢召呑齧，國命幾墜。持柄者誰，昏昏衆稚。公挺厥後，艱棘愈倍。攄其忠謇，不撓不悖。悃款盎然，傳醺四裔。終倚搘拄，庶幾宏濟。羲紐倏解，五運易位。吊影故廬，松楸染泪。魂攀觚棱，髮膚安寄。清德碩模〔二〕，纏憾同瘞。琢章敭烈，式瞻百祀。

盛宣懷

郵傳大臣盛公神道碑〔三〕

陳夔龍

百餘年來，泰西諸國，既以製器物前民用基富强，乃愈以形下之學牖其民，抽奇騁秘，出没

〔一〕屬爲銘：「屬」，《散原精舍文集》作「謁」。
〔二〕清德碩模：「模」，《散原精舍文集》作「謨」。
〔三〕本篇載《愚齋存稿初刊》卷首，題作「皇清誥授光禄大夫太子少保郵傳大臣盛公神道碑」。

神鬼，摩乾鑿坤，夷狎險阻，飆馳電激，雷轟霆吼，挾其天驕，憑陵吾土。朝野上下，瞠目熟視，驚怖無極，勢不可遏，則姑與委蛇〔一〕。習之既久，始稍稍謀所以效法之者，而航業、電政、鐵路、鑛務諸端，紛然并起矣。然疑撼交乘，財力并殫，忍尤叢垢，劌心嘔血，垂三四十年，僅僅有此成績於國中者，厥惟武進故郵傳大臣盛公之功。

公名宣懷，字杏蓀，又字幼勖，别字次沂、補樓、愚齋、止叟，皆公晚年所自署也。幼慧，有深沉之思。弱冠補縣學生，屢試秋闈不第。李文忠督師入陝，辟公爲幕府，草檄萬言立就。文忠奇其才，累功由議叙主事洊保至道員。初，曾文正公及蘇撫丁公日昌有造輪船轉漕議，因循久未決。公爲文忠反覆陳説利害，并條上所規畫，文忠韙之，遂以招商局屬公。時輪船往來長江、閩、粤、津、滬間者，爲旗昌、太古、怡和三公司，而旗昌者，名外商，其實半華資也。公白當事，奏撥官帑百萬，與商款百二十萬，貿而并之，用能有巨舶數十艘，船步屯棧遍各埠，迄於今日，蔚然爲内地航業巨擘，他公司莫能并也。

當同治末，疆吏有以電政爲言者，被俞旨矣，未果行。而英吉利海綫由香港達天津者已十年，且引綫達上海，又設陸綫至九龍。丹國水綫，亦由吴淞設陸綫達上海，駸駸入内地。公治航

〔一〕則姑與委蛇：「與」下，《愚齋存稿初刊》有「爲」字。

業既有效，文忠復以委公。公執公法，與英、丹約，購歸其陸綫，而限水綫止吴淞，成津滬陸綫，設電報學堂。商股大集，海疆要地次第敷設，十餘年間，遍全國矣。方法越事起，閩、粤間敷綫需款亟，公遽移金州鑛款十餘萬以濟，部臣不量事勢緩急，以失實議降調。左文襄公方值軍機，持不可，復下其事南北洋。曾忠襄公與文忠奏辨，謂「便宜裨益軍務甚大〔二〕，不當拘常例」，得旨寬免，然猶降二級留任。

公從文忠久，内政外交，多所毗贊，疆吏交章奏調，争欲得公佐理，文忠留不遣。嘗一攝津海關道，旋授山東登萊青道，調津海關道，皆兼領輪、電事如故。所在咸有名績，而任登萊青道時，濬小青河，設拯濟局，兩事尤爲人所稱。蓋公所藴蓄無施不可，世徒以擅實業許公，猶目論也。鄂督南皮張文襄公亦喜言興利事，嘗設鐵廠漢陽，費帑數百萬，累六七歲無成功，大冶鐵礦固公所創獲，乃奏請以公董其事。復與直督合詞請以蘆漢鐵路任公，遂拜開缺以四品京堂候補督辦鐵路總公司之命。於是輪、電、路、礦諸要政，萃於一人矣。當是時，外人以吾國初築路，争貸款以工作自承，而紳商亦競言路事。公默察言者多空談，其實皆陰挾外資自重。公私財力并匱，非借款不足以集事，借款莫比、美便。比國小，無遠圖；美越國鄙遠，亦未有侵略意也。乃貸

〔二〕謂便宜裨益軍務甚大：「便宜」，《愚齋存稿初刊》作「權宜」。

比款築盧漢，而以粤漢路借美款。一時學子争言貸款喪權，士大夫亦交起齮齕公，湘人持之尤力。美約遂廢，粤漢路亦卒不可成。成者獨盧漢，而所貸比款如約償，不如學子言，始人人扼腕矣。

公初筦輪、電兩局，忌者已造蜚語中傷，公數被彈劾，至是授太常寺少卿，調大理，遥領清秩，總攬四政。忌者愈益媒孽之，公亦疏清避賢路，而朝廷方嚮用公，不許。拳亂作，疆吏定東南互保約，隱微匡救，多本公謀。既而有旨命充會辦商約大臣，就擢宗人府府丞，兼辦理商税事務大臣。以贊襄議和功，加太子少保銜，晋工部左侍郎。未幾，丁父憂，請罷一切差缺，輪、電始易人，而電報國有議起。商情猜疑，争欲以外資貿己資，公曉諭之，乃已。服闋，入都，以盧漢路成，引疾乞休。温旨慰問，賜紫禁城騎馬。公雖謝輪、電事，忌者終不慊，而寧滬蘇杭甬各路，復繼粤漢囂然言廢約，皆集矢公。上徇衆意，命唐紹怡代公，公遂得一意治礦廠矣。先是，漢陽廠因鐵於大冶，而焦則取給外洋，至公營萍鄉煤鑛，利始不外溢。又前置機爐，與鐵質不類，所冶鋼不可用，以此致耗敗。公易新爐冶之，鋼乃與歐産埒。歐美人見者，莫不詫爲中國前此所未有也。

授郵傳部右侍郎，仍以商約差留上海。公議商約，持裁釐加税説最力，有成議矣，而英人中道復悔異〔二〕，商約罷不行，論者惜焉。逾年，奉召入都，命赴本任，兼幫辦幣制事宜，擢本部尚

〔二〕 而英人中道復悔異：「復」，《愚齋存稿初刊》作「忽」。

書。改官制，授郵傳大臣。會給事中石長信疏言全國幹路宜歸國有，下其議於部。公是其議，且條列所以顧恤商本者甚備。而川民遽以此發難，鄂變亦遂起〔二〕。朝廷欲罷公以弭亂，而不知隱患已積，觸間即發，此其名焉耳。故公雖罷歸，而國事終不可爲也。悲夫！

公起諸生，所治皆未有故事，非素習者，徒以明敏勤懇爲中外商人所敬服。故終身鋭意興學，官津海關道時，設北洋大學，繼又設南洋公學於上海〔三〕，所列科目皆注重理化。公駐上海日久，南洋成效尤著，至今言學校者必首南洋。而吾國銀行業，亦以公所創通商銀行爲嚆矢云。

公天性仁厚，勇於爲善，前後所籌大小振務，至不可勝紀，捐私帑無慮百數十萬，最後被朝旨爲紅十字會長。紅十字會者，襲泰西之名，專以慈善事爲職志，其規橅皆公所手定者也。嗚呼！公之志事，昭昭在天壤，當時雖或蒙謗議，其所素持，如增税率、改幣制，亦未見之施行，然今之言政者，卒莫能過焉。

國變後五年丙辰三月，以疾卒上海，春秋七十有三。所著有奏議二十卷、電稿六十卷、公牘書函若干卷。子恩頤等以狀來乞文，其家世、妻妾、子女、生歿年月日、葬所及其他行誼，詳於志

〔二〕鄂變亦遂起：「遂」，《愚齋存稿初刊》作「猝」。

〔三〕繼又設南洋公學於上海：「於」，《愚齋存稿初刊》無。

者不具書，書其犖犖大者，俾刻於神道之碑，而系以銘。銘曰：

非常之原民所懼，毁俊疑傑謇莫喻。揮斥百靈效成務，無前偉績後孰副。昊天降菑公嫗煦〔一〕，救死扶傷作慈父。生憎多口歿有譽，峨峨豐碑照萬古，有欲求之此其墓。

郵傳大臣盛公墓志銘〔二〕

陳三立

公諱宣懷，字杏蓀，晚號止叟〔三〕，姓盛氏。江蘇武進人。曾祖諱洪仁，議叙從九品；本生曾祖諱林，國學生；祖考諱隆，嘉慶庚午舉人，浙江海寧州知州；考諱康，道光甲辰進士，湖北鹽法道。曾祖妣氏劉，本生曾祖妣氏徐，祖妣氏費，妣氏費〔四〕，咸封贈如公階。

公以諸生起監司，最受知李文忠公。時文忠爲直隸總督，務輸海國新法，圖富强，重外交、

〔一〕 昊天降菑公嫗煦：「嫗煦」，《愚齋存稿初刊》作「煦嫗」。

〔二〕 本篇載《散原精舍文集》卷十三，題作「誥授光禄大夫太子少保郵傳大臣盛公墓志銘」；又載《愚齋存稿初刊》卷首，墓志拓片收入《北京大學圖書館藏徐國衛捐贈石刻拓本選編》（北京大學圖書館金石組、胡海帆、湯燕編，上海人民出版社，二〇〇七年，第八十三頁），題名較《散原精舍文集》前多「皇清」二字。

〔三〕 晚號止叟：「晚」下，《散原精舍文集》《愚齋存稿初刊》、墓志拓片有「自」字。

〔四〕 妣氏費：此三字底本原脱，據《散原精舍文集》《愚齋存稿初刊》及墓志拓片補。

兵備〔一〕。公則議輔以路、礦、電綫、航船諸大端，爲立國之要，與文忠意合。於是朝廷用文忠言，次第任公以四者，公亦終其身以四者自效，竭精殫慮，旁求孤詣，艱阻而不悔，疑謗而不恤，綿歷歲紀，卒底於成。於航船，首設招商局於上海〔二〕，資并旗昌公司，遂有巨舶數十艘，寖益盛。於電綫，購歸英、丹陸綫，自成陸綫達津滬，而海疆要地，環郡國，穿徼外，以次設。於礦，營大冶之鐵、萍鄉之煤，籠利擅勢〔三〕，爲效尤著。於鐵路，築蘆漢數千里〔四〕，橫貫中原；其粤漢議定，垂施工矣，爲假美款多撓敗之者，中輟而有待。其他學堂、譯館、銀行，與四者相表裏，備世之患〔五〕，接踵建立，南北相望。凡所設施，垂爲經制，表禹甸未有之局、非常之舉，中外屬目，引爲難能。嗚呼，可謂一代之才臣已！所歷官，由登萊青道，調津海關道，屢遷至工部、郵傳部侍郎，擢郵傳部尚書，及充會辦商務大臣、商稅事務大臣，加太子少保銜，最後改郵傳大臣。

〔一〕重外交兵備：「重」上，《散原精舍文集》《愚齋存稿初刊》、墓志拓片有「尤」字。
〔二〕首設招商局於上海：「於」，《散原精舍文集》《愚齋存稿初刊》、墓志拓片無。
〔三〕籠利擅勢：墓志拓片作「甄於一爐」。
〔四〕築蘆漢數千里：「蘆漢」，墓志拓片作「京漢」。
〔五〕備世之患：「患」，《散原精舍文集》《愚齋存稿初刊》、墓志拓片作「急」。

公一身履群湊之衝，所區畫及其所力任，動關國家至計，維匡斡旋，忍詢負重，不可殫記。最大者，妖團之亂〔一〕，召兵困使館，其本國揣諸公使盡死，謀并力仇我〔二〕，取快無餘地。公居滬，陰達電相國榮禄公曰：「事急矣，請姑許使館便宜通音耗，以平其情〔三〕、釋其疑。」從公言，美使乃最先馳報，意少解，變而爲保全中國之策自此始。後復締結諸疆帥，定東南互保約，國不遽覆，公之本謀也。

公既任郵傳大臣，會言官列陳鐵路幹而非枝者，務爲國有〔四〕，絶紛難而一統紀。公審郡國類沿爲常制〔五〕，推以爲便，復圖兼利安群情者，而後施行之。及令下，蜀人大閧，武昌之難繼作。朝廷徇群議罷公〔六〕，尋悟，詔復公故官，而國步驟改矣〔七〕，公亦幽憂卧疾，致不起。夫當國勢岌

〔一〕妖團之亂：此上，墓志拓片有「光緒庚子」四字。

〔二〕謀并力讐我：「謀」上，《散原精舍文集》《愚齋存稿初刊》、墓志拓片有「方」字。

〔三〕以平其情：「情」《散原精舍文集》《愚齋存稿初刊》、墓志拓片作「憤」。

〔四〕務爲國有：「務」下，《散原精舍文集》《愚齋存稿初刊》、墓志拓片有「擅」字。

〔五〕公審郡國類沿爲常制：「郡」，《散原精舍文集》《愚齋存稿初刊》、墓志拓片作「鄰」。

〔六〕朝廷徇群議罷公：「群」，墓志拓片作「衆」。

〔七〕而國步驟改矣：「驟」，《愚齋存稿初刊》、墓志拓片作「已」。

岌，綱維久廢弛〔一〕，禍機四伏，假以自逞者何勝原〔二〕？且引繩而絶之，絶必有處，猶欲以此蔽罪於公，豈天下後世之公論哉？

公負智略，肆應無窮，更事久，益曉情僞，接物平恕，自謂有法言而無惡聲，有微愠而無暴怒，故能通天下之志、竭人士之力。生平既盡瘁國事矣，於振灾尤引爲己責〔三〕，層累募金，出私財，赴之如不及，遂成故事，爲萬方飢黎所托命，至今無復尸大力號召繼軌如公者，世乃益慕思公矣。

公以丙辰三月二十五日薨於上海，享年七十有三。配董，繼配莊〔四〕，皆封一品夫人。側室刁、秦、劉、柳、蕭〔五〕。子八人：昌頤，舉人，湖北候補道，德安府知府；和頤，附貢生，候選同知，皆前卒；同頤，候選道；恩頤、重頤；泰頤，殤；昇頤；〔六〕鈞頤，殤。女八人。孫七人。癸亥某

〔一〕綱維久廢弛：「廢弛」，《散原精舍文集》《愚齋存稿初刊》、墓志拓片作「弛廢」。

〔二〕假以自逞者何勝原：「自逞者何」，《散原精舍文集》《愚齋存稿初刊》、墓志拓片作「自逞何可」。

〔三〕於振灾尤引爲己責：「尤」，《散原精舍文集》《愚齋存稿初刊》、墓志拓片作「愈」。

〔四〕配董繼配莊：「董」「莊」下，《散原精舍文集》《愚齋存稿初刊》、墓志拓片均有「氏」字。

〔五〕側室刁秦劉柳蕭：《散原精舍文集》《愚齋存稿初刊》、墓志拓片作「側室刁氏，贈夫人；秦氏，贈淑人；劉氏，贈夫人；柳氏，封恭人；蕭氏，貤封恭人」。

〔六〕「恩頤」至「昇頤」：《散原精舍文集》作「恩頤，簡任職督辦參戰處諮議；重頤，候選道；泰頤，殤；昇頤，湖南督軍署諮議」；《愚齋存稿初刊》、墓志拓片恩頤職官作「勳五位簡任職衆議院議員」，餘與《文集》同。

月日，葬公某縣某鄉某原。三立父子頗習公，承諸孤狀督爲銘幽之文，安敢辭？銘曰：

污隆之運，國倚競存。天物怒流，孰遏孰因？小拘自窘，哀儕窮猨。盛强有基，精接八垠。觥觥元老，以人事君。授公四政，草昧經綸。投於詛詢，奮於危艱。卒所憑仗，宙合一新。抱能餘施，踵活號呻。逢迎崩解，志抑萬喧。遺迹布列，矜此勞臣。

碑傳集三編卷八　部院五

陳寶琛

贈太師陳文忠公墓志銘〔一〕

陳三立

歲在旃蒙大淵獻春二月庚辰朔，太傅閩縣陳公薨於舊京寓邸，年八十有八。喪聞，贈太師，特謚文忠，他恤典如故事。自初喪至殯，遺臣宿儒、門生故吏及後進承學之士，詩文誄挽相屬不絕。蓋公之薨，而盛德舊學、耆年高位、冠冕群倫者盡矣。

公諱寶琛，字伯潛，號弢庵。曾祖諱若霖，刑部尚書，未易名，公修《德宗實録》成，進太傅〔二〕，具疏陳情，乞回所授，加恩先代，得追謚文誠。祖諱景亮，雲南布政使。考諱承裘，刑部郎中。

〔一〕本篇載《散原精舍文集》卷十七，題作「清故太傅贈太師陳文忠公墓志銘」。又載《滄趣樓文存》卷首，題作「清誥授光禄大夫贈太師陳文忠公墓志銘」。又載《陳文忠公奏議》卷首。

〔二〕進太傅：《散原精舍文集》《滄趣樓文存》《陳文忠公奏議》作「進秩太傅」。

皆以公貴，贈光禄大夫。妣林，一品夫人。有子六人，公其長也。生而英敏，年十八以諸生舉於鄉。越三歲，成同治戊辰科進士，改庶吉士，授編修。光緒乙亥大考，擢侍講，充日講起居注官，累遷至内閣學士。

公宿秉庭誥，以忠孝自厲，既早達，益感發憤〔一〕，言事前後章數十上，所論列多防邊禦侮、進退大臣、安危根本至計，而論中官與護軍鬨，不宜重護軍罪，弛門禁、開内監驕横之漸〔二〕，及停止恭送孝貞顯皇后山陵，非聖朝所宜，寧緩奉安，須皇太后康復，皇帝親臨，用重典禮隆孝治，皆言人所不敢言。當是時，公與宗室侍郎寶廷、張學士佩綸、張文襄之洞并以直諫有聲天下，想望風采，號爲清流，尤推公能持大體云。癸酉、乙亥間〔三〕，兩充順天鄉試同考官，己卯甘肅鄉試正考官，壬午江西鄉試正考官，就授學政。甲申法越事亟，公與張學士疊疏論和戰利害，朝旨以公會辦南洋，張公會辦福建海疆事宜。比公至江寧，事權多不屬，所疏請又不盡用。議將成〔四〕，丁林

〔一〕益感發憤：《散原精舍文集》《滄趣樓文存》《陳文忠公奏議》作「益感激發憤」。

〔二〕開内監驕横之漸：「之」，《散原精舍文集》《滄趣樓文存》無。

〔三〕癸酉己亥間：「間」，《散原精舍文集》《滄趣樓文存》《陳文忠公奏議》無。

〔四〕議將成：「議」，《散原精舍文集》《滄趣樓文存》《陳文忠公奏議》作「講」。

太夫人憂歸。張公坐軍敗遣戍，公亦以所舉人失當，降五級調用，於是終德宗世不復出〔一〕。

宣統改元，始起復原官，特命掌禮學館，尋補内閣學士〔二〕，充經筵講官、資政院碩學通儒議員、實録館副總裁。〔三〕辛亥五月，簡山西巡撫，未上，更命以侍郎候補，授讀毓慶宫，兼充弼德院顧問大臣，俄改補正紅旗漢軍副都統，授讀如故。秋，武昌難作〔四〕，冬十二月遂有遜位之詔〔五〕。或語公曰：「可以退矣。」公曰：「吾起廢籍，傅冲主，不幸遘奇變，寧忍恝然違吾君，苟全鄉里名遺老自詭耶？」實録館《德宗本紀》成〔六〕，授太保；全書成〔七〕，晋太傅，迭拜賜紫禁城騎馬〔八〕紫韁、雙眼花翎，暨御書扁額楹聯之屬，恩禮有加，公益朝夕納誨，兢兢自效。甲子十月之變，公衣冠立神武門外，不得入，聞車駕幸醇親王府，亟奔赴。旋定策出狩天津，事秘不聞，公亦終未嘗

〔一〕於是終德宗世不復出：「德宗世」，《散原精舍文集》《滄趣樓文存》作「德宗之世」。

〔二〕尋補内閣學士：「内閣學士」，《散原精舍文集》《滄趣樓文存》作「閣學」。

〔三〕充经筵讲官資政院碩學通儒議員實録館副總裁：《散原精舍文集》《滄趣樓文存》作「充資政院碩學通儒議員」。

〔四〕武昌難作：「武昌」，《散原精舍文集》《滄趣樓文存》作「武漢」。

〔五〕冬十二月遂有遜位之詔：「遜位」，《散原精舍文集》《滄趣樓文存》《陳文忠公奏議》作「遜政」。

〔六〕實録館德宗本紀成：《散原精舍文集》《滄趣樓文存》作「《德宗本紀》《實録》次第成」。

〔七〕全書成：《散原精舍文集》《滄趣樓文存》無此三字。

〔八〕紫禁城騎馬：《散原精舍文集》《滄趣樓文存》作「朝馬」。

爲人言也。所進講大要主修德、奉天時、循遵養之義，静以觀天下之動。丁巳五月之役，辛未十月東北之行，皆非公本謀，或以怯懦見疑，公不自别白，惟端居深曠太息而已。病革〔一〕，顧諸子曰：「死矣〔二〕！吾有所負疚，極不能忘者，今且奈何？」

烏乎！公少壯翔歷華要，鋭欲以澄清自任，舉事一不效，爲忌者所中，投閒山林幾三十稔，垂老再起，而國事遂不可爲矣。躬所遭值，曠古未有，膺保傅之重任〔三〕，義不能一死自謝。知其不可爲，又不忍臨難而去之，傫然負羈紲者十年，蹇蹇憂勤以終其身〔四〕，完千古君臣正義於垂絶之日，雖異趣者莫不欽公節操，悲公之用心，而嘆公所以自盡者爲尤難也。公内行敕備〔五〕，退居侍養光禄公十載如嬰兒，與諸弟學行相切磋，老而彌篤。督學江西及在鄉里時，佐助長吏，所興造多可稱者，尤以長養人才效最著。善書，工詩文詞，他人得一以名〔六〕，然於公爲細行矣。

〔一〕病革：「病」，《散原精舍文集》《滄趣樓文存》作「疾」。

〔二〕死矣：「死」，《陳文忠公奏議》作「已」。

〔三〕膺保傅之重任：「任」，《散原精舍文集》《滄趣樓文存》《陳文忠公奏議》無。

〔四〕蹇蹇憂勤以終其身：「蹇蹇」，原作「騫騫」，據《散原精舍文集》《滄趣樓文存》《陳文忠公奏議》改。

〔五〕悲公之用心而嘆公所以自盡者爲尤難也公内行敕備：原作「悲公内行敕備」，據《散原精舍文集》《滄趣樓文存》《陳文忠公奏議》補。

〔六〕他人得一以名：「一」下，《散原精舍文集》《滄趣樓文存》《陳文忠公奏議》有「足」字。

著有奏議若干卷、詩文集若干卷。配王夫人，先公十四年卒。側室梁氏、楊氏，贈淑人；劉氏，封宜人〔一〕；林氏〔二〕。子懋頤，殤；懋復，乾清門頭等侍衛；懋侗，前度支部主事；懋艮、懋需、懋隨。女七，皆適士族。孫緟、繼、絜、紘、綮、紱、縏、綿。孫女七。懋復等將以其年十月癸卯，歸葬公於王夫人前所葬之閩縣君竹山〔三〕，授狀督銘。三立，公壬午主試所得士也，往公出游江南，歷獲瞻聚，比歲復同旅故都，備聞公之志事，雖老病曷敢辭？乃泫然著其大節，而系之銘。銘曰：

捷馳亨衢，震奮雷聲。方壯而踣，挫鋭磨英。匪挫匪磨，浩然承軻〔四〕。倫紀攸扶，倚此番番。朝有元老，帝曰人瑞。佩服陸離，取禦魑魅。萬變一瞥，彌縫盡瘁。劫運自天，聖哲莫違。道義在躬，孰予是非。孤照百世，冥接歔欷。聽水之齋，鼓山之陽。昔也寤歌，魂兮徜徉〔五〕。歸翳忠蜕，巖榮谷馨。揚揭貞素，允顯下庭。

〔一〕封宜人：「宜人」，《散原精舍文集》《滄趣樓文存》作「安人」。
〔二〕林氏：「林氏」下，《陳文忠公奏議》有「贈安人」三字。
〔三〕歸葬公於王夫人前所葬之閩縣君竹山：「前」，《散原精舍文集》《滄趣樓文存》無。
〔四〕浩然承軻：「浩然」，《散原精舍文集》《滄趣樓文存》《陳文忠公奏議》作「浩氣」。
〔五〕魂兮徜徉：「魂兮」，《散原精舍文集》《滄趣樓文存》《陳文忠公奏議》作「魂精」。

滄趣樓詩集[一]

《滄趣樓詩集》十卷[二]，爲吾師陳文忠公晚近所手定也。公薨逾一歲，孤子懋復等將授刊，督三立識其端。公早歲官禁近，已慷慨以身許國，勇於言事，章疏數十上，動關匡拂朝廷培養元氣大計，直聲風節傾天下，初未遑狃章句求工於詩也。法蘭西犯邊，詔移公由江西學政會辦南洋防務，坐微罪被譴廢，居鄉里竟二十餘年。戢影林壑，繫心君國，蓋抱偉略，鬱而不舒，袖手結舌，無可告語，閒放之歲月，遂假吟詠自遣。又嘗出游江南、廣州暨南洋群島，紀程之作亦稍多焉。及垂老召還，輔導冲主，國勢已岌岌不可爲。俄迫禪讓，坐睹淪胥，處維繫綱紀、斡旋運會之地，萬變襲撼，寤寐交瘁，偶就餘閒寫胸臆，即集中後數卷所得詩是也。公平生遭際如此[三]，顧所爲詩，終始不失温柔敦厚之教，感物造端，藴藉緜邈，風度絶世，後山所稱「韻出百家上」者，庶幾遇之。然而其純忠苦志，幽憂隱痛，類涵溢語言文字之表，百世之下，低徊諷誦，猶可冥接遐契於孤懸天壤之一人也。丙子三月。

[一] 本篇載《散原精舍文集》卷十七、《滄趣樓文存》附録，題作「滄趣樓詩集序」。又載《滄趣樓詩集》卷首。
[二] 滄趣樓詩集十卷：「十卷」，《散原精舍文集》《滄趣樓文存》作「若干卷」。
[三] 公平生遭際如此：「平生」，《散原精舍文集》《滄趣樓文存》作「生平」。

勞乃宣

誥授光禄大夫勞公墓志銘[一]

柯劭忞

宣統改元，執政大臣持新法而用夷變夏，以新刑律爲尤甚。時則有守正不阿之君子，曰桐鄉勞公，獨侃侃力争，與法律館諸臣相駁難。公之言曰：「新刑律有妨於父子之倫、長幼之序、男女之別者，吾不敢曲徇也。」公爲憲政編查館參議官，兼資政院碩學通儒議員，争其事於編查館，不聽，則建議於資政院，以得票多，議得伸。適議事之期已畢，公又出爲江寧提學使，未及修正，於是新刑律卒頒行天下。公抵任旋受總督命，至京師參預外省官制，擢大學堂總監督，署學部副大臣，駸駸嚮用矣。而國是不定[二]，奸人乘間謀篡竊。公知事不可爲，乃請假出都，時宣統三年十月也。

先是，公官於直隸，歷任南皮、完縣、吴橋知縣，又攝臨榆、蠡縣，勤民而愛士，爲當時循吏第一。而在吴橋平義和拳之亂，功尤著。義和拳起山東，蔓延直隸，以仇天主教誑愚民。光緒二十

[一] 本篇又載《桐城勞先生遺稿》卷首、《碑傳集補》卷六。
[二] 而國是不定：「國是」，《碑傳集補》作「國事」。

有六年，吴橋鄉民燬教堂，聚衆數百人，山東義和拳爲之魁。公自率防兵捕之，黨徒潰散，獲其魁。公坐堂皇，試其禁術不驗，斬以徇，不浹旬而亂定。公上書總督，請防未然之患，寢不報。未幾，義和拳入京師，王大臣信其誑，遠近相延爲亂，公遂以回籍修墓去官。三十有三年，始用大臣薦，召公入覲，温諭稠疊，以四品京堂候補，未逾年而躋卿貳。然國步既瀕，公又以不得其言而去。

公嘗勘王府圈地於淶水，凡家奴誣占者，悉返於民。總督依違其事，不盡從公勘也。至是公出都僑淶水，縣人扶老携幼，迎於道左。已而德意志人衛禮賢建尊孔社於青島，請公講《易》，衛君北面受學。公乃移家海上，以著述自娱。公博通經史，著書數十萬言，以衛正屏邪爲己任。辛酉，爲公舉於鄉之歲，同鄉士大夫援故事奏聞。上親灑宸翰，賜額曰「丹心黄髮」。嗚呼！蓋臣謇謇之忠，天鑒之矣，公其可以無憾。

公諱乃宣，字玉初，晚自號韌叟。先世本山東陽信人，至公祖考始占籍浙江桐鄉。曾祖考樹棠，江蘇督糧巡道，妣李夫人。祖考長齡，候選郎中，妣韋夫人、陳夫人。考績成，贈通奉大夫，妣李夫人。本生考勛成，江寧布政司倉大使，妣沈夫人。公同治十年進士，由知縣累官大學堂總監督，召爲法部尚書。〔二〕生於道光二十三年九月二十三日，卒於辛酉年六月十七日，享年七

〔二〕 召爲法部尚書：「法部尚書」，《碑傳集補》閔爾昌注：「此云法部尚書，乃民國六年七月張勳所授之官。玉初辛亥既署學部副大臣矣。本集列諸部院大臣，蓋以彼不以此。」

十有九。配孔夫人，先公卒。妾潘氏。子二：絅章，孔出；健章，潘氏出。女四：緗，適曲阜孔繁淦〔二〕；紡，適秀水陶葆廉；縝，適寶應劉啓彬；緗，適嘉興沈頴。孫：元裳、元期、元幹、元果。女孫：萃，適曲阜孔祥勉茹殷。絅章兄弟致公之喪於蘇州，卜葬有期，來請銘。劭忞忝公執友，不敢辭，銘曰：

猘狂盜柄邦國圮，剿絶彝倫裂綱紀，洪水猛獸孰逾此？辭而闢之惟君子。余豈好辯不得已，施雖不究昭盲否，伐石勒銘名千祀。

沈曾植

學部尚書沈公墓志銘

謝鳳孫

先生諱曾植，字子培，又字乙盦。東軒、寐叟，晚年所自號也。浙江嘉興人。曾祖學堦，邑庠生；祖維鐈，工部侍郎；父宗涵，工部員外郎：皆以先生貴，贈光禄大夫。曾祖母陳，祖母

〔二〕 適曲阜孔繁淦：「孔繁淦」，《碑傳集補》作「孔繁塗」。

顧、虞，母葉、韓，俱贈一品夫人。

先生八歲傷父，哀毁如成人。稍長，事母韓太夫人以孝聞。兄弟四人，幼與伯兄子承先生、叔弟子封先生、季弟子林先生友愛，至老益篤。子封先生者，鳳孫壬寅鄉試爲所得士也。

先生自大父官京師，遂家焉。大父没，無餘資。父光禄公，以候補員外留滯京師，復蚤世，家益貧，無常師，先生昆季少受學於韓太夫人。先生宦學既成，太夫人亦没。先生以孝養不能逮親，遇家祭必泣；至年五十，奉光禄公及韓太夫人柩回里合葬，哀毁同於初喪。至七十，則凡子侄輩與夫親好之遠别者，莫不悽然於面，至有垂涕者。

先生自少以文學名京師，通籍後，内而郎署，外歷郡守、監司，權巡撫事。儒宗學府，久爲當世所推。其在刑部，由主事遷郎中，前後十八年，其時兼充總理衙門章京。先生既精今律，復考古律令書，由《大明律》《宋刑統》《唐律》以上治漢魏律令，著有《漢律輯補》《晋書刑法志補》，而尤究心於通商以來外交沿革。先生在官，實事求是，不苟於職守類如此。

先生自幼居京師，周知君國大計。甲午和議成，先生請假英款創辦東三省縱貫鐵道，事在俄國韋特西比利亞鐵路建議之前。恭忠親王、李文忠公韙其議，將合辭奏請，沮於某巨公，識者惜之。丙申之冬，俄勢方張，謀我黑龍江漁業航務，先生獨洞照隱微，力駁其事，俄使爲沮。丁酉，遭母憂回籍。至庚子拳匪亂作，兩宫西狩，先生恐東南有變，乃奔走寧、鄂，密與劉忠誠、張文襄謀中外互保之策，長江賴以無事。事定，而人不知其謀多出於先生。壬寅，始還刑部供職，時外交立專部，奉奏調至外務部，補和會司員外郎。明年，簡江西廣信府，始去京師。其官江西也，巡撫柯公逢時重器先生，大事必咨之。三年之間，由廣信府而南昌府，而督糧道，而鹽巡道，而按察使。未幾，簡安徽提學使以去。歷官多，而施政未久，贛人思之至今。明年，署安徽布政使。又明年，護理巡撫。

先生之治安徽也，鳳孫實從之學。安徽界吴楚樞紐、長江上下，地狹而民囂，往來奸宄藪窟於兹，常思竊發，以快其所欲。光緒丁未，既有恩撫軍之變矣；明年戊申之秋，撫軍再易，訛言岌岌，先生以布政使權巡撫事，財兩閲月耳。先生燭幾以理，應詐以誠，幂部猾魁，衆視爲不可犯者，措注談笑之間，乃無不委身聽命，而忠樸良士，翕然有所恃爲依歸。先生撫循折㩜，衆心稍稍定矣。代者甚焉，掣亂其事。先生謝撫篆方兼旬，而炮營變作，黑夜攻城，久乃益烈，吏民震駭，自巡撫以下，靡不張皇失措；而先生率僚屬中夜登陴，巡防達旦，獨從容閒暇，若行所無事者。翼日，賊果潰散城外，居民雞犬無驚，城内商旅如故，人以是服先生。事定，新撫飾報朝廷，朝廷録靖難功，不及先生，先生亦終不自表襮。獨皖之人身受其福，不能自已，則莫不感激驩呼，走而相告，謂今日之事，不糜一餉，不折一矢，敉平大難於幾先者，實皆先生總攬全局，區畫周至，故人樂爲之效，而先生不爲所驚懼也。

當此之時，南皮相國張公内預軍機，而先生寄命江表，天下之士，喁喁嚮慕，相聚而言曰：「今日文章道德、學問經濟，可以爲世法者，北則張公，南則先生。」物望所歸，四海兩人而已。張公旋薨於位，先生亦去官。去甫期年，而國破君危，竟至不可收拾如此。自此先生拳拳君國之心，日益深，力益勤，志乃益苦矣。

先生之謀復辟也，自辛亥至壬戌没之歲，凡十一年。禱帝籲天，見事有可爲則喜，見事無可爲則哭，精誠所積，觸發循環，蓋十一年如一日也。海内慕先生之風而起者踵相接，奔走勠力，多聚謀於先生。病革時，猶强起作書與張忠武公勳，爲皇室謀久遠計。書已而慟不可止，至是先生之病益不支矣。

丁巳五月之役，力疾冒暑，行數千里，既至京師，召見，授學部尚書。而文章道德、學問經濟，親膺褒嘉。然則先生之學，海内士大夫翕然服之，朝廷嘉之，固已至矣。而不意見稱於東西學者之書，尤有加乎是者。德國學者愷士林，曩謁先生，縱談良久，其著述言先生事至悉，至推先生爲「中國聖人」。東瀛則服從先生者尤夥，至有以先生字名其書者。其没也，東西學者聞而惜之，同於中國。《詩》所謂「自西自東，自南自北，無思不服」者，豈虚語哉！先生所著有遼、金、元三史及西北輿地若干卷，《海日樓詩文集》若干卷，《曼陀羅寱詞》一卷，劄記若干卷，漸次刊行，以垂永久。

先生卒於宣統壬戌十月初三日，享年七十有三。配李夫人，雲南布政使德莪之長女，淵懿善小楷書，終日寫經，後先生五年卒，享年七十有八。先生以癸亥十一月葬於榨莳村祖塋，李夫人以丁卯十月祔，禮也。子男一人：頲，三品蔭生，中書科中書。女一人，適浙江巡警道泗州楊士燮之子楊毓琇。孫男二人：塄、堅。孫女一人。

鳳孫從先生游近二十載，於先生學不能窺見萬一，而先生念愛至深，嗣復以武氏外孫女字吾次男。武氏女生長先生家，李夫人實愛憐之，及期納聘，亦以先生名主之云。銘曰：

納川成海，隱德猶龍。峨峨天柱，疇究始終。夷夏駢羅，異俗同折。偏譯翹儒，欽若聖哲。鑽之仰之，步趨無從。亦狂亦狷，亦隘亦不恭〔二〕。扶綱振常，大志未遂。臨命遺書，碧血凝字。忠不問孝，孺慕終身。七十念母，號泣如嬰。砭古箴今，軼前啓後。竊取一二，足以不朽。神歸十地，聲施九有。海内學子，如傷慈母。江海冥滅，山林長往。福蔭後昆，視此吉壤。滮湖之側，長水之旁。千秋萬祀，黍稷馨香。

〔二〕 亦隘亦不恭：原文如此。

朱祖謀

光禄大夫禮部右侍郎朱公墓志銘〔一〕

陳三立

公諱祖謀，原名孝臧，字古微，號漚尹，又號彊邨，晚仍用原名。世爲浙江歸安人。曾祖諱轂，郡庠生。祖諱若烺。考諱光第，河南鄧州知州，著循績，以不徇庇王樹汶獄，爲上官摭他事劾去，世争重之。三世皆贈如公階。妣孫太夫人，生子四，公其長也。幼穎異，既長，博雅擅文學，聲聞日起。舉光緒壬午鄉試〔二〕，明年成二甲一名進士，改庶吉士，授編修，歷充國史館協修、會典館總纂、總校，戊子科江西副考官，戊戌科會試同考官，教習庶吉士，擢侍講，充日講起居注官，遷侍讀庶子，至侍講學士。公居館職久，遭世變，私憂深念，屢有章疏，皆識議通明〔三〕，維大體。

〔一〕 本篇載《散原精舍文集》卷十七，題作「清故光禄大夫禮部右侍郎朱文直公墓志銘」。又載《詞學季刊》第一卷第二期（一九三三年八月一日）、《彊邨遺書》，題作「清故光禄大夫禮部右侍郎朱公墓志銘」。

〔二〕 舉光緒壬午鄉試：「光緒」，《散原精舍文集》無。

〔三〕 皆識議通明：「通明」，《散原精舍文集》作「明通」。

庚子，義和拳亂作，親貴及頑舊大臣袒之，導至京師，并嗾董福祥軍與應和，遂迭攻公使館，戕日本書記官、德意志公使。公痛縱妖民肇巨釁，置宗社於孤注一擲也，兩抗疏極諫，剖晰利害曲直與强弱衆寡之勢甚具，而後疏請護諸公使出國門，語尤切至。一日，召廷臣集議〔二〕，仍決主戰，公班列差後，抗聲曰：「義和拳終不可用，董福祥終不可恃。」太后瞠目視，旁顧樞臣曰：「彼爲誰耶？」當是時，左右權倖主戰者争嫉公，竟得免危禍，幸也，然亦以此風節稱天下。外國兵既入京師〔三〕，兩宫西狩，公復有早定大局之奏。上以公爲忠，一歲中迭遷少詹事、内閣學士，及還蹕，擢禮部侍郎，兼署吏部侍郎。

甲辰，出爲廣東學政。廣東控嶺海，民物殷闐，猾駔競博賽，即使者試士録名，影射爲的，曰「闈姓」。大吏倚其利，沿不革，或革而旋復其故。公至，以爲傷國體、壞風教，疏請禁斷，終以便軍儲，格於當事者，不果行。滿二歲，遏弊勸學，群情翕然。會與總督齟齬，引疾去，迴翔江海之間，攬名勝、结儒彦自遣。宣統紀元，特詔徵入，次年設弼德院，授顧問大臣，皆不赴。國變後，一謁天津行在所，涕泣辭去，遂以遺老終矣。

〔二〕召廷臣集議：「召」上，《散原精舍文集》有「上」字。

〔三〕外國兵既入京師：「既」，《散原精舍文集》無。

公雖持高節，而襟度恢疏，狎接群流，不爲崖岸，尤殷殷薦寵後輩。性篤友愛，仲弟物故〔一〕，摧傷致疾，體日衰。由此逾數歲，辛未十一月廿二日，卒於上海寓廬，春秋七十五。〔二〕

公始以能詩名，蹊徑蹈涪翁，顧自詭非所近。及交王半塘鵬運，棄而專爲詞，勤探孤造，抗古邁絶，海内歸宗匠焉。晚處海濱，身世所遭，與屈子澤畔行吟爲類，故其詞獨幽憂怨悱，沈抑緜邈，莫可端倪。太史遷釋《離騷》，明其「稱文小而其指極大，舉類邇而見義遠，其志潔，故其稱物芳」，固有曠百世與之冥合者，非可僞爲也。所輯唐宋金元百六十三家詞〔三〕，取善本勘校，最完美。又輯《湖州詞徵》廿四卷、《國朝湖州詞徵》六卷〔四〕。他遺稿：《語業》三卷、《棄稿》一卷、《詞莂》一卷、足本《雲謡集》一卷、定本《夢窗詞集》不分卷〔五〕、《滄海遺音集》十三卷〔六〕，又《集外詞》一卷、《遺文》一卷，卒前盡授其門人龍沐勛〔七〕，彙刊爲《彊邨遺書》行於世。

〔一〕仲弟物故：「仲弟」，《散原精舍文集》作「季弟」。
〔二〕春秋七十五：「七十五」下，《散原精舍文集》有「遺疏上，予謚文直」七字。
〔三〕所輯唐宋金元百六十三家詞：「唐宋金元」，《散原精舍文集》作「宋元明」。
〔四〕國朝湖州詞徵六卷：「六卷」，《散原精舍文集》作「若干卷」。
〔五〕定本夢窗詞集不分卷：「集」，《散原精舍文集》無。
〔六〕滄海遺音集十三卷：「十三卷」，《散原精舍文集》作「十二卷」。
〔七〕卒前盡授其門人龍沐勛：《散原精舍文集》無此十字。

娶嚴夫人，所出子方飴，二品蔭生，官山東通判，負才早逝。孫一，又殤。撫仲弟子方飭爲嗣。側室陸氏。卜癸酉某月某日〔一〕，歸葬公某里某原〔二〕。三立與公游處久，故哀其志行，不徒以詞人傳也，爲銘其幽。銘曰：

進爲國直臣，退爲世詞宗。天荒地變，江長海遠，有巫陽下察偃蹇之孤蹤。芳菲不沫兮終古，魂魄猶視兮幽宮。

劉廷琛

學部副大臣劉君行狀〔三〕

劉希亮

府君諱廷琛，字幼雲，晚號潛樓老人，九江德化縣人。曾祖諱紹桂；祖諱炳文，附生；考諱

〔一〕卜癸酉某月某日：「某月某日」，《散原精舍文集》作「月日」。

〔二〕歸葬公某里某原：「公」，《散原精舍文集》無。

〔三〕本篇又有單行本，封面題簽作「誥授光禄大夫學部副大臣翰林院編修顯考劉公幼雲府君行狀」，內頁正文題作「先府君行狀」。

裔祺，特用道，署浙江鹽運使。以府君貴，皆累贈光禄大夫。曾祖妣李氏，祖妣吴氏，妣李氏，皆累贈一品太夫人。

先王父生府君、叔父、季父三人。府君生而歧嶷，年始就傅，即篤志向學，砥礪奮發，過於成人。爲制舉之文，風發泉湧，千言立就。先王父喜曰：「亢吾宗者賴此兒耳！」年十六，補弟子員。時學使爲陳弢庵太傅，嘆爲偉器。癸巳舉於鄉。甲午成進士，選翰林院庶吉士。乙未，散館，授職編修。丁酉，簡放山西學政。府君以爲造就人才，端資庠序，因撰擬條教數千言，大抵以義理端始基，經濟恢遠略，仿龍翰臣方伯《經籍舉要》，增訂《經籍舉要》刊發各屬，以告學者。按臨之日，危坐堂皇，釐杜諸弊。試竣，集諸生堂下，量材啓迪以根柢實用之學〔二〕，故一時所就人才甚衆。特保已革御史屠梅君先生，并爲刊其遺疏行於世。庚子拳匪滋事，山西巡撫毓賢惑於邪説。府君以爲拳民果知仗義，宜驅赴戎行，以爲殺敵致果之用，不當滋擾閭閻，妄生事端；且教士教民脱有不軌，應請明正刑誅，亦不可以生殺之權假之拳民。争之不從，乃以密摺奏參，奉旨命毓賢帶兵勤王，以布政某護理巡撫，嚴禁民、教相仇，晋境乃安。一時朝野嘆服，以爲敢言。後歸里過鄂，謁張文襄，出疏示之，文襄嘆服。聯軍入京，兩宫幸太原，旋幸西安，府君隨扈

〔二〕量材啓迪以根柢實用之學：「啓迪」下，單行本有「勖」字。

行在，復敬陳治本一疏，丁甯剴切，於無忘在莒之意，而歸本於聖心之敬懼。是年冬，府君慨時局之日艱，怵邪説之暴作，憫然知大亂之將至，遂乞假歸省，築介石山房於匡山之麓，屏絶人事，讀書其中，以潛究夫陰陽往復之機，治亂得失之本，且自號「潛樓」以自志焉。

壬寅，充國史館協修、功臣館纂修。甲辰，充會試同考官，所拔如湘鄉陳詒重、濰縣陳鶴儕，皆績學之士，其後皆卓然有以自見。旋充編書處詳校、撰文處行走。丙午，署陝西提學使。是時科舉初廢，改設學堂，其制度一以日本爲規。凡簡任提學使者，先赴日本考察，然後莅事。府君東渡後，細察其國情形，以爲日情叵測，有大可慮者六。莅任之初，即具摺密陳，宜亟籌根本自强之計。丁未，授學部右參議，未赴，又拜大學堂總監督之命。大學堂章程，爲張文襄公之洞、張文達公百熙、榮文恪公慶所奏定，分科八，曰經，曰政法，曰文，曰醫，曰格致，曰農，曰工，曰商。其時大學草創，僅高等師範及大學豫科，分科猶未遑議也。而師範及豫科學生又將畢業，勢不可緩。府君商於學部，就本堂畢業及各省可升學者先設數科，惟其實不惟其備。乃選各省舉貢入經、文科，京外各學堂畢業生入各科。凡設經科之門三，曰毛詩，曰左傳，曰周禮；政法之門二，曰政法，曰法律；文科之門二，曰中國文，曰中國史；格致之門二，曰算學，曰地質；農科之門二，曰農學，曰農藝；化學工科之門二，曰應用化學，曰土木工學；商科之門一，曰銀行，曰貿易；而醫科無合格學生，暫闕焉。爰訪通材於各直省，聘專門教習於東西各國，儲古今圖籍及海邦彝器，闢講堂，築學舍，大端粗備，師徒畢集，中國之有分科大學自此始。其教學一以《大學》「格致誠正修齊治平」之學爲歸，以期學成之後，出備國家郅治之用。

戊申，奏派憲政編查館一等諮議官。己酉，特派榮文恪公慶、陸文端公潤庠等十四人輪班進講，府君與焉。所撰講義，由孫文正公家鼐、張文襄公之洞核定進呈。府君分任《貞觀政要講義》，研精覃思，即時政之得失，證古今之治亂，以究夫消長之原，而推本於人主之一心。丁寧反復，剴切深至，每奏一篇，競相傳誦。張文襄公推爲名作，嘆曰：「不惜歌者苦，但傷知音稀。」義寧陳世丈伯嚴，謂「論説之切摯精純似朱子，文章之昭晰茂雅似陸宣公，有名輔大儒氣象，爲垂世典册不刊之作」。其時朝政不綱，邪説肆行，貪賄成風，親貴用事，府君私憂危涕，訟言於衆，抗争於朝，皆莫之省。其言備具「講義」。「講義」所不能盡者，則又具疏詳言之。前後三年，章至四五十上，不毛舉細故以爲高，不鷹擊鷙搏以爲能，所言者皆關國家治亂興衰之故，人所不敢言者。如疏論資政院，謂：「資政院爲議事基礎，其議事自有範圍。議決事宜，由該院總裁具奏，請旨裁奪。是議決之權在議院，准駁之權仍在朝廷。今該院議員，習氣囂張，議論偏激，輕更國制，各競私謀。持正者不敢異同，無識者隨聲附和。贊成雖云多數，鼓噪實衹數人。勾通報館，煽動人心。奔走權門〔一〕，刺探消

〔一〕 煽動人心奔走權門：「煽動」，單行本作「煽亂」。

息。始緣輕藐執政，繼且指斥乘輿。一似議決事宜，朝廷不能違異。是朝廷避專制之名，而議員行專制之實，神聖不可侵犯，非皇上乃議員矣。」

論攝政王仔肩重大，宜慎魁柄，謂：「内閣新章，凡各部院大臣，各省督撫皆由總理大臣保任。一切章奏，先達内閣，由總理入奏請旨。是天下大權皆歸内閣總理，得人自不改其公忠之志；萬一總理巧取時譽，久執威權，而謂必無莽、操之出其中，臣實不敢信也。即謂議院與内閣對待，總理不職，自有議員攻擊，不知議員之傑出無多，總理以官爵餌之，孰不樂爲所用？是總理有羽翼，而朝廷無腹心；天下知有總理，不復知有朝廷，而孤立之勢成矣。臣愚謂以朝廷責成總理則可；謂内閣既設，朝廷即退處無事，則大不可。如新章所擬，則各部院大臣無庸值日，内外章奏毋庸上達，召見引見之事均須停止，而監國攝政王不必入内辦事。今日監國攝政王無政可攝，異日皇上無政可親，使祖宗三百年之威靈，僅成守府，恐非先朝委任監國攝政王之意也。」

論新刑律，謂：「政治與時變通，綱常萬古不易。故因時局推移而修改法律可也，因修法律而滅綱常則大不可〔二〕。蓋政治壞，禍在亡國，有神州陸沉之懼。綱常壞，禍在亡天下，有人道滅

〔二〕因修法律而滅綱常則大不可：「滅」上，單行本有「毀」字。

絶之憂。」

論親貴執政，謂：「親貴秉政，本非祖制。同治中興，不得已而以恭忠親王議政、領軍機；而親貴爲部院大臣，則二百餘年所未有，亦五洲萬國所未聞。各國憲法，親貴均不列國務大臣；海陸軍將，亦必勛勞夙著。今各部大臣，親貴幾居大半，其中固有清敏之才，而經驗太淺，學識未優，必不足以膺艱鉅，且驕汰習氣，實不乏人。此爲人心離散之根本。監國攝政王不欲圖存則已，如欲圖存，惟上遵祖制，近據憲法，用人惟賢，一示大公，各部大臣不使親貴與乎其列〔二〕。」

論言路不可議裁，謂：「天子深居九重，宜廣置耳目以助其明，多設爪牙以資其衛。裁撤言官，是自蔽耳目、去爪牙，勢必使聰明壅塞，綱紀蕩然，此其大不可者也。或謂憲政成立，有國會以監督政府、宣達下情，似無庸設此駢枝。不知國會成效尚難豫必，且其職在議法，勢不能多所糾彈；又每年開會不過三月，平時行政官難保無貪恣壞法，必須隨時糾察。言官設有專職，可補議院所不及。或議改都察院爲行政裁判所，不知裁判所係判斷於罪狀已發之後，都察院則糾察於事情未發之先，其性質既迥不相侔，其收效亦未可同日語也。或又謂都察院無事可辦。朝

〔二〕 各部大臣不使親貴與乎其列：「親」，原作「新」，據單行本改。

廷設立言官，原不責其辦事，假以寬閑之時地，養其嚴重之威稜，所以使之博稽利病，彈劾官邪，其期望於言官者甚大，豈以簿書期會造就胥吏之材哉？是又未深明治體矣。」其他關於主德之隆替、時政之得失、百官之邪正、民生之疾苦，罔不經緯密勿，痛切上陳。

辛亥，派充廷試游學生閱卷大臣。八月，武昌變作，天下蠢動，京師岌岌。或勸府君曰：「盍去諸？」府君曰：「吾受厚恩，愧不能稍益於國，禍迫而去，豈人臣事君之義乎！」及監國攝政王退位，親貴皆辭職，以府君爲學部副大臣。府君泣曰：「是篡也！吾尚可留乎！」即日挂冠去之青島。十二月廿五日，遜位詔下，府君大慟曰：「大盗移國而不能討，吾輩之辱也！」時大僚引疾居青島者甚衆，相與密圖匡復，孑身奔走徐、兖、金陵之間，環説群帥，開示大義，聞者慷慨感動，事垂成而中敗者數矣。

甲寅春，袁世凱設禮制館，聘府君爲顧問，府君復書痛責之，極論天澤之分，略謂：「項城起勛閥，躋兼圻，入樞府，復特任爲内閣總理，恩不謂不重，任不謂不專，君臣分定，無所逃於天地之間。夫臣當忠君，猶民當忠國，此古今中外之通義。故大清可亡於他人，獨不可亡於項城。使項城力竭而亡可也，力未竭而與他人協亡之則不可。大清亡於他人，而項城不自取猶可也；項城輔大清而亡大清，旋自取之，一時雖有可借之名詞，後世終有難逃之公論。」丁巳，各省代表公推張忠武公北上解決時局，僉謂中國非君主不能治，故君尚在，無待他求，於是乎有復辟之役。奉旨授内閣議政大臣，賞紫禁城騎馬。是時忠武提兵僅二千人，府君謂宜厚集兵力，以資鎮攝[一]，忠武不從，其後卒以兵單力弱而敗。府君憤恨填膺，痛不欲生，戚友勸慰百方[二]，并以「故君無恙，宜留身以待時，義不可死」力止之。自是遂隱居青島，然匡復之志固未嘗須臾忘也。

戊辰，府君年六十，蒙恩賜壽，賞「琨玉秋霜」匾額一方，衣料二襲。府君奉之感泣曰：「臣子未能報國，而叨兹榮寵，豈糜身所能報者哉！」居恒鬱鬱不樂，庚午八月，猝感風疾，左肢痺痿動止不仁。叔父自滬聞訊，來青診治，疾稍愈，然以憂憤過甚，隨時觸發，因而轉劇，訖不獲愈。明年秋，自知不起，擬自挽之詞曰：「妄欲以一簣障江河，自知不度德不量力，雖九死其敢有悔；但得維三綱於天壤，猶堪繼絶學開太平，願吾輩共任此艱。」又明年春，疾益篤，於六月初二日子刻卒於青寓正寢，春秋六十有五。

府君事先王父、先王母至孝，先王父氣象尊嚴，府君起敬起孝，色養無違。府君既貴，事王父、王母婉愉如嬰兒，不敢少自縱逸。每以歷官中外，不得朝夕侍側，佳時令節未嘗不涕念也。宣統庚戌，迎養京師；壬子，迎養青島。饍飲之供，必馨必潔，凡可以娱親心者，靡不曲盡其

[一] 以資鎮攝：「攝」，單行本作「懾」。

[二] 親友勸慰百方：「勸慰」，單行本作「慰勸」。

力。辛亥之變，先王父、先王母詔府君曰：「此千古人倫大變，凡可以匡救而扶持者，爾惟力是視。」是以府君不避險艱，奔走四方，百折而不悔。先王父、先王母棄養，府君年逾五十，哀毁骨立，憊不能興。待叔父、季父極盡友愛。先王父棄養，季父尚未冠，府君爲之經紀生産，延師課讀，暇則親爲講授，教以立身讀書、居家涉世之法。迨季父少長，始將産業歸其自理，然告誡之辭仍無虚日。教子侄嚴，或有不當，訶斥不少貸，而愛憐纖悉，惟恐傷之。其仁慈蓋天性也。

府君於程子《易傳》致力最深，嘗言：「伊川先生書，於經文曲折，字字咬出汁漿，闡發透徹，義理精深，有無窮之味，令人玩之不盡。」嗜讀理學書，宋賢最服膺朱子，明清諸儒則推薛文清、胡文敬、陸清獻，而於羅整庵、張楊園兩家書尤熟復玩繹。善屬文，不假雕飾，而動合矩度。然自視歉然若不足，嘗曰：「吾文鍛鍊未精純，莽莽蒼蒼，求之古人，其惟石徂徠乎？」詩喜《十九首》，以爲《國風》之遺音。魏晉唐宋諸大家皆嘗究心，而於靖節、工部兩家誦之尤熟。後以詩詞小道，徒弊精力，無益身心，乃輟不復作，偶吟哦一二，亦不存稿。又精於書法，中歲勞於王事，不暇以爲。丁巳以後，幽居無俚，乃益致力於書，以舒其憤惋鬱結不平之氣。自右軍、大令、孫過庭、李北海，以及漢魏唐宋法帖，靡不臨撫，於右軍、北海致力尤深。遠近求書者踵趾相接，間集漢魏六朝古詩爲聯以應求者，多至三千餘聯；又集碑字爲聯，命次男希淹、希光等鈎填爲碑聯，計集有《張遷碑》《興福寺碑》《岳麓碑》《雲麾碑》《葉有道碑》《李元靖碑》《書譜》等七種，各數百聯，謹皆裝成巨册，藏於家。所著有《奏議》四卷，《貞觀政要講義》四卷，《潛樓文集》四卷。

母羅夫人、萬夫人，庶母高孺人，先府君歿；繼母李夫人。萬夫人生子三：希亮，正三品廕生，民政部七品小京官；希淹、希光。女二，長適黄安李建，次適福州黄孝綽。高孺人生子一，希泌；女一，適蓮花朱毓鑾。孫四：慶曾、繼曾、景曾、式曾。孫女一，字嘉定陳聲翔。

嗚呼！府君早歲通籍，立朝大節，與夫文章政績，夙爲海内宗仰。不幸晚值易代之變，奔走呼號，更歷險阻，以求遂其百折不渝之志；而事會錯迕，迄不獲償於萬一，蹇産侘傺〔二〕，賫恨以終。嗚呼，天之所以待府君者何其酷耶！希亮等言行無似，不足以顯揚先德，叢戾忍詬，偷息人世，謹編次崖略著於篇。〔三〕

〔二〕 蹇産侘傺：「侘」，原作「佗」，據單行本改。

〔三〕 謹編次崖略著於篇：此下單行本有「伏惟當世賢豪長者錫之銘誄，俾府君行誼得以表見天下而永垂於無窮，不勝哀懇之至」。

張　翼

通州張侍郎墓志銘[一]

章鈺

公諱翼，字燕謀，亦字彦謨，順天通州張氏。世居州之西鄉，力田孝弟，無升於朝者。爲善無不報，乃昌於公。公雄特開朗，得於天賦。軀幹修七尺以上，聲如洪鐘。七歲喪父，賴節母撫育成立。髫齡即善技擊，平鄉里不平，事有若成人。孤貧失學，及壯，乃從前太常寺卿寶坻方華卿先生游，鋭求正學，慨然有志於天下，遂由材武起家，洊登卿貳，爲賢王賢相倚重。光緒中葉後，國家大政隨時左右其間，視以筆墨得官尠所建樹者相去萬萬也。初，母夫人之教公也嚴，産薄不足以活，年十二即督習負販事，不少姑息；既通顯矣，仍以禮繩公，時見聲色，公則起敬起孝，一如在昔。嘗命立義莊義倉，振閭境偏灾；又因就養江南，命修壽州城堤諸大工，蒙賞一品封典，及「樂善好施」匾額。非此母不生此子，世兩賢之。

公之入官也，實於十六歲投效神機營。始營爲醇賢親王自統，一顧賞公，命以營員入邸供

[一] 本篇載《四當齋集》卷八。

職，敏慎出曹偶上，日見親異。時王領中樞，合肥李文忠督直隸，公嘗以廉藺故事進，政局大和。北洋設施如海軍、海防、外交、路礦諸政，王重其事，每有垂詢，輒指陳機要，與贊其成。甲午，隨王校閲海軍，於堅瑕之故，考求尤備，用是王倚公如指臂，賢能之譽，洊達中禁，分在疏逖，隱然儲心膂之寄。庚子後，又隨嗣王專使赴德國，德皇以戕使之故，將以禮節辱專使。公護嗣王止邊境不入，彼知中國有人，不可侮也，卒成禮而歸。蓋公光佐勛藩，有關國故者如此。

公自入邸，供職十餘年中，洊升屢陟，至癸未始以道員發江蘇，旋調直隸，歷保軍機處存記二品頂戴。戊戌，特旨以四品京堂候補，幫辦關内外鐵路事。己亥，授内閣侍讀學士。辛丑，加侍郎銜，充赴德專使參贊官。復以隨辦和議功，擢内閣學士。未幾，特恩以侍郎候補幫辦路礦事宜，賞頭品頂戴，改幫辦爲總辦，歷署禮部、工部右侍郎，以開平礦務被參革職。甲辰，以往英國對質，予三品頂戴。訟直歸國，命以道員發北洋差遣。宣統改元，復荷特恩，以三品京堂用，并賞還頭品頂戴。則公所歷官也。

公曠觀時局，謂非從事實業不足以救貧弱，用究心地官丱人之學，一意提倡，如熱河承平銀礦、建平金礦、直隸永平金礦、唐山洋灰公司、山東嶧縣煤礦等，皆首入鉅貲，衆商踴躍附股，遂得各樹一幟，先後浡興。而其董督最久、波折亦最多者，莫如開平礦務一事。開平爲唐山煤井，産富聞中外，以絀於貲，事多不舉。原辦粤人唐某等，服公才望，且入貲多，公推公爲總辦。公既莅事，百廢皆振。庚子，拳匪亂作，各國以報復之師掠官商營業，而開平則俄人據之。公圖保全策，畀會辦德人德璀琳代理全權，德璀琳以此礦本有外股，定中外合辦章程十九條，改爲新公司。公既允行之，德璀琳乃據此與俄人交涉，冀得索還。當訂有移交約及副約各一件。移交約者，由舊局移交新公司；副約者，載明華官督辦，所以鈐制移交約者也。簽訂明確，本無疑問，俄人因是承認此礦爲公司營業，軍以退出。事甫定，礦師英人胡華遽藉口與德璀琳訂有私約，意在鯨吞。時北洋大臣某素嫉公，且涎礦利厚，遂不問公之未簽私約，故聳其詞，以賣礦劾公，有旨革公職，并責令赴控英廷。既抵英，與胡華對質法庭，駁辯十五次，供詞厚六百餘葉，旁聽者日以千計，報章亦督過胡華。英官乃判仍履行副約，不者以全産屬華商，於是公誣得白，公之心亦痒矣。恭讀宣統二年十二月初五日上諭，有「此礦經英公堂判爲誑騙，無慮久假不歸」之文，是則此案顛末，朝廷諒之，海外證之，載諸史乘，亦可使後來者共信之也。

公始官南洋，受知於湘陰左文襄、湘鄉曾忠襄、新寧劉忠誠諸帥；洎官北洋，尤爲李文忠倚任。庚子變亟，於京津中阻時，募人由間道馳書滿洲榮文忠，具言拳匪不可縱、衆怒不可犯，痛陳利害，爲所采納。旋南迎李文忠全權使節於滬上，和議得成，多所贊畫。壽州孫文正又重公留心理學，納交者有年。諸公皆一代人望，周旋有年，穆若笙磬。彼苞藏野心者，獨借端而傾陷之，益可見公之忠於爲國，不徒以幹濟見知，千秋論定，夫亦可以無憾矣。

公來自田間，敝衣糲食，終身不改。歷主賑務，活人不可算。提倡諸實業，利賴至今。待人有大度，爲所識拔者，後或不利於公，一笑置之。辛亥以後，避地天津，痛心國變，疽發於背，治得愈。旋以憂瘁不起。臨絶，惟以受國厚恩，毫無補救爲恨，命以杉棺布衲斂，亦可哀矣。生道光□□年□月□□日，卒□□年□月□□日，壽□十有□。曾祖諱登舉，祖諱存禮，父諱玉珽。曾祖母氏□，祖母氏□，母氏楊，皆贈封一品。三娶，皆通州王氏，無出。繼夫人李氏，同州太學生諱鴻來公女；再繼穆夫人，滿洲前開歸陳許道諱□□公女。子皆李夫人出，未名者二與三、文藻，均殤；文祁，某官，娶某氏；文孚，某官，娶某氏。女適建德周慤慎公七子，廣東候補道學淵。文孚子，長懋鵬，次某某。先於□□年□月□□日葬公州境都閣莊。文孚，字叔誠，不鄙鈺頑鈍，設皋比屬爲懋鵬授經，今三年矣，以公志墓之文委重，禮辭不獲，乃最録其大者如上。鈺適館以來，得見堂宇之間，宸章稠疊；又備聞穆夫人來歸，實由榮文忠仰承中旨爲之作合。公既被議而眷睞弗替，從知公之見賞於先朝者，固軼乎恒等也。不勝人亡邦殄之感，太息而銘之，詞曰：

越在草莽，崛起者艱。或起或否，有人有天。赫矣張公，莫爲之先。雲揚猋舉，云何致然？惟公行義，曰篤本源。惟公才地，曰邁時賢。忍辱負重，靡易靡難。爰躋朝列，異數蟬嫣。發揚樂利，奔走危顛。含沙或射，抱璞終完。古來豪傑，舉出單寒。蒼蒼不負，君子信焉。真宰上訴，閲今有年。龍亡虎逝，有責誰肩？人貴自立，先哲箴言。護此靈宅，芝草醴泉。

柯劭忞

清故學部左丞柯君墓志銘〔一〕

張爾田

柯君既歿〔二〕，越明年，卜以某月某日，將葬於某原。孤子昌泗奉太夫人命，以狀來請銘，余不敢辭。〔三〕

按狀，君諱劭忞，字鳳蓀。先世籍台州，國初有諱某者，避翁洲難，始遷於萊之膠州，遂家焉。曾祖某，某官。祖某，某官。父某，某官。三世皆以君貴，贈如其階。妣李太夫人，賢明嫻

〔一〕本篇載《遯堪文集》卷二，又載《史學年報》第三卷第一期。

〔二〕柯君既歿：「柯君」前，《遯堪文集》《史學年報》有「大儒」二字。

〔三〕「孤子昌泗」至「余不敢辭」：《遯堪文集》《史學年報》作「孤子昌泗既告期，且以狀來請銘。君素知余文者，殖不可辭」。

詩禮，生子二，君其次也。君幼承母訓，漸於學，七歲能詩，出語驚其長老。〔二〕鄒魯聖人之邦，號樸學藪。既壯〔三〕，盡得其書而讀之，於天文、曆算、輿地、聲韻、訓故，靡不綜貫。其學由博而精，蕲於有用，然一以經爲歸，無歧騖也。舉同治庚午鄉試，光緒丙戌成進士。歷官翰林院撰文、侍講、日講起居注官，一提督湖南學政，授貴州提學使，調學部丞參上行走，補右參議，遷左丞，選爲資政院議員，兼典禮院學士。

君既以文學當官，敷政之暇，研誦不廢。國朝儒者，諸經皆有説，獨《穀梁》無完書。君以爲《公羊》闡微言，《穀梁》章大義。《穀梁》魯學也，治之宜先。宋氏三科與邵公異，此《穀梁》家所特聞，不先通此，非常異義可怪之言作，其罪至於誣聖。成《穀梁補箋》若干卷，《春秋》之誼大明。君之調丞參也，兩江督臣以魏默深《元史》上於朝，書下學部察看，朝廷有知君者，故有是命。時君治《元史》有年矣。諸史惟元最疏，亦惟元號難治。洪文卿氏取拉施特書成《證補》，與君同時屠敬山氏，亦撰《蒙兀兒史記》，皆未竟厥緒。魏氏書先成，雜躇不足以示遠，君乃下帷覃思，因是創違，徵外籍，考大典，博采佚存舊聞，櫳三家而有之。又以其餘力輯洪氏稿未竟者，爲

〔二〕「君幼承母訓」至「出語驚其長老」：《遯堪文集》《史學年報》作「君幼漸母氏訓，七歲能韻語，父老驚爲奇童，乃益自憤發，勵於學」。
〔三〕既壯：《遯堪文集》《史學年報》作「比壯」。

《譯史補》，而於西域宗藩尤詳。〔一〕論者謂却特史更兩朝五百年，得君書而告備〔二〕。方君書之出也，一時翕然海外。日本尤重君書，以博士贈焉。博士者，彼國學位至高，不輕授。君外人乃得之，人以爲榮，然非君之尚也。

遜位詔下，君痛哭解組去。會史館開，館長趙公與君有舊，聘君總纂。君自顧儒臣，國亡無所自盡，修故國之史，即以恩故國，其職也。在館日，成天文、時憲諸志，又數十萬言。〔三〕趙公薨，君遂總其事，史稿卒賴以成。

余昔與君同在館〔四〕，論史事相得歡甚。別八年，復見君於京邸。君年八十有三，雖篤老，猶能健談。相與嘆息世變日亟，赭禍之不可免，其言絶悲。又二年而君卒，實歲癸酉。蓋自君之卒，海内老師宿儒亦盡矣。

君於文師梅郎中，疏樸古澹，尤工於詩，奄有漁洋、竹垞之長，晚年所刻《蓼園集》是也。他

〔一〕「礲三家而有之」至「而於西域宗藩尤詳」：《遜堪文集》《史學年報》作「礲三家而有之，成《新元史》二百五十七卷。復董理洪氏稿，修輯未畢者，爲《譯史補》，而史識之見於考異者，又若干卷，其書別行」。

〔二〕得君書而告備：《遜堪文集》《史學年報》作「得君而告大備」。

〔三〕成天文時憲諸志又數十萬言：《遜堪文集》《史學年報》作「成天文時憲志，縱横推步數萬言，疇人爲之斂手。又以其間訂閲紀傳」。

〔四〕余昔與君同在館：《遜堪文集》《史學年報》作「始余與君同在館」。

所著尚有《文選補注》《文獻通考注》《爾雅補注》諸書。配吴淑人，桐城大儒吴摯父之女〔一〕，相夫能莊，鬻子能勤，君是以得畢力於著述。〔二〕子三：昌泗、昌濟、昌汾。昌泗亦以文學克世其家。銘曰：

粵有大儒，爲世楷模。文喪義嵬，拯之坦途。陵壑大遷，飾巾從好。天之抓之〔三〕，俾昌厥道。百世獻宗，貞我瓌辭。卜云墨食，永宅於兹。

胡思敬

副都御史胡退廬墓表〔四〕

陳毅

江西當光、宣間有諫臣二：曰潛樓劉氏，曰退廬胡氏。宣統辛亥十一月，潛樓移疾免，余旋

〔一〕桐城大儒吴摯父之女：「吴摯父」，《遯堪文集》《史學年報》作「吴摯甫先生」。

〔二〕鬻子能勤君是以得畢力於著述：《遯堪文集》《史學年報》作「鬻子能勤，實與君諧，君始得以畢志於著述」。

〔三〕天之抓之：「抓」，《史學年報》作「抗」，誤。

〔四〕本篇載《郇廬遺文》。

亦解職。其年三月，退廬前以言責去官，余於其行也，以女字其子駿臺。越三年，駿臺殤，然書問往復無間也。中間一相見青島，一道遇於兖州之車亭。自是余流徙不常，退廬亦歲出游無定止。一日潛樓書來告，則退廬死矣，時壬戌四月甲午也，年五十三耳。嗚呼，悲夫！昊天不吊，胡奪斯人之速邪！

初，余自廕生爲刑部郎中，始識退廬，退廬方以主事官吏部也。既余貢禮部，出潛樓房，因與退廬交日密。當是時，士大夫以學問經濟、言論風采相高以爲名。退廬於書無不窺，獨闇然潛修，操鄉音，吶吶然，若一無所能者。徐即而扣之當代政治因革成敗之故，學術邪正是非之別，旁至邊徼形勝、山川阨塞，兵所宜出没，飛挽樵汲所宜道，莫不深明洞澈，如指諸掌。余於是乃大驚，京朝中安得有此篤行之君子邪！何遽能不以其學自名一至於此也！暨其官御史，章數十上，多痛陳新政弊害。凡世所頌，其言之速貧、速亂、速亡者，皆言人所不敢言。而指斥邪佞破裂綱常之罪，至抉擿其詭譎，尤隱然以衛道自任，勇過孟氏矣。蓋其所積也楙，故其所發也光；其所嚮也誠，故其所陳也摯。至今日，余自亂離中追誦其疏草，輒涕洟霑襟袖，未嘗能一卒讀。竊怪當日執政，何漠不動念，并忍於擯而棄之，抑何絶不一爲朝廷惜也？其先有江御史春霖者，以言事黜，一時賓朋祖餞，車騎塞道。而退廬之去，携一僕耳，詣别者不過知好三數人而已，其能不以所言自爲名也又如此。

自廢居，建鄉先賢祠，或蒐刊其遺編，乃益發讀宋五子之書，以進窺孔孟爲心。嘗有書規余著述願過奢，因自言其見道憾晚，汲汲有朝聞夕死之懼。然其呼號奔走，固未嘗一日廢，而卒鮮知之者，則又以其不假是自名耳。《禮》曰：「居其位，無其言，君子耻之。有其言，無其行，君子耻之。」退廬蓋古之知耻者歟？嗚呼！居今之世，立身若是，聖賢之徒也。世徒以名御史目退廬，失退廬矣。其既卒，有欲爲遞遺疏者，余曰：「此非退廬心也。」因舉昔所誦疏草，丐其鄉人今師傅定園朱氏上之朝，亦倖冀退廬之言不見信於幾先，或能借鑒於事後，即退廬所以言之之志，雖屈於當日，或亦能稍申於没世也。嗚呼，悲夫！

退廬諱思敬，字瘦篁，新昌胡氏，退廬其晚號。以光緒癸巳舉人，連捷成進士，選庶吉士，改主事，補吏部考功司，擢御史，自劾免。丁巳，起爲左副都御史，未至而事敗。自曾祖父母，皆以其官封贈三品。娶劉氏，繼娶郭氏，皆淑人。妾氏徐、丁。子駿臺，郭出，早殤，以弟子友蒙爲後。遺腹生友范，丁出也。女二，其次爲潛樓子婦。是年九月庚午，葬其縣之小陌山。潛樓既爲志狀矣，復走書徵余文。所著書若世次及他行誼詳志狀，不更書，書其所親聞知者，以見士大夫之名世，不惟其言，惟其學也；亦不惟其學，惟其行也。用揭之墓，昭示來者，後有師退廬者，幸毋以聲名文字求之。九月辛酉朔，湘鄉陳毅表。

曾習經

度支部右丞曾府君行狀

曾靖聖

府君諱習經，字剛甫，號蟄庵。先世自閩之莆田遷揭陽棉湖。曾大父諱宗唯，妣鄭氏。大父諱歧山，妣蔡氏。父諱中孚，妣李氏。三代皆以府君貴，贈資政大夫，妣皆封夫人。

府君兄弟四人，次三。生而敦篤，至性過人。幼時與諸昆習禮於庭，揖讓升降，皆中矩度。從長兄譔甫公學，天姿穎異，而刻苦逾於恒人。弱冠補縣學生。光緒戊子，南皮張文襄公督粵，闢廣雅書院，延番禺梁文忠公主講席，選郡縣高材生肄業其中，府君與譔甫公并與選。己丑，同領鄉薦。庚寅，聯捷成進士。壬辰廷試，授户部主事，居京曹廿年。常熟翁文恭公長户部，雅重府君，迭莞機要。補官後，尋遷員外郎。會改官制，擢度支部左參謀，晋右丞，歷兼税務處提調、清理財政處提調、印刷局總辦、憲政編查館學部諮議官。是時，籌辦新政，改定税務、幣制，百端待舉。府君綜理精密，主計重臣，咸待取决，負一時重望。

辛亥國變，先一日引退。或詰之，則曰：「吾行吾心所安而已。」鼎革之始，袁氏思羅致人才，其左右要人多府君舊交，府君蟄居京師，一切謝絶。嘗巽詞自免，而凛然不可降辱，於風塵雜處中葆其貞潔，人尤以爲難。其後與順德梁左丞用弧買田於直隸寧河，從事墾闢，躬耕隴畝間，嘯歌自樂。每乘農隙，歸省李太夫人，與譔甫公盡孝盡敬；於宗族戚友，貧者周恤之，病者撫慰之。每言佛家捨身救人，自愧不能如佛。旋復北行，往來京津，治田功不輟，田下潠苦潦，歲屢不登。晚漸窘，斥所藏圖籍、書畫、陶瓦以易米，無所悔，如是者十五年。嘗告家人曰：「余受朝廷厚恩，兼任數職，能於國變之先引去，大節無虧，差可自慰。節操二字，不可不慎也！」嗚呼！此可見府君之心矣。戊午，譔甫公疾終里第。府君聞耗，風雪中奔赴，悲不自勝。又遭李太夫人之喪，抑鬱之餘，益以哀痛積久，遂成痼疾，竟以不起。

府君平生於學無所不窺，而尤肆力於詩。肄業廣雅時，已爲梁文忠公所賞異。既通籍，趁公之暇，嗜詩如性命。然不苟作，作必備極鍾煉而後出，故所存不多，精光炯炯，得之若瓌寶。論者謂府君早年近體宗玉谿，古體宗大謝；中歲取徑宛陵、后山，而非貌襲西江者比；晚年所詣，往往入陶、柳聖處：詩境凡三變。讀其詩可見其人，抑知其人，然後益見其詩，有清易代之際，第一完人也。詩一卷，手自寫定曰《蟄庵詩存》。其《蟄庵詞》，見朱彊村侍郎《滄海遺音》中。〔二〕

〔二〕　見朱彊村侍郎滄海遺音中：「彊」，底本誤作「疆」。

府君生同治丁卯五月十八日，以丙寅九月十八日卒於宣南郡館，年六十。配陳夫人。女一，適吴文獻。男殤，以長兄子靖聖爲嗣。靖聖於府君行誼，不能窺見萬一，謹述其崖略，爲天下後世告焉。

碑傳集三編卷九　卿寺

梁同新

原任順天府府尹梁君墓表[一]

陳澧

君諱同新，字應辰，别字矩亭，番禺人也。祖顯挺，考經國，皆以君贈如其官。君未弱冠中舉人，十應會試，乃中進士。先捐納爲内閣中書，改翰林院庶吉士，散館授編修，充國史館協修官、纂修官、總纂官[二]，督湖南學政，轉山東道御史。

道光三十年，奏兩廣盗賊充斥，失今不治，積而日多，持衆横行[三]，益難撲滅。咸豐元年，奏

[一] 本篇載佚名抄本《東塾餘集》，參見《陳澧集》第一册《東塾集外文》卷六（黄國聲主編，上海古籍出版社，二〇〇八年，第五二二—五二四頁）。

[二] 總纂官：「纂」下，抄本《東塾餘集》有「修」字。

[三] 持衆横行：「持」，抄本《東塾餘集》作「恃」。

請嚴禁天主教。是年廣西賊起，其後蔓延半天下，廣東賊亦擾亂數十州縣。英吉利、法蘭西亂後，天主教煽惑日多，至今爲患，君之言皆驗。二年，授禮科給事中，充陝甘鄉試副考官，授通政司參議。三年，廣西賊至天津，京師戒嚴，奉命辦團防。四年，授内閣侍讀學士。

五年，以康慈皇太后喪，奏言：「皇太后撫養聖躬十有餘年，皇上守『慈母如母』之文，特尊爲皇太后。臣考《儀禮·喪服》三年章云：『慈母如母。』傳曰：『妾之無子者，妾子之無母者，父命妾曰：「女以爲子。」命子曰：「女以爲母。」若是，則生養之，終其身；死則喪之三年。』此謂大夫以下，天子、諸侯則不服庶母也。小功章：『君子子爲庶母慈己者。』傳曰：『君子子者，貴人之子也。爲庶母何以小功也？以慈己加也。』若《曾子問》所云君使教子之慈母則無服，魯昭公練冠以燕居，君子謂爲非禮。觀此則知大夫以下之庶子爲慈母服三年，天子、諸侯無服，禮經甚明。昨恭讀上諭，命恭理喪儀王大臣詳稽舊典，悉心覈議。臣恐王大臣等謂名實當相符，既隆太后之稱，當遵太后之禮。夫所謂禮者，無不及情，亦無過乎情，情之中當裁之以義。伏乞皇上敕下廷臣，詳加參酌，上愜聖懷，下符公論。」又片奏云：「《宋史·楊淑妃傳》載：仁宗在乳褓，章獻太后使妃護視，凡起居飲食，必與之俱，擁佑扶持，恩意勤備。章獻太后遺告尊爲皇太后，以其所居宫曰保慶皇太后。景祐三年薨，仁宗思其保護之恩，命禮官議加服小功。此事與今日頗相類，其加服僅小功，則當時典禮可知矣。謹摘録附片，以備聖裁。」疏入，如所議行。

七年，授順天府府尹。八年，充順天鄉試監臨官，提調官蔣達與君意見不合，負氣出闈，奉旨革職，君亦降四品京堂候補。十年正月十二日卒，年六十一。以其年十一月葬於白雲山了哥隴之原。

君性聰穎，好覃思，自讀書作文外，旁及術數、星命、相墓之屬，無不研究。議論英邁，常屈其座人。昔余與君同會試不中，居京師交好。自余不赴會試，遂不復相見。悲夫！君子三：肇璟，議叙運同銜；肇煌，亦官順天府府尹；肇晋，禮部主事。肇晋從學於余，奉狀及疏草請爲文刻墓前石。余以君爲言官，能言事，其議禮尤犖犖大者，近時奏議所罕見也，乃録而表之。光緒元年□月，陳澧表。

袁昶

袁昶傳〔一〕

章梫

袁昶，浙江桐廬人。光緒二年進士，以主事用，分户部。先以舉人捐内閣中書，歷充方略

〔一〕本篇載《一山文存》卷三。

館、國史館校對官。九年，考充總理各國事務衙門漢章京。十一年春，隨同吏部尚書錫珍、鴻臚寺少卿鄧承修馳赴天津，議法越和約。十二年，以總署期滿保奬，俟補主事後，以本部員外郎，無論題選咨留，遇缺即補。十三年，充會典館纂修官。十四年三月，又以總署期滿保奬，免補主事，仍以本部員外郎，無論題選咨留，遇缺即補，加四品銜。六月，補江西司員外郎。十五年，記名以御史用。十六年，又以總署保奬，記名以海關道員用，俟得道員後，加一級。十八年三月，充會試同考官。是年又以總署保奬，以本部郎中遇缺即補，并俟得道員後，加二品銜。十二月，授安徽徽寧池太廣道。昶莅任，嚴約僚屬，痛抑胥吏，詳詢民俗疾苦、商旅利病，多所興革。頒蠶桑之法於所屬州縣，捐廉俸四千餘兩，廣中江書院齋舍，延聘院長，甄取秀士，分課經史、義理、掌故、時務、格致，創建尊經閣，購書數萬卷。

二十年，中日失和，長江戒警，各國兵艦游弋皖江上下，盗匪間起，出没不常。昶力籌防警，月捐百金爲倡，募勇一營，保衛教堂商埠，并介税務司商英領事，令英艦碇泊江中，犒以羊酒，款以温語，輪艦兵弁悉就約束。是年報效軍需八千餘兩，賞戴花翎。

二十一年，清釐關税案内，裁汰常關外銷公費等款歲萬八千餘兩，悉數報部。新關出口，以穀米爲大宗。方中日構釁時，米禁甚厲。事平，英商挽英公使據約請開禁，昶乃條陳大吏，謂如遵約即開，因民利而利之，足補江寧釐税。特定專條，責成商董，於商舶運米出口時，兼完金陵釐捐〔二〕，每石銀一錢，可充餉需，公家歲羡米釐當數十萬兩。輪船運米納釐實始此。稅司、領事頗有違言，昶反覆開諭，謂：「本關自取商民，以裕餉源，與彼此販運通商者迥異，且持此補助公益，不者難議弛禁。」卒如議行。蕪湖西南圩堤，濱江巨障也，歲有衝決。昶捐貲五千餘兩，委吏督修，自關亭至魯港，延袤十二里，塞决培圮，堤防以固；更築新縷堤三百七十丈，砥以石橋，翼以砌埽，兩岸築斜坡以殺水勢，中設陡門涵洞，復拆修尚塘埠、犁頭埠各處陡門，以備水潦啓閉。先後凡用夫六萬七千五百餘，費木石萬計，他料物稱是，逾年始竣。自是内湖外江圩垸所周，田廬數萬頃，蓄泄有資，旱潦得無患。

二十四年四月，擢陝西按察使。五月，擢江寧布政使。先是，朝廷以外侮日亟，特諭各疆臣通飭地方官籌議練兵整餉諸方法，核擬具奏。昶條列時政二萬餘言，由安徽巡撫奏上之，略謂：

今日時局百孔千瘡，外侮交乘，内憂方大，聖主宵旰焦勞於上，大臣困心衡慮於下，中外情形固已無微勿燭矣。試先以外交情形言之。諸國乘中夏之弊，有覬覦神洲、互肆蠶食之志，然揣其大勢，俄與我自西北至東北，壤地相錯，其禍紓而大。德聯日爾曼諸小邦，其

〔二〕　兼完金陵釐捐：「捐」，《一山文存》作「稅」。

幅員不過中國兩省，通國盡人爲兵，皆陸隊，其水艦不敷遠調，自大將毛奇死，謀臣畢士麻克退，用事者貪利無遠識，其重兵扼法境，不遑其他，餉力亦斷斷不繼，今雖突據膠州灣，其禍急而小。

議者動言英倚印度爲外府，其實不然。印督駐噶理噶達，兩年一換，防權太重也。印度部侍郎司員動輒十年不易，以資熟手，俾稔民情也。養兵費計二千餘萬，入不敷出，阿富汗〔二〕、克什彌爾爲外屏，資以軍火，使北扞强俄。俄撒馬兒罕總督駸駸有占帕米爾、逾阿母河南牧痕都路之志。英之立國，形勢散漫，鞭長不便控制。三島孤懸於西，人稠地狹；新金山、雪梨三省隔於南溟；印度僅據孟加臘、錫蘭二處，餘皆羈縻而已，而籌餉之源，全仰經營中國商埔爲外府。江海二十四關之商務，英居十之六七，各國與中國僅各居十之二一。英兵籍水師最多，然餉重而兵驕，久無戰事，氣老而鋒鈍。英人以中國之商埔爲命脉，初志亦以保商務故也〔三〕。今聞英有願借貸中國洋債一百兆鎊之説，中朝似可乘機與之密訂聯盟，立緩急互相保護之約，借債以固邦交。現即欲通滇緬、瀘州鐵路，其意祇在通商，决無

〔二〕阿富汗：此上《一山文存》有「北結」二字。

〔三〕初志亦以保商務故也：《一山文存》作「初志在保中國以保商務。中日之役，英覗倭勢驟强而聯倭，亦以保商務故也」。

逆取人國之大志。

而俄地人民壯佼，將弁堅忍，人人欲去寒就暖、南下牧馬，有囊括并吞之勢。故兩大利病之機，不可不審，而締交之銜轡，應即與之爲張弛，此外交之綱要也。倭言甘而寡信，然與爲同文之國，近迫唇輔，亦不得不屈己忍耐，示以大信。法志在拓南越〔一〕、滇桂商務而止，於腹省大局當無礙。美雖與我訂有互援之約，而兢兢自守，養兵太少，去我又遠，緩急未可恃也。獨俄人扼我三陲，布置漸密，席卷勢成，最爲巨患。造船咸鏡道之鹿屯島西水羅城，我琿春八旗久無出海漁采之口；買呼蘭之糧，以實海蘭泡；挖金粗魯海圖，以斷額爾古訥河之口：彼雖未造吉、江兩省鐵路，而我固已坐困矣。俄又聯結車臣、土謝圖二汗部，買地建房，種植稞麥，淘挖肯特山、克魯倫河一帶金礦。竊嘗細詢總稅務司赫德，中國金沙出洋之數，歲約值銀三千萬，而蒙部北境及東西悉畢爾所出礦金居十之八九，俄官給票，坐收其稅，出入蒙境，蒙部反仰其餘潤，以爲衣食。俄運漢口磚茶，年九百萬箱，由天津、張家口入草地，賒賣與內六盟、外四盟，而取其畜産牛馬，轉販於包頭、巴里坤一帶，蒙人貪餌，爲其所愚弄。俄又信用黃教，以誘服之。晉、甘茶商在恰克圖、張家口、綏遠城等

〔一〕法志在拓南越：「南越」，底本原抄作「越南」，後乙改爲「南越」。《一山文存》作「越南」。

處者，盡皆閉歇，伊、塔、烏、科一帶所有晋商、甘商引地，均被俄茶倒灌浸銷，以致折閲大困，所有載土貨祇准一直回國、不准沿途售賣之條約，久成廢棄。烏、科、庫倫之將軍、參贊束手坐視，莫可誰何。然則我列聖所撫綏臣屬、蟬延婚媾、不侵不畔之蒙喀四十八部，將折入異域，而爲朝鮮、坎巨提之續。金源因失北部，南遷汴梁，而遂亡其國，可爲殷鑒。故曰俄之禍紓而大也。

蓋合群國以通商之區其患小，而一國獨通商之區其害大，形勢然也。同治末，督臣曾國藩、李鴻章等咸議畫嘉峪關爲守，英人且爲安集延逆酋帕夏代乞朝貢，爲通商附庸之國。故大學士文祥諍之曰：「今之邊防，與明九邊大異。國家恃蒙古喀爾喀部爲外屏，無新疆則蒙古携貳，是無外屏也，故新疆不可以不力争。」疆臣左宗棠奏畫進取之策，意見相同。廟算既定，膚功遂奏。故知立國形勢，惡可不深維至計哉？今俄人誘脅哈薩克、布魯特回部，以擾我天山之北土爾扈特、厄魯特諸黄教之部落，又准行回、黄兩教以爲之餌，西北噬臍之患非一日矣。然以目前論，海戰之患促，陸戰之患紓〔二〕。

俄，大國也，守其先比達王之教，無驟起釁端之理，又感我聖祖兵拔雅克薩呴育不殺之

〔二〕陸戰之患紓：「紓」，《一山文存》作「紆」。

舊恩，列朝開庫倫、尼布楚市場之大惠，目前尚可情曉理諭，粗得相安。宜及此時，請飭四省大吏，烏、科、伊、塔將軍大臣，經營晋陜隍隴，次及安西南北路、天山南北路，而建陪都於關中，備西巡狩行在之所，預練蒙古烏梁海、厄魯特、土爾扈特及駐防之錫百、索倫馬步隊，以樹控制蒙哈、鞏固外屏之形勢，則立國之本百倍於遼，庶不至爲亡金之續矣。

又請飭東三省將軍練鄂倫春、達呼爾、黑斤諸部兵，痛改奉、吉奢華風氣，大布之衣、大帛之冠，務爲儉約，返國初真樸之俗，乃能作勇敢之氣，則海口雖割於俄，我尚可以守險自立，據松花、嫩尼、鴨緑三江林木蕃茂、蕿貂部落之地，國險而民固，猶不失如汴宋之畫鄭州兩淀，而限戎馬之足，保百年粗安無事也。目前物力、兵力不能議戰，要不可不議守，玉帛接於境外，通好聘問，覲國之行人，妙選通才，是爲示暇之閑著；講求邊防，就地練兵，以屏衛圻疆，無事如有事時堤防，有事如無事時鎮静，是爲示整之要著。此外交之大略也。若夫海防之事，自銘、盛兩軍喪師，而海軍熸；自丁汝昌、林泰曾、劉步蟾辱國，而海軍全没。今衹有南洋、開濟、南琛、南瑞、寰泰、保民等六艘，不足以守一隅，遑議戰乎？

中國徒恃名法爲治，漢至唐用名法，尚有實際，故夷狄尚不得乘虚入踞中國；宋至明專用名法，空論多而實際少，故金元崛起之勢，皇朝節制之師，得乘其敝而屋其社。我朝八旗初制，文武不分途，京外不分途，人皆兵，官皆將，故人才盛而國勢强，以之勝前明重文輕武、重京輕外、積習自弱之國而有餘。然承平日久，文墨吏用事，大小相牽制、中外相維繫，習爲謹葸，雷同依違，文法繁密，朱出墨入，百吏救過不暇，吏胥又因緣爲奸。議者謂治民之官少，而治官之官太多；防弊之意多，而同心協謀以致富强之臣轉少。用文吏，則銓部覈其資勞；拔將弁，則兵部司其准駁；理財用，則度支扼其吭喉。舉天下文武豪傑之精神才力，盡消磨於文法之中。於是相率爲鄉愿，呴呴蹈規矩，謹守三尺法，曰：「吾循資坐得升擢，不求有功，第求無過。」而天下之人才靡矣，求將才、邊才日稀矣。

金田洪楊之亂，其始一小民耳，猶窮天下之力，僅而克之，况歐、墨、俄、倭諸國，本與我爲敵。彼用簡而直之法，以善馭其民，上下一心；我用繁而曲之法，上下之氣隔閡，人人涣散。以彼鯨吞蠶食之心，十五夷館翕集京師，伺肘腋之地，揣摩稔熟，有不乘敝而攻吾之短者哉？故倭遼之戰，海軍全熸，國勢驟削，從此藩籬全抉，沿海之禍，不止膠州一役而已。此挈缾之士皆知者也。

尋厥顛危之由，蓋繇宋、金、元、明以迄我朝，革命不革政，率以用文法太密而弱；歐、墨、俄、倭因利乘便，皆以用文法疏闊而强。且我太宗文皇帝營遼瀋、服蒙古察漢之日，八旗五大臣、十大臣議事之制，何嘗不以疏節闊目取天下乎？俄人占帕米爾之役，使俄許景澄諍之外部，外部云：「此事我邊將擻拉納福主之，不能遥制。」俄之專任閫外，不拘文法可知；若我之邊將如此，則久以跋扈不臣，朝詰而夕斥之矣。試易地觀之，成敗之數可知也。嘉、道之間，文法愈密，養兵愈多，而國益不競。其時實由諸臣習爲忌諱，京外雷同，是非相蔽，群邪朋比於下，大君孤立於上而致。庚子至癸丑間，禍遂起於兩粤，蔓延流毒，垂四十年。咸、同之際，擢用忠清鯁直者，分任中外大臣，捐棄文法，事從權制，削平大難，遂致廓清，其效可睹已。即以外交之機宜論，聖祖諭圖理琛以使邊，召見俄商以通市，擢用降將林興珠，面試以滾牌、滾被之術，雅克薩之役，用林爲前鋒；世宗召見俄使於太和殿，度時勢以爲銜轡。方略具在，何嘗如後來之因循文法、坐失事機乎？

伊籐博文於光緒十一年立兩國均不派兵駐朝鮮、如派兵必互相知照之約三條，而北洋總督遺葉志超時，未及理會前約，日人遂以背約責言，借端尋釁。然牙山之衂，倭僅索兵費三百萬，尚易隱忍蕆事；平壤之衂，驟漲至千萬，其時猶可議媾。我軍黔驢之技，敵人猶未見其破綻也。而二三新進躁妄之徒，争獻景延廣横磨之策，大臣從容雅步，惑於蜩螗之論，無一人爲廟堂陳蜂蠆之有毒，淮軍之積弊萬不可恃者。嗟乎！中國非亡於外夷，乃亡於名法耳。夫敵國外患，爲殷憂啓聖之資，苟百官六職、疆場之吏〔二〕，惟賢才是任，毋拘以文法，

〔二〕疆場之吏：「場」，《一山文存》作「埸」。

既得其人，籌餉練兵之政、邊備海防之要，自可次第就理。然則外患乃皮膜之病耳，固以自治爲之根本、爲之樞紐哉。

竊謂朝廷既圖發憤自强，國耻足以興，物耻足以振，宜因時立業，據勢爲資，進固上規周宣、漢光之中興，次亦俯視章武、建炎之事業，不當拘守常格，坐困繩墨。以爲當議改制之事如下：官人之事九，理財之事十四，練兵之事四，交鄰之事六，其餘次第節目，當損益舊章，因時制宜，庶可日起有功，作海内更新之氣。所謂改制之事六：一訓練八旗人才；一裁汰冗員；一地方官參用紳士；一督撫委署道府州縣，吏部權宜勿定限制；一取才，官人宜隨器授任，毋求全備；一捐納宜速停。官人之事九：一大臣宜畀歇歷中外之任，周知事變，以贊機宜；一疆臣宜假以節制專斷之權，廣樹形勢，以資拱衛；一求吏治笎榷之才，以釐内政；一求邊才將才，以扞牧圉；一求堪任風憲之才，以樹朝廷耳目；一求專使絶域之才，以通知四國之情；一以書院學堂培養人才；一以課吏局考察庶僚；一申明賞罰，隨方舉劾。理財之事十四：一詳考國初以財用奇絀而興，近日以財用多人而弱，故國本之盛衰，繫乎政之奢儉，不關財之盈絀；一權理財之名實，取之農，不若取之商；一清理屯田；一折南漕；一開官銀行；一嚴查官輪、兵輪稽税杜漏；一加重川鹽課；一禁金銀製錢流出外洋；一議官設公司行内河小火輪；一議官運場竈鹽，仍予子店商銷，亦如公司法；一電綫局抽稅；一密鈔著名貪黷之吏；一行印花稅；一借洋債。練兵之事四：一將才，在平日教養始成，兼須縻以恩信；一兵陣宜變法；一劣弁舊勇不可用；一槍械宜各營一律。交鄰之事六：一出使大臣當重其選；一西材中可用；一覲見各使之外，或予隨時召見；一西國有大典禮，不妨遴派親郡王、貝勒往聘，以昭鄭重；一自開口岸，無甚流弊；一潤色教典，以招徠之。

得旨：「著軍機大臣會同總理各國事務衙門議奏。」尋奏袁昶條陳内請籌八旗生計，出使日記，申明定章，請權理財之名實，清理屯田，嚴查官輪、兵輪，稽稅杜漏，加重川鹽課，禁金銀製錢流出外洋各節，請飭京外各大臣議行。八月，調補直隸布政使，旋賞給三品京堂，在總理各國事務衙門行走。

二十五年二月，補光禄寺卿。六月，轉太常寺卿。會詔下六部九卿會議籌餉理財之法，昶條陳整頓釐金六事：曰慎用賢員，以祛積弊；曰綜核比較，以重榷課；曰各省物産衰旺不同，當隨地制宜，考察整頓；曰外銷公費款項，不妨臚列報部，仍請飭部臣勿掣疆吏之肘，常關弊習尤深，亦可照此辦理；曰酌復坐賈落地捐，以抵制洋票漏巵，并應量百貨輕重，定簡章，擇正紳巨商辦理，一律懲勸，酌減行釐，以示招徠；曰定劣員司巡侵漁之罰，宜寬商去苛，省官益糈。并叙次歷年比較大數上之，而極言釐金爲用兵以來萬不得已之舉，明病商，暗病民。又片舉廉能之員可主關榷者，程儀洛、王秉恩、朱采、樊增祥、湯壽潛、勞乃宣、朱之榛、童祥熊、文悌，凡九員，謂使權道府兼治税釐，必有可觀。

二十六年五月，拳匪事起，兩宫嘗召見王、貝勒、大學士、六部九卿，昶皆與焉。草疏略謂義和團不可信，公使館不可攻，會欲上，而爲首禍諸臣所陷。七月初三日，與許景澄同棄市。是年十二月，開復原職。二十七年，詔録用子嗣。宣統元年三月，賜謚忠節。是年，浙江巡撫請建徐用儀、許景澄、袁昶三忠祠於本籍。祠成，又請列入祀典。二年，兩江總督奏已故太常寺卿、前安徽徽寧池太廣道袁昶，功德在民，請於蕪湖建立專祠。均從之。子允橚、梁肅、榮叟，均官主事。〔二〕

〔二〕《一山文存》於傳末附記：三忠授命後，海内傳袁忠節三摺甚著。俞曲園先生撰許文肅墓志亦采之，謂許與袁合奏者。余在館覆纂許文肅傳，即據以輯録。迨覆纂袁忠節傳，初輯者備録三摺。顧亞蘧前輩瑗覆纂，删其後二摺，籤云：「實未入奏。」余又遍查軍機内閣奏事處各檔，五月以後、七月初三日以前，實無袁忠節摺件；許文肅有二摺，亦均言他事。則袁之第一摺亦未入奏者，因并删之，兼删許文肅傳與袁合疏之事。嗣恭讀光緒二十七年正月十二日上諭：「上年十二月二十五日開復徐用儀等原官諭旨，内『剿撫兩難』係專指辦理拳匪而言，與攻擊使館無涉。徐用儀等五員亦并無力駁攻使館之奏，何從發鈔？近來各處報館往往捏造蜚語，聳人聽聞。各國難保非見報館所私造，以致生疑。私刻之與官報，不難一望而知。至懲辦此五員，實因當時首禍諸臣乘機誣陷。現既加恩開復，已足昭雪。該親王等務與各使分晰剖明，勿再異議。此諭電寄慶親王等。」見電寄檔，則三摺之未入奏益無疑義矣。宣統三年八月記。

王彦威

太常寺少卿王君彦威行狀[一]

王舟瑶

君諱彦威，字弢甫，原名禹堂，字渠城，黄巖人。先世有諱珏者，與兄琥同登宋天聖二年宋郊榜進士，官至工部屯田郎中，自臨海遷居黄巖之西橋，世稱西橋王氏，凡二十七傳而至君。曾祖諱進修，祖諱謙受，議叙七品職銜。父諱維齡，國子監生。母盧，繼母徐。兩世皆以君貴，贈資政大夫，妣皆贈夫人。

君幼穎異，年五歲，盧太夫人授以《孝經》《論語》，即能領悟。稍長，從鄉先生姜明經文衡、盧孝廉錫疇、王孝廉棻游，學有師法。年十九，受知於學使張文貞公，充縣學生。其後吴侍郎存義、徐侍郎樹銘督浙學，君歷試皆高等，補廩膳生。同治九年，舉於鄉，典試者爲劉副憲有銘、李侍講文田，君尤爲李公所激賞。連上春官，薦而未第。吴縣孫明府憙前宰黄巖，深器君，爲入貲官工部虞衡司主事，考取軍機章京，兼充方略館、會典館纂修官。丁父憂，服闋，以《方略》告成，

[一] 本篇載《默盦集》卷八，又收入《碑傳集補》卷七，均題作「族叔父太常君行狀」。

奏保俟補主事後以員外郎即補，并加四品銜。復丁繼母憂。丙申，服闋，仍補軍機章京，奏保免補主事，以員外郎即補。是年十二月，補營繕司員外郎。明年五月，考取御史，論題爲「審曲面勢以飭五材」。君主先鄭説，以曲直、方面、形勢平列爲三事。閲卷大臣徒知鄭鍔、陳汪之説，以面勢與審曲對舉，疑君爲誤解，上黏黄簽，抑置第十五名。逮引見，上特拔之，而前君二名皆未用，蓋異數也。九月，以《方略》刊成，奏保俟補御史後作俸滿〔二〕，并加隨帶二級。十一月，以恭辦慶典，加三品銜。戊戌三月，以《會典》全書修過半，奏保俟補御史截取得知府後在任以道員候升。辛丑，補江南道監察御史。故事，言官不得直樞密。君通達勤慎，方爲領班王大臣深倚重，奏請開御史缺，仍留直樞垣，特旨以四品京堂候補。甲辰二月，補太常寺少卿。五月，以疾卒，年六十有三。前後歷充營繕司營造科主稿、製造庫主稿、楮架庫監督、城工監督、皇木廠監督、河道溝渠處總辦、琉璃窑監督、政務處提調，叠拜文綺、佩囊之賜。

君静默寡言笑，而料事有深識。庚子拳匪初起，當軸矯旨令總署傳諭各國使臣，限三日回國。君見之大驚，謂：「都城内外亂民縱横，使臣一出，必遭其禍，從此外交決裂不可收拾矣！」亟言於許侍郎景澄，請力争之。尚書趙公持不可，既而各使臣亦不奉命。君又奏記大學士榮

〔二〕奏保俟補御史後作俸滿：「作」下，《碑傳集補》有「爲」字。

公，極言外釁不可啓、拳民不足信、董軍不足恃。榮公深然其説，而沮於端、莊二邸，勢不能救。君痛哭流涕，知大局之將裂，嘆曰：「恨吾位卑無奏事權，不能救國也。」因請假南旋。既而聞聯軍入都，兩宫西狩，亟單車就道，趨赴行在，供職如故。

君劬學好問，少工詞章，長務爲根柢學，於諸史皆有校正，而《史》《漢》《三國》致力尤深。又究心中外政治，儤直樞垣，遇詔旨章奏之有關係者，手自甄録，積巨册百餘；其涉於外交者，又數十册，編纂爲《外交始末記》四十餘卷。有忌之者，讒於軍機大臣，謂君私録留中摺。榮文忠曰：「渠留心事務〔一〕，練習公事，不甚佳邪？」

天性孝友，母盧太夫人爲同里孝廉塤女孫〔二〕，通書史，明大義，君兄弟皆其所自課。母歿時，君適應省試，歸而哀毁逾恒。後搜輯遺詩爲《焦尾閣集》，又繪《秋鐙課詩圖》，蓋太夫人課君時有「茅屋數椽鐙一點，我家喜有讀書兒」之句也。遍徵海内外通人題之，積成四巨册，數十年南北舟車，恒以自隨。事父至孝，與諸弟妹甚友愛，視諸從子如己出，待戚族俱有恩意，於貧者及無後者尤饋遺不絶。

〔一〕渠留心事務：「事」，《碑傳集補》作「世」。
〔二〕母盧太夫人爲同里孝廉塤女孫：「塤」，《碑傳集補》作「埍」。

生平樂親師取友。讀書會城，從俞太史樾、孫太僕衣言受經術及古文義法，又問學於趙大令之謙、戴典籍望。及入都，見同歲生李農部慈銘，心折其學，曰：「是當以師事，不當以友事也。」與陳編修翥、孫廣文德祖、陶編修方琦、樊庶常增祥結詩文社，即奉農部爲祭酒。君性情真摯，與人交以誠，久而彌篤，前後如黄通政體芳，其子學士紹箕，盛祭酒昱、王祭酒懿榮、袁太常昶、王修撰仁堪、沈郎中曾植、陳侍郎邦瑞、朱學士福詵、徐侍御定超，皆以道義學問相切劘，數十年如一日，而故尚書潘文勤公、故相國常熟翁公、今相國南皮張公，皆深重君學行。於後進尤喜汲引，見有一藝之長，稱譽不絶口，傾襟推轂，孳孳而不倦。性恬退，不慕浮榮。故事，軍機領幫班章京得兼外務部行走，每歷三歲開保一次。壬寅九月，君兼差期滿，外部咨取銜名，同直郭侍郎曾炘爲君開列請保二品銜，君力辭之。以襄辦慶典賞戴花翎，而君終身未嘗一戴。同僚或笑其孤寂，君不顧也。

意態閑適，性愛泉石，每與舟瑶閒行郊野，遇茂林修竹，君輒裵回不去，謂此間大有真趣。甲辰春莫，猶寓舟瑶書謂：「再待二年，定當挂冠歸里，蒔花種竹〔二〕，以樂餘年。」并議建築宗祠事。不謂未及二月而凶問已至，可悲也夫！

所著《外交始末記》外，有《樞垣筆記》《扈從筆記》《秋鐙課詩屋日記》《藜盦叢稿》等，藏於

〔二〕　蒔花種竹：「花」，《碑傳集補》作「華」。

家。配鄭夫人，子伯馴，殤；恭穌，縣學生，有學行，先君一年卒。妾某氏，生子三，其二先殤，次潁孫，君歿後亦殤。因以第四弟彦武之子恭爵爲嗣，今官陸軍部員外郎。女四人，皆適士族。孫一人某。將以某年月葬君於黄巖之委羽山，恭爵欲求當代有道爲銘幽表墓之文，以舟瑶知君深，寓書至粵，屬爲之狀。君生平遇舟瑶最摯，嘗效謝侍郎獎汪明經語曰：「吾之先爾以輩行也，若以學當北面事之矣。」舟瑶無似，愧不敢承，然君生平之虚心可想見矣。故舟瑶於君不第有宗族之誼，而且有知己之感焉。於其亡也，誼不敢默，因粗舉大略，以備立言君子之采擇。宣統元年閏二月，族子舟瑶謹狀。

王先謙

王葵園先生墓志銘〔一〕

吴慶坻

長沙王先生之喪，赴至杭州，慶坻爲位而哭，而善化相國瞿公書來，督爲墓銘。先是辛亥

〔一〕　本篇載《補松廬文稿》卷四，又收入《碑傳集補》卷七。

春，慶坻别先生長沙，先生授以自訂年譜，曰：「他日銘吾墓者子也。」其後得先生書申言之，孤子興祖等又奉遺命來請，會疾作，屬草未定，而相國薨，且改歲矣。追念諾責，負疚夙夜，乃忍痛爲序而銘焉。

先生諱先謙，字益吾，學者稱葵園先生。葵園者，先生歸里所築居也。壬子後，自署曰遯，不書名。先世居江南上元，明正德間，進士諱霑官湖南岳州府通判，徙長沙，遂爲縣人。曾祖諱聲揚，祖諱遠松，俱縣學生。考諱錫光。以先生官，覃恩兩代，累贈通奉大夫。祖妣氏曾，妣氏鮑，累贈夫人。先生二十而孤，貧甚，出爲長江水師嚮導營掌書記，受傭以奉母，尋謝歸，以廩生舉同治甲子鄉試。乙丑，成進士，改翰林院庶吉士，散館授編修。

景廟初元，大考二等，擢右中允，累遷左中允、司經局洗馬、翰林院侍講、右春坊右庶子、左春坊左庶子、國子監祭酒。丁母憂，服除，補原官。其兼職，則國史館協修、纂修、總纂，功臣館纂修，實録館協修、纂修、總校，奏派纂修穆宗毅皇帝聖訓、文淵閣校理、本衙門撰文、日講起居注官。其奉使，則同治庚午雲南副考官、光緒乙亥江西正考官、丙子浙江副考官。乙酉，簡江蘇學政，任滿假歸修墓，旋引疾不復出。

先生立朝用名節自厲。光緒初，詔求直言，廷臣争務建白，喜抨擊，或涉朋比。先生憂之，上言路宜防流弊疏，同列糾劾，斥爲莠言。聖明鑒其無他，寢弗問。先生益感奮，論已革滇撫徐之銘情罪重大，請嚴旨查辦；論招商局關繫重要，請飭整頓。伊犁之約，疏凡四上：一曰俄人叵測，條舉籌備四事；一曰寬減崇厚罪名，宜俟條約更定；一曰東三省宜簡重臣督防；一曰會議防俄未盡事宜。凡所規畫，多切中利害。在國學日，請准舉人、職官入監肄業，請頒列聖御製詩文集、列聖聖訓、欽定方略，俾士得服習國故，蘄致用。而請罷三海工、請嚴戒太監李連英兩疏尤切直，風采傾天下。

顧性澹榮利，既歸田，壹以正學爲後進導。主思賢講舍、城南嶽麓兩書院，教士務文行合一。戊戌，湘學會起，詖辭朋興，先生持正論力距之，由是忌者横目仇視，圖傾陷，而先生卒强立。遇地方大利病，必伸讜論[一]，爲疆吏匡救，若庚子償款，創計口收捐之策；粵漢鐵路，争廢約，毋貸外貲；英人貝納賜設賈肆省城[二]，請飭遷，與當事往復論難，卒如先生議。朝廷更學制，行憲政，大吏疏薦爲學務議長、籌備諮議局會辦[三]，固辭不獲，則却廪給，移以設簡易小學，暨擇善、求仁兩堂，爲善義事。禮部奏派禮學館顧問官，鄂督南皮張公聘爲存古學堂總教，并辭不就。巡撫岑公奏進先生所著書四種，詔旨褒美，加内閣學士銜。稽古之榮，以方乾隆朝顧氏

[一] 必伸讜論：「論」，《補松廬文稿》《碑傳集補》作「議」。
[二] 英人貝納賜設賈肆省城：「貝納」，《碑傳集補》作「貝勒納」。
[三] 籌備諮議局會辦：「籌備」下，《碑傳集補》有「設」字。

棟高、梁氏錫璵，殆有過之。

湘中仍歲饑，先生數言於岑公，請遏米運、實倉穀，用備非常，不之省。庚戌三月，長沙民以米貴鬨於市，亂民乘之起，歐巡警道，火巡撫署，市廛盡閉。巡撫不能制，揖布政使授之印，俾出文告，事稍稍定，而諸紳率以電達政府及鄂督，請易巡撫，用先生名居首，先生未與知也。總督瑞澂弗察，遽疏劾諸紳，其構罪先生語尤誣妄，吏議鐫五級。湘人官京師者大駭，牘訴都察院，請上奏昭雪，不報。自甲午、乙未以來，東藩失，海軍熸，朝野志士攘臂搤腕，太息於國之無良、成法之刓敝，變法自强，意非不善也。而持論詭激者，輒蔑棄我先聖先王之政教，謂一無足用。學説一誤，其害深中於人心，二十年間，新舊水火，代蹶代興，蜩螗沸羹，以有今日。先生曩者齗齗苦口，殆孟氏所謂不得已，忌者乃乘間抵隙，務擠之而後快，雖天下咸訟其冤，而正氣剥喪垂盡，君子恤然憂禍至之無日矣。

明年秋，武昌變起，長沙亂，先生辟地平江烟舟，再徙縣城，三徙黄甲山，凡三年，乃還長沙涼塘舊莊。憂危播遷中，日著書不輟。先生於學無所不究，門庭廣大，合漢宋涂轍而一之。其於崇經術、治國聞，致力彌篤。在史館，成《東華録》二百卷、《東華續録》四百十九卷，十朝謨烈，燦然大備。視學江蘇，成《皇清經解續編》一千四百三十卷，上紹阮文達盛軌，用嘉惠來學，復以餘力緝《南菁書院叢書》一百四十四卷。其著述，則有《尚書孔傳參正》三十六卷，《三家詩義集疏》二十八卷，《漢書補注》一百卷，《後漢書集解》一百二十卷，《新舊唐書合注》二百二十五卷，《元史拾補》十卷，《荀子集解》二十卷，《莊子集解》八卷，《五洲地理圖志略》三十六卷，《日本源流考》二十二卷，《外國通鑑》三十三卷。其撰集之書，則有《合校水經注》《續古文辭類纂》《駢文類纂》《律賦類纂》《十家四六文鈔》《六家詞鈔》。其校刊之書，則有《欽定天禄琳瑯書目》前後編、《鹽鐵論》《世説新語》《郡齋讀書志》《景教碑文紀事考》。其闡揚先德，則有通奉公遺著《詩義標準》一百十四卷，《鮑太夫人年譜》一卷；季弟先恭校注《魏鄭公諫録》《續録〔二〕》《文貞故事拾遺》十一卷，重事考證，成弟未竟之志。其表章鄉邦耆碩，若周侍郎壽昌、郭侍郎嵩燾之集，毛茂才國翰、歐陽州判輅、毛孝廉貴銘之詩，吴訓導敏樹之文，并緝眘刊布，用章遺獻。訪獲亡友李布衣謨、丁孝廉蓉綬、李明經楨詩文集，授之梓；蘇郎中輿著《春秋繁露義證》，書成而殁，爲刊行之。其篤風義又如此。自爲詩文曰《虚受堂文集》十五卷、《詩集》十七卷，門弟子所編刻也。

先生天性純篤，事鮑太夫人孝。中年所生子女多夭折，太夫人慼焉，先生愉色婉容，務得親歡。太夫人疾，禱天請代；及卒，哀慕終其身。世母郭，兩嫂吴、楊，弟之婦張，并苦節，爲建「一

〔二〕續録：《補松廬文稿》《碑傳集補》作「諫續録」。

門四節」坊，奉其嫂臨視焉。

先生以丁巳年十一月二十六日卒於涼塘，春秋七十有六。卒前數日，自知告終之期，預書日記，遺令不赴、不入城設奠，即以其年十二月十九日葬上涼塘左壠，子首午趾，實長沙之東龍喜鄉也。配張夫人，繼配周夫人、李夫人，側室宋氏、毛氏。李夫人生子二：榮祖、壽祖，早殤。嗣子二：興祖、祖陶。先生晚歲，毛氏生子祖恩，明德有後，蓋天祐云。女子子六：娛祖、順祖、慧祖、昭祖[一]，李出；大貞毛出，二貞宋出，并殤。孫男一，代蕃。孫女二。

慶坻奉先生教逾四十寒暑，再官於湘，每相見則大歡慰，憤切時事，則又相嚮而悲。別無幾何，昔之所悲，不幸言中。人紀淪斁，斯文垂絶，一綫之繫，緊先生是賴，天遽奪之，此海内承學之士所同聲悲歔者也，而豈慶坻之私痛耶？嗚呼！乃爲銘曰：

聖清右文，儒風大昌。乾嘉經師，邁漢軼唐。流風漸被，迄乎同光。運際百六，道術晦盲。孰衷諸聖，以衛厥防。有魁一儒，奮起湖湘。甄綜六藝，言提其綱。早謝纓紱，屹乎鄭鄉。閔彼邪説，乃剔乃攘。挺挺志節，皭如雪霜。翕訿之口，奚損毫芒。維道隆污，繫國存亡。群陰所構，國步以傾。筮易得遯，弢景涼塘。覃思終業，起廢鍼盲。龍蛇應讖，萬士涕滂。緬昔船山，

[一] 昭祖：《碑傳集補》作「招祖」。

身晦名章。越三百載，遐晞夕堂。學統一系，終始南衡。遺書滿家，名山是藏。勒銘幽竁，永詔茫茫。

梁鼎芬

梁文忠公別傳

汪兆鏞

梁鼎芬，字伯烈，號節盦，番禺人。光緒二年，以國子監生應順天鄉試，中舉人。六年，成進士，入翰林，散館授編修。十年四月，疏劾北洋大臣直隸總督李鴻章，言可殺之罪八，幾罹重譴，軍機大臣閻敬銘持之而免。十一年六月，奉上諭交部嚴加議處，部議降五級調用。九月九日，祭酒宗室盛昱等三十人，餞之於崇效寺静觀室，各賦詩贈行。自鐫「年二十七罷官」小印。

歸里，與新會陳樹鏞交，學益進，主講豐湖、端溪書院。張文襄闢廣雅書院，選兩廣高才生進院肄業，課以經史詞章，延爲掌教，師徒親誼若骨肉。文襄去粤，移居焦山，杜門讀書。二十六年拳匪之變，德宗景皇帝奉孝欽顯皇后西幸長安，間關趨赴行在所，奉旨賞還翰林院編修銜。

尋授漢陽府知府，調武昌府，累遷湖北按察使，署布政使。君撫時感事，深以朝政廢弛、權臣跋扈爲憂，疏劾軍機大臣慶親王奕劻、直隸總督袁世凱，原摺留中，乞病歸。

宣統三年十二月，皇帝遜政。逾三年，奉安德宗景皇帝、孝定景皇后梓宫，於風雪中奔赴。復土禮成，奉命充崇陵種樹大臣，築室梁格莊，顔曰「種樹廬」。工竣回京，命在毓慶宫行走。冲聖優禮師傅，錫賚便蕃。病卒於京邸，賞太子少保銜，予謚文忠。

君爲學博綜，尤邃於詩，沈浸晚唐北宋，自出機杼，澹宕幽雋，讀之令人意遠。書仿涪翁，晚益峻削，片縑尺楮，世咸珍之。性孝友，遇親舊甚摯，嫉貪邪若仇讎。愛潔，愛書畫，譚吐有晋人風。尤喜收集鄉先輩墨迹，於小港建復何端恪公天山草堂，欲歸隱於此而未遂也。議修《廣東通志》，邀余助之。余與時論不合，謝去。君不以爲忤，遂亦北行，自是不復相見矣。

君詩初刻於龍氏知服齋，君殁後，龍游余氏、沔陽盧氏重刊之，益以近歲所作，都凡六卷，惜編次多舛。曩爲余書扇詩一首云：「西風被叢蘭，池館坐秋夕。空苔不見人，時有鹿行迹。塵事方機張，名理似絲繹。懷憂倚清尊，悵悵成宿昔。」自跋云：「欲爲澹遠，反病鬆茶，此事自關學力也。」集中未載。詞亦秀倩，近人爲刻《款紅樓詞》一卷，皆少作爲多。

義寧陳伯嚴吏部三立祭梁文忠公文〔一〕

嗚呼！崩坼之歲，群匿海隅〔二〕。公僦一椽，壞漏不治。輩儕過逢，慘澹風埃。饋漿索米，保此孑遺。於時畏途，虎豺森向。北望莽莽，橋山稽葬。公起狂走，動天聲放。呼籲獲報，負土臨壙。九廟式憑，一土無讓。功收將作，種松繞陵。爰董厥役，橐駞與朋。鋤鍤萬柄，日炙霰凝。滴泪滋膏，萌蘖熙蒸。翔烏圍集，影覆孤蹤。星躔環迴，入傅冲主。夙夜啓沃，運殊道久。憂患銷精，俄傳示疾。卧枕作魔，講幄虚席。盛暑兒還，附札見抵。舉腕强書，欹傾滿紙。心躍意疑〔三〕，庶幾無死〔四〕。孰謂飛霆，碎落鐙几。覆視遺墨，魂親尺咫。嗚呼哀哉！公自弱冠，躋階華牒。攀援汲范，樹節嶽立。抗劾使相，坐黜儒俠。飄影江湖，焦巖養蟄。攄托千篇，蟬幽螢澀。終依南皮，五嶺三楚。待以賓師，教士復古。中間拔擢，握符填撫。嫉溷筐篋，棄如脱距。嗟公竭忠，動繫存亡。兇指莽裕，遺禍家邦。初疑過言，驗圮人綱。必有妖孽，垂戒旂常。氣類獲

〔一〕本篇載《散原精舍文集》卷十一，題作「祭梁文忠公文」。

〔二〕群匿海隅：「隅」，《散原精舍文集》作「陲」。

〔三〕心躍意疑：「疑」，《散原精舍文集》作「癡」。

〔四〕庶幾無死：「無」，《散原精舍文集》作「毋」。

交，久敬稱善。武昌之樓，金陵之館。倒腸酣嬉，飛吟引滿。頻對涎尺，擁啵大欒。紀事留題，隕泣濯盥。轟吐談舌，震電舒卷。辟易一世，斥彼婉孌。孤往自憙，微鄰剽悍。矜氣害道，徇予砭短。念亂傷離，峙懸餘喘。今安覓公？骨傍崇巘。其神旁皇，德運挾轉。月落下窺，爲哀老嬾。碩腹長髯，綽約在眼。嗚呼哀哉！尚饗。

碑傳集三編卷十　翰詹

張曾敞

原任少詹事張君權厝銘〔一〕

姚鼐

君諱曾敞，字塏似，桐城張太傅文端公之曾孫，禮部侍郎諱廷璐之孫，翰林院侍講諱若需之子。年二十一，中乾隆十六年進士，改庶吉士，授翰林院檢討。自文端至君，爲翰林四世矣。是時君家太保文和公解爲相歸，而侍講及群從在朝爲翰林者四人，君年最少，材器通美，究識古今事宜、國家掌故〔二〕，而持己清峻，人謂君且繼其家兩相國後也。

君爲檢討十餘年，值御試翰林，名列第五，進侍讀，充日講起居注官，四遷至詹事府少詹事，

〔一〕本篇載《惜抱軒文集》卷十二。

〔二〕國家掌故：「掌」，《惜抱軒文集》作「典」。

兼侍讀學士。又值試翰林，列第三，當進官，詔特褒君而未及遷。自有記注官，君家世職之，及君尤講正體例，嘗獨任一館之事。諸城劉文正公爲掌院，每嘆異君。君疾士大夫骫骳隨俗，節概不立，欲以身正之，見於辭色，衆頗憚焉。

君三爲順天鄉試同考官，有公廉名。逮己丑科會試，復同考。時武進劉文正公爲考官，知君可信，君所薦卷中者，較他房多且再倍。君又以嶢然獨立，稍自喜也。於是榜發，磨勘有摘君所薦舉人梁泉卷疵纇數十，當斥革。吏遂傅君法，革職提問。會考驗無纖毫私狀，而梁泉故鄉舉第一，詔卒復梁泉舉人。君雖釋罪而竟廢矣。於是惜君者莫不咎當時議君之重，而謂兩劉相國宿知君賢，而不能爲一言於上，而顧使疾君者得其快。嗟乎！君進非人所得援，其退非人所得沮，天則使君仕不究其才，而志不信於世也，而何咎耶？

其後君以萬壽加恩，復五品頂帶，歸主晋陽、江漢、大梁三書院。乾隆四十二年正月，卒於大梁，年四十七。始娶姑女姚氏，生一女，適孫起浤。再娶定興鹿氏，生子元良。側室生子元襄、元衮。其亡也，長子才十二歲。

君少而孝友，持喪以禮。於族姻朋友，事雖難成者，任之必盡其勞，謀之必竭其慮。雖疏遠，以急投之必應。乙亥之歲，江南饑，君居侍講憂在里，倡捐米出振平糶，晝夜營之，以活一縣之衆。又以糶餘錢積穀，以備歲祲〔一〕，今吾鄉所謂永惠倉也。爲文工爲應制之體，尤好古人文章，托意深邈，而不比於時者。仕方顯，而爲詩示余，多憤慨深鬱之詞，蓋其所志遠矣。

君與余家世姻，少相知，又嘗重余文。君喪之歸也，余既以辭祭而哀之，乃復爲權厝室銘曰〔二〕：綺組會者絲耶，而孰爲之機耶？嗚者匏簧耶，而孰噏以揚耶？物或以冬榮，或盛夏而先零，孰主是而爲之虧成？以盛族有君，志則抗而節弗污，既駕而驁，而躓於中路，芒乎吾奚知其故？維紀其人，而如可以呼。

恒裕

恒中允益亭傳〔三〕

鐵保

中允名恒裕，字益亭，滿洲人。與余同舉庚寅孝廉。其先大夫索公，乾隆朝官工部侍郎，赫

〔一〕以備歲祲：「備」，《惜抱軒文集》作「待」。

〔二〕乃復爲權厝室銘曰：「權」下，《惜抱軒文集》有「其」字。

〔三〕本篇載《梅庵文鈔》卷二。

赫有聲，不置生産，殁後家無儋石，老屋數楹，亦典當作喪葬費。益亭移居委巷間，四壁蕭然，以課讀生童爲生計〔一〕，欲博一第，以繼先人業。嗣舉鄉薦，入詞林，薄俸不足以畜妻子，而益亭益窮。

益亭性孤介，矯矯自持，不少貶損，又避俗如仇，少所可而多所否。侍郎公曾充會試總裁，得人最盛，大學士于金壇，尚書觀補亭、德定圃、周海山等，俱出門下，誼重淵源，不時存問，而益亭以貧驕人，足不履諸顯者門〔二〕。夫人爲大學士温公猶女，一時諸舅如大學士勒公、兩廣總制永公、山西撫軍衡公，俱相繼登顯秩，益亭概避而遠之，不通往來。以故親故中無一周濟者，益亭之遇益窮，益亭之品益高矣。

性喜詩，多作六朝語，唐人中尤近義山，每脱稿，輒曼音孤吟〔三〕，聲如金石，聞之令人心醉。以小楷名家〔四〕，常爲余書《選》賦若干首，一筆不苟合；《樂毅論》《十三行》《黄庭經》爲一手，得其神而不襲其貌，時賢無與抗衡者。醉後則潑墨如雲，作顛素狂草，春蚓秋蛇，不可思議。得意

〔一〕以課讀生童爲生計：「童」，《梅庵文鈔》作「徒」。
〔二〕足不履顯者門：「履」下，《梅庵文鈔》有「諸」字。
〔三〕輒曼音孤吟：「輒曼」二字底本漫患不清，據《梅庵文鈔》補。
〔四〕以小楷名家：「以」上，《梅庵文鈔》有「書」字。

輒伏地跪拜，昂首狂笑，繼之以泣，曰：「吾惜吾精神也。」

與余爲性命交，無三日不來，來必小酌。維時有甘道淵、劉虛白及弟閬峰，俱雄於詩。道淵尤善畫，能篆隸，每來必俱，或招邀作郊外游，托興烟霞，寄懷歌咏。每聚必飲，每飲必醉，每醉必吟，覺彼時山川雲物、月色花香，俱爲我五人設，前無古人，後無來者。酒酣耳熱〔一〕，益亭則吐氣如虹，發言成軌，一部二十一史供其談笑，直有曹孟德釃酒臨江、横槊賦詩之概〔二〕，同人俱爲傾倒，不止酒氣拂拂從十指間出也。

益亭尤通醫，每能醫人不能醫之病。先母輝赫太夫人及如亭夫人、側室馬宜人，每有疾，一藥即愈。稍疏者請之多不去。間復精演六壬，卜之多奇驗，又其餘事也。

歲壬寅，益亭以酒病，以窮死。易簀日，執余手曰：「吾永别矣。家室妻子都不問，吾何以葬？」余泣對：「棺木衣衾，及一切應用之物，俱齊備，可無慮。」益亭慨然曰〔三〕：「吾得友，復何憾耶！」氣稍定，謂余曰：「吾有研名『山高月小』者，公素索未與，今永訣矣，贈以志别。」因呼子某取研至，摩挲移時，謂：「研背有細爪痕未磨去，公自拭之，無損石也。」遂溘然逝。其死生

〔一〕酒酣耳熱：「酒」上，《梅庵文鈔》有「迨」字。
〔二〕横槊賦詩之概：「之概」，《梅庵文鈔》作「梗概」。
〔三〕益亭慨然曰：「亭」下，《梅庵文鈔》有「色喜」二字。

之際，了無罣礙如此。嗚呼，神矣！閲年五十有二。子二人，俱未仕。余充《八旗通志》總裁官，列益亭入《儒林傳》，選其詩入《熙朝雅頌集》，復刻其詩文全集，爲序以傳之。

論曰：造物忌才，其信然哉！既賦益亭以聰明，又假益亭以學力，乃既困以酒，又死以窮，傷已！然益亭不窮，則學未必進。今以窮而學，以學而聲振閭里〔二〕，名登文苑，天之窮益亭，正以玉益亭於成也〔三〕。《詩》曰：「樂只君子，邦家之光。」益亭有焉。

潘衍桐

翰林院侍讀學士潘君傳〔三〕

《南海縣志》

潘衍桐，字菶廷，號嶧琴，南海荷滘鄉人〔四〕。年十三，應童子試，補佾生。逾年，入邑庠，旋

〔二〕 以學而聲振閭里：「閭里」，《梅庵文鈔》作「里閭」。
〔三〕 正以玉益亭於成也：「以」，《梅庵文鈔》作「其」。
〔三〕 本篇載宣統《南海縣志》卷十四。
〔四〕 南海荷滘鄉人：《南海縣志》無此六字。

食餼。咸豐辛酉，選拔貢生，是年鄉試，與兄衍鋆同中舉人。同治乙丑，衍鋆中進士，戊辰衍桐復中進士，同入翰林，時稱「二潘」。[一]辛未，散館，授編修。癸酉，簡放陝甘副考官。光緒元年乙亥，大考翰詹，賜文綺，記名遇缺題奏。是年典試江右，事竣，充國史館纂修。四年，丁母憂，回籍，粵督劉坤一延主越華書院講。七年，服闋入都，恭修穆宗毅皇帝本紀告成，奉上諭遇有應升之缺儘先升用，并加五品銜。八年壬午，典試黔中，旋充本衙門撰文。十年，補國子監司業。值法人構釁，衍桐感傷時事，疏陳大計，請開藝學、宏登進、嚴門禁、練士兵。諸奏皆中時病，開藝學一疏尤具先識，格於部議，不果行。

十一年乙酉，典浙江試，差旋，由中允升太子洗馬，充日講起居注官、文淵閣校理。十四年戊子，以庶子拜浙江督學之命，補翰林院侍講學士，轉侍讀學士。衍桐以浙江爲文人淵藪，留心實學，其有覃精著述，獎借之。尤以表章文獻爲己任，如修方正學、全謝山祠宇，鈔天一閣[二]、文淵閣遺書，皆次第舉行。兩浙自兵燹後，詩人多湮沒。衍桐於使院西園構緝雅堂，時德清俞樾致仕在籍，番禺梁鼎芬流寓焦山，衍桐延致衙齋，相與商榷，召集門弟子數十人，搜揚潛佚，輯

[一] 「入邑庠」至「時稱二潘」：《南海縣志》作「補博士弟子員，食廩餼。以辛酉拔貢，旋領鄉薦。同治七年戊辰，成進士，入翰林。旋丁本生父憂」。

[二] 鈔天一閣：「一」，《南海縣志》作「乙」。

《兩浙輶軒續録》五百卷;又擬采兩浙金石文字,粗具厓略,會差竣,未成。

十五年,以恭辦大婚典禮,賞加四品銜;以廉捐助賑〔二〕,賞戴花翎。辛卯冬,任滿,蒙恩賞假兩月省墓。逾年,目疾陡發,遂奏請開缺,杜門養痾。衍桐篤念同氣,廉俸所入,與伯兄衍鋆共之。衍鋆終潼商行館時,猶子元燿尚在懷抱,衍桐茹痛乞假扶柩南歸,自傷煢獨,號曰蹁盦。

衍桐迭掌文衡,提倡風雅,在浙尤勤,浙人祀之西湖朱子祠。所著各書,刊布浙江書局,蓋志遺愛也。著有《朱子論語集注訓詁考》二卷、《爾雅正郭》二卷、《緝雅堂詩話》二卷、《拙餘堂詩文集》四卷。光緒二十五年卒於家,年五十有九。子六人:元萃,附生,割股療母,先卒;元敉,廩貢,法部參事;元長,安徽知縣;元諒,通判。

〔二〕 以廉捐助賑:「廉捐」,《南海縣志》作「捐廉」。

周鑾詒

周季譻哀詞〔一〕

程頌藩

君諱鑾詒，字季譻，永明周氏。父江津府君，與其弟旌孝義君同居。孝義病足弱，江津宦學四方，孝義常居守。咸豐五年，粤賊犯永明，孝義以水醔先墓，改葬未畢而賊至，趣火其匛。孝義伏匛悲號，賊怒，殘孝義，而匛以完。江津自京師匍匐歸葬，哀思孝義，咸豐九年君生於京師，命爲之後。

君幼而通敏，淵默能文，傳江津訓故音均之學。年十九，成進士，選翰林，入直内廷，文譽最同官。光緒十一年，典試廣東。十二年九月，卒於京師，年二十八。

君之舉鄉試也，余賀江津，始見君，風神秀異，隅坐照人。余庚辰復至京師，君館職之暇，數詣余考論小學、金石、二漢魏晋文家及己文利病，不能休。夜中僮僕稍稍避去，君自起煮茗飲，飲已，復語。自是徂乙歲秋，余未嘗去京師。辛、壬之間，君兩别余歸，俄而復至。夫日月逝人，

〔一〕　本篇載《程伯翰先生遺集》卷六。

事積變遷，懷抱宜因之異矣。余與君夙昔期許，未遽爾也。君嘗以謂余能處約，數張余文，欲振之以其道，余嗒然靡所適〔一〕。君則不以强余，蓋知余莫君若也。於乎！君大雅，早致身，憺然遺聲利，博學無方，淵源所漸日廣。今世士欲自成其涂徑，險阻艱厄，大異於乾嘉盛時。微能淵默，人固不第以其翹然自異而疑謗之深也。

君夙羸疾，自廣東假歸長沙，疾革。余方居母喪，君吊余而別。別數月，而聞君死矣。余中歲無所立，君兄事余，而益親焉。夫六曹之官，非文學職也，余之所爲作，聊欲宣鬱寫心，其於著録遠矣，而君獨以爲能。於乎！其諸篤舊之懷，不能自已，而憂時求士，心精識通，有以知夫枯槁之倫，菁華未竭，而眄睞獨詳者與？於乎！何可得也？

君所爲書，凡若干卷，爲類若干，尤邃於金石，而皆未成書。宗室伯羲祭酒、吴縣潘尚書，謀輯而刻之。君連喪二妻，子女尚幼。其歿也，母夫人、所後孝義夫人皆老矣。妾陳氏，無子，欲以殉君，同館諸君謀於君兄仲澤，命陳氏母君子女以慰二母及君，而專其育子之責。仲澤余同年生，與語及君相泣也。辭曰：

疑立兮天人，羌何執兮鬼中。闌鋤兮生門，淒以厲兮霜降。相盍旦兮鳴夜，鳳之集兮何

〔一〕余嗒然靡所適：「然」，《程伯翰先生遺集》作「焉」。

暮。皋壤兮森沈，九河闃兮車音。白日照兮心惻，荃之察兮靡福。文采兮摧頹，孰華予兮永懷。重曰：生兮卒兮，惟帝京兮。華兮實兮，隕國良兮。叔兮伯兮，絶和倡兮。怳兮忽兮，遺頌光兮。夢兮寤兮，同慨慷兮。歌兮哭兮，助靈饗兮。湘山之野，有食堂兮。君其歸而，子孫吉羊兮。

王蘭昇

翰林院編修王君墓表〔一〕

孫葆田

故翰林院編修王君諱蘭昇，字芷庭，登州萊陽人也。光緒六年冬十一月戊子，以疾卒於京師，春秋五十有二。平生交游無貴賤咸往賻之。明年喪歸故里，其孤塾、埒請葆田爲銘幽之文，葆田因循不果爲，而其門人封丘何家琪實志其墓，叙君世系本末具矣。君卒後十年，塾、埒皆成進士，相繼入翰林。又十三年癸卯秋，今翰林院學士埒由國子監祭酒奉命督學河南，旋改今職。

〔一〕本篇載《校經室文集》卷四。

是歲新更官制，翰林院學士階三品。明年，恭逢皇太后七旬萬壽，覃恩加一級，得晋贈君爲資政大夫。於是學士埒復奉所爲家傳以告曰：「先公志不獲伸於生前，今吾伯兄又早世，埒大懼無以表揚先德，敢求所以信今而傳後者，惟先生哀其志而許之，幸甚！」

葆田與君爲鄉會同舉，又皆受知於高陽李文正公，當今上改元之初，同官京師，時相過從。及葆田連丁大故，君獨憂其不克振厲，遺書勸慰。庚辰春，葆田服闋入都供職，文正公一見即問曰：「子同年王芷庭有經濟才，其學識逾人百倍，子亦與相知乎？」葆田因歷叙生同郡、學同志，與平昔往來甚習以對，文正公喜甚。既而君卧疾數月，葆田數往問視。一日君見余至，自床興慷慨語曰：「子近見吾師高陽公乎？今時局艱危如此，爲大臣者宜亟求幹濟之才。吾嘗有所薦於公，而迄未見公以上聞。吾病愈，會當往促之。」因嘘唏泣下，葆田固已心憂其不起。乃未逾旬，而君遂卒。文正公深爲嘆惜。其後君所密薦者，或相次進用，以葆田所知，今吏部尚書定興鹿公、前四川總督李公秉衡，皆其人也。

始君少有志於功名，嘗與鹿公同客故侍郎勝保公所，繼見侍郎日驕恣，料其必敗，乃先幾辭去，應宛平陳公聘教授濟南。同治九年，山東舉行庚午并補行丁卯鄉試，君爲首選。先是巡撫使者丁文誠公合試十郡士，亦以君爲第一，而君所教陳氏子冕於君卒後成進士，以第一人及第，故君書法文章，并爲當時所重。然君每與友朋談藝，必曰：「吾書法受之李伯勷刺史，詩古文詞則宜良嚴秋槎、高密單伯平兩先生之教也。」其門人何家琪亦云然。

君嘗爲人上書左文襄，公奇其文；又嘗見知於合肥李文忠。二公皆屬人延請，皆謝不往。既入翰林，清苦異常，仍資教授以爲生，身後無一夕之儲。爲人嚴正有至性，幼時即能色養。始喪父時，家貧甚，顧殯殮皆從豐厚〔二〕，見者嘆異。方丁卯歲在濟南，聞母噩耗，一慟幾絶，星夜奔赴。時值髮捻餘匪肆擾，道塗梗塞，卒能疾驅返里無恙，人以爲孝行所致云。通籍後，尤留心國計民瘼，嘗陰求猷守兼優之士，思與共濟時艱，而卒齎志以終。

烏虖！以君之志與行，使其得用於時，必能如古賢人之所爲。最其生平，其推賢好士，有似於唐之李文公翺，而文采亦近似之。特其詩文不幸散佚，不多傳於世，故學士君尤以爲歉。昔歐陽文忠之論李文公曰：「翺幸不生於今時。使見今之事，則其憂又甚矣。」嗟乎！今世豈復有如君者乎？吾見天下事之猶可爲也，惟忠惟孝，克光前烈，學士君其勉之哉！光緒三十一年夏六月表。

〔二〕顧殯殮皆從豐厚：「殮」，《校經室文集》作「歛」。

陳冕

翰林院修撰陳君墓志銘[一]

孫葆田

君諱冕，字冠生。先世本浙江山陰人，君祖父資政公諱顯彝，實始寄籍宛平，歿而葬於歷城城東。君考中憲公諱恩壽，歷官山東長清、萊陽、恩縣，皆有政績。予嘗志其墓，所謂宛平陳公也。配齊恭人，生君昆弟二人，長曰齡，有宿疾，早卒。

君年十五，入宛平學。十七歲，舉光緒元年乙亥恩科順天鄉試，文名噪甚。又八年，遂以進士第一人及第。是歲光緒癸未，河決山東桃園，灾民四十餘萬。中憲公急散家財，佐有司濟困厄，以勞瘁致疾。君得書，乞假歸，中憲公勉以「毋負科名，繼成厥志」。旋遭中憲公大故，哀毁逾恒人，喪葬悉遵禮制。次年，河水再溢，君捐鉅貲，挈戚友乘舟散餅餌，復擇高原築室千楹以庇流氓。服闋，入都。己丑恩科，典試湖南，得人稱盛。壬辰，丁母憂，奉喪返濟南。明年五月，之浙修祖阡。八月，旋京師，遽以疾隕於寓邸，年甫三十有五。

[一] 本篇載《校經室文集》卷五，又收入《碑傳集補》卷九。

君自幼從吾故友王芷庭編修學。當同治九年，山東開庚午科，并補行丁卯科鄉試，芷庭爲舉首。予偕諸同年至君塾中，君時偕其兄揖座客，年猶未及舞勺耳，英多之姿，已見於眉睫間。及君成進士，芷庭已前卒三年矣，中憲公不幸亦於是歲卒。其後君每見予，輒太息於人生之多故，而師友聚散之可感者恒多也。

君慕義勇爲，居儔人中，策事勢可否成敗，侃侃獨執己見，不隨衆爲唯諾。生平周人之急不少緩，其居家不問有無，遇親友之孤貧者，存恤尤加厚。聞山西大祲，捐千金振之，又作書募人濟振得萬餘金。其任事慷慨多類此。始中憲公以利濟存心，君承其訓，益孜孜不怠。人謂君聲華早耀，不久且大顯，乃竟溘然以逝，豈所謂爲善者必獲報，固有時而不驗耶？嗚呼，可悲也已！

君卒於光緒十九年八月十七日。娶張氏，繼娶廖氏，又繼娶李氏，側室郭氏。子四：洪蕃、洪晟、洪守、洪愿。明年正月十九日，卜葬於歷城縣丁家莊祖阡，張恭人、廖恭人附。銘曰：

豐其遇，嗇其年。才高乎今世，而志不獲伸於生前。誰實爲之？彼蒼者天。吁嗟乎仁不獲報，庶幾哉後嗣多賢。

王守訓

翰林院檢討王君墓志銘〔一〕

孫葆田

吾友翰林院檢討王君以光緒二十三年二月甲戌卒於京邸，年五十有三。子常師幼。其家人既扶喪歸黄縣，是年夏秋間，葆田再至京師，晤君宗人廉生祭酒，詢君所著詩文，祭酒因述君遺言，屬予爲銘幽之文。會予聞兄子沸南噩耗，遂倉猝歸里。至冬，君之兄子常益以書來告曰葬有期矣。問其月日，則正予兄子封窆時也。嗚呼，予尚能銘吾友哉！及今年春，常益始以予門人孫丕承所爲行狀寄予濰縣，予乃爲檃括其詞曰：

君諱守訓，字仲彝，又字松溪。先世系出太原，明永樂間由直隸長蘆遷居山東黄縣。至君四世祖諱克預，以舉人官福建侯官等縣知縣，有惠政，其後遂益顯。君大父諱允中，嘉慶二十二年進士，官至湖南按察使、署布政使，入祀鄉賢祠。父諱棠，道光十一年舉人，官陝西雒南縣知縣。母慕氏，生君雒南署中。幼有異秉，性穎悟，湖南公絶愛憐之。長而沈酣經籍，所聚書多至

〔一〕本篇載《校經室文集》卷五。

六七十萬卷。慕鄉先達郝户部蘭皋之學，生平著述無虚日。

始君與予同舉同治九年并補行六年鄉試，君顧中副榜，乃遵父命，援例爲中書舍人，直内閣。在公無廢事，每一念親，輒乞假歸省，常依戀不忍離。及兩遭父母喪，皆不得視含殮，終身以爲大痛。其前丁父憂也，蓋已以省親請開中書缺歸侍矣，未及里，而維南府君已棄養。比服闋，再入中書，遂以乙酉、丙戌連捷成進士〔一〕，改翰林院庶吉士。是時慕太宜人已年届八旬，君歸而稱觴於里中，鄉曲以爲榮。比散館，授檢討，又嘗一乞假歸省。至次年冬，丁母憂，而君又馳歸不及見矣。此其所爲抱終身之痛也。君於兄弟又能怡怡相友愛，雖嘗析居，皆終其身無間言。

入翰林僅五年，歷充國史館協修、武英殿纂修。嘗主講瀛洲書院，教諸生有經法。所著述曰《詩毛傳補證》《適齋經説》《讀禮日記》《春秋地理補考》《習言考義》《稱謂雜考》《韻字折衷》《漢碑異文録》《王氏水源録》《文學天性齋詩文集》《繩床百詠》《金波詞》《登州詩話》。其尤關一郡文獻者，曰《登州雜事》，凡成書三十卷。未卒前一日，猶以搜采未盡，將有冀於後之君子爲言。

君之卒也，廉生祭酒哭而挽之，有曰「文學爲士鄉三百年之冠」，識者以爲知言。今上光緒初，君猶困鄉試，時官内閣，予與廉生與君幾無一日不相見，見則稽經諏史，各舉所得以爲樂。

〔一〕丙戌連捷成進士：「連」，《校經室文集》作「聯」。

其後予連遭多故，奔走四方，忽忽已二十餘年。廉生既入翰林，文日益有聲，而君獨遲久而後發，故所學亦益進。蓋至其鄉會連舉時，而君少年豪華之習，亦既洗除殆盡矣。

君元娶丁宜人，户部郎中丁樹馨女，母家素豐，能以孝敬得姑與娣姒歡，嘗質金釧以佐君購書籍，早卒。繼娶李宜人，前陝西鹽法道李楹女。子一，常師也。其葬以卒之年十一月辛丑，墓在城東義樂逢家村西南三百步。銘曰：

有木於此堅且質，其根不傷乃再實。偉歟王君多才術，胸羅列宿手不律。著述等身志則侈，天不與年嗟已矣。陽秋有作稱信史，藏諸名山曰有俟，吁嗟如君乃弗死。

王會釐

翰林院編修黄岡王君墓志銘〔一〕

林紓

君諱會釐，字筱東，姓王氏，江右之吉水人。先世遷湖北之黄岡，遂世爲黄岡人。曾祖岑

〔一〕本篇載《畏廬續集》，題作「清文林郎翰林院編修黄岡王君墓志銘」。

公，祖志鑑公，父一瀚公，本生父福田公。福田公有四子，君其季也。一瀚公悦君才美而孝悌，則嗣爲己子。一瀚公既捐館舍，而洪楊適鬨於江左，武漢爲受兵極衝，君奉太夫人避兵，不可得食，太夫人躬御紡織，君分其篝火夜讀。

庚辰亂定，補博士弟子員。南皮張文襄公器其才敏，遂與仲兄子蕃同入經心書院肄業。壬午領鄉薦，甲午成進士，入詞垣。君於經學精《尚書》《春秋》，著有《槐蔭堂集》。迨入國史館，輯名臣、循吏諸傳，院長最其功，升總纂，翰林院撰文上行走，京察一等，君辭不受。庚子，京師亂，君奔行在，所值關中奇荒，君獨任賑事，全活無算。乘輿既歸，甲辰分校禮闈，得某生卷，於西北形勝指陳襟要，如錐劃沙，復條舉時弊，論列無遺。主司惡其切直，黜去之。君力争於廣座中，聲色皆厲，卒不勝，然而黜者果名下士也。

君既丁太夫人憂家居，修問津書院。丁未服闋，鄂人立江漢學堂於京師，君遂爲之長。越戊申，鄂中大水，田廬漂没，老穉顛頓原野，道殣相望。君喟然曰：「此灾酷於秦中，吾不能坐觀鄉里淪喪也！」立起聯合鄉人馳書告募，醵金數萬，電致鄂中大吏，分惠灾區。君嘗語其諸子：「秦鄂兩賑，吾旦夕劬勉，頗覺羸悴。然丈夫當爲斯民造福，矧在鄉里。」時去辛亥甫三稔，政府日形敝窳，樞要多親藩，年少喜兵。君度終不能與列强角勝，則上書政府，力陳宜先製械籌餉，爲可戰可久之計，且力言軍用飛艇之便，書凡數千言，皆洞中機要。

君居官奉忠謁節，處人本以至誠。貧薄乞貸，匪所不應。又引短推長，與人共事，不爲沾激，力以讓德剋勉其躬。允爲人謀，務踐前諾。偶被牙孽，無復理較，猝遇次險，轉引公道援振其人，未嘗懷念前愆。里中無賴見君必却行，蓋負慚不敢遽面長德也。

君以癸丑九月十六日卒，享壽六十歲。娶汪夫人，前卒。續娶夏夫人。子六人：長黻燦，北京大學師範畢業生，供職審計處；黻煌，差次吉林鹽局；黻煒，日本法學士，内務部參事；黻焕、黻燿，肄業法政學校；黻煣，肄業小學校。今將以某月某日葬於某鄉某原。黻燦、黻煒咸從余游，而黻煒能文章，英拔强濟，克自樹立，恒向余述君生平甚詳。顧余辱與君壬午同年，乃不一面，迨君卒，黻煒泣而請銘。君行應銘法，因爲之銘曰：

力先違己，始克成仁。恕由仁生，外煦内肫。灾黎之蘇，蘇於其身。[illegible][illegible]弗僵，自鄂達秦。屯詖日臻，君策必亂。治器弗良，敵則誰扞？縱論兵要，綱挈條貫。大運既遷，滄海成田。一瞑弗聞，遂格重玄。盛德所滋，毓其嗣賢。銘以吾文，瘞此新阡。

葉昌熾

葉侍講墓志銘[一]

曹元弼

自亭林顧先生以孤忠大節[二]，守先待後，明體達用，垂世立教，海内學士接踵蔚興，東南大師繼起尤盛。吾吴惠松厓、江艮庭、陳南園、馮校邠諸先生，皆推明絶學，立言不朽。然諸先生際乾嘉全盛、同治中興之日，其學雖足以羽翼聖經[三]，而任重道遠之責，未爲危且急也。長洲葉公，承二百數十年上教下學、斯文極盛之緒，囊括網羅，𥩟浤澄深[四]。不幸丁綱常墜地、禮樂分崩之厄，獨醒獨清，身教言教，高風亮節，并軌亭林。方之漢儒，蓋顧先生爲伏生，而公爲杜子春矣。

〔一〕本篇墓志拓片載《北京大學圖書館藏徐國衛捐贈石刻拓本選編》（北京大學圖書館金石組、胡海帆、湯燕編，上海人民出版社，二〇〇七年，第六十五頁），題作「皇清誥授通議大夫翰林院侍講甘肅學政葉公墓志銘」；又收入《碑傳集補》卷九。

〔二〕自亭林顧先生以孤忠大節：「自」上，墓志拓片有「國朝儒林」四字。

〔三〕其學雖足以羽翼聖經：「以」，墓志拓片無。

〔四〕𥩟浤澄深：「浤」，墓志拓片、《碑傳集補》作「浤」。

公諱昌熾，字鞠常，晚取《莊子》「爲善無近名，緣督以爲經」之義，自號緣督廬主人。性純篤穎悟，成童游庠，通六經，文章高卓，氣息逼漢魏。事校邠先生，深見器異。與故太傅陸文端公、管申季明經、王芾卿部郎，道義切磋，同佐先生修《蘇州府志》。先生又命公與管、王兩君校正《説文解字》段氏注，刊改漏失致多。光緒丙子舉於鄉，令聞廣譽，闇然日章。潘蔚如、吴愙齋兩中丞，汪郎亭侍郎師，先後敦聘，商榷政治學術，多所裨益。所過山川，考求地理民俗，殘碑斷碣，罔不參稽。既而曾子心痛，千里馳歸，啜菽飲水，愉愉色養。父病，衣不解帶、目不交睫五晝夜。遭喪，哀毁骨立，得肝疾，發輒累旬。

癸未，潘文勤公居憂在籍，延課其弟。文勤丰裁峻整，閉户讀禮，絶賓客，惟與公時時論禮教古義，考金石目録，推服甚至。時元弼年十七八，就公問故。公深執謙讓，然知無不言，言無不盡，自蒼籀訓詁，《詩》《書》《禮》典章，《易》《春秋》義例，經師家法，微言大義，有叩斯應，剖析窮根。元弼於是知經神學海，淵源深大，而德盛禮恭，尤不可及。

乙酉，以弟殁，尋遭母喪，痛不欲生。高柴少連，致哀盡禮，君子難之。丙戌，故蘇藩子壽黄公甫下車，即造廬商論政學。己丑會試，以魁選成進士，改翰林院庶吉士，散館授編修。時公卿提倡古學，冀得國士，而上以正求，下以詭遇，浸淫不已，䃺札許鄭，土苴程朱，爲世道憂。惟公文章爾雅深厚，一出於正。在朝恪居官次，夙夜匪懈，纂國史，考古今治亂；暇則與故祭酒王文敏公、陸蔚廷太守、黄再同編修討論石刻文字，深鄙弋譽干進之習。張文襄公密疏薦，當事沮之，循資平進，賞侍讀銜，充會典館幫總纂、國史館提調，遷國子監司業、翰林院撰文。京察一等，記名以道府用，賞戴花翎〔二〕，升授侍講。

辛丑，奉命督甘肅學政，清介勤慎，與諸生講求經義政治，激發忠愛，深正大本，力塞亂源，老師宿學，識拔靡遺。關隴故接壤涇邠間，多唐宋元石刻〔三〕。公校士之暇，兼訪古迹，屬邠州大佛寺僧拓石室碑碣，爲《邠州石室録》三卷。論次考證，多於無文字處鈎稽而出；推闡史事，於衰亂之故，嘆息痛恨，吊古傷今，情見乎辭。又纂録《涇州回山王母宫石室古刻》，未就。尋科舉廢，引疾歸里，守道彌篤。

丁未、戊申間，朝廷開禮學館，博延通儒，修明禮典，以公充顧問官。故蘇撫陳伯平中丞、故蘇臬朱竹石廉訪立存古學堂，以維風教，敦請公總教史學。公指授治史途徑，一本經術，提要鈎玄，治亂興衰，典章經制，兼綜條貫，而於忠孝大義、濟變要務，口講指畫，尤深切著明。時元弼隨公與鄒詠春侍講同掌教事，殫心協力，扶植綱常，而經史詞章，惟公尤能一以貫之。自戊申至

〔二〕賞戴花翎：「翎」下，墓志拓片有「加三品銜」四字。
〔三〕多唐宋元石刻：「石」，墓志拓片作「古」。

宣統庚戌凡三年，學派流傳大江南北，成就漸多。及辛亥亂後，公悲憫天人，艱貞自矢。新都竊柄，假修漢史，招徠耆舊。歆豐之徒，思浼龔鮑。公毅然峻拒之，守死善道，渺與世絶，忠憤沈鬱，震發詩歌，百世之下，聞者興起焉。

公校勘學冠當代，初與管明經同鑒定瞿氏《鐵琴銅劍樓宋元本書目》，嗣爲蔣薌孫太守校《鐵華館叢書》〔二〕，精埒澗薲；爲潘文勤校《功順堂叢書》，傳習藝苑。又檃括歷代藏書源委，爲《藏書紀事詩》七卷，示學者讀書津途；論列古今石刻，發凡起例，創通大義，成《語石》十卷。兩書皆獨有千古，然在公學問全體，猶一斑耳。以公經術之深，而未有説經專書，蓋先輩慎重經義，惟以聖賢成訓，立身教人，不敢輕言著述也。最後劉翰怡京卿延校宋本四史，然公注心魏闕，舉目河山，至痛在心，積病深矣，如何不淑，哲人遽萎。三綱解紐，六經去籍，一髮千鈞，誰與繫之？

公生道光己酉九月十五日，以宣統丁巳九月二十二日卒，年六十有九。先世居浙之紹興。曾祖諱永源。祖諱秀荃，始遷長洲。考諱震榮。曾祖妣李氏，祖妣張氏，妣李氏。世德累徽，篤生純賢，祖、考皆贈如公官，妣贈淑人。配王氏，同治甲子舉人鼎元女，封淑人，先公卒。子恭

〔二〕 嗣爲蔣薌孫太守校鐵華館叢書：「孫」，墓志拓片作「蓀」。

彝，邑庠生，能承家學，早卒。公弟昌言，無子，準禮文國典，以從弟昌駿子嘉樾，奉公喪祭；俟嘉樾生子，爲恭彝後。女子子一，適浙江候補知府王立勛〔一〕。公弟子閎達居多，同里潘部郎祖年得公指授，精目録校勘，爲公刊詩文集，皆六藝之精華〔二〕、忠孝之軌範也。宣統戊午十二月壬申，嘉樾奉公葬吴郡天柱山峨九嶺下。元弼承公教三十餘年，悉公學行，卓乎經師人師，涕洟操觚，爲斯道痛。銘曰：

六藝群書，統宗會元。奚元奚宗，曰明人倫。公之盛德，春陽之温。節高天下，秋霜貞琨。時曰無忝，至孝以敦。時曰得仁，卓立孔門。世有真儒，不息乾坤。無絶無乖，大義微言。靈均問天，巫陽招魂。孤忠上訴，雨泣滂湲。嗷嗷龔鮑，皤皤申轅。國史儒林，兩廡蘋蘩。教澤學派，支流衍繁。有斐君子，終不可諼。天柱之麓，松柏盤根。清風萬古，式是高原。

〔一〕適浙江候補知府王立勛：「知府」，《碑傳集補》作「知縣」。

〔二〕皆六藝之精華：「精華」，墓志拓片、《碑傳集補》作「英華」。

四品卿銜學部候補參議翰林院編修繆府君行述[一]

繆祿保

府君姓繆氏，諱荃孫，字炎之，號筱珊，晚號藝風。先世自宋南渡時遷江陰，家牒載始祖宏毅公官統制，駐兵毗陵，遂家焉。支派散處，代遠莫詳。歷十一世，至廣三公諱仁，於明中葉始定居城西申港鎮。曾祖諱秉奎，妣楊。祖諱庭槐，嘉慶乙丑進士，甘肅平凉府知府，妣吴。考諱焕章，道光丁酉順天舉人，貴州候補道，妣朱，繼妣薛。

府君生而岐嶷，十一歲畢五經。粵匪擾江南，大父先從張忠武公軍，既而入蜀，久不相聞。府君避亂江北，至淮安，肄業麗正書院，爲漕帥吴勤惠公所識拔，從院長丁儉卿先生受經學、小學，始爲駢體文。大父從軍由蜀入黔，佐黔撫田父興恕幕，至是始得問，遣迎。過湖南，知大父因貴州教案牽罣，與田公同罷官，已返蜀，遂至成都。時爲同治甲子，府君年二十有一，從陽湖

[一] 本篇又有單行本，題作「誥授中憲大夫四品卿銜學部候補參議翰林院編修顯考藝風府君行述」。本書所收較單行本删略較多，兹不出校，而將單行本全文附後。

湯秋史先生孶究文史，始爲考訂之學。丁卯，四川舉行正科并補壬戌恩科，寄籍華陽，應試中第一百二十六名。揭曉後，先妣莊恭人來歸，時稱嘉話。戊辰入都，以改歸原籍，不得應會試，旋回蜀。將軍崇文勤公、總督吴勤惠公、川東道姚彦士方伯，先後招入幕，累歲公車往返，遍歷川東北諸郡，搜拓石刻，始爲金石之學。張文襄公視蜀學，執贄門下，爲撰《書目答問》，始爲目録之學。光緒丙子恩科會試中第三十一名，殿試二甲，朝考一等，改庶吉士。大課殷譜經侍郎以「重修翰林院及庶常館賦」命題，擢第一。次年散館一等，授編修。己卯，充順天鄉試同考官，得士二十一人，副榜五人。福山王文敏公懿榮，以經策補薦，主司欲置副榜，力争始得之。

居京師，卜宅大川淀，爲朱椒堂先生舊居，手題涵秋閣楹牓猶存，凫潭風景在目。館職多暇，殫心著述，博搜經籍。每涉廠肆，見有佳本，典衣以購；友朋通假，鈔輯考析，日不暇給。張文襄公總纂《順天府志》，招府君相助，乃與發凡起例，以宋臨安兩志爲法，加恢擴焉。既而文襄出任晋撫，遂繼爲總纂，歷七年告成，時推鉅製。潘文勤公爲國史館總裁，疏請編輯儒林、文苑、循吏、孝友、隱逸五傳，賡續阮文達所未竟，奏派府君爲分纂。丁母艱居廬，整理五傳告成，繕稿呈館，始奉櫬南歸。楊蓉浦侍郎視學江蘇，延爲南菁書院院長。歲闌輟課，張文襄招游粵東，寓廣雅書局，商訂刻書事，閲兩月歸。

庚寅，服闋入都，京察覆帶領引見，記名以道府用。是年十月丁父艱。辛卯，張勤果公聘主山東濼源書院。濟南山水多名迹，遍覽趵突泉、千佛山諸勝。冬扶大父柩旋里，張文襄招主經心書院。壬辰春，辭講席回京。癸巳，服闋，充國史館提調。甲午，京察一等，未記名，張文襄招修《湖北通志》。逾年，文襄移督兩江，聘主江寧鍾山書院，凡六年，復遥領常州龍城書院。以兩院皆盧抱經先生主講舊地，平生瓣香所在，課暇一意刻書，日事校勘，叢書數集陸續告成。金陵爲東南都會，故家藏庋，時時散出，蘇滬密邇，估客奔輳，所收舊籍金石書畫乃益富。

庚子後，朝廷鋭意變法，改鍾山書院爲高等學堂，充監督，兼領中小學堂。復親赴日本，考察學務歸，乃酌定課程，編輯課本，中西兼重，實事求是。疆吏援故事疏陳績學碩儒、士林矜式，兼叙創辦學堂勞勩，詔加四品卿銜，尋復奏派主圖書館事。府君以江南文獻大邦，規模必期美備。時江浙藏書家常熟瞿氏、歸安陸氏、錢塘丁氏，號爲鼎足。陸氏書爲日本購去，而丁氏亦中落，書將散出，時論頗懼復蹈陸氏覆轍，流落外邦。亟赴浙與議，遂以七萬金全購善本書室所藏，益之捐購之本，至今海内各省圖書館以江南爲冠。

戊申，張文襄管學部，疏薦，特旨命赴京預備召見。宣統元年，學部奏充京師圖書館正監督。庚戌九月就道，文襄已薨，赴南皮會葬。至都，召見養心殿，奉旨以學部參議候補。時圖書館猶未建，暫借北城積水潭廣化寺爲儲書所。既任事，先分類清理書籍，内閣大庫檢出元明舊帙，其中宋本猶爲元師平宋時由臨安秘閣所收，得一鱗片甲，有自來藏書家所未睹者，胡蝳舊裝，古香可寶，集刻爲《宋元本留真譜》，牒文、牌子、序跋述源流者均著之，加考一篇。又編本館善本書目八卷，各省志書目四卷。

辛亥春，因與常熟瞿氏議進呈藏書，南歸促之，遂携瞿氏進呈書籍五十種回京。秋偕友遍游京西上方山、雲居寺諸勝，遽聞湖北兵變，東南諸省應之，十月出京，居滬北。未幾詔下遜位，東南雲擾，府君慨嘆滄桑，杜門不出，惟以書籍遣日。四方知舊，大都避亂來滬，訪書問字，踵接於門。國變後，咸懼國粹湮没，購書刻書之風轉盛。吴興劉翰怡、張石銘兩君，并裒集叢書，向府君就正。武進盛愚齋尚書自建圖書館，亦請編訂書目。寓滬諸遺老結詩社，府君年最高，稱祭酒焉。

甲寅，清史館開，趙次珊尚書聘爲總纂。欣然應招，在滬與于晦若侍郎、吴絅齋侍講，悉心商榷，條舉大綱，貽書館中。因不能久居京師，趙尚書許携書自隨。府君以國史《儒林》《文苑》《循吏》《孝友》《隱逸》五傳，初稿原出手纂，後經他人增改，仍願引以爲任。閲兩年，除《循吏》一傳讓歸他手，餘四傳皆脱稿。又成《土司傳》《明遺臣傳》，則國史所未具而創輯者也。重修《江蘇通志》，馮夢華中丞主之，以「金石」一門非府君莫辦。悉發家藏拓本，編録考訂，一手成之。江陰續修縣志，亦府君招集里中耆舊通才纂成。

府君嘗取竹垞語「以七品官歸田」刻小印，恪守乾嘉諸老學派，治經以漢學爲歸。於乙部致力最深，悉本錢氏《考異》、王氏《商榷》家法，於當代掌故徵求討論，心得甚多。爲文私淑全氏鮚埼亭，以翔實爲主，不尚空言。駢體文少喜小倉山房，後乃取法北江，出入龏軒。詩多指事類情，一主雅贍。晚好輯詞，而不多作。酷嗜金石，先後得劉燕庭、韓小亭、馬硯孫、瑛蘭坡、崇雨舲、樊文卿、沈韻初諸家所藏拓本，又得打碑人李雲從、聶明山等，并善搜訪，於畿輔、山右、山左、大江南北及皖中石刻，椎拓幾遍，收藏目録，共得一萬八百餘種，甎瓦不與，藏本之富，爲自來金石家所未有。又補正孫、趙兩家《訪碑録》，爲《金石分地録》。初擬補續《金石萃編》，先就遼金元輯録，以非獨力能成，輟而未作。目録之學，貫串古今，尤慕士禮居黄氏，早年助潘文勤公搜輯黄氏題跋，編刻行世。續得者，江建霞京卿及鄧秋湄分爲刊印；後復有所得，經章式之、吴印丞薈萃諸本，各將所自得者增入，合爲一編。盛愚齋尚書刻《常州先哲遺書》，全出府君藏本，編校亦一手所成。

府君著述已刻者，《藝風堂文集》八卷、《續集》八卷，《辛壬稿》三卷、《癸甲稿》四卷、《乙丁稿》五卷，《金石目》廿八卷，《讀書記》四卷，《藏書記》八卷、《續藏書記》八卷，《遼文存》六卷，《續碑傳集》八十六卷，《常州詞録》三十一卷，孔北海、魏文靖、韓致堯、李忠毅年譜各一卷；未刻者，詩存四卷，詞一卷，尺牘二卷，《金石分地録》三十二卷，《再續藏書記》不分卷，《碑傳集補遺》十四卷，《秦淮廣紀》十二卷，代端忠敏撰《壬寅消夏録》若干卷。所編刻叢書，《雲自在龕叢書》五集共十九種,《對雨樓叢書》四種,《藕香零拾》三十八種,《烟畫東堂小品》十二種,自輯古書及國朝人小集家集,皆在其中。

府君生於道光二十四年甲辰八月初九日,卒於己未年十一月初一日,壽七十有六歲。子四:禄保、佛保、僧保、愷保。

誥授中憲大夫四品卿銜學部候補參議翰林院編修顯考藝風府君行述

府君姓繆氏,諱荃孫,字炎之,號筱珊,晚號藝風。先世自宋南渡時遷江陰,家牒載始祖宏毅公官統制,駐兵毗陵,遂家焉。支派散處,代遠莫詳。歷十一世,至廣三公諱仁,於明中葉始定居城西申港鎮。九傳至蓉浦公諱燧,康熙中官浙江定海縣知縣,有惠政,歿祀名宦,府君六世祖也。曾祖諱秉奎,字晴湖,邑庠生,封朝議大夫;妣氏楊,封恭人。祖諱庭槐,字蔭軒,嘉慶乙丑進士,官至甘肅平凉府知府;妣氏吴,封恭人。考諱焕章,字仲英,道光丁酉順天舉人,貴州候補道;妣氏朱、氏瞿,繼妣氏薛,并封恭人。

府君生而穎異,十一歲畢五經。十二歲遭大母瞿太恭人喪,哀毁如成人。逾年,繼大母薛太恭人來歸。時粤匪擾江南,大父先從張忠武公軍,既而入蜀,省伯祖伯康公於酉陽州任所。

蜀亂尋起，輾轉兵間，久不相聞。咸豐庚申，賊陷江陰，府君奉薛太恭人避亂江北，由靖江至淮安，依祖姑丈丁氏居數年。中間兩避捻氛，至泰州、鹽城，後稍定，復返淮。肆業麗正書院，爲漕帥吴勤惠公所識拔，從院長丁儉卿先生受經學、小學，始爲駢體文。大父從軍由蜀入黔，累膺保薦，晋秩監司，佐黔撫田公興恕幕，至是乃得問，遣人迎眷。南行過湖南，知大父因貴州教案牽罣，與田公同罷官，已返蜀，遂至成都。時爲同治甲子歲，府君年二十有一矣，從陽湖湯秋史先生孯究文史，始爲考訂之學。丁卯，四川舉行正科并補壬戌恩科，寄籍華陽，應試中式第一百二十六名。揭曉後，先妣莊恭人來歸，時稱嘉話。戊辰入都，以改歸原籍，不得應會試，旋回蜀。將軍崇文勤公、總督吴勤惠公、川東道姚彦士方伯，先後招入幕，累歲公車往返，遍歷川東北諸郡，搜拓石刻，始爲金石之學。張文襄公視蜀學，執贄門下，爲撰《書目答問》，始爲目録之學。

光緒丙子，恩科會試中式第三十一名，殿試二甲，朝考一等，改庶吉士。大課殷譜經侍郎以「重修翰林院及庶常館賦」命題，擢第一。次年散館一等，授職編修。己卯，充順天鄉試同考官，得士二十一人，副榜五人。福山王文敏公懿榮，以經策補薦，主司欲置副榜，力争始得之。

庚辰，迎養大父大母，由蜀浮江而下，自往武昌以待，遂回里。次年隨漕艘北上，秋乃至京，卜宅大川淀，爲朱椒堂先生舊居，手題涵秋閣楹牓猶存，鳧潭風景在目。大父故好客，觴詠時集，深得奉親讀書之樂。館職多暇，殫心著述，博搜經籍，每涉廠肆，見有佳本，典衣以購，莊恭人亦時撤簪珥輔之。友朋通假，鈔輯考析，日不暇給。一時名流，交相引重。張文襄公總纂《順天府志》，招府君相助。明志簡略，二百餘年未有續修，乃與文襄發凡起例，以宋臨安兩志爲法，加恢擴焉。既而文襄出任晋撫，遂繼爲總纂，歷七年而告成，時推鉅製。潘文勤公爲國史館總裁，疏請編輯《儒林》《文苑》《循吏》《孝友》《隱逸》五傳，賡續阮文達所未竟，奏派府君爲分纂，尋偕譚叔裕丈同爲總纂。後叔裕丈外簡，遂獨任其事。文勤以憂去，掌院徐蔭軒相國繼爲總裁，初甚推挹，派充本衙門撰文、教習庶吉士，京察保列一等。既而相國示以紀大奎《易説》，命編入《儒林傳》，府君謂：「易有經學之易，有術數之易。朱子注《參同注》，《四庫》列之道家，而不入經部。大奎未便補入《儒林》。」相國亦首肯。後有相忌者，譖言府君恃才獨斷，遂相齟齬。

甲申，先妣莊恭人病殁。次年，吾母夏恭人來歸。戊子正月，繼大母薛太恭人棄養，府君居廬數月，整理五傳告成，繕稿呈館，始奉匶南歸，而大父率眷屬留京。既至里，會太夫子楊蓉浦侍郎視學江蘇，延爲南菁書院山長，分經學、詞章，與定海黄元同先生分主之。歲闌輟課，張文襄招游粵東，寓廣雅書局，商訂刻書事。閲兩月歸，兼領江陰西郊書院，里人金逸亭廉訪所創也，專課西鄉學者。府君以里巷子弟，加意訓迪，其後遥領凡十餘年，成就甚衆。

庚寅，起復入都，京察覆帶引見，記名以道府用。是年十月，大父棄養。府君以三年之内連遭大故，哀慟逾恒，且家况益困，歸計不易。辛卯，張勤果公聘主山東濼源書院。濟南山水多名迹，遍覽趵突泉、千佛山諸勝。院中諸生，經學詞章頗不乏人，秋試泰半中式。至冬，扶大父柩旋里。張文襄招主湖北經心書院，遂辭濼源。壬辰春，營葬事畢，病怔忡，兩月不愈，乃辭講席回京，調攝數月始瘥。癸巳，服闋，充國史館提調。甲午，京察一等，未記名。三月，大考翰詹，原定三等一名，已拆卷露名，徐張兩相國、翁協揆奉命覆閱，以題字筆誤，改置三等一百二十四名。府君以徐相國史館宿嫌，有意求疵，始浩然有歸志矣。張文襄聞而招之重修《湖北通志》，遂挈眷出都。

逾年，文襄移督兩江，聘主江寧鍾山書院。府君無意出山，樂其近鄉，可遂著書終老之志，自丙申至辛丑主講凡六年，復遥領常郡龍城書院。府君以兩院皆盧抱經先生主講舊地，平生瓣香所在，課士之暇一意刻書，日事校勘，叢書數集，陸續告成。金陵爲東南都會，故家藏庋，時時散出，蘇、滬密邇，估客奔輳，所收舊籍金石書畫乃益富。中遭庚子之變，海内驚擾，江南幸得稍安。及和議成，朝廷鋭意變法，張文襄集東南名流會於武昌節署，以資討論。府君應招往，遂領江楚編譯書局，在江寧舉其事。改鍾山書院爲高等學堂，充監督，兼領中小學堂。創辦之始，一切皆無定章，親赴日本，考察學務歸，乃酌定課程，編輯課本，中西兼重；訪聘教員，皆取淹通篤實之士。壬寅四月，始開學，日駐校中，講求教授管理諸法，實事求是，力戒襲取皮毛陋習。諸生第一届畢業，頗有明達通才、後膺政治教育之選者。府君初任事，乃劉忠誠、張文襄所引重，付以全權；其後來與校事者，多俗吏，事每掣肘，至畢業乃辭去。

疆吏援故事，疏陳績學碩儒、士林矜式，兼叙創辦學堂勞勩，請特予褒獎。詔加四品卿銜，尋復奏派主圖書館事。府君以江南文獻大邦，規模必期美備，制府端忠敏公素屬同志，悉聽主持。時江浙藏書家常熟瞿氏、歸安陸氏、錢塘丁氏，號爲鼎足。陸氏書爲日本購去，而丁氏亦中落，書將散出，時論頗懼復蹈陸氏覆轍，流落外邦。急赴浙與議，遂以七萬金全購善本書室所藏，益之捐購之本，至今海内各省圖書館，美富以江南爲冠。戊申，張文襄管學部，疏薦，特旨命赴京預備召見。府君以圖書館事未竟，且怔忡舊疾未除，呈請江督代奏，乞假緩行。

宣統紀元，學部奏充京師圖書館正監督，敦促北上。庚戌九月始就道，文襄已薨，赴南皮會葬。至都，召見養心殿，監國攝政王詢學務及南北圖書館事，一一以對，奉旨以學部參議候補。時圖書館猶未建，暫借北城積水潭廣化寺爲儲書之所。既任事，先分類清理書籍，内閣大庫檢出元明舊帙，其中宋本猶爲元師平宋時由臨安秘閣所收，得一鱗片甲，有自來藏書家所未睹者，蝴蝶舊裝，古香可寶，集刻爲《宋元本留真譜》，牒文、牌子、序跋述源流者均著之，加考一篇。又編本館善本書目八卷，各省志書目四卷。

辛亥春，因與常熟瞿氏議進呈藏書，南歸促之。初江蘇議修通志，延府君爲總纂，當事屢更，尚無端緒，至是始重訂條例，分授協纂諸人，剋期編輯。府君意俟京師圖書館規模略具，書目編成，將乞長假專辦志事，遂携瞿氏進呈書籍五十種回京。秋偕友遍游京西上方山、雲居寺諸勝，遽聞湖北兵變，東南諸省應之。時不孝等并侍京邸，慈親率眷屬猶在江寧，風鶴日警，倉猝避地滬上。所藏經籍金石數百篋，爲府君三十年精力所聚，視爲性命，陸續運出，遣不孝禄保先歸。府君亦於十月出京，卜居滬北。

未幾詔下遜位，東南雲擾，數年不息。府君慨嘆滄桑，杜門不出，惟以書籍遣日，整理舊著。四方知舊，大都避亂來滬，訪書問字，踵接於門。國變後，文獻凋零，咸懼國粹湮没，購書刻書之風轉盛。吴興劉翰怡、張石銘兩君，并裒集叢書，向府君就正。武進盛愚齋尚書自建圖書館，雖無秘册，而通行精本甚備，亦請編訂書目。寓滬諸遺老結詩社，府君年最高，稱祭酒焉。

甲寅，清史館開，趙次珊尚書聘爲總纂。府君身爲舊史，生平網羅掌故，有遺山石園之志，欣然應招，在滬與于晦若侍郎、吴絅齋侍講，悉心商榷，條舉大綱，貽書館中。是秋至京，復與同人集議，開館之始，多所贊畫。因不能久居京師，趙尚書許携書自隨。府君以國史《儒林》《文苑》《循吏》《孝友》《隱逸》五傳，初稿原出手纂，後經他人增改，仍願引以爲任。閱兩年，除《循吏》一傳讓歸他手，餘四傳皆脱稿。又成《土司傳》《明遺臣傳》，則國史所未具而創輯者也。又擬全書《凡例》一卷。又遍閲《明史》列傳一過，發明其每卷編次義法，筆録寄館，以備印證。甲辰、戊午兩次到京商辦史事，皆小住即歸。力主先擬定傳目，以時代爲段落，擇人分任，久乃定議，自任康熙一朝。而時局日紛，家境日蹙，不能不兼營他事以維生計，遂分日力，於所任史傳僅脱稿十之六七，府君每引以爲憾。

江陰續修縣志，府君主之，招延里中耆舊通才，分任纂稿，寄滬審正。每歲埽墓還鄉，會集商訂。《江蘇通志》重議開局，馮夢華中丞主之，以「金石」一門，專家之學，非府君莫辦，因命不孝僧保與其事。府君悉發家藏拓本，編録考訂，一手成之。

府君精力强固，治事最勤，編摩校勘，日有常課，凡官私著述，必貫徹始終，從無中輟。中年居大父喪時，以憂勞得怔忡疾，半年始愈，自此始見衰徵，後遇極拂意事，不免偶發。六十九歲在滬，夏、秋兩病，經杜子良太守醫痊，謂高年津液漸虧，勸宜止酒。戊午秋在京，猝然暈跌，調治數日而愈，歸滬後精神遂覺遜前。己未春正，忽嘔血盈盌，病勢甚驟，兼取中西法調治，幸獲告痊。是夏，慈親六十正壽，不孝等以府君七十壽時，值時局紛擾，未克稱觴，至是補祝。京滬知交，多以詩文爲壽，府君顧而欣然。頤衛之餘，不廢鉛槧，《江陰志》及《通志·金石》皆於是秋告成。入冬，時苦便難，用西人導法，雖效而病不除，胃納日減，遂益委頓，迭進參朮扶元之劑，迄無起色。不孝禄保馳歸省視，至冬至前數日，府君自知不起，屏藥勿進，口授不孝等函别親知，神氣灑然，視塵世毫無繫著。延至十一月初一日，竟棄不孝等而長逝矣。嗚呼痛哉！

府君三十通籍，早負時望，以性剛不能諧俗，棄官時甫逾五十，取竹垞語「以七品官歸田」刻小印，用志微尚。後雖勉應召一出，本擬即賦遂初，尋遘世變，終隱海濱，溯二十年來，名山、壇坫、圖籍自娱。府君嘗自謂「不以富貴易其樂」，惟不孝等不克有所樹立，上慰衰親，以府君之高蹈冲襟，未獲怡懌桑榆，綿期頤遐算，此則不孝等椎心泣血、抱恨終天者已。

府君恪守乾嘉諸老學派，治經以漢學爲歸。有清一代經説，搜羅殆備，王葵園太夫子續刻《經解》，多所取資。早膺史職，於乙部致力最深，拾遺訂誤，悉本錢氏《考異》、王氏《商榷》家法，於當代掌故徵求討論，心得甚多。爲文私淑全氏《鮚埼亭内外編》，以翔實爲主，不尚空言。凡考古述今，論治論學，生平藴蓄，皆於是見焉。駢體少喜小倉山房，後乃取法北江，出入顨軒，亦歸紀實而戒浮靡。詩多指事類情，主雅贍，不矜格律。晚好輯詞，而不多作。酷嗜金石，先後得劉燕庭、韓小亭、馬硯孫、瑛蘭坡、崇雨舲、樊文卿、沈韻初諸家所藏拓本；宦游所至，又得打碑人李雲從、聶明山等，并善搜訪，於畿輔、山右、山左、大江南北及皖中石刻，椎搨幾遍，收藏目録，共得一萬有八百餘種，凡僞造摹刻、無時地可考者皆不録，甎與瓦亦不預。後續得復千餘種，藏本之富，爲自來金石家所未有。又補正孫、趙兩家訪碑録，爲《金石分地録》。初擬補續《金石萃編》，先就遼金元輯録，以非獨力能成，輟而未作，考證未有專書，散見文集、筆記及順天、湖北、江蘇金石志中。目録之學，貫串古今，尤慕士禮居黄氏，早年助潘文勤公搜輯黄氏題跋，編刻行世。續得者，江建霞京卿及鄧秋湄分爲刊印。後復有所得，經章式之、吴印丞兩丈薈萃諸本，各將所自得者增入，合爲一編。晚年乃索稿爲刊成，非掠美也。海内藏書，瞿、楊、丁、陸諸家皆至契，互通借閲，資以鈔校，自編《藏書記》，欿然謂限於力，僅可與陽湖孫氏平津館頡頏。《續記》及《再續記》較初編數且過之。所校刻古書，詳溯源委，剖析異同，犁然畢載於序跋，論者謂與蕘圃書跋允稱同調。秘籍孤稿，以力薄不能多刊，每貽同志好事者，如張文襄、王葵園兩太夫子，劉聚卿參議，劉翰怡、張石銘兩京卿，所刻諸書，每有贊助。盛愚齋尚書刻《常州先哲遺書》，兩集則全出府君藏本，編校亦一手所成。原擬分爲三集，寫定目録，因辛亥變起，就已刻者結束，尚餘二十種，存俟同郡中後來賡續之。筆記積數十册，皆關掌故。晚年志在理董，略創類例，擬删去重複瑣屑及習見者，未及編成，此府君未竟之志。不孝等自慙譾陋，以無能繼述爲大懼，謹守遺稿，待諸他日。

府君著述已刻者，《藝風堂文集》八卷、《續集》八卷，《辛壬稿》三卷、《癸甲稿》四卷、《乙丁稿》五卷，《金石目》十八卷，《讀書記》四卷，《藏書記》八卷、《續藏書記》八卷，《遼文存》六卷，《續國朝碑傳集》八十六卷，《常州詞録》三十一卷，孔北海、魏文靖、韓致堯、李忠毅年譜各一卷；未刻者，詩存四卷，詞一卷，尺牘二卷，《金石分地録》三十二卷，《再續藏書記》不分卷，《碑傳集補遺》十四卷，《秦淮廣紀》十二卷，代端忠敏撰《壬寅消夏録》若干卷。所編刻叢書，《雲自在龕叢書》五集共十九種，《對雨樓叢書》四種，《藕香零拾》三十八種，《烟畫東堂小品》十二種，自輯古書及國朝人小集家集，皆在其中。《對雨樓》刻成贈友，餘板并藏於家。寒家自伯祖伯康公殉難蜀中，從昆弟數人皆依府君，教養婚宦，以至成立，俾能自給，早殁者復恤其遺孤。族中子弟，各量材爲謀生事，有志者薦送出洋留學，多有成就。姻舊寒苦之家，貲助賴以舉火。友朋緩急通財，折券累累。後進一藝可稱，誘掖提携，樂成其美。常訓不孝等惟以刻薄爲戒。交游徧海内，縞紵不間，千里文酒之會，座客常滿。世俗紛華，一無所好。圖籍之外，寄情山水，足迹所至有勝境，雖甚冗必作清游，蓋天性磊落然也。

生於道光二十四年甲辰八月初九日亥時，卒於己未年十一月初一日未時，享壽七十有六歲。配莊恭人，元和甘肅鹽茶廳同知、贈太僕寺卿諱裕崧女。繼配夏恭人，同邑直隸永年縣知縣諱詒鈺女。側室任孺人。子四：禄保，夏恭人出，高等學堂畢業，拔貢生，農工商部學習主事，娶惲氏，陽湖工部侍郎諱彦彬女；佛保，任孺人出，出嗣，殤；僧保，夏恭人出，娶吴氏，固始江蘇元和縣知縣諱鏡沆女；愷保，夏恭人出，殤。女二：福保，莊恭人出，適陽湖惲毓良，江西候補道；祉保，任孺人出，適同邑夏緯森，法政專門學校畢業。孫七：通、逵、逢、迦、遷，禄保出；蘧、蘧，僧保出。

府君卒之次年，歲次庚申十二月十九日，謹奉匶歸葬於江陰城西東肥場村新阡，墓道之碑未立。不孝等憒愚無文，於府君學行，奚能仰窺萬一？惟懼先德勿昭於後世，彌滋罪戾，謹就府君自訂年譜及平日庭訓所聆者，詮次梗概，伏乞有道君子錫之鴻文，俾光泉壤，以垂家乘，感且不朽。

誥授資政大夫、二品銜候補道、浙江湖州府知府、前翰林院編修姻館晚生夏孫桐頓首拜填諱。

丁仁長

誥授通奉大夫日講起居注官翰林院侍讀丁君行狀〔一〕

張學華

曾祖旭。

本生曾祖清，國學生。

祖杰，道光二十九年舉人，按察使銜福建候補道員〔二〕。

〔一〕本篇載《闇齋文稿》。

〔二〕按察使銜福建候補道員：「員」，《闇齋文稿》無。

父志璧〔二〕，縣學生，候選同知。

里貫廣東番禺縣捕屬，原籍安徽懷寧縣。

君諱仁長，字伯厚，晚自號潛客。先世由皖來粤，遂爲番禺人。君幼承家學，沈默自守，十二歲作《古石賦》〔三〕，隱然見堅白之操，識者知其不凡。年十七，補縣學生。中光緒八年舉人。九年，成進士，改翰林院庶吉士。十二年，散館，授編修，充國史館協修。通籍後，閉門讀書，不事干謁，被服如諸生。十七年，充貴州鄉試正考官。十九年，充順天鄉試同考官。二十年，大考二等，以侍講升用。日韓事起，畿輔震驚，君與同官集議於松筠庵，籌畫戰守，劾疆臣之貽誤者，呈掌院代奏，請起用恭忠親王入輔大政，上書恭邸，敷陳剴切。

二十二年，補侍講，轉侍讀，充日講起居注官。君首疏請開講筵，又請力崇節儉，歷陳内務府積弊，言尤切直。奏入留中。復蒐集經史，以類鈔纂，分九法九戒，恭引列聖大訓，兼采諸儒粹言，其大要以正君德爲先，推及於用人行政，宏綱細目，罔不具備，繕成五册進呈，得旨留覽。以父病，請急歸，未抵里，父卒，不及視含，抱憾終其身，遂不復出。時譚文勤公鍾麟督粤，聘主

〔二〕 父志璧：「璧」，《闇齋文稿》作「壁」。

〔三〕 十二歲作古石賦：「十二」，《闇齋文稿》作「十一」。

越華書院。教諸生，於制義外以經史實學，親爲講授，孳孳不倦。文勤雅重君，賓禮有加，君語不及私，獨於地方利弊無不盡言。故提督鄭紹忠所部安勇夙爲粵人倚恃，客軍忌之，將事裁撤，君陰爲調護，不以襮於衆也。

二十六年，鑾輿西幸，君倡議貢方物，奉旨嘉奬。自後廷臣争言變政〔二〕，遂有裁書院改學堂之議。君以爲學堂初開，首在宗旨純正，主持得人，乃無流弊，創議撥惠濟義倉款開辦公學，定名教忠學堂，寓意深遠。尋兼大學堂監督〔三〕，分科教授，成就甚衆。粵省盗風素熾，鄉里無賴勾結爲患，吏不能捕。君以爲清查保甲、聯鄉自衛，古法也，請於省垣設團保總局，持論侃侃，與當事忤，稍牽制之。其後迫於朝命，勉從其議，然事權既輕，收效亦微，非君志也。

宣統初元，大臣有薦君者，特旨來京預備召見，以母老辭。辛亥後，遂絶口不言時事。太夫人春秋高，君年且六十，依依若孺子慕，先意承志，務得歡心。居喪三年，未嘗脱縗絰。服闋，值乘輿播遷，奔問行在，屢有獻替，輒蒙嘉納，賜鐳賜金。君感激恩遇，鼍鼍效忠，復輯《中興金鑑》《先正讀史法》《無逸齋十二思表》各一卷奏進。每念世變之大，人事之窮，夙夜痛心，積憂成痗。

〔二〕自後廷臣争言變政：「自」，《闇齋文稿》作「是」。

〔三〕尋兼大學堂監督：此句下，《闇齋文稿》有「存古學堂監督」六字。

去冬中寒疾幾殆，猶依戀不忍言去。卒前數日，方請對，歸而病亟〔一〕，遂綿惙不起。丙寅八月三十日歿於津寓，年六十有六。配馬夫人，前卒。以弟仁濟子曰全爲後，奉君喪歸粵。

君爲學以宋儒爲宗，性嚴正，造次必於禮。居官不務榮進〔二〕，嘗以古名臣自勵。既養親不出，猶欲有爲於鄉里。遭遇時變，志事百不得展，獨其始終一節，介然有以自守，而不爲外物所奪，可謂篤信好學、守死善道者已。晚歲課徒自給，以朱子《小學》及《人範》教其門人。有欲致君者，聘修省志，不就。邑人續修縣志，君爲總纂，用力勤摯。古文獨得雄直氣，詩學韓、杜，時亦沈鬱似《騷》《選》。所著有《毛詩傳箋義例考證》若干卷，晚纂《論語衍義》未成，并詩文稿藏於家。

余與君有連，又同館爲後進，往在京師，猶及承平，分題角藝，過從甚歡。洎朝局數變，君已歸養，嘗貽書論時事，力言憲法必不可行〔三〕，然民氣壅遏，亦當有以宣通之，惄然擾亂之將至。其後余居香港，君奉母三遷，相見益親，每話前事，不禁欷歔，唯以各保歲寒爲勖。去歲冒暑趨朝，余往送君，珍重言别，不謂其浩然長往，竟成致身之志也。嗚呼，悲已！

〔一〕歸而病亟：「病」，《闇齋文稿》作「疾」。
〔二〕居官不務榮進：「務」，《闇齋文稿》作「騖」。
〔三〕力言憲法必不可行：「必不可行」，《闇齋文稿》作「不易推行」。

君歿後，賜額曰「履潔懷清」。天語之褒，足以昭示百世。謹爲述其出處大節、學行梗概，以俟立言者采擇焉。

翰林院侍讀丁君墓志銘

朱祖謀

君諱仁長，字伯厚。先世自皖至粤，寄籍番禺。曾祖旭，本生曾祖溝，有潛德。祖杰，道光舉人，福建候補道員。父志璧，縣學生，候選同知，歷參大吏幕府。君幼承家學，務遠大，年十二作《古石賦》，托意遥深，耆宿驚嘆。以縣學生中光緒八年舉人。九年，成進士，改翰林院庶吉士，散館授編修，充國史館協修，勵志修學，不騖聲氣。十七年，充貴州鄉試正考官。十九年，充順天鄉試同考官。二十年，大考二等，以侍講升用。日韓釁起，震及京畿，與同官集議，籌畫戰守，劾疆臣之貽誤者，呈掌院代奏。二十二年，補侍講，轉侍讀，充日講起居注官。首疏請開講筵，又請力崇節儉，勘内務府積弊。類輯經史，分九法九戒，引列聖大訓及諸儒嘉言以證之，上備乙覽。旋丁父艱歸。

君天性篤孝，既遭大故，悲感深至，自是養母不復出，主講越華書院，以正誼明道誨諸生。庚子後，各省廢書院，改學堂，君歷督教忠學堂、省大學堂、存古學堂，不詭隨時尚，成就甚衆。

粤故多盗，吏不能止。君請於當道，用古保甲聯防法，設團保總局，除莠安良，地方賴之。光緒之季，朝廷設禮學館，徵君爲顧問；宣統初元，以大臣薦，被命入覲：均辭不赴。國變後，杜門却掃，自號潛客。太夫人黎年八十餘，君年且六十，聚徒講學，藉脩脯以奉甘旨，肫肫如孺子慕，昕夕侍膳、視寢興。朋儕燕集，雖極酣娱，歸必以時。母喪，哀禮備至，三年縗絰不去身，近代士流所罕也。

服闋後，值乘輿播越，出居津門。君自粤奔問，納誨懇誠，朝夕勤拳。帝心感悦，君亦不忍言歸，以爲潛龍育德，首在典學，奏進《中興金鑑》《先正讀史法》《無逸齋十二思表》各一卷，凡所啓沃，語皆切要。君體弱年衰，不任朔寒，得疾幾殆，久乃稍間。逾年丙寅八月三十日，復以疾卒於天津寓，年六十有六。上震悼，賜書「履潔懷清」四字旌之。

君風裁整峻，志行狷潔，立身行己，粹然以儒先榘矱爲依。始致身文學，論思獻納，一時在廷以古名臣期之。而立朝未久，感生風木，遽辭顯榮，眷戀庭闈，垂二十年。承歡侍養，纖細周至。親故交游，述之筆録，雖古孝子傳中人，無以過也。洎天地崩裂，戀主荒濱，蹇蹇孤忠，蕉萃以殁。求仁得仁，卓立人表，益庶幾後凋之松柏，非時之麟鳳矣。詩文不多作，咸有法度。所著《毛詩傳箋義例考證》若干卷，《論語衍義》若干卷，藏於家。配馬夫人，先卒。無子，以弟之子曰金嗣，奉喪歸葬，書來乞銘。余與君同年同官，過從至密，知君故詳。嘗督粤學，親見君型鄉興學諸事。國變後，相望欷歔。余奔問行在，君亦繼往，相見道舊，激昂感喟，而君竟齎志歿矣！銘曰：

猗嗟君兮，窮典墳兮。志潔行貞，物不紛兮。孝乎惟孝，色氤氲兮。獻替納忠，道在文兮。裁成後學，媲河汾兮。安良懲虣，利鄉枌兮。運遘陽九，心如焚兮。棐篤陳謨，贊憂勤兮。析木之津，水沄沄兮。身歿靈存，上薄雲兮。窀穸永安，福無垠兮。銘幽示後，揚靈芬兮。

瑞洵

科布多參贊大臣前翰林院侍讀學士瑞洵傳〔一〕

楊鍾羲

瑞洵，字信夫，號景蘇，晚自號天乞居士。博爾濟吉特氏元裔，巴圖孟克大衍汗之後。天命二年，二世祖恩格德爾額附尚和碩公主。七年，與公主來朝，求居東京，遂擢入滿洲，隸正黄旗，賜鐵券，謚端順。雍正朝，追封三等公。祖琦善，世襲一等奉義侯，累官文淵閣大學士，謚文勤。

〔一〕本篇載《散木居奏稿》卷首，題作「科布多參贊大臣瑞洵傳」。

父恭鏜，杭州將軍。

瑞洵年十七舉光緒元年鄉試，户部筆帖式。十二年，成進士，朝考一等第一名，改翰林院庶吉士。十五年，散館，授職編修，遷國子監司業。性伉直，饒幹略，敢言事。二十年三月，奏陳外省濫保積弊，請旨嚴禁，以杜倖進。六月，請清查民人冒入旗籍，以别流品。二十一年二月，奏各省請建專祠，迹涉寬濫。三月，奏各項保舉人員請申明定例。二十二年二月，奏各衙門保送滿御史，請照漢御史一體考試。中日之役，具疏痛劾樞要，直聲震朝右。歷詹事府中允、庶子，翰林院侍講學士、侍讀學士，日講起居注官。奏大員子弟失教妄爲，請飭嚴加約束。二十四年七月，奏遍設報館實力勸辦。奏南漕改折，有益無損，請飭妥議施行，每年豫提折價，於津、通一帶購米，以實倉庾，并衛弁屯田裁并，改由地方官徵租。二十五年九月，奏奉天地方積弊太深，亟宜整頓，臚舉飭吏、安民、練兵、清訟、治盜、開礦、培才、籌防八條，及團練辦法。歷充功臣館滿總纂、纂修，國史館協修，會典館漢文總校、詳校，丁酉科順天鄉試同考官，各省駐防繙譯鄉試閲卷，大學堂文案處總辦，致祭科爾沁、杜爾伯特、土爾扈特。與宗室盛昱、他塔拉志鋭先後登朝，均以林牙著忠讜，屢奏封章，頗遭忌。

華蓋者，甘肅洮州人，智略過人，原名掍噶札拉參，嗣入藏，名嘉穆巴圖多普。同治間，與俄戰於阿爾泰山，有功，錫胡圖克圖名號。西域人稱華蓋爲察罕格根。丙戌，留京師，且二年。英人窺兩藏，識者謂華蓋可以制之，瑞洵與之知契，其爲人有肝膽，留意人材類如此。由侍講學士出爲科布多參贊大臣，召見時，有「向來敢言，辦事公正，才學都好」之褒。名雖超擢，實疏之外也。

受事伊始，即值二十六年妖民肇亂。廷寄詔旨率皆「絶洋人、練拳民」，心知其非，不奉行，用安撫政策，壹以約束蒙古、慰諭外人、聯絡鄰境、鞏固邊防爲主。迄和議告成，北路無賠償之案，游牧晏然，綏疆土，遏禍萌，有合於「閫以外將軍主之」之義。在軍歷蒙年終，頒賞「福」字、黄辮大荷包、小荷包、銀錁、銀錢、食物。三十年，奉命往古城招致哈薩克，索還阿勒台山。經營年餘，收回逃衆萬餘人，借地亦歸還，聲績甚著。以經手事竣，請解任，得旨俞允。三十一年，因案中傷，革職遣戍。旋被錫恒兩次奏參，交刑部嚴訊，奉旨仍發往軍臺效力贖罪。宣統二年，由察哈爾戍所賜環。

甫年餘，遭辛亥國變，家産亦蕩盡。窮餓拂逆，勵清修不懈。時恭親王溥偉、肅親王善耆，相率出京。袁世凱患之，欲招致使還，遣人説令往緩頰，誘以多金，正辭峻拒。世凱稱帝，立籌安會，主者請爲會員，不可，爲袁所深銜，不顧也。寄居净業湖僧舍，旦晚修白業，有常課。自謂生平以言招尤，爲《訟過日記》，手自楷書，秘不示人。飲酒微醉，間爲詩歌自遣，義寧陳三立稱其「清超絶俗」，情款節概可一二推而得之。苦志竺行，被濯風雅，爲方密之、杜于皇一輩人。門人鈴木吉武爲刻《犬羊集》一卷、續一卷；所著奏議一官一集，都二十五卷，大題曰《散木居奏稿》。甲戌，鈴木嘗爲像贊云：「嶽降神，星應宿。清世臣，元天族。入匡劉，出頗牧。久行邊，終詔獄。勞不償，禍乃速。荷戈還。棋局覆。松菊荒，宗社屋。束儒書，不復讀。歸三寶，心西竺。首陽薇，北平鏃。窮益堅，但忍辱。迄今歲，七十六。《梵綱經》，《傳鐙録》。戒行高，絶貪欲。是菩薛，佛付屬。貞所志，老彌篤。中湛湛，外碌碌。噫吁嚱，天使獨。」乙亥鄉舉重逢，開復原官，賞給「士林雅望」扁額。丙子三月卒，年七十有八。

錢駿祥

翰林院侍讀嘉興錢公墓志銘〔一〕

章鈺

嘉興錢氏，稱名閥者夙矣，至文端公以國老冠冕東南，再傳爲甘泉先生，以樸學繩之。先生恭勤公，則始佐曾湘鄉幕府，榮問洊上，入贊中樞，於光緒朝局多所匡濟。爲之後者迪前光也

〔一〕 本篇載《四當齋集》卷八。

難矣，際桑海之交，而復以名節著聞，克保世臣家聲，則難之又難。此鈺所以心折於侍讀公，而欲稱述其萬一者也。

公諱駿祥，字新甫，晚號聵叟。世系備詳先世傳志及恭勤公傳志。恭勤公子五，公其仲也，爲恭勤公元配許夫人出。時甘泉先生司訓海昌鐸署，高閑以課孫爲樂，未十歲即畢諸經。後侍恭勤公江寧，得聞諸老緒論，器識日高。未冠，入邑庠，旋食廩餼。困於秋賦，歷優貢、副貢，至乙酉始捷北闈。己丑，成進士，改庶常，年四十有二矣。庚寅，散館，授檢討。甲午，簡山西學政。三晋士風樸僿，一以振興實學自任。廣購群籍，創辦學社，以開風氣。選拔屆期，必覘學識、核年資而衷以文藝。釐定口外七廳學額，剷平杜濫，奏請允行。試絳州，遘時疾，校試如程，免就試者延滯，蓋由久陀場屋，於寒畯生活知之最稔也。報滿還朝，歷充會典館纂修〔二〕、編書處總校、文淵閣校理，及教習庶吉士、日講官起居注諸差，越次擢撰文，晋侍講，轉侍讀，叙勞加二品銜。宣統元年，特派實録館總纂。感念先朝恩遇，趨事益勤。遜位詔下，糾合同官，誓不輟筆，歷六年書成，賞花翎頭品頂戴，後又拜匾額、朝馬之賜。此公歷官任事之大要也。

〔二〕歷充會典館纂修：此下，《四當齋集》有「國史館纂修」五字。

公先以貲郎分兵部，坐曹者十年。時恭勤公方荷中朝倚任，萬流仰鏡，公一意斂退，無貴介子弟氣習。京曹以陵差爲階榮捷徑，會同鄉徐忠愍屬任其事，辭不就，人皆訝之。有廉其故者，以先有同官浼公道地於忠愍，以堂屬分嚴拒之。拒人而己預焉，於義云何？然亦未嘗以自白也。生平嚴於律己，大率類是。

孝事恭勤公，以勤官勵品爲養志之本。髫年失恃，事繼母程夫人必敬必順。以爲悦親之方，莫大乎視異母弟如同母，同甘共苦，老而益篤，推之群從兄弟，友愛若一。三黨諸親，與先世舊交，力所能及，靡不援助。家法重祭祀，暮年起跪少艱，從未廢禮。戀闕僑津，欲歸不得，間歲必旋里，遍謁祠墓。癸亥春，自南北返，遭臨城夜半劫車之禍，匪挾以行，卒以年邁顛仆捨去。或以盛德之報慰公，公慨然謂：「行將就木，得拜先隴爲幸。即罹意外，亦無懟焉。」蓋公篤於本原之地，又大率類是。

其爲學也，以實事求是爲歸。承撰官書，皆謹嚴有法。少年即以詩古文詞爲李廷尉聯琇、薛太守時雨諸老所賞，均付散佚。存有《晋軺》《孑吟》《微塵》《餘光》等小集，亦未嘗示人。伯祖衎石先生輯有《錢氏世譜》一書，久未賡續，中更兵燹，措手尤艱。公四出搜訪，踵前例成書，以宣統辛亥爲斷，爲公近十餘年精力所萃云。

元聘許夫人。配周夫人，歸安兵部主事學洙女，弱公一歲，與公同德，嘗刲臂起公危疾。丁卯歲，花燭周甲，届期縉紳慶羨。今歲庚午二月卒津寓，公手撰行略并悼亡詩三十二首，詳述孅行，讀者因以增伉儷之重。公以感傷成疾，錦孫等奉公入舊都，百方調護，且益危篤[一]。四月戊午，日届巳，考終子舍正寢，上距生道光戊申四月己巳，壽八十有三。子：長錦孫，前癸卯舉人，度支部員外郎，歷任鹽務署廳長、財政部總務廳長、署財政次長、全國菸酒事務署長；次耆孫，前增貢生，郵傳部主事，財政部薦任職用[二]；三瀛孫，增貢生，分省知州，前卒。女四，次未字卒，潘肇翰、陳方鏞、沈文孫其婿也。孫六：慎曾、慎詒、念傳，卒；鑫、淦、鎏，均入校肄業。孫女六。

鈺自辛亥以後同僑津上，私見公一腔忠愛，無以自將，每涉時事，輒亂以他語。無聊歲月，借寫經爲常課。日昃必登市樓啜茗，一二三舊雨默焉相對，餅師茶豎不知爲舊朝紳也。以視夫托名棲隱，日縱其聲色酣豢之欲，與夫乘時趨利、以封殖自雄者，其品格之相懸爲何如！嗚呼！公誠遺逸之正軌，而吾徒所當引以爲法者也。

來歲辛未二月，錦孫等奉公與夫人之喪返葬邑之萬蒼山祖塋[三]，奉狀乞銘，爲草鈺之所敢

[一] 且益危篤：「且」，《四當齋集》作「日」。

[二] 財政部薦任職用：「職」下，《四當齋集》有「任」字。

[三] 錦孫等奉公與夫人之喪返葬邑之萬蒼山祖塋：「等」下，《四當齋集》有「將」字。

言者，以完後死之責。銘曰：

巋然一老今儒宗，耆英耆學嗟誰同？一届錫羡一飾終，世臣論定叨九重。强飲强食春復冬，有不入耳托爲聾。一十九年甘羈窮，忍泪看天天夢夢。生際唐虞香樹翁，霄漢許躡松喬蹤。公也顧之付飄蓬，但幸入地無赧容。避秦哀郢相岠卬，千秋文字慚吴蒙。吊遺獻者此其封，森森宰木號悲風。

温仲和

翰林院檢討柳介温公墓志銘[一]

丘逢甲

光緒十五年己丑，皇上親裁大政，逢甲在都，於進士同年中識柳介温君，蓋粹然有德君子也。乙未中日事棘，余倡守臺議，君聞而韙之。及東歸，相慰於潮州城下。由是交益親，無數月

[一] 本篇載《求在我齋集》，見《丘逢甲文集》（丘晨波等編，花城出版社，一九九四年）。

不相見〔一〕，輒商榷古今中外利病是非，齗齗連日夜。余務動，君則研於静。聞時局異變，余或呼哭不能忍；君雖憤激，外則夷然。兩人者，相視常莫逆也，如是者十年。君質碩而精强，學過劬，教過勞，中感事變之不可爲，神或不能無傷。然今年别君，未始有病，不意遽聞其篤，而竟不起也。悲哉！

君諱仲和，字慕柳，一字柳介。先世由江西石城遷廣東潮陽，復遷程鄉，改嘉應州，遂爲州人，世居松口堡。高祖諱伯魁，乾隆朝以五經中式鄉會試，起家進士，令嘉禾、通山，皆有聲。改教授南雄，能以經訓士。子諱鴻章，太學生，君曾祖也。祖諱齊觀，父諱謙光，皆太學生，以君貴，贈奉直大夫。祖母黄氏，贈宜人。母封太宜人，亦黄氏〔二〕。贈公三子，君其仲也。弱冠而孤，以學自立。補州學生，食餼。八赴省闈不售，以乙酉優貢入太學。戊子魁京兆，成次年進士〔三〕，改庶吉士，授檢討，充癸巳鄉試磨勘官。請急歸省母疾，遂遭喪不出至今。

君性和而節，與人若無所不可，然寔强毅有守。義不可，雖勸掖輒婉謝之；其所可，雖不爲嶄嶄行，然必達所守之義而後已，俗論不能摇。其爲學亦然。番禺陳京卿澧，治漢學者尊爲東

〔一〕無數月不相見：「月」，《求在我齋集》作「日」。

〔二〕母封太宜人亦黄氏：《求在我齋集》作「母亦黄氏，封太宜人」。

〔三〕成次年進士：「成次年」，《求在我齋集》作「次年成」。

南大儒，君其入室弟子。治群經，尤精三禮。游太學時，翁相國同龢、潘尚書祖蔭先後管學，祭酒則宗室盛昱，皆朝望也。太學時稱多士，君課常最。於札記成《三禮經纂》上焉，管學、祭酒咸震許，都下一時盛傳之。并世經生多錮守，不通天下大局，君治經務致用。通籍，見益廣，學益通，然不自暴〔一〕，人不辨也。翰林官清苦，以差除爲希望，君少造謁〔二〕，惟杜門著書。時皇上親政既數年，君每言願得爲御史，言天下事可施行者。人疑君恂恂非能其職〔三〕，蓋多經生君無知學守者也〔四〕。甲午、乙未間，時局已變，而戊戌，而庚子，變益而烈。君既決不出，遂一意教育。同文學堂者，開嶺東學界者也。害成者始以黨怵冀輟之，繼則衆咋期覆之。逢甲支柱無可辭，其坐而鎮，得存至今，則君力也。君以成之難，他聘皆不就。以前主講金山，多效，詔改學堂，乃去同文而總其教。同文既屬官，大吏仍聘君兼總其事。庚子以前，士習患蔽於舊，其後則患囂於新。君於蔽者開之，囂者正之，前誹後謗無所動，弟子多成材者。其没也，皆爲位哭〔五〕，則教

〔一〕然不自暴：「暴」，底本原作「儤」，於意不通。《求在我齋集》作「暴」，據改。
〔二〕君少造謁：「君」，《求在我齋集》無。
〔三〕人疑君恂恂非能其職：「職」下，《求在我齋集》有「守」字。
〔四〕蓋多經生君無知學守者也：《求在我齋集》作「蓋多經生無知君學者也」。
〔五〕皆爲位器：「位」，《求在我齋集》作「泣」。

思之深也。

君每言，戰國後爲中國退化時代。考古人良法善政，與泰西互證可行於今者，求史不如求經。三禮爲政典所存，故於群經尤嗜之。君雖治漢學，然於後儒不輕觝排。文章宗昌黎，義理宗紫陽，經濟宗亭林，弟子皆能述之。

嗟呼！如君，制行則古之君子，其學則今之通儒也。昔爲諸生時，與同里饒吏部軫齊名，人目曰「温饒」。既而與同年程編修棫林在太學齊名，人目曰「温程」。嶺東之人以趣異而志同，亦妄目曰「温丘」，然逢甲何敢望君哉！三禮既有彙纂，在翰林著《讀春秋公羊劄記》及《求在我齋經説》；在金山，以算學爲各科學根本〔二〕，約弟子治算，有《代數幾何算稿》；其詩文名《求在我齋集》。皆藏於家。已刊者有所修《嘉應州志》。

君生道光二十九年己酉三月二十一日，卒光緒三十年甲辰八月十三日，年五十六。娶吴氏，封宜人。子三：士珩，太學生；士璠，廪貢生；士璆，太學生。女三，饒達源、謝延齡、李迺琛其婿也。孫男五：汝猷，士珩出；汝屏、汝翰、汝度，士璠出；汝嶠，士璆出。孫女二，俱士珩出。士璠學既知名，君之喪，由日本學校奔歸。以逢甲知君深，將以其年十月二十二日，葬君於

〔二〕　以算學爲各科學根本：「各科學」，《求在我齋集》作「各科」。

長岡岌山仔下之原〔二〕，以狀來督銘。銘曰：

是爲舊學界之經濟家，新學界之教育家，學派之衍，與梅江俱東入海而無涯。濬舊方塞，瀹新方芽。津梁雖疲，功大而奢。夫何賢人之厄，歲在龍蛇，而爲今昔之所同嗟？沈沈幽宮，東王壽而西陰那。山耶？川耶？千秋英靈，將復上見爲明星，而下蔚爲青霞。

周蘊良

會稽周庶常墓表〔三〕

章鈺

清光緒癸卯，詔用汴闈舉行恩正并科。會試榜發，會稽周君得元，旋膺館選，假歸遽卒。已而科舉停罷，國體改革，閱今逾三十年，鮮有稱嘆及之者。君嗣子祖琛以法學名家，久官津上，以鈺與君同歲，通籍時顧僑寓述君行誼之篤、學術之正，心焉敬之，請表君墓，不忍辭也。

〔二〕葬君於長岡岌山仔下之原：「岌」，《求在我齋集》作「岃」。

〔三〕本篇載《四當齋集》卷八。

君諱蘊良，字味仁，自號惕齋。裔出宋大儒濂溪元公，屢遷籍浙之會稽。曾祖諱雲錦，祖諱厚甫，考諱茂林。妣倪氏。世營商業，習儒無顯者。君生而天資敦重，識解異常童。七齡時，即請以二十四孝圖摹刻於宗祠之新楹。通全經，後有志宋賢之學，尤服膺楊園張先生遺書，慎獨主敬，不顧趨時者非笑。嘗曰：「戒懼是存養工夫，慎獨是省察工夫。戒懼屬静，未發之中也；慎獨主動，已發之和也。戒懼爲致中之本，以天地位爲極功；慎獨爲致和之本，以萬物育爲極功。」又曰：「爲學當自强，自强莫如居敬。知難知懼，則不敢不敬；能居敬，則自獨立不懼。」又曰：「學貴有漸，敬則有恒，戒慎所不睹，恐懼所不聞，此是守約處。不勉乎此，逐事逐物而防閑之，則後矣。存養此心，其工夫亦在主敬。敬非拘持之謂，隨時提醒，便是敬之下手處。」論學如此，其律己亦如此。

科舉文非所好，以堂上屬望，乃悉心從事。年十七，入邑庠，歲科試輒高等，秋闈屢薦輒不售。設帳講授，以正學爲己任。甲午中日戰後，國勢日替，益留心濟世之學，與同郡同志設志學會〔一〕，以天下無貧人、天下無病人、天下無惡人爲職志。治經重小學，尤嗜音韻，成《音韻啓蒙》八卷。自功令以經義論策試士，君乃得見所長。歲壬寅，得優貢，即捷本省鄉試，薦經濟特科。

〔一〕與同郡同志設志學會：「同志」之「志」，底本原脱，據《四當齋集》補。

閲歲，以會試第一人成進士，改庶吉士。是時朝廷厲行憲政，輦下新進争以才地自見，君則不事表襮，實事求是，冀以儒效報國。壽州孫文正公特賞之，目爲忠愛之忱出於天性也。入秋，以母疾謁歸，自定方藥以進，疾頓起。將治裝應散館試，突於甲辰年正月二十一日卒，年三十有八。

君家累世仁厚，以佐人緩急爲鄉邦仰賴。君承家教，干請之近理者，靡不委曲應之。卒之前一日，舊交姜某家貧喪母，請君題木主。禮節繁重，力少憊矣。越俗舉葬有祀后土神禮，以得新貴爲榮，復固以請。是日風雨劇寒，舟輿皆不肯往。用事在午夜，距家五里而遥，君懼爽約，乃籠燈山行，冰淖彳亍。甫行禮而蹶，護歸，不及醫藥，嚮晨遂絶。人或以君不自惜少之，鈺獨以匍匐會喪，不以艱瘁自諉，此正君平生義行之一端。修短之數，命實爲之，固應詳紀之，以雪此言者也。

配范氏，生子祖培；側室唐氏，生子祖慶。先後殤。女三，次適胡，餘殤。祖琛則君仲弟諱維賢之子也，少爲君鍾愛，親授諸經，期望甚厚。今承嗣大宗，不隕家問，凡君手著書，并輯遺著若干卷，均寫定待刊，君亦可無憾矣。

嗚呼！學術之繫乎世運也大矣。曩者洪楊作逆，勢可滔天。曾文正公獨以忠誠爲天下倡，而羅氏、李氏諸先生翕然應之，入而講學，出而禦侮，雲合景從，蔚成大業。蓋先哲所謂繼絶學、開太平者，本儒者分内事，莫之或易者也。君爲湔雪國耻計，所定《志學會約》，與時髦之所以鼓簧民聽者〔二〕，大致懸殊〔三〕，亦既服習於戒慎恐懼之有年，則毫釐千里辨之早辨，即或躬丁奇變，胸中之主宰既定，於時風衆勢之中，歲寒後凋，亦何至貽唾罵科舉者以口實？此又慨想伊人，而如或遇之者也。

君門内之行甚備，不備述，述其足以風世而砭俗者以告方來，且以慰祖琛不死其親之心。

歲在閼逢閹茂孟秋月，長洲章鈺謹表。

〔二〕與時髦之所以鼓簧民聽者：「鼓簧」，《四當齋集》作「簧鼓」。

〔三〕大致懸殊：「殊」，《四當齋集》作「同」。按，底本原抄作「同」，後塗改爲「殊」。